H. K. Rouette

Textilbarone

H. K. Rouette

Textilbarone

Industrielle (R)Evolution in der Mönchengladbacher Textil- und Bekleidungsgeschichte

unter Mitarbeit von A. Lindner, B. Siegel, S. Kromer, F. von Klitzing, B. Goebels, H. Westphal

LAUMANN

Frontispiz: Industrieschloß der Textilbarone

Gesamtherstellung: Laumann-Druck, 48249 Dülmen
ISBN 3-87466-264-0

Vorwort

Beim Lesen der vorliegenden Dokumentation über die vielgestaltige Geschichte der Textil- und Bekleidungsindustrie von Mönchengladbach und Umgebung kann es geschehen, daß man traurig wird: Eine Branche, die Stadtgeschichte gemacht hat, scheint sich stetig zu verabschieden – hin zu neuen Standorten im Ausland. Eine traurige Bilanz?

Anstelle von Traurigkeit soll diese Darstellung des Schaffens der »Textilbarone« jedoch Mut erzeugen: Diese Menschen haben die Historie der Stadt deshalb geprägt, weil sie sich auch in dramatischen Zeiten nicht abschrecken ließen, ihre Vaterstadt mit allen Mitteln zu entwickeln. Es ist ihnen gelungen! Warum soll es heutigen Managern und Mitarbeitern der Textil- und Bekleidungsindustrie nicht gelingen, an diese Taten anzuknüpfen? Kopf hoch!

Auf das engste verbunden mit dieser Historie ist das Entstehen und das Wirken der Bekleidungsverbände, deren Ursprung in Mönchengladbach und der dortigen Bekleidungsindustrie liegt.

So ist es bemerkenswerte Tatsache und besonderes Ereignis zugleich, daß dieses Buch in dem Jahre erscheint, in dem die

Wirtschaftsvereinigung Bekleidungsindustrie Nordrhein

und der

Fachverband Berufs-, Sport- und Freizeitbekleidungsindustrie,

die beide in Mönchengladbach gegründet wurden, ihr 50jähriges Bestehen feiern. Ihnen ist das Buch u. a. gewidmet.

Jedes der elf Kapitel versucht, aus der Beschreibung der Vergangenheit Perspektiven für eine erfolgreiche Zukunft zu ziehen – aus dem »Sitz des Lebens« von damals in den »Sitz des Lebens« von heute zu übertragen. Sechs Studentinnen und Studenten des Fachbereichs Textil- und Bekleidungstechnik der Fachhochschule Niederrhein und ihr Professor haben in diesem Sinne die Industriearchäologie und die regionale Technikgeschichte durchstöbert und »ausgegraben«, was nicht niet- und nagelfest war; u. a. wurden zu Rate gezogen: das Stadtarchiv – Dr. Löhr sei Dank –, das Museum Schloß Rheydt – Frau Dr. Zanks hat sehr geholfen –, die Untere Denkmalbehörde – Dr. Schumacher war sehr entgegenkommend –, diverse Bibliotheken, Privatsammlungen in einer Scheune (Herr Tillmanns) und in einem Eigenheim (Herr Schmitz) sowie Zeitungsarchive. In stundenlangen Sitzungen wurden Senioren und Pensionäre bezüglich der »guten alten Zeit« interviewt. Unzählige private Fotoalben wurden durchgeblättert, um fündig zu werden. Co-Autoren für Kurzbeschreibungen ihres Schaffens wurden gewonnen. Bildmaterial von bekannten Fotografen wurde durch diese freigegeben. Allen sei Dank, vor allem auch Andrea Lindner, die als vorbildliche Lektorin tätig war.

Das ganze Werk konnte aber erst zu diesem Buch zusammengefaßt werden, weil weitsichtige Sponsoren gewonnen wurden. Dazu sei für großzügige finanzielle Unterstützung gedankt:

- Förderverein des Fachbereichs Textil- und Bekleidungstechnik,
- bespo-Verband (Fachverband Berufs-, Sport- und Freizeitbekleidungsindustrie),
- Wirtschaftsvereinigung Bekleidungsindustrie Nordrhein,
- Verband der Rheinischen Textilindustrie e. V.,
- Industrie- und Handelskammer Mittlerer Niederrhein.

Mit Anzeigen werbende Firmen:
- Internationales Wollsekretariat,
- Ciba-Geigy,
- Germatex,
- Wilh. Beines & Söhne,
- Schlafhorst,
- Dohmen,
- Textechno.

Mit weiteren Geldbeträgen unterstützende Firmen:
- Deutsche Babcock - Sucker & Müller/ Hacoba,
- Monforts,
- Josef Krückels Textilmaschinen,
- Lefatex-Chemie,
- Zimmermann,
- Techno Tessile,
- Trützschler.

Das vorliegende Werk ist aufbauend auf systematischen Recherchen mit akademischem Anspruch, dennoch bewußt populärwissenschaftlich abgefaßt, damit es eine breite Leserschaft erreicht. Möge es allen Menschen, die in der Region Mönchengladbach mit ihrer Textil- und Bekleidungsindustrie sowie mit ihrer Textilmaschinenbauindustrie gelebt und gelitten, profitiert und profiliert, geschafft und gebaut haben, Erbauung und Erinnerung bringen. Die Stadt Mönchengladbach möge herauslesen, welch enorme Impulse die beschriebenen Branchen und die dargestellten »Textilbarone« ihr im Laufe ihrer Entwicklung gegeben haben. Neben den Textilbaronen ist dieses Buch aber vor allem den vielen unbekannten Männern und Frauen gewidmet, die als »Textiler« die Region geprägt haben. Sie leben zum großen Teil im wohlverdienten Ruhestand und haben daher die genügende Zeit und Muße, sich das Werden ihrer Branche und die Parallel-Entwicklung ihrer Stadt zu Gemüte zu führen. Viel Spaß!

August 1996

Hans-Karl Rouette

Typisches Rentnerehepaar aus der Mönchengladbacher Textilindustrie um die Jahrhundertwende

Inhalt

3 Die Entstehung der industriellen Spinnerei

4 Technische Errungenschaften der Weberei

5 Die industrielle Entwicklung der Textilveredlung

6 Herkunft und Bedeutung der Bekleidungsindustrie

7 Die Entstehung des Textilmaschinenbaus im Mönchengladbacher Textilbezirk

8 Bauliche Entwicklung von Fabriken

9 Zeugnisse des Selbstverständnisses Mönchengladbacher Bürger

10 Entwicklungslinien in die Zukunft

1

Revolution oder Evolution in Mönchengladbach?

Menschen, Mauern und Maschinen als Zeitzeugen

Der Begriff der industriellen Revolution wurde geprägt durch den englischen Sozialreformer A. Toynbee (1852–1883). Die industrielle Revolution war gekennzeichnet durch grundlegende und plötzliche Umgestaltung der ursprünglichen Gewerbe, Gewerbelandschaften und Produktionsarten. Dies geschah durch spontanes Aufkommen neuer technischer Mittel und Verfahren. Außerhalb des Mönchengladbacher Raumes wurde die industrielle Revolution begleitet von tiefgreifenden Konfrontationen zwischen Bürgertum und Proletariat; dies ging hin bis zu gewaltsamen Umsturzbewegungen, wie z. B. dem Weberaufstand in Krefeld (1828) oder dem »blauen Montag« in Aachen (1830). Eine friedliche Fortentwicklung, bei der die Gewerbe und Berufszweige sich kontinuierlich entfalteten, ohne daß es dabei zu starken Brüchen, Umwälzungen oder Konfrontationen kommt, ist eher durch den Begriff »Evolution« zu beschreiben.

Historisch geprägte Orte wie Aachen, Jülich, Xanten, Kleve oder Köln sind in der niederrheinischen Bucht stetig gewachsen und in ihrer politischen Bedeutung zum Teil auch wieder zurückgetreten, da ihre homogene Entwicklung durch typische Ereignisse in der Auseinandersetzung von Konfessionen, von Arm und Reich, von weltlicher und kirchlicher Macht oder durch Zu- und Abwanderung ganzer Völkergruppen gekennzeichnet wurde. Große Herrscher prägen die Geschichte, die meist in Auf- und Abwärtsbewegungen die Bedeutung der jeweiligen Orte hervorhebt. Namen von politisch einflußreichen Menschen, wie Karl dem Großen in Aachen, verbindet man mit historisch wichtigen Gebäuden, wie z. B. dem Aachener Dom. Einschlägige lokale Geschichtsliteratur belegt die Bedeutung regionaler Entwicklung, die auch als Evolution einer Region betrachtet werden kann.

Die Geschichte der Stadt Mönchengladbach ist dagegen eine Geschichte im kleinen, die nicht mit großen Namen verbunden ist. Lange Zeit ein unbedeutender Flekken in der Landschaft, »explodierte« der Ort Mönchengladbach plötzlich im Zeitalter der Industrialisierung in seiner Bedeutung durch die Aktivitäten einiger Textilunternehmer. Um die Wichtigkeit dieser Menschen für die revolutionäre Entwicklung des heutigen Mönchengladbach zu betonen, werden diese »Motoren« der kurzen, »kleineren« Historie dieser Stadt mit »Textilbarone« bezeichnet – ein Titel, der sie ehren soll.

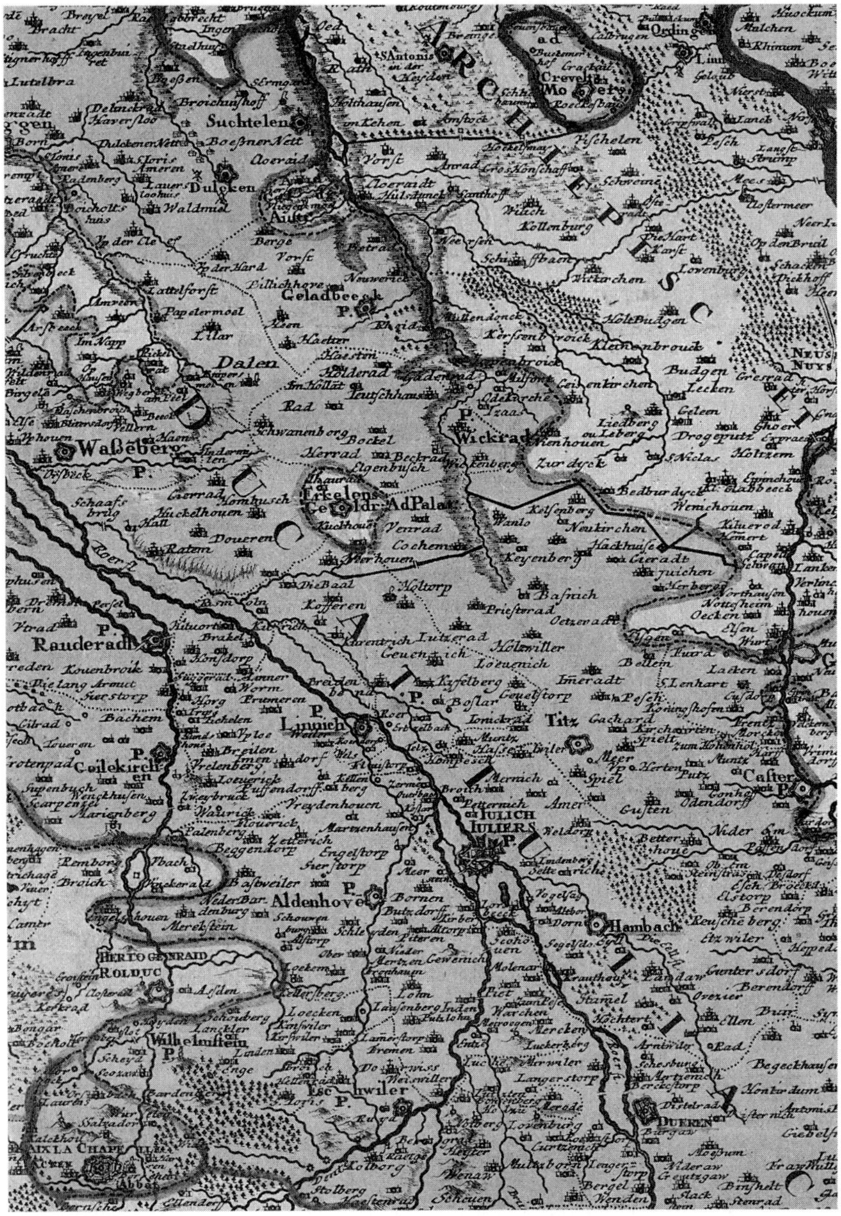

Geladbeeck und Rheid, nahe der alten Römerstraße Köln-Maastricht gelegen und vor der Abtretung an Frankreich (1801) dem Herzogtum Jülich zugehörig, wurden von den beiden Textilstädten Aachen und Crevelt beeinflußt

Ein »Textilbaron« zeichnet sich durch Weitblick und durch menschliche Größe aus, so daß er

- über die wichtigsten Belange seines Textil- und Bekleidungsbetriebes hinausschaut;
- die sozialen Probleme seiner Arbeiter im Auge behält und zu lösen versucht;
- sich politisch oder im Verbandswesen oder religiös für die Stadt, für seine Branche und für die Menschen regional und überregional engagiert;
- erfinderisch, kreativ und unternehmerisch so erfolgreich ist, daß ihm entsprechender Ruf vorauseilt und er in eingeweihten Kreisen oder in der Öffentlichkeit geehrt wird;
- mit Durchhaltevermögen, Toleranz und Ehrgeiz ausgestattet, gleichzeitig so viel menschliche Wärme ausstrahlt, daß er in allen Schichten als gerne in Anspruch genommener Ratgeber gilt.

Derartige Menschen müßten für ihre Leistung, die sie zur Entwicklung der Region Viersen, Rheydt und Mönchengladbach beigetragen haben, posthum geehrt werden, wenn ihnen durch Titel wie Kommerzienrat oder durch Benennung von Straßen nach ihrem Namen oder in entsprechender Literatur nicht schon zu Lebzeiten genügend Ehre widerfahren ist. Deshalb wird hier der Titel »Textilbarone« zur Ehre dieser Menschen angewandt.

Zu diesen Textilbaronen zählen u. a.:

Wernhard Dilthey	1752–1831
Quirin Croon	1788–1854
Johann Peter Boelling	1773–1857
Friedrich Wilhelm Diergardt	1795–1869
Carl Julius Schmölder	1838–1906
Franz Brandts	1834–1914
Leonhard Josten	1852–1923
Franz-Ernst Müller-Hoberg	1844–1926
Wilhelm Reiners	1873–1943
Heinrich Pferdmenges	1877–1947

Die eine industrielle Evolution fördernde Adaptionsfähigkeit gegenüber der aufkommenden Textil- und Bekleidungstechnik verdanken die »Textilbarone« auch dem Standort, an dem sie tätig wurden. Viersen, Rheydt und Mönchengladbach lagen zur Zeit der Industrialisierung Deutschlands im Schnittpunkt zweier geographischer Entwicklungslinien. Von England über Belgien drängte Dampfmaschinen- und Spinn-

Quirin Croon, Präsident der Industrie- und Handelskammer Gladbach-Rheydt-Neuss von 1851 bis 1854 und Nestor der Industrialisierung Mönchengladbachs (17 a)

Abbildung links: Erste Baumwollspinnerei in Rheydt (Lenssen und Beckenbach), auf dem Gelände der heutigen Stresemannstraße zwischen »Karstadt« und Limitenstraße. Die Firma wurde im Jahre 1804 gegründet. Sie entwikkelte sich schnell und konnte im Jahre 1823 bei 8000 Spindeln 600 Arbeiter beschäftigen. Ein wichtiges Ereignis für die Fabrik war die Aufstellung der ersten Dampfmaschine im Jahre 1827. Sie hatte 11 PS und benötigte einen Raum von 21 m². Die Einrichtung dieses Dampfbetriebes fand zunächst keine Nachahmung; die Benutzung der Wasserkraft erschien noch billiger und zweckmäßiger. Erst 1844 stellte der Appreteur Ringel in der Friedrich-Wilhelm-Straße die zweite Dampfmaschine auf (10 a)

Zentren deutschsprachiger Textilherstellung (abgesehen von niederrheinischer und münsterländischer Produktion) vor Beginn und zur Zeit der Industrialisierung, bewandert von zwei Textildruckereigesellen aus Ungarn mit Mönchengladbach im Schnittpunkt der beiden Einfallslinien der Industrialisierung Deutschlands (West/Ost und Süd/Nord)

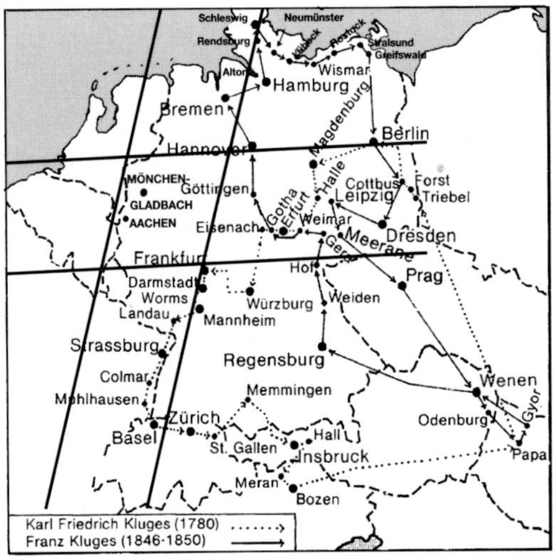

maschinentechnik von Westen ost- und südwärts (mit Aachen als nördlichem Einfallstor) und befruchtete den Mönchengladbacher Raum. Bereits früher diffundierte französische und schweizerische Textiltechnik von Süden nach Norden und Osten (mit dem südlichen Baden-Württemberg als weiterem Einfallstor) und tangierte vor allem in der Baumwollverarbeitung (vor der Industrialisierung des Münsterlandes) die Region um Mönchengladbach. Obwohl Mönchengladbach als Stadt über 1000 Jahre existiert, datiert die Basis der Entwicklung zur großen Stadt später. Noch vor 1804 waren die Flecken »Geladebeeck« und »Rheid« unbedeutende Siedlungen, während Viersen auf einer Karte des napoleonischen Roer-Departements um diese Zeit neben Neersen schon eine gewisse Bedeutung erlangt hatte.

Im Gegensatz zur benachbarten Stadt Aachen mit zünftiger Verkrustung handwerklicher Strukturen im Tuchgewerbe oder im Vergleich zur unternehmergeprägten Seidenstadt Krefeld war die auf Pachtbasis arbeitende und dadurch recht freie Landbevölkerung um Gladbach, Viersen und Rheydt so offen für französische Umstrukturierungspläne, daß Napoleon in diesem Gebiet des Flachsanbaus, der Handspinnerei und des Webereiverlagswesens auf wenig geistigen Widerstand stieß. Die Vorbereitungs- und Übergangszeit zur Frühindustrialisierung fügte sich nahtlos in gewachsene Strukturen der ländlich geprägten Herstellung und des städtischen Vertriebswesens ein.

Diese Offenheit der Bevölkerung für die neue Zeit und die Umstrukturierung der

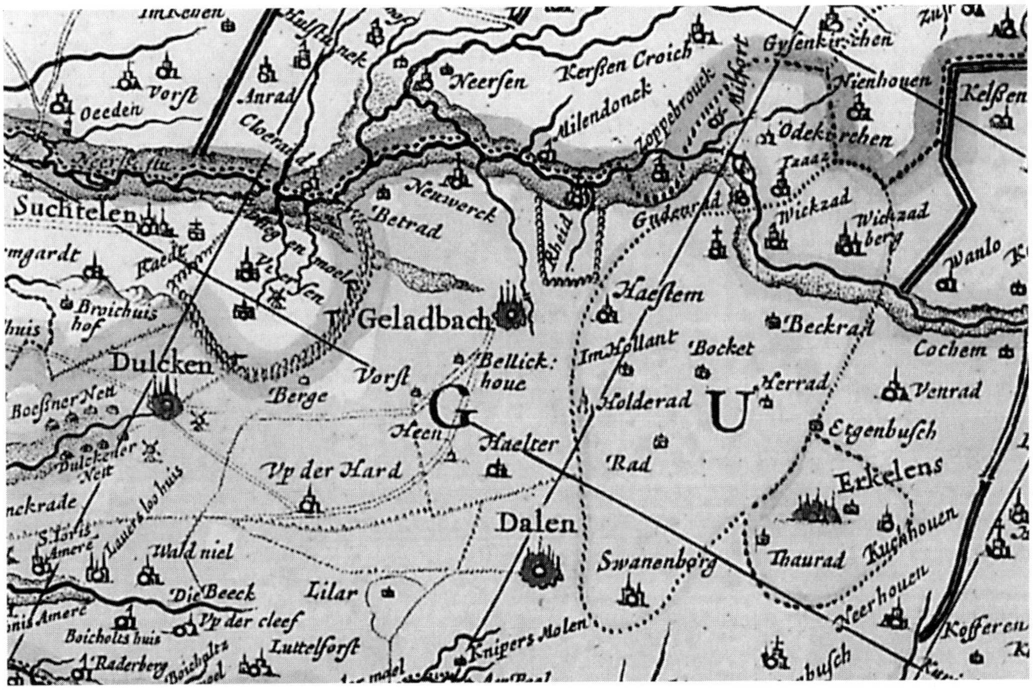

Geladbach, Rheid und das »Vlaasland« (Suchtelen, Dulcken) nahe der Niers vor der Französischen Revolution im Herzogtum Jülich

Blick vom Turm des Gymnasiums auf die Stadt. – Kirchen und Kamine-Wächter über der werdenden Großstadt und Zeichen des Umbruchs (16 a)

Arbeitsverhältnisse sorgte bald für das Aufblühen der Frühindustrialisierung in der Stadt Mönchengladbach. Vor Napoleon fungierte die Abtei als marktbeherrschender Absatzförderer des Textilhandels für die ländlichen Flachsbauern, Spinner und Weber. Nach 1800 wurden protestantische Zuzügler mit unternehmerischem Geist als Gewinnler der napoleonischen Säkularisation zu den Marktführern der Textilherstellung. Sie erwarben Teile des kirchlichen Besitzes und gewannen so bald großen Einfluß auf Textilgewerbe und Stadtgeschehen. Während der Frühindustrialisierung waren sie die Verleger im Stadtzentrum, während die Vororte als Produktions- und Wohnbezirke zum Vorteil der Verlegten blühten.

Wegen der Arbeitskraft, des Fleißes und der Zufriedenheit der Bevölkerung kamen auch die bergischen Textilunternehmer nach Gladbach. Sie ließen allerdings ihre Unternehmenszentralen und ihre Veredlungsbetriebe (vor allem die Türkischrotfärbereien) vorerst noch im Wuppertal.

Von der Frühindustrialisierung bis hin zur explosionsartigen Entwicklung zentraler, mechanisierter Industriebetriebe (ab ca. 1845 bis 1850) bestanden Handarbeit (Spinnen, Weben) und Anfänge der Maschinenarbeit nebeneinander in derselben Vorstadt-»Fabrik«.

Erst die verstärkte Zentralisierung in Großeinheiten brachte Verluste an Arbeitsplätzen in den Vororten und eine Verlagerung der Tätigkeiten in das Stadtzentrum am Gladbach (Appreturanstalt, Färbereien) und in für industrielle Produktionstechniken prädestinierte Stadtteile Mön-

Samtwebstuhl, 19. Jahrhundert, im Museum Schloß Rheydt (10 a)

Die letzten Handweber aus dem Mönchengladbacher Gebiet. Es handelt sich hier um drei Männer aus Geneikken (10 a)

chengladbachs. Produktions- und Wohnbereiche wurden durch die zunehmende Mechanisierung und Zentralisierung der Produktion getrennt. Damit hörten auch die Tagesmärsche der Verlegten mit ihrer Ware aus den Vororten zu den Verlegern in der Stadt auf.

Industrialisierung hat sich im Raum Mönchengladbach schubweise ereignet. Die Zeit bis 1800, also vor Beginn der Industrialisierung, war geprägt von Flachsanbau und Leinenweberei. Die Frühindustrialisierung ist charakterisiert durch die aufkommende Baumwollverarbeitung und erlebt das Ende der Leinenproduktion. Die eigentliche Industrialisierungsphase mit der ersten technischen Revolution bringt von 1840 bis 1850 Dampf- und Spinnmaschinen nach Mönchengladbach. Nach Durchsetzung des Fabriksystems ereignet sich bis zur Jahrhundertwende mit der Entstehung der Bekleidungsindustrie eine für Mönchengladbach typische zweite technische Revolution. Die Blütezeit ab 1900 wird abgelöst von Krisenfolgen. Nach Weltwirtschaftskrise und Wiederaufbau erfolgt eine erneute Umstrukturierung – die z. B. mit den Sulzer-Webautomaten eine dritte technische Revolution zur Folge hat – bis hin zu den neuen Chancen am Übergang zum 21. Jahrhundert. Die Menschen haben stets das Ziel verfolgt, menschliche Arbeit durch Maschinen zu ersetzen, was im »Rheinischen Manchester« vorzüglich gelungen ist. Eine weltweit operierende Textilmaschinenbauindustrie exportiert heute erfolgreich die Früchte dieser (R)Evolution. Heute erlebt die Bevölkerung der Textilregion Mönchengladbach, daß sie Teil

Menschen für die Arbeit vorbereiten – typische Wohlfahrtspflege im Mönchengladbach des beginnenden 20. Jahrhunderts (16 a)

eines weltweiten Systems ist, in dem man sich auf wichtiges Know-how in der Textil- und Bekleidungstechnologie stützen kann.

Die Konzentration auf ein verhältnismäßig kleines Gebiet wirft die Frage auf, warum sich das Textilgewerbe gerade hier ansiedelte und in kurzer Zeit expandierte und warum in diesem Gefolge an demselben Ort eine überregional bedeutende Textilmaschinenbauindustrie entstand, die den deutschen Textilmaschinenbau sehr befruchtet hat.

Es ist im Ablauf der Beschreibung der Technikgeschichte Mönchengladbachs zu klären, ob die strukturelle Änderung des Stadtgebietes im obigen Sinne evolutionäre oder revolutionäre Züge trug. Es wird in dieser Arbeit nachgewiesen, daß der von den Mönchengladbacher »Textilbaronen« 1853 unterzeichnete Gründungsvertrag für das »Industrieschloß« in seinem Weitblick für die Entwicklung zum »Rheinischen Manchester« revolutionären Charakter hatte; dennoch gestaltete sich der Prozeß der industriellen Entwicklung in Mönchengladbach eher evolutionär: Auswärtige Innovationen flossen nach der französischen Übergangs- und Öffnungszeit dem »Schmelztiegel« Mönchengladbach zu und wurden so adaptiert, daß sie sich erst hier bewähren konnten und zum Teil weiterführende Innovationen daraus resultierten.

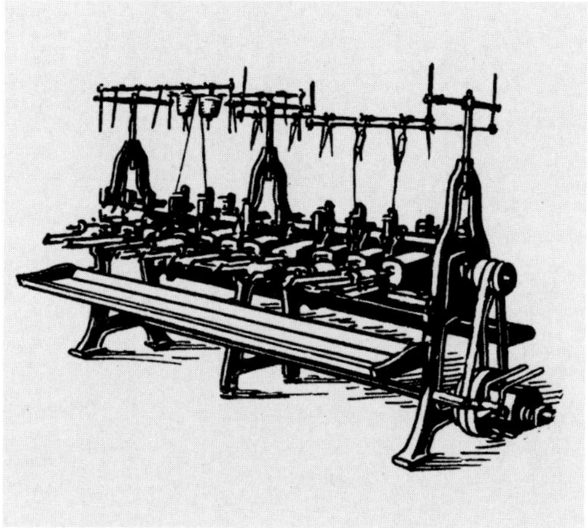

Schußspulmaschine - ein Erzeugnis der aufblühenden Mönchengladbacher Textilmaschinenbauindustrie um 1920 (Franz Müller)

Auf Evolution und/oder Revolution folgt Zerfall. Diese Phase kann schmerzhaft sein. Möge diese Arbeit den vom Abbau der Textil- und Bekleidungsindustrie betroffenen Menschen ein Trost sein: Es gab bessere Zeiten, die genossen wurden.

Dem langsamen Verfall anheim gegeben - die im Jugendstil 1906 errichtete Baumwollspinnerei Emil Schmölder, Dahlener Straße 570 (um 1990), nach Raimund Graudel und Jürgen Müller (»Jugendstil in Mönchengladbach - Architekturelemente der Jahrhundertwende«, Verlag E. Jansen-Winkeler, Roermond, 1990). Historisch überkommene Industriearchitektur ist stumme Zeugin einer versunkenen Zeit und damit Brücke zwischen Vergangenheit und Gegenwart. [Jede Brücke hat zwei Brückenköpfe, die freischwingend überwunden werden, und ein Wahrzeichen (hier der Kamin).]

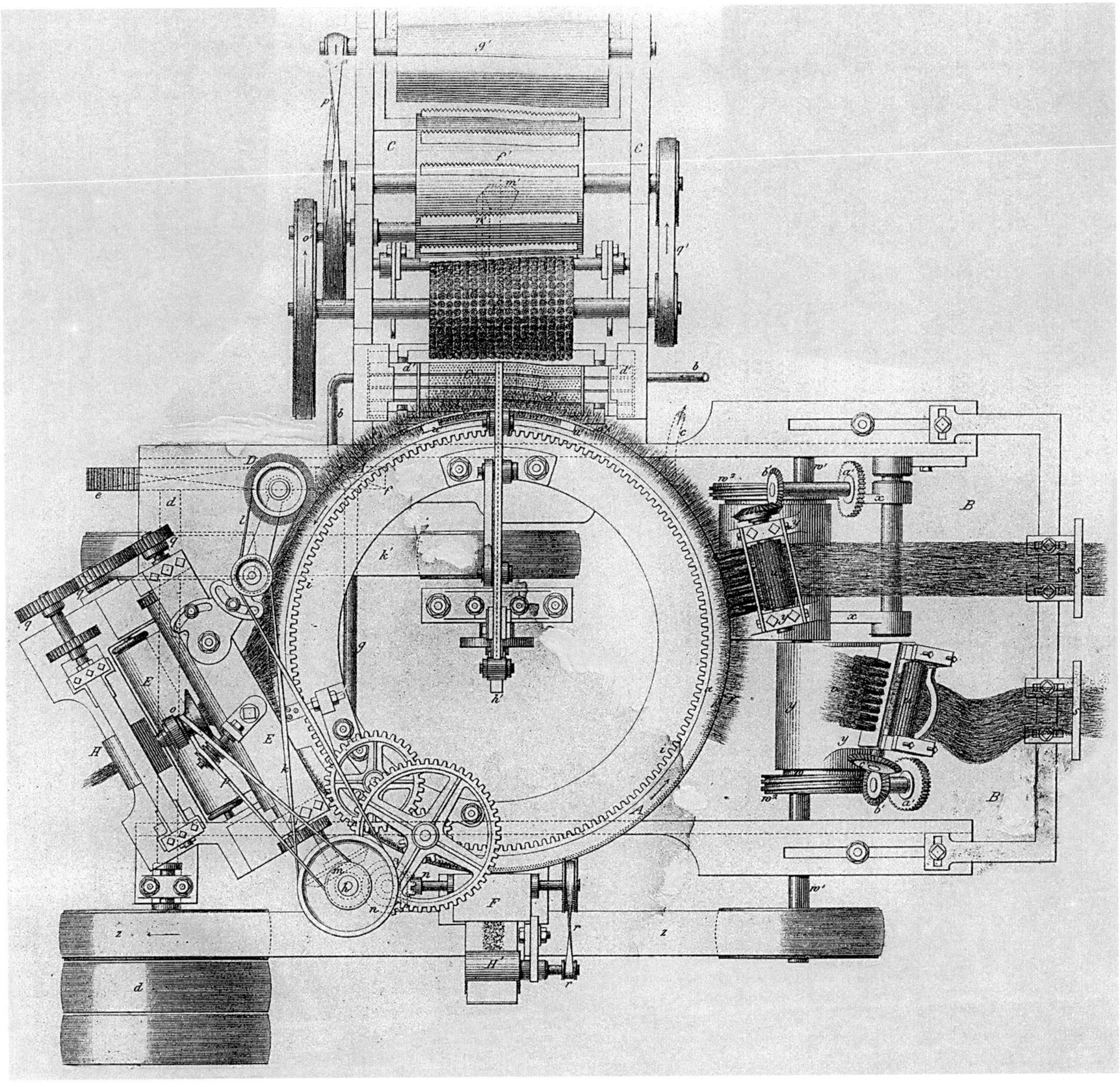

Kämm-Maschine nach dem System aus England: »Cartwright, Isaac, Holden« um 1875 - typisches Beispiel für die Tatsache, daß die wahren technischen Revolutionen von außen kamen und in Mönchengladbach evolutionär adaptiert wurden (aus 271)

2

Die Region – nur am Rande von der großen Geschichte tangiert – schwingt sich auf

Die »Radikalkur« und ihre Folgen

Im 19. Jahrhundert setzte der Rat auf die Amtskette des Oberbürgermeisters die Buchstaben A. M. A. I. »A MONACHIS AD INDUSTRIAM – Von den Mönchen zur Industrie«

H. S. von Alpen beschreibt 1802 in der »Geschichte des französischen Rheinufers – was es war und was es itzt ist« (vgl. 251, S. 59): »Die ehemalige Benediktiner-Abtei in Gladbach ist seit ungefähr drei Jahren von Pauls, Bornefeld & Comp. zu einer Leinenwandweberei, die für diesen Augenblick einzig Padons liefert, eingerichtet worden.« Die Säkularisation durch Napoleon nahm ihren Lauf, und damit begann in Mönchengladbach der Übergang von den Mönchen zur Industrie, indem das Mönchtum in der Abtei einer Textilmanufaktur wich. Die Benediktinermönche verließen nach annähernd 830 Jahren am 11. Oktober 1802 die Stätte, an der sie so lange gelebt, gewirkt und geherrscht hatten. »In der Benediktinerabtei wurde von 1805 an von Pauls, Bornefeld und Wortmann eine ›Fabrique und Handlung‹ betrieben«, so schreibt Thilo Kastrup 1968 über »Die Webindustrie in Mönchengladbach 1806–1900« (Stadtarchiv Mönchengladbach) und überstreicht mit diesem Zeitraum die explosionsartige Entwicklung eines Ortes von ca. 1400 Einwohnern im Jahr 1798 hin zu einer großen und bedeutenden Textilstadt im Jahr 1900 mit 58 000 Einwohnern – eines Ortes, der später »Rheinisches Manchester« genannt werden sollte.

Die Abbildung rechts oben zeigt die Situation am Abteiberg um 1800. Der Abt hatte den Bürgern eine Gerechtsame, also ein Sonderrecht, eingeräumt, das ihnen erlaubte, den Weg durch den Abteigarten zu benutzen, um die Bleichen leichter zu erreichen. Zu diesem Zweck war in der südlichen Gartenmauer ein Tor eingerichtet worden. In der Abbildung ist die Stelle, an der sich das Tor auch heute noch befindet, durch einen Pfeil markiert. Von dort führte der Weg über die heutige Lüpertzender Straße hinweg zu den Bleichen am Gladbach. In den gültigen amtlichen Katasterzeichnungen ist die damalige Situation noch zu erkennen. (16, S. 124)

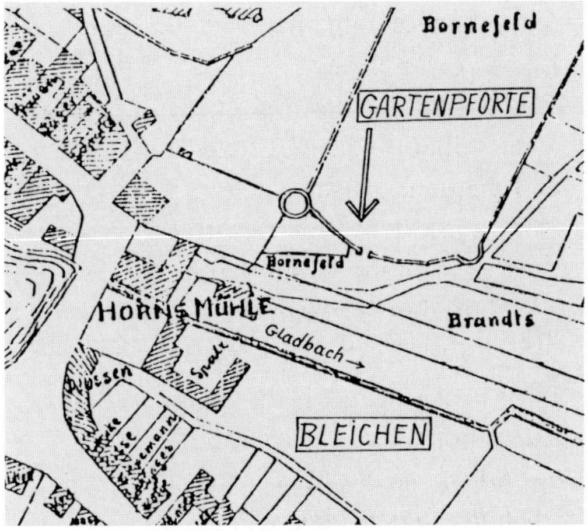

Situation an der ehemaligen Horns Mühle mit den Bleichwiesen am Gladbach, wohin die Bleicher Zutritt durch eine Gartenpforte hatten, welche der Abt ausdrücklich zugestanden hat

Auf der Suche nach einem gottgewollten Ort

Zwei Ölgemälde, die im Mönchengladbacher Rathaus hängen, zeigen die Versuche, Mönche an diesem Ort seßhaft zu machen – Gründungsversuche, die so lange Stückwerk blieben, bis die Textilindustrie ihren Anfang nahm.

Die erste Gründung bezieht sich auf die Stiftung der ersten Kirche auf dem Gladbacher Hügel. Das erste Bild zeigt zwei Personen mit dem Modell einer Kirche. Unter dem Bild ist folgende Erklärung zu lesen: *Erste Gründung des Gladbacher Klosters, welches im Jahre 795 n. Chr., im 27. Regierungsjahre Karls des Großen, der aus königlichem Geblüt entstammende Graf Balderich von Franzien mit seiner Gemahlin Hitta gegründet, mit höchst schätzbaren heiligen Reliquien ausgestattet und mit reichlichen Einkünften versehen hat.* Die Kirche, die von Papst Leo III. eingeweiht wurde, ist im Jahre 954 n. Chr. vermutlich von den Ungarn zerstört worden.

Das zweite Ölgemälde zeigt einen Bischof und einen Abt, die ein Modell des Münsters in Händen halten. Im Jahre 974 n. Chr. vollzog sich die zweite Gründung: Der Kölner Erzbischof Gero gründete zusammen mit dem Benediktinermönch Sandradus auf dem Gladbacher Hügel die Abtei auf den Trümmern der zerstörten Kirche. Die Legende besagt, daß Erzbischof Gero im Traum die göttliche Eingebung erhielt, »*auf waldigem Hügel, am Ufer eines Bächleins ein Kloster zu Ehren des heiligen Vitus zu errichten. Zuerst glaubte Gero, im Bergischen Lande bei Leichlingen an der Wupper die von Gott gewünschte Stelle gefunden zu haben, und der Bau begann. Unterdessen starb der deutsche Kaiser. Zwei Königsboten, ein weltlicher und ein geistlicher Graf, überbrachten dem Erzbischof die Kunde, daß nun Otto II. seinem Vater in der Regierung gefolgt sei.*

Gero veranstaltete den hohen Gästen zu Ehren in Leichlingen ein Fest. Beim Mahle suchte der eine dem anderen scherzend den besten Bissen von der Gabel zu nehmen. Dabei erhielt der Geistliche unvorsichtigerweise von seinem Begleiter einen leichten Messerstich ins Knie, der in wenigen Augenblicken den Tod zur Folge hatte. Über das traurige Ereignis waren alle tief bestürzt. Man glaubte, darin ein Zeichen des Himmels sehen zu müssen. Der durch Blut entweihte Ort konnte unmöglich die gottgewollte Stelle sein. Darum ließ man sogleich vom Weiterbau des Klosters ab. Nach erneutem Suchen wurde bald wieder ein bewaldeter Hügel an einem vorüberfließenden Bächlein gefunden. Es war im Mülgau am Gladbach. Als man hier unter einem hohlen Stein auch einen Reliquienschatz entdeckte, war Gero sicher, den von Gott gewollten Platz gefunden zu haben.« (245, S. 14)

So erhielt der Benediktinermönch Sandradus aus Trier, der erste Mönchengladbacher Abt, den Auftrag zur Erbauung des Klosters. Das Kloster hat seine heutige Gestalt durch Neubauten aus dem Jahre 1663 und 1705 erhalten.

Hl. Vitus, Schutzpatron von Mönchengladbach, mit dem Modell des Münsters (Kölner Arbeit aus 1694) (18 a)

Von Gladebach bis Mönchengladbach – Einheit in Vielfalt

Mönchengladbach ist älter als 1000 Jahre und hat in dieser Zeit viele Namen gehabt. Einer namensgeschichtlichen Untersuchung des früheren Stadtarchivrates Julius Koenzgen ist die folgende Zusammen-

Barockportal in der ehemaligen Benediktinerabtei (um 1958) (18 a)

fassung der verschiedenen Namensformen entnommen. Mönchengladbach heißt die Stadt erst seit dem 20. Dezember 1950. Bis dahin wurde München Gladbach allzuoft als Vorort von München angesehen.

Namensform	*Zeit*
Gladebach	1085–1695
Gladebachum	
lat. subst.	1304–1310
Gladebachensis	
lat. adj.	1149–1331
Gladebachcensis	
lat. adj.	1135–1245
Gladebac	1170
Gladebacensis	
lat. adj.	1116–1371
Gladebaccensis	
lat. adj.	1163
Gladebag	1166–1319
Gladbach	1130–1799
Gladbachensis	
lat. adj.	1323–1338
Gladbachisch	
dt. adj.	1722
Gladbac	1200–1748
Gladbacensis	
lat. adj.	1168–1799
Gladbagh	1344–1546
Gladtbach	1545–1563
Glatbach	1329–1627
Glaidbach	1387–1448
Glaidbacensis	
lat. adj.	1437
Glaitbach	1481
Glaytbach	1307
Glaedbach	1449
Glaetbach	1491
Gladbaich	1371

Namensform	*Zeit*
Glaidbach	1352
Gladbeck	1293
Gladbeke	1317
Glatbeke	1228
Geladbach	1396–1550
Gelaidbach	1395
Geladbaich	1519
Glabbacensis	
lat. adj.	1629
Monich Gladebach	1300
Munche Glaydebach	1347
Muncgelidabach	1388
Monichglaidbach	1389
Moenchgladbach	1441
Monchgladbach	1475
Monichgladbach	1456–1478
München Gladbach	1620–1621

Stadtrecht erhielten folgende heutige Stadtteile:

Gladbach	1364/66
Rheindahlen	1356
Rheydt	1856
Odenkirchen	1856
Wickrath	1488

Diese Städte wurden im Zuge der kommunalen Neuordnung vom 1. Januar 1975 zu Mönchengladbach eingemeindet.

Im 19. Jahrhundert sprach man von Gladbach, und erst in unserem Jahrhundert bürgerte sich die Bezeichnung Mönchen Gladbach bzw. M.Gladbach ein.

Da der betrachtete Wirtschaftsraum schwerpunktmäßig das Stadtgebiet des heutigen Mönchengladbachs umfaßt, die umgebenden Grenzen erst in der kommunalen Neuordnung von 1975 festgelegt wurden und die regionalen Zugehörigkeiten der einzelnen Stadtteile in den zurückliegenden Jahrhunderten etlichen Umstrukturierungen unterworfen waren, soll im folgenden allgemein vom »Mönchengladbacher Textilbezirk« bzw. der »Region Mönchengladbach« gesprochen werden.

Beide Begriffe implizieren außerdem, daß regionale Entwicklungen nicht an territorialen Grenzen haltmachen; sie erweitern das betrachtete Gebiet auf den heutigen Bezirk der Industrie- und Handelskammer Mönchengladbach, zu dem unter anderem auch Grevenbroich und Viersen gehören. Dieses Gebiet ist als Gewerbelandschaft im städtebaulichen und historischen Sinne nicht homogen zusammengewachsen, sondern nach wie vor wegen der wechselvollen Zuordnungen zersplittert.

Seit 1307 bis gegen Ende des 18. Jahrhunderts gehörten Gladbach und Rheydt zum Herzogtum Jülich. Das jülichsche Amt Gladbach bestand aus den Gemeinden Gladbach und Hardt. Die Gemeinde Gladbach umfaßte das Städtchen Gladbach und die nachbarlichen Ansiedlungen auf den beiden Seiten der Stadt, im Westen Obergeburt und im Osten Niedergeburt (»gebure« = Bauerschaft). Die Einteilung hatte keine politische, sondern nur geographische Bedeutung. Unterbezirke der Gebure waren sogenannte Honschaften, die besondere Gerichtsgebiete bildeten. Die Gerichtsbarkeit beschränkte sich aber nur auf die Wirtschafts- und Eigentumsverhältnisse der Gemeinde und der Gemeindemitglieder. Der Vorsteher der Honschaft war der »Honne«. Er führte im Gemeinde-

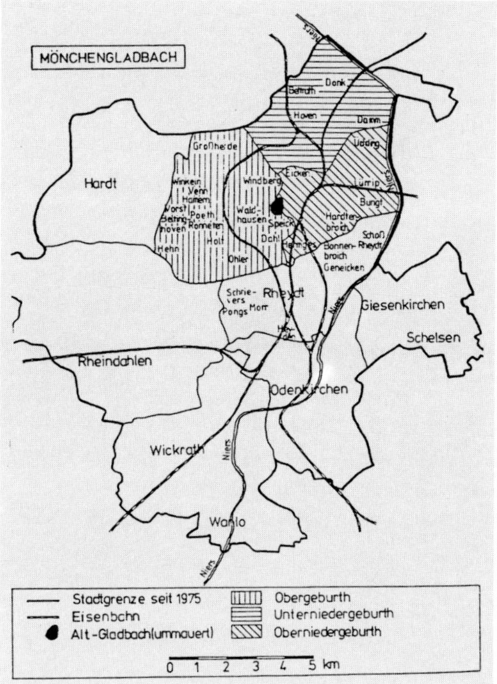

Karte der Stadt Mönchengladbach.
Die Abbildung zeigt die Stadt Mönchengladbach mit der Stadtgrenze seit 1975, wie sie bis heute existiert. Kenntlich gemacht sind auch die Kerne Alt-Gladbach mit seinen drei Geburen und Rheydt. (105, S. 118)

gericht den Vorsitz. Ihm standen zur Urteilsfindung Schöffen zur Seite. (27, S. 378)

Die Honschaften, deren Namen bis heute als Stadtteilbezeichnungen existieren, waren unter anderem Dahl, Ohler, Hehn, Winkeln, Venn, Großheide, Windberg, Waldhausen, Hamern, Rönneter, Poeth, Beltinghoven, Speick, Hermges, Vorst, Eikken, Üdding, Lürrip, Bungt, Hardterbroich, Hoven, Donk, Damm und Bettrath. Die jülichsche Unterherrschaft Rheydt umfaßte in der vorfranzösischen Zeit die vier Honschaften Bonnenbroich, Geneicken, Heyden und Dorf. Diese bildeten zusammen mit Schloß Rheydt, Morr, Pongs und Schrievers die Gemeinde Rheydt. (66)

Nach der Annexion des linken Rheinufers durch die Franzosen im Jahre 1794 wurde das Gebiet 1798 innerhalb des Roerdepartements dem Arrondissement Krefeld zugeteilt. Gladbach gehörte seit dem 15. Juni 1798 zum Kanton Neersen, Rheydt dagegen zum Kanton Odenkirchen. Der Kanton Neersen setzte sich aus den Gemeinden und Wohnplätzen Süchteln, Cloerath, Anrath, Kehn, Willich, Schiefbahn, Kleinkempen, Neersen, Korschenbroich

Dorfstraße D. Schelsen um 1900 (10 a)

mit Millendonk, Kleinenbroich, Liedberg und Steinforth sowie aus Unterniedergeburt, Oberniedergeburt, der Stadt Gladbach, Obergeburt und Hardt zusammen. Im Kanton Odenkirchen waren neben anderen Orten Odenkirchen, Rheydt, Zoppenbroich, Giesenkirchen, Schelsen, Wanlo, Wickrath und Wickrathberg, Dahlen, Neukirchen und Jüchen zusammengefaßt. Das ehemalige Unteramt Gladbach unterteilte man in fünf Munizipalagenturen. Ab 1800 wurden diese als »Mairien« bezeichnet, und Hardt wurde Verwaltungsstelle der Mairie Gladbach. 1807 wurde die Verwaltungsstelle Hardt aufgelöst und Hardt ganz der Stadt Gladbach angeschlossen. Das alte Rheydter Gebiet zerschlugen die Franzosen nicht, sondern es erhielt innerhalb der Grenzen der Unterherrschaft eine selbständige Gemeindeverwaltung. (26, S. 169–174)

Als 1815 die Rheinprovinz von Preußen übernommen wurde, hatte man diese Einteilung zunächst beibehalten. 1816 wurde Gladbach Hauptort des gleichnamigen Landkreises im Regierungsbezirk Düsseldorf. Im Jahre 1835 wurde eine Umbildung der vier Bürgermeistereien Gladbach, Obergeburt, Oberniedergeburt und Unterniedergeburt in die drei Bürgermeistereien Gladbach, Hardt und Neuwerk beschlossen, die am 1. Januar 1836 in Kraft trat. Zur Bürgermeisterei Gladbach gehörten demnach die Gemeinden Gladbach-Stadt, Obergeburt und Oberniedergeburt. Die beiden letzten bildeten die Landgemeinde Gladbach. Rheydt besaß in dieser Zeit den Status eines »Fleckens«.

1857 wurden die Gemeinde Oberniedergeburt und Teile der Gemeinde Obergeburt (die Honschaften Speick und Hermges) mit der Gemeinde Gladbach-Stadt zu der Stadtgemeinde München-Gladbach zusammengeschlossen. Der Rest von Obergeburt bildete die Landgemeinde Gladbach, für die sich die Bezeichnung »Gladbach-Land« einbürgerte. 1859 schied die Stadtgemeinde aus dem Bürgermeistereiverband aus und führte für sich das Recht der für die Rheinprovinz gültigen Städteordnung vom 18. Mai 1856 ein, wie 1856 schon Rheydt, Odenkirchen und Dahlen. Die Gemeinde Obergeburt wurde eine selbständige Bürgermeisterei, die ab 1907 auch offiziell die Bezeichnung »München-Gladbach-Land« trug. München-Gladbach schied 1888 aus dem Kreisverband aus und wurde selbständiger Stadtkreis. Für Rheydt erfolgte dies im Jahre 1907.

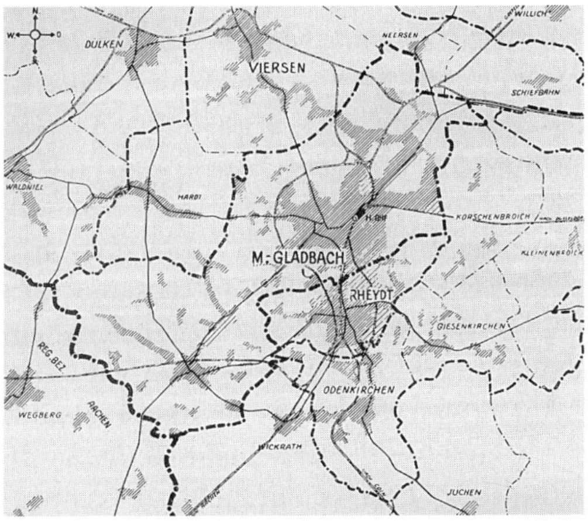

Mönchengladbach, Rheydt und Umgebung um 1926 (26-Li, S. 50)

1921 schlossen sich die Bürgermeistereien Gladbach-Land, Neuwerk und die Stadt Rheindahlen (bis 1878 Dahlen) mit dem Stadtkreis zusammen und bildeten damit die Stadt München-Gladbach. Im Jahre 1929 wurden die Städte München-Gladbach und Rheydt zusammengeschlossen. Auch Odenkirchen, Hardt und Giesenkirchen-Schelsen gliederte man ein. Die neue Gesamtstadt erhielt den Namen Gladbach-Rheydt. Am 1. August 1933 wurde dieser Zusammenschluß wieder aufgehoben. Die frühere Gemeinde Hardt verblieb bei der Stadt M.Gladbach. Die Stadt Rheydt wurde gebildet von Rheydt, Odenkirchen und Giesenkirchen-Schelsen. (26; 66; 105) Bis 1975 blieb dieser Zustand unverändert. Am 1. Januar 1975 trat die kommunale Neuordnung in Kraft, welche die beiden Schwesterstädte unter Einbeziehung der Gemeinde Wickrath unter dem Namen Mönchengladbach erneut vereinigte.

Die agrarisch geprägte Flachs-Region

In der Region um Gladbach und Rheydt waren Flachsanbau und Leinwandherstellung nachweislich die Wirtschaftszweige, die zuerst eine überregionale Bedeutung erlangten. Die Beziehungen zu den benachbarten Niederlanden spielten in diesem Zusammenhang eine große Rolle. Schon seit dem 16. Jahrhundert nahm das Leinengewerbe der Region einen großartigen Aufschwung, dessen Ursache im Ausbau der Handelsbeziehungen zu Holland begründet lag. Da sich die Niederlande seit dem 16. Jahrhundert aufgrund ihrer geographischen Voraussetzungen mehr und mehr auf Handel, Seefahrt und Viehzucht beschränkten, war die eigene Leinenindustrie nicht mehr in der Lage, den Bedarf der bedeutenden Leinenausfuhr in alle Welt zu decken. Hinzu kam, daß die niederrheinischen Weber nicht über das Know-how der Leinwandveredlung verfügten, wie es in den Niederlanden, besonders in Haarlem, vorhanden war. Also gingen die Leinenerzeugnisse der Region vielfach unveredelt nach Holland, um dann nach der Veredlung in Haarlem als »holländisches Leinen« in den Handel zu kommen. Weiteren Auftrieb erhielten die Handelsbeziehungen zu den Niederlanden durch die niederländischen Wiedertäufer, die mit dem Erscheinen der Truppen Albas aus ihrer Heimat flüchteten und sich vielfach im Rheinland niederließen. (66, S. 14)

Für den Niederrhein ist die Verbindung mit Haarlem eine der frühen und wichtigen Wirtschaftsverbindungen und von bleibender Bedeutung gewesen. Sie brachte der Bevölkerung Arbeit und Verdienst in einer Zeit, in der neben der Landwirtschaft keine andere Erwerbsmöglichkeit bestand. Die Produktion ist weit über die alltäglichen Verhältnisse hinaus gediehen, in denen der Landwirt für seinen eigenen Bedarf spann und webte. Als in Haarlem Bleiche und Handel zugrunde ging, stellten sich die heimischen Leinenweber mit gutem Erfolg auf Seide und Baumwolle um. Aber die Zusammenarbeit mit Haarlem hat unsere heutige Textilindustrie mitentwickelt, die wiederum die Entstehung und Entwicklung vieler anderer Gewerbezweige verursachte und beeinflußte – bis auf den heutigen Tag. (228, S. 83)

»Het Vlaasland«

Der Name »Het Vlaasland« betont die führende Rolle des Flachsanbaus in der Region um Mönchengladbach. (In der Literatur taucht auch die Schreibweise »Flaas« oder »Flaaß« für Flachs auf.) Das feuchte, kühle, unter dem Einfluß der Nordsee stehende Klima und der sandige Lehmboden waren ganz besonders für den Flachsanbau geeignet. Schon in römischer Zeit ist in der

Niederrheinischer Bauernhof von 1760 in Wegberg (18 a)

Gegend von Odenkirchen, Rheindahlen und Viersen der fruchtbare Ackerboden zum Flachsanbau genutzt worden. Zunächst wurde wohl nur für den Eigenbedarf Flachs angebaut und weiterverarbeitet. Infolge des fränkischen Erbrechts der naturalen Erbteilung zersplitterte der Grundbesitz, und viele Bauern waren seit dem 14. Jahrhundert gezwungen, eine Nebenbeschäftigung auszuüben, um ihre Familie zu ernähren. Die Nebenbeschäftigung der Leinengarn- und Gewebeherstellung entwickelte sich allmählich mehr und mehr zu ihrem Haupternährungszweig. (90, S. 9)

Das Gebiet, in dem verstärkt Flachsanbau zu gewerblichen Zwecken betrieben wurde, war begrenzt. Es erstreckte sich zwischen den Flüssen Niers, Schwalm und Roer. Die wichtigsten Städte bzw. Ortschaften waren Odenkirchen, Wegberg, Erkelenz, Waldniel, Brüggen, Krickenbeck, Grefrath, Oedt, Süchteln, Dülken, Viersen, Gladbach und Rheydt.

Die Gewinnung der Flachsfasern war eine aufwendige Arbeit. Die Aussaat des Flachses erfolgte meistens im März. Der Volksmund sagt: »Der hongetste Daag siene, honget Stond en der Jronk on honget Daag över der Jronk.« Nach hundert Stunden, also am fünften Tag nach der Saat, waren die ersten Keime zu sehen, und nach 99 bis 110 Tagen, also im Juli, war der Flachs soweit ausgewachsen, daß er ausgezogen werden konnte. Da die Fasern im reifen Zustand sehr brüchig sind, begann die Flachsernte, wenn die Stengel noch nicht völlig ausgereift waren. Die Pflanzen wurden mit der Hand ausgezogen und gerauft (jeplöckt, jeplaut), um scharfe Faserenden wie beim Ernteschnitt zu vermeiden und so den Spinnvorgang zu erleichtern. Nach dem Raufen folgte das Riffeln (Räepen). Dies hatte den Zweck, die Samenkapseln abzustreifen. Es wurde eine Riffelbahn von zehn mal zehn Metern angelegt und mit einem kleinen Damm umgeben, damit die Samenkapseln, die später zu Leinöl verarbeitet wurden, nicht verlorengingen. Da das Riffeln viel Kraft erforderte, war es Männerarbeit.

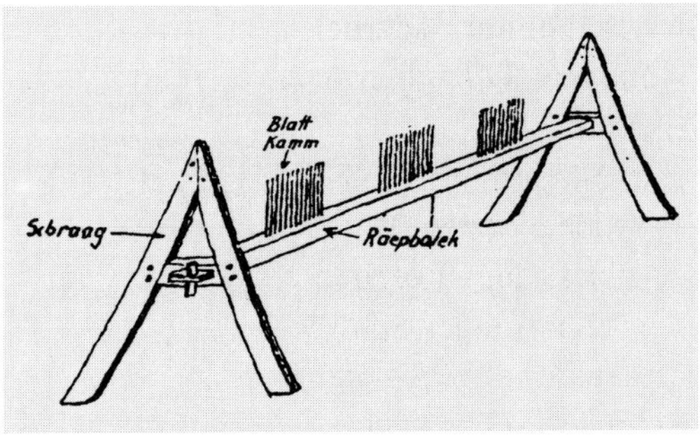

Riffel, Räep (132, S. 27)

Als nächster Arbeitsgang folgte das Rösten zum Lösen des Pflanzenleims, der die Fasern mit dem übrigen Stengel fest verbindet. Es gab verschiedene Röstverfahren: die Rasen- und Tauröste, die Wasser- bzw. Grubenröste, die Flußröste und eine gemischte Röste aus Wasser- und Tauröste. Am Niederrhein wurde die Grubenröste bevorzugt und in den sogenannten Röst- oder Flachsgruben (Vlaasruet, Vlaaskul) durchgeführt. Der Flachs lag neun bis zehn Tage in der Röstgrube und wurde danach zum Trocknen ausgebreitet (utereenjesprejt). Man sagte auch »Dä Vlaas koem op de Sprej« (Spreite). Nach der Spreite wurden große Bündel verfertigt. Hiermit war die Sommerarbeit am Flachs beendet, und die weiteren Arbeiten erfolgten im Winter, wenn draußen die Arbeit ruhte. (132, S. 10–19)

Zur weiteren Verarbeitung mußten die Flachsstengel gebrochen werden. Zum Brechen diente der »Buekblöjel«. An einem langen Krummstiel war ein dickes Holz befestigt, dessen Unterseite mit scharfkantigen Rillen versehen war. Mit diesem Gerät schlug der Brecher auf die am Boden ausgebreiteten Stengel. Später setzte man den Buekblöjel nur noch zum Brechen der harten Wurzelenden ein, damit die Arbeit an der Breche (Braak) erleichtert wurde. Die Breche war einfacher in der Handhabung als der Brechschläger. Sie bestand aus einem Holzgestell, bei dem mehrere parallel laufende, angeschärfte Hölzer eines beweglichen Oberteils in die Zwischenräume eines ähnlich gearbeiteten Untergestells schlugen. Die Flachsstengel wurden quer über das Unterteil gelegt und durch Auf- und Niederbewegen des Hebels die Halme gebrochen. (229, S. 23)

Nach dem Brechen folgte das Schwingen (Schwenge, Schwönge), wodurch alle Holzteile abgeschlagen wurden. Es war eine der schwierigsten Arbeiten, die viel Geschicklichkeit erforderte. Das eingesetzte Gerät, der Schwingstock, bestand aus einem aufrecht stehenden Brett mit Fuß. Auf die obere Kante wurde eine Handvoll gebrochener Flachs gelegt und mit einer Holzschwinge, die wie ein Schwert aussah, geschlagen. (132, S. 20) Der durch das Schwingen freigelegte Bast, Schwingflachs genannt, wurde zu Puppen zusammengebunden. Er war jetzt verkaufsfähig, konnte aber in diesem Zustand noch nicht versponnen werden. Der Flachsbast mußte vor dem Spinnen erst zu Fasern gespalten werden. Dies geschah beim Hecheln (Häekele). In den Hechelbock wurden abwechselnd grobe und immer feiner werdende Hecheln eingeschoben. Die Hecheln waren Bretter mit runden Büscheln hochstehender Eisenstifte. Der Flachs wurde in die Hechelzähne eingeschlagen und sanft und ohne harten Zug durchgezogen. Das Hecheln entfernte die letzten Holzteilchen, legte die Fasern parallel und entfernte kurze Fasern. Den Abfall nannte man Werg; dieser wurde zu groben Garnen versponnen. (229, S. 24–26)

Schwingstock und Flachsbreche (133, S. 31)

Hecheln (133, S. 32)

Leinwandwebstuhl aus Viersen (232, S. 96)

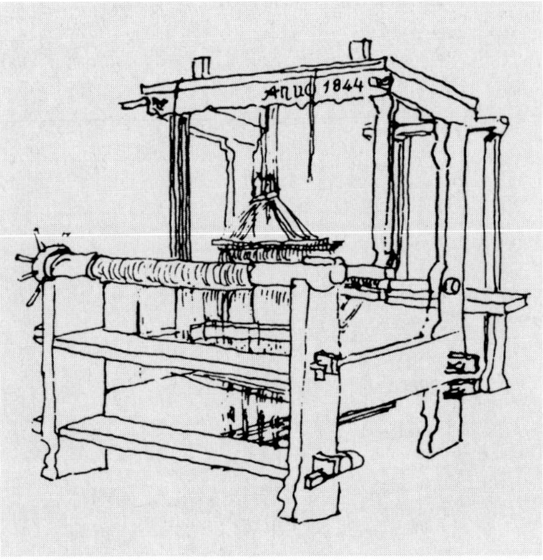

Das Spinnen (Spönne) erfolgte im »Vlaasland« üblicherweise auf dem langen Spinnrad mit drei gedrechselten Füßen und einer ansteigenden Bank zur Spinnvorrichtung hin. (132, S. 28) Über das Zwirnen des Flachs- bzw. Leinengarns ist nichts bekannt, da überwiegend Einfachgarne verwebt wurden. Das Spulen hatte den Zweck, das Garn auf große Spulen zur Herstellung der Webkette oder auf Spülchen für den Webschützen aufzubringen. Die Spulräder waren oft niedrig gebaut, was darauf hindeutet, daß meistens Kinder mit Spularbeiten beschäftigt wurden. Mit dem Haspeln wurde ein Arbeitsgang zwischengeschaltet, der den Faden nicht direkt auf Kett- oder Schußspulen brachte, sondern Garnstränge herstellte. Das gehaspelte Garn war verkaufsfähig. Die Garne konnten im Strang gefärbt und gebleicht werden. Außerdem ließen sie sich leicht befördern und aufbewahren. Beim Winden wurden die Stranggarne wieder auf Spulen gebracht, um sie als Kette oder Schuß einsetzen zu können. (229, S. 30–32) Danach folgte das Kettschären und das Weben.

Der typische Leinwandwebstuhl des niederrheinischen Flachslandes war an der Schwere des Stuhlgestelles zu erkennen. Er war sehr massiv gebaut, da die Leinwand dicht gewebt und die Schußfäden fest angeschlagen werden mußten. Die Weber nannten ihren Handwebstuhl »Getau«. (229, S. 37)

Das fertige Rohleinen war unsauber und grau. Obwohl im »Vlaasland« hervorragende Gewebe bis hin zur Spitzenqualität des Stulpenleinens gewebt wurden, fehlten ausreichende Kenntnisse oder Anlagen zur Veredlung der Gewebe. Die Weber wußten, daß sie mit einem Kleister aus Buchweizenmehl und Ziegentalg die Webketten glatt, fest und geschmeidig machen konnten. Sie verstanden es aber nicht, diese Gewebe auszuwaschen und zu bleichen. Sie befaßten sich auch nicht damit und gaben deshalb ihre Leinenstücke nach Haarlem in den Niederlanden. (229, S. 37 f.)

Der Viersener Weber Johann Stroepen am Leinenwebstuhl, am Spulrad Wilhelm Dohmen (228, S. 75)

Die Bleichen in Haarlem

In den Niederlanden, in der Nähe von Amsterdam, entlang der Dünenstrecke von Haarlem im Gebiet von Overveen und Bloemendahl, bildeten sich gegen Ende des 15. Jahrhunderts selbständige Garnkochereien und Lohnbleichereien. Als um die Wende des 16. zum 17. Jahrhundert das niederrheinische Flachsland die größte

Ausdehnung hatte, arbeiteten in und um Haarlem etwa 40 Leinenbleichereien nach ihren Geheimrezepten. Dort hatte sich durch Erfahrung ein technischer Prozeß entwickelt, der mehrere Jahrhunderte unverändert beibehalten wurde. (228, S. 76–78) »Haarlemer Weiß« war ein Gütebegriff geworden. Die Niederlande waren sehr aufnahmefähig für rohe, niederrheinische Leinwand, wodurch über mehr als 250 Jahre eine Abhängigkeit der niederrheinischen Leinenweber von den Haarlemer Bleichen und den niederländischen Leinenhändlern bestand. (229, S. 38) Gegen Ende des 18. Jahrhunderts mußte die Haarlemer Bleichindustrie aufgeben. Das hatte mehrere Gründe: Die zu Beginn des 18. Jahrhunderts entwickelte »schneeige Helle« der Haarlemer Leinenveredlung durch Milchen (mit Molke oder Buttermilch) wurde auch in anderen Ländern erreicht. Selbst am Niederrhein waren Bleichereien nach holländischer Art entstanden, weil man gelernt hatte, die Konzentration der »Milche« so einzustellen, daß das Leinen nicht brüchig wurde. Nach 1740 wurde das Haarlemer Verfahren durch neue Techniken ersetzt (229, S. 38), die auf chemischer Basis als sogenannte »Fixbleiche« arbeiteten. Der wichtigste Grund aber lag darin, daß der Leinenhandel rückläufig war und die Baumwolle einen immer größeren Anteil am Markt eroberte.

Die Wurzel stirbt

Die weit gefächerten Handelsbeziehungen zu Holland gaben der Leinwandherstellung eine breite Grundlage und wurden zusätzlich durch aus Holland vertriebene Mennoniten gestützt, die sich in Mönchengladbach ansiedelten. Unter ihnen befand sich eine ganze Reihe von Webern. Sie beeinflußten mit ihren Geschäftsverbindungen und ihrem technischem Wissen den Ausbau der Leinwandherstellung maßgeblich. Die steigende Nachfrage nach niederrheinischer Leinwand veranlaßte immer mehr Menschen, die Landwirtschaft aufzugeben, um sich diesem expandierenden Erwerbszweig zuzuwenden. Welche Bedeutung die Leinwandherstellung für Mönchengladbach hatte, läßt sich auch anhand der Flachssteuer erkennen, die im Jahre 1617 mehr als den siebten Teil der städtischen Gesamteinnahmen ausmachte. (28, S. 445)

Leinenverarbeitung auf dem Hof (1 a)

Flachsanbau und -verarbeitung erfolgten im wesentlichen auf dem Land, Handel und Veredlung der Gewebe in der Stadt. Felder für den Anbau lagen beispielsweise zwischen Rheydt und dem heutigen Rheindahlen. (223, S. 373) Die ausgedehnten Flachsfelder und seine zunehmende Verarbeitung gaben der Region zwar den Namen »Vlaasland«; diese Bezeichnung sollte jedoch nicht überbewertet werden. Die Ansprüche der Pflanze setzten der Anbauintensität Grenzen. Noever stellt fest: »Die Bezeichnung darf nun nicht die Meinung aufkommen lassen, als sei hier ein Flachsdorado gewesen. Was in dem benachbarten Flandern und auch in Holland an Flachsanbau geleistet wurde, stellt unsere Gegend in den Schatten.« (132, S. 9)

Anders als bei der Herstellung von Baumwollgeweben wurde Leinwand auf dem Land bis in das 18. Jahrhundert ausschließlich in selbständiger Tätigkeit produziert. Cremers ist der Ansicht, daß die Form, in der die Leinwandproduktion betrieben wurde, seit Einwanderung der Mennoniten das Verlagssystem gewesen sei. (37, S. 7) Bezüglich der Weber und Spinner auf dem Land erscheint dies eher unwahrscheinlich. Der Rohstoff wurde hier vor der eigenen Haustür auf Feldern angebaut, die man selbst bewirtschaftete. Warum sollte man sich den Rohstoff von einem Verleger zur Verfügung stellen lassen? Aus welchem Grund sollten jene wiederum das Rohmaterial auf Wochen oder Monate kreditieren, wenn man das Endprodukt kaufen konnte? Wahrscheinlicher ist, daß in den ländlichen Gegenden dieser Zeit das fertige Leinengewebe oder -garn an die Mennoniten verkauft wurde.

Für die Stadt Gladbach stellt sich ein etwas anderes Bild dar. Die ansässigen Weber oder Spinner bauten den Flachs nicht mehr selber an und mußten die Rohstoffe kaufen. Die Distanz zum Produzenten förderte die Entwicklung eines Zwischenhandels, fehlendes Kapital die Ausbreitung des Verlagssystems. Ob aber die Mennoniten bereits im 16. Jahrhundert dieses System einführten, ließ sich nicht feststellen. Sicher belegen läßt sich dies jedoch für das 18. Jahrhundert. Während der französischen Herrschaft besuchte der französische Präfekt Ladoucette auf einer Inspektionsreise durch sein Departement die damals selbständige Stadt Rheydt, wo er von Bürgermeister Johann Lenßen empfangen wurde, der hier nachweislich seit 1750 den Leinwandhandel betrieb. (223, S. 371) In einer Reisebeschreibung erinnert sich Ladoucette (223, S. 381):

Herr Lenßen führte mich dann in sein Lager, in welchem er mir feines Damastgedecke und Halbleinen zeigte. Er beschäftigt 700 Arbeiter und bezieht Flachs von Erkelenz, Odenkirchen, Neersen und Belgien. [...] Das Rohmaterial bei diesem Artikel kostet 20 Prozent, Spinn- und Weblohn inkl. Generalunkosten 60 Prozent, Fracht, Bleiche und Lager in Haarlem 10 Prozent des Verkaufspreises, so daß nur 10 Prozent als Verdienst übrig bleiben.

Auffällig ist, daß Lenßen von weit über die Grenzen Mönchengladbachs hinaus gelegenen Orten Flachs bezog, sogar aus dem Ausland. Hierfür können preisliche oder qualitative Gründe ausschlaggebend gewesen sein. Möglicherweise reichte aber der Ertrag des einheimischen Flachsanbaus nicht aus, um 700 Arbeiter zu beschäftigen. Seine Weber und Spinner waren keine selbständigen Arbeiter mehr, sondern bezogen das Rohmaterial von Lenßen und erhielten für die Verarbeitung einen Lohn.

Hatte sich die Leinwandproduktion seit dem 16. Jahrhundert ständig vergrößert, so brachte die Besetzung des Rheinlandes 1794 durch Frankreich zunächst einen deutlichen Rückschlag. Neben Einquartierungen und Kriegssteuern machte sich vor allem die Unterbrechung des Handelsverkehrs mit den Niederlanden negativ bemerkbar, dem immer noch größten Abnehmer von Leinwand. Dennoch sollte sich die Annexion des Rheinlands für das Leinengewerbe in der Folgezeit als Glücksfall erweisen. Die Vorteile der Zollpolitik Napoleons für die Entwicklung des Mönchengladbacher Textilgewerbes verhalfen auch der Leinwandproduktion zu einer letzten Blüte. Neben der Öffnung des französischen Marktes wirkten besonders die Autarkiebestrebungen Napoleons fördernd. »Napoleon war an dieser Industrie besonders interessiert und hatte Preise für den Anbau von Flachs ausgesetzt, um die Leinenindustrie von der Einfuhr schlesischer und Bielefelder Leinengewebe unabhängig zu machen«. (105, S. 130) Vor allem aber gewann das Leinengewerbe noch einige Jahre Zeit, bevor es sich mit der Konkurrentin auseinandersetzen mußte, die für sein späteres Verschwinden verantwortlich sein sollte – der Baumwolle.

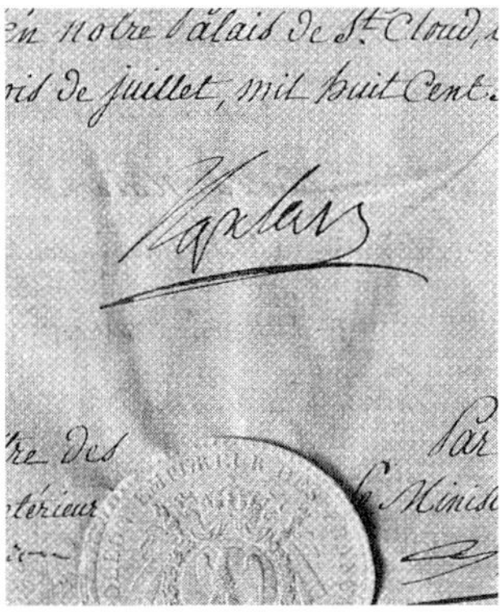

Ein Exemplar der Rheinbund-Akte von 1806 mit Napoleons Unterschrift

Zu Beginn des 19. Jahrhunderts war Rheydt das Zentrum der Leinenverarbeitung. 1807 arbeiteten hier von 4036 Personen 2301 im Leinengewerbe. Neben dem französischen Markt wurden außer Deutschland und Frankreich auch Rußland, die Türkei und die USA beliefert. Am 11. Januar 1799 wurden das Bleichen in Holland und die zollfreie Wiedereinfuhr der Gewebe erneut gestattet. Trotz der verstärkten Einwanderung bergischer Fabrikanten, vor allem ab 1806/1807, und der zunehmenden Verbreitung der Baumwolle konnte die Leinenverarbeitung bis zum Ende der Napoleonischen Herrschaft weiter wachsen. So stieg der Produktionswert der Leinengeschäfte in der Stadt Gladbach von 218 000 Frs. im Jahr 1807 auf 317 000 Frs. im Jahr 1811 (66, S. 20), das heißt innerhalb von nur vier Jahren um mehr als 45 Prozent.

Um die Situation der Gladbacher Textilindustrie in ihren Anfängen zu verdeutlichen, soll an dieser Stelle ein Zeitzeuge seine Eindrücke schildern. Der Dillenburger Theologe Nemnich besuchte Gladbach im Jahre 1809, also während der französischen Herrschaft. Er schreibt:

Aus dem [...] selbstgezogenen Flachs, webt der Landmann Leinwand von vorzüglicher Güte, und verkauft solche an die Gladbacher, Rheydter und Viersener Leinwandhändler. Diese senden die Leinwand nach Holland zur Bleiche. [...] In Gladbach handeln mit Holländischer Leinwand, Gebilden oder Drell, und anderen in dieser Gegend gewebten Leinen-Artikeln: Conrad Kanvertz Wittwe & Söhne und J. P. Boelling.

Tobias Wiedemann, besitzt gleich vor der Stadt eine vor ungefähr fünfzig Jahren von seinem Vater etablirte Damastweberei, und liefert die schönsten und kernhaftesten Tafelgedecke, meistens auf Bestellung, und nach den ihm aufgegebenen Mustern. In Verbindung mit einem geschickten Speculanten, würde sein Geschäft aus einem sehr mittelmäßigen, leicht in ein sehr bedeutendes, verwandelt werden können.

Der Flachsbau und das Weben der Leinwand haben seit undenklichen Zeiten die Industrie des hiesigen Landmannes beschäftigt. Die nun folgenden Erwerbszweige aber haben sich erst vor einigen Jahren gebildet. Gladbach hat verschiedene Baumwollspinnereien, wiewohl von keiner größeren Bedeutung. J. P. Schlickum in Elberfeld hat sie vor zehn Jahren zuerst hier eingeführt. Es sind blos Handmaschinen; das Gespinnst geht bis No. 36, und wird in den hiesigen Fabriken verwebt. Die beträchtlichste Baumwollspinnerei besitzt Wm. Busch.

J. P. Schlickum & Boelling fabriziren baumwollene Sacktücher, und vielerlei Arten von baumwollenen Zeugen. Dieses Haus hat sich vor zehn Jahren in Gladbach etablirt, und ist in dem gedachten Geschäft das früheste in der hiesigen Gegend. Zu den baumwollenen Zeugen gehören: Nankins und Nankinetts, Toiles de Coton, Droguets, Siamoisen usw. – Unter seinem Namen allein, besitzt J. P. Schlickum, ein ähnliches und früheres Etablissement in Elberfeld.

P. D. Killmann, fabrizirt blos halbbaumwollene Artikel, als Extrafein, Siamoisen etc. – Die obigen ganz und halbbaumwollenen Artikel, gehen alle nach Frankreich und Italien. – Ausser den angeführten Fabriken, giebt es in Gladbach mehrere Factoreien, die für auswärtige Handlungen, baumwollene Zeuge machen lassen.

Vollständige Fabriken, wo die ganze Verarbeitung im Hause geschieht, giebt es weder hier noch in der Nachbarschaft. Der Fabrikherr giebt den Urstoffe an die in der Gegend wohnenden Weber, und diese bringen das fertige Stück zurück, welches dann in den Gebäuden des Ausgebers appretirt und vollendet wird.

Brinck und Grünenthal, verfertigen Stücksammet und Sammetband; der erstere seit diesem, der letztere seit mehreren Jahren. Ihr Geschäft ist ziemlich beträchtlich.

Die gedachten Sammet- und Baumwollen-Fabriken, haben ihre eigenen wohleingerichteten Färbereien, worunter sich die von

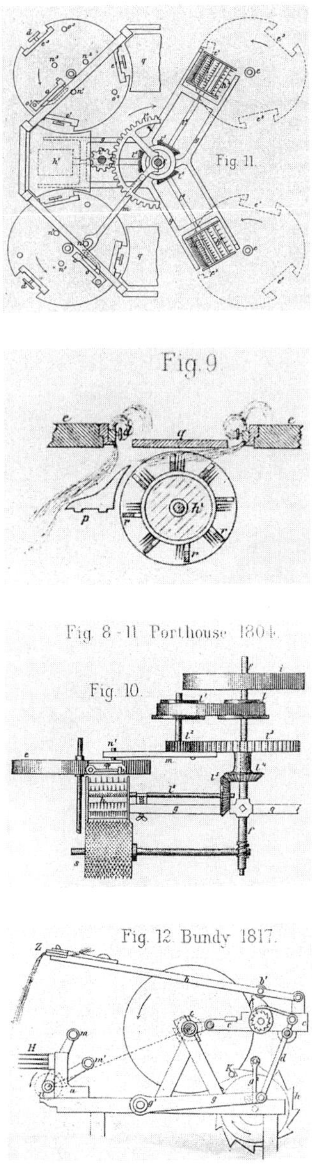

Hechelmaschinen (272) 1804 und 1817 nach Porthouse und Bundy

Schlickum, zumal in Ansehung des türkischen Rohts, auszeichnet.

Uebrigens giebt es in Gladbach noch verschiedene kleine Erwerbszweige, als: Nestelmachen, Zwirnmachen, baumwollene Strümpfe und Kappen usw. – Ferner gibt es eben erst entstehende Fabriken, von deren Erfolg sich noch nichts Gewisses sagen läßt. (131, S. 94 f.)

Stagnation und Rückgang des Leinengewerbes

Mit dem 1814 eingeläuteten Ende der französischen Herrschaft am linken Niederrhein endete der Boom im Leinengewerbe. Eine durch die Kriegsjahre und die politischen Veränderungen hervorgerufene Wirtschaftskrise sowie eine Hungersnot und Teuerung in den Jahren 1816 und 1817 wirkten sich zudem negativ auf das Leinengewerbe aus. Mit der Wiedereingliederung zu Preußen war die hiesige Leinenindustrie erneut der westfälischen und schlesischen Konkurrenz ausgesetzt; gleichzeitig schwanden die ehemaligen Exportmärkte. Kurz nach Kriegsende verschlossen erst Frankreich und England ihre Grenzen für fremde Einfuhren, dann auch Holland. (66, S. 22) 1818 hob Preußen die Binnenzölle auf, was den inländischen Handel erleichterte. Da jedoch die Bevölkerung in den vorangegangenen Kriegsjahren starke finanzielle Einbußen erlitten hatte, wurden eher billigere Baumwollwaren als wertvolle und teure Leinenwaren gekauft.

Allgemein läßt sich im Leinengewerbe der Mönchengladbacher Region während des 19. Jahrhunderts ein kontinuierlicher Rückgang verzeichnen, und zwar in dem Maße, in dem sich das Baumwollgewerbe ausdehnte. Der Rückgang läßt sich unter anderem anhand der rückläufigen Flachs-Anbauflächen ermessen:

Jahr	1823	1878	1883
Fläche in Morgen	200	20	12

Tab.: Anbaufläche von Flachs in Viersen (232, S. 55)

Leinenartikel wurden durch die im Rahmen der fortschreitenden Mechanisierung immer besser und billiger werdenden Baumwollartikel verdrängt. Baumwollwaren wurden zum Massenprodukt. Die Ursache für den Rückgang des Leinengewerbes lag nicht zuletzt darin, daß die Mechanisierung bzw. Maschinisierung der Flachsfaserverarbeitung rohstoffbedingten Schwierigkeiten unterworfen war. Die wesentlich längeren und gröberen Flachsfasern waren ungleich schwieriger maschinell zu verarbeiten als die feineren, kurzstapeligen Baumwollfasern. Das Leinengewerbe blieb lediglich in ländlichen Regionen erhalten, in denen bodenständiger Flachs in Heimarbeit versponnen werden konnte, wie zum Beispiel in Waldniel. (66, S. 30)

Die Maschinisierung der Flachsspinnerei

In England entstanden die ersten Flachs-Maschinenspinnereien bereits zu Beginn des 19. Jahrhunderts, so daß deutsche Leinenproduzenten ihren Rohstoff in England verspinnen ließen, als Maschinengarn wieder einführten und hier zu Gewebe verarbeiteten. Die heimische Flachsspinnerei, die als Handspinnerei arbeitete, war nicht in der Lage, dem Wettbewerb mit den gleichmäßigeren Maschinengarnen standzuhalten, was einen weiteren Rückgang derselben zur Folge hatte. (100, S. 149)

In ganz Deutschland existierten 1837 fünf mechanische Flachsspinnereien. Um 1850 wurde eine »Kommission für Förderung des Flachsanbaus in der Rheinprovinz« gegründet, deren vordringlichste Aufgabe die Errichtung von Flachs-Maschinenspinnereien sein sollte. (68, S. 12) Die ersten rheinischen Betriebe entstanden in den folgenden Jahren: 1851 in Düren, 1853 in Dülken und 1865 in Viersen. Ausschlaggebend für die eintretende Maschinisierung war ohne Zweifel auch das Ende des englischen Maschinenausfuhrverbotes.

Niederrheinische Flachsspinnerei Dülken

Der Gründer der Dülkener Flachsspinnerei, Gustav Mevissen, bereiste wie viele andere deutsche Textilunternehmer seiner Zeit England, um die dortigen technischen und kaufmännischen Gegebenheiten zu studieren. Auf seiner ersten Reise im Jahr 1838 besichtigte er eine Flachs-Maschinenspinnerei in Leeds, in der 1250 Beschäftigte an dampfbetriebenen Spinnmaschinen arbeiteten. Aufgrund dieser Eindrücke versuchte er im Jahr 1842 mit anderen in Gladbach und Umgebung ansässigen Textilunternehmern ein Aktienunternehmen zu gründen, dessen Ziel die Errichtung einer »Musterspinnerei« in Neuß sein sollte. In dem Verkaufsprospekt für die Zeichnung des Aktienkapitals wird die Errichtung von Maschinenspinnereien als notwendig herausgestellt, um den bedeutenden Vorsprung der englischen Konkurrenz einzuholen. Man wollte »durch Errichtung von Maschinen-Spinnereien den Engländern [...] das Hauptwerkzeug ihrer siegreichen Rivalität [...] entreißen«. (232, S. 49) Der Versuch schlug fehl. Erst 1853 gelang es Mevissen, in Dülken eine mechanische Flachsspinnerei zu errichten, für die er vom preußischen Staat finanzielle Unterstützung erhielt. Für jede der 5000 Spindeln erhielt er einen Zuschuß von sechs Talern (also insgesamt 30 000 Taler) mit der Auflage, diese Spindeln mindestens drei Jahre lang zur Produktion einzusetzen. 1845 wurde mit 300 Arbeitern die Produktion aufgenommen, und obwohl in der zweiten Hälfte des 19. Jahrhunderts viele Flachsspinnereien »entweder ihre Arbeitszeit bedeutend vermindert oder ihre Tätigkeit gänzlich eingestellt« (233, S. 61) hatten, konnte die Dülkener Flachsspinnerei bis in das Jahr 1928 bestehen. Lange Zeit war diese mit 500 bis 550 Beschäftigten das größte Dülkener Unternehmen.

Viersener Aktiengesellschaft für Spinnerei und Weberei

Der auslösende Faktor für die Gründung der Viersener Aktienspinnerei war die durch den amerikanischen Sezessionskrieg (1861–1865) hervorgerufene Baumwollknappheit. Zu den Gründern der Gesellschaft gehörten zum Teil die gleichen Unternehmer, die bereits 1855 in Mönchengladbach die erste Spinnerei- und Weberei-Aktiengesellschaft für Baumwolle errichtet hatten. An der Spitze stand Freiherr Friedrich von Diergardt, der in den 30er Jahren ebenfalls England bereist hatte und zu den führenden Viersener Unternehmern seiner Zeit zählte. Mit einem Kapitaleinsatz von 800 000 Talern wurde die Spinnerei nach englischem Muster errichtet. Es wurden englische Maschinen aufgestellt und englische Fachkräfte eingestellt, welche die einheimischen Arbeiter anlernen sollten. (232, S. 57) Die Ausmaße der Gebäude sowie der Dampfmaschine setzten in Viersen neue Maßstäbe.

Als die Produktion aufgenommen wurde, war der amerikanische Bürgerkrieg bereits vorbei, und die während des Krieges aufgestauten Baumwollmengen strömten auf den europäischen Markt. Besonders die

Fünfstöckiges Hauptgebäude der Viersener Aktiengesellschaft für Spinnerei und Weberei (232, S 57)

Lageplan der Viersener Aktiengesellschaft für Spinnerei und Weberei mit der nicht weit entfernten Bleiche am Teich um 1919 (232, S. 59)

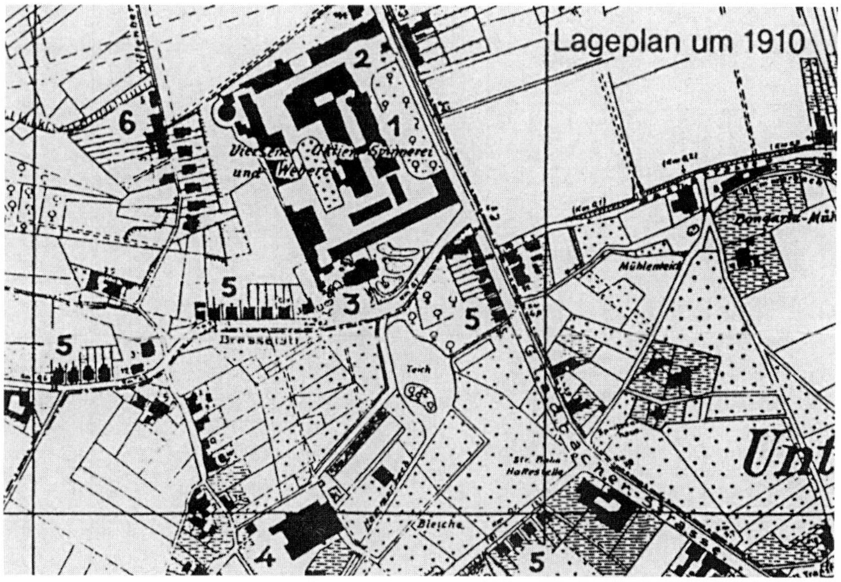

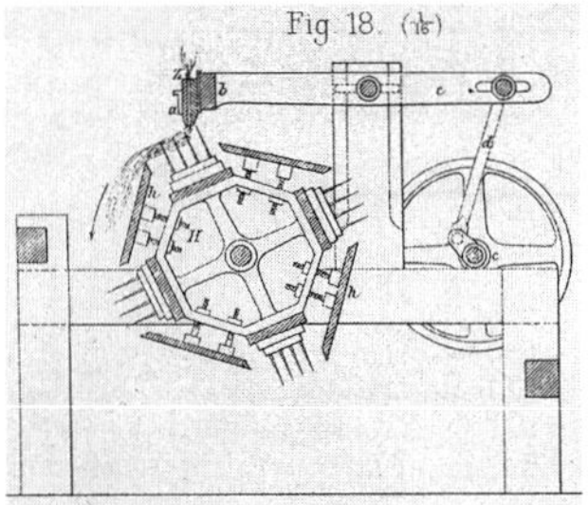

Hechelmaschine (272) nach Hives (1809)

Oberes Diagramm: Gewinne und Verluste der Viersener Aktienspinnnerei in den Jahren 1866–1880. (232, S. 62)

Unteres Diagramm: Gewinne und Verluste der Viersener Aktienspinnerei 1881–1912. (232, S. 71)

Flachsgarnpreise gerieten unter Druck, so daß der neu gegründete Betrieb kaum Gewinne abwarf. Erst mit der Hochkonjunktur des sich nach dem Ende des Deutsch-Französischen Krieges entwickelnden Wirtschaftsaufschwungs änderte sich die Situation. Aber auch diese Entwicklung war nicht von langer Dauer. Die nach den Gründerjahren einsetzende Krise traf die Viersener Aktienspinnerei stärker als andere Textilunternehmen am Niederrhein. Ein Problem, welches immer wieder auftauchte und für Viersen im allgemeinen als symptomatisch anzusehen ist, war der ständige Arbeitskräftemangel. Besonders in den Gründerjahren, als zahlreiche Unternehmen aus dem Boden schossen, wanderten viele Arbeiter in andere Branchen ab, in denen sie mehr verdienen konnten. (232, S. 65)

Ein weiteres Problem bildete die schlesische Konkurrenz. Auch wenn die Löhne in der heimischen Textilindustrie – verglichen mit anderen Branchen des Rheinlandes – verhältnismäßig niedrig lagen, waren sie immer noch höher als in Schlesien, mit der Folge, daß das schlesische Leinengewerbe nach wie vor billiger produzieren konnte als die Viersener Aktiengesellschaft. (232, S. 65) Aus eben diesen Gründen war die Geschichte der Viersener Aktiengesellschaft für Spinnerei und Weberei mit ständigen Schwankungen verbunden. Trotzdem konnte sie sich als letzte nordrheinische Flachsspinnerei bis 1958 halten.

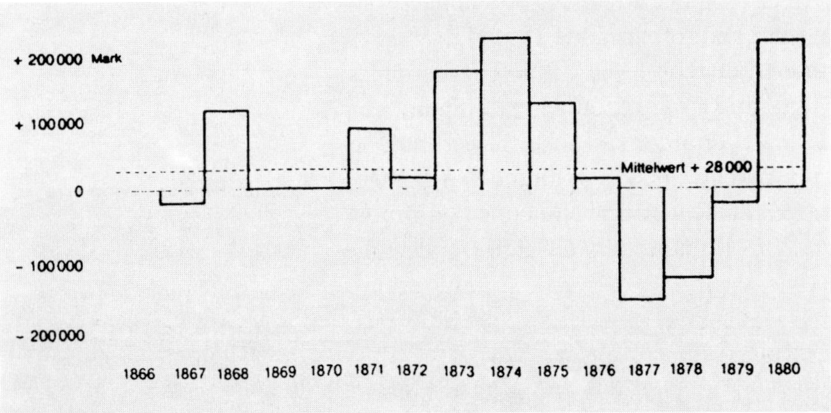

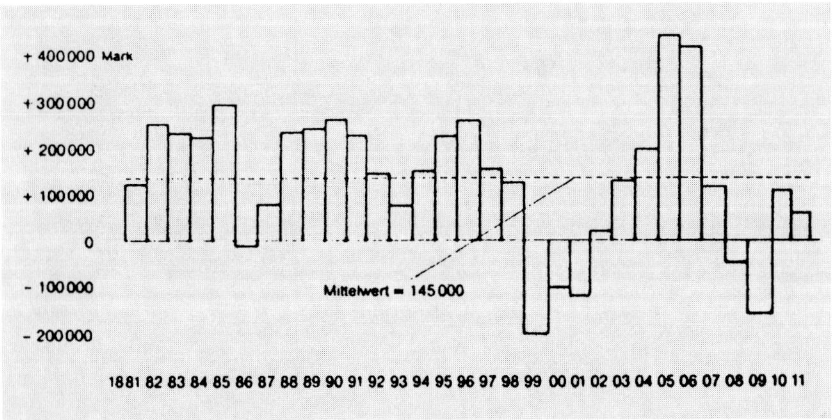

Kurze Renaissance des Flachs-Faserstoffes

Das Leinengewerbe war seit seiner letzten Blüte während der französischen Herrschaft stetig rückläufig. Vielleicht wäre die Flachsverarbeitung völlig zum Erliegen gekommen, wenn nicht immer wieder weltpolitische Auseinandersetzungen zur Besinnung auf heimische Rohstoffe geführt hätten. In den Jahren des Krimkrieges zwischen 1853 und 1856 bezog die englische Textilindustrie keinen Flachs mehr aus Rußland. Sie mußte daher auf belgische, holländische und französische Importe zurückgreifen, und auch deutscher Flachs wurde wieder zu einem lukrativen Exportprodukt. (68, S. 13) Die gegründeten Initiativen zur Förderung des Flachsanbaus erhielten weiteren Aufwind. Unter dem Einfluß der durch den Sezessionskrieg in den USA (1861–1865) ausgelösten sogenannten Baumwollhungersnot wurden in den beginnenden 60er Jahren des 19. Jahrhunderts die ersten mechanischen Leinwandwebstühle im Mönchengladbacher Textilbezirk aufgestellt; ihre Zahl aber blieb gering. (105, S. 32) In Viersen wurde die Aktiengesellschaft für Spinnerei und Weberei gegründet. (232, S. 56) In Waldniel liefen 1873 1000 Handwebstühle. (66, S. 30)

Zu den Neugründern zählte auch der Gladbacher Leinwandhändler Josef Kleinsorg, der zu Beginn der 1860er Jahre unter

Leinenbleicher mit Wasserschöpfer und Bierkrug 1658 nach einer Glasmalerei (228)

dem Eindruck der deutlichen Verknappung und Verteuerung der Baumwolle die erste mechanische Leinenweberei in Gladbach errichtete. Das anfangs mit zwölf Webmaschinen arbeitende Unternehmen konnte seine Produktion ausdehnen und arbeitete 1895 bereits mit 55 mechanischen Webmaschinen, auf denen Leinen- und Halbleinengewebe hergestellt wurden. Erst 1896 nahm als eine weitere mechanische Weberei die Firma Beckers & Co. die Produktion in Gladbach auf, indem sie ihren Sitz von Borken nach Mönchengladbach verlegte. (66, S. 32). Dieses Unternehmen repräsentierte bis in die 40er Jahre des 20. Jahrhunderts als einziger Vertreter in Mönchengladbach den Gewerbezweig, welcher der Region über Jahrhunderte sein Gepräge gegeben hatte.

Eine Textil-Großstadt entsteht

Man kann die explosionsartige Entwicklung der Region Mönchengladbach von einer agrarisch geprägten Landschaft zu einem Industriepark innerhalb von 100 Jahren zeitlich wie folgt gliedern:

Vorbereitungszeit der Flachsverarbeitung vor 1794 (Flachsanbau und Leinenweberei)

Leinen war einer der wichtigsten Exportartikel Hollands. Als die Nachfrage nach holländischem Leinen so weit gestiegen war, daß die Produktion im eigenen Land den Bedarf nicht mehr decken konnte, suchte man nach neuen Bezugsquellen. Mönchengladbach erschien aufgrund seiner günstigen Lage nahe der Grenze und dem hier ansässigen, traditionsreichen Leinengewerbe als Lieferant und Handelspartner geeignet. Das in Mönchengladbach gefertigte Leinen war allerdings von minderer Qualität: »Da in der Gladbach-Rheydter Gegend die Bleiche des Garns und des Gewebes nur mit geringem Erfolg ausgeführt werden konnte, andererseits die Holländer unter dem Einfluß des der Bleiche günstigen Seeklimas eine bessere Bleichtechnik entwickelt hatten, war die holländische Leinwand der niederrheinischen überlegen.« (66, S. 14) Man löste das Problem der unterschiedlichen Güteklassen, indem man die in Gladbach gefertigte Rohware zur Bleiche nach Harlem brachte. Das Endprodukt verließ die niederländischen Seehäfen mit dem Prädikat »Holländisches Leinen«.

Übergangszeit der Frühindustrialisierung (1794–1819)

Die Leinenproduktion war stetig gestiegen, als 1794 die Franzosen das Rheinland besetzten. Der durch die politische Situation bedingte Abbruch der Handelsbeziehun-

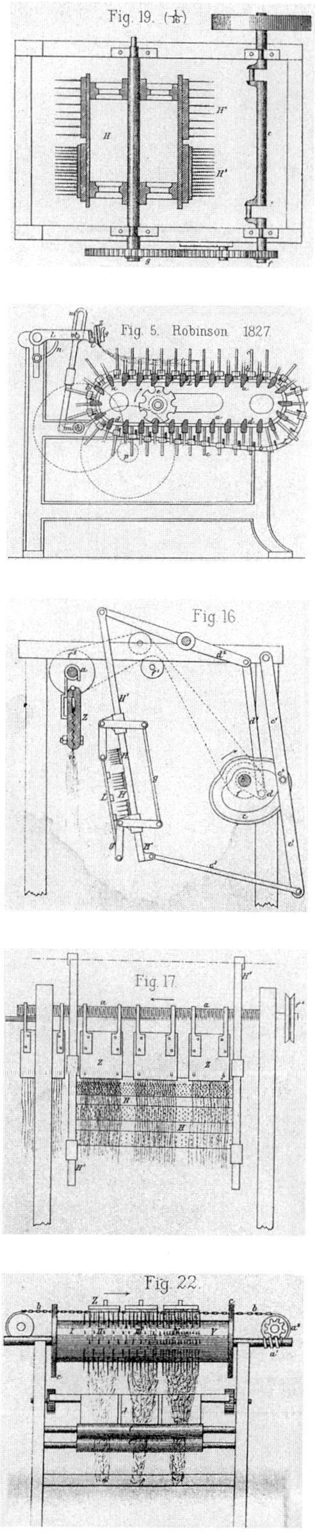

Hechelmaschinen (272) 1809 nach Hives (oben), 1827 nach Robinson, 1818 nach Girard

Fabrikant und Großhändler Matthias Brinck, Bürgermeister der Stadt Gladbach von 1814 bis 1820 und Korrespondent der französischen Handelskammer zu Köln für den heutigen Bereich der Industrie- und Handelskammer zu Mönchengladbach (17 a)

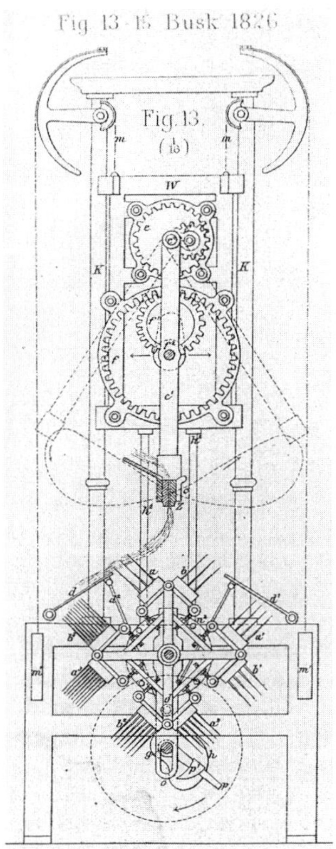

Hechelmaschine (272) nach Busk (1826)

gen zu den Niederlanden leitete eine neue Krise ein. Erst nach dem Abschluß des Friedensvertrages in Campo Formio 1797, der das linke Rheinufer dem französischen Reich zusprach, konnte eine Konsolidierung des Leinengewerbes erfolgen. Der wirtschaftliche Aufschwung wurde vor allem von zwei Faktoren begünstigt: »Neben der französischen Schutzzollpolitik gereichten der Leinenindustrie die Gewerbeförderungsmaßnahmen Napoleons zum Vorteil, die sich auf die Verbesserung der Verkehrswege, Anlegung von Musterfabriken, Einrichtung von Handels- und Gewerbekammern, von Gewerbegerichten, Veranstaltungen, Preisausschreiben für wichtige Erfindungen usw. bezogen. Für die Erfindung einer Flachsspinnmaschine war sogar der Betrag von 1 Million Frs. ausgeschrieben.« (66, S. 18)

Weiteren Auftrieb erhielt die Mönchengladbacher Leinenproduktion im Jahre 1798, als das in Frankreich gültige Verbot der Einfuhr aller englischen Waren auf die vier linksrheinischen Departements ausgedehnt wurde. Die englischen Leinenhersteller stellten fortan keine Konkurrenz mehr dar. Durch das Napoleonische Schutzzollsystem wurden die schlesischen und westfälischen Anbieter ebenfalls vom französischen Markt ausgeschlossen. Die einzige noch verbleibende Konkurrenz aus dem Bergischen Land wurde am 27. Februar 1801 durch ein Zollgesetz beseitigt. Der Leinenerzeugung des linken Niederrheins stand somit das gesamte französische Kolonialreich als Absatzmarkt zur Verfügung.

Frühindustrialisierung des Baumwollgewerbes (1818–1840)

Die Baumwolle wurde Mitte des 18. Jahrhunderts durch Unternehmer aus dem Bergischen Land in den niederrheinischen Textilbezirk eingeführt. Im Unterschied zur Leinenherstellung wurde die Baumwollverarbeitung von Beginn an verlagsmäßig betrieben. Die Ursache hierfür ist darin zu sehen, daß die Baumwolle kein einheimisches Produkt war. Die Spinner waren also auf Zwischenhändler angewiesen, die sie mit dem Rohstoff belieferten. Die Baumwollweber verarbeiteten importierte Garne, da der Garnbedarf im eigenen Land nicht gedeckt werden konnte. Die Garne bezogen sie ebenfalls über die Händler, die dann wiederum die fertigen Stoffe aufkauften.

Erst die Konzentration von Spinnereimaschinen in manufakturähnlichen Protofabriken nach dem Brügelmannschen Modell machte Baumwollgarn-Engpässe weniger dramatisch. Antriebselement für die neuen Holzmaschinen war Wasserkraft. Ein Aufschwung setzte ein, als 1818 die Zollpolitik neu geregelt wurde. Vor allem die Siamosen- und Barchent-Artikel entwickelten sich in den folgenden Jahren zu beliebten Produkten der Mönchengladbacher Baumwollindustrie. Auf dem Weltmarkt konnten sie sich sogar mit englischen Waren messen. Gegen Ende der 20er Jahre des 19. Jahrhunderts hatte sich die Baumwollverarbeitung soweit konsolidiert, daß im Gladbach-Rheydter Bezirk 10 000 Weber auf über 6000 Webstühlen Siamosen und Barchent herstellten. (227, S. 158)

links:
Hausweber der Firma Ludw. Junkers & Co. Mechanische Weberei, Rheydt um 1830 (252)

Industrialisierungsphase (1840–1850) der ersten technischen Revolution

Bescheidene Verhältnisse (10 a)

Die Erfolge der jungen Protofabriken waren anfänglich noch ziemlich gering. Die Unternehmer mußten zunächst eine Reihe von Hindernissen überwinden, die in erster Linie in Kapitalknappheit bestanden. Auch die Beschaffung und Aufstellung der neuen, häufig noch unvollkommenen Maschinen und das Fehlen ausgebildeter Fabrikarbeiter waren problematisch (258, S. 60). So berichtete 1836 ein Zeitgenosse folgendes über eine Fabrik:

»... *Diese Fabrik – so, und nicht Manufaktur, ist diese Anstalt zu nennen, da Feuer und Dampf die Haupthebel hier sind – hat recht gutes Gedeihen. Aber nach der Meinung ihrer Inhaber würde sie eines noch besseren sich erfreuen, wenn sie nicht genötigt wären, so viele unwissende Leute, die erst zugelehrt werden müssen, anzunehmen* ...« (259, S. 12)

In der ersten Phase, von 1840 bis 1850, veränderten sich die Produktionsbedingungen durch die Installation von Dampfmaschinen. Entsprechend dem neuen Antriebsmedium veränderten sich auch die Arbeitsmaschinen.

Der Baumwolle kam in Verbindung mit der Mechanisierung eine besondere Rolle zu. Aufgrund ihrer günstigen Fasereigenschaften war dieser Rohstoff für eine industrielle Produktion in viel größerem Maße geeignet als z. B. der in Mönchengladbach traditionell verarbeitete Flachs. Die erste hiesige Dampfmaschine wurde in einem baumvollverarbeitenden Betrieb eingesetzt (1827 bei Lenssen und Beckenbach).

Bedingt durch die einsetzende Industrialisierung, verschlechterte sich der Lebensstandard der unteren sozialen Schichten in den 40er Jahren des 19. Jahrhunderts. Die Einkommensverhältnisse der Heimweber wurden durch die mechanische Produktion negativ beeinflußt. Ebenfalls ungünstig war die Situation der neu entstandenen Fabrikarbeiterschaft. Die verän-

Der Aufbruch ins Industriezeitalter ist erfolgt: Noch keine Eisenbahn, aber schon beherrschen erste Kamine das Bild aus der Zeit vor 1850 (119)

Die Firma Anton Lamberts Christian Sohn an der Weiherstraße vor 1850. Das Foto aus der Zeit vor dem Zweiten Weltkrieg zeigt auf der linken Seite der Weiherstraße einen Teil dieses Gebäudes (1 a)

Zum Großen Weiher hin gerichtete Rückseite des Fabrikgebäudes der Firma Anton Lamberts Christian Sohn (1 a)

Mönchengladbach im Jahr 1870. Links vor der Abtei ist ein erster viereckiger Kamin zu erkennen – die Industrialisierung schreitet voran (253)

derten Produktionsgrundlagen bewirkten für diese eine radikale Umwälzung ihrer Lebens- und Arbeitsbedingungen:

- Der Arbeitsprozeß wurde in Teilabschnitte zerlegt.
- Die Arbeitszeiten wurden ausgedehnt.
- Die Arbeitsintensität wurde gesteigert.
- Das Einkommen verringerte sich.

Eine allgemeine Verelendung der in der Textilerzeugung Tätigen muß in diesem Stadium konstatiert werden.

Durchsetzung des Fabriksystems (1850–1870)

In der zweiten Entwicklungsphase, die sich von 1850 bis 1870 erstreckte, erfolgte die endgültige Durchsetzung des Fabriksystems. Vor allem in den 50er Jahren wurde die Mechanisierung der Textilerzeugung verstärkt betrieben.

Die Baumwollverarbeitung verdrängte in dieser Zeitspanne die anderen Zweige der Textilerzeugung und wurde für die Wirtschaft Mönchengladbachs prägend. Innerhalb der Baumwollindustrie machte sich in zunehmendem Maße ein Interessengegensatz zwischen Weberei und Spinnerei bemerkbar. Durch die Gründung von Unternehmen, die beide Produktionsstufen in sich vereinten, vor allem der »Gladbacher Spinnerei und Weberei Aktiengesellschaft«, versuchte man den Konflikt zu lösen, was bis zum Ende der 60er Jahre auch weitgehend gelang.

Die Entstehung zweistufiger Fabrikationsstätten war nicht die einzige Veränderung, welche die Firmenlandschaft von 1850 bis 1870 erfuhr. Vor allem durch die Krisen der 60er Jahre wurden zahlreiche Kleinbetriebe, die bis zu diesem Zeitpunkt das Bild der Stadt geprägt hatten, vom Markt verdrängt. Zunehmend setzte sich eine Tendenz zu mittelständischen Unternehmen durch. Großbetriebe, wie die »Gladbacher Aktien Spinnerei und Weberei«, blieben eine Ausnahmeerscheinung.

Die Lage der Arbeiter verbesserte sich bis zum Ende der 60er Jahre nicht. Die explosive Bevölkerungsentwicklung Mönchengladbachs, insbesondere in den 50er Jahren des 19. Jahrhunderts, führte zu einer Verschlechterung der Wohnverhältnisse, zu Engpässen in der Nahrungsversorgung und einem allgemeinen Anstieg der Lebenshaltungskosten. Die Lohnentwicklung blieb hinter der Teuerungsrate zurück, so daß sich die Realeinkommen der Arbeiter nicht verbesserten. Der wirtschaftliche Aufschwung, den die Baumwollindustrie ab den 50er Jahren erfuhr, fand in der Situation der Textilarbeiterschaft kein Äquivalent, so daß der größte Teil dieser Menschen ein Leben am Rande oder unterhalb des Existenzminimums fristete.

Entsprechend den Lebensverhältnissen konnte auch keine Verbesserung der Arbeitsbedingungen erzielt werden. Erste Bestrebungen, die Arbeitszeiten zu verkürzen sowie die Kinderarbeit einzuschränken, blieben weitgehend ohne Erfolg.

Die zweite technische Revolution (1870–1914)

In der nächsten Phase der Entwicklung der Textilindustrie Mönchengladbachs fand Produktion auf hochindustrialisiertem Niveau statt. Der technische Vorsprung Englands, welcher bisher die Ausdehnung der heimischen Baumwollindustrie immer wieder behindert hatte, war endgültig aufgeholt. Im Zuge dieser Entwicklung war die gewerblich betriebene Heimarbeit in Mönchengladbach vollständig zum Erliegen gekommen.

Eine bedeutsame Veränderung erfuhr die Struktur der Textilwirtschaft Mönchengladbachs vor allem ab den 80er Jahren. Die Wollverarbeitung gewann in zunehmendem Maße an Bedeutung, und die Stadt entwickelte sich mehr und mehr zu einem Tuchplatz. Die exponierte Stellung,

Gebr. Sasserath, mechanische Weberei von 1888

welche die Baumwollindustrie spätestens seit den 40er Jahren des 19. Jahrhunderts eingenommen hatte, wurde zu diesem Zeitpunkt relativiert.

Ab den 70er Jahren fand die positive wirtschaftliche Entwicklung der Textilindustrie endlich auch ihren Niederschlag in der Lebens- und Einkommenssituation der Arbeiterschaft. Zum ersten Mal erfuhren die Löhne einen realen Anstieg. Die Arbeitszeiten wurden verkürzt, und die Kinderarbeit verschwand bis zur Jahrhundertwende weitgehend aus dem Stadtgebiet.

Für den Mönchengladbacher Raum ist insbesondere die Entstehung von Kleiderfabriken ab 1871 die eigentliche zweite technische Revolution. Zugewanderte Kaufleute erkannten wegen der verbesserten wirtschaftlichen Lage der Arbeiterschaft ein neues Marktpotential. Sie wagten über den Handel mit Geweben hinaus die erste Produktion von Westen und Hosen im Fabriksystem und kreierten billige Arbeiterkonfektion.

Spinnerei und Weberei Otto Kloeters u. Co. (1897) (10 a)

oben rechts:
J. P. Kuhlen & Söhne Mechanische Weberei, gegründet 1860. Aufnahme aus dem Jahre 1870 (10 a)

Mitte rechts:
Näherei für Hosen, Joppen und BDM-Westen, Weyers & Söhne, Rheydt, Friedensstraße. Aufnahme aus dem Jahre 1938 (10 a)

Blütezeit und Krisenbeginn (1914 bis heute) – Die dritte technische Revolution

Nachdem Mönchengladbach zu einem der bekannten deutschen Textil- und Bekleidungs-Produktionszentren geworden war, wurde seine Bedeutung in Zukunft wesentlich von makroökonomischen Entwicklungen bestimmt. Hatte man als Textil- und Bekleidungshersteller mit Geschick die Weltwirtschaftskrise nach dem Ersten Weltkrieg und die Wiederaufbauphase nach dem Zweiten Weltkrieg durchgestanden, so

links:
Dorfstraße H. Schelsen um 1905: Der Frieden trügt (10 a)

rechts:
Gemeinde-Lebensmittelager 1915–1920: Krisenstimmung (10 a)

Dahlener Straße 256, Hönig. Ein typischer Hausweber beim artfremden Stricken um die Jahrhundertwende (10 a)

sollte ab den 60er Jahren eine dritte technische Revolution die Unternehmen herausfordern. Insbesondere im Bereich der Weberei, Spinnerei und Textilveredlung bahnte sich ein technologischer Sprung zu wesentlich leistungsfähigeren Maschinen an. Als Prototyp dieser Entwicklung galt der Projektilwebautomat von Sulzer.

Links Frl. Busen aus Helenabrunn (1917) beim Spinnen von Hand (10 a)

Wer als Textil- und Bekleidungshersteller diesem Innovationsschub der 60er und 70er Jahre mit genügend Kapitalausstattung folgen konnte, wurde in neuester Zeit wegen der hohen Kosten im Personal- und Umweltbereich vor existentiell entscheidende Fragen gestellt: Verbleib am Standort Mönchengladbach oder Verlagerung ins billigere Ausland. Die Bedeutung der Textil- und Bekleidungsindustrie für die Mönchengladbacher Region begann mit den 90er Jahren dramatisch abzunehmen. Die 500 000 Einwohner der Region Mön-

Aus der Blütezeit der Textil- und Bekleidungsindustrie in Mönchengladbach (134) 1955

Hoch-Zeit

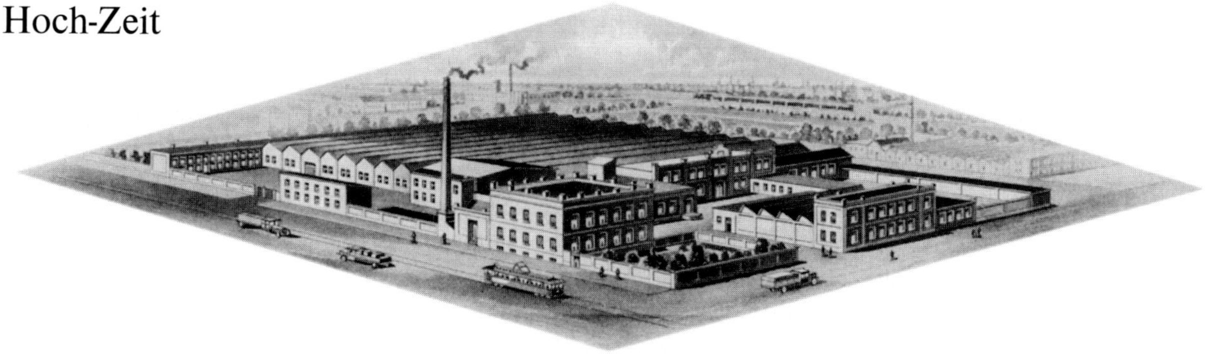

Abbildung oben:
Mechanische Weberei F. W. Jakobs & Co., Eickener Straße 186 in Mönchengladbach, in den 20er Jahren (10 a)

Abbildung rechts:
Kunstwoll-Fabrik Carl van Kempen in Mülfort (Spezialität: gefärbte Shoddy und Mundos) um 1910 (10 a)

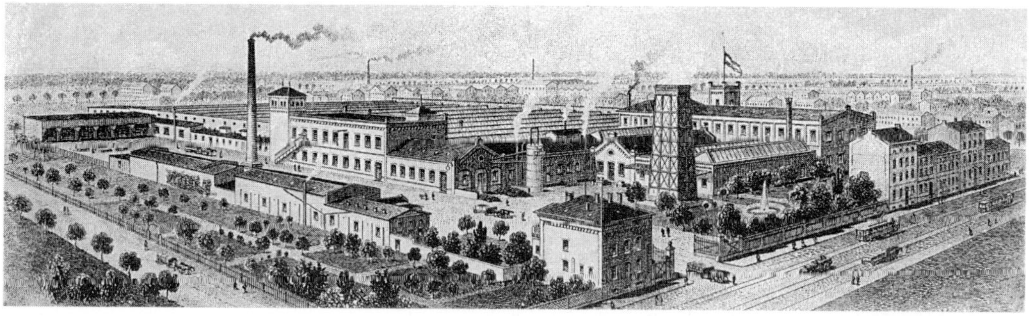

Mechanische Buntweberei Mönchengladbach Klein & Vogel um 1910 (10 a)

Spinnerei Daniels AG in den 20er Jahren mit moderner Veredlung (amerikanische Gasier-Anstalt) in Rheydt (10 a)

Dampfmaschine, Rumpus-Werk, ca. 1920: Volle Kraft voraus! (10 a)

chengladbach (mit Viersen und den umliegenden Wohn- und Industrieorten) müssen sich auf einen Umstrukturierungsprozeß einstellen, der vielleicht an seinem Ende der Textil- und Bekleidungsindustrie nur noch eine marginale Bedeutung zuweist.

Die Kernstadt dehnt sich aus

Die Einwohnerzahl war sowohl in Gladbach als auch in Rheydt bis zum Ende des 18. Jahrhunderts relativ konstant geblieben. Im 19. Jahrhundert dagegen hatte sich

Jahr	Rheydt
1798	2625
1804	2753
1815	3579
1820	4014
1825	5072
1835	5465
1840	6301
1845	7319
1850	8189
1855	8945
1860	10423
1867	12219
1871	13766
1875	15835
1880	19087
1885	22658
1890	26830
1895	30099

Bevölkerungszahlen Rheydt (223, S. 29)

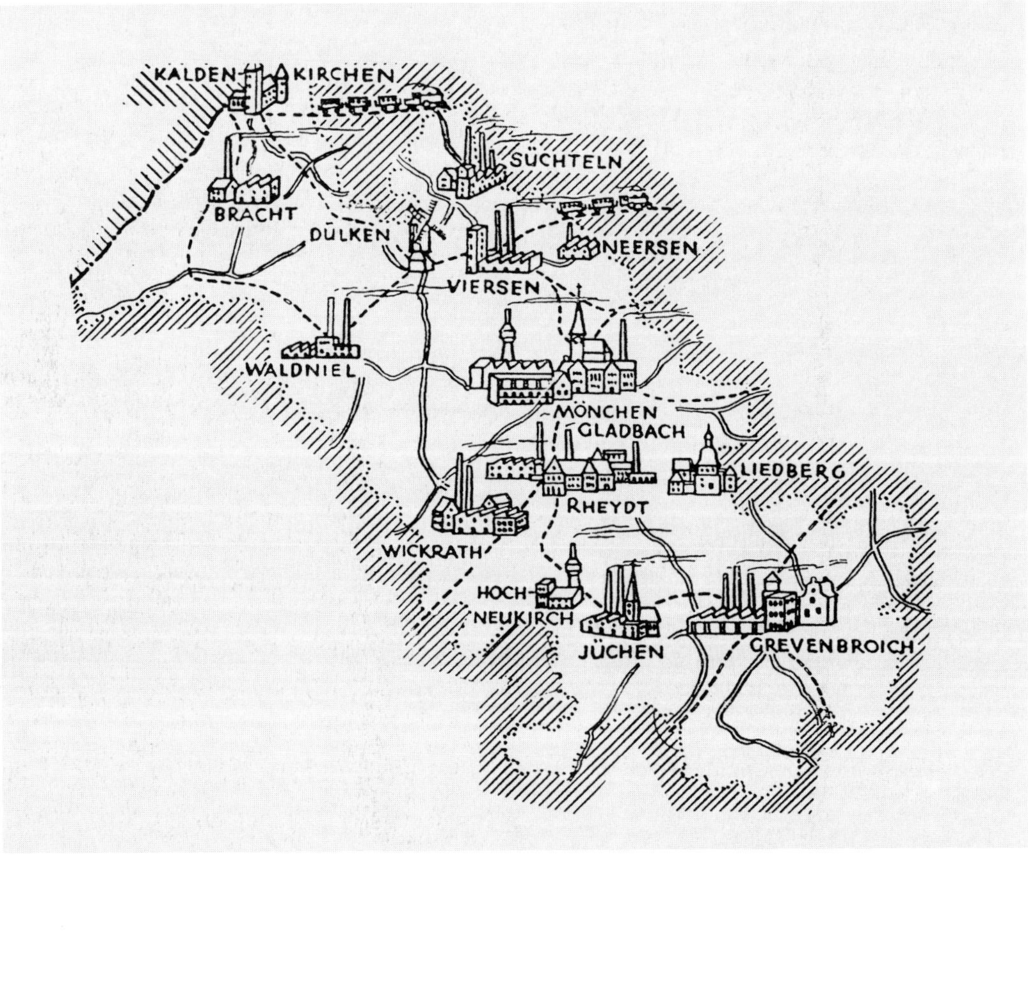

Der Handelskammerbezirk in seiner Ausdehung in einer Darstellung aus dem Jahr 1961 (192)

die Zahl der Einwohner in beiden Städten ungefähr verzehnfacht. Die Einwohnerzahl stieg vor allem durch hinzuziehende Arbeitskräfte. Erst nach 1890 war die natürliche Bevölkerungsvermehrung ausschlaggebender als der Zuzug. (102, S. 24)

1893 war die Zahl von 50 000 Einwohnern erreicht, und Gladbach zählte damit zu den fünfzig größten Städten Preußens. Aufgrund der Eingemeindungen erhöhte sich die Einwohnerzahl im Jahr 1921 auf 103 000 und im Jahr 1929 auf 203 000. Als 1933 Rheydt wieder von Gladbach getrennt wurde, reduzierte sich die Zahl um 78 000. Zu Beginn des Zweiten Weltkrieges zählte die Stadt 129 000 Einwohner. (96, S. 64 f.)

Gladbach erhielt in der Mitte des 14. Jahrhunderts das Stadtrecht. Zu dieser Zeit wurden auch die ersten Befestigungsanlagen gebaut. Die Stadtmauer, deren Reste man heute noch sehen kann, entstand am Anfang des 15. Jahrhunderts. (133, S. 153-155) Das von der Stadtmauer umgebene Gebiet war nicht groß. Es umfaßte etwa 12 ha. Fast ein Viertel des umschlossenen Raumes nahm die Abtei mit Münsterkirche, Kloster und anderen abteilichen Gebäuden ein. Bis weit ins 19. Jahrhundert

Jahr	Stadt Gladbach	Obergeburt	Niedergeburt
1767	1167	2272	4603

Jahr	Stadt Gladbach	Gladbach (Stadt und Land)
1798	1176	6074

Jahr	Stadt u. Hardt	Obergeburt	Oberniedergeb.
1804	2175	2362	2136
1816	2880	2860	2462
1821	2945	2960	2689
1825	3212	3181	3039
1830	3612	3324	3297
1834	3816	3388	3476

Jahr	Bürgermeisterei Gladbach
1840	9230
1845	10557
1850	11715
1860	17260
1865	19530
1870	24644
1875	31680
1880	37281
1885	44377
1890	49377
1895	52996
1900	58023

oben: Bevölkerungszahlen M.Gladbach (102, S. 24)

Stadtbild aus dem Jahre 1890: Münsterkirche mit Barockhaube, die im Jahr 1892 entfernt wurde. Anhand des typischen, viereckigen Schlotes wird deutlich, wie sehr die Industrie schon das Stadtbild des Stadtkerns prägte und wie eng die Verhältnisse waren (124)

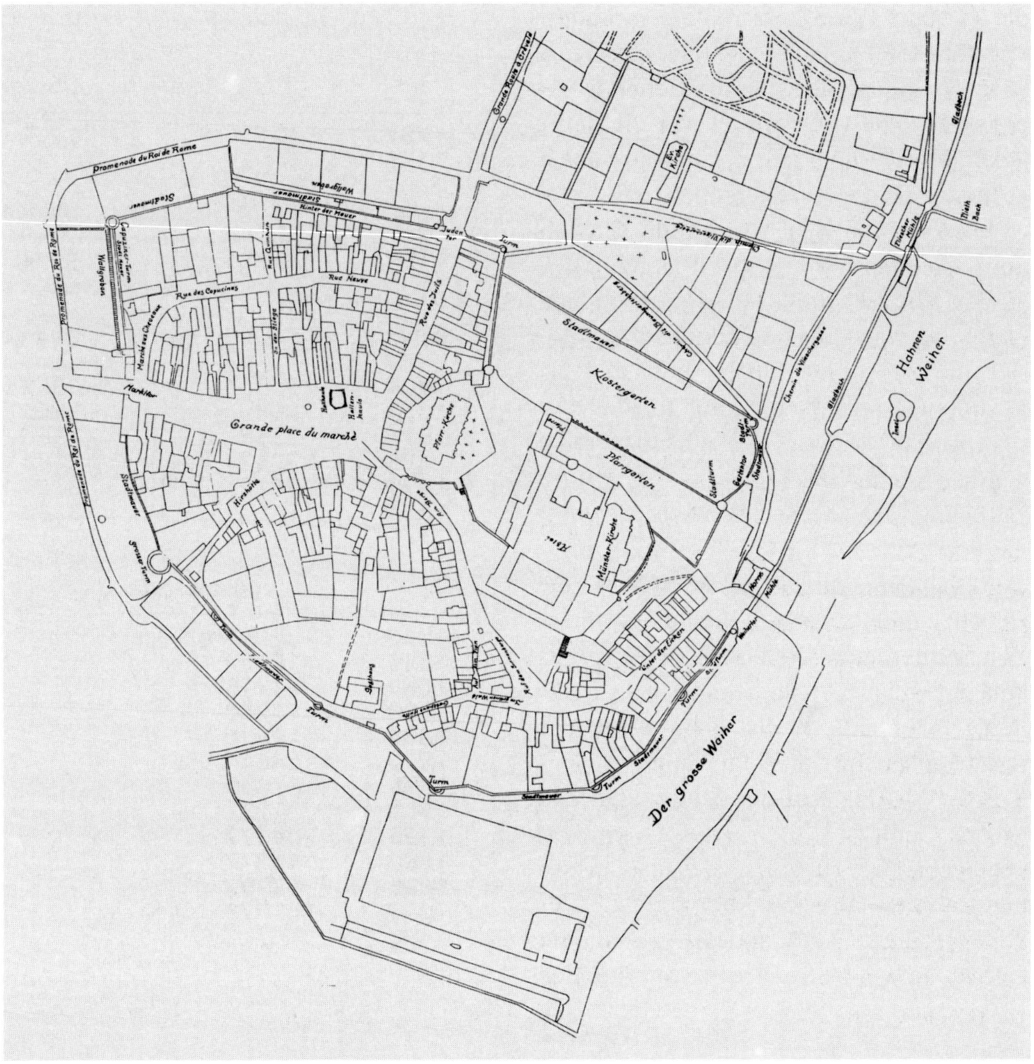

Katasterkarte der Stadt Gladbach aus dem Jahre 1812 (124, S. 17): Die Stadt platzt aus allen Nähten!

blieb Gladbach innerhalb seiner Mauern. (124, S. 17 f.) Nach der französischen Katasterkarte von 1812 gab es in Gladbach 472 Grundstücke, wovon 1836 weniger als drei Viertel bebaut waren.

»Vor 1840 bestand Gladbach fast nur aus den Häusern und sonstigen Gebäuden, die sich auf dem Hügel befanden. Das Münster hatte noch eine Barockhaube. Auf dem weiten Land um die Hügel herum gab es damals überwiegend Felder und Gärten, in denen hier und da Bauernhöfe und Häuser in Fachwerk standen. Neben wenigen Kleinbetrieben wie Sandgruben und Ziegeleien fand man auch einmal ein Wirtshaus.« (16, S. 17) Als auch Gladbach die »Industrielle Revolution« erfaßte, siedelten sich die Betriebe in den äußeren Randbezirken der Stadt an. Dadurch behielt die Stadt selbst lange ihren ländlichen Charakter.

Noch 1879 schrieb der Sozialwissenschaftler Alphons Thun, der in den beiden Jahren zuvor den Niederrhein bereist hatte: »Das alte Gladbach liegt auf einem Hügel; es sind dort die gewöhnlichen zusammengedrückten, luft- und lichtscheuen Häuschen einer kleinen Landstadt.« Weiter schreibt er: »Das Ganze hat aber noch einen ländlichen Anstrich: die Strassen ungepflastert, hier und da in der Strassenzeile eine Lücke, weite Höfe, überall Luft und

Licht. Das kann aber nicht lange dauern, die Stadt wird bald zusammenwachsen; die Strassen sind, von der Altstadt gar nicht zu reden, für den zukünftigen Verkehr unverantwortlich schmal bemessen und die Baupolizei eine recht mangelhafte; – es wird vielleicht das rheinische Manchester dem englischen dann wenig an schlimmen Straßen und Häusern nachstehen. [...] Noch viel ländlicher ist alles in Rheydt, welches auf drei Eisenbahnlinien in sechs Minuten zu erreichen ist.« (227, S. 171)

Aus den Honschaften zogen die Arbeiter in die Nähe der städtischen Fabriken. Sie fanden Wohnungen in Eicken, Waldhausen, Speick und Hardterbroich. Dort wurden ebenfalls die neuen Fabriken errichtet. Um 1900 herum waren dies rund 200. Sie lagen noch immer dicht am eigentlichen Stadtkern. Als Beispiel sei die Fabrik der Gebr. Croon genannt, die nach der »Gladbacher Spinnerei und Weberei Aktiengesellschaft« die größte Fabrik der Stadt war. Sie hatte ihre großen Verlagsgebäude neben den Liegenschaften der Firma Pferdmenges auf dem Gelände des heutigen Schauspielhauses an der Hindenburgstraße, früher Crefelderstraße. Die Fabriken wurden aus dem engeren Stadtbereich ausgelagert. Diese Maßnahme war bis zum Ausbruch des Ersten Weltkrieges abgeschlossen. (96, S. 67)

Wie Thun schon sagte: In Rheydt war alles noch viel ländlicher. Im Gegensatz zu Gladbach war Rheydt keine befestigte Stadt. Rheydt wuchs aus den verstreut liegenden Honschaften im Laufe der Zeit zu einer Stadt zusammen.

Der Aufschwung des Mönchengladbacher Textilbezirks zum bedeutenden Standort der Textilindustrie wäre ohne den Anschluß an das Eisenbahnnetz nicht denkbar gewesen. Sowohl die Handelskammer Gladbach als auch die Handelskammer Neuß hatten sich um den Eisenbahnanschluß und dessen Weiterführung zu den weiter entfernten Handelsplätzen bemüht. Die erste Eisenbahnverbindung, die 1841 von der »Düsseldorf-Elberfelder Eisenbahngesellschaft« dem Verkehr übergeben wurde, war die Strecke Düsseldorf–Elberfeld. (90, S. 158) Für Gladbach und Rheydt war die »Bergisch-Märkische Eisenbahngesellschaft« bestimmend, die 1851 die Strecke Gladbach–Viersen–Krefeld–Ruhrort und von 1848 bis 1853 die Strecke Düsseldorf–Gladbach–Rheydt–Aachen baute. Von letzterer wurde der Abschnitt Glad-

Stadtansicht von München-Gladbach um 1855: Gladbach und Rheydt sind erst wenige Jahre durch die Eisenbahn verbunden: Alles in Bewegung! (10 a)

Endpunkt der Straßenbahn in Giesenkirchen (1900) (10 a)

bach-Rheydt am 12. August 1852 und die Route Gladbach-Neuß am 17. Januar 1853 eröffnet. Ab 1870 wurde die Strecke Gladbach-Geneicken-Odenkirchen befahren, und 1879 kam eine weitere von Rheydt über Rheindahlen nach Dahlheim hinzu. Eine Route der »Rheinischen Eisenbahngesellschaft« wurde ab 1877 über den Bökelbahnhof, den Speicker Bahnhof und Rheydt-Morr geführt. (105, S. 154)

Die Streckenführung innerhalb Gladbachs ist auf dem Ausschnitt der »Topographischen Karte des Kreises Gladbach« von 1887 zu erkennen. In der rechten Bildhälfte verlaufen die Strecken der »Bergisch-Märkischen Eisenbahngesellschaft«. Oben kommt die Strecke von Venlo-Krefeld, rechts von Düsseldorf-Neuß. Die Gleise führen vorbei an der »Gladbacher Spinnerei und Weberei Aktiengesellschaft« zum Bahnhof und weiter nach Aachen und Rheydt.

Von links nach rechts: Polizeiwachtmeister Konrad Florenz, Polizeiwachtmeister Johann Bongartz, Feldhüter und Nachtwächter Joseph Schmitz, Polizeiwachtmeister Heinrich Schmitz und Polizeiwachtmeister Richard Klevers (10 a)

Der Bahnhof der Bergisch-Märkischen Bahn lag etwas südlicher als der heutige Hauptbahnhof und hatte die Eigentümlichkeit, daß er zwischen den Gleisen lag. Die Gleise waren ebenerdig. Der höher gelegene Bahndamm wurde erst zwischen 1903 und 1910 errichtet. Der alte Bahnhof stand etwa 50 Jahre, bis das neue und noch heute bestehende Bahnhofsgebäude mit der Jugendstilfassade errichtet wurde. In der linken Bildhälfte des Kartenausschnitts ist die Streckenführung der »Rheinischen Eisenbahngesellschaft« zu sehen. Die Route verläuft von rechts oben in einem großen Bogen westlich um die Stadt nach unten in Richtung Rheydt. Für diese Stadtumgehung mußte nördlich des Kerns ein Taleinschnitt geschaffen werden, dem die heutige Hermann-Piecq-Allee zu verdanken ist. Diese Strecke mit Bökelbahnhof und Bahnhof Speick existiert heute nicht mehr. (16, S. 90)

Für den anwachsenden städtischen Verkehr wurde 1881 eine Pferdebahn eingerichtet. Von der heutigen Hindenburgstraße kommend, bog die Pferdebahn ab nach Rheydt. Weiter ging es durch die heutige Friedrich-Ebert-Straße über den Marienplatz bis zur Kreuzung Odenkirchener- und Limitenstraße, wo die Bahn endete. (91, 1881) Um die Jahrhundertwende wurde die Pferdebahn durch die elektrische Straßenbahn ersetzt. Bis 1910 wurde die Strecke einschließlich der sogenannten »Vierstädtebahn« ausgedehnt. Die Endpunkte waren Viersen, Dülken und Süchteln. (65, S. 24)

Der Kapitalbedarf der Textilindustrie

Die Umstellung der Textilindustrie auf mechanische Betriebsweise in der zweiten Hälfte des 19. Jahrhunderts hatte einen gewaltigen Kapitalbedarf der Unternehmen zur Folge, dessen Deckung nur in seltenen Fällen aus eigenem Vermögen erfolgen konnte. Hierin unterschied sich der Fabrikant grundlegend vom Verleger, der keinerlei Anlagekapital benötigte. Webstühle oder Spinnmaschinen gehörten den Hausarbeitern; Fabrikanlagen fehlten. Lediglich das Betriebskapital für Rohstoffe und Arbeitslöhne mußte aufgebracht werden. Die Mittel hierzu stammten weitestgehend aus eigenem Vermögen; fremdes Kapital wurde nicht eingesetzt. Der geringe Satz notwendiger Eigenmittel erlaubte es auch kapitalschwachen Anfängern, mit Fleiß und Geschick ein Unternehmen zu gründen.

Erste Veränderungen brachte die Zentralisierung der Produktion in der Manufaktur. Der Unternehmer wurde zum Eigentümer der Produktionsmittel und mußte in geeignete Gebäude investieren. Dennoch läßt sich auch für die Gründung von Manufakturen feststellen, daß sie überwiegend mit eigenen Mitteln finanziert wurden, indem ein Teil des Betriebskapitals in Anlagekapital umgewandelt wurde. (39, S. 12) Berücksichtigt werden muß hierbei allerdings, daß die damaligen Kosten für die Anschaffung von Webstühlen oder Spinnmaschinen in keiner Relation zu den heutigen Anschaffungskosten für moderne Textilmaschinen stehen. »Die ersten Maschinen stellten zwar für den Menschen der damaligen Zeit komplizierte Gebilde dar. In Wirklichkeit waren sie einfache Holzkonstruktionen, die für lächerlich geringe Beträge gebaut werden konnten [...] Die einzig wirklich teuren Gegenstände fixer Investitionen waren damals die Gebäude und die Energie.« (113, S. 72) Berücksichtigt man, daß in den Webereien Handwebstühle eingesetzt wurden und Wasserantrieb in den Spinnereien nur für einzelne Maschinen erforderlich war, werden sich die Investitionen der Unternehmer in überschaubaren Grenzen gehalten haben, zumal viele Spinnereien vorzugsweise in den reichlich vorhandenen Mühlen errichtet wurden und sich somit Investitionen in die Antriebstechnik weitgehend erübrigten.

Größere Schwierigkeiten bereitete den Unternehmern der Übergang zur Dampfkraft. Die mit dieser Umstellung verbundenen Kosten waren aus eigenem Vermögen nicht mehr finanzierbar. Die Installation einer Dampfmaschine allein reichte für die Umstellung auf mechanische Betriebsweise nicht aus; es mußten sowohl Transmissionen als auch neue Webstühle bezahlt werden. Hinzu kam der Transport der aus England importierten Maschinen an ihren Bestimmungsort und die Montage der Maschinen – Kosten, die bis zu 30 Prozent des Gesamtwerts der Maschine betrugen. (225, S. 9) Kleine, sich selbst finanzierende Familienunternehmen konnten diese Beträge nicht aufbringen, aber auch die Unternehmer, welche die finanziellen Mittel besaßen, scheuten vor den erheblichen Investitionen zurück. (113, S. 144)

Erst der wachsende Konkurrenzdruck englischer Waren in Verbindung mit steigenden Löhnen in der Textilherstellung führte zur Einführung rein industrieller Produktionsmethoden. »Auch in der heimischen Baumwollindustrie führten die Unternehmer erst die Dampfkraft und die modernen Maschinen ein, als sich herausstellte, daß die Steigerung der Löhne die Anwendung der bisherigen Maschinen nicht mehr erlaubte.« (107, S. 49)

Der Zwang zur Modernisierung führte ab dem Ende der 1840er Jahre zu einem steigenden Einsatz von Fremdkapital in den Unternehmen. Hierbei wurde zunächst versucht, Bankkredite soweit als möglich zu vermeiden. Neben den eigenen Mitteln griff man vor allem auf Verwandte oder enge Freunde zurück, die oft kurzfristige Darlehen gewährten, welche dann häufig in stille Teilhaberschaften umgewandelt wurden. (39, S. 39) Meist reichte diese Form der Geldbeschaffung jedoch nicht aus, und es mußte zusätzliches Kapital bei Banken aufgenommen werden. Da bis in die 1860er Jahre in Mönchengladbach Bankhäuser fehlten, die in stärkerem Umfang Kredite an die Wirtschaft geben konnten, wurde auf auswärtige Kreditinstitute zurückgegriffen. Als Geldgeber der hiesigen Unternehmer läßt sich neben dem Krefelder Bankhaus Gebr. Molenaar die Kölner Bank A. Schaaffhausen nachweisen. Darüber hinaus wurden niederländische Geldgeber in Anspruch genommen, vor allem P. J. Berger in Venlo, W. Brungs in Amsterdam und Rotterdam sowie F. C. Quien in Amsterdam. (225, S. 117)

Ansätze zur Gründung von Banken, die dem Kapitalbedarf der Industrie entgegenkamen, fielen in die 1860er Jahre. Die seit 1838 bestehende »Sparlade für den Kreis Gladbach« sollte eher »der handarbeitenden Volksklasse Gelegenheit geben [...], ihre Ersparnisse gegen Zinsen unterzubringen und zu Kapitalien anwachsen zu lassen« (179, o. S.), als der Industrie Geldmittel zur Verfügung zu stellen. Die Neigung weiter Bevölkerungskreise, das Ersparte lieber im Strumpf unter dem Kopfkissen versteckt zu halten, als es einer Bank anzuvertrauen, dürfte zudem die Möglichkeiten dieser kommunalen Einrichtung, aus der 1853 die Stadtsparkasse Mönchengladbach hervorging, eingeschränkt haben.

Die ersten Bankhäuser in Mönchengladbach waren ausschließlich auf Gründungen von Privatleuten zurückzuführen, so das Bankhaus I. W. Quack, das Bankgeschäft Quack & Co. oder F. Heyer & Co. In Rheydt war es 1862 dem Textilindustriellen C. C. Bang vorbehalten, zusammen mit dem Bankier Georg Friedrich Ulrich das erste »Bank- und Wechselgeschäft« unter dem Namen Bang & Ulrich zu eröffnen. (223, S. 394) Diese kleineren Häuser waren bis zum Ende der 1880er Jahre die charakteristischen Kreditinstitute Mönchengladbachs. Bis zum Ende des 19. Jahrhunderts wurden die meisten im Zuge des Konzentrationsprozesses innerhalb des Bankenwesens zunächst von Provinzbanken übernommen, die wiederum im beginnenden 20. Jahrhundert von den Großbanken aufgesogen wurden. (201, o. S.) Für 1907 stellt die Industrie- und Handelskammer fest, daß in Mönchengladbach 19 Unternehmen des Geld- und Kreditwesens ansässig waren, darunter Niederlassungen aller deutschen Großbanken. (90, S. 145) Das Bankgeschäft lockte 1870 auch die Gebrüder Croon. In alter Tradition aber lösten sie sich auch hier von der Idee des Einzelunternehmers und gehörten zu den 76 Zeichnern des Gründungskapitals der Deutschen Bank. (177, o. S.)

Neben der Aufnahme von Krediten bestand eine andere Möglichkeit der Finanzierung in der Gründung von Kapitalgesellschaften. Vor allem kleine Unternehmen machten von dieser Möglichkeit der Geldbeschaffung Gebrauch, meist in Form einer OHG oder Kommanditgesellschaft.

Sparkassenvorstand von Giesenkirchen, von links nach rechts: Johannes Pasch, Gärtner, Giesenkirchen; Heinrich Breuder, gewerblos, D. Schelsen; Joseph Conrads, Landwirt, Giesenkirchen; Peter Wöffen, Geschäftsführer, Giesenkirchen; Hermann Mangen, Handlungsgehülfe, H. Schelsen; Heinrich Seitz, Gemeinde- und Sparkassenrendant, Giesenkirchen (10 a)

Sparkasse Giesenkirchen (1910) (10 a)

Die Gründung von Aktiengesellschaften war demgegenüber nur sehr selten anzutreffen. (225, S. 119) Selbst während der Gründerjahre wurde keine einzige Aktiengesellschaft eröffnet. Konnten kleinere Fabrikanten hieran mangels Kapital nicht denken, verzichteten die finanzstarken Unternehmer nur ungern auf ihre Selbständigkeit. Darüber hinaus sahen berufsmäßige Investoren in der Textilindustrie – im Gegensatz zum Eisenbahnbau oder zur Montanindustrie – keine ausreichende Rendite. Dementsprechend wurden in Mönchengladbach bis 1922 gerade fünf Aktiengesellschaften gegründet. Ihnen allen war zu eigen, daß sie das benötigte Kapital nicht auf dem Kreditmarkt aufnahmen, sondern die Mittel der Aktionäre heranzogen. (39, S. 13)

Einflüsse aus dem Bergischen Land

Sowohl in Holland als auch im Herzogtum Berg, besonders in Elberfeld und Barmen, war Baumwolle schon wesentlich früher verarbeitet worden als im Mönchengladbacher Textilbezirk. (81, S. 2)

»Die Tatsache, daß die Bewohner des Flachslandes mit der Webtechnik vertraut waren, sowie die durch die Leinenindustrie bestehenden Beziehungen zu Holland und zum Herzogtum Berg, sind für die Einführung der Baumwolle bestimmend gewesen.« (66, S. 32)

Wann die Baumwolle in die Gladbacher Gegend kam, läßt sich nicht genau feststellen. Sie ist jedenfalls schon in der vorfranzösischen Zeit hier verarbeitet worden. Einerseits bezogen einheimische Firmen die Baumwolle direkt aus England und verarbeiteten sie zu Siamosen und Barchent, andererseits unterhielten Bergische Kaufleute, bevor sie selbst übersiedelten, bereits Faktoreien. Ein Elberfelder Kaufmann namens Ullenberg ließ schon 1747 in Gladbach und Umgebung über 200 Weber und über 100 Baumwollspinner ständig für sich arbeiten. (66, S. 32–34) Die früher selbständigen Leinen-Hausweber stellten ihre Getaue auf Baumwolle um und traten in den Dienst einzelner Unternehmer. Es wurde also im Verlagssystem gearbeitet. (133, S. 25)

Als der eigentliche Begründer der fabrikmäßigen Baumwollverarbeitung im Gladbacher Bezirk wird der 1773 in Elberfeld geborene Johann Peter Boelling angesehen. Er gründete 1798 eine Fabrik in Gladbach. Später verband er sich mit dem aus einer alten Hückelhovener Familie stammenden Quirin Croon zu der Firma Boelling & Croon. (90, S. 12) In Rheydt siedelte sich 1796 Wernhard Dilthey mit einem »Geschäft in baumwollenen Waaren« an. Dieses Geschäft bestand seit 1779 in Elber-

Das Weberschiff als Zeichen des Wohlstandes; Anzeige nach dem Zweiten Weltkrieg

Johann Peter Boelling (1773–1857). (92, S. 22) Er hatte folgende Ämter inne: 1808–1814 Maire von Gladbach (mit Hardt), 1809–1814 Obergeburt, 1809–1811 Unterniedergeburt, 1814–1846 Stadtrat, 1826–1837 Abgeordneter des Rheinischen Provinziallandtags, 1838–1848 erster Präsident der Gladbacher Handelskammer. (102, S. 191) Boelling war, wie die meisten der Bergischen Fabrikanten, evangelisch. Er war Mitbegründer der Gesellschaft »Erholung«

feld unter dem Namen »Dilthey & Bergfeld«, wurde 1794 nach Kalkar verlegt und von dort nach Rheydt. 1804 erfolgte die Namensänderung der Firma in »W. Dilthey & Cie.«, und die Produktion wurde auf Leinengewebe ausgedehnt. (18)

Das Herzogtum Berg genoß unter französischer Herrschaft zunächst Vorzugszölle. Diese wurden aufgrund einer Eingabe von Krefelder und Gladbacher Fabrikanten im Jahre 1801 beseitigt. »Nach Fortfall dieser Vergünstigungen für die Bergischen Industriellen setzte am linken Niederrhein und besonders im Gladbach-Rheydter Bezirk die Ausdehnung der Baumwollindustrie in großem Maße ein und begann sich mehr und mehr von den Bindungen zum Bergischen zu lösen, um sich auf selbständiger Grundlage weiter zu entwickeln.« (66, S. 36) Bergische Kaufleute, die vorher teilweise hier Faktoreien betrieben hatten, gaben ihren Betrieb im Bergischen auf und siedelten selbst über. Nach 1806 wurde der Zuzug durch ein völliges Verbot für die Einfuhr von Baumwollgeweben nach Frankreich und durch die »Kontinentalsperre« weiter begünstigt. »Allein in den Jahren 1809 bis 1813 sind nach der Schätzung des zuständigen Präfekten 300 Fabrikanten vom rechten Rheinufer in das Roer-Departement hinübergewechselt und dort ansässig geworden. Noch 1813 sollen 3000 Arbeiter von Berg nach der linken Rheinseite ausgewandert sein.« (90, S. 15)

Johann Peter Boelling wurde am 28. Juli 1773 in Elberfeld geboren. Er war 25 Jahre alt, als er 1798 beschloß, die im Bergischen bereits bekannte Baumwollverarbeitung auch in Gladbach einzuführen. Boelling wurde zu einem der rührigsten Fabrikanten der Stadt. »Unter den Männern, die in diesem ersten preußischen Zeitraume durch rastlose Tätigkeit und nie ermattende Zuversicht für die Entwicklung der Gladbacher Industrie sorgten und es trotz vieler Hindernisse verstanden, sie nicht nur lebensfähig zu erhalten, sondern sogar zu immer größerer Blüte zu bringen, ist an erster Stelle Johann Peter Boelling zu nennen.« (28, S. 535)

Viele heimische und auch zugewanderte Fabrikanten folgten Boellings Beispiel und begannen ebenfalls mit der Verarbeitung von Baumwolle. Dadurch stieg die Anzahl von Baumwollspindeln und Baumwollwebstühlen schnell an.

Johann Peter Boelling war Mitinhaber mehrerer Unternehmen und engagierte sich außerdem in der Politik. Er wurde Nachfolger des ersten »Maire« von Gladbach. Dieses Amt übte er von 1808 bis 1814 aus. Er galt als »ein äußerst energischer Mann, der mit seinem Lebensmut, seinem weiten Blick und seiner unermüdlichen Arbeitskraft den Bürgern ein leuchtendes Vorbild war.« (28, S. 497) Er war ebenfalls eines der ersten Mitglieder der Gladbacher Handelskammer. Seine wirtschaftliche Tatkraft wurde durch die Berufung zum ersten Präsidenten gewürdigt, eine Aufgabe, die er von 1838 bis 1848 wahrnahm. Johann Peter Boelling war nicht nur im wirtschaftlichen Bereich, sondern auch im kulturellen tätig. Obwohl er von seiner Firma stark in Anspruch genommen wurde, gehörte er zu den Gründern der Gesellschaft »Erholung«, die sich Fragen der Kultur, Politik und Wirtschaft widmete. Johann Peter Boelling starb im März 1857. »Im wirtschaftlichen Bereich hatte er seiner Heimatstadt neue weitreichende Impulse vermittelt, im kommunalen Bereich hatte er als Bürgermeister das Ansehen der Stadt vermehrt und im kulturellen Bereich hatte er durch die Mitbegründung der Gesellschaft Erholung dem geistigen Leben der Stadt neue Möglichkeiten eröffnet.« (245, S. 2). Ohne Zweifel kann man ihn als den Initiator der Gladbacher Baumwollverarbeitung bezeichnen, der damit ein Zeitalter hoher industrieller Blüte für Gladbach und Umgebung eingeleitet hat.

Die englische Vorreiterrolle zwingt zum qualitativen Unterlaufen

In der zweiten Hälfte des 18. Jahrhunderts begann in Großbritannien eine technische Entwicklung, welche dieses Land zum Zentrum der modernen Textiltechnik machte. John Kay hatte den Schnellschützen erfunden, James Hargreaves baute die erste Spinning Jenny, James Watt optimierte die Dampfmaschine, Richard Arkwright nahm ein Patent auf die Water-Frame auf, und Edmond Cartwright begann mit der Entwicklung eines mechanischen Webstuhls.

Während der französischen Herrschaft waren die Kontakte mit englischen Geschäftsleuten und Maschinenbauern schwierig. Als 1815 die Verbindungen wieder aufgenommen wurden, hatte England seinen technischen Vorsprung weiter vergrößert. Bis zum Anfang der 40er Jahre waren die englischen Spinnereien und Webereien mechanisiert und industrialisiert. Davon konnte in Deutschland noch lange keine Rede sein. Erschwerend kam das englische Ausfuhrverbot für Maschinen hinzu, das erst 1842 aufgehoben wurde.

Die erste mechanische Spinnerei im Handelskammerbezirk wurde 1845 errichtet. Die Einfuhr mechanischer Einrichtungen für die Spinnerei und Weberei aus England setzte Anfang der fünfziger Jahre ein. (90, S. 82) Es wundert nicht, daß die Englandreisen deutscher Textilunternehmer immer häufiger wurden.

»Die Unternehmerreise war im späten achtzehnten und während des ganzen Jahrhunderts für Gewerbetreibende aller Art die geeignete Methode, sich Wissen zu verschaffen über die technischen, wirtschaftlichen und organisatorischen Verhältnisse in anderen Teilen der Welt [...]. Oft genug spielte auch das Motiv eine Rolle, auf mehr oder weniger legitime Weise an technisches Know-How aus dem fremden Land zu gelangen, das dieses keinesfalls bereit war weiterzugeben, schädigte man doch so, wie man vermutete, die wirtschaftliche Position des eigenen Lagers.« (63, S. 117)

Auch Textilunternehmer vom Niederrhein unternahmen Reisen nach England. Es waren keine herkömmlichen Bildungsreisen gehobener Kreise, sondern sie trieben oft ganz handfest das, was man heute Industriespionage nennt.

Gustav Mevissen, Sohn aus einer Dülkener Kaufmannsfamilie, reiste 1838 zum ersten Mal nach England. In der Stadt Leeds sah er eine mechanische Flachsspinnerei, in der 1250 Menschen arbeiteten. Er versuchte daraufhin lange Zeit, in der hiesigen Gegend eine mechanische Flachsspinnerei zu errichten, was ihm aber erst im Jahre

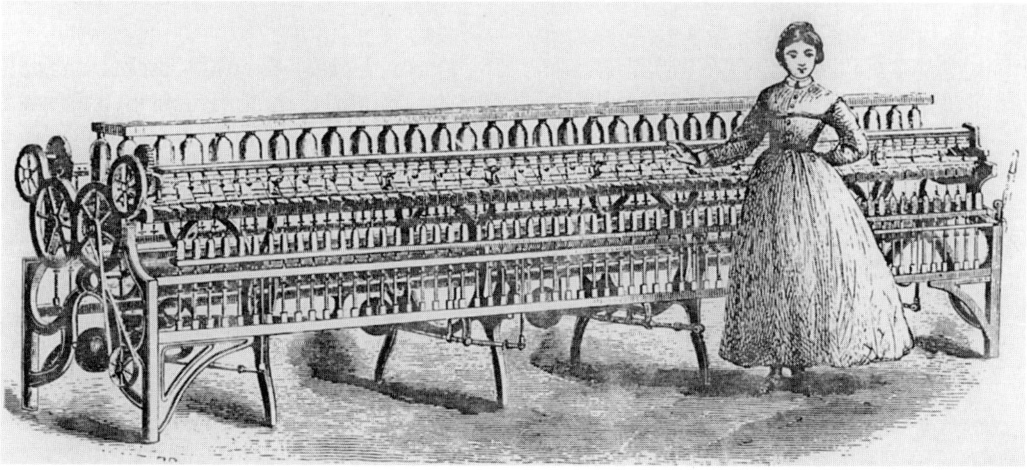

Aus dem Verkaufsprospekt einer englischen Spinnereimaschinenfabrik um 1845. Die Darstellung der Maschine steht im Vordergrund. Arbeiterin und zu leistende Arbeit geraten zum Nebensächlichen

1853 in Dülken gelang. (232, S. 7, 8 und 220) Einige Jahre vor Mevissens Reise war es Friedrich Diergardt aus Viersen gelungen, für die preußische Regierung eine Textilmaschine aus England herauszuschmuggeln. (232, S. 50) Schon im Jahre 1827 reiste Wilhelm Diedrich Lenssen aus Rheydt nach England. Die Aufzeichnungen dieser Reise sind glücklicherweise erhalten geblieben. W. D. Lenssen (1805–1874) war 22 Jahre alt, als er die Reise unternahm. Er war der Sohn des Textilunternehmers Diedrich Lenssen (1777–1823), welcher von 1808 bis 1823 Bürgermeister von Rheydt war. W. D. Lenssen reiste in Begleitung seines Vetters Johann Lenssen jun. (1801–1875) und eines Verwandten aus Viersen, Quirin Paul Jacob Preyer. Allerdings trennten sich die Reisegefährten unterwegs. Die Reise des W. D. Lenssen dauerte nur 17 Tage, vom 6. bis 23. September 1827. An dieser Stelle soll nur ein kurzer Auszug der Aufzeichnungen wiedergegeben werden. Diese Passage betrifft die Besichtigung einer Weberei am 18. September, nachdem W. D. Lenssen bereits die Spinnerei des Joh. Marland besucht hatte.

Der Bruder des Herrn Marland hat eine Dampfweberey von 300 Stühlen. Diese machen wöchentlich 700 Stück von 50 Yard oder 42 Ellen. 2.500 Ellen macht 80 pro Tag od. 132 pro Stuhl für nicht ganz 12 Stunden. 40er Kette und Einschlag. Die Kette und Einschlag müssen stark seyn, weil sonst durch das zu offtere Brechen viel Schaden entsteht. Die Kette wird vor dem Spulen durch eine Maschine geschoren.

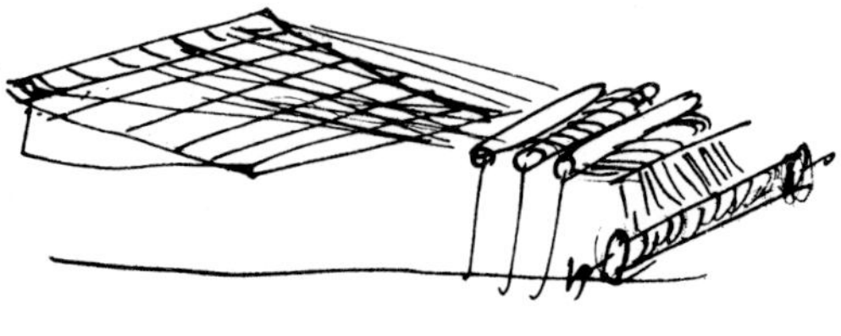

Aufzeichnungen von W. D. Lenssen aus Rheydt von seiner Reise nach England im Jahr 1827 (186, S. 4)

Dann wird es durch eine Maschine geschlichtet, deren hier 9 waren und deren eine 40 pfd. kostet,

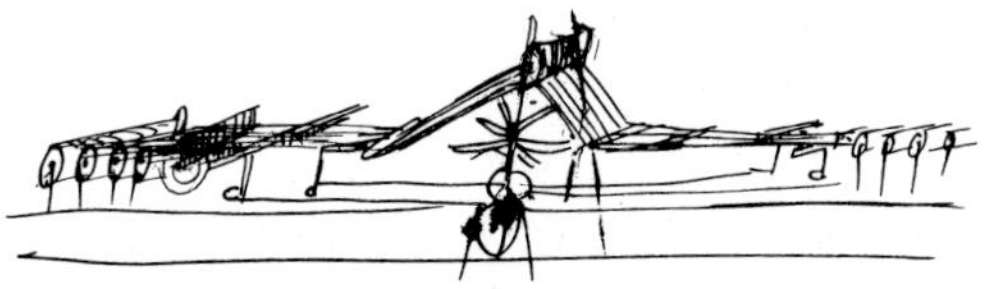

und darauf die Webmaschine. 2 Mädchen von 18 Jahren bedienten eine Maschine. Jeder Schlag des Kammes war ein Faden. Der Kamm schlägt ca. 100 mal in einer Minute. Das Gewebe war recht gut. Ein solcher Stuhl kostet 9 1/2 Pfd. (186, S. 33–63)

Die schlechte wirtschaftliche Situation der Spinnereien wurde durch Errichtung von Gewichtszöllen auf Garn zu verbessern versucht – eine Maßnahme, die auf Widerstand der Weber stieß, die von den billigeren englischen Garnen profitierten und deren Lage, auch bedingt durch einen geringeren technischen Rückstand gegenüber England, günstiger war. Daß es den Spinnereien trotzdem gelang, diese schwierige Phase zu überstehen und ihre Spindelzahl ab ca. 1820 wieder geringfügig zu steigern, ist auf die Aufnahme der Produktion von Barchent und Siamosen in den Webereien zurückzuführen. (66, S. 50) Die Barchentweber benötigten als Schußgarn ein grobes Baumwollgarn, einen Artikel, der in England kaum produziert und zudem durch den Gewichtszoll stärker geschützt wurde als Garne feinerer Titer. Durch Einsatz billiger indischer Baumwolle konnte dieser einfache Artikel mit englischen Produkten konkurrieren und auch exportiert werden.

Diesen Vorgang nennt Kosche »das qualitative Unterlaufen der englischen Fabrikation« (105, S. 136). Auch für die folgenden Jahre läßt sich feststellen, daß in Mönchengladbach vor allem einfache und billige Produkte hergestellt wurden. Der Produktion von Barchent und Siamosen folgten zunächst Rock- und Hosenstoffe, denen sich mit Beginn der 1840er Jahre Baumwollbiber und halbwollene Hosenstoffe anschlossen. Für die Herstellung dieser Artikel wurden Baumwollgarne in mittleren und feineren Titern als Kettmaterial eingesetzt. Diese Garne mußten nach wie vor aus England eingeführt werden, da es den Spinnereien immer noch nicht möglich war, im Vergleich zu England qualitativ gleichwertige Garne herzustellen.

Zur Produktion feiner Garne bedurfte es der Einführung der mechanischen Betriebsweise. Zwar nutzten einzelne Spinnereien die Wasserkraft zum Antrieb einiger Maschinen, jedoch scheint es sich hierbei lediglich um Vorrichtungen zum Öffnen und Reinigen des Rohstoffes gehandelt zu haben, während der eigentliche Spinnprozeß von Hand durchgeführt wurde - eine Arbeitsweise, die bei der Herstellung von Schußgarnen für Baumwollbiber durchaus erwünscht war, da man das englische Maschinengarn für zu gleichmäßig und damit ungeeignet hielt.

Die zunehmende Ausdehnung der Baumwollwebereien in Mönchengladbach veränderte die Situation. Anders als die Spinnereien waren sie seit 1815 ständig gewachsen, und die Zahl der Baumwollwebstühle hatte sich zwischen 1822 und 1838 von 2475 auf 4603 nahezu verdoppelt. (105, S. 137) Der steigende Absatz von Baumwollbiber zu Beginn der 1850er Jahre führte zu einem vermehrten Garnbedarf, der von den ortsansässigen Handspinnereien nicht mehr gedeckt werden konnte. Als Ausweg blieb nur der Kauf von Garn in England, das noch 1845 fast 70 Prozent des Gesamtverbrauchs an Baumwollgarn im Zollverein lieferte (233, S. 52), oder die Errichtung leistungsfähigerer Anlagen in der Region selbst.

Im Herbst 1827 wurde die erste Dampfmaschine in Rheydt in Betrieb genommen, und zwar bei Lenssen & Beckenbach. Die Maschine war zwar kein englischer Import, sondern stammte aus Wettern an der Ruhr, aber der Gedanke liegt nahe, daß die Englandreise von W. D. Lenssen auf den Kauf Einfluß gehabt hatte. Das Rheydter Unternehmen war aber noch kein industrieller Betrieb, sondern eine Handspinnerei mit teilweiser Mechanisierung einzelner Arbeitsabläufe. Es wird angenommen, daß die Dampfmaschine nur zum Antrieb der Vorbereitungsmaschinen oder eventuell einer Dampfmühle diente. 1847 mußte das Unternehmen den Betrieb einstellen, da es der mechanisierteren Konkurrenz nicht mehr gewachsen war. (2, S. 173)

Nach Aufhebung des britischen Maschinen-Ausfuhrverbots, besonders ab 1845, kamen immer mehr Maschinenlieferungen aus England. 1856 wurden im Handelskammerbezirk etwa 300 mechanische Webstühle gezählt. Am Ende des Jahres 1858 waren es schon 1001, und für 1860 wird die Zahl mit 1400 Stühlen angegeben. Ein Jahr später liefen in diesem Bezirk 1491 mechanische Webstühle, wovon allein die »Gladbacher Spinnerei und Weberei Aktiengesellschaft« 570 in Betrieb hatte. (66, S. 64)

Die »Gladbacher Spinnerei und Weberei Aktiengesellschaft« als erste Fabrik im industriellen Sinne

Der »Gladbacher Spinnerei und Weberei Aktiengesellschaft« fällt eine Schlüsselrolle zu. Man kann sagen, daß mit ihrer Gründung der Aufstieg Mönchengladbachs zur modernen Industriegroßstadt begann. Sie leitete die Mechanisierung der Gladbacher Baumwollindustrie und die Zentralisierung der Produktion ein. (102, S. 26) Auslöser für die Gründung war der Garnmangel der aufstrebenden niederrheinischen Biberweberei und die Erkenntnis der führenden Textilunternehmer, daß »überall, wo die Menschenhand durch die Maschinenkraft ersetzt werden kann, die Handarbeit in der Konkurrenz erliegen muß, und die betreffende Fabrikation sonach sich der Einführung und Anwendung der Maschinenkraft nicht mehr entziehen darf« (aus dem Gründungsprospekt). (2, S. 175)

Man hatte unter dem Eindruck der übermächtigen englischen Konkurrenz vor allem zwischen 1843 und 1848 versucht, die eigene Produktion durch die Errichtung von Zollschranken zu schützen. Vornehmlich der Viersener Seidenwarenfabrikant Diergardt sowie Quirin Croon versuchten mehrfach, die öffentlichen Institutionen von der Notwendigkeit eines Schutzzolles zu überzeugen. (90, S. 32 ff.) Auffällig ist hier, daß ausgerechnet zwei Unternehmer, die später hauptverantwortlich für die Gründung der »Spinnerei und Weberei Aktiengesellschaft« wurden, noch zu einem Zeitpunkt, als englische Maschinen erworben werden konnten, jahrelang auf das entwicklungshemmende Mittel Schutzzoll gesetzt hatten. Erst nachdem diese Bemühungen zu keinem durchschlagenden Ergebnis geführt hatten, entschloß man sich zu der Entwicklung neuer Konzeptionen.

Mit der »Gladbacher Spinnerei und Weberei Aktiengesellschaft« wurde der erste Schritt zur industriellen Produktionsweise getan. Dies geschah zu einer Zeit, in der die meisten ansässigen Unternehmen noch immer auf Verlagsbasis produzierten. Die Feststellung des Gladbacher Fabrikengerichts Ende 1844, daß einige Fabrikanten dazu übergegangen seien, ihre Handweber in geschlossenen Etablissements zu beschäftigen, verdeutlicht, daß solche Produktionsstätten zu diesem Zeitpunkt noch ungewöhnlich und nur in den Städten anzutreffen waren. Erst die Einführung mechanischer Webstühle forcierte die zunehmende Errichtung von Fabriken.

Ein sich selbst als Manufaktur bezeichnendes Unternehmen war die Firma Lamberts & May, die insofern bedeutsam ist, als daß sie sämtliche Entwicklungsschritte vom Verlagsgeschäft bis zur mechanischen Fabrik durchlief. Schon zur Zeit Napoleons in Gladbach als Baumwollverlagsgeschäft nachweisbar, folgte 1832 die Neugründung als Lamberts & May. Ansässig war das Unternehmen, das sich 1834 als »Fabrik für Halbseiden und Baumwollwaren« bezeichnete, in der Gemeinde Oberniedergeburt. 1840 verfügte die Firma über einige Webstühle. Das Unternehmen setzte ab 1859 Dampfkraft ein und bezeichnete sich selbst als »Manufactur – Mechanische Spinn und Weberei«. Es handelte sich also nicht um einen voll mechanisierten Betrieb, sondern Teile des Produktionsprozesses wurden noch von Hand durchgeführt. Die Firma war 1861 eines der bedeutendsten Textilunternehmen in Gladbach. In der Spinnerei liefen 8200 Spindeln, in der Weberei wurden 250 mechanische Webstühle eingesetzt. Der Umwandlung in eine Aktiengesellschaft 1899 folgte 1922 die Fusion mit der Textil-Industrie AG in Barmen. (58, S. 38)

Quirin Croon hatte als einer der ersten deutschen Unternehmer 1850 hundert mechanische Webstühle in Betrieb genommen. (105, S. 151) Croons größte Leistung war jedoch eine andere: Er war der Mitinitiator für den am 12. Mai 1853 geschlossenen notariellen Gründungsvertrag der »Gladbacher Spinnerei und Weberei Aktiengesellschaft«. Zu den elf Gründern, die zusammen ein Kapital von 400 000 Talern aufbrachten, gehörten:

1. Friedrich Diergardt, Geheimer Kommerzienrat, Viersen, Samt- und Seidenwarenfabrikation (60 000 Taler)
2. Paul Jacob Preyer, Handelsrichter, Viersen, Engl. Garnhandlung und Seidenwarenfabrikation (25 000 Taler)
3. Quirin Croon, Kommerzienrat und Handelsgerichtspräsident, Gladbach, Firma »Gebr. Croon«, Handlungshaus, Baumwollweberei und Handmaschinenspinnerei (105 000 Taler)
4. Wilhelm Prinzen, Gladbach, Firma gleichen Namens, Halbseiden- und Baumwollwarenherstellung, Kolonialwarenhandel (55 000 Taler)

5. Anton Lamberts Christians Sohn, zweiter Bürgermeister, Gladbach, Firma gleichen Namens, Baumwollspinnerei (75 000 Taler)
6. Heinrich Pferdmenges, Handelsrichter, Gladbach, Handlungshaus »Gebr. Pferdmenges«, Halbseiden- und Baumwollwarenherstellung (30 000 Taler)
7. Carl Schmölder, Rheydt, Handlungshaus »Wiedemann, Pferdmenges & Schmölder«, mechanische Baumwollspinnerei auf der Elsener Mühle bei Grevenbroich (5000 Taler)
8. Wilhelm Specken, Dülken, Handlungshaus »Specken & Weyermann«, Samt- und Seidenmanufaktur (15 000 Taler)
9. Franz Wilhelm Königs, Dülken, der Schwager Gustav Mevissens, Handlungshaus »G. Mevissen«, Maschinen-Flachsspinnerei, Leinenzwirnerei, Färberei, Appretur (10 000 Taler)
10. Wilhelm Diedrich Lenssen, Rheydt, Inhaber der stillgelegten Firma Lenssen & Beckenbach (10 000 Taler)
11. Johann Wilhelm Brinck sen., Gladbach, Rotfärberei und Garnhandel (10 000 Taler).

Es fällt auf, daß alle Gründungsmitglieder erfahrene Textilunternehmer aus sämtlichen Textilbranchen waren. Es waren keine Bankiers beteiligt. Das zeigt, daß der Schwerpunkt auf fachliche Qualifikation der Mitglieder gelegt wurde. Der Gründungsprospekt trug die Unterschriften von Quirin Croon und Anton Lamberts Christians Sohn. Sie hatten das höchste Kapital eingebracht und waren deshalb Bevollmächtigte der Gesellschaft. In dem Prospekt preisen sie die Vorzüge Gladbachs als Unternehmensstandort: eine optimale Kombination der Produktionsfaktoren Arbeit, Boden und Kapital, Unternehmererfahrung, ein tüchtiger Arbeiterstand, mäßige Lohnsätze bei niedrigen Lebenshaltungs-, Grundstücks- und Baukosten und eine gute Eisenbahnverbindung nach Aachen, zum Rhein und zum rechten Rheinufer, besonders zu den Kohlerevieren.

Der Prospekt war so überzeugend, daß innerhalb von drei Wochen die erste zur sofortigen Ausgabe vorgesehene Million des auf drei Millionen Taler festgesetzten Grundkapitals gezeichnet wurde. Auch hier spielen Bankiers keine große Rolle. »63 der 85 nach der Gründung hinzugekommenen Aktionäre sind am linken Niederrhein nördlich der Linie Köln - Aachen beheimatet und größtenteils in der Textilwirtschaft tätig. Auch die übrigen stammen aus dem Rheinland oder nur ausnahmsweise aus den westlichen Textilgebieten Westfalens und sind zum Teil mit den Gründern verwandt.« (2, S. 175-179)

Die verwandtschaftlichen Beziehungen spielen überhaupt in der gesamten rheinischen Textilindustrie eine ganz wesentliche, wenn auch nicht immer offensichtliche Rolle. »J. P. Boelling zum Beispiel war mit einer Verwandten der Mutter des Quirin Croon, deren Schwester mit dem Seidenfabrikanten Preyer in Viersen verheiratet. Quirin Croon hatte das Eheband zu den Scheiblers gewoben; seine Frau war eine geborene Bertha Scheibler von Haus Drimborn bei Aachen.« (44-Si, S. 46)

Auf einem Gelände zwischen der neuen Eisenbahnstrecke der Bergisch-Märkischen Eisenbahn und dem Weg nach Lürrip wurde mit dem Bau der Fabrik begonnen. Die Bauanlage war bemerkenswert. Quirin Croon hatte auf einer Reise nach Manchester Spinnereien mit einem Gerüst aus gußeisernen Stützen und Trägern besichtigt. Dieses Prinzip wurde für das Gladbacher Fabrikgebäude übernommen. Vermutlich wurden sogar die Teile in England gekauft.

»Die Backsteinhülle unterscheidet sich allerdings völlig von der Innenkonstruktion. Mit ihren romantischen, der Gotik entlehnten Zierformen [...] veranschaulicht sie Statusansprüche, Selbstverständnis, wohl auch Geschmack und Formgefühl der Gründer.« (105, S. 154)

Im August 1855 wurde der Betrieb mit 15 000 Spindeln und 250 mechanischen Webstühlen aufgenommen. Die erforderliche Kraft lieferten Dampfmaschinen. Alle Maschinen kamen aus England. (96, S. 60) Ende 1860 liefen schon 38 920 Spindeln und 487 Webstühle. Die Baumwollgarnproduktion belief sich in jenem Jahr auf 3 160 000 Pfund. Zu dieser Zeit wurden ungefähr 1000 Arbeiter beschäftigt. (90, S. 83)

Ein paar Zahlen, um die Größenordnung dieses Unternehmens zu verdeutlichen:

Im Jahre 1858 gab es im gesamten Kreis Gladbach 17 Spinnereien, die 62 538 Spindeln laufen hatten und 1462 Arbeiter beschäftigten. Drei Jahre später, 1861, liefen bei diesen 17 Spinnereien 83 080 Spindeln und arbeiteten 1855 Menschen. (66, S. 61) Für die Weberei sind folgende Zahlen bekannt: Im Jahre 1858 liefen im Kreis Gladbach auf Baumwolle und Halbwolle 901 mechanische Webstühle. 1861 waren es schon 1194, wovon allein 570 bei der »Gladbacher Spinnerei und Weberei Aktiengesellschaft« betrieben wurden. (66, S. 64)

Heute beherbergt das ehemalige »Industrieschloß« unter anderem die Fachschule für Technik mit einem Ausbildungsgang für Textiltechniker.

Gebäude der »Gladbacher Spinnerei und Weberei Aktiengesellschaft« (63, S. 72)

Fachschule für Technik Mönchengladbach im Jahre 1992 (42, S. 38–39)

Quirin Croon – Triebfeder und Baumwollkönig

Zu den zahlreichen Namen, die eng mit der wechselhaften Gladbacher Textilgeschichte verbunden sind, gehört ohne Zweifel der Name Quirin Croon. Er ist wie kaum ein anderer mit dem Auf und Ab der Gladbacher Textilindustrie verbunden. Johann Adam Quirin Croon wurde am 2. August 1788 in Hückelhoven, Kreis Heinsberg, geboren. Die Familie Croon war eine wohlhabende Familie, wodurch die schulische Ausbildung der Kinder gesichert war. Die Ausbildung Quirin Croons begann mit dem Besuch der Volksschule in Hückelhoven. Über verwandtschaftliche Beziehungen seiner Mutter führte ihn sein Weg zur Textilindustrie und zu einer kaufmännischen Ausbildung. Eine Schwester seiner Mutter hatte einen der angesehensten Unternehmer der Viersener Seidenindustrie, Preyer, geheiratet, und eine andere Verwandte war Gattin des Johann Peter Boelling, der schon bald zum führenden Unternehmer der Gladbacher Baumwollindustrie geworden war. In diesen beiden Häusern erhielt Quirin Croon seine Ausbildung. Besonders bei Boelling erwarb er viele kaufmännische und technische Kenntnisse über die baumwollverarbeitende Industrie. »Denn Boelling brachte auf der einen Seite die Erfahrungen aus der älteren Industrie des Wuppertales mit, auf der anderen Seite mußte er alle Grundlagen schaffen, unter denen ein neues Unternehmen mit ganz anderen Arbeits- und Absatzbedingungen vorwärtskommen konnte.« (10, S. 52)

Das Verhältnis von Quirin Croon zu seinem Lehrherrn war so gut, daß beide später ihre Firmen zu einem gemeinsamen Unternehmen vereinigten.

1816 gründete Croon zusammen mit seinem vier Jahre jüngeren Bruder Theodor in Gladbach die Firma Gebr. Croon, die Baumwoll- und Seidenwarenherstellung sowie Baumwollgarnhandel betrieb. Die Firma ließ die Stoffe von Handwebern in der Hausindustrie anfertigen und lieferte lediglich das Rohmaterial. Diese Herstellungsmethode änderte sich erst im Jahre 1850 mit der Einführung der mechanischen Weberei. Mit der Gründung einer Firma war in dieser Zeit ein großes Risiko verbunden. Die niederrheinische Textilindustrie befand sich gerade in einer Wirtschaftswende, da das Rheinland nach 20 Jahren französischer Herrschaft nun zum preußischen Staat gehörte. Die vorhergegangenen Jahre der französischen Herrschaft hatten eine schnelle Entwicklung der Textilindustrie zur Folge, da es Absatzmöglichkeiten im ganzen französischen Gebiet gab. Dazu kam noch das italienische Gebiet sowie der Schutz gegen rechtsrheinische Konkurrenz durch die bis zum Rhein vorgeschobene Zollgrenze. Dieser Schutz hörte nun auf, und an die Stelle des französischen Marktes trat der preußische Absatzmarkt. Dieser war jedoch in keiner Weise so aufnahmefähig, und so kam es, daß bereits im ersten Jahr der preußischen Herrschaft viele Firmen ihre Tore schließen mußten. Die Firma Gebr. Croon stand durch das ererbte Vermögen der beiden Brüder auf festen Füßen. Quirin Croon ging noch dazu von seiner Arbeit im Hause Boelling ein sehr guter Ruf voraus. So wurde die Firma bald zu einem der führenden Unternehmen in Gladbach.

Fabrik Croon um die Jahrhundertwende (119, S. 98)

In den dreißiger Jahren schlossen sich die Firmen Gebr. Croon und Boelling zu einem Unternehmen zusammen. Unter dem Namen Boelling & Croon wurden die damals größten Textilfirmen Gladbachs zu einer einzigen verschmolzen. Boelling zog sich nach einiger Zeit aus dem Unternehmen zurück, und die Firma wurde von den beiden Croons wieder unter dem alten Namen Gebr. Croon geführt. Da die Firma Croon nur das Rohmaterial an die Hausweber lieferte, legte Quirin Croon größten Wert auf fachmännischen Einkauf. Von den benötigten Baumwollgarnen konnten nur grobe Nummern im Inland beschafft werden, während feine Garne aus Manchester bezogen wurden. Die ebenfalls verarbeitete Rohseide kam aus Italien. Quirin Croon tätigte oft den Rohstoffeinkauf persönlich an Ort und Stelle, da die Stärke seines Geschäfts auf diesem Einkauf beruhte. Die Firma der Gebrüder Croon übernahm auch eine Führungsrolle für viele kleinere, kapitalschwächere Firmen. Nach der Eingliederung des Rheinlandes zu Preußen

Die Familie Croon

Johann Adam Quirin Croon, Fabrikant in Gladbach, hatte folgende Vorfahren:
I: Gerhard Croon (* vor 1640, † nach 1660), gelebt als Landwirt in Houthem
II: Adolf Croon, Houthem, dort Dorfmeister (* 1640, † 1727)
III: Johannes Croon (* um 1700, † 1775), Houthem, Bürgermeister in Schöffa
IV: Theodor Heinrich Albert Croon (* 1751 in Houthem, † 1809 in Hückelhoven), gelebt in Hückelhoven als Hofbesitzer, neun Kinder mit Sibilla Gertrud Gillessen aus Hückelhoven
V: Ältestes Kind: Johann Adam Quirin Croon (* 2. 8. 1788)

Die »Gladbacher Aktienspinnerei und Weberei«, um 1890

Gladbacher Linie

Bruder: Johann Theodor (* 1793, † 1856), Kompagnon in Mönchengladbach (mit seinem Bruder Quirin)

Aachener Linie

Bruder: Johann Heinrich Albert (* 1798, † 1861), Kommerzienrat in Aachen

Wickrathberger Linie

Bruder von *IV:* Matthias (* 1738, † 1827)
V: Theodor (* 1772, † 1838)
VI: Johann Heinrich Bernhard (* 1804, † 1868)
VII: Johann Theodor (* 1831, † 1900 in Wickrathberg)
VIII: Wilhelm (* 1869, † 1954 in Wickrathberg), Kettscherer in Weberei F. W. Barten
IX: Theodor (* 1896, † 1979 in Rheydt)
X: Ernst Wilhelm (* 1924 in Wickrathberg)

Haus Nr. 10 in Houthen, Holland (bei Valkenburg), woher die Familie Croon stammte

Alfred Croon, Präsident der IHK von 1921 bis 1933 (17 a)

Quirin Croon heiratete am 15. August 1837 Berta Scheibler (* 17. 5. 1806 in Aachen, † 14. 3. 1883 in Gladbach), mit der er nur die eine Tochter Thekla Johanna hatte, die zweijährig bei einem Unfall starb. Weil Quirin Croon als 49jähriger Mann die 18 Jahre jüngere Frau heiratete, gab er sich öffentlich (bis hin zur Inschrift auf seinem Grabstein) um vier Jahre jünger an. Quirin Croon war Protestant wie seine Vorfahren. Er starb am 23. Juli 1854, ohne seinen größten Triumph, die Eröffnung der »Gladbacher Spinnerei und Weberei AG« im »Industrieschloß«, miterlebt zu haben.
Die Gladbacher Ahnenlinie der Croons verlief weiter über seinen Bruder Johann Theodor:
VI: Theodor Croon (* 1837, † 1909), Textilfabrikant
VII: Alfred Croon (* 1873, † 1947) Präsident der IHK von 1921 bis 1933

Ritter und Freiherrn von der Cron

*Kommerzienrat Johann Adam Quirin Croon, * 2. August 1788 in Hückelhoven, † 23. Juli 1854 in Gladbach (17 a)*

hatte die baumwollverarbeitende Industrie einen schweren Kampf gegen die schlesische Industrie zu bestehen, da diese mit wesentlich niedrigeren Löhnen arbeitete. Hier zeigte die Firma Gebr. Croon den Weg, indem sie die Herstellung höherwertiger Erzeugnisse aufnahm. Das betraf zunächst die Siamosen, die so verbessert wurden, daß das Gladbacher Gewebe zu internationalem Ruf kam. Ein großer Erfolg für den ganzen Bezirk wurde der in den vierziger Jahren von Croon zuerst hergestellte Biber, ein bis dahin der Baumwollindustrie unbekannter Stoff aus dünner, fest gedrehter Kette und dickem, lose gesponnenem Schuß. »Dieser Stoff eignete sich besonders für die Verarbeitung des Gespinnstes der heimischen Handspinnereien, und diese, damals schon arg bedrängt durch die englische Maschinenspinnerei, konnten infolgedessen noch eine letzte Blüte erleben. Der Aufschwung hielt immerhin ein Jahrzehnt an, und er hat für manche der veralteten und zum Tode verurteilten Handspinnereien sicher den Vorteil gebracht, daß diese noch Mittel genug erwerben konnten, um einen leichteren Übergang in eine andere Betriebsform zu finden. Mit Recht ist daher in zeitgenössischen Berichten dem bekannten und in so vieler Beziehung um die ganze Gegend verdienten Fabrikhaus Croon besonders Anerkennung gezollt.« (10, S. 58).

Quirin Croon versuchte, auch durch Werbung der damals noch weitgehend unbekannten Gladbacher Textilindustrie zu größerem Ansehen zu verhelfen. Ausstellungen waren hierfür ein geeignetes Mittel. Er sorgte dafür, daß nicht nur seine Firma auf diesen Veranstaltungen ausstellte, sondern auch andere Gladbacher Unternehmen, die sehenswerte Erzeugnisse produzierten.

Für seine Bemühungen um die erste große Gewerbeausstellung 1844 in Berlin erhielt er eine Ordensauszeichnung. Auch die Firma Gebr. Croon wurde auf vielen Ausstellungen ausgezeichnet. In Düsseldorf wurden 1837 die Seidenstoffe an erster Stelle genannt, in Berlin 1844 der typisch gewordene Baumwollstoff Biber, und in Düsseldorf erregte 1852 ein neuer Artikel, Beaverteen, großes Aufsehen. Dieser Artikel war ein besonders hochwertiger Baumwollstoff, der bis dahin nur in England hergestellt wurde. Die englische Regierung hatte diesen Stoff sogar für das Hofkostüm an einem bestimmten Tag vorgeschrieben. Zum ersten Mal war es einer deutschen Firma gelungen, ein diesem besten englischen Stoff gleichwertiges Erzeugnis zu produzieren. In Paris erhielt 1855 die Firma Gebr. Croon ein von Napoleon III. unterschriebenes Diplom für ihre Erzeugnisse. All diese Erfolge waren nur durch ständige technische Verbesserungen möglich. Quirin Croon war in dieser Richtung stets bemüht. Jede technische Neuerung wurde sofort von ihm aufgegriffen. Der Betrieb erlangte eine Vorbildfunktion, und Croon ließ anderen Unternehmern seine Erfahrungen zugute kommen. Als einer der ersten deutschen Unternehmer führte er 1850 die mechanische Baumwollweberei ein. Bei seinen wiederholten Besuchen in England hatte er erkannt, daß die Hand- und Heimweberei chancenlos war gegenüber der fortgeschrittenen englischen Maschinenweberei, da ein mechanischer Webstuhl das dreifache eines Handwebstuhls leistete. Neben der Verbesserung der Webwarenherstellung war Quirin Croon auch an der Schaffung einer neuzeitlichen Veredlungsindustrie beteiligt. Die Färbereien, Druckereien und Appreturen waren anfänglich recht primitive handwerkliche Betriebe, deren Arbeit für die einfachen Baumwollartikel genügte. Durch die Verbesserungen der Ware wurden aber fortschrittlichere Ausrüstungsmethoden benötigt. Mit der Gründung der Kreisappreturanstalt wurde dieses Problem beseitigt.

Dieser Veredlungsbetrieb, der 1839 auf Croons Betreiben entstand, wurde mit neuesten technischen Mitteln ausgerüstet. Jahrzehntelang stand er an der Spitze der Mönchengladbacher Veredlungsindustrie und hielt stets Schritt mit der Entwicklung der Weberei. Neben der Verbesserung der Technik der Textilveredlung trug dieses Unternehmen ganz wesentlich zur Absatzförderung der Gladbach-Rheydter Textilerzeugnisse bei. Die Kreisappreturanstalt ging kurz vor dem 31. Dezember 1857 in die neugegründete »Gladbacher Aktien-Gesellschaft für Druckerei und Appretur« ein. Diese neue Gesellschaft besaß vier Druckmaschinen, sieben Dampfkessel und zwei Dampfmaschinen. Im Jahr 1861 wurden 123 Arbeiter beschäftigt, und aufgrund des guten Geschäftsjahres konnten 16000 Taler an Dividenden ausgeschüttet werden, was damals eine beachtliche Summe darstellte.

Eine der größten wirtschaftlichen Leistungen Quirin Croons war die Gründung der »Gladbacher Aktien Spinnerei und Weberei«. Croon war der Inititator und die führende Persönlichkeit der Gründer. Mit diesem Werk faßte die mechanische Baumwollspinnerei festen Fuß am Niederrhein, und die westdeutsche Baumwollindustrie wurde unabhängig vom Ausland. Mit dieser Fabrik wurde zum ersten Mal ein in sich geschlossener Industriezweig geschaffen. Die Garnherstellung in Deutschland konnte aber nur bei einem genügenden Schutzzoll durchgeführt werden. Ein großer Teil der Weber wehrte sich dagegen, da sie dadurch eine Verteuerung des Garnbezuges aus England und eine Schwächung ihrer Wettbewerbsmöglichkeit auf dem Weltmarkt befürchteten. Unter den Befürwortern dieser Richtung befand sich unter anderem die Kölner Handelskammer. Unter diesen Umständen hielt sich die Regierung ängstlich mit einer Einführung des höheren Garnzolls zurück. Quirin Croon war dagegen ein eifriger Verfechter dieses Schutzzolles. Für ihn zählte der nationalwirtschaftliche Aspekt sowie das Wohl der Arbeiter.

1845 erhielt er die Gelegenheit, seine Ansichten an der wichtigsten Berliner Stelle, dem 1844 als Vorläufer des späteren Handelsministeriums gegründeten Handelsamt, darzulegen. Der Leiter des Amtes berief daraufhin für die Zeit vom 29. März bis 12. April 1845 die namhaftesten Vertreter aus jedem textilindustriellen Bezirk Preußens zu einer Tagung, dem sogenannten industriellen Parlament. Der Vertreter des Gladbacher Bezirks war Quirin Croon. Er reiste mit einigen anderen Vertretern der Region nach Berlin, um die Schutzzollforderung durchzusetzen. In Berlin kamen auch die Vertreter der schlesischen Textilindustrie dazu, die noch unter dem Eindruck des im vorigen Jahr ausgebrochenen Weberaufstandes die Schutzzollforderung mit Rücksicht auf das bei ihnen herrschende Arbeiterelend unterstützten. So gelang es, eine fast einstimmige Stellungnahme zugunsten eines höheren Schutzzolles auf Baumwoll-, Leinen- und Wollgarne durchzusetzen. Bei einigen Webereibesitzern aus Gladbach und Rheydt stieß der höhere Garnzoll auf Ablehnung. Croon entgegnete ihnen mit den Worten: »Wer da, wo das Allgemeinwohl des Vaterlandes und besonders jenes der arbeitenden Klasse zur Sprache kommt, sich nicht über das eigene Interesse zu stellen vermag, verdient Verachtung. Die Arbeit des Ausländers, der uns feindlich entgegentritt, soll besteuert werden, damit unsere Arbeiter nicht zuletzt verhungern. Wenn man die Not in Schlesien, Westfalen usw. von Sachverständigen schildern hört, so muß dem rechtlichen Mann das Herz bluten.« (10, S. 62)

Quirin Croon war zudem um die Anbindung Gladbachs an das Verkehrsnetz bemüht. In den Jahren seiner größten Schaffenszeit begann der Ausbau der preußischen Eisenbahnen. Erste Pläne einer Eisenbahnlinie Aachen–Düsseldorf über Mönchengladbach stammen von 1838. Sechs Jahre später rief ein Komitee, dem die Herren Boelling, Croon und Busch aus

Mönchengladbach angehörten, die Mönchengladbacher Kaufleute auf, Aktien der Aachener-Gladbach-Neusser Eisenbahngesellschaft zu zeichnen. Das Unternehmen wurde von der Gladbacher Industrie gefördert, die sich Vorteile von der Eisenbahn versprach. Bei den Arbeiten sollte »vor allem die in der Bürgermeisterei Gladbach wohnende arbeitslose Klasse beschäftigt werden«. (119, S. 51)

Der Anschluß der Stadt durch die Weiterführung der Linie Ruhrgebiet/Krefeld über Viersen nach Gladbach war für Croon eine dringende Notwendigkeit. Durch die Eisenbahn war die Kohleversorgung der Industrie sichergestellt. Croon arbeitete in dieser Zeit unermüdlich, um den Wünschen des Bezirkes bei den wichtigen Stellen Gehör zu verschaffen. Zu diesem Zweck reiste er in den Jahren zwischen 1844 und 1850 mehrfach nach Berlin, um bei den zuständigen Behörden sein Anliegen vorzutragen. 1851 wurde seine Arbeit belohnt und die Strecke Gladbach-Viersen-Krefeld-Homberg eröffnet. 1853 erfolgte die Fertigstellung der Strecke von Düsseldorf über Gladbach nach Aachen. Gladbach wurde so dank der Bemühungen von Quirin Croon zu einem Mittelpunkt des linksrheinischen Verkehrs.

Croon war auch immer um eine wirtschaftliche Verbesserung des Bezirkes bemüht. Auf Antrag der führenden Firmen, zu denen auch die der Croons gehörten, wurde 1837 die Gladbacher Handelskammer errichtet. Croon war stellvertretender Vorsitzender und ab 1851 Vorsitzender der neu gegründeten Einrichtung. Er war ebenfalls erster Vorsitzender des 1845 errichteten Handelsgerichts. Dieses Amt, bei dem etwa 1000 Streitfälle im Jahr entschieden werden mußten, hatte er bis zu seinem Tode inne. Unter seiner Führung entstanden außerdem einige Fabrikantenvereinigungen, wie der von 1848 bis 1849 tätige Exportverein, der zur Linderung der Arbeitsnot ihm zur Verfügung gestellte öffentliche Gelder den Fabrikanten überwies, die eine Arbeitsbeschaffung durch erhöhte Ausfuhr erzielen konnten. 1844 rief er in Berlin den Verein für das Wohl der Hand- und Fabrikarbeiter ins Leben. Croon hatte rechtzeitig die Gefahren erkannt, die vom Übergang der Heimarbeit zur Fabriktätigkeit ausgingen. Er wollte eine große Arbeitslosigkeit und das daraus resultierende Elend verhindern. Ebenso war er an der Gründung des Rheinisch-Westfälischen Vereins zur Beförderung der Arbeitsamkeit und Sparsamkeit beteiligt.

Croon war des weiteren um eine Verbesserung des Schulwesens bemüht. Auf seine Initiative geht die Errichtung der höheren Knaben- und Mädchenschule 1842 zurück. Bei der Eröffnung stiftete er einen Beitrag zur Deckung des Schulgeldes unbemittelter Kinder. Bis zu seinem Tode war er Vorsitzender des Verwaltungsrates und immer darauf bedacht, daß die Ausbildung der Schüler in jeder Weise gefördert wurde. Quirin Croon starb am 23. Juli 1854 in Gladbach. Testamentarisch vermachte er einen größeren Betrag der höheren Knabenschule. Sein Testament enthielt auch Stiftungen für eine Kinderbewahrschule und je eine Sonntagsschule der evangelischen und katholischen Gemeinden. Die evangelische Gemeinde bedachte er zusätzlich mit einer größeren Summe, die für den Bau des Bethesda-Krankenhauses verwendet wurde. »Wenn die nachfolgenden Unternehmergenerationen seines Heimatbezirkes sich rühmen durften, in der fürsorgenden Sozialpolitik mit an der Spitze der deutschen Industrie zu marschieren, so ist vieles darauf zurückzuführen, daß ihnen Quirin Croon Beispiel und Anregung gegeben hat.« (10, S. 69)

Er war »neben dem Ausbau seiner Firma, den Gebr. Croon, zum größten Gladbacher Textilunternehmen stets auch um die gemeinsamen Interessen von Baumwollspinnern und -webern der Gladbach-Rheydter Region bemüht. Durch mehrere

Gebrüder Croon
M. Gladbach
Fernsprecher 5 — Eickenerstrasse 168
Weiss- u. Buntweberei
Ausrüstung von Baumwollwaren.
Reichsbank-Giro-Conto
Postscheck-Conto 572 Cöln.

Anzeige von 1922 (156, S. 62)

Reisen nach Manchester mit den Fortschritten der englischen Baumwoll- und Textilmaschinenindustrie vertraut, hatte Croon die aus deren gewaltigen Überlegenheit erwachsende Gefahr für die rückständige einheimische Industrie klar erkannt und in seinem eigenen Betrieb bereits daraus die notwendigen Konsequenzen gezogen.« (214, S. 176)

Soziale Mißstände in der aufkommenden Textilindustrie

Die Herstellung von Textilien war ursprünglich ein im Haus des Webers betriebenes Handwerk. Hierbei wurden Produktion und Arbeitsweise in der Stadt Gladbach im Mittelalter durch Zunftvorschriften geregelt. Auf dem Land, wo der größere Anteil produziert wurde, erfolgte die Herstellung von Leinwand ohne Zunftorganisation – teils zur Deckung des Eigenbedarfs, teils zum Verkauf auf den Märkten oder an Händler als Nebenerwerb zur hauptsächlich betriebenen Landwirtschaft. Die Gewebeproduktion wurde vom Anbau des Rohmaterials und der Herstellung des Garns bis hin zur Veredlung selbst durchgeführt und gewährte den Webern eine unabhängige Stellung gegenüber den Abnehmern ihrer Produkte.

Die Verarbeitung von Baumwolle und Seide veränderte die Stellung der Weber. Diese Rohstoffe waren teure Importgüter, die, von Händlern oft schon als fertiges Garn eingeführt, den Webern lediglich zur Weiterverarbeitung zur Verfügung gestellt wurden – statt auf eigene Rechnung arbeitete der Weber nun für einen Verleger.

Die Einführung des Verlagsystems bedeutete für die bisher unabhängig arbeitenden Weber den Übergang zu einer abhängigen Beschäftigung. Obwohl sie nach wie vor Eigentümer der Produktionsmittel blieben, verloren sie ihre Selbständigkeit, indem der Einkauf der Rohstoffe und der Vertrieb der Fertigware nicht mehr in ihrer Hand lagen. Aus den einstmals unabhängigen Meistern in der Stadt und den Webern auf dem Land wurden »Verlegte«.

Mit Entstehung der – in Mönchengladbach wenigen – Manufakturen zu Beginn des 19. Jahrhunderts und mehr noch den später folgenden Fabriken trat neben diese Lohnweber der neue Stand der Fabrikarbeiterschaft. Diese rekrutierte sich zunächst überwiegend aus Tagelöhnern, Gesellen, Gehilfen der Meister, Lohnwebern und ehemalig selbständigen Lohnwebern. (233, S. 35) Der Tradition des Hausgewerbes entsprechend gehörten zu dieser Fabrikarbeiterschaft von Anfang an Frauen und Kinder. Kinder waren vor allem in den Spinnereien tätig, weniger in den Webereien, wegen der dort geforderten hohen Arbeitsintensität, die sie noch nicht leisten konnten. (187, S. 42) Frauen wurden ebenfalls überwiegend in den Spinnereien eingesetzt, in denen sie teilweise 70 Prozent der Belegschaft stellten, während der Anteil von Kindern ca. 15 Prozent ausmachte. (195, o. S.)

Die zunehmende Ausdehnung der Textilindustrie hatte einen steigenden Bedarf an Arbeitskräften und somit ein kontinuierliches Wachstum der Stadt zur Folge. Die Einwohnerzahl vervielfachte sich im Verlauf des 19. Jahrhunderts. Die Zuwanderer stammten zum größten Teil aus der näheren Umgebung, aber auch aus der Eifel, jeweils mit einem hohen Anteil junger Frauen. (109, S. 95)

Grundlegende Veränderungen brachte die mechanische Betriebsweise vor allem für die Lohnweber, obwohl auch die Fabrikarbeiterschaft von sozialen Notlagen getroffen wurde. Hatte schon das Aufkommen des Verlagsystems ihnen ihre Selbständigkeit weitgehend genommen, wurden sie nach Einführung der Maschinen zu Lückenbüßern. Neben den höheren Maschinengeschwindigkeiten und den damit verbundenen Senkungen der Lohnkosten waren für diese Entwicklung vor allem auch organisatorische Gründe ausschlaggebend. Außer der Einsparung von Transportkosten bot der Fabrikbetrieb den Vorteil der besseren Überwachung der Arbeiter, wodurch Materialverluste durch Unterschleif, d. h. Abzweigen und Verarbeiten von Fasergut durch die Lohnarbeiter, verhindert werden konnte. Diese Betrügereien waren nicht unüblich. So schätzte man in den 1870er Jahren den Wert des in der niederrheinischen Seidenindustrie jährlich gestohlenen Materials auf etwa eine halbe Million Mark. (227, S. 94) Die Kostenvorteile der mechanischen Webstühle konnte der Lohnweber nur durch Ausdehnung seiner Arbeitszeit bis an die Grenzen der physischen Leistungsfähigkeit ausgleichen. Bis zu achtzehn Stunden täglich wurde gearbeitet (187, S. 50), länger als in den Fabriken. Um halbwegs rentabel zu produzieren, war die Mithilfe von Familienangehörigen, vor allem auch der Kinder, unerläßlich. Dementsprechend wenig Verständnis war von den Lohnwebern für vermehrte Schulausgaben oder gesetzliche Maßnahmen zum Schutz der Kinder zu erwarten. Ein zeitgenössischer Bericht schildert den Alltag eines Hausweberkindes:

»Ein Vater ließ seinen Sohn von fünf Uhr früh bis sieben Uhr abends ununterbrochen spulen und treiben. Darauf wurde er zur Abendschule geschickt, von wo er erst um neun Uhr nach Hause kam und dann noch gezwungen war, seine Schulaufgaben zu erledigen [...] und erlahmte seine Tätigkeit, so feuerte der Holzpantoffel sei-

Armenkommission Giesenkirchen um 1900.
Von links, sitzend: Wilhelm Aldenhoven, gewerblos, Giesenkirchen; Ludwig Sachsen, gewerblos, Giesenkirchen; Maria Geiger, Lehrerin, Giesenkirchen; Joseph Hütten, gewerblos, Ruckes; Gustav Lamertz, Kleinhändler, Biesel; Adolf Giesbert, Pfarrer, Giesenkirchen; Anton Brandt, Rentner, Trimpelshütte.
Von links, stehend: Johann Röttges, gewerblos, Biesel; Michael Hütz, Hülfsarbeiter, Blaffert; Wilhelm Feinendegen, Armenkassenrendant, Giesenkirchen; Joseph Beckers, Landwirt, Bahner; Karl Eicker, Landwirt, Baueshütte; Johann Mones, Landwirt, Högden; Wilhelm Schüll, gewerblos, Giesenkirchen; Dr. med. August Brundieck, Arzt, Giesenkirchen; Dr. med. Karl Scherer, Arzt, Giesenkirchen; Hubert Simons, Landwirt, Puffkohlen; Hermann Langen, Fabrikarbeiter, Puffkohlen; Johann Matthias Breuer, Fabrikarbeiter, Ahren (10 a)

nes Vaters ihn aufs neue an. Und doch hatte der Vater seinen Sohn lieb. Aber es mußte geschehen! Wie sonst [...] könnte wohl so wohlfeil gearbeitet werden.« (187, S. 43)

Kinderarbeit

Die Not der Fabrik- und Heimarbeiterfamilien zwang bereits Kinder unter sechs Jahren dazu, ihren Anteil zum Lebensunterhalt beizusteuern. Die Arbeitszeiten der Kinder unterlagen vor 1840 keiner Reglementierung. In der Praxis wirkte sich dies in 12- bis 14stündigen Arbeitstagen, Pausen nicht eingerechnet, aus.

Ersten Einschränkungen unterlag die Kinderarbeit im Jahre 1839. Ein Regulativ legte das Mindestalter der in Fabriken tätigen Kinder auf neun Jahre fest. Die unter Zehnjährigen durften nicht länger als zehn Stunden in der Zeit von 5 Uhr morgens bis 21 Uhr abends beschäftigt werden. Am Vor- und Nachmittag war ihnen eine Viertelstunde, mittags eine ganze Stunde Pause gewährt. Um den schlechten Bildungsstand der Arbeiterkinder zu verbessern, verlangte das Gesetz den Nachweis eines dreijährigen Schulbesuchs bei unter 16jährigen, bevor sie in Fabriken eingesetzt werden durften. In Ausnahmefällen konnten die sogenannten »Fabrikschulen« die Ausbildung der Jugendlichen übernehmen. (85)

Die Lage der arbeitenden Kinder blieb trotz dieser Verbesserungen erbarmungswürdig. Waren sie im Hausgewerbe tätig, so erwartete sie folgender Tagesablauf: »Während der Meister am Webstuhl sitzt, säubert sein Weib ihm die Kette von allen Knötchen und Unreinlichkeiten, und die Kinder sitzen auf einem Schemel vor dem Spulrad und lassen durch ihre Trittbewegungen die Fäden von der großen Bobine auf die kleinen Spulen ablaufen, die in dem Schiffchen befestigt werden, mit welchem der Vater durch die Kettfäden schießt. Ihre Arbeitszeit ist eine sehr verschiedene [...]. Je mehr Stühle im Webwinkel und je weniger Kinder, desto länger bleiben die Kleinen an die Arbeit gefesselt [...]. Kinder von fünf Jahren an sitzen dann in der unbequemsten Lage, mit zusammengezogenen Beinen und gebücktem Rücken in überfülltem Raume am Spulrad und versäumen darüber die Schule. Oder falls sie dieselbe auch besuchen, müssen sie oft um 6 oder 7 Uhr morgens an die Arbeit, so daß sie [...] gar keine Fortschritte machen, weil sie schon ermüdet in die Schule kommen; in Freistunden und des Abends bis 8 Uhr wird den kleinen Fibelschützen keine Ruhe gegönnt, und mit großer Kinderschar senden einige davon in größere Werkstätten, um das tägliche Brot zu verdienen.« (227, S. 108)

Bei diesen größeren Werkstätten handelte es sich in der Hauptsache um Spinnereien. Von den 267 Fabrikkindern im Alter von 12 bis 16, die im Jahre 1856 in der Bürgermeisterei Gladbachs gezählt wurden, waren 235 in diesem Produktionszweig beschäftigt. (33)

Als billige Arbeitskräfte besorgten sie das Mischen, Öffnen und Reinigen der Baumwolle. Das Aufstecken der Baumwollplöcke auf die Vorspinnmaschinen zählte in der Handspinnerei zu ihrem Aufgabenbereich. Bis zu fünf Kinder arbeiteten unter Aufsicht eines Erwachsenen an einer solchen Maschine. In der mechanischen Spinnerei wurden die jungen Arbeiter zum Zusammenknüpfen gerissener Fäden an den Selfactoren, beim Vor- und Drosselspinnen und zum Auf- und Absetzen der Spulen benötigt. Außerhalb der Spinnereien setzte man sie zum Kettschären und Weben, Noppen, Appretieren, Verpacken usw. ein.

Bei all diesen Tätigkeiten wurden die Kinder einem hohen gesundheitlichen Risiko ausgesetzt. Die Streichjungen in Färbereien und Druckereien, die das Auftragen der Farbpaste besorgten, atmeten Dämpfe ein. Im Spinnereibereich war es vor allem die Arbeit an der Krempelmaschine, die durch eine hohe Staubentwicklung Schädigungen der Lungen herbeiführte. Der extrem hohe Lärmpegel in den Webereien bewirkte nicht nur Schwerhörigkeit, sondern hatte allgemein einen negativen Einfluß auf die Entwicklung der Kinder. In besonders verheerender Weise machte sich die Nachtarbeit bemerkbar, so daß die nachts arbeitenden Kinder an ihrer blassen Gesichtsfarbe und an entzündeten Augen zu erkennen waren.

Die Gestaltung der Fabrikräume unterstützte die gesundheitsschädigende Wirkung der Arbeit. Ein Bericht des Geheimen Regierungsrates Keller, der im Jahre 1834 die Fabrik der Gebrüder Busch in dem alten Kapuzinerkloster inspizierte, verdeutlicht dies: »Von da eilte ich nach Gladbach, wo ich, da der Landrat gestorben war, durch den Kreissekretär mich durch die interessantesten Fabriken geleiten ließ. Am auffallendsten war mir das Gebäude und die Einrichtung der Spinnerei der Gebrüder Busch, die eher einer Mördergrube als einer Fabrik gleich sieht. Die Säle sind so niedrig, daß man unwillkürlich mit gebücktem Kopf durch sie hindurchschreitet, weil man besorgt, an die Decke zu stoßen, was denn doch nicht möglich ist; so überfüllt, daß man angsthaft seine Kleidungsstücke zu wahren hat, um nicht bei der geringsten peripherischen Bewegung hier ein Tuch, dort einen Rockzipfel der Maschine preiszugeben und von ihr zerfetzen zu lassen; die Luft in den Sälen und die Wände mit dem Schmutz des zu verarbeitenden Materials und mit faserigen Partikeln des Stoffes ganz angefüllt und überkleidet, die Kinder, dem entsprechend, wahre Gebilde des Jammers, hohläugig und bleich, wie der Tod. Ich machte die erwähnten Übelstände gesprächsweise bemerklich. Der Kreissekretär sprach aber so leise, als wären wir hier die Schuldigen, die sich zu schämen hätten.« (85, S. 80)

Die seit 1825 in ganz Preußen koordinierte Schulpflicht bis zum neunten Lebensjahr stellte eine zusätzliche Belastung der Kinder dar. Ihre Arbeit mußten sie nun vor oder nach dem Schulbesuch verrichten. Für über Neunjährige konnte die schulische Ausbildung auf Abend- und Sonntagsschulen beschränkt werden. (189, S. 36 f.) Daraus resultierte, daß die Kinder auch nach einem harten Arbeitstag keine Erholung fanden und ihnen sogar der Sonntag als Spiel- und Ruhetag genommen war.

Daß der Erfolg von Unterricht unter diesen Bedingungen gering bleiben mußte, ist offensichtlich. In noch stärkerem Maße anzuzweifeln war der Nutzen der Fabrikschulen. Nachdem die Kinder bereits sechs bis sieben Stunden gearbeitet hatten, wurden sie um 11 Uhr aus den Fabriken entlassen und erhielten bis 13 Uhr in der Stadtschule Unterricht. Im Anschluß daran nahmen sie ihre Mittagsmahlzeit ein und kehrten um 14 Uhr in die Fabrik zurück. (102, S. 92)

Für die meisten Fabrikherren war die Bildung der Kinder nicht von Interesse, so daß sie selbst die geringen Anforderungen, die das Gesetz an die Schulausbildung stellte, mißachteten: »Sämtliche Fabrikherren nehmen mehr oder weniger Kinder auf welchen den Anforderungen des § 1 und 2 des mehrfach bezogenen Regulativs in keiner Weise entsprochen haben«. (102, S. 93)

Die ökonomische Bedeutung der billigen kindlichen Arbeitskraft war sowohl für die Eltern als auch für die Unternehmer so groß, daß das Wohl der Kinder in den Hintergrund treten mußte. Welchen quantitativen Stellenwert die Kinderarbeit einnahm, soll an einem konkreten Beispiel verdeutlicht werden. In einer mittelgroßen Mönchengladbacher Handspinnerei waren im Jahre 1844 von insgesamt 111 Arbeitern 54 Kinder. (33, S. 3) Sie stellten also einen Anteil von 48,6 Prozent. Insgesamt waren 1852 in der Stadt 375 Kinder und Jugendliche in folgenden Fabriken tätig. (102, S. 92)

Fabrik	Zahl der beschäftigten Kinder
Gebr. Croon	77
Math. & Chr. Busch	54
Anton Lamberts, Chr. S.	60
Wilh. Busch	54
Lamberts und Breuen	23
Heinrich Horn	37
Horn & Bleeck	19
Joh. Heinr. Greven	30

Im Jahre 1853 wurde die Kinderarbeit durch eine Gesetzesnovellierung weiter eingeschränkt. (85, S. 183 ff.) Die maximale Arbeitszeit wurde für Kinder unter 14 Jahren auf sechs Stunden festgesetzt und ein Schulbesuch von mindestens drei Stunden pro Tag verordnet. Zur Arbeit in Fabriken durften lediglich Kinder herangezogen werden, die das zwölfte Lebensjahr erreicht hatten. Um die Durchführung der Bestimmungen zu gewährleisten, wurden die Arbeitgeber zur Führung und Aufbewahrung von Arbeitsbüchern verpflichtet. Als ausführende Kontrollinstanz dienten Fabrikinspektoren. (224, S. 73 ff.)

Bei den Mönchengladbacher Fabrikanten stieß das Gesetz auf heftigen Widerstand, da sie den Ausfall einer größeren Anzahl von Arbeitskräften befürchten mußten. Die Halbierung der Arbeitszeit konnte nur durch die Einführung von Schichtwechseln kompensiert werden. Hierfür standen allerdings nicht genügend Kinder zur Verfügung. Die Unternehmer wandten sich mit der Bitte um eine Ausnahmeregelung für die Stadt an die Regierung. In diesem Zusammenhang entstand im Juni 1853 ein Bericht über die Zahl der Arbeiterkinder in Mönchengladbach: »Laut Nachweis Nr. 2 sind in der Bürgermeisterei Gladbach an arbeitsfähigen und dem Arbeitsstand angehörigen Kindern von 9 bis 14 Jahren

vorhanden	703
in Spinnereien	339
andere Textilbetriebe	364
so daß im ganzen noch	24

nur noch zur weiteren Beschäftigung disponibel bleiben. Schon jetzt ist aus den oben erwähnten Gründen der Mangel an Kindern für die Handspinnerei sehr fühlbar geworden, und es kann daher bei dem großen Bedarf von der augenblicklichen Gestellung einer doppelten Reihe Kinder in der Tat keine Rede sein.« (110, S. 166)

Dem Anliegen der Unternehmer wurde von seiten der Regierung entsprochen. Die Aufhebung dieses Beschlusses erfolgte allerdings schon nach kurzer Zeit. Eine letzte, erfolglose Petition der Gladbacher Industriellen aus dem Jahre 1855 forderte die Anhebung der Arbeitszeit für Fabrikkinder auf neun Stunden.

Die Arbeits- und Lebensbedingungen der Kinder wurden durch die Gesetzesnovelle von 1853 in der Realität nur gering verbessert. Das Gebot des Sechs-Stunden-Tages wurde in den meisten Fabriken mißachtet, so daß Alphons Thun die Situation der Fabrikkinder noch im Jahre 1879 auf folgende Weise schilderte: »... eine furchtbare Überarbeitung der Kinder, nicht nur derjenigen über 14, sondern auch der unter 14 Jahre. Und dann klagen die Fabrikanten noch, daß die Kinder bis spät abends sich auf der Gasse umhertreiben, statt ruhig sich zu Bett zu legen, um morgens früh frisch und munter an der Arbeit zu sein. Als ob bei 14-, oft 16stündigem Aufenthalt in Fabriken (von 6–10) die Frische bewahrt bleiben könnte. Zahllose Kinder haben danach gar keine Kraft mehr, sich ein Stündchen in freier Luft umherzutummeln; trotz wahren Heißhungers schlafen sie auf dem Schoß der Mutter vor dem Butterbrot ein; diese wagt nicht, den kargen Schlummer des Kleinen durch Kämmen und Waschen zu schmälern und sicht voll Trauer das Kind unter ihren Augen verkommen.« (227, S. 185)

Wenn auch die Mißachtung der Bestimmungen, im günstigeren Fall die widerwillige Einhaltung durch die Fabrikanten die Regel war, so gab es doch auch Unternehmen, die eine freiwillige Einschränkung der Kinderarbeit in ihrem Betrieb praktizierten. Der Industrielle Franz Brandts jr. legte z. B. in der Fabrikordnung seiner Firma aus dem Jahre 1885 fest: »Kinder unter 14 Jahren werden in der Fabrik nicht beschäftigt.« (215, § 31)

Franz Brandts, um 1870 (102, S. 138)

Mit dieser Anordnung griff Brandts dem Gesetzgeber um einige Jahrzehnte vor. Zunächst einmal wurde das Mindestalter für Fabrikkinder im Jahre 1891 auf 13 Jahre angehoben. (29, S. 306) Auch die über 13jährigen durften aber nur in die Fabriken geschickt werden, wenn sie ihre Schulausbildung beendet hatten. Verschärfte Kontrollen führten zu einer weitgehenden Einhaltung des Gesetzes. Daß die Kinderarbeit im weiteren Verlauf größtenteils beseitigt werden konnte, lag aber vor allem an der verbesserten materiellen Situation der Arbeiterfamilien: »Die Kinderarbeit war, da kaum zu reglementieren und zu kontrollieren, nur dann zu beseitigen, wenn die ökonomische Lage der betreffenden Haushalte sich gefestigt hatte, wenn diese nicht mehr der Unterstützung durch die Kinder bedurften.« (25, S. 365)

Trotz aller Schufterei aber blieb die Lage der Lohnweber erbärmlich genug.

... Wenn wir Kinder ein halbes Pfund Möhrenkraut oder gar Sirup holen konnten – o, dann war Festessen für uns im Hause. Einen einzigen Hering für Freitags – Mittags oder als Abendzugabe wußte meine Mutter in so viele Stücke zu zerlegen, daß er für die

Eine typische Szene aus der Hausweberei. Während der Mann am Webstuhl arbeitet, spinnt das Kind (1a)

ganze große Familie langte. Zum Trost für die Kleinheit der Stückchen wurden wir dann über den hohen Nährwert so eines Herings belehrt. Das leuchtete mir ein. Doch Zweifel haben mir immer die in derselben Richtung sich bewegenden Darlegungen meiner Mutter über die Gesundheitsschädlichkeit dick gestrichener Butter bereitet. (61, S. 215)

In Zeiten konjunktureller Flauten wurden zuerst die Aufträge für die Lohnweber gekürzt, während die Fabrikarbeiterschaft davon profitierte, daß die Unternehmer versuchten, die kapitalintensiveren mechanischen Webstühle so lange wie nur irgendwie möglich produzieren zu lassen. Deutliche Absatzschwierigkeiten veranlaßten die Fabrikanten aber auch in den Betrieben schnell dazu, die Betriebskosten durch Reduzierung der Personalkosten zu senken. Bei entsprechender Geschäftsentwicklung entließen die Unternehmer ihre Arbeiter genauso schnell, wie sie bei ansteigender Konjunktur zu Neueinstellungen bereit waren. Ein anderes beliebtes Mittel zur Senkung der Kosten war die Einführung der Kurzarbeit. Die Normalarbeitszeit wurde teilweise um 50 Prozent gekürzt, und diese Kurzarbeit konnte sich über mehrere Monate erstrecken. Anders als heute erhielten die Arbeiter für diese Ausfallzeiten, wozu auch Krankheit gehörte, jedoch keinerlei Entschädigung durch Unternehmen oder Staat – bezahlt wurde immer nur die tatsächlich geleistete Arbeitszeit. (233, S. 160)

Im Unterschied zu Städten wie Krefeld, wo sich die Weber bereits 1848 gegen bestehende Mißstände auflehnten, sind solche Widerstände in Mönchengladbach nicht festzustellen. Fehlte in der ersten Hälfte des 19. Jahrhunderts vor allem das Bewußtsein eines gemeinsamen Schicksals, fürchtete man außerdem, in Zukunft keine Aufträge mehr zu erhalten und damit die Verdienstmöglichkeiten der ganzen Familie zu verlieren. (187, S. 28) Die in der zweiten Hälfte des Jahrhunderts einsetzende politische Arbeit vor allem sozialistischer Vereine fiel in Mönchengladbach auf keinen fruchtbaren Boden. Ein 1866 gegründeter Ortsverein des sozialistischen Allgemeinen Deutschen Arbeitervereins wurde 1868 nach der ersten öffentlichen Versammlung, die großen Anklang gefunden hatte, verboten, und damit waren die sozialistischen Ansätze schnell erstickt. (97, S. 79)

Die Arbeitszeit betrug noch in den 1880er Jahren für Frauen und Männer durchschnittlich 16 Stunden an sechs Tagen in der Woche. Die Beschränkung der Kinderarbeit durch das »Preußische Regulativ über die Beschäftigung jugendlicher Arbeiter in Fabriken« erfolgte ab 1839, aber schon der Titel des Gesetzes macht seine Schwachstelle deutlich: Das Hausgewerbe war nicht betroffen. Während der Fabrikarbeit für Kinder bis zur Jahrhundertwende immer weitere Beschränkungen auferlegt wurden, brachte erst die Verabschiedung des Kinderschutzgesetzes 1903 den in der Heimarbeit eingesetzten Kindern eine spürbare Verbesserung ihrer Lebensbedingungen. (187, S. 44)

Schutzbestimmungen für Frauen wurden erst ab 1878 erlassen, indem ihre Beschäftigung während eines Zeitraums von drei Wochen nach der Niederkunft verboten wurde. Ab 1891 folgten weitere Schutzmaßnahmen für Frauen, so zum Beispiel Beschränkungen der Arbeitszeit sowie das Verbot der Nachtarbeit. Beschränkungen der Männerarbeitszeit wurden erst im 20. Jahrhundert erkämpft. Die 1918 eingeführte 48-Stunden-Woche wurde nach dem Zweiten Weltkrieg schrittweise auf heute 37,5 Stunden gesenkt.

Horster Schule (1898) (10 a)

Kinderarbeit in einer Gladbacher Weberei (1 a)

Wohnsituation

Von größter Bedeutung für den Lebensstandard der Bevölkerung waren die Lebensmittelpreise. Weiter war neben den durch Mißernten hervorgerufenen Notlagen der Bevölkerung gerade in den Ballungszentren die Frage bezahlbaren Wohnraums entscheidend für die soziale Lage der Arbeiter. Die ab Mitte des 19. Jahrhunderts einsetzende verstärkte Zuwanderung nach Mönchengladbach überforderte die Kapazitäten der Stadt, in der kleine, einstöckige Zwei- oder zweistöckige Dreifensterhäuser überwogen. Die tiefen, schmalen Parzellen ließen nur einen langgestreckten Anbau zu, woraus sich durch Licht- und Luftmangel schlechte Wohnbedingungen ergaben. In diese Wohnungen zogen mehrere Familien ein, so daß es häufig zu Über-

Rauhfrost in D. Schelsen (ca. 1900) – harte Lebensbedingungen vor allem für Kinder (10 a)

Typische zweistöckige Dreifensterhäuser in Blaffert nach Straßenauslegung (1906) (10 a)

belegungen kam. Ein Großteil der zugewanderten Arbeiter konnte sich trotz dieser Rahmenbedingungen die steigenden Mietpreise in Mönchengladbach nicht leisten und mußte auf die umliegenden Orte ausweichen. Ein anderer Teil - vor allem junge Frauen - wurde von den ansässigen Familien als Schlafgänger in den Häusern aufgenommen. Hier schlief man mit der Familie oft im gleichen Raum oder in winzigen Anbauten. (233, S. 267) Über die mit dem Schlafgängerwesen verbundenen Begleiterscheinungen stellte der Gladbacher Unternehmer Franz Brandts jr. 1887 auf einer Konferenz zur Verbesserung der Wohnverhältnisse fest:

Jugendstilfassade bei einem Dreifensterhaus in der Königstraße um 1910 (10 a)

»Das Kostgängerwesen ist hier so schlimm, daß ein Einheimischer jahrelang braucht, um sich annähernd ein Bild machen zu können über das Treiben in solchen echten Kostkasernen. Ich will einen Fall schildern, der mir in allen Einzelheiten genau bekannt ist. In einem Hinterhause, zu welchem man durch das Vorderhaus sowohl wie durch ein dunkles Gäßchen gelangen kann, wohnen 5 Familien. Ehefrau S., deren Mann wegen Diebstahl in Haft ist, wird unterstützt. Dieselbe hat drei Kinder, keine Kostgänger, ist jedoch ein sittlich schlechtes Frauenzimmer und wird von fast sämtlichen Kostgängern, die im Hause wohnen, nachts besucht und bleiben diese oft bis 2-3 Uhr in der Wohnung derselben, saufen und treiben Unsittlichkeiten. [...] Dritte Familie Qu., Mann, Frau und zwei Kinder, 2 Kostgänger. Der Mann gibt sich mit einer andern Frau im Hause, die Frau mit ihren Kostgängern ab; ein Kostgänger findet im Bett der Frau einen Strumpf mit 240 Mark, er nimmt das Geld und versäuft es und wird mit einem halben Jahr Gefängnis bestraft«. (233, S. 277)

Typische Situation in einer Stopferei einer Tuchfabrik nach dem Ersten Weltkrieg: »Ein Hoch auf den Jubilar« in unfreundlicher Arbeitsatmosphäre (10 a)

Der Gladbacher Gewerbsverein

Um die schlechte Wohnsituation zu verbessern, ließ die »Gladbacher Spinnerei und Weberei Aktiengesellschaft« für ihre Arbeiter 20 Familienwohnungen und einige Schlafräume für ledige Arbeiterinnen errichten. Die Familienhäuser bestanden aus drei Räumen (zwei Zimmern und einer Kammer). Die Miete für diese Wohnungen betrug 30 Taler im Jahr. Für die Verpflegung der Arbeiter wurde ebenfalls gesorgt. Neben den Unterkünften errichtete die Aktienspinnerei auch Kosthäuser. Die Beköstigung kostete pro Person fünf Silbergroschen und bestand aus einem Pfund Brot täglich, morgens Kaffee, mittags Gemüse und dreimal in jeder Woche Fleisch sowie Gersten- oder Reissuppe am Abend. Die Arbeiter hatten so nur noch Ausgaben für Kleidung, Schuhe und sonstiges zu bestreiten. Bei einem Tageslohn von 12 bis 15 Silbergroschen sollten so noch zwei bis drei Silbergroschen übrigbleiben. Die Aktienspinnerei war die erste Mönchengladbacher Fabrik, die bereits 1855 eine Kranken- und Unterstützungskasse für die Arbeiter in ihrem Betrieb einrichtete.

Mit all diesen Maßnahmen sollte die schlechte wirtschaftliche Situation der Arbeiter verbessert werden. Allerdings erfreuten sich die Kost- und Logishäuser der Firma nicht allzu großer Beliebtheit. Die Verwalter versuchten, mit einer überaus strengen Disziplin vor allem den ledigen Arbeiterinnen sittlichen Halt zu geben. So blieb jedes Mädchen ausgesperrt, daß nicht bis spätestens 22 Uhr zu Hause war. Viele versuchten daraufhin, sich eine billige Schlafstätte zu mieten. Das Kostgängerwesen verbreitete sich mehr und mehr, und die Einrichtungen der Aktienspinnerei verschwanden bereits wenige Jahre nach ihrer Errichtung wieder.

Neben den Sozialleistungen einzelner Firmen entstanden eine Anzahl von Fabrikantenvereinigungen, welche die Hebung des Arbeiterstandes als Ziel hatten. Der Gewerbsverein für Mönchengladbach war die erste dieser Vereinigungen. Ihm folgten eine Reihe anderer Vereine wie zum Beispiel der »Verein zur Beförderung der Arbeitsamkeit und Sparsamkeit im Kreise Gladbach« oder der »Zentralverein für das Wohl der arbeitenden Klasse«. (102) Der Vorläufer all dieser Vereine war jedoch der Gewerbsverein. Die Initiative um die Errichtung dieses Vereins entstand um den Odenkirchener Pastor August Hermann.

Im Rahmen seiner pfarramtlichen Tätigkeit hatte er besonders Armenpflege betrieben. Bereits 1828 gründete er den »Hülfsverein der evangelischen Gemeinde Odenkirchen«, eine Krankengeldkasse für männliche Gemeindemitglieder. Die sozialen Bemühungen August Hermanns fanden Beachtung, als er sehr früh die mit der Industrialisierung einhergehende Verunsicherung der Bevölkerung erkannte und die Öffentlichkeit hierauf aufmerksam machte. Er verfolgte die soziale Entwicklung der Arbeiterschaft in der in Gladbach vorherrschenden Textilindustrie.

»Werfen wir auf unseren Kreis einen Blick, um nach Industrie und den Erwerbszweigen uns zu erkundigen, so müssen wir es uns gestehen, daß sich unsere Gegend seit 20–30 Jahren ganz verändert und umgewandelt hat. Wo früher Ackerbau und der mit demselben sich sehr vereinende Leinenhandel fast die einzigen Erwerbsquellen waren, da haben sich jetzt Fabriken nach den verschiedensten Zweigen gebildet, so daß durch dieselben über 9000 Weber beschäftigt werden.« (66, S. 111)

Im Gefolge der Fabriken vergrößerte sich die Zahl der Einwohner in Gladbach. Dadurch vermehrte sich die Armut und das Elend, zusätzlich unterstützt von Cholera und anderen Krankheiten. »Die größeren Armenrechnungen, die sich in allen Gemeinden finden, der tägliche Vorschuß, den Sie einem Teil ihrer Weber leisten müssen: Die können uns keinen Augenblick in Zweifel lassen, daß der Wohlstand, aber auch Armut in unserem Kreise zunehmen.« (66, S. 112) Mit diesen Worten beginnt eine im Januar 1834 erschienene »Offene Zuschrift an sämtliche Fabrikherren des Kreises Gladbach«.

August Hermann unterbreitete in dieser Schrift Vorschläge, wie man der Verarmung der Arbeiter entgegenwirken könne. Die Fabrikherren sollten einen Verein gründen, welcher der Armut und Verarmung der Fabrikarbeiter entgegenwirkt und ihren Wohlstand fördert. Dieser Verein war der Gladbacher Gewerbsverein, der 1834 gegründet wurde. Das Komitee des Vereins setzte sich aus den führenden Fabrikanten des Kreises zusammen, unter ihnen die Gladbacher Quirin Croon und Johann Peter Boelling.

»Der Verein hatte sich zum Ziel gesetzt, den Fleiß und die Sparsamkeit, Kunst und Gewerbe zu fördern und der Armut und Verarmung im allgemeinen entgegenzuwirken, den Wohlstand zu befördern, was zunächst durch Einrichtung einer Sterbelade und einer Sparkasse erreicht werden sollte.« (72, S. 34)

Zunächst sollte den Fabrikarbeitern geholfen werden, eine Fabrikarbeiterkasse zu bilden. In diese Kasse sollten wöchentlich kleine Beträge eingezahlt werden, die aber auf keinen Fall einen Silbergroschen übersteigen sollten. Diese Beträge sollten zur Hälfte für besondere Zeiten großer Not zurückgelegt werden; die andere Hälfte sollte alljährlich an solche, welche die Unterstützung besonders benötigten, verteilt werden oder zur Anschaffung von Lebensmitteln genutzt werden. Eine weitere Aufgabe des Vereins war, »aus Beiträgen der Fabrikherren eine Prämienkasse zu bilden, die zur Förderung des Gewerbefleißes zugunsten der Mitglieder der Fabrikarbeiterkasse jährlich für jede Branche der Fabriken einen Preis für die vorzüglichste Arbeit auszusetzen und die darüber hinaus fleißigen und ordentlichen Mitglieder der Fabrikarbeiterkasse oder deren Familien bei ganz außerordentlichen Unglücksfällen Hilfe und Unterstützung zu reichen hätte.« (66, S. 112) Außerdem wurde der Schulunterricht für Kinder gefördert, die durch ihre Arbeit in den Fabriken vom Besuch der gewöhnlichen Elementarschulstunden abgehalten wurden. Es entstanden die Fabrikschulen, die zunächst eher provisorisch den verhinderten Pflichtschulbesuch ersetzen sollten.

Bei den Fabrikinhabern stießen die Vorschläge von August Hermann auf positive Resonanz. Die Leitung des neu gegründeten Gewerbsvereins für den Kreis Gladbach übernahmen Pastor A. Hermann sowie die Fabrikanten Quirin Croon und Johann Peter Boelling aus Gladbach, Wilhelm Peltzer aus Rheydt, Friedrich Diergart aus Viersen und Wilhelm Christian Goeters aus Odenkirchen, die bedeutendsten Textilunternehmer des Kreises Gladbach. Ein weiteres der vom Komitee des Vereins formulierten Ziele war die Gründung einer Sterbelade. Diese sollte Witwen und Waisen nach dem Tode ihrer Versorger das Bestehen und Auskommen sichern. Aufnahmeberechtigt waren nur gesunde junge Männer, die nicht älter als 45 Jahre waren. Der wöchentliche Mitgliedsbetrag war ein Silbergroschen. Im Todesfall wurden sofort sechs Taler ausgezahlt und in den nächsten vier Jahren monatlich 15 Silbergroschen. Die Düsseldorfer Regierung bezweifelte jedoch, daß der Gewerbsverein seine Garantien einhalten könne. Auf einer Konferenz am 25. April 1835 konnten zwar sämtliche Zweifel und Bedenken der Regierung ausgeräumt werden, aber diese Konferenz ist der letzte Hinweis auf den Gewerbsverein. Vermutlich ist der Gewerbsverein für den Kreis Gladbach in dem vom Düsseldorfer Regierungspräsidenten besonders geförderten überörtlichen »Gewerbeverein für den Regierungsbezirk Düsseldorf« aufgegangen. Am 18. August 1836 wurde in Gladbach ein Lokalverein des

Gewerbevereins für den Regierungsbezirk gebildet. Die Fabrikanten, die schon im Gladbacher Gewerbsverein aktiv waren, traten auch hier in Erscheinung. Die 1834 von diesem Verein geplante Sterbelade ist zwar nicht verwirklicht worden, »das Projekt bleibt jedoch ein sozialversicherungsgeschichtlich interessanter erster Ansatz zur Bildung einer eigenständigen Rentenversicherung im damaligen Kreis Gladbach«. (66, S. 115)

Vereinbarung von Fabrikbesitzern des Bezirks der Handelskammer Mönchengladbach vom 27. Mai 1867

[Die Gladbacher Handelskammer bemerkte zu dieser Vereinbarung, eingehende Erörterungen unter Fabrikbesitzern hätten ergeben, daß durch Beschränkung der Arbeitszeit in den geschlossenen Etablissements auf ein angemessenes Maximalmaß mit dem physischen und wirtschaftlichen Wohlbefinden des Arbeiters auch das Interesse des Arbeitgebers Förderung erhalte, weil erfahrungsmäßig durch zu starke Anstrengung die Arbeitskraft erlahmt, dagegen durch richtige Bemessung der Arbeitszeit die Leistungsfähigkeit auf die Dauer erhöht, die Produktion also keineswegs eine Verminderung mit Abkürzung der bis jetzt gewöhnlichen Arbeitszeit erleiden werde, wofür insbesondere noch die Erfahrungen in England in Bezug genommen wurden. »Wir freuen uns, konstatieren zu können, daß aus diesen öffentlichen Beratungen die Bildung eines ›Vereins für die Beschränkung der Arbeitszeit in den Fabriken des Handelskammerbezirks Gladbach‹ hervorgegangen ist, und heben als wesentlichensten Zweck desselben hervor: die tägliche Arbeitszeit in den geschlossenen Etablissements von vorher meistens 13 Stunden, zunächst auf 12 Stunden höchstens zu bringen, und die mißbräuchlichsten Überstunden zur besseren Ausbeutung von zeitweise eintretenden günstigen Geschäftskonjunkturen zu beseitigen.« (Jahres-Bericht der Handelskammer zu Gladbach pro 1867, M.Gladbach 1868, S. 6)]

§ 1

Die tägliche Arbeitszeit in den Fabriken soll zwölf Stunden nicht übersteigen. Als Arbeitszeit gelten die Stunden, während welcher die Dampfmaschine oder andere Motoren in Betrieb sind.

§ 2

Diejenigen männlichen Arbeiter, welche 21 Jahre alt und in ihrer Arbeit vom Betrieb des Motors unabhängig sind, dürfen ausnahmsweise eine Stunde längern, also höchstens dreizehn Stunden täglich arbeiten.

§ 3

Ganz ausgeschlossen von der Bestimmung des § 1 sind: a. die Meister und Untermeister, sowie alle diejenigen Arbeiter, die als Mechaniker, Handwerker oder Tagelöhner ausschließlich damit beschäftigt sind, die Maschinerien oder irgendeinen Teil der gewerblichen Anlage herzustellen, zu reparieren und im Stand zu halten; b. alle ausschließlich im Freien arbeitenden Tagelöhner; c. Heizer, Maschinisten und deren Gehilfen; d. alle diejenigen Arbeiter, welche sich mit Verpacken von Waren beschäftigen.

§ 4

Die im § 1 festgesetzte tägliche Arbeitszeit von 12 Stunden darf nur in dem Fall überschritten werden, wenn durch Bruch der Dampfmaschine oder Transmission der Betrieb um wenigstens ein Viertel seines Umfangs für mindestens drei Arbeitstage unmöglich gemacht wird. Es darf alsdann die ganze Fabrik doppelt so viele Tage, als genannte Betriebsstörung dauert, täglich zwei Stunden überarbeiten. Länger als zwölf Arbeitstage soll dies jedoch in keinem Fall geschehen, ohne Rücksicht auf die Dauer der stattgehabten Betriebsstörung.

§ 5

Die Vereinbarung ist für alle Zustimmenden bis wenigstens Ende September 1869 verbindlich.

[Im September 1869 erneuerten 24 Fabrikbesitzer die wiederum zwei Jahre gültige Vereinbarung in modifizierten Form.]

§ 6

Der Wortlaut der gegenwärtigen Vereinbarung mit den Unterschriften der beigetretenen Firmen wird gedruckt und am Haupteingang der betreffenden Fabriken angeschlagen und außerdem durch die »Gladbacher Zeitung« veröffentlicht.

Unterzeichnende Firmen waren:

In Gladbach: Gladbacher Spinnerei und Weberei, Böhmer, Ercklentz & Prinzen, M. Lamberts & May, M. May & Co., Wolff, Schlafhorst & Brüel (für Spinnerei und Weberei), Ant. Lamberts Chr. Sohn, Gebr. Busch, Gebr. Croon, Langen und Gauwerky, Franz Brandts, Greeven'sche mechanische Weberei, J. H. Greeven, Görtz & Kirch, Blöm & Remy (für Weberei), Gebr. Horn, C. Schlafhorst & Co.; *in Rheydt:* Gebr. Mühlen & Co., W. Dilthey & Co., A. Bresges Konr. Sohn, Ludw. Junkers & Co., H. Peltzer Söhne, Andereya & Nießen, H. Schött, Dütting & Determeyer, J. P. Kropp, W. Sanders, Otto Peltzer & Hohnholz, Ax & Frowein; *in Viersen:* Viersener Aktiengesellschaft für Spinnerei und Weberei, *in Dülken:* Königs & Bücklers, Bücklers & Jansen, J. Vogelsang; *in Odenkirchen:* Corn. Pongs, Schweitzer Söhne, Jos. Kochs.

WZ vom Dienstag, 2. Juli 1996

»Zu viele treten eine Karriere nach unten an«

Die ehemals renommierte Tuchfabrik Otten stellte die Produktion ein – Betroffene »protestieren« in einem Gottesdienst

von Herbert Baumann

Teilnehmer des ökumenischen Wortgottesdienstes vor der Brandts-Kapelle, Rudolfstraße

Da, wo Gladbachs sozialer und ums »Arbeiterwohl« bemühte Vorzeige-Unternehmer Franz Brandts (1834–1914) eine Kapelle errichten ließ, gibt es ein Wiedersehen. 60 Betroffene der Otten-Schließung treffen sich. Eine zentrale Frage macht die Runde: »Was macht's du denn jetzt?« Norbert Nießen, 19 Jahre bei Otten, 38 Lebensjahre, hat Glück. Jetzt macht er eine Umschulung als Gas-/Wasserinstallateur. Auch Josefine Schoeler kann sich nicht beklagen. »Ich war 26 Jahre hier.« Jetzt schafft sie beim Tuchhersteller Irmen (Korschenbroich), muß bei gleichem Lohn aber länger zur Arbeit fahren.

Dann läuten die Glocken zum ungewöhnlichen Gottesdienst. Propst Edmund Erlemann spricht vom »menschenverachtenden Kapitalismus« in Unternehmen und beklagt, daß »zu viele eine Karriere nach unten antreten«. Auch für ihn sei »das hier ein trauriger Anlaß«. Solidarität sei zum Fremdwort geworden.

Pfarrer Dietmar Jung macht wie Erlemann Mut: »Gott vergißt die Verlierer nicht.« Aber zum Glücklichsein gehöre auch ein Arbeitsplatz. Jung: »Eigentlich sind wir hier auf einer Beerdigung.« Und er fordert: Alle Arbeitslosen sollen sich solidarisieren, sich nicht damit abfinden, im Abschiebebahnhof zu stehen. Für die Ex-Mitarbeiter wurde ein 3,6-Millionen-Sozialplan ausgehandelt. Ein Härtefonds für ältere Arbeitslose (350 000 Mark) soll doch von den Eigentümern gezahlt werden.

Nach der Gedenkfeier kursieren Gerüchte: »Die [damit sind die Besitzer gemeint] lassen ihre Stoffe doch jetzt im billigen Ausland fertigen.«

3

Die Entstehung der industriellen Spinnerei

Vom »goldenen Vlies« zum »seidenen Faden«

In der zweiten Hälfte des 18. Jahrhunderts kam die Baumwolle in die Region und wurde zu einem scharfen Konkurrenten für den Flachs. Sowohl über Holland als auch vornehmlich aus dem Bergischen Land zog zunächst die Baumwollweberei in die Region. Die höheren Löhne im Wuppertal sowie der Mangel an Arbeitskräften veranlaßten bergische Unternehmer, Teile ihrer Produktion in die Mönchengladbacher Region zu verlegen. Bereits 1747 beschäftigte der Elberfelder Unternehmer Ullenberg ständig 100 Spinner und 200 Weber im Verlagssystem in und um Gladbach. (105, S. 125)

Die Gründung der ersten Baumwoll-Spinnereien in der Region Mönchengladbach fällt zusammen mit dem Einzug der Franzosen und der Errichtung des französischen Schutzzollsystems durch Napoleon. Man findet im Gegensatz zum Leinengewerbe von Anfang an zentralisierte Produktionsweisen, d. h., die Spinnerei erfolgte in Manufakturen.

Die Anfänge der Baumwollspinnerei im Rheinland

Bis zum Einzug der Franzosen fand in der Region Mönchengladbach nur Baumwollweberei statt. Die Garne wurden außer aus dem Wuppertal in erster Linie aus England bezogen. Als Napoleon 1798 die französische Zollinie an den Rhein verlegte und ein Schutzzollsystem schuf, das sich vornehmlich gegen England richtete und unter anderem die Einfuhr und den Verkauf von englischen Industrieerzeugnissen verbot, änderte sich die Situation. In diese Zeit fallen die ersten Spinnerei-Gründungen der Region. Dilthey spricht von einer »zwingenden Notwendigkeit zur Errichtung von Baumwollspinnereien«, wollte man die Baumwollweberei und ihre Hilfsbetriebe am Leben erhalten. So wurden überall im Rheinland, besonders an den Wasserläufen von Wupper, Ruhr und Sieg, Baumwollspinnereien errichtet. (43, S. 6) Die örtliche Anordnung läßt darauf schließen, daß bereits zu dieser Zeit die Wasserkraft als Antriebsmedium für die Maschinen genutzt wurde.

Da bis 1801 das französische Schutzzollsystem nicht für Waren aus dem Herzogtum Berg galt, wurden in den ersten Jahren der französischen Herrschaft besonders im Wuppertal etliche Spinnereien gegründet. Für das Jahr 1800 verzeichnet Kermann für Barmen und Elberfeld jeweils fünf Spinnereien. (100, S. 660 ff.) In Gladbach gründeten um 1799 Wilhelm Busch sowie J. P. Schlikkum (aus Elberfeld) die ersten Baumwollspinnereien, in Rheydt beschäftigte Johann Lenssen im Jahr 1800 bereits 40 Arbeiter in seiner Spinnerei. (100, S. 660 ff.).

Nach der Ausweitung des Schutzzollsystems auf die Einfuhr von Baumwollprodukten aus dem Bergischen verlagerten viele rechtsrheinische Unternehmer ihre Fabrikationsstätten auf die linke Rheinseite, besonders in den Gladbacher Bezirk, um sich die französischen Absatzgebiete zu erhalten. Dieser Verlagerungsprozeß wird besonders deutlich, wenn man die Zahlen der Spinnereien in den jeweiligen Bezirken vergleicht.

Da auch andere Gewerbezweige von der Abwanderung betroffen waren, erließ die bergische Regierung 1803 ein »Verbot der Verschleppung bergischer Industriezweige und der Verleitung bergischer Arbeiter zur Auswanderung. Zuwiderhandelnden wurden Gefängnisstrafen von 1 bis 10 Jahren und eine nach dem Vermögen zu bemessende Geldstrafe angedroht.« (53, S. 12) Wie wenig wirksam derartige Maßnahmen waren, wird an den steigenden Zahlen der Übersiedlungen deutlich.

Als Napoleon 1806 die Kontinentalsperre gegen England errichtete, wurde der

Druck auf die vom Export abhängigen bergischen Unternehmer noch größer. Zwischen 1809 und 1813 übersiedelten fast 300 Unternehmer aus rechtsrheinischen Gebieten in das Roer-Departement, zu dem auch die Region um Mönchengladbach gehörte. Diese brachten »mannigfache neue Anregungen und teilweise neue Industrien mit herüber«. (43, S. 8) Man kann davon ausgehen, daß auch Baumwollspinnmaschinen ihren Weg über das Herzogtum Berg in die Region Mönchengladbach nahmen.

Von der Manufaktur zur Fabrik

Kermann schreibt über die Entwicklung der Manufakturen im Rheinland, daß »bis zum Aufkommen der Maschinen in der Regel nur die Veredlung der Gewebe zentralisiert im Werkbau des Unternehmers durchgeführt wurde«. (100, S. 83) Dies gilt in gleicher Weise für den Mönchengladbacher Textilbezirk, und zwar sowohl für die Spinnerei als auch für die Weberei. In den Spinnereien ging das Aufkommen der ersten Maschinen in der Region Hand in Hand mit der Einführung der Baumwolle. Die Organisationsform des Verlagswesens wurde in der Baumwollspinnerei der Region im Gegensatz zur -weberei sozusagen übersprungen: »Verhältnismäßig spät im Gladbacher Bezirk eingeführt, trat sie sogleich, wenn auch anfangs in sehr kleinem Maßstab, doch immerhin als Massenindustrie auf«, (43, S. 7) d. h., sie war im Manufakturbetrieb organisiert.

Der Manufakturbetrieb ist im Gegensatz zum dezentralen Verlagssystem durch andere Parameter gekennzeichnet:

- zentralisierte Produktionsstätten,
- innerbetriebliche Arbeitsteilung,
- Handarbeit vorherrschend (Handmaschinen).

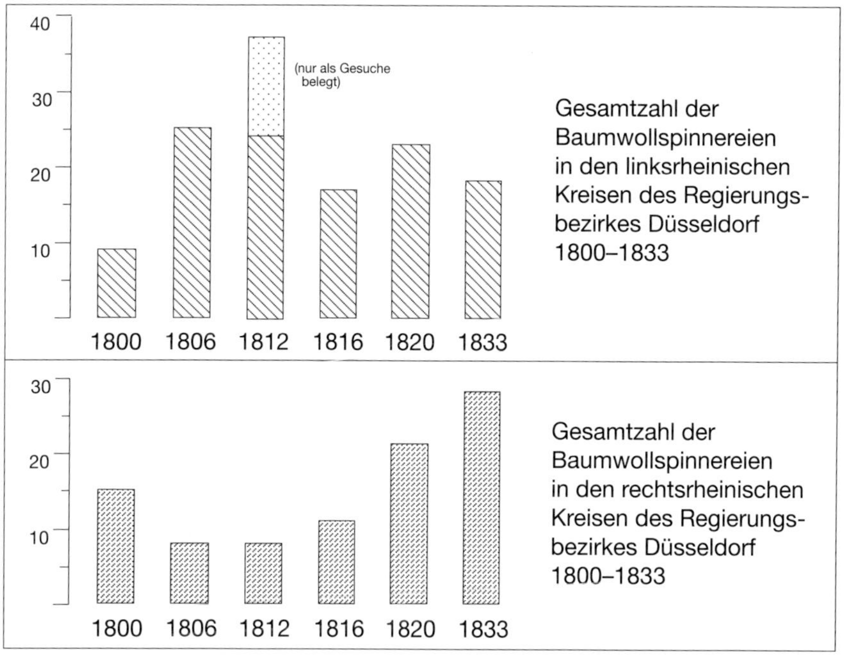

Gesamtzahlen der Baumwollspinnereien im Vergleich der linksrheinischen und rechtsrheinischen Kreise des Regierungsbezirkes Düsseldorf von 1800 bis 1833 (nach 100, S. 198 f.)

Die beiden erstgenannten Punkte treffen ebenfalls auf den Fabrikbetrieb zu. Er ist darüber hinaus definiert durch

- vorherrschende Verwendung von (mechanischen) Arbeits- und Antriebsmaschinen.

Erst mit der Einführung fabrikmäßiger Organisationsformen kann man von industrieller Fertigung sprechen. Für die Region Mönchengladbach läßt sich also feststellen, daß der Übergang von (haus-)gewerblicher Produktion zur Manufaktur und

Enstehung der Industrie im Raum Mönchengladbach (in Anlehnung an 21, S. 228)

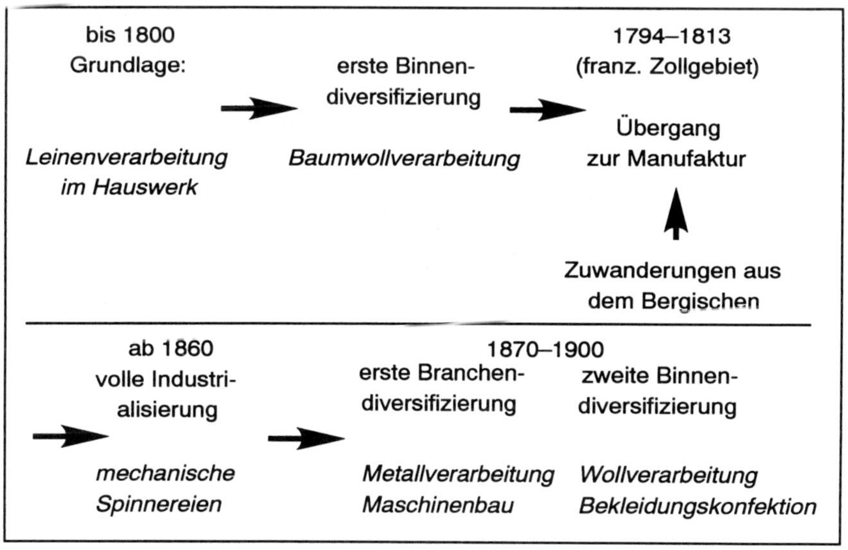

weiter zur industriellen Produktion in Fabriken im Zusammenhang mit der Verarbeitung von Baumwolle erfolgte. Die letzte Abbildung auf der vorhergehenden Seite verdeutlicht den Fortgang der Industrialisierung im Raum Mönchengladbach.

finden sich aber auch Einheimische, wie z. B. der Rheydter Johann Lenssen. Auch hier läßt sich die Verbindung nach Cromford ziehen: 1799 schloß J. Lenssen mit J. G. Brügelmann einen Kooperationsvertrag, in dem unter anderem der Transfer von Maschinen festgelegt wurde.

Die Maschinisierung der rheinischen Baumwollspinnerei

Die zentrale Frage dieses Kapitels lautet: Wie kamen die ersten Spinnmaschinen in die Region um Mönchengladbach? Zur Beantwortung dieser Frage ist es erforderlich, den Blick über die Grenzen der Region hinaus ins Herzogtum Berg zu richten, wo Johann Gottfried Brügelmann 1784 in Ratingen die erste mechanische Baumwollspinnerei auf dem Kontinent errichtet hatte. Ausgehend von diesem »Cromford« genannten Betrieb, hatten englische Produktionsweisen bereits um die Jahrhundertwende im Wuppertal Einzug gehalten. Mit der Übersiedlung der bergischen Unternehmer kamen diese in die Region um Mönchengladbach.

Unter den Gründern der ersten Spinnereien in der Mönchengladbacher Region

Plan von Cromford um 1789. Zu erkennen ist der Verlauf der Anger, die das außerhalb des Gebäudes befindliche Wasserrad antrieb (154, S. 15)

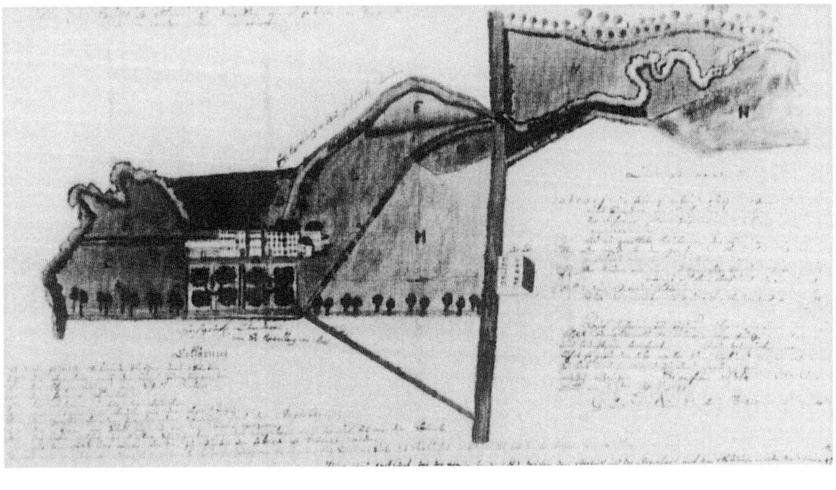

Johann Gottfried Brügelmann (1750–1802)

Der Elberfelder Johann Gottfried Brügelmann wurde 1750 als Sohn des Leinen-, Garn- und Webwarenhändlers Johann Wilhelm Brügelmann geboren. Er erhielt seine Ausbildung im elterlichen Geschäft und reiste bereits in jungen Jahren nach Basel, um Einblicke in das baumwollverarbeitende Gewerbe zu gewinnen. Er muß sich schon früh mit der englischen Produktionsweise beschäftigt haben. Um 1777 holte er den Uhrmacher Adam Winke aus dem Siegerland in sein Haus und versuchte, mit diesem eine Spinnmaschine mit dazugehörigem mechanischen Vorwerk zu konstruieren. (154, S. 150)

Da diese Experimente scheiterten, richtete er sein Augenmerk direkt auf die Fabrik des Richard Arkwright in Cromford/ Derbyshire. Mit Hilfe eines »guten Freundes« [Carl Albrecht Delius aus Ravensberg (154, S. 150)] umging er das englische Maschinenausfuhrverbot. Dieser verschaffte ihm 1781 eine Kratzmaschine und später eine Spinnmühle. Der Zusammenbau [oder Nachbau (154, S. 150)] war jedoch nicht von Erfolg gekrönt, so daß Delius ihm etwas später noch einen [oder mehrere?] englische Facharbeiter vermittelte. (114, S. 10)

1783 erwarb Brügelmann das Gelände an der Anger in der Nähe der Stadt Ratingen und gründete hier 1784 mit 70 bis 80 Arbeitern (70, S. 12) die erste mechanische Baumwollspinnerei auf dem Kontinent, die er nach ihrem englischen Vorbild »Cromford Mill« benannte. Für die Standortwahl an der Anger waren außer den höheren Bodenpreisen und dem höheren Lohnniveau in Elberfeld auch Auseinandersetzungen mit der dort ansässigen »Garnnahrung« (Zusammenschluß von Garnkaufleuten und Bleichern) ausschlaggebend, die sich gegen die Einführung der neuen Produktionsmethoden sperrte. (154, S. 189)

Die erste mechanische Spinnerei des Kontinents

Die Ratinger Cromford Mill der ersten Jahrzehnte war eine Kombination aus Manufaktur und Fabrik, d.h., »die Spinnmaschinen wurden teils durch Menschenhand, teils durch die aus dem Wasser gewonnene Energie in Bewegung gesetzt«. (70, S. 50) Als Spinnmaschinen dienten demnach sowohl Spinning Jennies als auch Waterframes. Um die Jahrhundertwende wurden die Spinning Jennies wahrscheinlich durch Mules ersetzt, die schneller waren und feineres Garn brachten. (80, S. 3 ff.)

Für den Bereich der Spinnereivorbereitung fanden sich in Cromford Klopfstöcke, Kratzmaschinen (Karden) und Roving Frames (Vorspinnmaschinen). (70, S. 51) Für die Wasserkraft diente die Anger, die über ein Kanalsystem ein Wasserrad bewegte.

Weiterhin besaß Brügelmann eigene Webstühle und von 1796 bis 1799 auch Wirkstühle zur Produktion von Strümpfen, Mützen und Handschuhen. (199, S. 68) In den ersten Jahren erfolgte die Weberei lediglich in kleinem Rahmen. Mitte des 19. Jahrhunderts wurde der Spinnerei eine mechanische Weberei angegliedert. (70, S. 57)

Im Jahr 1798 eröffnete Brügelmann eine Türkischrot-Färberei in Cromford und zwei Jahre später eine weitere in Pempelfort (Düsseldorf). Um 1785 wurde das Türkischrot-Verfahren im Elberfelder Bezirk eingeführt und hatte zu einem großen Aufschwung der Färbereien geführt, da mit diesem Verfahren das erste Mal die Möglichkeit gegeben war, ein echtes Rot zu erzeugen. Da den Webern durch die Zunftordnungen die Veredlung und Färberei untersagt war, waren sie gezwungen, ihre Garne von Färbern veredeln zu lassen oder sie gefärbt zu beziehen. Durch den Aufbau eigener Färbereien konnte Brügelmann seine Abnehmer direkt mit gefärbtem Garn beliefern. (70, S. 59 f.)

Um 1790 wurde eine eigene Werkstatt errichtet, in der neben »dem Bau von Maschinen für [die] eigene Garn- und Gewebefertigung« (199, S. 69) auch Kratzen zum Auflockern der Baumwolle hergestellt wurden. Von Handwerkern aus der Umgebung wurden unter Leitung englischer Facharbeiter die englischen Maschinen nachgebaut. Nach Gemmert wurden die Maschinen nicht nur für den eigenen Bedarf gefertigt, sondern auch »an seine auswärtigen Gründungen und Andere« (70, S. 63) geliefert, wie z. B. auch an J. Lenssen in Rheydt.

Erster Fabrikbau der Baumwollspinnerei Cromford in Ratingen von 1783 (154, S. 195)

Der Schutz des Fabrikgeheimnisses

Um sein unter großem Aufwand zusammengetragenes Wissen vor Nachahmung zu schützen, beantragte J.G. Brügelmann 1784 bei dem damaligen Kurfürsten Carl Theodor ein 40jähriges Exklusivprivilegium für die Nutzung der Spinnmaschinen in den Herzogtümern Jülich und Berg. Am 8. Juli 1784 wird ein solches Privileg für zwölf Jahre bewilligt. (154 und 70)

Trotz des Privilegs drangen immer wieder Informationen zu den Maschinen über die Mauern der Cromford Mill hinaus. Bereits in den ersten Jahren nach der Firmengründung ließ Paul Maaßen aus Düsseldorf von seiner Tochter, die in Cromford beschäftigt war, die Zeichnung einer Spinnmaschine erstellen, auf deren Grundlage er offenbar Kopien der Maschine anfertigte. Nach einem durch Brügelmann bewirkten Edikt ging Maaßen 1785 ins linksrheinische Neuß, wo er zusammen mit seiner Tochter und deren Mann Heinrich Küpper eine mechanische Spinnerei errichtete, die ihre Fabrikation jedoch nach einem Jahr einstellen mußte. Die Maschinen (u.a. zwei Spinnmaschinen, eine Kratzmaschine und eine Haspel) wurden versteigert, der weitere Verbleib dieser Maschinen ist nicht mehr nachzuvollziehen. (114, S. 16 ff.) Es ist sehr wahrscheinlich, daß die Maschinen bzw. ihre Konstruktionen auf diesem Weg eine weitere Verbreitung in der Region links des Rheins fanden.

Die gleiche Quelle nennt noch weitere ähnliche Fälle, so daß »im gesamten letzten Jahrzehnt des 18. Jahrhunderts [...] Brügelmanns Klagen über eine Verletzung seines Privilegiums nicht auf[hörten]«. (114, S. 23) Das Privilegium lief 1796 aus und löste »im Herzogtum Jülich-Berg einen seit langem aufgestauten Innovationsschub im Textilgewerbe aus«. (114, S. 25) Bei Kermann sind für das Jahr 1799 allein neun Firmengründungen »auf englische Art« (d.h. mit entsprechender Maschinentechnik ausgestattet) für Barmen und Elberfeld aufgezählt. (100, S. 660 ff.) Auch der Mönchengladbacher Textilbezirk sollte von dieser Entwicklung profitieren.

Der Vertrag zwischen Brügelmann und Lenssen

Am 1. Februar 1799 schlossen Johann Gottfried Brügelmann und Johann Lenssen einen Vertrag »wegen einer von beyden Theilen zu errichtenden Gesellschafts-Handlung« und der Führung einer »Baumwoll-Handlung und Fabrick«. (71) Brügelmann gewann hierdurch die Möglichkeit, seine Waren auf den französischen Markt zu liefern, ohne die hohen Zölle zahlen zu müssen, die für seine im Rechtsrheinischen gefertigten Waren erhoben wurden. (106, S. 272) Für Lenssen, der bereits in der dritten Generation im Leinenhandel tätig war, bot sich durch die Verbindung die Möglichkeit, in der expandierenden Baumwollbranche Fuß zu fassen. Es scheint, als hätten beide die Entwicklungen der folgenden Jahre vorausgesehen. Ein Eindruck, der auch durch einzelne Artikel des Vertrages bestätigt wird.

Der Vertrag beinhaltet zwölf Artikel, in denen u.a. folgende Modalitäten geregelt werden (vgl. 71 sowie 106, S. 273 ff.):

In Artikel 2: Jeder der beiden »Contrahenten« bringt ein Kapital von 25000 Reichstalern ein. Die von Brügelmann eingebrachten Materialien werden hierin verrechnet.

In Artikel 4: Die Leitung des Geschäftes obliegt beiden Partnern.

In Artikel 6: Dauer des Vertrages: 12 Jahre.

In Artikel 11: Beide verpflichten sich, nicht »in den Artickeln, welche die Compagnie fabriciert einseitig Geschäfte zu machen«. (33)

In einem zusätzlichen Schriftstück wurde festgelegt, »daß aller Schaden, der durch den Krieg dem ein oder anderen Theil [...] entstehen könnte, gemeinschaftlich getragen werden soll«. (71)

Die entscheidende Passage für die Frage nach den Spinnmaschinen findet sich in Artikel 9: Da der »Associé Lenssen sich geäußert, daß er von seinem Associé Brugelmann gerne einige seiner Hand- und Kratz Maschinen haben mögte, so verbindet sich letzterer seinem Associé Lenssen in einer Jahresfrist zwölf vollkommene Hand-Maschinen nebst vier sogenannten Vorkratz und vier Pflock Kratz Maschinen zu folgenden Preyßen zu überlassen, nemlich eine vollständige Hand-Maschine von 72 Spindeln zu R 100,- und eine mit obern Walzen versehene Kratz Maschine zu R 250,- ...«. (33)

Daß auch durch Wasserkraft betriebene Maschinen eingesetzt werden sollten, geht aus dem Vertrag nicht hervor. Es existieren jedoch Briefe von Brügelmann an Lenssen, in denen der Entwurf eines Mühlenwerkes bzw. die Errichtung von »Stühlen durchs Wasser« (106, S. 276) geplant waren. Ein weiterer Hinweis hierauf ist die Anwesenheit eines Mühlenmeisters bei der Vertragsunterzeichnung. (106, S. 276) Die Voraussetzungen zur Verwendung von Wasserkraft waren gegeben, da die Spinnerei in dem an der Niers gelegenen Haus Zoppenbroich errichtet wurde, das bereits eine eigene Mühle besaß. (153)

Das ehemalige Haus Zoppenbroich (133)

Die Realisierung des Vertrages

Im Mai 1799 wurden die ersten sechs Hand- und zwei Kratzmaschinen im Wert von 1210 Reichstalern an Lenssen geliefert. Mit den Maschinen kam »der Meister, der sie verfertigt« hatte, sowie weitere Facharbeiter nach Rheydt, um diese aufzustellen. Im August folgten weitere Maschinen. (70, S. 84) Weiterhin lieferte Brügelmann Baumwolle, Baumwollgarn, Gewebe und Farbstoffe nach Rheydt. Mit Ende des Jahres 1800 hörten die Lieferungen auf, und es begann der »Rückfluß des Cromforder Kapitals« (70, S. 84) in Form von Wechseln und Waren. Die Geschäftstüchtigkeit der beiden Unternehmer und die vergleichsweise »moderne« Ausstattung des Betriebes brachten 1799 bereits 26 000 Reichstaler Umsatz und im Jahr 1800 19 000 Reichstaler, so daß nach Gemmert das junge Unternehmen im Jahr 1802 »flügge geworden« war. (70, S. 84)

1802 starb J. Lenssen und 1803 J. G. Brügelmann. Aus dem Unternehmen »Brügelmann & Lenssen« wurde das Unternehmen »Gebr. Lenssen«, das von Lenssens Söhnen Johann und Dietrich weitergeführt

Abbildung links: Haus Zoppenbroich, wie Schloß Rheydt im Grüngürtel der Niers-Wiesen gelegen, ist auf seine Weise ein Stück Rheydter Textilgeschichte: Residenz einer der alten Unternehmerfamilien, die nicht nur das Spinnen und Weben, sondern das ganze wirtschaftliche Wachsen der Gegend mit geformt haben. Haus Zoppenbroich bedeutet zugleich auch Gestüt Zoppenbroich: klangvoller Name in der deutschen Pferdezucht (18 a)

Werbeanzeigen des Unternehmens F. W. Brügelmann Söhne (255)

wurde. Diese kauften im Jahr 1807 Zoppenbroich (153) und errichteten außerdem noch eine Spinnerei im Kloster St. Alexandri (70, S. 85) sowie eine in ihrer Mühle in Odenkirchen. (43, S. 6)

Die Bedeutung des Unternehmens Brügelmann & Lenssen für die Maschinisierung des Mönchengladbacher Textilbezirks

Kosche schreibt dem Unternehmen Brügelmann & Lenssen »eine Schlüsselrolle für die Wirtschaftsgeschichte des linken Niederrheins« zu; und dies vor allem auch technikgeschichtlich: »... handelt es sich doch um eine der frühen, wenn nicht gar um die erste der halbmechanisierten Baumwollspinnereien in diesem Raum«. (106, S. 278) Die Bedeutung dieser Kooperation zwischen zwei der wirtschaftlich aktivsten Textilunternehmer ihrer Zeit ist unumstritten. In diesem Kapitel ist außerdem deutlich geworden, daß, nachdem die Maschinentechnik einmal den Kontinent erreicht hatte (über die Verbindung Brügelmann - Delius), ihrer Verbreitung kein Einhalt mehr geboten werden konnte. Für die Maschinisierung des Mönchengladbacher Textilbezirkes, insbesondere der Spinnerei, ist die Verbindung zwischen Lenssen und Brügelmann ein ausschlaggebender Faktor.

Brügelmann suchte im Zuge der Diversifizierung seine Unternehmung auszudehnen. So gründeten seine Nachfahren seit 1820 von Köln bis München Zweigniederlassungen.

Über die ungefähr zeitgleich in Gladbach entstandenen Spinnereien von W. Busch und J. P. Schlikkum existiert keine eingehendere Quellenlage, so daß über die Herkunft der Maschinen keine Aussagen gemacht werden kann. Schlikkum kommt jedoch aus Elberfeld, so daß man davon ausgehen kann, daß er die Technologie von dort mitbrachte.

Tab.: Die ersten Baumwollspinnereien in Mönchengladbach und Rheydt (nach 66, S. 45)

	Gründ.-datum	1804 Mechan. Assortimente	1804 Arbeiter	1806 Mechan. Assortimente	1806 Arbeiter
Mairie Gladbach					
Guillaume Busch	1799	12	56	18	84
Mörschel & Prinzen	1804			6	28
Mairie Obergeburt					
Jean Pierre Busch	1805			6	28
Mairie Oberniedergeburt					
David Horn	1805			6	28
Mairie Rheydt					
Jean Lenßen	1800	8	40	24	100
Werner Kropp	1800	2	9	4	22
Jacques Mühlen	1801	3	15	8	40
Remges & Comp.	1804			6	24
Adam Bresges	1805			4	16
Guaspare Giesen	1805			2	9
Antoine Busch	1806			5	20

Die erste Generation von Baumwoll-Spinnereien in Mönchengladbach und Rheydt

Weiter oben wurden die politischen Umstände dargelegt, die den Auslöser zur Entstehung der ersten maschinellen Baumwoll-Spinnereien in der Region Mönchengladbach bildeten. Anhand der in den Tabellen gegenübergestellten Zahlen soll diese Entwicklung verdeutlicht werden.

Für die Zeit vor 1801 finden sich lediglich drei mechanische Spinnereien in Gladbach und Rheydt. Die erste Gründungswelle wird deutlich anhand der Zunahme der Spinnerei-Betriebe bis 1806. Vergleicht man die Tabellen miteinander, so ist eine Zunahme der Betriebsgröße anhand der Anzahl der Arbeiter festzustellen. 1808 sind weitere in der Tabelle auf dieser Seite nicht genannte Betriebe hinzugekommen. Die in der folgenden Tabelle vorgenommene Gegenüberstellung von Arbeiterzahlen und täglicher Garnerzeugung im Vergleich der Monate Mai und November

1808 zeigt den durch zunehmenden Rohstoffmangel verursachten Rückgang der Produktion.

Die Errichtung der Kontinentalsperre im Jahr 1806 hatte dazu geführt, daß die englische Konkurrenz von den kontinentalen Märkten ausgeschlossen war. Gleichzeitig verbot England unter Ausnutzung seiner Seemacht allen neutralen Schiffen das Anlaufen französischer Häfen. Dieser Umstand sowie die hohen Importzölle für Rohbaumwolle verursachten einen Rohstoffmangel, der sich in den folgenden Jahren noch verschärfte und die hiesige Baumwollindustrie zeitweise in ihrer Entwicklung hemmte. Nach Fränken erholte sich die Situation in den folgenden Jahren wieder. Die zunehmende Verschlechterung der Produktionsbedingungen im Herzogtum Berg führte zu weiteren Übersiedlungen in die Region Mönchengladbach bis in das Jahr 1812. (66, S. 41) Für die Jahre 1811 und 1812 finden sich zwölf Gesuche zur Errichtung von Baumwollspinnereien. (100, S. 660 ff.) Alle Gesuche wurden vom Präfekten genehmigt, jedoch scheinbar nicht mehr realisiert, denn mit dem Beginn der Befreiungskriege im Jahr 1813 nahm der Boom in der hiesigen Baumwollbranche ein Ende.

Die Pioniere der Baumwollspinnerei

Die beiden ersten Spinnereien in Gladbach waren die von Wilhelm Busch sowie J. P. Schlikkum. Laut Kermann wird die Baumwollmaschinenspinnerei in Gladbach um die Jahrhundertwende von dem Elberfelder Schlikkum eingeführt. (100, S. 202) Auch wenn Schlikkum wahrscheinlich nicht der erste war, wird deutlich, daß über ihn ein weiterer Pfad der Maschinisierung in die Region führt.

In der Geschichte der Spinnerei von Schlikkum findet sich auch der Name Boelling wieder, der für einen weiteren »Pionier der Baumwoll-Verarbeitung auf dem Festland« (244, S. 42) steht. Neben Brügelmann gilt er als einer der ersten, der die Verarbeitung von Baumwolle mechanisierte. Seine unternehmerische Tätigkeit umfaßte sowohl den Bereich der Weberei [in der Firma Boelling & Croon wurde unter anderem eine »neuartige Webetechnik entwickelt« (244, S. 44)] als auch die Baumwollspinnerei. Die Spinnerei Boelling, Friedrichs & Comp. befand sich laut Adreßbuch von 1829 (239) auf der Crefel-

	Zahl der Arbeiter		Tägl. Garnerzeugung	
	1. Mai 1808	1. Nov. 1808	1. Mai 1808	1. Nov. 1808
Mairie Gladbach				
Guillaume Busch	80	–	45	–
Schlickum & Bölling	65	65	30	30
Mairie Obergeburt				
Pierre Busch	34	–	18	–
Mairie Oberniedergeburt				
Mörschel & Prinzen	50	10	21	4
David Horn	40	–	19	–
Mairie Rheydt				
Jean Lenßen	120	100	50	40
Martin Remges	29	12	12	3
J.G. Peuchen	28	28	10	10
Jaques Mühlen	25	13	13	6
Peuchen & Cruse	24	–	9	–
Gerard Kropp	20	–	13	–
Adam Bresges	12	–	3	–

Tab.: Die Produktionskapazität der Baumwollspinnereien in Mönchengladbach und Rheydt im Jahr 1808 (nach 66, S. 46 f.)

Tab.: Die Entwicklung der beiden ersten Gladbacher Spinnereien (nach 100, S. 660 ff.)

Unternehmer	Produktionsapparat	Arbeiter
Wilhelm Busch (1799–1817)	*1808*: „Die beträchtlichste Baumwollspinnerei besitzt Wm. Busch" *1815, 1817* nur als Fabrikant von Baumwollenstrümpfen erwähnt.	1799: 56 1806: 84
Gebrüder Busch (1820–1834)	*1820*: Baumwollspinnerei, Kattunhandel und Kommissionsgeschäfte	1820: 116 1825: 124
I.P. Schlikkum (um 1800 bis nach 1834)	*1808*: I.P. Schlikkum aus Elberfeld, hat die Baumwollspinnerei „vor ungefähr zehn Jahren zuerst hier eingeführt. Es sind bloß Handmaschinen; das Gespinst geht bis No. 36 und wird in den hiesigen Fabriken verwebt".	
I.P. Schlikkum & Cie. I.P. Schlikkum & Boelling	(*1804–1820* zwar nur als Baumwollweb. ausdrücklich erwähnt, wahrscheinlich aber auch weiterhin eigene Spinnerei)	
Boelling, Friedrichs & Comp. (um 1830)	*1834*: „Baumwollspinnerei u. Mühlenbes."	

derstraße und wird für das Jahr 1836 als eine der bedeutendsten Baumwollspinnereien Gladbachs aufgeführt (90, S. 48); im Adreßbuch des Jahres 1861 (4) findet sie sich nicht mehr.

1823 kauften Boelling und Friedrichs außerdem die Elsener Mühle in Grevenbroich und nahmen dort mit 217 Beschäftigten (50 Erwachsene und 167 Kinder) die Baumwollspinnerei auf. In den gleichen Produktionsräumen hatte 1810 der Neusser Unternehmer Friedrich Koch eine Spinnerei errichtet, die mit der Wasserkraft der Erft betrieben wurde. Durch die Befreiungskriege erheblich geschwächt, mußte Koch 1820 den Betrieb einstellen. Das Unternehmen ist aus einem weiteren Grund besonders interessant: Ebenfalls 1810 wurde der Spinnerei eine Werkstatt angegliedert, in der unter der Leitung von Diedrich Uhlhorn die Reparatur und der Bau von Spinnereimaschinen erfolgte.

Die Elsener Mühle gilt für das 19. Jahrhundert als »das größte industrielle Unternehmen des Kreises [Grevenbroich] und eine der bedeutendsten Spinnereien im Rheinland«. (52, S. 128) Im Jahr 1845 kauften sie die Gladbacher Unternehmer Carl Schmölder, Christian Pferdmenges und der Odenkirchener Friedrich Wiedemann und richteten hier »die erste größere mechanische Spinnerei mit Wasser- und Dampfbetrieb in der hiesigen Gegend« (223, S. 400) ein, in der bereits 6000 Spindeln gelaufen sein sollen. 1870 brannte die Fabrik nieder und wurde 1872 an Oskar Erckens aus Burtscheid verkauft. Unter dem Namen Erckens & Co. wurde hier bis 1954/55 Baumwollspinnerei und -weberei betrieben.

Die Spinnerei von Wilhelm Busch wird im Jahr 1809 als die »beträchtlichste Baumwoll-Spinnerei« bezeichnet (vgl. Tabelle vorige Seite unten). Sie ging im zweiten Jahrzehnt des 19. Jahrhunderts in die Spinnerei Gebr. Busch über und mußte 1841 ihren Betrieb einstellen. (33) Math. Christ. Busch kaufte in einem der darauffolgenden Jahre Teile des Kapuzinerklosters (am heutigen Kapuzinerplatz) und nutzte diese bis zum Jahr 1880 als Fabrikräume für seine Spinnerei.

Die erste und für lange Zeit einzige Baumwoll-Spinnerei in Rheydt wurde von der Familie Lenssen betrieben. Der Name Lenssen steht für eine Rheydter Familie, deren Vorfahren seit dem 17. Jahrhundert als Rentmeister mit dem Haus Zoppenbroich verbunden waren (153) und im 18. Jahrhundert Leinenhandel betrieben. Johann Lenssen (1741–1803) war der erste der Familie, der sich mit Baumwolle beschäftigte. Er gründete die erste Baumwollspinnerei in Rheydt, deren Ursprünge weiter oben bereits erläutert wurden. Nach seinem Tode übernahmen seine Söhne Johann (1774–1813) und Dietrich (1777–1823) den Betrieb. Sie kauften im Jahr 1807 Haus Zoppenbroich und errichteten eine weitere Baumwoll-Spinnerei in der Kirche des aufgehobenen Klosters St. Alexandri in Rheydt, welche sie im Jahr 1806 erstanden hatten. (70, S. 85)

Der Produktionsumfang der Lenssenschen Spinnereien hatte im ersten Jahrzehnt des 19. Jahrhunderts so schnell zugenommen, daß Johann Lenssen 1810 als einer der sieben hervorragendsten Fabri-

Tab.: Die Entwicklung der ersten Rheydter Spinnerei(en) der Familie Lenssen (nach 100, S. 660ff.)

Unternehmer	Produktionsapparat	Arbeiter
Johann Lenssen (1797)		1800: 40
Joh. und Dietrich Lenssen (1806)	*1806*: 24 „Maschinen“ in Betrieb	1806: 100
Joh. Lenssen (1808)	*1808:* Spinnerei auf Mules und auf Wassermaschinen, im Durchschnitt bis No. 60 *1810*: 1 Million Frs. Kapital	1810: 200 in Manuf. + 400 in Heimarb.
Diederich Lenssen (1820)		1817: 120
Lenssen & Beckenbach (1827–1834)	*1827*: Dampfmaschine v. 11 PS wird aufgestellt *1833*: Dampfmaschinen-Betrieb für Baumwollspinnerei und Fruchtmühle	1834: 226
Johann Lenssen (1807–1824) Zoppenbroich	*1807*: Kauf der Zoppenbroicher Mühle *1817*: 3 200 Mule- und Water-Spindeln *1824*: durch Feuer vernichtet	

kanten des Roer-Departements galt. (Vgl. Tabelle auf dieser Seite. Da er auch weiterhin im Leinenhandel tätig war, wurde er in der Liste als Leinenfabrikant bezeichnet.) Sein Bruder Dietrich Lenssen war von 1808 bis zu seinem Tod im Jahr 1823 Bürgermeister von Rheydt. (186, S. 35)

Wilhelm Diedrich Lenssen, der Sohn von Dietrich, war der Besitzer der Spinnerei Lenssen & Beckenbach, in der 1827 die erste Dampfmaschine Rheydts aufgestellt wurde. (223, S. 383) In dem selben Jahr bereiste W. D. Lenssen zusammen mit seinem Cousin Johann Lenssen (Sohn von Johann) und Quirin P. J. Preyer aus Viersen England und besichtigte dort etliche Spinnereibetriebe. Einige Eindrücke dieser Reise wurden bereits in Kapitel 2 dargelegt.

Die Zoppenbroicher Spinnerei brannte 1823 völlig ab und wurde danach zur Broichmühle (Neuwerk) verlegt. (223, S. 377) Die Ländereien kaufte 1829 Adam Bresges (153) und errichtete in Zoppenbroich ebenfalls eine Baumwoll-Spinnerei.

Die Fabrikgebäude der Spinnerei Lenssen & Beckenbach befanden sich an der alten Kaiserstraße (heute Stresemannstraße). (58, S. 23) Der Betrieb wurde 1847 stillgelegt. (90, S. 50)

Spinnmaschinen und Produktionsformen in den frühen hiesigen Baumwoll-Spinnereien

Über die Art der verwendeten Spinnmaschinen in den Baumwollspinnereien der Region finden sich in den Quellen nur vereinzelte Hinweise. Wahrscheinlich wird es sich in erster Linie um Spinning Jennies und handbetriebene Mules gehandelt haben.

Die Ausstattung der Lenssenschen Spinnerei(en) ist weitgehend überliefert; zum einen durch die Einzelheiten des Vertrages mit Brügelmann, zum anderen findet sich in der Rheydter Chronik eine Beschreibung der Zoppenbroicher Spinnerei (223, S. 376 f.):

Fabrikant	Zahl der Beschäftigten	Jahresprod. in Fr.
Conrad Clauss Tuchfabrikant in Aachen	258	1 200 000
Ignaz v. Houttem Tuchfabrikant in Aachen	292	1 000 000
Bernhard v. Scheibler Tuchfabrikant in Montjoie	1 500	1 200 000
Fritz Schleicher Messingfabrikant in Stolberg	190	600 000
F.H. v. der Leyen Seidenwarenfabrikant in Krefeld	3 000	3 000 000
Gottschalk Floh Seidenwarenfabrikant in Krefeld	1 500	1 500 000
Johann Lenssen Leinenfabrikant in Rheydt	400	350 000

Tab.: Liste der sieben hervorragendsten Fabrikanten des Roer-Departements, eingereicht vom Präfekten an den Minister des Innern am 13. Oktober 1810 (nach 249)

»Die Fabrikation, welche zum Theil mit Zuhülfenahme der Wasserkraft betrieben wurde, erstreckte sich nur auf Schußgarne und war eine äußerst einfache. Die Arbeit, die heute dem Opener und Batteur zufällt, wurde durch Schlagen der Baumwolle mit Stöcken bewirkt; die Kratzen mit festliegenden Deckeln bildeten zwischen den Spielräumen derselben dünne Baumwollwulste, die mit der Hand abgenommen und aneinander gelegt wurden. Auf Rowingmaschine und Handmule wurden diese Wulste zu Garn versponnen.«

Bei Busch (33) findet sich folgende Beschreibung der regionalen Spinnerei:

»Es gab außer der Handspinnerei, welche aus ostindischer Baumwolle Barchentgarne

Karde, wie sie in ähnlicher Bauweise in den Spinnereien in Mönchengladbach gelaufen sein wird (Tiroler Volkskunstmuseum Innsbruck)

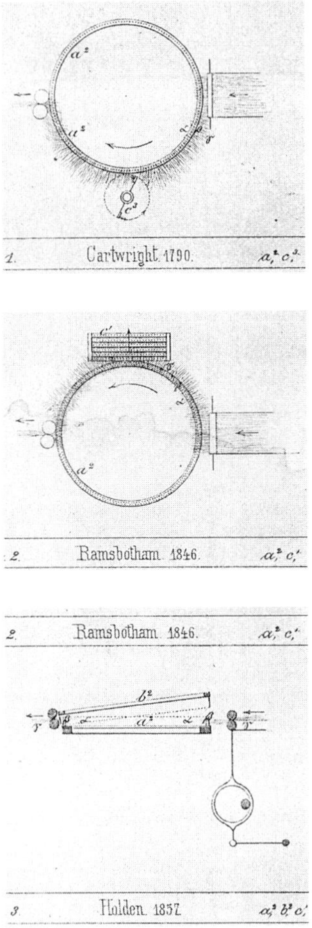

Kämm-Maschinen (271) nach dem System Cartwright (1790)

Skizze von Karde und Vorspinnmaschine, wie sie in den frühen Baumwoll-Manufakturen der Region Mönchengladbach ausgesehen haben. (33)

in den groben Nummern, meist Nr. 6 bis Nr. 10,« ersponn, »auch Mule-Spinnerei, die aus amerikanischer Baumwolle feinere Schußgarne bis Nr. 30« herstellte. »Zuweilen war auch etwas Water-Spinnerei damit verbunden ... Zu Anfang des vorigen Jahrhunderts hatte z. B. Wilh. Busch senior und seine Söhne Gebr. Busch alle drei Arten von Spinnerei. - Selbstverständlich wurde derzeit, wo nicht gerade Wasserkraft zum Betriebe von Kratzmaschinen und Reinigungsmaschinen zur Verfügung stand, in sämtlichen Spinnereien alles mit der Hand betrieben.«

Den Produktionsablauf schildert Busch im Jahre 1909 folgendermaßen (33):

»Zu den in der Handspinnerei gefertigten groben Barchent- und Biber-Garnen wurde je nach der verlangten Qualität Bengal-, Surat-, Comptah- und Madras-Baumwolle gebraucht. Diese ostindischen Sorten Rohbaumwolle enthielten viel mehr Saat und Unreinigkeiten, als das heute der Fall - manchmal fanden sich Steine, Datteln und andere Pflanzenteile in den Ballen vor. Die erste Auflockerung und Reinigung geschah - teilweise noch bis 1842 - auf Horden.« ...

»Einige Pfund hierauf ausgebreitete Rohbaumwolle wurden von einem Arbeiter mit 2 Stäben geschlagen, wobei die gröbsten Unreinigkeiten durch das Netz auf den Boden fielen. - Diese so aufgelockerte Baumwolle kam dann auf den ›Wolf‹, eine ähnlich Maschine wie der folgende ›Batteur‹, nur dass anstelle des Schienenflügels eine Welle mit eingesetzten Stäben die Wolle fasste und weiterbearbeitete. Als beim Wolf der anfängliche Handantrieb durch die stärkere Maschinenkraft ersetzt wurde, konnte die vorherige Auflockerung auf der Horde wegfallen.

Die Schlagmaschine - der ›Batteur‹ - hatte auf einem Holzgestell einen zweischienigen Schläger mit leinenem Zufuhrtuch; die Unreinigkeiten fielen durch das unter dem Schläger befindliche Sieb, die Wolle flog in losen Flocken heraus; ein Wickelapparat, Ventilator oder Staubabzug war nicht vorhanden, der Staub in den betreffenden Räumen also sehr stark.« ...

»Die Kratzen, etwa 55 cm breit, hatten ein leinenes Zufuhrtuch, Holzzylinder und Vortrommel, beide mit in Leder gesetzten Kratzenblättern beschlagen und ebenso beschlagene Deckel. Das Schleifen geschah mittels eines mit der Hand geführten gleichmässig hart gebrannten Ziegelsteines - später auch wohl mit Schmirgelbrettern. - Die von der ersten Reihe Kratzen kommende, kardierte, lose in Körbe fallende Baumwolle wurde dann in gleicher Art auf die Zufuhrtücher der zweiten Reihe Kratzen aufgelegt. Bei diesen wurde die Baumwolle von der Vortrommel durch den (ähnlich wie der Antrieb der Handspinnräder von unten angetrieben) Hecker in der Weise abgenommen, dass der von jedem Kratzenblatt der Vortrommel sich über die Breite derselben bildende Wulst oder Rolle in eine hölzerne, mit einer darin laufenden geriffelten hölzernen Walze versehene Mulde fiel. Diese Walze warf den genitschelten ca. 50 cm langen ›Plock‹ auf einen kleinen Behälter oder Bänkchen.« ...

»Diese ›Plöcke‹ wurden dann von Kindern auf das große leinene, schräg liegende Zufuhrtuch der Vorspinnmaschine (Roving - hier ›Rohmen‹-Maschine genannt) aufgelegt und an die anderen schon liegenden ›Plöcke‹ einzeln ›angefrimmelt‹. Auf der oberen Walze des Zufuhrtuches lag eine hölzerne Druckwalze; zwischen diesen Walzen wurde das von der Kratze kommende Vorgarn festgeklemmt. Die 32 bis 36 Vorgarnspindeln ruhten in einem ausziehbaren Wagen. Der in der Mitte von dem Wagen stehende Spinner - der bestgelohnte männliche Arbeiter der Spinne-

rei – handhabte mittels des daselbst am Wagen befestigten Rades die Drehung der Spindeln, zugleich das Heraus- und Hereingehen des Wagens und das Auslassen der nötigen Länge Lunte durch die Klemmwalze bei jedem Auszug, unter stetiger Beaufsichtigung der kleinen Aufleger am Zufuhrtisch.

Die fertigen Rovings (›Rohmen‹) kamen dann, von den dickeren Holzspindeln der Rovingmaschine abgezogen, zur Feinspinnmaschine, um dort als Vorgarn auf dünnere Holzspindeln aufgesteckt zu fertigem Garn versponnen zu werden.« Als Feinspinnmaschinen dienten Spinning Jennies mit 124 Spindeln. (33)

Diese Produktionsweise hielt sich in der Region Mönchengladbach bis in die 40er Jahre des 19. Jahrhunderts hinein. Auch in den Betrieben, in denen die ersten Dampfmaschinen aufgestellt wurden, blieben die Handspinnmaschinen das vorherrschende Arbeitsmittel. In der Regel trieben die Dampfmaschinen nicht die eigentlichen Spinnmaschinen, sondern die Vorbereitungsmaschinen wie Batteure und Karden an. Gleiches gilt auch für die wasserkraftbetriebenen Spinnereien. (51, S. 280)

Die Abbildung zeigt die Situation der Spinnerei W. Busch jr., wie sie für die damaligen Handmaschinenspinnereien üblich war. Die Vereinigung von Betriebsstätte und Wohnhaus des Fabrikanten war für die damalige Zeit sehr verbreitet. »Auf engstem Raum – das Spinnereigebäude hatte nur eine Grundfläche von 15,5 x 12 m – arbeiteten hier 100 Menschen (1844).« (51, S. 272) Die Gebäude waren eng und niedrig, schlecht beleuchtet und hatten keinen Staubabzug.

Die große Staubentwicklung sowie die schwüle Atmosphäre in den Sälen verursachte Schwindsucht, Tuberkulose und Kartharre an Augen, Nase, Kehlkopf und Lunge. Die schlechte Beleuchtung führte zu Sehschwächen, und häufig traten chronische Rückenleiden auf, da die Arbeitsmaschinen wegen der großen Zahl der kindli-

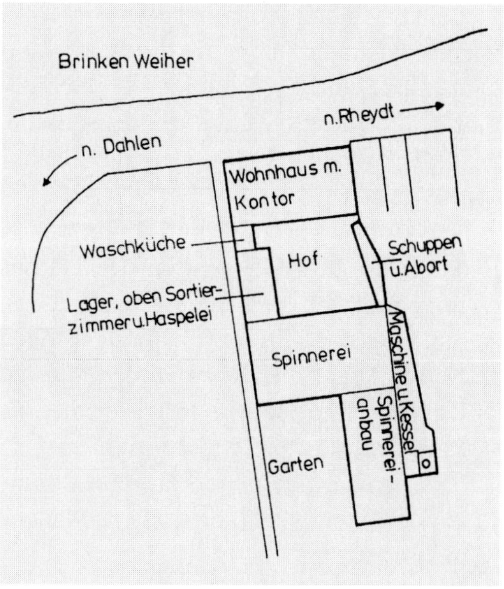

Lageplan und Grundriß der Spinnerei W. Busch jr. (105, S. 144)

chen Arbeiter so niedrig gebaut waren, daß Erwachsene sie nur in gebückter Haltung bedienen konnten. (51, S. 297) Die Situation der Arbeiterschaft in den Produktionsstätten wird in Kapitel 2 ab S. 53 näher erläutert.

Umnutzung von Wasserkraft

Um Wasserkraft als Antriebsenergie einsetzen zu können, sind ausreichende Fließgeschwindigkeiten des jeweiligen Gewässers sowie Möglichkeiten zum Aufstauen nötig. An Erft und Niers fanden sich zwar Mühlenwerke, das Gefälle dieser Wasserläufe reichte jedoch nicht aus, um »selbst kleinere Spinnfabriken ständig mit Antriebsenergie zu versorgen«. (37, S. 169) Das Hauptproblem bildeten die durch Witterung und Jahreszeit hervorgerufenen Schwankungen des Wasserstandes und winterliche Dauerfröste. Der Einsatz von Wasserkraft war in der Region demnach nur eingeschränkt möglich, trotzdem finden sich einige Mühlen, die mit dem beginnenden 19. Jahrhundert zu Manufakturen umgenutzt wurden. Es waren hauptsächlich Spinnereibetriebe, welche die Wasserkraft als Antriebsmedium nutzten – in erster Linie für die mechanische Spinnereivorbereitung.

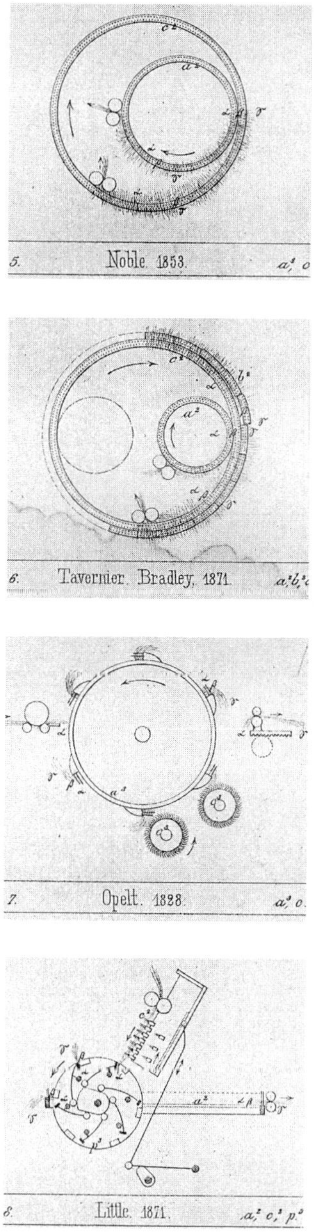

Kämm-Maschinen (271) nach dem System Noble (1853)

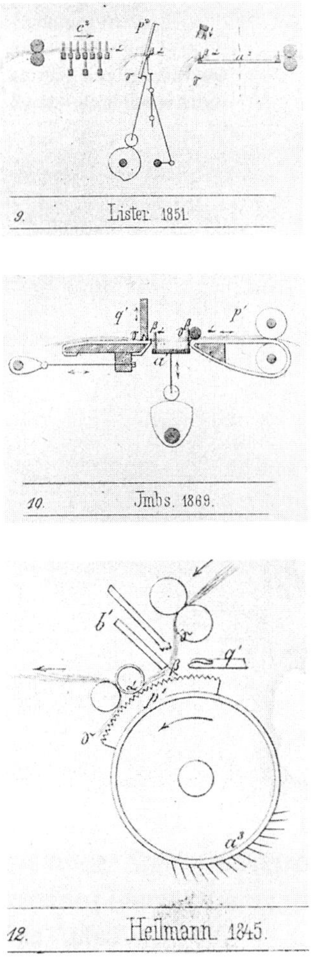

Kämm-Maschinen (271) nach dem System Heilmann (1845)

Beispiele für eine Umnutzung von Mühlen liefern unter anderem die Korn- und Oligsmühle, die Krallsmühle, die Schloßmühle, die Eickes Mühle, die Grosmühle, die Odenkirchener Mühle oder die Elsener Mühle. (260)

- Nach dem Brand seiner Spinnerei in der Korn- und Oligsmühle des Hauses Zoppenbroich verlegte Diedrich Lenssen 1824 seine Baumwollspinnerei nach Neuwerk an die Niers, indem er die Broichmühle erwarb. 1827 reichte die Fließkraft der Niers nicht mehr aus, so daß Lenssen die erste Dampfmaschine in der Region installierte. Diese Maschine hatte 11 PS.
- 1832 wurde die Krallsmühle am Gladbach von Heinrich Anton Horn für seine Baumwollspinnerei umgenutzt. 1844 betrieb Anton Lamberts Sohn hier mit Wasserkraft 25 Kratz-Maschinen, vier Roving-Maschinen, zwei Latterns, eine Wolf, 15 Spinnmaschinen und neun Haspeln.
- Die Schloßmühle am Schloß Rheydt, an der man auch eine Rasenbleiche betrieb, wurde ab 1865 von Heinrich Pferdmenges zu einer mechanischen Weberei umgebaut. 1995 verkaufte Viktor Achter die Schloßmühle an die Stadt Mönchengladbach.
- In der Eickes Mühle an der Niers in Rheydt wurde 1856 das Wasserrad durch eine Koechlinsche Turbine ersetzt, die ab 1864 auch zum Mahlen von Blauholz

Broichmühle um 1935; ab 1824 wassergetriebene Baumwollspinnerei (260)

zur Textilfarbstoffgewinnung betrieben wurde. Die Mühle wurde 1919 an die Firma Heinrich Dilthey verkauft.
- Die Grosmühle in Odenkirchen kaufte Cornelius Pongs 1860 von Cornelius Otten. Er richtete dort eine Baumwollspinnerei ein, in der das Mühlrad eine Reißmaschine antrieb. 1870 erweitere Pongs das Anwesen um eine Weberei, Rauherei und Wattefabrik. 1880 wurde die Firma umbenannt in »Vereinigte Pongssche Spinnerei und Weberei AG«.
- 1812 wurde an der Niers in Odenkirchen Wilhelm Christian Goeters die Genehmigung zur Umnutzung der Odenkirchener Mühle in eine Baumwollspinnerei erteilt.

Ansicht der Stadt Odenkirchen. Lavierte Federzeichnung von 1879 (260)

Picksmühle an der Niers in Odenkirchen um 1850 (260)

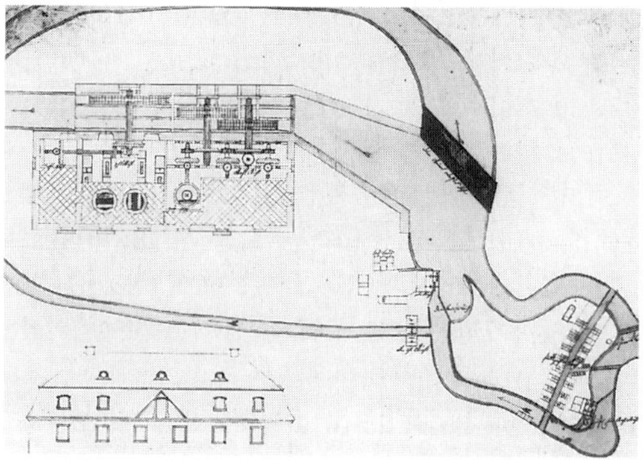

Grundriß der Elsener Mühle um 1765. (260) 1812 wurde hier eine der bedeutendsten Textilfabriken des Rheinlandes und eine der ersten mechanischen Baumwollspinnereien der Region errichtet

- Am Bottbach in Odenkirchen lief die Gisbertsmühle ab 1837 als Zwirnmühle des Johann Heinrich Zillessen.
- In Grevenbroich lieferte die Erft ab 1810 die Antriebskraft für die Baumwollspinnerei des Friedrich Koch in der Elsener Mühle. Koch machte 1820 Konkurs. Aus der Konkursmasse wurde die Vor- und Kettspinnerei verkauft. Ab 1824 nahm Koch die nun viel größere Baumwollspinnerei mit 234 Arbeitern, die sieben Assortiments Watermules betätigten, wieder auf. 1853 wurde eine 50-PS-Dampfmaschine installiert. 1853 richtet Heinrich Uhlhorn in der Elsener Mühle eine mechanische Werkstätte ein. Ab 1897 wurde die Firma Erckens & Cie. hier seßhaft. Der Elsener Spinnereibetrieb wurde erst 1955 aufgegeben.

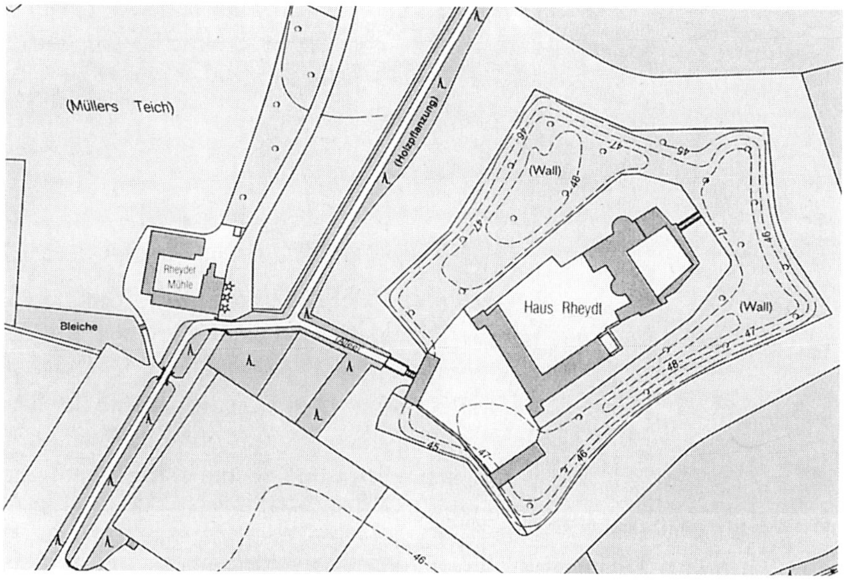

Rheydter Mühle. Auszug aus der Urkarte von 1819/20 (260)

- In Lürrip versuchte Johann Heinrich Greven ab 1846 in der Rohrmühle eine Wollspinnerei mit Wasserkraft zu betreiben, ehe er 1859 mit Dampfmaschinenantrieb auf Baumwollspinnerei umstieg. 1895 wurde eine Weberei angegliedert.

Rohrmühle in Lürrip um 1880. (260) Die Baumwollspinnerei, die zunächst mit Wasserkraft betrieben wurde, erhielt 1859 eine Dampfmaschine

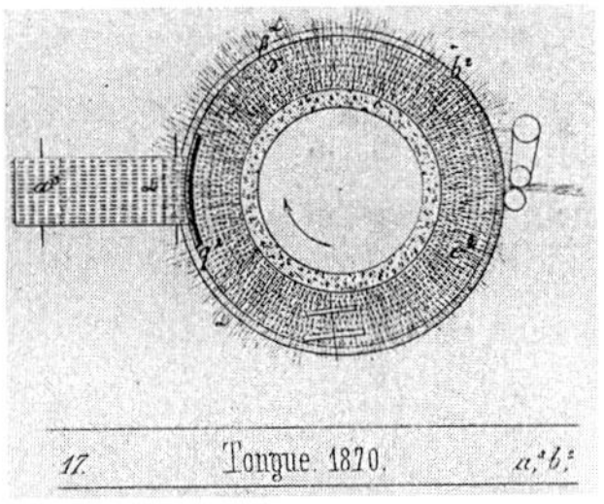

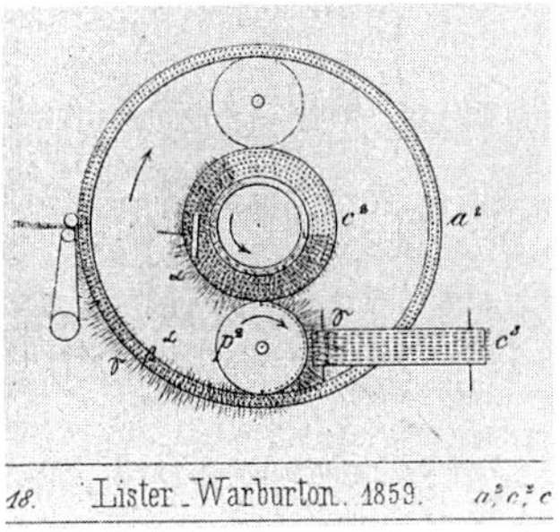

Kämm-Maschinen (271) nach dem System Hübner (1851)

Heimische Baumwollspinnereien bis zum Beginn der Industrialisierung

Der Wiener Kongreß (1814–1815) beendete die französische Herrschaft im Rheinland. Die linken Rheingebiete wurden Preußen zugesprochen. Die durch das Schutzzollsystem verursachte künstliche Blüte der niederrheinischen Baumwollindustrie nahm ein schnelles Ende, da man sich erneut der englischen Konkurrenz ausgesetzt sah. Der kontinentale Markt wurde überschwemmt von billigen englischen Garnen, die sich in den vorangegangenen Jahren auf der Insel aufgestaut hatten. (223, S. 382)

Um die heimische Industrie zu fördern, erhob Preußen einen Einfuhrzoll von vier Talern je Zentner auf Baumwollgarne. Nach erheblichem Druck der Garnhändler sowie Weber und Färber wurde dieser 1818 auf einen Taler herabgesetzt, wodurch sich die Situation weiter verschlimmerte. Durch die Berechnung als Gewichtszoll bot sich lediglich ein geringer Schutz für grobe Garne. Diese konnten mit den vorhandenen Handmaschinen relativ günstig produziert werden, so daß man hier der englischen Konkurrenz standhalten konnte. Trotzdem sollte noch für »die 1837 errichtete M.Gladbacher Handelskammer [...] die Baumwollspinnerei auf Jahre hinaus ein rechtes Sorgenkind sein«. (90, S. 35)

1836 liefen im Kreis Gladbach 29776 Spindeln in zehn Handmaschinen-Spinnereien und je drei Spinnereien mit Wasser- bzw. Dampfantrieb. Die wichtigsten sind in der unteren Tabelle aufgezählt.

Hatten sich in der Anfangszeit die meisten Betriebe auf Rheydt konzentriert, so war im Jahr 1836 die Mehrzahl in Gladbach bzw. den dazugehörigen Landgemeinden verzeichnet.

Die schwierige Situation der hiesigen Spinnereien, die immer noch als Handspinnereien arbeiteten, besserte sich erst in den vierziger Jahren des 19. Jahrhunderts. Die bisher produzierten Siamosen und baumwollenen Hosenstoffe wurden abgelöst durch die aufkommenden Biberstoffe. Diese bestanden aus dünner und fest gedrehter Kette und einem dicken, sehr locker gedrehten Schuß. Die Schußgarne ließen sich besonders gut auf den vorhandenen Handspinnmaschinen herstellen, was dazu führte, daß die »darniederliegende Baumwoll-Spinnerei im niederrheinischen Textilbezirk« (43, S. 17) einen deutlichen Aufschwung nahm. Die Nachfrage nach den preisgünstigen Biberstoffen war so groß, daß die hiesigen Spinner den Garnbedarf kaum mehr befriedigen konnten. Englische Maschinengarne wurden lange Zeit als nicht geeignet für diesen Artikel angesehen.

Der anhaltend hohe Garnbedarf war eine der Ursachen für die Einführung der mechanischen Spinnerei. Hinzu kam, daß bereits 1842 das englische Maschinenausfuhrverbot aufgehoben worden war und in den frühen fünfziger Jahren die ersten Eisenbahnlinien in der Region ihren Betrieb aufgenommen hatten. Mit der zunehmenden Mechanisierung waren die Handspin-

Tab.: Die bedeutendsten Baumwoll-Spinnereien im Jahr 1836 (nach 90, S. 48f.)

Fabrikant	Baumwoll-Spinnerei sowie ...
Gladbach	
Boelling, Friedrichs & Comp.	Mühlenbesitzer
Gebr. Busch	Kommissionsgeschäft und Kattunhandel
Gebr. Croon	Twisthandel
Ant. Lamberz (Chr. Sohn)	Türkischrot-Färberei und Kolonialwarenhdlg.
Ant. Lamberz (Joh. Sohn)	Ellenwarenhandlung
Jak. Lamberz	
Oberniedergeburt	
Wilh. Heinr. Busch	
Heinr. Ant. Horn	
Peter Moerschel	
Unterniedergeburt	
Wilh. Pongs	Baumwollwaren
Odenkirchen	
Wilh. Chr. Goeters	Fruchthandel
Rheydt	
Lenssen & Beckenbach	Dampfmühle

nereien nicht mehr konkurrenzfähig. In den fünfziger Jahren war keine der oben genannten Baumwoll-Spinnereien der Region mehr vorhanden. Die erste Generation der maschinisierten Spinnereien wurde ersetzt durch die zweite Generation der mechanisierten - industrialisierten - Spinnereien auf der Basis der Dampfmaschine.

Die alte Handmaschinen-Spinnerei benötigte wesentlich mehr Arbeitskräfte als die Produktion mit Selfaktoren und Ringspinnmaschinen. Die Arbeitslöhne stiegen zwischen 1850 und 1860 um ca. 50 Prozent, was zum einen daran lag, daß die neuen Maschinen ein qualifizierteres Arbeitspersonal erforderten, und zum anderen an der Eindämmung der Kinderarbeit.

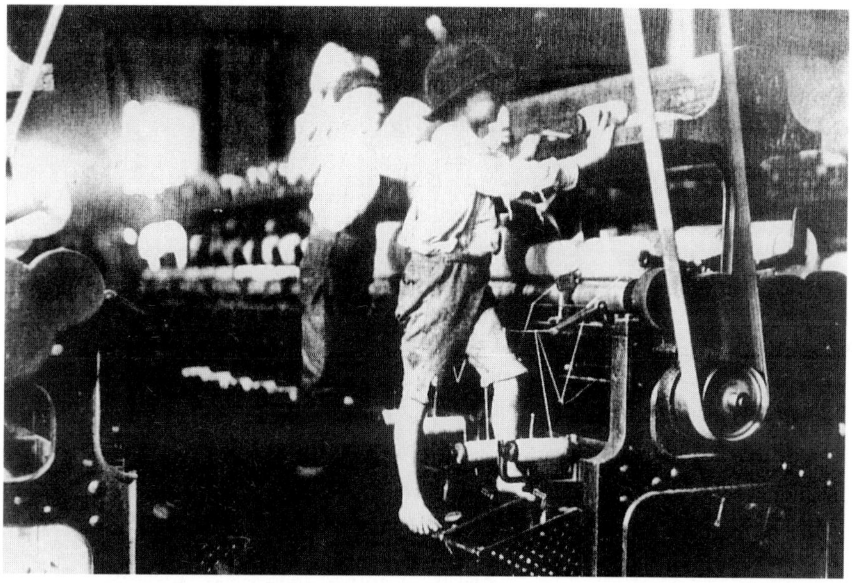

Kinderarbeit in einer Spinnerei. (154, S. 84) 1853 wurde die Beschäftigung von Kindern unter zehn Jahren in Fabriken verboten

Baumwolle boomt, und es entsteht das »Rheinische Manchester«

Der Vergleich des hiesigen Raumes mit dem englischen Manchester stammt ursprünglich von dem Basler Nationalökonomen Alphons Thun. Er schreibt 1879: »Nur in Gladbach, Rheydt und Odenkirchen fasst seit Ende des vorigen Jahrhunderts die Baumwollindustrie festen Fuss, und es beginnt daselbst ein rheinisches Manchester sich zu bilden.« (227, S. 1) Dieser Ausdruck war von dem Viersener Kaplan Norrenberg in seiner Gladbacher Pfarr- und Dekanatsgeschichte 1889 aufgegriffen worden. Er verwendete den Vergleich aber nicht lobend, sondern kritisch im Hinblick auf die miserable Situation der Industriearbeiterschaft. Die Stadt selbst nannte sich mit Stolz ungefähr seit der Jahrhundertwende das »Rheinische Manchester«. (96, S. 69)

Der Ruf Gladbachs als das »Rheinische Manchester« beruht auf der Expansion der Baumwollverarbeitung seit Mitte des 19. Jahrhunderts in Verbindung mit der Industrialisierung. Dieselbe Situation fand auch in anderen Gegenden auf dem Kontinent statt, so daß es mehrere kontinentale »Manchester« gab. Im beginnenden 20. Jahrhundert nannte sich auch Forst in der Lausitz als typische Woll-Tuchmacherstadt das »deutsche Manchester« - eine Analogie, die wegen der in Manchester fehlenden Wollindustrie weniger sinnvoll erscheint.

Ähnlichkeiten von der Entwicklung eines Industriestandorts bis hin zur Namensgebung erfolgten im

- »französischen Manchester« - Mühlhausen im Elsaß,
- »sächsischen Manchester« - Chemnitz,
- »württembergischen Manchester« - Heidenheim.

In diesen Regionen vollzog sich der Wandel vom handwerklichen Textilgewerbe zur Industrieregion analog zur Entwicklung in Mönchengladbach. Jedoch hatte die soziale Entwicklung in den kontinentalen Industrieregionen nicht die radikalen Züge wie die Manchester-Doktrin in England.

Meebold strukturierte das in Heidenheim ansässige Leinengewerbe (1841 erste Dampfmaschine in Württemberg; 1828 die zwanzig ersten englischen mechanischen

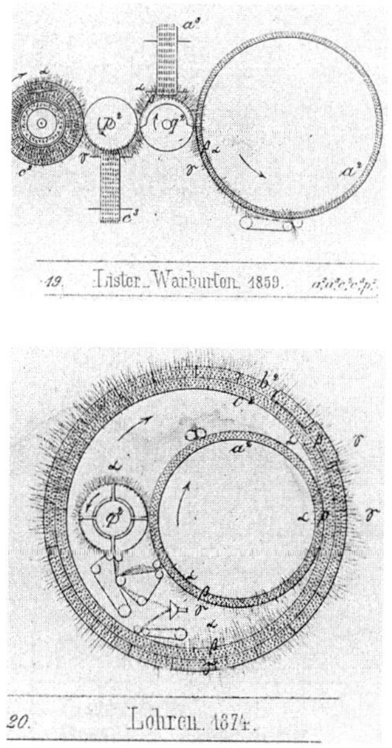

Kämm-Maschinen (271) nach dem System Hübner (1851)

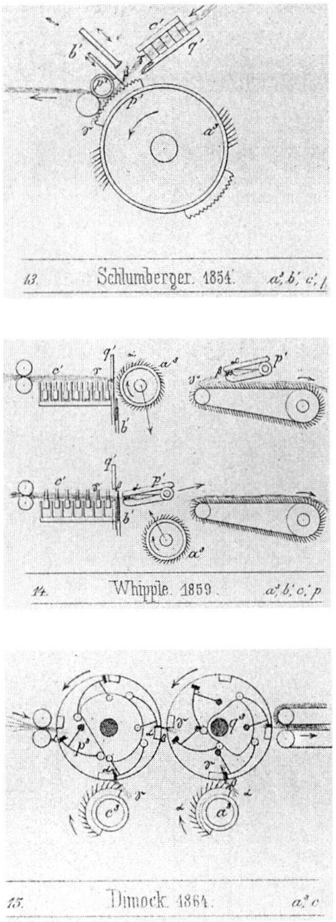

Kämm-Maschinen (271) nach dem System Schlumberger (1854)

Innenansicht eines Spinnereisaales mit Selfaktoren (232, S. 60)

Webstühle Deutschlands; 1835 Druckerei nach englischem Vorbild; Leuchtgas-Licht mit englischer Kohle in der Fabrik) und hatte bald, aufbauend auf dem »Flügel«, einer Webersiedlung von 1602/04, große Sozialleistungen seines Unternehmens vorzuweisen. Seiner Unternehmensführung folgte die hugenottische Familie Ploucquet (1806 als Färber nach Heidenheim gekommen) sowie Ludwig Lang als kaufmännisches Genie mit großer Sozialausrichtung (1864–1873 als Leiter mit Kauf einer Weberei; 1874/75 Einführung der Continue-Roulette-Küpe beim maschinellen Indigo-Färben).

In Mühlhausen vollzog sich die industrielle Revolution ab 1746, als J. J. Schmalzer, S. Koechling und J. H. Dollfuß die Erzeugung von bedruckten Kattungeweben (Indiennes) in dem elsässischen Ort einführten. Ende des 18. Jahrhunderts kamen Baumwollspinnereien, -webereien und -zwirnereien (vor allem Dollfuß, Mieg & Cie.) und etwas später die Wollverarbeitung in das einstige Zentrum des Leinengewerbes. Ab 1853 wurde in Mühlhausen planmäßig die »cité ouvrière« als Arbeitersiedlung angelegt. Diese frühe industrielle Entwicklung hatte natürlich weitreichende Konsequenzen für die Geschichte des benachbarten südbadischen »Weblandes«, vor allem nach Eingliederung des Elsaß 1871 in das Land Baden, welches seit 1836 Mitglied des deutschen Zollvereins war. Die Entwicklung des »französischen Manchesters« lief vor allem parallel zur Industrialisierung der schweizerischen Textilunternehmen.

Die ersten Schritte zur Mechanisierung waren im Mönchengladbacher Textilbezirk in den 50er Jahren des 19. Jahrhunderts getan worden. Anfang der 60er Jahre konnte der Garnbedarf der hiesigen Webereien in den groben Nummern fast vollständig von den ansässigen Spinnereien gedeckt werden. Ein großer Teil wurde in der »Spinnerei und Weberei Aktiengesellschaft« produziert. (43, S. 24)

Die gesamte Baumwollindustrie wurde in ihrer vielversprechenden Entwicklung noch einmal gebremst, als – bedingt durch den Ausbruch des amerikanischen Bürgerkrieges im Jahre 1861 – in den nachfolgenden Jahren die sogenannte »Baumwollhungersnot« einsetzte. Der Baumwollmangel hielt bis etwa 1869 an.

»Aber schon war die Gladbacher Baumwollindustrie so gekräftigt und so wendig, daß sie den schlimmsten Folgen auszuweichen wußte, so daß es hier nicht zu solchem Elend kam, wie es in den Baumwollbezirken Englands der Fall war. Man half sich vor allem dadurch, daß man an Stelle des Baumwollgarnes Garne aus Flachs und Mischstoffen herstellte.« (49, S. 16) Der Flachs erlebte also eine Renaissance, und ansonsten wurden Ersatzstoffe wie Jute, Spinnabfälle aller Art und Wolle für Schußgarne verwendet. (43, S. 29) Die Halbwollweberei dehnte sich aus. In dieser Zeit entstanden ganz neuartige Artikel, wie z. B. »Molton« und »Zanella«. (66, S. 67 f.)

Nachdem die Krise überwunden war, brachten die folgenden Jahrzehnte der Industrie einen fortgesetzten Aufschwung. Dieser wurde zwar durch einzelne, kleinere Krisen unterbrochen, hielt aber bis zum Kriegsausbruch 1914 an. Folgende Zahlen kennzeichnen die Entwicklung der gesamten Textilindustrie im Handelskammerbezirk M.Gladbach (49, S. 16):

Jahr	Betriebe	beschäftigte Arbeiter
1880	250	25 000
1890	300	32 000
1900	450	38 000
1913	650	55 000

Als der amerikanische Sezessionskrieg ausbrach, stiegen die Baumwollpreise um das Vier- bis Fünffache. Besonders die Hersteller der gröberen Artikel, wie Biber- und Kalmukstoffe, bei denen der Rohstoff einen größeren Anteil an den Produktionskosten ausmachte, wurden hiervon betroffen. Dies wurde von den hiesigen Spinnereien zum Anlaß genommen, in der Folge auch feinere Garne zu produzieren. (43, S. 31) Begünstigt wurde die Möglichkeit zur Herstellung feinerer Garne auch durch den Umstand, daß England - der größte Konkurrent auf diesem Sektor - weit mehr unter den Auswirkungen des Rohstoffmangels zu leiden hatte und vornehmlich in Lancashire, dem Zentrum englischer Baumwollproduktion, viele Spinnereien ihren Betrieb hatten einstellen müssen. (90, S. 84) Von dieser Krise in der Baumwollbranche profitierte außerdem das heimische Woll- und Leinengewerbe.

»Mit Ende der 60er Jahre begann ein neuer glänzender Aufschwung der Baumwollindustrie im Gladbacher Bezirk.« (43, S. 31) Zwischen 1861 und 1874 stieg die Zahl der Baumwollspinnereien des Kreises Gladbach von 17 auf 30 Betriebe, die Spindelzahl wurde nahezu verdreifacht: von 83 080 auf 240 011, und auch die Anzahl der Arbeiter stieg um mehr als das Doppelte von 1855 auf 4067. (66, S. 61 und 71)

Als weiterer Zweig der Garnerzeugung wurde vermehrt die mechanische Zwirnerei eingeführt. Einzelne Webereien und Spinnereien gingen dazu über, Zwirnmaschinen mit Dampfkraft aufzustellen und die bisher aus Belgien bezogenen Baumwollzwirne selbst zu produzieren. Die Handspulerei wurde durch Aufstellung mechanischer Spulmaschinen verdrängt. (43, S. 32)

Die frühen 70er Jahre waren gekennzeichnet vom Deutsch-Französischen Krieg 1870/71 und von den darauf folgenden Gründerjahren. Der Mönchengladbacher Textilbezirk wurde, im Gegensatz zu anderen Regionen und Branchen, nicht so stark vom Gründungs- und Spekulationsfieber betroffen. Die Textilbranche war als Spekulationsobjekt wenig interessant, »sie bekam bei weitem nicht den Kapitalrückhalt, wie es vor allem bei der Montan- und Schwerindustrie der Fall war«. (92, S. 109) Als Folge hiervon blieb die heimische Textilindustrie auch von den wirtschaftlichen Auswirkungen der »Gründerkrise« weitgehend verschont.

Andere Umstände machten der Baumwollbranche in den 70er Jahren weit mehr zu schaffen. Nach dem Deutsch-Französischen Krieg gehörte Elsaß-Lothringen zum Deutschen Reich, eine Region, in der die Textilindustrie und besonders die Verarbeitung von Baumwolle bereits auf eine lange Tradition zurückblickte. Auf zwei Millionen Spindeln und 50 000 Webstühlen wurde Baumwolle zu Textilien verarbeitet. Im

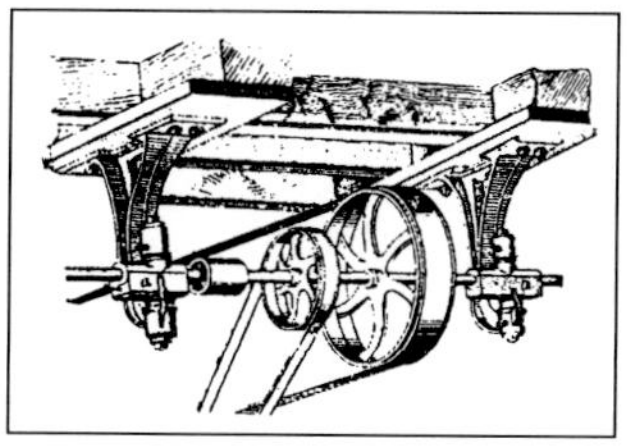

Detail einer Riementransmission, welche über eine zentrale Welle alle Maschinen eines Saales antrieb. Bei dieser Art der Kraftübertragung gingen bis zu 80 Prozent der von der Dampfmaschine erzeugten Energie verloren (232, S.55)

Tab.: Beispiele für in Gladbach, Rheydt und Viersen zwischen 1860 und 1879 gegründete Baumwollspinnereien

	Gründungsjahr	mechan. Baumwoll-Spinnerei
Gladbach	*1863*	C. O. Langen
	1865	M. May & cie.
	1866	Ed. Koenigs & Co.
	1874	Joh. Friedr. Klauser
Rheydt	*1860*	Otto Goeters
	1861/62	W. Dilthey & Co.
	1863	M. Goeters & Söhne
	1864	Adam Bresges
	1867	Heynen, Wienands & Granderath
	1868	Daniels & Sohn
	1872	Junkers, Vierhaus & Zeime
Viersen	*1874*	H. Boetzelen

Spinnerei Mühlen und Peltzer 1897 (10 a)

gesamten Deutschen Reich liefen zur gleichen Zeit drei Millionen Spindeln und 37 000 Webstühle. (90, S. 86) Durch den immer weiter steigenden Bedarf an Textilien blieben die negativen Auswirkungen der neu erwachsenen Konkurrenz aber gering.

Ein weiteres Hindernis für den wirtschaftlichen Aufschwung war die in den 70er Jahren wieder zunehmende englische Konkurrenz. Die englischen Hauptabsatzmärkte für Baumwoll-Produkte waren Nordamerika sowie Indien und China. Ersteres hatte in den vergangenen Jahren eine eigene Baumwoll-Industrie aufgebaut, die den Bedarf des heimischen Marktes nahezu deckte; Indiens und Chinas Kaufkraft waren nach einer großen Hungersnot erheblich geschwächt. Die englischen Garne drängten also vermehrt auf den europäischen Markt.

Alle genannten Umstände führten dazu, daß in den 70er Jahren des 19. Jahrhunderts, im Gegensatz zu den 60er und 80er Jahren, die Zahl der Firmengründungen im Bereich der Baumwollverarbeitung gering blieb (vgl. Tabellen auf dieser und auf der vorigen Seite). Die 80er und 90er Jahre des 19. Jahrhunderts waren von einem stetigen Auf und Ab der Konjunktur gekennzeichnet. Aus der Sicht der Spinnerei waren hierfür vor allem die starken Schwankungen der Rohbaumwollpreise verantwortlich. (43, S. 38)

Trotzdem wurden in den letzten beiden Jahrzehnten des 19. Jahrhunderts etliche Baumwoll-Spinnereien gegründet, von denen viele bis in die zweite Hälfte des 20. Jahrhunderts bestanden. Neben der Verarbeitung von Baumwolle versponnen diese zunehmend auch Zellwolle (Viskose) und andere im 20. Jahrhundert aufkommende (synthetische) Faserstoffe.

Obwohl mit dem ausgehenden Jahrhundert die Verarbeitung von Wolle einen immer größeren Umfang angenommen und der Gladbacher Buckskin bereits einen Namen hatte, lag bis in die ersten beiden Jahrzehnte des 20. Jahrhunderts der Schwer-

Tab.: Beispiele für in Gladbach und Rheydt zwischen 1880 und 1899 gegründete Baumwollspinnereien

	Gründungsjahr	mechan. Baumwoll-Spinnerei
Gladbach	*1881*	Goertz, Clay & Co.
	1890	Bornefeld & Jansen
	1897	Paul M. Busch
Rheydt	*1882*	Daniels & Nacken
	1882	Carl Schmölder & Co.
	1884	Moritz Lenssen
	1884	Jos. Daniels Wwe. & Sohn
	1884	Kühn, Vierhaus & Cie. AG
	1888	Goeters & Pungs
	1888	J. & W. Keller
	1890	Daniels & Straters
	1896	Deussen & Küppers

Abbildung rechts:
Pferdmenges & Scharmann im Jahre 1907 (10 a)

Abbildung unten:
Transmissionsantriebe in der Zwei- und Dreizylinderspinnerei von Pferdmenges & Scharmann im Jahre 1955 (10 a)

Abbildung ganz unten:
Pferdmenges & Scharmann im Jahre 1955 (10 a)

punkt der textilen Produktion noch auf der Baumwolle. Die Baumwollverarbeitung im Mönchengladbacher Textilbezirk erreichte um 1910 ihren Höhepunkt, so daß man diesen Wirtschaftsstandort in der Folge nicht nur als »Rheinisches Manchester«, sondern sogar als »Deutsches Manchester« bezeichnete. Erst im Verlauf des 20. Jahrhunderts verschob sich der Akzent weiter zur Wolle.

Firmengeschichten: Von der Gründerzeit ins 20. Jahrhundert

Die weitere Entwicklung der Baumwollspinnerei in der Region Mönchengladbach soll anhand der Entwicklungsgeschichte einiger Firmen veranschaulicht werden.

W. Dilthey & Co., Rheydt

Der Firmenname stammt aus dem Jahr 1804, als Wernhard Dilthey, ursprünglich aus dem protestantischen Siegerland stammend, nach einem kurzen Zwischenstopp in Kalkar, wo er versuchte, eine »Waßer Maschine Spinnerey« (100, S. 674) zu eröffnen, nach Rheydt kam und hier ein Geschäft in Baumwollwaren errichtete. »Dem wechselnden Bedarf und den allgemeinen Wirtschaftsverhältnissen sich jeweils anpassend, ging das Unternehmen von der Fabrikation leinener Gewebe zur Herstellung von Baumwoll- und später auch von Seidenwaren über.« (18)

1861 wurde von Wernhards Enkeln eine Spinnerei an der Scheuburg (heutige Schlachthofstraße) errichtet. Die beiden

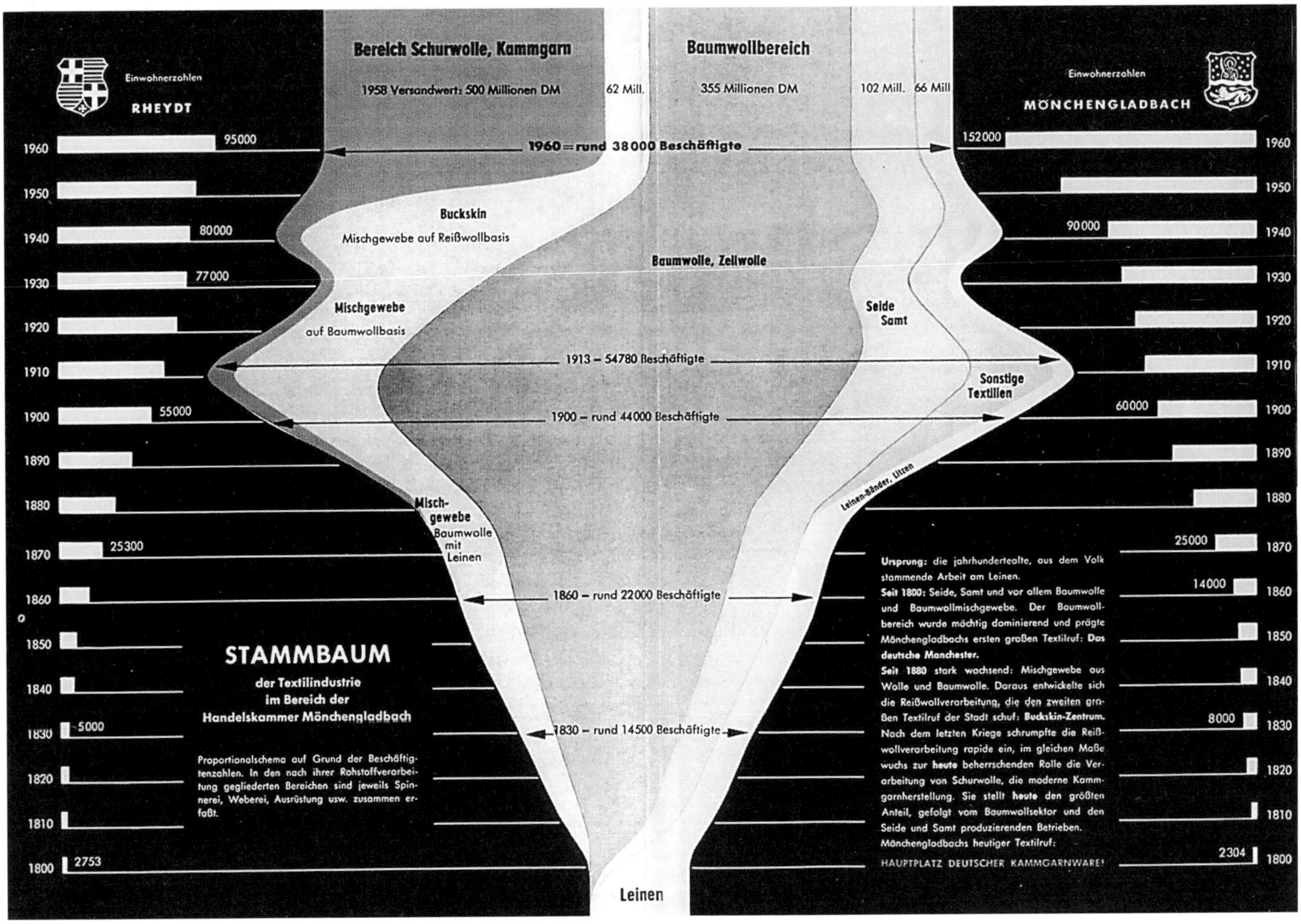

Stammbaum der Textilindustrie im Bereich der Handelskammer Mönchengladbach: Vom Leinengewerbe über das »Deutsche Manchester« zur Tuchindustrie (192)

links:
Spinnereisaal bei W. Dilthey & Co., Rheindahlen (1955) (18 a)

ältesten waren Wernhard und August Dilthey. Letzterer schied gegen Ende des Jahrhunderts aus dem Geschäft aus und gründete 1900 mit seinen Söhnen in Mülfort eine eigene Spinnerei unter dem Namen Aug. Dilthey und Söhne. Die Spinnerei an der Scheuburg wurde 1905 von Otto Dilthey übernommen und firmierte fortan unter dem Namen Otto Dilthey & Co.

Die anderen drei Brüder gründeten unter dem alten Namen W. Dilthey & Co. ein neues Spinnerei-Unternehmen in Rheindahlen. Der Betrieb umfaßte Spinnerei, Spulerei, Zwirnerei, Färberei und Bleicherei. Ab 1927 nahm man die Zellwollspinnerei auf und spezialisierte sich zudem auf die Herstellung von Handstrickgarnen. Die Spinnerei W. Dilthey & Co. war einer der wenigen Betriebe, die während des Zweiten Weltkrieges trotz großer Schäden weiter produzieren konnten. (58, S. 148) Gegen Ende der 70er Jahre des 20. Jahrhunderts wurde der Spinnereibetrieb aufgegeben. 1979 entstand in den gleichen Firmengebäuden an der Broicher Straße die Firma Dilthey Wolle und Handarbeiten, die auf die Herstellung von Handstrickgarnen spezialisiert ist. Der Betrieb besteht heute noch.

Spinnerei Aug. Dilthey & Söhne, Mülfort

Im Jahr 1900 wurden die ersten Maschinen in Mülfort in Betrieb genommen. Produktion und Absatz stiegen stetig, so daß bereits nach sechs Jahren 56 000 Spinn- und 9000 Zwirnspindeln liefen. 1910/11 wurde ein zweites Spinnereigebäude eingerichtet. Während des Ersten Weltkrieges war der Betrieb zeitweise stillgelegt, ab 1918 konnte die Produktion wieder aufgenommen werden.

Familienwappen Dilthey (18 a)

Nach dem Krieg versuchte man, die englische Konkurrenz, die nach wie vor weit billiger produzieren konnte, dadurch einzuholen, daß man eine Kämmerei einrichtete, mit der besonders feine Garne hergestellt werden konnten. Die Verlegung auf feine, gekämmte Baumwollgarne brachte dem Betrieb gute Absatzchancen, so daß 1923 ein drittes Spinnereigebäude errichtet werden konnte und die Umstellung des Betriebes auf Elektrizität eingeleitet wurde. 1931 wurde die Zellwollspinnerei aufgenommen. (144)

Bei den schweren Bombenangriffen am Ende des Jahres 1944 wurde der Betrieb sehr stark beschädigt. »60 % des Maschinenparks [waren] zerstört, der Rest verrostet und überaltert.« (44, S. 307) Nach den Aufzeichnungen von Horst Dilthey, der als einer der Gesellschafter die Kriegs- und Nachkriegsjahre miterlebte hatte, fehlte es

Zwirnsaal im 1923 errichteten Gebäude »Spinnerei III« der Spinnerei August Dilthey & Söhne (144, S. 10)

Abbildung rechts: Baumwollkarden bei A. Bresges im Jahre 1955 (18 a)

an der Bereitschaft der Firmenleitung, die zerstörten Maschinen durch neue, moderne Fabrikate zu ersetzen; statt dessen wurden die alten Bestände instandgesetzt und wieder in Produktion genommen. (44, S. 307 f.) Möglicherweise ist dies ein Grund dafür, daß die Spinnerei in den 60er Jahren geschlossen wurde.

Spinnerei und Zwirnerei Adam Bresges, Zoppenbroich

Der Vater des Firmengründers Adam Bresges (1798–1874) hatte 1827 das Gut Zoppenbroich von der Familie Lenssen erworben, die auf diesem Gelände die erste Maschinenspinnerei in Rheydt betrieben hatte (vgl. oben). Adam Bresges sen. hatte ein Geschäft in baumwollenen Waren und wurde 1831 zu den sechs bedeutendsten Fabrikanten Rheydts gezählt. (202, S. 75) Nach seinem Tod ging das Gut an seinen Sohn, der hier 1864 eine Baumwollspinnerei mit 3640 Dreizylinderspindeln aufnahm. Unter der Leitung von Ernst Bresges (1853–1938) und Walter Bresges (1882–1961) wurde die Spinnerei in den Jahren 1911 und 1927/28 erheblich ausgebaut sowie Schlichterei, Bleicherei und Färberei angegliedert.

Nach dem Zweiten Weltkrieg erholte sich das Unternehmen relativ schnell und verfügte 1950 über 63 000 Spinn- und 17 000 Zwirnspindeln bei 750 Beschäftigten. Nachdem Kurt Bresges, der das Unternehmen in der vierten Generation geleitet hatte, im Jahr 1977 starb, wurde der Betrieb geschlossen. Die auf der Abbildung dargestellten Gebäude wurden mit Ausnahme des Herrenhauses (links im Hintergrund) abgerissen. (58, S. 163 f.) Heute befindet sich an dieser Stelle der Bresgespark.

Die drei genannten Beispiele stehen für traditionsreiche Unternehmen, die über viele Generationen mit der hiesigen Textilindustrie verbunden waren. Sie scheiterten an den in der zweiten Hälfte dieses Jahrhunderts immer enger werdenden Märkten, die eine hohe Flexibilität sowohl des Managements als auch der Produktionsmittel erforderten. Der wachsenden Konkurrenz der sogannten Billiglohn-Länder versuchte man in den letzten drei Jahrzehnten durch zunehmende Automatisierung und Spezialisierung der Produktion entgegenzutreten. Die Baumwollspinnerei, deren Produkte als Massenartikel nur geringe Gewinnspannen aufweisen, konnte diesen kapitalkräftigen Schritt nicht leisten, so daß sie heute aus der

Spinnerei Adam Bresges (19 a)

Region Mönchengladbach gänzlich verschwunden ist.

Anhand des folgenden Beispieles soll ein Blick in das Innere einer Baumwoll-Spinnerei des letzten Jahrhunderts geworfen werden.

M. May & Cie., Mönchengladbach

Im Jahr 1865 schlossen Martin May und Peter Krall einen Gesellschaftsvertrag zur Errichtung einer Baumwollspinnerei und -weberei. 1866 wurde der Betrieb in der Sophienstraße in Gladbach mit 2772 Spindeln aufgenommen. Die Spinnerei M. May verfolgte für ihre 300 Arbeiter eine betriebliche Sozialpolitik ähnlich der von Franz Brandts. Die tägliche Arbeitszeit betrug Anfang der 70er Jahre 11,5 Stunden, im Gegensatz zu den damals üblichen 13 bis 14 Stunden. Ab 1874 wurde die Arbeitszeit an Samstagen auf 8,5 Stunden verkürzt. 1776 wurde eine Bibliothek eingerichtet, in der die Arbeiter gegen eine Leihgebühr von zwei Pfennigen Bücher entleihen konnten. (232, S. 53) Die Abbildungen vermitteln einen Eindruck über die innerbetriebliche Gestaltung der damaligen Spinnereigebäude.

Die in der zweiten Hälfte des 19. Jahrhunderts gebauten Produktionsräume unterschieden sich deutlich von denen der frühen Maschinen-Spinnereien, wie sie weiter oben beschrieben wurden. Die Spinnsäle umfaßten in der Regel ganze Geschosse, die nicht weiter unterteilt waren. Ständige Zugluft belastete die Gesundheit der Arbeiter, die dadurch häufig unter Erkältungskrankheiten litten. (232, S. 52) Hinsichtlich der Licht- und Staubverhältnisse hatte sich die Situation für die Arbeiter erheblich verbessert. Ausreichend Licht fiel durch große Fenster, und zur Belüftung waren drehbare Oberlichter vorhanden. Zusätzlich besaßen die Spinnsäle eine Ventilationseinrichtung mit Luftschächten, die zum einen in die Umfassungsmauern eingelassen und zum anderen in hohen Säulen untergebracht waren. Die Dampfzufuhr der Heizung konnte für jeden Spinnsaal extra reguliert werden. (105, S. 164)

Gebäude der Spinnerei M. May & Cie. (232, S. 52)

Abbildung links unten: Situationsplan der Baumwoll-Spinnerei M. May & Cie. Das Comptoir-Gebäude enthielt im Erdgeschoß für die damalige Zeit vorbildliche Einrichtungen, wie Speise- und Lesezimmer für die Arbeiter (232, S. 53)

Abbildung rechts unten: Grundriß des Spinnsaales der Spinnerei M. May & Cie. (232, S. 52)

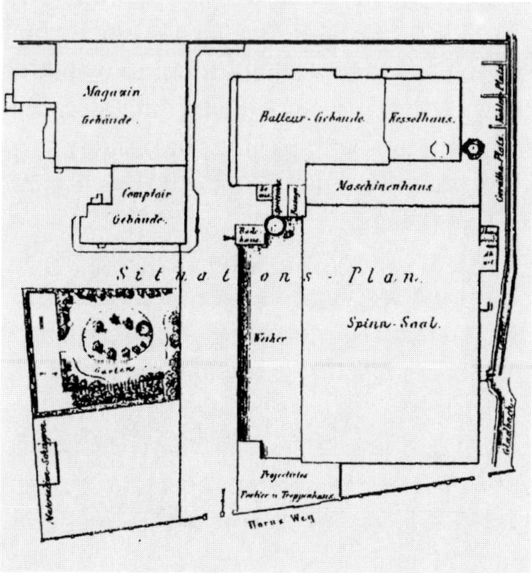

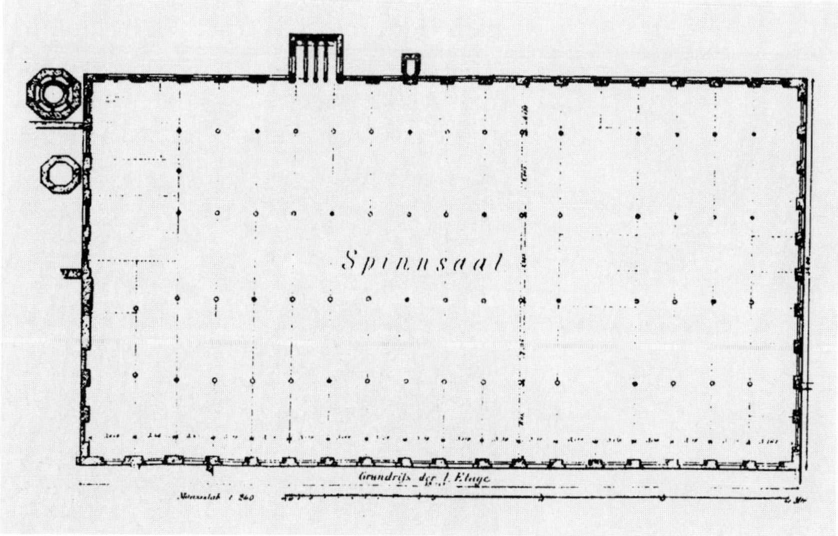

Carl Otto Langen, Präsident der Kammer von 1906 bis 1920 (17 a)

Schwierige Zeiten mit unsicherer Zukunft

Fast unbemerkt entwickelte sich das Unternehmen May & Cie. nach dem Zweiten Weltkrieg zu einem der führenden Hersteller von Spinnerei-Erzeugnissen. Im Gegensatz zu anderen Unternehmen der Textilbranche kamen von der Firma May nie Klagen über Absatzprobleme oder ähnliches. »Während die anderen Krisenmanagement betrieben haben, wurde bei uns hart gearbeitet«, resümiert Geschäftsführer Dieter Hiller. Der gebürtige Schwabe übernahm 1990 die Leitung des traditionsreichen Familienunternehmens.

Martin May und Peter Krall hatten 1865 ihre Produktion aufgenommen. Als May im Februar 1885 starb, trat Carl Otto Langen als persönlich haftender Gesellschafter in die Firma ein. Dessen Enkel, Günther Langen jr., führte das Unternehmen bis zu seinem Ausscheiden (1989). Unter seiner Leitung wurde 1960 der Firmensitz von Mönchengladbach nach Gangelt verlegt. Damals wurden etwa 300 Mitarbeiter eingestellt, die fast ausschließlich aus der näheren Umgebung der kleinen Gemeinde im Selfkant kamen. Das hat sich lange nicht geändert, »und dies ist ein großer Standortvorteil«, wußte Dieter Hiller. »Wir haben hier treue, fleißige Mitarbeiter, die engagiert sind und eine große Motivation haben.« In den vergangenen Jahren hat sich ein umfassender Generationenwechsel vollzogen. Viele Mitarbeiter, die 1960 neu

Abbildung rechts oben: Produktionsleiter Herbert Randerath überprüft den gesponnenen Faden bei May & Cie. (22 a)

Abbildung rechts: Auswechseln der Flyerspulen an der Ringspinnmaschine bei May & Cie. (22 a)

eingestellt wurden und damals um die 30 Jahre alt waren, gingen fast gleichzeitig in den Ruhestand.

Knapp zwei Wochen vor Weihnachten 1995 war in der regionalen Presse zu lesen, daß die traditionsreiche Spinnerei May & Cie. mit ihren Werken in Gangelt und Hochneukirch im neuen Jahr die Tore schließen wolle und alle 240 Mitarbeiterinnen und Mitarbeiter entlassen werde. Daß es dazu nicht kam, ist insbesondere ein Verdienst von KAB und Forum der Arbeit sowie der Gewerkschaft Textil und Bekleidung. Ihre Vertreter halfen mit, die kommunalen Spitzen von Gangelt, weitere politisch Verantwortliche und die Belegschaft zu mobilisieren.

Wenige Tage vor dem Stichtag 15. Januar 1996 versuchte sich der Bürgermeister von Gangelt als Prophet. Heinrich Aretz, der dienstälteste Gemeindevorsteher in Nordrhein-Westfalen, zeigte sich überzeugt, daß das sogenannte betriebsinterne Modell den endgültigen Zuschlag bekommen werde. Danach soll der Betrieb von einer Vierergruppe von bisher schon leitenden Mitarbeitern übernommen werden; sie wollen sich dem scharfen Wettbewerb auf dem Textil-Weltmarkt mit seinen Billiganbietern vor allem aus den asiatischen Ländern stellen und garantieren, zunächst alle 200 Arbeitsplätze im Werk Gangelt zu erhalten.

Die Betriebsstätte Hochneukirch war erst vor wenigen Jahren mit einem neuen, computergesteuerten Maschinenpark umgerüstet worden. Die sonst in der deutschen Textilbranche üblichen »Absatzprobleme oder ähnliches« gab es für die Firma im Heinsberger Raum nicht. Das Familienunternehmen florierte. Der Export lag lange Zeit fest bei rund 40 Prozent. Doch die weltweiten Währungsschwankungen und die damit verbundene starke Mark, welche die deutschen Produkte im Ausland noch teurer macht, wurde für das plötzliche Absacken im Auftragsbereich verantwortlich gemacht.

Beim Betriebsrat schlug im Dezember die Hiobsbotschaft von der bevorstehenden Schließung wie eine Bombe ein. Kurz vor Weihnachten wurde es hektisch: Agnes Schnieders von der KAB bekam mehr oder weniger zufällig Wind von der Sache, riet dem Betriebsrat (Gewerkschaften waren in Gangelt nie im Spiel), zunächst keine weiteren Gespräche über einen Sozialplan zu führen, um keine Fakten zu schaffen. Zu diesem Zeitpunkt kamen auch die zwei »Rettungsmodelle« auf den Tisch.

Am 19. Dezember 1995 fand eine erste Betriebsversammlung in einer Gangelter Gaststätte statt. Dabei erfuhren alle Anwesenden, daß die Ertragslage der Firma trotz aller Schwierigkeiten im Auftragsbereich gut sei und damit eine reelle Chance zum Erhalt der Arbeitsplätze bestehen würde. In der spannungsgeladenen Versammlung ging es KAB, Forum der Arbeit, Gewerkschaften und nicht zuletzt dem Betriebsrat darum, die Arbeitnehmer davon zu überzeugen, »daß jeder Erhalt von Arbeitsplätzen wichtiger ist als ein noch so guter Sozialplan«. Der Vertreter des Arbeitsamtes zeigte an Zahlen auf, wie verheerend die Arbeitsmarktlage in der Region speziell im Textilbereich sei. Von einem weiteren Stellenabbau, so wurde herausgestellt, wären insbesondere wieder die Frauen betroffen. Agnes Schnieders: »Die Frauenarbeitsplätze in der Region Heinsberg liegen schon jetzt weit unter dem Bundesdurchschnitt.«

Eine Arbeitsgruppe unter Federführung des Betriebsrates wurde gegründet, um die Aktionen zu koordinieren. Verhandlungen mußten auf den verschiedensten Ebenen geführt werden, mit der Landesregierung wegen Landesbürgschaften, mit den Ge-

Abbildung links:
Rotorspinnanlage. Im Vordergrund fertige Zwirnspulen bei May & Cie. (22 a)

Abbildung rechts:
Blick in die mit modernsten Maschinen ausgestattete Produktionshalle von May & Cie. in Jüchen-Hochneukirch (22 a)

sellschaftern von May und mit den Kreditinstituten. Mit dabei waren in jeder Phase Bürgermeister und Gemeindedirektor. Schnell zeigte sich das NRW-Wirtschaftsministerium interessiert, das betriebsinterne Modell nicht nur durch kurzfristige Hilfe, sondern auch durch ein Förderprogramm zu stützen.

Bald erfolgte auch der endgültige Zuschlag von seiten der Banken. Eines ist aber klar: Ohne Reibungsverluste wird es nicht gehen. Die Betriebskosten müßten auf jeden Fall gesenkt werden. Für alle Beteiligten, insbesondere für die kirchlichen Gruppen, bleibt dieser »Katastropheneinsatz« – unabhängig vom endgültigen Ausgang – ein Erfolg: Sie haben es aus dem Stand geschafft, alle Beteiligten und Betroffenen – Arbeitnehmer und Politiker – zu mobilisieren und wachzurütteln, um sich für neue Strukturen und den Erhalt von Arbeitsplätzen einzusetzen. Der Zuschlag für Gangelt hat den Erfolg abgerundet. Und schließlich machte das Engagement des zuständigen Gewerkschaftssekretärs deutlich, wie wichtig ein gut geschulter Betriebsrat ist, der auch seine Rechte kennt. Eine dicke Schlappe bleibt jedoch: Die Menschen von Hochneukirch sind auf jeden Fall die Verlierer.

Wandernde Akzente

Wie bereits erwähnt, lag im ersten Drittel des 20. Jahrhunderts der Schwerpunkt der textilen Produktion in der Region Mönchengladbach weiterhin auf der Baumwolle. Ende der 20er Jahre wurden in den Spinnereien noch in erster Linie baumwollene Schuß- und Kettgarne sowie Imitatgarne hergestellt, und erst in zweiter Linie folgten wollene Streich- und Kammgarne. (192) Erst nach Inkrafttreten von Faserstoffverordnung und Spinnstoffgesetz 1934 trat die Baumwolle in den Hintergrund, und die Buckskin-Verarbeitung nahm weiter zu. Aus dem »Rheinischen Manchester« wurde im Verlauf der 30er und 40er Jahre das »Buckskin-Zentrum«.

Die Akzentverschiebung vom Baumwollplatz zum Wollzentrum fand auch auf andere Weise ihren Ausdruck: Nachdem als erster Präsident der Handelskammer zu Mönchengladbach ein Pionier der Baumwollindustrie fungiert hatte – J. P. Boelling (1837–1848) –, hatte dieses Amt als elfter Präsident ein Repräsentant der Tuchindustrie – Wilhelm Achter (1933–1943) – übernommen. (192) Und auch in einigen Firmen wurde der Übergang von einem Faserstoff zum anderen vollzogen. Als Beispiel steht hier die Spinnerei H. G. Wienands & Söhne, die 1867 als Baumwollspinnerei Heynen, Wienands & Ganderath gegründet wurde und in den 50er Jahren des 20. Jahrhunderts die Kammgarnproduktion aufnahm. (140)

In den zurückliegenden Jahrhunderten gab es bodenständige Wollverarbeitung, die sich vornehmlich auf die Stadt Gladbach konzentrierte. Der Anteil am heimischen Textilgewerbe ist jedoch so gering gewesen, daß sie in der einschlägigen Literatur bis zur Mitte des 19. Jahrhunderts keine Erwähnung findet. Das Wollzentrum des Rheinlandes lag traditionell im Raum Aachen. Von hier aus nahm auch die Maschinisierung der Wollspinnereien des Rheinlandes ihren Ausgang. (100, S. 104) Die Einführung der maschinellen Wollspinnerei ist in erster Linie William Cockerill zuzuschreiben, der zu Beginn des 19. Jahrhunderts von England nach Belgien übersiedelte und in der Nähe von Lüttich seine erste mechanische Werkstatt für Spinnereimaschinen errichtete. (244, S. 23)

1808 besaßen bereits mehrere Aachener Tuchfabriken die ersten Wollspinnmaschinen, die hauptsächlich mit Wasserkraft angetrieben wurden. Zu den wichtigsten Wollfabrikanten des Aachener Raumes ge-

Abbildung links:
Typische Ringspinnanlage der 1950er Jahre für Wollgarn

hörte die Familie Pastor, in deren Spinnerei Joh. Friedr. Pastor & Co. 1927 die erste Dampfmaschine aufgestellt wurde. (100, S. 104 f.)

Zur Zeit der französischen Zollpolitik, in der bergische Baumwollfabrikanten in die Region um Mönchengladbach kamen, übersiedelten etliche bergische Wollfabrikanten nach Eupen und nahmen von dort nach 1815 die Maschinentechnologie mit zurück. Ab 1818 dehnte sich die Wollmaschinenspinnerei im Regierungsbezirk Düsseldorf, insbesondere in Lennep, zunehmend aus. (100, S. 109 f.)

Im Mönchengladbacher Textilbezirk, der seit dem Beginn des 19. Jahrhunderts von der Baumwollverarbeitung dominiert wurde, faßte die Wollverarbeitung erst ab 1860 Fuß. Die Ursache für die rasche Ausweitung der Woll- und Halbwollspinnerei in den folgenden Jahrzehnten lag zum einen in dem durch den amerikanischen Bürgerkrieg hervorgerufenen Baumwollmangel, zum anderen in der großen Konkurrenz, die der Baumwollbranche 1871 durch die Eingliederung Elsaß-Lothringens erwachsen war. (192)

Während das Leinengewerbe der Region seine Ursprünge in der manuellen, häuslichen Arbeitsweise hatte und die Anfänge der hiesigen Baumwollspinnerei am Übergang von manufakturieller zu industrieller Arbeitsweise entstanden, war die Einführung der Wollverarbeitung in der Region von Anfang an durch eine rein industrielle Produktionsweise gekennzeichnet. Ein weiteres Merkmal dieses Industriezweiges war und ist die Mehr- bzw. Vollstufigkeit. Im Gegensatz zur Baumwollindustrie gab es kaum reine Spinnereibetriebe, sondern das Verspinnen der Wolle fand als eine Prozeßstufe in den (mehrstufigen) Tuchfabriken statt.

Zu den Ursprüngen der heimischen Wollspinnerei schreibt die Handelskammer Mönchengladbach in der Festschrift zu ihrem 100jährigen Bestehen (90, S. 96):

»Durch den Bedarf der Halbwoll- und Tuchwebereien hervorgerufen, konnte sich die Wollspinnerei in einigen Betrieben beachtlich entwickeln. Eine 1864 entstandene Streichgarnspinnerei, die 1865 an die 60 Arbeiter beschäftigte, begrüßte die Gladbacher Kammer ›als das erste hier begründete Unternehmen seiner Art‹. Sie konstatierte ›die Einführung eines neuen Industriezweiges‹ und fuhr dann fort: ›Ohne Zweifel haben solche Unternehmungen, wo sie, wie hier, von stetig zunehmenden konsumierenden Webereien umgeben sind, deren zweckmäßige Versorgung von auswärtigen Spinnereien schwierig ist, eine sichere Garantie für Absatz und Rentabilität, und darf daher angenommen werden, daß das neue Etablissement nicht lange vereinzelt bleiben wird.‹«

Wie bei der Baumwolle lag auch bei der Wolle der Schwerpunkt zunächst auf der Herstellung grober Garne. Die ersten Betriebe waren Zweizylinder-Spinnereien, die Streichgarne, ab den 70er Jahren des 19. Jahrhunderts auch vermehrt Vigogne- und Imitatgarne versponnen. In den 80er Jahren kam die Kunstwoll-Spinnerei (Reißwoll-Spinnerei) hinzu. (90, S. 97)

Für das Jahr 1888 gab die Gladbacher Handelskammer die Anzahl der Wollspinnereien mit sechs Betrieben an, in denen 324 Arbeiter beschäftigt waren. Für das Jahr 1893 wurden nur noch vier Wollspinnereinen genannt, deren Kapazitäten jedoch erweitert worden waren. Die Anzahl der Spindeln hatte um ca. ein Drittel zugenommen. Vergleicht man die Zahlen

Art der Spinnerei 1888/1893	Betriebe	Arbeiter	Mule-Spindeln	Throstle-Spindeln	Zwirn-Spindeln
Baumwollspinnerei	37	8 170	110 839	260 746	28 188
Flachsspinnerei	2	1 510	7 656	12 080	400
Wollspinnerei	6	324	12 084	460	–
Zwirnerei allein	9	223	–	–	8 354
Zwirnerei in Weber.	–	–	–	–	18 850
Summe 1888	54	10 227	130 579	273 286	55 792
Baumwollspinnerei	40	9 396	129 160	305 918	42 128
Flachsspinnerei	2	1 514	7 656	12 080	400
Wollspinnerei	4	464	8 600	7 560	2 780
Zwirnerei allein	6	252	–	–	8 932
Zwirnerei in Weber.	–	–	–	–	28 444
Summe 1893	52	11 599	145 416	325 558	82 684

Tabelle: Umfang der Spinnerei im Handelskammerbezirk Mönchengladbach. - Gegenüberstellung der Jahre 1888 und 1893 (52)

von 1888 mit denen von 1893, fällt besonders die deutliche Zunahme der Throstle-Spindeln auf (vgl. Tabelle), während die Anzahl der Mule-Spindeln abgenommen hatte. Mit Throstles (Ring- und Flügelspinnmaschine) wurden in der Regel festere Garne produziert, Mulegarne waren hingegen durch ihre geringere Drehung gekennzeichnet. Es scheint demnach eine Verlagerung der produzierten Artikel hin zu feineren, festeren Garnen stattgefunden zu haben. Dieser Prozeß setzte sich weiter fort. Um die Jahrhundertwende wurden die ersten Kammgarnspinnereien errichtet, und die Anzahl der Tuchfabriken nahm ständig zu.

Aus den Abbildungen unten und rechts wird ersichtlich, daß die Architektur der entstehenden Betriebe des Wollgewerbes sich von jener der frühen Baumwollfabriken deutlich unterschied. Während letztere ursprünglich in die Höhe gebaut wurden, wurden die Produktionsstätten nun eingeschossig, flächig gebaut und mit Sheddächern versehen, die sich seit ca. 1858 zunehmend im Rheinland durchsetzten. (64, S. 16)

Als einer der ersten Betriebe der Wollverarbeitung in der Region sind die Rheinischen Wollwerke zu nennen, die 1868 als Wollspinnerei, -wäscherei und -färberei von H. H. Kloeters und Joh. Theod. Schmitz unter dem Namen Kloeters & Co. gegründet wurden. Ab 1874 produzierte man Streichgarne und Mungo-Gespinste (Mungo = Reißwolle aus gewalkten Geweben) unter dem Namen Kloeters & Schmitz. 1896 wurde eine neue Produk-

Mitte rechts: Typische Streichgarnspinnerei von Schwarz & Klein, Jüchen, im Jahre 1956, die nach dem Selfaktor-Verfahren arbeitete (18 a)

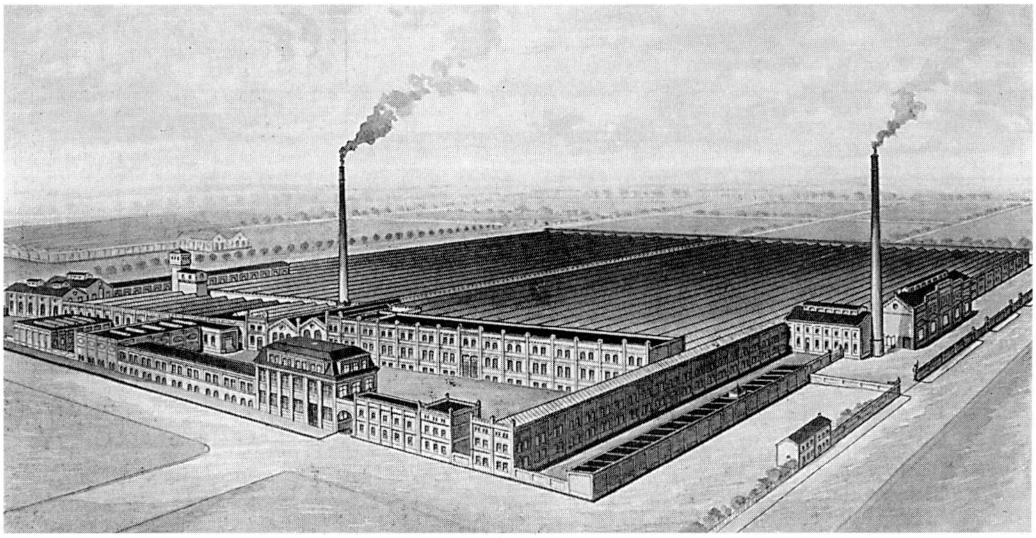

rechts: Komplex der Gladbacher Wollindustrie AG (Rudolfstraße) (124, S. 112)

tionsstätte mit Spinnerei und Weberei in Giesenkirchen aufgenommen, und nach einigen Umstrukturierungen, einschließlich des Erwerbs der Spinnerei A. Simonis & Nachf. in Montjoie und der Angliederung einer Mühle, wurde der Schritt zur Volltuchfabrik vollzogen, die ab 1922 in die Gesellschaft Rheinische Wollwerke AG überging. (158, S. 78)

Kammgarnspinnerei Stöhr

Der Woll- und Tuchhandel in der Messestadt Leipzig begünstigte 1880 die Ansiedlung der Kammgarnspinnerei Stöhr & Co. an der dortigen Elisabeth-Allee. In dieser Firma riefen mutige Arbeiter 1912 zum Protest gegen eine neue Arbeitsordnung auf, die sie als »Zuchthausordnung« bezeichneten. Die detaillierte Geschichte der Firma Stöhr vor ihrem Umzug nach Mönchengladbach stellt sich wie folgt dar:

1880: Gründung der Firma in Plagwitz und Bau des ersten Spinnereigebäudes (Aktienkapital 1,5 Mio. Mark).

1887: 789 Beschäftigte; Schaffung eines Gleisanschlusses für die Abfuhr der Gespinste sowie für die Zufuhr der Rohmaterialien und der Kohle.

1887/90: Bau von zwei Färbereien.

1889/91: Projektierung und Bau des Hochbaus I an der Zschocherschen Straße.

1896/97: Errichtung mehrerer Fabrik- und Bürogebäude einschließlich zweier Aufzüge.

1901: Inbetriebnahme der Kämmerei jenseits der Zschocherschen Straße; durchschnittlicher Stundenlohn in der Kämmerei: Frauen 25 Pfennig, Männer 35 Pfennig, Handwerker 50 Pfennig.

1907: Errichtung des Woll-Lagers neben der Kämmerei.

1912: Protestversammlung der Textilarbeiter von Stöhr & Co. gegen die geplante Arbeitsordnung der Betriebsleitung – von den Arbeitern als Zuchthausordnung bezeichnet.

Errichtung des Spinnereigebäudes der Firma Stöhr & Co. an der damaligen Zschocherschen Straße um 1890 (256) in Leipzig, dem Ursprungsort von Stöhr

1921: Übernahme der Leipziger Wollkämmerei.

1928: Übernahme der Kammgarnspinnerei in Gautsch.

Das Aktienkapital der Firma betrug 22 Mio. Reichsmark, man beschäftigte 3500 Personen.

1927/29: Bau des Kraftwerkes als Zentralanlage für Dampf und Kraft, bis dahin wurde jedes Fabrikationsgebäude von einem eigenen Kesselhaus versorgt.

1934: Beginn der Verkämmung von Zellwolle.

1937/39: Bau eines großen Speisesaalgebäudes mit 1100 Plätzen und Umbau der Betriebsküche.

April 1943: Umwandlung der Kämmerei in einen Betrieb der Junkers-Flugzeugwerke.

Dezember 1943: Totale Zerstörung der Kämmerei, teilweiser Wiederaufbau bis 1945.

Februar 1944: Vollständige Zerstörung des Speisesaalgebäudes, der Färberei und weiterer Fabrikhallen.

30. Juni 1946: Die Kammgarnspinnerei Stöhr & Co. wird zum Volksentscheid auf die Liste C gesetzt.

1947: 1558 gewerkschaftlich organisierte Kolleginnen und Kollegen sind im Betrieb tätig.

1948: Die Firma Stöhr & Co. wird volkseigen, der VEB Mitteldeutsche Kammgarnspinnerei entsteht, genannt Mika. (Die Leipziger Wollkämmerei wird ein selbständiger VEB.)

1. Januar 1967: Umbenennung des Betriebes in VEB Buntgarngewerke.

1. Januar 1969: Vereinigung mit dem VEB Leipziger Wollgarnfabrik und dem VEB Sächsische Kammgarnspinnerei Coßmannsdorf zum Großbetrieb VEB Buntgarnwerke Leipzig.

In Mönchengladbach begann Hans Lorenz nach dem Zweiten Weltkrieg auf privatwirtschaftlicher Basis bei Null und baute die Kammgarnspinnerei auf. Heute zählt die Kammgarnspinnerei Stöhr GmbH zu den Evergreens der deutschen Textilindustrie im Mönchengladbacher Stadtbezirk Odenkirchen. Seit vielen Jahrzehnten ist Stöhr ein Aushängeschild der niederrheinischen Textilindustrie. Etliche Jahre gab es eine Produktionsstätte in Berlin, und im Jahr 1991 lief die Produktion bei Stöhr Portugal an. Das Produktionsprogramm ist umfangreich: Kammgarne für die Weberei werden in reiner Schurwolle sowie in Mischungen Polyester/Schurwolle, rohweiß und kammzuggefärbt, gesponnen. Spezialisiert ist das Unternehmen auf die Herstellung von SIRO-Garnen und PLYFIL-Garnen. SIRO-Zwirn ist ein modernes Kammgarn, das nach einem neuen, von Stöhr modifizierten und verbesserten Spinnzwirnverfahren hergestellt wird. Als weitere Spezialitäten gehören zum Produktionsprogramm: Garne für technische Einsatzgebiete, Autobezugsstoffe und Flugzeugbezugsstoffe.

H. G. Wienands & Söhne Kammgarn- und Buntspinnerei GmbH

Im Jahre 1866 faßte Heinrich Georg Wienands den Entschluß, eine Baumwollspinnerei zu errichten. Die Grundsteinlegung erfolgte am 18. Februar 1867 in Rheydt an der Dahlener Straße. Teilhaber waren Gottfried Granderath, dessen Erben kurz nach seinem Tod 1872 ausschieden, ferner Damian Gottfried Heynen, der am 24. März 1888 verstarb. Seine Erben separierten sich, wie bereits bei der Gründung vorgesehen, am 1. Januar 1894. Von diesem Tage ab führt die Spinnerei, die ursprünglich

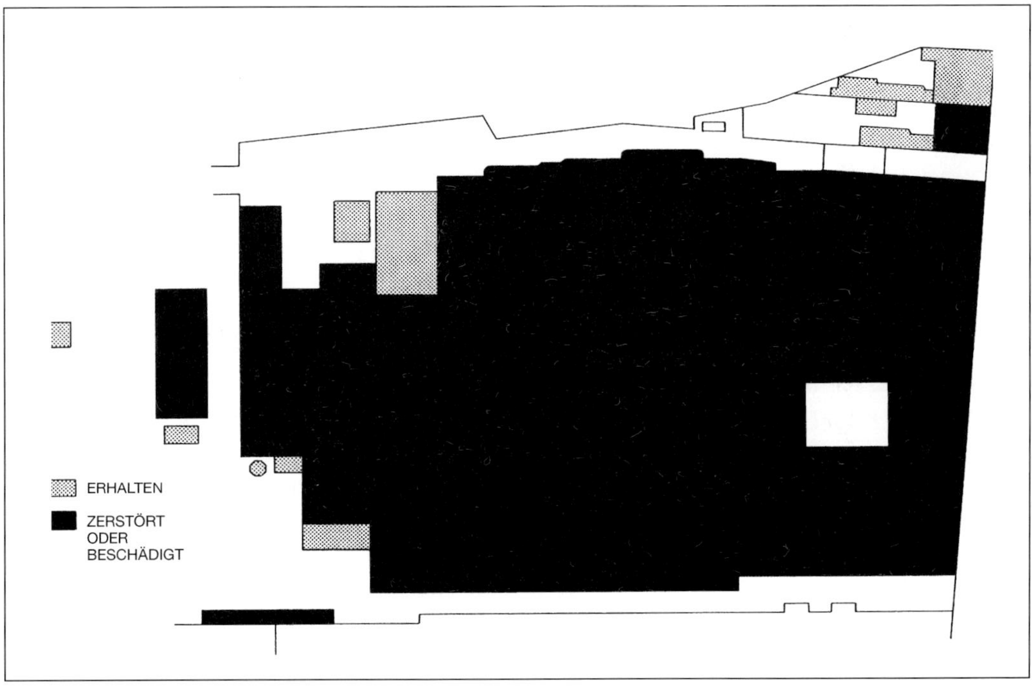

1996: Eine Bürgerinitiative fordert den Abriß von H. G. Wienands & Söhne, Kammgarn- und Buntspinnerei, Dahlener Straße

unter dem Namen Heynen, Wienands & Granderath firmierte, den Namen »H. G. Wienands & Söhne«, nachdem inzwischen die Söhne des Gründers - Gerhard August und Emil Wienands - als Teilhaber eingetreten waren. Das Unternehmen entwikkelte sich gut und wurde laufend vergrößert. 1901 waren bereits 20 000 Spindeln sowie eine Bleicherei und Färberei vorhanden.

Am 12. Dezember 1902 verstarb der Senior Heinrich Georg Wienands, und die Firma ging auf seine beiden Söhne über. Gerhard August Wienands kam 1904 bei einem Lawinenunglück in der Schweiz ums Leben, so daß Emil Wienands das Unternehmen allein weiterführte. Unter seiner mit großer Umsicht erfolgten Leitung wurde das Unternehmen sicher durch die schweren Kriegs-, Inflations- und nachfolgenden Krisenjahre geführt. Am 27. März 1941 verstarb Kommerzienrat Emil Wienands, und es blieb ihm erspart, das Werk mit über 30 000 Spindeln in Trümmer zerfallen zu sehen, als in der Nacht zum 31. August 1943 Gebäude und Maschinen nahezu restlos zerstört wurden.

Gerhard Wienands, Sohn des verstorbenen Gerhard August Wienands, begann sofort mit den Aufbauarbeiten. Unter härtestem persönlichem Einsatz gelang es, in enger Zusammenarbeit mit dem aus längerer Kriegsgefangenschaft zurückgekehrten Dr. Werner König, Schwiegersohn von Kommerzienrat Emil Wienands, und vielen alten und treuen Mitarbeitern den Betrieb wieder in alter Größe aufzubauen und mit den modernsten Maschinen auszustatten. Durch Erwerb anliegender Fabrikgebäude und Gelände der ehemaligen Spinnereien M. Goeters Söhne und Heynen & Gruber wurden die Voraussetzungen für die Errichtung einer neuzeitlichen Kammgarnspinnerei geschaffen. Hierdurch wurde eine neue Entwicklungsstufe in der Geschichte der Firma H. G. Wienands & Söhne eingeleitet.

Heute stehen die Gebäude in der Dahlener Straße leer und verfallen zusehends, so daß eine Bürgerinitiative unter dem Tenor »Der Schandfleck muß weg« 1996 den Abriß der Gebäude fordert.

Teilansicht der Kammgarnspinnerei H. G. Wienands & Söhne, Rheydt (18 a) (1956)

links: Kammgarn- und Buntspinnerei H. G. Wienands & Söhne GmbH, Rheydt (18 a)

Dülkener Leinenzwirnerei

Unter dem Einfluß der französischen Gewerbefreiheit, die Privilege und Monopole beseitigte, regte sich der Gewerbefleiß besonders stark und begünstigte die Entstehung neuer geschäftlicher Betriebe. So kaufte G. Mevissen im Jahre 1798 eine handbetriebene sogenannte Zwirnmühle und stellte sie in Dülken auf. Dieses kleine Unternehmen bildete den Anfang der spä-

Dülkener Leinenzwirnerei

G. Mevissen – dieser eigenartige Mann war so wenig ein Freund der körperlichen Gewalt, der im übrigen die Vereinigung der Rheinlande mit Preußen als eine der glücklichsten Ehen pries, die es je gegeben habe, dem jedoch die überwiegende Macht und Ehrenstellung, die in Preußen dem Militär zuerkannt wurde, sehr gegen den Strich ging

ter so reich entwickelten Dülkener Zwirnfabrikation. Bis zum Jahre 1802 erweiterte sich die kleine Fabrik auf vier Zwirnmühlen, die nun mit zwei Gesellen betrieben wurde und deren Erzeugnisse nach Krefeld, Elberfeld, Köln, Aachen verkauft wurden. 1803 baute Mevissen ein eigenes Haus, wohin er im folgenden Jahre auch seine kleine Fabrik verlegte.

Um 1830 wurde in Schottland und England der Maschinenbetrieb eingeführt, und die englischen Maschinengarne drangen erfolgreich auch auf den deutschen Markt. Die Familie Mevissen erweiterte ihre Beziehungen nach Belgien und England und dehnte ihre Rohstoffkäufe nach den in England gesammelten Erfahrungen auch auf den belgischen Flachs aus. Im Jahre 1845 ging man auch in Dülken zum maschinellen Betrieb über, indem die erste aus England bezogene Dampfmaschine in Tätigkeit gesetzt wurde. Aus diesem Familienunternehmen entstand durch Angliederung einer Flachsspinnerei und Bleiche die frühere »Niederrheinische Flachsspinnerei Aktien-Gesellschaft«, die 1866 in den neuerbauten Räumen am Bruchweg in Betrieb genommen wurde und mit der eigenen Bleiche die stattliche Zahl von etwa 800 Personen beschäftigte.

Später als Mevissen und wahrscheinlich durch dessen Erfolge dazu veranlaßt, richtete noch ein anderer Dülkener eine Leinenzwirnerei ein, der nachmalige Geh. Kommerzienrat und Ehrenbürger Dülkens Matthias Bücklers. Zusammen mit einem Gesellschafter gründete er 1827 die Firma Königs & Bücklers, die sich schon bald auf Dampfbetrieb einstellte.

Hat man einerseits in den von Mevissen und Bücklers gegründeten Zwirnereien die ältesten Fabrikanlagen im modernen Sinne, die Grundpfeiler der jetzigen Industrie zu erblicken, so wurden sie andererseits auch durch Ausbau und Angliederung anderer Industriezweige zu den bedeutendsten.

Zu Beginn der sechziger Jahre setzte eine steigende Entwicklung der Industrie ein, die durch die eingeführte Gasbeleuchtung und den Anschluß der Stadt Dülken an das Eisenbahnnetz noch erheblich gefördert wurde. Aber auch Veränderungen griffen in der Zwirnerei Platz. Die alte Mevissensche Zwirnerei ging allmählich ein, nachdem sie ihr Hauptinteresse der Spinnerei gewidmet hatte. Da eröffnete im Jahre 1863 Bertram Hoogen die Firma Gebrüder Hoogen als Handlung von Leinen-, Hanf- und Jutegarnen und legte im Jahre 1883 in der Firma B. Hoogen & Co. den Grundstein zu einer eigenen Zwirnerei, die aus kleinsten Anfängen heraus dank der Tatkraft des Nachfolgers Hermann Hoogen zu immer steigender Bedeutung emporwuchs und bald das größte Unternehmen seiner Art in Deutschland war.

Treue zum Werk, Fleiß bei der Arbeit und Beziehung zum Arbeitsgut zeichneten Unternehmer und Arbeitnehmer jener Zeit aus. Franz Hoogen gehörte zu diesem Kreis von Menschen. Er vollzog 1937 durch die Angliederung einer eigenen Spinnerei die Erweiterung der Produktion auf die dem Flachs verwandte Ramie-Faser.

Einige Jahre nach der Gründung der Zwirnerei Hoogen entstand die Firma

J. Vogelsang, aus der die spätere Nähfadenfabrik Rhenania hervorgegangen ist.

Um die Jahrhundertwende und im Verlauf der Jahre nach dem Ersten Weltkrieg wuchsen im Dülkener Raum noch weitere Leinenzwirnereien heran, während die Firma Königs & Bücklers und die Firma Rhenania ihr Schwergewicht mehr und mehr auf die Herstellung von Baumwoll-Nähfäden verlegten und den Leinenzwirn aufgaben. So entwickelte sich aus der regen Handelstätigkeit die bodenständige Leinenzwirnerei, die der Stadt Dülken und ihrer Umgebung in steigendem Maße das Gepräge gab.

Samt und Seide

Quirin Croon aus Heinsberg lernte unter anderem bei dem Viersener Seidenfabrikanten Preyer und handelte eine Zeitlang mit selbstgefertigten Seidenwaren (um 1816 in der Firma Gebr. Croon). Wernhard Dilthey (1752–1831) wandelte bald seine 1804 in Rheydt gegründete Leinenweberei in eine Samt- und Seidenweberei um, die bis

1834 derart bestand. Der »Vater« der Samtindustrie am Niederrhein ist aber der 1795 in Moers geborene Friedrich Wilhelm Diergardt. Er verlegte die 1813 in St. Tönis gegründete Samtfabrik später nach Viersen und dehnte dort die Produktion auf die Seidenverarbeitung aus. 50 Jahre nach der Betriebsgründung beschäftigte Diergardt 1863 ca. 3000 Mitarbeiter an 1750 Webstühlen.

F. O. Dilthey schreibt 1908 (43): *Einer der einflußreichsten Industriellen jener Gegend, der Samt- und Seidenfabrikant Diergardt aus Viersen bemühte sich 1834 ohne Erfolg um Zollerleichterungen für die Baumwollindustrie. Auf der von ihm initiierten Konferenz rheinischer Industrieller in Godesberg (also vor allem Bergischer, Mönchen-*

Abbildung links unten: Entwurf der Friedrich-von-Diergardt-Gedenkmedaille, herausgegeben von der Kreissparkasse im Jahr 1973 (257, S. 81)

Abbildung unten: Anerkennungsurkunde der Friedrich v. Diergardt Stiftung für den Appreteur Adam Jacobs, 1912

Freiherr Friedrich v. Diergardt Stiftung

für den Industrie-Bezirk

M. Gladbach.

Arbeit ist des Bürgers Zierde – Segen ist der Mühe Preis

Ehret den König seine Würde – Ehret uns der Hände Fleiss

In Anerkennung der treuen Dienste, welche der Appreteur Herr Adam Jacobs 25 Jahre lang bei der Firma C. C. Bettmann in Rheydt leistete, hat der Verwaltungsrat der Stiftung weiland des Geheimen Kommerzienrats Freiherrn Friedrich v. Diergardt beschlossen dem Herrn Jacobs eine goldene Vorstecknadel als besondere Auszeichnung zu verleihen.

Des zur Urkund.

M. Gladbach, den 10. Aug. 1912.

Der Verwaltungs-Rat:

Oberbürgermeister.

München – Gladbach

gladbach und der im Sterben begriffenen Kölner und Bonner Baumwollspinnerei) wurde Subvention für diese Branche verlangt, die ohne Unterstützung nicht im Stande war, so kostspielige, mechanische Spinnereien zu gründen. Natürlich gehörte Friedrich Diergardt zu den Mitbegründern der Gladbacher Spinnerei u. Weberei AG.

Krefeld und Mönchengladbach - ein Unterschied

Kommerzienrat (ab 1836) Friedrich Diergardt war 1850 Präsident des Königlichen Gewerbegerichtes in Gladbach; Vizepräsident war zu der Zeit Quirin Croon aus Gladbach. Diergardt gründete seine Viersener Firma 1813 und beschäftigte seitdem ununterbrochen Samtbandweber. Diergardt setzte sich 1856 in einem richtungsweisenden Prozeß gegen den Krefelder Fabrikanten Scheibler für den Schutz der Seidenweber ein, die ihren im Lohnweben verdienten Erwerb oft an andere Auftraggeber verpfänden mußten. Viersener, Süchtelner und Dülkener Seidenweber plädierten öffentlich für die Selbständigkeit ihres Gewerbes. Diergardts Einsatz gegen das unsoziale Vorschußwesen lohnte sich, weil die preußische Gesetzgebung 1860 zum Wohl der Arbeiter geändert wurde (Garantie der Rückerstattung von Vorschüssen); das Resultat war eine folgende Blüte (ab 1868) der Branche mit Höhepunkt im Jahr 1872.

Es spiegelt sich in diesem Prozeß ein wesentlicher Unterschied im Selbstverständnis Gladbacher und Krefelder Industrieller wider. In Krefeld entstanden vor 1828 neben der Weltfirma »von der Leyen« viele neue Seidenfirmen, die größtenteils mit patriarchalischer Wirtschaftsordnung niedrige Löhne und enge Abhängigkeitsverhältnisse zwischen Arbeitgeber und Arbeitnehmer förderten, bis 1828 der Weberaufstand diesen Verhältnissen ein Ende schuf.

Unter anderem ist es diese Wende im sozialen Gefüge, welche die Monschauer Familie Scheibler dazu veranlaßt, ihren mittlerweile schlechten Standort für die Textilfertigung nicht nur nach Lodz zu verlegen (1854, Karl Wilhelm Scheibler; später »Vater von Lodz« genannt), sondern sich auch 1834 in Krefeld niederzulassen. 1861 kam als Samthersteller die Firma Peltzer hinzu; Scheibler & Peltzer bildeten nach ihrer Fusion das letzte bedeutende Unternehmen der Krefelder Samt- und Seidenindustrie.

1869 stirbt der Geheime Kommerzienrat Friedrich Diergardt und hinterläßt ein Testament, mit dem er »das Wohl der arbeitenden Klasse« gefördert wissen wollte.

Kühn, Vierhaus & Cie. - Auf dem Weg zu neuen Ufern

Am Ende des 20. Jahrhunderts muß sich die Spinnereibranche im Raum Mönchengladbach radikal neu orientieren. Das Unternehmen Flockgarn GmbH ist hierfür 1996 besonders repräsentativ.

Am 1. Januar des Jahres 1884 gründeten die Kaufleute Ernst Vierhaus und Franz D. Busch in Rheydt eine offene Handelsgesellschaft unter dem Namen Busch & Vierhaus. Auf dem Gelände an der Odenkirchener Straße in der Nähe des Bahnhofs Mülfort bauten sie eine Spinnerei, in der sie noch im Herbst des gleichen Jahres mit 3600 Spindeln die Verspinnung grober indischer Baumwolle aufnahmen. Da die in der Umgegend ansässigen Hosenstoffwebereien seit den siebziger Jahren zunehmende Bedeutung gewonnen hatten, fan-

Eindrucksvolle Partie im Werksgelände; im Hintergrund die Zwirnerei von Kühn, Vierhaus & Cie. um 1955

den die groben Einschlagcops guten Absatz. Bis 1888 konnte die Firma die Zahl ihrer Spindeln verdoppeln. Gleichzeitig nahm sie die Verarbeitung bester amerikanischer Flocke für die Dochtwebereien auf, da diese reine und glanzreiche Ware verlangten. Auch ägyptische oder Makobaumwolle wurde erstmalig versponnen und im eigenen Betrieb verzwirnt.

Der Teilhaber Franz D. Busch schied 1891 aus der Gesellschaft aus. Die Firma wurde unter der alten Bezeichnung »Busch & Vierhaus« von Ernst Vierhaus als Einzelfirma bis zum Jahre 1894 weitergeführt. In diesem Jahr trat der Kaufmann Oscar Kühn in die Firma ein, die von nun ab Kommanditgesellschaft war und den Namen Kühn, Vierhaus & Cie. erhielt. Komplementäre und Geschäftsführer waren Ernst Vierhaus und Oscar Kühn.

In den folgenden Jahren zeigte das Unternehmen eine ruhige und klare Entwicklung als Spinnerei für hochwertige Garne. Die schon im Jahr der Umwandlung vorhandenen 14000 Spindeln wurden innerhalb von drei weiteren Jahren auf 16000 Spindeln erhöht, man beschäftigte 260 Arbeitskräfte. Bis zu diesem Zeitpunkt wurden Perlgarne aus dem Ausland bezogen und nach ihrer Ausrüstung in Deutschland zu Stickgarnen verarbeitet. Das Unternehmen setzte sich die Aufgabe, die deutsche Industrie im Bezug dieser Garne vom Ausland unabhängig zu machen. Entsprechende Betriebserweiterungen und -umstellungen waren dazu nötig. 1898 wurde die Kämmerei und Sengerei errichtet, die Spinnerei umgestellt und weiter ausgebaut. Um auch für die weitere Ausdehnung den entsprechenden Raum zu sichern, wurde 1909 das benachbarte Ziegelofengelände hinzugekauft.

Die Spinnerei brachte im gleichen Jahr eine neue Stickgarnqualität heraus, die »Extrissima« genannt wurde und an Güte und Glanz alle bisher hergestellten Garne übertraf. Damit war es in Deutschland erstmals möglich, ein Stickgarn in den Handel zu bringen, das den Wettbewerb mit ausländischen Garnen erfolgreich bestehen konnte. Kein Wunder, daß der Betrieb sich bis zum Beginn des Ersten Weltkrieges weiter ausdehnte. Die Spindelzahl stieg auf 23000 Spinnspindeln und 9500 Zwirnspindeln bei einem jährlichen Verbrauch von etwa 6000 Ballen bester ägyptischer Baumwolle. 550 Beschäftigte erreichten eine Produktion von 3500000 englischen Pfund im Jahr. Mit Beginn des Krieges ging das blühende Geschäft zurück. Als Oscar Kühn im Jahr 1915 verstarb, wurde die Firma in eine Familien-Aktiengesellschaft umgewandelt.

Der bisherige persönlich haftende Gesellschafter Ernst Vierhaus wurde Aktionär und zum alleinigen Vorstand bestellt; die Kommanditisten, die sich überwiegend aus Angehörigen der Familie Vierhaus zusammensetzten, wurden ebenfalls Aktionäre. Durch den zunehmenden Rohstoffmangel kam die Fabrikation im Laufe der Kriegsjahre nahezu zum Erliegen. Erst im Sommer 1919 lief der Betrieb trotz großer Schwierigkeiten wieder fast in vollem Umfang an. Nach den alten Grundsätzen wurde das Unternehmen folgerichtig weiter ausgebaut. Der Spinnplan wurde erweitert und die Herstellung feinerer Nummern aufgenommen. Neben Perlgarnen und den schon vor dem Kriege gesponnenen reißfesten Garnen wurden jetzt auch Glanzstickgarne und Nähgarne hergestellt.

Nach Beendigung ihrer Studien und praktischen Ausbildung traten am 1. Januar

Ernst Vierhaus (von 1884 bis 1936 Mitbegründer, Vorstand und Mitglied des Aufsichtsrates)

Oscar Kühn (von 1894 bis 1915 Teilhaber)

Teilansicht des wiedererrichteten Spinnsaales um 1955

1920 die beiden Söhne des Mitbegründers Ernst Vierhaus, die Herren Werner und Kurt Vierhaus, dem Vorstand bei, während der Vater in den Aufsichtsrat überwechselte und diesem bis zu seinem Tode im Jahre 1936 angehörte. Am Ende des gleichen Jahres erwarb die Firma ein benachbartes Brauereigrundstück für spätere Erweiterungsmöglichkeiten.

1928 erstellte man einen modernen Hochbau, in dem die Autocord-Produktion aufgenommen wurde. Durch die Umstellung in der Autoreifen-Industrie von Vollgewebereifen auf Reifencordzwirne und -gewebe wurde eine umfassende Betriebserweiterung notwendig, die einen umfangreichen neuen Spezialmaschinenpark erforderte.

In der Zeit von 1929 bis 1933, als die gesamte Weltwirtschaft unter schweren Krisen zu leiden hatte, erlebte auch dieses Unternehmen harte Jahre. 1932 ruhte der Betrieb fast ein volles Jahr lang. Mit der Wiederbelebung der deutschen Volkswirtschaft konnte auch das Werk seine Produktion wieder aufnehmen und nach halbjähriger Anlaufzeit bereits Ende 1933 wieder 200 Mitarbeiter beschäftigen. Ein Jahr später war die Beschäftigtenzahl auf 300 gestiegen, und 1939 waren es rund 900 Angestellte und Arbeiter, die hier ständig tätig waren. Eine bedeutende Rolle bei diesem Wiederaufstieg des Unternehmens spielte die enorme Entwicklung der Automobil-Industrie, für deren Reifengewebe Baumwollgarne gesponnen und verzwirnt wurden.

Der Zweite Weltkrieg machte Umstellungen in der Produktion erforderlich. An die Stelle der Baumwollgarne traten im Laufe des Krieges in zunehmendem Maße Zellwolle und Festkunstseide, die für die Reifengewebe Verwendung fanden und schon in den Vorkriegsjahren in geringerem Umfang verarbeitet worden waren.

Im Jahr 1943 vernichteten Bombenvolltreffer die Spinnerei vollkommen. Von geringen Glasschäden abgesehen, blieb die Zwirnerei zunächst verschont. Das Verwaltungsgebäude aber wurde vollkommen zerstört. Ebenso waren alle übrigen Einrichtungen so stark in Mitleidenschaft gezo-

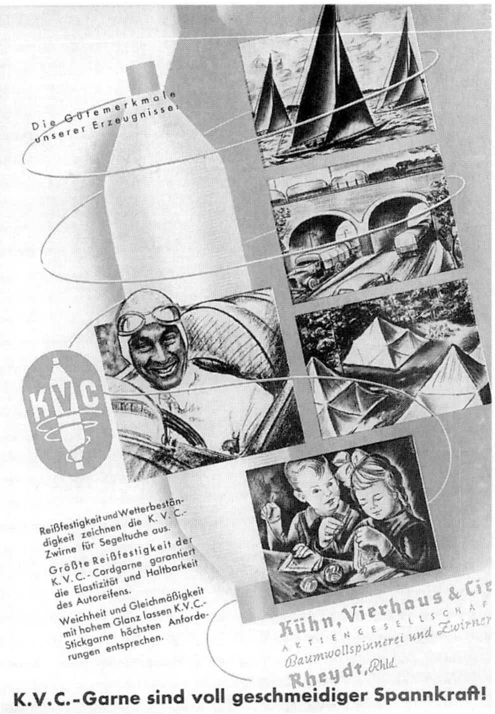

Abbildung links: »Reißfestigkeit und Wetterbeständigkeit zeichnen die K. V. C.-Zwirne für Segeltuche aus. Größte Reißfestigkeit der K. V. C.-Cordgarne garantiert die Elastizität und Haltbarkeit des Autoreifens. Weichheit und Gleichmäßigkeit mit hohem Glanz lassen K. V. C.-Stickgarne höchsten Anforderungen entsprechen.«

Abbildung rechts: »Mit vollen Segeln voraus ... aber aus bestem Material müssen die Segel gewebt sein. Die besonderen Eigenschaften der K. V. C.-Erzeugnisse geben dem Segeltuch die geschmeidige Spannkraft, die zur Höchstleistung bei der Segelregatta erforderlich ist.«

Abbildung links:
»Die großen Bauvorhaben unserer Zeit können nur durchgeführt werden, wenn die Arbeitskräfte rationell eingesetzt werden. Förderbänder helfen Arbeitskräfte sparen, aber dauerhaft und leistungsfähig müssen sie sein. Äußerst reißfeste K. V. C.-Zwirne geben den Einlage-Geweben der Gummi-Förderbänder Dehnungsfähigkeit und lange Lebensdauer.«

gen, daß der Spinnerei-Betrieb an der alten Stätte nicht mehr produzieren konnte. Deshalb wurde ein anderer Betrieb gepachtet. Aber auch hier mußte infolge der anhaltenden Bombenangriffe nach kurzer Zeit die Produktion wieder eingestellt werden.

Nach dem Ende der Kriegshandlungen begann langsam und im Rahmen der zur Verfügung stehenden Mittel der Wiederaufbau. Spinnerei und Verwaltungsgebäude wurden von Grund auf neu errichtet. Die Spinnerei, die vor dem Kriege über 27000 Spindeln verfügte, hatte bereits kurz nach Beginn des Wiederaufbaus 12000 Spindeln.

Das Produktionsprogramm umfaßte Garne aus Baumwolle und Zellwolle, die neben Kunstseide ausschließlich in der eigenen umfangreichen Zwirnerei verzwirnt wurden. Der Kundenkreis setzte sich zusammen aus Abnehmern, welche die Zwirne für technische Zwecke weiterverarbeiteten, wie Autoreifenfabriken, Schwerwebereien der verschiedensten Art und Verarbeiter für den zivilen Bedarf.

Heute gehört das Unternehmen unter dem Namen Flockgarn GmbH zur Unternehmensgruppe ContiTech und produziert Flockgarne, die für die Automobil-Innenausstattung eingesetzt werden.

Typisches Flockgarn für Autopolsterstoffe 1996

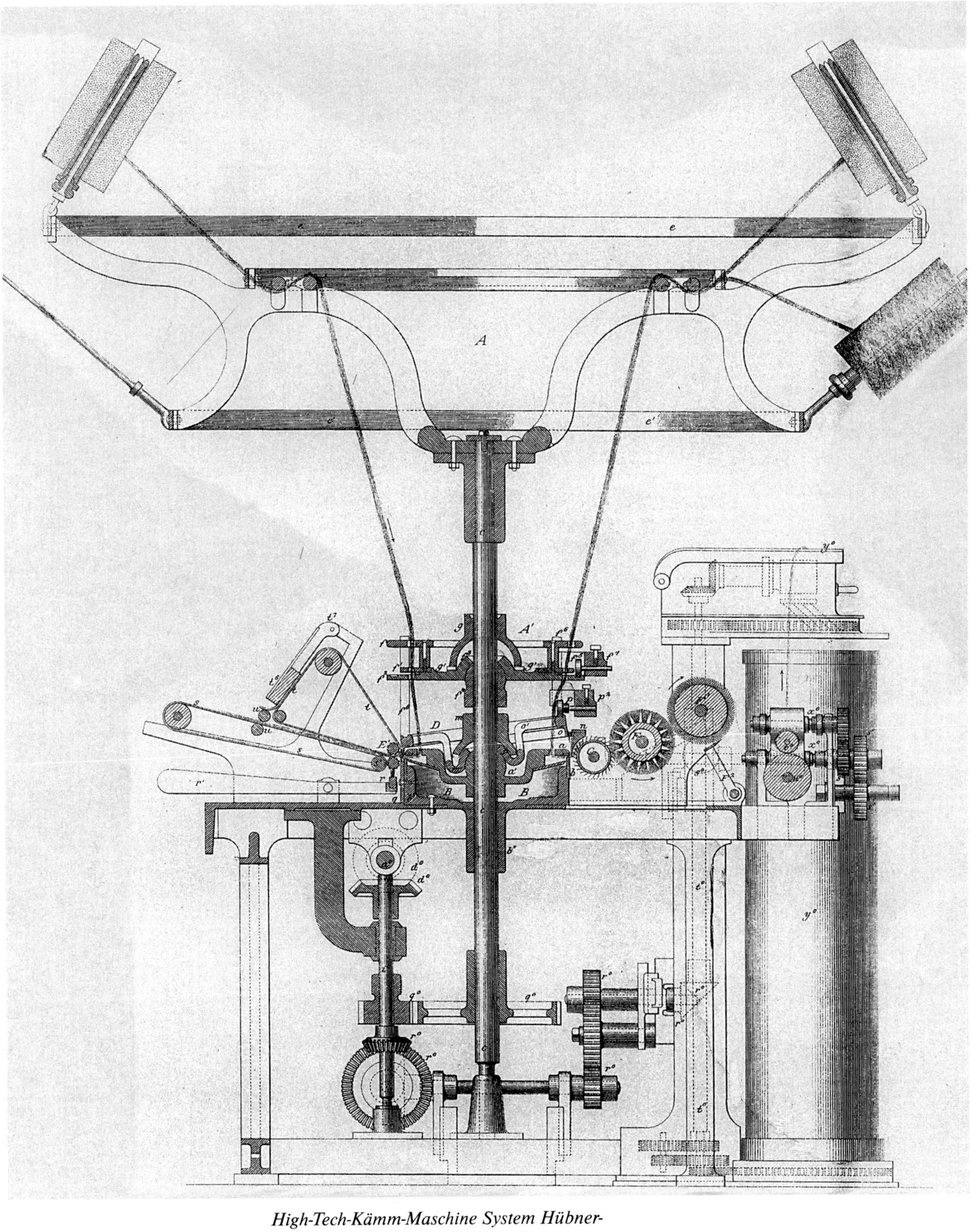

High-Tech-Kämm-Maschine System Hübner-Koechlin aus dem Jahre 1870, richtungweisend für die Zukunft (271)

4

Technische Errungenschaften der Weberei

Von der »Mode für Millionäre« zur »Mode für Millionen«

»Es muß manchmal eine Art Seufzer oder Klage aus diesem Lattengewirrr kommen.« Vincent van Gogh

Insbesondere im Bereich der Weberei sind im Zuge der industriellen Revolution die sozialen und technischen Umwälzungen stets von menschlich dramatischen Ereignissen begleitet gewesen. In allen Teilen Europas, vor allem aber in England, Sachsen, in den Städten Krefeld, Aachen und Eupen waren es immer wieder die Weber, die gegen Neuerungen Sturm liefen und zu Aufständen aufriefen. Die folgende Liste der Weberaufstände läßt Menschen aus Mönchengladbach vermissen. An diesem Ort textiler Entwicklung verlief die Einführung technischer und sozialpolitischer Neuerungen stets sehr ruhig.

Der historische Weberbrunnen in Süchteln (18 a)

1368 (u. 1401)	Hinrichtung aufständischer Weber und Walker in Aachen
1372	Weberschlacht in Köln mit Auszug nach Blankenberg
1586/87	Weberaufstand in Isny gegen schlesische Leinwandeinfuhr
1764	Schüles Streit mit der Augsburger Weberzunft wegen Einfuhr von Cottons
1779	Pöbel in Blackburn zerstört Spinnmaschinen
1793	Erster Weberaufstand in Schlesien
1811/12	Höhepunkt der Ludditen-Aktivitäten
1821	Schermaschinenzerstörung in Eupen
1826	Ludditen zerstören Webstühle
1828	Seidenweberaufstand in Krefeld
1830	»Blauer Montag« in Aachen (Cockerill)
1836	Greizer Leineweberkrieg zur Verhinderung des mechanischen Webstuhls
1841	Maschinensturm der Ronneburger Weber (Sachsen) bei Hennings Völker: die im Verlag arbeitenden Weber zerstörten die ersten vier mechanischen Webstühle
1844	Zweiter Weberaufstand in Schlesien Wegen Preissturz für englische Ware Lohn der Weber zu niedrig
1867	Greizer Leineweberkrieg mit zweitem, jetzt erfolglosem Versuch, den mechanischen Webstuhl zu verhindern

Webtechnische Neuerungen

Ab 1840 bildeten Rock- und Hosenstoffe das einzige Produkt der Mönchengladbacher Baumwollwebereien. Die Herstellung erfolgte bis zu diesem Zeitpunkt ausschließlich auf Handwebstühlen, von denen im Jahre 1836 in der Stadt Gladbach und den Gemeinden Obergeburth und Oberniedergeburth 1780 in 25 Unternehmen aufgestellt waren. (66, S. 56)

In den 40er Jahren war der Absatz von bedruckten baumwollenen Hosenstoffen rückläufig. Deren einseitige Produktion hatte dazu geführt, daß der Konkurrenzdruck der Webereien Mönchengladbachs

links:
Vorderansicht eines Handwebstuhls im »Vlaasland« (16 a)

untereinander stark gestiegen war. Im Zuge dieser Entwicklung sank das Preisniveau bis auf die Herstellungskosten herab, und die Qualität der Erzeugnisse verschlechterte sich. Zudem nahmen sich die mit geringeren Lohnkosten arbeitenden schlesischen, sächsischen und württembergischen Weber der Herstellung dieses Artikels an. Die Erhöhung des Twistzolls im Preußen des Jahres 1846 auf drei Taler brachte der Konkurrenz aus England, Belgien und der Schweiz einen erheblichen Wettbewerbsvorteil. Hinzu kam, daß ein Zollvertrag zwischen Holland und Belgien aus dem gleichen Jahr die Absatzmöglichkeiten der Mönchengladbacher Webereiprodukte in Holland stark einschränkte. Die Webereibetriebe reagierten auf diese ungünstige Situation erneut mit einer Veränderung der Produktpalette. Die Produktion von halbwollenen Artikeln und Biberstoffen löste bis zum Jahr 1862 die Rock- und Hosenstoffherstellung vollständig ab. (90, S. 91)

Neben dem Wechsel der Produktpalette vollzog sich als weitere Veränderung in den Webereien die langsame Einführung von Arbeitsmaschinen. Vor allem die Aufhebung des englischen Maschinenausfuhrverbotes 1842 hatte fördernden Einfluß auf die einsetzende Mechanisierung. Bereits 1846 wurden in der Stadt Gladbach und den beiden Landgemeinden Obergeburth und Oberniedergeburth 44 mechanische Webstühle betrieben. Mit den 50er Jahren kam es zum endgültigen Durchbruch der Mechanisierung.

Die Entwicklung der Handweberei stellte sich in Gladbach sowie in den beiden Landgemeinden Ober- und Oberniedergeburth im Verlauf der 40er Jahre folgendermaßen dar (66, S. 56):

Arbeiterschaft um die Jahrhundertwende (10 a)

Auszug aus einem Manuskript der Preußischen Ingenieurschule in Mönchengladbach um 1905 über Handweberei

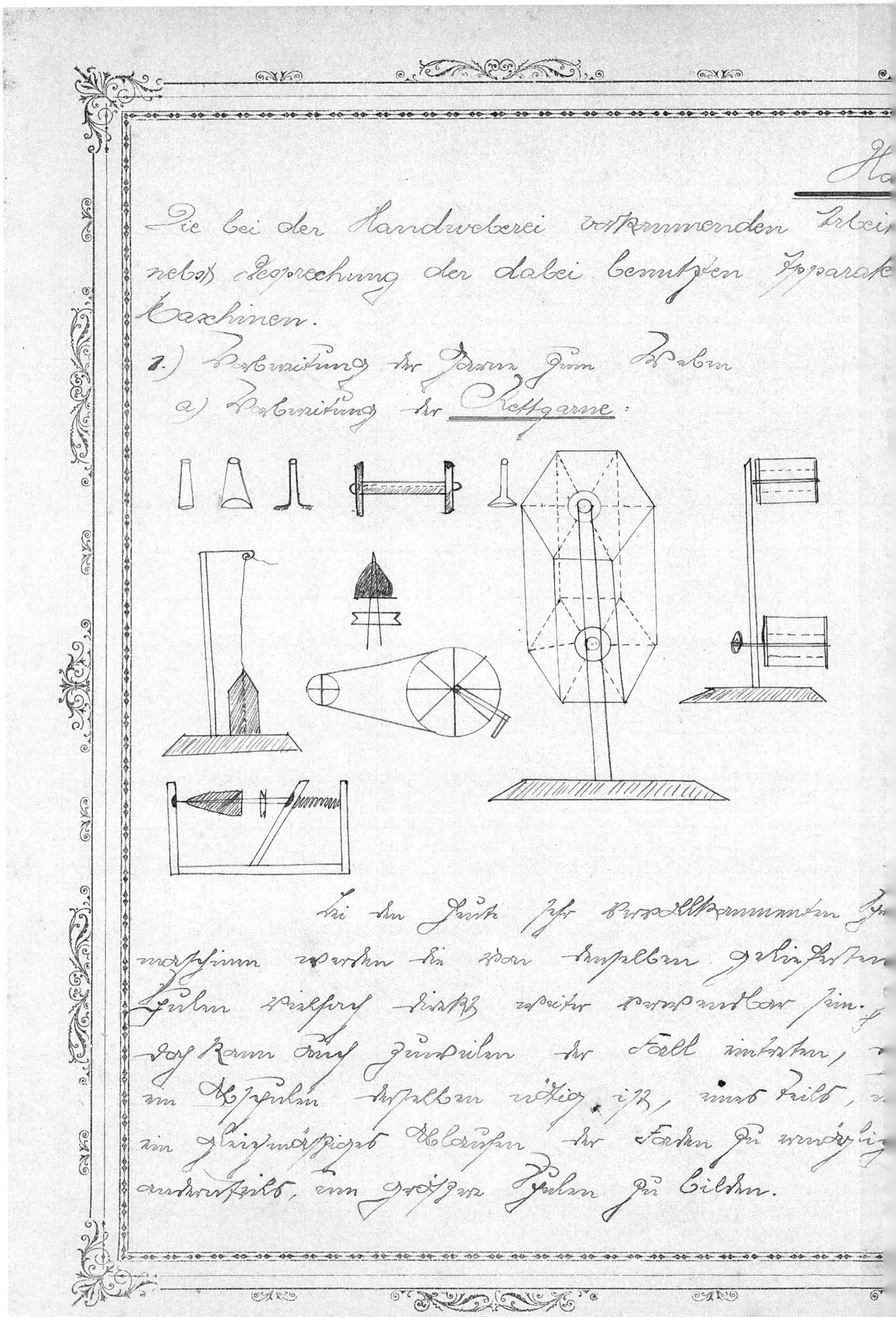

Ha

Die bei der Handweberei vorkommenden Arbei
nebst Besprechung der dabei benutzten Apparate
Maschinen.

1.) Vorbereitung der Garne zum Weben

a) Vorbereitung der Kettgarne.

Bei der heute sehr vervollkommneten Spul-
maschinen werden die von denselben gelieferten
Spulen vielfach direkt weiter verwendbar sein.
Es kann auch zuweilen der Fall eintreten,
ein Umspulen derselben nötig ist, und teils,
ein gleichmässiges Ablaufen der Faden zu ermöglic
andernteils, um grössere Spulen zu bilden.

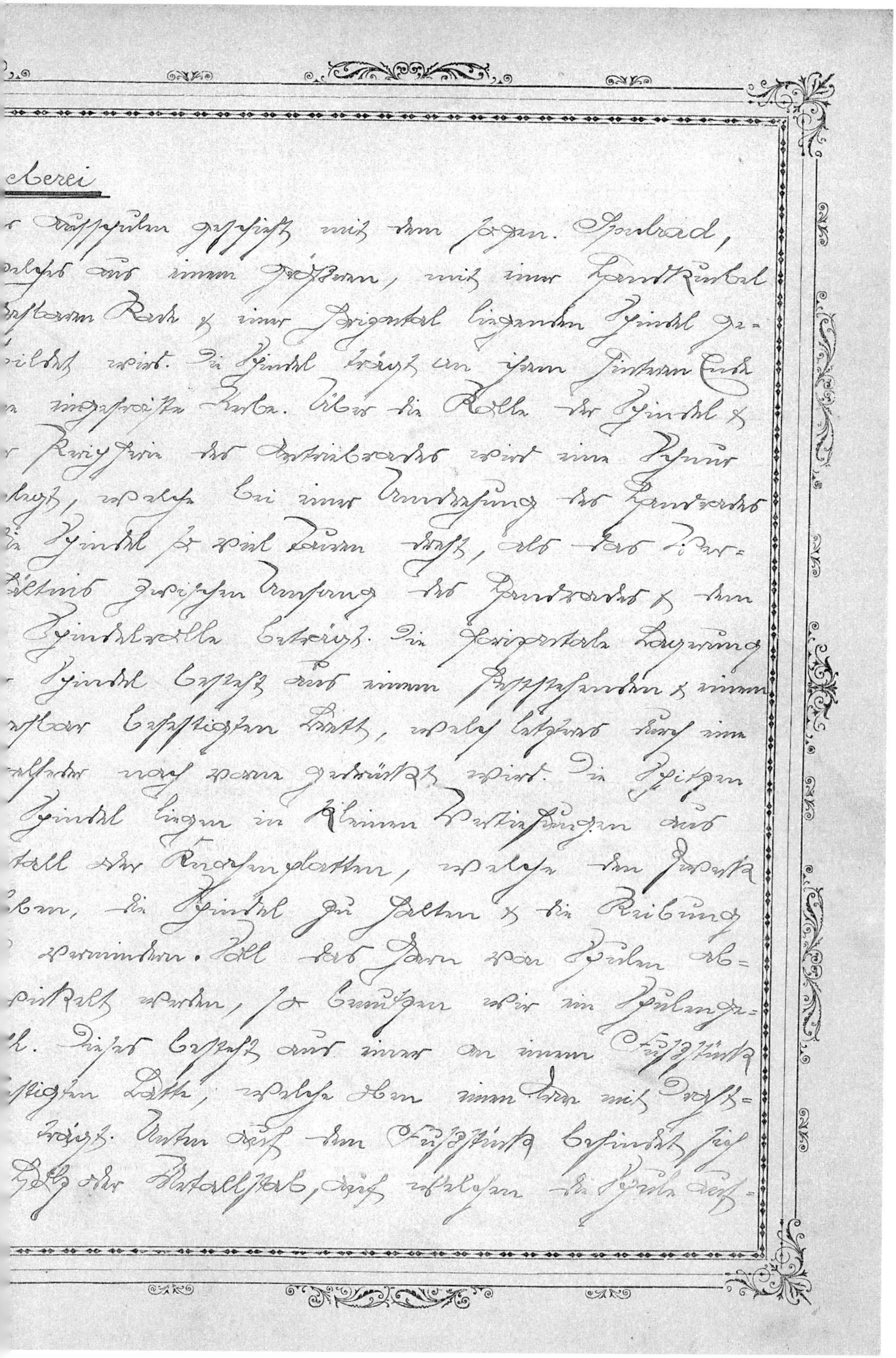

cherei

r Kettspulen geschieht mit dem sogen. Spulrad,
welches aus einem Gestell, mit einer Handkurbel
festem Rade & einer horizontal liegenden Spindel ge-
bildet wird. Die Spindel trägt an ihrem hintern Ende
n eingefreißte Rolle. Über die Rolle der Spindel &
r Peripherie des Antriebrades wird eine Schnur
legt, welche bei einer Umdrehung des Handrades
die Spindel so viel Touren macht, als das Ver-
hältnis zwischen Umfang des Handrades & dem
Spindelrolle beträgt. Die horizontale Lagerung
r Spindel besteht aus einem Holzständer & einem
rebar befestigten Brett, welches letztere durch eine
feder nach vorn gedrückt wird. Die Spitzen
Spindel liegen in kleinen Vertiefungen aus
stall der Rückenplatten, welche den Zweck
ben, die Spindel zu halten & die Reibung
verwindern. Soll das Garn vom Spulen ab-
gewickelt werden, so brauchen wir ein Spulenge-
ll. Dieses besteht aus einem an einem Fußstück
stigten Latte, welche oben einen Arm mit Dräht-
trägt. Unten auf dem Fußstück befindet sich
stab oder Metallstab, auf welchen die Spule auf-

Jahr	Anzahl der Handstühle	Anzahl der Betriebe
1840	1878	28
1846	3635	36
1849	4714	43

Die 50er Jahre des 19. Jahrhunderts können für die Region als Zeit des industriellen »Take off« charakterisiert werden. Die in den 40er Jahren eingeleitete Mechanisierung wurde in diesem Jahrzehnt forciert. Der Einsatz von Antriebs- und Arbeitsmaschinen führte zu einer neuen Form der Produktionsorganisation: dem modernen Fabrikbetrieb. Nur durch diese Produktionsform konnte Gewebe so verbilligt und in genügender Menge produziert werden, daß Mode nicht nur ein Begriff für reiche Leute, sondern auch für die neue Klasse der Arbeiterschaft wurde.

Der Pionier der mechanischen Weberei in Mönchengladbach war Quirin Croon, an dessen Verdienste auf diesem Gebiet heute noch die Croons-Allee erinnert. Die Gebrüder Croon hatten bereits 1833 die erste Dampfmaschine Mönchengladbachs in ihrem Betrieb installiert. In den 50er Jahren erwies sich Quirin Croon erneut als innovationsfreundlich: »Als einer der ersten deutschen Unternehmer hatte er 1850 hunderte mechanischer Baumwollwebstühle in Betrieb genommen.« (2, S. 736) Seinem Beispiel folgte im Jahre 1853 Anton Lamberts Christians Sohn, als er die sogenannten Power Looms in seiner Weberei aufstellte. In der Gladbacher Spinnerei und Weberei Aktiengesellschaft wurden 1855 schon 250 mechanische Webstühle betrieben; 1860 waren es bereits 450. (105, S. 152)

Die zahlenmäßige Entwicklung der Webereien von 1849 bis 1861 stellte sich für den Kreis Gladbach folgendermaßen dar (66, S. 64):

Jahr	Handstühle	mechanische Stühle
1849	4878	178
1852	5384	193
1855	6564	288
1858	6619	901
1861	5249	1194

In der Stadt Gladbach selbst, inklusive der Gemeinden Ober- und Oberniedergeburth, entwickelte sich die Baumwollweberei von 1849 bis 1861 wie folgt (66, S. 65):

Jahr	Handstühle	mechanische Stühle
1849	570	38
1855	655	134
1858	725	809
1861	610	1080

Vom Beginn der 50er Jahre an dehnte sich sowohl die Hand- als auch die mechanische Weberei im Bezirk aus, was auf eine gute Lage der heimischen Baumwollweberei in diesem Zeitraum schließen läßt. Die Entwicklung der Baumwollweberei in den 60er Jahren des 19. Jahrhunderts wurde vor allem durch den Ausbruch des amerikanischen Bürgerkrieges 1861 beeinflußt. Die Lieferungen des weltgrößten Baumwollexporteurs gerieten ins Stocken und verursachten vor allem ab 1862 eine allgemeine Krise in der Baumwollindustrie.

Mit Beginn der Gründerkrise im Jahre 1875 stagnierte die Baumwollweberei. Lediglich die Biberherstellung erfuhr in diesem Jahr einen Zuwachs, der sich jedoch durch die Einschränkung der Produktion in den folgenden Jahren relativierte. Vor allem die neu erwachsene Konkurrenz aus dem ins Reichsgebiet eingegliederten Elsaß-Lothringen bewirkte, daß in der Zeit zwischen 1875 und 1878 über 1000 Weißwebstühle für die Bibererzeugung stillgelegt werden mußten. (66, S. 72) Die Buntweberei konnte sich auf dem Stand von 1875 behaupten.

Die Entwicklung der Buntweberei von 1875 bis 1878 verlief folgendermaßen (66, S. 72):

Jahr	Handwebstühle	mechanische Webstühle
1875	90	4923
1878	77	3880

Die krisenhafte Konjunkturlage der auf die Gründerzeit folgenden Jahre endete 1879. Der Bevölkerungsanstieg, der sich durch eine geringere Auswanderungsquote stärker als in den vorhergegangenen Jahrzehnten bemerkbar machte, in Verbindung mit einer durch die Industrialisierung hervorgerufenen Kaufkraftsteigerung, verursachte einen erhöhten Bedarf an Textilien. Durch eine wachsende Exportrate wurde diese Tendenz noch verstärkt, so daß die Baumwollweberei zu Beginn der 80er Jahre einen Aufschwung verzeichnen konnte.

Die Weißwebereien des Bezirks wandten sich zu diesem Zeitpunkt der Herstellung baumwollener Flanells sowie Beaverteens, einem biberähnlichen Gewebe mit echtfarbigem Druck, zu. Trotz der Beliebtheit dieser beiden Produkte konnten sich Weißwebereien nur beschränkt ausdehnen. Die Ursache hierfür lag vor allem in einem Arbeitskräftemangel, da die Buntwebereien höhere Löhne zahlen konnten.

Die Industrialisierung der Weberei, die durch die Installation von Arbeits- und Antriebsmaschinen sowie durch die Aufnahme fabrikmäßiger Produktion gekennzeichnet war, konnte bis zum Kriegsausbruch 1914 vollständig abgeschlossen werden.

In Mönchengladbach wurden während dieser Zeit viele Fabriken der Baumwollweberei gegründet. Dazu zählten z. B.:

1860	Weberei von Franz Brandts sen., Eickener Straße
1868	H. Kloeters & Co.
1872	Weberei von Franz Brandts jr., Aachener Straße
1882	L. Josten

Die reinen Webereibetriebe wurden ergänzt durch eine große Anzahl von Unternehmen, die sowohl Weberei als auch Spinnerei betrieben. Auch hier seien nur die bedeutendsten genannt:

1850	Gebr. Croon, östlich des Stadtkerns
1850	Gladbacher Spinnerei und Weberei Aktiengesellschaft, Nähe Bahnhof
1860	Anton Lamberts Christians Sohn, Nähe Abteiberg
1860	Lambert und Mayen, Steppgesstraße/Fliethstraße
1900	Schwartz & Klein
1913	Bönnhoff, Rumpus & Co.

Die Entwicklung der Weberei im letzten Jahrzehnt vor Ausbruch des Ersten Weltkrieges, also in der Blütezeit des »Rheinischen Manchesters«, verdeutlichen die folgenden Zahlen. Die Gesamtzahl der Webstühle des Handelskammerbezirks, auf Baumwoll- und Halbwollwaren bezogen, betrug (90, S. 89):

1901:	16 593
1905:	17 398
1913:	20 000

Nach einer Betriebszählung im Jahre 1907 gab es im Kammerbezirk an Webereien, die Baumwollwaren und gemischte Waren herstellten (90, S. 89 f.):

199 Betriebe mit 12 152 Beschäftigten

davon

rechts: Weberin in Mönchengladbach um 1930 (10 a)

61 Betriebe mit zusammen 4433 Beschäftigten in M.Gladbach,
63 Betriebe mit zusammen 3532 Beschäftigten in Rheydt,
44 Betriebe mit zusammen 2693 Beschäftigten im Kreis Gladbach

Von den 20000 Webstühlen des Jahres 1913 standen

8500 in Gladbach,
6500 in Rheydt,
5000 im übrigen Bezirk.

Dies zeigt, daß die Baumwollweberei hauptsächlich im Mittelpunkt des Bezirks - also der Stadt Gladbach - ansässig war. In dieser Zeit waren in der niederrheinischen Baumwollweberei etwa 20000 Menschen beschäftigt, was etwa zehn Prozent der gesamten deutschen Baumwollweberei ausmachte. (49, S. 32)

Im folgenden werden beispielhaft einige Firmen, die den Ruf des Mönchengladbacher Textilbezirks als »Rheinisches Manchester« mitbegründet haben, mit ihren Gründungsjahren genannt.

Baumwollspinnereien und -zwirnereien:
1864: A. Bresges, Rheydt
1865: M. May & Cie., Gladbach
1884: Kühn, Vierhaus & Cie., Rheydt

Musterweberei 1940 (10 a)

1888: J. & W. Keller GmbH, Rheydt
1900: Aug. Dilthey & Söhne, Rheydt

Baumwollspinnereien und -webereien:
1888: Friedrich Lühl
1890: Bornefeld & Jansen (später Gesellschaft für Baumwollindustrie mbH), Gladbach

Baumwollwebereien:
1854: Gebr. Peltzer, Rheydt
1856: Eduard Richartz AG, Gladbach
1860: J.P. Kuhlen & Söhne, Rheydt
1865: H. Pferdmenges jr. & Co., Rheydt
1866: R. Schürenberg & Co., Gladbach
1878: Fellinger & Peltzer, Gladbach
1882: F.W. Barten, Wickrathberg
1886: F.W. Jakobs & Co., Gladbach
1896: Hermann Flörsheim, Gladbach
1905: Aug. Kellers & Co., Gladbach

Auf dem Weg zum Webautomaten

Schäfte haben den Zweck, die Kettfäden in regelmäßiger Folge teilweise zu heben und die anderen zu senken. So entsteht hinter der Lade ein Fadenflächenwinkel, dessen Scheitelpunkt am Gewebeanfang liegt. Das ist das Fach (di Käel), durch welches der Webschütze anfänglich geworfen und später geschnellt wurde. Die in M. Gladbach am meisten gebräuchliche Bezeichnung für die Schäfte, sowohl in der hochdeutschen als auch in der plattdeutschen Sprache, ist »Kamm«. Die Samt- und Seidenweber sagten »Vlüejel«.

Um beispielsweise 100 m eines bestimmten Gewebes herzustellen, hat sich im Laufe der letzten zwei Jahrhunderte ein enormer technologischer Wandel vollzogen. Unterschiedliche Erfindungen, die sich in ihren Folgen gegenseitig verstärkten, bildeten die Grundlage dieser Entwicklung und ermöglichten den Aufbau neuzeitlicher Textilindustrien in praktisch allen Regionen der Welt - eine Entwicklung, deren Anfänge sehr weit zurückliegen.

Wie aus der Abbildung auf der folgenden Seite hervorgeht, hat ein Weber mit dem Handwebstuhl über 100 Stunden gebraucht, um 100 m eines Gewebes herzustellen. Der Webautomat schaffte dieses um 1950 in ungefähr einer Stunde. Um 1830 hatten die mechanischen Webstühle technologisch einen Stand erreicht, der gegenüber dem Handwebstuhl eine Produktionssteigerung von bis zu 300 Prozent brachte. Anfänglich wurde pro Webstuhl ein Arbeiter benötigt. Aber schon bald wurde die Arbeitsleistung eines Webers durch technische Verbesserungen wie Kettfaden- und Schußfadenwächter erhöht.

Die Entwicklung der Webereitechnik ist geprägt durch eine im Laufe der Zeit zunehmende Zahl an Arbeitsmaschinen, die einem einzelnen Arbeiter zugewiesen wurde, und einer gleichzeitigen Leistungssteigerung der Maschinen selbst. Den größten Fortschritt in dieser Hinsicht gab es zwischen 1950 und 1980. Noch 1948 hatte ein Weber vier bis sechs mechanische Webstühle zu überwachen, in den 50er Jahren stieg diese Zahl durch den Übergang zu Webautomaten auf 24. Gleichzeitig kam es zu einer fortschreitenden Arbeitszergliederung, indem z. B. zum Nachfüllen der Copse, zum Wechseln der Kettbäume usw. gesonderte Arbeiter eingestellt wurden. Die Automatisierung war verbunden mit

Aufbau eines Handwebstuhls (132, S. 131)

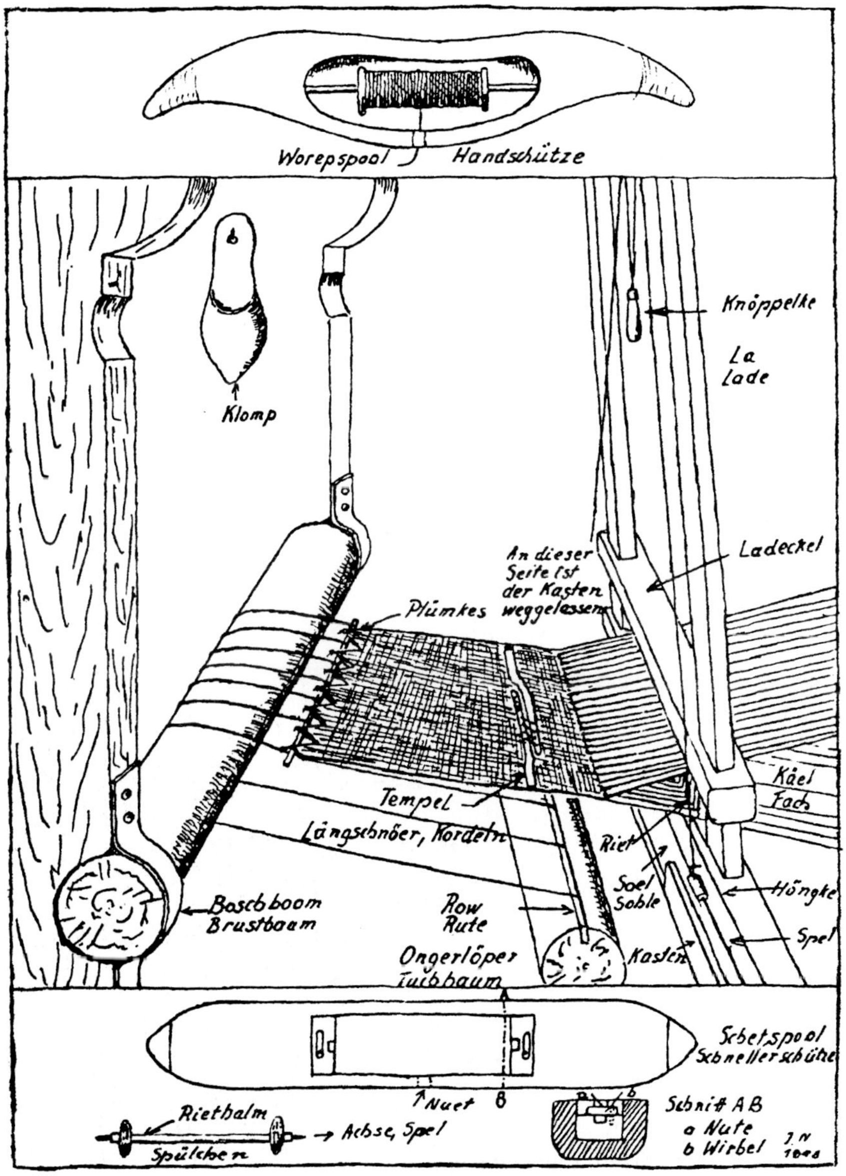

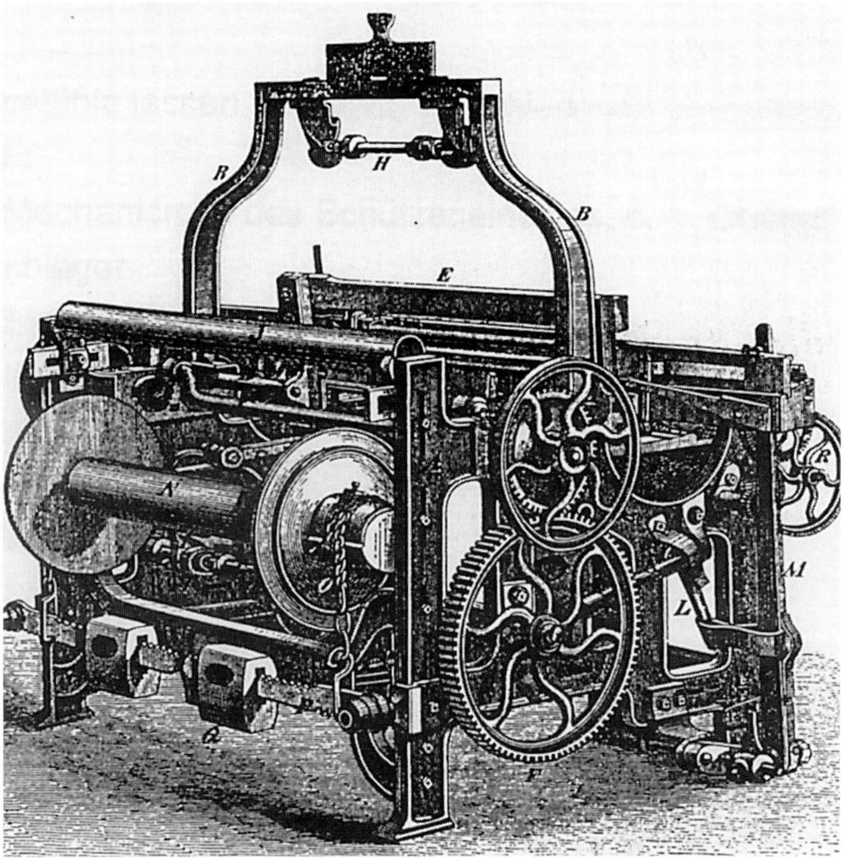

links: Einfacher mechanischer Webstuhl, Unterschläger. (31)
A: Gestell; B: Aufbau, für einfache Bindung; C: Hauptwelle,von Transmission in Drehung gesetzt. Sie treibt alle anderen Betriebsteile des Webstuhls über Kurbeln, Hebel, Räder. D: Kurbelstange zwischen der Hauptwelle und der Lade E. E: Lade. F: Zahnräder zum Antrieb der Welle G. Auf ihr befinden sich 2 Exzenter (um 180° gegeneinander verstellt), die über die Tritte (nicht sichtbar) die Schäfte auf und ab bewegen. Die Exzenter wirken wie die Füße des Handwebers. M: Schlagarm, durch den der Schützen getrieben wird. N: Kettbaum. R: Regulator zum Aufwickeln der fertigen Ware auf dem Warenbaum

unten: Die Entwicklung des Arbeitsaufwandes beim Spinnen und Weben vom Handwerk bis zur Industrie (198, S. 145)

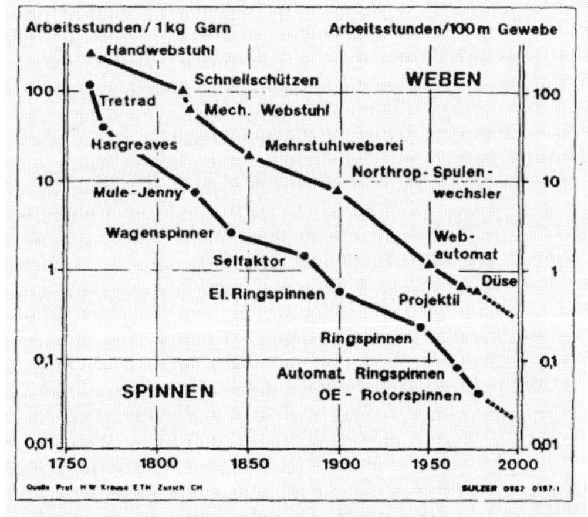

ständig wachsendem Kapitaleinsatz, in dessen Folge die Textilindustrie von einem arbeitsintensiven zu einem kapitalintensiven Wirtschaftszweig wurde. Gleichzeitig kam es zu einer erheblichen Reduzierung der Belegschaften: Zwischen 1970 und 1980 wurden 39 Prozent des Personals abgebaut.

Art der Webstühle	häufigste Breiten cm	Anzahl der Webstühle pro Weber	Arbeitsschichten	Wöchentliche Arbeitsstunden	Tägliche Arbeitszeit je Arbeitnehmer Std.	Schußzahl pro Min.	Meterleistung pro Arbeitnehmer-std.	Nutzeffekt %	Leistungsindex
1760 – Handwebstuhl Heimarbeit	60– 90	1	1	72	12	20	0,36	70	1
1815 – Handwebstuhl mit Schnellschützen	60– 90	1	1	72	12	50	0,91	70	2,5
1815 – mechanischer Webstuhl in England	60– 90	1	1	72	12	90	1,57	80	4,3
1850 – Beginn der Mehrstuhlweberei in der Schweiz	70–100	4	1	72	12	110	4,6	80	13
1900 – erste schweizerische Nothrop-Automaten (zum Wechseln der Schußspulen) mit elektrischem Antrieb	70–100	10	1	60	10	150	17	86	47
1965 – heutige Webmaschinen und Automaten	90–140	20–40	2–3	90–135	7½	200–240	90–140	92	220–390

Produktivitätssteigerungen im Webverfahren, dargestellt am Beispiel der Herstellung eines Baumwoll-Cretonnes, bei dem pro cm 33 bis 34 Fäden Schußgarn von 34 Nm eingebracht werden. Dabei sind Zusatzarbeiten wie Anknoten und Spulen eingerechnet (22, S. 186)

Es würde den Rahmen dieses Buches sprengen, auf die Weiterentwicklungen und Verbesserungen der mechanischen Webstühle bzw. Webmaschinen im Detail einzugehen. Im folgenden soll daher nur eine kurze Charakterisierung der hiesigen Maschinentechnologie geliefert werden.

Mechanische Webstühle lassen sich nach verschiedenen Gesichtspunkten klassifizieren, z. B.:

1. Nach dem Mechanismus des Schützeneinwurfs, d. h. Oberschläger und Unterschläger.
2. Nach der Einrichtung zur Fachbildung:
   a) Außentrittstühle,
   b) Innentrittstühle,
   c) Trommelstühle,
   d) Schaftmaschinenstühle,
   e) Jacquardmaschinenstühle.
3. Je nach Zahl der Schützen, mit denen gewebt wird, kennt man
   a) glatte oder einschützige Stühle,
   b) wechsel- oder mehrschützige Stühle, hier wiederum solche mit Revolverwechsel und mit Steigkastenwechsel.
4. Weiter bezeichnet man Stühle nach der Gewebeart, z. B. Jute-, Leinen-, Baumwoll-, Tuch- (Woll-), Frottier-, Roßhaar-, Plüsch-, Seidenstühle usw.

Englische Webmaschine der Firma Robert Hall Maker Bury um 1900, modernisiert durch ein Trommelmagazin (180, S. 100)

Mechanischer Schützenwebstuhl, Oberschläger, Gebrüder Sulzer AG, Werkmuseum Rüti, Rüti (Zürich), Schweiz (248, S. 55)

5. Weitere Bezeichnungen richten sich nach der Bauart oder dem Konstrukteur, z. B. Hodgson-, Hartmann-, Schönherr-, Northrop-Stühle usw.

Auch auf dem europäischen Kontinent entwickelten sich im 19. Jahrhundert namhafte Webstuhlfabriken. In Sachsen entstanden zum Beispiel die Webstuhlfabriken Richard Hartmann, C. A. Roscher und die Großenhainer Webstuhlfabrik. Weitere Firmen waren Karl Zangs (Krefeld), Tonnar (Dülken), Lentz (Viersen), Jäger (Neustadt) und andere. Vorzügliche Webstühle kamen auch von schweizerischen Firmen.

In der hiesigen Gegend nannte man die mechanischen Oberschläger-Webstühle, aufgrund der den Schützen antreibenden horizontal liegenden Knüppel, auch »Knöppelsstohl«. (132, S. 54)

Einen entscheidenden Anteil an der Konstruktion und Einführung der mechanischen Webstühle hatte Louis Schönherr in Chemnitz. Nachdem ab 1849 die Webstühle unter seiner Leitung zunächst bei Richard Hartmann gebaut wurden, machte Schönherr sich schließlich selbständig. Sein Unternehmen hatte Erfolg. Die englischen Webstühle hatten sich in der Baumwollweberei durchgesetzt, Schönherrs Webstühle fanden hingegen als beste Web-

rechts:
Modell eines Webstuhls der Sächsischen Webstuhlfabrik (Louis Schönherr) (205)

rechts oben:
Northorp-Webstuhl, Modell H. Ein Webstuhl schwerer Bauart, speziell für Moleskin, Barchent, Baumwollsamt, Genuacords und sonstige Gewebegattungen mit großer Schußdichte entworfen und konstruiert. Mit Außentrommeltrittvorrichtung oder negativer Schaftmaschine versehen

rechts in der Mitte:
Schlitztrommel-Kreuzspulmaschine von Schlafhorst & Co. (um 1900) für die Webereivorbereitung

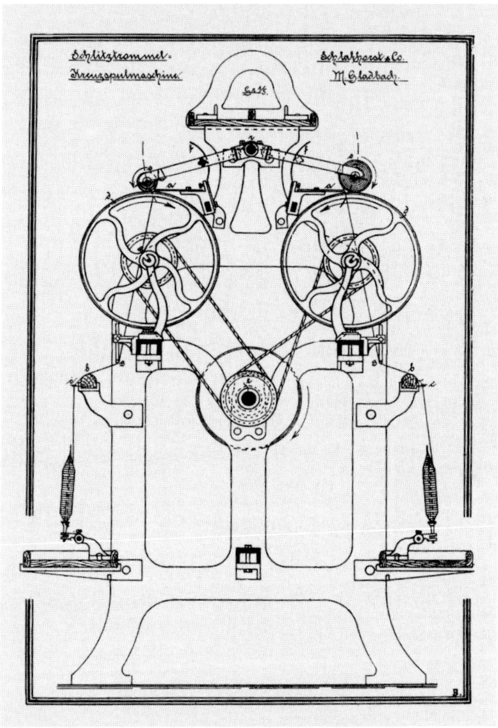

stühle für die Woll- und Buckskinweberei allgemeine Verbreitung.

1861 kam der erste Webstuhl mit Schützenwechsel für Buckskingewebe heraus. Bei diesem konnten drei Schützen beliebig wechseln. Außerdem waren durch Einsatz einer Schaft- oder Jacquardmaschine die Musterungsmöglichkeiten größer. 1880 erregte auf der Leipziger Ausstellung für Wollindustrie Schönherrs Webstuhl mit vierfachem, beiderseitigem Schützenwechsel großes Aufsehen. In den nächsten Jahren nahm das Unternehmen auch den Bau von Filz-, Ruten- und Plüschwebstühlen sowie Vorbereitungsmaschinen auf. (240, S. 284–286)

Auch im Gladbach-Rheydter Industriebezirk wurden Webstühle von Schönherr eingesetzt. Es darf aufgrund der vorherrschenden Artikel davon ausgegangen werden, daß meistens mit Schaftmaschinen gearbeitet wurde.

Schützenwebstühle waren Stand der Technik der Weberei bis in die 60er Jahre des 20. Jahrhunderts. Dann brachte die neue Sulzer-Webmaschine, bei welcher der Schußfaden von einem Flugkörper (Projektil) durch das Fach geschossen wird,

Leim-Trocken- & Aufbäum-Maschine der Gebr. Sucker, Grünberg, für das Kettbeschlichten

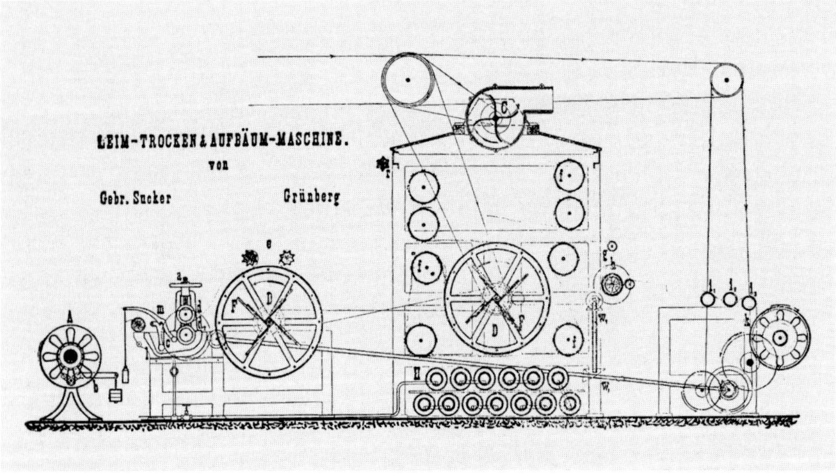

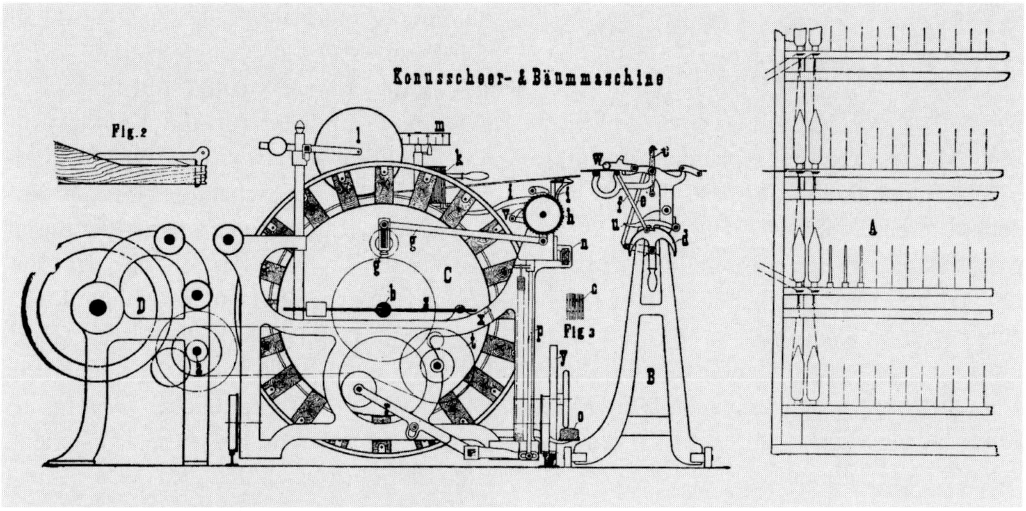

links:
Typische Konusscher- und Bäummaschine (um 1900) für die Webereivorbereitung

Mitte links:
Auf Rundwebstühlen verbinden sich feste Fäden zu dichten Schläuchen (18 a)

unten:
Zettelmaschine von Lancaster & Co., Manchester (um 1900) für die Webereivorbereitung

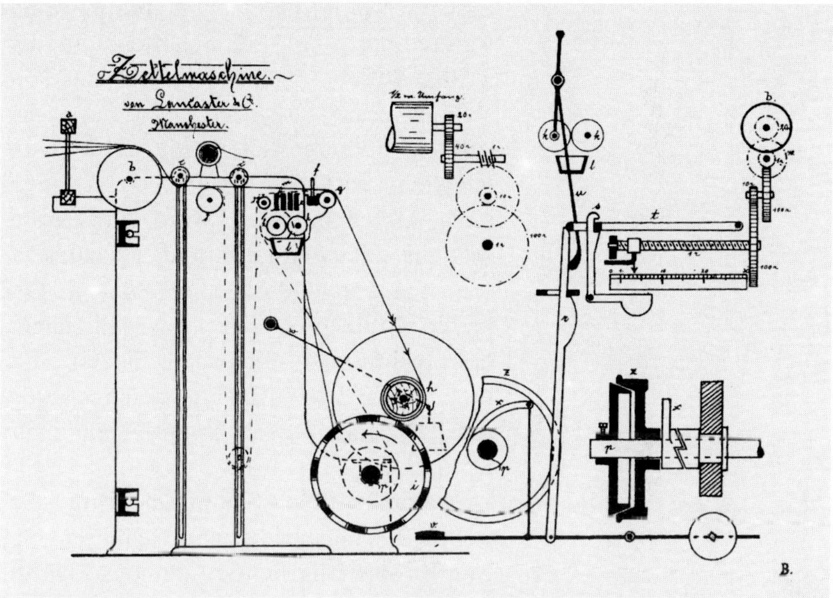

die dritte technische Revolution der Textilindustrie. Die Schußeintragsleistung erhöhte sich auf bis zu 660 m/min.

Technische Wunderwerke entstehen in Rheydt in den 60er Jahren auch auf Rundwebstühlen, welche feste Garne zu dichten Schläuchen verwebten.

Rechts: Sulzer-Webmaschinen, die erstmals in der Geschichte des Webens die Verbindung von Kette und Schuß ohne Webschützen und ohne Schußkopse möglich machen (18 a)

»Äffe Dook« und Tuch aus Kammgarn

Bis 1800 waren die typischen Produkte im Mönchengladbacher Textilbezirk Bettzeuge und Siamosen. Auch nach Einführung der Baumwolle wurden diese gewohnten Artikel vorerst beibehalten. (192) Bettzeuge waren die einfachsten und gebräuchlichsten Gewebe in Leinwandbindung. Mundartlich wurden sie auch »äffe Dook« genannt. Sie wurden mit zwei Tritten und zwei Schäften gewebt.

Für feines bis feinstes Leinen oder auch für besseres Grobleinen wurde in Leinwandbindung mit vier Schäften und vier Tritten gewebt. (132, S. 61) Auch das feinste und verkaufsfähigste Leinen, das in dieser Gegend hergestellt wurde, die Stulpenleinwand, wurde in dieser Technik hergestellt. Der Schußfaden wurde im Gegensatz zur einfachen Leinwand erst nach der erneuten Fachbildung angeschlagen. Der Name »Stulpenleinwand« hat wahrscheinlich technischen Ursprung. Es ist aber nicht mehr festzustellen, welches Webstuhlteil ursprünglich Stulpe hieß. (132, S. 70)

Siamosen (auch Siamoisen) waren Gewebe für Hauskleider und Schürzen. Sie waren ebenfalls leinwandbindig. Durch Einsatz von gebleichten und gefärbten Garnen in Kette und Schuß entstanden Streifen- oder Karoeffekte. (23, S. 210) Siamosen aus Baumwolle wurden gebleicht, um einen klaren, weißen Grund zu erhalten, und anschließend bedruckt. (66, S. 83)

Das Gebildweben war in der hiesigen Gegend nicht verbreitet. Beim Gebildweben erfolgt die Musterung durch abwechselndes Einsetzen von schußseitigen und kettseitigen Bindungen. Es sind zwangsläufig nur Muster mit kleineren oder größeren Vierecken möglich. Nur im nahegelegenen Waldniel gab es einige Gebildweber. Dort wurde Gebild fast ausschließlich in fünfbindigem Atlas gewebt. Hierzu waren Webstühle mit bis zu 25 Schäften und Tritten notwendig. Einige Muster sind überliefert worden. Grundlage für die Entwicklung der Gebildmuster war der »Dobbelstein« (Doppelstein), ein schachbrettartiges Muster. Mit großen Quadraten war dieses Muster für Tischtücher, mit kleinen Quadraten für Handtücher gebräuchlich. In der Farbstellung Blau-Weiß wurde der »Dobbelstein« auch leinwandbindig hergestellt. Dieser war in der Gladbacher Gegend besonders für Bett- und Kissenbezüge beliebt. Eine Weiterentwicklung war »De Ruut«, bei welchem Quadrate und schmale Rechtecke wechseln. Für beide Muster waren zehn Schäfte und zehn Tritte erforderlich. (132, S. 60–73)

Muster für 15 Schäfte und Tritte waren: »oepe on tow Rues« (offene und geschlossene Rose), »Wengterrues« (Winterrose) und »Striip on Stennke« (Streifen und Steinchen). 20 Schäfte und Tritte waren notwendig für die Herstellung des »Zitrönnke« (Zitrönchen), der »Orjel« (Orgel) und der »englesche Kruen« (englischen Krone). Für den »klene on jruete Stäer« (kleinen und großen Stern) benötigte man 25 Schäfte und Tritte. (132, S. 71)

Der einzige Gebild- bzw. Kunstweber Gladbachs war seinerzeit Tobias Wiedemann. (16, S. 70) Da er figürliche Muster herstellte, wird angenommen, daß er einen Zampelstuhl oder ein ähnliches System benutzte (132, S. 76), bis er vom preußischen Staat eine Jacquardmaschine erhielt. Seine Gewebe waren von hervorragender Qualität und genossen europaweit einen guten Ruf. Für seine besonderen Leistungen schenkte ihm der damalige preußische König Friedrich Wilhelm III. einen großen Kalander. (16, S. 70)

Mit Einführung der Baumwolle tauchte auch die Bezeichnung »Barchent« für Bettzeuge auf. Allgemein wurde hierunter ein einseitig gerauhtes, köperbindiges Baumwollgewebe verstanden, das naturfarbig oder gebleicht in den Handel kam. (23, S. 17) Fränken geht allerdings davon aus, daß für die Barchente mit Türkischrot gefärbte Garne eingesetzt wurden. (66, S. 83) Im Gladbach-Rheydter Raum war Barchent zu dieser Zeit wahrscheinlich ein auf der Rückseite gerauhtes Gewebe aus Leinenkette und Baumwollschuß. (66, S. 33) Die Bindung ist nicht überliefert. Es ist aber bekannt, daß in Gladbach köperbindige Baumwollgewebe hergestellt wurden. Auf dem Handwebstuhl wurden allerdings nur vierbindige Köper gewebt. (132, S. 61-63)

In den Jahren nach 1830 setzte sich die Fabrikation von baumwollenen Rock- und Hosenzeugen immer mehr durch. Ein Grund für diese Entwicklung lag darin, daß der Absatz von Bettzeug und Siamosen durch die ost- und mitteldeutsche Konkurrenz mit ihren geringen Löhnen erschwert wurde. (90, S. 90) Einige Artikelbezeichnungen aus dieser Zeit waren: Gingham, Batiste, Castilinne à la Jacquard, Madrasuni, Faconné (halbseidene Stoffe) sowie Leinendrill (für Hosenzeug). (90, S. 57)

»Anfang der vierziger Jahre des vorigen Jahrhunderts nahm man dazu die Produktion von Biber und Kalmuck auf: Bibergewebe waren ein kräftiger Baumwollflanell in Köperbindung (Bett-Barchent), und Kalmuckgewebe waren moltonartige, beidseitig gerauhte Baumwollerzeugnisse für Dekken und Unterlagen.« (192) Der Baumwollbiber war ein Erzeugnis, das mit der Zeit unter den Bezeichnungen Lama, Fustian, Rips, Chinchilla usw. für die verschiedensten Bekleidungstextilien bedruckt und unbedruckt in den Handel kam. Die Kette bestand aus dünnem, festgedrehtem Baumwollgarn. Als Schußgarn fand ein besonders lose gesponnenes Garn aus billiger ostindischer Baumwolle Verwendung. (66, S. 55 f.) Von den Viersener Samt- und Seidenwebern wurden die Gladbacher Baumwollweber »Muckwäever« genannt. (132, S. 81)

Mit der Mechanisierung nahmen die Webereien dieser Gegend den »Beaverteen« in ihr Produktionsprogramm auf. Beaverteen war feinfädiger als Biber oder Kalmuck und wurde bedruckt. Beaverteen erlangte jedoch nicht die erwartete Bedeutung, weshalb die Webstühle später (ab 1858/59) zur Herstellung der gröberen Bibergewebe, der Fustians, Lamas usw., benutzt wurden. (66, S. 64) Schließlich wurden zudem Nesselgewebe produziert. Diese leinwandbindigen Erzeugnisse sind als Kattun für die Zeit ein typischer Begriff geworden. (192)

Gleichzeitig wurden aber auch schon die ersten Halbwollgewebe hergestellt. 1857 meldete die Handelskammer die mechanische Herstellung von halbwollenen Hosenzeugen bei einzelnen Firmen. (66, S. 64) Aufgrund der »Baumwollhungersnot« existierte die mechanische Biber- und Kalmuckweberei 1863 kaum noch. »An Stelle der damaligen Hauptartikel, der sogenannten Lamas (bedruckte Baumwollbiber) traten die Moltonartikel, aus leinener Kette und grobwollenem Einschlag bestehend.« (43, S. 29 f.) Ende der 60er Jahre des 19. Jahrhunderts wurde »Zanella«, ein Schirm- und Futterstoff, im Mönchengladbacher Textilbezirk eingeführt. Dieser Artikel kam aus dem Wuppertal und stammte ursprünglich aus Bradford und Roubaix. Zanella war ein feines, mit seidenähnlichem Glanz versehenes Gewebe aus Baumwollkette und Kammgarnschuß. (43, S. 31) Unter den halbwollenen Artikeln erfreute sich vor allem der »Kassinet« besonderer Beliebtheit als glatter Oberbekleidungsstoff (ab 1862).

Spätestens seit den 80er Jahren war in der Region um Mönchengladbach der Name »Buckskin« jedem geläufig. Buckskins waren stark gewalkte Streichgarnartikel, die hauptsächlich für Hosen Verwendung fanden. Sie wurden meistens köperbindig hergestellt. (23, S. 34 f.) Eigentlich wurden mit Buckskin reinwollene Gewebe

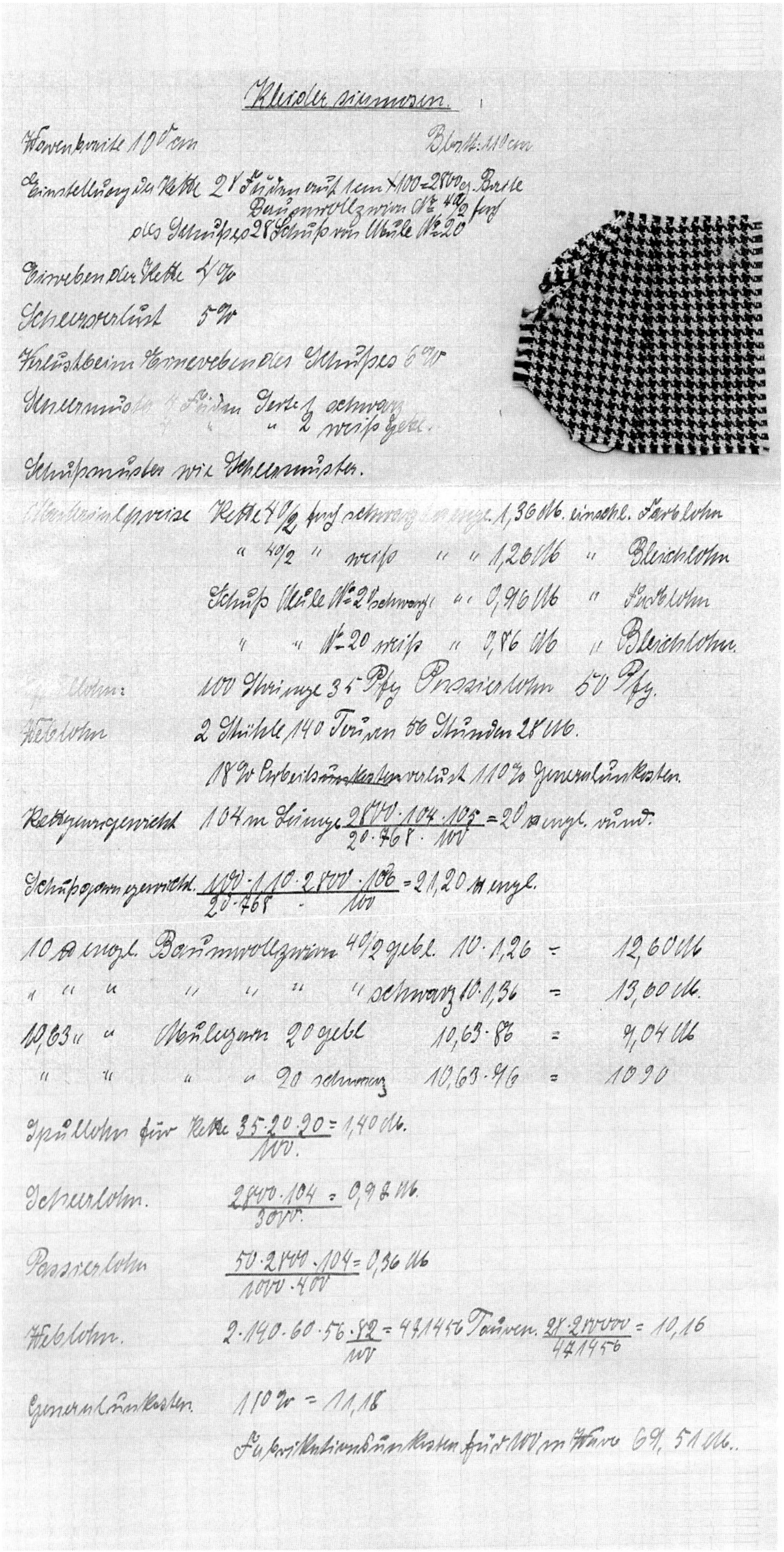

bezeichnet. Die Gladbacher Buckskins aber waren Mischgewebe, die hauptsächlich aus Kunst- bzw. Reißwolle und Baumwolle bestanden. Sie waren billig und kamen am Markt gut an.

»Da die Kunstwolle meist aus gefärbten oder nach Farben sortierten Tuchabfällen gewonnen wird, kann sie in den verschiedenartigsten Farbtönen hergestellt werden. Bei billigen Stoffen ist die Kunstwolle das Hauptmaterial. Um sie ausreichend spinnfähig zu machen und um dem zu spinnenden Garn eine genügende Festigkeit zu geben, wird Baumwolle zugesetzt. Zur Verbesserung der Garnqualität erfolgt je nach Bedarf auch der Zusatz einer mehr oder weniger großen Menge Wolle. Die der Kunstwolle zugesetzte Baumwolle und Schurwolle wird fast stets auf lebhafte Farben gefärbt, um den Farbton des Spinnmaterials zu heben. Es ist notwendig, daß die verschiedenartigen Rohstoffe, aus denen das Spinngut zusammengesetzt ist, eine genügende und gleichmäßige Mischung miteinander erhalten; zu diesem Zweck wird das zusammengestellte Spinnmaterial durch Maschinen gemischt und dabei gleichzeitig auch geöffnet. Qualität und Farbe des zu spinnenden Garns werden lediglich durch die Art dieser jeweiligen Rohmaterialmischung bestimmt.« (192)

Der Name Buckskin ist heute aus der Textilsprache genauso verschwunden wie Barchent oder Zanella. Von den Einheimischen wurde der Gladbacher Buckskin »Gladbacher Knupp« genannt. (58, S. 68 u. 118)

Ähnlich wie bei den Buckskins verhielt es sich mit den Gladbacher Kammgarngeweben. Echte Kammgarngewebe sind normalerweise reinwollene Gewebe. Die Gladbacher Kammgarnstoffe waren dagegen Mischgewebe, sogenannte Halbkammgarn-

Kalkulation für Kleidersiamosen in Hahnentrittmusterung, Textilingenieurschule, 1922 stoffe, bei denen Wollfäden mit Baumwollfäden verzwirnt waren oder aber die Kette halb oder ganz aus Baumwolle und nur der Schuß aus Kammgarn bestand. (192)

Trotz der vielen halbwollenen Artikel lag das Hauptgewicht der Textilherstellung im Gladbach-Rheydter Bezirk noch lange Zeit auf der Baumwollindustrie. Neben der Weißweberei fand man die Herstellung von baumwollenen Decken und Tüchern und buntgewebten Hosenzeugen. Artikelbezeichnungen waren zum Beispiel Moleskin, Pilot und Velveton. Moleskin war ein angerauhter, manchmal mit Unterschuß verstärkter Baumwollstoff in Schußatlasbindung. Ähnlich dem Moleskin war Pilot eine linksseitig gerauhte, schwere Schußatlasware. Beide Artikel wurden zu Hosen, und zwar vornehmlich Arbeitshosen, verarbeitet. Velveton wurde wie Pilot und Moleskin in fünfbindigem Schußatlas oder achtbindigem verstärktem Schußatlas gewebt und unterschied sich von diesen durch den Oberflächenflor. Es war ein Samtimitat und wurde als Wildlederimitation für Oberbekleidung verwendet. (23)

Vielfach wurden auch Cordgewebe hergestellt. Reitcord war zum Beispiel ein Längsrippengewebe mit Grund- und Hohlschuß, bei dem die Rippen nicht aufgeschnitten wurden. Es war ein widerstandsfähiger Stoff für Arbeitshosen, Reithosen und dergleichen. Genuacord, auch Manchester genannt, war ein schwerer, wenig schmiegsamer Schußsamt mit deutlichen Längsrippen. Der Flor war aufgeschnitten. Als Breitcord wurde er auch Trenkercord genannt. Das Gewebe wurde zu Arbeits-, Berufs- und Sportbekleidung verarbeitet. (23)

Die Textilingenieurschule zeigte auf der anläßlich der 600-Jahr-Feier der Stadt Mönchengladbach in Mönchengladbach veranstalteten »Niederrheinischen Traditions- und Leistungsschau« (27. Mai bis 11. Juni 1950) eine umfassende textil- und bekleidungswirtschaftliche Ausstellung unter der Devise »Vom Rohstoff zur Fertigkleidung«.

»Wolle vom Baum« und Wolle vom Schaf im Wettstreit

Neben Leinen ist Wolle die einzige Faser, die, zumindest eine Zeitlang, in ausreichender Menge im eigenen Land hergestellt wurde. Wie Leinen wurde auch sie zunächst im Hausgewerbe verarbeitet. Anders aber als beispielsweise in Aachen, wo die Verarbeitung von Wolle auf eine wesentlich längere Tradition zurückblickt und in Zünften organisiert war, läßt sich feststellen, daß der Wolle in Mönchengladbach bis zum Beginn des 19. Jahrhunderts keine größere Bedeutung zukam. Der Ursache hierfür wird in der Literatur bis jetzt keine Aufmerksamkeit geschenkt. Die alleinige Feststellung, im »Flaasland« sei Leinen und eben keine Wolle verarbeitet worden, genügt nicht zur Erklärung.

Die Verarbeitung von Wolle bietet gegenüber der von Leinen eine Reihe von Vorteilen. Kann Wolle bereits nach der Schur und dem Reinigen versponnen werden, bedarf der Flachs einer viel aufwendigeren Bearbeitung. Neben dem arbeitsintensiven Anbau der Pflanze ist vor allem die Gewinnung der Faser schwieriger als bei Wolle. Die Frage ist also, warum sich die Bevölkerung in und vor allem um Mönchengladbach dem Flachs und nicht der Wolle zuwandte. Brasse spricht zwar davon, daß auf den im 14. Jahrhundert in Mönchengladbach abgehaltenen Jahrmärkten auch Wolle ein Hauptgegenstand des Handels gewesen sei; es fehlen jedoch Angaben über den Umfang im Vergleich zum Leinen. Denkbar ist, daß erst der verstärkte Leinwandhandel mit den Niederlanden die Verarbeitung von Wolle deutlich reduzierte. Hierfür spricht auch, daß Leinen durch die Weiterverarbeitung eine höhere Wertsteigerung erzielte als Wolle. Paas spricht von einem Verhältnis von drei zu maximal zwei. (187, S. 14) Eine zunehmende Produktion für den Fremdbedarf läßt den Schluß zu, daß man sich dem Rohstoff zuwandte, der den höheren Verdienst brachte.

Die Aufnahme der Wollverarbeitung ab etwa 1840 erfolgte zunächst »versuchsweise« und als ein »Kind der Not« (225, S. 22). Vorausgegangen war ein deutlicher Rückgang im Verkauf der zu dieser Zeit überwiegend hergestellten baumwollenen Rock- und Hosenzeuge als Folge zunehmender Konkurrenz. Vor allem die Webereien Sachsens und Süddeutschlands konnten diese Artikel kostengünstiger anbieten. Aus der Notwendigkeit, die Produktion auf andere Artikel umzustellen, entstand die Herstellung von Baumwollbiber und halbwollenen Stoffen. Letztere bestanden aus Baumwollkette mittlerer Nummer und Wollgarnschuß. Da die ortsansässigen Spinnereien nur grobe Baumwollgarne herstellen konnten und Wollspinnereien in Mönchengladbach noch nicht vorhanden waren, mußten die benötigten Garne aus England eingeführt werden. Der Garnbezug wurde durch hiesige Händler organisiert, die auf zwölf Monate Ziel verkauften. (223, S. 386) Nach anfänglichen qualitativen Problemen konnten halbwollene Stoffe zunehmend besser abgesetzt werden. Der steigende Bedarf an Wollgarnen machte die Mönchengladbacher Webereien als Abnehmer bald für die Spinnereien des Aachener Raums interessant, die hier zum Vertrieb ihrer Garne Vertreter anstellten. (223, S. 386)

Der steigende Anteil halbwollener Stoffe an der Gewebeproduktion darf jedoch nicht zu dem Schluß führen, es sei ein neuer, selbständiger Teil der Textilherstellung entstanden. Vielmehr vollzog sich die Verarbeitung von Wolle im Rahmen der Baumwollwebereien, die gleichzeitig rein baumwollene Artikel herstellten und je nach Bedarf den einen oder anderen Artikel forcierten. (66, S. 55) Dennoch wird auch an den Veränderungen in den Namensgebungen einzelner Unternehmen deutlich, daß die Verarbeitung von Wolle begann, sich in Mönchengladbach zu etablieren. So spricht die Handelskammer mit Beginn der 1850er Jahre zum ersten Mal von »Fabrikanten in baumwollenen und halbwollenen Waren«. (225, S. 26)

Ein schon 1852 für seine Halbwollfabrikate ausgezeichnetes Unternehmen war die Weberei J.H. Peltzer Söhne aus Rheydt. Während der Kontinentalsperre vom Firmengründer Johann Heinrich Peltzer aus Elberfeld nach Rheydt verlegt, wurde die Fabrik für Baumwollwaren Anfang der 1840er Jahre von Gustav Peltzer übernommen. Als erster Unternehmer in Rheydt erkannte er die Vorteile des mechanischen Betriebes und gründete 1857 ein Unternehmen mit 80 Arbeitern und von Dampfkraft angetriebenen Webstühlen. Der Erfolg des Unternehmens erforderte bald mehr Arbeiter und Maschinen. In den 70er Jahren des 19. Jahrhunderts wurde die Produktion halbwollener Stoffe für Frauenkleider aufgenommen, deren Ausrüstung ein spezielles Walkverfahren erforderte und zunächst von Aachener Firmen mit ihrem größeren technischen Wissen übernommen wurde. Der große Erfolg dieses Artikels und der Wunsch, sich von den Aachener Ausrüstern unabhängig zu machen, veranlaßte zur Gründung einer eigenen Walkerei, der 1883 eine Färberei und 1884 eine Wäscherei angeschlossen wurde. Ebenfalls in den 1880er Jahren erfolgte die Gründung einer eigenen Wollspinnerei, womit man - als vollstufiger Betrieb - von der Rohwolle bis zum fertigen Stoff weitgehend unabhängig von Zulieferbetrieben wurde. (223, S. 392)

Einen Wendepunkt in der Wollverarbeitung Mönchengladbachs brachte der Ausbruch des amerikanischen Bürgerkriegs und die hiermit verbundene Baumwollhungersnot. Während Thal in seinen Untersuchungen über die Entwicklung der Halbwoll- und Wollindustrie den entstandenen Rohstoffmangel in den Baumwollwebereien nicht erwähnt, weist Fränken nach, daß vor allem in den 1860er Jahren die Verarbeitung von Wolle auf Kosten der Baumwolle zunahm. Dieser Umstand wurde weiterhin dadurch unterstützt, daß bei steigenden Preisen für Rohbaumwolle die wollherstellenden Länder, wie Australien, ihre Produktion steigerten. Auch in Deutschland selbst stieg die Schafzucht stark an, wodurch der Preis für Schafwolle deutlich gesenkt werden konnte. Dementsprechend stieg die Zahl der wollverarbeitenden Unternehmen von sieben im Jahr 1861 auf 16 Firmen im Jahr 1864 an. Diese setzten circa 1000 mechanische Webstühle ein. In dem Bestreben, die erzeugten Produkte auf möglichst geringem Preisniveau zu halten, begann man in dieser Zeit auch, vermehrt Kunstwolle einzusetzen. Diese sollte über Jahrzehnte charakteristisch für die Wollverarbeitung in Mönchengladbach werden.

Ebenfalls in diese Periode fallen die Gründungen der ersten Streichgarnspinnereien. 1864 nahm die Firma Bockhacker & Cloeters in Mülfort ihren Betrieb auf; kurz darauf folgte die Spinnerei Schweinem & Peters, bezeichnenderweise ein von zwei Aachener Spinnern gegründetes Unternehmen. Aus der Produktpalette dieser Spinnerei läßt sich leicht erkennen, was von den Webereien gewünscht war. Es wurden überwiegend qualitativ geringwertige Garne aus gröberen Wollen unter Beimischung von Kunstwolle und Baumwolle hergestellt. (225, S. 45)

Von dem allgemeinen Konjunkturaufschwung nach Ende des Deutsch-Französischen Kriegs profitierten auch die wollverarbeitenden Unternehmen, die immer noch dem Baumwollsektor zugehörig betrachtet wurden.

Die Verselbständigung dieser Unternehmen als eigenständiger Zweig in der Textilverarbeitung sollte aber wenig später folgen. Zwei Punkte waren hierfür ausschlaggebend: Wurden in den Webereien bisher überwiegend billige Stoffe für die Arbeiterschaft und die Landbevölkerung produziert, führte der wachsende Wohlstand der Bevölkerung zu einer Veränderung im Nachfrageverhalten; zunehmend wurden qualitativ hochwertigere Stoffe nachgefragt. Als Reaktion hierauf gingen die ersten Webereien dazu über, ganzwollene Artikel herzustellen. Zudem fand zeitgleich der Gladbacher Buckskin einen so guten Absatz, daß ihn immer mehr Webereien in ihr Programm aufnahmen. Weiter führten Fortschritte im Maschinenbau zur Entwicklung von besonders für Halbwolle und Wolle geeigneten Webstühlen. (225, S. 39) Gerade in diesen Gründerjahren legte sich der Unternehmer mit dem Kauf einer Maschine auf einen bestimmten Produktionszweig fest.

Was schon für die Baumwollverarbeitung festgestellt wurde, galt auch für die entstehende Halbwoll- und Wollindustrie: Die Jahre zwischen 1870 und 1900 waren durch Produktionserweiterungen und Neugründungen gekennzeichnet.

rechts:
Lager- und Bürogebäude der Firma F. Brandts, errichtet 1872 (16 a)

Als Begründer der leistungsfähigen Tuchindustrie gelten Franz Brandts und Leonhard Josten, zwei markante und erfolgreiche Persönlichkeiten der Gladbacher Textilindustrie. (49, S. 37)

Pionier der Tuchindustrie - Franz Brandts

Franz Brandts wurde am 12. November 1834 geboren. Er war der zweite Sohn von Franz Anton Brandts (1801-1876) und seiner Frau Appollonia Brandts geb. Déhaut (1807-1889). Sein älterer Bruder war Karl Brandts (1833-1913), sein jüngerer Bruder Emil Brandts (1837-1916). (120)

Die Familie saß im Mittelalter als Erbpächter auf Brandtshof in Neuwerk und betrieb unter anderem Flachsanbau. Sie gehörte zu den alten Schöffenfamilien der Stadt. Zwischen 1673 und 1756 waren vier Mitglieder der Familie Brandts dreiundzwanzigmal geschäftsführende Bürgermeister. (124, S. 137) Schon Franz Anton Brandts war Textilverleger. Er gründete zwischen 1825 und 1830 ein Fabrikationsgeschäft unter dem Firmennamen F. Brandts. Es wurden zunächst reine Baumwollstoffe hergestellt, aber auch schon früh

Eltern: Franz Anton Brandts, Apollonia Brandts geb. Déhaut (120)

Mischstoffe aus Baumwollkette und streichgarnartigem Schuß. Alle drei Söhne traten in den väterlichen Betrieb ein. 1860 entstand der erste Fabrikbau an der Eickener Straße, in dem zunächst nur Wäscherei und Ausrüstung untergebracht waren.

Franz Brandts ging 1863 nach England und lernte dort den mechanischen Fabrikbetrieb kennen. Zurück aus England, wollte er den väterlichen Betrieb von der Handweberei auf mechanische Webstühle umstellen, doch sein Vater wollte zunächst von den Neuerungen nichts wissen. Seine energische Mutter griff ein, besorgte ohne Wissen ihres Mannes Kapital und stellte es ihren Söhnen zur Verfügung. Die mechanischen Webstühle wurden bestellt, und 1865 kam der erste englische »fustian loom« (Barchent-Webstuhl) nach Gladbach. Das vorhandene Fabrikgebäude wurde erweitert und darin die erste mechanische Halbwollweberei eröffnet. Das Geschäft vergrößerte sich von Jahr zu Jahr, und bald wurde ein weiterer Fabrikbetrieb in unmittelbarer Nähe des ersten errichtet. Nach dem Ausscheiden von Franz Anton Brandts 1870 übernahm der älteste Sohn Karl den zuletzt errichteten Betrieb und führte ihn unter dem Namen Karl Brandts weiter. Daraus wurde später die Tuchfabrik Gladbach AG.

Die beiden jüngeren Brüder Franz und Emil übernahmen zuerst gemeinsam den älteren Betrieb, trennten sich aber bald. Emil übernahm den alten Betrieb unter

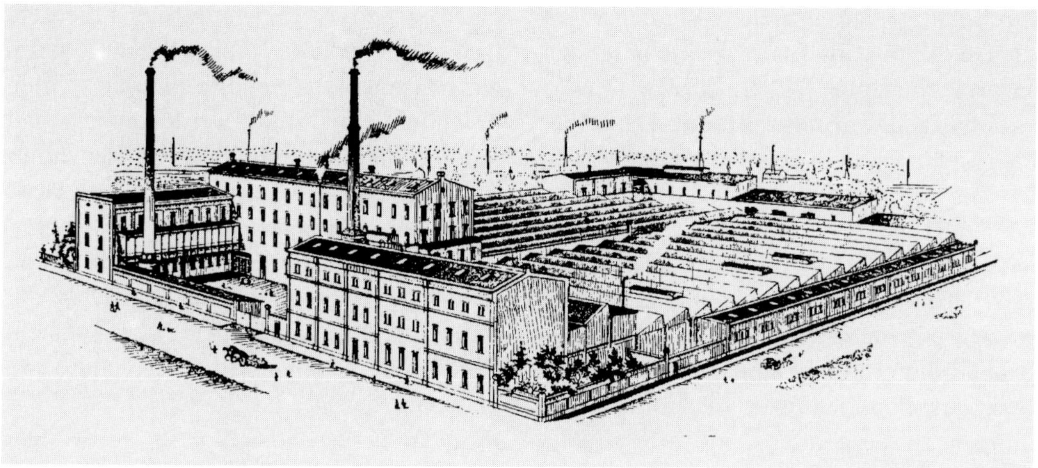

Fabrikanlage der Firma Emil Brandts & Co. (1927) (16 a)

links: Anzeigen von 1922 (156, S. 82 u. 105)

dem Namen Emil Brandts. Franz errichtete an der Dahlener Straße (heute Aachener Straße) einen Fabrikneubau und nahm 1872 unter dem alten Firmennamen F. Brandts eine neue Halbwollweberei in Betrieb. (124, S. 137–141)

»Diese drei Betriebe der Brüder Brandts waren, das kann man wohl mit recht sagen, die Wurzeln der Gladbacher Halbwollindustrie. Die Mehrzahl der späteren Gründungen ging von Herren aus, die als leitende Beamte und Angestellte in den Brandtsschen Betrieben gearbeitet hatten.« (124, S. 141) Von diesen drei Brüdern tat sich Franz Brandts besonders hervor. Er wurde wegen seiner unternehmerischen Sozialpolitik über die Stadtgrenzen hinaus bekannt.

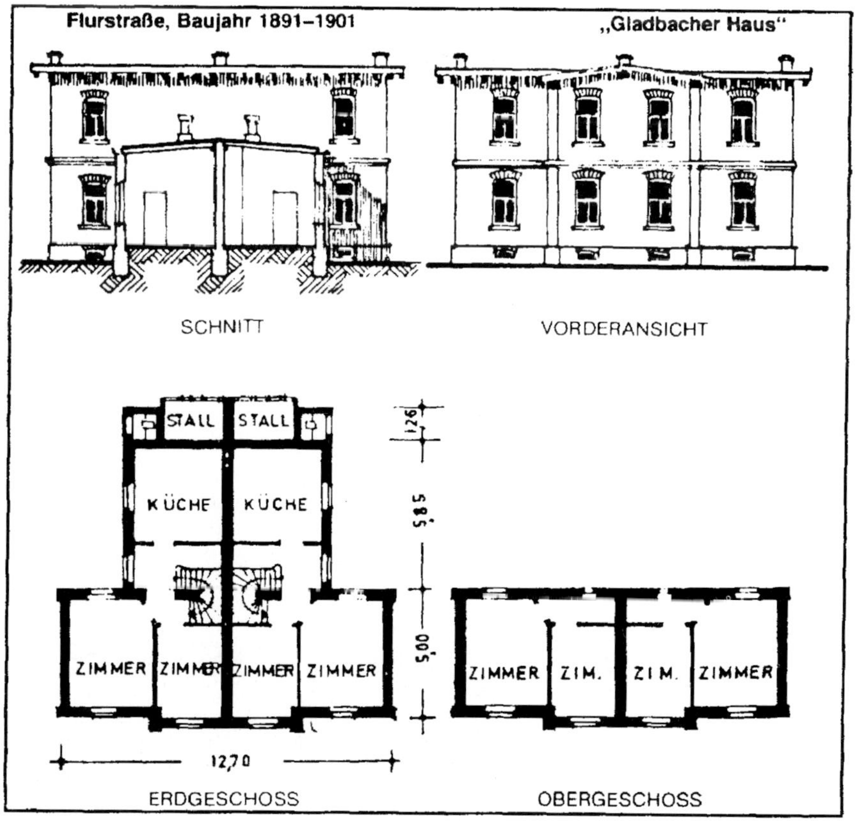

Arbeiterhäuser um 1900. Aus »Gladbacher Aktien-Baugesellschaft 1869–1969« (219, S. 128)

Franz Brandts (1927) (158, S. 98)

Für seine sozialpolitischen Verdienste erhielt er 1896 von Kaiser Wilhelm II. den selten verliehenen Wilhelmsorden. (120)

1869 zählte Franz Brandts zu einer kleinen Gruppe Gladbacher Unternehmer, welche die gemeinnützige »Gladbacher Aktien-Baugesellschaft« ins Leben riefen. Er gehörte dem ersten Vorstand der Gesellschaft an. Diese hatte den Zweck, »den weniger bemittelten Einwohnern Gladbachs billige und gesunde, gut eingerichtete, das Familienleben fördernde Wohnungen zu beschaffen«. (105, S. 191) Es wurde ein Finanzierungssystem entwickelt, das den Käufern erlaubte, nach längstens 16 Jahren den Kaufpreis vollständig zu tilgen. Alphons Thun bemängelt 1879, »daß hier die Elite des ansässigen Arbeiterstammes wohnt«, die Häuser für die einfachen Arbeiter zu teuer sind, und diese »bleiben, wo sie sind – im Elend«. (227, S. 172) Um die Jahrhundertwende erhielten die Arbeiterhäuser als das »Gladbacher Haus« Modellcharakter. Solche Häuser stehen heute noch in vielen Städten. In Mönchengladbach kann man sie zum Beispiel an der Aktienstraße, an der Eickener Höhe oder an der Flurstraße finden.

Franz Brandts war einer der wenigen Unternehmer, die selbst Arbeiterhäuser bauen ließen. Er engagierte sich außerdem in der Stadtpolitik. Vom 1. Januar 1871 bis zum 1. April 1904 gehörte er ohne Unterbrechung dem Stadtverordnetengremium an. (120) Er war Mitglied der Zentrumsfraktion. Das Zentrum war die politische Partei der Katholiken.

»Brandts, das war der Arbeiterfreund und soziale Unternehmer, das war der Vater des Volksvereins, der unter seinem Vorsitz über 800 000 Mitglieder zählte und zum viel beachteten Sprachrohr der Katholiken in der Sozialpolitik wurde. Der bleibende Verdienst des Volksvereins, die Arbeiter im wahrsten Sinne des Wortes mündig zu machen, wäre ohne einen Franz Brandts undenkbar gewesen.« (102) Franz Brandts verstarb am 5. Oktober 1914 in Mönchengladbach. Er wurde in der Aloysiuskapelle beigesetzt, die heute meist Brandts-Kapellchen genannt wird.

Franz Brandts wurde in seinem Bestreben, den weniger aufgeschlossenen Berufskollegen die ethische Notwendigkeit sozialer Fürsorge für die Mitarbeiter vor Augen zu führen, vor allem von Peter Busch, dem Leiter der Baumwollspinnerei J. A. Lindgens Erben (gegr. 1853) in Hochneukirch, unterstützt. Auch dort wurden neue Formen der Arbeitermitbestimmung praktiziert. Brandts wie Busch wurden so Wegbereiter einer fortschrittlichen sozialen Betriebsverfassung.

Arbeiterhäuser und Kapelle der Firma F. Brandts (102, S. 151)

Leonard Josten und die Gladwolle

Der zweite Pionier der Gladbacher Tuchindustrie war Peter Leonard Josten. Er wurde 1852 geboren. Sein Vater, Peter Conrad Josten (1821–1889), hatte ein kleines Lebensmittelgeschäft und betrieb nebenher eine eigene Kettschärerei für eine hiesige Handweberei.

Leonard Josten machte in der Firma Brandts, die seinerzeit die größte Tuchfabrik Gladbachs war, eine vierjährige kaufmännische Lehre. Anschließend erweiterte

Gladbacher Wollindustrie AG, vorm. L. Josten, Werk II an der Burggrafenstraße. (105, S. 113) Die Zeichnungen der beiden Werke zeigen den Stil der damals üblichen Industriedarstellungen. Die Sheddächer sind in Anzahl und Ausdehnung übertrieben gezeichnet

er seine Kenntnisse auf technischem Gebiet und machte ausgedehnte Geschäftsreisen. Während der letzten Jahre seiner Reisetätigkeit versuchte Leonard Josten oft, seinen Chef Karl Brandts zur Herstellung einer neuen Ware aus Halbwollzwirn in Kette und Schuß zu überreden. Brandts wollte jedoch an dem alten, gutgehenden Artikel, dem Halbwolltuch aus Baumwollkette und Wollschuß, festhalten.

Leonard Josten bestellte, nachdem er von seinem Vater Ersparnisse in Höhe von 15 000 Mark erhalten hatte, in England acht Smithsche Webstühle, mietete bei der Firma Molls & Meer am Obersten Rönneter Weg (heute etwa Hittastraße/Ecke Sternstraße) einen Shed-Raum an und ließ seine Firma, L. Josten, im August 1882 ins Firmenregister von M. Gladbach eintragen. (190)

Die von ihm entwickelte Ware, der »Josten-Buckskin«, kam am Markt gut an, und der kleine Betrieb florierte. 1885 liefen bereits 40 Webstühle. Die gemieteten Räume wurden zu eng, und 1886 kaufte Leonard Josten ein zwölf Morgen großes Grundstück am »Karmannshof«. Zwei Jahre später wurde mit dem Neubau begonnen, und Anfang 1890 konnte der Betrieb in den neuen Räumlichkeiten aufgenommen werden.

Die neuen Betriebsgebäude umfaßten nicht nur eine Weberei mit inzwischen 70 Webstühlen, sondern auch eine eigene Spinnerei und Appretur. (192) Es wurde also schon mehrstufig gearbeitet. Nach kurzer Zeit wurde die Weberei, die bisher nur auf englischen Webstühlen und solchen ähnlicher Bauart aus rheinischen Fabriken produzierte, durch 20 Schönherr-Webstühle ergänzt. Außerdem wurden eine Färberei und ein Noppsaal angegliedert. Die Firma arbeitete nun vollstufig. (190)

Da Leonard Josten keinen männlichen Nachkommen hatte, wurde die Umwandlung seiner Firma in eine Aktiengesellschaft beschlossen. Seit dem 1. Juli 1895 lautete der Firmenname »Gladbacher Wollindustrie AG, vorm. L. Josten«. Leonard Josten leitete das Unternehmen weiter als Vorstand. Im Sommer 1922 wählte der damalige Aufsichtsrat den erst sechsundzwanzigjährigen Wilhelm Achter ab 1. Januar 1923 zum Direktor des Werkes. Als Leonard Josten am 21. November 1923 starb, wurde Wilhelm Achter zum alleinigen Vorstand ernannt. (190)

1925 fusionierte die »Gladwolle«, wie das Unternehmen auch genannt wurde, mit der konkurrierenden Gladbacher Textilwerke AG, vorm. Schneiders & Irmen. Ein

Der Gründer der Gladbacher Wollindustrie-AG, Leonard Josten (190)

Wilhelm Achter, Kammerpräsident von 1933 bis 1943 (92, S. 24)

großer Gebäudekomplex an der Burggrafenstraße/Ecke Hehner Straße (Werk II) kam dadurch hinzu. Die Gesellschaft beschäftigte 1200 Arbeiter, und es liefen 467 Webstühle. Der Betrieb war voll elektrifiziert. (124, S. 118–122) Bauliche Erweiterungen und die Übernahme von Grundstück und Gebäude der Weberei Gebr. Brandts 1938 machten das Unternehmen zu Beginn des Zweiten Weltkriegs zur größten vollstufigen Tuchfabrik Deutschlands. (105, S. 259)

In einer Darstellung über Stadt und Wirtschaft M. Gladbachs von 1927 heißt es über Leonard Josten (124, S. 114 f.):

»Josten war eine der markantesten Persönlichkeiten der Gladbacher Textilindustrie; er zählt zu den erfolgreichsten Industriellen des Bezirks, und die Entwicklung der M. Gladbacher Tuchindustrie in ihrer heutigen Bedeutung ist von ihm wesentlich beeinflußt worden. In schier unermüdlichem und nie verzagendem Schaffensdrange, mit kaufmännischem Weitblick und kühnem Unternehmungsgeist hat er die Geschäftsleitung ausgeübt, das von ihm gegründete Werk unter Überwindung aller Schwierigkeiten in schneller und ständiger Aufwärtsentwicklung aus kleinen Anfängen heraus zum bedeutendsten Betriebe seiner Art im M. Gladbacher Bezirk gemacht und ihm darüber hinaus eine führende Stellung in der gesamten deutschen Halbwoll- und Kunstwoll-Industrie verschafft.

Josten war von vornherein unablässig bestrebt, den [...] Betrieb planmäßig zu einem Universal-Textilbetriebe auszugestalten; er hat frühzeitig die Vorteile einer vertikal-wirtschaftlichen Betriebsorganisation in der Textilindustrie erkannt und als einer der ersten Textilindustriellen des Mönchengladbacher Bezirks die verschiedenen Erzeugungsstufen der Tuchherstellung innerhalb eines großen Gesamtunternehmens vereinigt.«

Die Gründungsjahre weiterer namhafter Tuchfabriken sind (90, S. 101):

1868: H. Kloeters & Co., Rheydt (später Rheinische Wollwerke A. Gronen & Co.)
1894: Dormanns & Thomas, M. Gladbach (später Dormanns Tuchfabrik AG)
1896: Fritz Cohen, M. Gladbach (später Tuchfabrik Rheinland GmbH)
1897: Klein & Vogel, M. Gladbach
1899: Achter & Ebels, M. Gladbach
1902: Beeker & Neuenhofer, M. Gladbach
1904: Wienands, Casteel & Giesen AG, Rheydt
1904: Christian & Hanraths, M. Gladbach
1909: K. Jos. Otten, M. Gladbach
1909: Josef Gier, M. Gladbach

Menschen im Betrieb

Der normale Alltag im Textilbetrieb wird von Menschen geprägt. Die folgenden Bilder aus der »Gladwolle« der fünfziger Jahre sprechen für sich, was die Erfüllung der dargestellten Menschen an ihrem Arbeitsplatz betrifft.

Luftaufnahme 1956 vom Werk I (Rudolfstraße) der »Gladwolle« (10 a)

links: Büro-Kraten (10 a)

Einkauf »Gladwolle« (1952) (10 a)

Pförtner
(April 1952) (10 a)

Mitte links und rechts:
Fuhrleute (10 a)

unten:
»Heiße Gesellen« (10 a)

links und unten:
Betriebsratssitzung (Mai 1952)
(10 a)

In der Mitte links: Jubelpaar 1952 (10 a)

oben: A. Jakobs, S. Kehren, M. Meer,
Grüße aus dem Listenhof (1952) (10 a)

links: Horst Quasten, Werner Buschfeld,
Hans-Alb. Fredel, Familiennachwuchs
Gladbacher Wollindustrie (1952) (10 a)

Tuchfabrikation

Es ist zumindest fraglich, inwieweit man für die Gladbacher wollverarbeitenden Unternehmen den Begriff »Tuchfabrik« verwenden kann. Der hiermit assoziierte überdurchschnittlich hohe Qualitätsstandard bzw. die Produktion höchstwertiger Waren ist für Mönchengladbach zu diesem Zeitpunkt nicht festzustellen. Eigenbertz bezeichnet die wollverarbeitenden Betriebe jener Zeit folgerichtig auch als Buckskin-Industrie. Von den Leistungen der Hauptplätze der Wollverarbeitung wie etwa Aachen war man damals noch weit entfernt.

Hieran änderte auch die Gründung der ersten Kammgarnspinnerei nichts. Fränken spricht zwar davon, daß der Bedarf an Kammgarnen in Mönchengadbach zur Gründung dieses Unternehmens geführt habe, aber die 1896 von der belgischen Spinnerei La Lainiere gegründete Firma in Aachen hatte einen weit größeren Abnehmerkreis als die Mönchengladbacher Unternehmen. Ohnehin nur gegründet, um die deutschen Zollsätze zu umgehen - auf Kammgarn wurde ein höherer Zoll erhoben als auf Kammzüge - wurde die Spinnerei aus Belgien mit Kammzügen beliefert. Nur die günstigeren Lohnverhältnisse in Mönchengladbach waren ausschlaggebend für die Wahl des Standortes - beliefert werden sollte hauptsächlich Aachen. (105, S. 248)

Das vor allem geringe und mittlere Qualitäten erzeugt wurden, zeigt sich auch im weiteren Ausbau der Streichgarnkapazitäten bis zum Ausbruch des Ersten Weltkrieges. Dies erfolgte teils im Rahmen der Webereien zur Deckung des Eigenbedarfs, teils durch Neugründungen oder Erweiterungen von Verkaufsspinnereien. Am Vorabend des Ersten Weltkrieges waren in Mönchengladbach 16 Streichgarnspinnereien mit 120000 Spindeln ausgestattet, und auf 3000 Webstühlen wurden Buckskins hergestellt. (90, S. 95)

Die Jahre von 1914 bis 1931 waren gekennzeichnet durch Rohstoffmangel - und zwar aller Faserstoffe - und politische Instabilität. Dennoch konnte die Wolle ihren Anteil am Faserverbrauch in den Jahren zwischen den Kriegen auf Kosten der Baumwolle leicht steigern; eine Entwicklung, die sich, wenn auch zunächst kaum merklich, schon in den letzten Jahren des 19. Jahrhunderts abgezeichnet hatte. (90, S. 96)

Die folgenden Jahre nationalsozialistischer Wirtschaftspolitik veränderten die Verhältnisse in Mönchengladbach grundlegend. Der aus gesetzlichen Verordnungen resultierende zunehmende Zwang zum Einsatz heimischer Textilrohstoffe förderte die Verwendung von Zellwolle und Reißwolle. Die Mehrzahl der ansässigen Unternehmen, die schon seit Jahrzehnten Kunstwolle verarbeiteten, hatten hiermit relativ wenig Probleme. »Die größten dieser Firmen waren vollstufig eingerichtet, sie besaßen Reißerei, Spinnerei, Weberei, Färberei und Ausrüstung und waren wie geschaffen für das, was nun verlangt war: Ohne echten Rohstoffnachschub, also aus Altkleidung und regeneriertem Material, mußten neue, tragfähige Stoffe entstehen.« (191, S. 115) Während die Verarbeitung von Baumwolle immer mehr zurückging, konnte der Einsatz von Reißwolle ständig ausgebaut werden und erreichte nahezu Gleichstand mit der Baumwolle. In diesen Jahren erlebte Mönchengladbach den Strukturwandel vom »Rheinischen Manchester« zum bedeutendsten Platz für die Verarbeitung von Reißwolle in Deutschland.

Die Bombenangriffe auf Mönchengladbach ab 1943 zerstörten bis zum Kriegsende mehr als 50 Prozent der Kapazitäten der Wollwebereien und -spinnereien. Der folgende Wiederaufbau wurde erschwert durch Mangel an Rohstoffen, Strom, Kohle und das Fehlen eines Permits. Die großen Zerstörungen in den Unternehmen aber boten gleichzeitig die Chance zu einem vollständigen Neubeginn in der Mönchengladbacher Textilindustrie.

Unmittelbar nach Kriegsende wurden vor allem wieder jene Artikel hergestellt, für die Mönchengladbach bekannt war, also Baumwoll-Zellwollgewebe und grobfädige Buckskins. Aber der schnelle Wirtschaftsaufschwung führte zu einem veränderten Käuferverhalten. Vermehrt wurde Qualitätsware verlangt, die sehr bald nach Erscheinen der neuen Polyesterfaser aus Polyester/Woll-Mischgeweben bestand.

Um 1950 arbeiteten im Raum Mönchengladbach wieder folgende Betriebe (aus Aufzeichnungen des Webmaschinen-Ingenieurbüros Dieter von Gehlen):

B = Baumwollweberei
J = Juteweberei
L = Leinenweberei
S = Seidenweberei
W = Wollweberei bzw. Tuchfabrik

in Dülken:
B Dülkener Baumwollspinnerei und Weberei GmbH
S Cd. & Hch. v. Beckerath Nachf., Seidenweberei
SB Fischer-Fürwentsches & Sohn, Seiden- und Baumwollweberei der Herren Fischer
S V. Gierlings KG, Mechanische Seidenweberei
S Rheinische Seidenweberei Carl Strukken
S A. Weyermann & Söhne, Samt- und Seidenweberei

in Grevenbroich:
B Erckens & Co., Mechanische Baumwollspinnerei und Weberei
B Anton Walraf Söhne, Grobgarnweberei

in Hochneukirch:
B Gebr. Brunner, Zwirnerei u. Weberei
B Kellers & Co., Mechanische Baumwollweberei

in Jüchen:
B Busch & Co., Spinnerei und Baumwollweberei
BW Schwartz & Klein, Tuchfabrik, Baumwollweberei

in Korschenbroich:
W Peter Irmen, Tuchfabrik

in Mönchengladbach:
B Coenen & Costers, Baumwollweberei
B Cramer, Temming & Co. KG, Baumwollweberei
B Gebr. Croon, Baumwollweberei
B Arthur Diltey, Baumwollweberei
B Walter Dohmen, Baumwollweberei
B H. Wilh. Essers, Baumwollweberei
B Fellinger & Peltzer, Baumwollweberei
B M. Frentzen & Söhne, Baumwollweberei
B Wilh. H. Frentzen, Baumwollweberei
B Eduard Funk KG, Mechanische Baumwollweberei
B Th. Gerards, Mechanische Weberei
B Gesellschaft für Baumwollindustrie A. & A. Kock
B M. Jörissen & Co., Baumwollweberei
B Josef Kleinsorg Nachf., Baumwollweberei
B L. Menckhoff, Baumwollweberei
B Paul Michels & Co., Baumwollweberei
B Niederrheinische Cord- und Velvetindustrie GmbH
B Peltzer & Co. KG, Frottierweberei
B Gebr. Peltzer, Baumwollweberei
B J.P. Peters & Co., Mechanische Baumwollweberei
B Arthur Pongs, Baumwollweberei
B Eduard Richartz AG, Baumwollweberei
B Schopen & Hinsel, Baumwollweberei
B R. Schürenberg & Co., Mechanische Baumwollweberei

B Heinrich Siemons, Mechanische Baumwollweberei
B Textilfabrik Bornemann, Mechanische Weberei
B Wilhelm Trussen, Baumwollweberei
B Verein. Buntwebereien, Koltze & Co.
B Vereinigte Rumpuswerke
B Nikolaus Vollmer, Mechanische Baumwollweberei
B Wilh. Zanders, Baumwollweberei
B Joh. Zaunbrecher, Baumwollweberei
S Joh. Paul Mühlen, Seidenweberei
S Schmachtenberg & Co., Seidenweberei
S Constanz Siepermann, Seidenweberei
W Achter & Ebels, Tuchfabrik
WB Eduard Aretz, Tuchfabrik und Buntweberei
W Baumann & Pongs, Tuchfabrik
W Becker & Neuenhofer, Tuchfabrik
WB Boetzelen Textilbetriebe, Tuchfabrik, Baumwoll- und Wollspinnerei
W Feintuchfabrik AG
W Alfons Hoeren, Tuchfabrik
W K. Jos. Otten, Tuchfabrik
W Plum & Florenz, Tuchfabrik
W Tuchfabrik Rheinland, GmbH
W Schwartz & Klein, Tuchfabrik
W Tuchwerk »Westmark«, Bier & Co.
W Voss & Clermond, Tuchfabrik
W Gladbacher Wollindustrie

in Neersen:

B Kauertz & Co. KG, Baumwollweberei

in Rheydt:

B H. Pferdmenges jr. & Co., Baumwollweberei
B Ortmann & Co., Baumwollweberei
B Bausch & Hützen, Baumwollweberei, Odenkirchen
S Max Arnz, Seidenweberei
S C.E. Bettmann, Seidenweberei
S J.H. Hützen, Seidenweberei
S Walter Klevers, Seidenweberei
S J.P. Kuhlen & Söhne, Seidenweberei
S Müllers & Plücker, Seidenweberei
S Ernst Quack & Sohn, Seidenweberei
S Gustav Quack KG, Seidenweberei
S Scharschuch & Cie. KG, Mechanische Seidenweberei
S Scheulen & Amrath, Seidenweberei
S Schmachtenberg & Co., Seidenweberei
S Seidenweberei Pferdmenges & Co., GmbH
S Friedrich W. Steinraths, Seidenweberei
S Joh. Steinraths, Seidenweberei
W Rheinische Wollwerke A. Gronen & Co.
WS Feinweberei Engels

in Süchteln:

S Christoph Andreae, Seidenweberei
BS Chora-Textil GmbH, Möbelstoff- und Seidenweberei

in Viersen:

B Beckers & Hüskes, Cordfabrik
B Gesellschaft für Cordindustrie Cramer-Halstrup & Schründer
B Klein & Sahl, Frottierweberei
B K. Heinz Otten, Baumwollweberei
B Pongs & Zahn Textilwerk AG
BL Viersener Aktiengesellschaft für Spinnerei und Weberei
B Viersener Baumwollfeinweberei GmbH
S Coenen & Lüpges, Seidenweberei
S F. W. Greef, Seidenweberei
S Konnertz & Höttges, Seidenweberei
S Mechanische Seidenweberei Viersen AG

in Vluyn:

B Samans & Co.
B Joh. Springer

in Waldniel:

B Dr. Hungerberg & Co., Feinweberei Waldniel
S Kunstseiden AG

in Wassenberg:

B Greulich & Kortländer GmbH, Feinweberei

S Seidenweberei Barnik, GmbH

in Wegberg:

BL Niederrh. Leinenweberei Carl Billmann & Söhne

B Franz P. Stupp GmbH, Baumwollspinnerei und Weberei

Mit dem Wiederaufbau nach dem Zweiten Weltkrieg entwickelte sich Mönchengladbach zu einem Tuch-Standort. Paulheinz Quack schreibt 1961 (192):

»In diesen anderthalb Jahrhunderten hat sich die Stadt, hat sich die Welt, hat sich das Leben der Menschen ungeheuer verwandelt. Und alles fließt weiter.

Was morgen, was in zehn oder nochmals hundertfünfzig Jahren sein wird, weiß niemand. Wir sind nur des Augenblicks gewiß und sehen nur die Forderung unseres Tages.

An diesem, ihrem heutigen Tage aber kennt die Textilindustrie des Mönchengladbacher Raumes ihre Position: Nach der Urepoche des Leinens, nach dem ›Manchester‹-Schaffen an der Baumwolle, nach den Jahrzehnten des Buckskins und der Mischgewebe von mittlerer Qualität ist Mönchengladbach heute das Kammgarnzentrum Deutschlands.

Innerhalb des insgesamt 672 qkm großen Kammerbezirks ist in der Stadt selbst nicht nur die Masse der Woll- und Kammgarnspinnereien, sondern mit 40 von insgesamt 62 Tuchfabriken des Bezirks auch die Mehrzahl der Kammgarnwebereien beheimatet. Diese Stadt, in der seit je die Hausweber wirkten, ist heute mit ihren hochmodernen Betrieben der Hauptplatz deutscher Tuchindustrie. Sie produziert den größten Teil an Kammgarngeweben im Bundesgebiet und hat damit gegenüber allen anderen westdeutschen Erzeugerplätzen die führende Rolle übernommen.«

Typische Kettschärerei der 50er Jahre (10 a)

unten:
Typische Schützenwebstühle der 50er Jahre (10 a)

Überkommen aus einer anderen Zeit

Die Textilindustrie am Niederrhein stellte in den 50er Jahren einen bedeutenden Zweig der deutschen Wirtschaft dar. Bei großen Schwierigkeiten entwickelte sie sich aus kleinen Anfängen zu einem hochindustriellen Gebilde. Zähe und wohlüberlegte Arbeit war zu ihrem Auf- und Ausbau immer wieder nötig.

Tuchfabrik Josef Gier

Die einzelnen Unternehmen leisteten unermüdliche Aufbauarbeit. An dieser Entwicklung war die Tuchfabrik Josef Gier in M. Gladbach, die am 1. Januar 1910 gegründet wurde, entscheidend beteiligt. Im Jahr 1950 schrieb man:

Josef Gier (aus einem Firmenprospekt)

Vier Jahrzehnte mögen für die niederrheinische Textilindustrie insgesamt nicht als sonderlich bedeutende Zeitspanne erscheinen. Für ein Industrie-Unternehmen aber, wie die Firma Josef Gier, sind sie ein Zeitraum vielfältigen und oftmals auch mühevollen Wirkens und Schaffens. Während dieser Jahre führten Inhaber und Mitarbeiter die Firma mit kaufmännischer Initiative, technischer Intelligenz und fachlichem Können zum Erfolg. Die Tuchfabrik Josef Gier ist heute ein wichtiger Teil der Wirtschaft am Niederrhein. Sie half M.-Gladbachs Ruf als deutsches Textilzentrum schaffen und erhalten.

Dem Namen Gier begegnet man in der Textilindustrie oft. Johann Michael Gier, der Vater des Gründers der Firma, aus Aachen gebürtig, gründete in M.-Gladbach eine weitbekannte Appretur, Färberei und Spinnerei. Josef Gier selbst stellte am 1. Januar 1910 in gemieteten Räumen in der Matthiasstraße in M.-Gladbach die ersten zwanzig Webstühle auf. Seine ruhige Überlegenheit in allen technischen Entscheidungen, sein solides kaufmännisches Handeln und ein vernünftiges Abwägen aller geschäftlichen Realitäten und Möglichkeiten waren die besten Voraussetzungen für das Wachsen und Gedeihen der jungen Firma. Sie wirkte deshalb auch bald wie selbstverständlich weit über die deutschen Grenzen hinaus. Schon 1911/12 galt ihr Name im Ausland viel. Herrenstoffe mit den Etiketten »Josef Gier, M.-Gladbach« wurden sogar nach Japan versandt. Kein Wunder, daß die Zahl der Webstühle 1913 verdoppelt werden mußte. Dabei stellte die Firma als erste Tuchfabrik ihre maschinelle Einrichtung auf elektrischen Einzelantrieb um.

Als schließlich der erste Weltkrieg ausbrach, wurde das Gedeihen der Firma nicht unterbrochen. Ihr Chef stand zwar vom dritten Mobilmachungstag an als Offizier im Dienste des Vaterlandes, die Fabrikation jedoch lief weiter: in Tag- und Nachtschichten wurden Tuche, Manteltuche und Decken gewebt. Selbst als die zunehmende Verknappung der Rohstoffe viele Betriebe zum Stillstand brachte, erfaßte die Firma Josef Gier sicher neue Herstellungsmöglichkeiten und produzierte Papiergewebe für Schuhfutter und die bis dahin unbekannten nahtlosen Papiersäcke. Auch die schweren Nachkriegsjahre konnten die fortschrittliche Entwicklung des Betriebes nicht hemmen. Im Jahre 1922 erwarb Josef Gier vielmehr eigene Grundstücke in der Engelblecker Straße und errichtete darauf moderne und zweckmäßige Gebäude. In den folgenden Jahren spezialisierte die Firma ihre Fabrikation auf Hosenstreifen. Dabei bewies sie wieder in Qualität, Musterung und Preiswürdigkeit ihre »glückliche Hand«, so daß die aus diesen Stoffen hergestellten und von einer bekannten Gladbacher Kleiderfabrik vertriebenen »Monopol-Hosen« in ganz Deutschland und selbst im Ausland begehrt wurden. Notariell belegt ist die Lieferung von 107000 Metern dieser Hosenstreifen an eine Kleiderfabrik im Ge-

Anzeige der Firma Josef Gier aus dem Jahre 1927 (16 a)

schäftsjahr 1929/30. Um solche Aufträge bewältigen zu können, mußten viele auswärtige Stühle in Lohn beschäftigt werden. Im Jahre 1933 trat Robert Gier, der einzige Sohn des Gründers, nach gründlicher und vielseitiger Ausbildung in Theorie und Praxis, nach Studienreisen im In- und Ausland, als Prokurist in die Firma ein. Die Jahre bis zum Ausbruch des zweiten Weltkrieges waren gekennzeichnet durch eine ständig wachsende Produktion, mit der die technische Erweiterung und die sorgsam beachtete Leistungssteigerung, im Hinblick auf die sich allenthalben bemerkbar machenden höheren Ansprüche des Verbrauchers, Schritt hält. Holland, Skandinavien und die Balkan-Staaten wurden mit reinen Kammgarnstoffen beliefert. Die erfreuliche Entwicklung wurde jäh unterbrochen durch die Auswirkungen des zweiten Weltkrieges. Die wachsende Luftbedrohung zwang zu verlustreichen Betriebsverlagerungen. Die Betriebsräume in M.-Gladbach wurden durch Kriegseinwirkungen erheblich beschädigt und nach Kriegsende für lange Zeit von amerikanischen Besatzungstruppen belegt. Nach deren Abzug begann zielbewußt der Wiederaufbau.

Rheindahlener Textilwerke, Rheindahlen

Das seit 1882 bestehende Unternehmen brachte die erste Textilindustrie in den bis dahin ländlichen Vorort Rheindahlen. 1922 zählte das Werk mehrere hundert Angestellte und Arbeiter und hatte somit an der Entwicklung des Ortes und des Bezirkes bedeutenden Anteil genommen. Hergestellt wurden in der Weißweberei hauptsächlich Manchester, Velvets und Pilots, während die Schwarzweberei Buckskins und ähnliche Artikel produzierte. In einer angegeliederten Ausrüstung wurden die Gewebe selbst veredelt, speziell die bekannten Rheindahlener Genua-Cords.

Teilansicht der Weißweberei der Rheindahlener Textilwerke (16 a)

K. Jos. Otten, Tuchfabrik, M. Gladbach

Die Fabrik wurde im Jahre 1909 mit 35 Arbeitern in gemieteten Räumen gegründet. 1919 errichtete man ein eigenes Gebäude, das die Weberei und die Zwirnerei aufnahm. Es war dies einer der ersten neu eingerichteten Textilbetriebe des Bezirks, die, unabhängig von der Dampfmaschine, elektrischen Einzelantrieb für alle Maschinen einsetzten. Der Neubau wurde im Jahre 1921 durch eine Appreturanlage mit Wäscherei und Walkerei erweitert, ausgestattet mit den modernsten Maschinen für

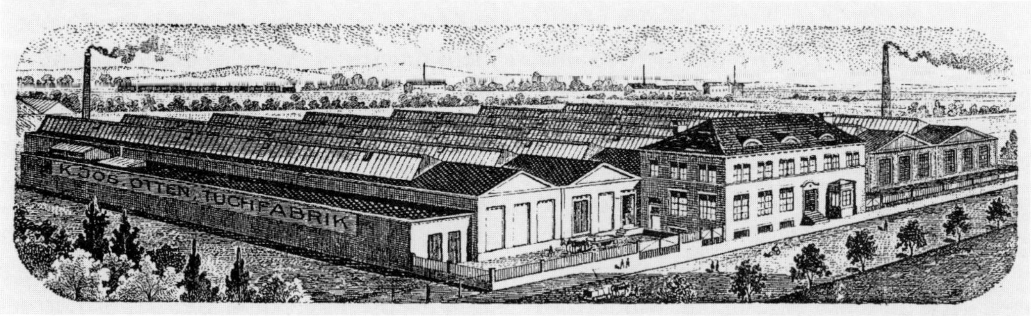

K. Jos. Otten, Tuchfabrik, Mönchengladbach (16 a)

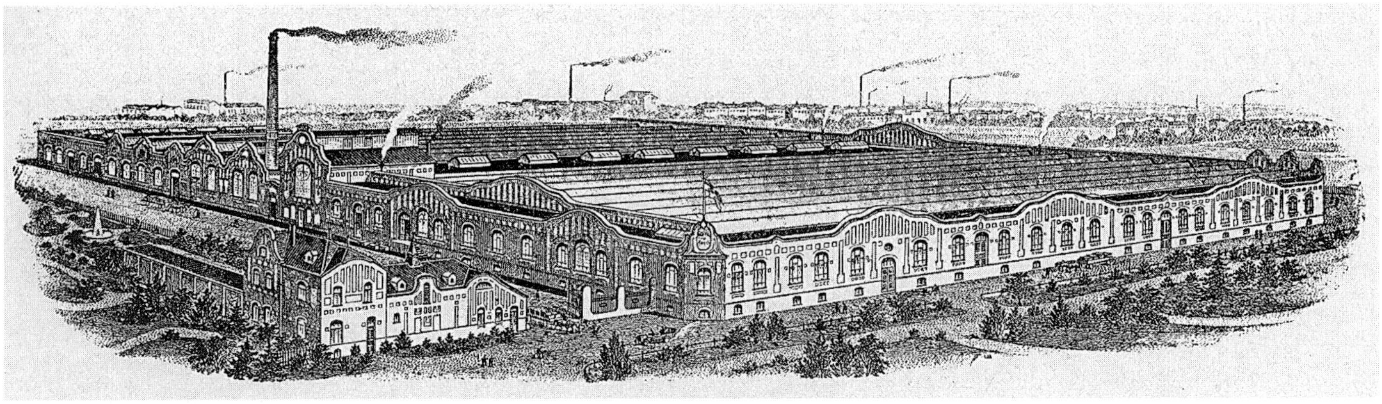

Tuchfabrik Achter & Ebels, M. Gladbach (16 a)

Trockenappretur, und im Jahre 1924 wurde der Betrieb durch eine eigene Färbereianlage vervollständigt. 1922 beschäftigte man rund 140 Angestellte und Arbeiter. Die Fabrik stellte Stoffe aus Streichgarn und Kammgarn in mittleren Qualitäten für Konfektion, Tuchhandel und Export her. Hauptabsatzgebiete waren neben dem deutschen Markt England, Holland, der Orient, Südafrika und Südamerika. In viele andere Länder, u. a. Australien und China, gingen die Erzeugnisse auf dem Weg über Hamburger und Londoner Exportunternehmen.

Tuchfabrik Achter & Ebels, M. Gladbach

Achter & Ebels wurde im Jahre 1899 von Victor Achter und Conrad Ebels gegründet und bezeichnete sich 1922 als das größte Textilunternehmen der Tuchindustrie im Privatbesitz M. Gladbachs.

Man begann mit zwölf Webstühlen in gemieteten Räumen in der Alsstraße. 1910/11 zog man in eine neue Fabrik in der Waldnielerstraße (Waldhause), wo mit zunächst 87 Webstühlen, Zwirnerei, Appretur, Walkerei, Wäscherei der Betrieb aufgenommen wurde. 1913 hatte man noch Kunstwollfabrikation, Streichgarnspinnerei und Färberei angegliedert, unter gleichzeitiger Vergrößerung der Weberei auf 150 Stühle, so daß das Ganze nunmehr eine vollständig komplette Tuchfabrik bildete. Von diesem Zeitpunkt an wurden die Erzeugnisse der Firma vom Rohstoff bis zum fertigen Stück Ware im eigenen Betrieb hergestellt.

Schwartz und Klein

Über ein Teilhabergesuch in der »Kölnischen Zeitung« lernten sich Leo Klein und Dr. Gottfried Schwartz kennen. Sehr bald entwickelte sich aus der Zusammenarbeit der beiden Männer eine Gemeinschaft des Denkens und Handelns, die für das Werden und Wachsen der Firma von größter Bedeutung war.

Leo Klein hatte um die Jahrhundertwende den Plan gefaßt, eine den damaligen Erfordernissen entsprechende Baumwollbuntweberei zu errichten. Als Sitz des Unternehmens wählte er Jüchen, wo seine Familie seit Generationen ansässig war. Als Landwirte und Gewerbetreibende waren ihnen Flachsbau, Handweberei und Färberei vertraut. Jüchen war um die Jahrhundertwende ein kleiner Ort mit rund 2500 Einwohnern.

Die Verkehrslage war für die Neugründung eines industriellen Unternehmens nicht ungünstig. Man lag an der Bahnlinie M. Gladbach-Köln sowie an einer der Hauptverkehrsstraßen vom M. Gladbach-Rheydter Textilgebiet zum Kölner Wirtschaftsraum. Leo Klein war 35 Jahre alt, als die Firma gegründet wurde. Zu diesem Zeitpunkt war er bereits 20 Jahre in der Baumwollspinnerei und Weberei H. J. Brunner, Hochneukirch, tätig gewesen, einem Betrieb, der dem Bruder seiner Mutter gehörte. Die Firma Brunner zählte zu den ältesten im hiesigen Bezirk. Sie war 1833 von einem Großonkel Leo Kleins in Hochneukirch gegründet worden. Hier hatte er praktische Erfahrungen gesammelt, sich gründliche Kenntnisse angeeignet und zuletzt als Prokurist in leitender Stellung gewirkt. In Dr. Gottfried Schwartz begegnete er einem Mann, der zunächst aus einem ganz anderen Umfeld kam. Am 24. November 1868 in Stadtlohn in Westfalen geboren, hatte er Chemie studiert und war Apotheker geworden. Dann mag die innere Neigung den Ausschlag gegeben haben, den Beruf zu wechseln. Stammte doch Dr. Schwartz aus der bekannten Textilindustriellen-Familie Schwartz in Bocholt, wo seine Vorfahren und seine Brüder bereits große Werke besaßen. Diese unterstützten ihn, als er für sein nicht unbedeutendes Kapital nach einer Möglichkeit suchte, sich an einem Textilbetrieb zu beteiligen.

Während Leo Klein die geschäftliche Leitung des Unternehmens übernahm, wurde Dr. Schwartz der Mann der praktischen Betriebstätigkeit. Seine chemischen Kenntnisse waren dabei für die wichtigen Abteilungen der Färberei und Ausrüstung von großem Nutzen.

Dr. Gottfried Schwartz (1868-1945) (10 a)

Leo Klein (1864-1925) (10 a)

Schwarz & Klein in Mönchengladbach um 1950 (16 a)

Schwartz & Klein in Jüchen um 1950 (16 a)

Werbeanzeige der Tuchfabrik Peter Irmen aus dem Jahr 1927 (16 a)

Tuchfabrik Irmen

Die Tuchfabrik Irmen wurde im Jahr 1910 als Volltuchfabrik gegründet. Sie befindet sich in Korschenbroich am Stadtrand von Mönchengladbach und ist heute unter dem Namen Tuchfabrik P. Irmen GmbH eine 100%ige Tochter der Irmen & Richter Textil AG. Das Unternehmen verfügt über einen leistungsstarken Fertigungsbetrieb mit Maschinen modernster Technologie.

Rheydt am seidenen Faden

Im Gebiet Rheydt/Süchteln wurden zwar auch Samt- und Seidenartikel hergestellt, aber nicht in so großem Umfang, daß man von typischen Artikeln für diese Gegend sprechen könnte. Der Hauptsitz der Samt- und Seidenindustrie war Krefeld. Von dort drangen, wie schon erwähnt, Ableger dieses Gewerbezweiges in südlicher Richtung bis nach Gladbach und Rheydt vor. Aber eine Seidenindustrie von größerer Bedeutung entstand nur in der Gemeinde Rheydt. Dies läßt sich auch anhand des Firmenverzeichnisses in Kapitel 11 nachvollziehen. Nach Fränken dürfte die unterschiedliche Entwicklung dieses Gewerbezweiges in den beiden Orten auf den verschiedenartigen Charakter der Bevölkerung beider Gemeinden zurückzuführen sein, »die in Rheydt konservativ, sich nach Erlöschen der Baumwollhandweberei in großem Maße der Seidenhandweberei zuwandte und damit seit Mitte des [vorigen] Jahrhunderts die Ausdehnung dieses Gewerbezweiges förderte«. (66, S. 234)

Wie die Verbreitung der Baumwolle in Mönchengladbach überwiegend auf auswärtige Kaufleute oder Fabrikanten zurückzuführen ist, kann auch für die Aufnahme der Samt- und Seidenfabrikation festgestellt werden, daß deren Ausdehnung am Ort vor allem Krefelder Unternehmer forcierten. Die verstärkte Verarbeitung von Seide läßt sich in Krefeld schon zu Ende des 17. Jahrhunderts feststellen. Im Rahmen des Verlagssystems wurde sie zunächst in Viersen und Süchteln auf Rechnung Krefelder Verleger eingeführt. Die Verarbeitung von Seide in Mönchengladbach läßt sich sicher erst ab 1776 nachweisen, als der Vogt Bouget die Fabrikation seidener und halbseidener Tücher und Samtkordeln aufnahm. (66, S. 88) Trotz ihrer zunehmenden Verbreitung war im Vergleich zur damals vorherrschenden Herstellung von Leinwand der Anteil von Seide an der Gesamtproduktion auch in der Folgezeit gering. Zu Beginn des 19. Jahrhunderts von einheimischen Kaufleuten aufgenommen, waren 1807 in der Seidenverarbeitung des gesamten heutigen Stadtgebietes rund 470 Personen beschäftigt, während allein in der Leinwandherstellung in Rheydt 2301 Personen arbeiteten. (66, S. 19 ff.)

Anders als die zu dieser Zeit in Mönchengladbach hergestellten Leinen- oder Baumwollartikel waren Seidenprodukte wesentlich anfälliger für Veränderungen in der Mode. Als teurer Luxusartikel hing ihr Absatz zudem von der jeweiligen Kaufkraft der Bevölkerung ab; ein Umstand, der den seidenverarbeitenden Unternehmen auch in den folgenden Jahrzehnten immer wieder zu schaffen machte.

Wie die Verarbeitung von Wolle, die sich zunächst im Rahmen der Baumwollweberei vollzog, wurde auch Seide anfangs mit Baumwolle zu Mischgeweben verarbeitet. Noch 1836 wurden sämtliche Baumwollverlagsgeschäfte als »Siamosen und halbseidene Zeugfabriken« bezeichnet. (66, S. 92) Die steigende Herstellung reinseidener Artikel seit Beginn der 1840er Jahre als Konsequenz der guten Absatzmöglichkeiten der Halbseidenprodukte erfolgte ebenfalls überwiegend in den Baumwollwebereien.

Ebenso wie die Verarbeitung von Wolle ist auch die der Seide vor allem auf den Absatzrückgang der baumwollenen Hosenzeuge zurückzuführen. Vor allem seit der Mitte des 19. Jahrhunderts gingen viele Baumwollwebereien als Reaktion auf den zunehmenden Preisdruck auswärtiger Konkurrenz dazu über, durch Einsatz von Wolle und Seide auf profitablere Produkte auszuweichen. So stieg die Zahl der Seidenwebstühle in den Städten Gladbach und Rheydt von 71 im Jahr 1849 auf 296 im Jahr 1852. (66, S. 94)

Zu einer deutlichen Differenzierung zwischen Baumwoll- und Seidenverarbeitung mußte die ab Mitte der 1850er Jahre einsetzende Mechanisierung der Baumwollfabriken führen. Anders als bei den widerstandsfähigeren Garnen aus Baumwolle oder Wolle war es noch nicht möglich, auch Seide auf solchen Maschinen zu verweben. Unternehmen, die unter Einsatz von Dampfkraft ihre Produktionsmethoden modernisierten, mußten in den Fabriken auf die Herstellung von Seidengeweben verzichten. Während in der Baumwoll- und Halbwollindustrie vor allem ab 1855 das Bestreben der Unternehmer nach Mechanisierung ihrer Fabriken festzustellen ist, herrschte in der Seidenweberei nach wie vor das Verlagssystem unter Einsatz von Handwebstühlen vor.

In diese Zeit fällt auch der Beginn einer unterschiedlichen Entwicklung der beiden Städte Gladbach und Rheydt in der Ausdehnung der Seidenverarbeitung. Läßt sich für Gladbach ein ständiges Sinken der für Seide eingesetzten Webstühle feststellen, stieg ihre Zahl in Rheydt kontinuierlich an. So verringerte sich die Anzahl der für Seide eingesetzten Webstühle in Gladbach von 60 Stück im Jahr 1852 auf 30 im Jahr 1875. Im gleichen Zeitraum vergrößerte sich die für die Seidenherstellung eingesetzte Anzahl an Webstühlen in Rheydt von 236 auf 825. (66, S. 99)

Eine stichhaltige Erklärung für diese unterschiedliche Entwicklung liegt nicht vor. Wenn Fränken als Ursache die »Wesensverschiedenheit« der Gladbacher und Rheydter Weber, die das »Zur-Fabrik-Gehen« als nicht standesgemäß angesehen hätten, angibt, erscheint dieses Argument als einzige Erklärung dürftig. Tatsächlich war Rheydt lange ländlicher strukturiert als Gladbach, das sich ab der Jahrhundertmitte immer mehr zu einem Industriezentrum entwickelte. Hieraus mag man ableiten, daß sich wegen dieses vermeintlichen Vorsprungs Gladbachs die technologisch rückständige Handweberei in Rheydt länger halten konnte. Hierfür spricht, daß die Baumwollhandweberei während der Phase

Zwei-Chor-Rutenwebstuhl, auf dem in einem Süchtelner Betrieb Samt entsteht (18 a)

der einsetzenden Mechanisierung in Gladbach von 1858 bis 1861 um mehr als 50 Prozent zurückging, während sie in Rheydt nur um weniger als zehn Prozent schrumpfte. (105, S. 157)

Der Einsatz der Dampfkraft zum Antrieb der Maschinen erfolgte zuerst für die seit den 1860er Jahren in Rheydt aufgenommene Produktion von Samt, für welche die Firma Johann Junkers seit 1870 mechanische Webstühle einsetzte. (66, S. 100) Erst 20 Jahre später wurden die ersten mechanischen Seidenwebstühle eingesetzt, die bis zur Jahrhundertwende die Handweberei immer mehr verdrängten.

Vereinzelt wird von Rheydt in Anlehnung an Krefeld von der »Seidenstadt« gesprochen. Es muß jedoch festgestellt werden, daß diese Städte sich vor allem in Quantität, aber auch in Qualität der erzeugten Artikel unterschieden. In der Stadt Krefeld wurden vorwiegend schwere und teure, also qualitativ sehr hochwertige Stoffe hergestellt, während die Rheydter Samt- und Seidenfabrikation sich vor allem durch leichte und einfache Stapelartikel auszeichnete. In ihren Kapazitäten war die Krefelder Seidenverarbeitung deutlich umfangreicher als in Rheydt. 1852 waren in Rheydt 236 Seidenwebstühle in Betrieb; zur gleichen Zeit liefen in Krefeld 6350 Webstühle mit Seide. (35, S. 30)

Ein für die Rheydter Seidenverarbeitung charakteristischer Zweig war die Herstellung von Schirmstoffen. Sie machte fast 85 Prozent der Produktion der deutschen

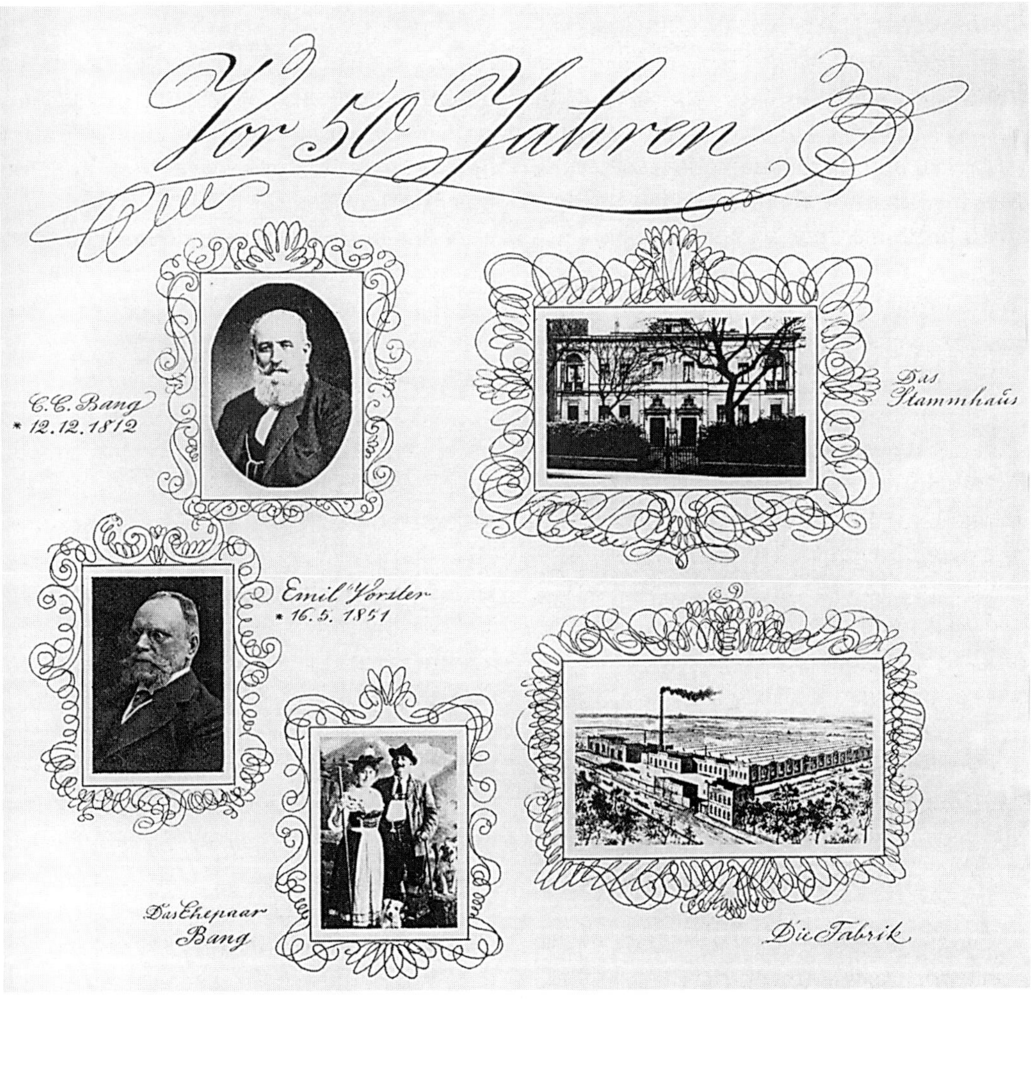

Aus dem Firmenprospekt der Seidenweberei C. C. Bang von 1950 mit Bildern um 1900 (10 a)

Schirmstoffwebereien aus. (66, S. 107) Ein Unternehmen, das sich schon seit 1850 mit der Herstellung von Schirmstoffen befaßte, war die Firma C. C. Bang. Gegründet von Carl Christian Bang, wurden zunächst im Rahmen der Hausindustrie reinseidene Schirm- und Futterstoffe produziert. Als einer der ersten niederrheinischen Betriebe, der sich aus kleinen Anfängen stetig aufwärts entwickelt hatte, entschloß man sich zur Einführung der mechanischen Betriebsweise. Nach dem Tode Carl Christian Bangs übernahm sein Sohn Reinhard das Geschäft unter dem Namen C. C. Bang Nachfolger. Das während des Ersten Weltkriegs stillgelegte Unternehmen hatte bereits 1900 als erste Schirmstoffweberei Deutschlands den elektrischen Einzelantrieb eingeführt. 1980 wurde der Firmensitz nach Willich verlegt. (58, S. 146)

Auch in den letzten drei Jahrzehnten vor der Jahrhundertwende, die von ständig wechselnder Konjunktur gekennzeichnet waren, dehnte sich die Herstellung von Schirmstoffen im Rahmen der Seidenverarbeitung immer mehr aus. Anders als hochmodische Artikel waren diese weniger stark von saisonalen Schwankungen betroffen und konnten auch in wirtschaftlich schlechteren Jahren abgesetzt werden. Auf einen Seidenschal konnte bei schwindender Kaufkraft leichter verzichtet werden als auf einen Regenschirm. Im Jahr 1898 liefen in der Seidenindustrie Rheydts etwa 1740 Webstühle, von denen allein 1100 für die Herstellung von Schirmstoffen eingesetzt wurden.

Die Anzahl der Webstühle verdeutlicht auch die tatsächliche Bedeutung der Seidenverarbeitung in Rheydt. Zur gleichen Zeit wurden 3840 Webstühle für die Herstellung von Baumwoll- und Halbwollgeweben eingesetzt (105, S. 177), das heißt, nach wie vor war die Verarbeitung von Baumwolle der Hauptzweig in der Textilindustrie Rheydts.

Die für alle Bereiche der Textilindustrie negativen Auswirkungen des Ersten Welt-

Moderner Automatenwebstuhl mit Perlon (18 a)

kriegs und der Folgezeit bis zur Währungsreform 1948 treffen auch auf die Seidenindustrie zu. Neben den wirtschaftlichen Rahmenbedingungen dieser Jahre mußte sich die Seidenindustrie aber wie zunächst kein anderer Zweig mit einem Material auseinandersetzen, das ihr Gesicht in der Zukunft verändern sollte: der Kunstseide, also den Synthesefasern.

Basierend auf den Patenten von Chardonnet (1884), Cross (1892) und Bevans (1892), dehnte sich die Verarbeitung der Kunstseide mit teilweise exponentiellen Wachstumsraten aus. Zwischen 1920 und 1925 stieg der Verbrauch an Kunstseide jährlich um 45 Prozent. (113, S. 41) Zudem wurden in Deutschland ab 1933 Produktion und Einsatz von Kunstseide und auch Zellwolle im Bestreben nach Autarkie massiv unterstützt.

Der große Vorteil der Kunstseide war ein im Vergleich zur Seide sehr günstiger Preis. Das Kilo Seide wurde in den 20er Jahren zwischen 6,5 und 9,5 Dollar gehandelt, die Kunstseide kostete hingegen etwa zwei Dollar pro Kilo. (113, S. 421) Die Verbesserungen in Herstellung und vor allem Ausrüstung der Kunstseide führten zu einem zunehmenden Ersatz der Naturseide.

Johann Junkers Nachfolger, Rheydt

Die Firma Johann Junkers Nachfolger, Samtbandweberei, Rheydt, wurde 1852 in Rheydt, Hauptstraße 278 a, mit dem Firmennamen Johann Junkers als Manufaktur für Seiden- und Samtbänder gegründet. 1852 baute Junkers ein zweistöckiges Geschäftsgebäude, in dem neben der Appretur zwei Räume für die Aufstellung von Webstühlen eingerichtet wurden.

Johann Junkers (1818-1893) (aus einem Firmenprospekt)

Der Ort für das neue Unternehmen war gut gewählt. Das Grundstück, vorher ein Ziegeleigelände, lag am Rande des Stadtteils Rheydt-Geneicken; hier waren von jeher viele Hand- und Hausweber ansässig. Auf deren erfahrene Tätigkeit konnte man sich stützen. Daß der Gründer mit der Wahl des Ortes eine glückliche Hand gehabt hatte, zeigte sich schon bald. Die Stadt dehnte sich immer weiter zu dieser Seite hin aus. Stadtverkehr und Durchgangsverkehr nahmen zu, unmittelbar neben dem Betrieb wurde der Bahnhof Rheydt-Geneikken erbaut, und im Jahre 1870 fand die Eröffnung der Eisenbahnlinie M. Gladbach-Odenkirchen statt. Diese Strecke hatte auch Anschluß ins Jülicher und Grevenbroicher Gebiet. Das war für das inzwischen zur Fabrik umgewandelte Junkerssche Unternehmen von größter Bedeutung, wie überhaupt der nach allen Richtungen ermöglichte Eisenbahnverkehr den ganzen Geschäftsbetrieb wesentlich förderte.

Johann Junkers war bei Errichtung des Werkes 34 Jahre alt gewesen. Er verfügte im Textilgeschäft bereits über gute Erfahrungen, da er bis dahin eine Manufaktur in halbwollenen Stoffen unter der Firma Junkers & Lies geführt hatte. Dieser Betrieb war im alten Junkersschen Haus in Rheydt, Hauptstraße 140, untergebracht gewesen. Junkers entstammte einer alteingesessenen, angesehenen Rheydter Familie, die schon lange mit der Textilindustrie verbunden war. Von 1880 bis 1893 war er Erster Beigeordneter der Stadt Rheydt – er kannte daher Land und Leute und war von Jugend auf mit allen örtlichen Vorbedingungen seines Geschäftes vertraut.

Da Herstellung und Vertrieb von Seiden- und Samtbändern in Rheydt fremd waren, mußten die mitarbeitenden Handweber entsprechend angewiesen werden. Zunächst benutzte man die vorhandenen Seiden- und Samtstühle, und die gewebten Stücke wurden in Bänder zerschnitten. Die Mode kam dem jungen Unternehmen zu Hilfe. Samtbänder wurden unentbehrliches Requisit. »Die Samtbandmode ging«, so sagt die Gladbacher Handelskammer in ihrem Jahresbericht für 1852, »von Paris aus und verbreitete sich über alle zivilisierten Länder.« Die Mode verlangte während der fünfziger Jahre für Damenkleider und -hüte immer neue Arten und Farben von Samtbändern. Paris behauptete darin weiter die führende Position. Es folgten England und die Vereinigten Staaten. Auf Frankreich, England und die USA richtete daher Johann Junkers seine Verkaufsbestrebungen. Nachdem seine Manufaktur anfangs auch Seidenbänder geführt hatte, konzentrierte er sich bald ausschließlich auf Samtbänder und besuchte, um mit den neuesten Anforderungen Schritt zu halten, alljährlich Paris und andere wichtige Plätze. Natürlich gab es auch Zeiten rückläufiger Konjunktur; oft wurde der Absatz der Ware durch die Launen der Mode sehr erschwert. Die Rheydter Stadtchronik berichtet, daß die Firma zeitweilig mehrere hundert Handweber, dann wieder nur dreißig bis vierzig beschäftigte.

In dieser Zeit begannen sich wesentliche technische Neuerungen in der Samtbandherstellung durchzusetzen. Anfang der sechziger Jahre konstruierte eine niederrheinische Webstuhlfabrik zunächst einen Handstuhl für Samtband, der das bis dahin durch Schnitt hergestellte Band fertig als Schlingdrahtband lieferte. Bald gab es die eisernen Samtbandmühlen, Stühle, auf denen ein festkantiges Samtband gefertigt werden konnte. Sie waren die Vorläufer der mechanischen Samtbandstühle, in die sie auch bei Umstellung zum mechanischen Betrieb leicht umgebaut werden konnten.

Die Firma Johann Junkers war einer der ersten Betriebe, die solche Bandmühlen aufstellten: zwanzig im Jahre 1862. Damit gewann der Betrieb das Bild einer in sich geschlossenen Fabrik.

Diese Neuerung, die gleichzeitig eine Verbesserung der Qualität brachte, war notwendig, um auf dem Weltmarkt konkurrenzfähig zu bleiben. Besonders die französische Samtbandindustrie hatte sich in St. Etienne zu einem immer stärker werdenden Konkurrenten entfaltet.

Eine Hilfe wurde Junkers Schwiegersohn Gustav Seyd, der, einer bekannten Elberfelder Familie entstammend und von dort aus mit der Bandweberei gut vertraut, Anfang 1870 als Teilhaber in die Firma eintrat. Mit der Geschäftserweiterung wurde auch der Grund gelegt für die Umgestaltung zu einem mechanischen Betrieb. Diese Vorhaben wurden unterbochen, als der im Sommer 1870 ausgebrochene Krieg einen großen Teil der Beschäftigten zu den Fahnen rief. Unter ihnen war auch der neue Teilhaber Seyd, der verwundet wurde und in längere Gefangenschaft geriet.

Die Firma überstand den Krieg gut, und die Aufträge rissen nicht ab. Auch deshalb, weil die deutschen Industrieerzeugnisse auf dem Weltmarkt einen hervorragenden Ruf erlangten.

Im Jahre 1876 wurde die durch den Krieg aufgeschobene Umstellung auf mechanischen Betrieb wieder aufgenommen und vollendet. Die erste Dampfmaschine kam in die Fabrik, und ein geräumiger Saal wurde gebaut, in dem 48 mechanische Bandstühle aufgestellt wurden. Damit entstand eine für die damaligen Verhältnisse ansehnliche Fabrik, in der 80 bis 90 Arbeitskräfte beschäftigt waren: in der Weberei 48 Weber, ein Meister und ein Untermeister; in der Appretur (die zunächst noch Handbetrieb blieb) ein Meister und acht bis zehn Arbeiter; in der Vorbereitung, Schärerei und Spulerei sechs Schärerinnen, sechs Spulerinnen und zwölf Hilfskräfte. Hinzu kamen noch die auf den früher beschafften 20 Handwebstühlen beschäftigten Weber; diese Stühle blieben noch einige Jahre im ersten und zweiten Stock des alten Gebäudes in Gebrauch. Die Umstellung der Samtbandherstellung

Betriebsleiter Rosenthal berät mit seinen Meistern (aus einem Firmenprospekt)

... und Pitter Lienen reguliert die Kettrollen seiner Samtbandmühle (aus einem Firmenprospekt)

auf mechanischen Betrieb führte zu einem solchen Erfolg, daß die Firma beschloß, auch für Stücksamt eine mechanische Abteilung einzurichten. In den Jahren 1880/82 wurde ein zweiter Saal gebaut, in dem 40 mechanische Samtstühle aufgestellt wurden. Trotzdem blieb die Stücksamtproduktion gegenüber der Samtbandherstellung nur eine Nebenabteilung. 1895 ging man vom Stücksamt wieder ab und verkaufte die Stühle an eine befreundete Firma, statt dessen wurden zusätzlich 32 neue Samtbandwebstühle aufgestellt. Damit kam man schon damals auf 80 mechanisch betriebene Samtbandstühle.

Johann Junkers starb am 15. November 1893. Sein Schwiegersohn Gustav Seyd leitete die Firma bis zum Jahre 1905. Ihm folgten seine Neffen Wilhelm Pferdmenges (bis 1922) und Hermann Pferdmenges, der im Zweiten Weltkrieg fiel.

Musterbetriebe und Textilwerke

Die Zeit nach der Jahrhundertwende war auch im Mönchengladbacher Textilbezirk zunächst von Aufbruchstimmung gekennzeichnet. In der technischen Ausstattung eines Textilbetriebes war durch die Fortschritte im Maschinenbau ein bestimmter Stand der Technik erreicht, den man vorweisen mußte, wenn man sich »Textilwerk« oder »Tuchwerk« nennen wollte. Die Industrialisierung war fürs erste beendet, und man mußte sich als Unternehmer mehr »Gründerfragen« zuwenden. Der Name Pferdmenges wurde hier zum Synonym dafür, wie man ein Netzwerk von modern finanzierten Betrieben konstruiert. Auch wurde es für die Unternehmer wichtig, im Räderwerk der Politik die für den Betrieb richtige Rolle zu spielen. Dabei taten sich einige Unternehmen als »Musterbetriebe« hervor, ob nun mit der zeitweise »richtigen« Einstellung oder als Mitläufer in Sorge um das Überleben. Die betreffenden Unternehmen standen sehr wohl zu ihrer damaligen »vaterländischen Überzeugung« und sahen es als Teil der Geschichte ihres »Musterbetriebes«, daß Apelle mit erhobenem Arm und Volkssporterziehung in Sozialeinrichtungen zur Tagesordnung gehörten. Die junge Generation von Unternehmern am Ende des 20. Jahrhunderts sieht gelassen auf die Episode des »dritten Reiches«, weil sie Geschichtsbewußtsein erlernt hat und damit zum Wohl von Betrieb und Gesellschaft umzugehen weiß.

Walraf Textilwerke A.G. Rheydt
(aus der Sicht des Unternehmers 1931)

... am ersten Januar 1931 waren es 25 Jahre, als der damals 30jährige Kaufmann Josef Walraf den Grund legte zu der heutigen Aktiengesellschaft. Nach jahrelanger Tätigkeit im Fabrikunternehmen seiner Eltern, einer alten rheinischen Industriellenfamilie, errichtete Josef Walraf Ende 1905 mit kaum einem Dutzend Arbeitern eine eigene Weberei unter der Firma Josef Walraf jr. in Rheydt.

Die Fabrikation befaßte sich anfangs hauptsächlich mit Lampendochten, worin damals noch große Nachfrage herrschte. Aber auch andere einschlägige Artikel wurden hergestellt. Schon nach Jahresfrist war es erforderlich, dem Geschäft eine größere Ausdehnung zu geben, um der steigenden Nachfrage nach den Fabrikaten der neuen Firma zu genügen. Neben dem deutschen Markt wurde von Anfang an dem Export besondere Aufmerksamkeit gewidmet, und bald war die Walrafsche Fabrikmarke in allen Erdteilen bekannt und verlangt. Eine gesicherte Grundlage war gefunden. Die fortschreitende Entwicklung der Gas- und Elektrizitätsbeleuchtung war Veranlassung, durch Anschaffung weiterer Spezialmaschinen die Gurten- und Bandweberei nunmehr an erste Stelle des Fabrikationsprogrammes zu setzen. Unermüd-

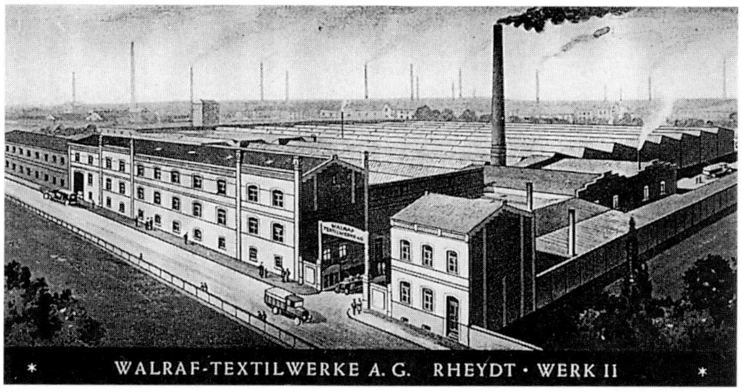

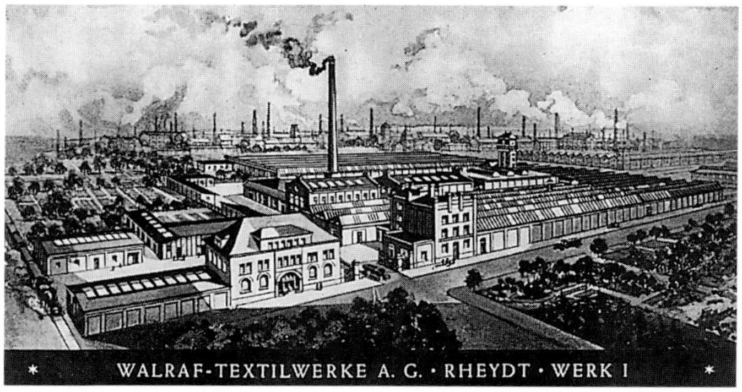

Werk I und II der Walraf-Textilwerke in Rheydt (aus einem Firmenprospekt)

liches Verbessern der Qualitäten führte zu immer weiteren Vergrößerungen des Betriebes und begründete den Ruf, den heute die Erzeugnisse der Gurten- und Bandweberei und der in der Folge immer mehr ausgebauten Schnuren-Klöppelei auf dem deutschen und dem Weltmarkte genießen.

Die ungeahnte Entwicklung seines jungen Unternehmens ließ Josef Walraf nicht auf halbem Wege stehen bleiben, denn bald zeigte es sich, daß eine Gurtenweberei nur dann etwas ganzes darstellt, wenn zugleich Segeltuche geliefert werden. Im Jahre 1910 wurde daher eine neue Abteilung angegliedert, in der neben wasserdichten Stoffen auch alle Segeltuche für technische Zwecke sowie Schuhsegeltuche hergestellt werden (Tagesproduktion bei Bedienung durch 1 Weber bis 1500 Meter Rolladengurte). So war bei Ausbruch des Weltkrieges ein Werk geschaffen, das zu den besten der Branche zählte und sofort vollständig auf die Bedürfnisse des Heeres umgestellt werden konnte. Viele hunderttausend Meter Segeltuche für Zelte, Zeltbahnen, Brotbeutel, Tornister, Tränkeimer etc., Millionen Meter Gurte und Bänder für Patronen, Maschinengewehre, Geschosse, für Halfter, Zügel und dergleichen gingen während der Kriegsjahre hinaus. Bei dieser vollen Beanspruchung zeigte sich, welcher Vorteil es sein würde, wenigstens einen Teil des Bedarfs an Rohgarnen selbst anzufertigen. Dieser Überlegung folgte bald die Tat. Um sich vom Bezug der benötigten großen Mengen Baumwollgarne unabhängiger zu machen, wurde bald darauf eine Baumwoll-Spinnerei und Zwirnerei angegliedert. Schon damals wuchs die Belegschaft auf über 450 Köpfe.

Die Nachkriegszeit brachte statt der erwarteten ruhigen Entwicklung manche bittere Enttäuschung. Die traurige Zeit der Rheinlandbesetzung, die die Werke auf Jahre

links:
Segeltuch-Webstuhl bei Walraf (aus einem Firmenprospekt)

rechts:
Trockenhänge für Segeltuche bei Walraf (aus einem Firmenprospekt)

fast abschnitt von ihrer Kundschaft im übrigen Deutschland, die Inflation mit ihren verheerenden Auswirkungen führten zu schweren Belastungsproben. Der Anspannung aller Kräfte bedurfte es, jener trüben Tage Herr zu bleiben und das Betriebskapital der Firma vor völliger Entwertung zu retten. In dieser Richtung sowie auch im Hinblick auf die Familie und die heranwachsenden Söhne sind die Gründe zu suchen, die Josef Walraf bewogen, im Jahre 1921 sein Unternehmen in eine Aktiengesellschaft umzuwandeln unter der jetzt überall bekannten Firma Walraf Textilwerke A.G. Rheydt, deren sämtliche Anteile auch heute noch in seinem ausschließlichen Besitz sind.

Die letzten Jahre mit ihren wechselnden Konjunkturen, den immer steigenden Löhnen und enormen Lasten auf steuerlichem und sozialem Gebiet zwangen zu einer durchgreifenden Rationalisierung aller Werksanlagen, die heute eine Gesamtbodenfläche von ca. 28000 Quadratmetern umfassen. Fast alle Einrichtungen sind dem neuesten Stand der Technik entsprechend modernisiert worden.

Das 25jährige Jubiläum fällt in eine schwere Zeit. Nur durch die große Anhänglichkeit der zahlreichen Geschäftsfreunde zusammen mit dem soliden finanziellen Aufbau der Firma war es bisher möglich, die jetzige Krise ohne größere Einschränkung zu überstehen und die Werke ständig in Betrieb zu halten. - Dienst am Kunden - wird auch weiterhin der Leitstern des Hauses bleiben zum Nutzen aller seiner Mitarbeiter, zum Besten der Allgemeinheit und unseres lieben deutschen Vaterlandes.

Friedrich Wilhelm Barten (1837-1904) (24 a)

Heute gehört Walraf zum Girmes-Konzern. Im Jahre 1995 erzielte die Girmes GmbH, Grefrath-Oedt, einen Gruppenumsatz von 399 Millionen DM (-7%), wobei 37% auf Bekleidungstextilien (Samt, Cord, Fell), 31% auf Heimtextilien (Bodenbeläge, Möbel- und Dekostoffe) und 24% auf technische Textilien entfielen. Investiert wurden 11 Millionen DM. Im operativen Geschäft wurde in der Girmes-Gruppe nur ein ausgeglichenes Ergebnis erreicht.

Bei Walraf (Industrietextilien) wird der Bereich Schwergewebe zur Zeit nach Portugal verlagert, wo zusammen mit der Stöhr-Tochter Olbo Textilwerke GmbH, Solingen, eine Produktion aufgebaut wird. Die Produktion bei der kanadischen Girmes-Tochterfirma J.L. de Ball soll aus Kostengründen erweitert werden. In China ist ein Joint-Venture für Automobil-Textilien mit einem Sitzhersteller in der Planung. Probleme bereitet zur Zeit noch die Beschaffung der hochwertigen Garne.

In Deutschland wird die Produktion auf Oedt konzentriert, dafür die Fertigung in Lobberich eingestellt. In Oedt wird diese Konzentration zur dreischichtigen Auslastung führen. Künftig will Girmes die Produktion im In- und Ausland besser koordinieren, um Kostenvorteile zu erreichen.

Die Girmes GmbH konnte 1995 mit Eigenprodukten 268 Millionen DM (-5%) erreichen, während Walraf eine Zunahme auf 37 Millionen DM (+16%) aufwies, wobei hier künftig nur noch die Gurtband- und Schlauchweberei verbleibt. Die Nordamerika-Gruppe (de Ball, USA/Kanada) erzielte 45 Millionen DM (-6%).

»Klein-Rheydt«

Sozusagen eine »Klein-Rheydt«-Entwicklung spiegelte parallel zum Geschehen in Mönchengladbach die Geschichte der Mechanischen Weberei, Zwirnerei und Appretur F.W. Barten in Wickrathberg wider. Ausgehend von typischer Hausweberstruktur, gründet Friedrich Wilhelm Barten 1871 seinen Betrieb. Er engagiert sich stark in der evangelischen Gemeinde Wickrathberg als Kirchmeister und ebenso im Gemeinderat der Bürgermeisterei. Von den 14 Kindern übernimmt Peter Anton Barten zusammen mit seinem Bruder August die Betriebsleitung, ehe nach seinem Tod 1957 mit Helmut Barten die dritte

»Klein-Rheydt« in Wickrathberg: F. W. Barten (24 a)

Generation 1960 den Betrieb liquidiert. 1981 erfolgt der Abriß der Gebäude, von denen alleine die ursprüngliche Hausweberei als jetzige Kanzlei des Patentanwaltes Dr. Beines geblieben ist. Als typisch muß man das soziale Engagement des Peter Anton Barten vor dem Zweiten Weltkrieg betrachten, der in Wickrathberg Zweifamilienhäuser in der unmittelbaren Umgebung der Firma für seine Mitarbeiter mitfinanzierte. Dieser finanzielle Einsatz für die Stützen der Firma steht nicht im Widerspruch zu einem markanten Ausspruch von Peter Anton: »Ich verleihe kein Geld – ich habe einen Vertrag mit der Bank: Ich darf kein Geld verleihen, und die Bank darf keinen Cord weben.«

Tuchwerk Westmark

Zu den auffallendsten Unternehmerpersönlichkeiten der Jahrhundertwende gehörte Heinrich Pferdmenges aus Giesenkirchen, der im Volksmund später auch »der kleine Stinnes« genannt wurde.

Noch heute läßt sich in Geneicken (Schloßstraße) das bekannte Fachwerkhaus (»Burg«) als Quelle einer Industrie-

Heinrich Pferdmenges (1877–1947) (29 a)

Haus Langmaar, Giesenkirchen, erbaut von 1936 bis 1941 von Heinrich Pferdmenges (18 a)

H. Pferdmenges, Buntweberei im Jahre 1927 (16 a)

dynastie sehen, deren Motor er war. Neben Seidenweberei und Samtbandweberei in Rheydt wie auch der Streichgarnspinnerei »Pferdmenges und Scharmann« prägte Pferdmenges das Gesicht der Textilindustrie des neuen Jahrhunderts weit über Rheydt und Gladbach hinaus.

Heinrich Pferdmenges stammte also aus Geneicken und war damit wegen der calvinistischen Abstammung vieler holländischer Zuwanderer in diesem Ort eher prädestiniert, streng, sparsam, etwas eng in der geistigen Sicht und »Weihnachten ohne Christbaum« zu leben. Nicht so Heinrich Pferdmenges, der weltoffen, kreativ, sozial eingestellt, politisch, humorvoll und nie untätig war. In seinem grünen Lodenmantel mit der Hose ohne Bügelfalten, in der Tasche als Verpflegung für die Dauertätigkeit »Reisen« Rettich, Möhren und Schwarzbrot, wirkte er eher bäuerlich denn als Unternehmer oder gar als Bildhauer (sein geheimer Berufswunsch). Solide und zurückhaltend in seiner Natur, gab er Anschubfinanzierung für tüchtige Leute, ließ aber seinen Namen (außer bei Pferdmenges & Scharmann, der ersten eigenen Unternehmung) stets weg, wenn die neue Firma benannt wurde: C. Brühl & Co., Rheydt, Königstraße; Seidenweberei Engels; Konfektion Essers in Gladbach; Knemeyer in Herford (Baumwoll-Weberei mit »Blaufaden« in der Leiste); Samtbandweberei Junkers (seit 1852, ab 1922 zu Heinrich Pferdmenges gehörig); UWAG Uniformwerke in Ungarn, Breskes Staubsaugerherstellung (nach dem Ersten Weltkrieg: »Vorax«-Staubsauger aus Rheydt); Elemo-Staubsauger in der Schweiz; ab 1928 Schlichteherstellung in den USA; Dr. Hebestreit-Textilveredlung, Rheydt).

Heinrich Pferdmenges besuchte als einer der ersten Schüler die Webschule und nahm damit eine andere Karriere als die ihm von den Eltern vorgezeichnete Lehrerlaufbahn. Nach dem Studium ging er eine Zeit nach Manchester, dem Eldorado modernen Unternehmertums. Kometenhaft war nach der Rückkehr sein Aufstieg zum Direktor bei Schwartz in Jüchen. 1906 hei-

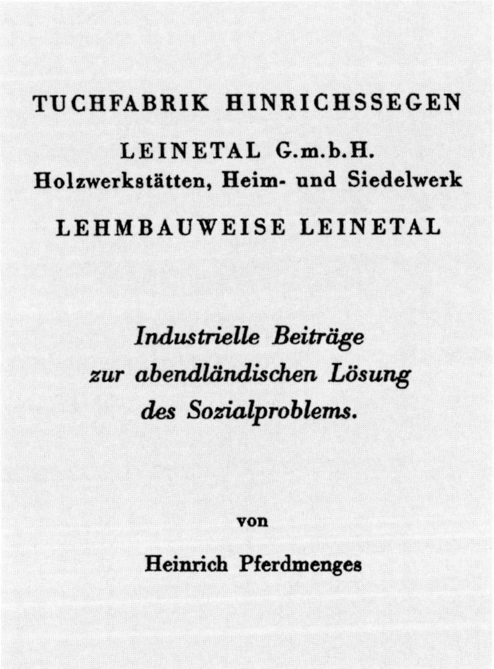

TUCHFABRIK HINRICHSSEGEN

LEINETAL G.m.b.H.
Holzwerkstätten, Heim- und Siedelwerk

LEHMBAUWEISE LEINETAL

Industrielle Beiträge zur abendländischen Lösung des Sozialproblems.

von

Heinrich Pferdmenges

Schriftstellerische Betätigung des Heinrich Pferdmenges aus dem Jahre 1946 (29 a)

ratet Pferdmenges eine geborene Keller aus Rheydt.

Die Liste seiner sozialen Engagements ist lang: Wenn die Giesenkirchener für die zu bauende evangelische Kirche spendeten, tat er auf jeden ihrer Pfennige einen eigenen Pfennig. Für Flüchtlinge entstand nach dem Ersten Weltkrieg im Hart neben dem Rittergut Hilbrechtshausen die Tonmöbel-Produktion »Leinetal«. Spiekeroog, eine ehemals arme Nordseeinsel, wird mit Stromversorgung und Badförderung lebenswerter für die dortigen Bürger. Das Urhaus »die Burg« in Geneicken war ursprünglich als Damenstift gedacht. 1946 entsteht sein erstes Buch, welches seine ganze Sozialphilosophie enthält. Eine für ihn typische Einrichtung war ab 1930 in Ostpreußen (Liebstadt) »Hinrichssegen« (mit Bezug zum Vornamen Heinrich?) – Workallen eine »Textilsiedlung« mit vorbildlichen Sozialeinrichtungen, – alles das Gründungswerk von Pferdmenges, der das nötige Kapital zu besorgen wußte. Am 3.12.1918 tut sich Heinrich Pferdmenges mit Mathias Reiners aus Mönchengladbach zusammen, um mit seinen 35000 Reichsmark mit Reiners das »Tuchwerk Reiners & Co., GmbH« zu gründen. Es folgt Originaltext »Westmark« von 1941:

»Geschäftsführer war Herr Reiners. Die Fabrikräume waren auf der Rudolfstraße No. 43 im Gebäude der Firma Fellinger & Peltzer. Der Maschinenpark bestand aus: 50 Webstühlen, 5 Zwirnmaschinen, 3 Schärmaschinen, 2 Kreuzspul- und 1 Schuss-Spul-Maschine. Fabriziert wurden: Hosenzwirne, billige Cheviots, Buckskins und ähnliches, also typische Gladbacher Konfektionsartikel. Die Belegschaft bestand aus 100 Personen.

Die Räumlichkeiten auf der Rudolfstraße entsprachen bald nicht mehr den Anforderungen und so wurde ein Fabrikneubau ins Auge gefaßt.

Im Jahre 1919 wurde das Ziegeleigrundstück von Karthaus auf der damaligen Krefelder-Landstraße No. 65 erworben und nach langwierigen Planierungsarbeiten der Neubau begonnen. Die neue Werkanlage, von Architekt P. Reiners, Rheydt, entworfen, war im Sommer 1924 soweit fertiggestellt, daß der Umzug aus dem alten Gebäude nach und nach erfolgen konnte.

Während das Unternehmen in den ersten Jahren erfolgreich arbeitete, war die Beschäftigung in späteren Jahren entsprechend der allgemeinen Wirtschaftslage seit der Inflation sehr wechselvoll. Die Größe des jetzigen Unternehmens machte eine Erhöhung des Betriebskapitals auf 400000,– erforderlich. Der gesundheitliche Zustand von Herrn Reiners machte die Verpflichtung eines weiteren Geschäftsführers notwendig, und so trat am

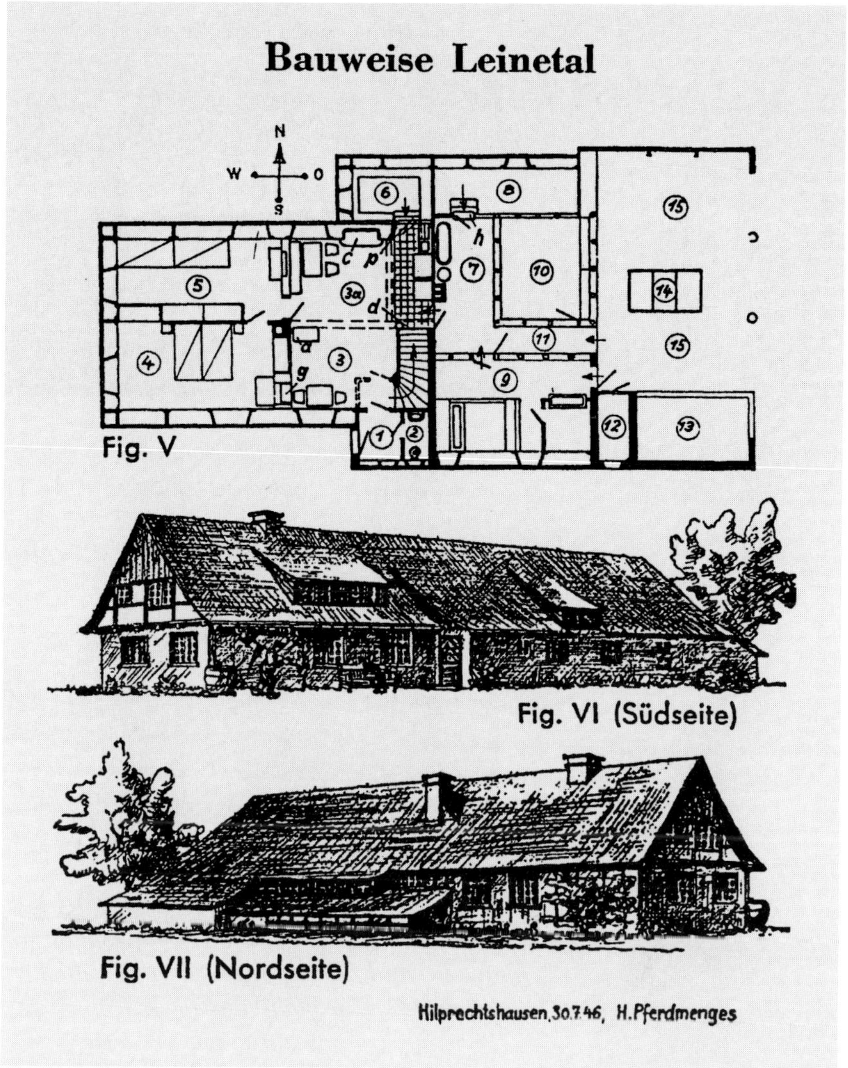

Baupläne für Hinrichssegen, gezeichnet von Heinrich Pferdmenges im Jahr 1946 (29 a)

Wunschtraum ... (29 a)

... und Realität (29 a)

PG. Hans Bier
(PG. = Parteigenosse) (29 a)

13. 11. 1929 Herr Heinrich Thomas, M. Gladbach in das Unternehmen ein und konnte seine reichen Erfahrungen aus seiner Tätigkeit bei der Gladb. Wollindustrie AG im neuen Wirkungskreis nutzbringend verwerten.

Am 15. 1. 1932 schied Herr Reiners aus der Firma aus, und an seiner Stelle wurde am 17. 5. 1932 Herr August Grünewald, M. Gladbach, Geschäftsführer. Er hatte durch seine langjährige Tätigkeit als kaufmännischer Leiter der Firma ›Toga‹ Vereinigte Webereien A.G. Werk Aschaffenburg, erstklassige Beziehungen zur Versender- und Grossisten-Kundschaft, weiter zur Großkonfektion. Durch die Pflege dieses Abnehmerkreises nahm die Beschäftigung einen beachtlichen Aufschwung, so daß eine 2. Schicht eingerichtet werden mußte. Ende 1932 waren bei der Firma 133 Personen tätig.

Vergleichszahlen:

1. Gefolgschaftsstärke:	*133 Personen*
2. durchschnittliche Arbeitszeit:	*46 Std./Woche*
3. Zahl der Webstühle:	*62*
4. Leistung der Weberei:	*561957 ‰ Schuss*
5. Export:	*13 % vom Umsatz*

31. Oktober: Herr Thomas scheidet aus der Firma aus. An seiner Stelle tritt PG. Hans Bier als Prokurist ein. PG. Hans Bier, zuletzt Betriebsleister und Dessinateur bei der Firma Beeker & Neuenhofer, ist aus der Brünner-Jägerndorfer Feintuchindustrie hervorgegangen. Sein Ziel in seinem neuen Wirkungskreis ist Verfeinerung der Artikel in bezug auf Qualität und Musterung bis zur Qualitätsware.

Vergleichszahlen:

1. Gefolgschaftsstärke:	218 Personen (2 Schichten)
2. Durchschnittliche Arbeitszeit:	46 Std./Woche
3. Zahl der Webstühle:	62
4. Leistung der Weberei:	970 606 ‰ Schuss
5. Export:	10 % vom Umsatz

7. Februar 1936: Änderung des Firmennamens in Tuchwerk Westmark GmbH.

7. März 1936: Gemeinschaftsempfang: Hitlerrede im Reichstag anläßlich der Besetzung des Rheinlandes durch deutsche Truppen.

28. März 1936: Deutschlandflug der Luftschiffe »Hindenburg« und »Graf Zeppelin«. »Graf Zeppelin« überfliegt die Firma Westmark: Der Betriebsführer stiftet 2 K.D.F.-Karten nach Madeira. Es fahren Frieda Polsenberg und Johann Grünlings.

Dezember 1936: Die Gefolgschaft erhält ein Weihnachtsgeschenk. Die Gladbacher Schupo-Kapelle spielt den Gefolgschaftsmitgliedern am Weihnachtsbaum Lieder vor.

Nachtrag 1. Mai: Betriebsappell am Tag der Nationalen Arbeit.

Vergleichszahlen:

1. Gefolgschaftsstärke:	147 Personen
2. Durchschnittliche Arbeitszeit:	39 Std./Woche
3. Zahl der Webstühle:	62
4. Leistung der Weberei:	525 143 ‰ Schuss
5. Export:	0,4 % vom Umsatz

Juli 1937: Einrichtung einer Betriebskulturkasse, aus der Konzerte, Vorträge, Theaterbesuche für die Gefolgschaft finanziert werden.

August 1937: »Schönheit der Arbeit«: Das Betriebsinnere wird angestrichen, 2 Waschfontänen werden angeschafft.

16. Dezember 1937: Die GmbH Tuchwerk Westmark & Co. wird umgewandelt in die Kom. Ges. Tuchwerk Westmark Bier & Co.

Die »Graf Zeppelin« überfliegt die Firma Westmark (29 a)

Persönlich Haftender: Hans Bier, M. Gladbach, Kommanditisten: Heinrich Pferdmenges, Giesenkirchen und Decken- u. Tücherwerk Ittner & Co., Rheydt. Betriebskapital: 400 000 RMK.

24. Dezember 1937: Betriebsappell und Auszahlung einer Gratifikation. Betriebssiegerin im Reichsberufswettkampf Liselotte Everaets erhält dafür ein größeres Geldgeschenk.

Betriebsappell am Tag der Nationalen Arbeit (29 a)

rechts:
Werksabteilungen (29 a)

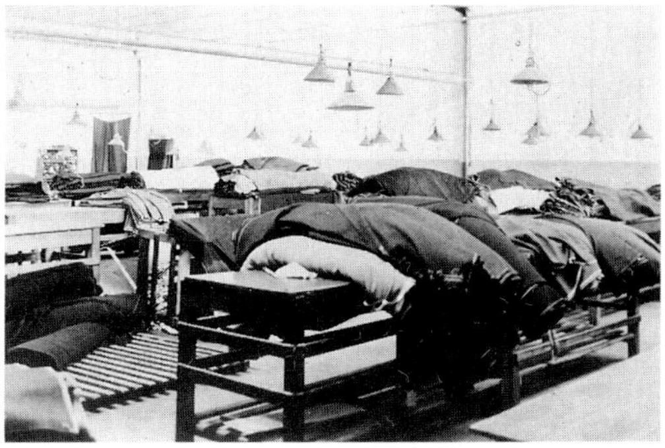

31. Dezember 1937: Jahresschlußappell: Ansprache des Betriebsführers.

Vergleichszahlen:

1. Gefolgschaftsstärke:	*148 Personen*
2. Durchschnittliche Arbeitszeit:	*46 Std./Woche*
3. Zahl der Webstühle:	*62*
4. Leistung der Weberei:	*553 961 ‰ Schuss*
5. Export:	*1,7 % v. Umsatz*

Betriebsausflug
ins Ittertal (29 a)

Mai 1938: Betriebsausflug

August 1938: 13 Arbeitskameraden werden für Arbeiten an Westbefestigungen eingezogen.

September 1938: Betriebssportwettkämpfe - wir errangen in Klasse 2 mit 479 PKTN. den 7. Platz von 36. 70 Spinte werden im Männerumkleideraum aufgestellt.

1. Oktober 1938: Sammlung fürs Sudetendeutsche Gebiet aus Anlaß des Einmarsches deutscher Truppen: Gefolgschaft RMK 109,25; Firma: RMK 390,75 = RMK 500,-.

2. Oktober 1938: Erntedankfest mit Umzug.

Oktober 1938: 4 neue S-G-4-Stühle für Export werden aufgestellt. Neue Betriebseinrichtungen.

15. Dezember 1938: Auszahlung des Weihnachtsgeschenkes: Verheiratete: 20 MK, für

Erntedankfest
mit Umzug (29 a)

links:
Blick in die Weberei (29 a)

rechts:
Wohin wird die Zukunft führen? (29 a)

jedes Kind 6 MK; Unverheiratete: 10 MK; Haupternährer, Alleinstehende 20 MK; für besondere Leistungen: Sonderzulage.

Vergleichszahlen:

1.	*Gefolgschaftsstärke:*	*168*
2.	*Durchschnittliche Arbeitszeit:*	*48 Std./Woche*
3.	*Zahl der Webstühle:*	*62*
4.	*Leistung der Weberei:*	*656800‰ Schuss*
5.	*Export*	*12 % vom Umsatz*

1939: 2 Doubliermaschinen werden angeschafft. Reichsberufswettkampf wird durchgeführt: 22 Teilnehmer. Ergebnis: 3 Kreissieger: Helene Wilms, Heinz Mertens, Heinz Brüggen, die durch Berufsförderung belohnt werden.

20. April 1939: 50. Geburtstag des Führers: Festl. Ausschmückung u. Beleuchtung des Betriebes.

1. Mai 1939: Tag der Nationalen Arbeit: Teilnahme am Festzug in Neuwerk.

Juli 1939: Gartenmöbel werden für die Gefolgschaft aufgestellt.

unten:
neuer Fuhrpark (29 a)

Der neue Luftschutzkeller (29 a)

August 1939: 1 neue Zwirnmaschine wird aufgestellt. Fertigstellung: des Luftschutzkellers; Stahllamellen-Bau von starken Beton- und Erdmassen umgeben, Sicherheit gegen schwerste Bomben, 33 m lang, mit 3 Notausstiegen, geräumigem Befehlsstand und Verbandsraum, bietet Schutz für 133 Personen, hat 2 Belüftungsanlagen, ferner sämtliche Hilfsmittel und Werkzeuge, er wurde in 15 Monaten von 3 Gefolgschaftsmitgliedern erbaut.

27. November 1939: Mitteilung der Reichsstelle für Wolle, daß das Werk während des Krieges stillgelegt werden soll.

»Wie Ihnen zum Teil bereits von anderer Seite bekannt geworden ist, gehören Sie zu den Betrieben, denen leider auf Grund der Gesamtlage keine Aufträge für die Wehrmacht bzw. für den zivilen Bedarf zugewiesen werden konnten. Sie haben also damit zu rechnen, daß Ihr Betrieb zum Erliegen kommt, sobald die Ihnen gegebenen Möglichkeiten erschöpft sind, vorhandene Garn-Vorräte, die sich nur für den zivilen Bedarf eignen, aufzuarbeiten.

Es ist selbstverständlich, daß eine so harte Maßnahme nur aufgrund zwingender Notwendigkeiten erfolgte. Der vorhandene Apparat in der Tuchindustrie ist leider bedeutend zu groß, um bei der heutigen Versorgungslage alle Betriebe beteiligen zu können. Eine Beteiligung aller Betriebe würde zur Folge haben, daß die Industrie in allen ihren Teilen wegen zu geringfügiger Ausnützung des Apparates in Not käme. Es blieb deshalb nichts übrig, als nur einen Teil einigermaßen ausreichend zu beschäftigen, einen anderen Teil, zu dem Sie nun leider gehören, allmählich zur Stillegung zu bringen. In Kürze soll eine Verordnung herauskommen, die den Betrieben, die zur Stillegung kommen, eine Beihilfe zur Verfügung stellen soll, damit der Betrieb in seiner Leistungsfähigkeit bis zum Schluß des Krieges erhalten bleibt.

Wenn sich leider an den Gesamtmaßnahmen nichts ändern läßt, so verkennt niemand, daß die Entscheidung die Betriebe verschieden hart treffen wird. Um besonderen Härten Rechnung tragen zu können, hat der Reichswirtschaftsminister in Aussicht gestellt, daß etwaige Härten besonderer Art noch einmal in einem Sachverständigen-Ausschuß überprüft werden sollen und daß auf dessen Bericht hin das Reichswirtschaftsministerium die Entscheidung trifft. Wenn Sie demnach glauben, daß bei Ihnen ganz besondere Härtegründe vorliegen, so wird Ihnen anheimgestellt, solche bei mir anzubringen. Das Reichswirtschaftsministerium selbst befaßt sich mit diesen Beschwerden zunächst nicht, sondern wartet, wie oben erwähnt, das Gutachten der Sachverständigen-Kommission ab. Diejenigen Firmen, die bereits Beschwerden beim Reichswirtschaftsministerium oder bei mir eingereicht haben, brauchen neue Schritte nicht zu unternehmen.

gez. Dr. Toepfer«

Betriebsführer und Gefolgschaft erheben schärfsten Einspruch bei:

1. *Kanzlei des Führers über Generalfeldmarshall Göring*
2. *Oberpräsidenten der Rheinprovinz Terboven*

3. *Gauleiter Florian*
4. *Reichsorganisationsleiter Dr. Ley*
5. *Reichsfachamt Textil, Berlin - Dr. Wiethoff*
6. *Gaufachamt Textil, Düsseldorf - PG. Heesen*
7. *Deutsche Arbeitsfront Gladbach-Rheydt - PG. Hergrüter*
8. *Sonderbeauftragten Dr. Bauer, Berlin*
9. *Präsident Kehrl im Reichswirtschaftsministerium*
10. *Reichsstelle für Wolle, Dr. Toepfer*
11. *Bezirksausgleichstelle Düsseldorf, Bürgermstr. Nohl*
12. *Verteilungsstelle für die Tuchindustrie, Berlin*
13. *Fachgruppe Tuch- u. Kleiderstoffindustrie, Dr. Keller*

9. April 1939: Deutsche Truppen besetzen Dänemark und Norwegen.

19. April 1939: Gauobmann der D.A.F., PG. Bangert, besichtigt den Betrieb.

22. Februar 1940:

Aufgrund verschiedener Angaben von Dienststellen der KSDAP und der DAF, habe ich mich veranlaßt gesehen, die Frage Ihrer Nichtbeteiligung bei der weiteren Vergebung von Kennzifferaufträgen einer nochmaligen Nachprüfung zu unterziehen. Hiernach habe ich mich im Hinblick auf die Lage Ihres Betriebes im linksrheinischen Gebiet und in Anbetracht Ihrer Beteiligung an der Ausfuhr entschlossen, meinen Erlaß vom 17. 1. 1940 - II Text 4503/40 - aufzuheben. Sie werden deshalb künftig bei der Vergebung von Kennzifferaufträgen wieder berücksichtigt werden. Weitere Mitteilungen hierüber werden Ihnen durch die Verteilungsstelle für die Tuchindustrie zugehen.

Im Auftrag
gez. Dr. Aschenauer

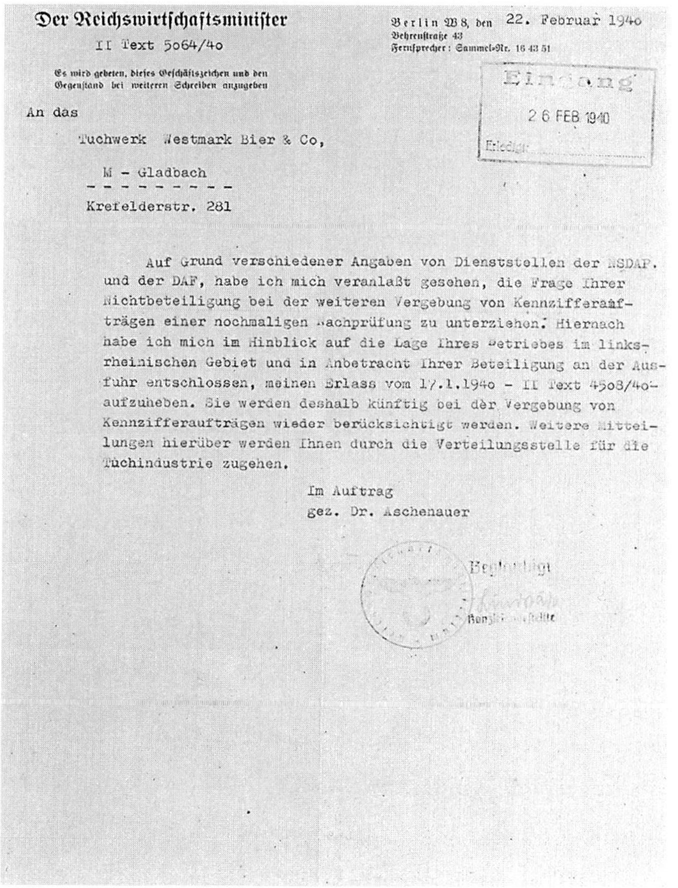

Der Reichswirtschaftsminister
II Text 5064/40

Es wird gebeten, dieses Geschäftszeichen und den Gegenstand bei weiteren Schreiben anzugeben

Berlin W 8, den 22. Februar 1940
Behrenstraße 43
Fernsprecher: Sammel-Nr. 16 43 51

Eingang
26 FEB 1940
Erledigt

An das

Tuchwerk Westmark Bier & Co,

M - Gladbach

Krefelderstr. 281

Auf Grund verschiedener Angaben von Dienststellen der NSDAP. und der DAF, habe ich mich veranlaßt gesehen, die Frage Ihrer Nichtbeteiligung bei der weiteren Vergebung von Kennzifferaufträgen einer nochmaligen Nachprüfung zu unterziehen. Hiernach habe ich mich im Hinblick auf die Lage Ihres Betriebes im linksrheinischen Gebiet und in Anbetracht Ihrer Beteiligung an der Ausfuhr entschlossen, meinen Erlass vom 17.1.1940 - II Text 4508/40 - aufzuheben. Sie werden deshalb künftig bei der Vergebung von Kennzifferaufträgen wieder berücksichtigt werden. Weitere Mitteilungen hierüber werden Ihnen durch die Verteilungsstelle für die Tuchindustrie zugehen.

Im Auftrag
gez. Dr. Aschenauer

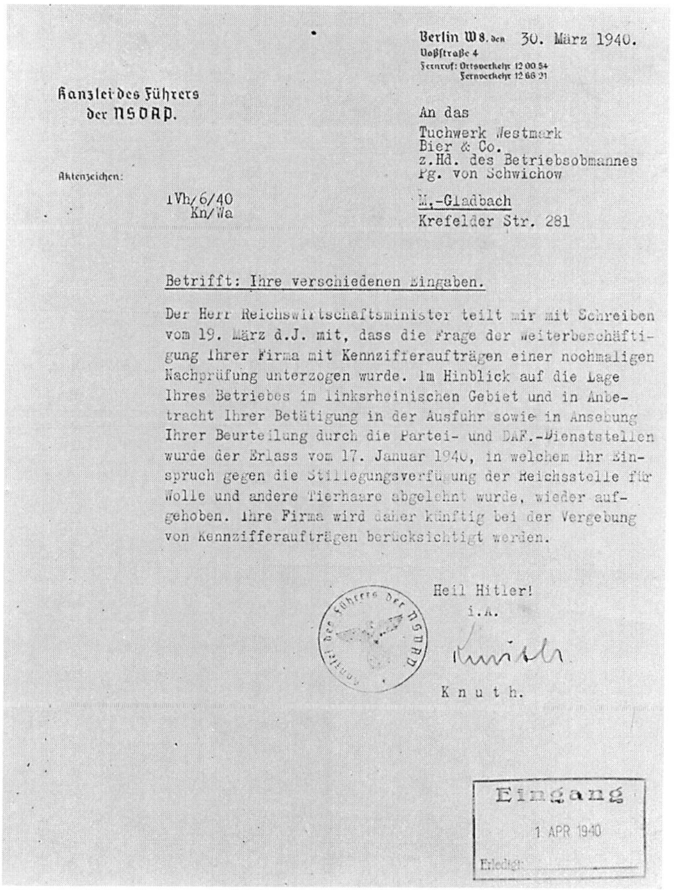

Kanzlei des Führers der NSDAP.

Berlin W 8, den 30. März 1940.
Voßstraße 4
Fernruf: Ortsverkehr 12 00 54
Fernverkehr 12 66 21

Aktenzeichen: 1Vh/6/40 Kn/Wa

An das
Tuchwerk Westmark
Bier & Co.
z.Hd. des Betriebsobmannes
Pg. von Schwichow

M.-Gladbach
Krefelder Str. 281

Betrifft: Ihre verschiedenen Eingaben.

Der Herr Reichswirtschaftsminister teilt mir mit Schreiben vom 19. März d.J. mit, dass die Frage der Weiterbeschäftigung Ihrer Firma mit Kennzifferaufträgen einer nochmaligen Nachprüfung unterzogen wurde. Im Hinblick auf die Lage Ihres Betriebes im linksrheinischen Gebiet und in Anbetracht Ihrer Betätigung in der Ausfuhr sowie in Ansehung Ihrer Beurteilung durch die Partei- und DAF.-Dienststellen wurde der Erlass vom 17. Januar 1940, in welchem Ihr Einspruch gegen die Stillegungsverfügung der Reichsstelle für Wolle und andere Tierhaare abgelehnt wurde, wieder aufgehoben. Ihre Firma wird daher künftig bei der Vergebung von Kennzifferaufträgen berücksichtigt werden.

Heil Hitler!
i.A.
Knuth.

Eingang
1 APR 1940
Erledigt

Zwei Dokumente, die Weiterbeschäftigung betreffend (29 a)

»Unsere Soldaten hatten stets Gelegenheit, den Betrieb zu besichtigen« (29 a)

30. März 1940:
Betrifft: Ihre verschiedenen Eingaben:
Der Herr Reichswirtschaftsminister teilt mir mit Schreiben vom 19. März d. J. mit, daß die Frage der Weiterbeschäftigung Ihrer Firma mit Kennzifferaufträgen einer nochmaligen Nachprüfung unterzogen wurde. Im Hinblick auf die Lage Ihres Betriebes im linksrheinischen Gebiet und in Anbetracht Ihrer Betätigung in der Ausfuhr sowie in Ansehung Ihrer Beurteilung durch die Partei- und DAF-Dienststellen wurde der Erlaß vom 17. Januar 1940, in welchem Ihr Einspruch gegen die Stillegungsverfügung der Reichsstelle für Wolle und andere Tierhaare abgelehnt wurde, wieder aufgehoben. Ihre Firma wird daher künftig bei der Vergebung von Kennzifferaufträgen berücksichtigt werden.
Heil Hitler.
i. A. Knuth«

Man muß das »Hick-Hack« um Betriebsschließung und Wiedereröffnung im Zusammenhang mit der Kriegsbewirtschaftung sowie mit enormer Konkurrenz im »Großdeutschen Reich« bei verknappten Rohstoffressourcen sehen. Jeder verkaufte sich damals so gut wie möglich, weil der Wettbewerb groß war. Ein Beispiel für die Konkurrenz: Die Forster Tuchindustrie erzeugt mit 15 000 Gefolgschaftsmitgliedern jährlich 30 000 000 Meter Tuch. Das bedeutet Tradition, Vielseitigkeit und Qualität in der Herstellung von modischen Stoffen für die Herren- und Damenbekleidung. Hergestellt werden: Straßenanzug-, Sportanzug-, Mantel-, Kostüm-, Kleider-, Einlage-, Schuh- und Mützenstoffe, Uniformtuche und Decken. Dabei tut die nebenstehende Reklame für Forst so, als gäbe es nichts anderes im Reich.

Reklame für Forst als wesentlicher Konkurrent von Mönchengladbach (30 a)

Musterbetrieb Kühn, Vierhaus & Cie., Rheydt (aus der Sicht der Fachpresse 1938)

Eine erfreuliche Bilanz

Am 30. April 1939 zeichnete der Führer in der Reichskanzlei zu Berlin vier deutsche Textilbetriebe durch Überreichung der goldenen Fahne als Musterbetriebe aus. Damit erhöht sich die Zahl der Musterbetriebe der deutschen Textilindustrie auf zwölf.

Die neuen Betriebe sind:

Kühn, Vierhaus & Cie., AG., Rheydt (Rheinland),

Wilhelm Winkler AG., Baumwollspinnerei, Löbau,

Allgäuer Baumwollspinnerei und Weberei, Blaichach (Allgäu),

Kommanditgesellschaft Stevens & Schürholz, Herbest-Dorsten.

Deutsche Textilwirtschaft Fachblatt für die gesamte Textil-Industrie, Herausgeber: Die Deutsche Arbeitsfront, Fachamt Textil, Heft 15, 1. August 1938:

Vom Wesen des Musterbetriebes

Das Entscheidende aber im Wesen der Musterbetriebe sind auch nicht die Gemeinschaftshallen, nicht die Wohnbauten, nicht die Grünanlagen, nicht die schönen Arbeitsplätze und Speisesäle, nicht die Zuschüsse zu KdF.-Fahrten, nicht die vorbildliche Gesundheitsbetreuung und Altersversorgung, all diese Dinge sind Mittel zum Zweck. Entscheidend ist immer der Geist, der im Betriebe herrscht, und es war für uns immer ein frohes Gefühl, wenn wir mit Betriebsführer und Betriebsobmann durch die Hallen der Arbeit hindurchgingen, den freudigen, herzlichen Gruß aus der Gefolgschaft heraus zu hören, zu spüren, daß der gehobene Arm und das »Heil Hitler« mehr waren als eine leere Grußformel, daß es ein freudiges Bekenntnis zu diesem Betrieb, zur Arbeit und damit auch zur Bewegung war.

»Entspannung nach der Arbeit im Erholungsraum und sportliche Spiele auf dem grünen Rasen eigener Anlagen geben unserer Gefolgschaft neue Auftriebe zu besserem Schaffen« (30 a)

»Unsere jugendlichen Gefolgschaftsangehörigen steigern ihre Leistungsfähigkeit und Elastizität an Körper und Geist durch eifrige Pflege des Sportes in frischer Luft« (30 a)

Ein Tag im Leben der Firma C. E. Bettmann, Mechanische Weberei

oben links:
Der in Rheydt auf der Limitenstraße 134 gelegene Teil des Betriebes, welcher im Jahre 1866 begonnen und in den folgenden Jahren ausgebaut wurde (10 a)

oben rechts:
Der in Rheydt auf der Ottostraße 1 (früher Bleichstraße) gelegene Teil des Betriebes, welcher im Jahre 1880 begonnen und bis zum Jahre 1930 ständig erweitert wurde (10 a)

links oben: Dietrich Engelbert Bettmann, geb. am 3. September 1805 zu Hennen i. W., gest. am 17. August 1892 zu Soest i. W. Er war der erste aus der alten westfälischen Bauernfamilie, der zur Textilbranche überwechselte. Zunächst als Reisender für eine Rheydter Textilfirma tätig, gründete er später in Soest ein eigenes Geschäft, wo er vorwiegend Baumwoll- und Leinenerzeugnisse, aber auch Wollstoffe im Engros- und Detailhandel vertrieb (10 a)

rechts oben: Carl Eduard Bettmann, Sohn des Dietrich Engelbert Bettmann, geb. am 10. Juni 1836 in Soest i. W., gest. am 4. Juli 1909 zu Rheydt/Rhld. Am 6. Dezember 1866 gründete er die Firma C. E. Bettmann zu Rheydt. Er begann mit zehn Webstühlen, deren Anzahl er im Laufe seines Lebens auf 600 Stühle erweiterte. Neben einer Färberei und Ausrüstung wurde der Weberei auch eine vollständige Vorbereitungsabteilung angegliedert (10 a)

Mitte links: Dr. jur. Hermann Bettmann, Sohn des Carl Eduard Bettmann, geb. am 17. Oktober 1873 zu Rheydt/Rhld. Nach Abschluß des juristischen Studiums bildete er sich im In- und Ausland als Kaufmann aus und trat im Jahre 1896 in die väterliche Firma C. E. Bettmann ein, wo er nach dem Tode seines Vaters die kaufmännische Leitung der Firma übernahm (10 a)

Mitte rechts: Karl Bettmann, Sohn des Carl Eduard Bettmann, geb. am 12. September 1875 zu Rheydt/Rhld., gest. am 9. Januar 1939 in Oberursel (Taunus). Mit seinem Bruder Hermann zusammen trat er in die väterliche Firma ein und übernahm nach dem Tode seines Vaters die technische Leitung des Betriebs (10 a)

unten links: Helmut Bettmann, Sohn des Dr. Hermann Bettmann, geb. am 14. Mai 1904 zu Rheydt/Rhld. Nach bestandener Abiturientenprüfung trat er am 1. April 1922 in die väterliche Firma ein. Nach mehrjähriger Ausbildung im In- und Ausland, darunter der Besuch der Seidenweberschule in Zürich, übernahm er als Prokurist und später als Teilhaber und Betriebsführer die Leitung der Firma (10 a)

Der Betriebsführer Helmut Bettmann bei einer Besprechung im technischen Büro (10 a)

oben: »Schönheit der Arbeit« ... vor 1933 (10 a)

... und nach 1933 (10 a)

oben links:
Große Lastzüge der Spinnereien sowie ein betriebseigener Lieferwagen schaffen täglich die notwendigen Garne heran (10 a)

oben rechts:
Mittels einer elektrischen Hebebühne werden die Garne ins Lager geschafft und auf einer automatischen Schnellwaage kontrolliert (10 a)

Mitte links:
Ein Blick in einen Vorbereitungssaal; links die Kannetiererei, rechts die Winderei (10 a)

links unten:
In der Schärerei werden die Ketten für stranggefärbte Artikel sowie für modische Stoffe, bei denen eine Massenproduktion nicht möglich ist, hergestellt (10 a)

rechts unten:
Ein Spezialgatter ermöglicht die Herstellung einwandfreier Ketten - auch aus Kreppgarnen, ohne daß eine Herabsetzung der Geschwindigkeiten notwendig ist (10 a)

links:
Höchstleistungsgatter mit automatischer Abstellvorrichtung ermöglichen eine mindestens achtfache Produktion an Ketten gegenüber der früheren Arbeitsmethode (10 a)

rechts:
In der Winderei werden die Kettgarne auf Holzbobinen oder große Flaschenspulen gebracht (10 a)

Ausschnitt aus einem Websaal der Abteilung Kleiderstoffe (10 a)

links:
Automatische Spulmaschinen arbeiten mit doppelter Geschwindigkeit gegenüber den bisherigen Maschinen. Große Vorspulen ermöglichen es ferner, daß die Kannetiererinnen mindestens die doppelte Spulenzahl wie bisher bedienen (10 a)

rechts:
In der Kannetiererei werden die Garne auf Holz- oder Pappspulen kannetiert (10 a)

Der Betriebsleiter der Weberei, Ernst Wasserloos, seit mehr als 50 Jahren bei der Firma tätig (10 a)

links:
Die elektrische Anknüpfmaschine knotet 10 000 bis 12 000 Fäden in der Stunde, während ein Handandreher es durchschnittlich nur etwa auf 1000 bis 1200 Fäden bringt (10 a)

rechts:
Auch das Rietstechen ist hierbei bequemer, und das Heben der schweren Kettbäume wird durch den Einbau einer Winde überflüssig (10 a)

links:
Kettenkontrolle (10 a)

rechts:
Am Jacquardwebstuhl werden Stoffe mit eingewebten Mustern hergestellt (10 a)

Die Jacquard-Weberei. Hier werden die besten Lehrlinge, nach Beendigung der Lehrzeit, ausgebildet (10 a)

rechts oben:
Die Gewebeputzmaschine säubert die fertig gewebte Rohware und ermöglicht es, daß zehn bisher beschäftigte Handnöpperinnen zum anderweitigen Arbeitseinsatz frei wurden (10 a)

darunter:
Die gewebte Ware wird im Rohlager sortiert und angesammelt, bis genügend große Partien für die Stückfärberei zusammengekommen sind (10 a)

oben:
Die Bedienung des schweren Kalanders wurde durch den Anbau eines regelbaren elektrischen Antriebes ganz erheblich vereinfacht (10 a)

unten:
Die aus fremden Ausrüstungsanstalten zurückkommende Ware wird nochmals durchgesehen und zum Versand fertig gemacht (10 a)

unten:
Ware, die nicht sofort an die Kundschaft gesandt werden kann, wird im Lager gut verpackt und sortiert aufgestapelt (10 a)

oben:
Im Musterzimmer werden die zahlreichen Kollektionen für die Kunden und Vertreter im In- und Auslande zusammengestellt (10 a)

oben:
Im Verkaufsraum der Abteilung Kleiderstoffe wird durch die Prokuristen der Firma ein Abschluß getätigt (10 a)

oben:
Ein Teil des Maschinenhauses mit der Dampfmaschine und der halbautomatischen Heizanlage (rechts). Die Firma erzeugt den größeren Teil der benötigten Kraft selbst. Der Rest wird von der Stadt bezogen (10 a)

unten:
Die Garagen für den Fuhrpark der Firma, darüber die Werkswohnungen für zwei Kraftfahrer (10 a)

Das Herz des Betriebes mit der Schaltanlage, von hier erhält ... (10 a)

... nicht nur die Hochleistungs-Zettelanlage, ... (10 a)

... an der gerade Ruth bäumt, den Strom, sondern ... (10 a)

... auch die Winderei mit (10 a)

Ernst, Willi und Josef, (10 a)

der Cannettierautomat (10 a)

mit Josef, Gereon und Anton ... (10 a)

... und die Lehrwerkstätte, wo gerade unter den prüfenden Augen von Meister Schippers geputzt wird (10 a)

links oben: Der Werkmeister der Lehrabteilung erläutert den Jugendlichen das richtige Einsetzen der Spulen (10 a)

links: Jeden Morgen haben die Jugendlichen 15 bis 20 Minuten Gymnastik, die bei ungünstiger Witterung in einem geschlossenen Raum abgehalten wird (10 a)

oben:
Für die theoretische Ausbildung der Lehrlinge steht ein besonderer Schulraum mit dem notwendigen Lehrmaterial zur Verfügung (10 a)

links:
Der Ausbildungsleiter, Obermeister Jansen, prüft die schriftlichen Arbeiten der Mädels (10 a)

Riete und Schäfte, Riemen und Öle – die Zulieferer der Textilindustrie

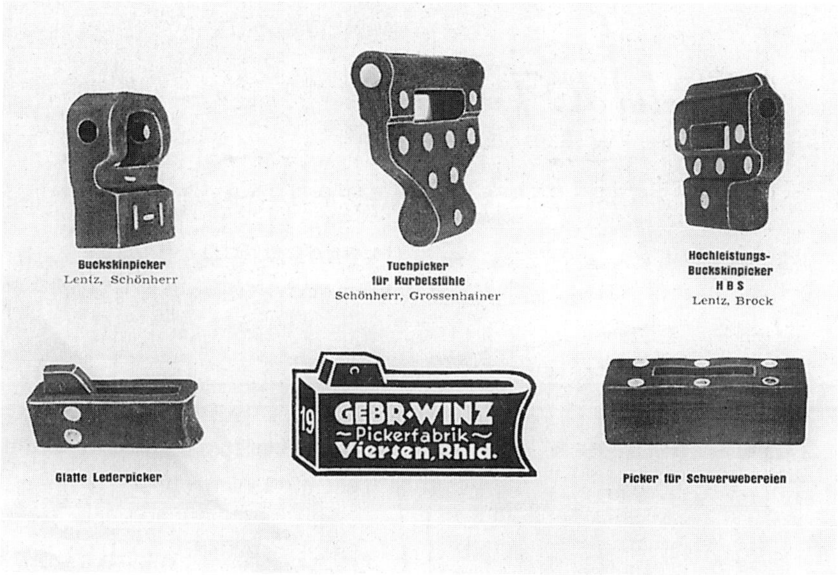

Picker (Webervögel), Preller, Schlagriemen, Lederteile für Webstühle aller Systeme (31 a)

Voraussetzung für die Herstellung von Textilien ist neben dem Vorhandensein geeigneter Rohstoffe, Maschinen und Arbeitskräfte der Einsatz einer Vielzahl von Zubehörteilen, ohne welche die Verarbeitungsschritte von der Spinnerei bis zur Ausrüstung nicht durchführbar sind. Auf die Herstellung dieser Teile spezialisierten sich in Mönchengladbach eine Reihe kleiner und kleinster Unternehmen, die davon profitierten, daß die Herstellung von Zubehörteilen in den großen Maschinenfabriken unrentabel war, da es sich hierbei oft um Einzelanfertigungen oder spezielle Arbeitsmittel handelte, die nicht in den Bereich des Maschinenbaus fielen und entsprechendes technisches Wissen voraussetzten.

Die Lieferanten von Zubehörteilen für die Textilindustrie lassen sich nur schwer einer festumrissenen Gruppe zuordnen, da es sowohl ausschließlich die Textilindustrie beliefernde Unternehmen gab, als auch solche, die unter anderem Teile für die Textilindustrie produzierten, ansonsten aber auf den allgemeinen Bedarf für Industrie und private Haushalte eingerichtet waren. Hierzu gehörten vor allem die holzverarbeitenden Betriebe. Fränken weist zwar darauf hin, daß der steigende Bedarf der Webereien an Schützen, Spulen und Kettbäumen im Rahmen der Ausdehnung der Textilverarbeitung zu einem Anstieg der Drechslerwerkstätten in Mönchengladbach geführt hatte. (66, S. 201 ff.) Diese werden aber sowohl Betriebe gewesen sein, die sich ausschließlich auf die Produktion von Artikeln für die Textilindustrie konzentrierten, als auch solche, die zusätzlich die Nachfrage anderer Industriezweige oder privater Haushalte deckten.

Ein Gewerbezweig, der aufgrund seiner maschinellen Ausstattung auch heute noch ausschließlich Textilunternehmen beliefert, ist die Gruppe der Rietmacher, ohne deren Produkte der Webprozeß nicht durchführbar ist. Das von ihnen hergestellte Webeblatt oder Riet dient zum Anschlag des Schußfadens an den Geweberand und durchlief im Laufe der Jahrhunderte verschiedene Weiterentwicklungen, zunächst durch Einführung der Zinnbundriete und später der Kunststoffriete.

Während der Zeit der Hausindustrie zogen die Rietmacher als Spezialisten von

Qualitäts-Webschützen und Webstuhl-Schlagstöcke

WEBSCHÜTZENFABRIK

Heinen & Co.

M.Gladbach · Rheydter Straße 198 · Fernruf 7896

Wetzels & Co.

Webgeschirre und Webeblätter
in Pech- und Zinnbund

M.Gladbach

Am Steinberg 39 Fernruf 2227

Anzeigen der Firmen Heinen & Co. sowie Wetzels & Co. (16 a)

Anzeige der Firma Pfenningsberg & Co. (31 a)

Hof zu Hof; mit Entwicklung des Weberhandwerks ließen sie sich in den Städten nieder. Ihre Blütezeit erlebten die Rietmacher in Mönchengladbach aber vor allem mit dem Ausbau der Handweberei. Für jeden Handwebstuhl mußte aus Holz ein Riet angefertigt werden. Diese waren verschleißanfällig und mußten außerdem bei Änderungen der Gewebebreite oder Fadendichte jeweils ausgetauscht werden. (242, S. 19) Dementsprechend hoch war die Zahl der ansässigen Rietmacher. 1823 versorgten zum Beispiel in Rheydt acht Rietmacher 420 Weber mit Webeblättern. (223, S. 56)

Die Einführung der mechanischen Webstühle bedeutete für die Hersteller von Webeblättern den Verlust eines großen Teils ihres Absatzes, da die Handwebstühle nicht im Verhältnis 1 : 1 ersetzt wurden und die Gesamtzahl der Webstühle zunächst sank. Zudem benötigten die mechanischen Webstühle Metallriete, da die bisher gefertigten Holzriete den höheren Geschwindigkeiten nicht standhielten. Die Metallriete waren weitaus haltbarer als Holzriete und mußten folglich weniger oft ersetzt werden. Gleichzeitig bewirkte ihr steigender Einsatz einen Wandel in der Struktur des Rietmacherhandwerks: Aus einem holzverarbeitenden wurde ein metallverarbeitendes Handwerk. (204, S. 14)

Der durch den Rückgang der Handwebstühle verursachte Überhang an Rietmachern hatte entsprechende Folgen für die wirtschaftliche Situation der Handwerker, vor allem hervorgerufen durch das Sinken der Preise für Webeblätter, das durch den verschärften Konkurrenzkampf ausgelöst wurde. Abhilfe brachte hier 1910 die Gründung der »Vereinigung deutscher Rietmacher und verwandter Gewerbe«. Diese einem Kartell ähnliche Vereinigung legte für seine Mitglieder Einheitspreise fest und schloß mit den Lieferanten der Rietmaterialien Gegenseitigkeitsverträge, die neu beginnende Rietmacher zum Beitritt in diese Organisation zwingen sollten. (242, S. 23)

Charakteristisch für die Rietmacherbetriebe war die Orientierung auf einen lokalen Markt; beliefert wurden die ortsansässigen Textilbetriebe. Erst der Rückgang der hiesigen Unternehmen zwang dazu,

Anzeige der Firma Rosbach & Sohn (31 a)

auch an Firmen weit außerhalb Mönchengladbachs zu liefern. Trotz der Ausweitung des Absatzes aber ist seit Ende des Zweiten Weltkriegs die Herstellung von Webeblättern ständig zurückgegangen. Heute existiert in Mönchengladbach als letzter Rietmacherbetrieb nur noch die Firma Peter Lowis.

Firma Peter Lowis

Der seit 1970 von Hermann Josef Lowis geleitete Betrieb war 1920 von dessen Großvater gegründet worden. Vierzehnjährig begann der Vater des jetzigen Eigentümers, Peter Lowis, 1921 eine dreijährige Lehre. 1939 übernahm er die Firma, zu deren Programm neben der Herstellung von Rieten auch die Produktion von Schäften gehörte. Die hierfür benötigten Holzlatten wurden von der Mönchengladbacher Schreinerei Lüppertz bezogen, die Rahmen selbst angefertigt. Die Einberufung zum Militärdienst zwang Peter Lowis, seinen Betrieb für sechs Jahre zu schließen. Bei seiner Rückkehr 1945 stand er, wie viele Leidensgenossen in dieser Zeit, vor dem Nichts. Bombenangriffe auf Mönchengladbach hatten das Betriebsgebäude und die Maschinen restlos zerstört.

Als Glücksfall erwies sich die Möglichkeit, von einem seinen Betrieb aufgebenden Kollegen eine Webeblattbindemaschine übernehmen zu können, die man jedoch erst aus dem Schutt herausholen und reparieren mußte. Bis zur Währungsreform 1948 wurden die mit dieser Maschine hergestellten Webeblätter zum Tausch Riet gegen Ware verwandt.

Das reine Familienunternehmen stellte bis 1957 ausschließlich Peschbundriete her, ehe die Einführung der schützenlosen Webmaschine zur Umstellung auf Zinnbundriete zwang. Neben der Herstellung von Rieten erwiesen sich auch die wiederaufgenommene Produktion von Schäften und der Handel mit Litzen als lukrativ. Sowohl die Herstellung von Schäften als auch der An- und Verkauf von Rundstahllitzen wurden bis 1969 aufgegeben, da die mittlerweile eingeführten Metallschäfte die Anschaffung kostspieliger Maschinen erfordert hätte und Rundstahllitzen nach Erscheinen der Flachdrahtlitzen nicht mehr gefragt waren.

Stellte man bisher ausschließlich gröbere Riete für die Tuchindustrie her, so setzte man 1975 durch Übernahme der Rictmacherei Henzel auch einen Fuß in die Tür der Filamentweber. Mit dieser Übernahme war automatisch eine Vergrößerung des Absatzgebiets verbunden, da die Firma Henzel einen großen Kundenstamm in Wassenberg, Viersen und Krefeld hatte: Gegenden, in denen traditionell Futterstoffe oder leichte Bekleidungstextilien hergestellt wurden. Die Beziehungen zu Kunden außerhalb der Stadt haben sich seitdem kontinuierlich vergrößert. Heute werden Riete bis nach Aachen oder Essen geliefert. (121)

links:
Anzeige der Firma Peter Lowis (16 a)

Scheve & Co.

Ebenfalls ausschließlich auf die Deckung des Bedarfs der Textilindustrie eingerichtet ist die Firma Scheve & Co. 1923 eröffnete Wilhelm Kamphausen mit drei Teilhabern den Betrieb, der mit der Herstellung von Ersatzteilen, überwiegend Zahnrädern und Kegelrädern, für englische Spinnmaschinen begann. Noch vor Beginn des Zweiten Weltkriegs konnten Vertretungen verschiedener Firmen übernommen werden, zum Beispiel der Spindelfabrik Süssen, der Firma Göhler aus Sachsen (Webschützen) oder der Firma Schmeing (Schäfte, Litzen, Lamellen). Das Unternehmen profitierte davon, daß während des Krieges die Mönchengladbacher Textilunternehmen in großem Umfang Uniformstoffe und Fallschirmseide herstellen mußten und weiter auf die Lieferung von Zubehör angewiesen waren. So konnte man den Betrieb während der gesamten Kriegszeit aufrechterhalten, bis nach dem Einmarsch der Alliierten die Firma zunächst geschlossen werden mußte. Erst die Ausstellung eines Permits erlaubte die Wiederaufnahme der Arbeit.

Die große Nachfrage der Textilunternehmen in der Zeit des Wiederaufbaus verhalf dem Betrieb zu einem schnellen Aufschwung. War die eigene Produktion von Ersatzteilen bereits vor dem Krieg aufgegeben worden, übernahm man weitere Vertretungen, wie z.B. die Firma Knotex. Selbst Riemenscheiben für den Antrieb von Webmaschinen über Transmissionen konnten noch an die Rheydter Weberei Heinrich Ax verkauft werden.

Anzeige der Firma Scheve & Co. (16 a)

Das führende Unternehmen seit mehr als

30 Jahren

für Weberei- und Spinnerei-Bedarf

SCHEVE & CO. · RHEYDT

1969 übernahm Ernst Kamphausen die Firma von seinem Vater, die nach eigener Auskunft vor allem davon profitierte, daß viele Kunden bei Scheve & Co. komplette Bestellungen für Zubehör aufgaben. Statt es mit mehreren Lieferanten für die verschiedensten Produkte zu tun zu haben, kaufte man lieber bei einem Lieferanten von Rieten (die vorzugsweise von Peter Lowis angefertigt wurden) bis zu Webschützen alles aus einer Hand. Vor allem bei Webschützen waren die Kunden sehr kritisch. »Die Weber kamen herein, nahmen sich zwei Schützen aus dem Regal und stellten sie mit der Spitze gegeneinander auf den Tisch. Und wehe, die Spitzen stimmten nicht auf den Millimeter genau überein. Dann ließ man die Schützen als unbrauchbar liegen.« (121)

Der Rückgang der Webereien in Mönchengladbach führte auch bei Scheve & Co. dazu, daß der Kundenstamm weit über Mönchengladbach hinaus ausgedehnt wurde. Als zukunftsträchtiger Zweig hat sich in den letzten fünf Jahren das Nachschleifen von Kantenscheren entwickelt, die vor allem an hochtourigen Luftdüsen-Webmaschinen schnell abstumpfen (121).

Andere Zulieferer

Die Entwicklung der Textilherstellung vom Hausgewerbe zur Massengüter erzeugenden Industrie ist zum einen zurückzuführen auf entscheidende Veränderungen der eingesetzten Technik. Die maschinentechnischen Verbesserungen konnten jedoch nur entsprechend ausgenutzt werden, weil fast zeitgleich chemische Verfahren entwickelt wurden, die eine effektive Weiterverarbeitung der Gewebe erlaubten. Zu nennen sind hier vor allem der Einsatz von chemischen Bleichmitteln sowie die Entwicklung der Anilin- und Teerfarbstoffe. Während die Produktion von Farbstoffen ausschließlich der chemischen Großindustrie vorbehalten blieb, spezialisierten sich in Mönchengladbach einige Unternehmen auf die Herstellung anderer Textilhilfsmittel, wie z. B. Schlichte oder Imprägnierungsmittel. Hierzu gehört unter anderem die 1922 gegründete Firma Gebr. Overlack. Andere Unternehmen beschäftigten sich mit der Produktion von Maschinenölen und -fetten. Ein solcher Betrieb wurde 1882 von Wilhelm Schlafhorst gegründet und 1919 von Wilhelm Reiners übernommen.

Anzeige der Firma Mühlen und Sohn (16 a)

Die Liste der Betriebe, die ausschließlich oder überwiegend die Textilindustrie belieferten, ließe sich beliebig fortführen. So stellten die Gebr. Heil Schneidemaschinen her, und die Vereinigte Kratzenindustrie GmbH fertigte Kratzenbeschläge. Die Firma Christoph Friedrichs produzierte Papierhülsen und Spulen, und die Industrieleder GmbH stellte Schlagriemen und Pickers her.

Hervorgehoben werden muß die Firma Mühlen Sohn, die in ihrem Bereich bahnbrechend war. 1880 in Rheydt gegründet, wurden für den deutschen Markt und den Export baumwollene und Kamelhaar-Treibriemen hergestellt. Die hierzu eingesetzten Webmaschinen konstruierte man zwischen 1883 und 1890 selbst. Als erstem deutschen Unternehmen gelang es der Firma Mühlen Sohn, gewebte Riemen mechanisch herzustellen. (58, S. 136)

50 Jahre Reiners + Fürst

Als Spezialfabrik für Spinnringe und Ringläufer wurde das deutsche Unternehmen im Jahre 1945 von Dr. Walter Reiners und Stefan Fürst gegründet. Aus kleinsten Anfängen entwickelte sich ein bedeutender Hersteller für diesen Bereich. Dazu gehören ein internationales Vertriebsnetz in über 80 Ländern und eigene Berater.

Zahlreiche nationale und internationale Patente unterstreichen die Leistungsfähigkeit, die durch jahrzehntelange Erfahrung und ständige Weiterentwicklung erarbeitet wurde. Das Produktionsprogramm im Spinnring- und Ringläufersektor weist ein großes Spektrum auf: Neueste Erkenntnisse der Verschleißforschung und Metallurgie führten zur Entwicklung von hochverschleißfesten beschichteten Oberflächen, die hohe Spindeldrehzahlen und eine lange Lebensdauer der Gleitpartner garantieren. Bereits Mitte der 70er Jahre paßte sich Reiners + Fürst dem Trend zur OE-Maschine durch die Entwicklung von Sägezahnwalzen an.

Anzeige der Firma Reiners + Fürst (31 a)

Dienstleistungsbetriebe

Wie nur wenige andere Gewerbezweige machte und macht die Textilindustrie Gebrauch von einer Vielzahl von Lohnbetrieben. So sind die meisten Ausrüstungsunternehmen Lohnveredler. Gleiches gilt für Spulereien oder Schärereien; verhältnismäßig selten arbeiten dagegen Webereien oder Spinnereien als Lohnbetriebe.

Die Arbeit »in Lohn« hat in Mönchengladbach eine lange Tradition und läßt sich ableiten aus dem Verlagssystem. Solange der Webstuhl im Besitz der Weber und der Rohstoff im Besitz der Händler war, bestand in jedem Weberhaushalt ein »Lohnbetrieb«.

Anders als die Veredlungsunternehmen, deren Beschäftigung für die Webereien zwangsläufig ist, werden Lohnwebereien und -spinnereien im Regelfall dann beschäftigt, wenn in den Verkaufswebereien und -spinnereien Kapazitätsengpässe entstehen. In Zeiten konjunktureller Flauten werden ihnen die Aufträge jedoch als erste entzogen - eine Parallele zu den Hauswebern des 19. Jahrhunderts. Andererseits produzieren Lohnbetriebe, die häufig reine Familienunternehmen sind, meist kostengünstiger als Verkaufsbetriebe, deren Struktur immer auch einen entsprechenden organisatorischen Aufwand mit dementsprechenden Kosten zur Folge hat.

Der Lohnbetrieb unterscheidet sich vom Verkaufsbetrieb vor allem durch den Mangel an Kapital für den Einkauf der Rohstoffe. Die geringen finanziellen Mittel sind überwiegend in Maschinen investiert, selbst die Gebäude sind meist gemietet.

In der Geschichte der Mönchengladbacher Textilunternehmen gibt es mehrere Beispiele dafür, daß sich Lohnbetriebe später zu erfolgreichen Verkaufsbetrieben entwickelt haben. So entstand z. B. die spätere Gladbacher Wollindustrie A.G. aus einer kleinen Lohnweberei, die neben dem Raum selbst die Antriebskraft mieten mußte. (105, S. 188) Heute findet man in Mönchengladbach solche Entwicklungen nicht mehr. Zum einen verfügen die meisten Webereien nach Einführung der Schnell-Läufer-Webmaschinen über genügend Kapazitäten, die sie selbst auslasten müssen, zum anderen hat der Wandel vom lohn- zum kapitalintensiven Betrieb den technischen Abstand zwischen Lohn- und Verkaufsunternehmen, mit dementsprechendem Einfluß auf die Gewinnspannen der Firmen, vergrößert. Daß es aber bis weit in die zweite Hälfte des 20. Jahrhunderts noch möglich war, sich vom Lohnbetrieb zum Verkaufsbetrieb zu entwickeln, zeigt die Geschichte der Firma Jakob Franzen & Co.

links:
vor dem Fach (32 a)

rechts:
nach dem Fach (32 a)

Jakob Franzen & Co.

In einer sechsköpfigen Arbeiterfamilie aufgewachsen, war Jakob Franzen sofort nach seinem Schulabschluß gezwungen, zum Unterhalt der Familie beizutragen. Als 13jähriger begann er 1933 eine halbjährige Lehre bei dem Hausweber Cremer, der an sein Haus einen kleinen Shed angebaut hatte, in dem er mit drei mechanischen Webstühlen arbeitete. Nach Abschluß der Lehre fand Franzen in Wassenberg bei der noch heute dort ansässigen Firma Frowein eine Anstellung als Weber. Die Lehre bei Herrn Cremers hatte Jakob Franzen gezeigt, daß man als Hausweber bessere Verdienstmöglichkeiten als in der Fabrik hatte. Gepaart mit dem Wunsch nach Selbständigkeit, wuchs die Idee, sich selbst Webstühle zu kaufen. Hauptproblem zur Realisierung des Wunsches war fehlendes Geld. Franzen hatte jedoch Glück und fand in seinem Heimatort Gerderath bei Erkelenz einen Bauern, der ihm gegen einen Schuldschein 1000 Mark lieh. Hiermit erwarb Franzen bei der Krefelder Firma Schroers drei gebrauchte Webstühle, die er, nach Anbau eines Sheds an das Haus seiner Eltern, 1938 in Betrieb nehmen konnte.

Lohnaufträge vergaben neben den Firmen Frowein und Crahnen & Gobbers aus Wassenberg vor allem die Rheydter Seidenweber. Um ihren Bedarf an Kapazitäten zu decken, schalteten sie sogenannte Zwischenmeister ein. Bei diesen Zwischenmeistern handelte es sich um Lohnwebereien, die Aufträge der Verkaufswebereien übernahmen und diese Aufträge mit Wissen der Verkaufswebereien an die Hausweber verteilten. Ihre Tätigkeit entsprach weitgehend den Aufgaben des Faktors im 19. Jahrhundert. Da der Zwischenmeister sich die Hausweber selbst aussuchte, hatte er eine dementsprechend starke Position.

Franzen erhielt seine ersten Aufträge von dem Wegberger Zwischenmeister Lippold. Die Auftragslage war so gut, daß bereits 1939 das geliehene Geld zurückgezahlt und für 800 Mark ein weiterer Webstuhl gekauft werden konnte. Bei Kriegsende stand auch Jakob Franzen zunächst vor teilweise zerstörten Maschinen. An eine Reparatur konnte erst gedacht werden, als wieder Strom vorhanden war. 1946 wurde wieder mit der Produktion begonnen. »Ein Permit war auf dem Land nicht nötig.« (67) 1947 kam ihm der Umstand zugute, daß einige Rheydter Textilunternehmer in Gerderath Jagden gepachtet hatten: Es handelte sich um die Herren Schmölder und Dilthey, die Jakob Franzen in seiner Eigenschaft als Jagdvorsteher kennenlernte. Von ihnen erhielt er die Möglichkeit, Garn zu kaufen, aus denen er Hemdenstoffe webte, die zum Tausch gegen Lebensmittel oder Baumaterial eingesetzt wurden.

Franzen hatte nochmals Glück, als er seine Frau kennenlernte. Deren Vater war ebenfalls Lohnweber und besaß zudem einen Schärrahmen, was einen nicht zu unterschätzenden Vorteil gegenüber den anderen Hauswebern darstellte. Nach der Hochzeit legte man die beiden Betriebe zusammen und verfügte nun über zwölf Webstühle und einen Schärrahmen. Das Glück blieb ihm auch weiterhin treu. Eines Tages stellten sich zwei ihm unbekannte Männer als die Herren Junkers und Müllers mit der Frage vor, ob er nicht Schirmstoffe für sie weben könne. »Was denn daran zu verdienen sei?« – »Na ja, so DM 1,80 pro Meter.« (67) Es war der beste Preis, den Herr Franzen bis jetzt geboten bekommen hatte. Aber es sollte noch besser werden. Wenn er sich verpflichte, ausschließlich für sie zu arbeiten, wolle man ihm zusätzlich zwölf neue Zangs-Webstühle kaufen. Franzen stimmte zu.

In den folgenden Jahren wurden ausschließlich Schirmstoffe für Junkers & Müllers gewebt. Das Geschäft wuchs so stark, daß die Kapazitäten der Weberei bei weitem nicht die Nachfrage erfüllen konnten. So begann der Lohnweber Franzen, eigene Lohnweber zu beschäftigen. Zeitweise arbeiteten über 100 Webstühle für Franzen, der nun selber Zwischenmeister war. 1956 kam er auf den Gedanken, Schirmstoffe auf eigene Rechnung herzustellen. Die ersten 1000 m lieferte er an die Wuppertaler Firma August Grönlingen. Daß dieser Einfall nicht so blendend war, wie er glaubte, stellte sich drei Monate später heraus. Die Herren Junkers und Müllers waren wenig begeistert über die Bemühungen Franzens, ihnen in ihrem ureigenen Geschäft Konkurrenz zu bieten, und holten kurzentschlossen die zwölf Zangs-Webstühle wieder ab. Den Eintritt in den Markt hatte sich Franzen aber schon erkämpft. Bis 1986, als er aus Altersgründen und mangels Nachfolger den Betrieb einstellte, wurde weitgehend auf eigene Rechnung gearbeitet. (67)

Es wurde bereits darauf hingewiesen, daß einerseits die Beschäftigung von Lohnbetrieben im Regelfall auf Kapazitätsengpässe der Auftraggeber zurückzuführen ist, andererseits zeigt das Beispiel der Firma Franzen, daß die preislichen Vorteile der Lohnbetriebe für Außenstehende einen Anreiz bieten, in diese Unternehmen zu investieren oder sie zu kreditieren. Oft sind diese Investitionen oder Kredite für Lohnbetriebe aufgrund des Kapitalmangels die einzige Möglichkeit, den Anschluß an die sich weiterentwickelnde Technik zu halten.

Anders als im Beispiel Franzen werden hierbei den Lohnbetrieben meist steuerlich abgeschriebene Maschinen zur Verfügung gestellt, die in den Verkaufsbetrieben durch modernere Produktionsmittel ersetzt werden sollen. Die Bezahlung der Maschinen ist häufig verbunden mit Lohnaufträgen, d. h., von den erzielten Einnahmen wird ein Teil von den Auftraggebern als Abtragung einbehalten. Beispiele aus Mönchengladbach sind hier die Weberei Brungs oder auch die Weberei Horst Goebels, die auf eine lange Zusammenarbeit mit einem großen süddeutschen Unternehmen zurückblicken kann und deren Maschinenpark zur Zeit ausschließlich aus von dieser Firma übernommenen Maschinen besteht.

Junkers und Müllers

Im Mönchengladbacher Ortsteil Rheindahlen entstand 1950 die Unternehmensgruppe Junkers und Müllers. Karl Junkers war der Initiator, 1954 trat Wilhelm Müllers mit in das Unternehmen ein. Junkers und Müllers war zu dieser Zeit eine reine Schirmstoffweberei - eine unter vielen. Im Jahr 1972 errichtete die Firma in Rheydt eine eigene Druckerei und Ausrüstung. Damals gab es in Deutschland noch 25 Wettbewerber. Junkers und Müllers wuchs und expandierte und verfügte bald über 100 Nissan-Wasser-Webmaschinen, die modernsten Maschinen auf dem Markt. Mehr und mehr schrumpfte die Konkurrenz.

Heute deckt die Firma Junkers und Müllers den hochmodischen und exklusiven Bedarf im Schirmstoffbereich auf dem europäischen Markt ab. Führend ist das Unternehmen auch im Bereich der textilen Duschvorhangstoffe. Die Entwicklung geht bis zum Rollostoff in verschiedenen Ausführungen sowie zur bedruckten Vertikal-Lamelle, die immer mehr an Bedeutung gewinnt. Es ist typisch für die heutige Produktionsweise von Junkers und Müllers, daß man die eigene Weberei abgestoßen hat und nicht mehr mit Lohnwebern arbeitet, sondern die erforderlichen Gewebe auf dem Weltmarkt kauft und dann selber veredelt. Damit ist man eigentlich zum »Eigenveredler« geworden.

Blick zurück in Wehmut

Wirft man einen Blick in die Zukunft der Webereibranche im Raum Mönchengladbach, so bleibt zu hoffen, daß es zu einer Renaissance dieses Urgewerbes der Region kommt und Weber anknüpfen können an Erfolge früherer Zeiten.

»Für Tradition zahlt niemand einen Pfennig mehr!«, so weiß jeder Unternehmer zu berichten, der heute in Mönchengladbach noch als Textilproduzent ansässig ist und Nachkomme einer langen Ahnenreihe ist. So die Familie Classen-Gierlings: Das Unternehmen Gierlings, das sie in Dülken leitet, existiert seit 1808, was ersichtlich ist aus einer Liste von Garn (S. 182), welche an Hausweber verteilt wurde. Die »Sammt- und Plüschfabrik Victor Gierlings« gehörte noch 1904 mit 220 Mitarbeitern zu den bevorzugten Kunden der Webstuhlfabrik Tonnar in Dülken. Die Kreativität des Hauses kann man aus einer Farbkarte für Seidensamt von 1929 ersehen (S. 183); vorher schon waren 1911 in einer alphabetischen Artikelkartei für Chiffon-Samt liebevolle Namen wie Ahlebeck, Amalie, Astern, Bingen, Calla, Dahlia, Dina, Edith, Ems, Flieder, Görlitz, Henny, Lona, Nelke, Wien mit Scheer- und Schußfolge als unwiederbringlich verlorenes Know-how katalogisiert. Diese Unternehmenskultur gipfelte in bedrucktem Jacquardsamt, der heute jederzeit mit großem Erfolg als hochmodisches Produkt verkäuflich wäre – wenn die Herstellung nicht viel zu teuer wäre. Das gilt auch für geprägte Afrika-Plüsche (S. 183), die nach dem Zweiten Weltkrieg der absolute Exportschlager von Gierlings waren. – Nun hat in den 90er Jahren Gierlings den schon von vielen vorgezeichneten Weg beschritten, die Produktion derartig schöner Artikel nach Portugal zu verlagern – mit viel Wehmut.

Edmund

Viktor

vorvorgestern

Paul

vorgestern

Kurt

vorgestern

Albert

gestern

Victor (33 a)

heute

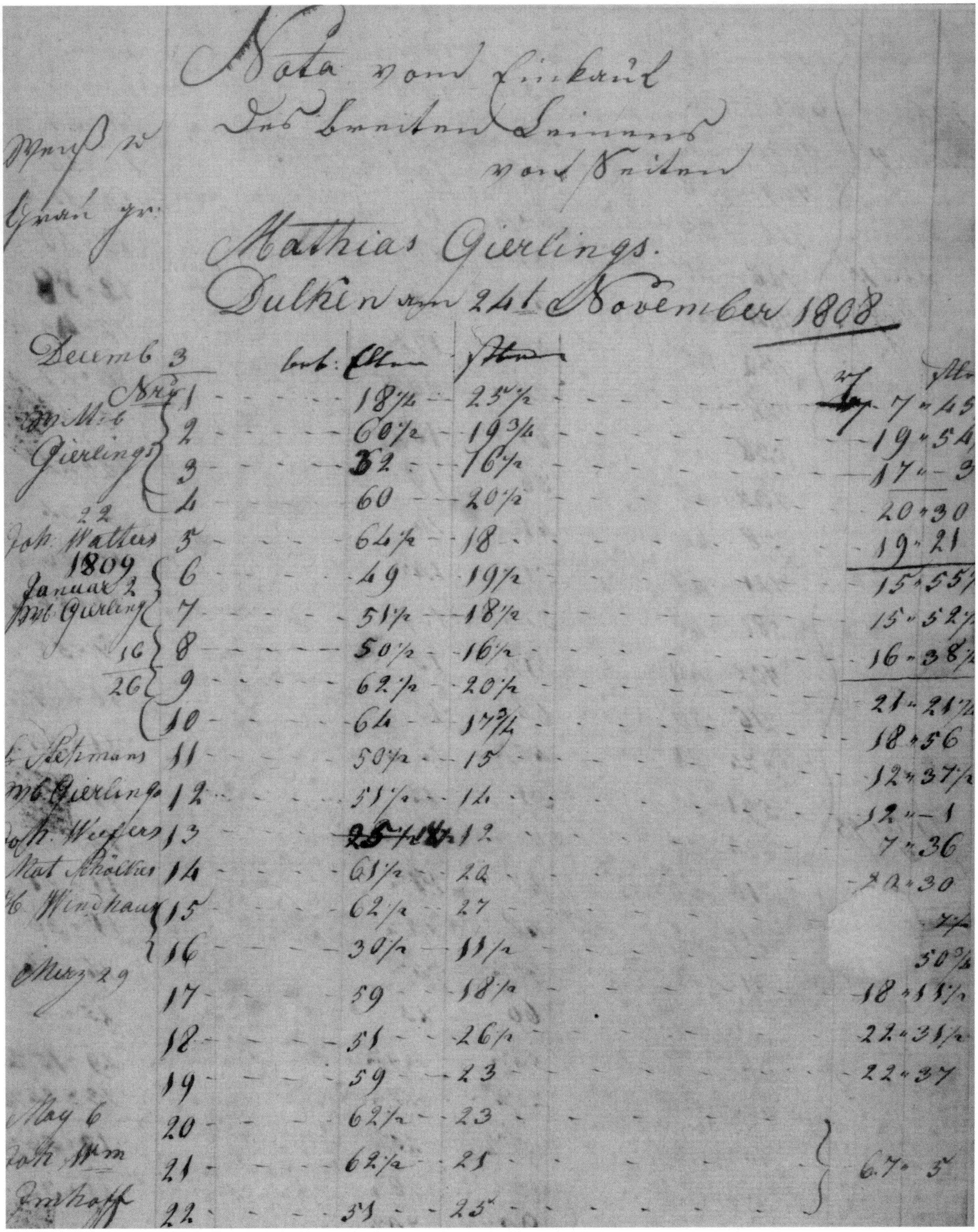
Mathias Gierlings.
Dulken den 24. November 1808

Garnliste und Aufteilung (1808) der Garne auf diverse Hausweber (linke Spalte) durch den Verleger Mathias Gierlings (33 a)

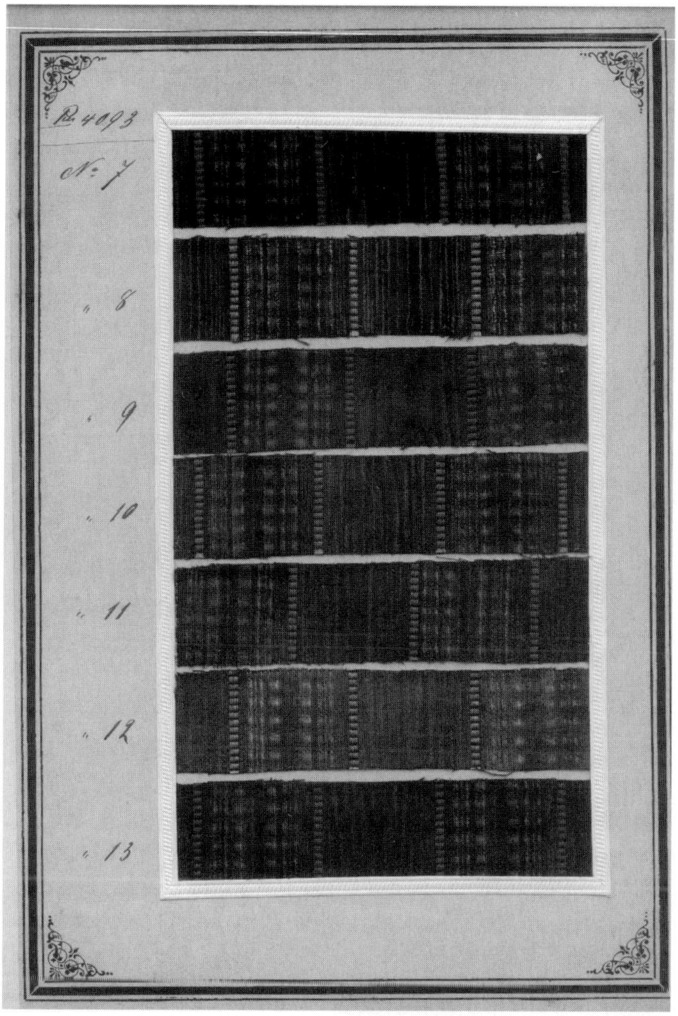

Afrikadruckplüsch von V. Gierlings, Dülken, aus dem Jahr 1950 - ein blauer Plüsch, der weiß bedruckt wurde (33 a)

oben: Farbkarte für Seidensamte von V. Gierlings (aus 1929) (33 a)

rechts: Afrikadruckplüsch von V. Gierlings aus dem Jahre 1948 - der Exportschlager (33 a)

Wie nur anknüpfen an Erfolge früherer Zeiten? (32 a)

5

Die industrielle Entwicklung der Textilveredlung

Farbe und Farbstoffe für eine bunte Welt

Die Textilveredlung stellt die letzte Stufe der Flächengebildeherstellung dar. Der Prozeß der Textilveredlung steht somit zwischen Web-/Maschenwarenherstellung und Konfektion. Er ist Bindeglied zwischen Rohmaterial und Endprodukt. Seit den Anfängen der Industrie haben sich unterschiedliche Formen der Textilveredlung unabhängig voneinander entwickelt. Als Organisationsformen unterscheidet man Lohnveredlung, Eigenveredlung und Betriebsveredlung. Bei der Lohnveredlung wird fremdes Rohmaterial für fremde Rechnung veredelt, im Gegensatz zur Eigenveredlung, wo gekauftes Material auf eigene Rechnung veredelt wird. Bei der dritten Form, der Betriebsveredlung, wird im eigenen Betrieb hergestellte Ware für eigene Rechnung veredelt. Ferner gibt es Unternehmen mit einer Verflechtung der einzelnen Formen, also Unternehmen, die zu bestimmten Teilen Lohn-, Eigen- und Betriebsveredlung betreiben.

Die ursprüngliche Funktion der Textilveredlung der Region lag im Bleichen von Leinwand. Eine größere Bedeutung erlangte die hiesige Textilveredlung erst im 19. Jahrhundert in Verbindung mit der Baumwollverarbeitung: »Vor allem auf die Bedürfnisse der Baumwollindustrie ist sicherlich der beträchtliche Umfang des Färber- und Zeugdruckergewerbes zurückzuführen.« (90, S. 62)

In den 30er Jahren des 19. Jahrhunderts siedelten sich verstärkt Färbereien, Druckereien und Appreturanstalten im Mönchengladbacher Textilbezirk an. Von herausragender Bedeutung in diesem Zusammenhang war die durch den Zusammenschluß mehrerer Investoren ermöglichte Gründung der Appreturanstalt des Kreises Gladbach im Jahre 1839.

rechts:
Neuartige Abmusterungslampe von 1902

Die Expansion der Textilveredlung wurde vor allem durch zwei Artikel der Baumwollindustrie, Siamosen und Barchents, gefördert. Die Siamosenstoffe wurden nach dem Weben bedruckt; für die Barchentherstellung benötigte man gefärbtes Garn. Die Erweiterung der Produktpalette der Baumwollerzeugnisse durch bedruckte Rock- und Hosenstoffe brachte für die Veredlung ein weiteres Aufgabenfeld.

Die günstige Entwicklung setzte sich in den 40er Jahren fort, als bedruckte Biberstoffe zum Verkaufsschlager avancierten. Dies führte dazu, daß im Jahre 1858 in der Stadt Gladbach 71 Betriebe der Textilvered-

Rechnung vom 31. Dezember 1857. Kurz vorher wurden die Aktiendruckerei und die Appreturanstalt des Kreises Gladbach zusammengelegt, erkennbar an dem handschriftlich zugefügten Hinweis (58, S. 37)

lung mit insgesamt 400 Arbeitern gezählt werden konnten. (66, S. 84)

In den 50er Jahren wurden, bedingt durch die fortschreitende Mechanisierung der Baumwollverarbeitung, auch in der Veredlung Antriebs- und Arbeitsmaschinen installiert. 1858 arbeiteten in M. Gladbach in zwölf Zeugdruckereien bereits 13 Druckmaschinen. (66, S. 85) Eine Folge der kapitalintensiven Investitionen in die neuen Maschinen war, wie auch in anderen Zweigen der Textilindustrie, die verstärkte Spezialisierung der Betriebe. Die Anzahl der Betriebe wurde durch diese Entwicklung verringert, die Größe der einzelnen Unternehmen wuchs.

In der zweiten Hälfte des 19. Jahrhunderts entwickelten sich Baumwollindustrie und Textilveredlung in weiten Teilen parallel. Die Konjunkturschwankungen, denen die Baumwollindustrie unterworfen war, fanden ihren sofortigen Niederschlag in den Betrieben der Textilveredlung. Diese konnten sich allerdings bis über die Jahrhundertwende hinaus relativ kontinuierlich ausdehnen. Des weiteren erlangte die Ausrüstung von Wollstoffen in den 70er und 80er Jahren des 19. Jahrhunderts besondere Bedeutung. Hersteller aus Österreich-Ungarn, der Schweiz und England brachten ihre Rohwaren nach Mönchengladbach, um diese hier veredeln zu lassen. Im Jahre 1907 hatte sich die Textilveredlungsindustrie in der Region so entwickelt, daß in 45 Betrieben ca. 1000 Arbeiter beschäftigt wurden. (66, S. 86) Die Bedeutung der Textilveredlung für die Stadt Mönchengladbach muß vor allem in der wechselseitigen Befruchtung von Veredlungs- und Baumwollindustrie gesehen werden.

Die Produktionsweise vor der Industrialisierung ist charakterisiert durch einen Entwicklungsprozeß vom ursprünglichen Handwerk über das Verlagswesen zur Entwicklung von Manufakturen. Im Textilgewerbe geschah das Weben bei den Hausgewerbetreibenden, die Verleger nahmen sich vielfach der Appretur, insbesondere des Bleichens an, sofern sie im Besitz von geeigneten Wiesen waren. (108, S. 73)

Die Gebrüder Drießen waren ein Beispiel für einen Verlagsbetrieb. Sie waren in Rheydt zu Beginn des 19. Jahrhunders erfolgreich tätig. Johann Drießen (geb. 1774) und Peter Drießen (geb. 1780) betrieben

Neuartiger Färbebottich von 1902

Eine der ersten industriellen Lohnfärbereien in Mönchengladbach

um die Jahrhundertwende eine Handweberei für Siamosen. Durch die Einführung eines neuen Artikels, der Schlingeldengs, kam es zu einem Aufschwung. Das Geschäft konnte erheblich erweitert werden. Schlingeldengs waren mit Seide durchwebte Hüfttücher und wurden in die holländischen Kolonien exportiert. Johann Drießen verlegte seinen Wohnsitz nach Giesenkirchen, da hier auch die Mehrzahl der beschäftigten Weber wohnte, leitete dort die Faktorei sowie die Ausrüstung und unternahm viele Geschäftsreisen. Sein Bruder stand dem Hauptgeschäft in Rheydt vor. (223, S. 374 f.)

Die Lohnveredlung im Konflikt mit den Webereien

Seit jeher besteht zwischen Webern und Textilveredlern eine intensive Wechselbeziehung. Als Existenzgrundlage brauchen die Textilveredler Aufträge der Webereien und Spinnereien. Umgekehrt waren die Webereien von den Textilveredlern abhängig, da die Textilveredlung die Produkte konfektionsfertig herrichtet.

Daß die Textilindustrie im Mönchengladbacher Raum einen großen Stellenwert einnehmen konnte, ist zu einem erheblichen Teil der Veredlungsindustrie zu verdanken, die das Endprodukt für den Verkauf veredelt. Die Druckerei und Unifärberei erfolgte im Mönchengladbacher Textilbezirk lange Zeit ausschließlich im Lohn. Um die heimische Textilerzeugung von den vornehmlich bergischen Textilveredlern unabhängig zu machen, wurde auf Bestreben führender Geschäftsleute 1839 die »Appreturanstalt des Kreises Gladbach« gegründet. Einer der Mitbegründer war der bereits vielfach erwähnte Gladbacher Fabrikant Quirin Croon. Das Unternehmen trug zur Verbesserung von Technik und Leistung der Textilveredlung bei und förderte den Absatz der heimischen Textilerzeugnisse. (66, S. 85)

Um 1840 stellten einige Buntwebereien Drucktische in ihren Räumen auf und imitierten die Baumwoll-Buntgewebe durch Bedrucken von Rohgeweben. Man ging jedoch bald dazu über, das Drucken auszulagern. So wurde im Jahre 1844 die sogenannte Aktiendruckerei gegründet. (112, S. 105) Die Appreturanstalt des Kreises Gladbach lag in der Nähe der alten Flieschermühle an der heutigen Lüpertzenderstraße, etwa zwischen der heutigen Straße Am Kämpchen und der neuen Badeanstalt. Südlich davon, an der Fliethstraße, lag die Gladbacher Aktiendruckerei. Zwischen ihnen verlief der Bäek, der alte Gladbach. Beide Betriebe wurden im Dezember 1857 zur Gladbacher Aktiengesellschaft für Druckerei und Appretur vereinigt. (58, S. 37 f.) Hier liefen im Jahr 1861 vier Druckmaschinen sowie sieben Dampfkessel und zwei Dampfmaschinen. Man beschäftigte 123 Arbeiter. Aufgrund des guten Bilanzergebnisses konnte für das Geschäftsjahr 1861 eine Dividende von 16 000 Talern ausgeschüttet werden. (58, S. 38) Im Jahre 1894 brannte die Aktiendruckerei ab und wurde danach nicht wieder aufgebaut. (112, S. 105)

Aus der Sicht der Spinner und Weber hatte die Veredlungsindustrie den Charakter einer Hilfsindustrie, welche die in den eigentlich produzierenden Fabrikationszweigen hergestellte Ware durch Bleichen, Färben, Drucken, Appretieren usw. für den Gebrauch nutzbar machte. Mit der Eigenart dieser Tätigkeit, die gewissermaßen eine Durchgangsphase auf dem Weg der Ware vom Produzenten zum Verbraucher darstellte, hing es zusammen, daß die meisten Betriebe die Veredlung nicht für eigene Rechnung, sondern in Lohnarbeit für andere Fabriken oder Händler vornahmen. (90,

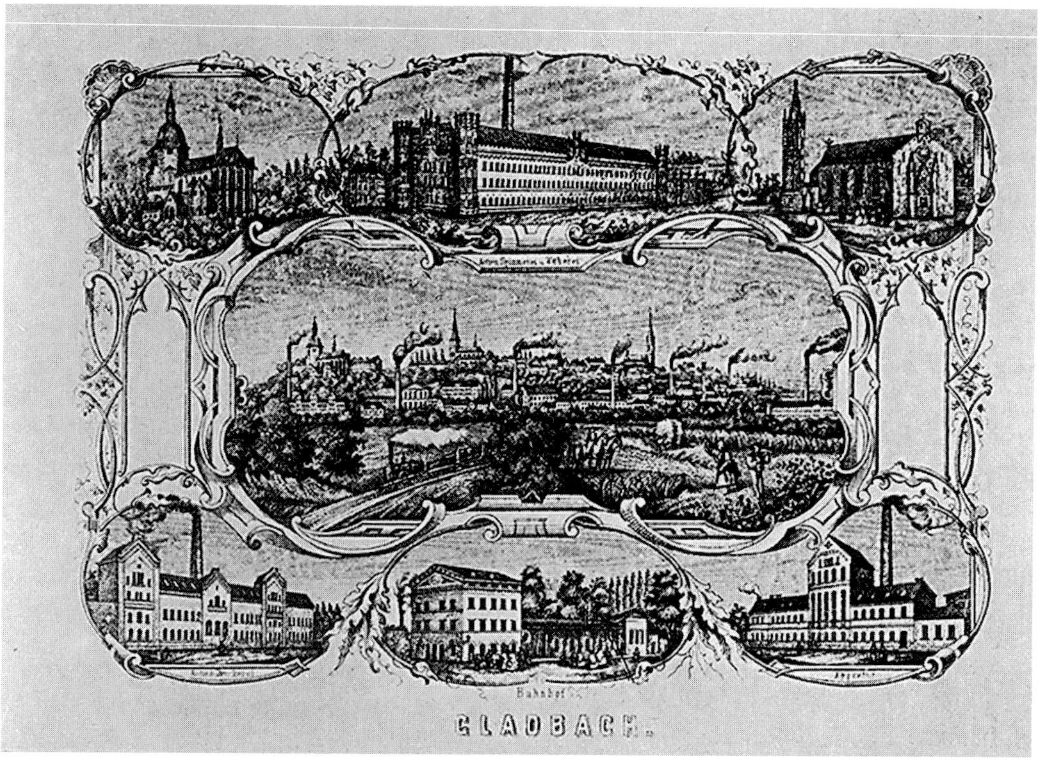

Die Industriestadt M. Gladbach, umgeben mit Aktiendruckerei (links unten), Kreisappreturanstalt (rechts unten) sowie Aktien Spinnerei und Weberei (oben Mitte) (102)

S. 97) Selbst ein lange Zeit führendes Unternehmen, wie die 1830 gegründete Gesellschaft für Druckerei & Färberei Hch. Hochapfel & Sohn in M. Gladbach, hatte die Textilveredlung stets als Lohngeschäft betrieben und war so von den Webern abhängig und nicht deren Partner. (90, S. 98)

Diese Abhängigkeit versuchten die Textilveredler im Gladbacher Textilbezirk durch Gewinnung neuer Kunden aus dem europäischen Raum zu kompensieren. Bei diesen handelte es sich um echte Partner. Neben den deutschen Webereien waren es zahlreiche Firmen des Auslands, namentlich Österreich-Ungarns, der Schweiz und Englands, die ihre Waren zur Ausrüstung an die Veredlungsbetriebe im Gladbacher Kammerbezirk sandten. Die Ausführung dieser Aufträge war meist nur auf dem Wege einer zollfreien Einfuhr und Wiederausfuhr der ausländischen Webwaren möglich. In keinem anderen Zweig der Textilindustrie spielte daher der zollfreie Warenverkehr eine solche Rolle wie in den Färbereien, Druckereien und Appreturanstalten. (90, S. 99)

Der uneingeschränkte Veredlungsverkehr ließ in den 80er Jahren des 19. Jahrhunderts erheblich nach. Zum einen hatte die österreichisch-ungarische Gesetzge-

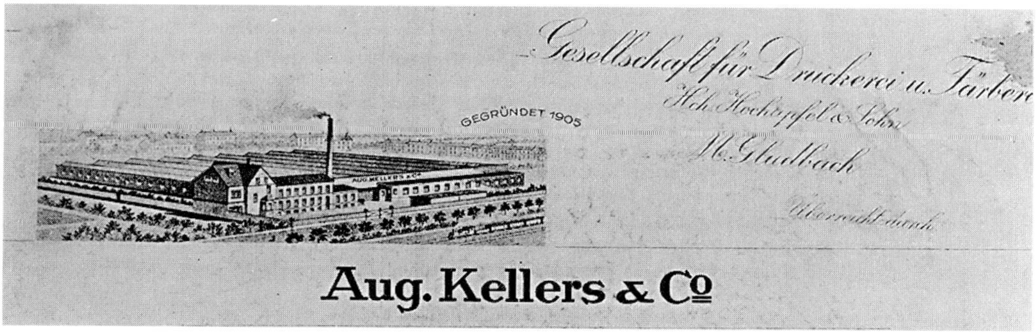

Lithographie der Firma Aug. Kellers, mit Werbung für die Gesellschaft für Druckerei & Färberei Hch. Hochapfel & Sohn (58, S. 129)

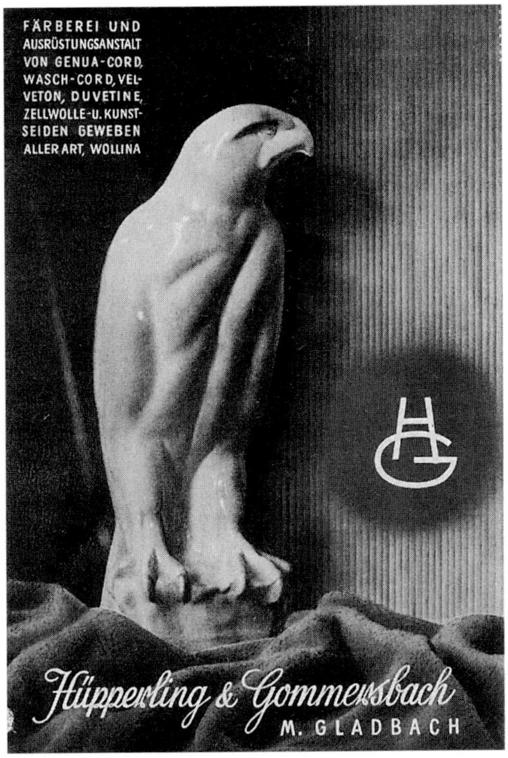

Anzeige der Firma Hüpperling & Gommersbach aus dem Jahr 1943. (211, S. 36) Die Anzeige ist in der Größe DIN A 4 erschienen und sollte wahrscheinlich die ungeschwächte Leistungsfähigkeit der Veredlungsindustrie während der Kriegszeiten demonstrieren

bung im Jahre 1883 den Veredlungsverkehr zur Errichtung einer eigenen Industrie vollständig unterbunden, zum andern gab es in zunehmendem Maße Schwierigkeiten zwischen den deutschen Steuerbehörden und den ausländischen Webereien. Aufgrund von Beschwerden der hiesigen Spinnereien und Webereien wurde nun in jedem einzelnen Fall der Nachweis eines Bedürfnisses gefordert sowie der Nachweis, daß eine Schädigung gleichartiger inländischer Betriebszweige in ihrem Betrieb oder Absatz nicht vorlag. Der freie Veredlungsverkehr blieb auf diejenigen Gewebe beschränkt, die der Veredler zwecks Veredlung vom Ausland bezog und veredelt wieder ausführte. Als Folge dieser Auflagen entstanden in den übrigen Ländern spezielle Druckereien für Artikel, die bisher vor allem im M. Gladbacher Bezirk ausgerüstet worden waren. (43, S. 40 f.)

Der Konflikt zwischen Webereien, Spinnereien und Veredlungsanstalten eskalierte. Die Folgen für die lohnindustrielle Organisationsform kamen deutlich zum Ausdruck, als sich im Jahre 1892 die Druckereien und Färbereien des Gladbacher Bezirkes kartellierten und die Ausrüstungspreise erhöhten. Dieses Vorgehen beantworteten einige Weißwebereien mit der Unterstützung einer neu errichteten, außenstehenden Veredlungsanstalt in Odenkirchen. Das Unternehmen machte nach kurzer Zeit Konkurs und wurde von sechs Weißwebereien übernommen. Die Umwandlung zu einer Genossenschaftsbaumwolldruckerei konnte jedoch die Nachteile der Unselbständigkeit nicht aufheben. An diesem Beispiel zeigte sich ganz deutlich, daß die Veredlung schon damals eine Produktionsstufe für sich war und nicht nur Hilfsindustrie. (112, S. 105)

Viele Weißwebereien wandten sich aufgrund der Differenzen zwischen Webereien und Veredlungsanstalten wieder der Buntweberei zu. Die Entwicklung der Veredlungsanstalten wurde durch diese Veränderungen stark beeinflußt. Das Kartell ging mehrfach wieder auseinander. Die Druckereien waren lange Zeit sehr schwach beschäftigt. In der kartellosen Zeit führte dies zu unrentablen Preisunterbietungen. Einige kleinere Betriebe versuchten, die unge-

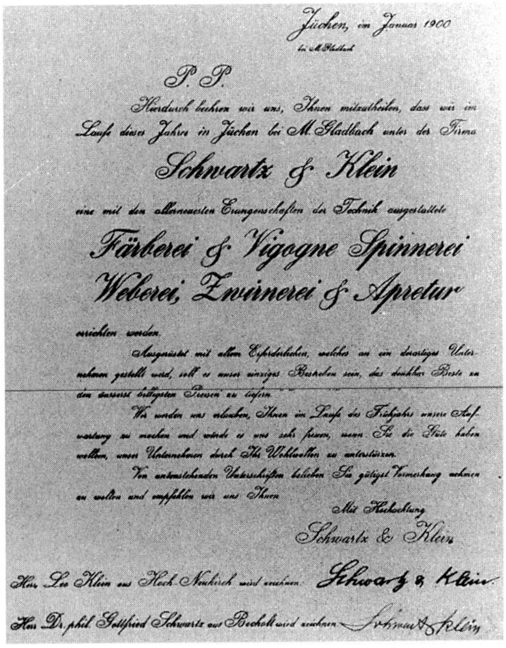
Jüchen, im Januar 1900
bei M.Gladbach

P. P.

Hierdurch beehren wir uns, Ihnen mitzutheilen, dass wir im Laufe dieses Jahres in Jüchen bei M.Gladbach unter der Firma

Schwartz & Klein

eine mit den allerneuesten Errungenschaften der Technik ausgestattete

Färberei & Vigogne Spinnerei
Weberei, Zwirnerei & Appretur

errichten werden.

Ausgerüstet mit allem Erforderlichen, welches an ein derartiges Unternehmen gestellt wird, soll es unser einziges Bestreben sein, das denkbar Beste zu den äusserst billigsten Preisen zu liefern.

Wir werden uns erlauben, Ihnen im Laufe des Frühjahrs unsere Aufwartung zu machen und würde es uns sehr freuen, wenn Sie die Güte haben wollten, unser Unternehmen durch Ihr Wohlwollen zu unterstützen.

Von untenstehenden Unterschriften belieben Sie gütigst Vormerkung nehmen zu wollen und empfehlen wir uns Ihnen

Mit Hochachtung
Schwartz & Klein

Herr Leo Klein aus Hoch-Neukirch wird zeichnen: Schwartz & Klein

Herr Dr. phil. Gottfried Schwartz aus Bocholt wird zeichnen: Schwartz & Klein

Eröffnungsbekanntmachung der vollstufigen Tuchfabrik Schwartz & Klein, Jüchen, aus dem Jahr 1900 (160, o. S.)

nügende Beschäftigung dadurch auszugleichen, daß sie auf eigene Rechnung ausrüsteten. Dies war eine Möglichkeit, einen Ausgleich in Zeiten schlechter Konjunktur zu erreichen, unter der die Veredlungsbetriebe bis in das beginnende 20. Jahrhundert hinein zu leiden hatten.

Im Jahre 1907 wurden für das gesamte Veredlungsgewerbe, das heißt für sämtliche Zweige der Bleicherei, Färberei, Drukkerei und Appretur, in M. Gladbach 58 Betriebe mit 916 Beschäftigten und in Rheydt 36 Betriebe mit 916 Beschäftigten gezählt. (90, S. 98)

Durch Angliederung von Veredlungsabteilungen konnte die Handelsspanne zwischen den Webereien und den Lohnveredlern einbehalten werden. Ferner versuchte man die Qualität der Färbungen zu verbessern. So gliederte zum Beispiel die Spinnerei Busch und Hoffmann eine eigene Färberei an. »*Nunmehr wurde beschlossen, dem Betrieb eine Färberei anzugliedern, um einem Übelstand der damaligen Zeit zu begegnen, der in den schlecht und unecht gefärbten Garnen für die Weberei empfindlich zum Ausdruck kam.*« (166, o. S.) Mit dem Aufkommen der Buckskin-Herstellung trat eine weitere Tendenz hervor: die Vereinigung von Spinnerei, Weberei, Färberei und Appretur in einem Unternehmen, der »vollstufige Betrieb«. Dieser wurde um die Jahrhundertwende für viele Gladbacher Tuchfabriken typisch, wie zum Beispiel bei den Tuchfabriken Otten sowie Schwarz & Klein.

Straßenfront der vollstufig eingerichteten, 1905 gegründeten Tuchfabrik Otten (146)

Standortfaktor Wasser im Mönchengladbacher Textilbezirk

Bis in die heutige Zeit haben sich zwischen Rhein und Maas zahlreiche Seen, Flüsse, Bäche und Sümpfe erhalten. Durch Analyse der Städtenamen M. Gladbach und Rheydt kann auf eine wasserreiche Urlandschaft geschlossen werden. Mönchengladbach bedeutet »Mönche an einem klaren

Tuchfabrik mit Betriebsveredlung 1927 (124, S. 132)

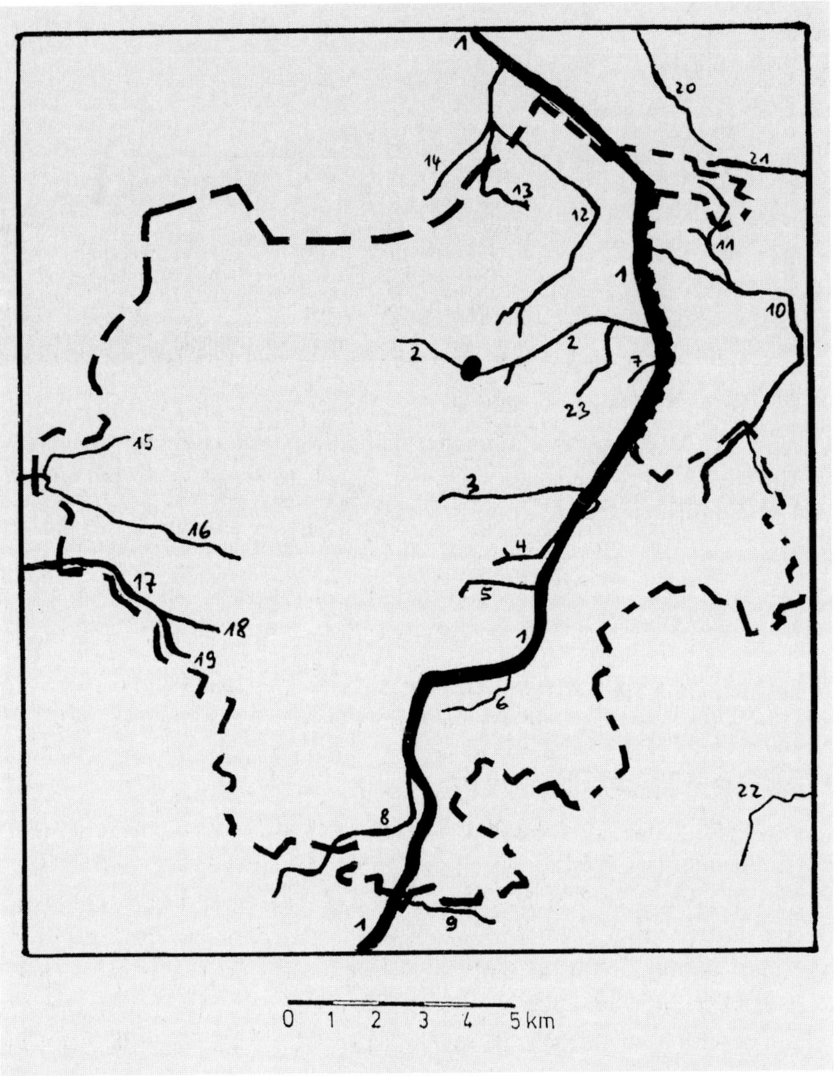

= Stadtgrenze

Wichtige Leitlinien für die Ausbreitung von Industriestandorten im Kreis Mönchengladbach. (105, S. 224)
Eingezeichnet sind die Bachläufe Mönchengladbachs. Der Schwarze Fleck am Gladbach kennzeichnet den Brinken- und Hahnenweiher, heutiger Geroweiher. Die Bachläufe sind heute alle fast vollständig kanalisiert (208)

1 = Niers, 2 = Gladbach, 3 = Rheydter Bach, 4 = Heydener Bach; 5 = Papierbach; 6 = Rottbach; 7 = Alte Niers; 8 = Fließ; 9 = Die Köhm; 10 = Trietbach; 11 = Triet; 12 = Alsbach; 13 = Schwarzbach; 14 = Lockgraben; 15 = Hellbach; 16 = Knippertzbach; 17 = Mühlenbach; 18 = Ahlsbruchbach; 19 = Wassersoth; 20 = Cloer; 21 = Nordkanal; 22 = Jüchener Bach; 23 = Bungtbach

Bach«. Der Name Rheydt kommt möglicherweise aus dem althochdeutschen »riuti« und bedeutet roden, oder wahrscheinlicher ist er aus dem viel älteren keltischen Wort »rithi« entstanden und bedeutet Wasserfurt. (78, S. 6) Der wichtigste Fluß der beiden Städte ist die Niers.

Das wasserreiche Gebiet war als Standort ideal für die zunächst handwerklichen Textilwerkstätten, Färbereien und Bleichen. Zum Waschen, Färben und Bleichen der Gewebe wurde möglichst kalkfreies Wasser benötigt, und die anfallenden Abwässer konnten über die Bäche problemlos beseitigt werden. Die Färbereien und Bleichereien lagen vorwiegend am Gladbach, von der Karmannstraße am Brinkenweiher (heutiger Geroweiher) vorbei, die Lüpertzender- und Fliethstraße entlang bis zur Breitenbachstraße. In Rheydt waren die Färbereien am Rheydter Bach gelegen. (223, S. 383)

Schon zu Beginn dieses Jahrhunderts konzentrierten sich die wasserabhängigen Textilbetriebe nicht mehr allein an Bächen und Flüssen, da sie nicht mehr auf das weiche Wasser der Flüsse angewiesen waren. Durch Zusatz chemischer Mittel konnte jetzt auch das Grundwasser ohne weiteres benutzt werden. Mit Einführung des Braunkohletagebaus im 20. Jahrhundert mußten immer tiefere Brunnen gebaut werden.

Zu früherer Zeit erfolgte die Wasserversorgung durch Ziehbrunnen. Im Regelfall waren für die einzelnen Ortschaften oder Häusergruppen ein oder mehrere von diesen vorhanden. Schon bald wurden die Ziehbrunnen durch Saugpumpen verdrängt, welche die Wasserförderung bedeutend erleichterten.

Mit der öffentlichen Wasserversorgung durch die Stadtwerke wurde 1880 in Gladbach und drei Jahre später in Rheydt begonnen. (212, S. 43) Die städtische Wasserversorgung befriedigte nicht nur den Trink- und Brauchwasserbedarf der Bevölkerung, sondern stellte auch der wasserverbrauchenden Industrie erhebliche Mengen an qualitativ wertvollem Wasser zur Verfügung. Zu Beginn der 30er Jahre dieses Jahrhunderts wurde zum Beispiel das Wasser der Rheydter Stadtwerke auch als Kesselspeisewasser und als Verbrauchswasser für die zahlreichen Färbereien verwendet, wofür es wegen seiner geringen Härte und seiner einwandfreien chemischen und bakteriologischen Eigenschaften gut geeignet war. (159, S. 44) Zum großen Teil verfügten die Industrieunternehmen aber über betriebseigene Brunnen.

Städtische Werke Gladbach

Im Jahre 1876 faßte die Stadtverordnetenversammlung der Stadt Gladbach den Beschluß, eine Wasserleitung anzulegen. (212, S. 41) Erst 1879 begannen die Arbeiten am Rohrnetz, nachdem schon im Jahre 1877 der Ankauf eines Grundstücks in Dahl beschlossen wurde.

1880 wurde ein Grundstück in der Dahlener Mulde gekauft. Auf diesem errichtete man ein Maschinenhaus, ein Kesselhaus, einen Schornstein und einen Schachtbrunnen von 2,5 m Durchmesser und 12,5 m Tiefe sowie ein Wohnhaus. Auf dem Ohler Kirchweg entstand ein Wasserturm von 39,12 m Höhe und einer mittleren Weite von 10 m. Der eiserne Hochbehälter des Turms faßte 600 Kubikmeter Wasser. Am 16. Oktober 1880 wurden der Wasserturm und das Wasserwerk Dahl in Betrieb genommen. (212, S. 42)

Zur Behebung der Frischwasserknappheit in der Nachbarstadt Rheydt erfolgte ab dem 25. Oktober 1883 die Belieferung mit Wasser aus den Stadtwerken M. Gladbach. Ende 1890 wurden die Lieferungen eingestellt, nachdem Rheydt ein eigenes Wasserwerk erbaut hatte. (212, S. 44)

In M. Gladbach erfolgte der ständige Ausbau und die Erweiterung des Rohrnetzes. Eine zweite Pumpstation wurde 1889 an der Knopsstraße errichtet. Dort wurde

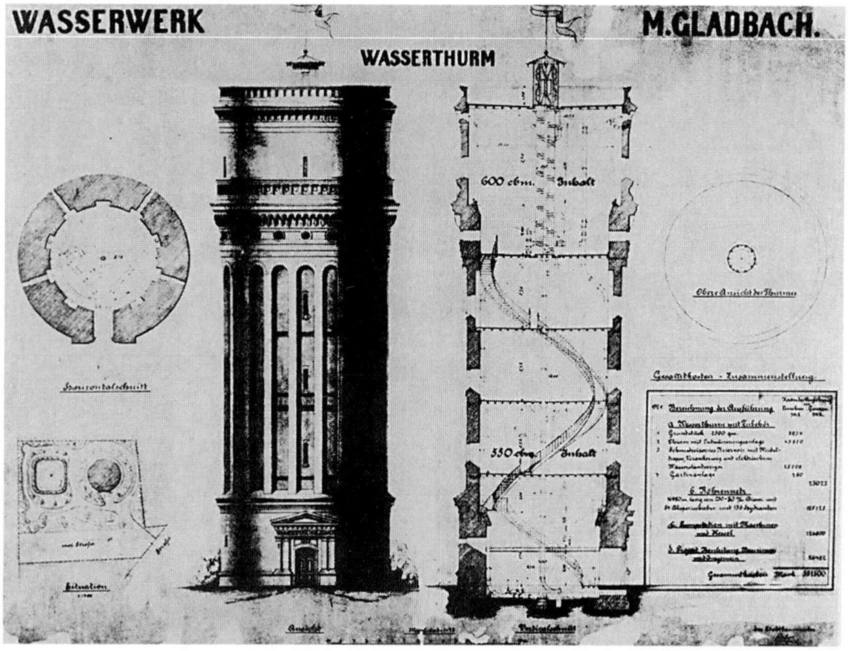

Konstruktionszeichnung des 1880 errichteten ersten Gladbacher Wasserturms (119, S. 28)

ab 1889 nur wenig, 1896, 1898 und 1899 gar kein Wasser gefördert. 1916 wurde die Station stillgelegt. Erst im Zweiten Weltkrieg griff man wieder auf diese Station zurück, um den Löschwasserbedarf bei Großbränden zu decken. (212, S. 47)

Am 28. August 1894 wurde das Wasserwerk Hellabrunn in Betrieb genommen. 1907 erfolgte der Bau der neuen Pumpstation Theeshütte, die im Juli 1908 den Betrieb aufnahm. Ferner wurde der neu errichtete Wasserturm an der Viersener Straße seit September 1909 für die städtische Wasserversorgung genutzt. (212, S. 41)

Am 18. Juli 1921 fiel das 1913 fertiggestellte Wasserwerk des Ortes Rheindahlen durch seine Eingemeindung an die Stadt M. Gladbach. (212, S. 57) 1940 wurden weitere Rohrverbindungen zwischen M. Gladbach, Rheydt, Wickrath und Waldniel für gegenseitige Aushilfslieferungen in Kriegszeiten errichtet. Die Rohrnetzlänge betrug zu Beginn des Krieges 243 Kilometer.

Im Zweiten Weltkrieg wurde das Rohrnetz stark zerstört. Nach Wiederherstellungsarbeiten und Erweiterung des Netzes betrug die Gesamtlänge 270 Kilometer im Jahr 1950. (212, S. 57)

Städtische Werke Rheydt

In einer Stadtverordnetenversammlung der Stadt Rheydt im Jahre 1881 wurde, um die Rheydter Bürger in kurzer Zeit mit Trinkwasser zu versorgen, der Ausbau des Rohrnetzes und der Anschluß an die M. Gladbacher Wasserleitung beschlossen. Am 15. Oktober 1883 wurde die städtische Wasserleitung eröffnet, und die Stadt Rheydt wurde erstmalig mit hygienisch einwandfreiem Leitungswasser versorgt. (221, S. 22) Aufgrund wiederholten Wassermangels und Lieferschwierigkeiten kündigten die Stadtwerke M. Gladbach den Liefervertrag, und die Stadt Rheydt errichtete im Südwesten auf Odenkirchener Gebiet ein neues Wasserwerk. (159, S. 44) Am 11. Oktober 1890 wurde das städtische Wasserwerk am Restrauch in Betrieb genommen. Die Anlage bestand aus einem Maschinenhaus, einem Kesselhaus, einem Hochbehälter mit einem Fassungsvermögen von 600 Kubikmetern und einer Wohnung für Personal und Heizer. (221, S. 23)

Im Jahre 1892 erfolgte der Anschluß der Stadt Odenkirchen und 1911 der Anschluß der Ortschaft Giesenkirchen-Schelsen an das Wasserwerk. Durch ständige Modernisierung konnte man 1921 einen täglichen Wasserverbrauch von 2 250 000 Kubikmetern decken. (151, S. 53)

Bis 1939 funktionierte die Wasserversorgung störungsfrei. Aufgrund des Bombenangriffs am 27. Dezember 1944 fiel die Pumpstation in Restrauch aus. Reservepumpen der Industriebetriebe Kabelwerk, der Baumwollspinnerei und Färberei Daniels & Strater an der Duvenstraße und der Baumwollspinnerei Pferdmenges & Scharmann an der Konstantinstraße ermöglichten eine Teilversorgung der Bevölkerung. (221, S. 24) Die Trinkwasserversorgung durch die Privatindustrie wurde schon im Oktober 1945 eingestellt, und im Jahr 1946 konnten die Pumpstation und das Rohrnetz der Stadt Rheydt vollständig in Betrieb genommen werden. (151, S. 54)

Im Jahr 1954 wurde das Wasserwerk Hoppbruch errichtet, und 1969 erfolgte der Ausbau des Wasserwerkes Restrauch, welches 1973 wieder vollständig in Betrieb genommen wurde. 1975 erfolgte die Zusammenlegung der Stadtwerke Rheydt und M. Gladbach aufgrund der Städtevereinigung M. Gladbach, Rheydt und Wickrath. (151, S. 54)

Das Problem der Bachverschmutzung

Mit der Einführung der Baumwollverarbeitung in Europa entstand um 1820 die industrielle Färberei. Die zu dieser Zeit noch kleinen und handwerklich betriebenen Unternehmen verunreinigten das bis dahin klare und helle Wasser der Bäche mehr und mehr. Am Rheydter Bach lagen zu dieser Zeit die Färbereien von Daniel Deußen, Theodor Kotzhausen und Niklas Danz. In der Rheydter Chronik wird von einer Beschwerde des Bleichereibesitzers Adam Wienandts berichtet, der seine Bleiche unterhalb der Färbereien hatte und das Bachwasser zum Bleichen gebrauchte. Er stellte 1821 einen Strafantrag beim Polizeigericht in Odenkirchen gegen die oben genannten Färbereien, »weil dieselben sich erlaubten, den Bach ganz und gar zu verunreinigen und zwar so, daß auch die geringste Leinewand, welche mit Bachwasser begossen wird, ganz verdirbt und unbrauchbar wird.« (223, S. 383) Da es keine administrativen oder polizeilichen Vorschriften über die Benutzung des Bachwassers gab, wurde der Kläger auf den Zivilweg verwiesen. (223, S. 383)

Auch in M. Gladbach kam es zu durch die Wasserverschmutzung verursachten Interessenskonflikten. »Ein Reglement aus dem Jahre 1847 verordnete zum Beispiel, daß zum Bleichen die Gewässer [...] nur von 5–10 Uhr und von 17–21 Uhr benutzt werden durften. Zum Färben war von 10–17 Uhr Gelegenheit gegeben.« (197, S. 216)

Die Verschmutzung der Niers

Was zu Beginn und Mitte des 19. Jahrhunderts mit der Verschmutzung der kleinen Bäche, Seen und Weiher durch ein paar Färbereien begann, verschlimmerte sich im Laufe des 19. Jahrhunderts durch die wachsende Zahl der Industriebetriebe und die wachsende Bevölkerung. Zu Anfang des 20. Jahrhunderts eskalierte die Situation völlig. Der nächstgrößere Fluß, die Niers, wurde durch die Abwässer der Industrien und Haushalte, die meist ungeklärt eingeleitet wurden, besonders in Mitleidenschaft gezogen. Bei Hochwasser verpestete die Niers mit ihrer schwarzen Brühe das Umland. In einem Gutachten der königlichen Versuchs- und Prüfungsanstalt für Wasserversorgung und Abwasserbeseitigung von 1912 hieß es über die Abwasserbeseitigung im Niersgebiet und die zur Reinhaltung erforderlichen Maßnahmen: »Diese Tatsachen zeigen, daß es sich an den betreffenden Stellen der Niers um besonders starke Schwefelwasserstoffbildung handeln muß, die teils auf häusliche Abwässer, teils und zwar zweifellos zum größeren Teile auf die aus der Industrie stammenden Schwefelverbindungen (Schwefelfarbstoffe, Schwefelnatrium usw.) zurückzuführen sind.« (218, S. 5) Kein Wunder, daß die Niers schon im Königlich Preußischen Landtag »die Landeskloake« genannt wurde. (148, o. S.)

In einem Flugblatt der Kommunistischen Partei Deutschlands von 1925 wurde den Textilfabrikanten die Schuld an der üblen Situation der Niers gegeben. »Nicht nur die rücksichtslose Politik der großen Kommunen, wie M.-Gladbach, Rheydt, Viersen, Dülken usw., sondern vor allem die nackte Profitsucht der Textilfabrikanten haben aus dem klaren, gesunden, alles befruchtenden Flüßchen der Niers einen alles verpestenden Schlamm- und Jauchegraben gemacht.« (213, S. 74)

Viele Anwohner der Niers beklagten sich über die fast unerträglichen Belästigungen. Um in den Wohnungen den üblen Geruch fernzuhalten, mußten die Fenster trotz sommerlicher Hitze möglichst geschlossen bleiben. Weitere Gründe zur Beschwerde waren sich einstellende Kopfschmerzen, Übelkeit, Widerwillen gegen Nahrungsaufnahme und asthmatische Beschwerden. (213, S. 76)

Die ersten Versuche der Nierssäuberung

Schon im 18. Jahrhundert wurde versucht, der Verunreinigung der Niers und der verheerenden Überschwemmungen Herr zu werden. Alle eingeleiteten Maßnahmen blieben ohne Erfolg, weil bei den unterschiedlichen Lokalitäten an der Niers die frühen Reglements der Behörden sehr einseitig waren und die Interessen der sogenannten Beerbten (Mühlen und Uferbesitzer) zu wenig berücksichtigt wurden. (213, S. 65) Die revidierte Niersordnung vom 6. März 1769 befaßte sich in § 6 mit der »Reinigung und Räumung des Niersstrohmes von Kraut und sonstigem Unrath«. (148) Um eine bessere Ordnung an dem Fluß herzustellen, wurde 1818 von der Klever Regierung auf die Bildung einer freiwilligen Vereinigung der Beerbten gedrängt. Ansonsten drohte man mit der »Landes-Polizey-Gewalt zur Durchsetzung der Ordnung auf der Niers«, welche 1823 eingesetzt wurde. (213, S. 66)

1856 wurde eine Genossenschaft mit dem Sitz in Viersen gegründet, die sich mit der Melioration, der Bodenverbesserung durch Eindeichung der Niers befassen sollte. Die regelmäßigen Hochwasserfluten nahmen nun weniger schlimme Ausmaße an. (213, S. 66)

In den 1860er Jahren trat als weiteres Problem die Verschmutzung der Gewässer

Bescheinigung der Mülforter Zeugdruckerei, betreffend eine Aufforderung der Polizeiverwaltung Odenkirchen vom 22. Januar 1909. (25 a) Das Schreiben bezieht sich auf das Verbot zur Einführung von Schmutzwasser in öffentliche Wasserläufe

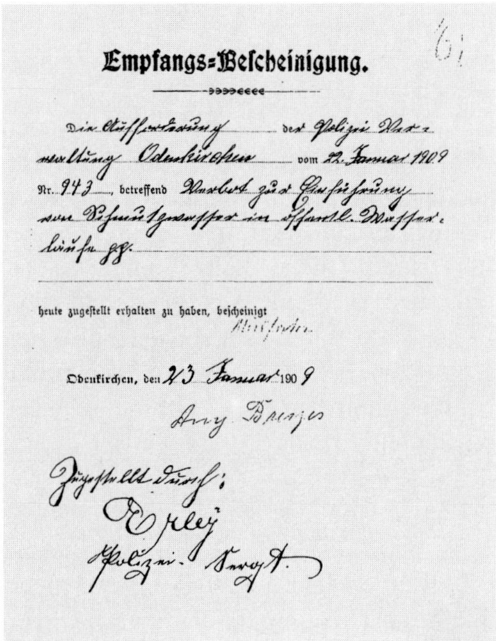

Empfangs-Bescheinigung.

Die Aufforderung der Polizei-Verwaltung Odenkirchen vom 22. Januar 1909 Nr. 943, betreffend Verbot zur Einführung von Schmutzwasser in öffentl. Wasserläufe pp.

heute zugestellt erhalten zu haben, bescheinigt

Odenkirchen, den 23 Januar 1909

Zugestellt durch:

oben:
Bei aller Beschwernis dieser Schmutzarbeit – man war sich der Bedeutung der Niersreinigung bewußt (260)

durch industrielle Produktionsweisen auf. Als Reaktion darauf entstanden neue Niersgenossenschaften. Die erste war die Clevische Niersgenossenschaft, gegründet 1882, mit Sitz in Goch. Sie betrieb die Reinigung des Flusses gemäß einem Reglement von 1769. 1896 wurde die Untere Niersgenossenschaft gegründet, die Obere Niersgenossenschaft nahm 1898 die Arbeit auf. (213, S. 67)

1905 wurde die erste mechanische Kläranlage am Oberlauf der Niers gebaut. Sie befand sich in Rheydt. An der oberen Niers, besonders in Wickrath, Odenkirchen, Rheydt, M. Gladbach und Viersen, war eine große Industrie entstanden, die der Niers so viel Schmutz zuführte, daß die Niersgenossenschaften ihren Aufgaben bald nicht mehr nachkommen konnten. Nach einem Prozeß der Gemeinde Wachtendonk erkannte das Oberverwaltungsgericht »die Ausdünstung« der Niers als »gesundheitsgefährlich« an. (213, S. 67) Im März 1908 schlossen sich Gemeinden und Genossenschaften zu einer öffentlichen Wassergenossenschaft zusammen. Die Genossenschaft zur Räumung der Niers hatte ihren Sitz in Viersen. Sie übernahm die Ausbaggerung der Niers. Diese wurde teils »mittels Schaufeln und Spaten«, teils durch Handbaggerung und durch Eimerbagger mit Motorbetrieb durchgeführt.

Ausbaggerung mit Schaufel und Spaten (148, o. S.)

In einem Bericht vom 27. April 1912 anläßlich einer Bereisung der Niers von Geldern bis Rheydt, an welcher der Regierungspräsident unter anderem mit mehreren Regierungsräten, Vertretern der Versuchs- und Prüfungsanstalt teilnahm, zeigte sich, daß nicht M. Gladbach und Rheydt alleine an der Verschmutzung der Niers Schuld trugen, sondern auch die Gemeinden Viersen, Süchteln, Oedt, Grefrath und Kempen. (213, S. 67)

Mechanische Kläranlagen reichten nicht mehr aus, deshalb schlug man eine biologische Klärung für die Haushaltsabwässer und eine chemische für Industrieabwässer vor. 1919 wurde eine neue Niersgenossenschaft zur Einführung weitergehender Reinigungsmethoden und Errichtung neuer Anlagen gegründet. Es wurden ein paar Versuche zur biologischen Wasserverbesserung an der Kläranlage in Rheydt gemacht, da aber kein Geld vorhanden war, stellte man den Bau der neuen Anlagen bald ein. (213, S. 67)

1923 wurde die Leistung der inzwischen erbauten Viersener Kläranlage verbessert und 1925 die Kläranlage Süchteln Nord in Betrieb genommen.

1925 bereiste eine Regierungskommission das Niersgebiet. »Der Oberregierungs- und Baurat Mahr unterrichtete die Versammlung darüber, daß die Kläranlagen und die Räumung der Niers unwirksam gegen die gelösten Stoffe seien und der Fluß seine Selbstreinigungskräfte verloren habe.« (213, S. 68)

Alle bisherigen Versuche blieben also Stückwerk, so daß eine größer angelegte Aktion erfolgen mußte.

Der Niersverband

Am 18. März 1926 beantragten die Zentrumsmitglieder des Niersausschusses, das Staatsministerium möge innerhalb von drei Monaten dem Landtag ein Niersgesetz vorlegen. Alle Genossenschaften müßten zu einer zusammengeschlossen werden. Der Antrag wurde einstimmig angenommen. Im Oktober 1926 lag allen Betroffenen der Referentenentwurf für ein Niersgesetz vor, das am 22. Juli 1927 vom Preußischen Landtag beschlossen wurde. (213, S. 61) Die Beiträge, die zur Gewässerreinigung, Gewässerunterhaltung und zur Regelung des Hochwasserabflusses benötigt wurden, rekrutieren sich aus Zahlungen der Anrainer, insbesondere der Kommunen und größeren gewerblichen Unternehmen.

Gruppenklärwerk I in M. Gladbach Neuwerk, 1978 (148, o. S.)

Der größte Teil des Abwassers fiel am Oberlauf der Niers im Raum M. Gladbach/Viersen an. In einem Plan von 1914 zur Reinigung und Reinhaltung der Niers und ihrer Nebenläufe vom Königlich-Preußischen Baurat Mahr wurde das Gruppenklärwerkskonzept für den Ballungsraum M. Gladbach – Viersen – Grefrath beschrieben. Der Niersverband übernahm die Grundlagen des Planes.

In den Gruppenklärwerken wurde Abwasser aus verschiedenen Kommunen zusammengeführt und gemeinsam behandelt. Die Mischung häuslicher und gewerblicher Abwässer ist auf diese Weise mit dem vorteilhaften Ausgleich von Belastungsspitzen verbunden worden. (148, o. S.)

Abwasser-Reinigung nach dem Niers-Verfahren (von M. Kehren, 1951)

Als Musterbeispiel für eine Grossreinigungsanlage nach einem kombinierten System soll das »Niers-Verfahren« einer eingehenden Besprechung unterzogen werden, weil es nicht nur abwassertechnisch, sondern auch hinsichtlich der Organisation des in Viersen/Rhld. beheimateten Niersverbandes mehr als interessant ist. (261)

Das industriell stark besetzte, zwischen Holland und dem Rhein liegende Gebiet verfügt über keine stark wasserführenden Flüsse, sodass die Abwasserfrage mit der immer mehr sich ausdehnenden Industrie an Bedeutung zunehmen mußte. Die linksrheinisch entspringende und später in Holland in die Maas einmündende Niers bot auf ihrem 120 km langen Lauf die einzige Möglichkeit einer Aufnahme der gesamten häuslichen, gewerblichen und industriellen Abwässer. Hiervon machten dann auch sämtliche in ihrer Nähe liegenden Gemeinden, Städte und Betriebe mit dem Erfolg ausgiebigen Gebrauch, dass sich die einstmals klare und fischreiche Niers als ein wahres Sammelbecken sämtlicher Abwässer zu einem völlig verschlammten, im wahrsten Sinne des Wortes stinkenden Fluß entwickelte. Im Laufe der Jahre nahm die Verschmutzung derartige Ausmasse an, dass nur durchgreifende und auf lange Sicht geplante Massnahmen Erfolg versprachen.

Deshalb wurde die Bearbeitung der gesamten Abwasserfragen des Niersgebietes im Jahre 1927 einem besonderen Verband, dem bereits genannten Niersverband übertragen […].

Die im Grunde genommen positive Einstellung der Abwasserspezialisten zu einer chemischen Behandlung von Abwässern veranlasste den Niersverband, sich einer speziellen Fällungsmethode zur Entfernung der in den Abwässern der Textilveredlungsindustrie zumeist vorhandenen Farbstoffe aller Klassen zu bedienen.

Nach jahrelangen schwierigsten Versuchsarbeiten konnte ein Verfahren entwickelt werden, das sich nicht nur für die Reinigung von gemischten Industrie-, gewerblichen und häuslichen Abwässern, sondern auch in einer modifizierten Form von Abwässern aus Textilveredlungsbetrieben bewährt hat. Dieses Verfahren soll im folgenden auf Grund der mir von Herrn Dr. H. Jung vom Niersverband in freundlicher Weise zur Verfügung gestellten Unterlagen in seiner technischen Durchführung erläutert werden. Die Frage einer besonderen betrieblichen Reinigung der Abwässer wird nur bei solchen Firmen akut, die keinen Anschluß an eine Kanalisation besitzen, welche die gesamten Abwassermengen eines größeren Bezirks einer Sammelkläranlage zuführt. Besteht eine derartige Möglichkeit nicht, wird der Bau einer Werkskläranlage erforderlich sein, sofern ein wasserreicher Vorfluter die Menge des anfallenden Schmutzwassers nicht aufnehmen kann.

Die in [der Abbildung] dargestellte Fällungsanlage besteht aus einem trichterförmigen Tiefbecken, in dem zentral ein Schraubenmischer zur Mischung der Eisenspäne mit dem Abwasser eingebaut ist. Die Eisen-

Färberei-Kläranlage nach dem Niersverfahren

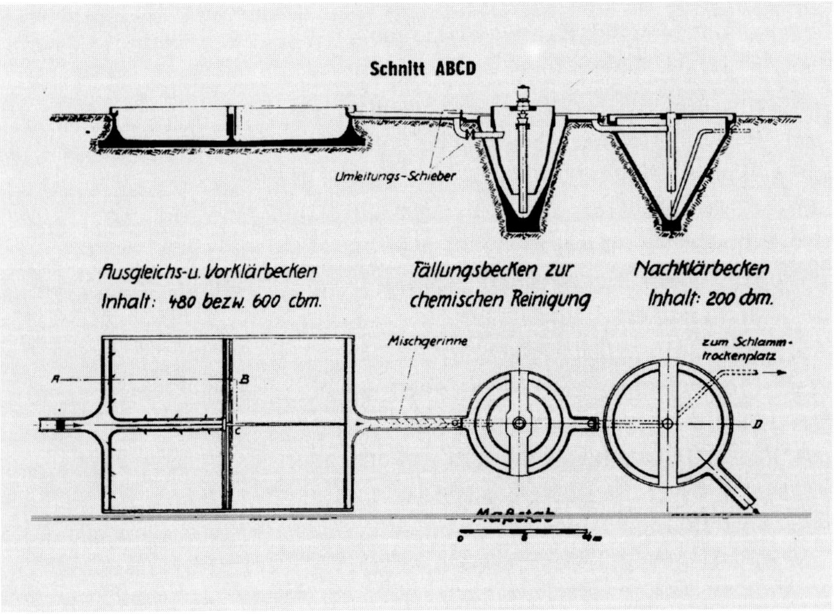

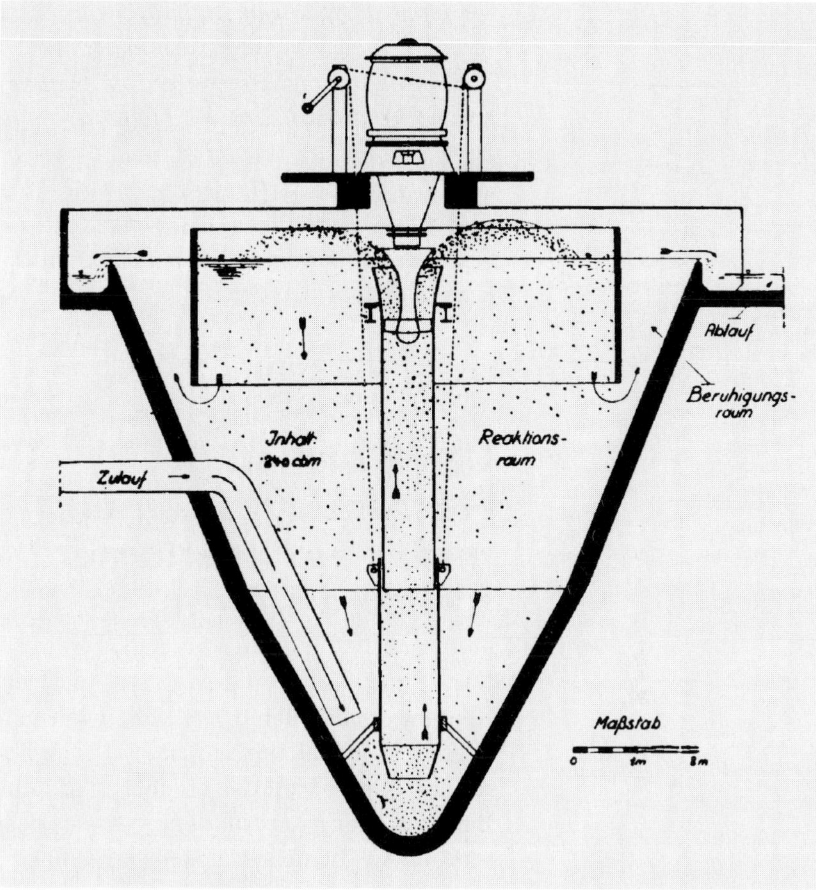

Fällungsbecken zur »chemischen« Abwasserreinigung nach dem Niers-Verfahren für eine Stundenleistung von rund 360 m³

späne werden von dem Mischer durch ein bis in die untere Trichtersohle des Beckens reichendes Tauchrohr hochgezogen und schirmförmig über die Oberfläche des Reaktionsraumes verteilt. Von hieraus rieseln sie durch das zu behandelnde Abwasser zur Beckensohle ab, um bald darauf erneut hochgezogen und dem Luftsauerstoff ausgesetzt zu werden. Dieser Vorgang wiederholt sich mehrmals, bis das Abwasser die zu seiner Ausfällung erforderliche Menge an Eisenhydroxyd aufgenommen hat und am äusseren Rand des Trichterbeckens, der zwecks Zurückhaltung der Eisenspäne durch eine Tauchwand vom inneren Reaktionsraum getrennt ist, zum Abfluss kommt.

Die Betriebsweise der Fällungsanlage ist weitgehend selbsttätig, ihre Bedienung daher leicht und einfach. Man braucht nur für die richtige, durch die Erfahrung festgelegte Abwasserbelastung und für eine ausreichende Menge Eisenspäne im Reaktionsraum zu sorgen, die je nach Verbrauch, von oben in den Reaktionsraum eingeschüttet werden, entweder in längeren Zeitabständen, zum Beispiel einmal täglich, oder besser stündlich in kleineren Mengen.

Um einen Ueberblick über die Gesamtkosten einer Grossanlage für die Reinigung der Abwässer des ausgedehnten Industriebezirkes M. Gladbach – Rheydt zu geben, sollen die neuesten Angaben über den Finanzbedarf des Niersverbandes mitgeteilt werden, der für die Unterhaltungs- und Reinigungskosten, sowie für die Unterhaltung des Flussbettes einen jährlichen Aufwand von 1.200.000.- DM erfordert. Diesen Betrag müssen die Städte, Gemeinden im Verein mit den zahlreichen Verschmutzern aufbringen. Der Kostenaufwand pro Kubikmeter Abwasser wird auf Grund einer genauen Kalkulation mit 5 DPf. angegeben.

Die zugesetzte Eisenmenge schwankt je nach Verschmutzung zwischen 30 und 100 mg Fe/l (50 mg/l ist normal, stark gefärbte Abwässer benötigen bis zu 100 mg/l).

Eine Rückgewinnung eines Teiles des in Lösung gebrachten und später ausgeflockten Eisens, wie sie der Niersverband in seiner Grossanlage durchführt, empfiehlt sich für Einzelanlagen nicht; denn es handelt sich hierbei um ein kompliziert ablaufendes chemisch-biologisches Verfahren, dessen Endeffekt von zahlreichen, genau zu berechnenden Faktoren abhängig ist.

Die Ueberführung des vom Niersverband gereinigten Wassers in grosse Karpfenteiche

links:
Eisenungsbelüfter des Niersverbandes in Tätigkeit. Leistung ca. 360 m³ stündlich

vor ihrem endgültigen Abfluss in die Niers verlangt eine biologische Nachreinigung [...].

Die Ausfaulung des abgesetzten Schlammes und die Gewinnung von Methangas und Dünger lohnt sich nur dann, wenn - wie in der Grossanlage M.-Gladbach-Neersen - die gesamten Haushaltsabwässer der Gemeinden und Städte gemeinsam mit den industriellen aufbereitet werden.

Das Bleichen des Flachses zum Leinen nach dem Haarlemer Bleichverfahren

Die erste Lohnveredlung im hiesigen Raum war sicherlich das Bleichen von Leinen in Lohnbleichereien. (117, S. 21) Besonders gutes Material brachte man zum Bleichen aber nach Haarlem. Nur das bessere feinere Leinen, welches »up stulpen« gewebt war, kam in Frage. (132, S. 100) Im 18. Jahrhundert ging der Bleichbetrieb der zahlreichen Bleichereien in Haarlem merklich zurück. Dies war auf die Anwendung des holländischen Beuchverfahrens in anderen Ländern zurückzuführen. (132, S. 100) Ferner bleichte man nach 1740 in Schottland mit 40%iger Schwefelsäure wesentlich schneller und billiger, England erhob einen Eingangszoll auf Leinengewebe, und der Anteil der Baumwolle in Heim- und Haushaltstextilien stieg. (183, S. 83)

Die wesentlichen Vorteile des Haarlemer Standortes waren die Bleichfelder in den Dünen mit dem harten Gras und einem saugfähigen Untergrund, die höher gelegenen Trockenplätze mit ständigem Wind und das durch die Dünen gefilterte Regenwasser, welches keine Eisen- und Manganbestandteile aufwies. (183, S. 78) Für den Erfolg war im Wesentlichen das Beuchen ausschlaggebend. Im ersten Schritt wurde das Gewebe sortiert und an den Seiten mit angenähten Bändern versehen. Anschließend weichte man es in heißem Wasser, welches mit verschiedenen Zusätzen versehen war, ein. Zu diesem Zweck wurde Beuchlauge aus heißem Wasser und Pottasche hergestellt und anschließend mit 20 Teilen Wasser und sieben Teilen gebrauchter Lauge verlängert. (183, S. 78) Durch Zusatz von Seife, einer aus Pottasche und Fett hergestellten Kaliseife, verbesserte man das Ergebnis zusätzlich. (132, S. 98) Der fetthaltige Schmutz wurde durch Eintauchen aus dem Gewebe entfernt.

Anschließend wurde das Gewebe wieder an die Holzpflöcke gebunden und mit Wasser bespritzt. Nach etwa drei Tagen tauchte man zum Verbessern der Farbe das Leinen in ein Säurebad. Dazu nahm man Buttermilch, welche hinreichend vorhanden war, da in Holland intensive Milchwirtschaft betrieben wurde. Das Gewebe wurde in der Buttermilch fünfmal gewaschen und dann zum Trocknen ausgebreitet. Der gesamte Vorgang dauerte mindestens einen Monat. (183, S. 79)

Die Bleichen in M. Gladbach

Für die Zeit um 1692 wird berichtet, daß die Abtei dem textilen Gewerbe Gladbachs mehrere Bleichen zur Verfügung stellte. Eine größere Bleiche, die sich an der Weiherpforte befand, hatte sich die Abtei selbst vorbehalten. Dort wurde die Wäsche des Klosters, aber auch Garne und Leinen gegen Entgelt gebleicht. (16, S. 76)

Die Bleichen lagen entlang des Gladbachs, an dem es klares, weiches Wasser in ausreichender Menge gab. Fast jedes bäuerliche Anwesen hatte eine Bleiche auf Pachtbasis für den Eigenbedarf, weitere kleinere Bleichen wurden als Gewerbe im Privatbesitz betrieben. (132, S. 95)

Die städtische Bleiche war bis zur Mitte des 19. Jahrhunderts für die Gladbacher

Durch dieses Tor gelangten die Bürger früher zu den öffentlichen Bleichen. Das Tor befand sich in der südlichen Mauer des Abteigartens (16, S. 112)

Haushalte von großer Bedeutung. In fast jedem Haushalt wurde abends nach der Arbeit Flachs gesponnen. Die im Hauswerk ersponnene und verwebte Leinwand mußte gebleicht werden, da rohe Leinwand eine gelblich-graue Farbe hat, die durch Bleichen in Weiß umgewandelt werden muß. Auch das durch Gebrauch verschmutzte Leinen wurde nach dem Waschen zu den städtischen Bleichen gebracht. Die fetthaltigen Schmutzreste wurden durch den Bleichvorgang entfernt.

Das alte Bleichverfahren bestand aus einer Vorbehandlung, dem Beuchen (böcke) und einer Nachbehandlung. Als Beuchmittel wurde Pottasche verwendet, die aus Holzasche gewonnen wurde. Sie löst sich leicht in Wasser und hat die Fähigkeit, mit Fett jeder Art und heißem Wasser eine Emulsion zu bilden. (132, S. 96) In den bäuerlichen Haushalten kam das Leinen zuerst in einen Beuchkessel und wurde dann mit Holzaschenbrühe übergossen. Eine andere Methode bestand darin, daß man das Leinen in einem kupfernen Kessel über dem offenen Feuer kochte. Der Kessel hing an einem verschiebbaren Haken. Über die Anreicherung der Beuchlauge mit Pottasche ist in diesem Fall nichts bekannt. (132, S. 97) Die Nachbehandlung erfolgte unter Einwirkung von Wasser und Sonne auf einer kurzgehaltenen Rasenfläche. Dafür wurde das Gewebe auf dem Rasen ausgebreitet, mit kleinen Pflöcken auf der Erde befestigt und immer wieder mittels eines Jüüts mit Wasser bespritzt. (183, S. 79)

Typische Veredlungsoperationen

Walken und Waschen

Walken und anschließendes Waschen oder das Waschen ohne Walke sind typische Veredlungsschritte für bestimmte Wollgewebe. Ein typischer Streichgarnartikel wurde vor 1870 bis 1880 vornehmlich zu Mantelware gewalkt. Ein Kammgarnartikel wurde nach 1880 vor allem zu kahlausgerüsteter Ware gewaschen. Typische Maschinen waren die Hammerwalke und die später entwickelte Zylinderwalke. Eine typische Wollgewebewäsche erfolgte auf der Strangwaschmaschine, wie sie gegen Ende des 19. Jahrhunderts für die Wollausrüstung üblich war.

Hammerwalke mit verstellbarem Walktrog

Beim Gebrauch der Hammerwalken hat es sich als erforderlich herausgestellt, den Abstand zwischen der unteren Hammerfläche und der Innenfläche des Walktrogs dem zu behandelnden Material entsprechend einzustellen. Die hierzu in Vorschlag gebrachten Einrichtungen beruhen darauf, die Schwinghebel der Hämmer zu verlängern oder zu verkürzen, d. h., den Abstand zwischen Hammer und Schwingungsachse desselben zu ändern. James Askham in Dewsbury wendet nun nicht die Hammerverstellung an, sondern hebt respektive senkt die Boden des Walktroges, auf welchen die Hämmer entlangschwingen. Die besondere Ausführungsform der Walke ergibt sich aus nachstehenden Figuren und ist nach dem Inhalt der englischen Patentschrift 1303 von 1891 die folgende:

Die beiden in dem Walktrog arbeitenden Hämmer sitzen an den Hebeln, welche drehbar auf der gemeinsamen Achse angeordnet sind und ihre Schwingbewegung von der doppelt gekröpften Welle aus vermittelst der Lenker empfangen. Der Boden des Walktroges

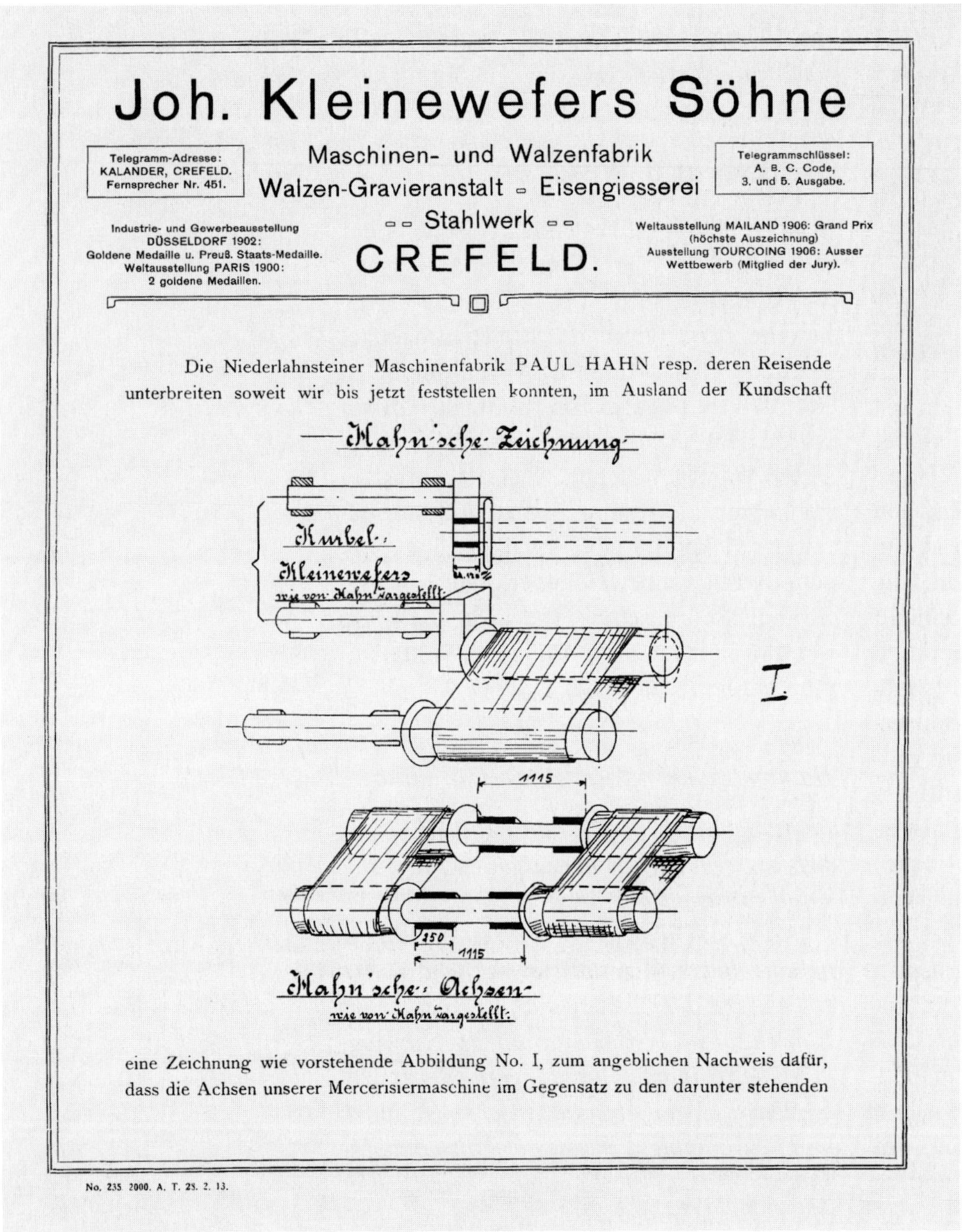

Joh. Kleinewefers Söhne

Telegramm-Adresse: KALANDER, CREFELD. Fernsprecher Nr. 451.

Maschinen- und Walzenfabrik
Walzen-Gravieranstalt - Eisengiesserei
-- Stahlwerk --
CREFELD.

Telegrammschlüssel: A. B. C. Code, 3. und 5. Ausgabe.

Industrie- und Gewerbeausstellung DÜSSELDORF 1902: Goldene Medaille u. Preuß. Staats-Medaille. Weltausstellung PARIS 1900: 2 goldene Medaillen.

Weltausstellung MAILAND 1906: Grand Prix (höchste Auszeichnung) Ausstellung TOURCOING 1906: Ausser Wettbewerb (Mitglied der Jury).

Die Niederlahnsteiner Maschinenfabrik PAUL HAHN resp. deren Reisende unterbreiten soweit wir bis jetzt feststellen konnten, im Ausland der Kundschaft

eine Zeichnung wie vorstehende Abbildung No. I, zum angeblichen Nachweis dafür, dass die Achsen unserer Mercerisiermaschine im Gegensatz zu den darunter stehenden

No. 235 2000. A. T. 28. 2. 13.

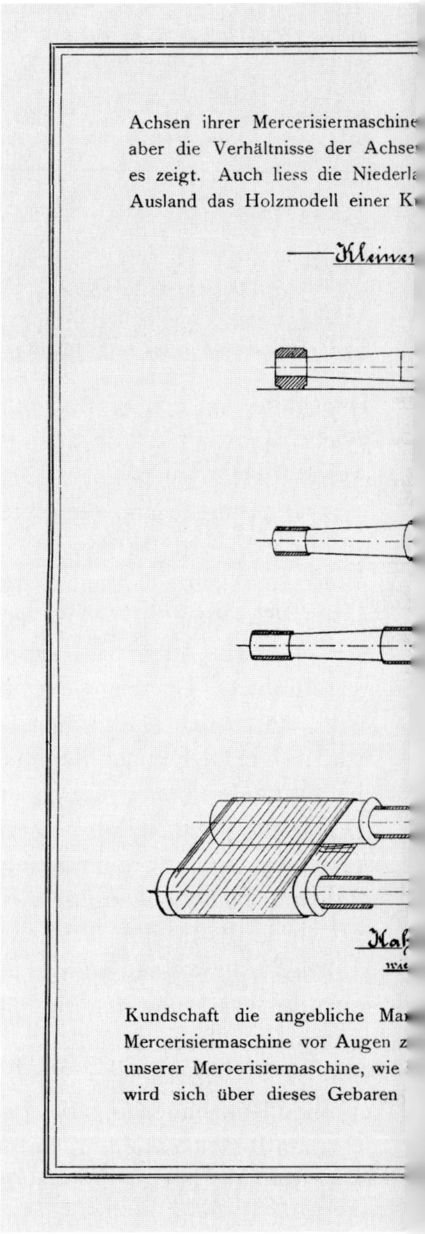

Achsen ihrer Mercerisiermaschine
aber die Verhältnisse der Achse
es zeigt. Auch liess die Niederl
Ausland das Holzmodell einer K

Kundschaft die angebliche Ma
Mercerisiermaschine vor Augen z
unserer Mercerisiermaschine, wie
wird sich über dieses Gebaren

Dokument vom 28. Februar 1913 aus dem Haus Kleinewefers: Kundeninformationsschrift über Patentstreitigkeiten mit der Konkurrenz

iert seien. In Wirklichkeit sind
naschinen, wie die Abbildung II
ienfabrik durch ihre Vertreter im
dung No. III circulieren, um der

chnung:

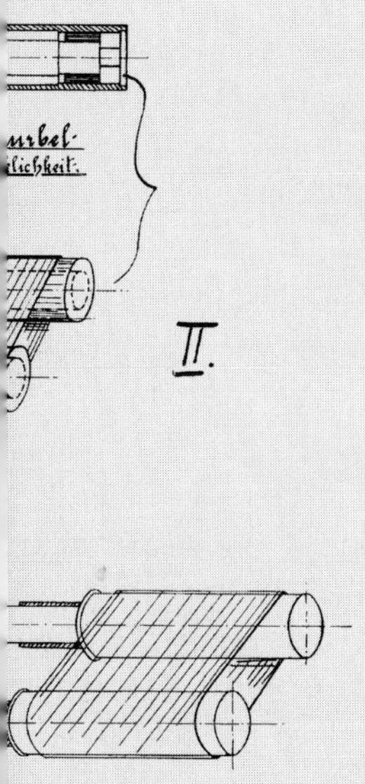

Konstruktion unserer Revolver-
ich konstruieren wir die Kurbeln
rgestellt. Jeder Sachverständige
ner Maschinenfabrik selbst sein

Urteil bilden können. Persönlich bemerken wir, dass eine Firma, die zu solchen Reklamemitteln greift, zu ihren eigenen Produkten wenig Vertrauen haben muss. Wenn wir die Niederlahnsteiner Maschinenfabrik bei solchen Manipulationen auch in Deutschland ertappen, werden wir gegen sie wegen unlauteren Wettbewerb vorgehen, was uns jetzt leider erschwert ist.

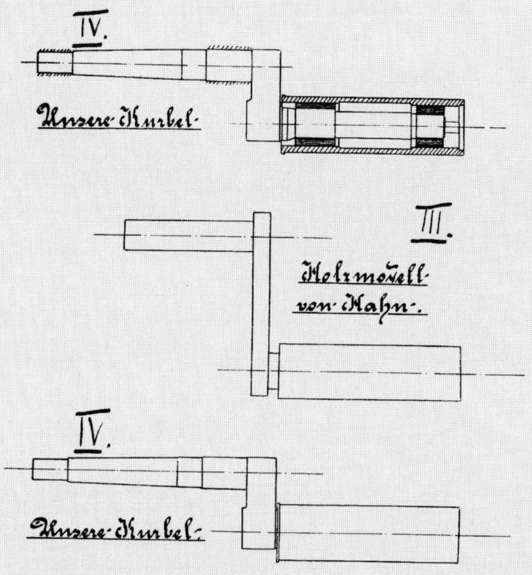

Nicht unterlassen möchten wir, hierbei darauf hinzuweisen, dass auf unseren Einspruch hin nach einer am 8. Februar 1913 stattgehabten mündlichen Verhandlung das Patentamt es abgelehnt hat, dem Herrn PAUL HAHN auf seine **das Spannen und Entspannen des Garnes innerhalb der Lauge** betreffende Anmeldung ein Patent zu erteilen.

Beilagen: **Prospekte Mercerisiermaschine.**

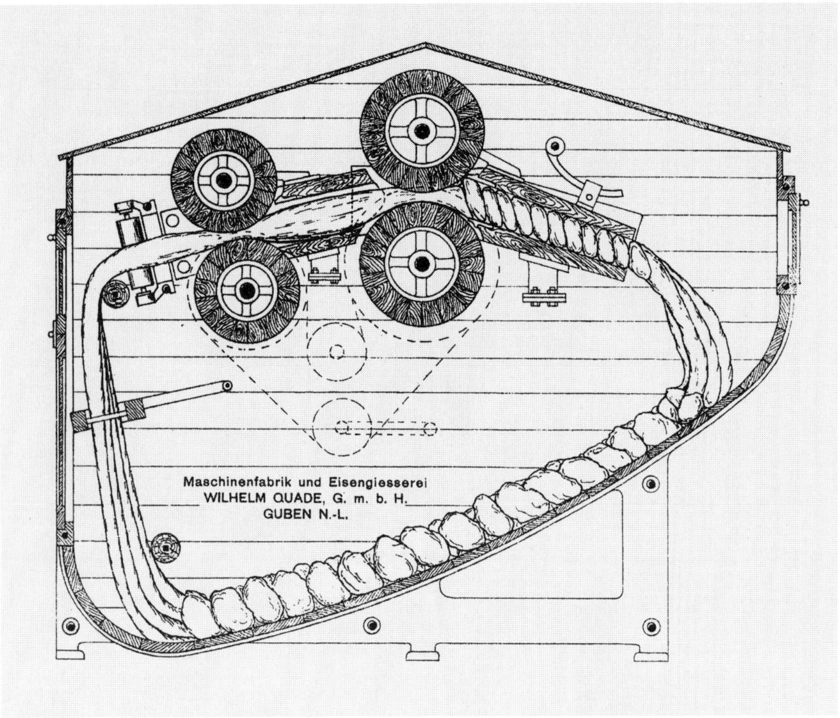

oben:
Quades Schnell-Tandem-Walke

rechts:
Quades Hammer- oder Schnellochwalke

trägt auf seiner Außenfläche auf jeder Seite ein gabelartiges Konsol, in welchem ein Exzenter gelagert ist. Beide Exzenter sitzen auf einer waagerecht im Gestell gelagerten Welle, die in ihrer Mitte einen Zahntrieb trägt.

Mehrmals ist es mir vorgekommen, daß alte Walkmeister behaupteten, daß seit der Zeit, wo die Zylinder-Walken aufgekommen, man die Tuche nicht mehr so kernig (knoppig) walken könnte, wie auf den alten Hammerkumpen; ja sogar die nachher gebauten Patent-Kurbelwalken mit 2 Hämmern hätten keine so gute Qualität mehr hervorgebracht. Als Gegensatz zu dem langsamen Walken möchte ich nun erwähnen, daß mir vor längerer Zeit ein Lohnwalker klagte, er habe beim Walken von 5 Stück Damentuch zu gleicher Zeit in einer Maschine die vom Fabrikanten gewünschte Qualität nicht erzielen können; er wäre aber genötigt, 5 Stück zugleich zu walken, wenn er einen halbwegs anständigen Verdienst haben wollte, denn er könnte auf einer Walke nur 10 Stück (!) in 13-14 Stunden fertig bringen; er fragte mich nun, was er machen sollte, um den Fabrikanten zu befriedigen. Ich gab ihm zur Antwort, daß es beim Zugleichwalken von 5 Stück nicht zu verwundern wäre, daß er die gewünschte Qualität in Damentuchen nicht erzielte; wenn er jedoch nicht anders wollte, dann möge er [es mit einer Druckverminderung vor dem] Schluß des Walkprozesses versuchen; darauf erwiderte mir der Lohnwalker, daß er diese Manipulation nicht anwenden könnte, weil, sobald ein Stück der fünf nach Vorschrift fertig gewalkt sei, dasselbe von der Maschine genommen und an dessen Stelle ein neues rohes Stück mit den 4 anderen gewalkt würde, sodaß fortwährend 5 Stück auf der Maschine liefen und der Schluß des Walkprozesses nicht vorauszusehen wäre. Eine solch abnorme Walkweise gegen alle Regeln des bisherigen Verfahrens war mir nun in meiner Praxis noch nicht vorgekommen, und ich bezeugte dem Lohnwalker zuerst mein größtes Erstaunen über eine solche Walkmethode, dann erklärte ich ihm, daß in diesem Fall er sich vielleicht helfen könnte, wenn er die Maschine bedeutend langsamer laufen ließe, er sich aber gefallen lassen müßte, eine geringere Anzahl Stücke täglich fertig zu walken; später erfuhr ich, daß er dies ausgeführt und eine kleine Verbesserung in der Qualität erzielt hätte, viel wäre es indessen nicht gewesen.

(Aus: »Praktische Erfahrungen aus der Tuch- und Buckskin-Fabrikation«, aus der Zeitschrift »Das Deutsche Wollengewerbe«, 1921)

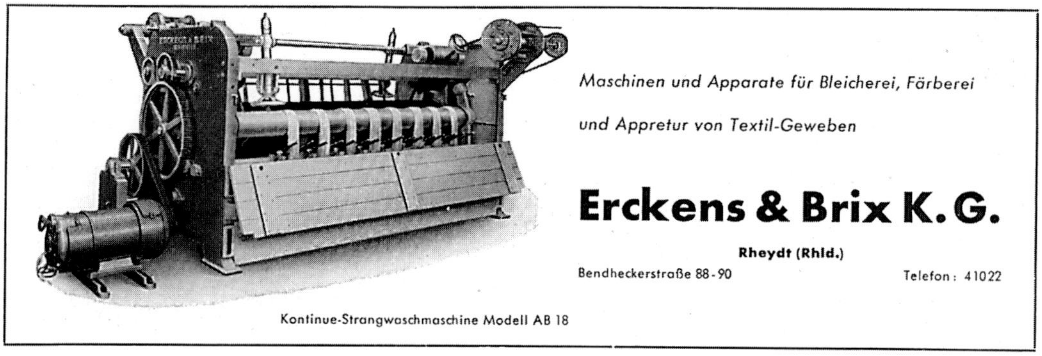

Kontinue-Strangwaschmaschine Modell AB 18 von Erckens & Brix um 1957

Entwicklung der Färbetechnologie

Unter Färben versteht man die Behandlung von Textilgut in wäßrigen Farbstofflösungen, die Zusätze wie zum Beispiel Salze, Alkalien, Säuren oder Färbereihilfsmittel enthalten können. Textile Substrate können in allen Zustandsformen gefärbt werden, zum Beispiel als Flocke, Garn oder Flächengebilde (Gewebe oder Maschenware). Bis ins 19. Jahrhundert wurde die Färberei in handwerklichen Betrieben durchgeführt. Erst gegen Ende des 19. Jahrhunderts kann man von einer Industrialisierung der Färberei sprechen.

Für das Jahr 1602 ist die Färberei zum ersten Mal in Mönchengladbach dokumentiert: In diesem Jahr beriefen die Gladbacher Äbte einen Tuchfärber aus Düsseldorf, der diesen Veredlungszweig in der Stadt heimisch machen sollte. (105, S. 123) Das Grundstück, auf dem sich diese erste Färberei befand, lag auf einem kleinen Damm zwischen dem Gladbach und dem Hahnenweiher. Eine Seite grenzte an die Fliescher Mühle. Schon vier Jahre später verkaufte der Färber Heymis die Wolltuchfärberei für 425 Reichstaler – ein für die damalige Zeit relativ hoher Betrag. (132, S. 106)

Bis zu Beginn des 19. Jahrhunderts wurden vorwiegend Leinengarne und -gewebe im Blaufärbeverfahren veredelt. Die letzten Leinentuchfärber gab es bis zum Ende des 19. Jahrhunderts. Mit Beginn der Baumwollverarbeitung wurden von Färbern aus dem Bergischen selbständige handwerkliche Färbereien im Raum M. Gladbach errichtet. (132, S. 107) Man färbte hauptsächlich baumwollene Kett- und Schußgarne im Strang. Vielfach waren Druckerei und Färberei in einem Betrieb vereinigt. Andere Färbereien waren als Nebenbetriebe an Spinnereien bzw. Webereien angeliedert.

Die meisten Färbereien waren auf eine einzelne Farbe spezialisiert. (16, S. 165) Bis in die dreißiger Jahre des vorigen Jahrhunderts wurde weitgehend Blaufärberei betrieben. Türkischrotfärbereien gab es wenige. Erwähnenswert ist die Türkischrotfärberei von Brink J.-W. Söhne, die 1865 in der Gasthausstraße lag. (132, S. 108)

Gemälde von Richard Hymen. Das in der Bildmitte quer stehende Haus diente Färbern der Türkischrotfärberei Brink als Wohnung. Auf der rechten Seite sind die Gebäude der Fliescher Mühle zu sehen. Der Hahnenweiher liegt links im Bild (16, S. 45)

Der Brinkenweiher 1892. Am linken Bildrand liegt die Färberei von »Zimmermanns Dores« (16, S. 63)

Der 1826 aus Elberfeld zugezogene Färber Jakob Schultze gründete 1830 in Gladbach eine Färberei, Ausrüstungsanstalt und Handdruckerei. Diese firmierte nach mehrfacher Namensänderung bis 1937 als Gesellschaft für Druckerei & Färberei Hch. Hochapfel & Sohn. (90, S. 63) Für die Zeit um 1865 ist die Färberei von Joh. Friedr. Deussen an der oberen Pescher Straße nennenswert, da dort »op der Barke« gefärbt wurde. Die Gewebe wurden auf Walzen durch einen viereckigen Holzkasten gedreht und so gefärbt. (132, S. 108) Diese Färbeweise ist als Vorläufer der späteren Haspelkufen-Technik zu betrachten.

Im Volksmund hat sich der Name des Färbereibesitzers Zimmermanns Dores wegen seiner Originalität erhalten. Bekannt war der Färber, da er ein Meister im Erzählen von Anekdoten war, in denen er vielfach als Held auftrat. Seine »Kalek-Schwatvärverej« lag am »jruete Wejer«, dem heutigen Geroplatz. (132, S. 108)

Das Blaufärben

Das Handwerk des Blaufärbens konnte man in M. Gladbach an einem Schild mit zwei blauen Händen, Hand in Hand, erkennen. Zum Blaufärben wurde Waid und später bevorzugt Indigo verwendet. Der wirksame Bestandteil, das Indigotin, wurde durch Gärung, Oxidation und Auskochen der getrockneten Pflanzen gewonnen, dabei ergaben 100 kg getrocknete Pflanzen 1,5 bis 2 kg Farbstoff. Die zunächst farblose Verbindung wurde durch Gärung und Alkali in gelbe Küpe umgewandelt. Der blaue Farbton entwickelte sich an der Luft durch Oxidation. Nach Europa kam Indigo erst im 16. Jahrhundert und verdrängte durch die höhere Ergiebigkeit die bisher verwendete Waidwurzel. Natürlicher Indigo verlor durch die Entwicklung von synthetischem Indigo rasch an Bedeutung.

Als Reduktionsmittel für die Verküpung verwendete man Urin. Laut einem Bericht aus Worms wurde der Urin, den die Dorf-

Indigo-Reibmaschine aus einem Firmenprospekt der Gebrüder Heine, Viersen; ca. um 1900

Indigo-Reibmaschine aus einem Firmenprospekt der Gebrüder Heine, Viersen; ca. um 1900

Kugelmühle für Indigo aus einem Firmenprospekt der Gebrüder Heine, Viersen; ca. um 1900

bewohner in ihren Nachttöpfen gesammelt hatten, von einem Wagen, der täglich durch die Dörfer fuhr, abgeholt. Der Urin wurde in eine Tonne, die sich auf dem Wagen befand, entleert und zur naheliegenden Blaufärberei gebracht. Bevorzugt wurde der Urin von Knaben gesammelt. (241, S. 14) Ein Bericht aus M. Gladbach über eine derartige Sammlung liegt nicht vor, doch wird es wahrscheinlich ähnlich gewesen sein. Die zur Reduktion des Farbstoffs nötige Anreicherung mit Urin wird im folgenden Bericht über das Blaufärben aus dem Raum Mönchengladbach jedoch nicht erwähnt.

Zur Vorbereitung der Küpe wurde der Indigo in einem kugelförmigen Eisenkessel von 20 Zoll Durchmesser, der mit zwei gußeisernen Kugeln à 12,5 kg bestückt war, gegeben. Durch Hin- und Herbewegen des Kessels liefen die Kugeln rund, bis der Farbstoff zu Staub zermahlen war. Danach wurde kaltes Wasser eingefüllt und, damit sich der Farbstoff gut verteilte, von außen mit Knüppeln an den Kessel geschlagen. Im »Kübbestall« waren an einer Seite der Wand Tonnen eingelassen, auf welche die Farbstofflösung, die Küpe, verteilt wurde.

Türkischrotfärberei

1750 führte vermutlich ein Grieche diese Färbeweise aus der Türkei nach Rouen in Frankreich ein. Da die seit 1400 bestehenden Bleichereien der Barmer und Elberfelder »Garnnahrung« regen Handel mit Brabant und Flandern (neben Köln, Sachsen und Schlesien sowie dem Ravensburger Land und Bielefeld als anderen Absatzmärkten) führten, gelangte der Wunsch nach Farbgebung und die Methode der Türkischrotfärberei auf diese Weise in die seit 1700 bestehenden Wuppertaler Färbereien. Indem aber viele bergische Unternehmer, wie z. B. Boelling, um 1800 nach Mönchengladbach »auswanderten«, brachten sie wahrscheinlich auch dieses für Wuppertal sehr wichtige Know-how (1816 gab es in Wuppertal 87 Färbereien) mit an den Niederrhein.

Türkischrot (Adrianopelrot) zählt zu den ältesten organischen Farbstoffen und wurde laut Überlieferung schon im 17. Jahrhundert als Beizenfarbstoff eingesetzt. Gewonnen wurde der Farbstoff aus dem Alizarin der Wurzel der Krapp-Pflanze.

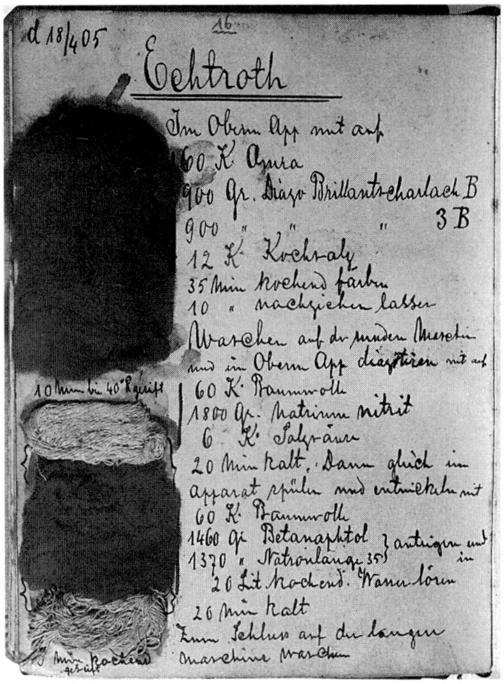

Eine Seite des Rezeptbuches der Firma Busch & Hoffmann, M. Gladbach von 1905. Die Rezepte wurden zwischen 1900 und 1910 aufgeschrieben. In der dem Spinnereibetrieb angegliederten Färberei wurde Flocke gefärbt (27 a)

Anfang des 18. Jahrhunderts wurde Türkischrot als klassisches Altrot auch in Deutschland gefärbt, und zwar besonders im Wuppertal. Bereits 1868 wurde das natürliche Alizarin durch das reinere und billigere synthetische Alizarin ersetzt.

In den Aufzeichnungen des Friedrich Eppendahl von 1905/1906 wird das »Altrotverfahren« wie folgt beschrieben (55, S. 166–169):

Dies Verfahren dient zur Erzeugung des allerechtesten Türkischrots und lehnt sich an die althergebrachte Färbeweise an. Der Färbeprozeß ist sehr langwierig und erfordert zur Herstellung mehrere Wochen.

1. Behandlung: Abkochen

Zur Entfernung der Verunreinigung der Baumwolle wird diese mit Ätznatronlauge unter Druck abgekocht. Nach dem Spülen mit Wasser wird die Baumwolle getrocknet.

2. Behandlung: 1. Ölbad

Das Ölbad, die Grünemulsion, wird bereitet aus ranzigem Olivenöl, Schaf- oder Kuhdung und Sodalösung. Durch Passirmaschinen wird die Baumwolle mit dieser Emulsion imprägniert. Das geölte Garn kommt in die Lufthängen und wird hiernach in den »Echthängen« 12 Stden bei 60° getrocknet. (Statt der Emulsion aus Olivenöl kann auch Türkischrotöl verwandt werden.)

3. u. 4. Behandlung: 2. u. 3. Ölbad.

Die Operationen des Ölens werden noch 2 x wiederholt.

5., 6., 7. u. 8. Behandlung: 1., 2., 3. u. 4. Weißbad.

Zur Entfernung des überschüssigen und nicht fixierten Öles wird die Baumwolle 4 mal mit Sodalösung behandelt.

9. Behandlung: Auslaugen und Klarziehen.

Zur weiteren Reinigung wird die Baumwolle 24 Stden in warmes Wasser eingeweicht und wieder getrocknet.

10. Behandlung: Gallieren oder Schmachen.

Das Garn wird heiß mehrere Stden mit einer Sumacabkochung (Zitronengewächs) gebeizt.

11. Behandlung: Alaunen oder Beizen.

Nach dem Gallieren wird die Bw. mit warmen basischen Alaun gebeizt.

12. Behandlung: Ausfärben.

Das gelb gebeizte Garn wird nun in einem Färbebad mit Alizarin unter Tannin und Blutzusatz ausgefärbt: kalt eingeben, zum Kochen treiben, 1/2–1 Stde kochen.

13. Behandlung: 1. Schönen (Avivieren, Rosiren)

Das braunrotgefärbte Garn wird unter Druck mit Soda und Seife gekocht.

14. Behandlung: 2. Schönen

Das Garn wird unter Druck mit Seife und Zinnsalz gekocht. Hiermit ist der langwierige Prozeß beendet.

Färbetechniken

Im folgenden sollen die Färbetechniken in ihren Mechanismen kurz erläutert werden. Man unterscheidet das Färben von Flocke, von Garn und von fertigen Flächengebilden.

Flockefärberei

Flocke wird in Färbeapparaten gefärbt, in denen das zu färbende Material ruht und die Behandlungsflotte bewegt wird. Färbeapparate für Flocke sind mit besonderen Apparateinsätzen ausgestattet und gegebenenfalls auch für Stranggarn verwendbar. (62, S. 613 f.)

Garnfärberei

Zu Beginn des 20. Jahrhunderts wurden bereits Färbeapparate gebaut, die sich universell einsetzen ließen. Die Rheinische Webstuhl- und Appreturmaschinenfabrik GmbH Dülken warb um 1905 mit einem Universalfärbeapparat, der für Kreuzspulen, Copse, loses Material, Stranggarne usw. geeignet war. Die Firma zählte in

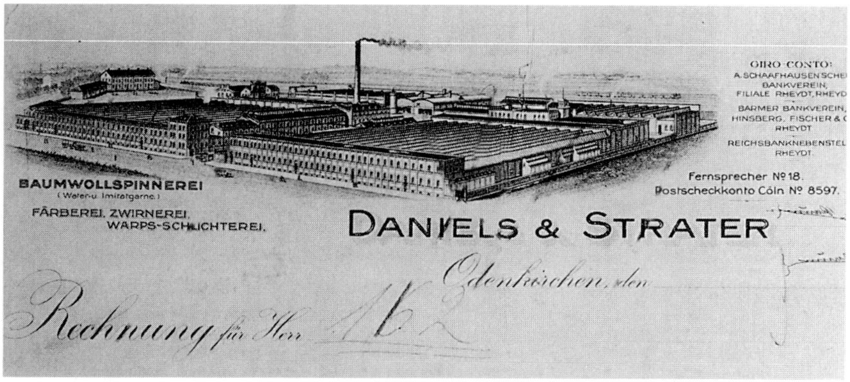

Briefkopf der Firma Daniels & Strater um 1920. (58, S. 127) Im Jahre 1890 wurde die Firma Daniels & Strater, Baumwollspinnerei und Färberei, gegründet. Der Rheydter Bauunternehmer Wilhelm Strater hatte sich mit Josef Daniels, Teilhaber der 1884 gegründeten Rheydter Spinnerei Josef Daniels Witwe & Sohn, zusammengetan, um die Spinnerei von in rohem Zustand gefärbter Baumwolle einzuführen. Die zu diesem Zweck errichteten Fabrikgebäude lagen in der Duvenstraße 82–92 (heutiges Gelände der Maschinenfabrik Trützschler). Im Zweiten Weltkrieg wurde die Firma zerstört (58, S. 127)

Blick in die Färberei der Firma Achter & Ebels in M. Gladbach, 1927. Im Hintergrund kann man einen Ballen loses Fasermaterial erkennen, das gefärbt werden soll (124, S. 124)

Betriebsfärberei der Firma Busch & Hoffmann. (166, o. S.) Das Flockematerial ist fertig gefärbt. Es befindet sich in gepreßter und verdichteter Form in einem Materialträger. Anschließend erfolgt die Entwässerung und die Trocknung auf Band- und Trommeltrocknern.

links:
Blick in eine alte Garnfärberei. (26 a) Das Garn wurde im Strang gefärbt und mittels Latten aus der Flotte, die sich in Holzbottichen befand, gehoben

rechts:
Färberaum für Copse (55)

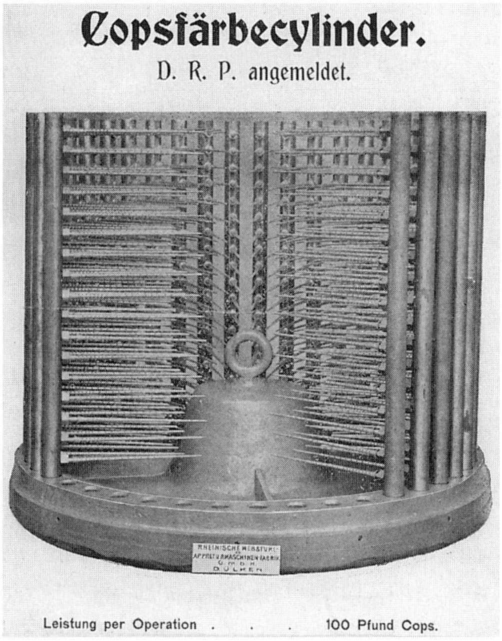

links unten:
Patent-Universal-Färbeapparat, Modell UF, der Firma Rheinische Webstuhl- und Appreturmaschinenfabrik GmbH, Dülken (54)

rechts unten:
Garnfärberei der Tuchfabrik Rheinland, um 1940 (165, S. 25)

einem Werbeprospekt folgende Vorteile ihrer Maschine auf (54, S. 48):

1. *Durch die automatische Umsteuerung tritt die Flotte in ganz beliebig zu bestimmenden Intervallen einmal von aussen, das andere Mal von innen durch das Farbgut, und wird tadellose Durchfärbung garantiert.*
2. *Die Umsteuerung vollzieht sich vollständig stossfrei, was sowohl eine grosse Schonung des Farbgutes wie des Apparates bedeutet.*
3. *Der Apparat kann nach Inbetriebsetzung vollständig sich selbst überlassen bleiben, ohne dass irgend welche Wartung notwendig wäre. Sämtliche beweglichen Teile sind mit Selbstschmierung versehen.*
4. *Die Rohrleitung ist sehr kurz und äusserst übersichtlich angelegt und infolge dessen leicht verständlich für jeden Arbeiter.*
5. *Auswaschen durch einfaches Umstellen eines Hahnes.*
6. *Bedeutende Verkürzung der einzelnen Operationen, daher hohe Tagesleistung.*

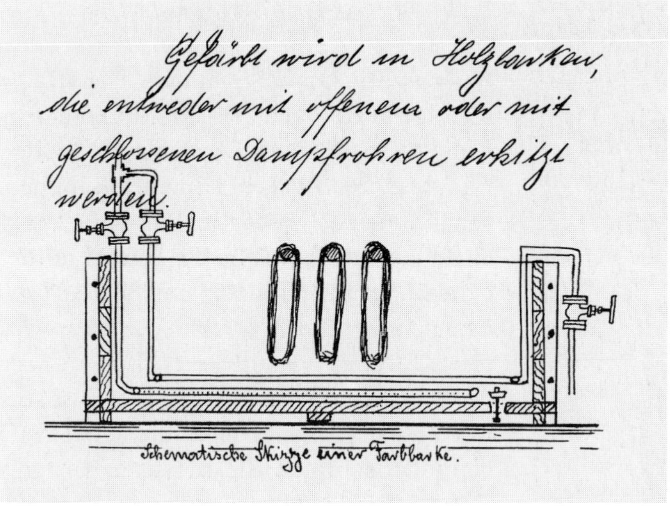

Ausschließlich nach dem Prinzip des Aufstecksystems waren die Apparate der Firma Erckens & Brix, Rheydt, konstruiert, auf denen sich Kreuzspulen, Soleil-Spulen, Banc-à-broche-Bobinen usw. im Aufstecksystem färben ließen. Kardenbänder wurden in der Kanne um einen Stab gelegt und so herausgehoben, unter einer Presse auf perforierte Tuben zusammengepreßt und gleichfalls im Aufstecksystem gefärbt. Auch Kettbäume ließen sich in diesem Apparat einzeln oder paarweise färben.

Der Apparat in der Abbildung unten bestand in der Hauptsache aus einem viereckigen Flottenbehälter, welcher durch eine Trennwand in zwei Abteilungen unterteilt war. Über dem Boden einer jeden Abteilung war ein mit der Flottenleitung in Verbindung stehendes Rohrsystem gelagert, auf welchem die perforierten Metallhülsen aufgeschraubt waren, so daß beispielsweise bis zu vier Kreuzspulen übereinander aufgesteckt werden konnten. Durch Befestigung eines über jede Abteilung gelegten Lattenrostes mittels Spindeln wurden die aufgesteckten Spulen in ihrer Position gehalten und vor Schwankungen während des Betriebs bewahrt. Die Flottenzirkulation wurde durch eine in zwei Richtungen arbeitende Rotationspumpe bewirkt, welche etwa 150 U/min erbrachte.

Die Flottenrohrleitung war mit einem in gleicher Höhe des Apparates stehenden Behälter verbunden, in dem der Farbstoffansatz erfolgte und der gleichzeitig zur Aufbewahrung der benutzten Farbbäder zwecks Weiterverwendung diente. Der Flottenkreislauf war wechselseitig derart angeordnet, daß die Flotte durch das in der einen Abteilung aufgesteckte Material gesaugt und durch das in der anderen Abteilung befindliche Färbegut gedrückt wurde. Über die Trennwand lief die Flotte aus der einen in die andere Abteilung über.

Die Apparate wurden in verschiedenen Größen gebaut und zum Färben mit Sub-

links:
Skizze einer Farbbarke nach Fr. Eppendahl (54)

rechts:
Hochtemperatur-Färbeanlage von Krantz (1956/57), bestehend aus je einem HT-Färbeapparat S.P.S. mit 1500 mm Durchmesser in hoher und in niedriger Ausführung

unten:
Färbeapparat, System Erckens & Brix aus dem Jahr 1913

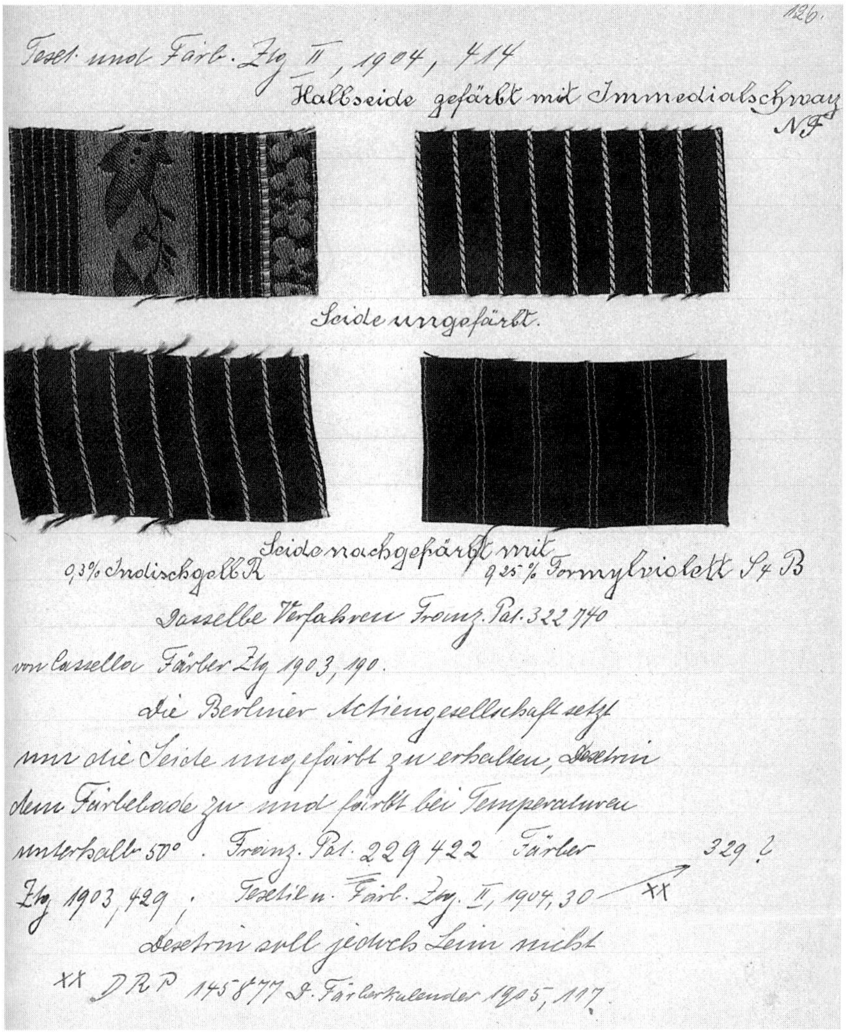
126.
Textil- und Färb.-Ztg II, 1904, 414
Halbseide gefärbt mit Immedialschwarz NF
Seide ungefärbt.
Seide nachgefärbt mit
0,3% Indischgelb R 0,25% Formylviolett S4B
Dasselbe Verfahren Franz. Pat. 322 740
von Cassella. Färber Ztg 1903, 190.
die Berliner Actiengesellschaft setzt
um die Seide ungefärbt zu erhalten, Dextrin
dem Färbebade zu und färbt bei Temperaturen
unterhalb 50°. Franz. Pat. 229 422 Färber 329?
Ztg 1903, 429; Textil u. Färb. Ztg II, 1904, 30 ××
Dextrin soll jedoch Leim nicht
×× DRP 145877 D. Färberkalender 1905, 117.

Färberezept mit Musterausfall (Seide) aus dem Jahr 1904

stantiv-, Schwefel- oder auch diazotierbaren Farbstoffen verwendet. Die Apparate nach dem »System Erckens und Brix« wurden in Frankreich von der Firma Casimir Fastenaekels in Watrelos bei Roubaix gebaut und hatten zum Färben von Ryo-Spulen und Alexandre-Spulen weite Verbreitung gefunden.

Die Stückfärberei

Bei der Stückfärberei wurden zu Beginn des 20. Jahrhunderts besonders Haspelkufen und Jigger eingesetzt. In Haspelkufen wird die Ware im Strang gefärbt, wobei es zu Faltenbildung kommen kann. In Jiggern wird breit gefärbt.

FÄRBEREI MIT DER HASPELKUFE

Bei der Stückfärberei mittels Haspelkufe wird die Ware in einzelnen Stücken entweder um die Haspel gelegt, und die beiden Enden eines Stückes werden zusammengenäht, oder es werden mehrere Stücke aneinandergenäht, welche die Haspel in lose herabhängenden Spiralen umlaufen. Durch Aneinandernähen der beiden Enden wird dieser Strang »unendlich«. (116, S. 125) Bei den damaligen Maschinen lief die Ware bei Drehung der Haspel durch die in der Kufe befindliche Flotte. Sie rückte dabei langsam von einem Haspelende zum anderen. Die aufsteigenden Stränge liefen zwischen den Zähnen eines Rechens hindurch, der am Oberrand der Kufe in Längsrichtung eingesetzt war. Bei einer Verwirrung der Stränge wurde die Maschine mittels des Rechens sofort gestoppt.

Zum Waschen in der Kufe wurde an der Stirnwand ein Stopfen geöffnet, durch den die Wasserzufuhr erfolgte. Die Ware lief dann unter stetigem Wasserfluß durch die Kufe. Zwischendurch wurde die Flotte abgelassen. Die Operation erfolgte bis zur vollständigen Reinigung. (116, S. 125)

rechts: Färbebottich um 1900, Rheinische Webstuhl- und Appreturmaschinenfabrik, Dülken. (54, S. 50) Es handelt sich um eine allgemein gebräuchliche Färbekufe für Gewebe. Die Gewebe liefen über eine mechanisch angetriebene Haspel durch die Flotte (116, S. 69)

Heute werden bei der Strangfärberei in der Regel Düsenfärbemaschinen eingesetzt, doch es befinden sich auch immer noch Haspelkufen im Einsatz.

Die Jiggerfärberei

Der Jigger ist eine zum Färben von Gewebe in breitem Zustand gebaute Maschine. Er beansprucht wenig Raum und ermöglicht das schnelle Färben großer Mengen Stückware. Je nach Verwendungszweck kann die Art der hintereinander aufgestellten Jigger unterschiedlich sein. Meistens dient ein Jigger zum Färben und einer zum Waschen der Ware. Der Jigger zieht die Ware wechselseitig durch ein Färbebad, wobei sie immer wieder aufgedockt wird.

An den Seitenwänden waren Lagerböcke für Zug- und Druckwalzen aufgeschraubt. Zum Abquetschen der Gewebe war eine Zugwalze in vertikal verstellbaren Führungen auf einer Druckwalze gelagert. Mittels Schraubenspindel und Handrad konnte die Druckwalze gegen die Zugwalze gedrückt werden. Um einen guten Flottenaustausch zu gewährleisten, befanden sich in dem Trog Leitwalzen, die bewirkten, daß das Gewebe lange genug mit der Flotte in Berührung war. (115, S. 92) Ein Funke-Jigger (Lizenz Benninger) kostete 1950 etwa 10 000 DM. Bis 1980 wurden von Fritz Meker aus Mönchengladbach etwa 1000 Exemplare hiervon verkauft.

links oben: Färberei der Firma Wilh. Beines Söhne, um 1935. (24 a) Zu sehen ist eine offene Haspelkufe. Die Ware wird für den Färbeprozeß vorbereitet. Die einzelnen Stränge auf der Haspel sind noch nicht zusammengenäht

rechts oben: Färberei der Firma Schwartz & Klein um 1950. (160, o. S.) Die Färberei war mit geschlossenen Haspelkufen ausgestattet

links unten: Doppelte Färbemaschine der Firma Franz Müller, Modell SA40, um 1910. (28 a) Zwei Färbejigger sind durch einen gemeinschaftlichen Antrieb verbunden

rechts unten: Teilansicht der Färberei, Rheindahlener Textilwerke, 1927. (124, S. 108) Gut zu erkennen sind die Jigger, welche über Transmissionen angetrieben werden

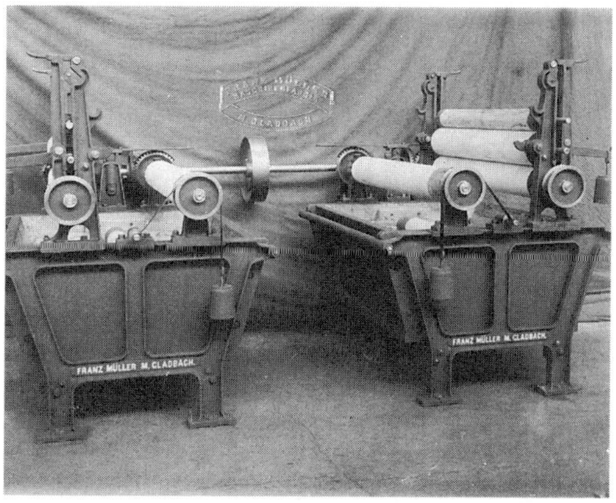

Drucktechnologie

Unter dem Begriff Textildruck wird das örtlich begrenzte Mustern von Textilien verstanden, wobei das Muster durch eine oder mehrere Farben gebildet werden kann. Der Druckprozeß besteht aus den Arbeitsgängen Drucken, Trocknen, Fixieren und Nachbehandeln. Die ursprünglich handwerklich betriebene Arbeit des Bedruckens von Geweben - der Zeugdruck - wurde im Laufe der Zeit durch Maschinen ersetzt und entwickelte sich zu einer bedeutenden Industrie.

Die ersten Walzendruckmaschinen

Von einer Walzendruckmaschine, die Bonvalet, ein Zeugdrucker aus Amiens, erfunden haben soll, wurde erstmals 1780 berichtet. Sie bestand aus zwei Walzen, von denen die obere ein Zylinder aus Holz, die untere dagegen ein Hohlzylinder aus Eisen war, der als Mantel eine gravierte Kupferplatte trug. Glühende Eisenkugeln oder auch glühende Kohlen füllte man in den Hohlraum, um die untere Musterwalze zu erwärmen. Diese lief durch ein Farbstoffbassin und wurde mittels Gewichten, Hebeln und einem Kurbelrad an eine Holzwalze gepreßt, über die der Stoff lief. (20, S. 74)

Der Schotte Bell führte 1785 eine ähnliche Maschine ein, eine Kupferwalze, auf der das Druckmuster eingraviert war. Es soll möglich gewesen sein, mit dieser Maschine an einem Tag 5000 Meter Gewebe zu bedrucken und so die Arbeit von 40 Handdruckern zu leisten. (20, S. 75)

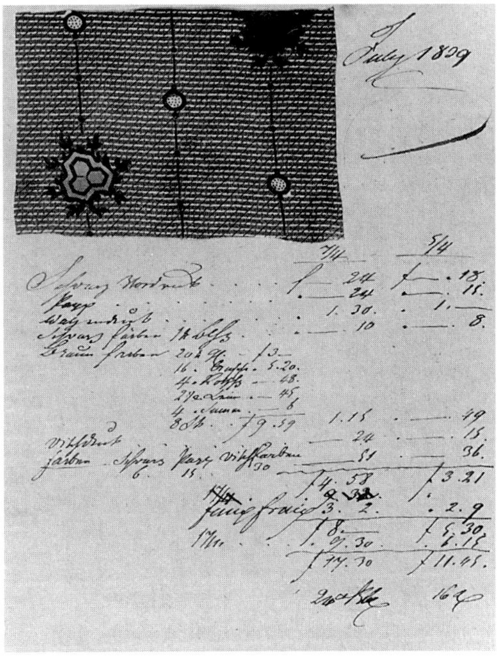

Druckrezept für Walzendruck zu Beginn des 18. Jahrhunderts. Es wurde mit Schwarz vorgedruckt. Ergänzungsfarben wurden nachträglich von Hand eingedruckt (26 a)

Die Rouleauxdruckmaschine

Der Druck mit Walzen (Rouleaux-Druck) hat sich als einzige der ursprünglichen Drucktechniken erhalten. Die kontinuierliche Produktionsweise war ein entscheidender Beitrag in der Entwicklung der Drucktechnologie. Die gravierten Zylinder bestanden aus Kupfer- oder Messingbronze. Jede Walze war über einem Chassis gelagert, in welchem sich eine Auftrags(speise)walze drehte, welche die Farbpaste aufnahm und auf den Metallzylinder brachte. Für jede einzelne Farbpaste benötigte man eine gesonderte Walze. Mit der Farbpaste sollen nur die gravierten Vertiefungen ausgefüllt werden, deshalb nimmt ein elastisches Abstreichmesser, die sogenannte Rakel (der Stahl), den Überschuß von der Walzenfläche wieder ab. Die Konterrakel muß dicht anliegen, wird deshalb mit einem gewissen Druck gegen die Walzen gepreßt und durch einen besonderen Mechanismus, die Rakelführung, hin- und herbewegt. Damit keine Rakelstreifen entstehen, muß das Abstreichmesser von Zeit zu Zeit nachgeschliffen werden. Diese Präzisionsarbeit führte der Drucker selbst durch.

Die der Zahl der zu druckenden Farben entsprechende Anzahl Walzen ist um den sich drehenden Druckzylinder angeordnet. Über den Druckzylinder läuft der Stoff, passiert die einzelnen Druckwalzen und erhält, indem die Musterwalzen mittels

Alte Rouleauxdruckmaschine der Firma Wilh. Beines Söhne, Photo von 1937 (24 a)

Hebel, Gummipuffer oder Federplatten kräftig gegen den Druckzylinder gepreßt werden, nacheinander die verschiedenen Muster aufgedruckt. Der Tambour (Druckzylinder) ist mit elastischen Unterlagen überzogen, ferner wird eine Gummidecke als endloses Tuch darübergeführt. Um diese gegen Verunreinigungen durch Farbpaste zu schützen, läuft während des Druckes ein Stoffschoner, der sogenannte Mitläufer, durch die Maschine. Er ist breiter als das zu bedruckende Gewebe, weil auch die Walzen breiter sind (sonst entstünden unbedruckte Kanten). Der Rouleauxdruck gestattet eine Produktionsgeschwindigkeit von 70 m pro Minute.

Hand-Filmdruck

Der Filmdruck ist in weiterentwickelter Form ein wichtiges Druckverfahren. Der Ursprung des Filmdrucks liegt in dem einige Jahrhunderte alten japanischen Yuzen-Druck. Hierbei werden durch Verkleben von mehreren Schichten Papier und Ausschneiden der Motive Schablonen gefertigt. Der Farbpastenauftrag erfolgt zum Beispiel durch Haarpinsel, Reisigbesen oder Rakel.

1907 wurde die Seidengaze-Schablone durch den Engländer Simon entwickelt. Der Metallrahmen der Schablone ist mit einer feinen Stoff- oder mit Metallgaze bespannt. Eine lichtempfindliche Masse wird auf die Schablone aufgetragen und getrocknet. Das Druckmuster wird durch Fotoverfahren auf diese Schicht übertragen. (230, S. 63)

Ab 1926 wurde der Filmdruck in Europa industriell angewendet. Gedruckt wurde an langen Arbeitstischen, die sich durch den

Druckerei der Firma Wilh. Beines Söhne, Drucktechnik: Handfilmdruck. (24 a) Handdrucker heißen so, nicht nur weil sie mit der Hand, sondern weil sie auch zu mehreren an einem Stück Stoff Hand in Hand arbeiten, wobei jeder einzelne wissen muß, wann er an der Reihe ist, »auszuspielen«

rechts:
Stadtflaggen der Stadt Rheydt im Filmdruck bedruckt. Diese wurden 1963 an der Textilingenieurschule in M. Gladbach-Rheydt hergestellt. Das Stadtwappen wurde im Vierfarbendruck auf Wollgewebe appliziert. Die fertig gedruckten Flaggen laufen über die Warenschaumaschine (181)

ganzen Raum zogen. Damit die Druckunterlagen elastisch waren, wurden sie mit Filzdecken oder mit mehreren Lagen Rohnessel überzogen. An der Stirnseite des Tisches wurde das zu bedruckende Gewebe als Rolle aufgehängt. Eine Bahn, die der Länge des Arbeitstisches entsprach, wurde abgewickelt und mit den Kanten an der Unterlage befestigt. Die Art und Reihenfolge der Farben war festgelegt. Chassis und Zubehör liefen beim Drucken auf einem Schienenrahmen in Greifhöhe über der Stoffbahn mit. (20, S. 107)

Entwicklung der Ausrüstungstechnologie (Appretur)

Die Appretur wird in mechanische und chemische Verfahren unterteilt. Rauhen, Scheren und Pressen sind mechanische Verfahren. Die mechanische Appretur schließt sich an das Bleichen, Färben, Drucken oder die chemische Appretur, zum Beispiel Füll- und Griffappreturen, an. Wesentliche Ziele der mechanischen Appretur sind das Ebnen, Verdichten oder Glätten der textilen Oberflächen. Dadurch werden Griffveränderung und Glanz erzeugt.

Trockenausrüstung

Die Trockenausrüstung beginnt mit dem Entwässern (Trocknen). *Das Zentrifugieren, Schwingen und Schleudern ist ein wirkungsvolles, schonendes und verbreitetes Entwässerungsverfahren. Es hat noch den Vorteil der allgemeinen Anwendungsfähigkeit für alle Erscheinungsformen der Spinnfasern. Die Leistungsfähigkeit der Zentrifuge (Schwing- oder Schleudermaschine) ist allerdings verschieden und hängt u. a. von der Geschwindigkeit des rotierenden Kessels und von der Dauer des Schleuderns ab. Bei einem Durchmesser des Kessels von 1 m beträgt die durchschnittliche Geschwindigkeit 1.000–1.200 Umdrehungen oder Touren in der Minute; bei größeren und schwereren Kesseln 600–800 Touren. Mit dieser Geschwindigkeit ist eine Explosionsgefahr verbunden, was vielleicht als einziger Nachteil des Schwingverfahrens anzusehen ist.*

(Aus: P. Heermanns: »Technologie der Textilveredelung«, 1921, Springer, Berlin)

rechts:
Auf- und Grundriß einer Zentrifuge (Heine), 1921

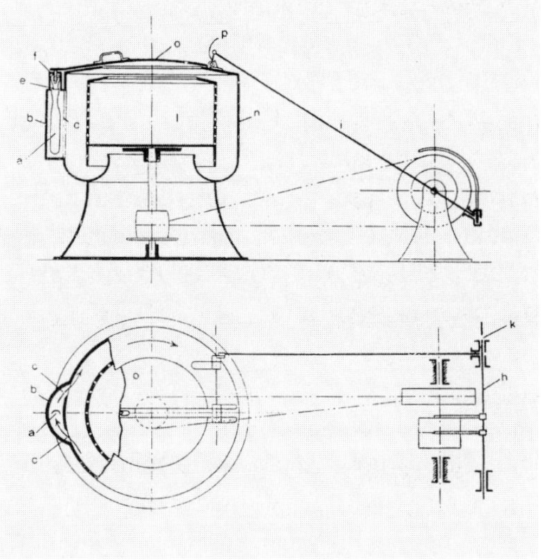

Rauhen ist ein mechanischer Vorgang, bei dem keine Chemikalien angewendet werden. Der Zweck besteht darin, einen weicheren, voluminöseren Griff, ein erhöhtes Wärmerückhaltevermögen sowie modische Effekte zu erzeugen. Werkzeuge, die

links:
Zentrifuge mit selbsttätigem Verschluß um 1921 (Heine)

linke Spalte: *Zentrifuge (Heine), um 1937*

früher zum Rauhen verwendet wurden, spendete die Natur. Es waren Rauhdisteln, Rauhkarden (Dispacus), die man auf ein gabelförmiges Stäbchen steckte. Diese Art von Bürste benutzte man zum Beispiel zum Rauhen von Mützen und Strümpfen. Das zu rauhende Gewebe wurde auf das Knie gelegt und mit dem Rauhapparat wie mit einer Bürste behandelt. (98, S. 352) Große Gewebe rauhte man schon im 16. Jahrhundert auf langen, gepolsterten Tischen. Auch hierfür wurden Spezialbürsten gebraucht. Da sich die Rauhkarden schnell abnutzten, ging man dazu über, statt der Rauhkratzen Stahlkratzen zu verwenden.

In den 40er Jahren des vorigen Jahrhunderts wurden die ersten sogenannten Flach- oder Tischrauhmaschinen gebaut. Trotzdem wurde in den Webereien noch lange Zeit mit der Hand gerauht. Es folgte für das Rauhen schlauchförmiger Wirkwaren Ende der 80er Jahre des letzten Jahrhunderts zuerst der Bau einer einfachen Rauhmaschine, welche den Nachteil hatte, daß man die Trikotschläuche nur von einer Warenseite rauhen konnte und die Ware zweimal durch die Rauhmaschine geführt werden mußte. Eine Verbesserung brachte eine zweiwalzige Rauhmaschine, da hierbei bei einem Warendurchlauf beidseitig gerauht werden konnte. (98, S. 352)

Die weitere Entwicklung im Bereich der Rauhmaschinen vollzog sich schnell. Um 1885 wurde mit der Konstruktion der Trommelrauhmaschine begonnen. Das System der stätionären Rauhwalzenlagerung

links:
Anzeige um 1957

unten:
Anzeige um 1937

Einfache Rauhmaschine (98, S. 532)

wurde verlassen, und die Walzen der 14walzigen Rauhmaschine bewegten sich planetenförmig.

1890 wurde die 24walzige Strich-Gegenstrich-Rauhmaschine gebaut, später folgte die Konstruktion einer 34walzigen Maschine, 1910 die Konstruktion einer Doppel-Trommel-Verfilzungsrauhmaschine und 1930 die Kugellager-Kratzen-Rauhmaschine mit 24 bis 30 Rauhwalzen, nach einem Patent von E. Geßner AG, Aue, und A. Monforts, M.-Gladbach. (24, S. 28)

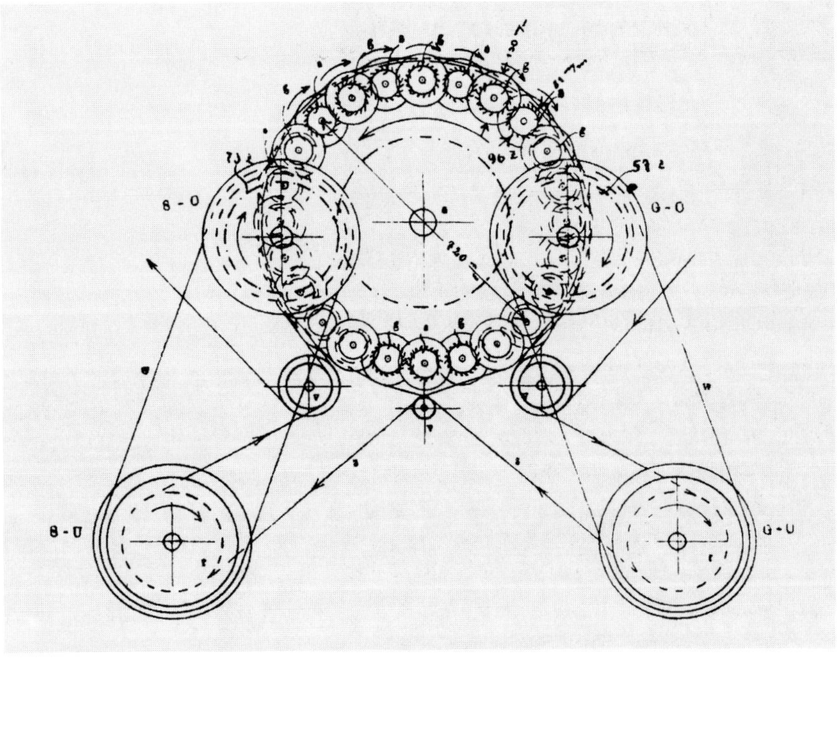

Rauhmaschinen für Baumwollstoffe, wie sie ohne wesentliche prinzipielle Änderungen seit ca. 1880 gebaut wurden, arbeiteten nach dem sogenannten Planetensystem, d. h., 24 oder 36 mit Kratzenbeschlag versehene Rauhwalzen drehten sich um die eigene Achse und umkreisten außerdem eine zentrale Achse

Fast alle Gewebe zeigen eine mehr oder weniger haarige Oberfläche. Die größtenteils ungleich langen Fasern verschleiern die Farben, die Bindung erscheint unklar, und gedruckte Farbmuster erhalten verschwommene Umgrenzungen. Um die Bindung deutlich sichtbar zu machen und Karos oder Figuren deutliche Begrenzungslinien zu verleihen, werden die abstehenden Faserenden beseitigt oder bei Florgeweben, Rauh- und Strichwaren (Meltonwaren) auf gleiche Höhe gebracht. Das vollständige Beseitigen des Faserflaums kann durch Abschneiden (Scheren) oder Abbrennen (Sengen) geschehen. Bei Florgeweben und gerauhten Waren kann dies nur durch Scheren geschehen. (17, S. 170)

Dem Rauhen folgte das Scheren des Tuches. Da durch geringste Unachtsamkeiten das Gewebe zerschnitten werden konnte, zählte das Scheren zu den höchstqualifiziertesten Tätigkeiten im Textilgewerbe. Die Arbeit mit der schweren eisernen Tuchschere, deren Blätter über einen Meter lang waren, erforderte zudem erhebliche körperliche Anstrengungen.

Die Tuchscheren bestanden aus zwei Messern mit stumpfen Schneidwinkeln. Damit die Schneidkanten in einer Ebene zu liegen kamen und die beiden Messer ohne Zwischenraum aneinander vorbeigehen konnten, wurden sie aneinander gedrückt. Das Aneinanderdrücken der beiden Schneidzeuge war nur durch eine Federung, die sogenannte Spannung, möglich. Bei alten Tuchscheren wurde die Spannung durch federndes Überkreuzen der beiden Scherklingen erzeugt. Auf dem Schertisch war beim Handscheren das Tuch aufgespannt, und die Scherer strichen mit der Klinge behutsam über den Stoff. Der Vorgang glich dem Rasieren mit einem riesigen Messer. (188, S. 316)

Gegen die Einführung von Schermaschinen leisteten die Tuchscherer erbitterten Widerstand. Die ersten Konstrukteure von mechanischen Schertischen konnten sich von dem Bewegungsmuster der Handarbeit nicht trennen, und sie versuchten dasselbe mit mechanischen Vorrichtungen zu realisieren. Die präzise Geradebewegung der Klinge war aber bei mechanischen Schertischen mit technischen Vorrichtungen nicht zu gewährleisten. Deshalb wurde das Tuch bewegt, und die Klingen der zwei feststehenden Scheren wurden über Kurbeln auf- und abbewegt. Die Qualität des Handscherens konnte an mechanischen Schertischen, die von einer Kraftmaschine angetrieben wurden, zwar erreicht werden, doch die Leistung blieb mit etwa 2,7 Quadratmetern pro Stunde nur auf dem Niveau der ingesamt kostengünstigeren Handarbeit. (188, S. 316)

Leonardo da Vinci (1452–1519) trennte sich bei der Entwicklung seiner Tuchschermaschine als erster von dem Bewegungsmuster der Handarbeit und verwendete ein ununterbrochenes Schneidwerkzeug mit großer Geschwindigkeit. Er schuf das Spiralmesser, bestehend aus schraubenförmig um einen Zylinder gelegten Stahlblechen mit rechtwinkligen Schneidkanten, die mit Spannung gegen das Untermesser angedrückt und in hohe Umdrehung versetzt werden. Das Spiralmesser bildet zusammen mit dem Untermesser den Scherzylinder. (17, S. 172)

Diese Konstruktion findet sich in den Schermaschinen der heutigen Zeit wieder und geht vor allem auf die Arbeiten von Uhlhorn (1764–1857) in Grevenbroich zurück.

Bürsten, Dekatieren und Lüstrieren

Im Strich gerauhte Baumwollstoffe, die nicht imprägniert werden, läßt man nach dem Rauhen zweckmäßig eine Bürst- und Dekatiermaschine passieren. Auf dieser

Bürst- und Dekatiermaschine von A. Monforts (1913)

Mathonet-Zylinderpresse um 1950

Maschine wird die Ware zunächst gedämpft. Damit bezweckt man, den Stoff anzufeuchten sowie eine Verteilung der in der Kette enthaltenen Schlichte auf die Schußfäden. Im Anschluß hieran wird der Stoff – wenn es sich um beidseitig behandelte Ware handelt – auf beiden Seiten durch je eine Draht- und eine Borstenbürstenwalze bearbeitet, um den Flor zu ordnen, und danach geht er über zwei heiße Kupferzylinder, die auf ihn wie Bügeleisen einwirken, ihn also glätten und trocknen sowie Glanz hervorrufen. Schließlich kann man ihn noch zwei Kalanderwalzen passieren lassen, wenn ein besonders festes Andrücken des Flors und höherer Glanz er-

links: Mathonet-Schermaschine um 1950

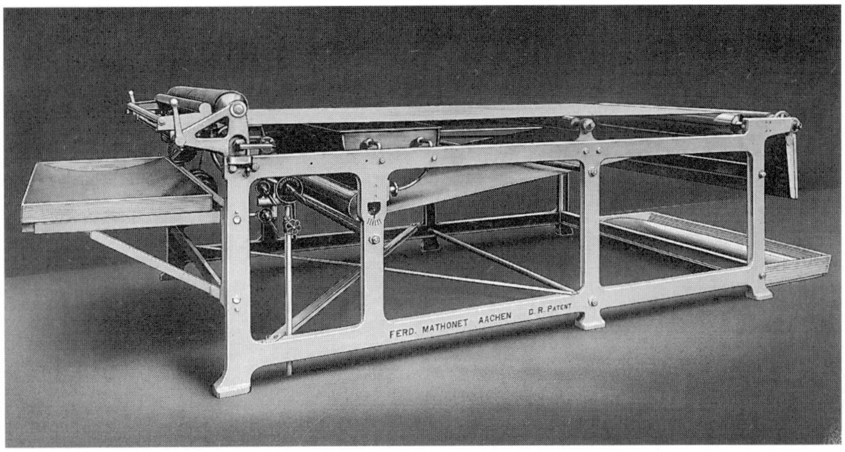

Mathonet-Krumpfe um 1950

wünscht waren. Von den beiden Kalanderwalzen war die untere aus Hartguß und heizbar, die obere entweder aus Papier oder Hartguß; beide waren sauber poliert.

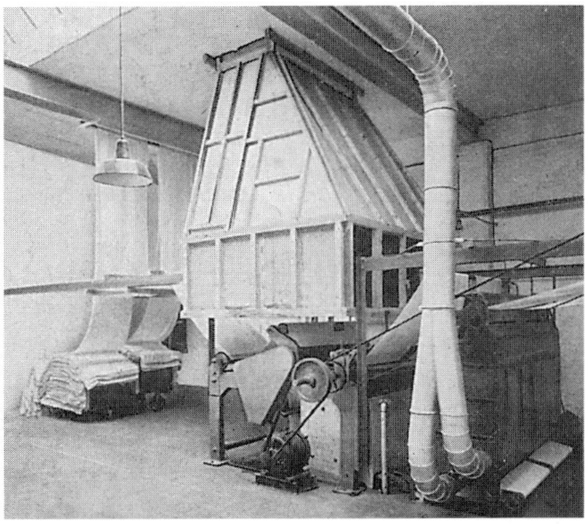

Gas-Senge von Osthoff. Durch die Gas-Senge wurde die Schauseite des Gewebes von vorstehenden feinen Fäserchen befreit (23 a)

Lambert Sieberichs, Gründer des Unternehmens (23 a)

Typischer Alltag in einem Veredlungsbetrieb im Jahr 1935

Im Jahre 1926 wurde die Firma Bressert & Seifert durch die Gladbacher Textilveredlung übernommen. Als erster Geschäftsführer wurde der Gesellschafter Lambert Sieberichs aus Rheydt bestellt. Als erstes berief dieser erfahrene Mitarbeiter an seine Seite. Unterstützt von der Konjunktur konnten in den ersten Jahren gute Erfolge erzielt werden. Im Jahre 1932 verstarb Sieberichs. Seine Frau wurde zur Geschäftsführerin, übertrug aber gleichzeitig die Geschäftsleitung den beiden engsten Mitarbeitern ihres Mannes, den Prokuristen Dr. Walter Poeppel und Karl Trippen. Diese machten es sich zur Aufgabe, den Betrieb technisch so zu verbessern, daß er allen

Ausschnitt aus dem Rohwarenlager. Hier wurden die täglich eingehenden großen Mengen Rohgewebe nach ihrer Verschiedenartigkeit sortiert und gekennzeichnet (23 a)

Ansprüchen einer erstklassigen Ausrüstung gewachsen war. Durch bauliche Erweiterungen konnten neue modernste Maschinen aufgestellt werden.

(Aus einem Firmenprospekt der Gladbacher Textilveredelung von 1951)

Meister des Rohwarenlagers, A. Höffgen (23 a)

Färbemeister Erren (23 a)

Jiggerfärberei von Funke für schwefelfarbiges Uniformbraun und Naphtolrot der Fahnenstoffe. Große Mengen Gewebe erhielten zum Teil im breiten Zustand auf dem Jigger, teils im Strang auf den Haspelkufen die vorgeschriebenen Farbtöne (23 a)

Zylindertrockner. Die gebleichte und gefärbte Ware wird je nach ihrer Gewebeart auf Zylindertrockenmaschinen beziehungsweise spannungslos auf der Hänge getrocknet (23 a)

Kufenfärberei für Diazotierungen (23 a)

Briem-Hängler-Foulard mit Hotflue als Vorbereitungsmaschine für brillante Eisfarben. Die Ware wurde auf einem Foulard mit der Naphtollösung präpariert, der Stoff getrocknet und auf der spannungslosen Ausfärbemaschine in den lebhaften Farbtönen der Naphtolgruppe ausgefärbt (23 a)

Bürstmaschine mit großen Aufdockwangen (23 a)

Ausfärbemaschine mit Leonardantrieb (23 a)

Schnelldämpfer zur Fixierung Indanthrenechter Farben (23 a)

Vor dem Druck wurde die Ware durch Behandlung auf Bürstmaschinen von Staub und sonstigen Verunreinigungen befreit. Die bedruckte Ware wurde im Schnelldämpfer, dem sogenannten Matherplatt, bzw. im Sterndämpfer, durch Behandeln mit Dampf, bei Temperaturen von 120 °C fixiert.

Müller-Rauherei mit Saugvorrichtung und Röhrenbeleuchtung. In der Rauherei erhielten die Winterware sowie Hemden- und Pyjamastoffe usw. den weichen, schmiegsamen Flausch (23 a)

Meister des Drucklagers, K. Hartmann (23 a)

Schererei mit Monforts-Maschinen (23 a)

Rauhmeister P. Hartmann (23 a)

In der Farbküche wurden die von den Farbenfabriken angelieferten Druckfarbstoffe nach den Anweisungen der Coloristen zu den gewünschten Farbtönen gemischt (23 a)

Rouleauxdruck für Artikel wie Kleider, Wäsche, Dekoration und Rauhartikel. (18 a) Spezialität: Modische Kleiderstoffe, hochveredelt, Oxydationsschwarz für Seide und Baumwolle

Laboratorium für textilchemische und farbchemische Untersuchungen (23 a)

Achtfarbige Rouleauxdruckerei, System Mühlhausen-Elsaß mit Röhrenbeleuchtung und Hochleistungsmansarde. Hier wurden die Gewebe mit den verschiedenartigsten Mustern und den verschiedenartigsten Farbstoffgruppen je nach der verlangten Echtheit bedruckt. Einzelne Druckmaschinen waren mit Drucktuchwaschmaschinen versehen. Pneumatische Walzenanpressung sorgte für elastischen Druck, und Quarzlampen erleichterten das Aufsuchen von Fehlern beim Drucken (23 a)

Rouleauxdruckmeister Thevessen (23 a)

Breitwaschmaschine von Erckens und Brix (Rheydt) aus dem Jahr 1935 (23 a)

Filmdruckerei (23 a)

Den letzten Schliff erhielt die Ware in der Appreturabteilung, wo sie auf Breite gespannt bzw. gekrumpft und mit Appreturmitteln versehen wurde.

Filmdruckmeister Kaiser (23 a)

Strangwaschmaschine (23 a)

Die bedruckte, gedämpfte Ware wurde auf den Breit- bzw. Strangwaschmaschinen entwickelt, die beim Druck aufgetragene Verdickung ausgewaschen, anschließend gründlich geseift, wodurch die Brillanz und Echtheit der Farben gehoben wurden.

Etagenspannrahmen (23 a)

Spannrahmen mit Düsentrocknung (23 a)

In der Aufmacherei lief die Ware über Meßmaschinen und Schautische, um dann fertiggestellt dem Kunden zugestellt zu werden (23 a)

Im Musterzimmer wurden die neuen Kollektionen zusammengestellt (23 a)

Von Fritz Melzer, geboren 1918, wird folgende Geschichte aus der Gladbacher Textilveredlung erzählt: In der Nazizeit färbte man die roten Fahnen mit Naphtolrot. Als Volontär setzte Fritz Melzer in der Farbküche die Farbstofflösungen an, ehe der 1,95 m große Färbemeister namens Schmal die Türe verschloß und hinter mit Kalk von innen abgedichteten Fenstern unbesehen »letzte Geheimnisse« zur Färbeflotte zugab. Melzer kratzte eines Tages unbemerkt von innen beim erneuten Vorbereiten der Farbstofflösung in die Kalkschicht ein Sichtfensterchen, um von außen sehen zu können, was Schmal an Geheimnissen zusetzte: Schmal pinkelte lang und ausgiebig

in die Flotte, rührte sie intensiv um und gab sie zum Färben frei.

Die Gladbacher Textilveredlung ging später in die Druckerei Walraf über, die 1987 schließen mußte. Die Gebäude wurden von Josef Krückels, Textilmaschinen, übernommen. Auf den Anlagen der Walraf-Druckerei produziert heute die »Germatex« - Gesellschaft für modischen Filmdruck.

Schlosserei (23 a)

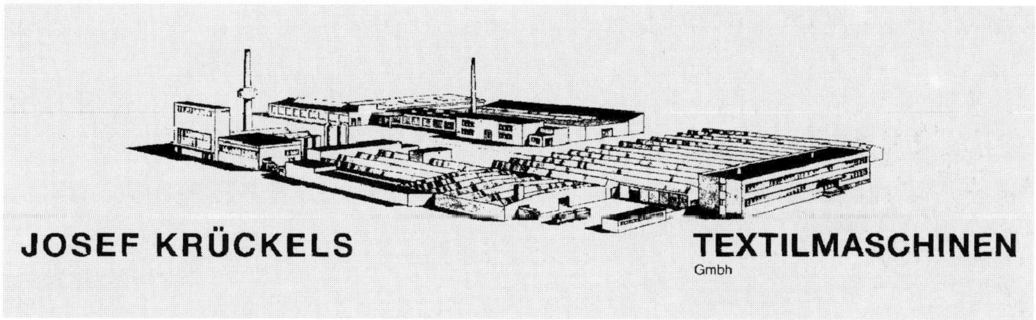

oben:
Teil der Brause- und Waschräume (23 a)

links:
Gladbacher Textilveredlung, heute teils Gebrauchtmaschinenhandel Krückels (vorne) und teils Germatex Modedruck

Chemikalien von Overlack

Am 1. Juli 1922 gründeten der Chemiker Dr. Curt Stäuber und der aus Krefeld stammende Färbereichemiker Lutz (= Ludwig) Overlack in gemieteten Räumen an der Neußer Straße 17 die Chemische Fabrik Dr. Stäuber & Overlack. Man befaßte sich mit dem Handel von Chemikalien und Textilhilfsmitteln sowie der Herstellung chemischer Substanzen, die bei der Textilausrüstung benötigt wurden.

Mönchengladbach war für diese Tätigkeit der richtige Platz, da der wirtschaftliche Schwerpunkt nicht nur dieser Stadt, sondern des gesamten niederrheinischen Raumes die Textilindustrie war. Nur zehn Monate war es den beiden Gründern vergönnt, zusammenzuarbeiten. Dr. Stäuber starb. Da holte sich Lutz Overlack seinen Bruder Heinrich, der am 1. Januar 1924 in die Firma eintrat, die von da an den Namen »Gebr. Overlack« führte.

1926 kauften die Brüder Overlack von der Witwe Niedergesäs Betriebsgrundstükke an der alten Dahlener Landstraße. (So hieß damals die Aachener Straße.) Zehn Jahre lang war man noch in den alten Gebäuden tätig. Dann verlangte der ständige Ausbau des Geschäftes zusätzliche Räume. Etwa im Jahre 1936 wurden neue Lagerhallen an der Aachener Straße gebaut, die damals architektonisch besondere Aufmerksamkeit fanden.

In den Jahren vor dem Zweiten Weltkrieg wuchs nicht nur das Geschäft in Mönchengladbach. Man erwarb einen Landhandelsbetrieb in Erkelenz und eine Che-

Fuhrpark von Overlack um 1920. Von links: Hein Kaiser mit einem Ford; Beifahrer Fritz Wimmer neben einem Büssing, Hein Prell mit einem Mannesmann Mullach (15 a)

Luftaufnahme von 1958 der Firma Overlack Chemikalien (vorne) in der Nachbarschaft zu Textilkunden (15 a)

Straßentransport eines Kesselwagens der Eisenbahn (oben) vor ... (15 a)

... und nach einer glimpflich abgelaufenen Havarie (rechts) (15 a)

links:
Ökologisch vorbildliche Lagerung von Chemikalien (1967/68) (15 a)

mikalienhandlung in Krefeld hinzu. Auch in Köln (Carl Arnsperger GmbH) und in Eindhoven (seit 1985 in der Ella Chemie B.V.) ist Overlack nach dem Firmenprinzip präsent: »Überall, wo ein Schornstein raucht, sollte Overlack etwas liefern können.« Entsprechend aufwendig und risikoreich ist die Logistik der gehandelten Chemikalien. Neuzeitliche Lager- und Transporteinrichtungen sichern dieses Umweltrisiko heute weitgehend ab, während früher durchaus auch Unfälle mit Chemikalien möglich waren. Dennoch bleibt ein Restrisiko, wie der Feuerwehreinsatz 1985 in den neuen Lagerhallen zeigt.

Einsatz der Umweltschutzabteilung der Feuerwehr im Jahre 1985 nach einem eher harmlosen Chemieunfall bei Overlack (Foto: Udo Dewies)

Das besondere soziale Engagement des Hauses Overlack dokumentiert sich in der Tatsache, daß Mitarbeiter sich seit 1970 am Unternehmen finanziell beteiligen können.

Mittlerweile umfaßt der Anteil Chemikalien für die Textilindustrie im Gesamtprogramm der Firma Overlack weniger als zehn Prozent des Umsatzes.

Neben Overlack lieferten 1927 noch folgende Firmen Chemikalien, Schlichtemittel und Textilhilfsmittel an die Veredlungsbetriebe:

- Harff und Staunau (seit 1877)
- Chemische Fabrik »Rhenus« Wilh. Reiners (seit 1882)
- Cüsters & Co., Chemische Fabrik für Schlicht- und Appreturmittel.

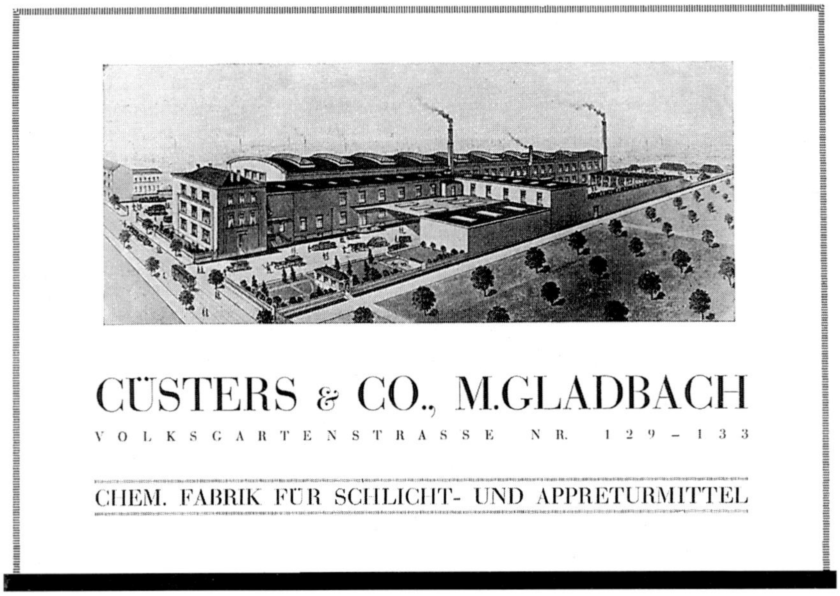

Anzeige der Konkurrenz von Overlack um 1925 (16 a)

Neugründungen von Lohnveredlungsanstalten

Durch die Gründung der Kreisappreturanstalt im Jahre 1839 entwickelte sich der Industriezweig Textilveredlung in der Region um Mönchengladbach. Die Unternehmen veredelten die Ware vornehmlich im Lohn für andere Fabrikanten oder Händler. Im folgenden werden einige Veredlungsbetriebe beispielhaft vorgestellt.

Carl Nießen

Die Firma Carl Nießen wurde in M. Gladbach im Jahre 1872 von Carl Nießen gegründet. In der Folgezeit wurden in der Alsstraße weitere Firmengebäude errichtet und die Strangfärberei um eine Stückfärberei, Walkerei, Appretur und Rauherei erweitert. Nach dem Tod von Carl Nießen im Jahr 1908 lag die Leitung des Unternehmens kurze Zeit in den Händen von Carl Nießen jr. Nach seinem frühen Tod übernahm seine Witwe Helene Nießen die Geschäftsleitung. Im Jahr 1934 trat ihr Schwiegersohn Dr. Wilhelm Finger in das Unternehmen ein und übernahm nach dem Ausscheiden von Helene Nießen 1955 die Führung des Unternehmens. Dr. Wilhelm Finger war darüber hinaus Vorsitzender des Gesamtverbandes der deutschen Textilveredlungsindustrie e. V., Vorsitzender des Unternehmerverbandes der niederrheinischen Textilindustrie Sitz M. Gladbach e. V., Präsident der Association Internationale de la Teinture Textile, Vorstandsmitglied der Industrie- und Handelskammer zu M. Gladbach und Oberbürgermeister der Stadt M. Gladbach.

Carl Nießen (137)

Ab 1971 leiteten zunächst Karl-Wilhelm Finger und Rolf-Dieter Grosse das Werk, bis Finger aus der Geschäftsleitung ausschied.

Simons & Gier

Die Firma Simons & Gier wurde als Walkerei und Appretur von Gerhard Simons und Michael Gier gegründet. (105, S. 240) Die ersten Gebäude befanden sich am Bellstieg 32. Ab 1896 wurde die Firma an der Eickener Straße 168 betrieben. Seit 1894 befinden sich die Gebäude an der Eickener Straße 314, heutige Untereickener Straße 20. Michael Gier war seit 1900 Alleininhaber der Firma. Um die Jahrhundertwende wurde der Betrieb um eine Färberei und Rauherei, kurz darauf um eine Streich-

Briefkopf der Firma Simons & Gier aus dem Jahre 1918 (58, S. 121)

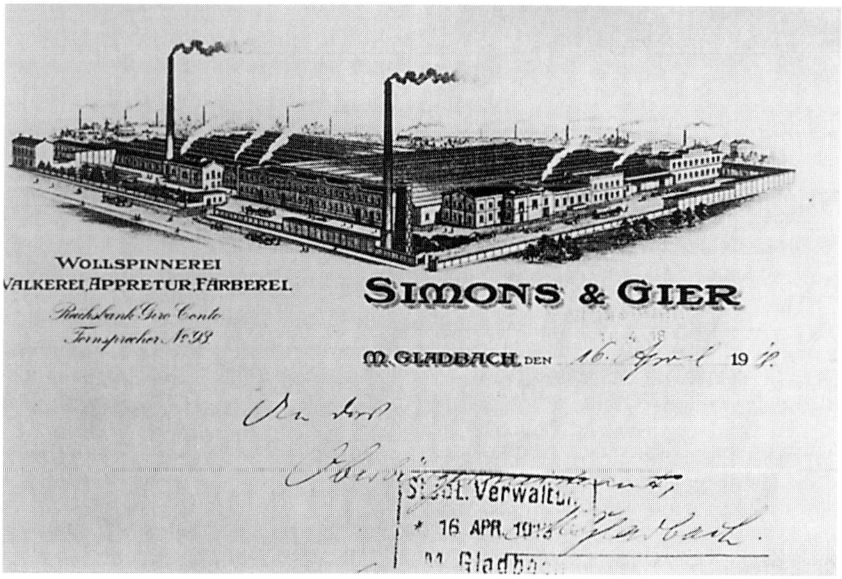

Spitzenleistung 1939:

BREMGES & GAILLARD G.M.B.H., *Rheydt-Mülfort, Hand- und Maschinendruckerei, Färberei und Appretur*

HCH. DINSSE & CO. G.M.B.H., *Viersen, Samtappretur und Gaufrieranstalt, Seidendruckerei*

GEBR. DUPONT, *Süchteln, Strang- und Stückfärberei in Seide, Schappe, Kunstseide, Baumwolle und Wolle*

WILH. DÜSTER, *Dülken, Färberei, Bleicherei und Mercerisieranstalt*

STOFFDRUCKEREI LOBACH & STAUDE, *Rheydt, Druckerei für Seide, Wolle und Baumwolle in Stück und Kette*

JOHANNES HEIMES, *Dülken, Appreturanstalt*

KARL HEINEGANS & CO., *M.-Gladbach, Stoffdruckerei*

JACOB HOERSCH, *Dülken, Färberei für Baumwolle und Kunstseide, Mercerisieranstalt*

W. KESPER, *Textilveredelung, Viersen, Seidendruckerei*

RUD. VON DER LINDE, *Viersen, Seiden-, Schappe- und Kunstseidenfärberei*

TEXTILDRUCKEREI JOS. BAUENDAHL, *Viersen*

TEXTILDRUCKEREI LUDWIG BOCHMANN, *Süchteln*

VIERSENER TEXTILVEREDELUNG KRALL & CO., *Viersen*

ALOIS WAGNER, *Viersen, Wolle-, Schappe-, Kunstseiden- und Baumwollfärberei, Mercerisieranstalt*

WILH. AUG. WEYERS, *Viersen/Rhld.*

Konkurrenz belebt das Geschäft der Seidenveredlung

garnspinnerei erweitert. Das Unternehmen wurde im Jahr 1922 in eine Aktiengesellschaft umgewandelt, ab dem 30. Dezember 1937 als Kommanditgesellschaft und seit 1984 als GmbH & Co. KG geführt. Die heutigen Betriebsgebäude liegen an alter Stelle, mit dem Haupteingang an der Künkelstraße 37. Zu Beginn der 60er Jahre wurde der Spinnereibetrieb eingestellt. Heute betreibt man einen vornehmlich auf Wollausrüstung und Wollstückfärbung konzentrierten Auftragsveredlungsbetrieb (Lohnveredlung) und eine Garnfärberei mit 8 t Tageskapazität.

Wilh. Beines Söhne

Das Unternehmen Wilh. Beines Söhne befindet sich seit seiner Gründung im Jahr 1834 in der Bachstraße in Rheydt. Der Gründer des Unternehmens, Wilhelm Beines, entschloß sich 1834, unweit des Firmenstandortes eine Wollwäscherei zu eröffnen. Der Betrieb wurde früh um eine Färberei erweitert. Die Lage am Rheydter Bach kam ihm dabei zugute. Die beiden Söhne Wilhelm und August übernahmen 1883 die Firmenleitung. Da in den bisherigen Gebäuden eine Ausdehnung nicht mehr möglich war, wurde auf der oberen Bachstraße ein großes Gelände erworben. Die Baugenehmigung wurde 1886 erteilt, und bis 1890 war das Gelände mit einem Betrieb bebaut, in dem auch die modernisierte Strangfärberei Platz fand. 1907 trat der Sohn Wilhelm der dritten Generation in das Unternehmen ein. Neuerungen, wie eine Stückfärberei für feinfädige Gewebe, wurden eingerichtet.

Am 14. Juli 1909 wurde das Unternehmen als Kommanditgesellschaft eingetragen, und am 11. Januar 1922 in eine Familien-Aktiengesellschaft umgewandelt. Der Maschinenpark der Färberei wurde 1927 weitgehend erneuert. Ein Jahr später folgte die Erweiterung der Ausrüstung. Die 1912 in Krefeld gegründete und nach Rheydt

Die Familie Beines gehört nach Erckens zu den berühmten Rheydter Familien. Folgende Linie in der Erbfolge hat sich immer mit Textiltechnik beschäftigt:

I HEINRICH BEINES
(in Gladbach um 1710)*

II 2 MATHIAS BEINES
(1741 in Rheydt, † 1811)*
Weber

III 1 HEINRICH BEINES
(1772, † 1817)*
Weber und Kettscherer

IV 5 PETER WILHELM BEINES
(1810, † 1883)*
Färbereibesitzer
(Firmengründer)

V 9 ANTON WILHELM BEINES
(1852, † 1920)*
Färbereiinhaber

V 5 CLEMENS AUGUST BEINES
(1844, † 1929)*
Färbereiinhaber

VI 1 CARL WILHELM BEINES
(1883, † 1937 in Grevenbroich)*
Färbereileiter

VI 2 CARL OTTO BEINES
(1888, † 1958)*
dessen Sohn Walter gründet die Textilveredlung Beines & Zass

VII 1 WILLY BEINES
(1913)*
Fabrikant

VIII 1 WILHELM BEINES
(1944)*

VIII 2 HORST BEINES
(1947)*

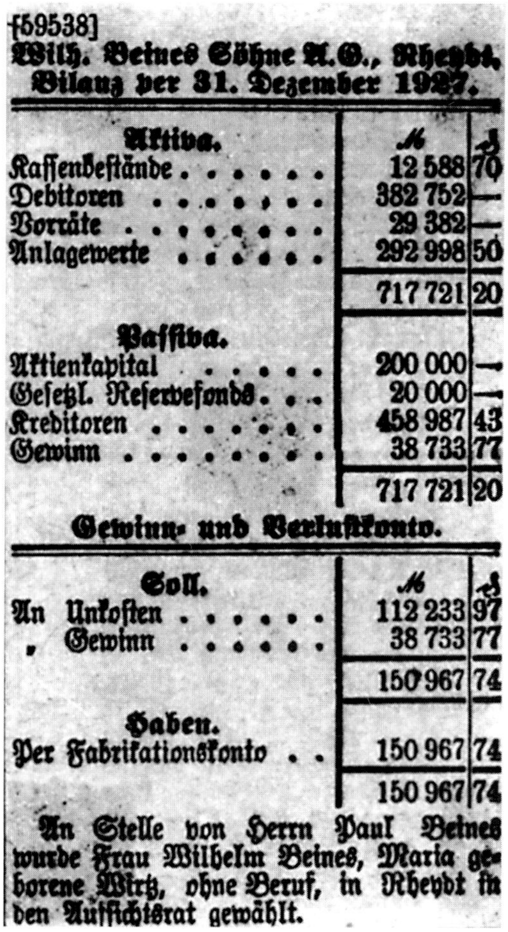

[59538]
Wilh. Beines Söhne A.G., Rheydt.
Bilanz per 31. Dezember 1927.

Aktiva.	M	Pf
Kassenbestände	12 588	70
Debitoren	382 752	—
Vorräte	29 382	—
Anlagewerte	292 998	50
	717 721	20
Passiva.		
Aktienkapital	200 000	—
Gesetzl. Reservefonds	20 000	—
Kreditoren	458 987	43
Gewinn	38 733	77
	717 721	20

Gewinn- und Verlustkonto.

Soll.	M	Pf
An Unkosten	112 233	97
" Gewinn	38 733	77
	150 967	74
Haben.		
Per Fabrikationskonto	150 967	74
	150 967	74

An Stelle von Herrn Paul Beines wurde Frau Wilhelm Beines, Maria geborene Wirth, ohne Beruf, in Rheydt in den Aufsichtsrat gewählt.

Bilanz der Firma Wilh. Beines Söhne aus dem Jahr 1927. (142) Auf dem Schriftstück ist ein Vermerk, daß Frau Wilhelm Beines, Maria geb. Wirth in den Aufsichtsrat gewählt wurde

verlegte »Rheinische Appretur« wurde der Aktiengesellschaft angegliedert.

Dem modischen Trend zu bedruckten Stoffen folgend, wurde 1932 eine Druckerei aufgebaut. Im Rouleaux- und Filmdruckverfahren wurden Kleider- und Dekorationsstoffe hergestellt. Nach dem Tod des Firmenleiters wurde die Rechtsform des Unternehmens geändert. Am 20. August 1937 wurde im Handelsregister eingetragen, daß die alleinige Aktionärin, Frau Maria Beines, das Handelsgeschäft unter der Firma Wilh. Beines Söhne als Einzelkauffrau fortführt. Bereits ein Jahr zuvor war mit Willy Beines die vierte Generation in das Unternehmen eingetreten.

Der Zweite Weltkrieg hinterließ einen schwer zerstörten Betrieb. Der Luftangriff auf Rheydt am 31. August 1943 hatte die Färberei zu zwei Drittel, Appretur und Druckerei vollständig in ein Trümmerfeld verwandelt. Färberei und Appretur konnten soweit hergerichtet werden, daß 1944 und 1945 in kleinem Rahmen produziert werden konnte. 1947 wurde eine offizielle Arbeitserlaubnis erteilt. Nach der Währungsreform wurde das Provisorium in einen gemäß den Produktionserfordernissen neu gegliederten Betrieb umgewandelt. Im Jahre 1959 konnte man das 125jährige Firmenjubiläum feiern.

Die 60er Jahre brachten einen sich ständig verschärfenden Wettbewerb, dem mit einem Ausbau des Maschinenparks und Anpassungen im Artikelprogramm begegnet wurde. In diese Zeit fällt die Anschaffung einer Flachfilmdruckmaschine. Mit dem Wechsel des Jahrzehnts trat die fünfte Generation ins Unternehmen ein: Dieter (1969) und Horst Beines (1972) wurden Kommanditisten. Aus ihrer Ausbildung zum Diplom-Kaufmann bzw. Diplom-Ingenieur ergab sich ihre betriebliche Aufgabe und Zuständigkeit. (142, S. 4 f.)

Wilhelm Beines (167, o. S.)

Beines & Zass

Walter Beines aus der Rheydter Dynastie der Beines, Sohn des Carl Otto Beines, der aus der Firma W. Beines Söhne stammte, weilte 1938/39 in der italienischen Firma MCM, wo er intensiv südländische Art zu drucken technisch erlernte und auch ein Gefühl für italienisches Design erwarb. Walter Beines kultivierte in den Kriegsjahren dieses Basiswissen, indem er Chemie studierte. Seine Diplomarbeit über das Beschlichten von Baumwolle führte er unter Leitung von Professor Meechels und Professor Jenkel in der Weberei Barten in Wickrathberg, dem Stammhaus seiner Ehefrau Ruth, durch.

1945 gründet Beines zusammen mit seinem Kompagnon Zass in Mülfort eine Druckerei. Dort realisiert er neue Druckverfahren, bis er 1962 aus dem Betrieb ausscheidet, der 1967 seine Pforten schließt.

1938: Logo der Manifatture Cotoniere Meridionali, Napoli, von wo Walter Beines italienisches Druck-Know-how importierte (24 a)

Italienisches Druckdesign mit zugehörigen Rezepten, von W. Beines nach Mönchengladbach importiert (24 a)

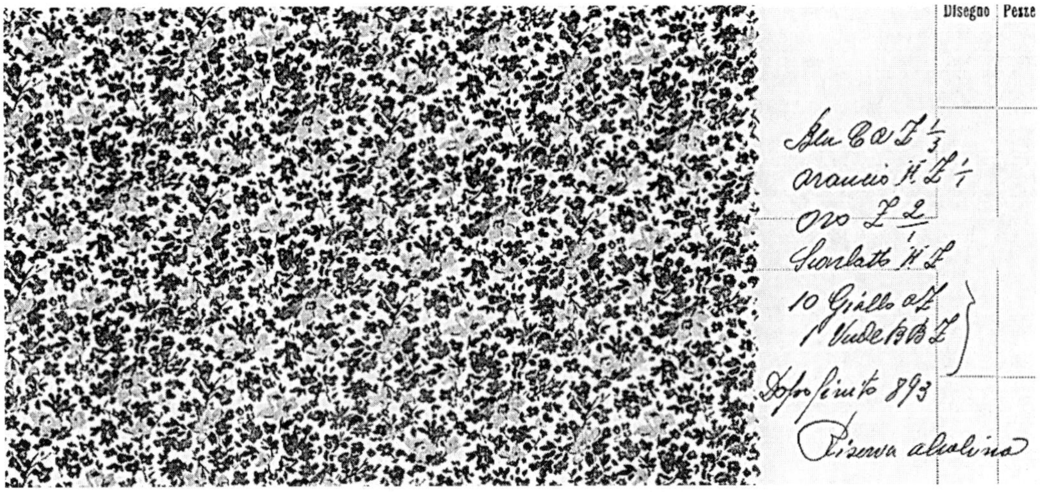

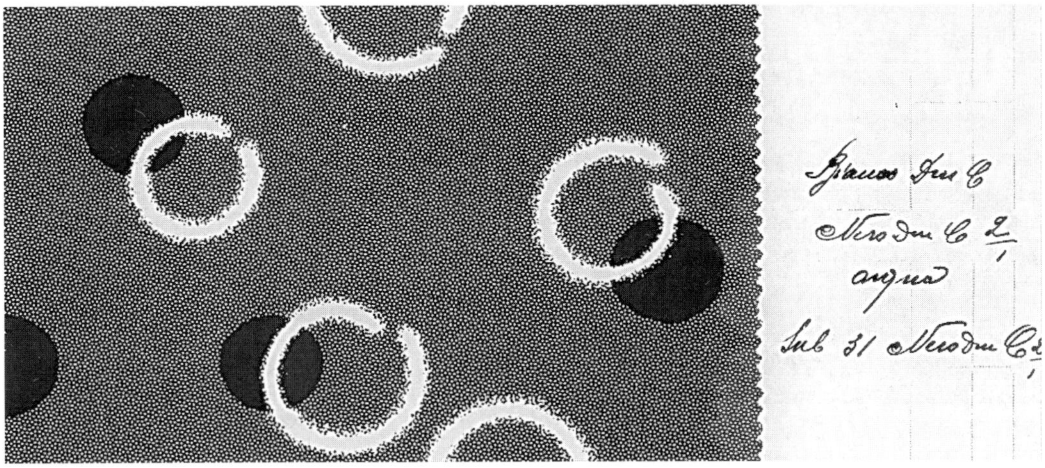

1945: Beines & Zass, Textilveredlung, Rheydt-Mülfort (24 a)

oben: Beines & Zass, 1956 in Rheydt-Mülfort (24 a)

Filmdruckerei auf Tischen mit verhängten Drucken (zum Trocknen) im Hause Beines & Zass (24 a)

Drucke von Beines & Zass beim Verhängen zum Trocknen über Filmdrucktischen (24 a)

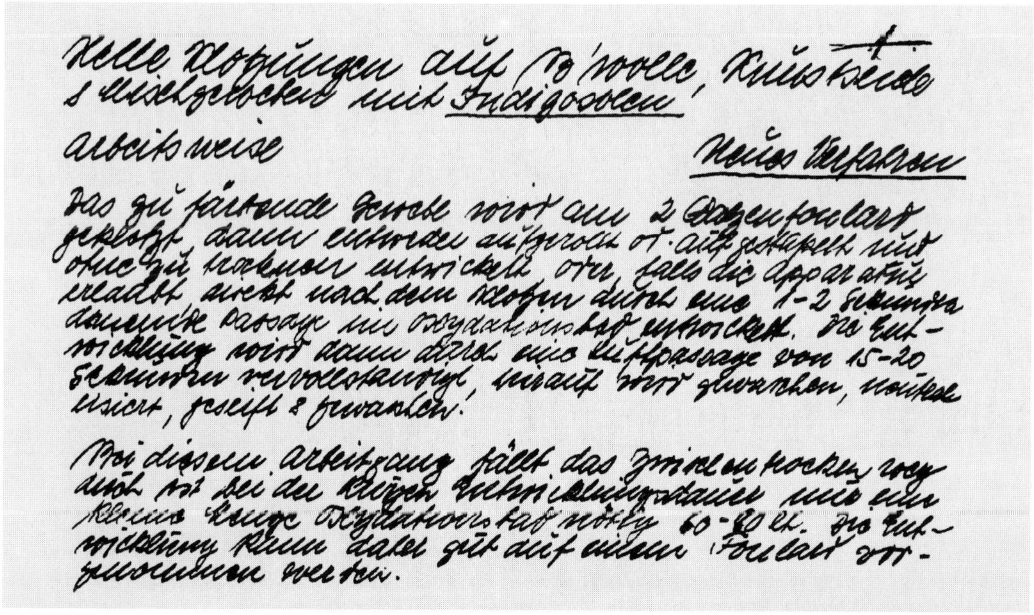

Helle Ätzungen auf Baumwolle, Kunstseide
u. Mischgeweben mit Indigosolen

Arbeitsweise — Neues Verfahren

Das zu färbende Gewebe wird am 2 Walzenfoulard geklotzt, dann entweder aufgerollt od. aufgetafelt und ohne zu trocknen entwickelt oder, falls die Apparatur erlaubt, direkt nach dem Klotzen durch eine 1–2 Sekunden dauernde Passage im Oxydationsbad entwickelt. Die Entwicklung wird dann durch eine Luftpassage von 15–20 Sekunden vervollständigt, hierauf wird gewaschen, neutralisiert, geseift u. gewaschen.

Bei diesem Arbeitsgang fällt das Zwischentrocknen weg, auch ist bei der kurzen Entwicklungsdauer nur ein kleines kurzes Oxydationsbad nötig 60–80 Ltr. Die Entwicklung kann daher gut auf einem Foulard vorgenommen werden.

Neue Applikationsart für Indigosole von Walter Beines (Originaltext) (24 a)

Färberei und Druckerei GmbH, vorm. Gebr. Verweyen

Am 5. Oktober 1875 wurde die Firma unter dem Namen Gebr. Verweyen als Strangbleicherei mit zwei beschäftigten Arbeitern gegründet. (159, S. 75) 1885 gehörte die Firma zu den beiden größten Rheydter Veredlungsbetrieben, und bis zum Jahre 1897 hatte sich die Firma zu einer vollständigen Veredlungsanstalt mit Rauherei, Färberei, Bleicherei, Druckerei und Appretur entwikkelt, die mit den neuesten Maschinen und elektrischer Beleuchtung ausgestattet war. (105, S. 287) Die Zahl der Arbeiter war auf 175 gestiegen. (159, S. 75) Die Gesellschaftsform wurde im Jahre 1912 geändert, und die Firma hieß seitdem »Färberei und Druckerei G.m.b.H., vorm. Gebr. Verweyen«.

Nach dem Ersten Weltkrieg wurde die Firma ständig vergrößert und technisch modernisiert. Ab 1926 wurde die Ausrüstung von Kunstseide aufgenommen. Die Anzahl der beschäftigten Arbeiter war bis 1927 auf etwa 300 gestiegen, und die bebaute Fläche betrug 14 000 m^2. (105, S. 287)

Kopf einer Werbeanzeige der Firma Färberei und Druckerei GmbH, vorm. Gebr. Verweyen, 1927 (158, S. 71)

Neugründungen von Spinnereien und Webereien mit Betriebsveredlung

Vielen Spinnereien und Webereien wurden Veredlungsabteilungen angegliedert. Die gesamte Produktion lag so in einer Hand und war besser kontrollierbar. Anders hat sich die Firma J. & W. Keller entwickelt. Hier wurde an den ursprünglichen Färbereibetrieb eine Spinnerei angegliedert.

J. & W. Keller

Um 1816 betrieb der aus Hückelhoven stammende Diedrich Keller in Rheydt auf der Scheuburg eine kleine Färberei für Garne. Sein Neffe Johann Peter Keller zog nach Rheydt und gründete 1838 am gleichen Ort eine handwerkliche Färberei. Aus ihr ging später die Spinnerei und Färberei J. & W. Keller hervor. 1842/43 wurde ein Färbereigebäude an der Odenkirchener Straße am Heydener Bach errichtet. (58, S. 86)

1856 wurde die Färberei vergrößert sowie eine Garndruckerei und eine Stückdruckerei für Gewebe angegliedert. Nach dem Tode von Johann Peter Keller führte seine Witwe den Betrieb mit ihren Söhnen unter dem Namen J. P. Keller Wwe. weiter. Im Jahr 1873 übernahmen die Söhne Johann und Wilhelm Keller den Betrieb, der den Namen J. & W. Keller erhielt. Wenig

rechts: Färbereigebäude der Färberei J. & W. Keller an der Odenkirchener Straße. (58, S. 87) Die Abbildung stammt vermutlich aus der Zeit nach 1873, da der Schornstein schon errichtet ist.

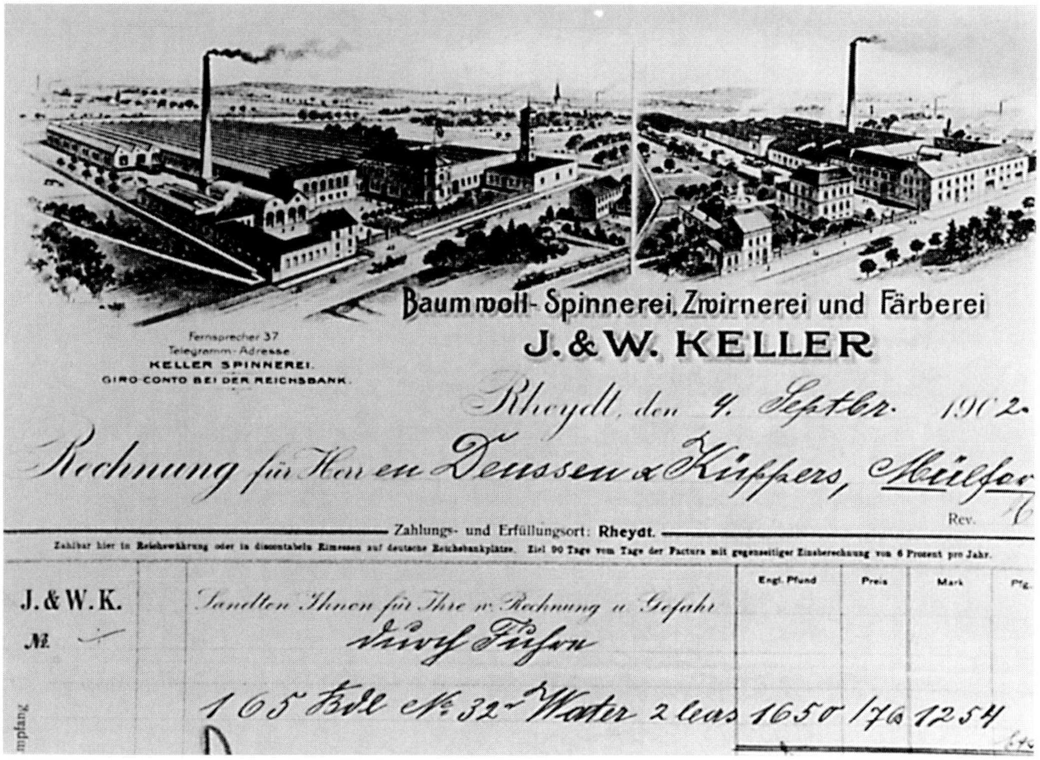

Briefkopf der Firma J. & W. Keller aus dem Jahr 1902. (58, S. 89) Auf der rechten Seite sind die Färbereigebäude auf der Odenkirchener Straße (heute 250/252) abgebildet. Die Spinnereigebäude auf der Duvenstraße (Nr. 303) sind auf der linken Seite des Briefkopfes zu sehen (58, S. 88)

später wurde eine große Seidenschwarzfärberei angegliedert und ein großer Schornstein errichtet. (58, S. 87)

Der Spinnereibetrieb bestand seit 1888 in Mülfort an der Duvenstraße, heute 103. Im Jahre 1922 wurden Baumwollgarne und Zwirne in den Nummern 12er bis 36er Water engl. auf ca. 22 000 Spinn- und 4000 Zwirnspindeln hergestellt. Die Erzeugnisse wurden im Färbereibetrieb in Rheydt gebleicht und gefärbt. Spezialität waren gefärbte und geschlichtete Garne sowie mehrfarbige Zwirne, die auf schärfertigen Kreuzspulen geliefert wurden. (158, S. 83)

Die Spinnerei und Färberei J. & W. Keller bestand bis zum Frühjahr 1985. (105, S. 326)

Busch & Hoffmann

Zu den führenden Unternehmen in M. Gladbach zählte die Baumwollspinnerei und -färberei Busch & Hoffmann. (58, S. 159)

Das 1870 von den Kaufleuten Hermann Busch und Heinrich Hoffmann als Wollspinnerei gegründete Unternehmen befand sich an der Gabelsberger Straße. Schon früh wurde die Verarbeitung von Wolle auf Baumwolle umgestellt, da die Konkurrenz der Aachener Firmen auf dem Wollverarbeitungssektor groß war. In der neu angegliederten Färberei gelang es, mit dem Diamantechtschwarz ein Färbeverfahren zu entwickeln, dessen Qualität der Firma bald besondere Anerkennung einbrachte. Die in Flocke gefärbten Baumwollgarne eroberten den Markt und waren Grund für den Aufstieg des Unternehmens. Der Mitbegründer Heinrich Hoffmann schied aus gesundheitlichen Gründen bald aus der Firma aus. An seine Stelle trat Emil Peltzer, der Schwiegersohn von Hermann Busch. Ab 1899 war Ulrich Busch, der älteste Sohn von Hermann, ebenfalls Mitglied der Firmenleitung. Die Krisenzeiten des Ersten Weltkrieges wurden überstanden, und es folgte 1930 der Beginn der Zellwollverarbeitung. Die qualitativ hochwertigen Zellwollmelangen steigerten den Bekanntheitsgrad des Unternehmens.

Blick auf die Firma Busch & Hoffmann, 1950 (166, o. S.)

Mit der zunehmenden Verwendung der Chemiefaser konnte sich das Unternehmen neue Märkte eröffnen. 1938 starb Ulrich Busch, und sein Sohn Hermann übernahm bis zu Beginn des Krieges die Leitung. Im Zweiten Weltkrieg wurde die Firma zerstört, und im Mai 1946 starb Herbert Busch. Zur gleichen Zeit kehrte Hermann Busch jr. aus der Kriegsgefangenschaft zurück, und der Wiederaufbau wurde begonnen. Das Produktionsprogramm wurde völlig auf Chemiefasern umgestellt und die drei Betriebsabteilungen Färberei, Spinnerei und Zwirnerei ausgebaut. Seit 1980 besteht das Unternehmen nicht mehr.

Muldenpresse bei Irmen, Betriebsveredlung der Tuchfabrik (18 a)

Gladbacher Wollindustrie-AG, vormals L. Josten

1886 kaufte Leonard Josten ein zwölf Morgen großes Grundstück, den »Karmannshof«, zum Preis von 45000 Mark. Auf diesem ließ er neue, eigene Firmengebäude errichten. 1892 war der Umzug der Firma abgeschlossen. Der Weberei wurde unter anderem eine Ausrüstung angegliedert und bald darauf eine Färberei. Die Weberei hatte sich zu einer vollstufigen Tuchfabrik entwickelt, die eine eigene Reißerei, Färberei, Spinnerei, Weberei und Appretur besaß. Dadurch, daß alle Produktionsprozesse im eigenen Hause stattfanden, konnten die Produktionskosten gering gehalten und die Gewebe günstig verkauft werden. Für den Konzern der »Gladwolle« war bis zur Übernahme durch die amerikanische Firma Burlington die Vollstufigkeit mit Betriebsveredlung typisch.

Bedeutende Unternehmen unter der Leitung jüdischer Fabrikanten

In der Feudalzeit war die jüdische Bevölkerung von der gewerblichen Produktion völlig ausgeschlossen. Auch zur Preußenzeit, bis zur Mitte des vorigen Jahrhunderts, unterlagen die Juden behördlichen Einschränkungen. Da sie keinen Zugang zu den bürgerlichen Berufsständen hatten, konzentrierten sie sich auf Handel und Geldverkehr. Bis 1850 gab es kaum jüdische Fabrikanten im Mönchengladbacher Textilbezirk. Erst in der Folgezeit brachten es jüdische Fabrikanten zu Erfolg und Ansehen im produzierenden Gewerbe. Seit den Gründerjahren waren jüdische Fabrikanten maßgeblich am Erfolg des Mönchengladbacher Wirtschaftsraumes beteiligt.

Das Unternehmen Karl Mannheimer

Der am 5. Oktober 1884 als Sohn des jüdischen Bankiers Siegmund Mannheimer in Meiningen geborene Karl Mannheimer war im Alter von 14 Jahren Vollwaise. Er besuchte die Gladbacher Webschule und trat 1909 dem Textilausrüstungsbetrieb Schweinem & Cüsters bei. Die Firma Schweinem & Cüsters wurde kurz nach der Jahrhundertwende als reine Textilausrüstungsanstalt, die mit Färberei, Walkerei und Appreturanstalt ausgestattet war, gegründet und erhielt mit dem Beitritt Mannheimers den Namen Schweinem, Mannheimer & Cüsters. Im Jahre 1922 schied Wilhelm Schweinem aus der Firma aus, und Karl Mannheimer war ab 1926 alleiniger Gesellschafter und Geschäftsführer der Firma Karl Mannheimer GmbH. (56, S. 277)

Die Firma betrieb in der Hauptsache Cordausrüstung. Den vollständig glatten Geweben wurden bei der Ausrüstung die

Carl Mannheimer (1884–1943) im Jahr 1934 (56, S. 278)

links: Betriebsausflug an die Ahr 1934. (56, S. 279) Die Aufnahme zeigt einen Teil der ausschließlich christlichen Belegschaft der Firma Karl Mannheimer

rechts: Werbeanzeige der Firma Hüpperling & Gommersbach aus dem Jahre 1943. Die Firma hatte das Unternehmen Karl Mannheimer im Jahre 1938 gekauft (211, S. 40)

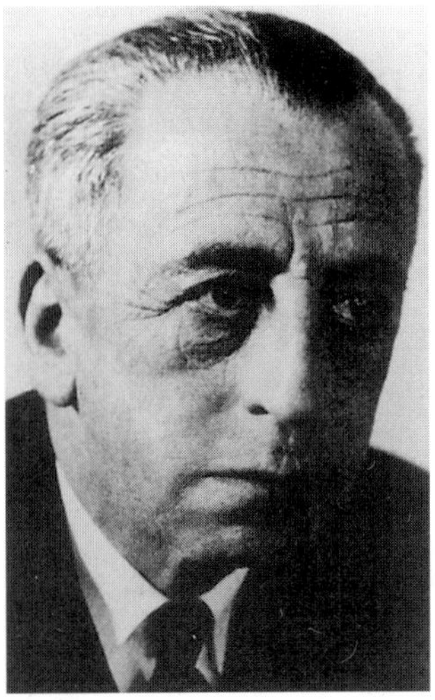

Fritz Cohen (1871 bis 1946), Gründer der Tuchfabrik Fritz Cohen, später Tuchfabrik Rheinland (56, S. 235)

Das Foto zeigt eine Büste von Felix Cohen (1882–1964), (56, S. 238)

eingewebten Rippen aufgeschnitten und anschließend mit Hilfe von verschiedenen Bürstmaschinen eine Florware gebildet, die Genua-Cord oder Manchester genannt wurde. Verwendet wurde Genua-Cord oder Manchester für Sport- und Arbeitskleidung sowie für billige Damen- und Kinderbekleidung. Die Firma beschäftigte 1927 etwa 150 Mitarbeiter. (124, S. 154) 1929 sollen mehr als 200 Arbeiter tätig gewesen sein. In den frühen 30er Jahren wurde eine Kunstseidenfärberei angegliedert. Zu dieser Zeit befand sich das Unternehmen auf dem Wege zu einem in Deutschland führenden Cordausrüstungsbetrieb. 1938 mußte Karl Mannheimer sein Unternehmen an die Firma Hüpperling & Gommersbach verkaufen. Karl Mannheimer emigrierte 1939 in die USA, wo er am 5. Januar 1943 verstarb. (56, S. 280)

Die Unternehmer Fritz und Felix Cohen

Fritz Cohen war der älteste Sohn des Fabrikanten Hermann Cohen aus dessen erster Ehe mit Amanda Silverberg und wurde am 29. Januar 1871 in M. Gladbach geboren. Nach dem Tod seiner Frau heiratete Hermann Cohen Marta Simon. Aus dieser Ehe stammt Felix Cohen, der am 15. November 1882 geboren wurde. Fritz Cohen gründete im Jahre 1896 in gemieteten Räumen am Bellsteg 110 die mechanische Weberei »Fritz Cohen«, ohne Ausrüstung. Bis zum Ersten Weltkrieg wurden Cheviots und Cover Coats hergestellt.

Nach dem Krieg trat Felix Cohen als Teilhaber in die Firma seines Bruders ein, und 1921/22 wurde in Neuwerk an der Mal-

*unten:
Stückfärberei der Tuchfabrik Rheinland, 1937. (165, S. 23) In der Lehrwerkstatt der Tuchfabrik Rheinland wurde seit dem Frühjahr 1938, in Zusammenarbeit mit der deutschen Arbeiterfront, Nachwuchs an gutgeschulten Facharbeitern und Textiltechnikern »heranerzogen«. In einer Schrift des Berufserziehungswerkes Tuchfabrik Rheinland steht 1938: »Schulung und Weiterbildung […] ist ein wesentlicher Bestandteil der Bestrebungen des Werkes. […] Dieser Grundsatz ist auch in der Betriebsordnung niedergelegt. Die darin u. a. vorgesehene Förderung tüchtiger Gefolgschaftsmitglieder durch Spezialausbildung in Fachschulen, Lieferwerken und DAF.-Kursen hat schon manchem strebsamen Werksangehörigen der Tuchfabrik Rheinland zum Aufstieg verholfen.« (165, S. 5)*

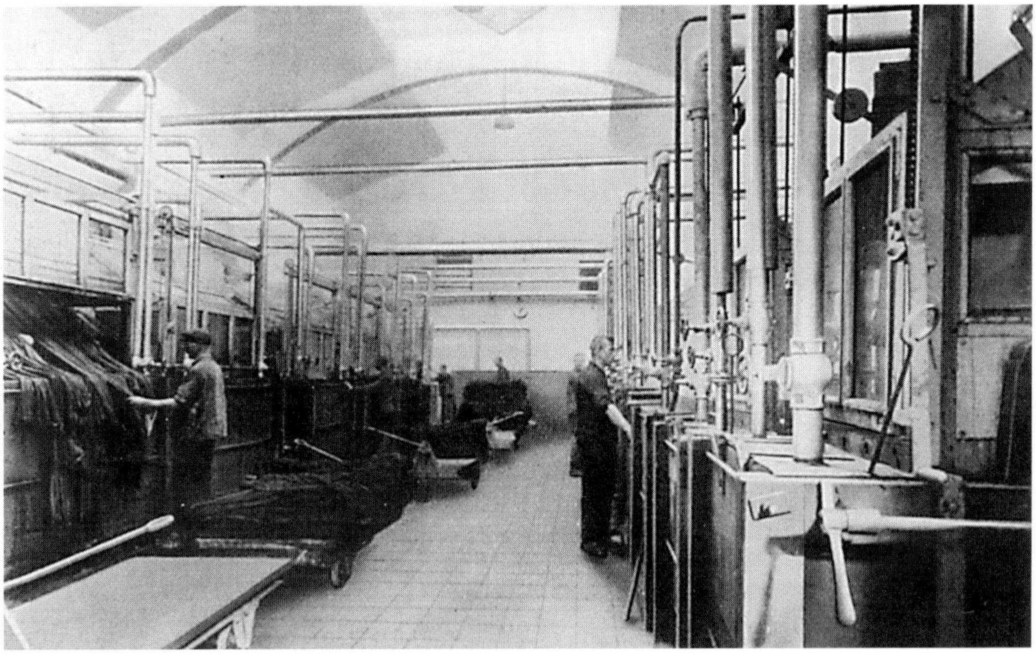

medyer Straße 30 mit dem Neubau eines Gebäudes für Weberei, Färberei und Ausrüstung sowie eines Verwaltungsgebäudes im Stil englischer Wollhäuser begonnen. 1927 arbeitete man in drei Schichten und beschäftigte zusätzlich Lohnbetriebe. Ferner erfolgte die Umstellung von billigeren Stoffen auf Kammgarnware. (56, S. 235)

1928 wurde die Firma in die Aktiengesellschaft »Tuchfabrik Fritz Cohen AG« umgewandelt. Die Vorsitzenden waren Fritz und Felix Cohen. Trotz Assimilierung der liberal eingestellten Inhaber kamen Fritz Cohen beabsichtigte antisemitische Pressionen der Parteiorgane zu Ohren. Demonstrativ legte er am 1. Mai 1935, dem Tag der Arbeit, sein Eisernes Kreuz an. Kurz darauf wurde der Betrieb an die Duisburger Margarinefabrik Schmitz & Loh und einen Teilhaber von Uni-Lever zu einem Betrag von 2,75 Millionen Reichsmark verkauft. Am 8. Januar 1936 emigrierte Felix Cohen nach Heemstede bei Rotterdam und zu Beginn des Krieges in die USA. Fritz Cohen emigrierte am 18. Januar 1936 nach San Mateo in Californien/USA, wo er 1946 verstarb. Nach der Übernahme durch Schmitz und Loh erhielt die Firma den Namen »Tuchfabrik Rheinland GmbH«. (56, S. 237)

Das Werk wurde im Zweiten Weltkrieg kaum beschädigt. Nach dem Krieg kam Felix Cohen unter dem Namen Felix Chilton zurück nach M. Gladbach und engagierte sich mit seinem Wissen in der ehemals eigenen Firma. Bald darauf wurde er Aufsichtsratsvorsitzender der Tuchfabrik Rheinland. Am 23. Mai 1964 starb der weiterhin in Amerika wohnhafte Felix Cohen bei einem Besuch in M. Gladbach.

Die Tuchfabrik Rheinland wurde 1973 von Schwartz & Klein übernommen und erhielt den neuen Namen Rheintuch Schwartz & Klein AG. 1983 ging die Firma in Konkurs. (56, S. 238)

Eigenveredlung »Die Mülforter«

Wenn es heißt »Die Mülforter«, so weiß jeder in der Branche, wovon gesprochen wird. Die Mülforter Zeugdruckerei und Färberei Heinrich Bresges GmbH und Co. wurde 1905 gegründet und ist der Prototyp eines Familienbetriebes - nunmehr in der dritten Generation. »Die Mülforter« begann als klassischer Lohnveredler und bietet heute hochmodische Eigenkollektionen in entsprechenden Druckqualitäten. Neben dem Druck wurde auch eine der leistungsfähigsten Cord-Ausrüstungen Deutschlands etabliert. Zum Produktionsprogramm gehören klassische Reaktivdrucke sowie Küpen-Ätzdrucke auf zellulosischen Druckböden. Dabei nehmen Cord- und Velveton für DOB, HAKA und Möbelstoffe in uni und bedruckt einen beachtlichen Anteil ein. Zu den Besonderheiten gehörte bis etwa 1985 auch der »Afrika-Druck«, ein Exportartikel in Form bunter Tücher für den afrikanischen Markt (gegen harte DM). Dieser Markt wird heute monopolistisch von einer holländischen Firma beherrscht.

Moderne Sanforanlage mit hoher Leistungsfähigkeit für Ware bis 160 cm Breite bei der »Mülforter« (18 a)

1927 machten folgende Veredlungsbetriebe im Dari-Jahrbuch Reklame für sich:
- Albert Dautzenberg, Rauherei
- M. Gladbacher Woll- und Baumwollfärberei in Spulen, Strang und losem Material
- Gladbacher Textil-Veredelung, Druckerei, Färberei, Bleicherei, Rauherei und Appretur
- Heinrich Kempken, gegründet 1882, Woll- und Baumwollfärberei

Anzeigen von Veredlungsbetrieben (16 a)

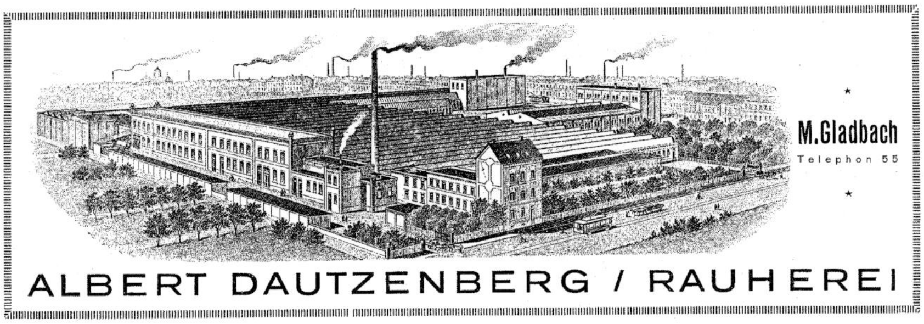

- M. Gladbacher Cord- und Velvetfabrik, Ausrüstungsanstalt für Cord und Samt
- Rheinische Cord- und Velvetfabrik, Ausrüstungsanstalt für Cords
- Carl Mannheimer GmbH, Cordausrüstung
- Johann Stadeler Komm.-Ges., Cord- und Velvetausrüstung, Färberei, Appretur, gegründet 1876
- Färberei und Dampfwaschanstalt, Wilh. Barten

Zusätzlich zu den beschriebenen Textilveredlungsbetrieben existieren 1951 folgende Färbereien, Ausrüstungen oder Druckereien:
- Oskar Junkers, Garnfärberei (seit 1840)
- Gesellschaft für Druckerei und Färberei (Hch. Hochapfel & Sohn)
- Gebr. Kempken, Tuchausrüstung
- Paul Kempken, Garnfärberei, Tuchausrüstung
- Cramer-Halstrup & Schründer, Cordveredlung in Viersen
- Eduard Richartz, Druckerei, Färberei, Ausrüstung
- Adler & Co., Mercerisieranstalt & Färberei
- Wilh. Biener Nachf., Inh. Gustav Driescher, Stückfärberei und Ausrüstung
- Ernst Meissler, Färberei
- Bremges & Gaillard, Druckerei, Färberei, Appretur

Überbetriebliche Interessenvertretungen der Textilveredler

Interessenvertretungen haben die Aufgabe, ihre Mitglieder, die gemeinsamen Fachgebieten angehören, auf diesem Gebiet zu beraten und zu betreuen. Zusammengeschlossen in Verbänden und Vereinen, erfolgt weiterhin die Wahrnehmung der gemeinsamen wirtschaftlichen Interessen.

Die betriebliche Ausbildung von Arbeitern

In Zusammenarbeit des Gesamtverbandes der deutschen Textilveredlungsindustrie und des Deutschen Ausschusses für technisches Schulwesen (DATSCH) wurde die gewerbliche Berufsausbildung innerhalb der Textilveredlungsindustrie in den Jahren 1936 bis 1938 neu geordnet. Diese Neuordnung bildete bis 1969 die Grundlage für

Blick in die Schererei der Tuchfabrik Rheinland, 1938. (165, S. 21) Nicht zu übersehen sind die Vorrichtungen zum Absaugen der abgeschnittenen Fasern

die Lehrlingsausbildung in der Textilveredlungsindustrie. Ende der 60er Jahre wurde diese Herausbildung von Lehr- und Anlernberufen durch eine moderne Stufenausbildung abgelöst. (152, S. 27)

Im Jahre 1938 hatte die Tuchfabrik Rheinland als erste Tuchfabrik des Bezirks eine neu errichtete Lehrwerkstatt eröffnet, um den Nachwuchs an Facharbeitern innerhalb des Werks systematisch zu schulen. (165, S. 5)

Es wurden folgende Berufe im Gebiet der Textilveredlung ausgebildet (165):
- der Beruf des Appreturwerkers - die Ausbildungszeit betrug zwei Jahre,
- der Beruf des Stückfärbereiwerkers - die Ausbildungszeit betrug zwei Jahre,
- der Beruf des Garnfärbers - die Ausbildungszeit betrug drei Jahre,
- der Beruf des Tuchausrüsters - die Ausbildungszeit betrug drei Jahre.

Das Arbeitsgebiet des Appreturwerkers umfaßte 1938 beispielsweise Vorbereitungs- und Appreturarbeiten nach Anweisung von Hand oder maschinell für alle Spinnstoffe sowie die Pflege und Instandhaltung der Arbeitsgeräte und Maschinen. (165, S. 21) Die notwendigen Fähigkeiten, die in der Ausbildungszeit erlernt werden sollten, wurden 1938 wie folgt charakterisiert:

»Grundfähigkeiten der Metall- und Holzbearbeitung durch Ausführen einfacher Arbeiten aus diesen Gebieten. Kennenlernen der Spinnstoffe und der wichtigsten Arten von Stückware, ihrer Eigenschaften, Bearbeitungs- und Verwendungsmöglichkeiten. Handhaben der Appreturmaschinen und -einrichtungen für die Vorbereitungs- und Appreturarbeiten. Kennenlernen der wichtigsten Appreturmittel und -verfahren. Einstellen von Appreturlösungen nach Anweisung.

Zusammennähen und Kennzeichnen der Stoffe nach Vorschrift. Erkennen und Vermeidung von Arbeitsfehlern. Die vorstehenden sechs Fertigkeiten sind für mindestens einen der im Ausbildungsbetrieb zur Bearbeitung gelangenden Spinnstoffe zu vermitteln.« (165, S. 21)

Gesamtverband der deutschen Textilveredlungsindustrie e.V.

Der Gesamtverband der deutschen Textilveredlungsindustrie e.V. wurde am 1. Juni 1919 in Berlin gegründet. Hervorgegangen ist er aus einem erstmaligen freiwilligen Zusammenschluß der Gewebeveredlung des gesamten Reichsgebietes während des Ersten Weltkrieges in Form eines Kriegslohnveredlungsverbandes (K. Lo. V.). Probleme der Kriegs- und Nachkriegswirtschaft, beispielsweise der Beschlagnahmung aller Kupferzylinder im Jahre 1916 durch die Regierung, wurde mit dem K. Lo. V. begegnet. Die Liquidation des Verbandes erfolgte im Jahr 1919. (152, S. 24)

Durch die Vorteile der Zusammenarbeit in einem Verband angespornt, schlossen sich am 1. Juni 1919 dreizehn Verbände zu einem Gesamtverband der deutschen Textilveredlungsindustrie zusammen. In den Folgejahren schlossen sich weitere Verbände, vor allem Kartellverbände, an. Neben 33 weiteren Verbänden waren im Jahr 1927 der Verband Westdeutscher Stoff-Druckereien und Stück-Färbereien (gegr. 1892), die Interessengemeinschaft der Genua-Cordausrüster (gegr. 1912) sowie der Verband Rheinisch-Westfälischer Blau-Stück-Färbereien (gegr. 1923), alle mit Sitz in M. Gladbach, dem Gesamtverband der Deutschen Textilveredlungs-Industrie e. V., Berlin, angeschlossen.

In dem Jahr 1931 kam es zu einer Erschwerung der Verbandsarbeit, da sich mehrere Kartelle aufgelöst hatten. Durch die Folgen des Ersten Weltkrieges waren die Arbeitsbedingungen schwierig, und folglich gab es wenig Beschäftigung und große Preiseinbrüche. Die Folge waren Insolvenzen namhafter Unternehmen. (152, S. 28) 1942 wurde die Verbandsarbeit zeitweilig eingestellt, da der Gesamtverband die ihm noch verbliebenen marktregelnden Aufgaben an die staatliche Reichsvereinigung Textilveredlung übertragen mußte. (152, S. 28) 1946 wurden die Verbandsarbeiten wieder aufgenommen. Zum Gesamtverband zählen seitdem nicht nur Unternehmen der Lohnveredlung, sondern auch der Eigen- und Betriebsveredlung. (152, S. 29) »Die Veredlungsindustrie des Raumes Mönchengladbach war in den 50er Jahren und ist bis heute sehr weitgehend in den Verband integriert. Fast alle namhaften

Zehnjährige Mitgliederversammlung des Gesamtverbandes der deutschen Textilveredlungsindustrie e. V., Berlin

Unternehmen arbeiteten und arbeiten aktiv im Verband mit.« (243)

Zu den Zielen des Verbandes gehörte von Anfang an die Vertretung der allgemeinen Belange der Textilveredlungsindustrie nach außen sowie die Beratung der Mitgliedsfirmen in rechtlicher, betriebswirtschaftlicher und technischer Hinsicht. Neue Ziele ergeben sich heute in der Vertretung der ökologischen Interessen der Textilveredlung mit dem Ziel eines sinnvollen Umweltschutzes.

Verein Deutscher Färber e.V.

Die Wurzeln des Vereins Deutscher Färber finden sich im Osten Deutschlands. Vorläufer des Vereins waren Färbertage, die in den Jahren 1890 bis 1895 in den Orten Guben, Cottbus, Sommerfeld, Luckenwalde, Görlitz und Berlin stattfanden. Eine große Zahl Färber aus den textilen Industriebezirken des Umlandes fanden sich dort zusammen. (42, S. 50) Ziel der Tagungen war die Wahrung und Förderung der Interessen der Deutschen Färber. Besonderer Wert wurde auf das Pflegen der Kollegialität und das Erneuern und Knüpfen von Bekanntschaften gelegt. Wissenschaftliche Vorträge und Diskussionen bekannter Fachleute bildeten den Rahmen dieser Veranstaltungen. Am 12. Juli 1886, dem 8. Färbertag, wurde die Gründung eines Deutschen Färberverbandes beschlossen. Eduard Höhne, Färbereibesitzer aus Guben, Julius Stremler aus Forst und Fritz Wittkowski aus Cottbus übernahmen den Vorstand. (42, S. 52) Sehr langsam schritt die Vereinigung aller Färber Deutschlands voran, da andere Färbevereinigungen zum Beispiel in Leipzig und Chemnitz weiter bestehen blieben. Im Jahre 1901 fand in Elberfeld die erste Tagung im Rheinland statt, und der Verein faßte nun auch im Westen Fuß.

Der Erste Weltkrieg brachte eine Unterbrechung des Vereinslebens, die zahlreichen Ortsgruppen des Vereins blieben jedoch bestehen. Pfingsten 1919 fand die erste Delegiertenversammlung nach dem Krieg statt. Der Verband blieb ein reiner Fachverband und umfaßte alle Glieder des Berufes, zum Beispiel Besitzer, Angestellte, Praktiker und Wissenschaftler. (42, S. 55)

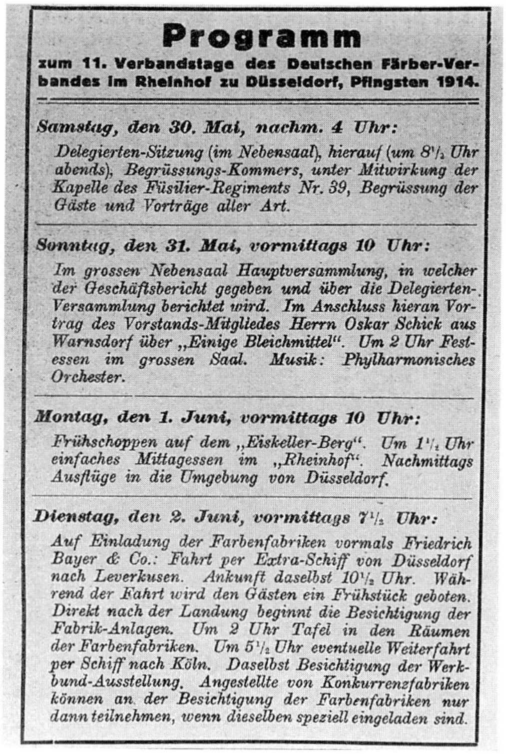

Programm

zum 11. Verbandstage des Deutschen Färber-Verbandes im Rheinhof zu Düsseldorf, Pfingsten 1914.

Samstag, den 30. Mai, nachm. 4 Uhr:

Delegierten-Sitzung (im Nebensaal), hierauf (um 8½ Uhr abends), Begrüssungs-Kommers, unter Mitwirkung der Kapelle des Füsilier-Regiments Nr. 39, Begrüssung der Gäste und Vorträge aller Art.

Sonntag, den 31. Mai, vormittags 10 Uhr:

Im grossen Nebensaal Hauptversammlung, in welcher der Geschäftsbericht gegeben und über die Delegierten-Versammlung berichtet wird. Im Anschluss hieran Vortrag des Vorstands-Mitgliedes Herrn Oskar Schick aus Warnsdorf über „Einige Bleichmittel". Um 2 Uhr Festessen im grossen Saal. Musik: Phylharmonisches Orchester.

Montag, den 1. Juni, vormittags 10 Uhr:

Frühschoppen auf dem „Eiskeller-Berg". Um 1½ Uhr einfaches Mittagessen im „Rheinhof". Nachmittags Ausflüge in die Umgebung von Düsseldorf.

Dienstag, den 2. Juni, vormittags 7½ Uhr:

Auf Einladung der Farbenfabriken vormals Friedrich Bayer & Co.: Fahrt per Extra-Schiff von Düsseldorf nach Leverkusen. Ankunft daselbst 10½ Uhr. Während der Fahrt wird den Gästen ein Frühstück geboten. Direkt nach der Landung beginnt die Besichtigung der Fabrik-Anlagen. Um 2 Uhr Tafel in den Räumen der Farbenfabriken. Um 5½ Uhr eventuelle Weiterfahrt per Schiff nach Köln. Daselbst Besichtigung der Werkbund-Ausstellung. Angestellte von Konkurrenzfabriken können an der Besichtigung der Farbenfabriken nur dann teilnehmen, wenn dieselben speziell eingeladen sind.

Programm des 11. Verbandstages des Deutschen Färber-Verbandes im Rheinhof zu Düsseldorf im März 1914 (42, S. 134)

Der Übergang der Regierungsgewalt an die Nationalsozialisten brachte auch dem Deutschen Färberverband Veränderungen. Auf der Deligiertenversammlung 1933 in Berlin erfolgte die Übernahme der Führung des Verbandes durch Otto Schaffrath und sieben weitere Kollegen. Die Überführung des Deutschen Färberverbandes in die Deutsche Arbeiterfront konnte von ihnen erfolgreich verhindert werden: 1935 beschloß eine Mitgliederversammlung einstimmig die Liquidierung und die Neugründung eines Vereins Deutscher Färber, der als Fachgruppe dem Verein Deutscher Chemiker in Berlin angeschlossen wurde und somit in die Rechtsgemeinschaft der technisch-wissenschaftlichen Arbeit aufgenommen wurde. Der Zweite Weltkrieg brachte das Vereinsleben zum Erliegen.

Verein Deutscher Färber e. V.

Angegliederter Verein des Vereins Deutscher Chemiker e. V., im NSBDT.

Geschäftsstelle:
Leipzig C 1, Täubchenweg 23, Fernsprecher 60 067
Postscheckamt Leipzig: Konto-Nummer 55 009
Verein Deutscher Färber e. V.

Vorsitzender und Vereinsleiter:
Otto Schaffrath, Leipzig C 1, König-Johann-Straße 22.
Telephon: 125 52.
2. Vorsitzender
Erich Bischoff, Spremberg, Göringstraße 20.

Arbeitstagung

zu M. Gladbach, Pfingsten 1938

Arbeitsfolge

Sonnabend, den 4. Juni 1938 / Fachvorträge

14^{00} Eröffnung.

14^{05} Prof. Dr. Elöd, Karlsruhe: „Moderne Probleme der Wollveredelung."

15^{00} Prof. Dr. Mecheels, M. Gladbach: „Der praktische Färber und die Wissenschaft"

16^{00} Dr. Konrad Müller, Cottbus: „Beitrag zur Frage der Verarbeitung von Azetatzellwolle in der Tuchindustrie"

17^{00} Dr. Auerbach, Leverkusen: „Die Knitterfest-Ausrüstung"

Sonntag, den 5. Juni 1938 / Fortsetzung der Fachvorträge

9^{00} Ing. Schwerdtner, Chemnitz: „Theoretische und praktische Erkenntnisse über das Verhalten der Zellwolle in der Färberei"

10^{00} Georg Früh, W.-Barmen: „Das Färben von Mischungen aus Wolle-Zellwolle unter Berücksichtigung der Zellwollzugfärberei"

11^{00} Dr. Gutmann, Ffm.-Höchst: „Waschechte Hydrophobierung"

12^{00} Dr.-Ing. Alexander Prior, Chemnitz: Die Textilhilfsmittel-Industrie und ihre besonderen Leistungen in der Veredlung synthetischer Faserstoffe"

Reihenfolge vorbehalten

Tagungsfolge

Pfingst-Sonnabend, den 4. Juni 1938

20^{30} Begrüßungsabend in der Kaiser-Friedrich-Halle zu M. Gladbach

Pfingst-Sonntag, den 5. Juni 1938

14^{00} Festtafel in der Kaiser-Friedrich-Halle zu M. Gladbach (dunkler Anzug oder Uniform)

20^{00} Kameradschaftsabend in der Gesellschaft „Harmonie" in Rheydt (dunkler Anzug oder Uniform)

Pfingst-Montag, den 6. Juni 1938

11–12^{00} Geschäftssitzung der Mitglieder des VDF im Hotel „Oberstadt", M. Gladbach

Nachmittag: Ausflug nach Krefeld „Zum Seidenfaden".

Dienstag, den 7. Juni 1938

Besichtigung des J. G. Werkes Leverkusen.

(Vertreter der Konkurrenz werden gebeten, von dieser Besichtigung abzusehen)

Änderungen des Zeitplanes werden rechtzeitig bekanntgegeben, ebenso Veranstaltungen und Führungen für die Damen während der Arbeitstagung.

Heft 22, 1938 KLEPZIGS TEXTIL-ZEITSCHRIFT 347

Tagesplan der Arbeitstagung des Vereins Deutscher Färber e. V. in M. Gladbach, 1938 (42, S. 164)

1949 und 1950 wurden einzelne Ortsgruppen wiederbelebt, zum Beispiel in Ebingen-Tailfingen und in Südbayern. Am 11. September 1948 wurde in M. Gladbach ein Verein Niederrheinischer Färber e. V. gegründet. Die Satzungen wurden am 11. Dezember 1948 von folgenden Mitgliedern unterschrieben (81, S. 58): Heinrich Hops als 1. Vorsitzender, Eugen Seeger als Schriftführer, Willy Laveaux als Kassenwart, Max Haase als Beisitzer, Dr. Max Kehren, Paul Titzka und August Manderfeld.

Im Westen wurde kein Wert darauf gelegt, den Deutschen Färberverein in seiner alten zentralistischen Art wieder aufleben zu lassen. Am 26. Juli 1956 wurde der alte Verband aufgelöst, nachdem er 60 Jahre bestanden hatte. Schon vorher wurde am 11. November 1950 auf einer außerordentlichen Generalversammlung des Vereins Niederrheinischer Färber e. V. der nach demokratischen Prinzipien ausgerichtete Verein Deutscher Färber e. V. mit Sitz in M. Gladbach ins Leben gerufen. 1996 wurde in Dresden anläßlich des Färbertages das 100jährige Bestehen des wiedervereinigten VdF gefeiert. Im Jahr 2000 wird die Bezirksgruppe des Färbervereins »Aachen – Niederrhein« nach 1938, 1980 und 1992 zum vierten Mal den Deutschen Färbertag ausrichten.

Dr. phil. Max Kehren: Zum Gedenken – zur Erinnerung (von Günther Esser)

Dr. phil. Max Kehren – was war das für ein Mensch? Der Chronist dieser Zeilen hatte das Glück, sein Schüler zu sein, und die Freude, nach dem Studium noch viele Jahre engen Kontakt zu Dr. Max Kehren pflegen zu können.

Etwa vier Jahrzehnte lang hat Dr. Max Kehren, der einer alten Mönchengladbacher Textil-Fabrikantenfamilie entstammte, als Dozent an der Textil-Ingenieurschule Mönchengladbach-Rheydt in der Textilprüfanstalt gewirkt. Dr. Kehren hatte sich weit über den Raum seiner niederrheinischen Heimat

hinaus im In- und Ausland durch seine qualifizierte Tätigkeit auf verschiedenen Wissensgebieten besonderer Wertschätzung erfreut.

Dr. Max Kehren hatte insbesondere viele Jahre auf dem Gebiet der Schmälzöle und der Gummierungstechnik von Textilien gearbeitet. Die Vielseitigkeit dieser Arbeiten drückte sich in besonderem Maße in der Tatsache aus, daß nach der Übernahme eines Lehrauftrages an der Technischen Hochschule in Aachen zahlreiche Diplomanden und Doktoranden auf diesen von Dr. Kehren bearbeiteten Wissensgebieten erfolgreich tätig waren. Dr. Kehrens umfassende Kenntnisse auf dem Gebiet der Wasseraufbereitung und der Abwasserklärung haben ihn im In- und Ausland in die erste Reihe der großen Experten gestellt. Sein Rat wurde von zahlreichen Textilfirmen im gesamten europäischen Raum in Anspruch genommen.

Dr. Max Kehren war über viele Jahre hinweg sehr eng der Bezirksgruppe Niederrhein im Verein Deutscher Färber verbunden. Als er aus dem Dienst an der Ingenieurschule und im Prüfwesen ausschied, widmete er sich schnell der großen Aufgabe im Hauptverein. 1960 wurde Dr. Kehren erster Vorsitzender der Vereins Deutscher Färber. Er führte diese größte Gemeinschaft deutscher Textil-Veredlungsfachleute zu neuen Ehren. Seinem hervorragenden Organisationstalent war es zu verdanken, daß vor allem die deutschen Färbertage neues fachwissenschaftliches Profil erhielten.

Auch im hohem Alter setzte sich Dr. Max Kehren mit Eifer und Energie für die Fortbildung des textilen Nachwuchses ein, dessen Entwicklung er in den Jahrzehnten seines beruflichen Wirkens an den Schulen und Instituten wesentlich mitgeprägt hat. Zahlreiche hervorragende Textilfachleute des In- und Auslandes sind durch die Schule dieses rhetorisch so großartigen Pädagogen gegangen, dessen nimmermüder Geist und dessen beneidenswerter Humor einen tiefen Eindruck bei seinen früheren Schülern hinterlassen haben.

Die vielen Ehrungen, die Dr. Kehren von Vereinen und Verbänden zuteil wurden, und die Verleihung des Bundesverdienstkreuzes 1. Klasse können allein nicht ausdrücken, welch großes Maß an Wertschätzung und Verehrung ihm zuteil geworden sind. Als Dr. Kehren in den Ruhestand trat, verließ er seine Mönchengladbacher Heimat und suchte die Abgeschiedenheit des kleinen Dorfes Holzschlag im Hochschwarzwald. Hier verstarb Dr. Max Kehren am 21. Dezember 1968 nach langer, schwerer Krankheit in seinem Haus. Am 27. Dezember wurde Max Kehren auf dem Hauptfriedhof in Konstanz beigesetzt.

Dr. Max Kehren

Die Goldmedaille der Färber

Seit dem Jahre 1969 verleiht der Verein Deutscher Färber eine Goldmedaille für hervorragende Leistungen auf dem Gebiet der Textil- und Farbstoffchemie, der Textiltechnologie, des Textilmaschinen- und Apparatebaus sowie der Faserstoffchemie - die Max-Kehren-Medaille.

Die Idee zu dieser bemerkenswerten Auszeichnung hatte der langjährige Vize-Präsident des VDF, Herr Dipl.-Ing. Herbert Steffan. Auf Antrag der VDF-Bezirksgruppe Oberberg, die Herbert Steffan viele Jahre erfolgreich führte, wurde auf der Delegierten-Versammlung am 20. April 1969 in Neustadt an der Weinstraße einstimmig beschlossen, diese Medaille zu stiften. Die Medaille erhielt zum Gedenken an den langjährigen und verdienstvollen 1. Vorsitzenden des Vereins Deutscher Färber e. V., Vereinigung der Textilveredlungsfachleute, den Namen Max-Kehren-Medaille.

Die Medaille soll in besonderer Weise vornehmlich individuelle Beiträge würdigen. Dabei sollen die Leistungen ausgezeichnet werden, die den Fortschritt in den oben genannten Gebieten entweder außergewöhnlich gefördert oder über einen größeren Zeitraum hinweg nachhaltig beeinflußt haben. Die Verleihung erfolgt jeweils auf Vorschlag eines Ausschusses.

Folgenden Persönlichkeiten aus Industrie und Wissenschaft ist diese hohe Auszeichnung bisher verliehen worden: Professor Dr. Paul Schlack, Dr. Joachim Müller, Professor Dr.-Ing. Dr. h. c. mult. Helmut Zahn, Eduard Küsters, Julius Probst, Kurt Brückner, Professor Dr. Dr.-Ing. mult. Heinrich Zollinger, Gerold Fleissner, Reinhold Beitlich, Alfred Kretschmer.

Verein zur Verhütung von Unfällen und zur Beförderung der Gesundheitspflege in Fabriken

Der Verein zur Verhütung von Unfällen und zur Beförderung der Gesundheitspflege in Fabriken wurde am 30. November 1882 auf Initiative der Handelskammer Gladbach gegründet. (90, S. 151) Sein Wirkungskreis erstreckte sich auf die Spinnereien, Zwirnereien, Webereien, Färbereien, Bleichereien, Druckereien und Appreturanstalten des Handelskammerbezirks M. Gladbach. Im Juni 1888 bestand der Verein aus 66 Mitgliedsfirmen. Die Gesamtmitgliederzahl betrug 11709 Personen. Die Mitgliedsbetriebe wurden durch einen Inspektor überwacht. Ferner übermittelte man Anregungen und Mitteilungen über geeignete Schutzeinrichtungen und Betriebsvorschriften sowie Gesundheitspflege. Schon 1885 löste sich der Verein auf, und die Rheinisch-Westfälische Textil-Berufsgenossenschaft übernahm die Aufgaben des Vereins. (90, S. 152)

Die Zeiten ändern sich

Vorbei sind die Zeiten, als die Textilveredlung Hörsch draußen auf dem Feld im ehemaligen »Vlaasland« eine Polyesterfärberei betrieb und mancher Bauer sich wunderte, wie intensiv seitdem die Kohlköpfe wuchsen – hing es zusammen mit den Carriern, die beim Färben eingesetzt wurden und beim Trocknen aufs Feld geblasen wurden? Die Textilveredlung Hörsch veredelt heute moderne Autopolsterstoffe. Nicht mehr existent ist die Textilveredlung Coenen an der Dahlener Straße, wo jeden nach Rheydt einreisenden Fremden der Carriergeruch jahrzehntelang begrüßte, ohne daß ein Einheimischer noch den gewohnten Geruch wahrnahm.

Da, wo früher die Textilveredlung Coenen die Feinweberei Engels zum direkten Nachbarn und Kunden hatte, herrscht heute emsiges Leben zur Erzeugung von Werbeschirmen, Black-Out-Vorhängen, Duschvorhängen, Möbel- und Schirmstoffen sowie Sichtschutzlamellen: Bei Junkers & Müller kann man eine Eigenveredlung erleben, die in die Zukunft weist. Beschichtung mit verschäumten Latex-Kunststoffen macht für dieses Haus seit 1950 die Perspektive nach vorne aus.

Schaumbeschichtung rußhaltiger Paste auf weiß vorbeschichtetem Black-out-Vorhangstoff bei Junkers & Müller in Rheydt 1996 – eine echte Zukunftsperspektive (Foto: Scheibner)

6

Herkunft und Bedeutung der Bekleidungsindustrie

Kleider machen Leute –
Leute machen Kleider

Mode ist Ausdruck einer schnellebigen Zeit. Mode im Sinne des schmückenden, attraktiven, aktuellen Bekleidungsteils gibt es aber erst nach 1900.

Die Entwicklung des Schneiderhandwerks in Gladbach und Rheydt

Die Existenz des Schneiderhandwerks läßt sich für den Raum Mönchengladbach schon für das Mittelalter nachweisen. Die Schneider gehörten der Zunft der »Tuchscherer, Wüllenweber, gemeiner Schneider und Gewandschneider« (133, S. 71) an. Diese Zunft war zunächst ein wirtschaftlicher Verband, der in seinem jeweiligen Gewerbe ein Monopolrecht innehatte und dieses streng verteidigte. Die Anzahl der Meister war für eine Stadt genauso festgelegt wie die Anzahl der Gesellen und Lehrlinge. Vielfach gab es eine Festlegung der Produktionsmengen. (133, S. 72)

Um die Mitte des 18. Jahrhunderts kam es zum Zerfall des Zunftwesens. Die Satzungen wurden nicht mehr eingehalten, und verschiedene Unstimmigkeiten verhinderten eine vernünftige Vorgehensweise, so daß die Zünfte in einzelnen Ländern abgeschafft wurden (so z. B. in den benachbarten Jülichschen Gebieten im Jahr 1763).

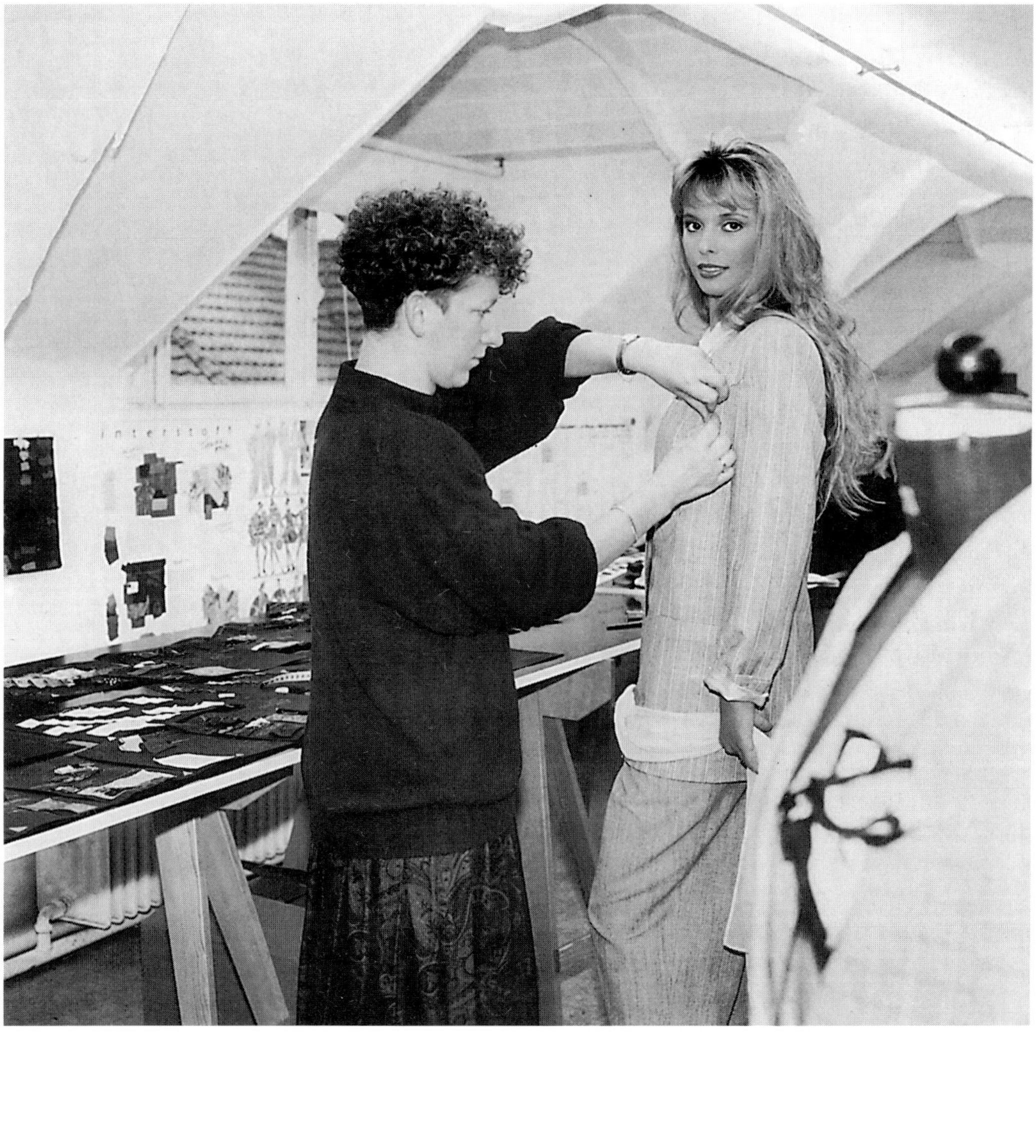

Mode – das Zugpferd der Textil- und Bekleidungsindustrie Mönchengladbachs (32a)

Daraufhin erhielten auch die Gladbacher Zünfte die Order, keine Amtsmeister mehr zu wählen. Die Macht der Zünfte versiegte und mit ihr der Schutz, den die Zünfte ihren Mitgliedern gewährt hatten. Mit Einführung der Gewerbefreiheit unter französischer Herrschaft verschwand im Jahr 1810 das mittelalterliche Zunftwesen vollends. (133, S. 7)

Landflucht ließ die Orte Gladbach und Rheydt expandieren, und die wachsende Bevölkerung mußte mit Kleidung versorgt werden. So stieg sowohl die Anzahl der Schneider als auch die Anzahl der Beschäftigten im Textilgewerbe. Außerdem arbeiteten immer mehr Frauen im textilen Gewerbe, die früher ihre Familien mit selbstgenähten Kleidern versorgt hatten. So fiel die »im Hausfleiß erfolgte Kleiderherstellung weg und wurde mehr und mehr dem lokalen Handwerk übertragen«. (66, S. 111) Die Entwicklung in Gladbach und Rheydt verlief hierbei unterschiedlich. Rheydt hatte in der ersten Hälfte des 19. Jahrhunderts einen wesentlich ländlicheren Charakter. Die Bevölkerung Rheydts bestand neben den in der Landwirtschaft Tätigen größtenteils aus Hauswebern und Tagelöhnern. Gladbach wurde hauptsächlich von Händlern, Kaufleuten und Handwerkern bewohnt und war in seiner industriellen Entwicklung weiter fortgeschritten. (66, S. 112)

Seit den 50er Jahren des vorigen Jahrhunderts ging das Schneiderhandwerk in Gladbach und Rheydt zurück. Dies hatte zwei Ursachen: Zum einen kam es seit Mitte des 19. Jahrhunderts vermehrt zum Einsatz von Nähmaschinen, die durch erhöhte Leistung eine große Anzahl der ansässigen Schneider überflüssig machten. Schon die ersten funktionsfähigen Maschinen nähten 200 bis 300 Stiche in der Minute und ersetzten fünf bis sechs Näherinnen. (41, S. 239) Zum anderen trat zu dieser Zeit auch der Bekleidungseinzelhandel als Konkurrent auf.

Florierender Fertigkleiderhandel

Bei dem Handel mit fertigen Kleidern hatte sich zur Zeit der Zünfte eine klare Trennung zwischen der Herstellung neuer Kleider und dem Handel mit alten Kleidern etabliert: Neue Kleider wurden in Maßschneiderei individuell für den Auftraggeber durch einen Schneidermeister angefertigt. Diesem war generell die Produktion für den Handel oder der Handel selbst untersagt. (87, S. 73) Nur in Ausnahmefällen, zum Beispiel bei allgemein ungenügender Auftragslage, durften Schneider auf Vorrat Kleider anfertigen und öffentlich als Handelsware verkaufen. (46, S. 48) Den schon seit dem Mittelalter üblichen Altkleiderhändlern hingegen war nur der Handel mit getragenen Kleidern gestattet. Um diese Regel zu umgehen, wurden neue Kleider ein- oder zweimal getragen, bevor sie legal zum Verkauf angeboten werden konnten. (46, S. 44)

Schneider und Händler mußten im hiesigen, schnell wachsenden Industriegebiet in erster Linie den Bekleidungsbedarf der Arbeiter- und Landbevölkerung decken. Diese soziale Schicht hatte weder die Mittel noch die Zeit, sich Kleider schneidern zu lassen. Als der Handel begann, *Konfection* (fertige Kleidung) anzubieten, büßten die Handwerksschneider Aufträge ein, da sie mit den durch rationelle Produktion günstigeren Preisen nicht konkurrieren konnten. »Da die Nachfrage nach fertigen Kleidungsstücken so groß war und durch das Handwerk unmöglich gedeckt werden konnte, gingen der Gewebegroßhandel und die Webereien selbst dazu über, ihren Abnehmern nicht nur Meterware, sondern fertige Kleidungsstücke anzubieten«. (207, S. 146)

Es läßt sich feststellen, daß das Handwerk weder mit der Konfektionierung von Bekleidung begann noch den Ausschlag dazu gab. Anlaß für die Fertigkleiderproduktion war die bestehende Nachfrage, die durch die Initiative aus dem Handel befriedigt wurde.

Fertigkleiderherstellung durch Webereien und Gewebegroßhandel

Von den ansässigen Unternehmern, die den neuen Markt erkannten, begannen in erster Linie die Webereibesitzer, sich auf dem neuen Feld der Konfektionierung zu betätigen. Am besten kann man sich ein Bild über diese neue Situation anhand eines Berichtes des Präsidenten des Gladbacher Fabrikengerichts an die Regierung zu Düsseldorf machen, in dem er am 15. August des Jahres 1844 eine Verhandlung zwischen der Gladbacher Fabrikhandlung M. Lamberts & May und dem Kleidermacher Josef Langs darstellt (210):

Im Laufe des Jahres 1842 wurde die Fabrikation von Gummi-Elastik-Hosen in Gladbach eingeführt. Der Fabrikant fabrizierte nicht allein den Stoff, sondern stellte auch die Hose fertig dar, deren Darstellung auch deshalb eine besondere technische Fertigkeit erforderte, als das Elastische in den Hosen erst nach ihrer Zusammenfügung bewirkt wurde; dies war den Kleidermachern anfänglich fremd und mußte ihnen dazu von den Fabrikanten Anleitung gegeben werden. Die fertige Hose wurde dann vom Fabrikanten in den Handel gebracht. Die Fabrikhandlung Lamberts & May hatte in dem Zeitraume vom 6. Dezember 1842 bis 20. Juni 1843 1.339 solcher Hosen durch den Kleidermacher Langs anfertigen lassen. Über den Lohn entstand eine Differenz, und liess der Langs die Fabrikhandlung Lamberts & May vor das Handelsgericht zu Crefeld laden, um sich zur Zahlung eines Lohnbetrages von 143 Thalern verurteilen zu hören.

Dieser Auszug ist das erste bisher in der Literatur zu findende Zeugnis für die Produktion von fertigen Kleidern durch einen von einer Weberei beauftragten Schneider. Eine Analyse des Textes verdeutlicht den Charakter dieser ersten Fertigkleiderproduktion:

1. Auftraggeber war die Weberei. Sie fabrizierte und lieferte den Stoff und gab die Hose nach ihren Vorstellungen in Auftrag.

2. Auftragnehmer war ein Kleidermacher, ein gelernter Schneider. Er stellte die Hosen für den Auftraggeber über einen längeren Zeitraum her. Interessant ist hier die Tatsache, daß der Schneider von der Weberei die technische Anleitung für die Verarbeitung erhielt. Die Weberei nahm nicht sein Know-how, sondern lediglich seine Arbeitsleistung in Anspruch.

3. Den Verkauf der Hosen übernahm der Auftraggeber. »Die Absatzfrage war für diese Unternehmungen relativ leicht zu lösen, da als Abnehmer ihre früheren Webereikunden in Betracht kamen.« (66, S. 119) Die Webereikunden waren Detailhändler (Einzelhändler) und Stoffgrossisten (Großhändler).

4. Die Hosen wurden in Lohnarbeit gefertigt. Betrachtet man die Menge gefertigter Hosen (1334 in einem halben Jahr), so liegt die Vermutung nahe, daß der Schneider Gesellen oder Näher für sich arbeiten ließ.

5. Das Produkt war eine *Gummi-Elastik-Hose,* deren Elastizität erst durch das Zusammenfügen erlangt wurde. Da zu dieser Zeit die Elastizität weder durch das Garn noch durch die Nähtechnik erreicht werden konnte, wird in die Hose ein elastischer Streifen oder Keil eingesetzt worden sein.

Der Gewebegroßhandel wurde entweder von den Fabriken selber, wie im Fall Lamberts & May, übernommen oder von selbständigen Grossisten, die überregional mit den Stoffen handelten. Letztere beobachteten das erfolgreiche Konzept und begannen, es den Webereien gleichzutun und die Herstellung fertiger Kleidungsstücke in Auftrag zu geben. Sie belieferten

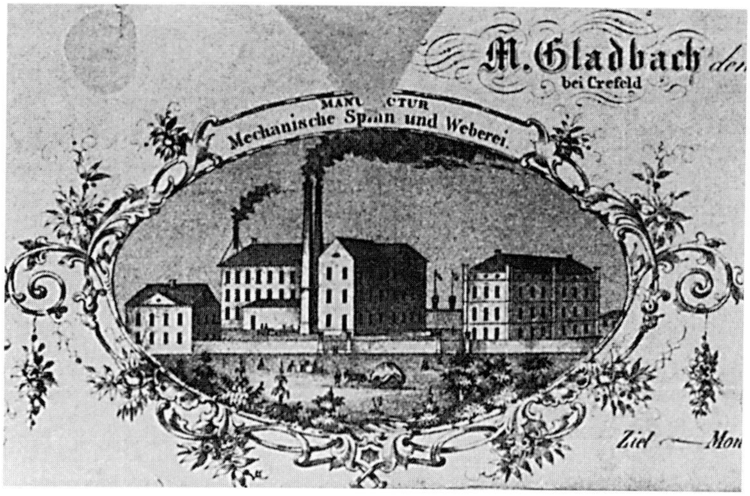

Rechnungsköpfe von Lamberts & May, links 1859 und rechts 1860. (58, S. 38) Die Bilder zeigen das Fabrikgebäude der Mechanischen Spinnerei und Weberei. Zu sehen sind der Fabrikkamin im Vordergrund und die im Hintergrund vorbeidampfende Eisenbahn; schnell hat sich das florierende Unternehmen ausgedehnt und erweitert

den Bekleidungshandel, der sich erst in Form von Kleidermagazinen und später unter dem Begriff »Konfections- oder Garderobengeschäft« zu etablieren begann. (209)

Der Bekleidungshandel

Mit dem neuen Produkt der Konfektionsware kam es neben dem Altkleiderhandel vermehrt zum reinen Konfektionshandel. Dieser war in seinen Anfängen durch den Begriff Kleidermagazin geprägt und wird in Gladbach erstmals im Jahre 1856 erwähnt. In diesem Jahr ersuchte in Gladbach der jüdische Kaufmann Leffmann Romberg um Erlaubnis, hier ein Kleidermagazin errichten zu dürfen, und zwar als Filiale seines in Aachen bestehenden Hauptgeschäftes. Der Gladbacher Bürgermeister wandte sich in dieser Frage ratsuchend an den Landrat, weil er eine Schädigung der Gladbacher Schneider befürchtete, »da die Bekleidungsgegenstände wohl aus Aachen bezogen werden«. (209) Diese Sorge läßt vermuten, daß das Führen eines solchen Geschäfts noch nicht alltäglich war. Offenbar entschied man sich aber für eine Zusage, denn die Zahl der Kleidermagazine nahm von da an stetig zu. Für 1865 sind in Gladbach zwei und für 1870 in Rheydt drei Magazine nachweisbar. Bis zur Jahrhundertwende war die Zahl der Konfektionsgeschäfte in Gladbach auf 20 und in Rheydt auf 16 gestiegen. (7 und 8)

Diese Art Geschäft hatte sich als erfolgreich erwiesen. Es war ein Bekleidungseinzelhandel entstanden, der selbständig produzieren ließ. Der Beweis hierfür ist den fortgesetzten Anzeigen in den Tageszeitungen zu entnehmen, in denen »Rock-, Hosen- und Westenschneider« als Lohnarbeiter gesucht wurden. (66, S. 115) Die Entstehung

Bei Herm. Isaac
in Rheydt, Hauptstrasse 29,
Großer Ausverkauf
sämmtlicher Manufaktur-Waaren und fertiger Herrengarderoben.

Da ich in kurzer Zeit ein neu eingerichtetes Geschäftslokal beziehe, habe ich, um dann meinen Kunden ein vollständig neues Lager bieten zu können, einen **Ausverkauf sämmtlicher Manufakturwaaren und fertiger Herrengarderobe** anberaumt.

Während des Ausverkaufs werden die Waaren nur gegen Baarzahlung abgegeben, jedoch zu ganz **bedeutend herabgesetzten** aber festen Preisen

in Rheydt bei Herm. Isaac,
Hauptstraße 29.
194*]

Rheydt.

Feiertags halber bleibt unser Geschäftslokal Mittwoch, den 27. und Donnerstag, den 28. d. geschlossen.
450] Falk & Leffmann.

Werbeanzeige des »Manufakturwaarengeschäfts« Hermann Isaac. (57, S. 46–47) Die Anzeige stammt aus einer Zeitung vom Mai 1868. Das Manufakturwarengeschäft befand sich an der Hauptstraße 29 in Rheydt. Nach dem angekündigten Totalausverkauf verlegte Hermann Isaac sein Geschäft in größere Räume an der Hauptstraße 89/91. In eben diesen begannen seine Söhne nach der Gründung einer Kleiderfabrik 1889 mit der Produktion.
Ein Manufakturwarengeschäft verkaufte Hausrat und Waren, die von Hand hergestellt wurden. Dazu gehorten handgesponnene Garne, handgewebte Stoffe sowie genähte Kleider

rechts:
Werbeanzeige des Herren- und Knaben-Garderoben-Geschäfts Leo Schwarz. (57, S. 98–99) Das Geschäft wurde von Leo Schwarz, der vorher bei dem Konfektionsgeschäft für Hüte und Kappen Moritz Glaser angestellt war, von 1869 bis 1898 geführt. Er hatte einen selbständigen Schneider beschäftigt, der wahrscheinlich hauptsächlich für anfallende Änderungen zuständig war

der ersten Herrengarderobe-Fabriken aus dem Einzelhandel war für die Herren-Fertigkleiderbranche von großer Bedeutung. Mit Aufnahme der Massenproduktion sowie des Reisegeschäftes durch die Konfektionshäuser vergrößerte sich nicht nur das Absatzgebiet dieser Unternehmen. Durch Geschäftsbeziehungen zum auswärtigen Detail-Kleiderhandel bzw. zu Manufakturwarengeschäften wurde ein neuer Vertriebsweg geschaffen. Dem bisher als Kleinkonfektion betriebenen Handelsgeschäft wurde die Engros-Fabrikation angegliedert. (191, S. 65)

Das Konfektionsgewerbe

Es gab also drei Gewerbezweige, die mit der Herstellung und Massenanfertigung von Kleidern begannen:
- Webereien
- Stoff-Detailhandel
- Kleider-Detailhandel

Das beschriebene Entstehungsmuster gilt besonders für Unternehmen, die Arbeitsbekleidung konfektionierten, und somit nur für bestimmte Regionen wie Lausitz, Mönchengladbach-Rheydt usw. (79, S. 37). Die Konfektion von Arbeitskleidung faßte vorwiegend in ländlichen Regionen Fuß, wie am Niederrhein und in Ostwestfalen, in der Nähe von Textilfabriken wegen der dort vorhandenen Arbeitskräfte und der hiermit verbundenen Nachfrage.

Von Anfang an war das Konfektionsgewerbe im Verlag organisiert. Um die Produktionsform des Verlagswesens genauer zu beleuchten, soll ein weiterer Teil des schon früher zitierten Berichtes über die Firma Lamberts & May angeführt und analysiert werden:

Der Fabrikant gab den Kleidermachern Anweisung, wie lang, wie weit die Hosen sein sollten, wieviel Stoff zu jeder Hose verbraucht werden sollte. Außer dem Nähgarn und Leder (für die Souspieds) lieferte der Fabrikant den ganzen Stoff, das Futter und Zeug für die Taschen wurde dem Kleidermacher zwar berechnet, er durfte dasselbe jedoch nicht anderwärts, mußte das Empfangene vielmehr für die Hosen des Fabrikanten verwenden, der Gleichförmigkeit wegen; der Lohn war per Stück bestimmt ... (210)

1. Dem Kleidermacher wurde vorgegeben, wie lang und wie weit die Hosen sein sollten. Daraus läßt sich ableiten, daß bereits mehrere Größen angefertigt wurden.

2. Dem Schneider wurde vorgegeben, wieviel Stoff zu jeder Hose verbraucht werden sollte. Demnach wurden die Hosen vom Kleidermacher zugeschnitten. Das Zuschneiden beherrschten ausschließlich ausgebildete Schneider, daraus folgt:

3. Das Nähen geschah durch einen gelernten Schneider. Diese Produktionsweise ist kennzeichnend für die Anfangszeit des Konfektionsgewerbes, als man noch keine Arbeitsteilung kannte.

4. Der Auftraggeber lieferte das gesamte Material. Dieses durfte nur für diesen Auftrag verwendet werden. Das heißt, es ging nicht in den Besitz des Kleidermachers über. (Die ledernen Souspieds waren wahrscheinlich Streifen, die am Saum der Hose befestigt waren und unter dem Fuß entlang führten, um den Sitz der Hose zu garantieren.)

5. Die Arbeit geschah in Auftragsfertigung: der Schneider wurde im Stücklohn bezahlt.

Die beiden letzten Punkte stellen die typischen Merkmale des Verlagssystems dar, worin der Auftraggeber das Material liefert und später das fertige Produkt vertreibt, der Auftragnehmer im Lohn arbeitet und zu keiner Zeit Eigentümer des Materials oder Produktes wird. Für das Konfektionsgewerbe wurde die im Verlag organisierte Heimarbeit zum Hauptproduktionsfaktor. Noch lange nach Institution der Kleiderfabriken waren (mit Unterbrechungen) fast doppelt so viele Heimarbeiter wie Fabrikarbeiter für die Bekleidungsbranche tätig. Dieses Verhältnis hielt sich im großen und ganzen bis in die 50er Jahre dieses Jahrhunderts.

Die Konfektionsindustrie

In der Literatur wird das Entstehen der Konfektionsindustrie zeitlich mit den ersten Kleiderfabriken gleichgesetzt. Von einer Konfektionsindustrie spricht man für den hiesigen Raum seit 1871, als der erste Großkonfektionsbetrieb in Gladbach gegründet wurde. (66, S. 118) Für die Entstehung der Gladbach-Rheydter Konfektionsindustrie war in erster Linie der Bekleidungsbedarf der Arbeiter- und Landbevölkerung maßgebend. Dieser erfuhr vor allem in den 70er Jahren des konjunkturellen Aufschwungs der Industrien im hiesigen Raum und im benachbarten Ruhrgebiet eine enorme Steigerung. (82, S. 11) *Da die Herstellung von Kleidungsstücken auf solche Weise* [gemeint ist die fabrikmäßige Fertigung] *auf einem vorhandenen Bedürfnisse beruht, indem der Consum darin in industriellen Gegenden größer ist, als in den einzelnen Orten gedeckt werden kann, so darf die Branche als entwicklungsfähig bezeichnet werden.* (74)

Ein weiterer Grund für die Entstehung der Konfektionsindustrie im hiesigen Raum ist im Vorhandensein geeigneter Rohstoffe zu sehen. »Die Ausgangsstoffe für diese Industrie waren die Erzeugnisse der Gladbacher und Rheydter Webereien«. (82, S. 10)

Der dritte Faktor, der die Konfektionsindustrie in Gladbach und Rheydt begünstigte, war das Vorhandensein geeigneter und billiger Arbeitskräfte. Erstens waren wie oben angeführt viele gelernte Schneider, also qualifizierte Arbeitskräfte, auf dem Arbeitsmarkt, zweitens waren auch in der Textilindustrie viele Arbeiter beschäftigungslos geworden. (66, S. 119)

Der Gladbacher Handelskammerbericht von 1874 ist die älteste Quelle für hiesige Konfektionsproduktion: *Die Fabrikation fertiger Männerbekleidungsstücke hat sich seit einigen Jahren in unserem Bezirke einzubürgern gesucht, und zwar mit gutem Erfolg.* (74) In Rheydt entstand wahrscheinlich in demselben Jahr ein solcher Betrieb, wie aus einer Anzeige in der Rheydter Zeitung von 1871 geschlossen werden kann: *Für ein Mitte Juni zu gründendes Fabrikgeschäft 12 Mädchen für Nähmaschinen und Handarbeit gegen Stücklohn zu engagieren gesucht.* (171)

Bevor an einzelnen Firmenbeispielen des betrachteten Industrieraumes die Umstände näher beleuchtet werden, soll als erstes auf das typische Merkmal der fabrikmäßigen Fertigung, der Zentralisierung der Arbeit in der Fabrik, eingegangen werden.

Die fabrikmäßige Fertigung

Eine Fabrik ist definiert durch die arbeitsteilige Be- und Verarbeitung von Rohstoffen bei räumlicher Zentralisierung. Anhand der vorliegenden Zeugnisse ist davon auszugehen, daß viele der als Fabriken bezeichneten Produktionsstätten de facto kleine werkstattähnliche Räumlichkeiten waren, in denen hauptsächlich Zuschnitt stattfand, während die Fertigung der Bekleidung in Heimarbeit geleistet wurde. Bei den folgenden Betrachtungen darf also nicht vergessen werden, daß der Hauptproduktionsanteil der Gladbach-Rheydter Konfektionsindustrie in Heimarbeit stattfand, ein Umstand, der sich erst ab dem Ersten Weltkrieg zu ändern begann. (82, S. 15 ff.)

Um die fabrikmäßige Fertigung gegenüber dem Handwerk und dem Verlagswesen abzugrenzen, werden zunächst die Hauptmerkmale der Fabrikarbeit dargestellt.

Die Auflösung der ursprünglichen Einheit von Arbeit und Wohnen

Der Zuschnitt der Stoffe geschah in konfektionierenden Webereien oder bei Konfektionshändlern durch einen Schneider, der entweder in der Fabrik als Angestellter arbeitete oder als Auftragnehmer einen Lohnbetrieb führte. Das Nähen der fertigen Kleidungsstücke erfolgte im Lohnbetrieb oder in Heimarbeit. Diese Entwicklung war der Beginn einer langsamen Konzentration sämtlicher Fertigungsstufen unter einem Dach. Der erste Schritt hierzu bestand in der Zentralisation der eigentlichen Kleiderherstellung, der Näherei. 1874 war dies bereits bei drei Gladbacher Betrieben geschehen. (74) Näherinnen verbrachten den größeren Teil des Tages fortan im Betrieb bei der Arbeit, während die Hausarbeit zur Nebenbeschäftigung wurde.

Zentralisierter Einsatz einer größeren Anzahl von Arbeitskräften

Laut Handelskammerbericht von 1874 arbeitete eine der neuen Kleiderfabriken, »eines dieser 3 Etablissements«, mit zeitweise 50 bis 80 Nähmaschinen. (74) Um 1885 zählte man im Kammerbezirk schon 15 größere Betriebe, von denen ein Drittel über 50 Fabrikarbeiter beschäftigt haben soll. (94, S. 160) Man muß angesichts solcher Zahlen eine gewisse Vorsicht walten lassen. Oft waren sie nur geschätzt oder von einem stolzen Fabrikanten übertrieben worden.

Das Prinzip der Arbeitsteilung

Die anfängliche Arbeitsteilung bestand darin, daß der Fabrikant den Warenein- und Warenverkauf besorgte, gelernte Schneider, die Konfektionäre, den Zuschnitt durchführten, angelernte Näherinnen oder Heimarbeiterinnen die Kleidungsstücke zusammennähten und vor Ablieferung bügelten. Das heißt, daß das Nähen selber noch von einer einzigen Person ohne Arbeitsteilung ausgeführt wurde. Mit Entwicklung von Spezialmaschinen, die nur bestimmte Arbeitsgänge ausführen konnten, ergab sich eine weitere Arbeitsteilung. In einem Bericht von 1922 heißt es:

Die Gladbacher Kleiderfabrik ist eine Schneiderwerkstatt größten Stils, in welcher der Herstellungsprozeß hauptsächlich auf mechanischem Wege und in intensivster Ausnutzung aller Betriebskräfte durch weitgehende Arbeitszerlegung sich vollzieht. (36, S. 48)

Kraftbetriebseinrichtung für Nähmaschinen um 1880. (46, S. 196)
Der Untertreiber übertrug die von der Transmissionswelle abgegebene Bewegung auf die einzelne Maschine. Er war unter dem Maschinentisch befestigt. Die Schnurscheibe und eine mehrstufige Kupplungsscheibe des Untertreibers waren mittels zweier Kordelriemen mit dem Schnurrad der Nähmaschine und mit einer Stufenscheibe der Hauptwelle verbunden.
Die Nähgeschwindigkeit wurde durch den Druck auf das Pedal bestimmt. Plötzliches Nachlassen des Drucks bewirkte den sofortigen Stillstand der Maschine.

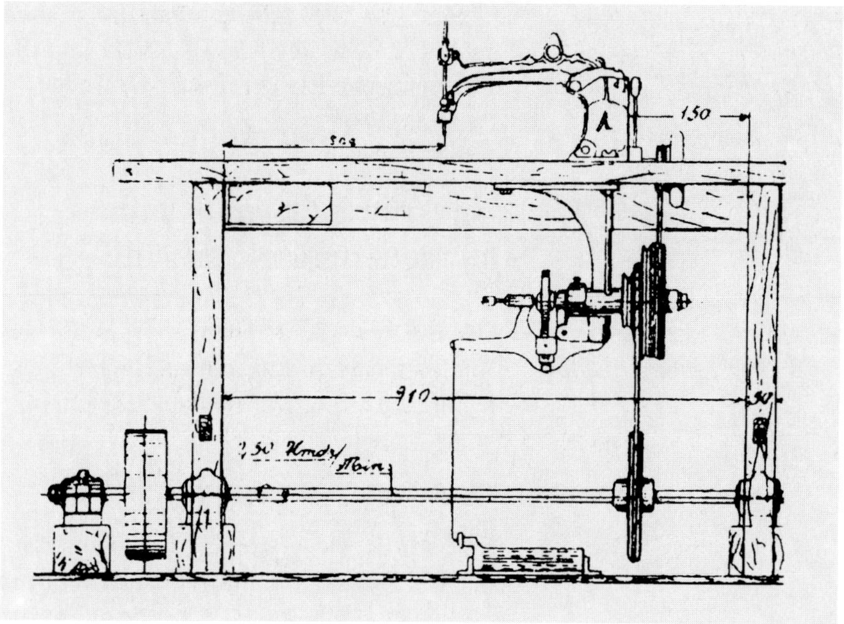

Motorisierter Antrieb der Maschinen

Die ersten Maschinen waren Tretmaschinen, also Nähmaschinen mit Fußantrieb. Sie wurden seit den 80er Jahren des 19. Jahrhunderts durch den mechanischen Antrieb mittels Transmissionswelle abgelöst. Ab jetzt nannten die Fabrikbesitzer ihre Unternehmen nicht mehr Kleiderfabrik, sondern Mechanische Kleiderfabrik. (56, S. 206)

unten: Werbeanzeige der Firma Bähren & Essers 1927. (124, o. S.) Im Kopf der Anzeige sind die Firmengebäude dargestellt. Ganz rechts ist das an der Lürriper Straße 142–146 gelegene Hauptgebäude zu sehen, in dem sich die Kleiderfabrik befand. Dahinter liegen die shedgedeckten Hallen der Weberei. Im Zentrum der Anzeige stehen in großen Lettern Firmenname und Gesellschaftsform. Die Nennung des Gründungsdatums soll darauf aufmerksam machen, daß man über langjährige Erfahrung verfügt und sich über einen langen Zeitraum halten konnte.

Die Idee, nicht nur mit dem Image, sondern mit dem Produkt zu werben, stammt aus dieser Zeit, in welcher der Mönchengladbacher Textilbezirk mit seinen Produkten, insbesondere dem Gladbacher Buckskin und der billigen Arbeiterkonfektion, Bekanntheit erlangte.

Die »Mechanische Kleiderfabrik«

Der Ausdruck »Mechanische Kleiderfabrik« entstand in Anlehnung an die seit Mitte vorigen Jahrhunderts in Gladbach und Rheydt existierende Bezeichnung »Mechanische Weberei« und »Mechanische Spinnerei«. Mechanisch bedeutete, daß die Maschinen zentral angetrieben wurden, das heißt, mit Dampfkraft bzw. Transmissionswelle betrieben wurden. Dies war bei den Kleiderfabriken erst zum Ende des Jahrhunderts, und auch nur vereinzelt, der Fall. Deshalb sind auf den zeitgenössischen lithographischen Werbeanzeigen und Brief-

rechts:
Franz Ernst Müller (1844–1926). (4a)
Das Bild zeigt den Gründer der Firma Müller & Hager. Die Aufnahme stammt aus der Zeit um die Jahrhundertwende

köpfen um die Jahrhundertwende auch beide Formen, die »Kleiderfabrik« und die »Mechanische Kleiderfabrik«, zu finden.

Neugründung von Kleiderfabriken durch Kaufleute

Die meisten Kleiderfabriken wurden von Kaufleuten gegründet, die auf die fachliche Kompetenz ihrer Mitarbeiter vertrauten.

Die erste Kleiderfabrik Müller & Hager

1871 wurde die erste Kleiderfabrik Mönchengladbachs von den Freunden Franz Müller und Eduard Hager gegründet: die Kleiderfabrik Müller & Hager. Beide waren zugewanderte Kaufleute. Sie hatten mit dem Handel von Geweben begonnen und wagten es, sich aufgrund der vorhandenen Nachfrage mit einer kleinen Produktion selbständig zu machen. Das erste Produkt waren bunte Westen, später kamen Hosen hinzu. (83, o. S.)

Anfang der 80er Jahre wurde ein Webereibetrieb angegliedert, um die Hosenstoffe und Genua-Cord selbst zu produzieren. Zum ersten Mal kam es von seiten eines Bekleidungsherstellers zum Aufbau vertikaler Rückwärts-Integration. Die Angliederung einer Kleiderfabrik zu einer bestehenden Weberei war hingegen häufiger. Um 1892 wurde der große Fabrikbau in Rheindahlen errichtet: die Rheindahlener Textilwerke Franz Müller. Dort wurde eine eigene Weberei und Cordausrüstung eingerichtet. Über die Gründe, warum Hager dabei ausgeschlossen blieb, konnten keine Quellen gefunden werden. Nach dem Tod von E. Hager im Jahr 1901 wurde Franz Müller Alleininhaber, und das Unternehmen nannte sich fortan Müller-Hoberg, den Namen von Müllers Frau miteinbeziehend. Er tat dies, um sich von mehreren zeitge-

Rheydter Straße 36, um 1900 und um 1920. (4a)
Zu sehen ist das Gebäude, in dem die Mönchengladbacher Konfektionsindustrie ihren Ursprung nahm: das Wohnhaus Franz Müllers und die spätere Fertigungsstätte der Firma Müller & Hager. Links: um die Jahrhundertwende, rechts: als Zeugnis eines prosperierenden Geschäftes das gleiche Gebäude nach Anbau einer prächtigen Toreinfahrt

nössischen Namensvettern in Gladbach abzusetzen, zum Beispiel von dem Maschinenfabrikanten Franz Müller.

Die Firma besaß Zweigstellen für Produktion und Vertrieb der Fertigwaren in Berlin, Stettin und Hamburg. Außer zahlreichen Arbeitern in den Betrieben in Mönchengladbach und Rheindahlen beschäftigte die Firma Hunderte von Heimarbeiterinnen. (124, S. 101) Die Firma Müller und Hager war etwa bis 1920 eines der größten Unternehmen.

Die Firma G. Goldberg

Ursprünglich ein Zimmermann, hatte Gerhard Goldberg seit 1862 in Rheydt ein »Engros-Geschäft in halbwollenen und baumwollenen Waaren« betrieben, wobei er parallel Webwaren in Heimarbeit fertigen ließ. Seine Söhne Ernst und Eduard Goldberg führten das Geschäft nach seinem Tod weiter und erbauten 1898/99 an der vorderen Königstraße (spätere Nr. 13) neue Betriebsräume für ihre Produktion »echtfarbiger Hosenzeuge«. (58, S. 141) 1905 zählte das Unternehmen zu den größten Betrieben dieser Art im hiesigen Wirtschaftsraum. Im Zweiten Weltkrieg wurden die Gebäude in der Königstraße zum Teil zerstört. Nach dem Krieg wurde der Betrieb wieder in den Räumen der Hardenbergstraße 75 aufgenommen, die man schon 1938 erworben hatte. (58, S. 142) Die Firma blieb in Familienbesitz und wurde nach dem Krieg in kleinerem Umfang weitergeführt. Zuletzt war sie im Besitz von Gerd Goldberg, der sie in den 1980er Jahren auflösen mußte.

Die Gebäude der Firma G. Goldberg erstreckten sich von der Königstraße bis zur Gracht. Auf dem abgebildeten Briefkopf (S. 260 oben) sind die Gebäude aus mehrfacher Außen- und Innenansicht wiedergegeben. Der linke Bildteil zeigt die gesamte Betriebsanlage im Hintergelände der Königstraße 13. In der unteren Bildmitte sieht man die Hauptgebäude von der Gracht aus, wo eine zusätzliche Toreinfahrt vorhanden war. Auf dem Rechnungsformular aus den 20er Jahren ist die Schutzmarke des Betriebes mit dem Wahlspruch »Das Beste ist stets das Billigste« abgebildet. Im unteren linken Bildteil wirft

Fuhrpark der Firma Müller & Hager (124, S. 105)
Die beiden Söhne des Kommerzienrates Franz-Ernst Müller gehörten zu den ersten Automobilisten in Mönchengladbach. Das bisherige Transportmittel Kutsche, mit dem auch die Heimarbeiter beliefert wurden, konnte durch firmeneigene Lieferwagen ersetzt werden. Die Vielzahl der Automobile läßt den Wohlstand der Firma erahnen. Im Hintergrund ist ein Schrägdach der Betriebshallen zu sehen. Die rechte Gebäudefassade gehört zu dem typischen dreigeschossigen Hochbau

Rechnungskopf der Firma G. Goldberg um 1900 (58, S. 141)

man einen Blick auf das Stückwarenlager (für den Großhandel) des Betriebes. Man nannte es damals auch Wiegkammer, da die Stoffe nach Gewicht und selten nach Meterzahlen berechnet wurden. Darüber ist die gesamte Betriebsanlage zu sehen. Die links erkennbare Außentreppe führte zum Kontor. Im rechten Bildteil ist der Einblick in das Haupthaus dargestellt. Im Parterre befand sich die Zuschneiderei, auf den großen Tischen sind Stoffe und Schablonen zu erkennen. Links oben in der Galerie wird an Nähmaschinen genäht, rechts oben befinden sich Fertigwaren- und Versandlager. Dieser Aufbau war typisch für die größeren Konfektionsfirmen des hiesigen Raumes um 1890. (58, S. 140–141)

Das Unternehmen Cohen & Schlecht

Die Teilhaber Josef Cohen und Friedrich Schlecht, beide nicht aus Gladbach stammend, begannen 1870 als Händler »in gemischten Waren«. 1888 erbaute die Firma auf eigenem Grund und Boden eine Mechanische Weberei und eine Kleiderfabrik an der Krefelder Straße 159 bis hin zur Sittardstraße 17, weshalb der Betrieb auch zeitweise unter einer Doppeladresse geführt wurde. Der die Weberei beherbergende Gebäudeteil wurde seit 1889 an die Firma Lucas & Mayer vermietet, die darin ein »Engrosgeschäft mit der Fabrikation von Bettüchern und Unterröcken« betrieb.

Mit Datum vom 1. April 1889 wird das Unternehmen erstmals als Mechanische Kleiderfabrik Cohen & Schlecht in den Unterlagen der Handelskammer Gladbach aufgeführt. Es wurden hauptsächlich billige Hosen gefertigt. Josef Cohens ältester Sohn, Alfred Louis Cohen (1874–1934), trat 1901 in den väterlichen Betrieb ein, wo er Prokura erwarb. 1914 schied Friedrich Schlecht aus der Firma aus und ging zum Heer. Den Ersten Weltkrieg überstand das Unternehmen durch Auslastung mit Heeresaufträgen. Während der folgenden Blütezeit um 1920 waren etwa 200 Näherinnen und Näher beschäftigt. Es gab eine Zuschneiderei und eine eigene Kraftanlage für den Maschinenpark. Ab 1919 war Alfred Cohen mit seinem Schwager Oppenheimer Teilhaber des Unternehmens. In der folgenden Inflationszeit wurde das Unternehmen schlecht geführt. Die Firmenleiter machten Schulden und mußten die Produktion kurz nach 1928 einstellen. (56, S. 206–207)

Angliederung von Kleiderfabriken an Webereien

Webereileiter sahen ihre Chance bald in der Vorwärts-Integration ihres Betriebes zur Ergänzung des Produktionsprogrammes unter fachlichen Gesichtspunkten.

Die Firma Clemens August Becker

Der 1838 geborene Clemens August Becker war für den elterlichen Betrieb, die Weberei Johann Heinrich Becker, tätig gewesen, bevor er 1868 ein eigenes Textilgroßhandelsgeschäft gründete, das seit 1874 seinen Sitz an der Rheydter Straße hatte. 1884 erweiterte er den Großhandel um einen Webereibetrieb an der Pescher Straße. (84, S. 101–102)

Anfang der 90er Jahre begann Clemens August Becker, Arbeitskleidung im Lohnauftrag anfertigen zu lassen. 1898 stiegen seine Söhne Ernst und Richard in die Firma ein.

Ernst Becker übernahm 1902 die an der Hofstraße gegründete Weberei unter dem Namen Weberei Ernst Becker-Lauf. Richard Becker führte die Kleiderfabrik an der Rheydter Straße allein weiter und konnte sie ausbauen. Er war nicht nur Fabrikant, sondern engagierte sich auch für das Gemeinwohl: Er war ehrenamtlicher Handelsrichter beim Landgericht, Mitglied der Vollversammlung bei der IHK und von 1932 bis 1934 Vorsitzender des Verbandes Deutscher Kleiderfabrikanten. (84, S. 603 und 604) Er dehnte die Produktion von Arbeitsbekleidung auf qualitativ höherwertigere Berufs- und Sportbekleidung und schließlich auf Herrenanzüge aus. 1928 begann sein Sohn, Dr. Curt Becker, nach akademischer Ausbildung als Angestellter im Unternehmen.

Clemens August Becker, Mönchengladbach, Herrenkleiderfabrik, gegr. 1868, neu errichtet 1946 bis 1950 (18a)

Die Keiderfabrik Clemens August Bekker war eine der ersten, die mit der Produktion von höherwertiger, sogenannter besserer Oberbekleidung begonnen hatte. Sie erreichte vor allem unter Curt Beckers Führung einen gewissen Vorreiterstatus.

Das Unternehmen Frentzen & Cie.

Das Unternehmen ging aus der 1840 gegründeten Weberei und Großhandlung Gundermann & Henrichs hervor, die schon sehr früh (Anfang der 1870er Jahre) zur Kleiderfabrikation übergegangen war. Die Produktion geschah vorerst ausschließlich in Heimarbeit. Um die Jahrhundertwende trat als Teilhaber der Rheydter Heinrich Frentzen in das an der Viersener Straße 46 gelegene Unternehmen ein. 1909 wurden

Briefkopf der Firma Clemens August Becker um 1910. (124, o. S.) Das Betriebsgebäude lag an der Rheydter Straße 19–31, direkt gegenüber der Kleiderfabrik Müller & Hager. Die eingeschossigen Gebäude im Vordergrund deuten auf die Weberei hin, während die Näherei wahrscheinlich in dem dreistöckigen Gebäude rechts daneben untergebracht war

Heinrich Frentzen (1866–1924). (145, o. S.)
Der Firmeninhaber war ein Kaufmann. Er reiste viel in Mittel- und Ostdeutschland. Kontakte und Beziehungen spielten für ein neu gegründetes Unternehmen eine entscheidende Rolle.
Heinrich Frentzen wird in der Jubiläumsschrift zum 50. Bestehen der Firma Frentzen & Cie. als »Chef, der in jeder Ecke seines Betriebes Bescheid wußte«, beschrieben

die Gebäude an der Neuhofstraße 40 gekauft, um dort einen Neubau für eine mechanische Kleiderfabrik und eine ihr angeschlossene Pilot- und Genua-Weberei zu errichten. (124, S. 151) Am 1. Dezember 1910 wurde die Gesellschaft umbenannt. Heinrich Frentzen führte sie unter dem Handelsregistereintrag Frentzen & Cie. weiter. Bis zum Ersten Weltkrieg wurden vorwiegend Baumwollkittel und Arbeitskleidung gefertigt.

Die nebenstehende Abbildung zeigt das Grundstück von Gundermann & Henrichs in einer Handzeichnung für das königliche Katasteramt, die am 7. Mai 1909 angefertigt wurde, und legt die Besitzverhältnisse des Grundstückes zwischen Neuhof und Schwogenstraße dar. Gundermann & Henrichs gehört zu diesem Zeitpunkt die Parzelle 8427/357, links unten im Bild. Im Laufe der Jahre konnte die Firma Frentzen die umliegenden Parzellen in ihren Besitz bringen. Nach dem Ersten Weltkrieg traten Heinrich Frentzens Söhne Ernst und Arthur in die Firma ein, wobei Ernst den Filialbetrieb in Hannover übernahm. Nach dem Tod seines Bruders im Jahr 1927 übernahm Arthur allein die Leitung. Er richtete seine Aufmerksamkeit besonders auf Rationalisierung. So war sein Unternehmen eines der ersten im Mönchengladbacher Textilbezirk, das die Fließbandarbeit einführte. Schon vor dem Zweiten Weltkrieg nahm die Firma die Herstellung von Herrenoberbekleidung ins Produktionsprogramm auf. Heeresaufträge lasteten die Kapazitäten des Betriebes während des Zweiten Weltkriegs aus. (145, o. S.)

Heute sind die Betriebsgebäude in der Neuhofstraße noch im Besitz der Familie

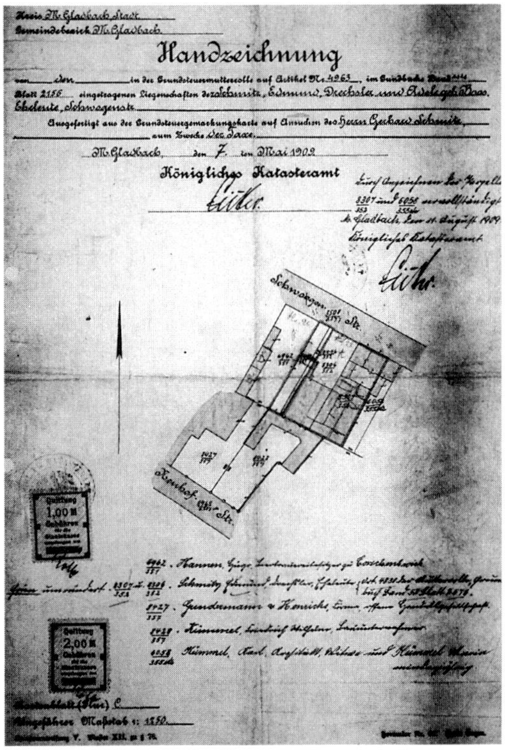

Grundstück der Firma Gundermann & Henrichs an der Neuhofstraße um 1909. (5a)
Die angrenzenden Grundstücke gehörten: Hannen, Hugo, Bierbrauereibesitzer zu Corschenbroich; Schmitz, Edmund, Drechsler, Eheleute; Kümmel, Friedrich Wilhelm, Bauunternehmer; Kümmel, Karl, Architekt, Witwe und Kümmel Maria, minderjährig

Rechnungskopf der Firma Frentzen & Cie. Mitte der 20er Jahre. (124, S. 151) Zu sehen sind die Firmengebäude – Abteilung Kleiderfabrik – an der Neuhofstraße, in denen die Näherei untergebracht war. Die graphisch überzeichneten Gebäude im Hintergrund gehören zum Webereibetrieb an der Schwogenstraße

Fertigung im Jahre 1956 im Hause Frentzen & Cie., Kleiderfabrik für Kammgarnanzüge, Sportsakkos und Skihosen (18a)

Frentzen. Der derzeitige Inhaber Udo Frentzen, Enkel des Firmengründers, betreibt die Firma als Mode-Vertriebsgesellschaft unter dem neuen Namen »Edler von F.«. Die eigene Produktion wurde Mitte der 80er Jahre aufgegeben.

Weberei und Mechanische Kleiderfabrik Koenigs & Peltzer

Die Weberei Koenigs & Peltzer war 1880 an der Pescher Straße gegründet worden. Man stellte halbwollene und baumwollene Gewebe her. Die Spezialität lag auf »Gladbacher Buxkins und baumwollenen, echtfarbigen Hosenzeugen« (Stoffe für grobe Arbeitshosen). Als Peltzer 1900 ausschied, wurde Robert Strauch Teilhaber neben Friedrich Koenigs. Beide bewohnten Nachbarhäuser an der Schillerstraße 35 und 37, damals noch Franzstraße. Auf dem westlichen Teilstück zwischen Sittard- und Kaiserstraße hatten sie im Jahre 1897 im Hintergelände der beiden Wohnhäuser Betriebsgebäude errichtet, die als »Mechanische Kleiderfabrik mit electrischem Betrieb« genutzt wurden.

Nach dem Ersten Weltkrieg führten die Brüder Friedrich und Ewald Koenigs das Unternehmen an der Schillerstraße 37 weiter. Ab 1923 wurde das Unternehmen eine Aktiengesellschaft. 1926 wurde Paul Hans Teilhaber. Die Firma wurde umbenannt in Vereinigte Kleiderwerke Koenigs & Hans

Mechanische Kleiderfabrik Koenigs & Peltzer (58, S. 117–118)

Mechanische Kleiderfabrik
mit electrischem Betrieb
errichtet 1897

Weberei in halbw. u. baumw. Waaren.
gegründet 1880

Specialität
Gladbacher Buxkins, baumw. echtfarbige Hosenzeuge
Kleider u. Unterrockstoffe.
Eigene Ausrüstung von
uni u. bedrucktem Moleskin, Pilot, Leder u. Genua-Cord.
sowie
Velour, Barchend u. Hemdenbiber

Koenigs & Peltzer
Fernsprecher Nr 266

Telegr. Adr. Koenigs Peltzer Münchengladbach
Giro Conto: Barmer Bankverein, M.Gladbach

M.Gladbach, den 10. September 1917

An den

Herrn Oberbürgermeister Piecq

Städt. Verwaltung
* 11. SEP. 1917 *
M. Gladbach

Hier

Wegen anhaltenden Unwohlseins bedauere ich mein Amt als Schiedsmann und als Mitglied des Mieteinigungs-

oHG. (58, S. 118) Den Zweiten Weltkrieg konnte die Firma nicht überstehen.

Die »Mechanische Kleiderfabrik mit electrischem Betrieb« ist in einer Abbildung (S. 263 unten) hinter den im Vordergrund liegenden, dreistöckigen Wohnhäusern der Gründer zu sehen. Rechts schließen sich die schon bekannten flachen Shedbauten an, in denen die Weberei und die eigene Ausrüstungsanstalt für »uni und bedruckten Moleskin, Pilot, Leder, Genua-Cord sowie für Velour, Barchend und Hemdenbiber« untergebracht waren.

Technische Ausgangsbedingungen, Entwicklung und Ausstattung

Auf 1870 bis 1890 gehen die Ursprünge der hiesigen Bekleidungsindustrie zurück. Was sich im Raum Mönchengladbach um die Zeit abspielte, wird im folgenden als »zweite industrielle Revolution« beschrieben.

Die Entwicklung eines Größensystems als Voraussetzung für die Massenfertigung

Während das Kennzeichen der Maßschneiderei die handwerkliche Anfertigung eines Kleidungsstückes nach den individuellen Körpermaßen eines Kunden ist, besteht das Hauptmerkmal von konfektionierter Kleidung darin, daß diese für einen nicht bekannten Endverbraucher hergestellt wird. So war für die Bekleidungsfertigung in Massenproduktion ein System von normierten Körpermaßen und -proportionen Voraussetzung. Nur durch die Festlegung von Größengruppen und Einzelgrößen war eine relativ gute Paßform für eine anonyme Endverbraucherschaft zu gewährleisten.

Unter diesen Voraussetzungen wurden schon um 1830 Ansätze zu einer Klassifizierung gemacht. Endgültig setzte sich in den 70er Jahren des vorigen Jahrhunderts ein Größenspektrum durch, das drei bis vier Größen umfaßte. (46, S. 107)

Die Längen und Breiten der Anzugteile, um zunächst von der Herren- und Knabenkleidung zu sprechen, können nicht an den individuellen Massen des Käufers, aber auch nicht gut an einer Zahl Modellknaben und -Männer bestimmt werden; sie werden deshalb nach den mathematischen Verhältnissen der Körperteile normal gebauter Knaben und Männer der verschiedensten Lebensalter bestimmt. ... Nach dem Lebensalter der Käufer unterscheidet man Knaben-, Burschen- und Herrenanzüge und bei allen diesen Kategorien wieder eine gewisse Anzahl von Größen. (246, S. 11)

Das bekannteste System war das »Carré-System«. Die Grundlage dieses Systems hatte der Berliner Schneider Rudolf Maurer 1871 aufgestellt. Er gründete mit seinen

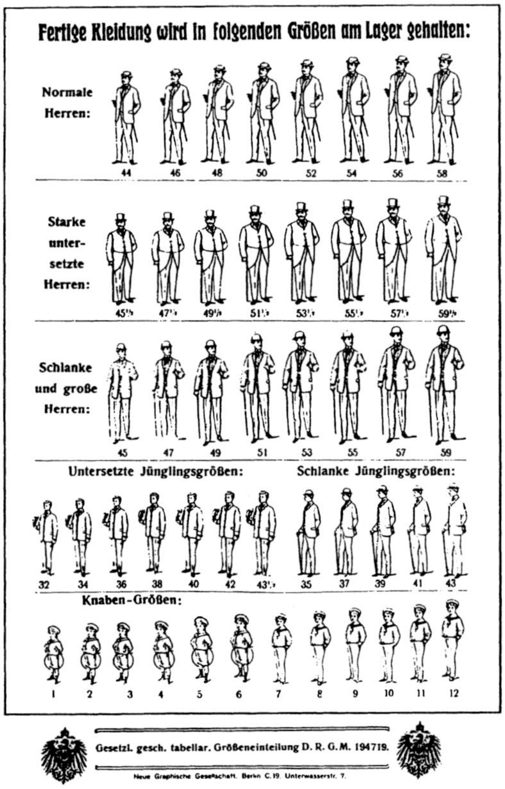

rechts:
Größenauflistung für fertige Herren- und Jünglingsbekleidung um die Jahrhundertwende. (149, o. S.)
Diese bildliche Auflistung stammt aus der Jubiläumsschrift der 1888 gegründeten Firma Bernward Leineweber. Als Mittel zur Verkaufsförderung zeigte man gleichzeitig unterschiedliche Modelle und die verschiedenen Größen, die gefertigt und dem Kunden angeboten wurden

beiden Geschwistern eine Privatzuschneideschule, die seine Erkenntnisse öffentlich zugänglich machte. Durch stetige Verfeinerung und Ergänzung erlangten System und Schule landesweiten Ruf und konnten sich bis in die 50er Jahre dieses Jahrhunderts halten.

Nähtechnik und Nähmaschine als zentrale Merkmale der mechanisierten Kleiderfertigung

Da die Kleiderherstellung vor der verlagsmäßig organisierten Produktion nur als handwerkliche Produktion oder als Teil der Eigenproduktion privater Haushalte stattfand und in diesen Sektoren genügend Arbeitskräfte vorhanden waren, bestand zunächst kein unmittelbarer Zwang zur Mechanisierung der Näharbeit. Die Voraussetzung für die fabrikmäßige Herstellung von Bekleidung wurde erst durch die Entwicklung einer brauchbaren Nähmaschine Mitte des vorigen Jahrhunderts geschaffen. (45, S. 1)

Betrachtet man die trotz der Verflechtung von Textil- und Bekleidungssektor sehr unterschiedlich verlaufenen Mechanisierungsstufen (Mechanisierung des Spinnens ca. 1769, des Webens um 1785), so fand die Mechanisierung des Nähens um 1850 sehr spät statt. Ein erstes Patent für eine Nähmaschine erhielt 1790 Thomas Saint in England. Die erste deutsche Nähmaschine baute Balthasar Krems im Jahre 1800. Beide Maschinen kann man im Nähmaschinenmuseum der Gebrüder Mey in Albstadt-Lautlingen besichtigen.

1845 hatte der Amerikaner Howe eine Maschine konstruiert, die wesentliche Merkmale der heute eingesetzten Doppelsteppstich-Maschinen aufwies: Sie besaß eine kontinuierliche Nähfadenzuführung und arbeitete mit Zweifadensystem, das heißt: mit Ober- und Unterfaden. Allerdings hatte sie noch keine waagerechte Stoffauflageplatte. Der Stoff wurde vertikal an der Maschine vorbeigeführt und von der Nadel horizontal durchstochen. Mit dieser Technik ließen sich nur gerade Nähte nähen. (191, S. 503–512)

Den entscheidenden Schritt zum kontinuierlichen Maschinennähen machte I. M. Singer, indem er die Howesche Konstruktion in wesentlichen Details verbesserte und seine Nähmaschine 151 patentieren ließ. Singers Verbesserung war die horizontale Stoffführung bei vertikaler Nadelführung. Weitere Entwicklungen betrafen Stofftransport- und Stoffhaltermechanismus, die ein leichteres Führen des Nähgutes ermöglichten. Als besondere Absatzstrategie bot Singer die neue Maschine den Haushalten auf Abzahlung an – zunächst in Amerika und kurze Zeit später auch in Deutschland. (46, S. 100)

1852 erfand Wilson die erste Doppelsteppstich-Nähmaschine mit Umlaufgreifern, die auf dem Zweifadensystem basierte. Das Herumführen der Nadelfadenschlinge um die Unterfadenspule kann als eine der bedeutendsten Erfindungen für die Nähtechnik bezeichnet werden: *Die Maschine näht mit zwei Faden, einem in der Nadel befindlichen und einem andern in einem Schiffchen (Schützen) enthaltenen.* (41, S. 218) Die

Die Silencieuse, ca. 1850. (238, S. 15)
Dies ist eine der ersten nach amerikanischem Modell (Wilson) in Deutschland gebauten Nähmaschinen.
A – Horizontale Stoffauflage, noch kein Stofftransport.
B – Fester Arm, an dem die leicht höhenverstellbare Stoffhalterung angebracht war.
C – Ein zweiter Arm bewegt sich mit der Nadel auf und ab

aus der Weberei stammende Terminologie verdeutlicht, daß die bahnbrechende Idee des Zweifadensystems beim Steppstich eigentlich keine Erfindung der Nähtechnik war. Vom Prinzip her erfolgte die Stichbildung wie heute. Der Unterschied zur heute ohne Ausnahme verwendeten Unterfadenspule lag in dem System, in dem ein Schiffchen den Schußeintrag besorgte. *Die Nadel bewegt sich durch's Zeug herunter und ein wenig wieder herauf. Dadurch geschieht es, daß der Faden eine Schleife bildet, durch welche das Schiffchen seitlich hindurch geht und den Schiffchenfaden zurückläßt, [...] hierauf wird die Nadel wieder herausgezogen und der Schiffchenfaden vom Nadelfaden der Schleife fest in das Zeug gezogen.* (41, S. 218) Die Nadelfadenschlinge konnte nur durch die besondere Form der Nadel entstehen. Sie mußte am Öhr etwas dicker sein und bedurfte, genau wie heute, einer kurzen Rinne, damit sich bei der Aufwärtsbewegung der Nadel eine Fadenschlinge bilden konnte. Entscheidend war dabei der Fadengebermechanismus, der genügend Faden für die Schlingenbildung vorlegte.

Ebenfalls im Jahr 1852 machte W. O. Grover die Erfindung des Doppelkettenstiches oder Schnurstiches. Mittels einer Zirkuliernadel und eines Zweifadensystems, bei dem beide Fäden von handelsüblichen Garnrollen abgezogen wurden, konnte eine sehr stabile Naht mit hoher Elastizität erreicht werden. Dabei »wird nur der obere Faden durch das Nähgut gezogen, während sich der Unterfaden unterhalb des Nähgutes in geeigneter Weise mit diesem verschlingt«. (46, S. 102)

In der Deutschen Gewerbezeitung von 1853 wurde in einem langen Artikel die »patentierte Singer'sche Nähmaschine« vorgestellt und anhand mehrerer technischer Abbildungen erklärt. Die aufgrund ihrer Detailgenauigkeit einzigartige Darstellung soll als kurzer Auszug im folgenden erläutert werden.

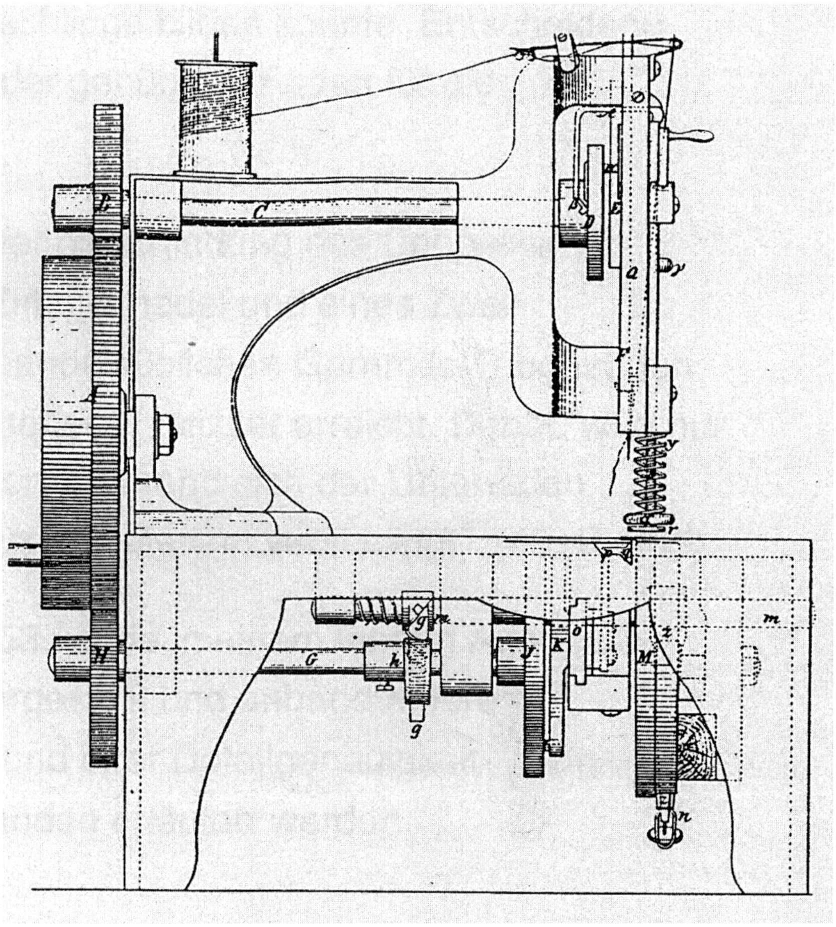

Seitenansicht der amerikanischen Singer-Nähmaschine von 1853. (41, S. 221)
Das dargestellte Modell enthielt schon die wichtigsten Merkmale einer modernen Maschine: vertikale Nadelbewegung; horizontale Stoffauflage; Stoffhalterungsvorrichtung; automatischer Stofftransport; variierbare Stichlänge: vier bis 25 Stiche pro Zoll; Zweifaden-System; kontinuierlicher Oberfadenabzug von der Garnrolle; Unterfadenspule. Diese wurde in einem Schiffchen horizontal durch die Oberfadenschlinge geführt

links:
Nähmaschine Opel Nr. 1, 1863 in Deutschland gebaut. Zu sehen im Nähmaschinen-museum der Gebrüder Mey in Albstadt-Lautlingen

Die Entwicklung bis zum technischen Stand der Singer-Nähmaschine hatte knapp 100 Jahre gedauert. Von nun an wurden die Nähmechanismen ständig weiterentwikkelt, was zu einer Vielzahl von Sticharten und Schlingenfängerkonstruktionen für verschiedene Einsatzbereiche führte. Die normalen Steppstich-Maschinen erreichten mit einer Leistung von 300 Stichen pro Minute die Produktivität von fünf bis sechs Näherinnen. (41, S. 239)

Zur gleichen Zeit entwickelte sich auch die Antriebstechnik weiter. In den 80er Jahren begann sich der schon erwähnte Reihenantrieb oder Transmissionsantrieb durchzusetzen. Hierbei standen zwei Maschinenreihen à jeweils ca. 15 Maschinen gegenüber und wurden gemeinsam von einer Hauptwelle durch Dampfkraft angetrieben. Eine weitere Erhöhung der Produktion wurde kurz nach der Jahrhundertwende durch den Einsatz von elektrischem Strom möglich.

Während eine eifrige Handnäherin etwa 50-60 Stiche in der Minute macht, kann eine Näherin, die die Maschine tritt, etwa 600, bei angestrengter Arbeit wohl auch 800 Stiche schaffen, [...], die elektrisch betriebene Maschine dagegen kommt auf 2.500-3.000 ja bis 4.000 Stiche in der Minute. (36, S. 56)

Eine Nähmaschinenfabrikation gab es im Mönchengladbacher Textilbezirk nur, als die Maschinen einfach und rein mechanisch waren. Zusätzlich siedelten sich einige Nähmaschinenvertreter an. Im Adreßbuch Mönchengladbachs von 1890 waren unter der Rubrik »Nähmaschinenhandlungen, -fabriken und -reparaturwerkstätten« insgesamt sechs Unternehmen angegeben. Unter ihnen befand sich der Name Ludwig Felsch, der im Jahr 1922 unter den Kleiderfabrikanten zu finden ist. In Rheydt waren in dieser Zeit drei solcher Fabriken zu finden. (74)

Ob die in den Anzeigen von 1883 und 1889 (s. Abb. S. 268) beschriebene Nähmaschinenfabrik Carl Vogt, eine der ersten im hiesigen Raum, wirklich eine Zeitlang Nähmaschinen baute oder nur vertrieb, läßt sich nicht nachvollziehen. Die Tatsache, daß amerikanische Fabrikate wie die »Phoenix« und die »Original Deutsche Singer« verkauft wurden, läßt vermuten, daß es sich nur um den Vertrieb von Nähmaschinen handelte.

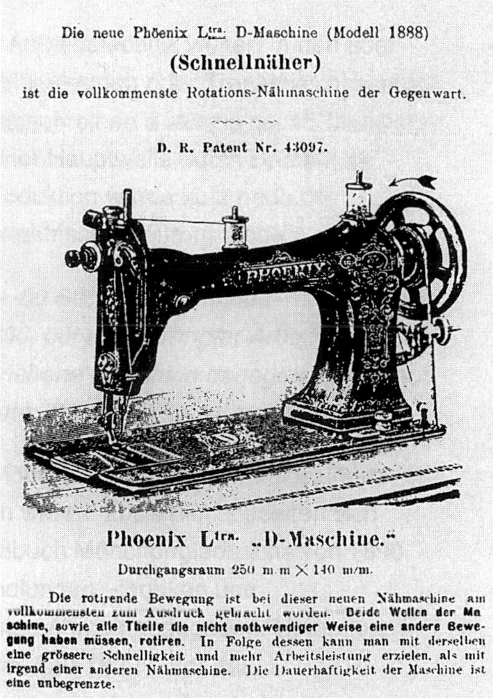
Die neue Phöenix Ltra. D-Maschine (Modell 1888)
(Schnellnäher)
ist die vollkommenste Rotations-Nähmaschine der Gegenwart.

D. R. Patent Nr. 43097.

Phoenix Ltra. „D-Maschine."

Durchgangsraum 250 m/m × 140 m/m.

Die rotirende Bewegung ist bei dieser neuen Nähmaschine am vollkommensten zum Ausdruck gebracht worden. **Beide Wellen der Maschine, sowie alle Theile die nicht nothwendiger Weise eine andere Bewegung haben müssen, rotiren.** In Folge dessen kann man mit derselben eine grössere Schnelligkeit und mehr Arbeitsleistung erzielen, als mit irgend einer anderen Nähmaschine. Die Dauerhaftigkeit der Maschine ist eine unbegrenzte.

Die Phoenix-Nähmaschine, 1888. (238, S. 82) Die Maschine sieht den heutigen schon recht ähnlich. Am Kopf sind Fadenabzug, -führung, -geber und Fadenspannung zu erkennen. Die rechte Garnrolle ist für die Spulvorrichtung plaziert. Das Handrad ist über einen Riemen mit dem unter dem Tisch befindlichen Antriebsrad verbunden. Das kleine Rad darunter ist eine Bremsvorrichtung zum Anhalten der Maschine

Anzeige der Nähmaschinenfabrik Carl Vogt 1883 (88, 1883)

Anzeige der Nähmaschinenfabrik Carl Vogt 1889 (88, 1889)

Der Rheydter Heinrich Stümges begann schon vor der Jahrhundertwende, seiner Nähmaschinen- eine Fahrradfabrikation anzugliedern. Wahrscheinlich war die Produktion von Nähmaschinen unrentabel geworden, da sich auswärts hergestellte Fabrikate durchsetzten, wie die »gute Dürkopp«, die in Bielefeld gebaut wurde. (210, S. 77)

Rechnung der Nähmaschinen- und Fahrradfabrik Heinrich Stümges (210, S. 77)

Katechismus der Nähmaschinenlehre

Katechismus der Nähmaschinenlehre von H.W. Lind, Ingenieur, Lehrer an der Berliner Schneider-Akademie. Berlin 1885 (250)

Geschichtliches

1. Seit wann datiren die Versuche, das Nähen durch Maschinenthätigkeit zu bewirken?

Seit Anfang unseres Jahrhunderts.

2. Wie war im Allgemeinen der Gang der Erfindung?

Man versuchte zunächst das Handnähen nachzuahmen.

3. Wie ahmte man das Handnähen nach?

Auf zweierlei Weise:

a) Indem man eine Nadel mit dem Oehr in der Mitte (erfunden 1755) mittels Zangen abwechselnd von der einen, dann von der andern Seite durch den Stoff schob. Beispiel: Greenough's Maschine.

b) Indem man mittels Zahnräder den Stoff faltete und gleichzeitig auf eine Nadel schob. Beispiel: Walther's Maschine.

4. Als man mit den Versuchen, das Handnähen nachzuahmen, nicht zum Ziel gelangte, was versuchte man dann?

Auf Bekanntes fußend, suchte man das Strumpfgewebe nachzuahmen und gelangte so zum Kettenstich.

5. Mit dem Kettenstich nicht zufrieden gestellt, gelangte man wozu?

Zur Maschinensteppnaht, welche der Operation des Webens abgesehen ist.

6. Weshalb konnten Maschinen, welche das Handnähen nachahmen, sich keinen Eingang verschaffen?

Weil sie, wie beim Handnähen, an einen kurzen Faden gebunden sind.

7. Wer sind die Haupterfinder auf dem Gebiete der Nähmaschinenindustrie?

Madersperger in Wien 1807–39; er wandte schon die öhrspitzige Nadel an. Thimonnier in Urbreste 1829–48; er ist Erfinder der Kettenstichmaschine mit Häkelnadel. Walter

Hunt 1834 erfand die Maschinensteppnaht. Unabhängig von ihm konstruierte E. Howe 1843-45 eine Maschine, die die Maschinensteppnaht herstellte. Howe ist als eigentlicher Erfinder der Nähmaschine zu betrachten. Er brachte die öhrspitzige Nadel zur Geltung.

8. Wer machte sich nach Howe um die Nähmaschinenkonstruktion verdient?

In Bezug auf den Schlingenfänger waren dies: U. B. Wilson durch seinen Greifer 1851; Grover durch die Zirkulirnadel 1851 und 52; J. T. U. Gibbs durch den Kettenstichgreifer 1857 und 58. In Bezug auf den Stoffschieber waren dies: Vachelder 1849 mit dem Stiftrad; Singer 1851 durch das Schubrad und den federnden Drückerfuß; U. B. Wilson 1852 durch den continuirlich wirkenden Stoffschieber mit Viereckbewegung; Wickersham 1853 mit der Transportirung von oben durch den Drückerfuß.

9. Wie war die Transportirung bei den ersten Nähmaschinen beschaffen?

Sie geschah mit der Hand oder mittels Klammern, durch welche das Zeug gehalten wurde und welche mit einer verzahnten Stange in Verbindung standen, welche von einem Zahnrade bewegt wurde, oder mittels einer Heftplatte, auf welcher das Zeug durch Klammern oder Stifte befestigt war. Die Bewegung der Heftplatte geschah auf dieselbe Weise, wie die der Klammern.

10. Durch Wilson's Erfindung des in 4 Absätzen continuirlich wirkenden Stoffschiebers war die Nähmaschinenkonstruktion zu einem Abschluß gekommen. Was hatte man erreicht?

Die Benutzung eines unbeschränkt langen Fadens, die Anwendung der öhrspitzigen Nadel und die continuirliche Transportirung.

11. Wann begann die fabrikationsmäßige Herstellung der Nähmaschinen in den B. St. v. R. U.?

Zu Anfang der 50er Jahre.

12. Wie groß war die Fabrikation bis zum Jahre 1859?

Gleich 104.000 Maschinen und in den Jahren

1870 ungefähr	*450.000.*
1871	*600.000*
1872	*700.000*
1873	*570.000*
1874	*520.000*

13. Wie viele Maschinen werden jetzt hergestellt?

Etwa 1.500.000 jährlich.

14. Nachdem die Nähmaschinen-Konstruktionen auf eine gewisse Stufe der Vollkommenheit angelangt waren, erfand man Einrichtungen, welche ihre bequeme Handhabung zum Zweck haben. Welches sind diese Einrichtungen?

Radauslösungen, Selbstspuler, Spannungsauslösungen, Schiffchenheber, Handkurbelauslösungen, Schiffchen ohne Einfädelungslöcher.

15. In welcher Hinsicht wurden die Gestelle verbessert?

Man ersann: Kleiderschutzvorrichtungen, Riemenaufwerfer, Rollenbewegung, Bewegungssicherungen, Einrichtungen für den leichten Gang.

16. Wie groß ist die Leistungsfähigkeit einer gewöhnlichen Nähmaschine?

Man stellt mit derselben bei Dampfbetrieb her:
bei Greifermaschinen: 2-4.000 Stiche;

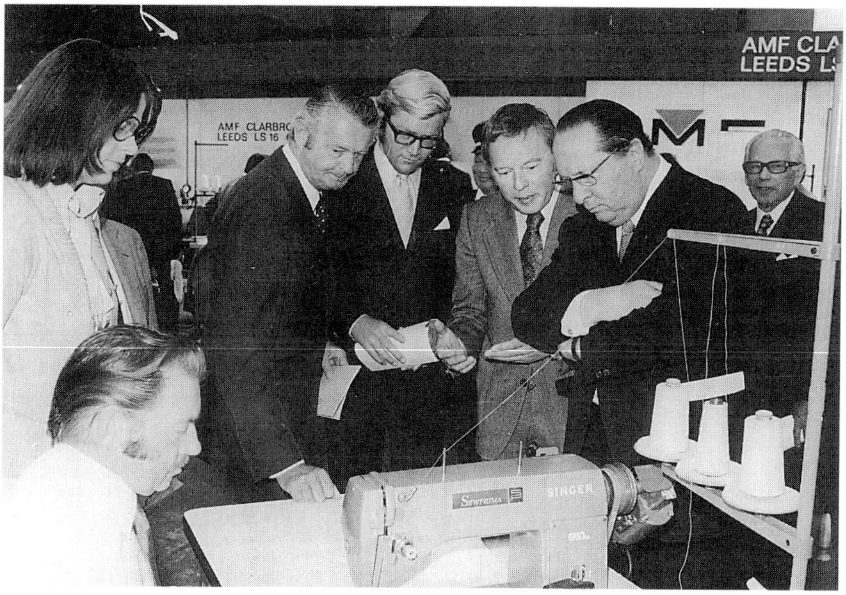

IMB 73: Moderne Singer-»Sewprima« unter Kontrolle von Herrn Koller und Herrn Donner (rechts hinten) (14a)

rechts:
Zuschnitt der Firma Frentzen & Cie. 1941. (1a)
Die drei Formen des Zuschnitts: Zuschneiden per Hand im Vordergrund, mit Kreismesser (links im Bild) und mit Bandmesser im Hintergrund des Bildes. Es handelt sich hier um Hosenschnitteile, wie an den Kreidestrichumrissen zu sehen ist. Die Zuschneider tragen die typischen Arbeitsjoppen aus grobem Baumwollstoff

bei Schiffchenmaschinen: 1.700 Stiche;
bei Fußbetrieb etwa 600–800–1.000 Stiche.

17. Wie viele Stiche macht eine Handnäherin in einer Minute?

Etwa 50 Stiche.

18. Erreicht die Handnäherin die Maschinenarbeit in qualitativer Hinsicht?

Nein. Es muß beim Maschinennähen aber namentlich auf eine richtige Regulirung der Spannung geachtet werden.

19. Welchen Einfluß hat die Nähmaschine auf die Geschmacksrichtung in der Bekleidungsindustrie gehabt und welchem Umstand ist dieser Einfluß zu danken?

Die Nähmaschine hat veredelnd auf die Geschmacksrichtung in der Bekleidungsindustrie gewirkt durch und mit Hilfe der Nebenapparate, durch welche der Kleiderausputz so geschmackvoll und billig hergestellt werden kann.

20. Wirkt das Treten der Maschine schädigend auf die Gesundheit ein?

Schwächlichen Personen mag es unzuträglich sein; für gesunde Leute ist es entschieden vorteilhaft, weil es nicht allein den Körper in Bewegung hält, sondern auch anregend auf den Geist wirkt, insofern es die Aufmerksamkeit weckt.

Die Stufen der Fertigung

Im folgenden soll ein Einblick in die Fertigungsweise der jungen Konfektionsindustrie gegeben werden. Die typische Arbeitsteilung wird anhand der verschiedenen Betriebsabteilungen deutlich.

Zuschneiderei um die Jahrhundertwende. (124, S. 104)
Die Aufnahme zeigt die Zuschneiderei der Hamburger Filiale der Gladbacher Firma Müller & Hager. Die Konfektionäre mit den umgehängten Maßbändern vermitteln das typische Bild des Maßschneiders. Viele der arbeitslos gewordenen Schneider nahmen die Position von Konfektionären an. Vor allem bei der Einführung eines Größensystems kamen ihnen ihre Erfahrungen als Maßschneider zugute. Zugeschnitten wurde mit der Schere. An der Wand hängen Jackenschablonen aus Pappe für verschiedene Größen

Der Zuschnitt

Hatte 1842 noch der Kleidermacher Langs für die Weberei die Hosen selbst zugeschnitten, so wurde mit der Institution der Fabriken der Zuschnitt zentralisiert und in der Fabrik ausgeführt. Anfangs lag die Arbeit des Modellmachers, Schablonenschneiders und Zuschneiders noch in der Hand einer einzigen Person, dem sogenannten Konfektionär. Mit Arbeitsteilung und Maschinisierung kam es zur Spezialisierung der Arbeitskräfte. Für den Zuschnitt wurden angelernte Arbeitskräfte eingesetzt, »die entweder im Betrieb oder auf sogenannten ›Zuschneide-Akademien‹ ausgebildet« (36, S. 53) und nur in der Zuschneiderei eingesetzt wurden.

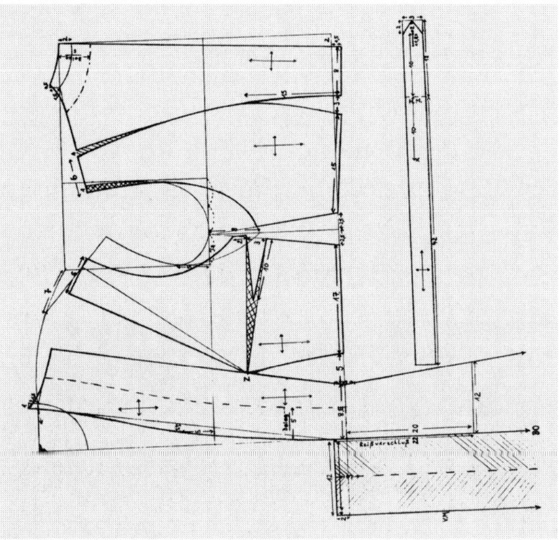

links:
Schnittbild von 1955 (31a)

Die Näherei

Nähsalon im Jahre 1865. (6a) Es handelt sich um einen Damen-Nähsalon. Im Vordergrund verrichtet eine Näherin Handarbeit. Diese machte an einem Kleidungsstück noch weit über 50% aus

Die zugeschnittenen Stoffe wurden entweder an Heimarbeiter ausgeliefert oder in der Fabriknäherei verarbeitet. Anfangs wurde das gesamte Kleidungsstück von einer Person genäht. In der Regel wurde das Nähen von Frauen ausgeführt, deren Löhne geringer waren als die von Männern; zudem hatten sie das Handarbeiten und Nähen schon in der Schule oder im Haushalt erlernt. Die einzige Arbeitsteilung lag in der Spezialisierung auf bestimmte Kleidungsstücke. So gab es spezielle Joppen-, Hosen- und Westenmacherinnen. (171)

Mit Entwicklung der Spezialmaschinen am Ende des vorigen Jahrhunderts begann auch die Spezialisierung auf bestimmte Arbeitsgänge. Eine Näherin mußte nur noch einzelne Teilarbeiten, wie das Aufnähen von Kragen und Revers, Einsetzen der Ärmel oder dergleichen, ausführen. Es waren nur kurze Anlernzeiten erforderlich, so daß sich die Näherinnen untereinander anleiten konnten.

Gelernte Schneider hingegen sind fähig, alle Teilprozesse zu bewerkstelligen. Sie avancieren deshalb oft zum technischen Leiter. Aufgrund ihrer regelrecht handwerklichen Schulung gehören sie zu den bestbezahlten Personen in der Fabrik. (36, S. 54)

Die ersten Fabriken waren mit Tretmaschinen ausgestattet, wodurch eine hohe Flexibilität bezüglich der Aufstellung gegeben war. Als man den Reihenantrieb einführte, wurde der Aspekt der Raumausnutzung wichtiger. Um die Jahrhundertwende waren von 31 Fabriken des Kammerbezirkes zwölf mit Dampfkraft und acht mit Gasmotoren betrieben, während elf ganz ohne Motorantrieb arbeiteten. Die elektrische Stromversorgung war erst in der Entstehung begriffen. Im Jahre 1900 erzeugte erstmals ein städtisches Gleichstromwerk elektrische Energie, 1905 ging ein Drehstromwerk zur Belieferung der Industrie ans Netz. (84, S. 201)

Nähsaal der Firma Müller & Hager im Zweigbetrieb in Rheindahlen, 1925 (124, S. 102)

Erst seit Errichtung des Gladbacher und Rheydter Elektrizitätswerkes fand in der Näherei der Einzug der Elektrizität statt. Dort, wo Dampfkraft beibehalten wird, hat dies Gründe der örtlichen Zweckmäßigkeit. Entweder ist die Fabrik mit einer Weberei verbunden, oder die Dampfmaschine ist mit einem Dynamo verbunden, der die elektrische Kraft selbst erzeugt. Auch kann die Heizung aus den Kesselanlagen mitgespeist werden. (36, S. 68)

Die obige Abbildung zeigt einen Nähsaal des Jahres 1925. Die Näherinnen sitzen in langen Reihen nebeneinander. Unter den Tischen verläuft die Transmissionswelle, die zwei sich gegenüberstehende Maschinenreihen antreibt (Wellen- oder Reihenantrieb). Hier erfolgte der Antrieb schon durch einen Elektromotor. Die neuen Elektromotoren brachten, verglichen mit herkömmlichen Kraftquellen, entscheidende Verbesserungen. Sie waren günstiger zu betreiben und in der Anschaffung billiger und raumsparender. Auch konnten sie wegen ihres relativ geringen Gewichts in mehrstöckigen Gebäuden eingesetzt werden. Sie eigneten sich besonders für die Großkonfektion als Gruppenantriebe. Erst in den 30er Jahren setzte sich der elektrische Einzelantrieb durch. (46, S. 199)

Die Bügelei

Die Bügelei ist die abschließende Stufe der Bekleidungsfertigung. Das Bügeln der fertigen Kleidungsstücke, auch der in Heimarbeit produzierten, fand immer im Betrieb statt. Bügler waren bis in die Vorkriegsjahre des Zweiten Weltkrieges fast ausschließlich

rechts:
Bügler der Firma Frentzen & Cie. (1a)
Die Abbildung zeigt einen Bügler im Jahr 1941 mit Hand-Dampfbügeleisen. Er dressiert Sakko-Vorderteilbelege, das heißt, er erzielt die körpergerechte Form durch Ziehen oder Stauchen des Stoffes unter Einfluß von Dampf und Druck. Es handelt sich hier um bessere Herrenoberbekleidung, da dieses aufwendige Bügelverfahren bei der Herstellung von Berufs- und Arbeitsbekleidung nicht angewandt wurde

Männer, da das Bügeln mit gewichtigen Dampf- oder Kohlebügeleisen Schwerstarbeit war. Als Bügler wurden angelernte Arbeitskräfte eingesetzt; dennoch war Bügler eine feststehende Berufsbezeichnung. (36, S. 54) Bis in die 20er Jahre wurden Bügeleisen mit Kohle beheizt. Andere Bügeleisen wurden auf Kohleöfen aufgeheizt. Die Öfen standen wegen der großen Hitzeabstrahlung außerhalb der Bügelei. Seltener vertreten war die Beheizung mit Preßgas. In der Gladbacher Firma Anton Beyer wurde bis Ende der 30er Jahre noch mit Gasbügeleisen gearbeitet, die auf offener Gasflamme abseits des Bügelplatzes vorgeheizt wurden. (19)

links:
Bügelei der Firma Frentzen & Cie, 1941. (1a)
Die Dampfzuleitung erfolgt über die vertikalen Metallrohre, die über die zentrale Dampfleitung, unter der Decke sichtbar, versorgt wurde.
Die Dampferzeugung geschah normalerweise in einem separaten Kesselhaus

Ganz neu waren in den 20er Jahren Bügeleisen mit »Elektrizität, bei denen der Heizkörper in das Innere des Bügeleisens gelegt ist«. (36, S. 71) Ungefähr gleichzeitig kam die Bügelpresse auf, die wesentlich effektiver als das kleinflächige Bügeleisen war. Es konnten zwar keine feinen Ausbügelarbeiten auf ihr ausgeführt werden, und sie war relativ teuer in der Anschaffung, aber für den hiesigen Raum mit den überwiegend billigen Produkten der Berufs- und Arbeiterbekleidung war sie wegen der erhöhten Produktivität eine lohnende Investition. Mitte der 1930er Jahre waren Bügelpressen in fast jeder größeren Fertigungsstätte im Einsatz. (19)

Spezialmaschinen als Fortschritt der Bekleidungsfertigung

Nach der Jahrhundertwende nahm die hiesige Konfektionsindustrie einen enormen Aufschwung, da man der Nachfrage nach modischer Vielfalt durch Verfeinerung von Teilprozessen in Form der Spezialisierung adäquater Maschinen nachkam. Die Fließbandfertigung, die zukünftig auch echte Massenfertigung zuließ, wurde eingeführt.

Zuschneidemaschinen

Die erste Zuschneidemaschine wurde von einem Gladbacher Fabrikanten im Jahre 1878 von der Weltausstellung in Paris mitgebracht. Sie fand aber erst in den 80er Jahren allgemeine Verwendung in hiesigen Fabriken. (36, S. 56) Ab den 1920er Jahren wurden Bandmessermaschinen und Kreismessermaschinen eingesetzt. Die Bandmessermaschinen wurden von einem Hersteller aus Rheydt produziert (Bandmesser Kölschen, Rheydt; heute Rolltore-Herstellung), die Kreismessermaschinen kamen aus Berlin. Beide Systeme ergänzen sich gegenseitig in den Einsatzmöglichkeiten, und man findet sie deshalb in allen Betrieben gemeinsam vor.

rechts:
Zuschnitt in den Kleiderwerken Paul Vander, 1956 (18a)

unten:
Zuschnitt bei Povel Söhne, Kleiderfabrik, 1956 (18a)

Die Bandmessermaschine

Die Bandmessermaschine besteht aus einem tischähnlichen Gestell, durch dessen Mitte ein Bandmesser über zwei vertikal stehende Räder läuft. Sie ist vor allem für dicke Stoffe und hohe Lagen geeignet, was sie für die Mönchengladbacher Industrie mit ihren groben Buckskin- und Cordstoffen unentbehrlich machte.

Bandmessermaschinen in den 50er Jahren. (1a)
Es handelt sich um die Zuschneiderei der Firma Clemens August Becker in der Rheydter Straße.
Hier ist deutlich die Produktion von Stapelware zu erkennen. Stapelware war die Bezeichnung für billige Konfektion, die aufgrund hoher Schnittstapel und dadurch großer Produktivität preisgünstig war, meist aber eine mindere Qualität aufwies

Die Kreismessermaschine

Die Kreismessermaschine besteht aus einem kreisförmigen Messer, das an einem querstehenden Arm mit einer Hand durch den Stoff geführt wird. Sie arbeitet schneller als das Bandmesser, ist aber nur für den Zuschnitt leichterer Sommerstoffe geeignet.

links: Kreismesser-Zuschneidemaschine Ende der 40er Jahre (161, S. 18)

Spezialnähmaschinen

Der Bau von Spezialnähmaschinen für die Konfektion erfolgte hauptsächlich in Amerika; in Deutschland finden sich für diese Zeit nur zwei bedeutende Anbieter, die bekannten Firmen Dürkopp und Pfaff.

Die Reece-Maschine

Bei der Reece-Maschine handelte es sich um eine Knopflochmaschine, die pro Stunde 325 bis 350 Knopflöcher nähen konnte. Sie schnitt das Knopfloch selbständig ein. Das Verriegeln an den Enden mußte eine Riegelmaschine übernehmen. Reece-Maschinen fanden große Verbreitung, als amerikanische Hersteller eine Art Leasing-System einführten: Die Maschinen wurden nicht käuflich erworben, sondern es wurde ein Mietzins für den Gebrauch berechnet, der sich nach der Anzahl der ausgeführten Knopflöcher richtete, die durch eine Registratur gezählt wurden. (19)

Seit den 20er Jahren waren in den Mönchengladbacher Betrieben auch deutsche

Kragennäherin, 1941. (1a) Diese Aufnahme stammt aus der Gladbacher Firma Clemens August Becker, deren Ausstattung hauptsächlich aus Singer-Nähmaschinen bestand. Die Näherin im Vordergrund steppt Kragen. Das vorn um die Maschine geführte Band ist ein Listerband, auch Eckband genannt, und wird zum Verstärken der Kanten eingenäht

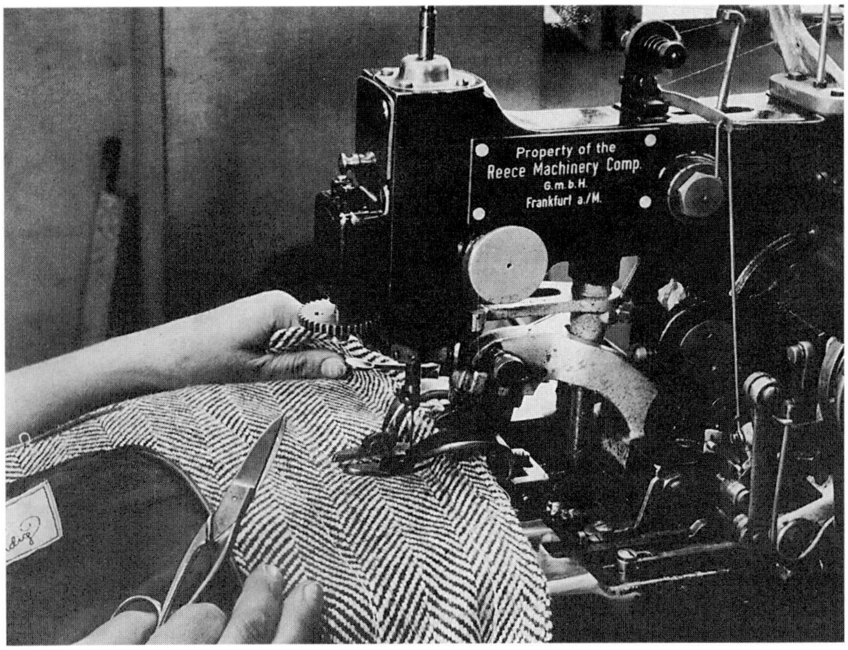

Die Reece-Maschine. (1a) Diese Maschine war Eigentum der Reece Machinery Company in Frankfurt am Main. An ihrem Kopf ist das Zahnrad für die Registrierung der genähten Knopflöcher zu erkennen. Das Foto stammt aus den 50er Jahren, aufgenommen in der Mönchengladbacher Firma Clemens August Becker

Knopflochmaschinen zu finden, die preisgünstiger waren als die amerikanischen Fabrikate. Dennoch konnte die amerikanische Reece-Maschine bis in die 50er Jahre hinein nicht völlig verdrängt werden.

Knopflochautomat in der Herrenkleiderfabrik P. W. Kallen, 1956 (18a)

Knopfloch- und Knopfannähmaschine

Es wurden auch deutsche Knopflochmaschinen in Mönchengladbach eingesetzt. Die Herstellerfirmen konnten nicht ermittelt werden; es ist jedoch anzunehmen, daß es sich um jene handelte, die 1950 auf der ersten Bekleidungsmaschinenmesse ausstellten. Hierzu gehörten zum Beispiel die Firmen Gebr. Poensgen und Emil Hoogland, Köln.

Die in der hiesigen Industrie eingesetzten Systeme waren die folgenden:

1. Die Rundloch-Maschine: Im Gegensatz zur Reece-Maschine besaß sie keinen Einschneidemechanismus. Das Einschneiden mußte die Näherin mittels Handdruckhebel besorgen. Den Verriegelungsprozeß übernahm die Maschine selbständig. Die Herstellung eines Knopfloches dauerte 14 Sekunden. (36, S. 60)

2. Die Flachlochmaschine machte ein gerades Knopfloch in sieben Sekunden, schnitt selbst ein und verriegelte selbsttätig, weshalb sie in den Betrieben liebevoll »Schnelläufer« genannt wurde. Sie kam wegen ihrer hohen Leistung nur für minderwertige Produkte, also billige Stapelkonfektion, zum Einsatz. (36, S. 61)

3. Die Knopfannähmaschine: Während eine fleißige Handnäherin stündlich 40 bis 50 Knöpfe annähte, leistete die Knopfannähmaschine etwa das Zehnfache.

Die Umstech-, Staffier- und Pikiermaschinen

Diese Spezialnähmaschinen wurden in Gladbacher und Rheydter Betrieben schon seit 1915 eingesetzt. Da sie ähnlich wie normale Nähmaschinen funktionierten, konnten sie im Reihenantrieb mitlaufen, im Gegensatz zu den Knopfloch- und Knopfannähmaschinen, die extra aufgestellt werden mußten.

linke Spalte:
Die Spezialbundmaschine, 1941. (1a)
Eine Näherin der Firma Frentzen & Cie. näht Bünde an Hosen. Hier ist auch der im Text beschriebene Umstechstich zu sehen, zu dem billiger Zwirn verwendet wurde

rechte Spalte:
Verarbeitung des Hosenumschlags bei Gebr. Elschenbroich, Rheydt, 1956 (18a)

1. Die Umstechmaschine: Um das Ausfransen des Stoffes an der inneren Naht zu verhindern, wurden die Nähgutkanten umstochen (Überwendlichkettenstich). Waren bei einer *Mannshose 7 Meter Kante zu umstechen, so brachte es eine Näherin auf 16 Hosen pro Stunde, während die Maschine zu einer Leistung von 250 Hosen kam.* (36, S. 61)

2. Die Staffiermaschine: Zum Staffieren (Blindsäumen) von Hosenbeinen wurden Staffiermaschinen verwendet, damit am fertigen Produkt die Naht von außen unsichtbar blieb. Diese Maschinen schafften 25 Hosen in der Stunde, während eine Näherin in der gleichen Zeit drei Hosen säumen konnte. Die Verarbeitung mit dem

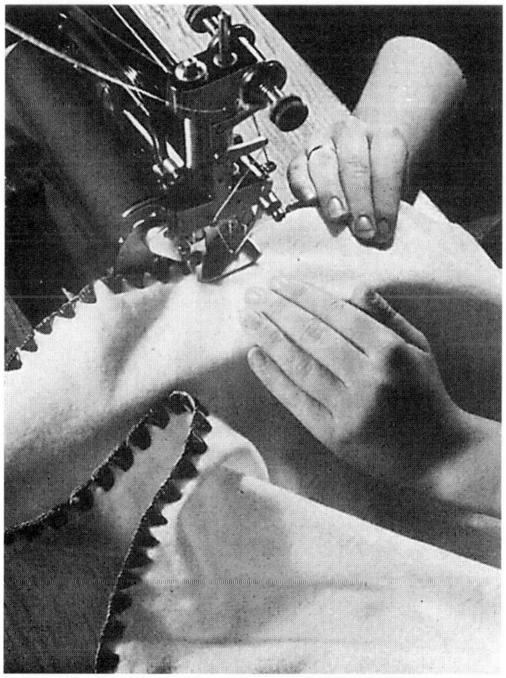

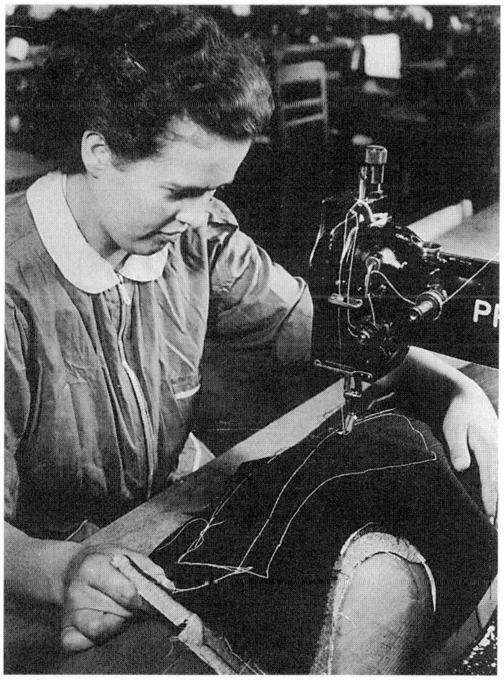

linke Spalte:
Im Hause Vereinigte Rumpuswerke AG wird 1956 an einem Moltonkindertuch der Fächerstich angebracht (18a)

rechte Spalte:
Heftmaschine in der Firma Frentzen & Cie., 1941 (Unterschlagmaschine der Firma Pfaff) (1a)

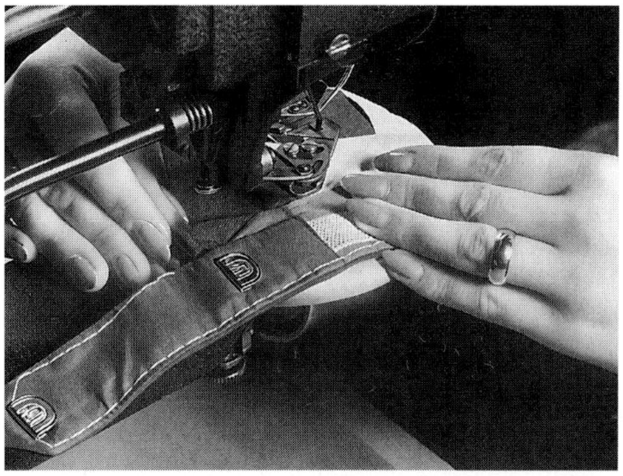

Punktheftung des Bundfutters bei Mitesser & Jansen, 1956 (18a)

Blindsaum war die qualitativ bessere. Da die Blindstechmaschine komplizierter und langsamer war als die Umstechmaschine, war sie in den hiesigen Betrieben seltener vertreten. (36, S. 63)

3. Die Pikiermaschine: Zum Verbinden von Oberstoff und Einlage bei Sakkooberteilen wurden Pikiermaschinen verwendet. 1922 sollen nur zwei hiesige Betriebe eine Pikiermaschine besessen haben. (36, S. 64) Dies zeigt, wie spät die hiesige Bekleidungsindustrie mit der Herstellung besserer Herrenkleidung begonnen hat.

Vor dem Pikieren wurde der Oberstoff für das Sakkovorderteil auf die Roßhaareinlage (hell) und Façoneinlage (dunkler) über einem gewölbten Holzkörper unterschlagen (geheftet), um eine gute Paßform zu erreichen. Dies geschah mit einem einfachen Heftstich. Richtung und Länge der Stiche wurden von der Näherin bestimmt und waren sehr locker, denn sie mußten später leicht aufzutrennen sein.

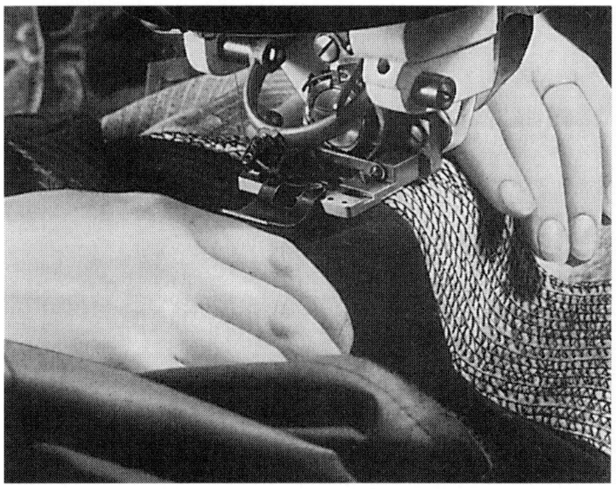

Pikierstich auf der Pikiermaschine. (78, o. S.) Das Bild stammt von den Herren-Kleiderfabriken Mönchengladbach Anton Beyer und ist aus den 50er Jahren. Zu sehen sind Blindeinfachkettenstich-Nähte und der komplizierte Kopf der Blindnähmaschine, der mit dem einer Nähmaschine nur noch wenig gemein hat. Hierdurch entfiel der zeitaufwendige und mühselige Hand-Pikierstich, der am Façon der Herrenjackets und -sakkos angewandt wird

Bügelpressen

Die ersten Bügelpressen waren einfach konstruiert und manuell zu betätigen. Sie bestanden aus dem Auflageteil, das heute als Unterschuh bezeichnet wird, und dem herunterklappbaren Preßteil, dem sogenannten Oberschuh. Beide waren über einen Klappmechanismus miteinander verbunden, der per Hand bedient wurde. Der

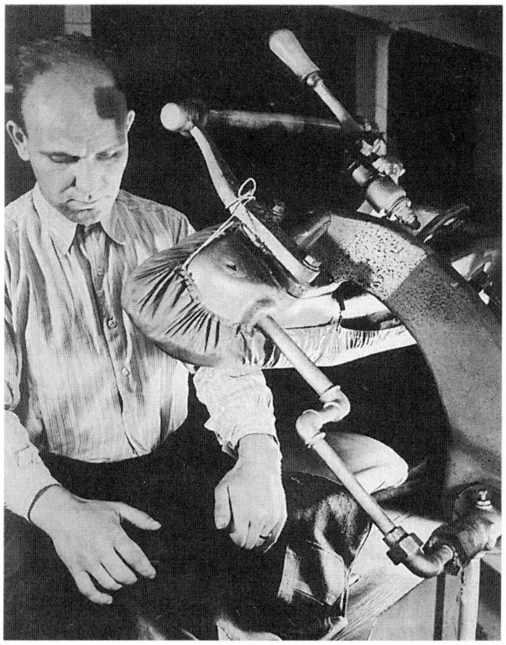

rechts: Bügelpresse ab ca. 1930. (1a) Die Aufnahme stammt aus der Firma Clemens August Becker von 1941. Die Presse ist aber älter und war wahrscheinlich bereits fast zehn Jahre in Betrieb. Die Dampfzuleitung erfolgt über Metallrohre, die den Dampf beidseitig in den Oberschuh führen. Oben ist der Handhebel für das Ventil zu sehen

Druck wurde über ein Pedal ausgelöst und war über ein Rad einstellbar. Nur der Oberschuh wurde mit Dampf versorgt, eine Vakuum- oder Absaugeeinrichtung gab es noch nicht. Das wichtigste Merkmal der Pressen, neben den grundlegenden Bügelfaktoren Dampf, Druck und Zeit, war die körpergerechte Formgebung einer größeren Fläche. In der Firma Anton Beyer war die erste Presse eine Oberkragenpresse, die vor dem Zweiten Weltkrieg schon im Einsatz war. (19)

Bügelpresse 1941. (1a)
An dieser moderneren Presse der Firma Frentzen & Cie. ist ein flexibler Schlauch anstatt der festen Rohre für die Dampfzuleitung erkennbar. Diese Presse hat zwei Arme, am vorderen ist am runden Aufsatz die frühere Rohransatzstelle zu sehen. Durch diese neue Lösung konnten die Pressen raumsparender aufgestellt werden. Oben sieht man die Handhebel, bei deren Herabdrücken das Dampfventil geöffnet wurde

Die Fließfertigung

Die mit Gruppen- oder Transmissionsantrieb versehenen Betriebsanlagen boten zwar den Vorteil geringen Raumbedarfs und geringer Investitionskosten, hatten aber den Nachteil des umständlichen Arbeitsflusses und weiter Transportwege. Der Reihenantrieb, auch Reihensystem genannt, bedingte feststehende, sich gegenüberliegende Maschinenreihen. Die nebeneinander sitzenden Näherinnen arbeiteten in Richtung der Ablagefläche vor ihnen. Da diese aus einer Vertiefung zwischen den gegenüberliegenden Maschinentischen bestand, sprach man vom »In-die-Mulde-Nähen«, ein Ausdruck, der sich bis in die 50er Jahre gehalten hat. (125)

links:
Kragen- und Schulterbügelmaschine in der Otzenrather Kleiderfabrik Bausch GmbH, 1956 (18a)

unten links:
Diskussion über moderne Bügelpressen auf der IMB 73 mit Herrn Donner und Frau Scheres-Koch am Stand von Lemaire (14a)

unten rechts:
Vollautomatische Transportstraße in einer Schirmfabrik in Rheindahlen, 1963 (17a)

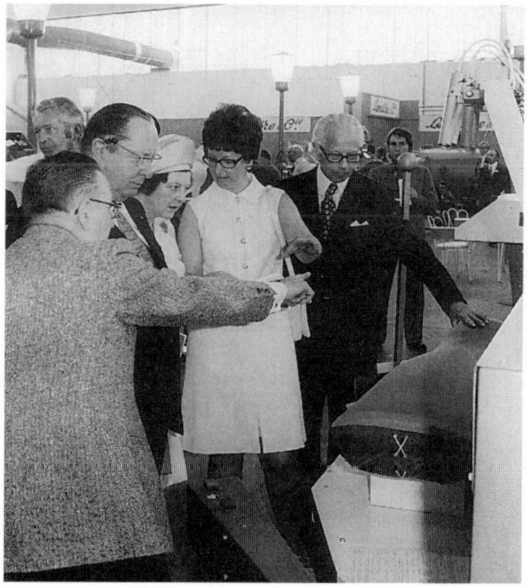

Nach Einführung des Einzelmotorantriebs konnte man zur ablaufbedingten Aufstellung der Maschinen übergehen. Überlegungen zur optimalen Positionierung der Maschinen und die daraus resultierende »Fließfertigung« ermöglichten verschiedene Verfahrensweisen:

1. Das *Schiebeverfahren* bestand aus dem manuellen Weiterschieben von Einzelteilen oder Bündeln.

2. Das *Bandverfahren* (Fließband, Schalenband oder Taktband): Von anderen Industriefertigungen übernommen, wurde es Ende der 30er Jahre in der Bekleidungsindustrie eingeführt.

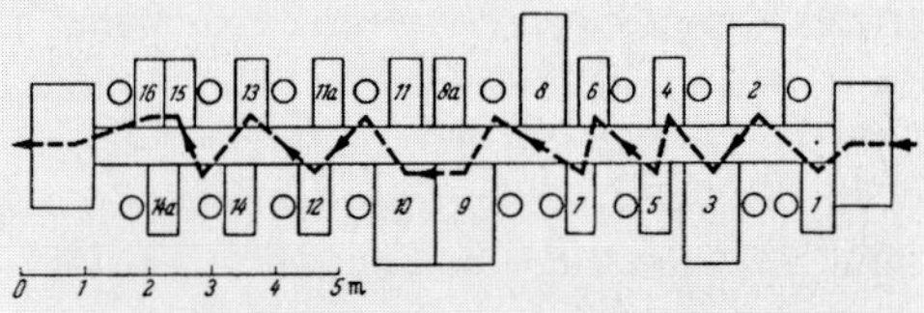

Das Schiebeverfahren mit kombinierter Platzanordnung. Bei diesem, auch als »Schulsystem« bezeichneten Verfahren waren die Maschinen quer zum Ablage- oder Schiebetisch aufgestellt, wobei alle Arbeitskräfte in eine Richtung blickten (45, S. 122)

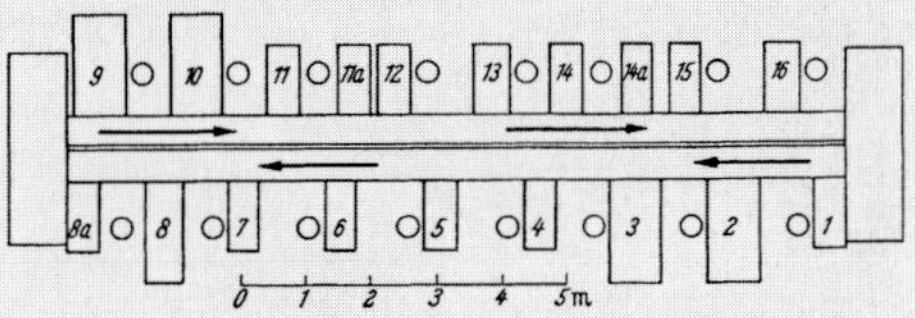

Doppelseitige Fließbandanlage. Die Bänder können mit Vor- und Rücklauf sowie mit einseitiger Bewegung arbeiten (45, S. 123)

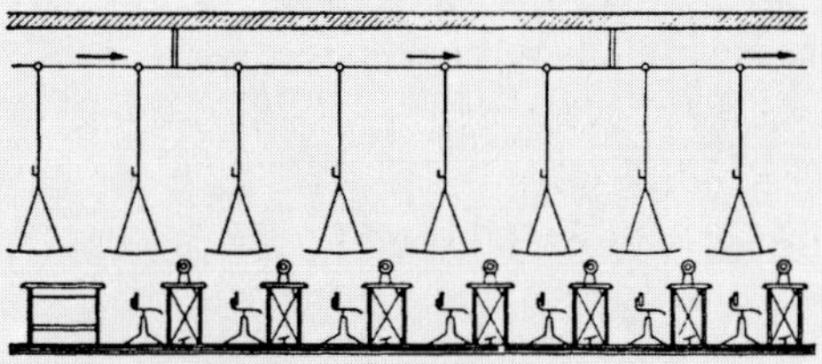

Das Schalenband (45, S. 127)

Bildtext (original) aus dem Jahre 1963: »Nähsaal - heute und morgen eine beliebte Beschäftigung für Frauen« (17a)

Bandfertigung in den Kleiderwerken Paul Vander, 1956 (18a)

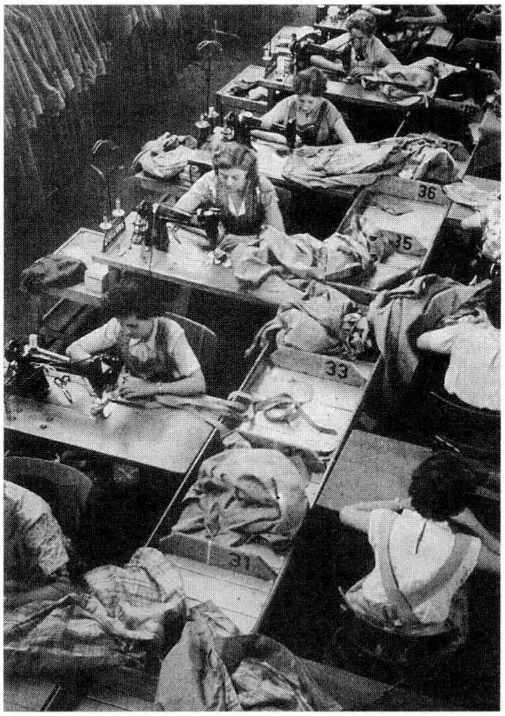

links:
Taktbandanlage bei der Firma Vitus & Köhlen 1941. Gefertigt wurden Regenmäntel, hier mit kariertem Innenfutter. Betrachtet man die einzelnen Arbeitsplätze, wird deutlich, daß jede Näherin einen anderen Arbeitsgang verrichtete. Die Arbeitsgänge wurden dem Produktionsablauf gemäß nacheinander ausgeführt (1a)

3. Das *Synchronverfahren:* Die Maschinen sind dem Arbeitsablauf entsprechend aufgestellt. Der Transport erfolgt mittels schrägstehender Rutschen. Die Voraussetzung des Einzelantriebs wird hier besonders deutlich.

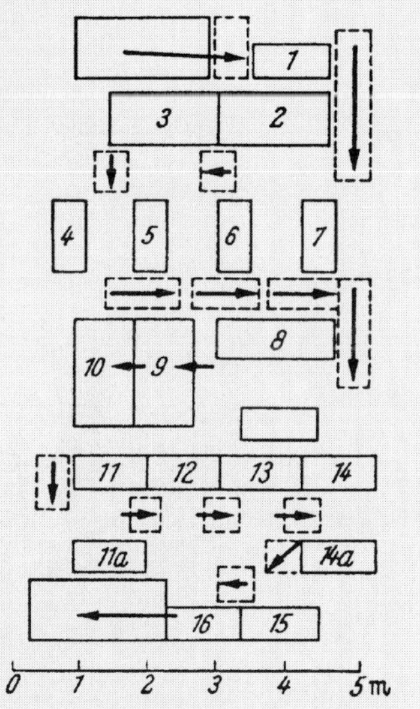

Synchronanlage. Bei Synchronanlagen werden mehrere Einzelteile gleichzeitig bearbeitet. (45, S. 127)

Die Produkte der Mönchengladbacher Bekleidungsindustrie

In allen Standorten der deutschen Bekleidungsindustrie gibt es typische Produkte. Die Berliner Damenoberbekleidungsindustrie oder die Zentren für Herren- und Knabenoberbekleidung in Stettin und Breslau waren wesentliche Beispiele für eine derartige Spezialisierung. Auch die sächsische und die Berliner Herrenwäscheindustrie, die Krawattenherstellung in Neuss und Krefeld oder die Konzentration der Hosenträgerindustrie auf Westberlin nach dem Zweiten Weltkrieg sind Ergebnisse der notwendigen Reaktion auf modische Marktforderungen. Die Hutindustrie, welche ihre Schwerpunkte früher in Brandenburg (Filzhüte) und Sachsen (Damenhüte) hatte, verlagerte sich nach dem Zweiten Weltkrieg nach Westdeutschland. Im folgenden sollen die typischen Produkte der hiesigen Bekleidungsindustrie beschrieben werden.

Nähautomat auf der IMB unter den kritischen Blicken von Frau Scheres-Koch und Herrn Koller (beide zusammen »K & K« genannt), »assistiert« von Staatssekretär Lahnstein (dritter von rechts) (14a)

DIE BEKLEIDUNGSINDUSTRIE IN DER BUNDESREPUBLIK DEUTSCHLAND
BESCHÄFTIGTE ENDE 1952
Schleswig-Holstein 6 000
Aurich 20
Hamburg 5 400
Bremen 1 400
Stade 700
Oldenburg 3 100
Lüneburg 1 300
Hannover 4 900
Osnabrück 4 300
Braunschweig 3 200
Detmold 25 600
Münster 11 400
Düsseldorf 28 100
Arnsberg 6 200
Hildesheim 2 100
Kassel 5 000
Köln 8 800
Aachen 2 300
Montabaur 400
Darmstadt 7 000
Wiesbaden 7 500
BERLIN (WESTSEKTOREN)
Koblenz 1 400
Trier 100
Rhein-Hessen 1 100
Unterfranken 10 100
Oberfranken 8 500
Pfalz 2 100
Nordbaden 7 200
Mittelfranken 2 800
Oberpfalz 2 300
Nord-Württemberg 19 800
Niederbayern 2 000
Oberbayern 9 900
Schwaben 4 500
Württ.-Hohenzollern 9 100
Baden-Süd 4 500
Lindau 1 800
221 920
67 400 Herrenoberbekleidung
38 160 Damenoberbekleidung
15 800 Berufs- u. Sportbekleidung
48 240 Wäsche
10 940 Mieder
6 700 Regenschutzbekleidung
3 280 Krawatten u. Schals
4 400 Hüte
27 000 Sonstige Fachgebiete
221 920 Gesamt
SCHLESWIG-HOLSTEIN 6000
AURICH 20
HAMBURG 5400
BREMEN 1400
STADE 700
OLDENBURG 3100
LÜNEBURG 1300
OSNABRÜCK 4300
HANNOVER 4900
BRAUNSCHWEIG 3200
MÜNSTER 11400
DETMOLD 25600
HILDESHEIM 2100
DÜSSELDORF 28100
ARNSBERG 6200
KASSEL 5000
AACHEN 2300
KÖLN 8800
MONTABAUR 400
KOBLENZ 1400
WIESBADEN 7500
ZU DARMSTADT
TRIER 100
RHEIN-HESSEN 1100
DARMSTADT 7000
UNTERFRANKEN 10100
OBERFRANKEN 8500
SAARLAND
PFALZ 2100
NORD BADEN 7200
MITTELFRANKEN 2800
OBERPFALZ 2300
NORDWÜRTTEMBERG 19800
NIEDERBAYERN 2000
WÜRTT.-HOHENZOLLERN 9100
SCHWABEN 4500
BADEN-SÜD 4500
OBERBAYERN 9900
LINDAU 1800

Die Produkte der hiesigen Textilindustrie

Im Laufe des 19. Jahrhunderts hatten sich die meisten Webereien in Gladbach und Rheydt auf die Herstellung halbwollener und baumwollener Stoffe, »Zeuge« genannt, spezialisiert. Zu den halbwollenen Stoffen gehörten Tirthey, Whipcord und Lodenstoffe. (207, S. 149) Das bekannteste Erzeugnis war der Gladbach-Rheydter Buxkin oder Buckskin (engl. Bocksfell). Dieses billige, robuste Gewebe bestand aus einer gezwirnten Baumwollkette und einem aus Wolle, Baumwolle und Leinen gemischten Schuß. In den besseren Buckskinsorten bestand der Schuß aus Streichwolle. (58, S. 67–68) Buckskin war ein sehr haltbarer Stoff und eignete sich besonders für »einfache, billige Hosenzeuge«. (58, S. 118). Von den Einheimischen wurde er einfach als »Gladbacher Knupp« bezeichnet. (Es ist möglich, daß der umgangssprachliche Ausdruck »Buchse« für Hose seinen ethymologischen Ursprung im Buckskin-Hosen-Zentrum Mönchengladbach hat.) Als weiteres halbwollenes Erzeugnis wurde ab 1882 von der Gladbacher Wollindustrie AG, vormals Josten, der »Josten Buckskin« auf den Markt gebracht. Offenbar war dies eine lukrative Erfindung, denn »die Josten-Hosen, Josten-Jacken und -Mäntel wurden ein Schlager«. (91, o. S.)

Zu den baumwollenen Stoffen zählten Zwirnstoffe, wie Pilot, und Genua-Cord (auch Manchester genannt), die fast ausschließlich zu Arbeitshosen verarbeitet wurden. Weiterhin Baumwollstoffe waren Reitcord, Moleskin, Schilfleinen, Köper, einfarbig und buntgestreift, woraus die oft als Spezialität gepriesenen »echtfarbigen Hosenstoffe« bestanden. (207, S. 147)

In den Anfängen der Konfektionsindustrie bestanden die Produkte der hiesigen Textilindustrie demnach aus billigen, groben Stoffen. Das Vorhandensein dieser Stoffe und die gleichzeitige Nachfrage nach günstiger und robuster Arbeitskleidung prägten die frühen Konfektionsartikel.

Zur Anfertigung des Artikels werden zum größten Theile hiesige Fabrikate, und zwar besonders schwere baumwollene und halbwollene Stoffe, so dann von englischen Stoffen Moleskin und halbwollene Zeuge verwendet. (74)

Aus diesem Grund hatte die Gladbacher Konfektionsindustrie lange Zeit eine Monopolstellung auf dem deutschen Markt in der Lieferung billiger Herrenkonfektion sowie Arbeiter- und Berufsbekleidung.

Abbildung Seite 282: Beschäftigtenzahlen der deutschen Bekleidungsindustrie 1952 (269)

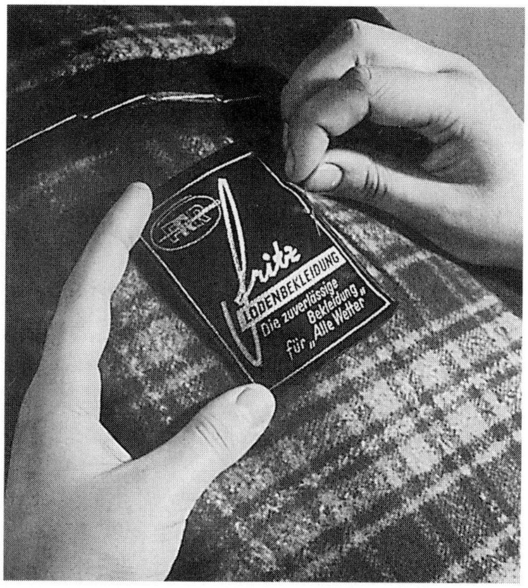

Loden-Markenzeichen der Mechanischen Kleiderfabrik Fritz Roscher KG, Rheydt, 1956 (18a)

Werbeanzeige der Mechanischen Kleiderfabrik H. Mühlen & Co. (159, o. S.)
Die Rheydter Kleiderfabrik in der Friedhofstraße gehörte 1922 schon Heinrich Frentzen, dem Inhaber der Kleiderfabrik Frentzen & Cie. Sie stellte 1927 die rechts im Bild angegebenen Produkte her

Arbeitshose.
Größe 38—50.
Die Taillenweite ist durch Gummizug regulierbar Eine Tasche liegt in der rechten Seitennaht. Die Hosenbeine können am Fußgelenk enger gestellt werden
Material:
Baumwolle
Bluse mit Riegelverschluß.
Größe 38—50
Tiefeingesetzte Ärmel geben die nötige Bewegungsfreiheit.
Material:
Baumwolle oder Halbleinen.
LK 312

Empfehlung für Arbeitskleidung im Jahre 1954 (»Form erprobt durch Bundesforschungsanstalt für Hauswirtschaft«, Bad Godesberg) (270)

Berufs-, Arbeiter- und Sportbekleidung

Einer der ältesten hier gefertigten Artikel war der blaue Leinenanzug für Schlosser. Wahrscheinlich wurden solche Arbeiteranzüge schon vor Beginn der Fertigkleiderherstellung in Heimarbeit hergestellt. Die Fabrikation wurde bis in die 60er Jahre dieses Jahrhunderts betrieben. Ähnlich alt ist der aus Zwirnstoffen gefertigte Arbeiteranzug. Ein weiteres Produkt war »der weißleinene Kittel für Ärzte sowie der grau- und weißleinene für Gärtner und Bäcker«. (36, S. 38)

Um die Jahrhundertwende begann man mit der Fabrikation von Sportkonfektion. Um 1900 war der Radsport in Mode gekommen und galt als die am meisten gepflegte Sportart in der Region. (58, S. 76) Sportjoppen und -hosen waren in erster Linie legere Bekleidungsstücke aus Manchester. So war die Radlerhose einfach eine weite Pluderhose. Ansonsten unterschied sich diese Sportbekleidung in Schnitt und Aussehen wenig von der normalen Arbeiterkleidung. Die Sporthosen waren meist aus einem blauen Tuchstoff. (45, S. 400) Seit ca. 1920 wurden im Mönchengladbacher Textilbezirk außerdem Tropenanzüge, Beamten- und Angestelltenkleidung gefertigt, »wenn sie auch an Plätzen besserer Konfektion in größeren Mengen hergestellt« wurde. Vereinzelt sollen in Mönchengladbach auch Chauffeuruniformen gefertigt worden sein.

Etwa zur gleichen Zeit kam Skibekleidung in Mode und wurde von vielen hiesigen Betrieben ins Produktionsprogramm aufgenommen. Bekannte hiesige Produkte waren die Skihose, die Ski-Knickerbocker, die Skijacke und die Slalombluse. Letztere war eine Überjacke aus schneedichtem, imprägniertem Baumwollstoff (Popeline), die über der Skijacke getragen wurde. Weiterhin wurde Reitbekleidung gefertigt; dazu gehörte auch Jagdfaçon. (36, S. 39) Façon umschreibt das Gestalten oder Formen von Gesamtbekleidung oder einzelnen Teilen. Unter Jagdfaçon verstand man eine aufwendig gearbeitete Reitjacke mit Revers. (45, S. 379) Ein Produktionsschwerpunkt lag jedoch auf ländlicher Arbeiterbekleidung. Dazu gehörte die sog. »Laubenpieperjacke«, eine Zwirnjoppe aus dünnem Baumwollgewebe. Der Stoff selbst war grün und hatte an der Oberseite weiße Noppen, weshalb er im Mönchengladbacher Raum allgemein »Pfeffer und Salz« genannt wurde. (125)

Anzeige der Kleiderwerke Jacob Potting. (124, o. S.) Die hier abgebildete Anzeige wirbt für mehrere Produkte. Im Zweigwerk Mönchengladbach war die Fabrikation der Sportbekleidung untergebracht. Das Waldnieler Werk war auf Hosenfertigung spezialisiert. In Hochneukirch wurde billige Herrenoberbekleidung hergestellt. Loden und Leinen sind Produkte der hiesigen Textilindustrie und bezeichneten die Jacken aus diesen Geweben. Lüstre war die Bezeichnung für dünne Baumwolljoppen

Die Hose

Hosen werden in Mönchengladbach seit über 150 Jahren konfektioniert. Die ersten Hosen muß man sich sehr einfach vorstellen. Sie waren in der Regel vorn oder seitlich mit Knöpfen verschlossen. Durch wenig differenzierte Größensysteme ließ sich eine körpergerechte Paßform nicht realisieren: Man trug üblicherweise Hosenträger. Die einfache Hose, auch als »glatte Hose« bezeichnet, wurde am Saum ohne Umschlag gearbeitet. Die normale Hose war die »Spitzbundhose«, die in der Hinterhose einen hochgezogenen Bund für den Hosenträgeransatz hatte. Die »Rundbundhose« hingegen war so konzipiert, daß sie ohne Träger getragen werden konnte. Dies war die modernere Form, die erst in den 20er Jahren dieses Jahrhunderts aufkam. (45, S. 383)

Der Herrenstraßenanzug um die Jahrhundertwende. Die Figur trägt das Modell eines einreihigen, mit vier Knöpfen zu schließenden Sakkos (59, o. S.)

Die Herrenoberbekleidung

Bis zur Jahrhundertwende wurden komplette Anzüge aus einheitlichem Stoff in der Gladbacher Konfektionsindustrie nicht hergestellt. Erst um 1910 begann man mit der Produktion »billiger Herrengarderobe aus Buxkin und Cheviots hiesiger Webereien«. Zudem war die Fabrikation billiger Lodensachen, wie Mäntel, Pelerinen und Joppen aufgekommen. Letztere waren ein- oder zweireihige, hochgeschlossene Jacken mit Steh- oder Umlegekragen. Neben der Hose waren sie besonders typische Produkte der Mönchengladbacher Konfektionsindustrie. Kurz darauf kam die Knaben- und Burschenkleidung hinzu, die »in Art der Herrengarderobe« durch preiswerte Stoffe und einfache Verarbeitung sehr günstig angeboten werden konnte und fast nur in Arbeiterkreisen gekauft wurde.

In den 30er Jahren wurde allmählich die Sakkofabrikation aufgenommen. So begann zum Beispiel die Firma Clemens August Becker mit der Fertigung besserer Herrenoberbekleidung. Hierzu war eine Veränderung der bisherigen Hosen- und Jackenform nötig. Man kam von der Joppe zum Sakko. »Sacco oder Sakko ist eine

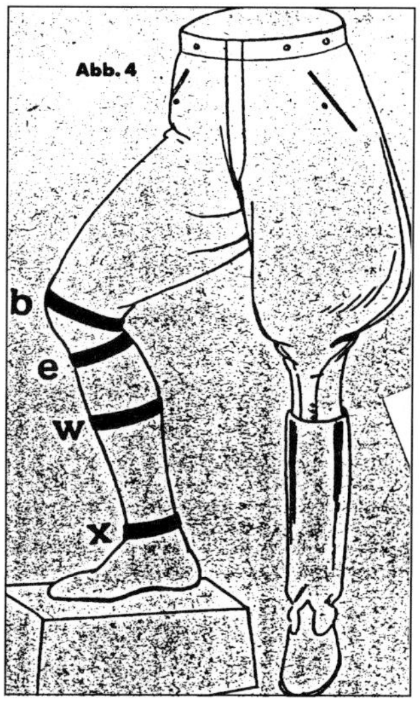

Die Breecheshose. Diese Stiefelform der Breecheshose stammt aus den 30er Jahren und zeigt die verschiedenen Weitenmaße der typischen Sporthose: b = Knieweite; e = Kniebandweite; w = Wadenweite; x = Knöchelweite. Wie aus Anzeigen von hiesigen Kleiderfabrikanten hervorgeht, wurden verschiedene Hosenmodelle hergestellt. Die Breecheshose war besonders beliebt (45, S. 400)

Drei Jackenformen aus der Kollektion der Firma E. Sempell & Co., ca. 1950. Die Joppe Form 14 ist eine Winterjoppe in sportlicher Form. Die Form 13 zeigt die weniger legere Form, die von vielen Angestellten getragen wurde. Form 30 stellt einen Stutzer dar und zeigt den Unterschied zur Joppe: Er ist doppelreihig geknöpft und ist eine Alternative zum Mantel, nicht zum Sakko (66)

rechts:
Der Kleiderfabrikant Julius Katzenstein 1914. (1a)
Das Foto zeigt den 1914 in den Heeresdienst getretenen Julius Katzenstein mit Pickelhaube. Die Uniform war sicher noch nicht in einem hiesigen Betrieb produziert worden. Sie bestand aus einer vorn zu knöpfenden einfachen Hose und der Uniformjacke, die einreihig und bis oben geschlossen war

fremdländische, jedoch handelsübliche Bezeichnung für Joppen mit offenem Fasson (Revers). Das Stück ist meist mit Wattierung oder doch etwas besser verarbeitet als die einfachsten Baumwoll- oder Baumwollcordjoppen.« (45, S. 399)

Anfang der 40er Jahre wurde ein Haka-Führer herausgegeben, der die Mönchengladbacher Firmen und ihre Produkte auflistete. Die Auflistung der Firmen verdeutlichte, daß sich zu dieser Zeit die Produktion von Straßenanzügen über Ski- und Sportkleidung bis hin zu verschiedenen Mantelformen erstreckte. Die feineren Garderoben wie Smoking, Frack und Abendanzüge wurden im hiesigen Raum nicht hergestellt.

Uniformen

Uniformen wurden in der Region Mönchengladbach zu Friedenszeiten nicht hergestellt. Erst die Zwangswirtschaft während der beiden Kriege erforderte die Umstellung der Produktion von Zivil- auf Militärbedarf. So wurden in hiesigen Firmen während beider Kriege Drellanzüge, Uniformjacken, Reithosen, Wehrmachtshosen, parteiamtliche Kleidung (Firma Franz Lamerz in Mönchengladbach) sowie Uniformen für Post und Eisenbahn gefertigt.

Die Firma Bausch & Hützen in Rheydt-Odenkirchen, 1889 als Weberei gegründet, betrieb seit 1923 eine eigene Kleiderfabrik. Seit ca. 1935 stellte sie aus den sogenannten PL-Stoffen (PL für Politischer Leiter) der eigenen Weberei Lazarettanzüge her. Außerdem produzierte man Genua-Cord-Stoffe für die selbst konfektionierten kurzen Hitlerjugend-Hosen. Man vernähte auch einen von der Heeresbekleidungsstelle zugelieferten und schon zugeschnittenen Walkstoff zu Marinelatzhosen. (89)

Bei der Firma Frentzen & Cie. wurden Schutzanzüge aus weißem Stoff hergestellt, die bei der Marine zum Einsatz gekommen sein sollen. Diese waren mit einem Steppstoff gefüttert, der ein chemisches Pulver enthielt. Es ist nicht geklärt, ob dieses Material feuerfest sein oder im Wasser einen tragenden Schwimmwesteneffekt entwickeln sollte. Jedenfalls scheint es giftig gewesen zu sein, denn mehrere Näherinnen entwickelten allergische Reaktionen. (60)

Die Kleiderwerke Jacob Potting produzierten im Zweiten Weltkrieg Wehrmachthosen. Gegen Ende des Krieges ging man dazu über, aus alten Uniformen bzw. Uniformoberteilen neue Jacken für die Zivilbevölkerung, die sog. Stutzer, zusammenzustückeln. Für viele Gladbacher und Rheydter Firmen war der Slogan der Nachkriegszeit: »Aus alt mach neu.« (99)

Die Firma Heinrich Prieß war gezwungen, weiße Schneehemden als Tarnüberzüge für die Soldaten im Rußlandfeldzug zu nähen. Dem Inhaber Wilhelm Müller wurde mit der Todesstrafe gedroht, um die Produktion voranzutreiben. (125)

Während der NS-Zeit war die Kleiderfabrik Flörsheim & Co. gezwungen, SS- und SA-Hosen herzustellen. (56, S. 245)

Die ebenfalls jüdische Firma Friedenheim & Strauß fertigte bis zu ihrer »Arisierung« SA-Uniformen. Hierzu schreibt Günter Erckens: »Die Firma hatte schon im Jahr 1935 knielange Wanderhosen hergestellt, [...]. In ihrer schwarz-blauen Farbe hatten diese Hosen eine gewisse Ähnlichkeit mit den kurzen Hosen, die das ›Deutsche Jungvolk‹ als Teil ihrer Uniformen trug.« (56, S. 259) (Dies wurde von der Gestapostelle in Mönchengladbach als Anlaß zu einer Strafanzeige gegen die Firma wegen »heimtückischer Angriffe auf Staat und Partei« genommen.) (56, S. 259)

Die Entwicklung der Kleiderfabriken im Wandel der Zeit

Nach der Jahrhundertwende wurde die Mönchengladbacher Bekleidungsindustrie geprägt von zwei Weltkriegen, die krisenartige Erschütterungen nach sich zogen. Wandel war vorprogrammiert, der mit enormer Anpassungsfähigkeit vollzogen wurde.

Die Entwicklung bis zum Ersten Weltkrieg

Die ersten Einträge Gladbacher Kleiderfabriken finden sich im Gladbacher Adreßbuch von 1883. (Das älteste noch erhaltene stammt von 1878, und darin ist noch keine Kleiderfabrik aufgeführt. Franz Müller, Gründer der Kleiderfabrik Müller & Hager, ist als Kaufmann, Wohnsitz Rheydter Straße 31, eingetragen. Für die Jahre zwischen 1878 und 1883 fehlen dem Stadtarchiv die Adreßbücher.) Das älteste Rheydter Adreßbuch ist von 1890. In diese Zeit fällt auch der Übergang von der Kleiderfabrik, die schon ab zehn Arbeitern oder Angestellten so betitelt wurde, zur Mechanischen Kleiderfabrik.

Zu den ersten »Kleiderfabriken und Confection en gros« gehören laut den genannten Adreßbüchern folgende Firmen in Mönchengladbach:

Cohen & Schlecht	Krefelder Straße 167
Hans & Köhler	Flieth 78
Micheel & Cie.	Rheydter Straße 20
Müller & Hager	Rheydter Straße 31
Hubert Schmitz	Pescher Straße 79
von Roth & Eichmann	Bahnhofstraße 20
Schroers & Schultz	Bahnhofstraße 68
Sporken & Cie.	Viktoriastraße 18
Wertheim	Krefelder Straße 267

und in Rheydt:

Carl Everling	Friedrich-Wilhelm-Straße 9
Hermanns & Stümges	Hauptstraße 193
Gebr. Isaac	Hauptstraße 91
Louis Meyer	Friedrich-Wilhelm-Straße 91

Die Entwicklung der hiesigen Betriebsdichte bedingte, daß die Fabriken- und Arbeiterzahlen der ersten 40 Jahre der Mönchengladbacher Bekleidungsindustrie stetig anwuchsen. Seit der Gründung der Fabrik Müller & Hager 1871 war die Anzahl der Kleiderfabriken bis 1914 auf 100 angestiegen.

Die Kleiderfabrik Fröhlich & Co. wurde 1901 von Oskar Fröhlich an der Schwogenstraße 49 in Gladbach gegründet. 1923 zog man ins Hansahaus am Gladbacher Bahnhof, Ecke Goebenstraße und Steinstraße. Später wurde der Betrieb in die erworbenen Fabrikationsräume an der Lürriper Straße 22/24 verlegt, die auf dem Briefkopf von 1927 (Abb. S. 290 oben) abgebildet sind. Vorher hatte dort die Firma Jacob Potting ihre Produktion gehabt. Die Kleiderfabrik Fröhlich & Co. stellte Männer-

Briefkopf der Mechanischen Kleiderfabrik Fröhlich & Co. (1a)

anzüge und Hosen aus Wolle und Baumwolle her. Die Zahl der Arbeitnehmer schwankte zwischen 70 und 150. 1939 wurde die Firma zur Kleiderfabrik Hensges & Klever »arisiert«. (56, S. 265-267)

Zum Ende des Jahrhunderts gab es viele Neugründungen von Kleiderfabriken, so daß allgemein ein Niedergang der Branche befürchtet wurde. Unerfahrene Fabrikanten verdarben mit Schleuderpreisen den Markt und das Ansehen der Konfektion. Zwei weitere Faktoren erschwerten den Stand der Industrie: Erstens drängte die Konfektionsindustrie Englands und Frankreichs auf den europäischen Markt, zweitens erschwerten Zollerhebungen den Export. Der Export lebte kurz nach der Jahrhundertwende auf. Neue Absatzgebiete in den deutschen Kolonien waren hinzugekommen; ebenso begünstigten Handelsverträge mit Italien, Belgien, den Niederlanden und der Schweiz diese Wendung. (36, S. 87)

Eine weitere Produktionssteigerung wurde um 1910 durch technische Errungenschaften (um 1890 Spezialmaschinen, zum Beispiel die Zuschneidemaschine, seitdem Stapelware) und Nutzung der Elektrizität erreicht. Es kam besonders in den Jahren von 1906 bis 1914 zu einer Vielzahl von Firmenneugründungen. Als Beispiele seien folgende damals gegründete und heute noch existierende Firmen genannt: Frentzen & Cie., gegr. 1910, heute: Edler von F., Neuhofstraße 40; Michael Irskens, gegr. 1911, Lürriper Straße 60, heute: Michèle-Moden, Dohrweg 25; Potting & Becker, gegr. 1912, heute: Jacob Potting GmbH & Co. KG, Waldnieler Straße 52.

Letztere entstand mit Jahresbeginn 1912 unter dem Firmennamen Potting & Becker an der Lürriper Straße 22/24. Die Gründer

Kleiderwerke Jacob Potting K.G. (1a)
Die Firma zog in den 20er Jahren nach dem Verkauf ihrer Betriebsstätte in der Lürriper Straße in die Güterstraße 47. Einige Jahre später wurde Potting Alleininhaber und verlegte den Betrieb an die Waldnieler Straße/Ecke Sternstraße (56, S. 243)

waren Jacob Potting, der vorher bei der Firma Müller & Hager gelernt und gearbeitet hatte, und Josef Becker, der zehn Jahre bei der Kleiderfabrik Flörsheim & Co Prokurist gewesen war. (56, S. 243) Sie hatten den üblichen Weg gewählt: Man lernte bei einer Firma, arbeitete dann in einem Zweigwerk und erhielt nach ca. zehn Jahren die Möglichkeit, dieses Werk zu kaufen und unter eigenem Namen weiterzuführen. Die Unternehmer versuchten dadurch, die Zusammenarbeit und ein Verbundenheitsgefühl der eigentlich zur Konkurrenz werdenden Kleiderfabrikanten zu erhalten und zu fördern. (128)

Kriegswirtschaft 1914 bis 1918

Über die ersten Stockungen, die der Schock über den Kriegsausbruch auslöste, halfen der Textil- und Bekleidungsindustrie Heeresaufträge der Militärbehörde hinweg. Gegen Ende des Jahres 1914 waren die meisten Betriebe, hauptsächlich »in Militärartikeln«, ausreichend ausgelastet. (36, S. 175) Die Vergabe der Heeresaufträge erfolgte anfangs willkürlich und brachte den jeweiligen Fabrikanten nicht nur gute Einnahmen, sondern auch Begünstigungen bei den Behörden. Dies führte dazu, daß sich Unternehmer, die weder eine Kleiderfabrik besaßen noch sonst etwas mit der Bekleidungsbranche zu tun hatten, um Heeresaufträge bemühten. Sie verkauften diese dann teuer an hiesige Kleiderproduzenten weiter.

Die Fabrikanten versuchten, diese Mißstände zu bekämpfen, und überzeugten die Heeresverwaltung von der Sinnlosigkeit, einzelne Aufträge an unbekannte Firmen mit oft unzureichender Kapazität zu vergeben. Schließlich ging die Heeresverwaltung 1917 dazu über, die Verteilung der Aufträge durch die Verbände regeln zu lassen. (36, S. 180–186)

1916 machte sich Rohstoffmangel bemerkbar; die Heeresaufträge für die Konfektionsindustrie gingen zurück. Dies führte zu ersten Beschäftigungseinbußen. Von der eingesetzten Reichsbekleidungsbehörde wurden Maßnahmen ergriffen, um die Betriebe länger auslasten zu können und Lohnreduzierungen entgegenzuwirken.

Im August 1916 war für Kleiderfabrikanten das Verbot erlassen worden, auf Lager zu arbeiten. Um die Versorgung der Zivilbevölkerung sicherzustellen, wurden gleichzeitig Bezugsscheine eingeführt. Weitere Restriktionen regelten die Arbeitszeit eines Betriebes, die 30 Stunden pro Woche nicht

Ausstellung dieses Bezugsscheins sind die auf der Rückseite angegebenen Vorschriften genau durchzulesen! Die Gewerbetreibenden haben insbesondere Ziffer 6 bis 9 zu beachten, bei Stoffen auch die Stoffhöchstmaß-Bekanntmachung (Mitteilungen der Reichsbekleidungsstelle Nr. 9, S. 7) und die Stoffhöchstmaßliste (Beilage zu Mitteilungen Nr. 9 und Aenderungen in Mitteilungen Nr. 10, 21 u. 36).

Bezugsschein A II Reichsbekleidungsstelle

Zuname und Stand (stets anzugeben) – bzw. Firma – Wohnort, (falls verschieden vom Ort der ausfertigenden Behörde), Straße u. Hausnummer (bei größeren Orten stets anzugeben) des Antragstellers

Mühlens Christian Vertreter

benötigt für (es darf nur eine Person aufgeführt werden!)

und Zuname des Familienmitgliedes – bis 15. Lebensjahre stets auch Angabe des Alters – bzw. Art des Betriebes)

Gegenstand: Angabe, wieviel Stück, Paar oder Meter – nur in Buchstaben, – genaue Bezeichnung der Ware, bei Stoffen auch Angabe des Zwecks. Stoffbewilligung ist ausschließlich höchstens das in der Liste der Stoffhöchstmaße umrandete und fettgedruckte Normalmaß zu vermerken)

Jeder Bezugsschein darf nur auf eine Warenart lauten! Siehe Rückseite Ziffer 4 und 8d.

Nur auf die Zeile schreiben! Leere Zeilen sind mit Strich zu füllen!

Die Notwendigkeit der Anschaffung wird hiermit bescheinigt*).

(Stempel der ausfertigenden Behörde)

(Ort und Datum. — Nur entbehrlich, soweit deutlich aus dem Stempel ersichtlich)

M. Gladbach 4. 12. 18

(Unterschrift des mit der Ausfertigung beauftragten Beamten bzw. Angestellten oder dessen Unterschrift-Stempel mit seinem von ihm handschriftlich beigefügten Namenszeichen [Signum])

*) Bei Ausstellung des Bezugsscheines gegen Abgabebescheinigung ist dieser Satz zu durchstreichen.

Dieser Bezugsschein ist nur innerhalb zweier Monate, vom Tage der Ausfertigung ab gerechnet, gültig!

Bezugsschein der Reichsbekleidungsbehörde. (1a) Dieser Bezugsschein stammt von 1918 und ist an den Vertreter Christian Mühlens über einen Überzieher, also einen Mantel, ausgestellt

überschreiten durfte, und den Einsatz mechanisch betriebener Näh- und Spezialmaschinen. (36, S. 175–177) Dies bewirkte einen Rückschritt von der mechanisierten Arbeit zur Handarbeit, führte aber andererseits zu neuen Rationalisierungsüberlegungen.

Es waren also nicht zuletzt die kriegsbedingten Umstände, die zum Rückgang der Heimarbeit sowie zur Förderung einer rationelleren Fertigung geführt haben und somit zu einem entscheidenden Schritt in Richtung Industrie beigetragen haben.

Die Entstehung der Bekleidungsverbände

Der Genossenschaftsgedanke hatte sich zum Ende des 19. Jahrhunderts entwickelt, begünstigt durch die katholischen Arbeitervereine, besonders des 1890 unter Vorsitz des Textilindustriellen Franz Brandts gegründeten Katholischen Volksvereins. Die ersten Verbandsgründungen im Bekleidungsgewerbe fallen in das Jahr 1906, in dem in Gladbach der Verband Westdeutscher Kleiderfabrikanten gegründet wurde. 1913 folgte der Verband der Deutschen Kleiderfabriken in Rheydt, der überregionale Bedeutung erlangen und die Interessen aller deutschen Kleiderfabriken vertreten sollte. (56, S. 422) Anlaß hierzu waren die Lohntarifverhandlungen mit dem 1905 gegründeten Christlichen Schneiderverband, der einflußreich genug war, wirksame Lohnforderungen stellen zu können. Nicht so erfolgreich waren die Bemühungen der Zentralleitung des Gewerkvereins der Heimarbeiterinnen, Berlin, hiesige Heimarbeiterinnen für sich zu gewinnen. Da die Arbeits- und Lebensbedingungen im Gladbach-Rheydter Wirtschaftsraum wesentlich besser waren als in den übrigen Heimarbeiterzentren, ließen sich die hiesigen Näherinnen nicht für Lohnkämpfe organisieren. (36, S. 117–119)

Der Verband Deutscher Kleiderfabriken e. V., Sitz Rheydt

Mit der Gründung dieses Verbandes, in dessen erstem zwölfköpfigen Vorstand Rheydter wie Gladbacher Kleiderfabrikanten (z. B. Ed. Goldberg aus Rheydt und die Gladbacher Alfred Cohen und Oskar Fröhlich) vertreten waren, vereinigten sich die Ortsverbände von Gladbach und Rheydt mit anderen Gruppen der Berufs-, Sommer- und Lodenkonfektion, unter anderem aus Elberfeld, Essen, Aschaffenburg, Reutlingen, Herford und Bielefeld. (56, S. 419) Die Tatsache, daß der Schwerpunkt dieser Produktionssparte im Westen lag, gab den Aus-

Gründungsversammlung des Verbandes Deutscher Kleiderfabrikanten 1926; in der vorderen Reihe sitzt Herr Goldberg (zweiter von links) (35a)

schlag für die Gründung des Verbandes im hiesigen Raum. Im Osten etablierte sich währenddessen der Interessenverband für Knaben- und Herrenkleiderfabrikanten. (36, S.121) Mit der Vereinsgründung wollte man ein Gegengewicht zu den Kartellbildungen der Rohstofflieferanten schaffen und die Position gegenüber den Arbeitnehmern bzw. den Gewerkschaften stärken. Auch dem organisierten Handel, zum Beispiel dem Verband erstklassiger Spezialgeschäfte für Herren- und Knabenkleidung, konnte man in bezug auf Zahlungs-, Verkaufs- und Lieferbedingungen wirksamer entgegentreten. (36, S.147) Zu Beginn des Ersten Weltkrieges kam die Verbandstätigkeit mehr oder weniger zum Erliegen. Während des Krieges erhielt sie durch Organisation und Distribution der Produktionsaufträge neue Bedeutung. Nach Kriegsende begann eine rege Entwicklung der Verbände: Kompetenzen wurden neu vergeben; Statuten wurden neu festgelegt.

Der Arbeitgeberverband der Kleiderfabriken von Mönchengladbach, Rheydt und Umgegend e. V.

1919 wurde der Arbeitgeberverband der Kleiderfabriken von Mönchengladbach, Rheydt und Umgebung in Mönchengladbach gegründet. Hier tauchte erstmals die Bezeichnung Arbeitgeberverband als Gegengewicht zu den Gewerkschaften auf. Der Verband Deutscher Kleiderfabriken e.V. in Rheydt und der Verband Westdeutscher Kleiderfabrikanten in Gladbach blieben als Ortsverbände bis zur allgemeinen Umstrukturierung in der NS-Zeit bestehen. In dem neuen Arbeitgeberverband scheinen sich zusätzlich alle größeren Kleiderfabrikanten des Gladbach-Rheydter Wirtschaftsraumes formiert zu haben. Dieser Verband verlor seinen herkömmlichen Charakter, als 1933 die freien Gewerkschaften durch die Betriebsorganisation Deutsche Arbeitsfront ersetzt wurden. Er war nunmehr hauptsächlich für die Durchsetzung der »Einheitsbedingungen der Deutschen Bekleidungsindustrie« zuständig, welche Fragen wie Lieferung, Mängel, Zahlung klären sollten. 1934 erfolgte die Überleitung des Arbeitgeberverbandes in den inzwischen auf Reichsebene gegründeten Verband deutscher Kleiderfabrikanten. Gleichzeitig wurden die örtlichen Verbände gleichgeschaltet und in Bezirksgruppen umgewandelt; Leiter der Bezirksgruppe Mönchengladbach wurde Richard Everling, der Neffe des erwähnten Carl Everling. (56, S.422)

1935 wurde die Deutsche Bezirksgenossenschaft der Bekleidungsindustrie Mönchengladbach und Rheydt e.G.m.b.H. gegründet, deren Ziel die »Hereinholung von Aufträgen von Behörden, amtlichen und halbamtlichen Stellen, sowie von allen sonst in Frage kommenden Auftraggebern und die Ausführung dieser Aufträge« war. Ferner oblag der Genossenschaft der gemeinsame Einkauf der Waren, welche für die Ausführung dieser Aufträge nötig waren. In der Bezirksgenossenschaft waren die größeren (nichtjüdischen) hiesigen Fabrikanten vertreten.

Die »Wirtschaftsvereinigung Bekleidungsindustrie für die Nord-Rheinprovinz« und die »Fachvereinigung Arbeits-, Berufs- und Spezialbekleidungsindustrie«

Nach Kriegsende und mit dem wirtschaftlichen Wiederaufbau im Westen Deutschlands nahmen die Unternehmer der Mönchengladbacher Bekleidungsindustrie auch ihre verbandliche Tätigkeit wieder auf, die durch die damalige Verwaltung des vereinigten Wirtschaftsgebiets (Bi-Zone) Westdeutschland unterstützt wurde.

Der Oberpräsident der Nord-Rheinprovinz erließ mit Genehmigung der Militärregierung am 20. August 1945 die Anordnung zur Bildung der Wirtschaftsverbände Textil und Bekleidung. Im Rahmen dieser Anordnung wurden unter anderem die »Wirt-

Bekleidungs-Industrie
Nord-Rheinprovinz
Geschäftsstelle M.Gladbach

M.Gladbach, den 18. Februar 1946.
Kaiserstraße 78

An die

Firmen der Bekleidungs-Industrie in der Nord-Rheinprovinz.

Betrifft: 1. Wirtschaftsvereinigung Bekleidungsindustrie für die Nord-Rheinprovinz.
2. Betriebszulassungen – Permits.

I. Der Oberpräsident der Nord-Rheinprovinz hat mit Genehmigung der Militär-Regierung eine Anordnung über die Bildung des Wirtschaftsverbandes Textil und den Lenkungsbereich Textil vom 20. 8. 1945, die in Nr. 1 des Mitteilungs- und Verordnungsblattes des Oberpräsidenten der Nord-Rheinprovinz vom 20. 8. 1945 veröffentlicht worden ist, erlassen. Die Anordnung besagt über den Wirtschaftsverband:

1. Für das Gebiet Textilien und Bekleidung wird der Wirtschaftsverband Textil gebildet. Der Wirtschaftsverband ist rechtsfähig.

2. Dem Wirtschaftsverband Textil gehören alle Unternehmen und Betriebe an, die in der Nord-Rheinprovinz ihren Sitz haben und
   a) Spinnstoffe und textiles Rohmaterial erfassen und erzeugen,
   b) Spinnstoffe, Gespinste, Geflechte, Gewebe, Gewirke, Gestricke, Watte, Filze, andere textile Erzeugnisse jeder Art, Bettfedern und nicht textile für Bekleidungszwecke bestimmte Erzeugnisse, mit Ausnahme von Schuhwaren, herstellen, be- oder verarbeiten,
   c) Bekleidungsstücke oder andere textile Erzeugnisse ausbessern,
   d) die unter a) und b) genannten Erzeugnisse oder Bekleidung jeder Art ein- und verkaufen.

3. Die zum Wirtschaftsverband Textil gehörigen Unternehmen und Betriebe werden nach ihrer Tätigkeit in Fachverbände zusammengefaßt.

4. Die Organe des Wirtschaftsverbandes sind:
   a) der Vorsitzende,
   b) der Wirtschaftsausschuß, der sich aus Vertretern der Fachverbände zusammensetzt,
   c) die Geschäftsführer.

   Der Vorsitzende des Wirtschaftsverbandes wird von den Mitgliedern des Wirtschaftsverbandes gewählt, ebenso wählen die Fachverbände ihren Vorsitzenden. Die Wahlen des Vorsitzenden des Wirtschaftsverbandes sowie derjenigen der Fachverbände bedürfen der Bestätigung durch den Oberpräsidenten, Abteilung Wirtschaft.

5. Die Kosten des Wirtschaftsverbandes werden durch Beiträge der Mitglieder gedeckt.

6. Der Wirtschaftsverband gibt sich eine Satzung, in der die Rechte und die Pflichten der Mitglieder der Fachverbände und der Organe festgelegt werden. Die Satzung bedarf der Genehmigung des Oberpräsidenten, Abteilung Wirtschaft.

schaftsvereinigung Bekleidungsindustrie für die Nord-Rheinprovinz« und die »Fachvereinigung Arbeits-, Berufs- und Spezialbekleidungsindustrie« gebildet. Bis zum Jahr 1946 hatten sich diese Verbände soweit organisiert, daß eine Geschäftsstelle in Mönchengladbach, Kaiserstraße 78, eingerichtet wurde. Eines der ersten Verbandsrundschreiben der Wirtschaftsvereinigung Bekleidungsindustrie für die Nord-Rheinprovinz vom 18. Februar 1946 zeigt die nebenstehende Abbildung.

Die Bekleidungsindustrie wurde im Lenkungsbereich beim Oberpräsidium der Nord-Rheinprovinz durch den Unternehmer Dr. Curt Becker, Firma Clemens August Becker, vertreten. Die Aufgaben der Wirtschaftsvereinigung ergaben sich aus der Anordnung des Oberpräsidiums und hatten damals - wie heute - den Satzungszweck, die Mitglieder der Wirtschaftsvereinigung in allen Fragen des Fachgebietes zu beraten, zu betreuen und ihre gemeinsamen wirtschaftlichen Belange wahrzunehmen und zu fördern.

Die Fachvereinigung Arbeits-, Berufs- und Spezialbekleidungsindustrie wurde vertreten durch die Herren Georg Mitesser, Firma Mitesser & Janssen, Mönchengladbach, Hans Neuß, Firma Hubert Neuß, Essen, und Josef Vieten, Firma H. Vieten & Co., Mönchengladbach. Leiter der Fachvereinigung war Herr Peter Nolte, Firma Peter Nolte, Essen-Kupferdreh.

Aus der dort gegründeten Fachvereinigung ging 1950 durch Umbenennung der Fachverband Berufs- und Sportbekleidungsindustrie hervor. Erster Vorsitzender war Herr Arthur Frentzen, der nach Peter Nolte bereits die Fachgruppe Berufs-, Sport- und Spezialbekleidung geleitet hatte und vor dem Krieg jahrelanger Vorsitzender des Verbandes Deutscher Kleiderfabrikanten bis zu dessen Auflösung nach Kriegsende gewesen war. Stellvertretende Vorsitzende waren Herr Kurt Niemann, Bielefeld, Herr Spohn, Firma Kemple & Leibfried, Herr Habermann, Firma Franz Winkler, Nürnberg. Schatzmeister war Herr Ludwig Saarstedt, Firma Wilhelm Bötticher, Hannover. Der erste Geschäftsführer des bespo-Verbandes war Herr Dr. Schophaus. Sitz des Verbandes war seit seiner Gründung im Jahr 1946 Mönchengladbach gewesen. 1989 verlegte der (ab jetzt so genannte) Fachverband Berufs-, Sport- und Freizeitbekleidungsindustrie (bespo-Verband) seinen Sitz nach Köln, wo er seitdem innerhalb der gemeinsamen Geschäftsstelle der Verbände der Deutschen Bekleidungsindustrie residiert.

In der Geschäftsführung des bespo-Verbandes folgten nach Dr. Schophaus die Herren Helmut Schellscheidt und Dipl.-Kfm. Friedrich Peschen. Seit 1988 liegt die Geschäftsführung des bespo-Verbandes bei RA Bernd Kemper. Die historischen Ursprünge spiegeln sich noch heute im Vorstand des Verbandes wider, dem Herren der Firmen Heinrich Winnen, Priess-Modelle, Stein AG, Josten, Victor Buchholz, Wimmers, Bierbaum-Proenen, Ahlers und Klepper angehören.

1996 konnten die Wirtschaftsvereinigung Bekleidungsindustrie Nordrhein und die Fachvereinigung Krawatten- und Schalindustrie ihr 50jähriges Bestehen gemeinsam mit den Mitgliedern feiern.

Mit dem Jubiläum der Wirtschaftsvereinigung war ein Wechsel an der Spitze ver-

Abbildung Seite 294: Rundschreiben der Bekleidungsindustrie Nord-Rheinprovinz (35a)

Otto Plum (Bildmitte) übernimmt 1996 den Vorsitz der Wirtschaftsvereinigung Bekleidungsindustrie Nordrhein von Dr. Klaus-Dieter Dahmen (links), der diese Aufgabe 33 Jahre ausfüllte. Im Bild rechts: Verbandsgeschäftsführer Friedrich Peschen (aus »Bekleidung wear«, Mai 1996)

Abbildung Seite 297 oben: Briefkopf der Firma Johann Zitzen. (8a) Der Brief ist von 1931. Zu sehen sind die seit 1921 eigenen Betriebsräume am Bäumchesweg. Mitte der 20er Jahre beschäftigte Johann Zitzen dort 40 bis 60 Näherinnen

bunden. Neuer Vorsitzender ist Otto Plum, Geschäftsführer der Firma Heinrich Wirth in Rath-Anhoven. So ging mit der Feierstunde auch die Ehrung seines Vorgängers Dr. Klaus-Dieter Dahmen aus Rheydt einher, der nach 33jähriger Vorstandsarbeit nun nicht mehr kandidierte.

Die historische Verknüpfung des bespo-Verbandes mit der Wirtschaftsvereinigung Bekleidungsindustrie Nordrhein hat die Verbandsarbeit maßgeblich geprägt. Herr Kurt Beier war als Mitglied des bespo-Verbandes bis 1986 Vorsitzender der Bundesvereinigung der Arbeitgeberverbände im Bundesverband Bekleidungsindustrie und hat maßgeblich die zentralen Tarifverhandlungen des Bundesverbandes mit den Gewerkschaften gestaltet. Seit 1992 übt Herr Wilfried Brandes dieses Amt aus. Frau Grete Baurmann-Proenen, Firma Bierbaum-Proenen, war jahrelang Vorsitzende des Berufsbildungsausschusses im Bundesverband Bekleidungsindustrie und engagierte sich dort intensiv für die berufliche Ausbildung der Mitarbeiterinnen in der Bekleidungsindustrie.

Ein weiteres wirtschaftshistorisches Merkmal des bespo-Verbandes war die Entwicklung der heute so marktstarken Jeans-Branche aus den Reihen der Berufsbekleidungshersteller. Das gemeinsame Merkmal beider Branchen war die sogenannte Kappnaht, zu deren Erstellung Spezialmaschinen notwendig waren. Die Berufsbekleidungsunternehmen, die den schweren Manchestercord zu Buckskin-Hosen vernähen konnten, waren auch die ersten Produzenten, die Denim zu Jeanshosen verarbeiteten. Dies geschah ursprünglich noch im Lohnauftrag, zum Beispiel für die amerikanischen Lizenzgeber Levis oder Wrangler. Bis heute hat sich hieraus eine modische und marktstarke Anbietergruppe entwikkelt, die durch den bespo-Verband über die Jahrzehnte in ihren wirtschaftspolitischen Interessen und Marktbedürfnissen betreut wurde.

Die besondere Verbundenheit der Mitgliedsunternehmen des bespo-Verbandes prägte frühzeitig den Begriff der »bespo-Familie«, die sich einmal jährlich zur bespo-Tagung trifft. Im Erscheinungsjahr dieses Buches findet die bespo-Tagung anläßlich des 50jährigen Vereinsjubiläums am Gründungsstandort Mönchengladbach statt.

Entwicklung der Kleiderfabriken zwischen den Kriegen

Mit der verstärkten Einigung der Kleiderfabrikanten und der sich entwickelnden Nachfrage boomte die Konfektionsindustrie in den Nachkriegsjahren. Im Jahre 1922 trat der Mönchengladbach-Rheydter Industriebezirk erstmalig mit einer großzügig angelegten Industrie- und Gewerbeschau in die Öffentlichkeit, auf der sich neben den hiesigen Textilindustriellen auch die Kleiderfabrikanten präsentierten. Diese waren durch den Verband Deutscher Kleiderfabrikanten e.V. vertreten.

Die Firma Johann Zitzen

Der 1876 als Sohn eines Webers und einer Büglerin geborene Johann Zitzen hatte das Konfektionsgeschäft von der Pike auf gelernt. Er war als Reisender bei der Mechanischen Kleiderfabrik Oechelhäuser & Co. tätig gewesen und war dann 1900 zu Carl Everling nach Rheydt gewechselt. Dort war er als Prokurist angestellt und konnte 1913 ein eigenes Haus in der Augustastraße, spätere Bruckneralle, erwerben, einer Straße, in der sich »die wohlhabenden Rheydter Fabrikanten niederließen«. Er betrachtete mit Sorge den Eintritt der drei Everling-Söhne, die nach dem »Verlust ihrer Existenzgrundlage in die Firma eintreten und nach gewohnter Manier [gemeint ist der anerzogene wilhelminische Standesdünkel]

unten: Zeugnis der Firma P. M. Schiedges. (7a) Das Geschäft war 1822 durch Peter Matthias Schiedges als Kolonialwarenhandlung in der Judenstraße 26, heutige Hindenburgstraße, gegründet worden. Dort verkaufte er unter anderem Leinen- und Baumwollstoffe. 1882 begann man mit der Konfektion

das Sagen haben wollten, ohne das geringste vom Geschäft zu verstehen«. (38)

1919 begann Johann Zitzen in den gemieteten Räumen einer Gaststätte selbständig mit der Herstellung von Hosen aus »Kartuschbeutelstoffen, gefärbt«, welche die hiesige Textilindustrie damals wegen des Rohstoffmangels zur Weiterverarbeitung anbot. 1921 verlegte Zitzen die Produktion in eigene Betriebsräume. Das Unternehmen überstand die Weltwirtschaftskrise im Gegensatz zur Firma Carl Everling, die 1932 aus dem Register gelöscht wurde. Nach Johann Zitzens Tod wurde die Firma von seinen Schwiegersöhnen Hans Baumanns und Josef Dahmen weitergeführt. Bis das Unternehmen 1990 liquidiert wurde, hatte der Sohn des letzteren, Klaus-Dieter Dahmen, die Geschäftsleitung inne. (38)

Anton Beyer

Von 1914 bis 1916 hatte der 1900 geborene Anton Beyer eine kaufmännische Lehre im Manufactur-, Confection- und Modewaren-Geschäft P. M. Schiedges gemacht und dann als Verkäufer und Dekorateur gearbeitet. Nachdem er die Bekleidungsfachschule in Mönchengladbach absolviert hatte, ging Anton Beyer 1924 zur Mechani-

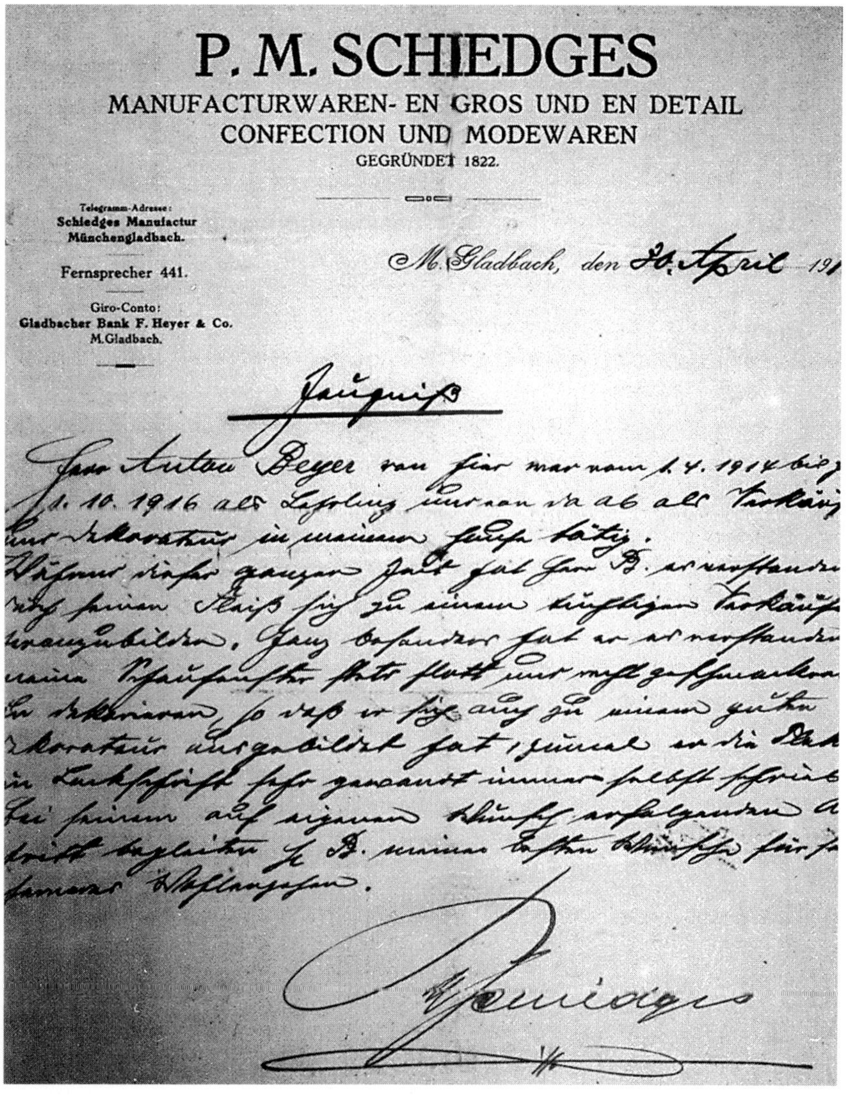

P. M. SCHIEDGES
MANUFACTURWAREN- EN GROS UND EN DETAIL
CONFECTION UND MODEWAREN
GEGRÜNDET 1822.

Telegramm-Adresse: Schiedges Manufactur Münchengladbach.

Fernsprecher 441.

Giro-Conto: Gladbacher Bank F. Heyer & Co. M.Gladbach.

M.Gladbach, den 30. April 191[illegible]

Zeugnis

[illegible]

Gebr. Essers

SCHUTZ-MARKE

MECH. WEBEREI SPEZ. CORDS u. VELVET-CORDS

FERNSPRECH-ANSCHLUSS NR. 265 / POSTSCHECK-KONTO AMT KÖLN NR. 17763 / REICHSBANK-GIRO-KONTO

B/D.

M.GLADBACH, DEN 2. Oktober 1929
(RHEINLAND)

Z e u g n i s.

Herr A. B e y e r aus M. G l a d b a c h war vom 1. Februar 1924 bis zum 30. September 1929 als Versandleiter bei uns tätig.

Er hat die ihm übertragenen Arbeiten gewissenhaft und mit vollem Interesse ausgeführt, war gewandt im Verkehr mit der Kundschaft und erledigte auch die einschlägige Korrespondenz.

Wegen seines einwandfreien Benehmens, Fleisses und seiner Ehrlichkeit können wir Herrn Beyer nur bestens empfehlen.

Zeugnis der Firma Gebr. Essers. (7a)
Die Mechanische Weberei Gebr. Essers besaß auch eine eigene Kleiderfabrik in der Eickener Straße in Mönchengladbach

schen Weberei und Kleiderfabrik Gebrüder Essers. 1929 begann er mit einer eigenen Produktion von Berufsbekleidung. Unterstützt wurde er von seinem Bruder, der bei der Kleiderfabrik Michael Irskens gelernt hatte und nun bei Anton Beyer im Verkauf tätig war. (19)

Vor dem Krieg wurde die Firma Anton Beyer hauptsächlich von hiesigen Textilfirmen beliefert; dazu gehörten Gladbacher Wolle, Achter & Ebels, Johannes Kaiser und Christian Hanraths. Während des Krieges war die gesamte Rohstoffversorgung über Berlin organisiert. Anton Beyer regelte die Verteilung der Zutaten an die Gladbacher Betriebe. (19) Bei dem Bombenangriff 1943 brannte der Betrieb an der Lüpertzender Straße völlig aus. Bis zur Fertigstellung des Neubaus 1952 an der gleichen Stelle fand die Firma für einen

Zuschneiderei der Firma Anton Beyer. (7a)
Das Foto stammt aus den Betriebsräumen an der Lüpertzender Straße in der Nähe des Gladbacher Bahnhofes. In der Mitte des Bildes ist der Gründer der Firma zu sehen. Rechts von ihm steht eine Zuschneiderin mit der Kreismessermaschine. Das ist bemerkenswert, da der Beruf des Zuschneiders früher traditionell Männern vorbehalten war

Teil ihrer Produktion bei der befreundeten Firma Frentzen & Cie. in der Neuhofstraße Unterkunft.

Anton Beyer war nach dem Krieg jahrelang als Handelsrichter und Vorstand der Lohntarif-Kommission tätig. Weiterhin war er Vorsitzender des Berufsausbildungsausschusses bei der IHK. 1957 wurden die beiden Söhne Kurt und Helmut Beyer in den Betrieb aufgenommen. In den 70er Jahren wurde der Betrieb an den Bekleidungshersteller Steilmann verkauft.

Näherei der Firma Anton Beyer. (7a) Im Vordergrund sitzt eine Näherin an der Knopflochmaschine. Neben ihr steht der technische Leiter, der die Verarbeitung der Hosen überwacht

Bügelei der Firma Anton Beyer. (7a) Zu sehen sind zwei Bügler an den Pressen für Herrensakkos. Das Produktionsprogramm war bereits vor dem Krieg auf Sakko-Anzüge für Knaben und Herren umgestellt worden. Die abgebildeten Betriebsräume waren für die damaligen Verhältnisse »nach modernsten Gesichtspunkten eingerichtet und ausgestattet« (19)

Die Bekleidungsindustrie im Dritten Reich

Nach den schwierigen Jahren der Weltwirtschaftskrise strebten die Kleiderfabrikanten danach, das Bekleidungsgewerbe zu einer Bekleidungsindustrie auszubauen. Das führte zu neuen Methoden rationeller Fertigung und differenzierter Gliederung des Fertigungsprozesses in kürzere Arbeitsgänge, wodurch eine noch weiter gehende Arbeitsteilung erreicht wurde. Gleichzeitig fand eine stärkere Produktspezialisierung statt, die eine höhere Auslastung der Kapazitäten und Spezialmaschinen ermöglichte. Man erdachte zweckmäßig zusammengestellte Arbeitsgruppen und führte die Fließbandarbeit ein. Diese galt als die herausragende Errungenschaft in der Organisation des Arbeitsprozesses. In der Mönchengladbacher Industrie mit ihren einfachen Massenprodukten ließ sich dieses System schon sehr früh verwirklichen und erfolgreich anwenden. »In Bezug auf die technische und kaufmännische Rationalisierung ihrer Betriebe gehört die Berufs- und Sportbekleidungsindustrie zu den fortschrittlichsten Gruppen überhaupt.« (247, S. 223)

Dieser Prozeß wurde nicht zuletzt durch die Autarkiebestrebungen der Nationalsozialisten vorangetrieben, die im Hinblick auf den geplanten Krieg hauptsächlich die Produktivitätserhöhung sowohl der Textil- als auch der Bekleidungsindustrie zum Ziel hatten. Man kann sagen, daß Mitte der 30er Jahre der endgültige Übergang zur industriellen Serienfabrikation stattgefunden hatte. Gleichzeitig waren 1939 wieder 6000 Heimarbeiterinnen für die hiesige Bekleidungsherstellung tätig. Diese Zahl hielt sich auch während des Krieges und sogar bis in die 50er Jahre hinein. Erst seit den 60er Jahren spielt die Heimarbeit keine große Rolle mehr. (95)

1941 wurde das erste Taschenjahrbuch der Bekleidungsindustrie von der Wirtschaftsgruppe Bekleidungsindustrie heraus-

Drei Generationen in der Schar der Mitarbeiter um 1938 in der Näherei für Hosen, Joppen und BDM-Westen Weyer & Söhne, Rheydt. Vorn sitzend: Seniorchef Heinrich Weyer; links vorn: Juniorchef Ernst Weyer; rechts vorn: Karl Weyer und links neben ihm Horst Weyer, der Sohn von Ernst Weyer (10a)

links:
Anzeige der Firma Frentzen & Cie., 1943. (211, o. S.)
Die Abbildung stammt aus einem Sonderdruck der Stadt, in dem sich mehrere Firmen unterschiedlicher Branchen präsentierten. Die Firma Frentzen & Cie. erhielt die Auszeichnung Musterbetrieb wegen ihrer vorbildlichen Einrichtungen

gegeben. Der Begriff der Bekleidungsindustrie war schon in den 20er Jahren vermehrt angewendet worden, vor allem von hiesigen Unternehmern, da man sich von dem Image der billigen, minderwertigen Fertigkleidung lösen wollte, die generell mit der Konfektion assoziiert wurde. Die alte Bezeichnung Konfektionsindustrie sollte von nun an verschwinden.

Noch 1939 wurde der Materialbedarf der 220 Bekleidungsbetriebe des hiesigen Wirtschaftsgebietes größtenteils durch die hiesige Textilindustrie gedeckt. (50, S. 61) Im Verlauf des Krieges wurde die gesamte Versorgung durch den auf Reichsebene operierenden Reichsverband der Bekleidungsindustrie gesteuert. Ihm unterstanden die Bezirksgruppen, die ihrerseits in Gaue, Kreise und Ortsgruppen unterteilt waren. Die Gladbach-Rheydter Firmen gehörten der Fachuntergruppe Berufs- und Sportbekleidungsindustrie an. Diese erhielt besondere Förderung durch einige in dieser Sparte sehr engagierte Mönchengladbacher, welche die hiesige Industrie in Berlin vertraten. Dazu gehörten der Oberbaurat Erich Donner, Leiter der Bekleidungsfachschule, sowie die Kleiderfabrikanten Anton Beyer und Dr. Curt Becker. (19)

Neben effektiveren Fertigungsmethoden legte man auch besonderen Wert auf die Ausbildung von Facharbeitern und auf die Verbesserung der Arbeitsbedingungen für die Mitarbeiter. Die Übernahme der REFA-Erkenntnisse aus anderen Industriebereichen in die Bekleidungsbetriebe führte neben produktionsbezogenen zu arbeitnehmerfreundlichen Veränderungen im Betrieb. Anhand der in der REFA-Lehre enthaltenen ergonomischen Studien verbesserte man zum Beispiel die Sitzgelegenheiten der Näherinnen, die Beleuchtung und die Klimatisierung am Arbeitsplatz. (60)

Die einzelnen Fabriken wetteiferten mit modernsten Betriebseinrichtungen, Maschinenausstattungen, Verarbeitungsmethoden sowie Ordnung und Sauberkeit, um die goldene Fahne – die Auszeichnung für einen Musterbetrieb – verliehen zu bekommen. Dieses gelang von den hiesigen Bekleidungsfirmen der Firma Frentzen & Cie. (60)

Lager der Firma Frentzen & Cie. (1a)
Zu sehen ist das aufgeräumte Fertigwarenlager der Firma. Das Foto entstand 1941 und zeigt die besseren Herrenanzüge, die man bereits seit mehreren Jahren produzierte

Die Bedeutung jüdischer Kleiderfabrikanten für die hiesige Bekleidungsindustrie

Julius Katzenstein und Clara Katzenstein. (1a)
Der 1883 geborene Julius Katzenstein kam 1908 von Westfalen nach Gladbach und war hier zunächst als Handlungsgehilfe im jüdischen Textilgeschäft der Geschwister Gottschalk tätig. 1914 heiratete er Clara Rosenthal, die Tochter des Inhabers des Kaufhauses Geschwister Gottschalk

Mit den Gründerjahren, aber verstärkt nach der Jahrhundertwende entstanden jüdische Kleiderfabriken in Gladbach und Rheydt. Die Blütezeit der jüdischen Unternehmen fällt in die 20er Jahre dieses Jahrhunderts. Vergleiche von Branchenverzeichnissen zeigen, daß jüdische Unternehmer in der Bekleidungsindustrie sehr viel stärker etabliert waren als in der Textilindustrie. 1929 gehörten von 98 Kleiderfabriken 21 ganz oder teilweise jüdischen Unternehmern, von 22 Spinnereien waren dies nur drei und von 90 existierenden Webereien nur elf. (56, S. 392)

1936 begann man in Mönchengladbach mit der »Arisierung«, also der staatlich gelenkten Ausschaltung der Juden aus der deutschen Wirtschaft durch Enteignung allen Gewerbe- und Grundbesitzes. In der hiesigen Textil- und Bekleidungsbranche waren hiervon insgesamt 100 Betriebe betroffen. Es muß nicht weiter betont werden, daß viele der »arischen« Betriebe den Zweiten Weltkrieg nur überstanden, weil sie ohne großen Kapitaleinsatz ihre Betriebe und Kapazitäten vergrößern konnten, da die jüdischen Unternehmen durch die Enteignungsmaßnahmen des NS-Regimes zu Zwangsverkäufen ihres gesamten Besitzes gezwungen worden waren. 1938 gab es keinen jüdischen Gewerbebetrieb mehr in Mönchengladbach. Da jüdisches Unternehmertum und Engagement gerade in der Bekleidungsbranche einen so großen Raum einnahmen und speziell im Gladbach-Rheydter Bezirk untrennbar mit der Entwicklung der Bekleidungsindustrie verwoben sind, sollen im folgenden einige jüdische Bekleidungsunternehmen dargestellt werden.

Die Firma Julius Katzenstein & Co.

Um 1910 eröffnete der zugewanderte Julius Katzenstein mit seinem Schwager Adolf Lebach an der Goebenstraße 15/17 eine Mützen- und Hosenfabrik. Es wurden zunächst hauptsächlich Heimarbeiterinnen beschäftigt. 1915 wurde Katzenstein zum Heeresdienst einberufen. Nach dem Krieg wurde die Fabrikation an der Kirchstraße 22 wieder aufgenommen. 1920 zog der Betrieb in erstmals eigene Fabrikationsräume an der Sittardstraße 46. Erst jetzt konnte die Firma sich Mechanische Kleiderfabrik nennen. (56, S. 280–283)

Die im folgenden wiedergegebenen Fotos (Seiten 303, 304 und 305 oben) aus der Zeit um 1928 vermitteln einen guten Einblick in eine typische Kleiderfabrik dieser Zeit. Sie stammen von einer Schwester Katzensteins, die Photographin war. (Es ist neben den Bildern von Potting eine umfassende Firmendokumentation aus dieser Zeit. Die Bilder sollen beispielhaft für mittelständische Kleiderfabriken in Gladbach und Rheydt stehen.) Bei der Firma Katzenstein & Co. handelte es sich um ein florie-

oben:
Versand und Kontor der Kleiderfabrik Katzenstein. (1a)
Der mit wertvoll geschnitzten Ladentischen ausgestattete Raum lag im Haupthaus, in dem auch die Familie Katzenstein lebte. Die Kombination von Wohnhaus und Fabrikationsräumen im Hinterhof war üblich

rechts:
Hauptgebäude der Kleiderfabrik Julius Katzenstein. (1a)
Das Gebäude lag an der Sittardstraße 46.
Im ersten Stock wohnte der Betriebsleiter Carl Gundermann, der 1936 seine eigene Kleiderfabrik an der Poststraße gründete.
Links im Hintergrund sieht man die Fabrikationsräume

links:
Hofansicht der Kleiderfabrik Katzenstein in der Sittardstraße 46 um 1928. (1a)
Der Blick fällt auf das dreistöckige Fabrikgebäude, in dem sich der Nähsaal und das Lager befanden. Der Nähsaal befand sich wegen der optimalen Lichtausnutzung auf der Nordseite im obersten Stockwerk. Auf dem Fabrikhof steht ein Lieferwagen, mit dem die Heimarbeiterinnen beliefert wurden. Hinter den drei oberen Fenstern befand sich das Fertigwarenlager. In dem Gebäude auf der rechten Seite war der Versand untergebracht

unten:
Nähsaal der Kleiderfabrik Katzenstein um 1928. (1a) Zu erkennen sind hier die seitlich mit Glas gedeckten Sheddächer. Das vornehmlich weibliche Personal sitzt in drei Doppelreihen mit je sieben Maschinen

Seite 305 oben:
Das Fertigwarenlager der Kleiderfabrik Katzenstein um 1928. (1a)
Der große Lagerraum befand sich in der obersten Etage. Hier wurde die fertige Ware zum Abholen oder zum Versand sortiert. An den Seiten stehen Regale mit fertigen Hosen; in der Mitte des Raumes hängen in einem Regal fertige Anzugjacken

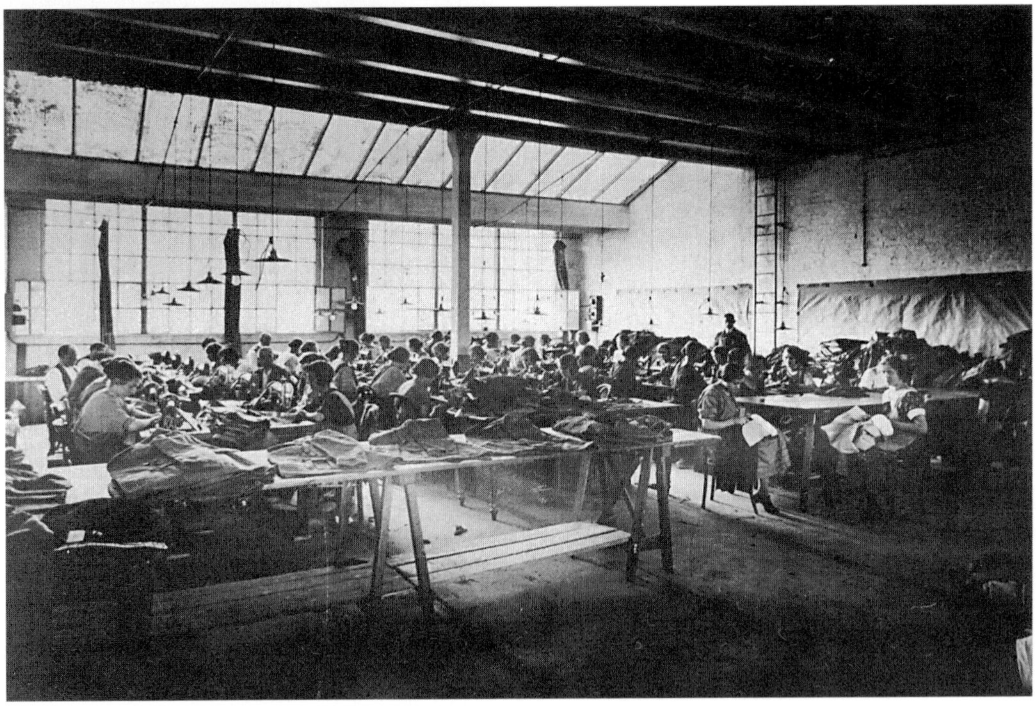

unten:
Zeugnis der Firma Gebrüder Winter. Das Zeugnis stammt aus dem Jahre 1927, als die Firma ihren Sitz in den gemieteten Räumen an der Eickener Straße hatte (1a)

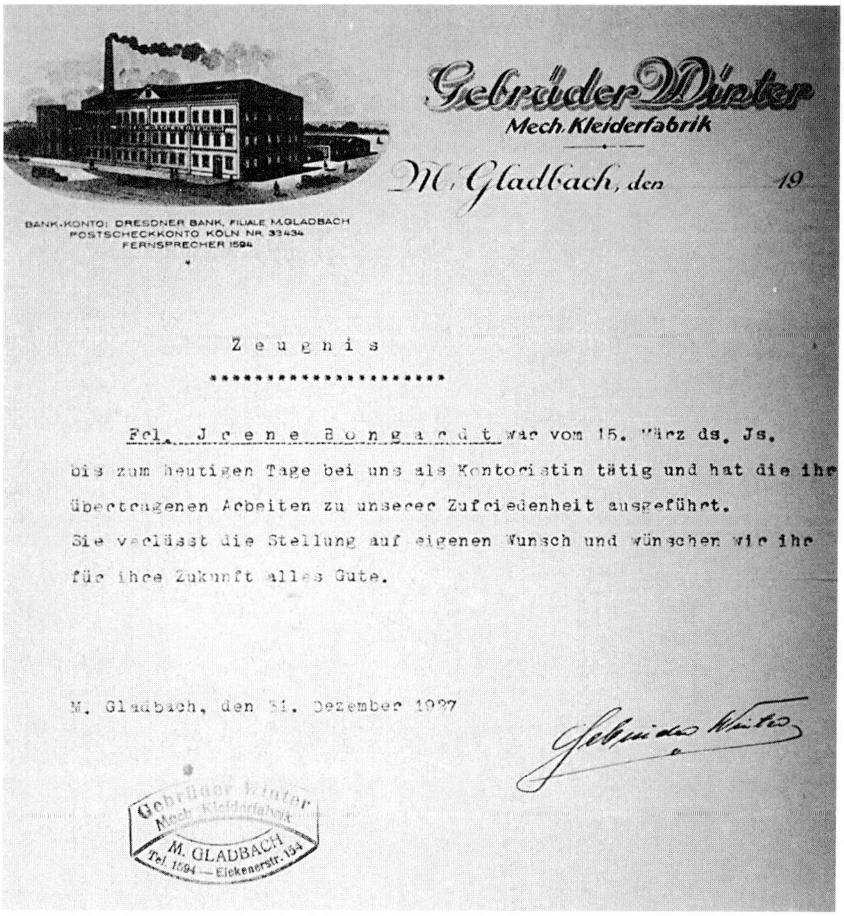

Gebrüder Winter
Mech. Kleiderfabrik

M. Gladbach, den 19

BANK-KONTO: DRESDNER BANK, FILIALE M.GLADBACH
POSTSCHECKKONTO KÖLN NR. 33434
FERNSPRECHER 1594

Z e u g n i s

Frl. J r e n e B o n g a r d t war vom 15. März ds. Js. bis zum heutigen Tage bei uns als Kontoristin tätig und hat die ihr übertragenen Arbeiten zu unserer Zufriedenheit ausgeführt.
Sie verlässt die Stellung auf eigenen Wunsch und wünschen wir ihr für ihre Zukunft alles Gute.

M. Gladbach, den 31. Dezember 1927

Gebrüder Winter

Gebrüder Winter
Mech. Kleiderfabrik
M. GLADBACH
Tel. 1594 – Eickenerstr. 154

rendes Unternehmen mittlerer Größe; insgesamt beschäftigte man ca. 60 Arbeiter und Angestellte sowie eine Vielzahl Heimarbeiterinnen. (56, S. 280–283)

Kurz nach der Machtübernahme der Nationalsozialisten stellte die Firma den Betrieb ein und wurde am 24. November 1933 aus dem Handelsregister gelöscht. Julius Katzenstein war noch bis 1938 mit dem Gewerbeeintrag »Anfertigung von Mützen und Hosen« gemeldet, die er in seinem damaligen Wohnhaus, Staufenstraße 14, und in Heimarbeit fertigen ließ. Das Fabrikgebäude in der Sittardstraße wurde ab 1933 an die jüdische Kleiderfabrik Gebr. Winter vermietet. (56, S. 283)

Gebrüder Winter

Die Brüder Heinrich und Emil Winter gründeten 1922 unter diesem Namen eine Kleiderfabrik für Herrenhosen. Dazu mieteten sie die stillgelegten Betriebsräume der Tuchfabrik Emil Brandts & Co GmbH an der Eickener Straße 154. Die Firma beschäftigte ca. 30 Näherinnen. Die seit 1933

Lehrbrief von Wilhelm Müller bei der Kleiderfabrik Gebrüder Isaac. (6a)
Der Lehrvertrag von 1908 wurde zwischen Lehrherr und Vater des Lehrlings abgeschlossen. Neben der Jahresvergütung (1. Jahr 50 Mark, 2. Jahr 100 Mark, 3. Jahr 150 Mark) wurde auch festgehalten, daß der Lehrling zu Fronleichnam und sonstigen hohen katholischen Feiertagen von der Arbeit befreit ist (125)

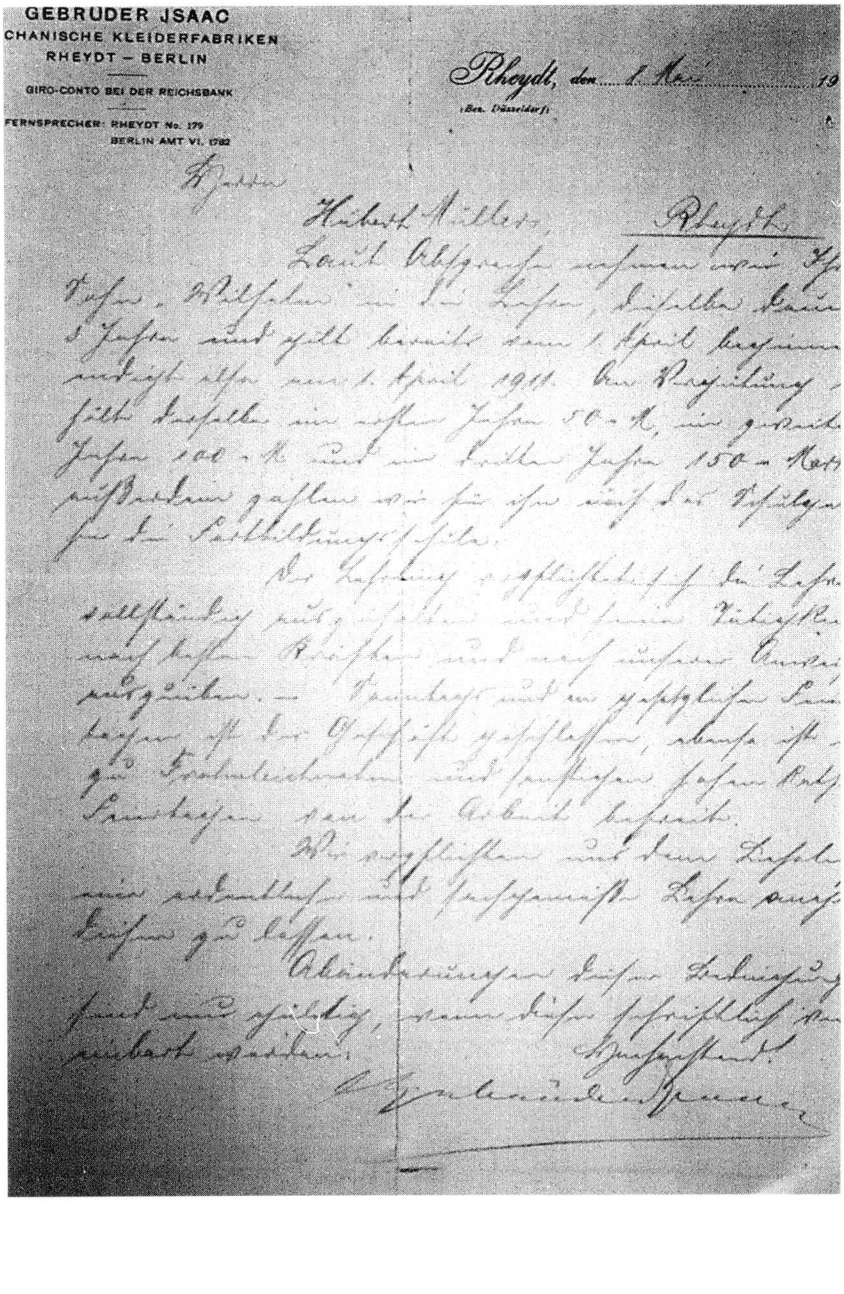
GEBRÜDER JSAAC
CHANISCHE KLEIDERFABRIKEN
RHEYDT – BERLIN
GIRO-CONTO BEI DER REICHSBANK
FERNSPRECHER: RHEYDT No. 179
BERLIN AMT VI. 1782

Rheydt, den 1. Mai 19
(Bez. Düsseldorf)

von Julius Katzenstein gemieteten Betriebsräume an der Sittardstraße mußten im Zuge der Arisierung 1938 aufgegeben werden. Sie wurden an Max Janssen aus Krefeld verkauft, der dort anschließend die Herrenhosenfabrik Mitesser & Janssen betrieb. Diese vertreibt heute unter dem Namen gardeur Dieter Janssen GmbH weltweit ihre Hosen.

Gebrüder Isaac

Julius und Moritz Isaac, Söhne eines erfolgreichen Manufakturwaren-Geschäftsmannes, gründeten 1889 eine Kleiderfabrik in der Hauptstraße 91. Ab 1895 wurde diese unter dem Firmennamen Mechanische Kleiderfabrik Gebr. Isaac an der Wilhelmstraße, heutige Wilhelm-Strater-Straße, geführt. In diesem Jahr trat ein weiterer Bruder, Benjamin Walter Isaac, als Teilhaber ein. Dieser gehörte zum ersten Vorstand des 1919 gegründeten Arbeitgeberverbandes. Sein Sohn Erich verfaßte die Arbeit über »Die Entwicklung der Bekleidungsindustrie im Handelskammerbezirk Mönchengladbach nach dem Kriege bis zur Beendigung des passiven Widerstandes«. (59, S. 47–48)

Die Firma Gebrüder Isaac wird in der Rheydter Chronik von 1897 als eine »mit zahlreichen Arbeitern« erwähnt. Sie entwickelte sich zu einem der bedeutendsten jüdischen Bekleidungsunternehmen und konnte 1904 die noch größeren Fabrikräume an der Vierhausstraße 31 erwerben und beziehen. 1939 wurde sie aus dem Register gelöscht. Das Unternehmen Gebrüder Isaac wurde zur Firma Vitus & Köhlen »arisiert«, deren Teilhaber Otto Köhlen mit einer Schwester der früheren Unternehmer verheiratet war. (59, S. 47–48)

Abbildung Seite 307 oben:
Die Mechanische Kleiderfabrik Flörsheim & Co. an der Schwogenstraße (124, o. S.)

Abbildung Seite 307 unten:
Werbeanzeige der Firma Flörsheim & Co. von 1927. (124, o. S.)
Zu sehen ist die Schutzmarke mit dem großen »F«, verbunden mit der Kennzeichnung »Record-Kleidung«. Die angegebene Zahl von 700 Arbeitern und Angestellten ist die Gesamt-Mitarbeiterzahl aller Betriebe

Flörsheim & Co.

1896 gründete der aus Frankfurt zugezogene Hermann Flörsheim unter diesem Namen eine Mechanische Cord- und Velvetweberei für Arbeiter- und Sportbekleidung, die 1913 in gemieteten Räumen an der Pescher Straße 187–191 betrieben wurde. Gleichzeitig führte er unter Beteiligung eines Kommanditisten eine Kleiderfabrik, die an der Lürriper Straße 24 Arbeiter- und Sportbekleidung herstellte. Nach einer Übergangsphase in der Steinstraße 18 produzierte die Firma seit 1919 in der Schwogenstraße 20–28. (56, S. 241) Flörsheim besaß außerdem ein Firmengebäude in der Lürriper Straße, das er 1930 an die Mechanische Kleiderfabrik Potting & Becker verkaufte. Becker war Prokurist bei Flörsheim & Co gewesen. In seiner Blütezeit beschäftigte der Gladbacher Betrieb 300 Arbeitnehmer. (56, S. 241)

Während der NS-Zeit war die Kleiderfabrik Flörsheim, jetzt unter dem Namen Bezugs-Interessengemeinschaft o. H. Gebr. Heymann Nachf., verpflichtet, SA- und SS-Hosen herzustellen. Auf dem Sektor der Herstellung von Männerhosen und Sportbekleidung zählte die Firma neben der Firma Simson & Co zu den führenden ihrer Branche. (56, S. 245)

Simson & Co.

Paul Simson gründete 1920 mit seinem Schwager Simon Kirchheimer, der mit seiner Frau ein Bekleidungsgeschäft führte, eine Kleiderfabrik unter dem Namen Simson & Co. Die Fabrik wurde zunächst im Anbau seines Wohnhauses Krefelder Straße 159 betrieben. 1929 wurde sie nach Schließung der Kleiderfabrik Cohen & Schlecht mit deren Betriebsräumen bis zur Sittardstraße 17 erweitert. Die Kleiderfabrik war inzwischen zu einem Begriff geworden und beschäftigte zeitweise bis zu 300 Mitarbeiter, darunter viele Spezialnäherinnen. Das Produkt waren billige Herrenhosen.

1935 kamen Simson und Kirchheimer der »Arisierung« durch den Verkauf der Kleiderfabrik an die Brüder Gregor, Wilhelm und Leo Povel zuvor. Diese führten das Unternehmen unter dem Namen Povel Söhne, vormals Simson & Co. weiter. Einige Jahre später änderten sie den Namen in Povel Söhne. Bei der Übertragung wurden, wie in anderen Fällen, die jüdischen Arbeitnehmer nicht übernommen.

Die ausgebombten Betriebsgebäude der Firma Simson & Co. (1a)
Das Foto zeigt die völlig ausgebombten Betriebsräume der ehemaligen Kleiderfabrik Simson & Co. Zu erkennen ist das Skelett des dreistöckigen Hochbaus. Links im Vordergrund hatte das Wohnhaus des Betriebserbauers Cohen gestanden, in dem Simson und Kirchheimer mit der Kleiderproduktion begonnen hatten. Man beachte: Es handelt sich um das zerstörte »Industrieschloß«!

Zerstörung und ...

... Wiederbeginn

»Susi und Strolch« von Susanne. (14a)
Es geht bergauf!
26. Juli 1957: Modenschau in der Gesellschaft »Erholung«.
Filmbummel der Textilingenieurschule »Die 70 Kleider der Kathrin«

Zerstörung und Wiederbeginn

Vor- und Nachkriegszeit der Bekleidungsfertigung unterscheiden sich in Mönchengladbach gewaltig, was man an Bildern aus dem Kleiderwerk Jacob Potting KG, Herstellung von Anzügen, Hosen, Mänteln sowie Stutzern für Herren und für Burschen und Lodenmänteln sowie Arbeits- und Berufsbekleidung ersehen kann.

Vergleichsweise beschaulich geht es zwischen den beiden Weltkriegen in Waldniel zu. – Neueste Erkenntnisse der Serienfertigung mit Fließbandarbeit lassen das Leben bei der Arbeit schon hektischer werden, als man behelfsweise nach dem Zweiten Weltkrieg in Rheindahlen wieder anfängt. – So richtig raucht der Kamin aber erst im nach neuesten Gesichtspunkten erstellten Werk in Mönchengladbach.

Vor dem Krieg in Waldniel

Zutritt ist nur Interessierten gestattet!
Potting & Becker zusammen in Waldniel. (11a)
Man beachte auf dem Schild links »Waldwiel«

Der Chef im Kreise seiner wichtigsten Mitarbeiter (11a)

Der nachdenkliche Chef allein in seinem Kontor (11a)

Zuschnitt-Ausgabe um 1925 (11a)

Nähsaal: in der Mitte Handsteppnähte, rechts und links Nähmaschinen, um 1925 (11a)

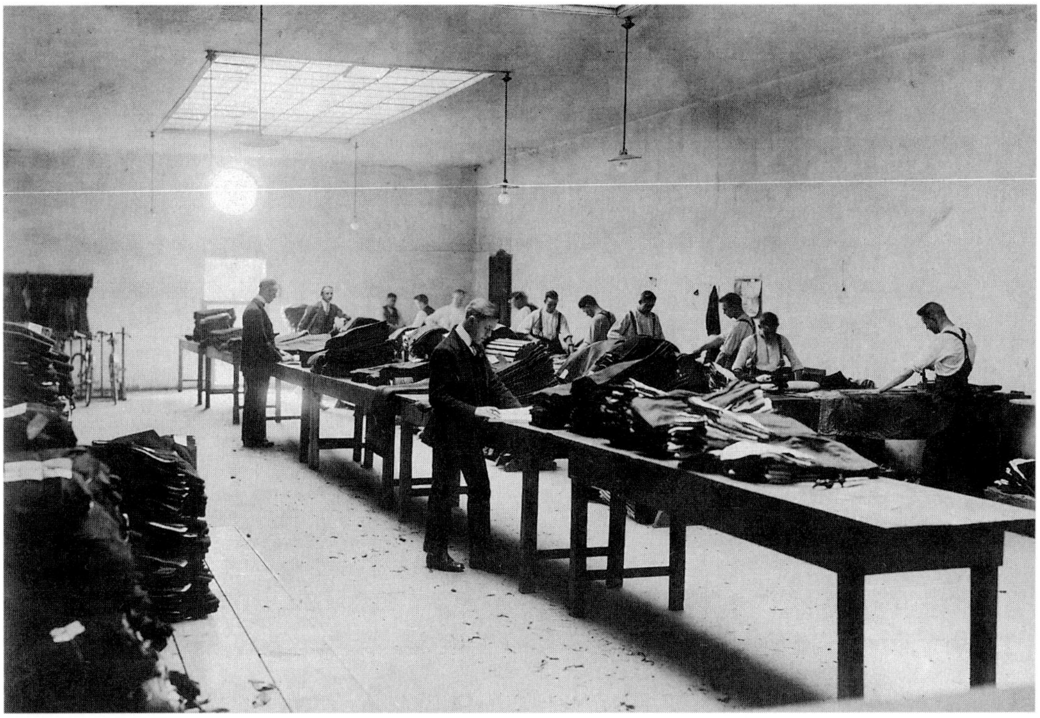

Bügelei (rechts) um 1925 (11a)

Endkontrolle mit leicht chaotischen Zügen, um 1925 (11a)

Nach dem Krieg in Rheindahlen

Sehr geehrte Herren!

Wir erlauben uns, Ihnen ein kleines Bildwerk zu überreichen.

Nach dem Zusammenbruch waren: unser Betrieb zerstört, die Betriebseinrichtung verbrannt, die Warenvorräte geplündert und nur ein Teil unserer Maschinen erhalten, so daß wir wenige Wochen später mit der Aufbauarbeit beginnen mußten.

Unsere erste Sorge war, Maschinen produzieren zu lassen. In Waldniel, einem Vorort M.Gladbachs, fanden wir Räume, in welchen wir sofort eine Näherei aufbauen konnten. Daneben war ein uns befreundeter Betrieb, dessen Fabrikationsräume erhalten waren, bereit, unsere Firma mit einem weiteren Teil unserer Maschinen als Gastbetrieb aufzunehmen.

Damit waren die Voraussetzungen erfüllt, Zeit zu gewinnen, um neue Fabrikationsräume zu schaffen.

Ein Gebäude in M.Gladbach-Rheindahlen, welches früher einer Motorsportschule als Unterkunft diente und teil-erhalten war, schien für die Belange einer Kleiderfabrik geeignet.

Jedoch waren 14 Monate Zeit erforderlich, um aus der Schule und ihren Unterrichtsräumen weite, große Säle zu schaffen.

Am 5. August 1946 konnten wir in den neugeschaffenen Raumen die Fabrikation anlaufen lassen.

Unsere Beschäftigtenziffer war inzwischen gestiegen. Im April 1945 begannen wir mit 46 Leuten. Im April 1946 stieg die Zahl auf 71. Am 5. Aug. 1946 eröffneten wir unseren neuen Betrieb mit 88 Leuten. Seit dem 1. Januar 1947 arbeiten 102 Leute bei uns.

Bei dieser Gelegenheit möchten wir nicht versäumen, Herrn Studienrat Donner, dem jetzigen Leiter der seit Jahrzehnten weit über Deutschlands Grenzen hinaus bekannten Textilfachschule M.Gladbachs, unseren Dank für seine Ratschläge bei unserem Aufbau auszusprechen. Nach seinem Urteil haben wir nun eine nach modernsten Gesichtspunkten eingerichtete Kleiderfabrik geschaffen.

Vor uns steht das Jahr 1947 mit seinen Warenbeschaffungssorgen.

Wir haben uns bemüht, Ihnen, meine Herren, mit den Bildern einen kleinen Einblick in unseren neuen Betrieb zu vermitteln.

Wir bitten Sie, unterstützen auch Sie uns mit Ihren Warenzuteilungen, damit wir fabrizieren können, um unsere Pflicht unserer an Bekleidung so armen Bevölkerung gegenüber zu erfüllen.

Hochachtungsvoll

Kleiderwerke Jacob Potting K.-G.

Potting

Rundschreiben: Wir leben noch! (11a)

Der Wiederanfang ist geschafft! 1947 (11a)

unten:
Rheindahlen, Hardter Straße, erste Etage (11a)

Jacob Potting, 1947 (11a)

oben: Fuhrpark, 1947 (11a)

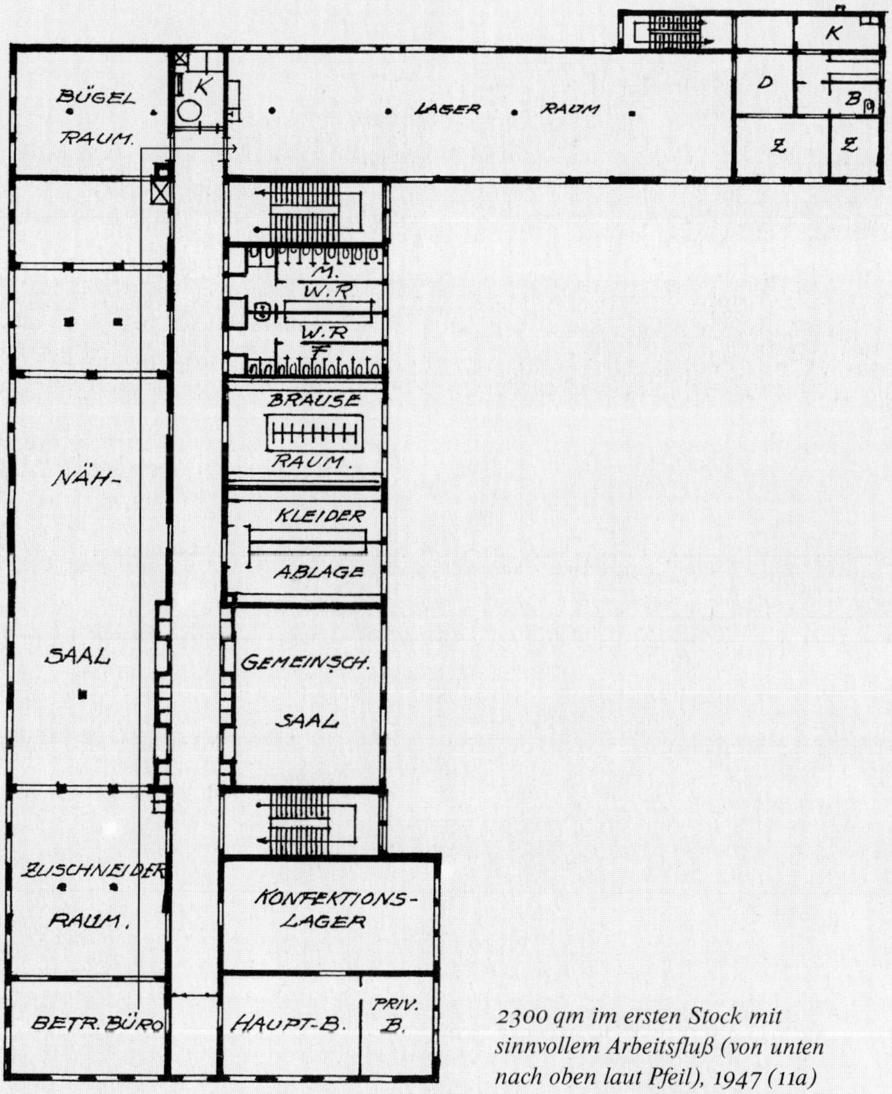

2300 qm im ersten Stock mit sinnvollem Arbeitsfluß (von unten nach oben laut Pfeil), 1947 (11a)

oben links:
Betriebsbüro mit Durchblick zum Betrieb, 1947 (11a)

oben rechts:
Nähsaal mit Fließbandanlage, 1947 (11a)

rechts:
Zuschneiderei und Einrichtung, 1947 (11a)

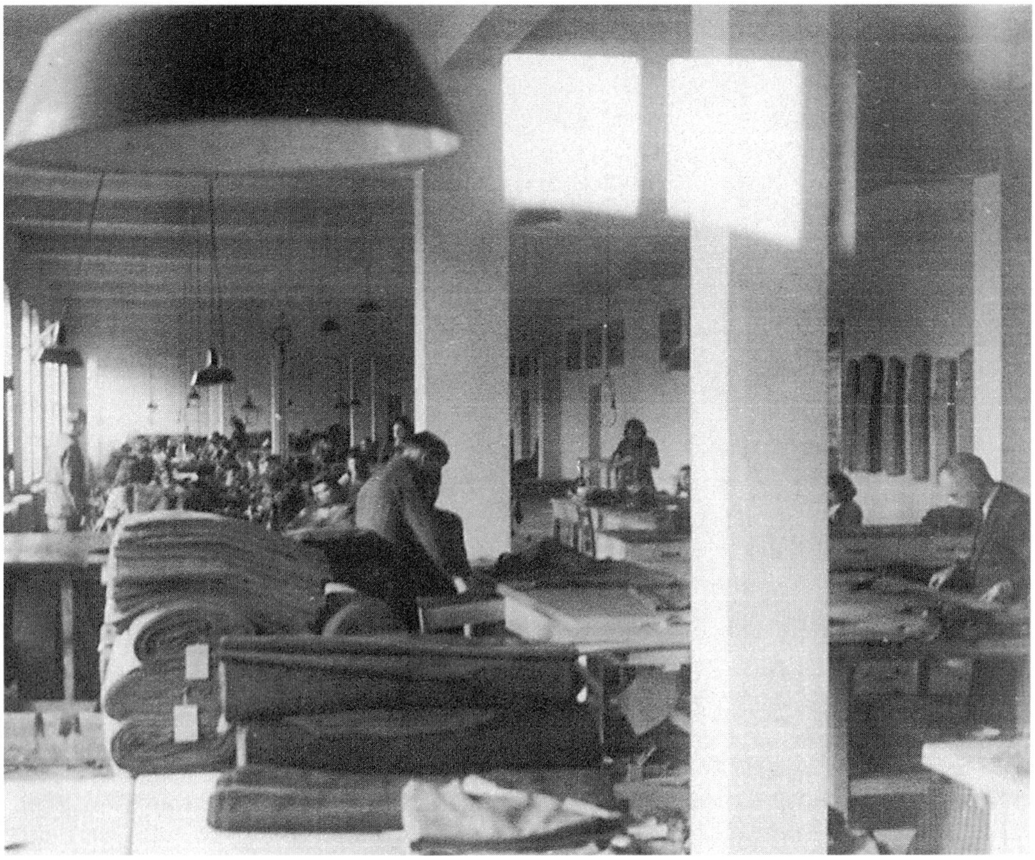

»High-Tech« 1947 (alle 11a)

Abteilung I Spezialmaschinen

Volle Konzentration

Abteilung II Spezialmaschinen

Glücklich über einen der neuen Arbeitsplätze

Dampfbügelei

rechts:
Dampferzeuger (oben)
... mit Kohleofen (unten),
1947 (11a)

unten:
Bilder aus Alt Gladbach um 1870...
im Speisesaal, 1947 (11a)

Das neue Werk in Mönchengladbach (11a)

Neubau der »Kleiderwerke Jacob Potting« (9a) an der Waldnieler Straße 52. Die Produktion lief seit den 60er Jahren unter der Marke »Perex« und umfaßte Anzüge, Sakkos und Hosen. Die bisherige Mantelproduktion wurde eingestellt. Kurz nach dem Krieg beschäftigte die Firma schon wieder 300 Mitarbeiter (99)

Produktionsräume der Firma »Kleiderwerke Potting«. (9a) Hinten an der Wand sieht man den Gründer der Firma, Jacob Potting, der im Jahr 1948 gestorben war. Die Geschäftsleitung ging an seine Söhne Theo und Hubert über, von denen einer eine kaufmännische, der andere eine technische Ausbildung hatte (99)

Der Wiederaufbau

Am 1. März 1945 verließen die letzten deutschen Truppen die Stadt, und die amerikanischen Truppen zogen in Mönchengladbach ein. Im Juli 1945 übernahmen die Briten die Besatzung. Das Mönchengladbacher Münster wurde durch private Initiative - entgegen einer Entscheidung der Stadtverwaltung - wieder aufgebaut. Der unterhalb der Abtei gelegene Geroweiher wurde mit Kriegsschutt aufgefüllt und zum Geroplatz umgestaltet. Die Hindenburgstraße wurde zur breiten, dem Verkehr zugänglichen Geschäftsstraße. In den ersten Nachkriegsjahren war die Stadt mit der Enttrümmerung beschäftigt. Nur private Initiative, oft mittels Schwarzmarktgeschäften, ermöglichte es vielen Unternehmern, ihre zerstörte Existenz wieder aufzubauen.

Klaus Müller-Hoberg, der Enkel des ersten Gladbacher Kleiderfabrikanten, beschreibt in seinen Erinnerungen, wie er durch den Handel mit Zigaretten die Baugenehmigung und den Abtransport des Schutts durch Straßenbahnwaggons erhielt. (129, o. S.)

Die bescheidenen Aufbaupläne konzentrierten sich am Betriebsgebäude auf ein Kesselhaus, um den Betonhochbau nach seiner Wiederherstellung gleich beheizen zu können ...

In einem alten Keller, wo die Maschinen lagerten, konnte in ganz bescheidenem Maße mit den Restbeständen und dem »Permit« der Militärregierung eine kleine Fertigung von Kleidungsstücken aufgenommen werden. Der riesige Bedarf an Bekleidung aller Art ließ uns an Lohn- und Behördenaufträge kommen. Wir meldeten uns auf jeden Auftrag der Zivil- und Militärbehörden, wenn irgend ein Programm ausgeschrieben wurde. So waren wir nach Bedarf - selbstverständlich immer Spezialisten - für Fallschirme, Mützen, Kartoffelsäcke, Planen, Zelte, etc.

Viele Unternehmer produzierten zunächst in ausgelagerten Betrieben oder holten ausgelagerte Maschinen zurück, mit denen sie in Wohnhäusern kleine Fertigungsstätten betrieben. Die Firma Frentzen & Cie. beherbergte nach Kriegsende zum Beispiel die Firma Potting und die

Neubau der Firma Clemens August Becker in der Rheydter Straße. (1a)
Das Bild entstand in den 50er Jahren, als die städtische Straßenbahnlinie noch durch die Rheydter Straße führte

Firma Anton Beyer in ihren Räumen in der Neuhofstraße.

Bis Anfang 1949 hatte die Herstellung von Arbeitskleidung im Rahmen von »Bergarbeiter- und Landarbeiterprogrammen« oder dem sog. »Jedermann-Programm« ein besonderes Gewicht für den Wiederaufbau der Wirtschaft. Im Rahmen dieser Programme wurden Stoffzuteilung und Auftragsvergabe geregelt. Den Auftrag erhielt der preisgünstigste Hersteller. Besonders das Jedermann-Programm übte einen großen Druck auf die Preise aus. Die Bekleidungsindustrie der Doppelzone sollte monatlich folgende Produkte herstellen: 250 000 Arbeitshosen, 100 000 Straßenanzüge, 250 000 Schlosseranzüge, 500 000 Arbeitshemden sowie Damen- und Kindermäntel. (126, S. 67–68) Die Spezialisierung auf diese Produkte wurde für die hiesige Bekleidungsindustrie zu einem besonderen Vorteil. Doch die Ansprüche an Qualität und modische Individualität stiegen. Investitionen in Maschinen und Gebäude sowie die Aufnahme neuer Produkte und der Umschwung zu einer modebewußten Kollektion wurden erforderlich.

Mit der Währungsreform begann am 20. Juni 1948 die freie Marktwirtschaft. Die Tauschgeschäfte hatten ein Ende, Löhne und Preise, Angebot und Nachfrage erhielten ihren Sinn zurück, und die Investitionsbereitschaft der Unternehmer stieg. 1951 fand zur 600-Jahr-Feier der Stadt Mönchengladbach wieder eine Industrie- und Gewerbeausstellung, die »Jubila«, statt. Sie wurde auf dem Vorplatz der ehemaligen Spinnerei und Weberei Aktiengesellschaft installiert. Im Gegensatz zu der Gewerbeschau von 1922, auf der wegen mangelnden Platzes die Textilmaschinen- und die metallverarbeitende Industrie nicht hatten ausstellen können, waren 1951 alle hiesigen Industriezweige und Gewerbe vertreten. Die Bekleidungsindustrie wurde durch die Wirtschaftsvereinigung Nordrhein-Provinz, die Nachfolgeorganisation des »Arbeitgeberverbandes der Kleiderfabrikanten von M.Gladbach, Rheydt und Umgegend e.V.« und Vorläufer der jetzigen Bekleidungs-Fachverbände, repräsentiert. (134, S. 134 bis 138)

Anzeige aus dem Jahr 1950 (16a)

Ab Mitte der 50er Jahre fanden sich in Mönchengladbach und Rheydt Hersteller aller Sparten der Bekleidungsindustrie, zunehmend auch die der Damen-Oberbekleidung. Die aus handwerklichen Anfängen entstandene Bekleidungsbranche hatte sich im Laufe ihrer Industrialisierung zu einem der stärksten Wirtschaftszweige im Mönchengladbacher Raum entwickelt. Im Zuge des wirtschaftlichen Aufschwungs änderte die hiesige Bekleidungsindustrie ihr bisheriges Gesicht völlig. Die ursprünglichen Produkte der Berufs- und Sportbekleidung wurden von den neugegründeten Unternehmen weitgehend durch modische Oberbekleidung ersetzt. Dem ältesten Produkt, der Hose, blieben aber mehrere Firmen treu. Noch heute finden sich bedeutende Hosenhersteller in Mönchengladbach, wie die Firmen gardeur – Dieter Janssen, Michèlle-Moden und die Firma Priess-Modelle.

Persönlichkeiten, welche die Bekleidungsindustrie überregional geprägt haben

Trotz der dargestellten günstigen Ausgangsbedingungen wäre das Entstehen der hiesigen Bekleidungsindustrie ohne unternehmerischen Mut und Einsatz nicht möglich gewesen. Deshalb sollen die wichtigsten Mönchengladbacher Persönlichkeiten in diesem Kapitel besondere Beachtung finden. Wie an ihrem Beispiel deutlich wird, bewirkten hauptsächlich solche Unternehmer Veränderungen und Fortschritte in der hiesigen Bekleidungsindustrie, die neben ihrer Fabrikantentätigkeit auch Einfluß auf die Politik nahmen.

Briefbogen der Firma Müller & Hager. (4a)
Auf dem Briefbogen wurden die Teilbeträge pro Monat eingetragen, die Herr Friedemann bei der Firma abbezahlte. Der Briefkopf zeigt die beiden produzierenden Werke in Mönchengladbach und Rheindahlen und die beiden Hauptverkaufsstellen in Berlin und Hamburg. In der Mitte ist die Schutzmarke, die Eule im roten Dreieck, abgebildet

SCHUTZ-MARKE
MÜLLER & HAGER, KLEIDERFABRIKEN
EIGENE WEBEREI, FÄRBEREI UND AUSRÜSTUNG FÜR GENUA-CORD, VELVET UND BUXKIN.
M. GLADBACH,
FERNSPRECHER NR. 17 U. 2121
TELEGRAMM-ADRESSE: MÜLLERHAGER

Der Kommerzienrat Franz Müller-Hoberg – Gründer der ersten Kleiderfabrik in Mönchengladbach

Franz Ernst Müller, viertes von zehn Kindern, wurde 1844 im holländischen Groningen geboren. Nach Abschluß der höheren Handelsschule arbeitete er als Reisender für eine große Strumpffabrik in Thüringen. 1869 kam er mit seinem Schwager Heinrich Heuveldop nach Gladbach. Dieser hatte bereits die Bekanntschaft vieler hiesiger Textilindustrieller gemacht und führte ihn in die Gesellschaft Casino ein. Dies war eine Art Club, in dem sich die katholischen Industriellen und Fabrikanten am Stammtisch trafen und durch wirtschaftliche und politische Arrangements die hiesige Wirtschaft steuerten und beeinflußten. (128)

Dort traf Müller Heuveldops Vetter, den Kaufmann Eduard Hager. Mit ihm gründete er 1871 die Firma Müller & Hager, die als Textilgeschäft zunächst »Handel in Gladbacher Fabrikaten« betrieb. Sie begannen im gleichen Jahr, Westen schneidern zu lassen, »die einen großen Absatz fanden«. Kurz darauf versuchten sie es mit Hosen. Die Ausweitung der Produktion führte zur Gründung der ersten Kleiderfabrik in Gladbach. (83, o. S.) Diese erste Fabrikation fand in der Rheydter Straße 36 statt, wo Müller-Hoberg wohnte. Nach anfänglichen Schwierigkeiten florierte das Geschäft. Hinzu kam, daß durch die Heirat Eduard Hagers mit der Tochter des Eigners der Dortmunder Kronenbrauerei der Firma ein gewisser finanzieller Rückhalt entstand.

Als 1876 in der sogenannten Gründerkrisis vorübergehend eine Stockung im Absatz eintrat, suchten sie weitere Absatzgebiete und fanden heraus, daß Hamburg ein »großer Platz für Hosen« war, wo sie eine Filiale gründeten. (83, o. S.)

Für die »feinere Anzug-Confection« hatte man eine Produktion in Stettin errichtet, deren Produkte in Berlin verkauft wurden. In vielen Städten hatte man Verkaufsgeschäfte eingerichtet. Dort wurden – wie in den Zweigproduktionsstellen auch – tüchtige Angestellte herangezogen, die das Geschäft später übernehmen konnten. Verschiedene dieser Firmen haben sich zu großen Unternehmen entwickelt, wie die Firma Bernward Leineweber in Berlin.

Um das Jahr 1892 wurde der große Fabrikbau in Rheindahlen unter der Bezeichnung Rheindahlener Textilwerke Franz Müller errichtet, der auch eine eigene Ausrüstung und Färberei umfaßte. Franz Müller gehörte zu den fortschrittlich und sozial denkenden Unternehmern seiner Zeit. Die neuen Fabrikgebäude waren nach neuesten Erkenntnissen bezüglich Hygiene und Klimatisierung, Beleuchtung und Feuerschutz ausgestattet. Dieses findet in der Jahresschrift des Verbandes Arbeiterwohl Erwähnung, dem er lange Zeit als Mitglied und Vorsitzender angehörte. (127, o. S.)

Als Eduard Hager 1901 starb, wurde Franz Müller-Hoberg alleiniger Inhaber der Firma. 1904 erhielt er den Titel Preußischer Kommerzienrat. Seit 1908 gehörte er dem Vorstand der Preußischen Höheren Fachschule für Textilindustrie des Handelskammerbezirkes Mönchengladbach an, wo er seit 1913 Vorsitzender im Prüfungsausschuß für die Weberei-Abteilung war. Den Ersten Weltkrieg überstand die Firma gut. Das Geschäftsvermögen blieb weitgehend erhalten, obwohl die großen Warenlager abgebaut und das flüssig gewordene Geld in Kriegsanleihen angelegt worden waren. Als Präsident der Handelskammer mußte Müller-Hoberg Propagandareden für die Kriegsanleihe halten und mit eigener Zeichnung für zwei Millionen Mark mit an der Spitze marschieren. Sein Sohn Franz, Rittmeister der Reserve, trat nach dem Ersten Weltkrieg in das Unternehmen ein.

Die Inflation in den 20er Jahren brachte der Firma enorme Einbußen:

Wie viele angesehene und als geschäftsklug anerkannte Kaufleute konnte er die Inflation nicht verstehen, er beharrte zu lange auf dem Standpunkt »Mark ist und bleibt Mark«. Bei dem üblichen Zahlungsaufschub von bis zu 6 Monaten büßte er ungeheure Mengen ein: 1924 belief sich das Betriebskapital statt auf 4 Millionen auf nur noch 800 Tausend Mark. (83, o. S.)

Als verantwortungsvoller Unternehmer war Müller-Hoberg an der Gründung des Arbeitgeberverbandes der Kleiderfabrikan-

Zwei Brüder Müller und Bernward Leineweber. (4a) Von links nach rechts sind Hermann und Theo Müller zu sehen, die kurz nach der Gründung in das Unternehmen eingestiegen waren. Ganz rechts steht Bernward Leineweber, der langjährige Mitarbeiter der Firma. Das Bild ist um die Jahrhundertwende vor dem Müllerschen Familiensitz in Riesenbeck aufgenommen

Brax-Hosen von Müller & Hager, Anzeige aus dem Jahre 1951 (31a)

Drei Generationen Müller-Hoberg. (4a)
Das Foto stammt etwa von 1925 und zeigt den Gründer der Firma, Franz Müller-Hoberg, seinen seit ca. zehn Jahren im Unternehmen arbeitenden Sohn Franz und dessen Sohn

ten von M.Gladbach, Rheydt und Umgegend e.V. maßgeblich beteiligt. Er war Mitglied in der Ortsgruppe des Verbandes Deutscher Kleiderfabrikanten e.V. und Vorstandsmitglied der Bekleidungsindustrie-Genossenschaft. (127, o. S.)

Nach dem Tod des Vaters veräußerte Franz Müller-Hoberg den größten Teil des väterlichen Unternehmens und führte es in kleinerem Umfang weiter. Nach dem Krieg, bei dem die Firmengebäude in der Rheydter Straße ausgebombt worden waren, baute Klaus Müller-Hoberg, der Enkel des Gründers, den Hochbau wieder auf, dessen Stahlbeton-Skelett stehengeblieben war. Ohne das nötige Fachwissen beschäftigte er eine kleine Zahl Näherinnen mit den verschiedensten Aufträgen, zum Beispiel dem Nähen von Babymänteln aus dem Jedermann-Programm. Aufträge verschaffte er sich durch das Aufgreifen alter Kontakte. So wurde von ca. 1948 bis 1970 unter dem Namen Leineweber Spezialhosenfabrik für die Firma Bernward Leineweber produziert. In Mönchengladbach fertigte man die heute noch unter diesem Label laufenden Brax-Hosen. Seitdem die Bekleidungsfertigung aufgegeben wurde, ist das Gebäude an verschiedene Unternehmen vermietet. (128)

Als es in den 1870er Jahren zum Kulturkampf gegen die katholische Kirche kam, war der strenge Katholik Franz Müller-Hoberg ins politische Leben eingetreten. Er trat dort an die Seite der in Gladbach geborenen Textilindustriellen Eduard Quack und Franz Brandts. Von 1904 bis 1920 war Franz Müller-Hoberg Vorsitzender der Zentrumsfraktion des Stadtverordnetenkollegiums. Gleichzeitig war er Stellvertretender Vorsitzender der Kammer, der er seit 1898 als Mitglied angehörte. Außerdem war er an der Errichtung mehrerer wohltätiger Institutionen, wie Krankenhäusern und Stiftungen, beteiligt.

Als politisch interessierter Mensch war er von 1885 bis 1923 Stadtverordneter und 27 Jahre lang unbesoldeter Beigeordneter der Stadt Gladbach. Weiterhin saß er im Aufsichtsrat mehrerer Zeitungen, so der Gladbacher Volkszeitung, des Gladbacher Handelsblattes und der Westdeutschen Landeszeitung. Müller-Hoberg gründete den Katholisch-Kaufmännischen Verein, war Mitglied im Gesangsverein Cäcilia e.V.

rechts:
Kommerzienrat Franz Müller-Hoberg. (4a)
Diesen Namen führte er seit 1925 offiziell und vererbte ihn seinen acht Kindern. Das hier abgebildete Gemälde zeigt den mit vielen Auszeichnungen geehrten Kommerzienrat in den 20er Jahren (128)

und 19 Jahre lang Präsident der katholischen Gesellschaft Casino. Als besonders guter Redner hatte er den Gregorius-Orden erhalten. (127, o. S.)

Franz Müller-Hoberg starb 1926 in Gladbach. In einem Bericht des Westfälischen Merkur in Münster vom 10. Februar 1926 heißt es in einem Nachruf auf ihn (127, o. S.): *M.Gladbach: Mit ihm ist der angesehenste und beliebteste Textilindustrielle des Gladbacher Bezirks dahingeschieden. Der Verstorbene war Begründer der Gladbacher Konfektion, die sich unter seiner Führung zu einem mächtigen Gewerbezweige entwickelt hat, sie umfaßt heute mehrere hundert Fabriken mit 15-20.000 Arbeitern.*

Unternehmer und Politiker Dr. Curt Becker

Der 1905 als Sohn des Kleiderfabrikanten Richard Becker geborene Curt Becker absolvierte nach dem Abitur eine kaufmännische Ausbildung in Hamburg. Danach studierte er Rechts- und Wirtschaftswissenschaften. Er promovierte 1927 mit 22 Jahren auf dem Gebiet des Kartellrechtes. Ein Jahr darauf trat Dr. Curt Becker als Prokurist und Teilhaber in den Gladbacher Betrieb seines Vaters ein. Während des Krieges war er zunächst für die Bekleidungsindustrie in Berlin tätig, bis er kurz vor Kriegsende zum Heer eingezogen wurde. Bei dem Bombenangriff 1943 wurde der Betrieb völlig zerstört. Bereits 1946 begann Becker den Wiederaufbau in eigener Regie.

Unter Beckers Initiative bildete sich eine Gemeinschaft von Gladbacher Bürgern aller Konfessionen und Parteirichtungen, die sich den Wiederaufbau des Münsters zur Aufgabe gemacht hatte: »Der größte Dombauverein Westdeutschlands.« Die Firma Clemens August Becker war eines der ersten Gladbacher Unternehmen, die mit der besseren Herrenkonfektion begannen. Für die Mönchengladbacher Bekleidungsindustrie wurde das Unternehmen zum Aushängeschild. Durch Engagement und Initiative in den Verbänden und der Politik über regionale Grenzen hinaus hatte Curt Becker großen Einfluß auf den raschen Aufschwung und Fortschritt der hiesigen Bekleidungsindustrie.

Das schon von seinem Vater angestrebte Prinzip der Verknüpfung von Mode und Qualität sowie Rentabilität konnte Becker durch seine wirtschaftlichen Kenntnisse ausbauen. Das Produktionsprogramm orientierte sich an der Nachfrage, also auch an der Saison. Die Kollektion der Sommersaison umfaßte »ein- und zweireihige Straßenanzüge, Sportsakkos, Rundbundhosen und Übergangsmäntel«. In der Wintersaison fertigte man Anzüge und Mäntel mit eleganterer Note. (84, S. 606) Schon im Krieg hatte man damit begonnen, Betriebsvergleiche zu erstellen, um Aussagen über Wirtschaftlichkeit und Rentabilität eines Unternehmens machen zu können. Die Bekleidungsbranche krankte seit ihren Anfängen an Unternehmern, die ihre Produkte unter Preis verkauften und damit nicht nur sich selbst, sondern der ganzen Branche schadeten. Nach Beckers Tod wurde das Unternehmen in der Rheydter Straße an

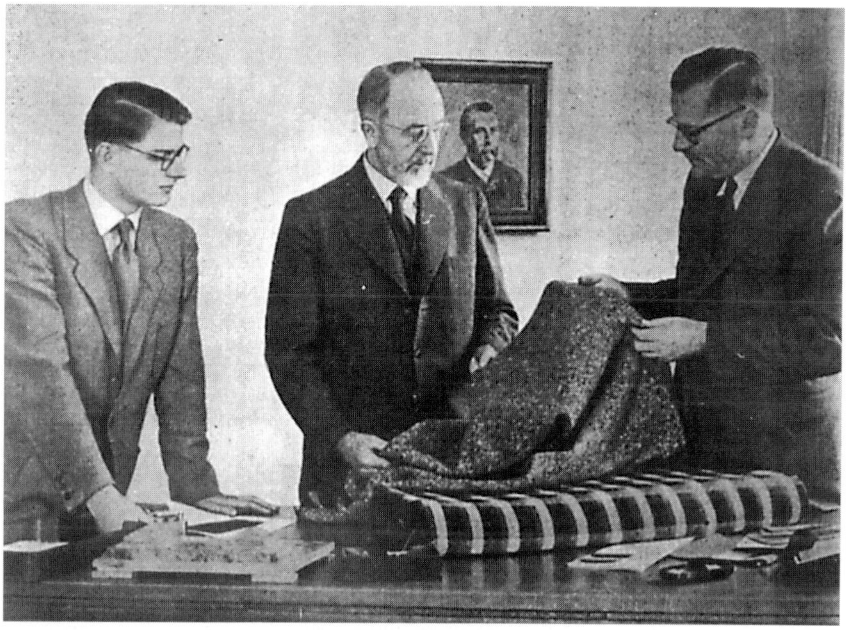

Vier Generationen Becker. (84, S. 603) Links steht der Sohn Curt Beckers, in der Mitte Richard Becker, der die Kleiderfabrik aufgebaut hatte. Rechts ist Dr. Curt Becker zu sehen. Der Gründer Clemens August Becker ist auf dem Gemälde im Hintergrund zu sehen. Somit sind auf obigem Foto vier Generationen vertreten

Dr. Albert Dormanns verkauft, dessen Vater die Tuchfabrik Dormanns gehörte. Noch heute produziert sein Schwiegersohn Rolf Wallendy dort Herrenoberbekleidung.

Curt Becker war in der wertkonservativen Zentrumspartei organisiert. Mit 27 Jahren wurde er der jüngste Zentrumsmann. Er kämpfte gegen die Gewaltmaßnahmen der Nationalsozialisten und konnte nur vor einer Verhaftung bewahrt werden, weil er vom einflußreichen Propst des Mönchengladbacher Münsters in den Kirchenvorstand berufen wurde. Im letzten Kriegsjahr geriet er in Gefangenschaft und kehrte erst

Dr. Curt Becker. (178, S. 208) Er arbeitete als einer der ersten Vertreter des Europagedankens als Vizepräsident der in Paris ansässigen Vereinigung der europäischen Bekleidungsindustrie (15, o. S.)

1946 zurück. Im gleichen Jahr wurde er zum Vorsitzenden des Zonenausschusses der Bekleidungsindustrie der britischen Zone berufen. 1947 stellte er Kontakte zur Arbeitsgemeinschaft der Verbände der Bekleidungsindustrie in der amerikanischen Zone her und gründete die Arbeitsgemeinschaft Bekleidungsindustrie des vereinigten Wirtschaftsgebietes, deren langjähriger Vorsitzender er wurde. 1951 wurde er zum Präsidenten des Bundesverbandes der Bekleidungsindustrie gewählt. (15, o. S.)

Becker hatte sich schon vorher in Kommunalpolitik und Jugendarbeit engagiert und übernahm nach dem Krieg ein Stadtverordnetenmandat. Parallel dazu gründete er nach Kriegsende die Partei der Arbeit. Er wurde ihr zweiter Vorsitzender auf Kreisebene und blieb dies, bis er 1958 zum CDU-Bundestagsabgeordneten gewählt wurde. Von da an beschäftigte er sich besonders mit Finanz- und Steuerpolitik und kartellrechtlichen Fragen. »Er gehört zu den Vätern der Mehrwertsteuergesetzgebung, die erheblichen Einfluß auf die Förderung mittlerer und kleiner Unternehmen hatte.« (178, S. 208)

Dr. Curt Becker erkannte in dem Umsatzsteuersystem nach der Währungsreform eine Wettbewerbsverfälschung und kämpfte seit 1958 für seine Reform der »Mehrwertsteuer mit Vorsteuerabzug«. Dieses System sollte die Steuerbevorzugung von vertikal konzentrierten Firmen beseitigen und existiert in seinen Grundsätzen noch heute.

Zur Demonstration, wieweit einstufige Betriebe, meist mittlere Unternehmen, in den von mehrstufigen, durch die Umsatzsteuer stark bevorzugten, Unternehmen bestimmten Preis einsteigen müssen, sei hier als Beispiel ein Herrenanzug angeführt, der in den Stufen Weberei, Kleiderfabrik und Einzelhandel mit einer Umsatzsteuer von 8% belastet ist. (Die Spinnerei und der Großhandel sind hier nicht berücksichtigt.) Ein Unternehmen, welches diese drei Stufen umfaßt, zahlt 4%, also 4% weniger. Nach mir vorliegenden Unterlagen beträgt der Gewinn im Durchschnitt (einschließlich der Geschäftsführergehälter) in diesen drei Stufen etwa 8,8% vom Einzelhandelspreis (einschließlich der Produktionsstufen). Der Konzernbetrieb spart fast die Hälfte des Betrages dieses Gewinnes durch die Umsatzsteuervorteile. Er kann also entweder 4,2% billiger verkaufen oder 8,8+4,2=50% mehr verdienen als sein einstufiger Konkurrent. (193, S. 185–187)

Curt Becker war ein auf allen Gebieten interessierter und engagierter Mensch und prägte besonders die Bekleidungsindustrie der Nachkriegszeit.

Mit Zuversicht in die Welt hinaus: Konsul Dr. Erwin Müller – Unternehmer mit großem sozialem Engagement

Konsul Dr. Erwin Müller, seit 1981 Mitglied der Kammer-Vollversammlung; sein besonderes Interesse gilt naturgemäß der Textil- und Bekleidungsindustrie, für die er im Ausschuß für regionale Wirtschaft seine Stimme häufig erhebt (17a)

Anläßlich des 65. Geburtstages von Dr. Erwin Müller schrieb die IHK in ihrer Schrift »Die Kammer« in der Rubrik Personalien des Heftes 11/95:

Die familiären Wurzeln von Erwin Müller gehen wissenschaftlich gesichert 450 Jahre zurück zu Pongs nach Rheydt. Heute reichen die unternehmerischen wie menschlichen Beziehungen von Rumänien bis Guatemala und China. Dr. Erwin Müller ist einerseits Unternehmer, andererseits Entwicklungshelfer und drittens sozial engagierter Christ. Der in Mönchengladbach zuweilen »Hosen-Müller« genannte 65jährige stellt mit seinen Mitarbeitern in seinen Betrieben täglich 4.000 Hosen her, hat in Portugal und Rumänien Niederlassungen – und trotzdem seinen Humor nicht verloren. Er ist ein umtriebiger Mann, den die Dinge, wie sie sind, nicht in Ruhe lassen, aber auch nicht aus der Ruhe bringen. Es gehört Optimismus dazu, sich zwischen Geschäft und Gesellschaft immer weiter und manchmal anders zu bewegen, als viele erwarten. Dr. Müller ist gelernter Ökonom und engagierte sich als junger Mensch in der Kirche, in der Gemeinde, ob bei Herz-Jesu oder später im Sozialen Seminar.

Er baute in Santiago mit seiner Frau und Studienkollegin Annaliens ein Projekt für den Bund Katholischer Unternehmer auf, in dem heute 650 einst arbeitslose Frauen ihre handwerklichen und künstlerischen Fähigkeiten umsetzen können: Bis hin zu Lehrwerkstätten nach deutschem Muster und zum Export von Waren, die ihre eigenen sind.

Seit Jahrzehnten hat der Chef der Firma Priess für die Konrad-Adenauer-Stiftung in Ländern der dritten Welt gearbeitet, in China Vorträge gehalten und sich vor allem in Mittel- und Südamerika aufgehalten. Die Republik Guatemala hat Erwin Müller vor fünf Jahren zum Honorarkonsul gemacht. Müller startete mit den Rotariern Mönchengladbach-Niers vor zwei Jahren ein Trinkwasserprojekt in einem Armenviertel in Guatemala-City.

Sein Engagement stößt in hartgesottenen Zeiten zuweilen auf Verwunderung: So ist eben nicht das Bild vom Unternehmer, das man so hat.

Moderne Dressieranlage (32a)

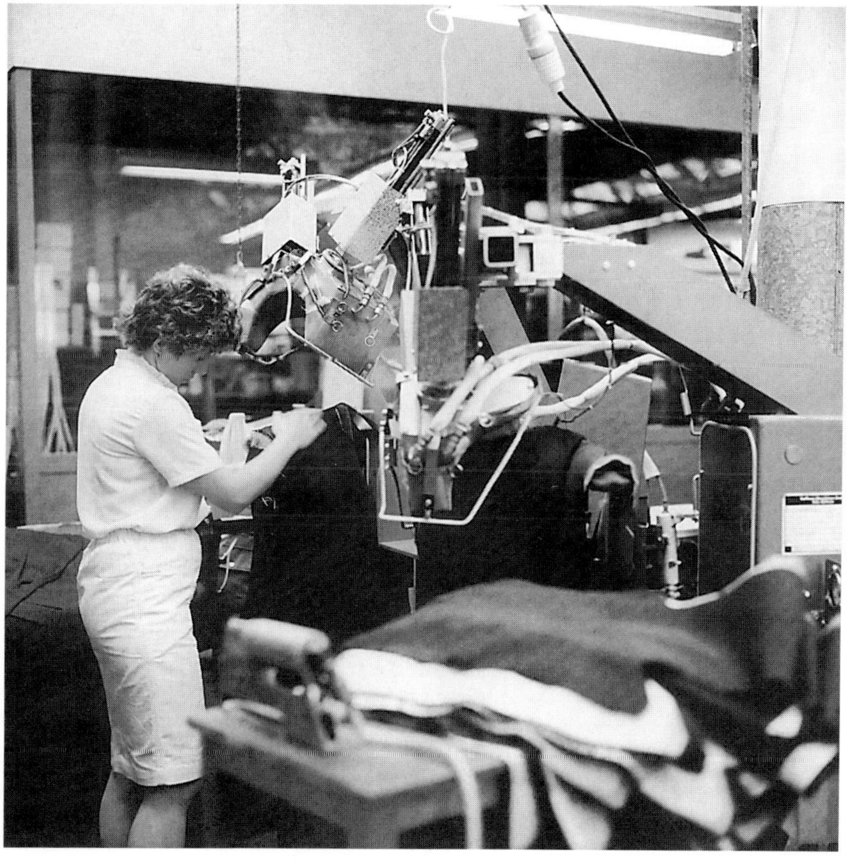

oben links:
Hoffman-Bügelpresse in Aktion (32a)

oben rechts:
Der Schnellnäher »Pfaff 467« (31a)

Zuschnitt, der bezüglich möglichst wenig Verschnitt (= Abfall) optimiert ist (32a)

7

Die Entstehung des Textilmaschinenbaus im Mönchengladbacher Textilbezirk

Eisenhart und butterweich

Zeitgleich fallen die Ursprünge des Mönchengladbacher Textilmaschinenbaus zusammen mit der Einführung der ersten Spinnmaschinen und dem Boom des Textilgewerbes während der Zeit der Kontinentalsperre und des französischen Schutzzollsystems. Als »Vater« des hiesigen (Textil-)Maschinenbaus wird der »herzoglich-holsteinische Hofmechanikus« Diedrich Uhlhorn angesehen, der 1810 in Grevenbroich eine Werkstatt für Spinnmaschinen und zwei Jahre später einen Betrieb zur maschinellen Kratzenherstellung errichtete. Mit dem Ende des Booms mußte die Werkstatt 1814 schließen, und erst in der zweiten Hälfte des 19. Jahrhunderts erstand der hiesige Textilmaschinenbau wieder. (81, S. 3)

Der Schwerpunkt der regionalen Maschinenproduktion lag auf Maschinen für die Weberei, Webereivorbereitung und Ausrüstung. Spinnmaschinen bzw. Spinnereimaschinen wurden und werden nur vereinzelt produziert. Dies hat seine Ursache vor allem im Zeitpunkt der Einführung des metallverarbeitenden Gewerbes in der Region. Die Ursprünge des (Textil-)Maschinenbaus sind direkt verbunden mit der Maschinisierung des Spinnvorganges. Der Bau von Textilmaschinen im Raum Mönchengladbach wurde jedoch erst zu einem verhältnismäßig späten Zeitpunkt des Industrialisierungsprozesses aufgenommen – zu einem Zeitpunkt, als in der Region der Übergang zur mechanischen Weberei vollzogen wurde.

Weber beim Einlegen des Schusses mit Schiffchen (1 a)

Die Ursprünge des (Textil-)Maschinenbaus

»Obwohl es seit Jahrhunderten Maschinen gab, entstanden die Industriesparte des Maschinenbaus und die Berufsgruppe der Maschinenbauer [...] erst während der Industriellen Revolution.« (188, S. 319) Der Maschinenbau folgte dem wachsenden Bedarf nach immer komplexer werdenden Maschinen(teilen), die zunehmend nicht mehr aus Holz, sondern aus Metall gefertigt wurden. Die neuen Rohmaterialien erforderten veränderte Bearbeitungsmethoden. Man entwickelte Werkzeugmaschinen, das heißt Maschinen zur Erzeugung anderer Maschinen, die es wiederum ermöglichten, die letzteren weiter zu verbessern.

Die vorindustriellen Ursprünge des Maschinenbaus liegen in den Handwerkstechniken der Uhrmacher, Geräte-, Instrumenten- und Mühlenbauer sowie der Schmiede und Schreiner. Als Maschinen nicht mehr nur aus einheitlichen Materialien gefertigt wurden, lag es an den Konstrukteuren, die verschiedenen Handwerkstechniken miteinander zu koordinieren. Dies geschah in der Regel in den der Produktionsstätte angegliederten Werkstätten. Die Industrialisierung ging aus von der Maschinisierung im Spinnereiwesen, und so waren es dann auch die ersten Spinnereien, die in zunehmendem Maße eigene Werkstätten errichteten. Mit der größer werdenden Anzahl der maschinellen Spinnereien stieg die Nachfrage nach Spinnmaschinen. Eine Fertigung in größeren Stückzahlen war nur mit geeigneten Werkzeugmaschinen möglich, die wiederum die industrielle Produktion förderten. »Verbesserungen der Konstruktion von Werkzeugmaschinen halfen bessere Maschinen für die Spinnerei zu entwerfen, die Konstruktion von Werkzeugmaschinen und von Spinnereimaschinen waren also komplementär.« (188, S. 328) Es ist daher nicht von ungefähr der heutige Hersteller bekannter Textilmaschinen, die Firma Monforts, zugleich ein bedeutender Werkzeugmaschinenproduzent.

Die Wurzeln des Maschinenbaus liegen in England. Als ein bedeutender Werkzeugmaschinenbauer wird Henry Maudslay (1771–1831) genannt, der 1791 die erste Leitspindel-Drehbank erfand. Maudslay gilt als einer der Begründer des Maschinenbaus im heutigen Sinne. In seiner Werkstatt lernte neben anderen später berühmt gewordenen Werkzeugmaschinenbauern auch Richard Roberts, dessen Verbesserungen am Selfaktor einen wichtigen Schritt zur Automatisierung des Arbeitsablaufes brachten. (188, S. 333) Die frühen Spinnerei-Maschinenfabriken gingen aus Werkstätten hervor, die den Produktionsbetrieben angegliedert waren. Daß auch Arkwright, der kein Handwerker war, sondern »lediglich« Erfinder bzw. Konstrukteur, seine Maschinen in einer eigenen Werkstatt fertigen ließ, wird unter anderem durch eine Zeitungsanzeige belegt, die 1771 im Derby Mercury erschien. Hierin sucht er »zwei Uhrmachergesellen oder andere, die sich auf Zahnräder verstehen, ebenso einen Schmied, der schmieden und feilen kann. Weiter zwei Drechsler, die an Rädermachen und Spulendrechseln gewöhnt sind ...«. (63, S. 48)

Nach englischem Vorbild wurde 1790 in der »ältesten Fabrik auf dem Kontinent« in Ratingen mit dem Bau von Spinnmaschinen begonnen. Brügelmann errichtete, nachdem er in den ersten Jahren nach Gründung seiner Spinnerei mit Handwerkern aus Ratingen zusammengearbeitet hatte, 1790 eine eigene Werkstatt, in der er Handwerker der verschiedenen Sparten beschäftigte. Die Entwürfe für die Maschinen gingen von Brügelmann selbst aus. Mit Unterstützung englischer Mechaniker fertigten die Handwerker Maschinenteile, die anschließend zusammengesetzt wurden. Der Zusammenbau erfolgte in Cromford/Ratingen in der Regel durch Schmied und Schreiner. (199, S. 71)

Dreherei in einer Spinnmaschinenfabrik des 19. Jahrhunderts (188, S. 349)

Wie schwierig die Koordination der einzelnen Fachleute gewesen sein muß, geht aus einem Brief Brügelmanns hervor, in dem er sich darüber beklagt, daß seine Handwerker zwar gut in ihrem eigenen Bereich arbeiten würden, ihnen aber die allgemeinen spinnereitechnischen Kenntnisse fehlten und sie somit keinen Überblick über das Gesamtkonzept der jeweiligen Maschinen besäßen: *Ich habe nun zwar meine Leute soweit gebracht, dass sie mir alle erforderlichen Maschinen bis zur Spinnmaschine und diese auch fast ebenso vollkommen und gut verfertigen wie in Engelland, aber ich habe keinen Meister, welcher die Direktion über das ganze hätte. Jeder weiss, z. B. der Schmied, der Uhrmacher, der*

Montagesaal in einer Spinnmaschinenfabrik des 19. Jahrhunderts (188, S. 349)

Schreiner, der Drechsler, was er nach den ihm aufgegebenen Modellen verfertigen muß, welches bei dem Aufstellen der Maschinen zusammengebracht und von dem Schreiner und dem Schmied gemeinschaftlich zu geschehen pflegt. (199, S. 71) Es wird deutlich, daß der Textilfabrikant dieser Zeit vielfach auch sein eigener Textilmaschinenfabrikant gewesen ist.

Erste Anfänge: Diedrich Uhlhorn (1764–1857)

Unter den gleichen Vorzeichen sind auch die Ursprünge des Textilmaschinenbaus in der Region Mönchengladbach zu sehen. Zur Zeit der ersten Ansätze einer Maschinisierung und der Gründung zahlreicher Baumwoll-Spinnereien in den damals französischen Gebieten links des Rheins errichtete 1810 der Neusser Unternehmer Friedrich Koch zusammen mit Johann Friedrich Thomas aus Hückeswagen und Diedrich Uhlhorn aus Oldenburg eine Spinnerei in der Elsener Mühle in Grevenbroich, von der in Kapitel 3 bereits berichtet wurde.

Warenzeichen der Kratzenfabrik Dch. Uhlhorn. (47, S. 8)

In der angegliederten Werkstatt, die sich in den Räumen des durch Säkularisation aufgehobenen Zisterzienser-Klosters befand, war Uhlhorn als Betriebsleiter mit der »Anfertigung und Unterhaltung von Spinnereimaschinen zunächst nur für den eigenen Betrieb, später auch für fremde Spinnereien« (40, S. 64) beauftragt. In der Werkstatt war im Dezember 1810 die für die damalige Zeit bedeutende Anzahl von 80 Arbeitern beschäftigt. Durch die Kriegsereignisse wurde der Betrieb 1813 schwer in Mitleidenschaft gezogen, und 1814, nach Austritt von Thomas, wurde die Maschinenproduktion eingestellt. (24, S. 76)

Die schweren Zeiten, in denen sich die Baumwollspinnerei nach den Befreiungskriegen befand, ließen die Ansätze zur Produktion von Spinnmaschinen im Keim ersticken, und Uhlhorn, dessen Erfindungen auf vielen Gebieten fruchtbar waren, wandte sich 1817 dem Bau von Münzprägemaschinen zu, mit denen »der Name Uhlhorn und der Stadt Grevenbroich in alle Welt« (40, S. 67) gelangte.

Für textile Anwendungsgebiete gehen weitere Konstruktionen auf Uhlhorn zurück. Die erste derartige Erfindung war eine Tuchschermaschine, deren erstes Modell 1801 in der Tuchfabrik von Thomas in Hückeswagen aufgestellt wurde. (40, S. 59) 1804 folgte die Konstruktion einer Kratzenmaschine, durch welche die in der Wollverarbeitung verwendeten Handkratzen ersetzt werden sollten. 1812 gründete Uhlhorn in Grevenbroich jenes Unternehmen, das als »älteste mechanische Kratzenfabrik Deutschlands« (262) bis 1927 dort ansässig sein sollte (wurde 1927 nach Konstanz verlegt) und als einer der ältesten Maschinenbaubetriebe Deutschlands gilt, der von Anfang an auf maschinellem Weg produzierte. (47, S. 8)

Wie groß der Erfindungsreichtum des »mechanischen Künstlers« (263) Uhlhorn, der als Sohn eines Tischlers seine Bildung in autodidaktischen Studien erworben hatte, gewesen sein muß, wird unter anderem an der Vielgestaltigkeit seiner Erfindungen deutlich. In seiner 1809 erschienenen Abhandlung »Entdeckungen in der höheren

Geometrie« erwähnt er in der Vorrede als Erfindungen »eine Pferde-Rammmaschine; eine verbesserte Luftpumpe; einen verbesserten Nonius bey winkelmessenden Werkzeugen; ein künstliches Bein und verschiedene andere Instrumente und Maschinen« (231, S. VII) wie die bereits erwähnte »Tuchschermaschine«, eine »Rauchtobacks-Schneidemaschine«, eine »Schnupftobacks-Rappirmaschine« sowie »eine Wolle-, Kratz- und Spinnmaschine, eine Feilenhauemaschine, eine Maschine Kratzenhakken zu biegen, und eine solche die Löcher dazu in das Leder zu stechen«. (231, S. X)

Von der Maschinisierung zum Maschinenbau

Die durch Uhlhorn geschaffenen frühen Ansätze des hiesigen (Textil-)Maschinenbaus blieben bis in die 50er Jahre des 19. Jahrhunderts nahezu »die einzigen Renommierstücke der Metall- und Maschinenindustrie« (90, S. 64) in der Region um Mönchengladbach. Die Ursachen für die im Vergleich zu anderen Regionen verhältnismäßig spät einsetzende Entwicklung lagen vor allem in den wirtschaftlichen Schwierigkeiten, mit denen die heimische Baumwollbranche – und insbesondere die Baumwollspinnerei – aufgrund der englischen Konkurrenz zu kämpfen hatte. Einen weiteren Grund formuliert Bormann folgendermaßen: »Außerdem kommt gerade für Deutschland ein nicht zu unterschätzendes psychologisches Moment hinzu [...], nämlich die Geringschätzung des heimischen und die Hochachtung vor dem ausländischen Erzeugnis.« (24, S. 21) Besonders im Mönchengladbacher Textilbezirk, in dem man sich ständig von der englischen Konkurrenz bedroht sah, muß dieses psychologische Moment präsent gewesen sein. Laut Bormann war das Vorurteil gegenüber den im eigenen Bezirk hergestellten Produkten so groß, daß in den 50er und 60er Jahren des 19. Jahrhunderts hier angefertigte Ersatzteile für Spinn- und Webmaschinen als englische verkauft wurden, so zum Beispiel auch von Franz Müller. (24, S. 31)

Erst gegen Ende des 19. Jahrhunderts konnte man sich von diesen Vorbehalten lösen. 1896 schrieb die Handelskammer in ihrem Jahresbericht: *Die einheimischen Textil-Industriellen, welche bisheran vielfach noch nach alter Überlieferung in einem Vorurtheil für die englische Maschinenfabrikation befangen waren, lernen in solchen Perioden geschäftlichen Aufschwungs den Werth der heimischen Arbeit [...] gebührend schätzen und zu würdigen ... Es bricht sich die Erkenntnis von dem Werthe der einheimischen Maschinenfabrikation immer mehr Bahn [...], besonders da die deutsche Arbeit und die Leistung [...] hinter der englischen absolut nicht mehr zurücksteht, vielmehr ihr von vorurtheilsfreien Fabrikanten sogar ein Vorzug vor der letzteren zuerkannt wird.* (77)

Die verstärkt einsetzende Industrialisierung in den 1850er Jahren brachte für den (Textil-)Maschinenbau die entscheidenden Impulse. Die Inbetriebnahme der Gladbacher Aktiengesellschaft für Spinnerei und Weberei übte auf die Gründung der metallverarbeitenden Branche einen deutlichen Einfluß aus, da diese der erste Großbetrieb war, der »nur eiserne Web- und Spinnstühle verwandte« (24, S. 23) – die allerdings ausschließlich aus England kamen.

In den folgenden Jahren wurden unter anderem folgende Firmen gegründet:

1855 Wilhelm Schippers in Rheydt
Instandsetzung und Verbesserung der aus dem Ausland bezogenen Maschinen;

1856 Franz Müller in Gladbach
begründet in den folgenden Jahren den Bau von Rauhmaschinen in Deutschland.

rechts:
Kreuzspulmaschine von W. Schlafhorst & Co. um 1900

In den 60er Jahren folgen unter anderem:

1865 Spengler & Lindgens in Gladbach Eisengießerei und Maschinenwerkstatt; Dampfmaschinen und Transmissionen ausschließlich für den Bedarf der heimischen Textilindustrie;

1867 Felix Tonnar in Dülken Maschinenfabrik und Eisengießerei; brachte die entscheidenden Impulse für die Einführung der mechanischen Samtweberei.

Der wirtschaftliche Aufschwung der Textilindustrie in den 80er Jahren befruchtete auch den Maschinenbau, dessen Schwerpunkt jedoch weiterhin auf der Produktion von Dampfmaschinen und Transmissionen lag. Nur wenige Firmen widmeten sich der Fabrikation von textilen Arbeitsmaschinen. Diese kamen noch immer hauptsächlich aus England. In den 80er Jahren wurden zwei Textilmaschinenfabriken errichtet, die heute ihre Maschinen in alle Welt liefern. 1884 machte sich August Monforts, der zuvor als Ingenieur bei Franz Müller gearbeitet hatte, mit dem Bau eigener Rauhmaschinen selbständig; im gleichen Jahr wurde das Unternehmen W. Schlafhorst gegründet.

W. Schlafhorst & Co.

Wilhelm Schlafhorst besaß ursprünglich ein »Agentur- und Commissionsgeschäft«, welches er 1884 zu einem Handelsunternehmen und Importhaus für amerikanische und russische Schmieröle sowie Weberei- und Spinnerei-Ersatzteile erweiterte. Später nannte man sich Maschinenfabrik und Apparate-Bauanstalt und führte auch Reparaturen an den in der Regel aus England eingeführten Maschinen durch. 1896 übernahm Wilhelm Reiners die technische Leitung der Maschinenfabrikation, die zu dieser Zeit hauptsächlich den Bau von Schaftmaschinen umfaßte. Im August 1897

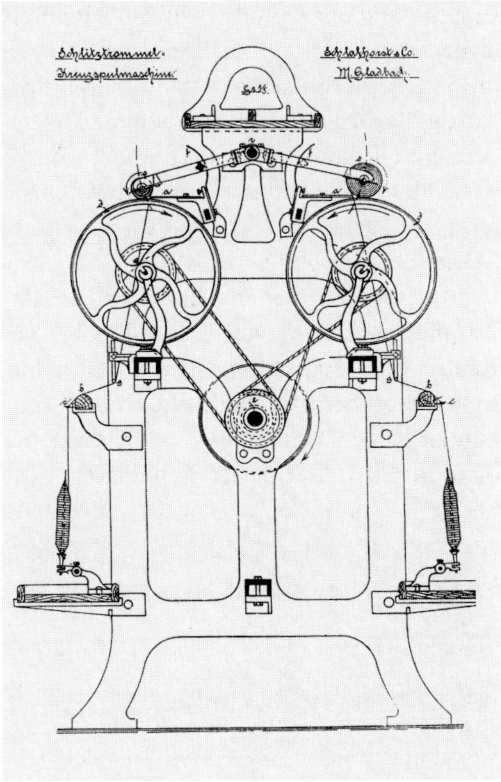

erwarb Reiners ein Patent auf eine Doppelhub-Schaftmaschine, im Dezember 1900 wurde der Firma W. Schlafhorst ein Patent auf eine Vorrichtung für Spul-, Zwirn- und Dubliermaschinen erteilt. Die Nachfrage nach der Doppelhub-Schaftmaschine war so groß, daß zwei Webmaschinenfabriken in England hieran Lizenzen erwarben. (130, S. 13)

In den Jahren 1902/03 wurde der Betrieb vergrößert, und 1903 trat Wilhelm Reiners als Teilhaber in das nun als W. Schlafhorst & Co. firmierende Unternehmen ein. Ab 1910 wurde er alleiniger Inhaber, da Oskar Schlafhorst aus Altersgründen ausschied. Ab 1910 wurden auch Maschinen für die Zettelei gebaut. Durch einen mechanischen Zettelrahmen, die kurze Zeit später folgende Zettelmaschine »Modell H« und das Zettelgatter »Z1« führte Reiners erstmalig »das Verfahren zum Zetteln ab feststehenden konischen Kreuzspulen ein, dessen Prinzip sich bis heute nicht geändert hat«. (136, S. 3 f.) Im

Ersten Weltkrieg mußte ein Teil der Produktion auf die Herstellung von Granaten umgestellt werden. Nach Ende des Krieges wurde der gesamte Werkzeugmaschinenpark durch die belgische Besatzungsmacht zerstört. Die Maschinen wurden durch neue, moderne ersetzt und die Produktion wieder aufgenommen.

1921 wurde durch den Erwerb der Zwirnmaschinenfabrik Peter Thieron in Eupen die Produktpalette um Zwirnmaschinen erweitert. Seit 1931 befaßte sich Schlafhorst »als Pionier auf diesem Gebiet« (136, S. 7) mit der Automatisierung der Schußspulerei; 1935 wurde der »Schußspulautomat, Modell AS« auf den Markt gebracht.

Zu Beginn des Zweiten Weltkrieges folgte die erste Maschine, die mit der Bezeichnung »Auto« versehen wurde: die »Schußspulmaschine Autocopser SE 1«. Im August 1943 wurden die Produktionsanlagen durch Bomben völlig zerstört, wenige Monate später starb Wilhelm Reiners. Nach Ende des Krieges gründeten sein Sohn Walter Reiners, der seit 1940 als Teilhaber eingesetzt war, und der seit 1936 für Schlafhorst als Chefingenieur tätige Stefan Fürst die Firma Reiners & Fürst, die noch heute in Mönchengladbach als Ring- und Ringläuferfabrik besteht.

Ab 1947 wurde der Betrieb zunächst mit der Fertigung von Ersatzteilen für die eigenen Maschinen wieder aufgenommen, aber schon auf der ITMA 1951 in Lille wurde ein völlig neues Produktionsprogramm vorgestellt. (136, S. 9) Auf der ITMA 1959 in Mailand folgte der erste Autoconer, dessen große Nachfrage in den folgenden Jahren zu ständiger Expansion des Unternehmens führte.

Auch W. Schlafhorst & Co. gehörte bis zur Entwicklung des Rotor-Spinnspul-Automaten »Autocoro« (1977) nicht zu den Herstellern von Arbeitsmaschinen für die Spinnerei; diese wurden in der Schweiz, im Elsaß oder in Sachsen produziert. Durch die Maschinen dieser Firma wurde jedoch eine »Brücke zwischen Spinnerei und Weberei« (130, S. 17) geschlagen.

Große Leipziger Technische Messe 1939: Blick auf den Messestand von Schlafhorst (30a)

Wilhelm Reiners - Vorreiter des Textilmaschinenbaus

Durch Erfindergeist und unternehmerischen Weitblick machte Wilhelm Reiners die Firma Schlafhorst zu einem der führenden Unternehmen im Textilmaschinenbau. Er wurde am 11. November 1873 in Aachen geboren. Nach dem Besuch der Aachener Volksschule absolvierte er eine Schlosserlehre. Danach folgte ein Studium an der Königlich Preußischen Maschinenbauschule in Köln, wo er 1896 das Ingenieurexamen in der mechanisch-technischen Abteilung ablegte. Wilhelm Reiners kam durch familiäre Beziehungen nach Mönchengladbach. Vermutlich hat seine Mutter die Übersiedlung herbeigeführt, da die Berufschancen des Sohnes hier besser waren als in Aachen. August Monforts war der Onkel von Wilhelm Reiners. Durch ihn kam Wilhelm Reiners zu der damals kleinen Firma W. Schlafhorst, in die er 1896 eintrat.

Unternehmensgründer Wilhelm Schlafhorst

Wilhelm Schlafhorst kam aus der Nähe von Halle nach Mönchengladbach. Er verdiente seinen Lebensunterhalt zuerst als Verkäufer von Baumwollstoffen für den Textilverlag Lamberts & Wolff. Später gründete er zusammen mit F. Wolff und einem weiteren Teilhaber eine Spinnerei. Dieses Unternehmen wurde jedoch bereits 1879 aufgrund der schlechten wirtschaftlichen Lage wieder geschlossen.

Wilhelm Schlafhorst gründete im gleichen Jahr ein Agentur- und Comissionsgeschäft. »Es erweiterte sich in den Folgejahren zu einem Handelsunternehmen und Importhaus für amerikanische und russische Mineralöle und zu einer Fabrik flüssiger und consistenter Schmiermittel, der auch ein Lager für Weberei- und Spinnereiutensilien angegliedert war.« (130, S. 9) Es wurden meist Reparaturen an englischen Spinnerei- und Webereimaschinen ausgeführt; später begann man mit der Herstellung von Ersatzteilen für diese Maschinen. 1890 trat Oscar Schlafhorst, der Sohn des Unternehmensgründers, in die Firma ein.

Einfluß von Wilhelm Reiners auf das Unternehmen

»Der entscheidende Impuls für die Weiterentwicklung des Unternehmens ging 1896 von dem Eintritt des 23jährigen Maschinenbauwerkmeisters Wilhelm Reiners aus.« (32, S. 85) Reiners wurde sofort mit der technischen Leitung beauftragt. Bereits nach kurzer Zeit entließ er fast alle Arbeiter, da sie seiner Meinung nach für die Entwicklung des Unternehmens nicht tauglich waren. »Mit der Zusammensetzung einer ausgewählten Belegschaft von 17 Arbeitern hatte er nun die Voraussetzungen geschaffen, auf denen er mit seinem technischen Wissen, seiner Erfindungsgabe und darüber hinaus mit unternehmerischen Eigenschaften wie Inititative, Autorität und Voraussicht eine gewaltige Entwicklung des Unternehmens in Gang setzte.« (32, S. 86) Reiners begann die Firma von Grund auf zu verändern.

»Er zeigte sich als der geborene Menschenführer patriarchalischen Stils. Pflichterfüllung, Fleiß und äußerste Präzision der Werksausführung, die er selbst vorlebte, verlangte er von jedem seiner Mitarbeiter. Für diejenigen jedoch, die Leistung zeigten, sorgte er in vorbildlicher Weise.« (130, S. 11) Wilhelm Reiners konzentrierte sich ausschließlich auf das Gebiet der Webereivorbereitung, da die englische Konkurrenz auf dem Sektor der eigentlichen Web- und Spinnmaschinen einen großen technischen Vorsprung hatte. Der Bereich der mechanischen Webereivorbereitung war dagegen kaum erforscht und wurde von englischen Firmen vernachlässigt. Anknüpfend an die bisherigen Erzeugnisse der Firma, konstruierte er die erste vollständige Textilmaschine des Unternehmens, eine Doppelhub-Schaftmaschine. Für diese Maschine erhielt er zusammen mit Oscar Schlafhorst 1897 sein erstes kaiserliches Patent. Durch diese Entwicklung war aus einer Reparaturwerkstatt eine Maschinenbaufabrik geworden. Bereits 1900 erhielt Wilhelm Reiners sein zweites Patent auf eine von ihm entwickelte »Vorrichtung für Spul-, Zwirn- oder Dubliermaschinen zur Bildung des Anfangskonus«. (130, S. 13)

Im Jahre 1901 konstruierte Reiners die ersten kompletten Vorbereitungsmaschinen für die mechanische Weberei:

Modell A: Patent-Schußspulmaschine,
Modell B: Patent-Kreuz-Kettgarnspulmaschine, Exzenter-System,
Modell C: Patent-Kreuz-Kettgarnspulmaschine, Schlitztrommel-System.

Wilhelm Reiners führte diese Maschine 1902 auf der Industrie- und Gewerbeausstellung in Düsseldorf vor und erhielt dafür eine bronzene Medaille. Durch diese und andere später konstruierte Maschinen schnellte der Umsatz in die Höhe. Der Maschinenbau war zur tragenden Säule des Unternehmens geworden.

Im Dezember 1902 wurde Wilhelm Reiners neben Oscar Schlafhorst Teilhaber des Unternehmens. Die Firma firmierte nun unter dem bis heute gültigen Namen W. Schlafhorst & Co. 1910 schied Oscar Schlafhorst aus dem Unternehmen aus, und W. Reiners leitete die Maschinenfabrik sowie die ausgegliederte Öl- und Fettfabrik »Chemische Fabrik Rhenus Wilhelm Reiners« als alleiniger Inhaber.

Reiners begann mit dem Bau von Zettelanlagen und führte das Verfahren zum Zetteln ab feststehenden konischen Kreuzspulen ein. »Dieses durch mehrere Patente geschützte Verfahren brachte eine Umwälzung in der Vorbereitung der mechanischen Weberei und wurde seinerzeit als eine der bedeutendsten Verbesserungen dieser Zeit im Textilmaschinensektor angesehen«. (32, S. 88) Auf der Weltausstellung in Gent 1913 wurden die von Wilhelm Reiners entwickelten Maschinen mit dem großen Preis und einer Goldmedaille ausgezeichnet.

»Die Verbesserungen, die Wilhelm Reiners schon mit seinen ersten Maschinen der textilen Technik brachte, sind beträchtlich. Er war ein aufmerksamer Beobachter

Jahr		Maschinen	Ersatzteile	Fette	Öle
1896	W. SCHLAFHORST	13.883	68.039	65.293	51.617
1897		10.572	55.460	79.455	37.875
1898		18.618	48.682	80.927	26.226
1899		50.804	62.720	100.549	21.547
1900		46.145	68.027	111.763	24.416
1901		18.390	42.658	113.298	22.058
1902		76.229	50.046	128.949	20.498
1903	W. SCHLAFHORST & Co.	140.579	50.145	137.173	23.738
1904		185.061	55.854	143.916	23.183
1905		216.973	67.849	166.015	23.646
1906		336.249	79.011	160.772	20.059
1907		462.680	81.590	167.010	17.118
1908		314.088	69.061	201.296	12.485
1909		469.194	86.744	207.973	11.121
1910		643.590	87.967	243.847	10.136

Tab.: Jahresumsätze der einzelnen Produktionsbereiche der Firma W. Schlafhorst/ W. Schlafhorst & Co. (32, S. 88)

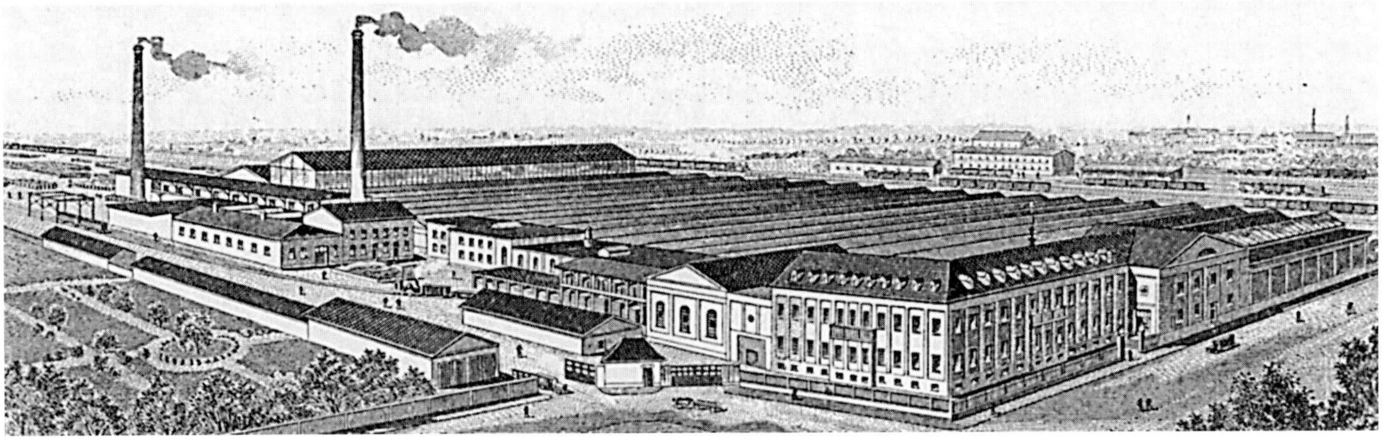

W. Schlafhorst & Co., Maschinenfabrik, 1926 (16a)

Wilhelm Reiners (rechts) mit einer Schußspulmaschine, 1901 (130, S. 12)

der technischen Szene. Dabei achtete er stets auf die Wirtschaftlichkeit seiner Entwicklungen, die bei steigenden Löhnen wichtig war, sollte die Technik in der Praxis realisierbar sein.« (130, S. 17)

Mit den von Wilhelm Reiners konstruierten Maschinen wurde der Webereivorbereitung eine Form gegeben, wie sie heute noch in wesentlichen Zügen existiert. Bezeichnend für den Weitblick von Reiners war, daß die Firma W. Schlafhorst & Co. zusammen mit der Firma A. Monforts und drei anderen Unternehmen 1918 die »Gesellschaft Deutscher Textilmaschinenfabriken«, ab 1923 Unionmatex genannt, gründete. Dieses Spezialisierungskartell wurde »zum Zwecke der Beschränkung der Fabrikationsprogramme und des gegenseitigen Erfahrungsaustausches« aus der Taufe gehoben. (130, S. 19)

1921 erwarb Schlafhorst die Zwirnmaschinenfabrik Peter Thieron Sohn und nahm einige der Zwirnmaschinen in die Produktionspalette auf. 1923 gründete Schlafhorst zusammen mit Monforts die Firma Gebr. Sucker in Mönchengladbach als Rechtsnachfolger des 1931 in Schlesien liquidierten Unternehmens und übernahm aus dem Programm von Sucker den Bau von Lufttrocken-Schlichtmaschinen und Schlicht-Kochanlagen.

Wilhelm Reiners wurde in der Fachwelt und der deutschen Wirtschaft zu einer bekannten Persönlichkeit. 1930 verlieh ihm die Technische Hochschule Aachen ehrenhalber die Würde eines Doktoringenieurs. Bei der Übergabe würdigte der Rektor die Pionierleistung von Wilhelm Reiners auf dem Sektor des Webereivorbereitungsmaschinenbaus. »Seine Maschinen seien vom Althergebrachten unabhängig gewesen und als die bedeutendste Erfindung in diesem Bereich anzusehen. Sie würden in allen Industrieländern verwendet und hätten zu ihrem Teil dazu beigetragen, das Ansehen

links:
Schußspul-Vollautomat Autocopser (bis 14 000 U/min), 1950 (31a)

des deutschen Ingenieurs und des deutschen Maschinenbaus in der Welt zu heben und zu festigen.« (130, S. 23)

Ein weiterer bedeutender Fortschritt war die Automatisierung der Schußspulerei. Reiners entwickelte einen Vollautomaten mit selbständiger Magazinierung und selbsttätigem Hülsenersatz in jeder Spulstelle. 1939 wurde die automatische Schußspulmaschine, Modell SE 1, Autocopser genannt, fertiggestellt und auf der Frühjahrsmesse in Leipzig vorgeführt. Der erste Autocopser wurde 1940 bei der Firma Jakob Krebs in Anrath aufgestellt.

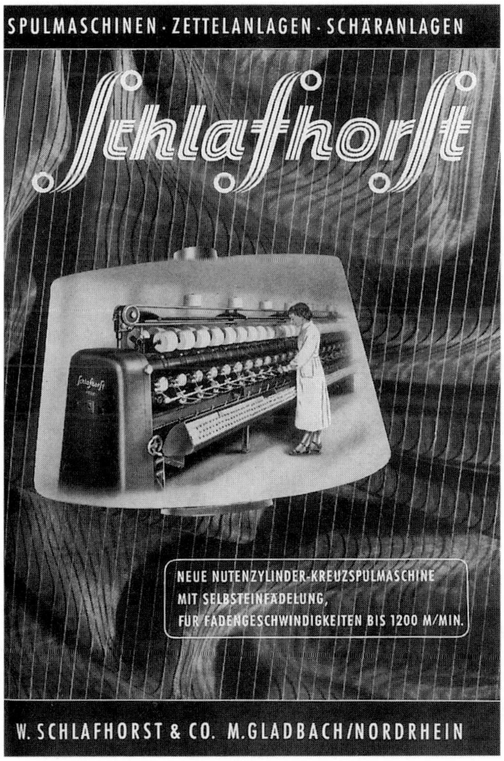

links:
Reklame der Firma Schlafhorst aus dem Jahre 1950 (31a)

Wilhelm Reiners war auch auf sozialem Gebiet tätig und auf Zuweisung eines gerechten Lohnes und auf Förderung bedacht. Er richtete bei Schlafhorst eine Lehrlingswerkstätte zur Ausbildung der Jugend ein. Es war eine der ersten der Mönchengladbacher Industrie. Diese Werkstatt wurde später mit der Silbernen Plakette für Berufserziehung ausgezeichnet. Reiners wirkte von 1920 bis 1933 als Vertreter der Eisen-, Metall- und Elektroindustrie an den Aufgaben der Industrie- und Handelskam-

Schlafhorst-Konusschärmaschine, 1950 (31a)

Schlafhorst-Zettelmaschine für Bäume mit Scheiben von 762 mm im Jahr 1950 (31a)

mer in Mönchengladbach mit. Ebenfalls bis 1933 war er Vorsitzender der Organisation des deutschen Textilmaschinenbaus im VDMA.

Wilhelm Reiners erlitt am Morgen des 16. Dezember 1943 in Den Haag einen Herzinfarkt. Man fand ihn, einen Monat nach seinem 70. Geburtstag, in seinem Hotelzimmer. *»Ein Prototyp sicher des linksrheinischen Unternehmertums, das in der großen Zahl von Familienunternehmen ge-*

Die Dreherei der Firma Schlafhorst nach dem Ersten Weltkrieg (1a)

rade im heimischen Maschinenbau fortlebt. Er vereinigte in sich viele Züge dieser Unternehmerart, die auf Bodenständigkeit, Solidität und fachlichem Können basiert, weit ab jedenfalls von Machthunger und Gewinnsucht, aber auch sehr fern von jener zwielichtigen Abenteuerlichkeit mancher Financiers und Konzernbauer aus seiner Zeit.« (130, S. 33)

Als einzige Mönchengladbacher Firma hat sich Schlafhorst nach dem Zweiten Weltkrieg erfolgreich mit der Herstellung von Spinnmaschinen beschäftigt; die Rotorspinnmaschine Auto-Coro ist heute weltbekannt. Seit 1992 ist das Unternehmen Teil der Schweizer Saurer-Gruppe und beschäftigt in Mönchengladbach mehr als 2000 Mitarbeiter. Es ist für die heutige Situation des Textilmaschinenbaus typisch, daß zu diesem Großkonzern auch die folgenden Markenfabrikate gehören: Volkmann, Zinser, Hamel, Melco, Allma, Elitex und Saurer.

Grundsätzlicher Vergleich zwischen dem Ringspinn- und OE-Prinzip (R. Löcker)

In den nachfolgenden Skizzen sollen die grundsätzlichen Verfahrensunterschiede zwischen beiden Verfahren dargestellt werden.

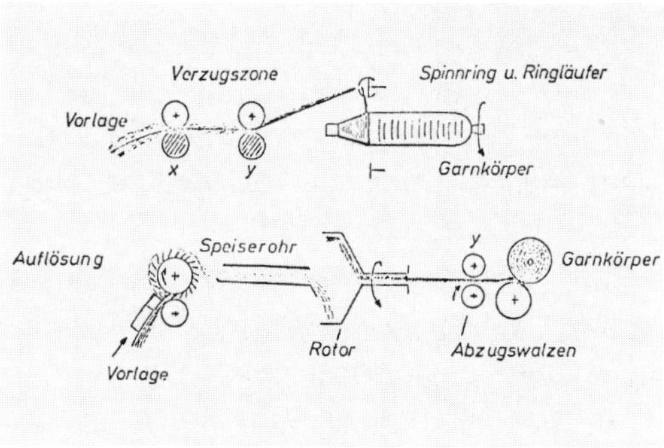

Prinzip des Ringspinnverfahrens (oben) und des Rotorspinnverfahrens (31a)

Ringspinnen: Die bei »x« in das Streckfeld eingeführte Vorlage (Band oder Vorgarn) wird zwischen »x« und »y« auf die gewünschte Garnfeinheit verzogen. Das bei »y« austretende Faserbändchen wird dann durch den Ringläufer entsprechend der erforderlichen Garndrehung zusammengedreht. Durch die Geschwindigkeitsdifferenz zwischen dem auf dem Spinnring nachgeschleppten Ringläufer und der voreilenden Spule wird das gesponnene Garn gleichzeitig aufgewickelt. Erst durch die mitumlaufende Spule wird die Garndrehung stabil, die bei stehender Spule und rotierendem Drahtgeber sonst nur als »Falschdraht« anfallen würde.

OE-Spinnen: Die Vorlage (Band) wird durch eine Auflösevorrichtung (meist Sägezahnwalze) in Einzelfasern aufgelöst. Die freibeweglichen Fasern werden im Luftstrom des Speiserohres in das Vacuum des Rotors gezogen, wobei die Vorlage weiter »verjüngt« wird. Die Fasern doublieren sich dann – bändchenförmig – in der Sammelrille des Rotors und werden durch die hohe Fliehkraft in dieser gehalten. Führt man ein Fadenende von der Abzugswalze (y) her in den Rotor ein,

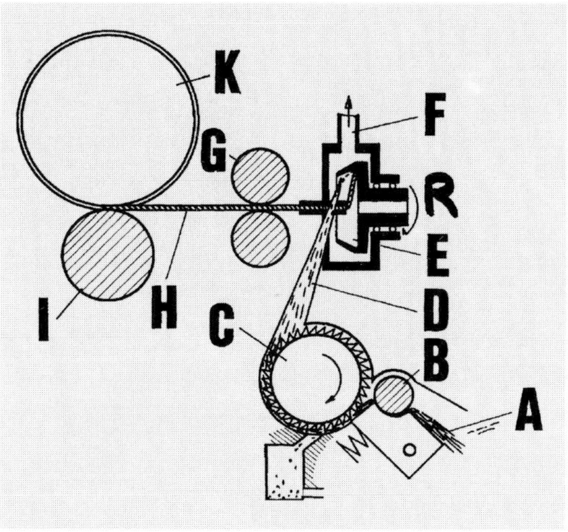

links OE-Spinnen:
A = Vorlage; B = Vorlageliefer-walze; C = Sägezahnwalze; D = Einzelfasern; E = Speise-rohr mit Rotorgehäuse; F = Vakuum; G = Abzugs-walzen; H = OE-Garn; I + K = aufspulen; R = Rotor (31a)

so wird sich dieses, den Fliehkräften folgend, im Rotor an den sich bildenden Faserring anlegen und mit dem Rotor umlaufen.

Bewegt man nun die Abzugswalzen (y) in Pfeilrichtung, so wird sich das Fadenende an den Faserring in der Rille anbinden und rollt dabei, entsprechend der Abzugsgeschwindigkeit, den Faserring im Rotor ab. Direkt hinter dem Ablösepunkt beginnt dann der Aufbau des neuen Faserringes. Da zwischen dem Ablösepunkt und dem sich aufbauenden Faserring eine Unterbrechung im Faserverband gegeben ist, spricht man im Englischen auch von »break-spinning«, eine sicher zutreffendere Bezeichnung als OE-Spinnen.

Durch diese Unterbrechung zwischen Zulieferung und Abzug kann das Faserbändchen, im Gegensatz zum Ringspinnen, schon vor den Abzugswalzen gedreht werden (weil das Ende offen ist), so daß die Bildung einer Garnspule unter ganz anderen Bedingungen als beim Ringspinnen erfolgen kann.

Bis auf die Konstruktionen von Howa (Japan) und SACM, die Streckwerke als Auflöseeinrichtung verwenden, benutzen alle anderen Hersteller zur Auflösung des Vorlagebandes eine Auflösewalze, deren Prinzip aus der links oben dargestellten Skizze des Spinnkopfes nach Rieter erkennbar ist.

Trützschler GmbH & Co. KG

Keine andere Textilmaschinenbaufirma zeigt über Jahrzehnte eine solche Konstanz am Markt wie diese. Trützschler gehört weltweit zu den führenden Herstellern von

1996:
Die neue Karde DK 803 von Trützschler

Leipziger Große Technische Messe 1939: Zellwoll-Aggregat von Trützschler für schonendste Behandlung (30a)

Maschinen der Spinnereivorbereitung. Neben den Unternehmen, die schon im 19. Jahrhundert in Mönchengladbach gegründet worden waren, verdient vor allem dieses Unternehmen Beachtung, das die Produktion von Textilmaschinen in Mönchengladbach erst nach dem Zweiten Weltkrieg aufnahm - die Firma Trützschler. 1888 in Crimmitschau von Paul Heinrich Trützschler und Bruno Gey gegründet, befaßte man sich zunächst mit der Reparatur von Reißmaschinen. Bald folgten eigene Krempelwolf- und Reißmaschinen-Konstruktionen. In den 1920er Jahren begann der Bau von Baumwollreinigungsmaschinen. Mit 200 Arbeitern war man 1928 das weltweit erste Unternehmen, das eine Vorbereitungsmaschine für die Spinnerei künstlicher Fasern anbieten konnte: das Zellwoll-Aggregat. 1934 folgte eine weitere Maschine, welche die Ausnahmestellung des Unternehmens dokumentierte und dessen späteren Weltruf begründete: die Abfall-Reinigungsmaschine COTONIA.

Heinrich Trützschler 1996 (»Textile Leader« Heft 2, 1996)

Der Zweite Weltkrieg brachte einen tiefen Einschnitt. 1945 wurde das bis dato ständig erweiterte Werk auf Weisung der Besatzungsmächte demontiert. 1948 folgte ein weiterer Tiefschlag: Die Firma Trützschler, die ab 1946 wieder eine kleine Produktion aufgebaut hatte, wurde enteignet. Die Perspektivlosigkeit in der östlichen Besatzungszone zwang zur Aufgabe der alten Heimat und zur Übersiedlung in eine der westlichen Besatzungszonen. Die Wahl fiel auf Mönchengladbach, wo zunächst aus den Trümmern einer Spinnerei eine Ersatzteilwerkstatt mit zehn Mitarbeitern entstand. 1950 konnte bereits wieder eine vollständige Reinigungsanlage verkauft werden. In den nächsten Jahrzehnten erlebte das Unternehmen einen ständigen Aufschwung. Dem Abschluß mehrerer Lizenzverträge mit indischen, spanischen und japanischen Firmen folgten eigene Produktionsstätten 1969 in den USA und 1975 in Brasilien. Gleichzeitig wurde das Stammwerk in Mönchengladbach kontinuierlich ausgebaut. Heute besitzt Trützschler neben einem Zweigbetrieb in Dülken, der 1987 erworben wurde, im Stadtteil Odenkirchen ein Grundstück von 86 500 m² mit 40 600 m² bebauter Nutzfläche. Weltweit werden ca. 2000 Mitarbeiter beschäftigt. (174, S. 66 ff.)

Die Verlagerung der Produktion nach Mönchengladbach wirft die Frage auf, warum ausgerechnet hier ein Neuanfang versucht wurde. Daß die östliche Besatzungszone als potentieller Standort ausschied, ist aufgrund der Erfahrungen des Unternehmens nachvollziehbar. Dennoch bleibt festzuhalten, daß neben Mönchengladbach eine Reihe weiterer Textilstandorte, wie zum Beispiel Aachen, Wuppertal oder das Münsterland, existierten. Obwohl nur spekuliert werden kann, was letztlich den Ausschlag für den Standort Mönchengladbach gab, sollen einige Vorzüge der Stadt gegenüber anderen Textilzentren festgehalten werden.

Anders als Aachen oder das Münsterland, die in ihrer Produktpalette weitgehend monostrukturiert waren, fand man in Mönchengladbach eine sehr differenzierte Textilfabrikation vor. Neben Wolle wurde - zwar mit abnehmender Tendenz, aber immer noch in bedeutendem Umfang - Baumwolle verarbeitet. Zudem war auch

rechts: Erste Werkstatt der Firma Trützschler in Crimmitschau (174, S. 2)

Zweite Werkstatt der Firma Trützschler in Mönchengladbach (18a)

die Zellwolle ein fester Bestandteil unter den eingesetzten Rohstoffen. Darüber hinaus war die geographische Lage Mönchengladbachs von Vorteil. Die Textilzentren Aachen, Wuppertal und Münster waren schnell zu erreichen, ebenso interessante Exportländer wie die Niederlande, Belgien oder Frankreich. Weiterhin befand sich das Ruhrgebiet als potentieller Lieferant für Rohstoffe in unmittelbarer Nähe.

Andere Firmen des Spinnereimaschinenbaus

Einen wichtigen Beitrag zur Vervollständigung des niederrheinischen Textilmaschinenbaupogramms brachte auch die nach dem Zweiten Weltkrieg gegründete Firma Josef Pfennigsberg & Co., Mönchengladbach, durch ihre nach ganz neuen Gesichtspunkten gebaute Ringzwirnmaschine und schließlich auch durch eine auf den gleichen Konstruktionsprinzipien beruhende Ringspinnmaschine, die eine empfindliche Lücke im niederrheinischen Textilmaschinenbau schloß.

Die Firma Kurt Eichler baute Hochleistungs-Ringzwirnmaschinen sowie Schäranlagen. Außer den bekannten Schärmaschinen-Modellen mit 2,8 m beziehungsweise 4 m Trommelumfang baute man auch

Anzeige der Firma Trützschler aus dem Jahr 1951 (31a)

Zusammenstellung von Anzeigen für Spinnereimaschinen und Zubehör aus dem Jahre 1951 (31a)

Seit 1929

JOERES & PFERDMENGES

RHEYDT / RHLD.

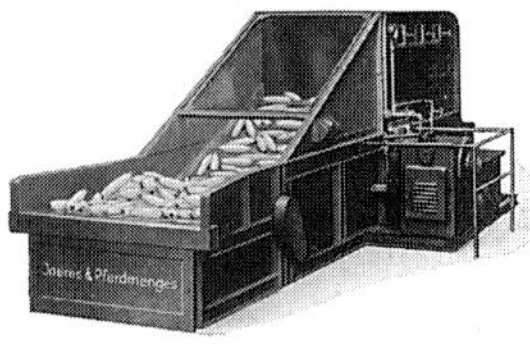

ZERMA-PI ges. gesch.

Die stufenlos regelbare Garnbefeuchtungsmaschine für Cops – X-Spulen – Stranggarn

Verlangen Sie bitte unser ausführliches Angebot!

Pe Pe Ce

KLIMA-ANLAGEN

UND KLIMATISIERUNGSANLAGEN

heizen, kühlen, befeuchten, lüften

wirtschaftlich und automatisch alle Fabrikationsräume der Textilbetriebe

Fordern Sie ausführliche Druckschriften über das System mit den meisten Vorzügen durch

PAUL POLLRICH & COMP.

Fabrik für lufttechnische Anlagen und Apparate

M.GLADBACH

Neußer Straße 172 · Fernruf-Sammel-Nummer 1147

Sonderausführung einer Klima-Anlage

Voll-Klima-Anlagen bis ca. 75 % sowie Übersättigungs-Klima-Anlagen bis 90 % Luftfeuchtigkeit für industrielle Zwecke, in höchster Vollendung der Ausführung und Planung, mit bisher unerreicht niedrigem Stromaufwand, vollautomatisch geregelt, ferner

Ventilatoren bis zu den größten Leistungen mit garantiert 90 % Wirkungsgraden, baut

K. Aug. Prött · Apparatebau

Rheydt / Rhld.

Schärmaschine Modell EL5 von Kurt Eichler (31a)

links: Anzeige der Firma Eichler aus dem Jahr 1951 (31a)

Modelle mit kreisrund geschlossener Holztrommel sowie eine Maschine mit auswechselbarer Trommel. Die Zwirnmaschinen für die Verarbeitung aller Materialien gestatteten die Herstellung von Kopsen bis zu 300 mm Länge und wurden auf Wunsch mit Effekteinrichtung geliefert.

Für die Herstellung von Spinn- und Zwirnspindeln und von Spinnereimaschinen-Ersatzteilen aller Maschinensysteme stand die Rheydter Maschinen- und Spindelfabrik Blankertz & Schumacher. Nach dem Krieg wurde außerdem die Firma Reiners & Fürst gegründet, um den dringenden Bedarf der Textilindustrie an Ringläufern und Ringen zu decken.

Spindelherstellung 1956 bei Blankertz & Schumacher in Rheydt (18a)

Erfahrungen mit englischem Maschinen-Know-how (nach Horst Dilthey)

Grobe und mittlere Baumwollgarne spinnen konnte man in Deutschland so gut wie in England. Die immer stärker verlangten feineren Garne kamen aber überwiegend aus dem Mutterland der Textilindustrie. Man wollte daher AD&S [Aug. Dilthey & Söhne] zu einer Feinspinnerei machen. Das ging zunächst mal gründlich daneben. Die Garne waren zu unregelmäßig.

Man kaufte nicht nur englische Maschinen, man heuerte auch für viel Geld einen englischen Meister an, der kleine Copse, d. h. Garnspulen empfahl und 3 Fleyer (Vorspinn) Passagen. Das war nicht nur kapitalintensiv, das war vor allem lohnintensiv. Wurde der Maschinenpark für feine Nummer eingesetzt, war das gerade noch tragbar; bei mittleren und gröberen Nummern, die man bei der Größe des Betriebes auch hereinnehmen mußte, war man zu teuer. Gespart wurde daher mit wahrer Akribie an Löhnen und Gehältern.

Die zwischen 1899 und 1901 sowie 1908 und 1911 gekauften Spinnereimaschinen trugen ausnahmslos englische Markennamen »Platt Brothers«, »Howard & Bullogh«, »Dobson & Barlow«, das waren die Hauptlieferanten. Alles gute, grundsolide Maschinen, die, ständig gepflegt und gewartet, einfach nicht kaputt zu kriegen waren. Sie entsprachen auch bis etwa 1930 dem damaligen Stand der Technik. Mit ihnen - sie waren längst in der Bilanz auf den Erinnerungswert abgeschrieben - wurde Geld verdient.

Die Technik wechselte vom normalen Streckwerk auf das Hochverzugsstreckwerk (schnellere Produktion), von kleinen Drosselspulen auf größere Formate, die erst in längeren Zeitabständen abgezogen, d. h. ausgewechselt werden mußten. Weniger Maschinenstillstand, mehr Garn auf der Spule, also auch weniger Knoten auf den Kreuzspulen, die beim Weber ihrerseits Stillstände hervorriefen. Nachdem aber Obermeister Lenzen den klugen Spruch von sich gab: »Dat spinnt aber jut«, blieb man bei kleinen Drosselcopsen und entsprechend kleinen Spulendurchmessern.

Mit dem Kauf der Crefelder Baumwollspinnerei glaubte man nun endgültig hinter das Produktionsgeheimnis der qualitativ hochwertigen Feingarne zu kommen. Die Lösung des Rätsels war denkbar einfach: man arbeitete dort noch mit Selfaktoren, die das Ausspinnen und Aufwinden in zwei Arbeitsgänge teilten, bei noch weitaus höheren Produktionskosten.

Webmaschinen in der Region Mönchengladbach

Ebenso wie der Bau von Spinnmaschinen fehlte auch der Bau von Webmaschinen fast gänzlich. Zum weitaus größten Teil wurden bis zum Beginn des Ersten Weltkriegs Webstühle und Spinnmaschinen aus England bezogen, dessen Ausfuhr an Textilmaschinen nach Deutschland noch 1910 einen Gesamtwert von 5 964 000 Mark betrug. (225, S. 36) Webstühle zur Herstellung von Stapelware wurden fast ausschließlich bei der in Heywood ansässigen Firma W. Smith Brothers gekauft, deren Trommelstuhl sich für die in Mönchengladbach hergestellten Gewebe besonders eignete. Zu Beginn der 1880er Jahre wurden darüber hinaus einige Maschinen des Chemnitzer Maschinenbauers Schönherr vor allem in der Firma L. Josten eingesetzt, die aber um einiges langsamer liefen als die englischen Maschinen und sich langfristig nicht durchsetzen konnten. (225, S. 37) Der schwache Absatz dieser Maschinen veranlaßte das sächsische Unternehmen zu verstärkten Bemühungen um die Entwicklung eines Webstuhls für die Mönchengladbacher Webereien. Das Ergebnis war die Konstruktion einer Maschine, die speziell auf Mönchengladbacher Erzeugnisse abgestimmt war und ausschließlich im Mönchengladbacher Gebiet unter der Bezeichnung S.G.4-Stuhl (System Gladbach Nr. 4) angeboten wurde. Neben der hohen Schußeintragsfrequenz von 110 Schüssen/min, die der der englischen Maschinen ebenbürtig war, zeichnete sich die Maschine vor allem durch die Möglichkeit des Rückwärtsdrehens bei Ausschalten des Schützenschlags aus. Gegenüber den englischen Maschinen wurde der Rücklauf über einen am Geschirrbogen angebrachten Handhebel ausgelöst, der auch von Frauen bedient werden konnte, während das Rückwärtsdrehen der Webstühle ohne diese Einrichtung nur von Männern ausgeführt werden konnte. Bis zum Kriegsbeginn 1914 wurden von dieser Maschine ca. 1000 Stück nach Mönchengladbach verkauft. (225, S. 40)

Mit Beginn der 1880er Jahre profitierten die Mönchengladbacher Webereien von der in Viersen einsetzenden Produktion von Webstühlen. Als Gründer des Viersener Webstuhlbaus muß vor allem Felix Tonnar genannt werden, der in seiner 1867 gegründeten Firma begann, mechanische Samtbandstühle – allgemein wurden sie Samtbandmühlen genannt – herzustellen. (24, S. 32) Der erste mit Maschinenkraft angetriebene Samtbandstuhl wurde 1869 fertiggestellt; 1873 folgte die Installation des ersten Doppelsamtstuhls bei der Firma Christoph Andreae in Köln-Mülheim. (30, S. 66 ff.) Ehemalige Mitarbeiter Tonnars gründeten weitere Maschinenbaufirmen für die Herstellung von Webstühlen, so 1873 Jean Güsken und 1876 Burtscheidt & Lentz, bzw. nach der Trennung der beiden Inhaber ab 1885 die Firma Lentz; auch die Firma Leo Sistig in Krefeld begann durch die Existenzgründung eines Exmitarbeiters von Tonnar.

Felix Tonnar

In Mönchengladbach selber gab es keine Webmaschinenfabrik. Im Umland wurden von wenigen Firmen Webstühle hergestellt. Diese waren vorherrschend für Samt- und Seide konstruiert und nicht für Baumwolle. Die Samt- und Seidenproduktion war von Krefeld ausgehend über Viersen, Süchteln, Dülken, Gladbach bis nach Rheydt vorgedrungen. In diesem Zweig der Textilindustrie wurde noch lange Zeit auf Handwebstühlen produziert.

Die Empfindlichkeit und Kostbarkeit des Rohstoffes, sowie die zu erzielende Gleichheit des Produktes bildeten derartige Schwierigkeiten bei der Konstruktion eines Webstuhles, daß diese erst erheblich später gelang. Da war aber die deutsche Technik schon soweit fortgeschritten, daß sie sich mit gutem Erfolg an die Lösung dieser Aufgabe heranmachen konnte und außerdem war die englische Konkurrenz hier nicht zu fürchten, da England kein Seiden- und Sammetland ist. [...] So ist es zu erklären, das der Bau von mechanischen Webstühlen für Seide und Samt für die deutsche Textilindustrie von vornherein auch von Deutschland ausging, und zwar vom größten deutschen Seidenindustriebezirk, dem niederrheinischen Seidenindustriebezirk [Krefelder], allerdings von einem Ausläufer, nämlich Dülken ausgehend, wobei zu betonen ist, daß man hier mit der Fabrikation anfing, das Stadium der Reparatur in diesem Zweige also mehr oder weniger überschritten wurde. (24, S. 32)

Der Ingenieur Felix Tonnar war ursprünglich bei einer Textilmaschinenfabrik in Eupen tätig gewesen. Er hatte sich mit dem Bau von Gaswerken befaßt und wurde Ende der 50er Jahre Direktor des Gaswerkes in Dülken. 1867 gründete Felix Tonnar seine eigene kleine Maschinenfabrik; die Eintragung in das Firmenregister erfolgte am 24. Januar 1867. Er begann mit 13 Arbeitern, von denen fünf aus Eupen stammten. Diese Beschäftigten zogen weitere Eupe-

links:
Felix Tonnar 29jährig
(155, S. 12)

rechts:
Felix Tonnar etwa 50jährig
(155, S. 47)

ner Arbeiter nach Dülken. Der Zuzug wird damit erklärt, daß die Maschinenfabrik, bei der Tonnar gearbeitet hatte, zwischenzeitlich ihren Betrieb eingestellt hatte. Bis zum Jahre 1869 waren vermutlich 35 Arbeiter, die aus Eupen stammten, bei Tonnar beschäftigt. (155, S. 28 f.)

Hochleistungs-Seidenwebstuhl von Tonnar. Spezialmodell für Kunstseide (Werkfoto Tonnar, Dülken) aus dem Jahre 1939 (30a)

Felix Tonnar produzierte zunächst Dampfmaschinen, Bandsägen und mechanische Samtbandstühle. In einem Zeitungsbericht vom 24. Juli 1867 heißt es: »*Von der Maschinenbauanstalt des Herrn Tonnar kann ich mit Freuden melden, daß die in derselben gefertigten eisernen Webstühle ihre Probe bestanden und, was die Bestellungen anbelangt, in kurzer Zeit den bisherigen Bezugsquellen in Etienne bedeutende Conkurrenz machen werden.*« (155, S. 30)

Im Jahre 1868 hatten die Samtbandstühle einen hohen Qualitätsstandard erreicht, und man begann, einen mechanischen Webstuhl für Doppelsamt zu konstruieren. Bereits 1869 wurde im Tonnarschen Unternehmen ein mechanischer Doppelsamtwebstuhl hergestellt, der jedoch keine befriedigenden Resultate hervorbrachte. In den 80er Jahren konnte die Firma Tonnar verbesserte und tadellos funktionierende Doppelsamtwebstühle liefern. Tonnar hatte sich aus St. Etienne einen derartigen Stuhl kommen lassen und ihn überarbeitet.

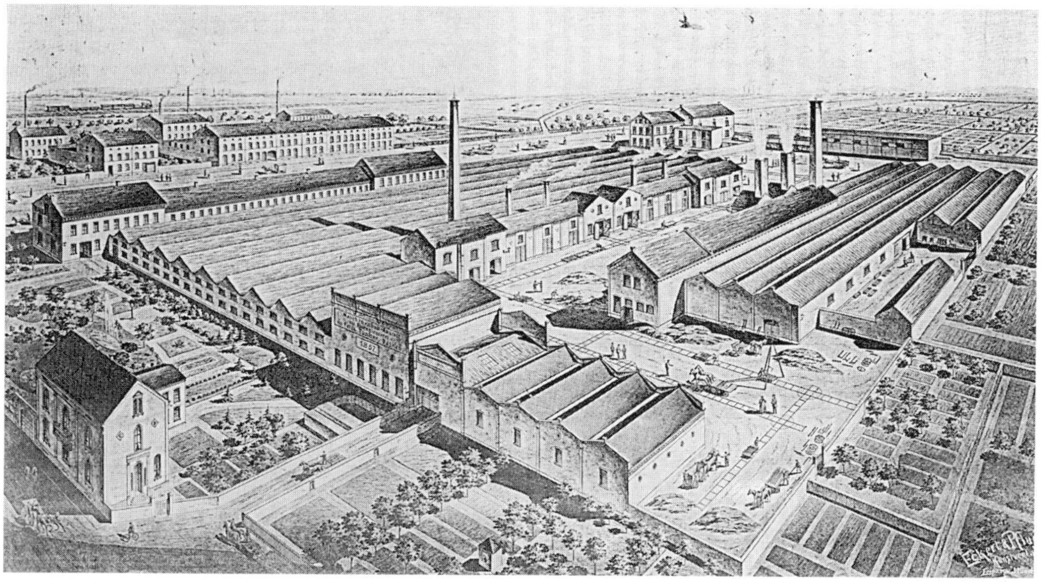

Die Fabrikanlage der Firma Tonnar (155, S. 29)

(24, S. 34) Im Jahre 1872 ließ Felix Tonnar ein neues Fabrikgebäude errichten. Diesem Neubau wurde auch eine Eisengießerei angegliedert, da die Gußqualität der Zulieferer zu wünschen übrigließ. Der Betrieb wurde mit wachsendem Erfolg kontinuierlich erweitert. In den 90er Jahren war der internationale Durchbruch der Firma endgültig erreicht. (155, S. 57)

Webstuhl von Felix Tonnar, Dülken, für Doppel-Sammt (155, S. 31)

Ein Prospekt der Firma Tonnar zeigt die Produkte aus der Zeit nach der Jahrhundertwende. Die Maschinen sind in deutscher, italienischer und französischer Sprache beschrieben. (155, S. 59–61) Die Firma Felix Tonnar bestand bis 1977.

Andere Webmaschinenbauer

Jean Güsken machte sich in den 70er Jahren selbständig. Über das Gründungsjahr finden sich verschiedene Angaben: Einerseits soll 1873 das Gründungsjahr gewesen sein (24, S. 33), andererseits 1876 (155, S. 62), und in einer 1935 erschienenen Anzeige sieht man 1874 als Jahresangabe.

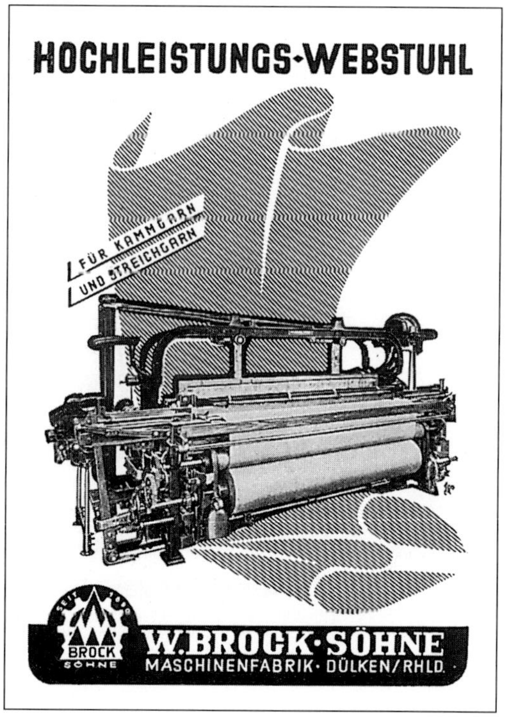

Anzeige der Firma Brock aus dem Jahre 1951 (31a)

Anzeige der Firma Güsken aus dem Jahre 1951 (31a)

Anfang der 80er Jahre [nach anderer Quelle 1876 (24, S. 33)] gründeten Gerhard Burtscheidt und Servatius Lentz gemeinsam die Firma Burtscheidt und Lentz. Diese Firma existierte bis 1885, dann trennten sich die beiden Inhaber. (72, S. 62) Servatius Lentz eröffnete in Viersen eine Webstuhlfabrik und Eisengießerei. Er begann Baumwollwebstühle herzustellen und hatte damit Erfolg. Lentz versuchte nicht, Webstühle eigener Konstruktion in den Handel zu bringen, sondern kopierte englische Modelle, die im ganzen Bezirk großen Absatz fanden. Seine Firma spezialisierte sich seit ca. 1890 auf den Bau von mittleren und leichten Webstühlen für Baumwolle, Wolle, Jute, Leinen und während des Ersten Weltkrieges auch für Papier. (24, S. 35)

Gerhard Burtscheidt führte die Firma, die er mit Lentz zusammen gehabt hatte, zunächst allein weiter. Später ging das Unternehmen durch verschiedene Gesellschaftsformen. Ab 1890 hieß die Firma Burtscheidt, Ulrici & Co. Im Jahre 1897 wurde sie in die »Rheinische Webstuhl-

rechts:
Anzeige der Firma Lentz aus dem Jahre 1951 (31a)

Anzeige der Maschinenfabrik Jean Güsken (155, S. 62)

Ganzseitige Anzeige von 1898 (118, S. 49/50)

fabrik, Maschinenfabrik und Eisengießerei AG« umgewandelt, und kurz nach der Jahrhundertwende lautete der Firmenname »Rheinische Webstuhl- und Appreturmaschinenfabrik, GmbH, Eisen- und Metall-Gießerei«. Am 1. Januar 1911 wurde der Maschinenbaubetrieb eingestellt und das Betriebsgelände von der »Rheinischen Gießerei GmbH« übernommen, die später in die »Rheinische Maschinenfabrik und Eisengießerei Anton Roeper« umgewandelt wurde. (155, S. 62–64) Die Kunden und die Zeichnungen des Burtscheidtschen Unternehmens wurden von der Firma Lentz übernommen. (24, S. 35)

links: Jute-Webstuhl der Firma Lentz, Baujahr um 1910, Exponat des Textilmuseums in Bocholt

Der Texilveredlungs-maschinenbau

1852 hatte der Kesselschmied J. G. Dupuis aus Jupille in Belgien in Aachen eine Kesselschmiede gegründet. Von hier aus errichtete er 1867 in Mönchengladbach eine Werkstatt, welche die in der Textilindustrie nötigen Kesselschmiedeerzeugnisse, wie Dämpfapparate sowie Behälter und Apparate für Färbereien, gelegentlich auch Dampfkessel herstellte. Die Firma D. Dupuis & Co., die 1879 von dem Aachener Schwesterunternehmen getrennt wur-

Produkte der Firma Franz Müller

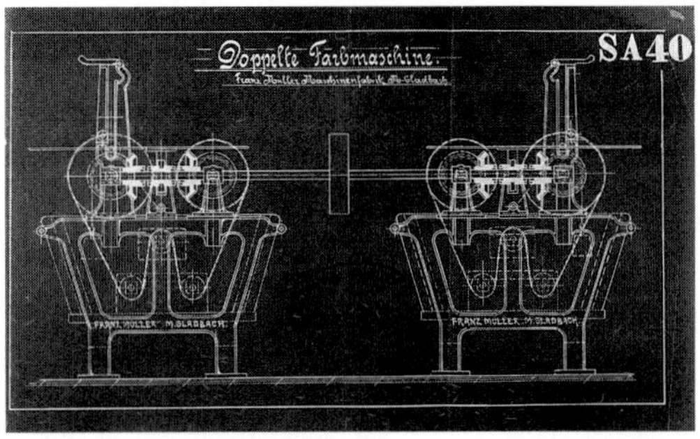

Doppelte Färbemaschine (24a)

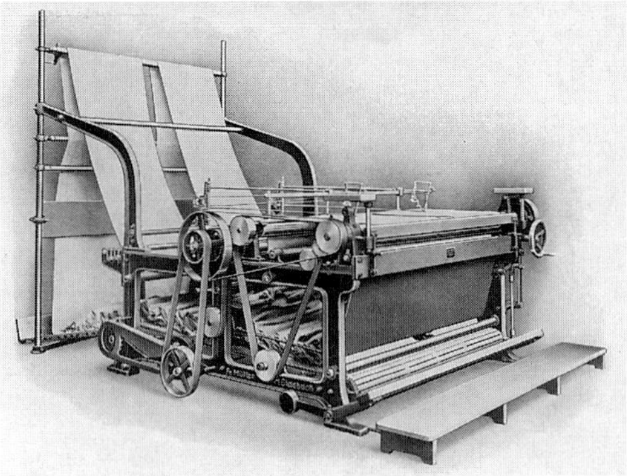

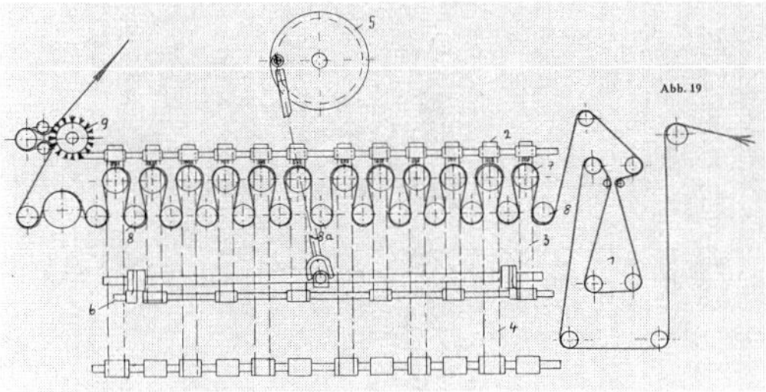

Velvet-Schneidemaschine (1939) (30a)

oben:
In einer Anzeige aus dem Jahre 1951 abgebildete Rauhmaschine (31a)

rechts:
Tuchschermaschine (18a)

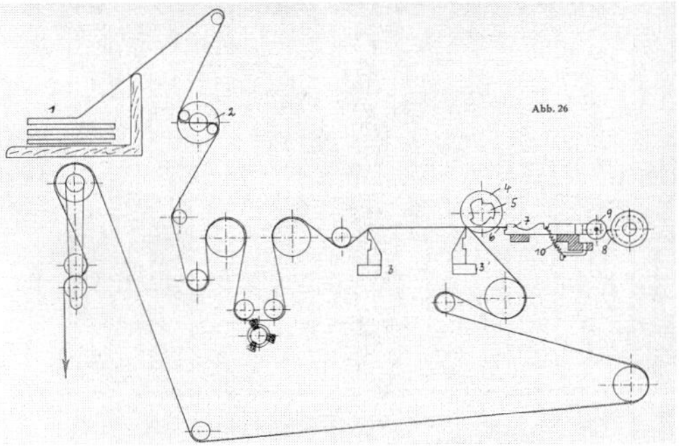

Kord-Schneidemaschine (1939) (30a)

Fernsprecher: 122.

ERCKENS & BRIX – RHEYDT

MASCHINEN-FABRIK.

No 41

Specialitäten:

Bleichapparate
für Vorgespinnste, Kreuzspulen und Cops.

Cops- u. Kreuzspulen-Farbmaschinen
Patent Linkmeyer.

Kreuzspulen-Trockenmaschinen.

Compl. Einrichtungen zur Herstellung der Ketten für Buntwebereien.

Stranggarn-Schlichtmaschinen

Stranggarn-Bürstmaschinen
für Fitz- und Kreuzhaspel.

Stranggarn-Trockenmaschinen
mit und ohne drehbare Walzen.

Kettspulmaschinen
für Baumwolle und Leinen.

Sectional-Scheermaschinen
mit Abstellung für Stück- und Kettlänge.

Zettelmaschinen

Bäummaschinen

Adresse für Güter: Rheydt-Geneiken.

Rheydt, den 30 Juni 190[illegible]

Rechnung

für die Kathol. Kirchengemeinde Rheydt.

ZAHLBAR HIER, NETTO COMPTANT.

April 11 [illegible] 51 [illegible]

[illegible] 25 50

M. 78.50

[illegible]

Zimmermann [illegible]

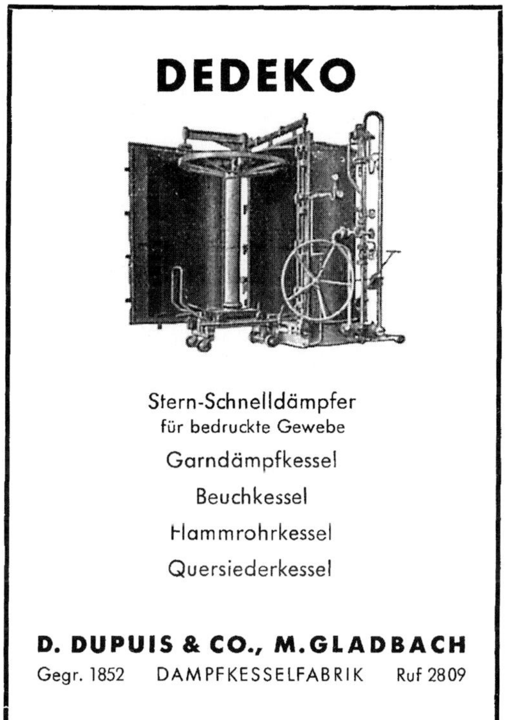

de, war lange die einzige Dampfkesselfabrik des Bezirks. (24, S. 25)

1884 wurde als erste Textilmaschinenfabrik in Rheydt die Firma Erckens & Brix gegründet, die sich zunächst auch mit der Herstellung von Ersatzteilen für Webmaschinen und komplette Webereivorbereitungsmaschinen für den hiesigen Bezirk beschäftigte. Der zunehmende Bedarf an Färbereiapparaten führte in der Folgezeit auch zur Aufnahme dieser Maschinen in das Produktionsprogramm. Erst 1959 wurde das Unternehmen veräußert. (58, S. 95)

1887 wurde die Firma Heine in Viersen gegründet. Sie begann mit der Fabrikation von Webstühlen, später wurden Färbeapparate gebaut. Die Firma entwickelte sich zu einer Spezialfabrik für Zentrifugen aller Art. (90, S. 119)

links oben:
Dampfkessel von D. Dupuis & Co., M. Gladbach (18a)

oben:
Rechnungskopf der Firma Erckens & Brix (58, S. 95)

links:
Sterndämpfer von Dupuis (31a)

unten:
Kontinue-Entschlicht- und Creponiermaschine der Firma Erckens & Brix, 1937 (194, S. 179)

Werbung der Gebr. Heine von 1939 (30a)

Der Bedarf an Vorbereitungs- und Ausrüstungsmaschinen wirkte ebenfalls auf die Entstehung der Eisenindustrie. Nur eine Firma hatte zu dieser Zeit den Schritt von der Reparatur zum Bau von Textilmaschinen gewagt und die harten Jahre der Frühindustrialisierung überstanden. Die Firma Franz Müller war eine der ersten Firmen, die sich mit den eigentlichen Arbeitsmaschinen von Betriebswerken befaßte, die von Anfang an bei den in Mönchengladbach und Umgebung ansässigen Textilveredlungsbetrieben eingesetzt wurden.

Franz Müller, heute Sucker Müller, Hacoba (Deutsche Babcock-Gruppe)

Gegründet wurde die Firma 1856 an der unteren Krefelder Straße in Gladbach von dem damals 24 Jahre alten Schlosser Franz Müller. Man stellte Ersatzteile für Webstühle und Rauhmaschinen her. Zu Beginn der 1870er Jahre, mit dem textilindustriellen Aufschwung, begann das Unternehmen mit der Fabrikation von Rauhmaschinen. Zu diesem Zweck wurden neue Werkshallen an der Nordseite der Regentenstraße (zwischen heutiger Schiller- und Gneisenaustraße) gebaut. (38, S. 153)

Franz Müller starb 59jährig im Jahr 1891. Zu diesem Zeitpunkt beschäftigte er 180 Mitarbeiter. Sein Schwiegersohn August Müller sen. und ab 1895 auch sein Sohn Willy Müller setzten die Entwicklung fort. Im Jahre 1909 wurde ein Gelände im Gladbacher Stadtteil Eicken erworben, und 1909/1910 wurde an der Eickener Stra-

rechts: Qualitätskontrolle bei Müller (1956) (18a)

Das Werk Franz Müller im Jahre 1908, Regentenstraße (138, S. 22)

Die erste vollautomatische Schußspulmaschine der Welt von Hacoba (1938) (31a)

unten: Das Werk Franz Müller, Eickener Straße 240 (2a)

ße 240 ein Werk errichtet. (58, S. 154) Seit Ende des vorigen Jahrhunderts werden Ausrüstungsmaschinen für die Cord- und Velvetindustrie gebaut. (90, S. 118)

Im Jahre 1966 übernahm die Firma Gebrüder Sucker die Mehrheit der Kommanditanteile der Gesellschafter der Firma Franz Müller und trat gleichzeitig als persönlich haftender Gesellschafter in das Unternehmen Franz Müller KG ein. (58, S. 154) Die endgültige Fusion erfolgte 1983. Die Produkte erhalten den Namenszug »Sucker Müller«. (117, S. 102) Seit 1995 gehören Hacoba sowie Sucker Müller zum Babcock-Konzern.

unten: Leim-Trocken-Aufbäum-Maschine von Gebr. Sucker, Grünberg, etwa um 1920

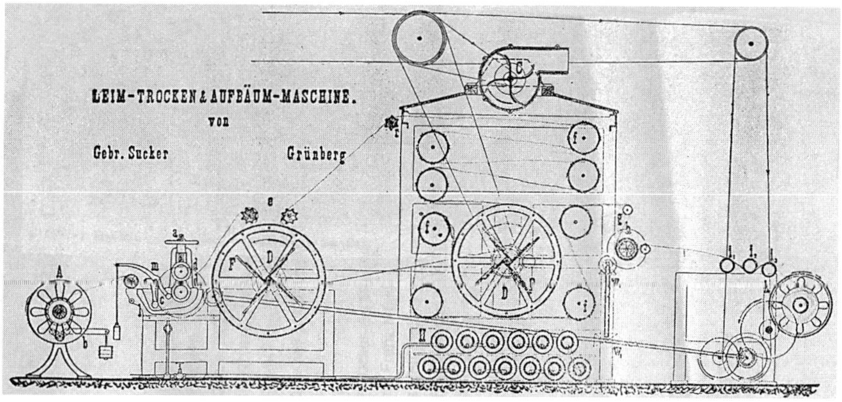

Gebr. Sucker GmbH

Die Firma wurde 1875 in Grünberg/Schlesien gegründet und befaßt sich seit dieser Zeit speziell mit dem Bau von Lufttrocken-Schlichtmaschinen für alle Garnarten sowie Schlichtekochanlagen in den verschiedensten Ausführungen. 1932 wurde die Firma nach Mönchengladbach verlagert.

Reklame für Schlichtekocher von Sucker aus dem Jahre 1951 (31a)

Hochleistungs-Schlichtmaschine mit Feuchtlufttrocknung für Woll-, Baumwoll- und Zellwollketten von Sucker aus dem Jahre 1951 (31a)

links:
Hochleistungs-Schlichtmaschine mit Feuchtlufttrocknung für Kunstseidenketten von Sucker, 1951 (31a)

rechts:
Hochleistungs-Schlichtmaschine mit Zylindertrocknung für Kunstseidenketten von Sucker, 1951 (31a)

Monforts Maschinenfabrik an der Erftstraße, heute Schwalmstraße (124, S. 160)

Die Firma Monforts

Im Dezember 1884 wurde die Maschinenfabrik Monforts an der Kronprinzenstraße 21 von August Monforts gegründet, der zuvor als Ingenieur bei Franz Müller beschäftigt gewesen war. Mit 52 Mitarbeitern wurden Rauhmaschinen hergestellt und ständig weiterentwickelt. 1891 erlangte die erste 24walzige Strich-Gegenstrich-Rauhmaschine Weltruf. Im Jahre 1894 wurde im Südosten der Stadt ein an der Eisenbahn gelegenes Industriegebiet von 12,5 Hektar erworben. Bereits 1887 hatte man dort eine Eisengießerei für die Gußbelieferung der eigenen Maschinenfabrik gegründet. 1910 wurde der Bau von Ausrüstungsmaschinen für die Cord und Velvetindustrie aufgenommen. (90, S. 118)

Ab 1917 kam als dritter Produktionszweig der Bau und Vertrieb von Drehautomaten hinzu. 1916 wurde neben der Gießerei eine große Maschinenfabrik an der Erftstraße gebaut. Der Umzug erfolgte im Jahre 1918. (58, S. 154) Folgender Text erschien 1996 in der Fachpresse:

Tradition verpflichtet im Hause Monforts

Wenn man die Eingangshalle der A. Monforts Textilmaschinen GmbH & Co. betritt, fühlt man sich zurückversetzt in die Gründungszeit dieses Unternehmens. Mit viel Liebe zum Detail wurde der Raum – seine Glastüren führen direkt in die Maschinenhalle – im Originalzustand erhalten oder wiederhergestellt. In einem Wandschrank liegt das aufgeschlagene Kundenbuch von 1890, so als würde es heute noch geführt. Diese Traditionspflege ist in Mönchengladbach keine Nostalgie, sondern der Stolz auf 112 Jahre erfolgreiche Entwicklung eines Familienbetriebes.

Im Jahre 1884 von August Monforts zur Herstellung von Maschinen für die damals am Niederrhein boomende Baumwoll- und Flachsindustrie gegründet, blieb das Unternehmen bis heute in Familienbesitz. Jetzt sind Caspar und Clemens August Monforts von Hobe die Familiengesellschafter.

Natürlich muß das Werbeschlagwort eines Betriebes, der auf der gesamten Welt operiert und seine Textilmaschinen zu etwa

Der Gründer August Monforts (147, S. 4)

Auftragsbuch von Monforts ab 1890 (aus »Textile Leader«, Heft 2, 1996)

Clemens A. Monforts von Hobe 1996 (aus »Textile Leader«, Heft 2, 1996)

95 Prozent exportiert, heute in Englisch sein: Unter dem Slogan »Hi-tec for payback« trat Monforts auf der ITMA '95 in Mailand auf. Aber eigentlich drückt dieser Wahlspruch nur in moderner Form die festgeschriebene Philosophie dieses Traditionshauses aus: Verpflichtung zur Lieferung einer Spitzentechnik in hoher Qualität zu realistischen Preisen.

Zu dem Familienunternehmen gehören heute vier organisatorisch getrennte Zweige: Textil- und Werkzeugmaschinen, eine Gießerei und seit 1993 eine Verwaltungs-Service-Firma (Monforts Service-Gesellschaft mbH) mit 32 Spezialisten. Insgesamt stehen 800 Mitarbeiter auf den Lohnlisten des Unternehmens, das 1995 etwa 230 Millionen DM umsetzte.

Außer dem Stammhaus in Mönchengladbach gehören dem Unternehmen noch einige Produktionsstätten und Stützpunkte in Österreich und den USA. Etwa 100 Vertreterbüros nehmen die Interessen des niederrheinischen Textilmaschinenproduzenten weltweit wahr.

Mit Stolz blickt man auf einen seit Jahrzehnten festen Kundenstamm. Zehn der 25 größten amerikanischen Textilkonzerne gehören genauso dazu wie namhafte Textilproduzenten in Deutschland (Ado, Freudenberg, Schiesser, Textilgruppe Hof u. a.).

Aktuelle Spannrahmenanlage für Web- und Maschenware mit MSPS-Steuerung

Das zu den drei großen deutschen Textilveredlungsmaschinenbauern zählende Unternehmen stellt jährlich mehr als 100 Spannrahmenanlagen her. In den beiden letzten Jahrzehnten verließen mehr als 2000 Spannrahmen (Stückpreis oft bis zu 1,5 Millionen DM) die Werkhallen.

Mitte 1995 übernahm man die Aktienmehrheit der Firma Koenig AG, Oberaach (Schweiz). Durch diese Transaktion ist es möglich, die Anlagen für die Abluftreinigung und Wärmerückgewinnung sowie das Knowhow dieser vor allem auf die Textilveredlung spezialisierten Firma direkt zu nutzen.

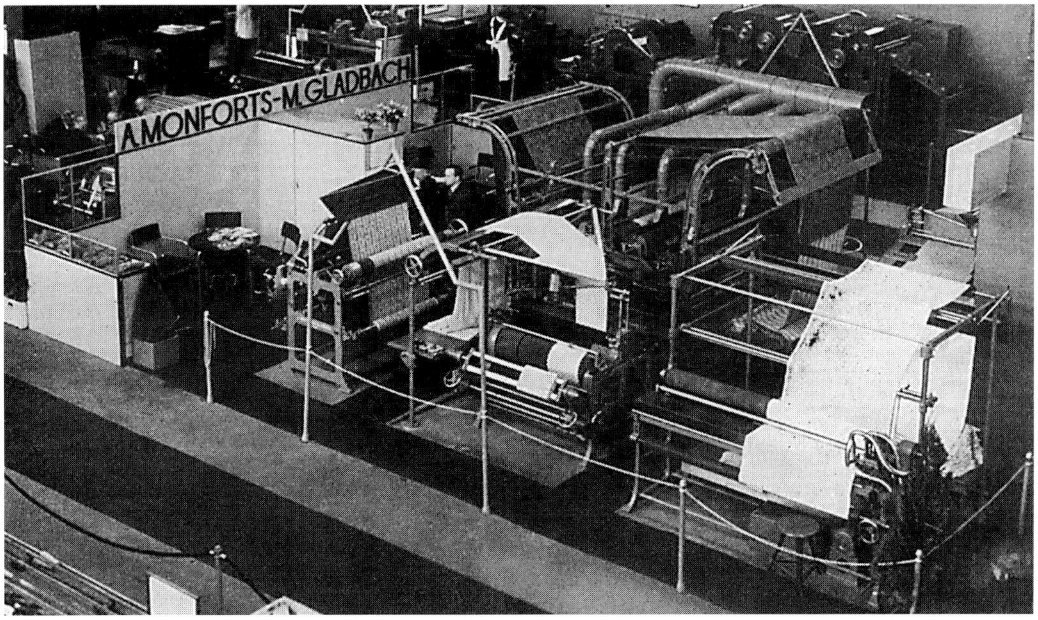

Leipziger Große Technische Messe 1939: Blick auf die Monforts-Ausstellung (30a)

Die frühe Entwicklung des Rauhmaschinenbaus in Mönchengladbach

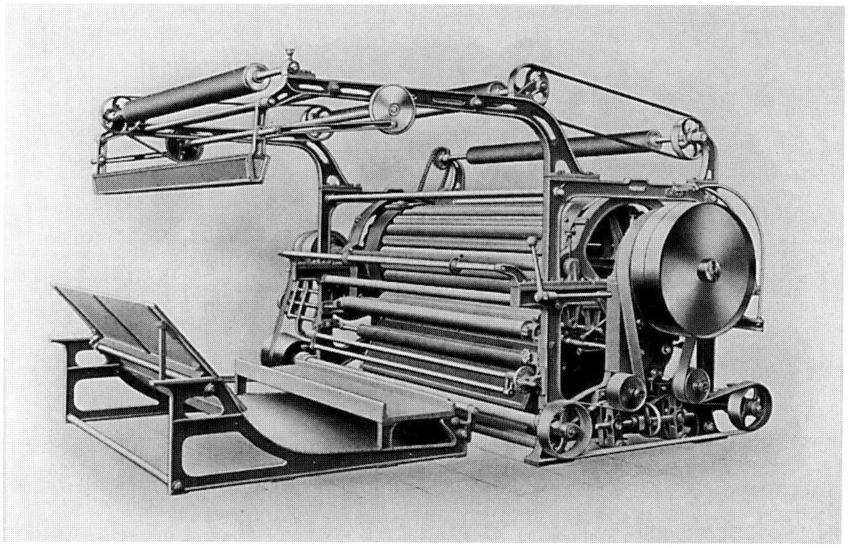

24walzige Rauhmaschine von Franz Müller (2 a)

Franz Müller, heute Sucker Müller, sowie Monforts beschäftigten sich seit ihrer Gründung mit dem Bau von Rauhmaschinen. Seit Ende des vorigen Jahrhunderts baute Franz Müller und seit 1910 auch Monforts Ausrüstungsmaschinen für die Cord- und Velvetfabrikation. Franz Müller war einer der ersten, der um 1870 mit dem Bau von Rauhmaschinen begann. Zuvor führte man hauptsächlich Reparaturen an diesen Maschinen durch.

Eine der ersten Rauhmaschinen nach einer Konstruktion von Franz Müller war eine flache Rauhmaschine, versehen mit einer beliebigen Anzahl hintereinander gelagerter Walzen, die sich teilweise in derselben Richtung, teilweise entgegengesetzt drehten. (24, S. 27) Diese Konstruktion wurde bald durch zwei Patente von Emil Pongs aus Odenkirchen verbessert. Es handelte sich um eine fünfwalzige Rauhmaschine. Die fünf Walzen, die abwechselnd verschiedene Drehrichtungen hatten, waren im Halbkreis gelagert. Zwischen den einzelnen Rauhmaschinen waren Wärmeplatten angeordnet, um die Ware für den Angriff der Rauhwalzen empfänglicher zu machen. (24, S. 27) Diese fünfwalzige Rauhmaschine stammte aus dem Jahr 1872.

Der erste Auftrag für August Monforts kam von einer sächsischen Firma: »eine Rauhmaschine mit fünf Walzen und neuer Wärmevorrichtung«. (147, S. 7) 1886 wurde eine 14walzige Trommelrauhmaschine konstruiert. Diese Maschine erschien etwa zeitgleich bei Monforts und Franz Müller. Bei der 14walzigen Rauhmaschine waren in einem Tambour 14 Walzen gelagert, die durch auf ihren Enden sitzende Riemenscheiben eine individuelle Umdrehungsgeschwindigkeit erhielten. Die Wirkung dieser Rauhwalzen setzte sich aus ihrer eigenen Geschwindigkeit und jener der Rauhtrommeln zusammen. Der Kratzenbelag war auf sämtlichen Walzen aufgezogen, daß heißt, die Spitzen der Kratzen zeigten alle in eine Richtung, so daß die Maschine immer noch mit dem Strich rauhte. Einzelne Anstriche verhinderten, daß die Ware zu stark angegriffen wurde. (24, S. 27)

Ebenfalls gleichzeitig erschien 1891 bei Monforts und Franz Müller eine neue 24walzige Rauhmaschine nach dem Modell von Grosselin Frères, Sedan. Es handelte sich um eine Trommelrauhmaschine mit 24 Walzen, von denen zwölf als Strich- und zwölf als Gegenstrichwalzen ausgebildet waren. Jede Walzenserie erhielt durch Konusse, unabhängig von der anderen, ihre eigene Geschwindigkeit. Bei Strichwalzen sind die Kratzenspitzen im Sinne des Warenlaufs gerichtet, bei Gegenstrichwalzen sind die Kratzenspitzen umgekehrt geneigt. Diese Anwendung unabhängiger Strich- und Gegenstrichwalzen ermöglicht es, einen kurzen, dichten Pelz auf jeder beliebigen Ware zu erzielen.

August Monforts wurde in zahlreiche Patentstreitigkeiten in fast allen europäischen Staaten verwickelt. Es ging um die Frage, in welchem Umfang das Strich-Gegenstrich-Rauhverfahren der französischen

36walzige Patent-Universal-Rauhmaschine anno 1910 für Strich und Gegenstrich (2 a)

Maschinenfabrik geschützt sei. In Deutschland, Belgien und Rußland wurde der Kampf zugunsten von Monforts entschieden. In England wurde der Rechtsstreit mit dem Lizenzinhaber der französischen Fabrik in zwei Instanzen gewonnen, aber in der Berufung im House of Lords 1893 verloren. (147, S. 11)

Im Jahre 1903 brachte die Maschinenfabrik Franz Müller eine Trommelrauhmaschine »System Franz Müller« mit 36 Walzen heraus. Weitere Fortschritte im Rauhmaschinenbau bestanden bis zum Zweiten Weltkrieg nur in der Erhöhung der Walzenzahl auf 30 bzw. 36 Walzen, die Hälfte jeweils Strich und Gegenstrich. Eine Verbesserung der Lagerung erzielte man, indem man die einzelnen Rauhwalzen mit Kugellagern versah. Kugellagerrauhmaschinen wurden zuerst bei Monforts entwickelt und durch Joseph Monforts, den einzigen Sohn August Monforts, eingeführt. »Die Kugellagerung wurde damals als eine technische Spielerei verkannt, die Monfortssche Maschine setzte sich aber durch und ist nach dem überraschenden Erfolg dieser Maschine - 1915 arbeiteten bereits 1000 Stück der Kugellagerbauart - auch von sämtlichen anderen Rauhmaschinenfabriken, wenn auch zögernd übernommen worden.« (147, S. 11)

In einem Schreiben der Firma Franz Müller zum Thema »Patentierter Riemenantrieb für die Kratzwalzen an Trommelrauhmaschinen« stehen einige Nachteile der Kugellager aufgeführt: *Ein Hauptgrund der gegen Kugellager spricht, ist deren grosse Anhäufung (72 Stück bei der 36walzigen und 48 Stück bei der 24walzigen Maschine) und obwohl sie aus bestem Material hergestellt werden, sind sie doch auch dem Verschleiss unterworfen, wodurch die laufenden Unkosten vergrössert werden, da die Anschaffungskosten für die Kugellager nicht gering sind. Ausserdem entsteht durch das von Zeit zu Zeit notwendige Schleifen der Rauhwalzen und das dadurch bedingte Abmontieren sowie Reinigen der Kugellager immerhin ein längerer Aufenthalt und viel Arbeit.*

Um der Ware einen filzartigen Charakter geben zu können, wurde gegen Ende des vorigen Jahrhunderts die Filzrauhmaschine auf den Markt gebracht, die im allgemeinen der 24walzigen Trommelrauhmaschine entsprach. Es wurden aber keine Strich- und Gegenstrichwalzen eingesetzt, sondern die Spitzen aller Rauhwalzen zeigten entgegengesetzt der Drehrichtung der Rauhtrommel. (24, S. 28) Nach Ende des Ersten Weltkriegs wurde 1919 von der Firma Franz Müller zum ersten Mal eine 30walzige Rauhmaschine hergestellt. (138, S. 33)

Sonstige Veredlungsmaschinen

Im Jahre 1898 wurde von der Firma Franz Müller die vertikale Zylinder-Trockenmaschine OB 12 entwickelt. Durch Berührung des Gewebes mit den wärmeabgebenden Oberflächen der Zylindertrommeln wurde das Gewebe getrocknet. Die Trommeln waren in Gruppen unterteilt. Zylindertrockner sind nicht für alle Gewebearten geeignet, da durch den Kontakt des Gewe-

Trockenmaschine OB 12 der Firma Franz Müller (24a)

bes mit der Trommel die Ware Glanz und Glätte erhält. Ungeeignet sind zum Beispiel strukturierte Gewebe oder Strick- und Wirkwaren.

Eine Spezialität der Firma Franz Müller war die Herstellung von Schermaschinen. Beim Scheren werden aus der textilen Oberfläche herausragende Fasern durch Abschneiden auf gleiche Länge gebracht. Es entsteht eine gleichmäßige Oberfläche, und das Aussehen wird verbessert. Schermaschinen wurden von Franz Müller auch

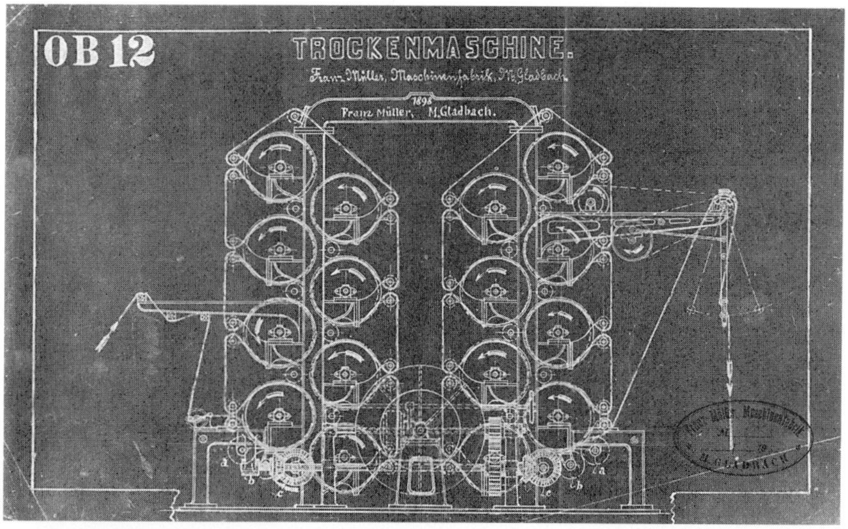

rechts oben:
Konstruktion der Trockenmaschine OB 12, 1898 (24a)

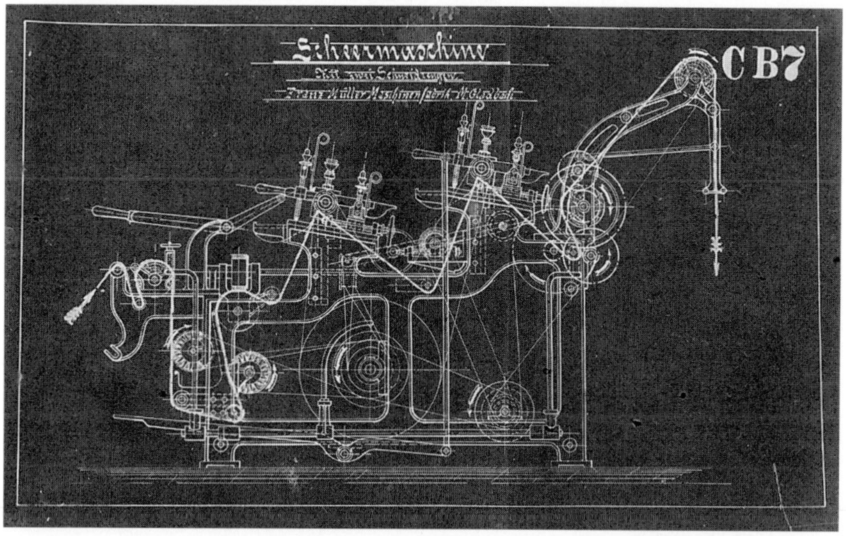

rechts in der Mitte:
Konstruktion der Schermaschine CB 7, Firma Franz Müller (24a)

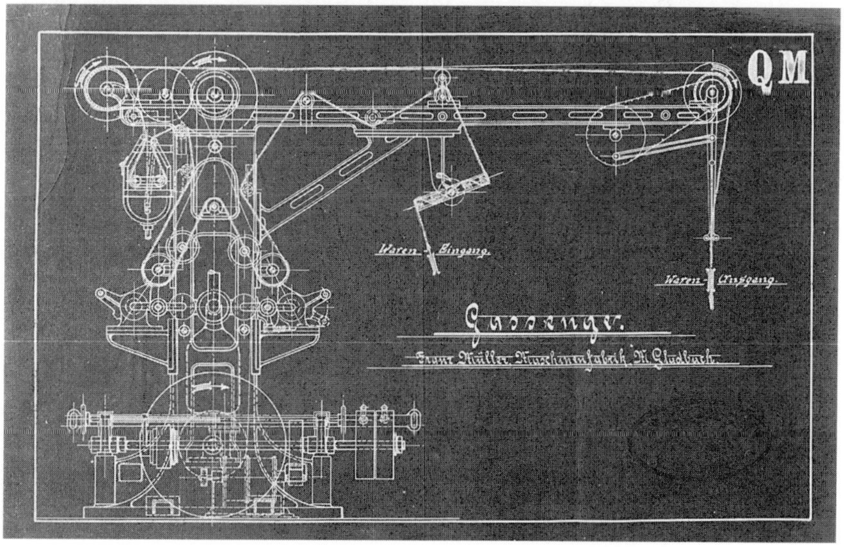

rechts unten:
Konstruktion der Gassengmaschine QM, Firma Franz Müller (24a)

Trockenmaschine der Firma Franz Müller (26a)

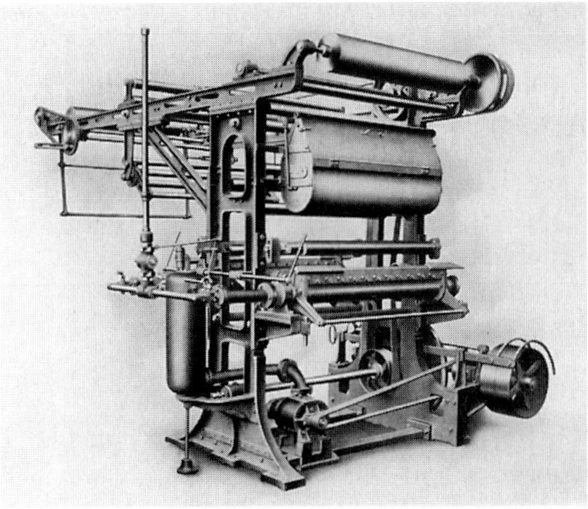

Gassengmaschine QM, Firma Franz Müller (24a)

mit einem, drei und vier Zylindern für Baumwolle, Wolle, Halbwolle, Tuche, Samt, Seide etc. hergestellt.

Betrachtet man textile Flächen, so erkennt man Fasern, die aus der Oberfläche herausragen. Diese Fasern stören bei der Weiterverarbeitung und müssen entfernt werden. Beim Sengen werden diese Fasern abgebrannt. Die erforderliche Wärme wird durch Gasflammen erzeugt. Mit hoher Geschwindigkeit wird die textile Fläche durch Leitwalzen so über die offenen Flammen geführt, daß die Fasern auf einer oder beiden Seiten entfernt werden.

Firma m-tec in Dülken

Hinter dem bescheidenen »m« verbirgt sich im Namen die ursprünglich in Dülken ansässige Firma Menschner, die auf Wickelmaschinen spezialisiert war, ehe in den 80er Jahren des 20. Jahrhunderts eine enorme Erweiterung des Produktionsprogramms vollzogen wurde. Zu jener Zeit wurden im Hause Menschner unter dem Manager und Eigentümer Wisser – einem Fensterputz-Millionär aus Frankfurt – folgende Unternehmen vereinigt: Menschner aus Dülken, Sistig aus Krefeld, Kettling & Braun aus Minden und Hemmer aus Aachen.

Wenn ein Maschinenbauprogramm derart unterschiedliche Veredlungsmaschinen, wie Naßausrüstungsmaschinen und Trokkenausrüstungsmaschinen, auf einen Schlag bündelt, ist die schnelle Normierung der Einzelteile absolut wichtig. Weil Menschner zu jener Zeit mit dieser Infrastruktursanierung sehr beschäftigt war, blieben nicht genug freie Kapazitäten, um der auf dem Naßappretursektor beginnenden, stürmischen Innovation der italienischen Konkurrenz entsprechend zu begegnen. Einzig der aus Kettling-&-Braun-Tagen mitgekommene Ingenieur Riedel vollzog in der Wolltrockenausrüstung mit der Entwicklung der Contipress und später der Kontinuedekatur eine systematische Entwicklungsarbeit, die im übrigen teilweise mit der Fachhochschule Niederrhein, Fachbereich Textil- und Bekleidungstechnik, zusammen durchgeführt wurde: Die erste »Superfinish« lief im dortigen Technikum, bis sie 1990 quasi »über Nacht« zur Firma Simons & Gier transferiert wurde, weil das »Aus« von Menschner drohte.

Die Textilmaschinenfabrik Johannes Menschner in Dülken wurde nach dem Zweiten Weltkrieg als »Roßweiner Maschinenfabrik AG« (gegründet 1892) verlagert.

Kettling & Braun stammte ursprünglich aus Crimmitschau in Sachsen. 1939 auf der Leipziger Großen Technischen Messe wurden die folgende Maschinen gezeigt:

Anzeige aus dem Jahre 1951 (31a)

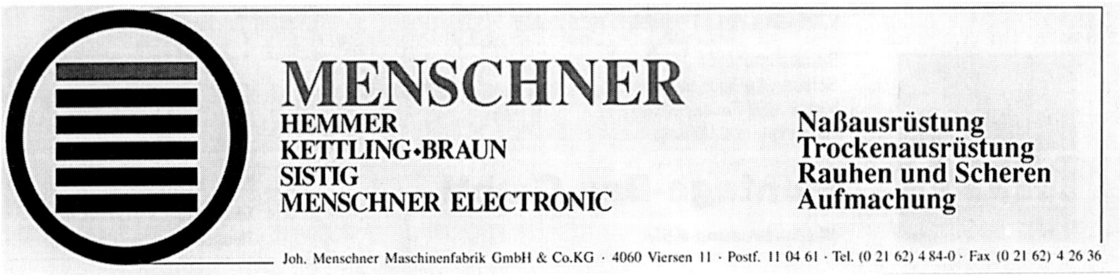

Reklame von Menschner aus dem Jahre 1993 (31a)

Die neuesten Konstruktionen der Firma Kettling & Braun auf der Leipziger Großen Technischen Messe 1939 (30a)

- Schnell-Lauf-Waschmaschine,
- Absaugmaschine,
- Finishdekatur,
- Preßglanzdekatur,
- Tuchschermaschine,
- Elektropendelzentrifuge.

Dieses Programm erinnert an das von Wisser bei Menschner zusammengekaufte Programm.

Das Programm der Aachener Maschinenbaufirma Hemmer bestand ursprünglich aus typischen Wollnaßausrüstungsmaschinen, ehe es in den 80er Jahren dieses Jahrhunderts um Schermaschinen und eine Kesseldekatur in den Trockenausrüstungsbereich erweitert wurde. Wenn man im nachhinein das Menschner-Angebot betrachtet, muß es für den weltweiten Wollausrüstungsbereich als das ideale Programm angesehen werden - wenn es vom entsprechenden Management richtig vermarktet worden wäre.

Nach schwierigen Zeiten wurde die Firma Menschner in den 1990er Jahren umbenannt in m-tec und gehört heute wieder weltweit zu den führenden Lieferanten für Ausrüstungsmaschinen.

Spezialisierungskartelle

Zwei Vereinigungen bedeutender Textilmaschinenfabriken haben eine Anzahl ihrer wichtigsten Mitgliedsfirmen am Niederrhein: Unionmatex Textilmaschinen-Union GmbH, Frankfurt/Main, Friedrich-Ebert-Straße 22, und Combitex Vereinigung von Textilmaschinenfabriken, Düsseldorf, Graf-Adolf-Straße 78.

Die Unionmatex

Die seit Jahrzehnten in engstem Kontakt mit der Textilindustrie stehenden Gladbacher Firmen Schlafhorst, Sucker und Monforts sowie Kleinewefers in Krefeld sind mit fünf weiteren weltbekannten deutschen Textilmaschinenfabriken in der Unionmatex zusammengeschlossen. Exportaufgaben größten Ausmaßes in Gestalt der Lieferung kompletter Textilfabriken, Spinnerei, Weberei und Ausrüstung umfassend, waren die Veranlassung dieses Zusammenschlusses.

Gegen Ende des Ersten Weltkrieges expandierte die deutsche Textilindustrie sehr stark. Viele Firmen versuchten, die gesamte Breite der Textilmaschinen zu bauen und zu verkaufen. Dadurch kam es zu einem anstrengenden Konkurrenzkampf unter den Herstellern. Mit der Gründung der Unionmatex sollte dieser aufreibende Wettbewerb beendet werden. Bezeichnend für die Willenskraft und den Weitblick Wilhelm Reiners war, daß er auch während des Krieges weiter an der Entwicklung seiner Firma arbeitete. »Im Jahr 1918 beteiligte sich die Firma Wilh. Schlafhorst & Co. zusammen mit der Firma August Monforts aus Mönchengladbach und drei weiteren Unternehmen aus Sachsen an der Gründung der Gemeinschaft Deutscher Textilmaschinenfabriken, die ab 1923 die Bezeichnung Unionmatex erhielt.« (5, S. 89) Die Verträge zur Gründung der Unionmatex wurden am 10. Mai 1919 in Chemnitz unterzeichnet. Damit verpflichteten sich alle Vertragspartner, nur noch festgelegte Maschinengattungen zu bauen, Aufträge auf Maschinen, die nicht zu ihrem Bauprogramm gehören, an die jeweils zuständige Firma weiterzugeben.

Das Ziel, welches mit der Unionmatex verfolgt wurde, lag in der Förderung des Verkaufs der Produkte der beteiligten Firmen, indem sich die Kunden aus der Textilindustrie zur Errichtung mehrstufig integrierter Gesamtanlagen nun nicht mehr an verschiedene Einzelfirmen wenden mußten, sondern in der Unionmatex einen gemeinsamen Ansprechpartner fanden. Die Aufgabe der Unionmatex war nicht nur die Projektierung von Gesamtanlagen und der Aufbau durch eigene Monteure, sondern auch die technische Beratung der Kunden sowie das Anbieten von Finanzierungsmöglichkeiten der Anlage.

Ein Vorteil ergab sich besonders für die kleineren beteiligten Firmen daraus, daß die Unionmatex eigene Büros in den wichtigsten Ländern unterhielt und die kleineren Hersteller, die sich dort keine eigenen Vertretungen leisten konnten, repräsentierte.

Die Combitex

Unter dem Namen »Combitex Vereinigung von Textilmaschinenfabriken« haben sich zehn andere bekannte und leistungsfähige Textilmaschinenfabriken zu einer Gemeinschaft mit dem Ziel der Zusammenfassung und Nutzbarmachung ihrer langjährigen Erfahrungen zusammengeschlossen. Unter Heranziehung ihrer Spezialfirmen ist auch diese Vereinigung in der Lage, komplette maschinelle Anlagen für die Textilindustrie im In- und Ausland zu liefern, die in technischer Ausführung, Wirtschaftlichkeit und Leistung den höchsten Anforderungen entsprechen.

Der Combitex gehören folgende niederrheinische Textilmaschinenfabriken als Mitglieder an (aus einem Werbeprospekt der Combitex von 1955):

Jean Güsken, G.m.b.H., Maschinenfabrik u. Eisengießerei, Dülken, gegründet 1874. Ihr Name [war] eng verbunden mit der Entwicklung der Spezialwebstühle für die Herstellung von Samten, Plüschen, Läufern und

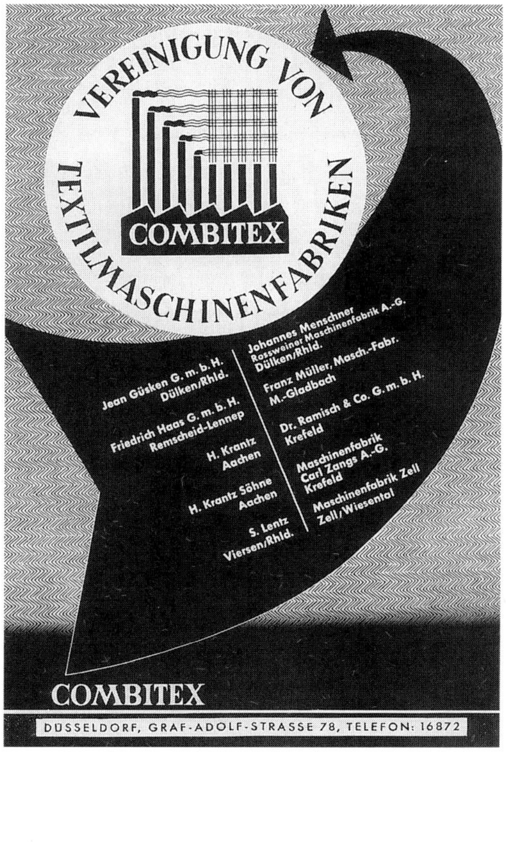

Combitex-Anzeige aus dem Jahr 1951 (31a)

Prominenz des Textilmaschinenbaus und der Fachhochschule Niederrhein 1986 bei der Übergabe eines Küsters-Foulards, eines Mahlo-Schußfadenrichtgeräts und eines Monforts-Flachspannrahmens an den Fachbereich Textil- und Bekleidungstechnik. Von links: Herr Heinz (Küsters), Herr Wacker (Monforts), Prof. Dr. Klinke (Dekan des Fachbereichs Textil- und Bekleidungstechnik der FHN), Prof. Dr. Rouette (Leiter des Textilveredlungstechnikums der FHN), Dr. Beckenstein (Mahlo)

Teppichen. Es [wurden] ferner hergestellt Hochleistungs-Webstühle für Futterstoffe, Dekorationsstoffe, Gera-Greizer-Artikel, Möbelstoffe und hochwertige Leinenwaren. Der Bau von Konus-Schäranlagen für die Webereivorbereitung als Hochleistungs-Maschinen oder in normaler Ausführung gehörte seit vielen Jahrzehnten ebenfalls zum Fabrikationsprogramm dieser Firma. Vor dem [Zweiten] Weltkrieg konnte stets ein großer Teil der Produktion exportiert werden, und es gelang nach dem Verlust des gesamten Werkzeugmaschinenparks während des Zusammenbruchs, bald wieder die Friedenskapazität herzustellen und den alten Platz auf dem Weltmarkt wiederzugewinnen.

S. Lentz, Webstuhlfabrik u. Eisengießerei, Viersen, gegründet 1885. Sie ist bekannt als Hersteller von Webstühlen für Herren- und Damen-Oberstoffe, für Cord, Velvet und Decken. Weiter stellt sie Spezialwebstühle her für Segeltuche und schwere Leinengewebe sowie für Jute- und Sisal-Gewebe.

Johannes Menschner, Textilmaschinenfabrik, Dülken. Sie ist die nach der Bundesrepublik verlagerte, bekannte Roßweiner Maschinenfabrik AG., gegründet 1892. Ihr Spezialgebiet ist die Lieferung von Aufmachungsmaschinen für Gewebe wie: geeichte Doublier-Meß-Legemaschinen – geeichte Doublier-Meß-Wickelmaschinen – Kontendruckmaschinen – Warenschaumaschinen – sowie verschiedene Appreturmaschinen. An ihrem neuen Standort Dülken hat diese Firma nicht nur ihre damalige Leistung wieder erreicht, sondern ihre Erzeugnisse sind auch in Fachkreisen jetzt ebenso anerkannt wie früher bei Lieferung aus Roßwein.

Franz Müller, Maschinenfabrik, M. Gladbach, besteht nahezu 100 Jahre und ist im In- und Auslande durch ihre Webereivorbereitungs- und Ausrüstungsmaschinen bekannt. In der ersten Sparte baut sie vor allem ihre bewährten Bakelit-Schlitztrommel-Kreuzspulmaschinen, ferner Garngasiermaschinen und Zettelanlagen. An Ausrüstungsmaschinen stellt sie seit ca. 80 Jahren Rauhmaschinen, Gewebesengmaschinen, Gewebeputz- und Schermaschinen, Zylindertrockenmaschinen, Tuchschermaschinen, Muldenpres-

sen, Bürstmaschinen usw. her. Weiterhin werden seit der Jahrhundertwende Ausrüstungsmaschinen für Cord und Velvet gebaut. Zahlreiche nach dem Kriege hervorgebrachte Neukonstruktionen haben im In- und Auslande große Anerkennung gefunden.

Die Entwicklung der Antriebstechnik

Die großen Veränderungen der Textilmaschinentechnik wären ohne entsprechende Weiterentwicklungen der Antriebskräfte in ihrer Effizienz deutlich geringer ausgefallen. Um beispielsweise die Erfindungen von Arkwright oder Crompton voll ausnutzen zu können, mußte eine Energiequelle zur Verfügung stehen, die es erlaubte, das technische Potential dieser Maschinen voll auszunutzen. So experimentierte Arkwright zunächst mit einem Antrieb durch die Kraft von Tieren. Bei diesen Göpeln wurden die Tiere - Arkwright setzte Pferde ein - an einen Querbaum gespannt, der mit einer Welle verbunden war, welche durch die umlaufenden Tiere gedreht wurde. Bekannt ist, daß er diese Versuche bald einstellte und 1771 dazu überging, in einer kleinen Versuchsspinnerei bei Delper in Derbyshire seine Maschinen durch Wasserkraft anzutreiben. (12, S. 46) Dem Vorbild Arkwrights folgend, entstanden in England eine große Zahl durch Wasserkraft angetriebener Spinnereien. Demgegenüber war die Ausnutzung dieser Energiequelle in Deutschland weitaus seltener anzutreffen. Im Rheinland spielte vor allem die von Brügelmann in Cromford bei Düsseldorf errichtete Spinnerei eine Vorreiterrolle, der jedoch in Mönchengladbach niemand konsequent folgte.

Die erste Spinnerei, bei der Maschinen durch ein Wasserrad angetrieben wurden, gründete Johann Lenßen an der Niers in Zoppenbroich. Für die folgenden Jahre stellt Dilthey zwar in den Mönchengladbacher Spinnereien eine vorzugsweise Benutzung der Wasserkraft fest (43, S. 6), jedoch scheint es sich hierbei vor allem um Maschinen zum Öffnen und Reinigen der Baumwolle gehandelt zu haben. Für diese Annahme sprechen auch die speziellen Bedingungen an Niers und Erft, den Flüssen in Mönchengladbach und Umgegend, an denen sich die meisten Spinnereien ansiedelten. Ihr Gefälle war zu gering, um selbst kleinere Spinnereien ständig mit Antriebsenergie versorgen zu können.

Hauptproblem aller durch Wasserkraft angetriebenen Anlagen war die große Naturabhängigkeit. Neben den für die Leistung der Wasserräder entscheidenden Faktoren wie Fließgeschwindigkeit der Gewässer oder vorhandene Aufstaumöglichkeiten führten Dauerfrost, Hochwasser oder Wassermangel zu teilweise monatelangen Stillständen der Anlagen. (105, S. 75)

Die Arbeitsweise von Wasserrädern ähnelt weitgehend dem Prinzip der später folgenden Dampfmaschinen. Durch Kraft-

Wasserräder sind von Natur aus ein unzuverlässiger Antrieb (17a)

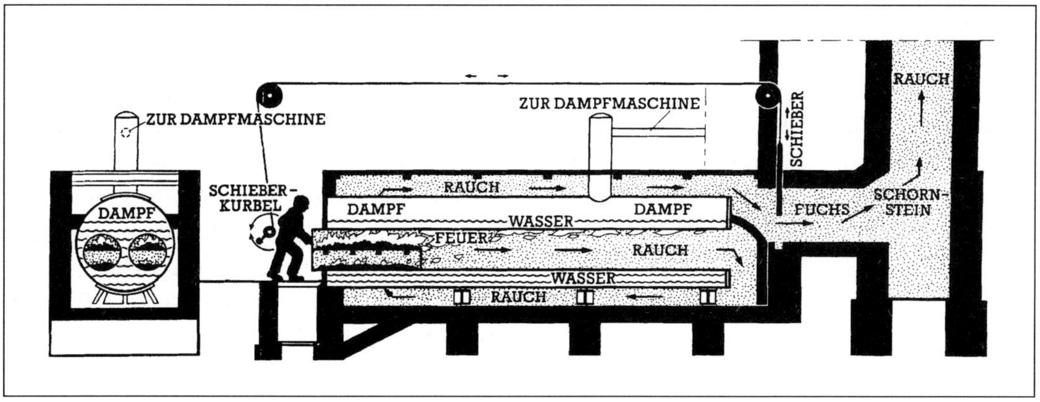

Funktionszeichnung der Kesselanlage (237, S. 31/32)

einwirkung wird ein Rad in Rotation gesetzt und überträgt diese Drehbewegung auf Wellen oder Räder, die mit den Arbeitsmaschinen durch Riemen verbunden sind und diese antreiben. Anlagen mit einer Leistung von über 200 PS waren vor allem in England keine Seltenheit. (12, S. 48)

Benötigt wurde eine Antriebskraft, die jederzeit abrufbar und weitgehend störungsfrei war. »Der Durchbruch gelang im 18. Jahrhundert mit der von allen Umwelteinflüssen unabhängigen Dampfmaschine.« (105, S. 52) Die Konstruktion der ersten Dampfmaschine ist zurückzuführen auf Thomas Newcomen. Seine atmosphärisch wirkende Dampfmaschine wurde bereits wenige Jahre nach ihrer Erfindung 1711 in zahlreichen englischen Bergwerken eingesetzt (113, S. 104), hatte jedoch für den Antrieb von Textilmaschinen den Nachteil, lediglich Hubbewegungen ausführen zu können.

Die erste Dampfmaschine, die eine kontinuierliche Drehbewegung erzeugte und damit für den Einsatz in Textilbetrieben geeignet war, entwickelte James Watt zwischen 1782 und 1784. Bereits zwei Jahre später wurde eine Maschine in einer englischen Baumwollspinnerei eingesetzt. Ihr Einsatz in den niederrheinischen Betrieben erfolgte nur zögernd. Erst 1827 stellte die Firma Lenssen & Beckenbach die erste Maschine in Rheydt auf, 1833 die Spinnerei Croon die erste Maschine in Gladbach. Einer stärkeren Ausbreitung standen zunächst die im Vergleich zur Wasserkraft kaum höhere Leistung sowie der große Kohleverbrauch entgegen, deren Transport nach Mönchengladbach wegen der noch unzureichenden Verkehrswege mit hohen Kosten verbunden war. Hinzu kam die ständige Aufsicht durch Heizer und Maschinisten. Diese Nachteile führten dazu, daß Dampfmaschinen in der Anfangsphase ihres Einsatzes vorwiegend als Ergänzung zur Wasserkraft eingesetzt wurden und als »Notaggregat bei witterungsbedingten oder sonstigen Ausfällen den Antrieb« (105, S. 76) übernahmen.

Lenssen & Beckenbach bezogen ihre Dampfmaschine von Peter Harkort aus Wetter an der Ruhr, der sich auf mehreren Englandreisen mit der Technik dieser Ma-

Alter Dampfkessel auf dem Fabrikhof des Textilmuseums in Bocholt

schinen vertraut gemacht hatte. Der weitaus größte Teil der mit beginnender Mechanisierung Mitte des 19. Jahrhunderts in Mönchengladbach aufgestellten Maschinen wurde in England gekauft. Zunehmend kamen auch Dampfmaschinen aus Belgien, das schneller als jedes andere kontinentaleuropäische Land die Dampfkraft in großem Stil installiert hatte, zum Einsatz. (113, S. 139)

Die Maschinenhäuser waren häufig ein Ort der Repräsentation. Sie wurden architektonisch aufwendig gebaut und auch im Inneren mit kunstvoll gearbeiteten Dachbindern, farbigen Bodenbelägen, Schablonenmalerei an den Wänden und pompösen Türen ansehnlich ausgestattet. Hier befand sich das »Herz der Fabrik«, die Dampfmaschine, und hierhin wurden Besucher geführt. (237, S. 49)

Funktionsablauf: Zur üblichen Ausstattung eines Kesselhauses gehörte eine Pumpe, die das Speisewasser für den Kessel - meist aus fabrikeigenem Brunnen - zunächst in den Wassertank förderte. Über Druckleitungen, eine dampfgetriebene Pumpe oder einen Injektor gelangte das Wasser in den mit Kohle befeuerten Kessel. Dort wurde bei einer Temperatur von 158 °C (z. B. bei einem Überdruck von fünf Atmosphären) das Wasser in Dampf verwandelt. Ein Sicherheitsventil auf dem Kessel sorgte dafür, daß der zulässige Dampfdruck nicht überschritten wurde: Sobald der Druck 6 atü überstieg, hob sich ein Hebel mit Gegengewichten, und der überschüssige Dampf wurde in den Raum abgeblasen. Über eine Dampfverteilung und wärmeisolierte Druckleitungen gelangte der Dampf in das Maschinenhaus, wo er die Dampfmaschine in Gang setzte. Durch eine Kurbel konnte der Heizer einen Schieber im Rauchabzug bewegen und damit die Luftzufuhr zum Feuer drosseln oder verstärken. (237, S. 32)

Die wegen ihrer Konstruktion so genannte Balancier-Dampfmaschine (12, S. 58)

1855 waren 13 Dampfmaschinen in Mönchengladbach in Betrieb. (24, S. 22) 1861 waren es schon 64. (233, S. 56) Mit Ende der 1870er Jahre waren sowohl Spinnereien als auch Webereien für Baum- oder Halbwolle weitgehend mechanisiert. (105, S. 63)

Seit Mitte der 1860er Jahre wurden erste Ansätze erkennbar, den Bedarf der Mönchengladbacher Textilbetriebe an Dampfmaschinen durch einheimische Unternehmen zu decken. Was schon für die Produktion von Textilmaschinen festgestellt wurde, galt aber auch für Hersteller von Kraftmaschinen: Es waren zunächst vor allem Schlossereien, die sich neben Maschinenreparaturen und der Herstellung von Gütern für den nichtindustriellen Bedarf in kleinem Rahmen mit der Konstruktion von Dampfmaschinen befaßten.

Der erste Betrieb, der die Herstellung von Antriebsmaschinen aufnahm, war die 1855 gegründete Firma Wilhelm Schippers aus Rheydt. (223, S. 407) 1865 folgte als zweites Unternehmen mit dieser Ausrichtung in Gladbach die Firma Spengler.

Als Montageingenieur einer Aachener Firma arbeitete Spengler von Zeit zu Zeit in der Firma Lindgens Erben aus Hochneukirch, wo er den Kommerzienrat Peter Busch kennenlernte. Busch war es, der

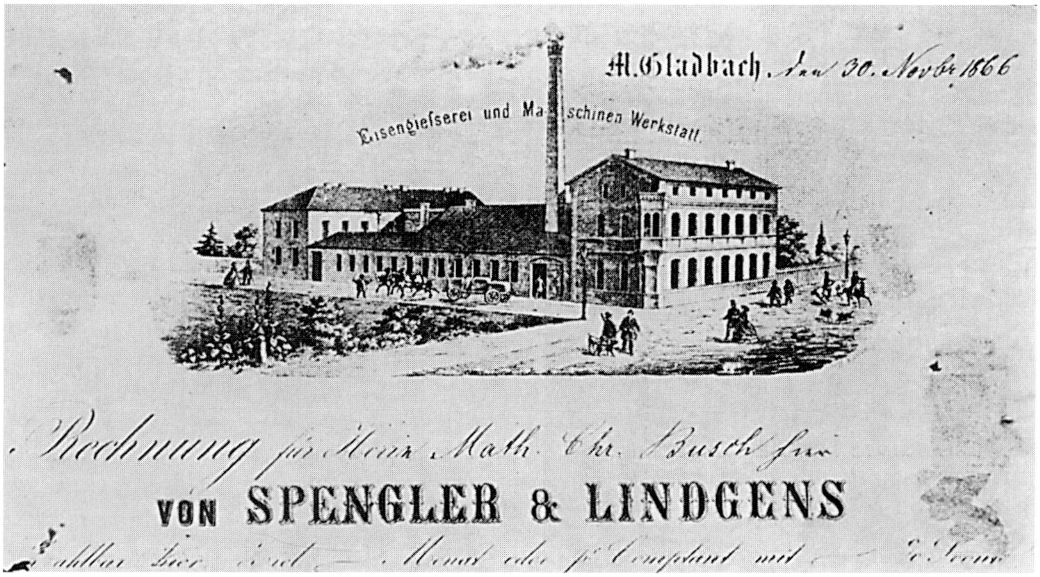

Bis zum Ausscheiden von Lindgens hieß die Firma Spengler & Lindgens (58, S. 41)

Spengler dazu überredete, in Gladbach eine Maschinenfabrik für die Herstellung von Dampfmaschinen und Transmissionen zu eröffnen, und Spengler, der nicht über die notwendigen finanziellen Mittel verfügte, mit Adam Lindgens einen finanzkräftigen Partner zur Seite stellte. (58, S. 40) Zu Beginn noch auf den allgemeinen Bedarf eingestellt, gewann die Produktion von Dampfmaschinen und Transmissionen als Folge des zunehmenden Einsatzes dieser Maschinen in der Textilindustrie eine immer größere Bedeutung.

Der Brand in der Spinnerei der Gebr. Croon 1879 zog eine Neuorientierung in der Ausrichtung des Unternehmens nach sich. Spengler erhielt den Auftrag des kompletten Wiederaufbaus der Anlage und der Ausstattung der neu zu errichtenden Spinnerei mit sämtlichen Maschinen für die Krafterzeugung sowie der Installation der Kraftübertragung. Die erfolgreiche Durchführung des Auftrages hatte weitere Anfragen zur Folge. Spengler erstellte die Baupläne, beauftragte die Bauunternehmer und übergab den Auftraggebern die schlüsselfertige Spinnerei. Nur die Auswahl der einzusetzenden Spinnmaschinen überließ er den Kunden. Transmissionen, Shedträger, Säulen, eiserne Fensterrahmen und ähnliche Einrichtungsgegenstände wurden im eigenen Betrieb hergestellt, Dampfmaschinen häufig bei sächsischen Herstellern zugekauft. (24, S. 26)

Die mit dem wirtschaftlichen Aufschwung der Gründerjahre einsetzenden Firmengründungen in Mönchengladbach führten 1872 zur Gründung von zwei weiteren Betrieben, die sich auf die Herstellung von Dampfmaschinen spezialisierten und noch heute in Mönchengladbach ansässig

Anzeige der Firma Meer aus dem Jahr 1951 (31a)

Zwei verschiedene Dampfmaschinen kleinerer Bauart aus hiesiger Produktion der Firma Meer im Jahre 1899 (58, S. 83)

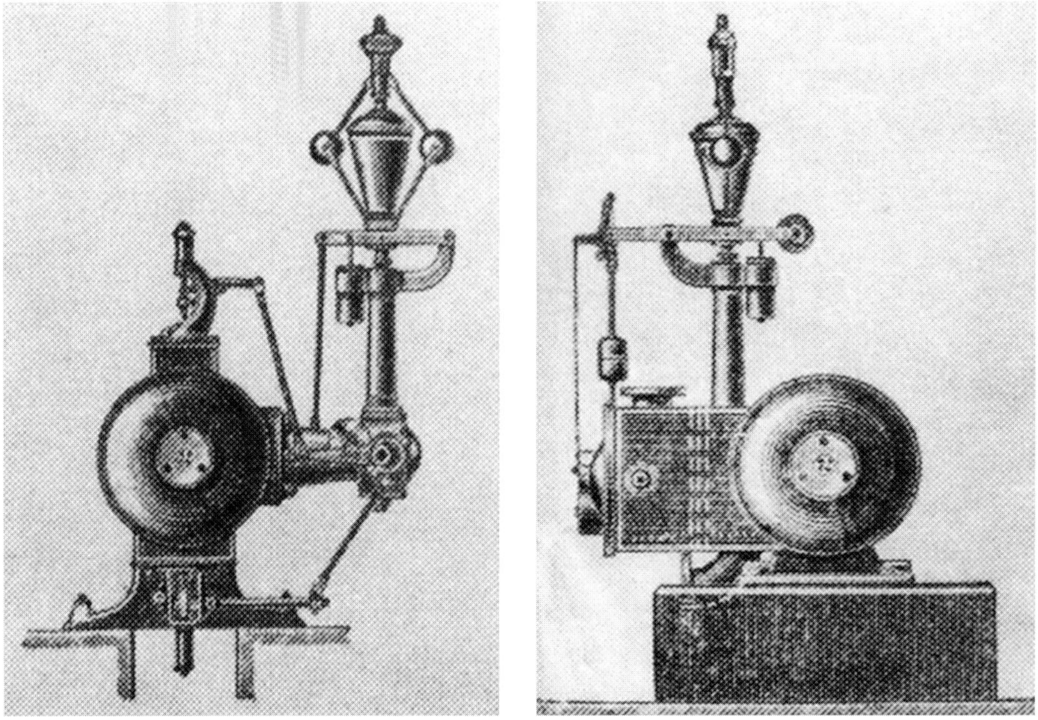

sind: die Firma Scheidt & Bachmann sowie die Firma Gebr. Meer, heute Mannesmann-Meer.

In engem Zusammenhang mit der Produktion von Dampfmaschinen stehen die Gründungen von zwei weiteren Unternehmen in Mönchengladbach: die Kesselschmiede J. G. Dupuis und die Armaturenfabrik Albert Sempell. Der belgische Kesselschmied Dupuis hatte bereits 1852 in Aachen einen Betrieb eröffnet, der sich mit der Herstellung von Dampfkesseln und

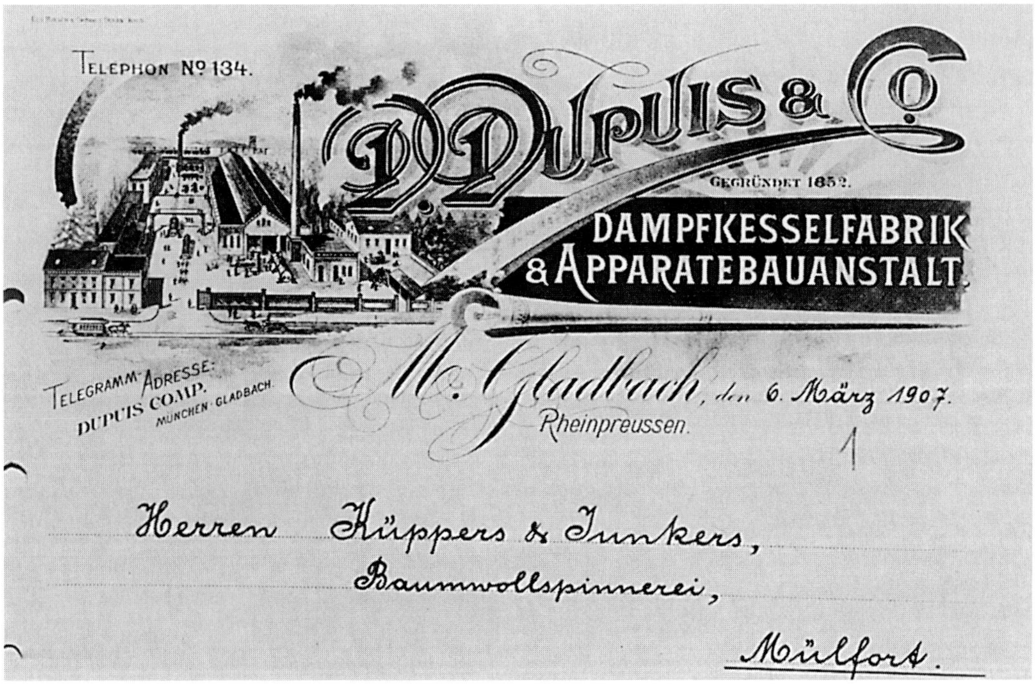

Telephon No 134.

J. G. Dupuis & Co

Gegründet 1852.

Dampfkesselfabrik & Apparatebauanstalt.

Telegramm-Adresse: Dupuis Comp. München-Gladbach.

M. Gladbach, den 6. März 1907.

Rheinpreussen.

1

Herren Küppers & Junkers,

Baumwollspinnerei,

Mülfort.

Briefkopf der Firma Dampfkesselfabrik Dupuis & Co. (58, S. 86)

Färbereiapparaten beschäftigte. 1867 wurde in Mönchengladbach eine Zweigniederlassung eröffnet, die ebenfalls die Produktion von Dampfkesseln und vor allem die Herstellung von Kesselschmiedeerzeugnissen für Färbereien aufnahm. 1879 trennte man sich von dem Aachener Schwesterunternehmen und war über Jahrzehnte die einzige Dampfkesselfabrik in Mönchengladbach. (58, S. 86)

Absperrhähne und Armaturen lieferte ab 1874 die Armaturenfabrik Albert Sempell. Bis zur Gründung dieses Betriebes existierten weder im Rheinland noch in Westfalen Betriebe, die sich mit der Herstellung von Armaturen beschäftigten. (24, S. 25) Dementsprechend günstig waren die Entwicklungsmöglichkeiten des Unternehmens. Wurden zunächst die Armaturen von auswärtigen Produzenten bezogen und im hiesigen Raum weiterverkauft, ging man bald zur Produktion in eigener Verantwortung über. Neben Armaturen wurden vor allem Sicherheits- und Rohrbruchventile hergestellt. (58, S. 84)

Als gegen Ende des 19. Jahrhunderts die Erforschung der Elektrizität Fortschritte machte, bekam die Dampfmaschine langsam Konkurrenz. Werner Siemens stellte auf der Berliner Gewerbeausstellung 1879 den ersten elektrisch angetriebenen Webstuhl aus. (240, S. 288)

Der Ablösungsprozeß vom Dampfmaschinenantrieb mit Transmission zum elektrischen Einzelantrieb an jeder einzelnen Arbeitsmaschine dauerte zwei Generationen. Großbetriebe schafften diese Innovation schon bald nach der Jahrhundertwende, kleinere oder kapitalschwache Betriebe in der Regel erst in den 50er Jahren.« (237, S. 110 f.)

Die Vorteile des elektrischen Einzelantriebs wurden 1909 in einer Mitteilung über Webstuhlmotoren der Firma Max Schoch & Cie., Elektrotechnische Fabrik, Rheydt, geschildert (237, S. 111):

- *Grosse Sauberkeit, da kein Staub durch Transmissionen aufgewirbelt wird;*
- *Beste Ausnutzung des Grund und Bodens, da die Gebäude mit Rücksicht auf Transmissionen nicht nur rechtwinklig projektiert zu werden brauchen;*
- *Leichte Gebäude wegen Fortfall der Transmissionen;*

Albert Sempell, Gründer der gleichnamigen Fabrik für die Herstellung von Armaturen (172, o. S.)

Transmissionen im Websaal der Rheydter Textilfabrik Ax, Foto von 1890 (175, S. 20)

Schorch-Elektromotor-Einzelantrieb an einem Webstuhl (Anzeige aus dem Jahre 1951) (31a)

- *Bei den leichteren Sheddächern grösserer Abstand der Säulen;*
- *Bessere Ausnutzung der Gebäude wegen der geringen Anzahl von Säulen und der Unabhängigkeit von der Säulenstellung;*
- *Bessere Beleuchtung durch Fortfall der Riemen und Transmissionen;*
- *Unabhängige Lage des Maschinen- und Kesselhauses von der Weberei;*
- *Leichte Möglichkeit einer Vergrösserung; neue Maschinen lassen sich ohne weiteres einrangieren;*
- *Grosse Betriebssicherheit, da jede Maschine unabhängig von der anderen arbeitet und es nicht notwendig ist, den ganzen Betrieb still zu setzen, wenn ein Transmissionslager nicht in Ordnung ist oder ein Riemen aufgelegt werden muss;*
- *Kraftersparnis dadurch, dass die nicht in Betrieb befindlichen Stühle keine Kraft gebrauchen, wogegen bei Transmissionsbetrieb die Transmission fortwährend mitläuft und somit auch Kraft absorbiert;*
- *Fortfall der Transmissionslager und der damit verbundenen vielen Unzuträglichkeiten;*
- *Geringe Unkosten für Riemenverschleiß, da die kleinen Riemen vom Motor zum Stuhl sehr billig sind.*

Keiner der Dampfmaschinenhersteller konnte zum Zeitpunkt der Gründung ahnen, daß er sich mit einer Technik beschäftigte, die fast am Ende ihrer Entwicklung angelangt war. 1866 hatte Werner Siemens den ersten Dynamo entwickelt, den er 15 Jahre später mit einer Dampfmaschine verbinden konnte. Den ersten in der Praxis einsetzbaren Drehstrommotor entwickelte 1889 M. von Dolivo-Dobrowolski (101, S. 11); bereits 1900 stellte der schweizerische Webmaschinenhersteller Rüti den ersten Webstuhl mit elektrischem Antrieb vor. Noch im gleichen Jahr wurden die ersten elektrisch angetriebenen Webstühle von der Weberei C. C. Bang Nachfolger in Mönchengladbach eingesetzt (173, o. S.), deren Vorbild andere Unternehmen wie Kühn, Vierhaus & Co. noch vor Beginn des Ersten Weltkriegs folgten. (105, S. 212)

Da eine öffentliche Stromversorgung fehlte, mußte die elektrische Energie zunächst im eigenen Betrieb selbst erzeugt werden. Hierzu verband man die Dampfmaschine mit einem Dynamo, der die Motoren mit Strom versorgte. Ab 1905 lieferten die Rheinisch-Westfälischen Elektrizitätswerke den in der Industrie benötigten Drehstrom. (105, S. 201) Zunächst wurde Strom zum Antrieb einzelner Motoren genutzt, die über Transmissionen Maschinengruppen antrieben. Gegenüber der Dampfkraft bot diese Art der Energieversorgung den Vorteil der wahlweisen Inbetriebnahme bestimmter Maschinengruppen. Der mit einsetzender öffentlicher Stromversorgung den Gruppenantrieb ablösende Einzelantrieb brachte weitere Verbesserungen, indem die Maschinen einzeln in Betrieb gesetzt oder abgeschaltet werden konnten. Von größerer Bedeutung waren jedoch die im Vergleich zur Dampfkraft oder auch zum Gruppenantrieb geringen Kosten des Einzelantriebs. Neben den Anschaffungskosten der Transmission entfielen vor allem die Unterhaltskosten, die durch den zwangsläufigen Austausch von Riemen, Riemenscheiben und der notwendigen häufigen Schmierung entstanden. Die geringen Anschaffungskosten setzten vermehrt in den Betrieben arbeitende Weber in die Lage, sich wieder einen eigenen Webstuhl zu kaufen und als Hausweber ihren Unterhalt zu verdienen. So gab es ab den 1920er Jahren wieder fast 500 Hausweber mit mechanischen Webstühlen allein im Raum Wassenberg.

Die Vorteile des elektrischen Antriebs veranlaßten die Betriebe zu einer schnellen Umstellung auf diese Energiequelle. 1922 setzten circa 80 Prozent der Textilbetriebe den Elektromotor als Antriebsmittel ein. Während ältere Betriebe zugweise von Dampfkraft auf Elektrizität umstellten, wurden neue Unternehmen von vornherein elektromotorisch eingerichtet. (173, S. 67) Erster vollständig elektrifizierter Betrieb war der 1919 erstellte Neubau der Tuchfabrik Otten, die als erstes Textilunternehmen Mönchengladbachs als »Fabrik ohne Schornstein« Aufsehen erregte. (146, o. S.)

Die Umstellung auf elektrischen Antrieb bot den Herstellern von Motoren einen riesigen potentiellen Markt. 1901 liefen allein in Mönchengladbach mehr als 14000 meist durch Dampfkraft angetriebene Webstühle. Da kaum ein Textilunternehmen in der Lage gewesen sein dürfte, seinen kompletten Maschinenpark durch neue, bereits mit Motoren ausgerüstete Maschinen zu ersetzen, blieb nur das Nachrüsten der vorhandenen Maschinen als wirtschaftliche Lösung.

Mit der Herstellung von Webstuhlmotoren beschäftigte sich seit Beginn des 20. Jahrhunderts die Firma Max Schorch & Cie. 1882 als Fabrik für Elektrische Kraftübertragung und Beleuchtung gegründet, stellte man zunächst Dynamos und Lampen für den Industriebedarf her. Die steigende Nachfrage der Textilindustrie nach Elektromotoren führte 1902 zur Entwicklung eines eigenen Motors. Ein Jahr später konnten die ersten 100 Exemplare bei der im Mönchengladbacher Stadtteil Odenkirchen ansässigen Weberei Bausch & Hützen installiert werden. (58, S. 82)

Neben dem direkten Verkauf an einzelne Unternehmen ging man bei Schorch dazu über, Hersteller von Webmaschinen mit Motoren zu beliefern, so zum Beispiel die Krefelder Firma Schroers. (67, o. S.)

Briefkopf der Elektrotechnischen Fabrik Max Schorch & Cie. AG um 1930, einem bedeutenden Hersteller von Motoren für den elektrischen Einzelantrieb von Textilmaschinen (237, S. 110)

Ein Großteil der angeführten Hersteller von Textilmaschinen und Kraftmaschinen sowie deren Zubehör waren Zuwanderer aus anderen Regionen Deutschlands oder auch Belgiens, wie Dupuis. Einige stammten aus Aachen und seinem Umland oder aus dem Osten Deutschlands. Meist brachte man gleich einen Stamm von Facharbeitern mit, die offensichtlich in Mönchengladbach fehlten. Aus Eupen kam zum Beispiel Felix Tonnar mit einer Anzahl von Arbeitern, aus Aachen Spengler. Aus Magdeburg stammten Sempell, der seine eigenen Fachleute mitbrachte, und die Firma Gebr. Bertling, die sich mit der Herstellung von Dampfmaschinen und Transmissionen beschäftigte. Aus Weimar zog Schorch nach Mönchengladbach, der Teutoburger Wald war die Heimat von Schlafhorst. Anders als die vorherigen Zuwanderungswellen durch Mennoniten oder bergische Fabrikanten, die nur für die Ausdehnung der Textilverarbeitung mitverantwortlich waren, war bei den oben angeführten Betriebsgründungen eine zunehmende Orientierung auf die Bedarfsdeckung der Textilindustrie festzustellen. Viele der angeführten Unternehmen haben ihren Sitz auch heute noch in Mönchengladbach, wenn sie auch, wie Meer, Scheidt & Bachmann oder Schorch, keine Produkte für die Textilindustrie mehr herstellen. Angezogen durch die expandierende Mönchengladbacher Textilindustrie, änderten sie die Struktur der Gewerbe, die bisher einseitig nur auf Textilherstellung und Verarbeitung ausgerichtet waren.

Deutsche Wertarbeit für die Textilwelt – Markenzeichen des DQS (Deutsches Qualitätsmanagementsystem) und vom VDMA (Verband Deutscher Maschinenbau-Anstalten), 1996

»Das Hemd ist näher als der Rock«

Betrachtet man die Entwicklung der angeführten Unternehmen in ihren Anfängen, werden Parallelen deutlich. Alle Firmen beschäftigten sich zuerst mit kleineren Reparaturen an Textilmaschinen oder der Herstellung von Ersatzteilen, die zudem als englische Teile verkauft werden mußten. Diese ersten Erfahrungen animierten später zu eigenen Konstruktionen, die im Laufe von Jahrzehnten zu technischer Reife weiterentwickelt wurden, so daß man zu dem führenden Land im Textilmaschinenbau, England, aufschließen und es sogar überholen konnte. Die gleiche Vorgehensweise hatte Japan in den 60er Jahren des 20. Jahrhunderts angenommen. Damals technologisch weit zurück, hat es heute diesen Rückstand aufgeholt.

Deutlich wird, daß alle Firmen in ihren jeweiligen Sparten auf den Weltmärkten führende Rollen eingenommen haben. Aus kleinen Anfängen entstanden, stellen sie heute mehrere tausend Arbeitsplätze und beliefern mit ihren Maschinen eine weltweite Kundschaft. Für diese Entwicklung war nicht zuletzt die frühzeitige Ausdehnung des Absatzes über den lokalen Markt hinaus ausschlaggebend. Zwar war die heimische Textilindustrie anfangs ein wichtiger Abnehmer der Maschinen; zunehmende Rationalisierung der Fertigung und der Übergang zur Serienfabrikation mußten aber die Aufnahmemöglichkeiten der Mönchengladbacher Kunden weit übersteigen. So stellte Franz Müller drei Jahre nach Aufnahme des Rauhmaschinenbaus 1875 den ersten ständig reisenden Vertreter ein und lieferte bereits 1894 die ersten Maschinen nach Japan. 1905 betrug der Exportanteil schon 50 Prozent. (138, S. 32) Auch die Patentstreitigkeiten der Firma Monforts in mehreren europäischen Ländern um die 1891 konstruierte 24-Walzen-Strich-

Gegenstrichmaschine zeigen die schnelle Orientierung des 1884 gegründeten Unternehmens über die Landesgrenzen hinaus.

Es erhebt sich zur 2. Jahrtausendwende die Frage, ob die vielfältigen Exporte der Mönchengladbacher Textilmaschinenbauindustrie nicht zum beschleunigten Niedergang der Partner aus der Textilindustrie geführt hat, indem man in aller Welt strenge Konkurrenz unterstützt hat. »Das Hemd ist näher als der Rock« - wenn die hiesige Textilmaschinenbauindustrie überleben will, kann sie auf globale Umstrukturierungen ihrer Kunden keine Rücksicht nehmen. Allerdings gehen ihr mit renommierten ortsansässigen Kunden ideale Partner bei der Entwicklung von Neuerungen verloren. Schon die Firma Monforts mußte 1994/95 bei der Konzipierung ihres neuen Econtrol-Färbeverfahrens realisieren, daß Versuche in der Entwicklungsarbeit nurmehr im Ausland, nicht aber in Mönchengladbach möglich waren. Die hiesige Textilmaschinenbauindustrie hat jedoch mit ihren »eisenharten« Produkten noch immer so »butterweich«, das heißt flexibel, auf den Weltmarkt reagiert, daß sie überleben konnte.

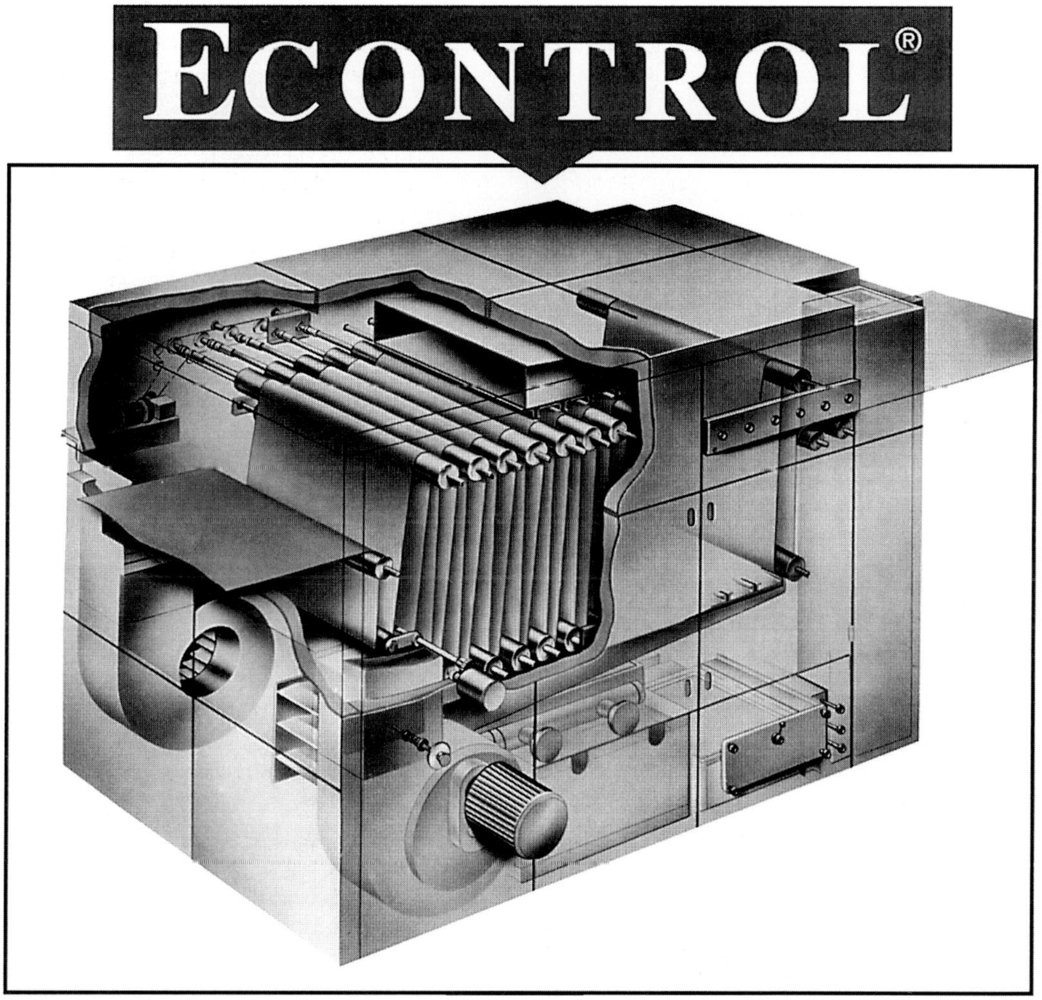

International erfolgreiches neues Färbeverfahren von Monforts, 1995

Kontinue-Kettgarnfärbeanlagen als weltweit führende Jeans-Färbemethode

8

Bauliche Entwicklung von Fabriken

Vergangene Pracht

Über den Ursprung des Wortes »Fabrik« herrscht Unklarheit. Henkel (274) weist darauf hin, daß der Begriff unterschiedlich gebraucht wurde, als die Industrialisierung ihre Anfänge nahm:

Fabrik: In Solingen ist »die Fabrik« das gesamte organisierte Kleineisengewerbe. In Eupen bezeichnet »Fabrik« das einzelne Unternehmen (nicht das Produktionsgebäude); »fabrique« und »Fabrike« bezeichnen das Gewerbe, die Branche, die Produktionsform.

Fabrikanten: In Solingen die Arbeiter (unter ihnen auch die Besitzer der Produktionsstätten) im Gegensatz zu den Kaufleuten. Fabrikinhaber sind die, welche die Solinger »Fabrik« innehaben, also die Handwerker oder Arbeiter. In Eupen sind die Fabrikanten die Kaufleute im Gegensatz zu den Arbeitern.

Nach modernem Verständnis ist die Fabrik ein Gebäude, in welchem Arbeiter, vom Einzelkapitalisten zusammengefaßt, Waren produzieren. Industriearchäologie versucht, noch vorhandene Fabriken vor dem Verfall zu schützen oder »versunkene« Fabriken aus gefundenen Überresten zu rekonstruieren. Denkmalschützer haben in Mönchengladbach nur wenig Substanz an Fabrikbauten der Textil- und Bekleidungsindustrie vorgefunden, die schützenswert ist.

Ein Denkmalschützer bei der Bestandsaufnahme im »Industrieschloß«, um 1970 (12a)

Charakteristische Fabrikentwicklungen

Im Zeitraum von 1875 bis 1914 gab es die meisten Firmenneugründungen im Mönchengladbacher Raum. Das Hauptproblem bestand für die Unternehmensgründer in der Kapitalbeschaffung. Da viele von ihnen nicht kapitalkräftig genug waren, um eigene Firmengebäude zu errichten, wurden Gebäude anderer Firmen angemietet. Die Ausrüstungsanstalt Simons & Gier vermietete beispielsweise 1897 in Untereicken Fabrikräume an die Weberei Gebr. Aschaffenburg und später auch an die Weberei Hanf & Kaufmann. Die fertige Webware konnte beim Vermieter veredelt und weiterverarbeitet werden. (56, S. 250)

Sobald die jungen Firmen kapitalkräftig genug waren, konnte mit dem Bau eigener Fabrikgebäude begonnen werden. Bei positivem Geschäftsgang wurden die Webereien schnell um weitere Betriebsstufen, wie Spinnerei, Ausrüstung oder Färberei, erweitert und je nach Kapitallage zu umfangreichen Komplexen ausgebaut.

Besonders attraktiv gestaltete die Textilmaschinenbaufirma Monforts ihre »Schauseite«. Monforts begann zum ausgehenden 19. Jahrhundert mit einem mehrgeschossigen Verwaltungsgebäude, neben welches die geräumige, langgestreckte Produktionshalle plaziert wurde. Diese Bauweise wurde durch die jeweilige Funktion bestimmt.

Bei Textilbetrieben griff man zu Beginn des 19. Jahrhunderts gerne auf Gebäude aus dem Mühlenbereich zurück, die umgenutzt, also umfunktioniert wurden, weshalb dabei nicht immer das optimale Anforderungsprofil getroffen wurde. An der

Verwaltungsgebäude und Produktionsstätte der Firma Monforts mit Betonung der Architektonik ihrer »Schauseite« (Photo: Privatbesitz Monforts)

Umnutzung der Schloßmühle sieht man, daß mit zunehmender Industrialisierung die ursprüngliche Mühle ungeeignet wurde, so daß sie zum zweiten Male umgenutzt wurde, in diesem Falle als Ort der Verwaltung. Dadurch ging aber derartig viel Ursubstanz verloren, daß die Schloßmühle nicht denkmalschützenswert ist.

In der Luftaufnahme der Viola-Werke in der Schloßmühle erkennt man die typische weitere Entwicklung dieser Textilfabrik: Sheddächer für die Weberei, eine hohe

Die Viola-Werke in der Schloßmühle (19. Mai 1992) – heute Eigentum der Stadt Mönchengladbach; zu wenig Ursubstanz an der alten Mühle, um das Gebäude als Denkmal zu schützen (Photo: Privatbesitz Viktor Achter)

Ansicht der Veredlungsfirma Carl Nießen, 1892. (137) Die Produktionsräume des mehrgeschossigen Gebäudes erhielten Licht durch die zahlreichen Seitenfenster

Halle für Lagerzwecke, die Energiezentrale, ein abseits gebauter Flachbau. Man nennt solche Agglomerate, die unharmonisch gewachsen sind, gern »vereinigte Hütten-Werke«. Dabei unterscheidet man mehrgeschossige und eingeschossige Gebäude.

Mehrgeschossige Bauten

Generell unterscheidet man mehrgeschossige von eingeschossigen Bauten. Mehrgeschossige Bauten haben den Vorteil, platz-

Südseite des »Industrieschlosses« im Jahre 1956, die Kleiderfabrik Povel Söhne beherbergend (18a)

sparend zu sein. Sie wurden bevorzugt auf teuren Grundstücken errichtet. Die Gebäude waren lang und schmal, da sich die Lichtverhältnisse mit zunehmender Breite verschlechterten. Nachteile ergaben sich besonders beim innerbetrieblichen Transport. Ölgetränkte Transmissionselemente, Staub sowie zahlreiche senkrechte Schächte verursachten erhöhte Brandgefahr (Kamineffekt). (105, S. 103)

Alle frühen Fabriken waren mehrgeschossig angelegt, weil man glaubte, den Arbeitsfluß wegen der Masse und Gewichte der Rohstoffe von oben nach unten gestalten zu müssen. Außerdem wurden die oberen Etagen eines solchen Gebäudes in enger Stadtlage besser vom Tageslicht erreicht, was zum Beispiel beim Abmustern in Färbereien von großer Bedeutung sein konnte, wie der Bau der Färberei Nießen zeigt.

Hochbauten wurden zudem derartig gebaut, um imposant zu wirken, wie das Beispiel des Industrieschlosses zeigt. Dabei waren eine oder mehrere Schauseiten dazu angetan, die Philosophie der Unternehmer architektonisch zu demonstrieren, was natürlich ein hoher Baukörper wesentlich besser zuläßt.

Erdgeschoßbauten

Waren genügend Grund und Boden sowie Kapital vorhanden, konnten Flachbauten errichtet werden. Man unterscheidet Erdgeschoßbauten mit Seitenlicht und Erdgeschoßbauten mit Oberlicht. Vorteile sind der leichtere Warentransport mit richtigem Warenfluß, eine gute Übersicht, bessere Lichtverhältnisse als bei Hochbauten, die bessere Feuersicherheit sowie die guten Erweiterungsmöglichkeiten. Als bautechnische Innovation erschienen Mitte des 19. Jahrhunderts die ersten Sheddächer. Das Gebäude wird dabei durch eine Zusammenstellung von Pultdächern abgedeckt, deren Stütz- oder Rückenwände Lichtflächen bilden.

Beim einfachen Shedtyp werden die Fensterflächen zur Vermeidung direkter Sonneneinstrahlung nach Norden ausgerichtet. Die Neigung beträgt 70 bis 90 Grad. Bei anderen Shedarten, wie dem Belgischen Shed oder dem Laternenshed, wer-

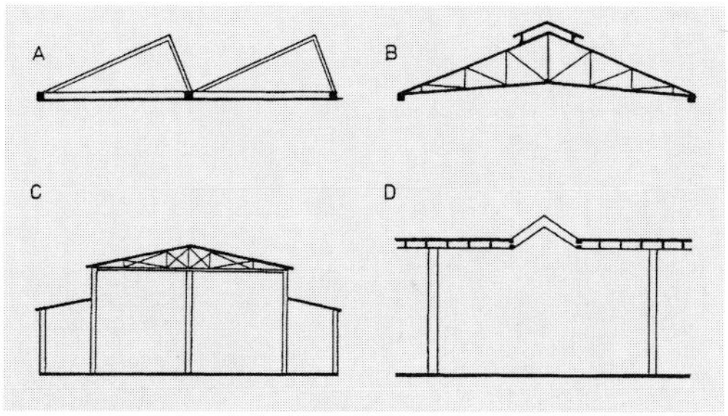

Shedtypen. (105, S. 108)
A - Einfaches Shed; B - Belgisches Shed; C - Laternenshed; D - Séquin-Bonner-Shed

Frontansicht der Mülforter Zeugdruckerei, 1905.
Die Fassade war eindrucksvoll als Schauseite gestaltet. Dahinter erstreckte sich ein Erdgeschoßbau mit einfachem Sheddach (25a)

Stahlgerüst für eine neue Shedhalle der Baufirma Heinrich Weller. Spannweite: 12,5 m; Fläche: 27 000 qm (1956) (18a)

rechts:
Shedhallen der Tuchfabrik Plum & Florenz 1956 (18a)

Mitte:
Shedhalle in Spannbeton-Bauweise 1956 bei K. Jos. Otten GmbH (18a)

unten:
Für 1926 neuartige Färbereihalle in Mönchengladbach (16a)

den auf hölzerne und eiserne Dachkonstruktionen seitlich verglaste Laternen aufgesetzt. Eine weitere Shedart ist das Séquin-Bonner-Shed. (105, S.107f.)

Kombinationen der Bautypen

Je nach vorhandenem Kapital, Grundstücksgröße und Verwendungszweck bestanden viele Firmengebäude aus Kombinationen von Hoch- und Flachbauten.

Die Rauherei Dautzenberg zeigt zum Beispiel eine Kombination von mehrgeschossigem Gebäude und Flachbauten. Ein zweigeschossiger, schmaler, langgestreckter Flachbau ist auf der linken Seite der Abbildung zu erkennen, dahinter erstrecken sich die Produktionshallen mit einfachen Sheddächern. Wahrscheinlich ist die Größe der Gebäude etwas übertrieben worden.

In der Darstellung der Firmengebäude von Biener Nachf. sieht man Erdgeschoßbauten mit Belgischen Sheds, welche die Produktionshallen des Betriebes bilden. In die Seitenfronten sind ebenfalls Fenster integriert, so daß durch Decken- und Seitenbeleuchtung für gute Lichtverhältnisse gesorgt ist. Im Vordergrund befindet sich ein mehrgeschossiges Haus.

Die Firmenansicht der Färberei Oscar Junkers ist ohne Übertreibungen, die Größe betreffend, dargestellt. Auf der linken Seite sind mehrstöckige Bauten, wahrscheinlich unter anderem Bürogebäude, dargestellt. Die Erdgeschoßbauten der Produktionsgebäude waren teils einfache Shedbauten und teils Bauten mit Belgischem Shed. Da nur an vier Stellen dieses Gebäudeteils seitlich verglaste Laternen angebracht waren, ist anzunehmen, daß auf der Rückfront des Betriebes noch Seitenfenster den Raum erhellen, wie auch bei Biener Nachf.

unten:
Grundriß der Mülforter Zeugdruckerei, 1905. (25a)
Bei den Produktionsgebäuden handelt es sich um eingeschossige Shedbauten. In den Fabrikkomplex ist ein mehrgeschossiges Wohnhaus integriert. Für die Zeit der Projektierung des Neubaus ist es erstaunlich, daß die Färberei- und Druckereiabwässer bereits in ein Klärbassin fließen

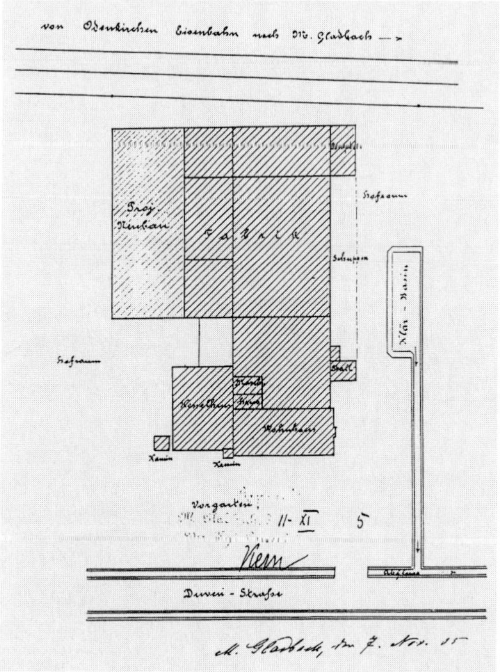

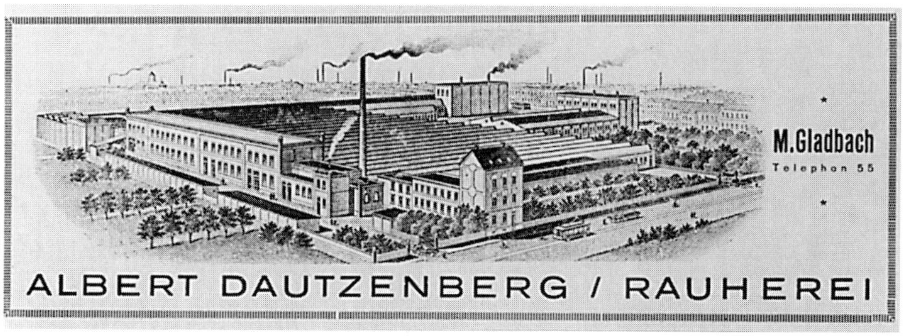

Abbildungen (von oben nach unten)

Ansicht der Rauherei Albert Dautzenberg, 1927 (124, o. S.)

Anzeige der Stückfärberei und Ausrüstung Biener Nachf., 1951 (Die Firma wurde 1847 in der Königstraße 121–129 gegründet.) (48, o. S.)

Anzeige der Firma Oscar Junkers, 1927 (124, o. S.)

Funktionsgerechte Bauweisen

Funktional ausgerichtete Bauweisen berücksichtigen neben der Inspiration des Bauherrn vor allem das Anforderungsprofil der Produktionsabläufe.

Bauliche Entwicklung eines Veredlungsbetriebes

An dieser Stelle soll exemplarisch die bauliche Entwicklung von zwei Unternehmen beschrieben werden, die den Raum Mönchengladbach mit geprägt haben.

Zu Anfang dieses Jahrhunderts zählte für die Seidenveredlung vor allem Rheydt, für die Wollveredlung Mönchengladbach zu den führenden Plätzen im ganzen Rheinland und in Westfalen. (90, S. 11) Zur Beschreibung eines Lohnveredlungsunternehmens mit einer sehr langen Tradition bietet sich die Firma Wilh. Beines Söhne an. Sie wurde 1834 ursprünglich als Wäscherei gegründet und befindet sich noch heute als Seidendruckerei in Familienbesitz. (142)

Die repräsentative Gestaltung der Straßenfront bei Industrieunternehmen war werbewirksames Aushängeschild der Betriebe. Die Straßenfront der Firma Beines wirkt einheitlich. Links ist sie zweigeschossig. Neben der Tordurchfahrt befindet sich

Fa. Wilh. Beines Söhne aus der Luft um 1950 (13a)

Straßenfront der Firma Wilh. Beines Söhne, 1934 (13a)

ein zweigeschossiges Wohn- und Bürogebäude, an das sich ein eineinhalbgeschossiger Trakt anschließt. Das Bürogebäude besitzt Segmentbogenfenster, und die ganze Straßenfront ist mit waagerechten Backsteinbändern aus beigen Backsteinen verziert.

Die Verknüpfung des Verwaltungsgebäudes mit der Tordurchfahrt erleichtert die Kontrolle des ein- und ausgehenden Verkehrs. Im Hintergelände befinden sich die Produktionsstätten. In der unteren Abbildung besitzen die ebenerdigen Produktionskomplexe einfache Sheddächer. Vorteile dieser Shedbauten sind besonders die vortreffliche Beleuchtung, die natürliche Ventilation, die leichtere Beaufsichtigung des Personals sowie die leichtere Aufstel-

Wilh. Beines Söhne um 1920. Auf diesem Briefkopf sind mit Bleistift Verbesserungsvorschläge für den Druck eines neuen Briefkopfes hinzugefügt worden. Typisch ist der zurückliegende, großräumige Hof, der durch die Straßenfront verdeckt wird (13a)

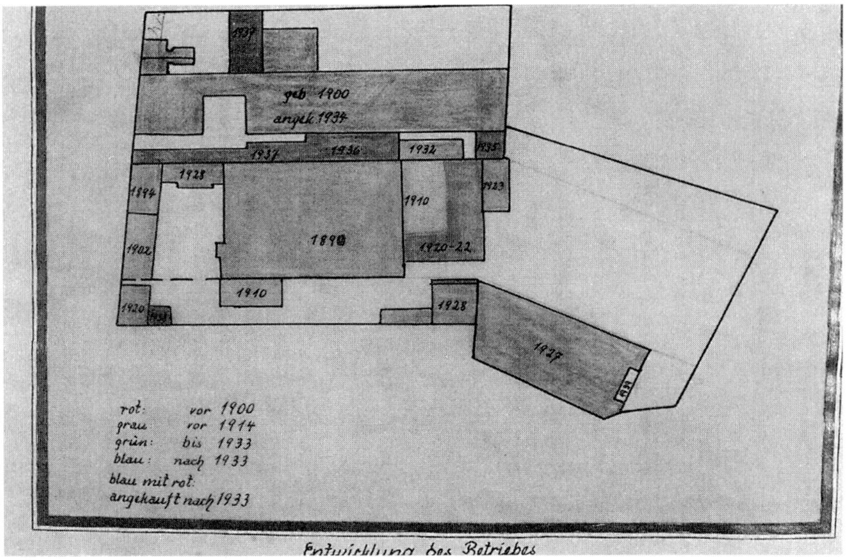

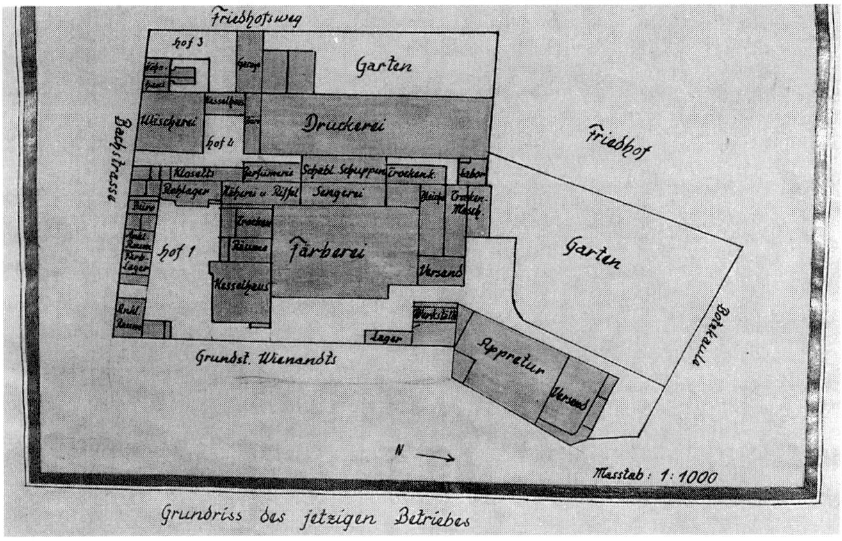

lung von Maschinen. Im hinteren Bildrand kann man ein zweigeschossiges Gebäude mit Laternenshed erkennen. Bei dieser Art von Shed wurden auf hölzerne oder eiserne Dachkonstruktionen die sogenannten Laternen gesetzt. Sie sind seitlich verglast. Der geräumige Hof hinter der Toreinfahrt läßt eine Zwischenlagerung von Ware zu, ohne daß lästige Konkurrenten von der Straße aus einsehen konnten, ob der Veredler gut beschäftigt war (und vor allem, für wen!).

oben:
Die Entwicklung der Firma Wilh. Beines Söhne. Die Zeichnung stammt wahrscheinlich aus den Jahren 1938/39 (13a)

links:
Grundriß der Firma Wilh. Beines Söhne um 1938/39. (13a)
Alle Produktionsstufen eines Veredlungsbetriebes sind gut erkennbar. In Kombination mit den Entstehungsdaten der Gebäude läßt sich das Wachstum der Firma sehr gut nachvollziehen. Der angegebene Abbildungsmaßstab ist nicht korrekt

unten:
Die Firma Wilh. Beines Söhne nach dem Zweiten Weltkrieg. (13a)
Die Produktionsbereiche wurden weitgehend zerstört und nach dem Krieg neu aufgebaut. Gut zu erkennen sind die Stahl- oder Eisenkonstruktionen der Produktionshallen

Bauliche Entwicklung einer Volltuchfabrik

Das Unternehmen Gladbacher Wollindustrie AG, vormals L. Josten war vor dem Zweiten Weltkrieg die größte Volltuchfabrik Deutschlands und ist repräsentativ für die bauliche Entwicklung eines Unternehmens mit angegliederter Betriebsveredlung. Die Gladbacher Wollindustrie AG, vormals L. Josten existiert seit 1983 nicht mehr.

Bei Gründung des Unternehmens mietete Leonard Josten bei der Firma Molls & Meer einen Shedraum. 1886 kaufte Josten den Karmannshof an der Rudolfstraße, wo die neuen Firmengebäude entstanden. 1890 erfolgte langsam der Umzug in die Rudolfstraße, welcher 1892 abgeschlossen war. Der gleichartige Betrieb der Gladbacher Textilwerke AG, vorm. Schneiders & Irmen zu Mönchengladbach wurde 1925 übernommen und als Werk II geführt. (190, o. S.)

Die alte, typische Fabrik wurde schon in den 20er Jahren technisch und baulich modernisiert. In den 30er Jahren folgten Erweiterungen und Modernisierungen. 1938 kamen Gelände und Gebäude der angrenzenden Firma Brandts auf der Schleswiger Straße hinzu. 1941 umfaßte das Unternehmen bereits vier Werke. Vor dem Zweiten Weltkrieg war die Gladbacher Wollindustrie AG die größte bestehende vollstufige Fabrik Deutschlands. Sie wurde im Zweiten Weltkrieg zu 90 Prozent zerstört. (190, o. S.)

Nach Kriegsende war das Unternehmen bis 1948 größtenteils wieder aufgebaut. Es folgte 1948 die Beschlagnahme eines zentralen Hallenkomplexes durch die englische Besatzungsmacht. Daraus resultierte eine Zerstückelung des Werkes auf vier Standorte. Der Produktionsablauf war zerrissen. Erst 1958 hoben die Engländer die Beschlagnahme auf, und 1959 ließ die Firmenleitung den gesamten Komplex umbauen und Neubauten errichten. Es wurden alle

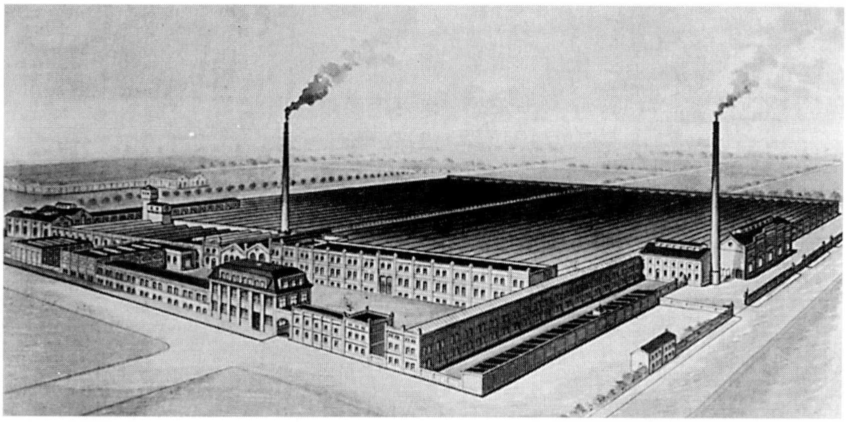

oben: Gladbacher Wollindustrie AG, Werk I, Rudolfstraße, 1927 (124, S. 112)

Mitte: Gladbacher Wollindustrie AG, Werk II, 1927 (124, S. 113)

unten: Blick auf die im Zweiten Weltkrieg zerstörten Hallen der Gladbacher Wollindustrie AG (190, o. S.)

Industriekomplex auf 62 000 qm, 1961 (192, o. S.)

vier Werke in einem Betrieb vereinigt. Durch eine komplette Neuorganisation und die daraus resultierende klare Betriebsorganisation mit rationellem, kontinuierlichem Arbeitsfluß konnten von nun an unnötige Fahrerei und Transporte vermieden werden. (105, S. 260)

Der Arbeitsfluß fand jetzt im Uhrzeigersinn statt. Das Rohstofflager ruhte unter den Spinnereien. Von den Spinnereien bis zur Endabteilung der Appretur verlief ein kontinuierlicher Produktionsprozeß. Die Fertigungs- und Bearbeitungsstufen lagen jeweils auf dem Weg zur nächsten Hauptabteilung. (192, o. S.)

Der heute noch gut erhaltene Firmenkomplex ist sehr groß und nach allen Seiten abgeschlossen. Der nahezu vollständige Verzicht auf Fenster oder Maueröffnungen in den Straßenfronten diente als Schutzmaßnahme gegen unkontrollierten Personenzu- und -abgang sowie gegen Dieb-

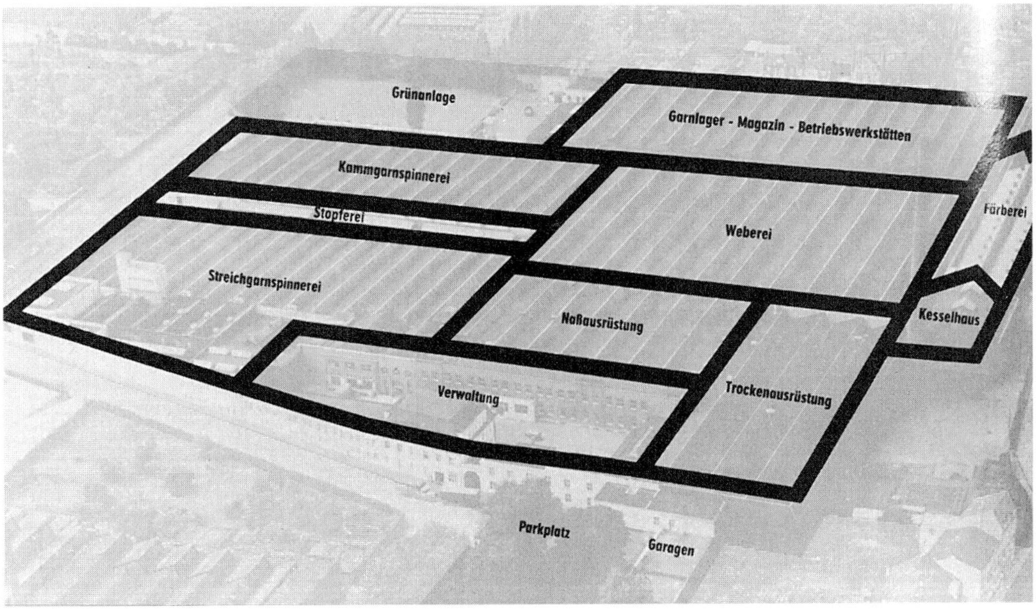

Situationsplan der Gladbacher Wollwerke AG, vormals L. Josten (192, o. S.)

stähle. Die Straßenfront zur Rudolfstraße wird durch die Bürogebäude gebildet. Sie sind zweigeschossig mit Mansardwalmdach und Gauben, daneben befindet sich eine rundbogige Tordurchfahrt. Der Produktionskomplex ist unterschiedlichen Baualters und besteht aus Shedbauten mit einfachem Sheddach. Ursprünglich besaß die Anlage zwei Maschinenhäuser, zwei Schornsteine und einen Staubturm. Die Fabrik befand sich in der Zone westlich des Abteihügels.

gesetzt. Es waren also anfangs weder geographische noch gebäudetechnische Bedingungen bei der Wahl der Produktionsstätten für die Bekleidungsfertigung zu beachten.

Da die ersten Kleiderfabrikanten meist nicht genügend Startkapital besaßen, um einen eigenen Betrieb oder eine eigene Fabrik zu erbauen oder zu kaufen, war es üblich, Betriebsräume zu mieten. So fanden sich die ersten Betriebe, da sie meist mit kleinen Fabrikationsräumen auskamen – oftmals nur Werkstattgröße –, »vorwiegend in gemieteten Räumen in Hinterhäusern«. (105, S. 211)

Lürriper Straße um 1895. (1a) Die direkt hinter dem Bahnhof in Gladbach verlaufende Straße gehörte zur bevorzugten Lage, hier siedelten sich verschiedenste Unternehmen an. Die Rheinische Maschinen- und Dampfkessel-Armaturenfabrik Albert Sempell betrieb hier seit 1879 ihre Eisen- und Metallgießerei. Man sieht die benachbarten Firmengebäude der Kleiderfabrik Hermann Flörsheim und der Mechanischen Kleiderfabrik Bähren & Essers

Gebäudebedingungen von Konfektionsbetrieben

Mit den raumsparenden Betriebsmitteln Schere, Nähmaschine und Handbügeleisen konnte ein Unternehmer überall mit der Bekleidungsfabrikation beginnen. Die ersten Maschinen waren relativ leicht zu transportieren und vor allem mit Fußantrieb ausgestattet, das heißt, sie waren nicht auf externe Kraftanlagen angewiesen. Auch der Zuschnitt geschah von Hand, und in der Bügelei wurden Kohleöfen eingesetzt.

Das Hauptkriterium für die Standortwahl war lediglich die Nähe zum Stofflieferanten oder die Nähe zum Bahnhof. Besonders letzteres bot eine enorme Erleichterung bei der Beschaffung von Arbeitsmaterialien und bei der Auslieferung fertiger Ware.

Dreistöckiger Hochbau

Mit dem Aufschwung der hiesigen Textilindustrie um 1840 erforderten Betriebsexpansionen und verstärkte Maschinisierung die Erweiterung der Produktionsräume. Spinnerei, Weberei und Verwaltung wurden voneinander getrennt und in eigenen Gebäuden untergebracht. Es kam zu einer »additiven Aneinanderreihung mehrerer Gebäude«. (84, S. 92) In der Textilindustrie bestimmte oft die Art der Fertigung die Bauform. In der Spinnerei war der etwa viergeschossige Hochbau die Regel, während Webereien seltener in Etagenbauten eingerichtet wurden.

Briefkopf der Firma C. Brühl & Co. (159)
Die Kleiderfabrik wurde der Rheydter Textilfirma Mitte der 20er Jahre angegliedert. Man kann die flachen Gebäude für die Weberei erkennen und im Mittelpunkt den dreistöckigen Bau für Spinnerei und Kleiderfabrik

Die 1877 durch Carl Everling sen. gegründete Mechanische Kleiderfabrik und Weberei Carl Everling wurde seit den 20er Jahren von Eugen Everling weitergeführt. Der an der Wilhelmstraße 73 gelegene große dreistöckige Gebäudekomplex ist hier auf einer Werbeanzeige wiedergegeben. Er beherbergte die Kleiderfabrik, die Konfektion für »Männer, Jünglinge, Knaben und Kinder« herstellte. Die Weberei hingegen wurde in den eingeschossigen Hallen in Wegberg betrieben. (159) Die Gebäudeform entsprach dem Zeitgeist der Industriearchitektur nach der Jahrhundertwende; sie folgte dem Grundsatz der kompromißlosen Anpassung der Form an die Funktion.

Das englische Vorbild der mehrgeschossigen Hochbauten aus gußeisernen Tragkonstruktionen mit möglichst großen Sälen ohne Zwischenwände hatte sich schon lange in der rheinischen Textilindustrie durchgesetzt. Zu Ende des vorigen Jahrhunderts ging man dazu über, die Nähereien in den mehrgeschossigen Gebäuden unterzubringen, da auf diese Weise eine große Zahl der leicht zu transportierenden Nähmaschinen aufgestellt werden konnte, während die Hallen für die schweren Maschinen der Weberei vorbehalten blieben. (105, S. 106)

Für die stark florierende Firma Müller & Hager wurden die in einem ehemaligen Wohnhaus untergebrachten Betriebsräume bald zu eng. Die Firma ließ auf ihrem Grundstück den für Mönchengladbach angeblich ersten Stahlbeton-Skelettbau in der Rheydter Straße errichten. Nach der Einschätzung eines vereidigten Gebäudesachverständigen entstand er vor dem Ersten Weltkrieg. (128) Um 1830 war Beton als neuer Baustoff aufgekommen. 1867 hatte sich Joseph Monier die Erfindung, Beton mit Eisen zu kombinieren, patentieren lassen. Diese im Rheinland seit etwa 1902 angewandte Fabrikbautechnik basierte auf einem mit Backsteinen ausgefüllten Eisenfachwerk. (105, S. 106)

Die Fabrikation fand bei Müller & Hager (Abbildung Seite 391 oben) praktisch auf Balkonen um den Lichtschacht im Zentrum des Gebäudes statt, der nicht nur für relativ viel natürliches Licht, sondern auch für gute Belüftung sorgte. Diese Bauweise war eine Innovation, die auf die sozialen Bemühungen des Gründers zurückzuführen ist. Er wollte die Arbeitsbedingungen so angenehm wie möglich gestalten. Zumindest in den beiden oberen Etagen sind Näherinnen zu sehen, oben links sind Angestellte mit der Kalkulation beschäftigt.

Der Zuschnitt fand wahrscheinlich in der unteren Etage statt, die Bügelei in einem gesonderten Raum. (124, S. 103)

Diese Hochbauweise basierte auf einem festen, mehrstöckigen Skelett, das praktisch mit einer Backsteinfassade ohne tragende Eigenschaften ummauert wurde. Noch Anfang dieses Jahrhunderts war dieses Prinzip für hiesige Kleiderfabriken üblich und wurde bis etwa zum Ersten Weltkrieg angewandt. (128) Allmählich erkannte man jedoch die Nachteile (105, S. 104):

1. Mit Einführung des Transmissionsantriebs Mitte der 1880er Jahre war die Aufstellung der Maschinen an die Hauptwellen gebunden. Meist war eine extern gelagerte Kraftanlage notwendig.
2. Der Warentransport über mehrere Etagen war sehr mühsam.
3. Die riesigen Räume waren bei extremen Temperaturen fast gar nicht zu klimatisieren.
4. Die natürliche Beleuchtung durch das Deckenlicht war ungenügend.
5. Die Feuergefahr war erheblich.

Flachbau

Die Kleiderproduktion war zunächst hauptsächlich in Hochbauten untergebracht gewesen. Um die Jahrhundertwende verbesserten einige Innovationen die Umstände des Geschoßbaus, wie zum Beispiel der E-Motor und die Installation von Dampfheizungen und Ventilation.

Obwohl Erdgeschoßbauten eine größere Grundfläche benötigen, setzten sie sich weitgehend nach dem Ersten Weltkrieg bei Neuerrichtungen von Bekleidungsbetrieben durch, zumal sie die Vorteile einer gleichmäßigen Deckenbeleuchtung, des vereinfachten Materialtransports, der vibrationsfreien Aufstellung der Maschinen und der geringeren Anlagekosten boten. (105, S. 103–105) Zum Gebäudekomplex der Firma Clemens August Becker heißt es in der Zeitschrift »Der Erfolg«, die 1953 einen mehrseitigen Artikel über das Unternehmen brachte (88, S. 608): *Der Betrieb setzt sich in der Hauptsache aus einem zweistöckigen Hochbau und einem Shedbau zusammen. Die Shedkonstruktion versorgt vor allem die große Näherei*

Fabrikationsräume der Firma Müller & Hager im ersten Betonskeletthochbau (16a)

Briefkopf der Rheydter Kleiderfabrik W. Elschenbroich Söhne. (58, S. 133)
Die Firma wurde erst nach der Jahrhundertwende gegründet und betrieb ihre Kammgarn- und Buckskinhosenfabrikation in dem Gebäudekomplex an der Ecke Limitenstraße (links im Bild) zur Gracht. Im Vordergrund sind Kutschen und die damals typischen Handkarren für zugeschnittene und fertige Bekleidungsstücke zu erkennen

mit guter natürlicher Beleuchtung. Zusätzlich sind Kugellampen und Tiefstrahler angebracht. Im Sommer berieseln Rasensprenger die Dachflächen und drücken somit die Innenwärme. Die Errichtung der Gebäude erlaubt weitere Bauabschnitte und Aufstockungen: Die Wände haben keine Stützfunktion, das Dach ist freitragend.

Die Betriebsgebäude von Friedenheim & Strauss lagen an der Sittardstraße 30. In der Abbildung sieht man den typischen dreistöckigen Komplex. Das hintere Gebäude weist das flache Dach mit Lichtschächten, das vordere die »Sägezahn-Bedachung« auf. (105, S. 107) Im Vorderhaus wird das Kontor untergebracht gewesen sein. Auch hier ist auf dem Hof der Handkarren für die Belieferung der Heimarbeiter zu sehen. Bei einem Vergleich der beiden Abbildungen ist an der Zahl der Fenster zu sehen, daß bei dem 20 Jahre vorher verwendeten Briefkopf in Breite, Länge und Höhe um einiges übertrieben wurde. Auf dem Hof steht anstatt des Handkarrens das firmeneigene Automobil. Ganz im Vordergrund steht das neue Gebäude, ein Flachbau mit sattelartigen Sheds und großzügiger Seitenfensterfront.

oben:
Nähsaal der Firma Clemens August Becker um 1940. (1a)
Die Näherei war schon vor dem Zweiten Weltkrieg in einem ebenerdigen Shedbau untergebracht. Im Vordergrund sind große Stoffballen und eine Bandmessermaschine zu sehen. Die Maschinen sind hintereinander aufgestellt und waren dementsprechend mit Einzelmotoren ausgerüstet

Mitte:
Briefkopf der Mechanischen Kleiderfabrik Friedenheim & Strauss um 1915 (1a)

unten:
Briefkopf der Firma Friedenheim & Strauss in den 30er Jahren (1a)

Sheddächer in Kleiderfabriken

Ein Hauptproblem in den Fabriken war die Beleuchtung. In den meisten Fällen war diese unzureichend, da im Verhältnis zu den Raumgrößen zu kleine Fenster eingesetzt wurden. Zusätzliches Licht wurde unersetzlich. Seit etwa 1850 gab es als künstliche Lichtquelle das Gaslicht, das bis zum Ersten Weltkrieg die gebräuchlichste Art der Beleuchtung darstellte. (105, S. 112) Parallel dazu tauchten nach englischem Vorbild als bautechnische Innovation für die Fabrikgebäude im Gladbach-Rheydter Industriegebiet Mitte der 1850er Jahre die ersten Sheddächer auf. (105, S. 108)

Ernst und Eduard Sempell gründeten ihr Unternehmen als Baumwollweberei. Später trennten sie sich, Ernst Sempell führte die Firma als Textilgroßhandlung E. Sempell & Co. fort. Außer der üblichen Fensterfront und relativ kleinen Oberlichtern wurde der Beleuchtung noch kaum Rechnung getragen. Für die Lager- und Versandräume der Textilhandlung war sie ausreichend. (150)

Mit der Jahrhundertwende hatte die Firma eine Konfektionsabteilung für Berufsbekleidung angegliedert, im Ersten Weltkrieg Militärhosen- und Zeltbahnenproduktion, ab 1918 nur noch Knaben-, Burschen- und Herrenkonfektion. Deswegen wurde der Bau mit der neuen Fertigungshalle um 1925 erweitert, die Mitarbeiterzahl stieg auf 150 Personen. (150) Die als Briefkopf angefertigte Lithographie stammt aus den 20er Jahren. Sie zeigt ein Belgisches Shed auf einem Flachbau.

Sheddächer fanden wegen ihrer »natürlichen Ventilation und vortrefflichen Beleuchtung« (47, S. 46) erst in der Weberei, später in der Spinnerei großen Einsatz. Als die Konfektionsindustrie Ende des letzten Jahrhunderts im Mönchengladbacher Raum Einzug hielt, konnte sie aus einer Vielzahl von bereits in der Textilindustrie erprobten Shedtypen auswählen.

oben: Briefkopf der Firma E. Sempell & Co. um 1880 (20a)

Mitte: Kleiderfabrik E. Sempell & Co. in der Humboldtstraße seit ca. 1910 (20a)

unten: Bauplan der Firma E. Sempell & Co. zum Wiederaufbau 1946 in der Humboldtstraße (20a)

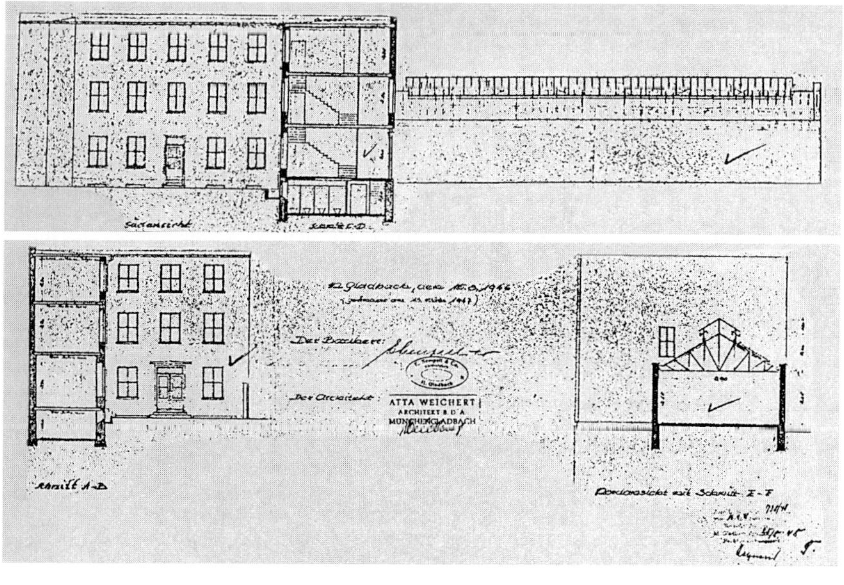

Seit 1939 mußte die Produktion bei E. Sempell & Co. auf Uniformen umgestellt werden. Bei einem Bombenangriff 1944 wurden die gesamten Fabrikations- und Lagerräume zerstört. 1946 nahmen die Brüder Alfred und Friedrich Köhler den Betrieb und 1948 die Fabrikation in den neuen Räumen wieder auf. Oben (Seite 393 unten) ist der Bauplan zu sehen, wie er in drei Stufen eingereicht und von der Baupolizei genehmigt wurde: die Front des dreistöckigen Gebäudes (Schnitt A–B), das dreistöckige Gebäude mit den sanitären Anlagen im Keller und der Halle (Schnitt C–D) und der Querschnitt der Halle mit Belgischem Shed (E–F). Dieser Halle wurde 1955 eine weitere angegliedert, die als Eigenart ein gewölbtes Dach mit Laternenaufsatz besitzt. (45, S. 16)

Abschließend zum Thema Bekleidungsindustriebauten sei ein Beispiel modernen Industriedesigns wiedergegeben, welches sich bei der SEDA in Korschenbroich, Friedrich-Ebert-Straße 9 befindet, die dort hochwertige Damenröcke »in excellenter Paßform und Qualität« als Seda-Modelle, Severin Daners produziert.

oben: Lager und Zuschnitt von E. Sempell & Co. (20a) Die Aufnahme zeigt das Belgische Shed von innen. Man sieht die Metallverstrebungen, die auch auf dem Bauplan zu erkennen sind. Zusätzliche Beleuchtung scheint nicht vorhanden, eine Lampe ist im ersten Gerüstgiebel zu erahnen

Mitte: Neubau von E. Sempell & Co. (20a) Das Bild zeigt die Näherei in den 50er Jahren. Der neue Hallenbau mit Oberlicht weist das typische gewölbte Glasdach auf. Zusätzlich sind elektrische Leuchtröhren parallel dazu angebracht

rechts: Moderne Fabrikarchitektur am Beispiel der SEDA in Korschenbroich

Denkmalgeschützte Fabriken aus dem Bereich der Textilindustrie

Überkommene Fabrikarchitektur stellt Kulturgut dar. Kulturdenkmäler werden erhalten, weil sie Erfahrungen aus der Vergangenheit vermitteln. Sie machen Geschichte anschaulich. Als vielfältige geschichtliche Quellen sind Kulturdenkmäler unersetzlich. Wer sie beseitigt, löscht Erinnerungen aus. Wer sie erhält, schafft sich auch das Recht, Neues hinzuzufügen, denn erst so wächst historisches Bewußtsein. Damit Dörfer, Städte und Landschaften, Höfe und Plätze Geschichte erzählen können, muß man sie erhalten, pflegen und schützen. Kern solcher Arbeit ist die möglichst unverfälschte Bewahrung der originalen historischen Substanz. Um dieses Zieles willen bedarf es der immer neuen Überprüfung, von welchen Prozessen eine besondere Gefährdung ausgeht und wie der Zerstörung am wirksamsten begegnet werden kann.

»Gladbacher Aktien-Spinnerei und Weberei« (1a) vor dem Umbau, 1927 (heutiger nicht denkmalgeschützter Teil)

Kulturdenkmäler zu bewahren, zu pflegen und an die Nachkommen weiterzugeben, ist eine moralische Verpflichtung für jede Generation. Die unschätzbaren Dokumente geben Aufschluß über die kulturelle Vergangenheit. Sie gehören zu den Voraussetzungen dafür, daß sich die heute lebenden - und die nachfolgenden - Generationen ihr jeweiliges Weltverständnis aus dem kulturellen Erbe heraus neu erarbeiten können.

Die im folgenden gezeigten Aufnahmen von Hans-Julius Sieburg, bis 1995 Mitarbeiter der Unteren Denkmalschutzbehörde in Rheydt, sind insofern von unschätzbarem Wert, als sie

- die beim Umbau eines Teils des Industrieschlosses zutage getretenen und dann umbauten Einzelheiten der Bauweise nach englischem Vorbild zeigen;
- die Originalsubstanz der Firma Bresges vor dem Abriß wiedergeben.

Eine edle Dame mit festem Korsett (Text nach Eigen, 1988)

Der 1854/55 erbaute Fabrikkomplex galt seinerzeit als einer der stattlichsten; in der zeitgenössischen Presse wurde er als »Das größte Industrieschloß Deutschlands« apostrophiert. Die Backsteingebäude der auf Initiative des Unternehmers Quirin Croon gegründeten »Gladbacher Aktien-Spinnerei und Weberei« sind im Formenkanon gotischer Schloßanlagen aufgeführt; die Backsteinsichtigkeit mit den romantisierenden Zierformen der Backsteingotik ist dabei sowohl auf die Forderung nach »Materialsichtigkeit« der führenden Theoretiker als auch auf englische Vorbilder zurück-

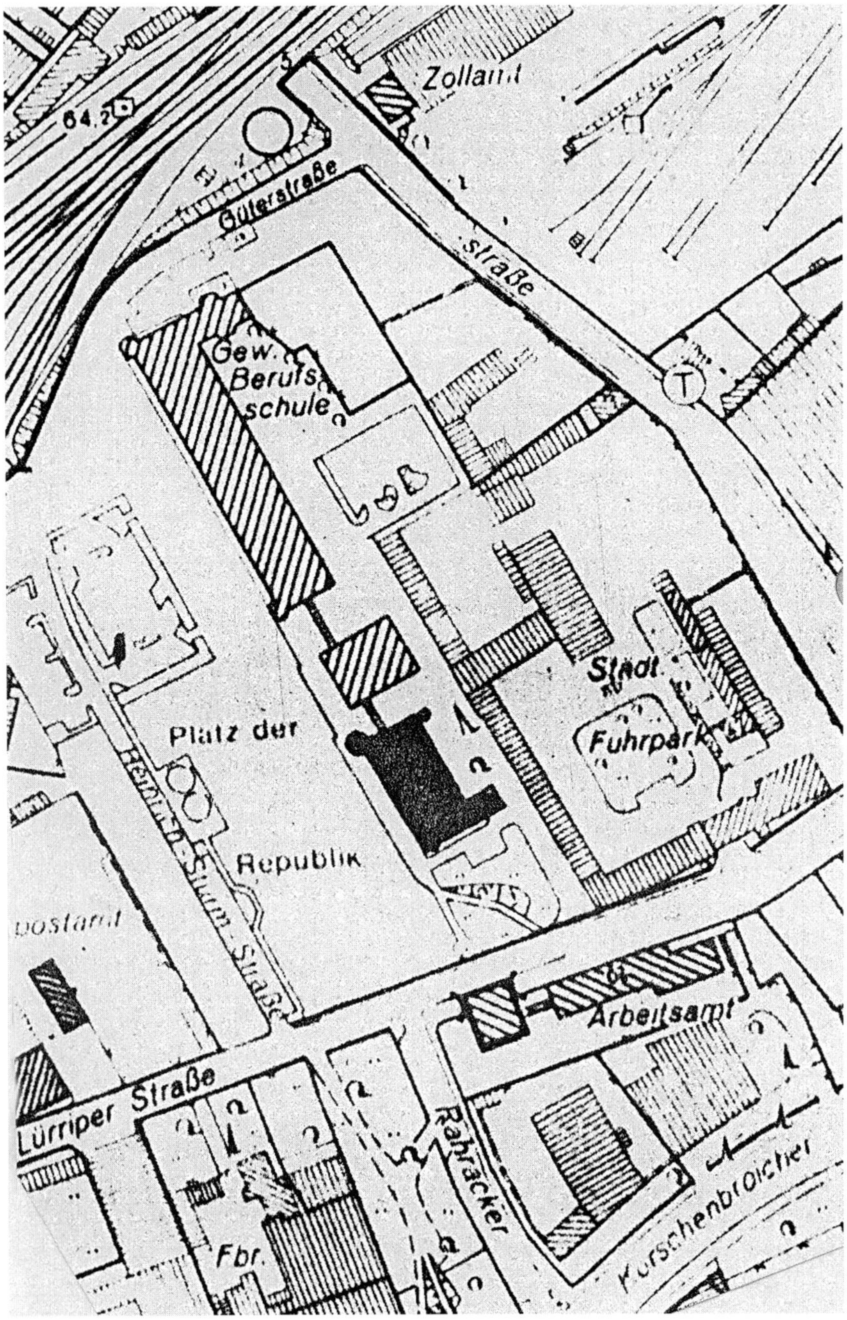

zuführen. Grundkonzept und Innenkonstruktionen wurden nach den von Watt und Boulton in England entwickelten Systemen von gußeisernen Stützen und Trägern mit gemauerten Kappen übernommen bzw. auch dort gekauft. Der Nordflügel (ehemaliges großes Spinnereigebäude) wurde 1927/28 zur Städtischen Berufsschule umgebaut und dabei im Sinne der Bauhauszeit purifiziert und ergänzt. Nach den Zerstörungen des Zweiten Weltkrieges wurde es noch weiter vereinfacht, so daß die Kriterien eines Denkmals nicht mehr erfüllt werden.

Den Anforderungen eines Denkmals entspricht nur der ehemalige Webereitrakt, der 1974/78 restaurierte und zur Schule umgebaute Südflügel. Es handelt sich um ein langgestrecktes, in vier Geschossen errichtetes Gebäude auf L-förmigem Grundriß. Die Fassaden öffnen sich in regelmäßig angeordneten Hochformatfenstern mit rund- bzw. segmentbogigen Abschlüssen. Die dem »Platz der Republik« zugewandte Fassade gliedert sich in 13 Fensterachsen; alle Fenster – die des EG sind rundbogig, die der anderen Geschosse

rechts:
Städtische Berufs- und Handelsschulen um 1930 (1a)

knapp stichbogig überdeckt - werden von um einen halben Stein zurückversetzten Laibungen und Sohlbänken aus Aachener Blaustein eingefaßt. Im 3. und 4. OG werden die Sohlbänke jeweils durch ein Klötzchenfriesdekor betont. Waagerechte Gliederungselemente sind im EG ein - durch eine aus der Wandfläche hervortretende Läuferschicht - angedeuteter Friesstreifen, der mit seinen quadratischen Dekorelementen zum umlaufenden, um die jeweiligen Ecktürme verkröpften Gurtgesims überleitet. Ein reich ausgezierter Spitzbogenfries schließt die Fassade nach oben ab. - Die Fassadenwand ist durchgängig zwischen den Fensterachsen mit Maurerankern - im EG in Form einer runden Scheibe, ansonsten in Kreuzform - besetzt. - Die an der Lürriper Straße liegende Fassadenseite ist im Prinzip identisch gestaltet: vertikale Gliederung durch achsial angeordnete Fensterreihen - jeweils paarweise bzw. zu dritt zusammengerückt -, Betonung der Horizontalen durch Stockwerk- und Traufgesims. Disposition der Mauersplinte alternierend von einem oder zweien entspre-

oben:
Städtische Schulen um 1930 (1a)

Mitte:
Nicht denkmalgeschützter Teil der Fabrik, Nordostseite, um 1970 (12a)

unten:
Luftbild - links denkmalgeschützter Teil, um 1970. (12a) Auf dem Dach liegend Reste des Firmenschildes »Povel Söhne« der ehemals hier tätigen Kleiderfabrik

Blick von Süden (Lürriper Straße) auf die stillgelegte Fabrik (schon ohne Kamin), um 1970 (12a)

chend der Jochbildung. Beide Seiten werden durch überhöhende Ecktürmchen in Form einer Fiale mit pyramidenförmigem Helm abgeschlossen. Schießschartenähnliche Öffnungen gliedern die obere Turmspitze. – Die heutige Eingangsseite, an die sich ursprünglich der verbindende Mitteltrakt anschloß, vermittelt formal den Eindruck einer turmbewehrten Burganlage: rechts ein oktogonal ausgebildeter Eck-

Südseite der stillgelegten Fabrik, um 1970 (12a)

turm, der mit seiner wiederum mit Fialtürmchen besetzten Spitze weit über das Dach hinausragt. Die streng vertikale Gliederung wird durch zwei Stockwerkgesimse sowie Bogenfriese unterbrochen. In jedem der vier Geschosse paarweise gekuppelte, stichbogig überdeckte Fensterschlitze (in beiden Außenachsen nur jeweils eine Fensteröffnung), die von durch Rundbogenfriese verbundene Lisenen in den beiden Mittelgeschossen geschoßübergreifend eingefaßt werden. Sternförmige Maueröffnungen oberhalb der Fenster des 4. OG zieren die Wandflächen und leiten zum überkragenden Turmabschluß mit seinen acht, auf den Lisenen ansetzenden, Türmchen über. An beiden Außenkanten des EG sind noch Rudimente der ehemaligen Anschlußmauer zum heute nicht mehr erhaltenen Mitteltrakt zu sehen. Ein zweiter Turm, quadratisch und von bescheideneren Dimensionen (ursprünglich als Transmissionsschacht genutzt), tritt in der zweiten linken Achse kantig aus der Fassadenfläche

oben links:
Typischer Telleranker der Querverstrebungen (12a)

oben rechts:
»Schießscharten« im Achteckturm vor der Restaurierung (12a)

unten links:
Achteckturm (12a)

unten rechts:
Achteckturm, Detail (12a)

Viereckturm (12a)

hervor. Er wird frontal von drei senkrecht übereinander disponierten Lichtschächten (im letzten OG von abnehmender Höhe), eingebunden in eine breitere Mauereinfassung, geöffnet. Den oben und unten mit einer Zinnenkranzimitation ausgezierten Turmabschluß bekrönen vier analog ausgebildete Türmchen. In den verbleibenden Gebäudeabschnitten wird die Gliederung der anderen Fassadenseiten wieder aufgenommen. Erschlossen wird das Gebäude im EG mittig zwischen den Turmbauten durch einen im Zuge der Nutzungsänderung hier eingebrochenen Hauszugang. Rechts und links in regelmäßigen Abständen Reste hervorkragender Wandvorlagen, die als Auflager der Transmissionsachse fungierten.

Die Rückfront ist analog der anderen, im Detail jedoch schlichter ausgebildet; Rollschicht statt der Werkstein-Sohlbänke, der aufwendige Bogenfries wird durch ein schmales Friesband in der Art eines deutschen Bandes ersetzt. Im EG links wurden zwei Fenster zu einer breiten Montageöffnung ausgebaut. – Im winkelförmig anschließenden Gebäudetrakt ist der Mittelabschnitt blockhaft über die Dachfläche hochgezogen; hier sind das ursprüngliche Treppenhaus und der Aufzug untergebracht. Die Beleuchtung erfolgt durch jeweils vier in zwei Achsen vertikal versetzt angeordnete Fenster; ganz rechts in jedem Geschoß eine schießschartenähnliche Fen-

Typische Bogendecke in einer Etage vor der Auskernung (12a)

sterausbildung, in der linken Achse im EG ein Rundbogenfenster. Die Schmalseite des Traktes ist zweiachsig gegliedert, wobei das Segmentbogenfenster rechts im EG höhenversetzt ist und dabei das stockwerktrennende Gesims unterbricht. – Auf dem flachgedeckten Dach ein langgestreckter Aufbau, der die Haustechnik beherbergt.

Nach dem Abbruch aller Nebengebäude wie Kesselhaus, Lager und Bürogebäude bereitete die Restaurierung der Fassaden keine besonderen Schwierigkeiten. Die Natursteinfensterbänke mußten erneuert, das Mauerwerk mit Feldbranntsteinen ergänzt, ausgebessert, gereinigt, neu verfugt und imprägniert werden. Neue Holzfenster mit Isolierverglasung und im Kämpferbereich untergebrachte Jalousetten als Sonnenschutz fanden letztlich doch die Zustim-

oben links:
Blick vom nördlichen Schulteil auf den Kamin der stillgelegten Fabrik, um 1970 (12a)

rechts oben:
Blick durch die Halle gegen die Bogendecke des entkernten Gebäudes, um 1974 (12a)

rechts unten:
Säulen mit Verstrebungen zum Tragen der verschiedenen Etagen nach der Auskernung (von oben gesehen) (12a)

oben links:
Kapitell einer Säule (12a)

oben rechts:
Blick von oben in die ausgekernte Halle mit Säulen und längs und quer verlaufenden Verstrebungen (12a)

rechts:
Zwei aufeinander sitzende Stahlsäulen mit Längsverstrebung (12a)

unten links:
Bogenartige Querverstrebung des Skeletts aus Stahl (12a)

unten rechts:
Blick von unten gegen die Bogendecke im ausgekernten Zustand (12a)

mung des Landeskonservators, zumal die Rundbogenfenster des Erdgeschosses vorgesetzte Gußeisenfenster in der alten Originalform erhielten.

Der innere Umbau war zunächst so geplant, daß der dreischiffige Hallencharakter mit der seinerzeit aus England gelieferten Gußeisenkonstruktion (Stützen und Träger) und den gemauerten Kappendekken sichtbar erhalten bleiben sollte.

Der statische Nachweis der Gußkonstruktion war nach den heutigen Bestimmungen und Vorschriften jedoch nicht zu erbringen. Dieses statische Problem konnte dadurch gelöst werden, daß die gemauerten Kappendecken entfernt, die Gußkonstruktion in eine Stahlbetonkonstruktion eingebettet und die Kappendecken durch Stahlbetondecken ersetzt wurden.

Lediglich der Großraum des 3. OG konnte in der Originalform sichtbar erhalten werden. Dies war möglich, weil die Gußträger in ihren Drittelpunkten an über der Decke eingebauten Stahlträgern aufgehängt wurden und die gesamte sichtbare Gußkonstruktion einen speziellen Feuerschutzanstrich erhielt.

Das Innere ist weitgehend der jetzigen Nutzung angepaßt; die ursprüngliche Dreischiffigkeit ist trotz des Einbaus eines zentralen Treppenhauses erhalten. Die gußeisernen Tragesysteme konnten aus statischen und feuerpolizeilichen Gründen nur noch in dem letzten Geschoß sichtbar erhalten werden, in den unteren Ebenen wurden sie in die tragende Konstruktion einbetoniert. - Die Fenster sind in Holz, nicht nach Originalbefund nur oberlichtgeteilt erneuert. An den Fenstern des EG sollen gegossene und vorgesetzte Stahlrahmen die ursprüngliche Sprossenteilung ersetzen.

Die Gebäude der ehemaligen »Gladbacher Aktien-Spinnerei und Weberei« kennzeichnen beispielhaft die Entwicklung der Fabrikarchitektur im Rheinland um 1850. Mit der Übertragung von Bedeutungsformen der Herrscherarchitektur auf funktional bedingte Baukörper und Grundrisse werden zudem Status und Selbstverständnis der Gründer veranschaulicht.

Darüber hinaus dokumentiert der Gebäudekomplex eine Umnutzungsmöglichkeit von Denkmälern, wobei beide Flügel in ihrer Restaurierung die zeitbedingt unterschiedliche Auffassung vom Wert der Gebäude und der Denkmalpflege zum Ausdruck bringen.

Renovierte Südseite, 1978 (12a)

Der sterbende Schwan

An einem Beispiel aktueller Art kann man die Ohnmacht des Denkmalschutzes ersehen gegenüber offensichtlicher Unmöglichkeit der Erhaltung wertvoller Industriebauten der Textilindustrie Mönchengladbachs. Gemeint ist der unweigerlich verfallende, unter Denkmalschutz stehende Gebäudekomplex der ehemaligen Firma Schmölder an der Dahlener Straße (später Hammersen). Es wäre ein herber Verlust, wenn vor allem die Frontseite, wie deutlich vor Ort zu sehen (siehe auch Abbildung Seite 7), dem unweigerlichen Untergang preisgegeben würde. Dies scheint aber bei der Lage der Dinge unumgänglich.

Baubeschreibung von Herrn Krauß: Umfangreicher Fabrikkomplex in Backsteinmassivbauweise mit überdachender Hallenkonstruktion aus Flachbogen-Stahlbindern und gewölbten Deckenschalen aus eisenarmiertem Bimsbeton; 1905/06 durch den Architekten van Leewen errichtet, 1910 und 1916 in zwei Bauabschnitten erweitert. Erhaltenswert vor allem die straßenseitige Kopfbebauung mit imposanter Schaufassade in Jugendstilformen; zugehörig zum denkmalwerten Bestand die gleichzeitig entstandene Direktorenvilla an der Südostecke des Grundstücks.

Bedeutsames Monument der Industriearchitektur des frühen 20. Jh. im Rheinland, das überregionalen Rang beanspruchen kann. Das für den Fabrikbau des 19. Jh. gültige Prinzip der Ausbildung repräsentativer Schauseiten ist hier aufgegriffen, jedoch in ungewöhnlich ambitionierter Weise umgesetzt und im Sinne eines zeitgemäß modernisierten Formenapparates gestaltet. Wohl qualitätvollstes Beispiel der Architektur des »Jugendstils« innerhalb des Stadtgebietes, dessen Wert durch die Geschlossenheit der Erhaltung noch gesteigert wird. Die ehemalige Direktorenvilla bildet trotz der feststellbaren baulichen Eingriffe einen unverzichtbaren Teil des Gesamtensembles.

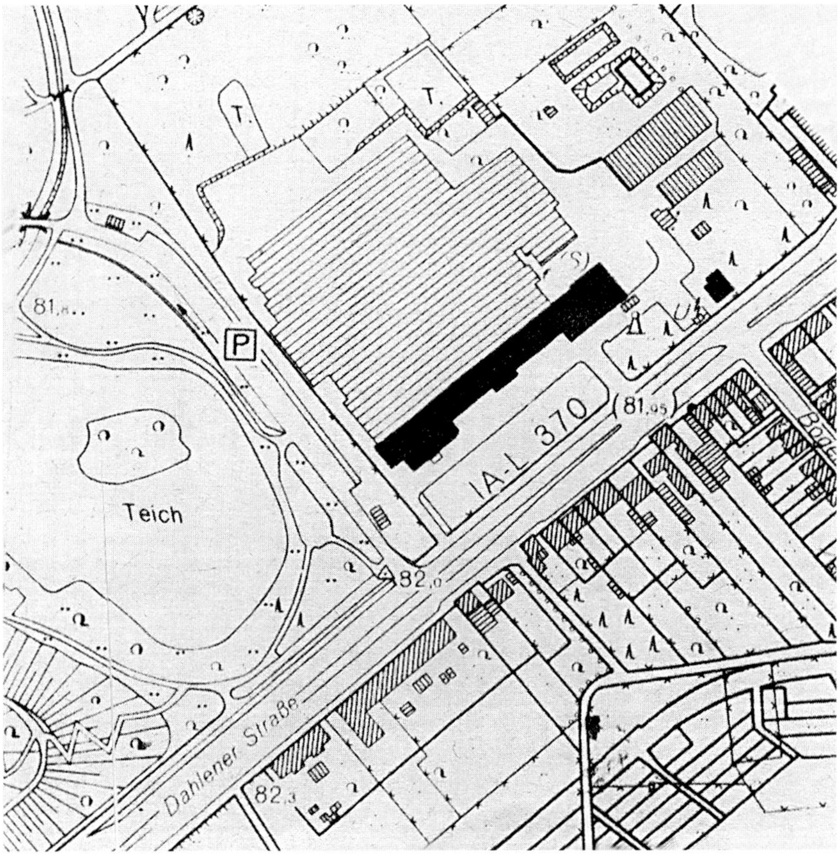

Das verlorene Paradies

Ein Ölbild der Firma A. Bresges aus dem Jahr 1938 (Seite 405 oben) zeigt, wie gut diese Gebäude eigentlich den Ersten Weltkrieg überstanden haben. Das bestätigt auch ein Vergleich mit einem Briefkopf der Baumwollspinnerei A. Bresges (siehe auch Abbildung Seite 88 unten). Trotzdem wurde der Komplex abgerissen. Paradiesisch mutet der Eingang mit dem romantischen Pförtnerhaus und mit dem prächtigen Garten an (Seiten 405 unten und 406 oben). Die viereckigen, versetzten Türme mit Ziertürmchen (Seite 406 unten) zeigen, wie gern der Erbauer nach außen die vermeintlich spielerische Leichtigkeit der textilen Produktion symbolisieren wollte.

Ölbild der Firma A. Bresges aus dem Jahr 1938 (12a)

Abbildungen Seite 406

oben:
Pförtnerhaus der Firma A. Bresges (12a)

unten:
Typische Vierecktürme der abgerissenen Spinnerei A. Bresges in Rheydt-Zoppenbroich (12a)

Pförtnerhaus der Firma A. Bresges (12a)

Die emsige Biene (nach Berg)

Die um 1890 von Mühlen und Peltzer an einer Ausfallstraße von Rheydt nach Neuss in der Nähe des damals ländlichen Fleckchens Giesenkirchen gegründete Fabrik produzierte 1929 als Spinnindustrie AG und ging schließlich in die Aktien-Gesellschaft der Vereinigten Rumpuswerke über. (Heute herrscht in den Räumen geschäftiges Treiben durch einen Einkaufsmarkt.)

Im Mönchengladbacher Raum [...] besaß die AG sechs Textilfabriken. Das Werk in Giesenkirchen wurde als Werk F Spinnindustrie Giesenkirchen bezeichnet. Als eines der größten Werke schmückte es die Mitte der Firmenbriefköpfe, umgeben von den übrigen Werken. Die über einem unregelmäßigen Quadrat errichtete Anlage erstreckt sich großräumig von Nordosten nach Südwesten, die Nordostachse parallel zur Straße, von der das Gelände durch eine niedrige Backsteinmauer mit Pfeilern getrennt wird.

Die denkmalwerte Anlage schlüsselt sich folgendermaßen auf: im straßennahen Bereich, im ehemals weit vorgezogenen Teil, das Kesselhaus von 1910, nach außen deutlich durch den Kamin bezeichnet, rechts im Anschluß, etwas zurückliegend, ein zweigeschossiger, achtachsiger Trakt mit Walmdach, das ehemalige Maschinenhaus mit Sozialräumen, im anschließenden, eingeschossigen Baukörper die Büros und Sozialräume, dahinter im nördlichsten vorspringenden Teil Garnlager und Verladeraum, sinnvollerweise gegenüber der Remise mit Stallungen (1892/1904), dem separat schräg gestellten Backstein-Fachwerktrakt, angeordnet. Links neben dem Kesselhaus weit zurückgesetzt und mit diesem einen Rechteckwinkel bildend, die ehemalige Färberei, Bleicherei, der Trokkenraum, im Hintergrund das Ballenlager.

Dieser schmallanggezogene Trakt, ehemals durch einen offenen Gang vom rechten Nachbarn getrennt, wurde durch Überdachung vor 1934 mit diesem völlig zusammengeschlossen.

Hinter dem Kesselhaus (von Ost nach Süd) Räume für Spinnvorarbeiten wie Kratzen, Reinigen und die Wolferei; zum Teil wurde hier getrocknet. Dieser schmale Abschnitt gibt sich nach außen durch den mit rotem und gelbem Backstein geschmückten Staubturm zu erkennen.

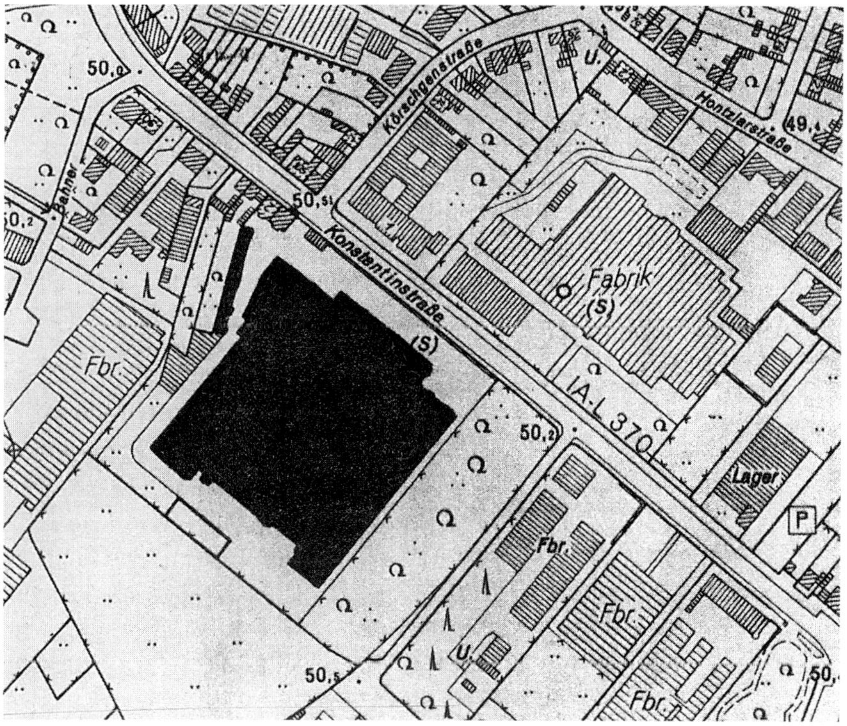

Den ganzen übrigen Werksraum bildet der große, rechteckige, sheddachgedeckte Spinnsaal (ehemals mit Hofraum), 1908 im rückwärtigen Bereich erweitert, später hier die Wolferei und ein Lagerraum.

Die ganze Baumwollspinnerei ist im wesentlichen in Backstein errichtet; die Produktionsstätten sind mit Sheddächern versehen. Die bis auf den Mittelteil eingeschossige, vor- und zurückspringende straßenbegleitende Werksfront ist repräsentativ gestaltet, zeittypisch in rotem Backstein mit gelbem Backsteindekor, Fassadenakzentuierungen durch Flachrisalite, Lisenen, Zierfriese, Giebel, Eckwarten, die Fenster und Türen hochrechteckig mit Segmentbogenstürzen. Annähernd symmetrisch der dominante Mittelteil (ehemaliges Maschinenhaus), zweigeschossig, acht Achsen mit flachem Walmdach; das Erdgeschoß wurde später glatt verputzt.

Trotz zum Teil massiver Eingriffe in die Originalsubstanz (zum Beispiel Verkleinerung des Kesselhauses, Um- und Aufteilung der Hallen, Überdachung des Innenhofes, ehemaliges Maschinenhaus im Erdgeschoß verputzt) sind die diversen Abläufe einer Baumwollspinnerei noch nachvollziehbar und erlebbar, wozu vor allem das Herzstück der Anlage, der große Spinnsaal, beiträgt. Er zeigt die komplette Innenstruktur mit einer dichten Reihung von Gußeisensäulen, darüber die hölzerne Tragkonstruktion (mit abgefaßten Hölzern) der Sheddächer. Vereinzelte Stützenreihen mit begleitenden Fallrohren, die das Regenwasser in unterirdischen Kanälen ableiten.

Den räumlichen Bereich der Vorarbeiten markiert der sogenannte Staubturm; zum Abtransport der Garne war die Remise mit Stallungen nötig.

Das Remisengebäude liegt als einziges etwas abseits des Gesamtkomplexes, ist zweigeschossig, der vordere Teil in rotem und gelbem Backstein von 1892, der fachwerkgeschmückte Trakt als Erweiterung von 1904.

Im Bereich des heutigen Handwerkermarktes Gußeisensäulen mit Sheddächern und der Holztragekonstruktion (ehem. Bereich der Färberei und Bleicherei).

Das Werk F Spinnindustrie Giesenkirchen und Vereinigte Rumpuswerke ist bedeutend für die Stadt Mönchengladbach und die ehemals ländliche Ansiedlung Giesenkirchen, da es zeigt, wie um die Jahrhundertwende an der Peripherie einer größeren Stadt, im ländlichen Umfeld, bedingt unter anderem durch günstige Bodenpreise, große Fabrikanlagen und in der Folge weitere Industrieansiedlungen entstanden.

Das Werk ist bedeutend für die Arbeits- und Produktionsverhältnisse, weil es einen wichtigen technischen Fortschritt der Textilindustrie dokumentiert. Er zeigt die technisch-maschinelle Fabrikfertigung im Gegensatz zum häuslichen Weber- und Spinnereihandwerker.

Für die Erhaltung und Nutzung des Gebäudes liegen wissenschaftliche, architekturgeschichtliche, sozial- und siedlungsgeschichtliche Gründe vor, weil die Spinnweberei Giesenkirchen einen wichtigen Teil der baumwollverarbeitenden Industrielandschaft Niederrhein, insbesondere Mönchengladbachs, darstellt. Das Werk ist ein gutes Beispiel zeittypischer Backsteinarchitektur und zeittypischen Formenvokabulars, wie es die veränderten Arbeits- und Lebensbedingungen eines großen Teils der Bevölkerung zeigt und weil das Werk in damals üblicher Weise in ländlicher Region, fern der größeren Städte in deren Einzugsbereich, siedelte.

Das Ensemble

Zurückversetzt liegt die ehemalige, 1928 errichtete Villa Arnz innerhalb eines Parkgeländes zwischen zwei zu Anfang dieses Jahrhunderts errichteten Fabrikanlagen als Teil eines umfangreichen Denkmalensembles, das sich im Ortsteil Schrievers an der Nordseite der Watelerstraße hinter einer durch alten Baumbestand markierten Grundstückseinfriedung entwickelt.

Von der Straßenseite aus links gesehen, befindet sich die ebenfalls denkmalgeschützte Baumwollspinnerei Sieper und Meuersen, die, 1903 errichtet, ein gutes Beispiel der das Stadtbild charakteristisch prägenden, heute jedoch vielerorts vom Abbruch bedrohten Industriebauten des 19. bzw. frühen 20. Jahrhunderts, in typischer Weise um Ausbildung einer Schaufront bemüht, darstellt. Die architektoni-

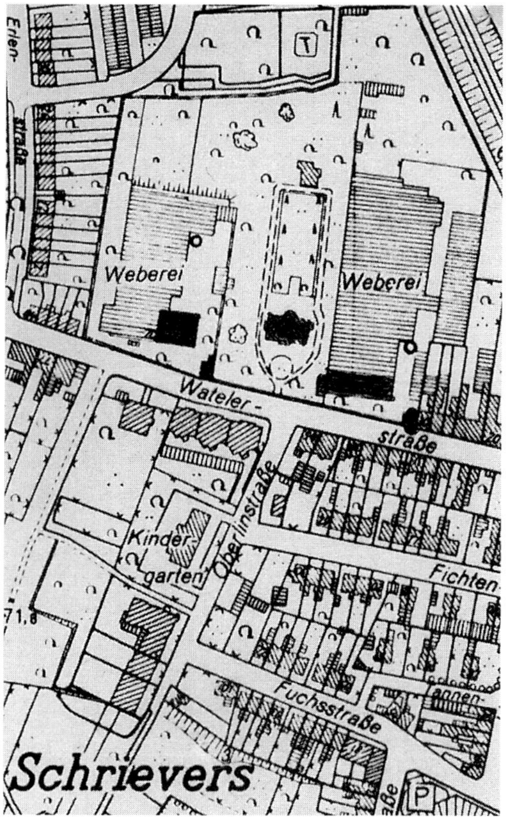

schen Qualitäten der unter dem Einfluß des Jugendstils stehenden Fassadengestaltung werden im Vergleich zur benachbarten Seidenweberei Arnz besonders deutlich.

Die Seidenweberei Arnz, speziell ihre Schauseite und ein Pförtnerhaus, befinden sich in dem Ensemble rechts von der Villa und sind ebenfalls 1903 errichtet worden.

Sozialeinrichtungen

Abgesehen von dem typischen Gladbacher Dreifensterhaus sollen zwei andere Wohnsituationen für Arbeiter dargestellt werden. Einmal hat Hans-Julius Sieburg Photos von Eigenheim-Arbeiterhäusern (mitfinanziert durch Dilthey) hinterlassen, die heute unter Denkmalschutz stehen, wenn auch manche von ihnen durch die zwischenzeitlichen Besitzer zum Teil stark verunstaltet wurden. Gegenüber diesen Eigenheimen muten die Lebensverhältnisse in der Spinnerei May in der Sophienstraße als Gemeinschaftsquartiere weniger anheimelnd an (Abbildungen Seite 410). Auffallend in dem Spinnereibau der Sophienstraße ist die Be- und Entlüftungsanlage der Fabrikgebäude, die den kompliziert gebauten Kamin integriert. Im Situationsplan (Seite 410) erscheint im Gegensatz zu den eher kolossalen Gebäuden der Garten wie ein »Puppengarten«.

unten:
Arbeiterhäuser in Rheindahlen (12a)

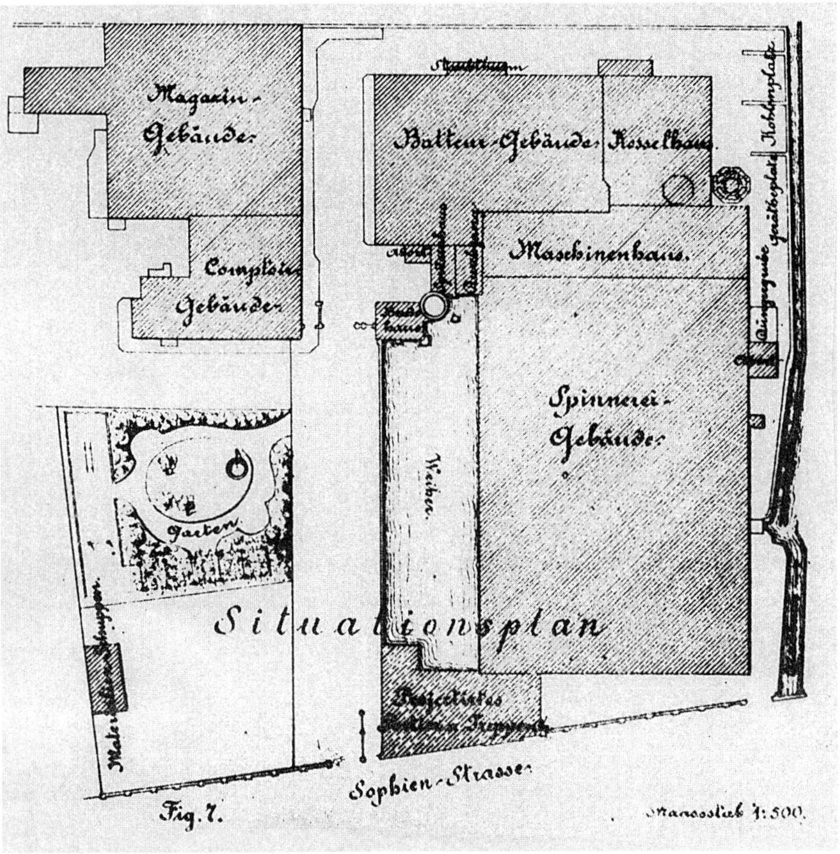

links oben: Situationsplan der Spinnerei May mit Garten (12a)

links unten: Im Comptoir-Gebäude untergebrachte Wohnungen in der 1. Etage (12a)

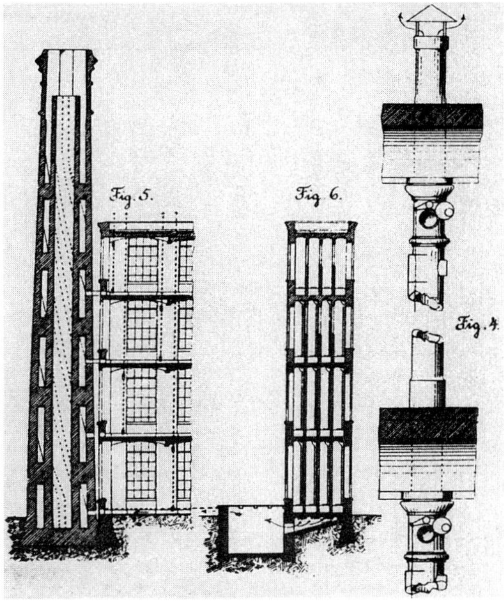

oben: Kamin in Verbindung mit Düngergrube und Abort - rechts (Fig. 4): Säule mit Ventilationseinrichtung im Spinnsaal (12a)

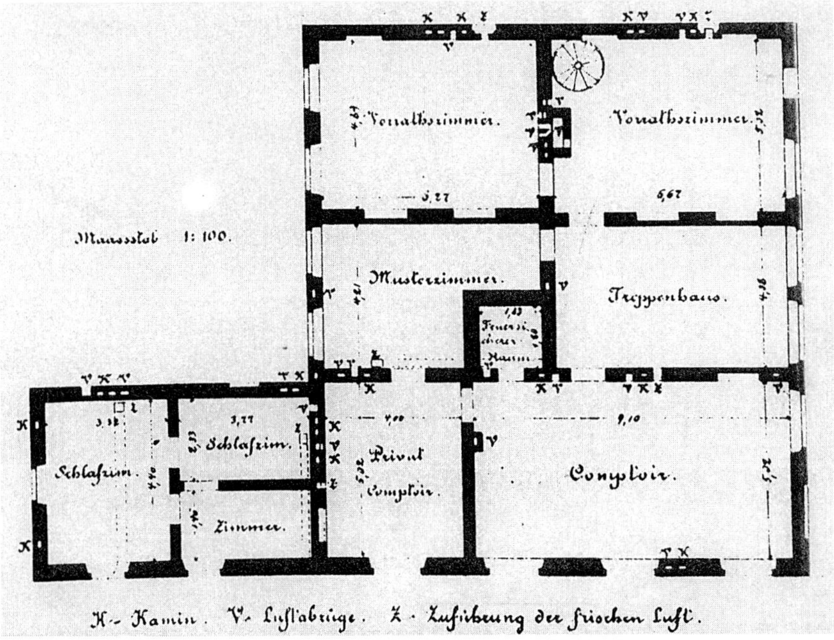

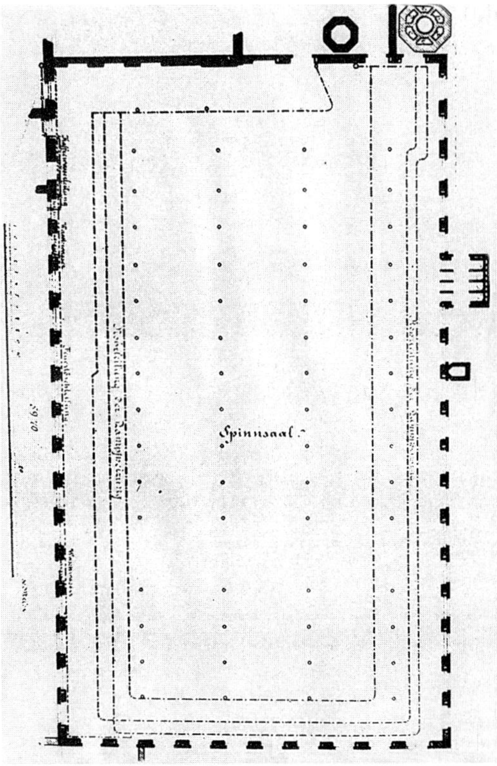

rechts:
Spinnerei May, Klimatechnik mit besserer Luft für Mensch und Faser (12a)

9

Zeugnisse des Selbstverständnisses Mönchengladbacher Bürger

Textilbarone, Manager, Professoren

Wilhelm Peltzer, Handelskammerpräsident von 1849 bis 1851 (17a)

Franz Wilhelm Königs, Handelskammerpräsident von 1854 bis 1860 (17a)

Kommerzienrat Carl Julius Schmölder (1838–1906) im Jahre 1902 (39a)

Wenn man sich für andere Menschen interessiert, zumal wenn sie berühmt sind, fragt man gern nach deren Selbstverständnis. Wie verstanden besagte Menschen in Mönchengladbachs Textil- und Bekleidungsindustrie selbst ihren Beitrag zur Stadtentwicklung? Warum leisteten bestimmte Unternehmer dieser Branche so viel für die Allgemeinheit? Es interessiert in diesem Buch vor allem die Definition eines »Textilbarons«. Indem diese Menschen nicht nur ihr eigenes Wohl im Auge hatten, sondern sich für die Belange der Mitarbeiter, der Ausbildung und Nachwuchsförderung, der Stadt und des Staates einsetzten, profitierten sie natürlich letztlich wieder selbst vom Wohlergehen ihrer Umgebung, deren Teil sie waren. Sahen diese Menschen die heraufziehende Industrialisierung ganz klar vor sich, oder sind sie in Entwicklungen hineingestolpert? Jedenfalls haben »Textilbarone«, Manager und Professoren die Entwicklung der Stadt weitreichend beeinflußt.

Es ist in bezug auf das Selbstverständnis von Gladbacher und Rheydter Unternehmern natürlich auch wichtig zu fragen, warum zwischen diesen beiden Städten seit langem ein gewisser Wettstreit, auch Animosität besteht, – wenn diese Zweisamkeit mit respektvollem Abstand auch mehr und mehr der Einigkeit weicht.

Bezüglich religiöser Einflüsse in Gladbach und Rheydt mag eine Ursache für die unsichtbare Trennungslinie zwischen den Bewohnern dieser Städte gewesen sein, daß Gladbach um die Jahrhundertwende (1900) im Kreise der Unternehmer eher katholisch geprägt war (obwohl sich evangelische Unternehmer sehr wohl in den entsprechenden Parlamentswahlen durchzusetzen wußten). Rheydter hingegen lebten im Gegensatz zu den eher »lockeren und leichtsinnigen« Katholiken als unierte Protestantenunternehmer streng, ernst und solide, wenn auch der katholische Einfluß in Rheydt, durch die Arbeiterklasse repräsentiert, sehr wohl zur Geltung kam.

Aus heutiger Sicht betrachtet, haben Gegensätze zwischen Rheydt und Gladbach einerseits sowie zwischen Krefeld und Mönchengladbach andererseits die ortsansässigen Textil- und Bekleidungsunternehmer angespornt, ihre Industrie gegen auswärtige Konkurrenz zu stärken. So ist der Spruch bekannt: »Wenn andere in Frauen investieren, investieren Gladbacher und Rheydter Unternehmer in Maschinen« – mit großem Erfolg, wie die textilabhängige Entwicklung der Stadt zeigt.

Definition und Bedeutung eines »Textilbarons«

Ein »Baron« arbeitet als unabhängiger Staatsangehöriger im Bewußtsein seiner Verantwortung der Obrigkeit zu, indem er seine Fachkompetenz in Dienst stellt. Der Stand, in den man sich hineingearbeitet hat, verpflichtet dazu, die erworbenen persönlichen Vorteile an die übergeordnete Instanz durch entsprechend selbstloses Handeln teilweise zurückzugeben, weil das Staatswesen die persönliche Entfaltung erst ermöglicht hat. Derart dienende Haltung kann religiösen Ursprung haben, wobei sowohl katholisches Hierarchiedenken wie auch calvinistische Prädestination zum Erfolg oder protestantischer Liberalismus die treibenden Kräfte sein können. Die neuen Textil-Großbürger Mönchengladbachs ahmten unbewußt »Barone« nach durch:

- wirtschaftlich außerordentlichen Erfolg des eigenen textilbezogenen Unternehmens;
- weitreichendes Engagement in Politik und Sozialwesen.

Der Typus des »Textilbarons« wird zum Beispiel von Carl Julius Schmölder verkörpert. Er hatte ab 1882 eine mit allen Einrichtungen der neueren Textiltechnik versehene große Spinnerei mit 20 000 Spindeln auf dem Hohenberg in Rheydt aufgebaut. Wegen seiner weitreichenden Verdienste um das Gemeinwohl wurde ihm der Ehrentitel »Kommerzienrat« verliehen.

»Textilbarone« lebten und wirkten im 19. Jahrhundert und auch noch im angehenden 20. Jahrhundert. In diesem Sinne sind die »Zugereisten« Boelling (aus Elberfeld) und Müller (später sich Müller-Hoberg nennend) ebenso zu »Textilbaronen« ihrer Zeit geworden wie typisch einheimische Textilindustrielle. Croon, Brandts und Josten haben die Baumwoll- und Wollindustrie groß gemacht und sich voll in den Dienst der politischen, wirtschaftlichen und sozialen Stadtentwicklung auch im übergeordneten Staatswesen gestellt. Dies trifft aber ebenfalls (neben Müller-Hoberg als Bekleidungsindustriellen) auf Becker als wichtigen Industrieunternehmer der Bekleidungsbranche zu. Schließlich förderte Reiners neben der typischen Mönchengladbacher Textilmaschinenbauindustrie die Belange von Stadt und Staat in wesentlichem Umfang und zählt auch zu den »Textilbaronen«.

Es schmälert die Leistung der weniger bekannten »Textilbarone« in keiner Weise, daß ihr industrielles Wirken mehr im Bereich des Managements als denn unter der Rubrik »Erfinder« im technischen Sinne anzusiedeln ist. Ihre Leistung war kreativer Natur, weil sie geschickt den technischen Fortschritt anderer Regionen in die Mönchengladbacher Szene verpflanzten und integrierten. Sie machten Mönchengladbach zu einem »Schmelztiegel« der Innovationen anderer. Natürlich gelten hier auch Ausnahmen (wie z. B. Wilhelm Reiner mit vielen Maschinenneuerungen), und es gibt auch ganz typische, eigenständige Innovationen der Mönchengladbacher Region (Siamosen; neuartige Billigbekleidung; Rotorspinnen). Es ist aber eindeutig, daß wesentliche technische Impulse für die Entwicklung der Mönchengladbacher Textilindustrie evolutionär von außerhalb kamen, wie die nachfolgende Skizze (Seite 414) belegt.

Im einzelnen »verschmolzen« im »Schmelztiegel der Textilbarone« folgende Impulse von außen:

1. Mennoniten und Calvinisten aus Holland haben die Flachskultur und das Leinengewerbe stark befruchtet.

2. Protestanten aus dem Bergischen Land brachten intensive Fortschritte im Umgang mit Baumwolle sowie die Türkischrotfärberei.

3. Napoleon ermöglichte die wirtschaftlichen Voraussetzungen für Mönchengladbachs Aufblühen.

4. Aachener Dampfmaschinentechnologie wurde von Dupuis eingeführt.

5. Brügelmann aus Ratingen hatte zuvor das Fabrikwesen einer Spinnerei mit Wasserradantrieb gelehrt und mit Lenssen in Mönchengladbach realisiert.

6. Uhlhorn aus Oldenburg hatte in Grevenbroich den ersten Textilmaschinenbau in Ansätzen begonnen und für Mönchengladbacher Spinnereien wirksam werden lassen.

7. Aus England holten Reisende Spinnmaschinen und Baumwollfeingarn sowie das Know-how modernen Fabrikationswesens.

8. Krefeld dehnte seine Samt- und Seidenproduktion nach Rheydt aus (Diergardt).

9. Romberg führte aus Aachen Kleidermagazine in Mönchengladbach ein.

10. Maurers Carré-System zur Einstufung von Bekleidungsgrößen und die Kleiderfabrikation (Konfektion) stammen aus Thüringen und Berlin (Müller, Cohen, Schlecht).

11. Donner war zwar Mönchengladbacher, erwarb seine Kenntnisse aber im Bereich der Bekleidungsfertigung in Berlin und wurde von dort nach Mönchengladbach an die neue Bekleidungsfachschule berufen (als Weblehrer!).

Wernhard Dilthey, † 1832

Johann Heinrich Pferdmenges, † 1855

Carl Schmölder, † 1867

Christian Pferdmenges, † 1874

Wilhelm Diedrich Lenssen, † 1874

Carl Vierhaus, † 1896

(alle 39a)

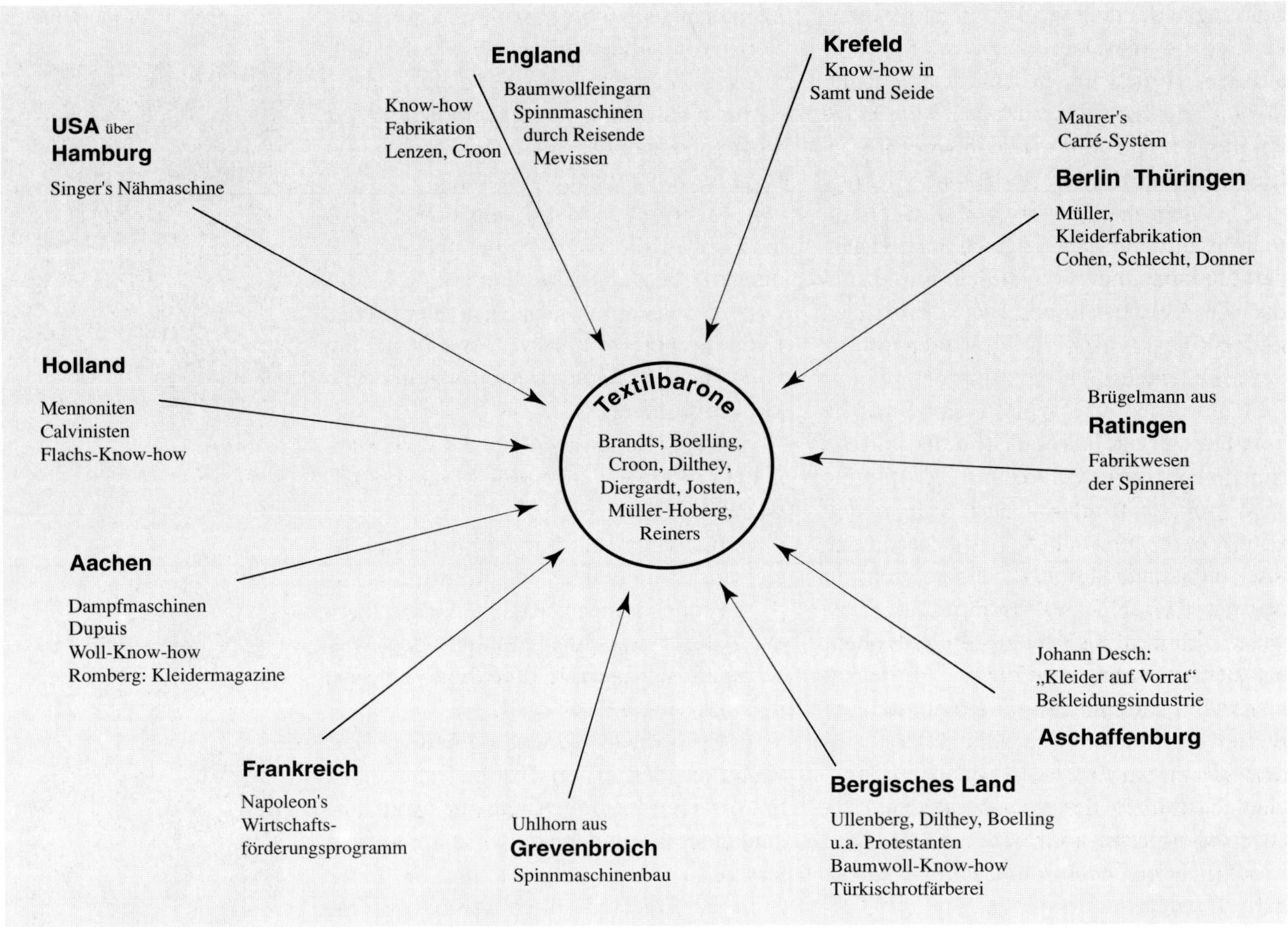

Technische und industrielle Evolution in Mönchengladbach: Integration auswärtiger Innovation in die Textil- und Bekleidungsindustrie durch Textilbarone

12. Die vom Schneider Johann Desch im Spessart (Aschaffenburg) kreierte Bekleidungsindustrie mit der Idee »Kleider auf Vorrat« schwappte von dort automatisch als stürmische Entwicklung nach Mönchengladbach hinein.

13. Singers Nähmaschine aus den USA gelangte über die Hamburger Handelsvertretung als Standardausrüstung in die aufblühende Mönchengladbacher Bekleidungsindustrie.

14. Zweifelsohne stammt eine Menge des Wollverarbeitungs-Know-how aus dem benachbarten Aachen, mit dem die neue Tuchhochburg Mönchengladbach alsbald in scharfe Konkurrenz trat (speziell auf dem Gebiet der Mischgewebe bis in die heutige Zeit).

Dieses riesige Ausmaß an Innovationen haben die Mönchengladbacher »Textilbarone« in ihre industrielle Evolution integriert und damit die wirtschaftliche, politische und soziale Revolution ihrer Stadt zum »Rheinischen Manchester« bewirkt.

Es ist auffällig, daß zu den »Textilbaronen« zwar Spinner (Boelling, Croon, Carl Julius Schmölder, Pferdmenges), Weber (Croon, Brandts, Josten), Konfektionäre (Müller-Hoberg), Manager (Pferdmenges) und Textilmaschinenbauer (Reiners) gehörten, aber keine Textilveredler (Bleicher, Färber, Drucker, Ausrüster). Bekannte Persönlichkeiten der Textilveredlung waren ausnahmslos Lohnveredler und hatten in der Hierarchie als Dienstleistungsunternehmer und Zulieferer so wenig Einfluß (mangels eines eigenen Produktes), daß sie keine Chance zur politischen Entfaltung besaßen. Insofern konnten also Textilveredler nicht »Textilbarone« werden, als sie nicht »frei und unabhängig« waren, sondern im Abhängigkeitsverhältnis vom Weber lebten. Abgesehen von dieser systematischen Einschränkung muß man aber de facto wegen der Bedeutung der Familie Beines im historischen Rheydt auch diese Färber und Drucker zu den Textilbaronen zählen.

Um die hierarchische Stufung

Spinner
Weber
Textilveredler
Konfektionär

zu verdeutlichen und die gesellschaftliche Rückversetzung der Färber, Drucker und Ausrüster am Niederrhein darzulegen, sei auf ein Zitat, diese Verhältnisse in Krefeld betreffend, zurückgegriffen!

Krefeld hatte immer ein selbstbewußtes Bürgertum. Dies wurde einmal sehr treffend von einem Einheimischen, Fritz Huhnen, geschildert, der 1956 im Merian-Heft »Krefeld« folgendes schrieb:

»Wer vor und nach der Jahrhundertwende willens war, gesellschaftlichen Anschluß sowie Rang und Sitz auf dem Jahrmarkt der Eitelkeit großbürgerlicher Hierarchie zu finden, der konnte das im Grunde nur durch den Beitritt zur Gesellschaft ›Verein‹ oder auf dem allerdings ein paar Sprossen tiefer gelegenen Sprungbrett der Bürgergesellschaft ›Erholung‹ bewerkstelligen. Im ›Verein‹ war der Samt- und Seidenadel zu Hause, der bestimmte, wer mitzählte. Stolze Färber und ›schmärije‹ Appreteure von der mehr und mehr aufkommenden Textilveredlungsindustrie (vom Rest ganz zu schweigen!) waren schon nicht mehr ganz ebenbürtig, auch wenn sie zu ihrer ersten Million eine zweite schon draufgelegt hatten. Politisch nationalliberal orientiert, huldigte man hier dem Fortschritt, der ›schimmernden Wehr‹ und Kaiser Wilhelm, der bei seinem zweiten Besuch in Krefeld (sein erster hatte der Museumsweihe gegolten) das 11er Husarenregiment, nicht sehr zu dessen Freude, von Düsseldorf nach Krefeld verlegte, bei welchem Anlaß die Stadt einen Pomp entfaltete, wie er dem dafür empfänglichen Monarchen zum zweiten Male nicht geboten ward ...

Im ›Verein‹ domizilierte die mennonitisch-protestantische Creme. Die Bürgergesellschaft ›Erholung‹, im Volksmund auch ›Vatikan‹ genannt, reichte mit ihren Wurzeln tiefer ins Volk, war gleichzeitig der Zentrumsturm, womit Spannung und Gegensatz zwischen den beiden Gesellschaftsburgen und ihren Besatzungen hinreichend gekennzeichnet sind. Genoß im ›Verein‹ Bismarck fast göttliche Verehrung, so war sein großer Gegenspieler Windthorst Schutzpatron der ›Erholung‹. Das beide Parteien einigende Band hingegen – neben dem Glauben an die auf Erden allein seligmachende Macht des Geldes –, sozusagen das spirituos-spirituelle Fundament der Gesellschaftshäuser, waren ihre Weinkeller, die sich in nichts nachgaben und deren Spitzenkreszenzen zur guten Stunde wohl imstande waren, einen strammen Zentrumsmann in einen Liberalen zu verwandeln oder die bläulich fließende Reichstinte in den Adern des letzteren für die Dauer eines Dämmerschoppens schwarz werden zu lassen ...«

Wesentliche Veräußerlichung des Selbstverständnisses der Textilbarone kommt zu Beginn der Industrialisierung in Fabrikbauten, meist mit einer sogenannten Schauseite, zum Ausdruck. Dieter Spiegelhauer (273) vermutet bei einer Diskussion der Triebkräfte zum Bau des Industrieschlosses, daß die Unternehmer sich einerseits nach der fehlgeschlagenen Revolution von 1848 gegenüber der sich bildenden Arbeiterschaft durch einen Prunkbau abgrenzen wollten; andererseits kommt im Industrieschloß aber auch die Bewunderung der Erbauer für die »Technischen Wunderwerke« der Zeit zum Ausdruck. Spiegelhauer vermutet darüber hinaus, daß man sich als »Selfmademan« auch gegenüber der Geld-

Das Wilhelminische Zeitalter:

Kaiser Wilhelm I. (1797–1888), Gemälde von Plockhorst

99-Tage-Kaiser Friedrich III. (1831–1888); Jacquardgewebe, angefertigt in der Webschule Aachen (43a)

Kaiser Wilhelm II. (1859–1941) (45a)

Weiß & Zimmer, Druckerei für Geschäftsbücher, im Gründungsjahr 1868. Fabrikansicht des alten Werkes in der Lüpertzender Straße. Man zeigt sich gern mit der Eisenbahn, mit der Kirche, mit qualmendem Kamin und mit Springbrunnen im kunstvollen Vorgarten (aus einem Firmenprospekt)

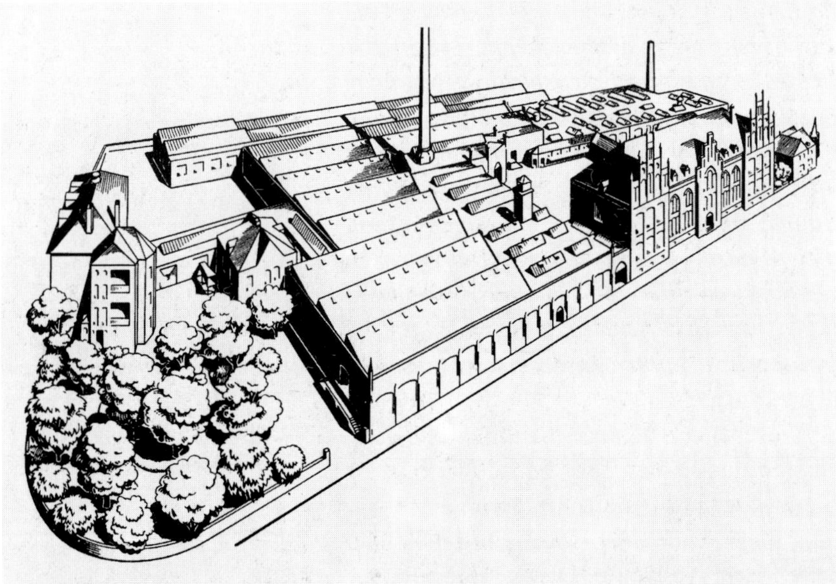

aristokratie absetzen wollte, indem man zeigte, was mit Fleiß zu schaffen war.

Die Stadt Mönchengladbach in Form ihrer Stadtväter benutzt bald die verschiedenen Industrieprunkbauten, um auf einer Ansichtskarte (Seite 189) mangels anderer Sehenswürdigkeiten als der Abtei die industrielle Szene des »Rheinischen Manchester« (ohne daß dieser Name schon existierte) zu demonstrieren.

Betriebsansichten um die Gründerzeit beinhalten gern als Ausdruck der Verbundenheit mit technischem Fortschritt sowie mit Kunst und Kirche die Eisenbahn und die Abtei als Pole von Dynamik und Statik. Der rauchende Schornstein galt als Symbol der Prosperität, die außerdem eindrucks-

oben:
Explosionszeichnung aus dem Jahre 1938 zur Verdeutlichung der Potenz dieser Institution (31a)

rechts:
Kehren & Commes verweisen mit Stolz darauf, daß sie nahe dem Bahnhof angesiedelt sind (16a)

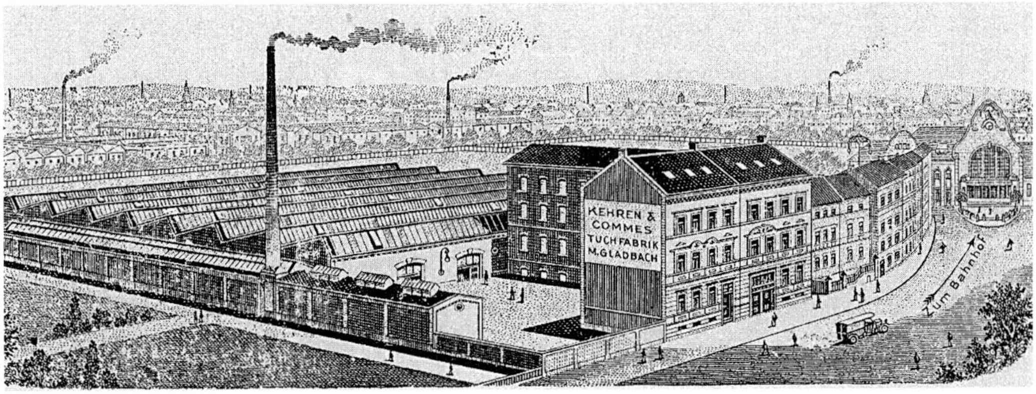

voll dargestellt wurde, indem man demonstrierte, daß man sich auch einen kunstvollen Garten leisten konnte.

Später, zur Zeit des Hitlerschen Gigantismus, läßt sich auch ein akademisch etwas auf sich haltender Direktor der Webschule dazu hinreißen, die Dimensionen dieser Bildungseinrichtung größer und potenter darzustellen, als sie in Wirklichkeit waren. Allerdings waren diese Art Explosionszeichnungen bei Mönchengladbacher Textil- und Bekleidungsindustriellen als Mittel der Selbstdarstellung in der Lithographie sehr beliebt, um die Bedeutung der eigenen Leistung zu veräußerlichen.

Gesellschaftsstrukturen (nach Horst Dilthey, 44)

Deutschland galt zur Kaiserzeit - also bis 1918 - als das Land, in dem Militär, Junker und die »Obrigkeit« den Ton angaben. Das traf ohne Zweifel auf Berlin, die Landeshauptstädte und die landwirtschaftlichen Gebiete im Osten zu. In den industrialisierten Städten der Provinz und ganz besonders wohl bei den »Mußpreußen«, den Rheinländern, waren die Unternehmer die gesellschaftlich führende Schicht.

Als Unternehmer galt - und man war stolz darauf -, wer mit Kopf und Kragen, mit dem letzten Hemd für die Verbindlichkeiten seines Unternehmens haftete. Rechtzeitig sein Haus, Geld und Wertpapiere der Ehefrau zu übertragen, wäre damals ehrenrührig gewesen.

Auch in Rheydt waren die führenden Familien Unternehmer: Bettmann, Bresges, ... um beim Alphabet zu bleiben ... Dilthey, Schmölder, Schött, Wienands, sie gaben der Stadt ihr Gepräge. Untereinander im Rang noch mal abgestuft nach Größe und Alter des Reichtums, das versteht sich.

Die Übernahme von Ehrenämtern in der Kirchengemeinde, in Sozialeinrichtungen und in den Stadtparlamenten war eine selbstverständliche Pflicht. Man verkehrte in diesen Familien untereinander oder, was fast auf das Gleiche herauskam, in gesellschaftlichen Vereinigungen. In Rheydt war dies die »Harmonie«, in Gladbach die »Erholung«. Dort wurde bei Zigarre und Wein auch abends noch manches Geschäft abgeschlossen.

Die Rangfolge der Industrie untereinander war in Rheydt festgelegt, so wie das beim Militär der Dienstgrad und bei den Hühnern im Hof die Hackordnung tut. Zuerst kamen die Spinner, dann die Weber, und ganz am Ende der Skala rangierten die Konfektionäre. Bankiers galten nur dann als gleichberechtigt, wenn sie persönlich haftend eine Privatbank leiteten, wie zum Beispiel das Bankhaus Bang & Ullrich […].

Einer guten Familie anzugehören, bedeutete kein Vorrecht, sondern eine Verpflichtung, es besser zu machen als die Masse. Natürlich konnten nicht alle Mitglieder einer Großfamilie Muster von Tüchtigkeit und Fleiß sein, aber man achtete darauf, daß niemand aus der Rolle fiel. Und tat er es, bekam er 1000 Dollar und eine Freifahrkarte nach Amerika mit dem Hinweis, sich erst wieder sehen zu lassen, wenn aus ihm etwas geworden sei. Wer auf der Schule nichts taugte, kam in ein Internat fern der Heimat, wo ihn niemand kannte. Fehler einzelner Familienmitglieder wurden erkannt, aber nie mit dem Hinweis »Bei anderen ist das auch so« entschuldigt.

Einen Vorteil hatte dieses System: Es förderte den Zusammenhalt innerhalb der Familie. Regelmäßige Besuche der Verwandten untereinander, Familientage und Familientreffen, das gehörte zum guten Stil.

Nach den Unternehmern - aus deren Sicht - rangierten die »Akademiker«: der Pastor, der Arzt, der Apotheker, der Lehrer. Auch sie konnten Mitglied der »Harmonie« werden; Angestellte wurden Mitglieder der Gesellschaft »Concordia«. Da waren dann auch die Einzelhändler vertreten.

Vom Pastor abgesehen, der an allen Familienfeiern teilnehmen mußte, bestand kaum

Akademiker um 1900:

Beigeordneter Dr. med. August Brundieck (10a)

Lehrer, Schule Horst (10a)

Pfarrgeistlicher, Giesenkirchen (10a)

Fürst Bismarck (1815–1898), der »eiserne Kanzler« (Gemälde von P. Krom)

Tradition beherrscht die Hierarchie im Unternehmen, was z. B. in der Maschinenfabrik Monforts (Schwalmstraße) im klassizistischen Verwaltungsgebäude zum Ausdruck kommt

eine Form gesellschaftlichen Kontaktes zu diesen Gruppen, wobei Ausnahmen, wie überall, die Regel bestätigen.

Wie stand es nun mit dem Verhältnis zu den Arbeitern, zu denen man auch das Hauspersonal rechnen mußte? Durchaus nicht so schlecht, wie die vorstehenden Ausführungen vermuten lassen. Bismarck hatte zwar zwischen 1881 und 1889 die Sozialgesetze in Deutschland eingeführt (Kranken-, Invaliden-, Unfall- und Altersversicherung), aber die Arbeiter lebten weiterhin von der Hand in den Mund. Für sie fühlte sich ein rechtschaffener Unternehmer noch persönlich verantwortlich [...].

Fabrik- und Hausordnungen, so kurios und anachronistisch sie uns heute erscheinen, waren im Grunde gut gemeinte Erziehungsmittel. In Fällen akuter Not, bei Geburten, Familienfeiern und Todesfällen war es nicht ungewöhnlich, wenn Frauen oder Töchter von Unternehmern sich der betroffenen Familie persönlich annahmen. Besuche bei Pensionären zu Feiertagen oder Krankenbesuche waren fast eine Selbstverständlichkeit, wenn es sich um langjährige Mitarbeiter handelte. Manche Unternehmer führten schon früh durch Stiftungen Unterstützungskassen ein, aus denen Zuwendungen zu Geburten, Konfirmationen und Kommunionen gezahlt wurden und Jubilare eine kleine Zusatzrente erhielten.

Nur eins blieb aus heutiger Sicht untragbar: Hausangestellte wurden nur mit dem Vornamen, Arbeiter mit dem Familiennamen, aber ohne »Herr«, und Meister mit »Meister Schmitz« angeredet.

Es folgten, in der Rangstufe gewiß nicht unter den leitenden Angestellten stehend, die Obermeister: Lentzen, später Sieben für die Drosseln, Klein und Reiners für die Vorspinnerei, Hansen für die Zwirnerei. Ihnen unterstanden wieder Meister, Untermeister und die Vorarbeiter. Eine Sonderstellung hatte noch der Lagermeister, der nicht nur das Verwiegen und Verladen vornahm, sondern auch noch für das »Konditionieren« der Garne verantwortlich war. Die Baumwolle verlor beim Spinnprozeß, trotz Luftbefeuchtung (später Klimatisierung), einen Teil des in ihr enthaltenen Wassers. Das wurde am Ende der Verarbeitung durch Besprühen des Garns mit Wasser oder auch, indem man es in einen Feuchtraum schob, wieder ersetzt; allerdings nicht nur, um das Garn für die Weiterverarbeitung beim Weber herzurichten. Wasser war zu allen Zeiten wesentlich billiger als fertiges Garn! Hatte der Abnehmer den Verdacht, das Garn sei zu feucht, konnte er es amtlich prüfen lassen. Blieb die festgestellte Feuchtigkeit innerhalb der Grenzen des Garnkontraktes, so mußte er die Untersuchungskosten tragen. Im anderen Fall mußte der Spinner Untersuchung und Gewichtsdifferenz vergüten.

Die Gesellschaft »Erholung«

Die evangelische Gesellschaft entstand in einer Zeit, als der Ort Gladbach noch zu Frankreich gehörte. Im Jahre 1784 marschierten die Franzosen im Rheinland ein und besetzten es. Durch den Frieden von Campo Formio 1797 wurde das ganze linke Rheinufer französisch, und Gladbach kam in den Genuß der französischen Schutzzölle und Wirtschaftsförderungsmaßnahmen. Dadurch wurde hauptsächlich die schlesische Konkurrenz ausgeschaltet, und der Gladbacher Industrie wurde der französische Markt geöffnet. Die Stimmung der Bevölkerung den Franzosen gegenüber war zunächst zwiespältig. Die antikirchlichen Maßnahmen wie zum Beispiel die Auflösung der Abtei und die Umwandlung einiger Klöster in Fabriken waren vielen Gladbachern ein Dorn im Auge. Aber es gab auch positive Stimmen. Die Franzosen regierten ohne Willkür und wurden bald nicht mehr als Besatzer angesehen, da man ja nun selbst Franzose war. Man gehörte einer Weltmacht an, und die wirtschaftliche Situation war zufriedenstellend.

»So mögen auch die französischen Klubs Pate gestanden haben, als sich am 1. Brummaire des 11. Jahres der Republik, d. i. am 23. Oktober 1801, zweiundvierzig Gladbacher Bürger zusammenschlossen und die Gesellschaft gründeten.« (169, S. 69)

Die treibende Kraft dieser Gründung war der Gladbacher Textilfabrikant Johann Peter Boelling. Unter den Gründern und ersten Mitgliedern sind viele bekannte Namen der damaligen Industrie wie Brinck, Busch, Hollweg, Quack und Wienands. Das Eintrittsgeld der Gründer betrug 1 Taler 30 Stüber (ungefähr 4,50 Mark) und der monatliche Beitrag 10 Stüber (ungefähr 0,40 Mark). (168)

Man konnte damals ähnliche Vereinigungen in vielen Städten des linken Rheinlands beobachten. Es war zum Teil eine Nachahmung der französischen Klubs, aber nach deutscher Art und Weise war nicht die Politik die Hauptsache, sondern der Wunsch, nach getaner Arbeit Freundschaft und Geselligkeit zu pflegen. Selbstverständlich wollte man sich auch über die Zeitverhältnisse aussprechen, aber näher lag vermutlich jenen Kreisen, wirtschaftliche und geschäftliche Fragen der engeren Heimat mit Gleichgesinnten und Gleichgestellten zu erörtern.

Aus den Statuten geht hervor, daß man als Zweck der Vereinigung »gemeinschaftlichen Genuß aller unserer bürgerlichen Verfassung und den Vorschriften der Sittlichkeit nicht entgegen seyenden Vergnügungen« ansah. (111)

»Politisch wird man kaum in Opposition zum französischen Staat gestanden haben, weil er die Wirtschaft förderte, den Wohlstand garantierte und jeden nach seiner Façon selig werden ließ. Als dann 1815 das Rheinland preußisch wurde, wird auch das ein oder andere Gesellschaftsmitglied ähnlich empfunden haben wie jener Kölner Bankier, der meinte, man habe in eine arme Familie eingeheiratet.« (58, S. 73)

Es dauerte natürlich eine Zeit, bis die Satzungen zu allseitiger Zufriedenheit geregelt waren und die Mitglieder, die nicht nur unterschiedliche politische Anschauungen hatten, sondern auch nach Charakter und Bildung recht verschieden waren, sich aneinander gewöhnt hatten. Allerdings waren einige Satzungen recht merkwürdig. Wollte jemand der Vereinigung beitreten, so mußte sich derjenige bei einem der Mitglieder melden. Sein Name wurde dann im angemieteten Vereinszimmer auf eine schwarze Tafel geschrieben. Bei dieser Tafel stand eine Geldbüchse, in die jedes Mitglied Geld einwerfen konnte. War beim Öffnen der Büchse eine bestimmte, vorher festgelegte Summe überschritten, so war der Kandidat durchgefallen und wurde nicht aufgenommen. Durch dieses etwas ungewöhnliche Aufnahmeverfahren konnten unliebsame Zeitgenossen ohne weiteres von der Gesellschaft ferngehalten werden.

Die Mitglieder der Gesellschaft kamen vorwiegend aus der Mönchengladbacher

Die Gesellschaft »Erholung« um 1900 (später verkürzt um den linken Flügel) (45a)

Das erste Vereinshaus der »Erholung« um 1845 (10a)

Bald 100 Jahre Kaiser-Friedrich-Halle: Namengebung durch Mönchengladbachs Oberschicht um 1900 und Mitspender: Croon, Busch, Peltzer, Lamberts, May (18a)

Gustav Adolf Brass, Handelskammerpräsident von 1861 bis 1868 (17a)

Oberschicht, aus Industrie und Handel. Man traf sich zunächst in gemieteten Räumen wechselnder Gaststätten. Ende der dreißiger Jahre beschloß der Vorstand der Gesellschaft, die sich seit 1821 »Erholung« nannte, ein eigenes Vereinshaus zu errichten. Man erwarb ein Grundstück an der heutigen Hindenburgstraße und konnte 1841 das eigene Vereinshaus beziehen. Trotz einer Zahl von fast 100 Mitgliedern trug sich die »Erholung« nicht, und man mußte sich 1852 von dem Gebäude trennen.

Erst 1861 konnte der Verein mit inzwischen 200 Mitgliedern ein neues Haus an der Abteistraße bauen. Es wurde 1898 im klassizistischen Stil umgebaut (also zur Zeit des Baus der Kaiser-Friedrich-Halle). Die Instandsetzungen nach den schweren Kriegsschäden blieben ein Provisorium, bis 1979 eine völlige Renovierung des Hauses erfolgte, die als eine wesentliche Änderung die Verkürzung des linken Flügels mit sich brachte. Die »Erholung« ist bis heute Versammlungsstätte einer Vereinigung, die mit einem Alter von 195 Jahren die älteste der Stadt ist.

1862 öffnete die katholische Casinogesellschaft ihre Tore.

Firmenpräsentationen

In der ersten Hälfte des 19. Jahrhunderts kommen in Gladbach und Rheydt mehr und mehr Rechnungen in Mode. Anfänglich werden dabei oft nur unbedruckte Papierbögen unterschiedlicher Größe verwendet. Etwa um die gleiche Zeit kommen aber verstärkt auch im Buchdruckverfahren hergestellte Rechnungsformulare auf, die neben dem Aufdruck »Rechnung« Name und Anschrift des Gewerbetreibenden enthalten; nicht selten sind auch bereits Geldbetragsspalten vorgedruckt. In dieser ersten Entwicklungsphase scheint man die Möglichkeit, mit einer solchen Rechnung auch Reklame und Werbung betreiben zu können, noch nicht erkannt zu haben. Das sollte sich aber schnell ändern. Zunächst nur vereinzelt, treffen wir ab etwa den vierziger Jahren des vorigen Jahrhunderts auf den Rechnungsformularen unseres Wirtschaftsraumes im Steindruckverfahren hergestellte Beigaben an, die entweder die Gebäulichkeiten des Gewerbetreibenden oder die Gegenstände, mit denen er Handel betrieb, wiedergaben. Das mag anfänglich gar nicht mal als Reklame gedacht gewesen sein, vielfach entsprang der Gedanke, seine Rechnungen mit derartigen Beiwerken bedrucken zu lassen, sicherlich einfach dem Wunsch nach einer bestimmten Form der Selbstdarstellung, oder es war möglicherweise nur als »Spielerei« gedacht. Ähnlich verhält es sich mit den Rechnungsformularen, in denen zwar auf solche Beigaben verzichtet wird, die aber die eingedruckten Worte in besonderer Weise »verschnörkelten« und mit Ornamenten umrankten. Derartige Rechnungsformulare erwecken schon fast einen künstlerischen Eindruck, den der einfache Buchdruck mit seinen handgesetzten Buchstaben damals noch nicht erzielen konnte und der nur durch die feinfühlige Hand eines »Lithographen« ermöglicht werden konnte.

Ab der Mitte des 19. Jahrhunderts macht sich im Gladbach-Rheydter Wirtschaftsraum eine allgemeine Tendenz bemerkbar, die lithographischen Darstellungen auf den Formularen in ausgeprägterer Form eindrucken zu lassen. Da werden z. B. die Fabrikanlagen des Unternehmers oft ins Gigantische übertrieben wiedergegeben, die Formulare mit Ornamenten verziert; der eingedruckte Text wird künstlerisch überbetont. Rechnungen und Briefbögen erwecken oft die Wirkung eines Kunstblattes, besonders wenn der mit Lithos durchsetzte Teil fast die Hälfte des gesamten Papierbogens ausmacht. Jetzt wird die Lithographie auf den Rechnungs- und Briefbögen voll als Mittel zur Repräsentation und zur Werbung eingesetzt. Besonders deutlich wird dies, wenn erworbene Auszeichnun-

gen (Medaillen) von gewerblichen Fachausstellungen auf den Rechnungen kunstvoll mit der Vorder- und Rückseite wiedergegeben werden. Derartige nationale und internationale Ausstellungen kamen im 19. Jahrhundert in Mode und waren für die Betriebe oft die einzige Möglichkeit, Fach- und Abnehmerkreise mit ihren Erzeugnissen im überörtlichen Rahmen bekannt zu machen. (58, S. 9f.)

Briefköpfe

Mit zu den Anfängen der lithographischen Gesamtdarstellung von Firmenansichten des hiesigen Bezirks zählt der Briefkopf der Firma M. Lamberts & May aus dem Jahre 1858. Eine zweite Rechnung von April 1859 zeigt den gleichen Briefkopf. (58, S. 38) Auf einer anderen Abbildung aber, einer Rechnung vom März 1860, ist der Briefkopf verändert worden (siehe Abbildungen Seite 253 oben). Offensichtlich wurden die Betriebsgebäude in der Zwischenzeit wesentlich erweitert. Obwohl auch ein zweiter Schornstein errichtet wurde, wird der Betrieb weiterhin als »Manufactur Mechanische Spinnerei und Weberei« bezeichnet. Das läßt darauf schließen, daß der Betrieb noch nicht voll mechanisiert gewesen ist.

M. Lamberts & May gehörte zu dieser Zeit zu den bedeutendsten Textilbetrieben des Kreises. 1861 liefen in der Spinnerei 8200 Spindeln und in der Weberei 250 mechanische Webstühle für baumwollene und halbwollene Gewebe. (58, S. 40) Der Werdegang dieser Firma ist im Firmenverzeichnis kurz skizziert.

Die sogenannten Gründerjahre nach 1870 brachten [...] Unternehmer hervor, die zum Teil selbst aus bescheidenen Anfängen heraus begonnen hatten und bald als »Fabrik-Inhaber« wirtschaftliche Erfolge hatten, die sie finanziell und gesellschaftlich über die übrigen Bevölkerungskreise heraushoben. Es war selbstverständlich, daß sich die nun entstehende Unternehmerschaft auch als besondere Gesellschaftsschicht verstanden wissen wollte. Sie suchte - kurz gesagt - nach Repräsentation, die ihr nach außen die nun gesuchte Anerkennung verschaffen sollte. Das äußerte sich auf vielfache Weise. Repräsentation für diese »Unternehmerschaft« war z. B. das von ihr geschaffene Werk, ihr »Betrieb«, das neu erbaute Fabrikgebäude mit allen dazu gehörigen Anlagen. Dem Kunden oder Lieferanten dieses von ihr geschaffene Werk in irgendeiner Form »vorzuweisen« oder »darzubieten«, mußte als Repräsentation und Werbung aber auch in anderer Weise Ausdruck finden. Hier wurden nun die Firmenbriefbögen und Rechnungen voll in die Repräsentation und Werbung einbezogen. Auf ihnen konnte der Unternehmer sich und seinen Betrieb »darstellen«, seine wirtschaftlichen Verdienste im aufgedruckten Bild festhalten; er konnte sich selbst vermarkten, und das nicht einmal im negativen Sinne. (58, S. 35)

Die Rechnung der Firma Cornelius Pongs in Odenkirchen-Rheinpreussen (Abb. S. 422 oben) stammt vom 5. Juli 1880. Das Unternehmen begann 1860 als Abfallspinnerei in der Pixmühle, und nachdem Cornelius Pongs schon 1861 verstorben war, haben seine Söhne den Betrieb fortgeführt und erweitert. Im Jahre 1888 beschäftigte man 300 Arbeiter. 1889 wurde die Firma Cornelius Pongs zusammen mit der Firma Jakob Pongs jr. in eine Aktiengesellschaft umgewandelt, die unter dem Namen »Vereinigte Pongs'sche Spinnereien und Webereien AG« bekannt wurde. Bereits 1867 errang das Unternehmen auf der Pariser Weltausstellung die »Große Goldene Medaille«, die als Werbung auf dem Briefkopf dargestellt ist. (58, S. 54-56)

Spätestens seit 1886 findet man auch bei Betrieben des Gladbach-Rheydter Wirtschaftsraumes kunstvoll verzierte Medaillen auf den Rechnungsköpfen. Auf den in Mode gekommenen Messen und Fachaus-

Carl Abraham Busch, Handelskammerpräsident von 1869 bis 1880 (17a)

Wilhelm Quack, Handelskammerpräsident von 1881 bis 1903 (17a)

Eduard Goertz, Handelskammerpräsident von 1904 bis 1905 (17a)

Rechnungskopf der Firma Cornelius Pongs (58, S. 55)

Mechanische Spinnerei, Weberei u. Watten Fabrik
PARIS
1867
Goldene Medaille
Allenfallsige Ausstellungen können nur dann Berücksichtigung finden wenn sie innerhalb acht Tagen nach Empfang der Waaren gemacht werden
Bei Wechseln auf Nebenplätze wird kein Obligo übernommen.
RECHNUNG
für Herrn F. Fassbender, Kempen,
von Cornelius Pongs
Zahlbar hier in deutsch. Reichsm.
Odenkirchen den 5. Juli 1880.
Rheinpreussen
C.P.

stellungen wurden durch unabhängige Gutachter besondere Leistungen prämiert. Es gab Ehrenpreise, 1. bis 3. Preise, Staats-Medaillen oder goldene, silberne und bronzene Medaillen. Derartige Medaillen wurden zum Reklameschlager und gern als Dekoration für Rechnungsköpfe verwendet. (58, S. 57)

Rechnungskopf der Firma Albert Oechelhaeuser (58, S. 60)

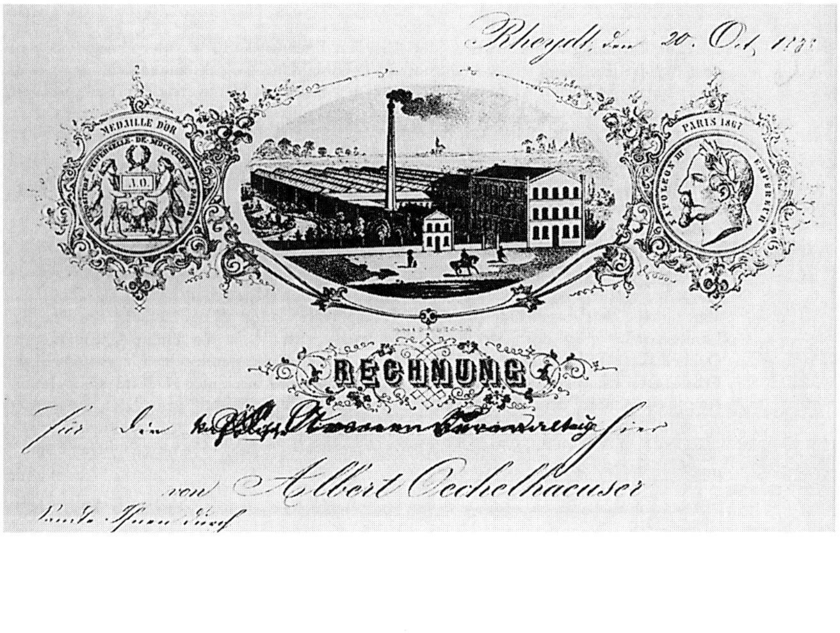
Rheydt, den 20. Oct.
MEDAILLE D'OR
PARIS 1867
RECHNUNG
für
von Albert Oechelhaeuser

Auch die Firma Albert Oechelhaeuser hatte auf der Pariser Weltausstellung im Jahre 1867 eine Goldmedaille erworben. Eindrucksvoll, mit Ornamenten großzügig ausgeschmückt, ist diese Medaille auf der Rechnung vom 20. Oktober 1888 zu sehen. Die Firma wurde 1863 unter dem Namen Zartmann & Oechelhaeuser gegründet. 1870 wurde der Firmenname in Albert Oechelhaeuser geändert. Albert Oechelhaeuser gab das Unternehmen im Jahre 1898 auf. In diesem Jahr liefen dort 120 mechanische Webstühle für Hosenstoffe.

Der Rechnungskopf der Mechanischen Weberei Hertmanni & Deussen stammt vom 28. Februar 1903. Die Firmengebäude im Vordergrund des Bildausschnitts sind vom Lithographen »optisch stark übertrieben dargestellt worden; in Wirklichkeit waren sie kleiner. Der Bildausschnitt zeichnet sich aber durch eine vorzügliche und für den Ortskenner relativ genaue Einbeziehung der Firmengebäude in das Gesamtbild der Stadt M.Gladbach aus.« (58, S. 92)

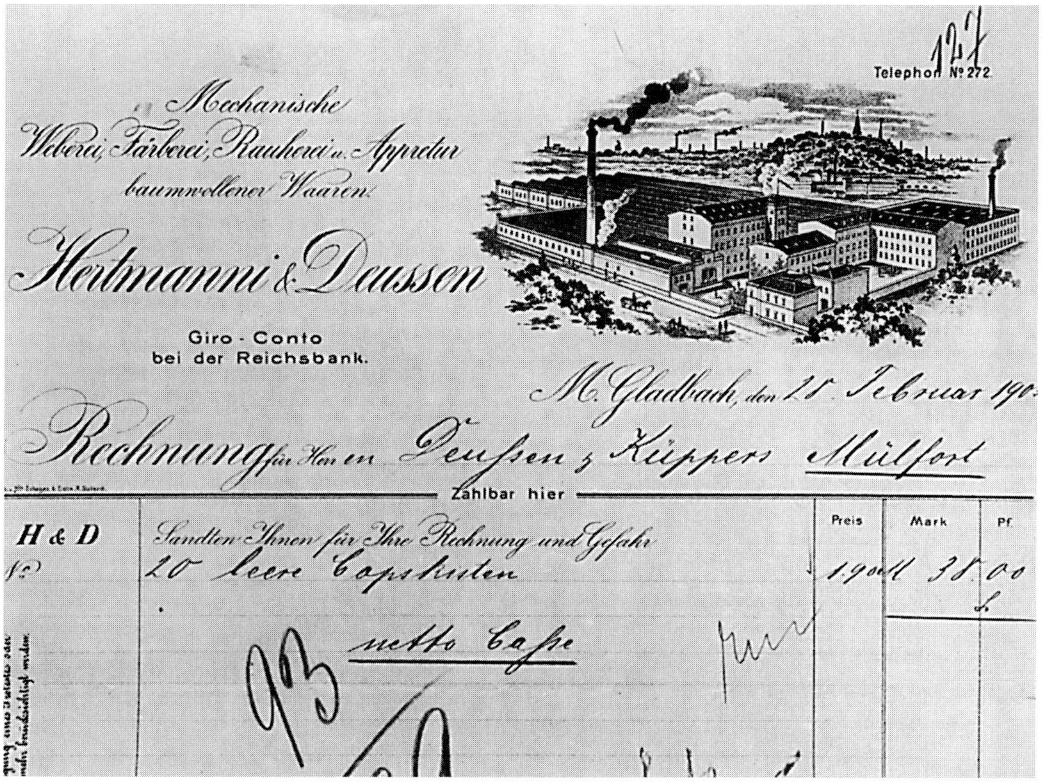

Rechnungskopf der Firma Hertmanni & Deussen (58, S. 93)

Auf dem Briefbogen von 1917 sind die Betriebsgebäude der Mechanischen Weberei Michels wiedergegeben. Als Betrachter bekommt man einen überwältigenden Eindruck. Aber auch hier sind die Maßstäbe verschoben, und der Betrieb erscheint größer, als er war. Außerdem waren in dem großen Fabrikgebäude auch noch andere Firmen untergebracht. Die Weberei Michels hatte in diesem Gebäudekomplex Raum und Kraft gemietet. Auffallend an dem Briefkopf ist die Darstellung einer Jacquard-Maschine und einer Rauhmaschine. Zu dieser Zeit war Heinrich Bolten, der zusammen mit Paul Michels 1887 begonnen hatte, Alleininhaber der Weberei Paul Michels & Co. (58, S. 117)

Im folgenden werden noch einige Beispiele aus der Spätzeit der lithographischen Darstellungen auf Firmenbögen gegeben. Es fällt auf, daß die Verwendung von Ornamenten und schmückenden Beiwerken auf den Rechnungs- und Briefbögen ungefähr ab der Jahrhundertwende rückläufig war. In den nächsten Abbildungen ist auch zu sehen, daß die Schrift immer »nüchterner«, immer sachlicher wird und von den Verschnörkelungen abrückt.

Die nächste Abbildung zeigt einen Briefbogen der Tuchfabrik Wilhelm Rees. Dieser Betrieb liegt im Stadtteil Wickrath, der 1975 in die Stadt Mönchengladbach

Rechnungskopf der Firma Paul Michels & Co. (58, S. 117)

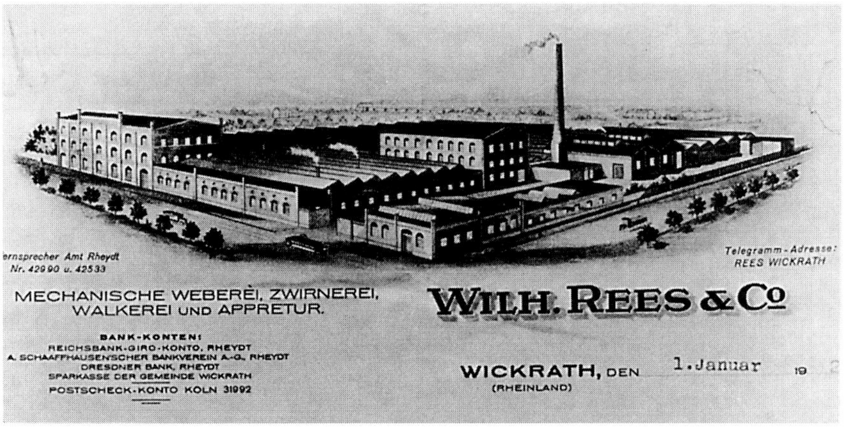

Briefkopf der Firma Wilhelm Rees (58, S. 134)

eingemeindet wurde. In Wickrath siedelten erst spät und nur vereinzelt Industriebetriebe an. Wilhelm Rees kaufte 1911 die Betriebsgebäude der 1886 unter dem Firmennamen Wilhelm Nacken gegründeten Weberei und richtete eine Baumwollweberei ein. Wenige Jahre nach der Gründung stellte er den Betrieb auf Tuchfabrikation um und produzierte hochwertigere Oberstoffe. Die Firma Wilhelm Rees existiert heute noch und kann sich weiterhin am Markt behaupten. Sie hat nach wie vor ihre Betriebsgebäude an der Poststraße 40 in Wickrath und wird vom Enkel des Firmengründers geleitet. Der Briefbogen vom 1. Januar 1929 zeigt die Gebäude an der Poststraße. Im Hintergrund ist ein Eisenbahnzug auf der dort vorbeiführenden Strecke Gladbach-Wickrath-Aachen eingezeichnet.

Als nächstes folgt ein Briefkopf der Firma Ludw. Junkers & Cie. aus dem Jahre 1922.

Der Name »Junkers« spielte in der textilindustriellen Entwicklung Rheydts von Anfang an eine nicht unbedeutende Rolle. Verschiedene Angehörige dieser weit verzweigten Familie, die in früheren Jahrhunderten in den Ortsteilen Morr und Pongs als Ackerer, aber auch schon als Hausweber tätig waren, machten sich im Verlauf des 19. Jahrhunderts selbständig und gründeten eigene Textilfirmen. Zu ihnen gehörte auch der 1791 in Morr geborene Ludwig Junkers. Er gründete 1818, u. a. mit seinem Bruder Joh. Peter, ein »Fabrik-

Briefkopf der Firma Ludw. Junkers & Cie. (58, S. 135)

geschäft in Baumwollwaaren«, aus dem dann im Jahre 1828 die Firma »Ludw. Junkers & Cie.« hervorging.

Das Unternehmen stellte hauptsächlich baumwollene und halbwollene Hosenzeuge her, die in alle Welt verkauft wurden. Im Juli 1966 gab der letzte Inhaber, Herbert Junkers, den Betrieb auf. (58, S.135f.)

Nach dem Zweiten Weltkrieg sind Rechnungs- und Briefbögen mit lithographischen Firmenansichten nur noch vereinzelt verwendet worden.

Zu beachten ist aber auch, daß sich viele hiesige Firmen der lithographischen Darstellung auf ihren Firmenbögen überhaupt nicht bedient haben, sei es, daß sie deren Reklamewert nicht erkannt haben oder eine solche Werbung bewußt nicht für notwendig erachteten. Das gilt nicht nur für kleinere Unternehmen; auch Großbetriebe unseres Raumes haben oft auf jedes schmückende Beiwerk auf ihren Firmenbögen verzichtet oder allenfalls nur die Schriftzüge auf Rechnungen der Lithographie entnommen. Sicherlich werden dabei oft auch nüchterne Sparsamkeitsüberlegungen eine Rolle gespielt haben. Das gilt vor allem für das ganze 19. Jahrhundert, dessen strenge bürgerliche Lebensauffassung vielfach vom Konfessionell-Religiösen her bestimmt war und sich als Verhaltensweise auf die wirtschaftlichen Gegebenheiten auswirkte. Es mag sicherlich eine grobe Vereinfachung sein, die industrielle Entwicklung unseres Raumes etwa mit der Grundeinstellung des Calvinismus in Verbindung zu bringen. Aber so viel ist gewiß, daß er auf dem wirtschaftlichen Betätigungsfeld »den Geist der Unaufwendigkeit, des strengen, auf die Firma bezogenen Sparens förderte«. Es ist daher durchaus denkbar, daß manche Firmen des Gladbach-Rheydter Wirtschaftsraums auch aus diesem Grund auf eine aufwendige Gestaltung ihrer Firmenbögen verzichteten. (58, S.165)

Inflationsbeschwerden nach dem Ersten Weltkrieg (nach Horst Dilthey, 44)

Der Staat sah sich bei minimalen Einnahmen einer Flut von Verpflichtungen gegenüber. Hinterbliebenenrente mußte für eine Million gefallener Soldaten bezahlt werden, die Kosten der fremden Besatzungstruppen waren zu tragen, die entlassenen Soldaten brauchten ein Übergangsgeld, und vor allem die Kriegsschulden, die man Deutschland auferlegte, wurden fällig. Der Staat wußte sich nicht anders zu helfen, als Banknoten ohne Golddeckung weiter drucken zu lassen. Dadurch erhöhten sich aber auch seine Kosten laufend, denn kein Beamter konnte sich bei den früher üblichen Bezügen am Leben erhalten; es mußten die Preise aller Dienstleistungen in ständig sich vergrößerndem Tempo erhöht werden.

Kostete noch während des Krieges das Porto für einen Brief 10 Pfg., so erhöhte sich das schnell auf 10 Mark, 100 Mark, 1000 Mark, 1 Million und schließlich sogar 1 Milliarde, das sind 1000 Millionen Mark! Was war die Folge: Wer 10000 Mark erspart hatte (das entspricht ca. 50000 DM des Jahres 1983), konnte sich dafür kein Streichholz mehr kaufen; wer 1 Million Schulden hatte, war sie über Nacht los. Wer rechtzeitig – natürlich illegal – Schuhe, Lebensmittel oder Stoffe gehamstert hatte, war ein reicher Mann. Die kleinen Leute verloren ihr Geld; die Sachwertbesitzer kamen fast ungeschoren davon; Hamsterer und Kriegsgewinnler waren die Neureichen der Zeit.

Einen festen Punkt gab es auf diesem Geld- und Währungskarussell, – den amerikanischen Dollar. Ursprünglich einmal mit 4,20 Goldmark bewertet, stieg er bis zum Herbst 1923 auf 4,2 Billionen Mark, das sind 4200 Milliarden Mark! Wer sich durch Tausch- oder Handelsgeschäfte ohne gesetzliche Absegnung mit Fremdwährungen versorgen konnte, war ein gemachter Mann.

Devisen waren Trumpf; wer die täglich sich ändernden Devisenkurse nicht kannte, geriet unter die Räder. Ich erinnere mich, daß mein Violinlehrer Schobert, ein Geigenspieler des M'Gladbacher Orchesters, glücklich war, als mein Vater ihn mit einem holländischen Guldenstück bezahlte. Dieses Geld war ja noch etwas wert!

Irrsinnig schwer muß damals auch die täglich neue Berechnung der in der Fabrik gefertigten Baumwollgarne gewesen sein. Berechnet wurden diese nach altem Brauch – bis 1931 – in Englischen Pfund, Shilling und Pence, abhängig vom täglich veröffentlichten Baumwollpreis der New Yorker, Bremer oder Liverpooler Börse. Ich kann mir denken, daß da oft nach oben aufgerundet, die Entwicklung der nächsten Woche vorweggenommen wurde. Wer Sachwerte und Rohstoffe hatte, der verdiente damals gut, zumal nach dem vierjährigen Krieg ein ungeheurer Hunger nach Fertigerzeugnissen herrschte.

Im Herbst 1923 nahm der Spuk ein Ende. Unter Führung des Reichsbankpräsidenten Helferich wurde die Rentenmark, später die Reichsmark eingeführt. 1 Billion Papiermark wurden zu einer RM. Der Staat war seine Kriegsschulden, die er im Inland aufgenommen hatte, los. Mit echtem Geld konnte nun wieder gewirtschaftet werden. Die Sparer und alle diejenigen, die geglaubt hatten, das Geschäft ihres Lebens zu machen, indem sie Sachwerte zu Geld machten, hatten das Nachsehen.

Werbeanzeigen

Im Jahre 1922 fand in Mönchengladbach die »Industrie- und Gewerbeschau im Gladbach-Rheydter Industriebezirk« statt. In dem Führer durch diese Ausstellung sind fast 80 Werbeanzeigen allein von Webereien aus dem Untersuchungsgebiet veröffentlicht. (157) Für die Unternehmen war es wichtig, sich auf Ausstellungen zu präsentieren, um auch über das Stadtgebiet hinaus bekannt zu werden. Fast genauso wichtig war es, eine Werbeanzeige in solch einem Ausstellungsführer zu plazieren, da diese Führer das fachkundige Publikum, potentielle Kunden und Lieferanten, durch die Ausstellung und auch darüber hinaus begleiten.

Dementsprechend sind diese Anzeigen auch gestaltet. Es scheint eher die Absicht dahinterzustehen, das Erinnerungsvermögen der Fachbesucher zu unterstützen, als Werbung für ein Unternehmen zu machen und durch auffällige und ansprechende Layouts aufzufallen. Die Werbeanzeigen sind sehr sparsam gehalten und beinhalten oft nur die allernötigsten Daten. Einige willkürlich herausgegriffene Anzeigen sollen dies als Beispiele verdeutlichen. Sie sind nicht in Originalgröße wiedergegeben, sondern wurden verkleinert.

Im gleichen Jahr, also 1922, erschien das Buch »Rheydt« mit dem Untertitel »Deutsche Städtebaukunst – Wirken und Werke deutscher Selbstverwaltung«. In dieser Veröffentlichung, die von der Stadtverwaltung herausgegeben wurde, wird die Geschichte und Entwicklung Rheydts geschildert, und es wird auch auf einige wichtige Firmen eingegangen. (158) Im Anzeigenteil dieses Buches präsentieren sich einige Rheydter Webereien in großzügigen Anzeigen, teilweise ausgeschmückt mit lithographischen Firmenansichten.

Seiten 426 und 427: alle Abbildungen aus 158

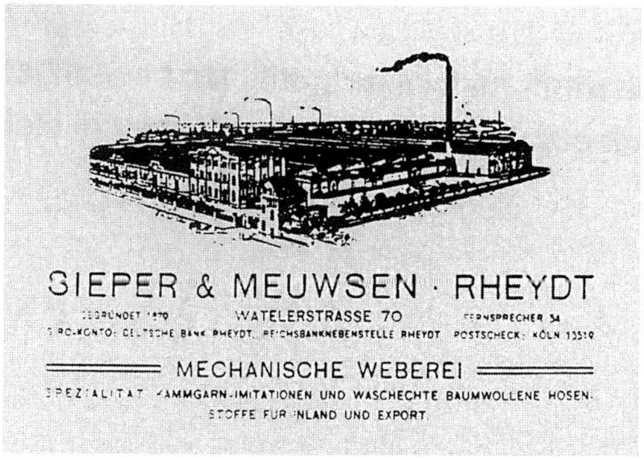

Auch hier sind einige Beispiele in verkleinerter Form wiedergegeben.

Ein ähnliches Buch ist 1927 für Mönchengladbach erschienen. Auch dieses Buch mit dem Titel »Deutschlands Städtebau – M.Gladbach« sollte die Entwicklung und damalige Bedeutung der Stadt widerspiegeln und für Mönchengladbach werben. Einige bedeutende Firmen werden auch in dieser Veröffentlichung im Textteil beschrieben. Im Anzeigenteil ist eine große Anzahl repräsentativer Werbeanzeigen Mönchengladbacher Webereien zu finden. (124)

unten: aus 124

aus 124

Besonders eindrucksvolle Werbeanzeigen sind im sogenannten »Kunstdruckteil« des Einwohnerbuches der Stadt Mönchengladbach von 1943 zu finden. (135) Bei der Betrachtung dieser Anzeigen darf man die damaligen Umstände nicht außer acht lassen. Es war das vierte Kriegsjahr des Zweiten Weltkrieges. So heißt es denn auch im Geleitwort des damaligen Oberbürgermeisters Keyßner: *Die Tatsache, daß während des gegenwärtigen Krieges nun schon das zweite Adressbuch erscheinen kann, ist ein eindeutiger Beweis, daß das Leben in der Heimat unbeirrbar und gesichert weitergeht. Möge das Buch durch die wohlgelungene künstlerische Ausstattung und durch seinen umfassenden Inhalt ein Faktor sein, allen Freunden M.Gladbachs das innere und das äußere Gesicht der Stadt zu vermitteln.*

aus 135

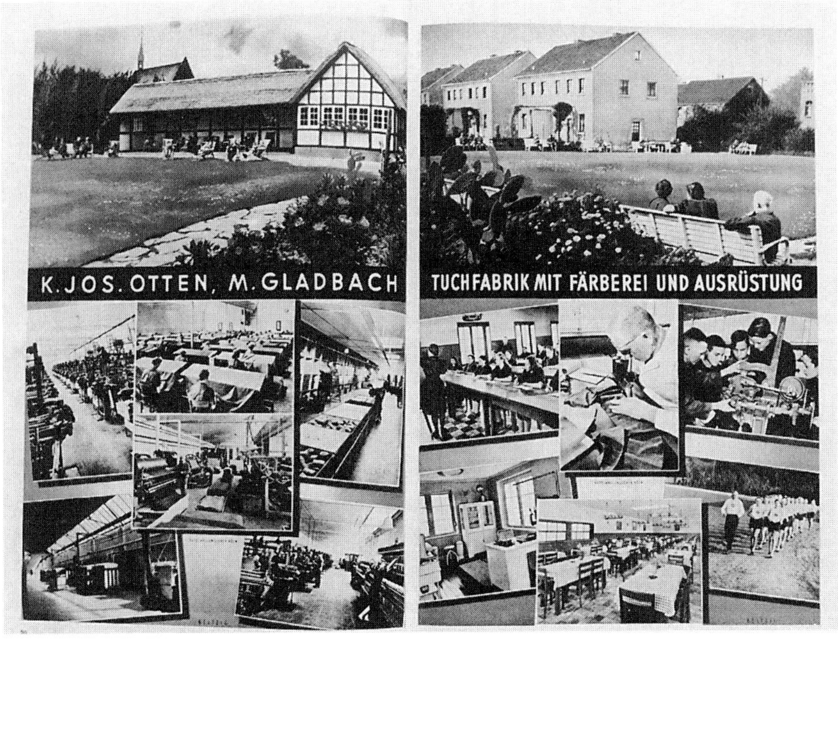

Es fällt auf, daß auf sämtlichen Abbildungen nichts vom Krieg zu sehen oder zu spüren ist. Im Gegenteil, es wird eine heile, funktionierende Welt vorgegaukelt. Unterstützt wird dies durch die Auswahl der Motive und die teilweise sehr intensive Farbgebung. Außerdem muß davon ausgegangen werden, daß es sich mindestens teilweise bei den präsentierten Firmen um NS-Musterbetriebe gehandelt hat. Weiter fällt auf, daß die Werbeanzeigen der Webereien überwiegend, bis auf eine Ausnahme, von Tuchfabriken stammen.

Eine weitere Ausstellung fand im Jahre 1950 statt. Ihr Titel war »Jubila«. Es war die

Aus dem Einwohnerbuch von Mönchengladbach 1943 (135)

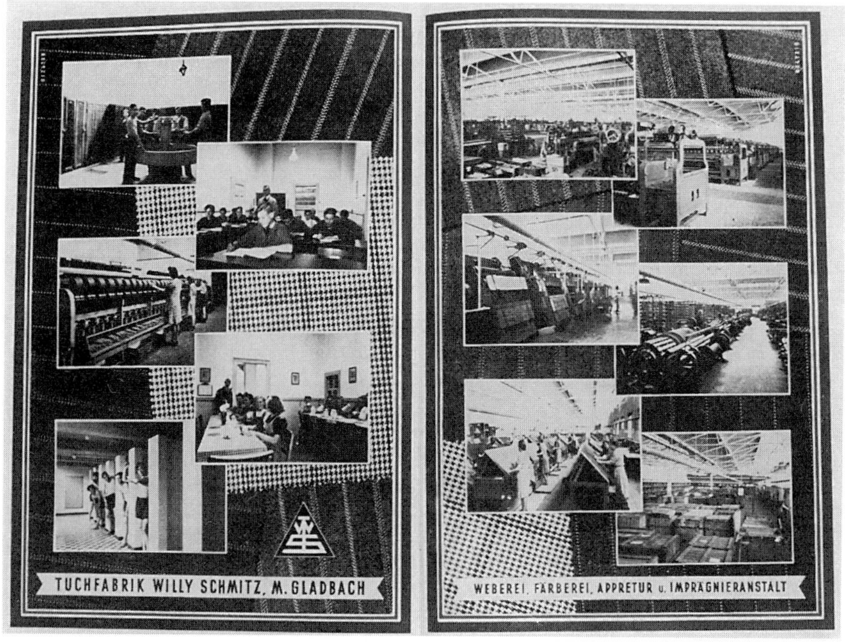

»Jubiläums-Ausstellung M.Gladbach zur 600-Jahrfeier der Stadt«, eine »Niederrheinische Traditions- und Leistungsschau«. Auch zu dieser Ausstellung wurde ein Katalog herausgebracht, in dem zwischen den Texten und Ausstellerverzeichnissen Werbeanzeigen plaziert wurden. (134) Die Anzeigen dieses Kataloges sind aufgrund des zur Verfügung stehenden Platzes nicht so großzügig dimensioniert wie im Katalog der Ausstellung von 1922. Die Beispiele

unten:
aus dem Schau-Katalog (134)

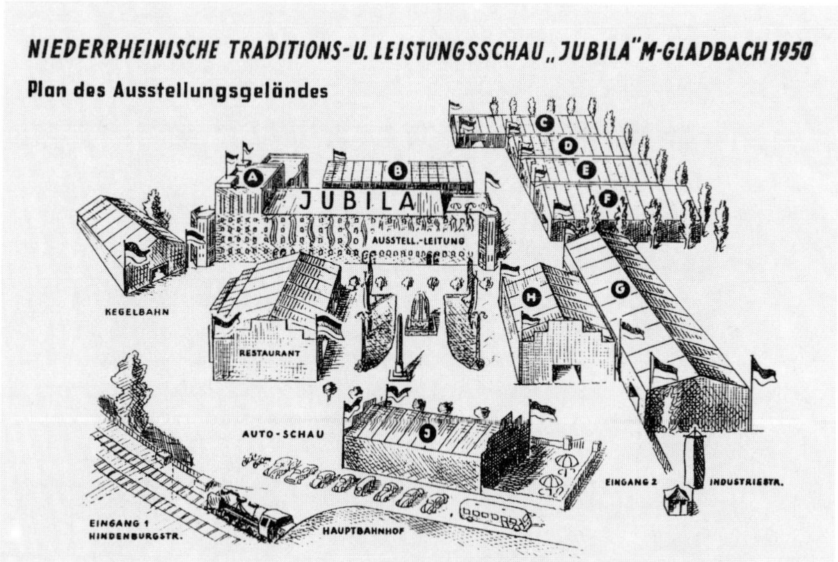

sind verkleinert wiedergegeben. Die »Jubila« fand in und an der »Schule am Platz der Republik« - dem ehemaligen »Industrieschloß« - statt.

HERMANN THOMAS
TUCHFABRIK
M.GLADBACH

HEINRICH THOMAS K.G.
TUCHFABRIK
M.GLADBACH

J.P. PETERS & CO.
MÖBELSTOFFWEBEREI
M.GLADBACH-ENGELSHOLT
Gingterstraße 99a

Hans Krusenbaum & Co.
TUCHWEBEREI
M.Gladbach
Marienkirchstraße 33-37 - Fernsprecher Nr. 8705

Lüpertz & Scheit
MECH. WEBEREI
M.GLADBACH-VENN
Ruf 8978

F.W. Jakobs Co. G.m.b.H.
M.GLADBACH
Eickener Str. 186
TUCHFABRIK-BAUMWOLLWEBEREI

FRIEDRICH W. STEINRATHS
SEIDENWEBEREI
Schirmstoffe, Futterstoffe, Damenkleiderstoffe, Wäschestoffe u. Regenmantelseide
Verkaufsabteilung
M.Gladbach-Rheindahlen
Erkelenzer Straße

Wilhelm Fröde
Tuchfabrik
M.Gladbach

JOHANNES GREVEN MECH. WEBEREI
SPEZIALITÄT:
GENUA-CORD · REITCORD
PILOT · VELVETON
DAMEN-KLEIDERSTOFFE
FERNSPRECHER 6456 M.GLADBACH ERNST BRASSE STR 20 22

HEINRICH SIMONS G.M.B.H.
M.GLADBACH
Baumwoll-Buntweberei
Fabrikation hochwertiger Rauhwaren
Spezialität: Schlafdecken, Kinderdecken, Bettuchbiber
Moltons, Kalmucks, Morgenrockstoffe
WINDELFLANELLE
Filterstoffe für die Industrie aus Baumwolle u. synth. Fasern

Arthur Dilthey
WEBEREI
DAMENKLEIDERSTOFFE
aus Zellwolle und Baumwolle
bedruckt und uni gefärbt
Spezialität: Cord

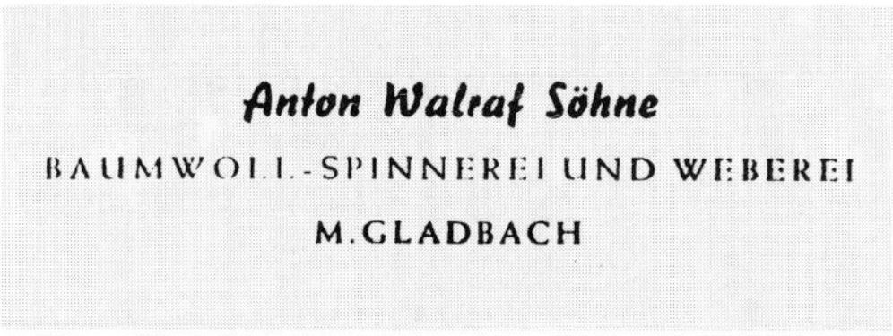

Manager der heraufziehenden Moderne machen Werbung (im Jahre 1950) – alle Abbildungen der Seiten 430 und 431 aus 134

Die Moderne

Im Bereich der Textilindustrie von Mönchengladbach stellt sich die dritte technische Revolution um 1960 mit der Einführung des Sulzerprojektilwebautomaten dar. Die Textilproduktion wird sehr anspruchsvoll und benötigt neue Leitung. Die Moderne der Bekleidungsindustrie wird nach dem Zweiten Weltkrieg mit der dritten technischen Revolution in Form fließbandunterstützter Fertigung mit sinnvollen Materialflüssen eröffnet. Außerdem gewinnt die Vermarktung der Bekleidung enorme Bedeutung. In der Textil- und Bekleidungsindustrie macht sich ein neues Selbstverständnis, nämlich dasjenige des modernen Managers, breit und nimmt die Geschicke der Industrien in die Hand.

Die Kompensationszeit nach dem Zweiten Weltkrieg (nach Horst Dilthey, 44)

Ende Dezember konnte ich meine Arbeit bei AD&S [Aug. Dilthey & Söhne] aufnehmen. Der Betrieb war durch zwei Bombenangriffe im August 1943 und Dezember 1944 schwer getroffen worden. Die dreigeschossige Spinnerei I an der Schlachthofstraße war ein einziger großer Bombentrichter, der Rest ausgebrannt. Spinnerei II, an der Niers gelegen, hatte auch zwei schwere Bombentreffer erhalten; die beiden Ballenschuppen und ein Teil der Werkstätten waren abgebrannt. Im Bürogebäude hatte der Dachstuhl Feuer gefangen, aber das Erdgeschoß und der Keller blieben benutzbar. Im wesentlichen unversehrt geblieben waren die Spinnerei III, ein Flachbau, in dem die Zwirnerei untergebracht war, die Garage, die beiden Kesselhäuser, die Turbinen, Schlosserei, Schreinerei und Elektrowerkstatt.

Da durch den Luftdruck der Bomben kein Fenster mehr heil geblieben war, hatten Wind und Regen alle Maschinen, soweit sie nicht zerstört oder ausgeglüht waren, unbrauchbar gemacht. Der ganze Komplex machte einen unsagbar traurigen Eindruck.

Die erste Tagesproduktion, die ich in meiner Statistik erfaßte, betrug 750 kg, von ehemals 220 000 Spinnspindeln waren nur noch ca. 8000 betriebsbereit. Selbst bei der damals noch üblichen 6-Tage-Woche mit 48 Stunden Arbeitszeit konnte damit keine Rentabilität des Betriebes gegeben sein.

Auch andere Spinnereien hatten Kriegsschäden erlitten, Maschinen waren auch dort verrostet, aber bei uns waren es hoffnungslos veraltete Maschinen. Und nicht nur die Spinnereimaschinen waren veraltet. Das galt genau so für die mit Kohle handbefeuerten Dampfkessel, die zwischen 35 und 45 Jahre auf dem Buckel hatten, die nur für Fuhrwerke konzipierte Waage am zu kleinen Eingangstor, die Stehpulte der Buchhaltung bis hin zu den Plumpsklosetts im Betrieb. Außer der inzwischen in Rußland verlorengegangenen STAL Turbine II war die erforderliche laufende Modernisierung in den Vorkriegsjahren sträflich vernachlässigt worden.

Es fehlte alles und jedes, Roh-, Hilfs- und Betriebsstoffe, Reparatur- und Baumaterial. Was half es, daß einem jedes kg Garn von den Einkäufern aus den Händen gerissen wurde, es mußte ja erst einmal produziert werden.

Man kann sich das heute kaum mehr vorstellen. Von Lebensmitteln auf Marken abgesehen, gab es gegen die alte Reichsmark nichts mehr zu kaufen. Ziegelsteine, Zement, Fensterglas, Glühbirnen gab es zwar auch auf Bezugscheine, aber Produktion und Bedarf standen in einem derartigen Mißverhältnis, daß man sich auf eine 30jährige Wartezeit hätte einrichten müssen.

Aber da tauchten schon die ersten Tauschhändler im Büro auf. 5 kg Garn gegen einen Sack Zement; das war die einfachste, aber auch ungünstigste Form der Kompensation. Sinnvoller war es, 100 kg Garn an eine Nähgarnfabrik zu liefern, die dagegen 800 Rollen Nähgarn à 100 g zurücklieferte. Für 15 Rollen

Nähgarn konnte man aber bei geschicktem Handeln auch schon einen Sack Zement eintauschen. Beide Lieferungen wurden daneben in Reichsmark fakturiert und bezahlt. Wir tauschten Garn auch gegen textile Fertigwaren, Hemden, Unterhosen, Hosenträger, und auch die wurden wieder eingesetzt zum Einkauf von Kohle, Fensterglas, Autoreifen und, was mindestens genau so wichtig war, zur Entlohnung der Mitarbeiter.

Ein Stundenlohn von 70 Pfg. konnte niemand bewegen, in der Fabrik zu arbeiten, da doch eine einzige Zigarette auf dem Schwarzen Markt schon 6 Mark kostete. Bot man aber die Möglichkeit, für etwa 10% des Lohnes oder Gehaltes Textilien zu Normalpreisen zu beziehen, dann stimmte für den Mitarbeiter die Rechnung wieder. Gegen diese konnte er wieder Lebensmittel, Kohle und Zigaretten eintauschen.

Ungeahnten Segen bescherte uns ein Auftrag der englischen Besatzungsmacht, für den ägyptische Baumwolle zur Lohnverarbeitung angeliefert wurde. Die Beschäftigung war für einen Monat gesichert, aber es kam noch besser. Ein Hochwasser der Niers setzte die Spulerei und Teile des Lagers unter Wasser. Die schon hergestellten Garne waren also durch höhere Gewalt »vernichtet« oder »die Niers hinuntergeschwemmt«. Das konnte man uns nicht widerlegen, aber das Tauschwarenlager im Keller füllte sich wie durch Zauberhand wieder auf.

Unsere schwedische STAL Turbine, die eine Leistung von 2500 Kilowatt erbringen konnte, war unmittelbar nach der Besetzung von Rheydt durch die Amerikaner für die Stromversorgung der Stadt eingesetzt worden. Sie sicherte sechs Wochen lang die Versorgung der Krankenhäuser und des Wasserwerks.

Als 1947 wegen Kohlemangels und erzwungener Stromexporte die gerade wieder anlaufende Industrie zu schärfsten Restriktionen im Stromverbrauch gezwungen wurde, erreichte ich es nach mühsamen Verhandlungen mit dem NLK, daß wir Strom für einige Betriebe der Rheydter Textilindustrie einspeisen durften. Da wurden zwei Fliegen mit einer Klappe geschlagen. Wir konnten durch

Betriebsansicht Spinnerei I von Aug. Dilthey & Söhne (42a)

volle Auslastung der Leistung den Kohleverbrauch pro Kilowattstunde von 1,0 auf 0,65 kg senken. Gleichzeitig ließ ich mir von allen Strombeziehern 1 kg Kohle pro gelieferter kWh anliefern. 2000 t Kohle mußten allein von Juni 47 bis März 49 für die Lieferung zusätzlichen Stroms herangeschafft werden. Trotz des guten Geschäftes, das wir bei der Abrechnung machten, blieb die Kohleversorgung ein Problem. 1948 verfolgten wir den Plan, eine eigene Mini-Kohlengrube zu erschließen, die uns vielleicht 10 t Kohle täglich hätte liefern können, aber das Risiko der Arbeitssicherheit und der Partnerschaft mit schrägen Typen aus dem Ruhrpott erschien mir zu hoch.

Dann besserte sich die Versorgung, und wir mußten nun daran denken, daß die Kapazität bald nicht mehr ausreichen würde. Da lag in Mülheim noch eine beschädigte, größere STAL Turbine, die uns während des Krieges für unsere nach Bialystok ausgeliehene STAL II übereignet worden war. [...]

Firmenjubiläum

Kaum aus den USA zurückgekehrt, dem Land, in dem wirtschaftlicher Erfolg weit vor der Tradition rangierte, waren Vorbereitungen zu treffen für das 50jährige Geschäftsjubiläum von AD&S (Juli 1950). Diese Gelegenheit, das allgemeine Prestige der Firma, den Bekanntheitsgrad bei Kunden, Banken und Behörden zu heben, sollte man sich bei aller gebotenen Sparsamkeit nicht entgehen lassen. Das Fest sollte auch nach langer Unterbrechung endlich wieder mal eine Art Familientag werden, eine Gelegenheit, auswärts wohnende Verwandte wiederzusehen.

Da die unbestechliche Fotografie noch zu viel Schutt, Trümmer, Rost und alte Anlagen gezeigt hätte, beauftragte ich einen Grafiker mit der Illustration der Festschrift, die ich selbst verfaßte und gemeinsam mit dem Drucker, dem damaligen Kirchmeister Esser, überarbeitete und verbesserte. Musik sollte die Feier in der Stadthalle verschönern, aber DM 1000, die für das städtische Orchester unter Generalmusikdirektor Romanus Hubertus (er hieß wohl Hubert Römer) gefordert wurden, erschienen mir zu teuer. Nachdem ich mir jedoch eine Stunde lang in Krefeld ein Amateurorchester angehört hatte - grausame Katzenmusik war das -, kehrte ich reumütig zu Hubertus zurück.

Meine Festrede hatte ich gründlich ausgearbeitet. Ins Zentrum stellte ich den Anbruch einer neuen Zeit und die Notwendigkeit, durch sinnvolle Mitbestimmung aus Arbeitern Mit-Arbeiter zu machen. Da damals das erste Mitbestimmungsgesetz im Bundestag zur Beratung anstand, fand dieser Teil meiner Rede in der Presse besondere Beachtung.

Firmenschriften

Einige Gladbacher und Rheydter Unternehmen haben im Laufe der Zeit Firmenschriften herausgegeben. Anlaß dafür war oftmals ein Firmenjubiläum. Folgende Firmenfestschriften sind zum Beispiel im Stadtarchiv Mönchengladbach einzusehen:

- Arnz. Über 90 Jahre Max Arnz, Seidenweberei Rheydt.
- Bang. 100 Jahre Seide C. C. Bang. 1950.
- Frentzen & Hertel. 50 Jahre Frentzen & Hertel Rheydt 1906–1956.
- Gladbacher Wollindustrie AG. 75 Jahre Gladbacher Wollindustrie AG vorm. L. Josten 1882–1957.
- Junkers. 100 Jahre Samtbandweberei Joh. Junkers Nachfolger KG. Rheydt 1952.
- Junkers. 125 Jahre Ludwig Junkers & Co. Mechanische Weberei Rheydt 1828–1953.
- Otten-Tuche. Zum 50-jährigen Bestehen der Tuchfabrik K. Jos. Otten, Mönchengladbach 1909–1959.
- Rumpus AG. Friedrich August Tjaden – 25 Jahre auf der Kommandobrücke der Rumpuswerke. 1934–1959.

- Sasserath. Geschichte der Firma Johann W. Sasserath. Rheydt 1952.
- Siepermann. 100 Jahre Seidenweberei Constanz Siepermann. Mönchengladbach 1966.

Weitere Firmenschriften sind:
- Dilthey. Festvortrag auf der 150-Jahrfeier der Familie Dilthey von L. Beutin. Mönchengladbach 1954.
- Fellinger & Peltzer. Die Baumwollweberei Fellinger & Peltzer Mönchengladbach 1878–1953.
- Gier. 40 Jahre Tuchfabrik Josef Gier. Mönchengladbach 1950.
- Otten. 25 Jahre K. Jos. Otten. 1909–1934.
- Otten. Otten heute. 1966.
- Schwartz & Klein. 50 Jahre textilen Schaffens. Jüchen, Mönchengladbach 1950.
- Walraf. 25 Jahre Walraf Textilwerke AG Rheydt. 1931.

Die Firmenschriften sind geschrieben worden, um Geschäftsfreunden, Werksangehörigen und Freunden der Unternehmen überreicht zu werden. Dahinter steht einerseits die Absicht, für die Firmen zu werben und sich zu repräsentieren, und andererseits, sich für langjährige Treue bei Geschäftsfreunden und Mitarbeitern zu bedanken.

In der Einleitung der Firmenfestschrift zum 50jährigen Bestehen der Firmen Schwartz & Klein in Jüchen und Mönchengladbach heißt es:

Sie [die Firmen] sind sich dabei wohl bewußt, daß diese Darlegung nur einen kleinen Ausschnitt aus der Geschichte der Textilindustrie im niederrheinischen Raum darstellen kann. Gleichwohl glauben sie, daß diese nicht nur bei ihren Werksangehörigen und Geschäftsfreunden Interesse finden wird, weil sie ein lebenswahres Beispiel liefert, wie selbst in der schicksalschwersten Epoche dieses Raumes ein zielbewußtes und unverzagtes Unternehmertum mit seiner treu zu ihm stehenden Mitarbeiterschaft erfolgreiche Arbeit geleistet hat und also auch trotz der noch bestehenden großen Erschwernisse mit Zuversicht in die Zukunft blicken darf.

Eine Dankespflicht soll mit dieser Herausgabe verbunden sein. Dieser Dank gilt vor allem den Begründern und tatkräftigen ersten Inhabern der Firma, aber auch denen, die durch fleißige Mitarbeit und geschäftliche Unterstützung zum Aufstieg des Unternehmens beigetragen haben und ihm ihre Dienste auch fernerhin widmen. (160, S. 5)

In den Firmenschriften werden die Geschichte der Entstehung der Unternehmen, die Gründerpersönlichkeiten und die weitere Entwicklung durch sämtliche Höhen und Tiefen beschrieben. Man ist stolz auf das Geleistete! Ein Teil der Firmenschriften bettet die Firmengeschichte in die »große« Geschichte ein. Zwei Firmenschriften, die in dieser Hinsicht besonders auffallen, sind die der »Gladwolle«, beide von Paulheinz Quack geschrieben. So heißt

links: JOWESA-Tuche (aus: Geschichte der Firma Johann W. Sasserath Tuchfabrik, Rheydt. »JoWeSa« - Firmenprospekt 1952)

Moderne Firmenpräsentation auf der Tuchschau 1995 in Neuss (in Zukunft Euro-Tuch Düsseldorf): Der ungarische Designer Zoltán Bozsoki (rechts) »informiert« sich am Stand von »Aunde« (Achter & Ebels aus Mönchengladbach) als Zugpferd (aus: »Die Kammer«, 1995, Heft 11)

es denn auch in der Einleitung der Firmenschrift zum 75jährigen Jubiläum: *Dieses Buch will vom Wachsen des Werks und von den Wandlungen der Zeit berichten. Die 75 Jahre der Gladbacher Wollindustrie AG sollen zugleich mit dem Fortschreiten des allgemeinen Lebens sichtbar werden. Die Schrift möchte informieren, ohne zu langweilen. So kommt es nicht auf lückenlose Beschreibung, sondern darauf an, dem Betrachter und Leser die Möglichkeit der Nachempfindung zu bieten: wie wenig gleicht unsere Welt von heute noch der von 1882 - und wie glücklich und kraftvoll hat sich unser Werk in allen Bewegungen und Gefährdungen seither behauptet! [...] Diese Jubiläumsausgabe möchte als ein Stück Leben gelesen, betrachtet und immer einmal wieder hervorgeholt werden, eine Einladung: zurückzugehen über vergessene Wege, inne zu werden, wie sehr Welt, Zeit und Alltag gewachsen sind und welche Wandlungen auch hinter uns, den Menschen, liegen.* (190)

Vier Jahre später, im Herbst 1961, wurde die Firmenschrift mit dem Titel »Neues Werk auf altem Grund - Ein Rückblick auf die Entwicklung der Textil- und Tuchindustrie im Raum Mönchengladbach und ein Rundgang durch den nun fertiggestellten neuen Betrieb der Gladwolle« herausgegeben. Im Begleitbrief zu dieser Firmenschrift steht geschrieben:

Die Schrift will Ihnen aber nicht nur dieses neue Werk zeigen, sondern sie schildert Ihnen zugleich den alten Grund, auf dem es steht: die wechselvolle Textilgeschichte des Gladbacher Raumes seit der Zeit, als diese Gegend »das Flachsland« genannt wurde, bis zu unserer Gegenwart, in der sich der Gladbacher Raum zu Deutschlands bedeutendstem Kammgarnzentrum entwickelt hat.

Wir wünschen Ihnen auf diesem Weg vom Vergangenen ins Gegenwärtige, vom Flachs zu den Merinos, vom Leinen zum Kammgarn eine anregende Lektüre. Bitte, betrachten Sie diese Schrift als Zeichen unserer Verbundenheit! (192)

Auffallend sind auch die Firmenschriften der Tuchfabrik Otten. 1934 wurde eine Schrift zum 25jährigen Firmenjubiläum herausgegeben. In dieser erzählt der Firmengründer K. Jos. Otten in sehr persönlicher Form selbst. Eine sympathische Geste, die sonst in keiner Schrift anzutreffen ist, ist die Widmung. *Diese Schrift widme ich meiner lieben Frau! Sie hat während der langen Jahre des Aufbaus meines Werkes und auch in schweren Zeiten mir treu zur Seite gestanden. Ihrem stillen Mitwirken habe ich in hohem Maße die Erfolge meiner Arbeit mitzuverdanken.* (157)

Eine weitere Jubiläumsschrift wurde zum 50jährigen Bestehen der Firma herausgebracht. Auch diese fällt durch ihren persönlichen Stil auf. Die Rahmenhandlung besteht darin, daß ein Geschäftsfreund seiner Frau die Firma Otten zeigen will. Es ist ein Rundgang durch den ganzen Betrieb, mit vielen Fotos dokumentiert. Sogar Fotos des Privathauses sind zu sehen. Die Beteiligten dieser »Story« sind auch immer wieder abgebildet. (146)

Im Jahre 1966 wurde noch eine Firmenschrift mit dem Titel »Otten heute - 1966« herausgegeben. Diese Schrift wurde nicht aufgrund eines Jubiläums erstellt. Der Zweck dieser Schrift wird in der Einleitung erläutert:

Mit diesem Buch wollen wir allen, die unserem Hause verbunden sind, den informierenden Überblick geben: So sieht die Tuchfabrik K. Jos. Otten heute, 1966, aus.

Wir leben heute in einem allgemeinen Umbruch überkommener Formen und Vorstellungen. Alles ist im Fluß. In vielen Bereichen vollziehen sich Wandlungen: In der Politik und Wirtschaft, auf dem weiten Gebiet der Technik und auch in den zwischenmenschlichen, gesellschaftlichen Beziehungen.

In einer solchen Zeit ist es doppelt wichtig, Kontakt zu halten und im Gespräch zu bleiben, wenn man einander nicht fremd werden will. Uns liegt sehr an einem guten Kontakt mit allen unseren Geschäftsfreunden, insbe-

sondere mit unseren langjährigen Abnehmern und Lieferanten im In- und Ausland, zumal mit denen, die uns nur selten besuchen können.

In gleicher Weise wollen wir auch mit unseren Mitarbeitern und deren Familien immer besten Kontakt halten. Wir wollen gerade auch mit ihnen einmal über etwas anderes sprechen als nur die alltäglichen Dinge.

Denn je perfekter die Technik wird, desto wichtiger wird der Mensch. Wenn dieses Buch beschreiben will, was unsere Firma heute ist, dann müßte es eigentlich nahezu tausend Porträts zeigen: die Bilder aller Mitarbeiterinnen und Mitarbeiter, ganz gleich an welchem Arbeitsplatz. Denn sie alle sind »Otten heute«. Was würden wir bei den laufend steigenden Anforderungen an unsere Erzeugnisse mit den modernen Maschinen und Anlagen und der besten Organisation anfangen wollen, wenn wir nicht den hervorragenden Stamm fleißiger Mitarbeiter und die vielen strebsamen Nachwuchskräfte hätten! Gerade für diese jüngeren Mitarbeiter mag es interessant sein, durch diese Schrift mehr als bisher über den Betrieb zu erfahren.

Kontakt wollen wir aber nicht nur mit den bei uns Beschäftigten halten, sondern wir wollen eine gute Beziehung schaffen auch zu den Familien hin. Sie nämlich haben ein Recht darauf zu erfahren, wie die Umgebung beschaffen ist, in der sich der Mann oder die Frau, Sohn oder Tochter Tag um Tag bewähren.

So geben wir diese Schrift heraus, um auf diese Weise Kontakt zu halten und um Ihnen zu zeigen, was »Otten heute – 1966« ist. (157)

Ein weiterer Grund für die Herausgabe dieser Firmenschrift nur sieben Jahre nach der Jubiläumsschrift mag gewesen sein, daß 1966 nach einer Stagnation eine Rezession, nicht nur in der Textilindustrie, sondern in fast allen Sparten der deutschen Wirtschaft, eintrat. Es liegt nahe, daß die Tuchfabrik Otten während dieser schwierigen Zeit bei Geschäftsfreunden und Firmenangehörigen Vertrauen in ihr Unternehmen erwecken wollte.

Es bleibt festzuhalten, daß in diesen Firmenschriften natürlich nur Positives über die Firmen geschrieben steht. Schließlich wollen die Manager für sich werben und sich in bestem Licht präsentieren. Behält man diesen Umstand im Auge, so haben diese Schriften auch für die Geschichtsschreibung ihren Wert. Manche Begebenheit wäre ohne diese Firmenschriften wohl in Vergessenheit geraten.

Zukünftige Werbung setzt im übrigen auf teilweise völlig neue Berufsbilder.

Textillogistik als neues Berufsfeld für Manager (aus: »Die Kammer«, 1995, Heft 11)

Karriere mit Lehre

Jeder Industriezweig, der etwas auf sich hält und an seine Zukunft glaubt, fördert Forschung und Entwicklung, aber auch die Ausbildung des Nachwuchses. 16 junge Azubis aus dem IHK-Bezirk »Mittlerer Niederrhein«, darunter sechs Gesellen aus Mönchengladbach mit Bezug zur Textilfertigung, sowie deren zwei aus Viersen – acht fertige Auszubildende im Jahre 1995 mit der Note »sehr gut« aus dem Textilbereich unter 1385 sehr guten Prüflingen landesweit (NRW) – sind diese Landesbesten ausreichend, um der Textilbranche ihren Nachwuchs zu garantieren?

Nachwuchs findet die Textil- und Bekleidungsindustrie nicht nur auf der Ebene der Gesellen. In der FHN im Fachbereich Textil- und Bekleidungstechnik ist die Heranbildung von Meistern in mühsamen Samstagskursen alte Tradition. Die Techniker werden in der Technikerschule im »Industrieschloß« ausgebildet. Diplom-Ingenieure (FH) lernen ihr Metier an der Fachhochschule Niederrhein in der Webschulstraße im Fachbereich Textil- und Bekleidungstechnik. Dort werden auch im Rahmen eines Kooperationsabkommens

Herr Hessenauer, der sich im Mönchengladbach der 1960er Jahre um die Lehrlingsausbildung in der Bekleidungsindustrie bemühte (14a)

Gruppenbild mit Ministerpräsident Johannes Rau: 15 der 16 landesbesten Auszubildenden aus dem IHK-Bezirk Mittlerer Niederrhein nach der Überreichung der Urkunden (aus: »Die Kammer«, 71. Jahrgang, 1995, Heft 11)

mit der RWTH Aachen Gewerbelehrer für Textil und Bekleidung im Fach »Bekleidungstechnik« auf akademischem Niveau »trainiert«. Neuerdings erlaubt sogar eine Sondervereinbarung mit der Universität Dresden, daß Absolventen des Fachbereichs Textil- und Bekleidungstechnik nach Absolvierung von Zusatzprüfungen an der Universität Dresden promovieren können. Im Umfeld dieser Ausbildungsszene gibt es darüber hinaus Institutionen, die von alters her versuchen, der Textil- und Bekleidungsindustrie ihr Leben zu erleichtern.

Die Textilingenieurschule – eine leichte Geburt

Im Jahre 1896 wurde von der Stadt Rheydt beim preußischen Minister für Handel und Gewerbe die Errichtung einer Spinnschule in Rheydt beantragt, um den wachsenden Bedarf der Textilindustrie an Technikern zu sichern. Die Handelskammer in Mönchengladbach wurde beauftragt, eine Zusammenarbeit der Städte Rheydt und Mönchengladbach in dieser Angelegenheit herbeizuführen. Dabei fiel der Entschluß, eine

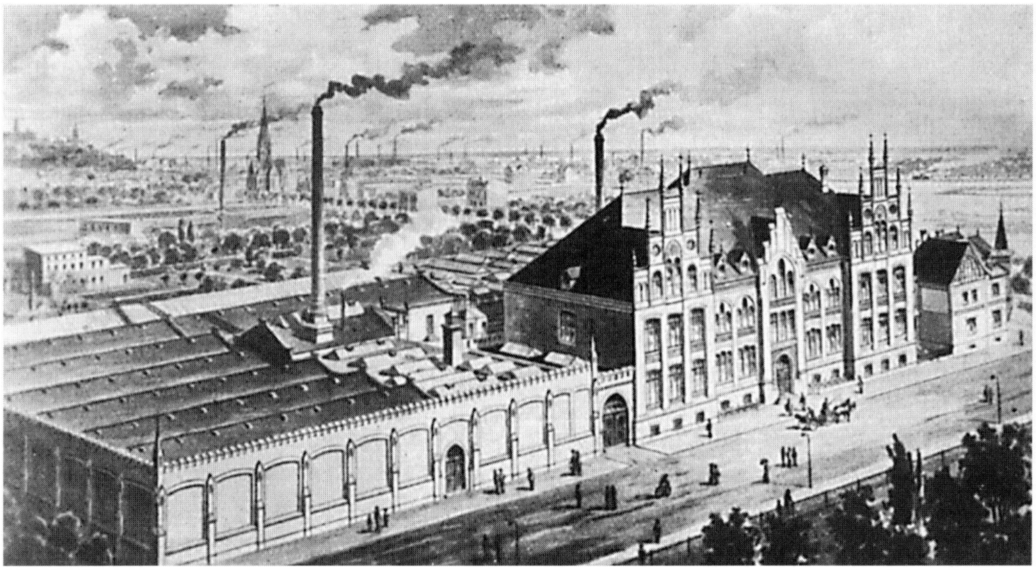

Preußische Höhere Fachschule für Textilindustrie im Jahre 1901. »Der Schule wurde als Besonderheit bei ihrer Gründung durch Hoheitsakt die Rechtspersönlichkeit verliehen« (48, S. 5)

Vollanstalt für Spinnerei, Weberei, Färberei und Ausrüstung an der Grenze der Städte Mönchengladbach und Rheydt zu errichten. Die Schule wurde gemeinschaftlich durch die Städte Mönchengladbach, Rheydt, Odenkirchen sowie mit Hilfe einiger angrenzender Gemeinden erbaut und 1901 fertiggestellt. Die Eröffnung der Preußischen Höheren Schule für Textilindustrie fand im April des Jahres 1901 statt. (209, S. 61)

Der Unterricht in der Färberei- und Appreturabteilung wurde erst im Oktober 1901 aufgenommen. Im Jahre 1912 wurde die Schule um eine Konfektionsabteilung erweitert. (9, S. 5) Die einzelnen Abteilungen der Schule gewährten den Absolventen eine abgeschlossene, wissenschaftlich-technische Ausbildung. Für Söhne von Fabrikanten, die sich für die Leitung eines gemischten Betriebes vorbereiten wollten, war es die Regel, daß mehrere Abteilungen nacheinander besucht wurden.

Prof. P. Schaab, Direktor in Mülheim (1889 bis 1900) und in Mönchengladbach (1901 bis 1907)

1914

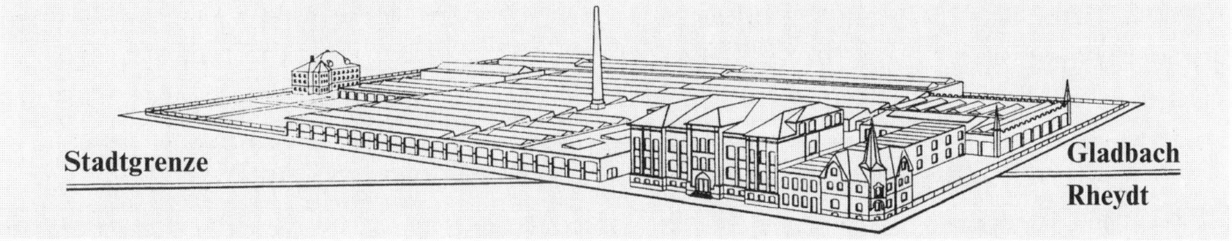

1958

Prof. F. Brenger, von 1908 bis 1935 Direktor in Mönchengladbach

1914

1914

Die an der Gründung der Webschule beteiligten Städte (alle 31a)

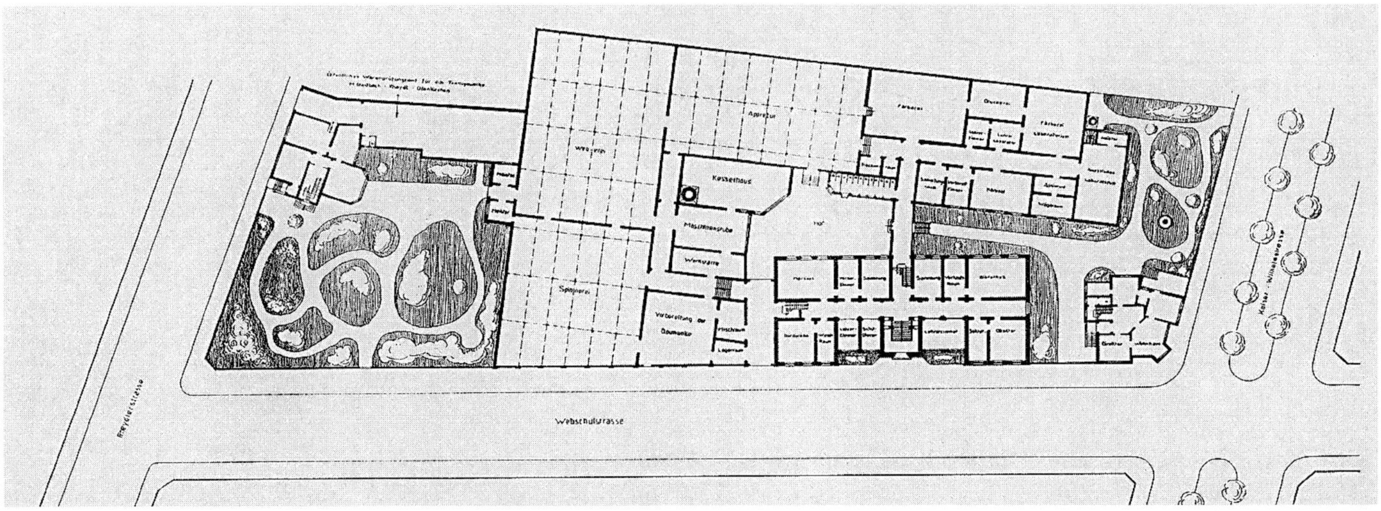

Preußische Höhere Fachschule für Textilindustrie in Mönchengladbach – Lageplan 1914 (31a)

Absolventen der Webschule vor 1910 (10a)
stehend, hintere Reihe von links: Bauer, Heymanns, Feldmann, Spinnen, Beckers, Heffels, Giesen, Frentzen;
stehend, mittlere Reihe von links: Mieken, Strasser, Lückgens, Vitz, Heymanns, Abels, Wehres, Hähnel, Heinen, Nolden;
sitzend, von links: Funken (Meister), Albrecht (Lehrer), Brenger (Prof. und Direktor), Simmerzheim (Lehrer), Joos (Meister), Spranger

oben:
Webschule nach 1910 – Absolventen und Dozenten (10a);
sitzend, von links: Simmerzheim (Lehrer), Joos (Meister), Albrecht (Lehrer), Funken (Meister), drei unbekannte Personen

Absolventen Jahrgang 1904 (31a)

Maschinenhaus, 1914 (31a)

Batteurraum, 1914 (31a)

Spinnerei, 1914 (31a)

Baumwollweberei, 1914 (31a)

Halbwollweberei, 1914 (31a)

Naßausrüstung, 1914 (31a)

Färberei, 1914 (31a)

Färbereilabor, 1914 (31a)

Trockenausrüstung, 1914 (31a)

Zuschneideraum, 1914 (31a)

Nähsaal, 1914 (31a)

Seite 447 oben:
Die Textilschule um 1920. (6a) Vor ihr, auf dem jetzigen Mensa-Gelände, befand sich ein Reitplatz (128)

Seite 447 unten:
Erste Absolventen in Textilveredlung nach dem Ersten Weltkrieg, 1920 (sitzend rechts: Nießen) (41a)

In der 1912 eröffneten Konfektionsabteilung fanden zunächst dreimonatige Ausbildungslehrgänge für Konfektionäre, Zuschneider, Bügler und Näherinnen statt. Hier wurde ausschließlich die Anfertigung von Männer- und Knabenkonfektion berücksichtigt. (91, o. S.) Diese erste Konfektionsabteilung Deutschlands hatte Zulauf aus dem ganzen Land. Die Studentenzahlen stiegen ständig.

1936 wurde die Preußische Höhere Fachschule für Textilindustrie in die Textilingenieurschule umgewandelt. Seit 1963 hieß sie Ingenieurschule für Textilwesen Mönchengladbach-Rheydt und seit 1965 Staatliche Ingenieurschule für Textilwesen.

Die Wirtschaftsgruppe Bekleidungsindustrie, der auch Erich Donner angehörte, veranlaßte eine Umwandlung zur Höheren

Die Nähereiabteilung in der Bekleidungsfachschule im Jahr 1938. (1a) Die Schule befindet sich in Vorbereitungen für den bevorstehenden Besuch von Mitgliedern der NSDAP. Im Vordergrund sitzt eine Schülerin an einer Singer-Nähmaschine. Der zweite von links ist Direktor Dr. Mecheels

Bekleidungsfachschule. Die Kursdauer stieg auf zwei Semester, und man strebte die Ausbildung von Bekleidungsingenieuren an. Dies wurde 1936 realisiert, als der Lehranstalt in Mönchengladbach als erster in Deutschland die Berechtigung zu dieser Ausbildung erteilt wurde. 1940 wurde die Ausbildung um betriebswirtschaftliche Fächer, wie Kostenrechnen, Betriebsorganisation, Leistungs- und Arbeitsplanung, ergänzt. (267, S. 34)

Prof. Dr.-Ing. Mecheels, Direktor von 1936 bis 1945 (31a)

Prof. Dr.-Ing. Mecheels: Die Textilindustrie im Rahmen des technischen Fortschritts (aus dem Jahr 1938)

Das Geschehen bewegt sich in Wellenlinien. Keine Industrie entwickelt sich gleichförmig. Viele große Wellen des technischen Fortschritts sind in wenigen Menschenaltern über die Welt gegangen. James Watt begründete das Zeitalter der Dampfmaschine und damit überhaupt der modernen Industrie. Das Genie eines Friedrich List steigerte die Wucht der Welle dieser technischen Entwicklung durch die Planung eines großen Eisenbahnnetzes, das den für die wachsende Industrie unentbehrlichen Verkehr bewältigen sollte. Industrie und Verkehr sind seither die Schlagadern unseres Wirtschaftslebens. Die Beherrschung der elektrischen Naturkräfte durch den Menschen und ihre technische Ausnutzung führte zu einer weiteren Vermehrung der technischen und kulturellen Hilfsmittel der Menschheit. Diese technischen Wellen wurden sodann ergänzt durch die Großtaten der Farbenindustrie und der übrigen chemischen Wissenschaft. Es begann der Austausch der Naturprodukte durch die Synthese. Kaum hatte sich auch die chemische Hochflut in das breite Bett des stetigen Ausbaues ergossen, als die Erfindung der Verbrennungskraftmaschine den menschlichen Geist zu höchsten Leistungen anfeuerte und ein neues Zeitalter anbrechen ließ. Die Textilindustrie hatte trotz vieler großer Erfindungen, die auf dem Gebiete der Mechanisierung lagen, eine solche Hochflut des Fortschritts noch nicht erlebt. Sie hielt sich maschinell auf dem jeweils neuesten Stande, kam aber vom Rohprodukt, von der Wolle, Baumwolle und Seide, vom Flachs und Hanf nicht los. Trotz des Beispiels auf dem Gebiete der Farben und Heilmittel sahen häufig gerade die bedeutendsten Männer keinen Weg, mit Hilfe der Synthese zu einem gebrauchstüchtigen Faserstoff zu gelangen. Wohl zeigte die Erfindung der Kunstseide den einzuschlagenden Weg. Die künstliche Faser konnte aber die Naturprodukte und damit die Abhängigkeit vieler Kulturländer von ausländischen Märkten weder wesentlich einschränken noch gar verdrängen.

Erst die Tat Adolf Hitlers und sein Wille, das deutsche Volk in seinem lebenswichtigen Bedarf unabhängig zu machen, gab den Anstoß zu der soeben aufsteigenden Welle in der textilen Technik. Die Produktion der Zellwolle geht sprunghaft in die Höhe, die Sorten, Erfindungen, Verbesserungen jagen sich. Was gestern richtig war, ist heute falsch. Alle Mittel der Chemie und Technik, Hirn und Faust des Menschen werden eingesetzt, um auch die menschliche Bekleidung vom Diktat des Naturstoffs zu befreien. Die Hochflut der Entwicklung braucht Männer und Nachwuchs. Junge Leute, die mit dieser Welle emporgetragen werden sollen, müssen Mut, Tatkraft und den Willen besitzen, nach den Sternen zu greifen.

Immer beneideten wir die Pioniere der Dampfmaschine, der Farbenindustrie und des Verkehrs, weil sie in die richtige Zeit hineingeboren wurden. Unsere heutige Jugend wurde in die Zeit der Faserstoffchemie und -technik hineingeboren. Möge sie diese Tatsache klar erkennen. Wenn ein technischer Beruf den jungen Menschen begeistern soll, so muß die Ausübung dieses Berufes für das Leben des Volkes wertvoll sein und außerdem die Fähigkeiten des Menschen voll ausnützen. Das Berufsbild des Textilingenieurs und -chemikers ist äußerst umfangreich, kurzweilig und interessant. Er muß die physikalischen und chemischen Eigenschaften der winzigen Faser genau so gut kennen wie die Aufgabe der größten Spinn-, Web- und Veredlungsmaschinen.

Nachkriegsprobleme

Die Kriegswirren zum Ende des Zweiten Weltkrieges haben im Zusammenhang mit Prof. Meechels ein Unikum an Diplomarbeit bezüglich deren administrativer Erledigung gebracht. Im Sommersemester 1944 schreibt cand. chem. W. Beines eine Diplomarbeit mit dem Thema »Über das Schlichten von Kunstseide«. Ausgeführt wurde die Arbeit am Institut für Textilchemie der TH Aachen in Mönchengladbach, wohin man das Institut wegen des Beschusses von Aachen durch die Amerikaner evakuiert hatte. Der Bericht über die Diplomarbeit wurde durch Prof. Dr.-Ing. Mecheels im mittlerweile nach Bönnigheim (1945) umgesiedelten »Institut für Textilchemie der TH Aachen« verfaßt. Der Korreferent Prof. Jenkel unterzeichnete in Göttingen, wohin das Institut für Physikalische Chemie der TH Aachen im Februar 1945 evakuiert worden war.

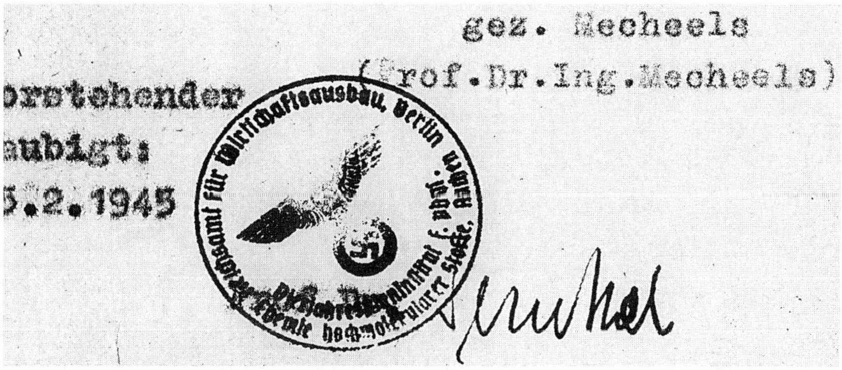
gez. Mecheels
(Prof.Dr.Ing.Mecheels)
orstehender
aubigt:
5.2.1945

(24a)

Die Kriegsereignisse machten die Zeit sehr schnellebig und verwischten Unterschiede zwischen verschiedenen Bildungseinrichtungen. Ob TH Aachen, Textilingenieurschule Mönchengladbach (wo Beines seine Arbeit in der Weberei Barten durchführte) oder Uni Göttingen – wenn nur gearbeitet werden konnte.

Mit einem anderen der vielen durch Kriegseinflüsse gefärbten Ereignisse mußte sich die Schulleitung 1957 auseinandersetzen. Heinrich Jansen, Schneidermeister aus

Erklärung

zur Eingabe Heinrich Jansen

Herr Jansen hat von 1941 bis zum Wintersemester 1943/44 unsere Schule besucht. Soweit ich mich erinnere, hat er, insbesondere im letzten Semesterabschnitt 1943 häufig abfällige Äußerungen über das damalige Regime gemacht. Einige dieser Äußerungen wurden von Studierenden der damaligen NS-Studentenschaft gemeldet und höchstwahrscheinlich an den Kreisleiter der damaligen NSDAP weitergegeben.

Die Angelegenheit wurde ausgelöst durch die Beschwerde eines schwerkriegsbeschädigten Studierenden, der sich durch die Äußerungen von Jansen in seiner soldatischen Ehre gekränkt fühlte. Der Name dieses Studierenden ist mir nicht mehr bekannt.

Der Lehrerrat unserer Schule wurde anschließend in der Angelegenheit beschäftigt und hat nach Anhören sowohl des Herrn Jansen als auch der Studentenvertretung den Ausschluß von Jansen beschlossen.

M. Gladbach, den 24. Mai 1957

(31a)

Eich/Worms, hatte an den Regierungspräsidenten einen Antrag auf Wiedergutmachung gestellt, weil ihm nach seiner Meinung durch das nationalsozialistische Regime Unrecht widerfahren war.

Die Schulgebäude wurden im Kriege größtenteils zerstört, so daß man die Schule nach Münchberg verlagerte, die Lehre aber schon kurz nach dem Krieg in behelfsmäßig ausgestatteten Räumen wieder aufnahm.

Zerstörung und Aufbau (31a)

Abbildungen Seite 450

oben rechts:
Treppenhaus der zerstörten Schule

unten links:
Zerstörte Schule - unterer Korridor

unten rechts:
Außenansicht - Webschulstraße

Abbildungen Seite 451

oben:
Wiederaufbau - Ausrüstung und Labore mit der heute noch im Gebrauch befindlichen Kochmaschine

unten:
Websaal mit Vorbereitung

Dr. E. Eigenbertz, Direktor in Mönchengladbach von 1947 bis 1960 (31a)

Außenansicht – Gartenseite, von der damaligen Kaiser-Wilhelm-Straße aus gesehen (31a)

Arbeitseinsatz der Studierenden (31a)

Beim Bau der neuen Aula (31a)

Blick vom Hochbau auf die zerstörten Hintergebäude (31a)

Arbeitseinsatz der Studierenden (40a)

Einrichtung der Textilingenieurschule im Jahre 1959 (31a)

Teilansicht - Blick in das Ausstellungshaus (Dr. Eigenbertz im Direktorenzimmer)

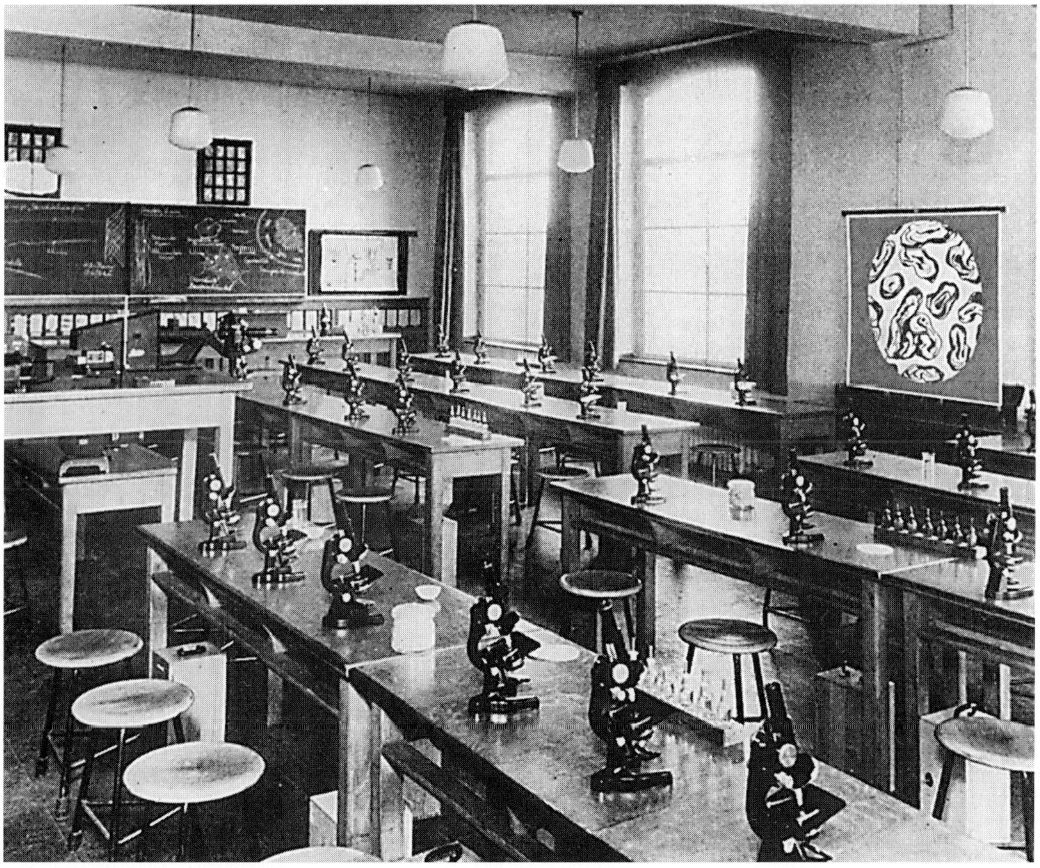

Teilansicht - Mikroskopiersaal

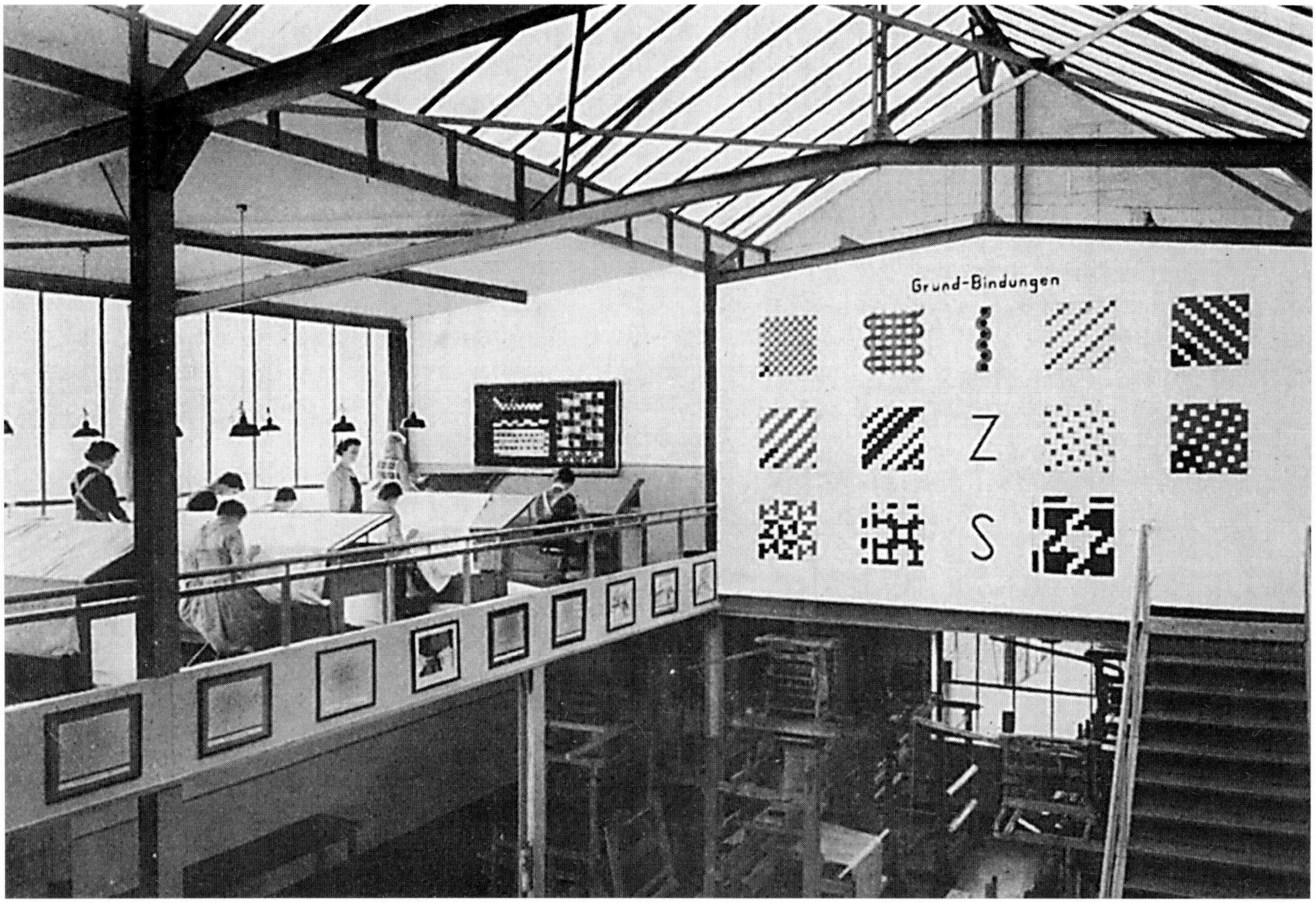
Grund-Bindungen
Z
S

Oberbaurat Dipl.-Chem. Dr. rer. nat. Hans Denks (von Hans G. Vogelsberg)

Die Politiker der Welt hatten sich gerade entschlossen, wieder einmal durch einen Krieg ihre Meinungsverschiedenheiten zu regeln, als Hans Denks am 30. August 1914 in Rheydt das Licht der Welt erblickte. In Rheydt besuchte er auch die Volksschule und später das Hugo-Junkers-Gymnasium, wo er 1933 das Abitur machte. Und sicher war es auch die Stadt Rheydt und die in der Umgebung reichlich vorhandene Textilindustrie, die seinen beruflichen Werdegang wesentlich beeinflußte. Denn wenn man sich mit Dr. Denks unterhält, kann man aus seinen Worten die Begeisterung für die Chemie und speziell die Textilchemie hören.

Nach dem Abitur absolvierte Dr. Denks zunächst ein Färbereipraktikum und betrat dann im Jahre 1935 zum erstenmal die Mauern, die noch heute seinen Wirkungskreis umschließen. Er begann sein Studium an der damaligen »preußischen höheren Fachschule für die Textilindustrie«. 1936, mit der Umbenennung in Textilingenieurschule, übernahm ein Mann die Leitung unserer Schule, von dem Dr. Denks nur mit Hochachtung spricht, denn er verstand es, seinen Schützlingen den Weg ins Berufsleben mit väterlicher Hand zu ebnen: Prof. Mecheels, Chemiker und Veredler.

Nachdem Dr. Denks sein Ingenieur-Studium im März 1937 erfolgreich abschloß, wurde er zum erstenmal mit der Wehrmacht konfrontiert. Als Assistent von Prof. Mecheels machte er Versuche zur chemischen Reinigung von Militärsocken und Mützen im Packsystem. Doch nur sechs Monate währte das Glück unbeschwerter Arbeit, dann »wurde Dr. Denks zu den Fahnen geeilt«. In elf Jahren und sechs Monaten gab man ihm ausreichend Gelegenheit, sich mit allen militärischen Gepflogenheiten vertraut zu machen. Nur einmal während dieser Zeit hatte er die Möglichkeit, ein Semester Textilchemie zu hören. Nach dem Kriege bemächtigten sich die Sowjets seiner, um ihn in Wologda zu »praktischen Übungen« anzuleiten. Schmunzelnd berichtet Dr. Denks von seiner »Tätigkeit« als Maurer, Schuhmacher und – nicht ohne

Dr. Hans Denks (31a)

Abbildungen Seite 456

Einrichtung der Textilingenieurschule im Jahre 1959 (31a)

oben:

Teilansicht – Tuch- und Kunststopferei

unten:

Teilansicht – Blick in die Musterweberei

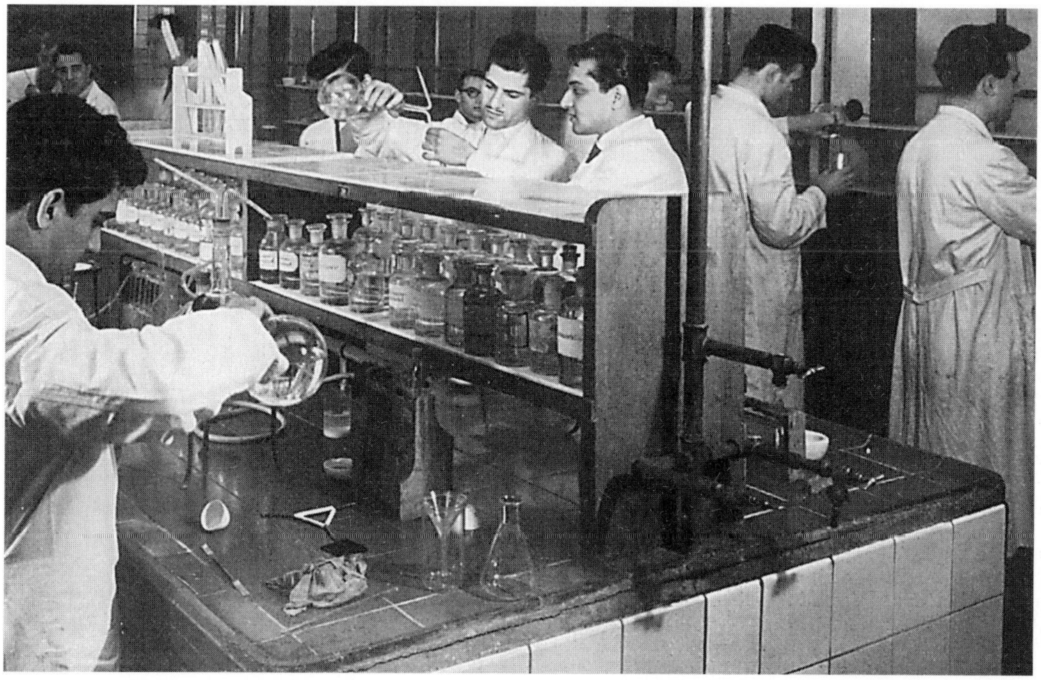

Chemiepraktikum 1956 (18a)

Teilansicht - Ausrüstung 1959 (31a)

Stolz - als Flößer auf der Wolga. Nach Deutschland zurückgekehrt, konnte Dr. Denks dank seiner guten Verbindungen zur TH Aachen 1948 sein Chemiestudium wieder aufnehmen.

Dr. Kehren - bis 1957 Leiter der Abteilung Textilveredlung -, der einen Lehrauftrag in Aachen hatte, verschaffte ihm eine Assistentenstelle in Mönchengladbach. Er war es auch, bei dem Dr. Denks seine Diplomarbeit schrieb und der ihn in das Lehramt an die Schule berief. Am 1. Juni 1956 promovierte Dr. Denks über »Klärung von tensid- und farbstoffhaltigen Abwässern«.

Teilansicht - Färberei 1959 (31a)

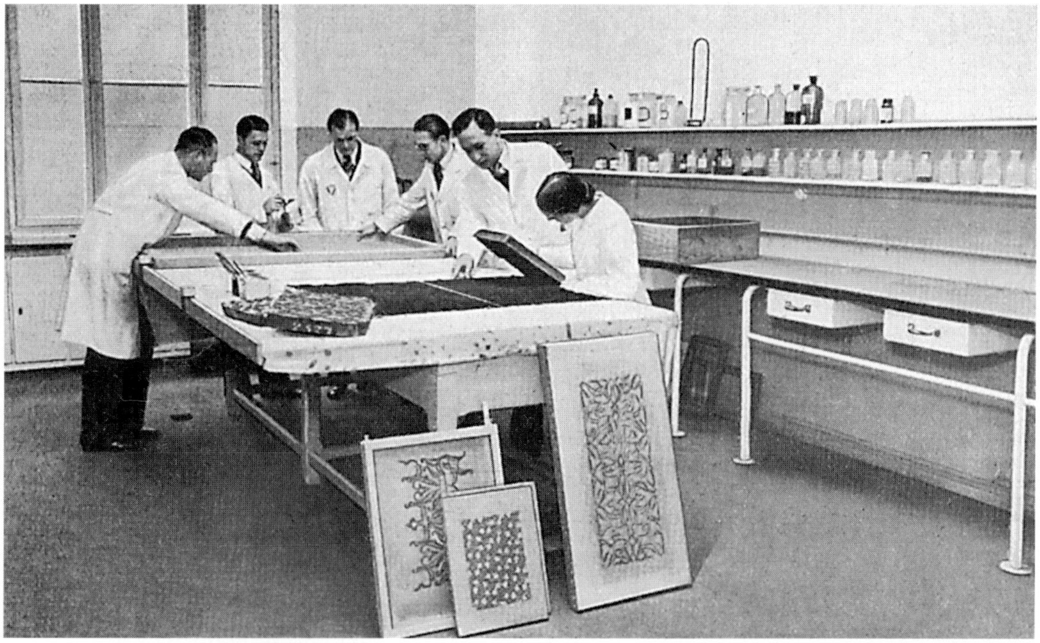

Handdruckerei 1959 (31a)

Rouleauxdruckerei 1959 (31a)

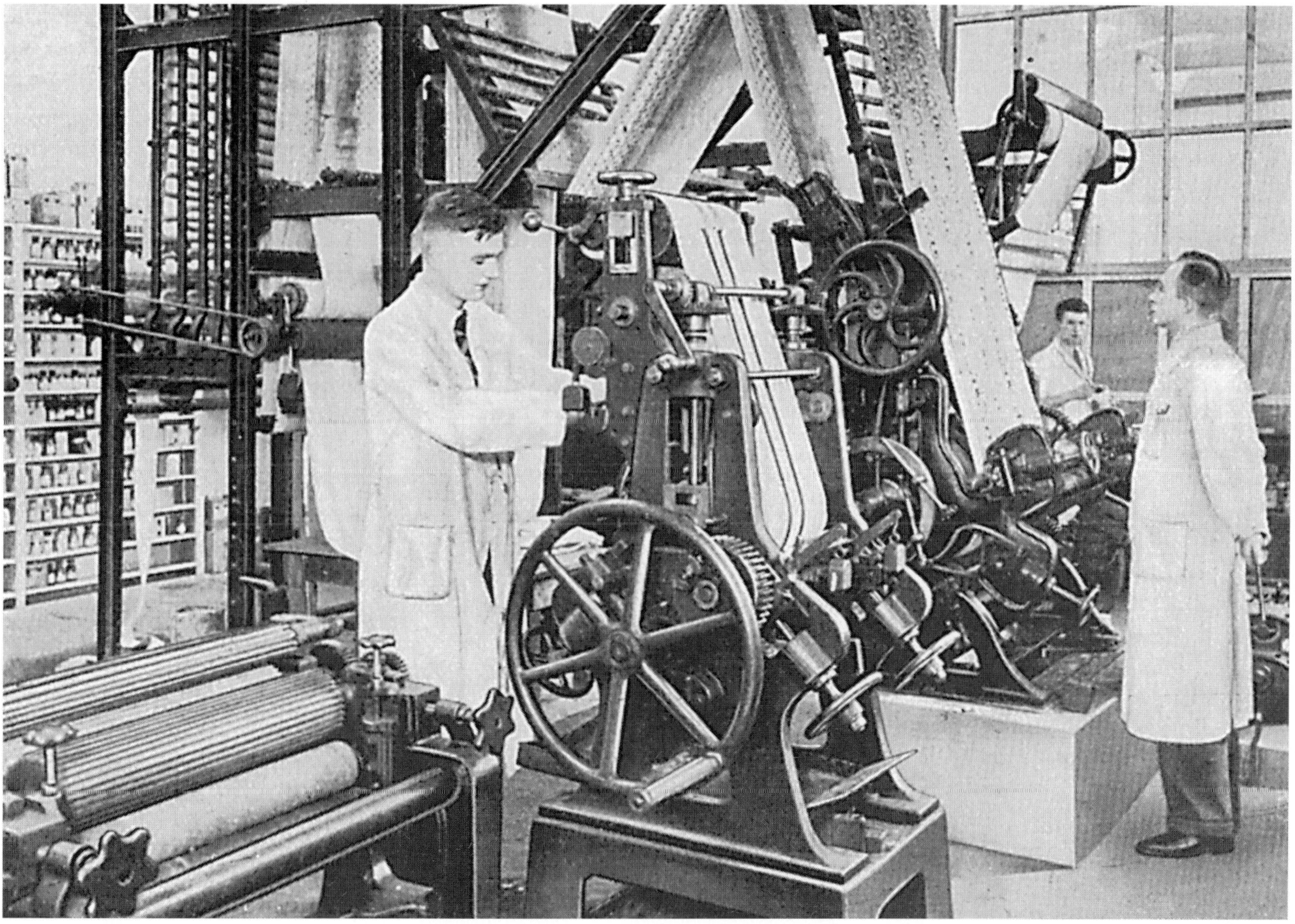

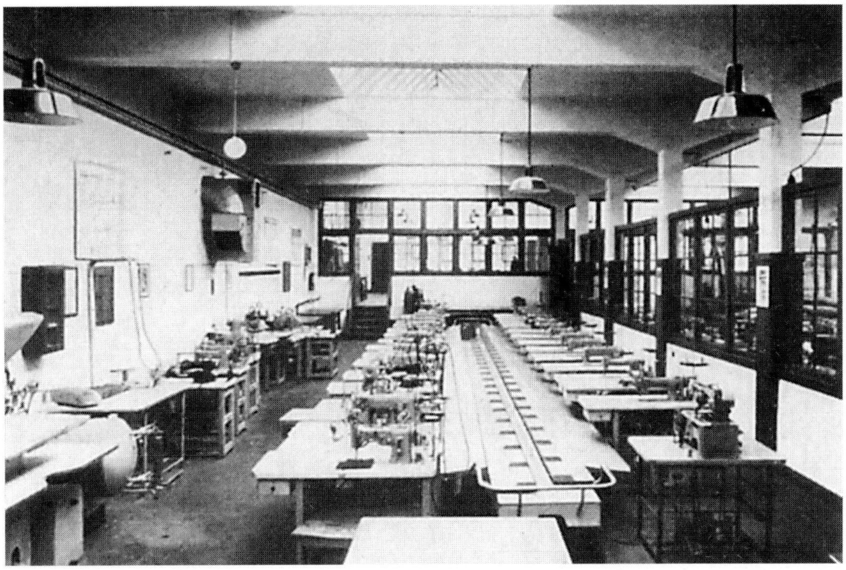

Oberbaurat Erich Donner

Der 1901 geborene Erich Donner lernte bei seinem Vater das Schneiderhandwerk und ging dann nach Berlin, wo er zunächst als Schneider arbeitete. Durch den regelmäßigen Besuch von technischen Abendkursen im Textilbereich bildete er sich so weit fort, daß er in den 30er Jahren an der hiesigen Höheren Preußischen Textilschule als Weblehrer eintrat. (265)

Ohne akademische Ausbildung hätte Erich Donner an der hiesigen Textilschule nicht Direktor werden können. Als er von der Bekleidungsschule in Münchberg das Angebot erhielt, dort Direktor zu werden, und er den Abschied von Mönchengladbach erwog, wurde für ihn eine Ausnahme gemacht: Er erwarb den Titel »Oberstudienrat« (später Oberbaurat) und war somit berechtigt, die Bekleidungsabteilung der Textilschule zu leiten. (265)

Das Engagement Donners, das die drei Bereiche der Technischen Entwicklung, der Ausbildung und der weitreichenden Information über dieselbe umfaßt, schuf für die gesamte Bekleidungsindustrie eine wissenschaftlich fundierte Basis, auf der sie sich zum heutigen Stand entwickeln konnte.

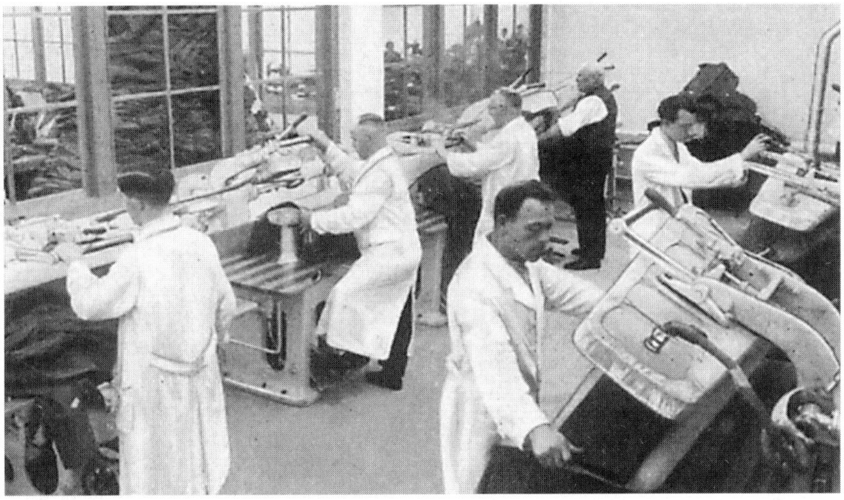

Bilder aus der Bekleidungsabteilung, 1959 (31a)

Seite 460

oben: Fließband für HAKA

Mitte: Bügelei

unten: Fließband für DOB

Seite 461 unten:
Übungssaal - Schnittkonstruktion und Modellentwurf

Donners Abschied, kurz vor seinem Tod (14a)

Oberbaurat Erich Donner. (266, o. S.) Das Bild stammt aus dem Nachruf, der anläßlich seines Todes 1983 in der Zeitschrift »Bekleidung + Wäsche« erschien

50-Jahr-Feier am 3. November 1951. Blick in den Festsaal bei der Ansprache von Direktor Dr. Eigenbertz.
1. Oberstadtdirektor Dr. Fleuster, Mönchengladbach; 2. Oberregierungsrat Schumacher, Regierung Düsseldorf; 3. Oberbürgermeister Scheulen, Rheydt; 4. Bankdirektor B. Spiegel, Mönchengladbach; 5. Oberschulrat Kuhlmann, Kultusministerium Düsseldorf; 6. Oberbürgermeister Justizrat Nonnenmühlen, Mönchengladbach; 7. Dipl.-Ing. Posselt, Wirtschaftsministerium Düsseldorf; 8. Prof. Dr. Achter, Mönchengladbach (31a)

8 7 6 5 4 3 2 1

Blick in die Aula während der Veranstaltung zur Fortbildung der Industrie 1956.
1. Prof. Dr. Achter, Mönchengladbach; 2. Fabrikant Fritz von Eynern, Düren-Aachen; 3. R. A. Dr. Pratje, Mönchengladbach; 4. Oberstudienrat Dr. Kehren, Textilprüfanstalt; 5. Fabrikant Alfred Otten, Mönchengladbach (31a)

5 4 3 2 1

Dr. E. Wedekind, Direktor in Mönchengladbach von 1961 bis 1966 (31a)

Sputnik und Hund Leika beobachten Dozenten sowie Studentinnen und Studenten – »Sonderflug des Sputnik X« am 6. Dezember 1957 in der Stadthalle »Fluggesellschaft DOB und HAKA III. Jg.« (14a)

Verabschiedung von 212 Studenten der Textilingenieurschule Mönchengladbach-Rheydt in der Rheydter Stadthalle im Februar 1963. (178) Links oben im Bild ist der damalige Leiter der Schule, Oberstudiendirektor Dr. Wedekind, zu sehen. Zweite Reihe vorn rechts: der für die Ausbildung der Veredler bis 1979 zuständige Heinz Fischer

Leistungsschau Höhere Bekleidungsfachschule an der Textilingenieurschule Mönchengladbach-Rheydt am 23. Juli 1958 in der Kaiser-Friedrich Halle (14a)

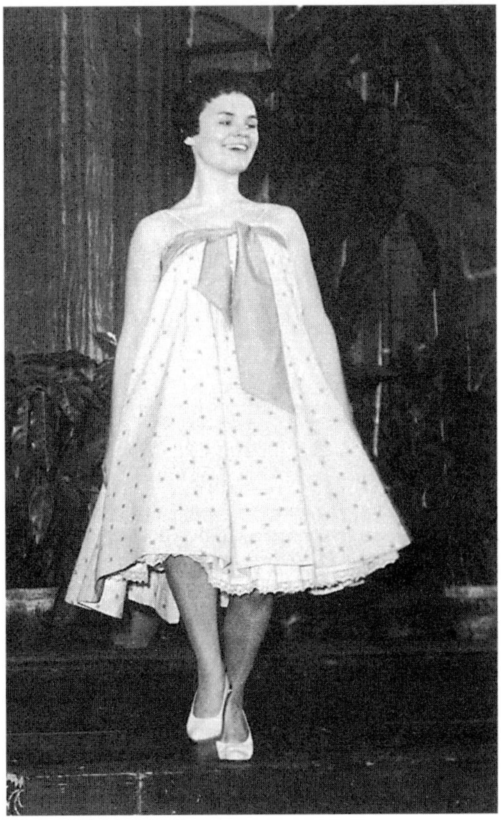

oben links:
Blick in die Kaiser-Friedrich-Halle während der Leistungsschau (14a)

oben rechts:
Fräulein Meier stud. ing. DOB, Modell »Bummel durch die Stadt« (14a)

unten links:
Modell »Babydoll« (14a)

unten rechts:
Fräulein Fröhlinger stud. ing. DOB, Modell »Ferienstimmung« (14a)

Die Fachhochschule - eine schwere Geburt

Nachfolger von Dr. Wedekind und neuer Direktor der Staatlichen Ingenieurschule für Textilwesen Mönchengladbach (SIT) und der ihr angeschlossenen Staatlichen Techniker-Fachschule für Textil- und Bekleidungswesen Mönchengladbach wurde 1966 Oberbaurat Dipl.-Ing. Josef Schneider.

Josef Schneider wurde 1920 in der Nähe von Mönchengladbach geboren, besuchte in Anrath die Volksschule und bestand später am Realgymnasium Krefeld das Abitur. Durch seinen Vater, der Weberobermeister war, erhielt er erste Kontakte zur Weberei. Das Studium an der Textilingenieurschule schloß er mit Auszeichnung ab. Später war er als Konstruktionsingenieur in Chemnitz und dann als Assistent bei der Gladwolle tätig. Anschließend nahm er sein Studium an der TH Aachen auf. Sein kurzes, aber intensives Studium finanzierte er als Hilfsassistent bei Professor Fuchs am Physikalischen Institut und bei Professor Sauer am Mathematischen Institut. 1944 kehrte er nach Mönchengladbach zurück, um dort an der Textilingenieurschule webereitechnischen Unterricht zu erteilen. Doch zuerst galt es, die 1944 zerstörte Schule wiederaufzubauen, wobei er selbst zur Schaufel griff.

1946 erfolgte die Ernennung zum Studienrat, und im gleichen Jahre erhielt er einen Lehrauftrag für Spinnereimaschinen an der TH Aachen, 1953 folgte der Lehrauftrag für Fabrikplanung. Während dieser Tätigkeit baute er dort das Textil-Technologische Institut auf. 1951 begann er mit seiner Arbeit am Lehrbuch »Webereivorbereitung«, das 1955 in erster und 1963 in zweiter Auflage erschien; 1961 folgte sein Buch »Webereimaschinen«.

1970 verließ Schneider die »SIT« in einer sehr kritischen Phase der Bildungseinrichtung: Diskussionen über die Errichtung einer Gesamthochschule in Mönchengladbach, das Tauziehen um den Standort einer eventuellen Fachhochschule zwischen den Standortbewerbern Krefeld und Mönchengladbach und der Kampf der verschiedenen Textilingenieurschulen in NRW, Sitz des konzentrierten Fachbereichs Textil- und Bekleidungstechnik an einer zu gründenden Fachhochschule zu werden, zerrten an den Nerven aller Beteiligten. Eine Dokumentation belegt die kurzfristige Realisierbarkeit einer Hochschule am Standort Mönchengladbach wie folgt:

1. Für das gesamtstrukturell schlecht entwickelte und hochschulmäßig bisher nicht versorgte Gebiet zwischen Rheinschiene und Maas ist die Gründung einer Hochschule notwendig.

2. Der Ballungskern Mönchengladbach-Rheydt ist wegen seiner Größe und Zentralfunktion der beste Standort für eine solche Hochschule. Durch die verkehrsgünstige Lage können gleichzeitig Entlastungsfunktionen für Hochschulen im Bereich der Rheinschiene – Duisburg, Düssel-

Prof. J. Schneider, Direktor in Mönchengladbach von 1966 bis 1970 (31a)

Technische Mechanik von »Schneider I«, 1957 (14a)

dorf, Köln - sowie für Aachen erfüllt werden.

3. Im Stadtgebiet Mönchengladbach-Rheydt ist geeignetes Gelände von mehr als 350 ha vorhanden, das nach Lage und Größe alle Voraussetzungen für die Aufnahme einer Hochschule mit mehr als 20000 Studierenden erfüllt. Die Integrierung der neu zu gründenden Hochschule in den vorhandenen Stadtkern und ihre unmittelbare Anbindung an das S-Bahn-Netz und die Bundesautobahn sind besondere Vorteile.

4. Die Gründung einer Fachhochschule mit vier Fachbereichen und einer Kapazität von 2500 Studierenden ist ohne Investitionen des Landes sofort möglich. Bis zum Jahre 1975 können die Voraussetzungen für einen Lehrbetrieb mit 5000 bis 8000 Studierenden geschaffen werden.

Im Jahre 1971 wurde die Fachhochschule Niederrhein durch Zusammenlegung der Ingenieurschulen für Textilwesen in Krefeld und Mönchengladbach gegründet. Erster Dekan des Fachbereiches Textil- und Bekleidungstechnik war bis 1994 Dr. Rolf Klinke. Mit Gründung der Fachhochschule im Jahre 1971 wurden die früheren isolierten Ausbildungsstätten, die Staatlichen Ingenieurschulen und Höheren Fachschulen, in größere Einheiten überführt, um mit höherer Effektivität modernen Ausbildungsanforderungen zu genügen. Dies wirkt sich ganz besonders auf das vergrößerte Bildungsangebot und die verbesserte personelle und sachliche Ausstattung der Einrichtungen aus. Die Fachhochschulen vermitteln durch praxisbezogene Lehre eine auf wissenschaftlicher oder ästhetischer Grundlage beruhende Bildung, die zu selbständiger Tätigkeit im Beruf befähigt. Darüber hinaus betreiben sie im engen Kontakt mit der Industrie Fortbildung und Weiterbildung. Im Rahmen ihres Bildungsauftrages können sie Forschungs- und Entwicklungsaufgaben wahrnehmen.

Es ist geschafft! Prof. Dr. R. Klinkes Hand hatte Erfolg! (46a)

Im Fachbereich Textil- und Bekleidungstechnik der Fachhochschule Niederrhein sind die technischen und gestalterischen Ausbildungsbereiche der traditionsreichen Bildungseinrichtungen zusammengefaßt worden:

1. Staatliche Ingenieurschule für Textilwesen Mönchengladbach;
2. Staatliche Ingenieurschule für Textilwesen Krefeld;
3. Staatliche Höhere Fachschule für die Bekleidungsindustrie Köln;
4. Staatliche Höhere Fachschule für die Bekleidungsindustrie Bielefeld.

Durch diese Konzentration entstand der in der Bundesrepublik größte Fachbereich »mit über 600 Studenten, 33 hauptamtlichen Fachhochschullehrern und 17 Lehrbeauftragten«.

Dies ermöglichte mit Beginn der Fachhochschule eine von allen Mitgliedern des Fachbereichs getragene Studienreform, die nicht nur durch eine umfangreiche Palette fachlicher Ausbildungsmöglichkeiten gekennzeichnet war, sondern auch einen Ausbildungsstil zu prägen hatte, der die Persönlichkeit des Studenten zum diskussionsfähigen Partner entwickelt, der in der Lage ist, selbständig Projekte zu lösen und sich auf der Basis des Erlernten in die technologischen und wirtschaftlichen Zusammenhänge der Zukunft einzuarbeiten. Das umfassende Lehrangebot, das für alle Studenten offen ist, wurde durch die Konzentration erst ökonomisch vertretbar. Den Studierenden wird mehr Entscheidungs- und Wahlfreiheit eingeräumt. Die enge Kommunikation mit den anderen Fachbereichen der Fachhochschule sorgt für zusätzliche Impulse.

Mit aus der Taufe gehoben hat dieses Konzept das Mitglied des Gründungsausschusses der FHN, Prof. Dr. R. Klinke, - ein Mann der ersten Stunde.

Endlich kommt 1978 auch die erlösende Nachricht aus dem Wissenschaftsministerium:

report

Fachhochschule Niederrhein Krefeld / Mönchengladbach — Januar 1978 — Nr. 1

Minister entschied: Konzentriert wird am Niederrhein!

Textil- und Bekleidungstechnik bald nur noch an FHN
(aus »FH report«, Januar 1978, Nr. 1)

Die lange erwartete Entscheidung ist jetzt gefallen: Die Ausbildung in Textil- und Bekleidungstechnik wird mit beiden Studienrichtungen und sämtlichen Schwerpunkten ab Wintersemester 1978/79 für Studienanfänger nur noch von der Fachhochschule Niederrhein (FHN) angeboten werden.

Zu dieser Konzentration in der Fachrichtung Textil- und Bekleidungstechnik an Fach- und Gesamthochschulen in Nordrhein-Westfalen hat sich jetzt Wissenschaftsminister Johannes Rau entschlossen. Er folgte damit der Empfehlung einer unabhängigen Gutachterkommission, die sich bereits im Frühsommer dieses Jahres für eine Konzentration der Ausbildung am Fachbereich Textil- und Bekleidungstechnik der Mönchengladbacher Abteilung der FHN ausgesprochen hatte.

Als »richtige Sachentscheidung« begrüßte der Prorektor und Leiter des Fachbereichs Textil- und Bekleidungstechnik der Fachhochschule Niederrhein, Prof. Dr. Rolf Klinke, den Entschluß des Ministers. Sie fördere zukünftig die Qualität der Ingenieurausbildung in dieser Fachrichtung.

Prof. Dr. Klinke betonte, daß sich bereits vor Gründung der Fachhochschulen die damaligen vier Ingenieurschulen für Textilwesen einig gewesen seien, daß eine Konzentration aus sachlichen Gründen bei der Entwicklung der Industrie einerseits und der Notwendigkeit einer leistungsstarken Ausbildung andererseits unabdingbar sei.

»Wir waren nach der Gründung der Fachhochschule Niederrhein mit einer Zusammenfassung der traditionsreichen Ausbildungen in Mönchengladbach und Krefeld bereits in der Lage, den ersten Schritt in diese Richtung zu gehen«, unterstrich Prof. Dr. Klinke.

Als erste Folge seiner Entscheidung hat Minister Rau die Fachhochschule Aachen und die Gesamthochschule Wuppertal gebeten, ab Wintersemester 1978/79 keine Studienanfänger mehr einzuschreiben und Bewerber über die Studienmöglichkeiten in Mönchengladbach zu unterrichten.

In einer ersten Stellungnahme erklärte der Rektor der Fachhochschule Niederrhein, Prof. Dr. Karlheinz Brocks, die FHN sei dankbar, daß der Minister sich der Gutachtermeinung angeschlossen und für eine »sachgerechte Lösung«, nämlich die Konzentration an einem Hochschulort, entschieden habe. Der Dank gelte aber auch

145 Jahre Textilausbildung in Nordrhein-Westfalen

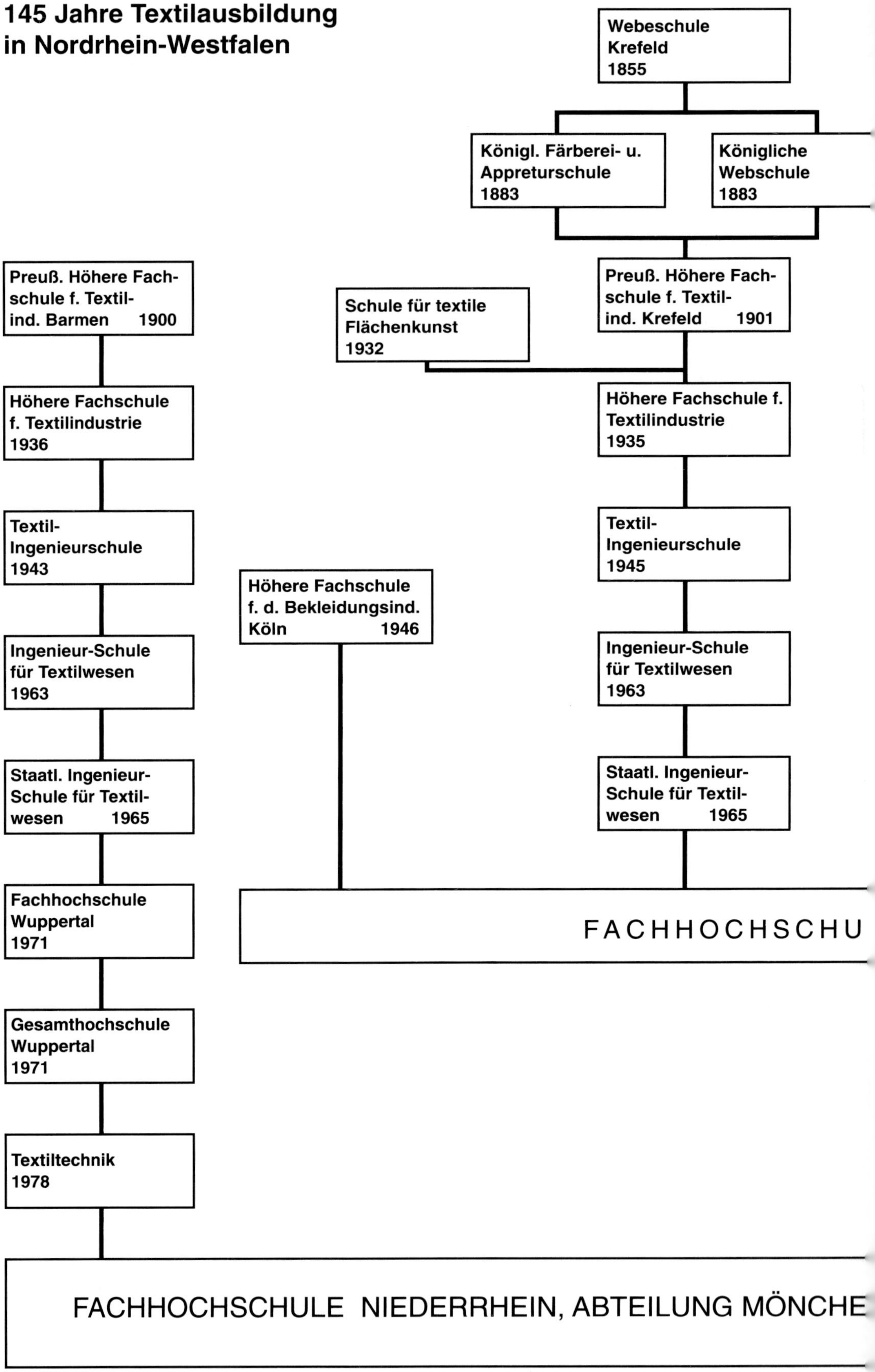

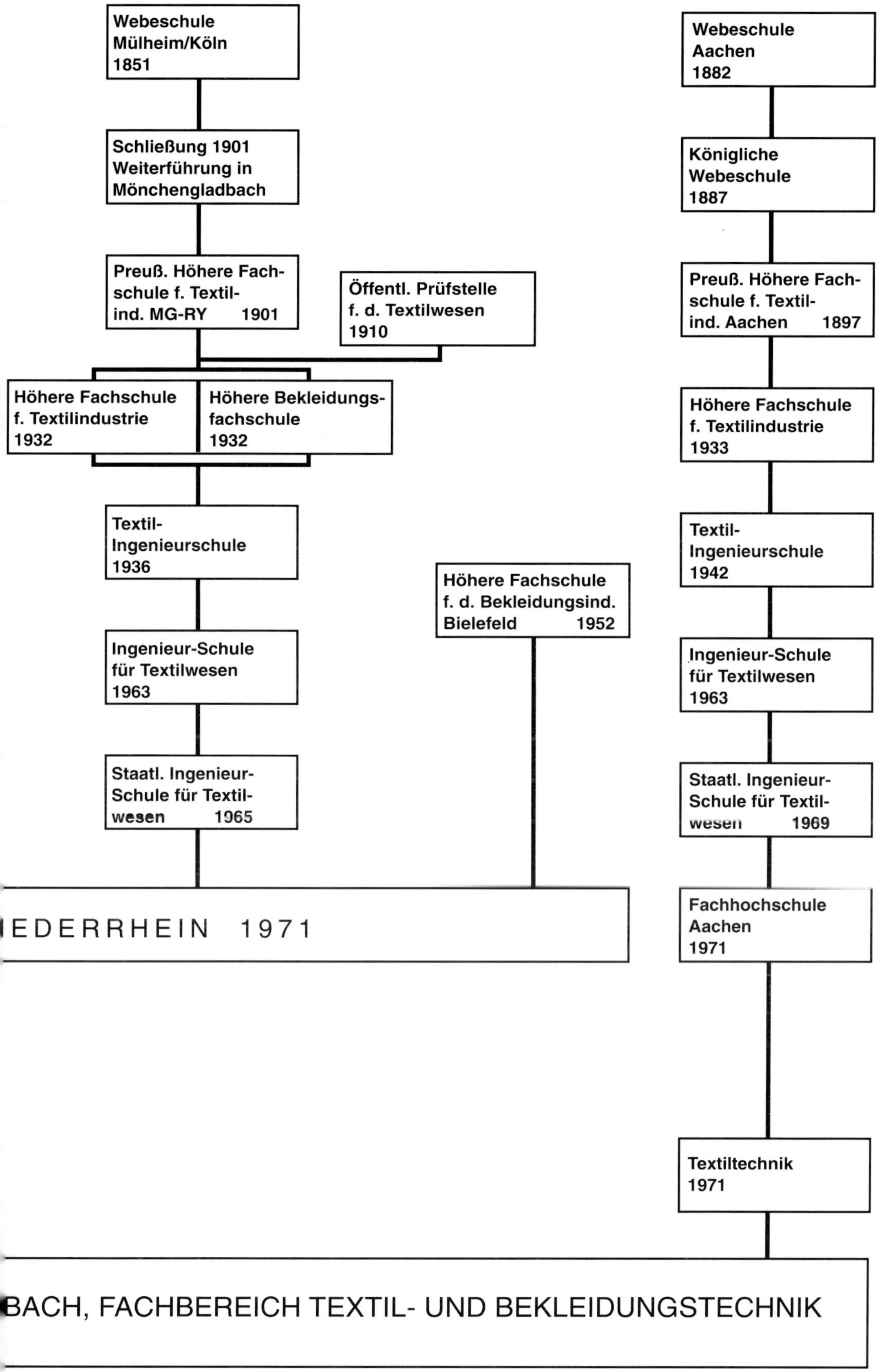
Webeschule Mülheim/Köln 1851
Schließung 1901 Weiterführung in Mönchengladbach
Preuß. Höhere Fachschule f. Textilind. MG-RY 1901
Öffentl. Prüfstelle f. d. Textilwesen 1910
Höhere Fachschule f. Textilindustrie 1932
Höhere Bekleidungsfachschule 1932
Textil-Ingenieurschule 1936
Ingenieur-Schule für Textilwesen 1963
Staatl. Ingenieur-Schule für Textilwesen 1965
Höhere Fachschule f. d. Bekleidungsind. Bielefeld 1952
EDERRHEIN 1971
Webeschule Aachen 1882
Königliche Webeschule 1887
Preuß. Höhere Fachschule f. Textilind. Aachen 1897
Höhere Fachschule f. Textilindustrie 1933
Textil-Ingenieurschule 1942
Ingenieur-Schule für Textilwesen 1963
Staatl. Ingenieur-Schule für Textilwesen 1969
Fachhochschule Aachen 1971
Textiltechnik 1971
BACH, FACHBEREICH TEXTIL- UND BEKLEIDUNGSTECHNIK

all denen, die die FHN in ihrem Bemühen unermüdlich unterstützt hätten. Dies gelte besonders für die niederrheinische Textilindustrie.

Die Konsequenzen der Entscheidung stellten für die FHN einen »Auftrag von erheblichem Gewicht« dar, betonte Prof. Dr. Brocks. Die Fachhochschule Niederrhein werde nun das textile Ausbildungszentrum für Nord-West-Deutschland, so wie es Reutlingen für Süddeutschland sei. Hinsichtlich der Folgen der Konzentrationsentscheidung und der zukünftigen Entwicklung betonte der Fachbereichsleiter: »Wir sind bereit, den Einrichtungen in Wuppertal und Aachen, mit denen uns ein kollegiales Verhältnis verbindet, in fairer und konstruktiver Weise den Weg an den Niederrhein zu erleichtern und insbesondere den Lehrenden – aber auch den Studenten – einen guten Start mit einer gesicherten und in einem großen Bereich chancenreichen Zukunft zu sichern.«

Der Kanzler der FHN, Wilhelm-J. Thelen, erklärte:

»Nun geht es darum, den Neubau mit einer Raumnutzfläche von 12000 qm für die Fachbereiche Ernährung und Hauswirtschaft, Sozialwesen und Textil- und Bekleidungstechnik so schnell wie möglich zu realisieren.«

Textilchemie in Krefeld (31a)

Der traditionelle »Unterschied« zwischen Mönchengladbacher Textilveredlung und Krefelder Textilchemie

Gleich vorweg: einen wesentlichen Unterschied gibt es nicht!

Wie bedeutend der textile Hintergrund für die Existenz der einen Fachhochschule an zwei Standorten, nämlich Krefeld und Mönchengladbach, ist, zeigt eine Aufzählung entsprechender Aktivitäten in den einzelnen Fachbereichen der seit 1971 existierenden Fachhochschule:

- Fachbereich Chemie mit Textilchemie;
- Fachbereich Design mit Textildesign;
- Fachbereich Maschinenbau mit Textilmaschinenbau;
- Fachbereich Ökotrophologie mit Chemischreinigung und Wäscherei;
- Fachbereich Wirtschaftsingenieurwesen mit Textil- und Bekleidungstechnologie;

- Fachbereich Sozialwesen mit einem wichtigen Projekt der Bekleidung für Senioren;
- Fachbereich Textil- und Bekleidungstechnik mit Textilveredlung.

In der Rivalität der Städte Krefeld und Mönchengladbach ist es leider nie gelungen, die beiden Vertiefungsrichtungen Textilchemie und Textilveredlung in ihren Aktivitäten zu bündeln. Hierfür sind vor allem historische Gründe anführbar, weil diese beiden Bereiche die textile Szene der beiden Städte jeweils entschieden mitgeprägt haben. Folglich konnte in Hochschule und Industrie niemand jemals »über seinen eigenen Schatten springen«. Da half auch nicht die Konzentration aller textilen Fachhochschulausbildung von NRW am Ort Mönchengladbach; was höheren Ortes als sinnvolle Sparmaßnahme erzwungen

Textilveredlungs-Technikum in Mönchengladbach (22a)

links:
Prof. Dr. Heinrich Lange, Direktor der Färbereischule Krefeld vom 1. Oktober 1883 bis zum 20. November 1920 (31a)

rechts:
Paul-August Koch (1965), Berühmtheit der Faserkunde aus Krefeld (31a)

wurde, wird innerhalb der Fachhochschule wegen ihrer Autonomie durch Verzettelung anstelle von Koordination wieder aufgeweicht. Wenn man diese Entwicklung unter textilhistorischen Aspekten der Niederrhein-Region betrachtet, wird diese Aufsplitterung der Lehre verständlich.

Das Phänomen »Klinke«

Der Dekan der ersten (FHN-)Stunde doziert: »Mönchengladbach gehört mit zu den ersten Ausbildungsstätten für Textil- und Bekleidungstechnik, deren Vorgängereinrichtung bereits im letzten Jahrhundert entstand. 1971 als Fachbereich ›Textil- und Bekleidungstechnik‹ in die neu gegründete Fachhochschule Niederrhein integriert, wurden die traditionsreichen Textilfach- und -ingenieurschulen für Ingenieure und Gestalter in Aachen, Krefeld, Wuppertal, Köln und Bielefeld zu einer leistungsfähigen Ausbildungsstätte in Mönchengladbach zusammengefaßt, welche die gesamte Textilfertigung von der Faser bis zur Bekleidung, zu Heimtextilien und technischen Textilien umfaßt. Heute sind an dieser Fachhochschule über 1800 Studentinnen und Studenten [der Textil- und Bekleidungstechnik], davon 8% Ausländer, eingeschrieben, die von 40 hauptamtlich Lehrenden und 43 Lehrbeauftragten betreut werden.« Eindeutig Klinkes Verdienst!

Nach Klinkes Vorarbeit erfüllt der Fachbereich die Voraussetzung für eine intensive und vielseitige Ausbildung von Ingenieuren des Textil- und Bekleidungswesens, die in der Lage sind, in allen Sparten der Textil- und Bekleidungsindustrie, der Textil- und Bekleidungsmaschinenindustrie, der chemischen Industrie und der Chemiefaserindustrie, in Beratungsunternehmen für die Textil- und Bekleidungsfertigung, in Ateliers und auch im Handel qualifizierte Führungsaufgaben zu übernehmen.

Rheinische Post vom 10. April 1987: »Professor Dr. Rolf Klinke, Mann mit exzellenten Beziehungen und Dekan des FH-Fachbereiches Textil- und Bekleidungstechnik, muß auch mal schweigen können. Wenn er zum Beispiel mit dem Wissenschaftsministerium über die mittelfristige Finanzplanung für die Ausstattung seines Fachbereiches redet, verkneift er sich zu erwähnen: Das, was uns das Brunn-Haus für die nächsten Jahre in den Etat stellen will, haben wir nebenbei binnen eines einzigen Jahres bekommen - durch Spenden.

links: Klinkes Wirtschaftstheorie, 1957 (14a)

Die Eröffnung des neuen Textilmaschinenlabors im Sommer des Jahres 1986 löste nämlich einen wahren Stiftungsregen für den Fachbereich aus. Bereits zur feierlich geratenen Eröffnungszeremonie hatten sich elf Textilmaschinenhersteller bereit erklärt, für die Ausstattung des Labors moderne (und fabrikneue) Maschinen zu spenden. Weitere 18 Unternehmen trugen sich mittlerweile in die Stifterliste ein. Und sechs Maschinenbauer werden noch ihr Versprechen einlösen, die Laborausstattung durch Spenden zu komplettieren. Wenn dann alle 35 Unternehmen geliefert haben, wird der FH Niederrhein ein hochmoderner Maschinenpark im Wert von vier bis fünf Millionen Mark zugefallen sein.

1987 bat die Firma Schlafhorst im Textilmaschinenlabor der FH zum Umtrunk, um der tatsächlichen die offizielle Spendenübergabe folgen zu lassen. Der weltweit operierende Mönchengladbacher Textilmaschinenbauer hatte dem Fachbereich eine Autocoro geschenkt, eine vollautomatische Rotorspinnmaschine. Wert: rund 250 000 Mark. Ein ähnlicher Umtrunk wird in den nächsten Wochen von der Firma Monforts veranstaltet; auch sie wird mit dem Fachbereich und der Fachöffentlichkeit auf eine Spende anstoßen - einen Spannrahmen im Wert von einer halben Million Mark.

Die großzügigen Spenden nutzen beiden Seiten, Absendern und Empfängern. Der Fachbereich als Empfänger kann seine Studenten auf Maschinen ausbilden, die dem aktuellen Stand der Technik entsprechen und die er sich ansonsten nie leisten könnte; die Studenten kommen nach ihrer Ausbildung also mit aktuellem Praxiswissen in die Betriebe. Genau das ist für die spendierenden Firmen interessant: Sie führen einerseits zukünftigen Entscheidungsträgern schon während der Ausbildungsphase ihre Produkte vor, zweitens sind die Firmen Nutznießer eines guten FH-Ausbil-

links: Klinkes Häkelpraxis, 1957 (14a)

Prof. Dr. R. Klinke, Dekan des FB Textil- und Bekleidungstechnik von 1971 bis 1994, der geistige Vater der aus ganz Nordrhein-Westfalen nach Mönchengladbach konzentrierten Textil- und Bekleidungsausbildung (31a)

Immer für unbequeme Positionen zu haben: Prof. Dr. R. Klinke 1958! (14a)

dungsstandards, da auch Maschinenbauer Nachwuchs aus der FH schöpfen. So wäscht eine Hand die andere.

Daß der Fachbereich so reichlich bedacht wird, hat noch einen weiteren Grund: Nach der Konzentrierung der Textiltechnikausbildung auf Mönchengladbach müssen die spendierenden Firmen aus dem nordwestdeutschen Raum keine Gewissenskonflikte mehr austragen. Früher nämlich pochten konkurrierende FH-Abteilungen in Aachen, Wuppertal, Bielefeld und Mönchengladbach auf Gleichbehandlung, was die Firmen dann oft ganz von Spenden absehen ließ. Jetzt jedoch kann Klinke mit Stolz und Recht darauf verweisen, daß sein Haus das einzige in NRW und das bedeutendste, modernste Textiltechnik-Ausbildungszentrum Europas ist und daß deren Absolventen in der ganzen Welt gesuchte Leute sind. Angesichts solcher Fakten fällt Klinkes guten Beziehungen fast nur noch eine Nebenrolle zu. Fast ...«

Seit der Pensionierung von Prof. Dr. R. Klinke im Jahre 1994 ist Prof. Dr. Oswin Kohlhaas zum Dekan des Fachbereichs Textil- und Bekleidungstechnik gewählt. Er hatte 1995 unter anderem die schwere Aufgabe zu bewältigen, einen völlig neuen Studienplan im Fachbereich einzuführen.

Besuch des nordrhein-westfälischen Wirtschaftsministers Jochimsen im FB 07 der FHN am 9. Januar 1987 (44a)

Frau Prof. I. Scheres-Koch – drei Politiker(innen) – Prof. Dr. J. Hilden – Wirtschaftsminister Jochimsen – Dekan Prof. Dr. R. Klinke – Prof. H. Thomas – Prof. Dr. H.-K. Rouette – Prof. R. Löcker

Der Mann mit der hohen Stirn

In einem Hochschulleben 40 Dienstjahre auf die Beine zu stellen - das schaffen nicht viele Menschen. Professor Löcker, Spinner mit Leib und Seele, hat in seinem Schaffen für die Fachhochschule Niederrhein und für die ortsansässige Textilmaschinenbauindustrie - vor allem Schlafhorst und Trützschler - Textilgeschichte mitgestaltet. Wenn aus dem großen Hörsaal des Fachbereichs Textil- und Bekleidungsgeschichte Lachsalve auf Lachsalve aus 300 Kehlen scholl, wußte man: Der Mann mit der hohen Stirn versucht auf seine unnachahmliche Art jungen Menschen sein geliebtes Fachgebiet beizubringen. Refa über alles - auch wenn die Materie noch so nüchtern ist - Löcker bringt's rüber! Westfälisch konsequent boxte Professor Löcker so manches durch, was andere auf halber Strecke wegen Reibungsverlust und Streß frühzeitig aufgegeben hätten. Mag sein, daß er so erfolgreich war, weil er seinen Fasern abgeschaut hat, wie sie sich »auf der Strecke« beim Spinnprozeß orientieren und wie sie sich kämmen lassen ohne zu große Reibungsverluste, ja gerade unter Ausnutzung der Faser-zu-Faser-Reibung, um so Gemeinschaft - vielleicht als Faserverbund im übertragenen Sinne Lebensvorbild von Löcker - in Form von Garn anzustreben.

Professor Löcker (1990)

Industrielle Emanzipation

»Am 28. Mai 1996 konnte Ingrid Scheres-Koch ihren 60. Geburtstag feiern. Mit der Näherei kam sie im zarten Teenager-Alter im Rahmen eines Zuschneide- und Nähkurses an der VHS zu Witten erstmalig in Berührung. Es folgte die verkürzte Lehre im Damenschneiderhandwerk bei Schröder in Bochum und bei der Fabra-Kleiderfabrik in Essen. In den Jahren 1956 bis 1959 absolvierte Ingrid Carla Dorothee Koch ihre Ingenieurausbildung in Mönchengladbach,

1956

1957

Eine hoffnungsvolle Studentin namens Ingrid (14a)

Metamorphose von erfolgreich geprüfter Studentin Koch (rechts) (14a) zu ...

1958

zog dann die Stufen I und II der REFA-Arbeitsstudien sowie die MTM-A-Qualifikation durch. Just am 1. April 1959 nahm die Bekleidungsingenieurin ihre Tätigkeit beim Bekleidungstechnischen Institut e.V. in Mönchengladbach auf, dessen Geschäfte sie später von 1982 bis 1991 leitete. Ab 1959 ging sie auch ins Ausland, zunächst nach Westeuropa, unter anderem nach Finnland, Schweden und Norwegen; später führte sie ihr Weg in Sachen Betriebsberatung nach Belgien, Frankreich, in die Niederlande, nach Spanien, nach Österreich und in die Schweiz ... In dem Satz ›Ich wurde früh zum Europäer erzogen, von den Menschen auf meinen Stationen dazu gemacht‹ schildert sie selbst, wie sehr sie ihre internationale Arbeit geprägt hat. Ingrid Scheres-Koch widmete sich dabei der Neugestaltung des innerbetrieblichen Arbeitsablaufs, der Einführung vereinfachter Verar-

... erfolgreich prüfender Professorin Scheres-Koch: »Für das Nähen selbst habe ich nie viel Begeisterung aufgebracht«, sagt (lachend) ausgerechnet Prof. Dipl.-Ing. Ingrid Scheres-Koch von sich: »Vielleicht hat mir gerade diese innere Distanz geholfen.« (14a)

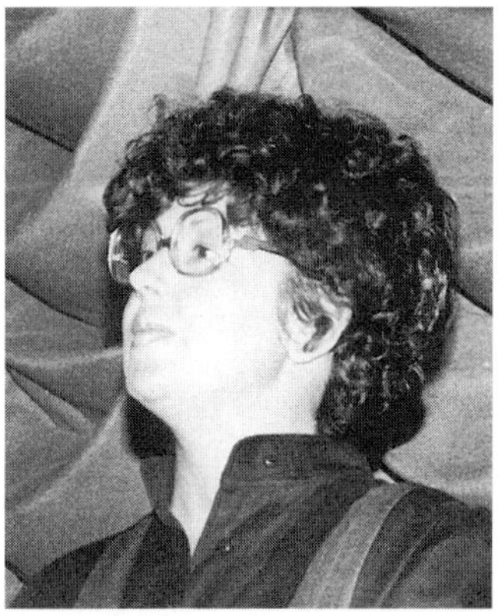

um 1976

IMB 1979 – Professorin

IMB 1982

20 Jahre im Institut, April 1984

Abschied von der IMB, 1991

1996 – 60 Jahre alt

beitungsmethoden unter Berücksichtigung moderner Betriebsmittel, der Arbeitsplatzgestaltung, dem methodischen Training, der Einführung des Akkords, der Hinführung der jeweiligen Betriebsangehörigen zur angemessenen Leistungserbringung.

Ab 1961 distribuierte sie dann ihr großes Wissen und ihren umfangreichen Erfahrungsschatz mittels europaweiter Vortragsveranstaltungen – zum Beispiel anläßlich der international renommierten Bekleidungstechnischen Tagung im Rahmen der IMB in Köln – mit Themen aus ihren zahlreichen Arbeitsgebieten.

›Die Ausbildung war immer wieder das Thema, welches alles verband, das ich anfing, sei es in der Beratung oder in der Forschung‹, sagt Scheres-Koch. Folgerichtig begann sie dann auch 1965 mit dem Aufbau und der Durchführung von überbetrieblichen Seminaren für alle Gruppen technischer Führungskräfte – ein seinerzeit neuer Schritt in der Bekleidungsindustrie, der von vielen anderen Instituten übernommen wurde. Im Auftrag der Forschungsgemeinschaft Bekleidungsindustrie e.V. war es Ingrid Koch, die 1969/70 die Lehrunterlagen für Ausbilder von Näherinnen erarbeitete.

Schon ein Jahr zuvor hatte sie begonnen, Videos für die Trainingsaufgabe einzusetzen. Vorausgegangen waren Arbeitsunterweisungen per Tonbandaufnahme insbesondere für ausländische Mitarbeiter in der Bekleidungsindustrie. Die Liste ihrer Veröffentlichungen enthält Marksteine der Bekleidungsfertigung und der dazu unerläßlichen Mitarbeiterqualifikation sowie Ausbildung. Angefangen vom Eignungstest für Näherinnen, zusammen mit dem Betriebspsychologen Ledwon, publizierte sie Werke zur Arbeitsgestaltung für unterschiedliche Produktbereiche, vielfach in Koautorenschaft mit Karl-Frieder Koller; sie führte Betriebsvergleiche durch, betreute beispielsweise den internationalen technischen Erfahrungsaustauschkreis ›Euro-Guild HAKA‹ und auch den für Herrenhemden.« (Zitat »Bekleidung wear«, 1996)

Seit 1978 betreut Prof. Dipl.-Ing. Scheres-Koch das Fach Bekleidungsfertigung, Arbeitswissenschaft und Fabrikanlagen im Fachbereich Textil- und Bekleidungstechnik. Neben ihrer Präsenz im europäischen Markt sichert sie ihren unmittelbaren Bezug zur Praxis, indem sie in den Semesterferien wiederum in den Betrieben arbeitet, Führungskräfte wie Gruppenleiter oder Qualitätssicherer an den Ort ihres Wirkens begleitet und im Betrieb für Ausbildungs-Know-how sorgt. »Denn die Musik spielt draußen«, betont sie und meldet gleichzeitig Zweifel an, ob heute eine sinnvolle Arbeitsvorbereitung überhaupt noch in Deutschland möglich ist angesichts der Produktionsverlagerung ins Ausland: »Dort gilt es, die kritischen Stoffe zu verarbeiten, dort treten die Pannen auf, aus denen man am meisten lernt ...«

Das Bekleidungstechnische Institut e.V.

Neben seiner Tätigkeit als Oberstudienrat an der Bekleidungsfachschule gründete Erich Donner 1948 in Zusammenarbeit mit den interessierten Verbänden, der Wirtschaftsvereinigung und dem Technischen Ausschuß der Arbeitsgemeinschaft der Bekleidungsindustrie das Bekleidungstechnische Institut in Mönchengladbach, kurz BTI genannt, dessen Geschäftsführer er bis 1973 war.

Das Institut sollte als Nachfolger des 1940 von dem damaligen Direktor der Schule, Professor Dr. Otto Mecheels, zusammen mit Erich Donner gegründeten Forschungsinstituts für die Bekleidungsindustrie fungieren. Nach dem Krieg gründete Mecheels das Institut für Bekleidungsphysiologie in Hohenstein bei Stuttgart, das der rein wissenschaftlichen Forschung

Blick in einen Ausstellungsraum einer der ersten Bekleidungsmaschinen-Messen in Mönchengladbach in den Räumen des heutigen Fachbereichs Textil- und Bekleidungstechnik der FHN (31a)

dient. Dort wurden zum Beispiel regelmäßige Reihenmessungen vorgenommen, durch die man zu den Durchschnittswerten von normierten Größentabellen gelangte. Es blieb bei einer engen Zusammenarbeit der beiden Institutionen. (78)

Das im Juli 1948 gegründete BTI zählte bis Ende des Jahres 1948 weit über 500 Mitglieder, was die große Nachfrage nach einer solchen Institution verdeutlicht. Zu den ersten Mitgliedern gehörten Unternehmen wie Brungsber (Essen), Jacob Potting, Heinrich Prieß und E. Sempell, aber auch viele bekannte Unternehmen aus anderen Bekleidungszentren, wie die Firma Brinkmann aus Herford, die Dürkopp-Werke aus Bielefeld und die Firma Pfaff aus Kaiserslautern. Seinen Sitz hatte das Institut in Mönchengladbach in der Rheydter Straße 291. Später wurde es in die Kaiserstraße 133 verlegt. (268, o. S.)

Laut Satzung hat das Institut folgende Aufgaben:

1. Durchführung arbeitswissenschaftlicher, technischer und organisatorischer Forschungen;

2. Unterstützung der Ausbildung von Fachkräften;

3. Überbetriebliche berufliche Fortbildung;

4. Gutachtliche Tätigkeit für die Bekleidungsindustrie, für die Verwaltung und die Gerichtsbarkeit;

5. Beratung der Bekleidungsindustrie.

1950 veranstaltete das BTI die erste Bekleidungstechnische Tagung in Mönchengladbach und begleitend dazu erstmals eine Bekleidungsmaschinen-Ausstellung an der Höheren Bekleidungsfachschule. Dort waren neben den bekannten Nähmaschinenherstellern wie Pfaff, Dürkopp und Singer auch andere mit der Bekleidungsindustrie verbundene Unternehmen, wie Hoogland-Zuschneidemaschinen und Hoffman-Bügelmaschinen, vertreten. Insgesamt gab es elf Aussteller. Diese Ausstellung war Vorläuferin für die seit 1951 alle zwei Jahre stattfindende Bekleidungsmaschinen-Messe, die heute unter dem Namen IMB unter den wichtigsten Messen der Bekleidungsindustrie rangiert (268, o. S.), was vor allem Frau Prof. Scheres-Koch zu verdanken ist.

Textilprüfanstalt Mönchengladbach-Rheydt in Mönchengladbach (Öffentliche Prüfstelle für die Spinnstoffwirtschaft) (von Oberstudienrat Dr. M. Kehren, 1955)

Die Eigenschaft sämtlicher Textilien, größere Mengen von Feuchtigkeit aufzunehmen, ohne hierbei äußerlich merklich verändert oder gar sichtbar naß zu werden, führt leicht zu einer verschiedenartigen Auffassung über das tatsächliche Handelsgewicht von Rohfaser- und Garnsendungen zwischen Lieferant und Käufer. Es ist deshalb verständlich, wenn die zu Beginn dieses Jahrhunderts mächtig emporsteigende Textilindustrie unseres Bezirkes schon frühzeitig den Gedanken einer amtlichen Bestimmung des Feuchtigkeitsgehaltes von Textilien erwog. Denn bei Meinungsverschiedenheiten konnte beiden Parteien nur durch eine neutrale Feststellung des Handelsgewichtes eine verbindliche Verrechnungsgrundlage gegeben werden.

Als eine wirklich neutrale Stelle kam aber nur eine »Öffentliche Konditionieranstalt« in Frage, zu deren Schaffung eine besondere ministerielle Genehmigung notwendig war. So wurde im Jahre 1909 von den interessierten Kreisen eine entsprechende Eingabe an den Minister für Handel und Gewerbe in Berlin gerichtet, die am 9. November des gleichen Jahres mit Erlaß an den Regierungspräsidenten in Düsseldorf im zustimmenden Sinne beantwortet wurde.

»Gegen die Einrichtung einer öffentlichen Konditionieranstalt in Mönchengladbach unter Angliederung an die dortige Höhere Fachschule für Textilindustrie habe ich keine Bedenken zu erheben ...«

Mit diesen Worten beginnt die heute noch vorhandene ministerielle Urkunde; die Anstaltsgründung wurde allerdings von verschie-

5

Gebührentarif.

Wiegen.

Einfaches Wiegen für jede angefangene 100 kg	Mk. 0.10
Wiegen vor der Konditionierung für jedes Stück, Kiste oder Sack	» 0.10
Wiegen zur Tara-Ermittelung eines Ballens oder Kiste	» 0.30

Konditionierung
(Trocknung und Feststellung des Feuchtigkeitsgehaltes)

Für Kammzug, Wickel und Enden (1 Probe auf 300 kg brutto) für 1 Probe	Mk. 2.50
» gewaschene Wolle, Kämmlinge und Plöcke (1 Probe auf 400 kg brutto) für 1 Probe	» 2.50
» Kammgarn und Streichgarn (1 Probe auf 300 kg brutto) für 1 Probe	» 3.50
» Baumwolle, Leinen, Hanf usw. (1 Probe auf 300 kg brutto) für 1 Probe	» 2.50
» Seide in Strängen (1 Probe auf 20 kg brutto) für 1 Probe	» 2.50

Bestimmung der Nummer (Titrage), Festigkeit, Dehnbarkeit, Gleichmäßigkeit und Drehung sowie Längenausmessung usw.

Für Nummerbestimmung bei Seide auf 20 Proben ohne Trocknung	Mk. 2.—
» Nummerbestimmung bei Wolle, Baumwolle, Leinen, Hanf usw. auf 10 Proben ohne Trocknung	» 0.75
» Trocknung sämtlicher Proben mehr	» 1.25
» Nummerbestimmung bei Stranggarnen ohne Trocknung	» 1.50
» Trocknung mehr	» 1.25
» Umrechnung der Garnnummer in ein anderes System	» 0.50
» Prüfung der Garne auf Festigkeit und Dehnbarkeit	» 5.—
» Prüfung der Garne auf Gleichmässigkeit mehr	» 1.—
» Bestimmung der Drehung	» 1.50

6

Für Bestimmung des Längenmasses bei Geweben für 1 Stück à 45 m	Mk. 0.60
bei mehr als 5 Stück für 1 Stück à 45 m	» 0.45

Entfettung und Abkochung.

Für Abkochungen der Seide für 1 Probe	Mk. 2.—
» Bestimmung des Fettgehaltes einschl. Trocknung, für 1 Probe	» 3.—
» Bestimmung des Waschverlustes per Probe von 100 g einschl. Trocknung	» 4.—

Ermittelung von künstlichen Beschwerungen und Baumwollgehalt.

Für Feststellung der künstlichen Beschwerung bei Garnen aus Wolle, Baumwolle, Leinen, Hanf, Jute und bei Mischgarnen, Auslaugung	Mk. 5.—
in Gemeinschaft mit einem vereidigten Chemiker, per Probe von 100 bzw. 500 g	Mk. 10.— bis 18.—
» die Feststellung des Gehalts an Baumwolle oder der einzelnen Bestandteile in einem gemischten Garn oder Gewebe	Mk. 6.—

Mikroskopische Untersuchungen.

Für Vornahme einer mikroskopischen Untersuchung	Mk. 2.—

Nachzählen und Einpacken.

Für Nachzählen der Bobinen und Kiste von 3000 Stück, für 1 Kiste	Mk. 0.75
» Nachzählen der Kanetten und Kiste von 4000 Stück, für 1 Kiste	» 1.50
» jede 1000 Stück mehr	» 0.25
» Einpacken der Bobinen und Kiste à 3000 Stück, für 1 Kiste	» 0.75
» Einpacken der Kanetten und Kiste à 4000 Stück, für 1 Kiste	» 1.50
» jede 1000 Stück mehr	» 0.25
» das Schütten der Spulen in Reservekisten	» 0.50
» Einpacken und Ausbesserung der Ballen bei Wolle usw., für 1 Ballen	» 0.20

Gebührentarif im Jahre 1910 (31a)

denen bestimmten Voraussetzungen abhängig gemacht, von denen an dieser Stelle nur die Forderung nach einer getrennten Kassenführung beider Anstalten und die Übernahme der Leistung des neuen Institutes durch den jeweiligen Direktor der höheren Fachschule Erwähnung finden sollen.

Der gleichzeitig mit der Eingabe eingereichte Satzungsentwurf wurde als eine geeignete Grundlage für den Zweck, die Organisation und die sonstigen Verhältnisse der Anstalt bezeichnet. Der Regierungspräsident setzte den Vorsitzenden des Schulvorstandes der höheren Fachschule, also den damaligen Oberbürgermeister der Stadt Mönchengladbach, von der Genehmigung in Kenntnis mit dem gleichzeitigen Ersuchen, »die Festsetzung der für den Betrieb der Konditionieranstalt erforderlichen Vorschriften zur Genehmigung vorzulegen«.

Der vom Schulvorstand eingereichte Satzungsentwurf wurde vom Regierungspräsidenten am 28. Februar 1910 genehmigt und am 2. März zur öffentlichen Kenntnis gebracht, mit welchem Tage die Konditionieranstalt ihre Tätigkeit aufnahm. Eine zusätzliche Bekanntmachung des Mönchengladbacher Oberbürgermeisters vom 3. März 1910 brachte dann noch zur Kenntnis, daß zum Leiter der Öffentlichen Konditionieranstalt zu Mönchengladbach der Direktor der Textilschule und zu dessen Stellvertretern die hauptamtlichen Lehrpersonen der gleichen Anstalt bestellt worden waren.

Die Verwaltungsgeschäfte der Konditionieranstalt werden mit dem Tage der Gründung durch den jeweiligen Verwaltungs- und Rechnungsführer der Textilschule (heute Textilingenieurschule) wahrgenommen.

Die Öffentliche Prüfstelle für das Textilwesen (von Prof. Dr. Joachim Hilden und Prof. Hartwig Thomas, 1993)

Die Öffentliche Prüfstelle (ÖP) als Teil des Fachbereichs Textil- und Bekleidungstechnik der FH Niederrhein befaßt sich seit vielen Jahrzehnten mit den Problemen der Qualitätskontrolle und Qualitätssicherung.

Als eines der wenigen öffentlichen Prüfinstitute in Deutschland wird es insbesondere von der Textil- und Bekleidungsindustrie, vom Handel und auch von Behörden und Verbänden als neutraler Partner gesucht.

Ob routinemäßige Qualitätsprüfungen im Rahmen von Qualitätssicherungssystemen größerer Konzerne oder Einzeluntersuchungen von Problemfällen, wie zum Beispiel Reklamationsbearbeitungen und Schadensfallanalysen: die ÖP ist dank ihrer erfahrenen Mitarbeiter und einer modernen Laborgeräteausstattung meist in der Lage, die zur Beurteilung erforderlichen Fakten zu ermitteln und so zur Lösung von Problemfällen beizutragen.

Weil das Spektrum der Qualitätsprüfverfahren sehr breit ist, gliedert sich die ÖP in zwei Abteilungen:
- die physikalische und
- die chemische Abteilung.

Die Aufgabengebiete der physikalischen Abteilung umfassen alle physikalisch-technischen Textilprüfungen, wie zum Beispiel
- die Garn- und Gewebefestigkeiten;
- das Naht-Schiebeverhalten;
- die Pill- und Knitterneigung usw.

In der chemischen Abteilung werden u. a.
- Materialanalysen,
- Farbechtheiten,
- Farbmessungen,
- Brennbarkeitstests von Textilien,
- Untersuchungen zur Pflegbarkeit usw.

durchgeführt.

Das Textilprüfwesen ist gefordert, sich den ständig wandelnden technischen wie gesellschaftlichen Änderungen anzupassen.

Textilprüfanstalt Mönchengladbach-Rheydt, 1955 (31a)

So sind die momentanen Trends in Richtung technischer Textilien oder die aktueller werdende Forderung nach ökologisch unbedenklichen Textilien eine Herausforderung an die ÖP, den vorhandenen Prüfverfahrensumfang ständig zu erweitern und zu aktualisieren.

Die Verbindung der ÖP mit dem Fachbereich Textil- und Bekleidungstechnik ermöglicht einen ständigen Wissenstransfer. So besteht ein reger Austausch zwischen den Fachleuten verschiedener Schwerpunkte des Fachbereichs und der Öffentlichen Prüfstelle. Andererseits fließt die Information des Marktes aus der ÖP in den Ausbildungsbereich der Studenten. Viele Diplomarbeiten - ganz oder teilweise in der ÖP angefertigt - stellen praxisnahe Beispiele für die Zusammenarbeit zwischen Hochschule und Industrie dar.

Der vielfach propagierte Technologietransfer - in der Öffentlichen Prüfstelle wird er praktiziert.

Verein der Freunde und Förderer e.V.

Seit 1904 bemüht sich der Verein der Freunde und Förderer - erst der Webschule, ab 1936 der Textilingenieurschule, nach Neugründung am 2. Juni 1951 der Mönchengladbach-Rheydter Textilinstitute e.V., seit 1961 der Ingenieurschule für Textilwesen und heute der Fachhochschule Niederrhein -, durch enge Kontakte mit Industrie, Verbänden der Schule auf verschiedenen Gebieten zu helfen und sie wirksam zu fördern. Diese Gebiete sind:

Beteiligung an Ausgaben im Bereich des Informationswesens, Weiterbildung von Ingenieuren, Technikern und Kaufleuten, Meistern, Förderung von Einzelbereichen, für die keine oder ungenügende Etatmittel vorhanden sind, wie zum Beispiel Hilfe für die Teilnahme von Dozenten an Seminaren, Tagungen, Ausstellungen, Besuch von

Stephan Achter, Vorsitzender des Fördervereins des Fachbereichs Textil- und Bekleidungstechnik (31a)

Messen (ITMA), Hilfe bei Beschaffung von Sonderdrucken und durch Übernahme von Kosten bei wissenschaftlichen Arbeiten.

Zur Durchführung von Lehrveranstaltungen und Spezialvorträgen, Sonder- und Meisterkursen wurde im Rahmen des Vereins das Institut für Textil- und Bekleidungswesen eingerichtet. Zeitweise bemühte sich der Verein besonders um die soziale Betreuung der Studierenden der Lehranstalt und um die enge Fühlungnahme mit ehemaligen Absolventen sowie um die Vermittlung von Stellenangeboten in Industrie und Handel.

Die engen Kontakte zur Industrie erlaubten es, vornehmlich in der Zeit nach dem Zweiten Weltkrieg, alte, nach der Zerstörung wieder inganggesetzte Maschinen durch moderne und auch neue zu ersetzen, die entweder als Leihgabe oder Stiftung von den verschiedenen Maschinenfabriken zur Verfügung gestellt wurden. Damals wie heute reichten die Etatmittel für eine zeitgerechte Erneuerung des Maschinenparks nicht aus. So konnte der Verein durch seine Vermittlung der Fachhochschule Werte zubringen, die insgesamt in viele Millionen gehen.

Das Hauptaugenmerk wird bei der Beschaffung darauf gerichtet, daß alle Sparten, wie Spinnerei, Weberei, Wirkerei/Strickerei, Veredlung und Bekleidung, so ausgestattet werden, daß eine vollstufige Fertigung von der Faser bis zum Gebrauchsstück möglich ist.

Stephan Achter: »Für diese bedeutende europäische Ausbildungsstätte, die international Ruf genießt, sind die Leistungen des Landes und des Bundes beim hervorragenden räumlichen und ausstattungsmäßigen Ausbau des Fachbereichs Textil- und Bekleidungstechnik ein wichtiger Beitrag, die Qualität und Ausbildung und die Motivation junger Menschen weiter zu verbessern, um der Wirtschaft einen qualifizierten Führungsnachwuchs zuzuleiten. Die Textil- und Bekleidungsindustrie hat sich seit vielen Jahren dem internationalen Wettbewerb gestellt. Sie konnte sich dank der Menschen, die in dieser Branche arbeiten und Verantwortung übernehmen, flexibel den Bedarfsveränderungen der Märkte anpassen und dadurch eine internationale Spitzenstellung erlangen.

Mit dem gemeinsamen Markt besteht ein Bedarf an jungem, gut ausgebildeten Führungsnachwuchs, der kreativ, innovativ und flexibel ist.

Seit vielen Jahren besteht eine enge Kooperation zwischen der Textil- und Bekleidungsindustrie, dem Maschinenbau und der Chemieindustrie einerseits und dem Fachbereich Textil- und Bekleidungstechnik andererseits zum gegenseitigen Nutzen.

Der Förderverein hat seit langem mit maßgeblichen Beiträgen die Ausbildung materiell und ideell im Rahmen seiner Möglichkeiten unterstützt und wird dies auch in Zukunft so halten.

Die Wirtschaft, die den Nutzen aus der Ausbildung zieht, ist aufgerufen, den Fachbereich Textil- und Bekleidungstechnik der Fachhochschule Niederrhein nach Kräften zu fördern, damit die Industrie auch in Zukunft einen aktuell ausgebildeten Nachwuchs erhält und die jungen Menschen nach ihrer Ausbildung gute berufliche Chancen haben.«

Konzeption Designpool (von Prof. Detlef Rüscher, 1993)

Anläßlich der 65. Interstoff präsentiert die erstmalige Sonderausstellung DESIGNPOOL ein innovatives Repertoire freier Entwürfe sowie angewandter Entwürfe aus dem Bereich Textil- und Bekleidungsgestaltung. Die Erstmaligkeit dieser Ausstellung korrespondiert mit der Besonderheit des Zusammenwirkens der drei Institutionen:

- *Fachhochschule Niederrhein,*
- *LINEAPIÙ,*
- *Frankfurter Messe.*

Bei einer Einladung der namhaften italienischen Firma LINEAPIÙ, Produzent exklusiver Garne für die Alta Moda und Haute Couture, wurde eine Auswahl kreativ überdurchschnittlich begabter Studenten getroffen, die im WS 1990/91 innerhalb eines zehntägigen Studienaufenthaltes in Florenz im Gästehaus der Firma über 60 Entwürfe anfertigten. DESIGNPOOL zeigt davon 50 Entwürfe.

Damit wurde der Beginn einer erstmaligen Kooperationsfolge initiiert:

Italien als führendes europäisches Land im Designbereich, Europas größte und bekannteste Messe mit ihrer internationalen Bedeutung und ihren zielgruppengerichteten Multiplikatoren, die Designqualität der Exponate sind - neben dem Bekanntheitsgrad unserer Institution - resonanzkräftige Argumente dieser Besonderheit.

»Textilgestaltung« bedeutet Planung, Entwurf und Realisierung textiler Produkte für vorgegebene Zwecke unter Berücksichtigung zielgruppenspezifischer Interessen und Bedürfnisse. Die Entwurfsgestaltung vollzieht sich unter gleichwertiger Beachtung der Bereiche Ästhetik, Technologie und Wirtschaftstheorie und bestimmt als Produktrelation (PR) den Designbereich.

Die Konzeption der angewandten, »realen« Entwürfe basierte auf der Verwendung geeigneter Materialien aus der Kollektion von LINEAPIÙ für Herbst/Winter 1991/92.

Demgegenüber betonen die freien Entwürfe den Ästhetikbezug und bestimmen als Produktrelation den Kunstbereich. Impulse der toskanischen Kulturlandschaft wurden interpretiert und in unkonventionelle, »ideelle« Entwürfe umgesetzt mit dem Ziel, das individuelle Gestaltungsrepertoire zu erweitern und in die angewandte Entwurfsgestaltung pragmatisch einzubeziehen.

Die Exponate demonstrieren obige Produktrelationen und markieren in besonderer Weise - je nach Konzeption bzw. Interpretation - das Spannungsverhältnis von Kunst und Design. Im Rahmen dieser Aspekte findet die Entwurfskonzeption im DESIGNPOOL ihr sichtbares Ergebnis durch Zusammenwirken aller Beteiligten - als Voraussetzung veranschaulicht sie jedoch zugleich den hohen kreativen Einsatz und das kooperative Potential im Team der beteiligten Studenten.

Im Lehrgebiet Dessinatur, das von Prof. Mittmann betreut wird, setzen die CAD-Systeme »TWEED« des Instituts für Angewandte Mikroelektronik in Braunschweig und »DESIGN 3« der Firma CIS, Graphik und Bildverarbeitung in Viersen die kreativen Ideen in technische Informationen um.

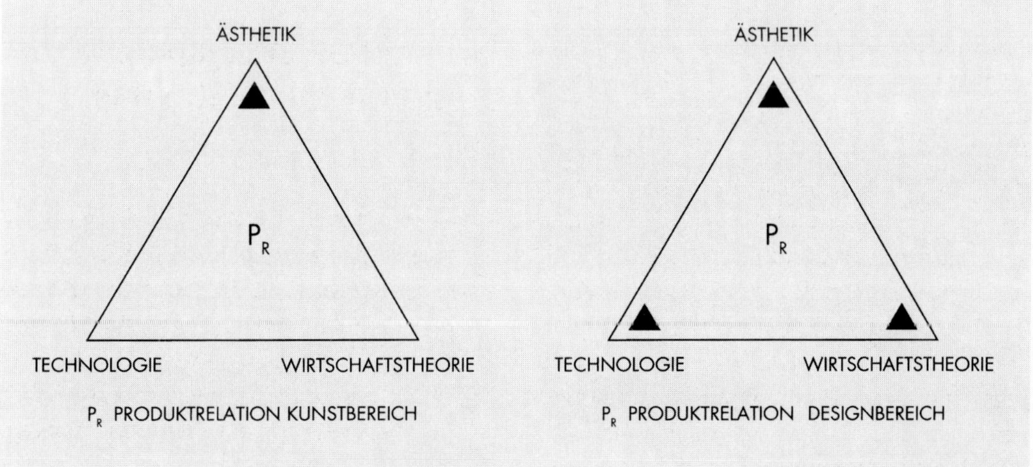

Textilgestaltung realisiert kreative Ideen zu attraktiven (verkaufsfähigen) Produkten und versteht sich nicht als Selbstzweck (31a)

Um Daten von Gewebeentwürfen, die beim Dessinieren am Bildschirm erarbeitet wurden, beim Weben nutzen zu können, erfolgte eine Online-Verbindung von »TWEED« mit einer Dornier-Greiferwebmaschine. Ein zwischengeschalteter Leitrechner dient als Datenpool. Der Wechsel von Schußfolge und Bindung erfolgt durch Eingabe einer entsprechenden Artikelnummer am Terminal der Webmaschine. Er ist innerhalb von Sekunden vollzogen. Die Datenübergabe von »DESIGN 3« an eine Sulzer-Rüti-Projektilwebmaschine wurde über das Informationssystem PAS realisiert. Auch hier dient ein PC zur Speicherung der Artikelstammdaten.

Beide Vernetzungsarten setzen die Entwurfsarbeit am Bildschirm voraus. Sie ist inzwischen integraler Bestandteil des Studiums, der Lehre und der anwendungsbezogenen Forschung am Fachbereich Textil- und Bekleidungstechnik. Ziel des Lehrens und Lernens ist die Einbeziehung des Computers in die Kollektionsentwicklung und Gewebefertigung.

1995: CAD-Dessinatur (21a)

Schulsystem GRAFIS - eine Software für Bekleidungskonstruktion und -gestaltung auf Personalcomputer (Professor Dr. Claus Friedrich, 1994)

GRAFIS ist eine Neuentwicklung mit den Schwerpunkten Bekleidungskonstruktion und Erstschnittentwicklung. Das System ist so konzipiert, daß die Gradierung entfällt. GRAFIS speichert die Konstruktions- und Gestaltungsschritte bei der Konstruktion der Ausgangsgröße, indem es unmerklich ein Protokoll führt.

Der Nutzer hat die Möglichkeit, das Protokoll mit anderen Größen wieder aufzurufen und so eine automatische Konstruktion dieser Größen durchzuführen.

Jede Größe wird in GRAFIS durch eine Maßtabelle abgebildet, die nach den in der Bundesrepublik üblichen Maßsystemen aufgebaut ist und die Werte für die einzelnen Körpermaße enthält.

Da es in GRAFIS auch möglich ist, Maßtabellen mit gemessenen Körpermaßen zu erstellen, gewährleistet das System die automatischen Schnittkonstruktionen für konkrete Personen.

Das System ist lauffähig auf preiswerten Personalcomputern. Trotzdem enthält es eine Fülle verschiedener Organisations-, Konstruktions- und Gestaltungsfunktionen.

Zum Beispiel für:
- Eröffnen, Speichern und Löschen von Kollektionen, Modellen und Schnitt-Teilen.
- Elementarfunktionen zur Entwicklung von Grundkonstruktionen.
- Aufruf vorbereiteter Grundkonstruktionen für Kleider, Hosen, Röcke, Mäntel, Ärmel und deren Darstellung auf dem Bildschirm. Verfügbar sind u. a. alle in den »Grundlagen der Bekleidungskonstruktion System OPTIKON« von Mosinski und Pohl veröffentlichten Konstruktionen.
- Modellierung von Schnitten (Abnäher verlegen, Zugaben einarbeiten, Armloch vertiefen, Abnäher konstruieren, Dachbildungen, Sperren, Auf- und Zudrehen u. a. m.).
- Generierung von Maßtabellen für Standardgrößen und konkrete Personen.
- Erstellung von Produktionsschnitten.

GRAFIS verfügt auch über eine Vererbungsautomatik. Sie erfaßt, welche Teile von anderen Teilen abgeleitet wurden, erlaubt, diese Abhängigkeitsbeziehungen darzustellen und bei Änderungen zu berücksichtigen. Das ist eine wichtige Voraussetzung zum Aufbau eines automatischen Schnitt-Änderungsdienstes.

Die erstellten Schnitte können in einem beliebigen Maßstab geplottet werden. Sofern ein Plotter angeschlossen wurde, ist dies sofort möglich. Wenn nicht, wird eine Plot-Datei erzeugt und auf Diskette zwischengespeichert. Sie erlaubt das Plotten auf einem anderen System.

Die Vorlesungen und Übungen zu GRAFIS werden seit Mitte des Jahres 1992 angeboten und von den Studenten mit großer Resonanz angenommen. Der im Vergleich zu kommerziellen Anlagen geringe Preis eines PC-Arbeitsplatzes ermöglicht es, pro Student einen Übungsarbeitsplatz bereitzustellen. Durch diese hohe Übungsintensität wird die Anwendung der CAD-Technik in der Bekleidungskonstruktion erlebbar.

Die Fotos (Seite 486) sollen einen Einblick in GRAFIS und das neu eröffnete CAD-Labor vermitteln. Es verfügt über 20 Studentenarbeitsplätze und einen Dozentenarbeitsplatz, an den Demonstrationsbildschirme angeschlossen sind. Über einen Kommunikationsrechner ist die Datenfernverarbeitung mit anderen Bildungseinrichtungen und mit der Industrie möglich.

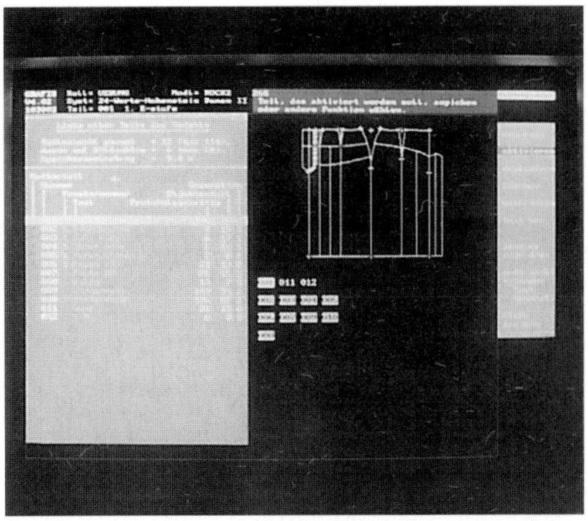

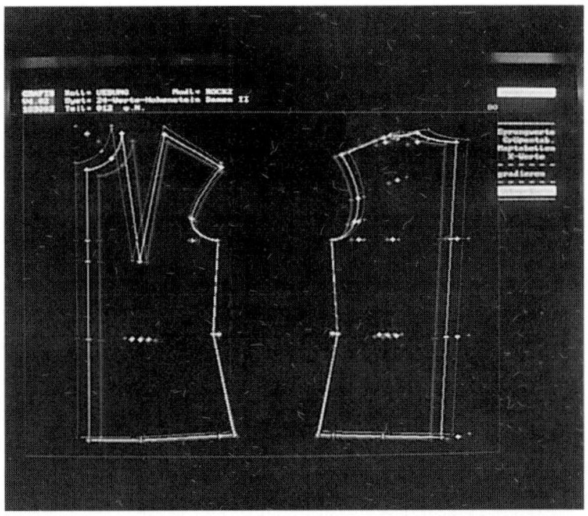

GRAFIS-Programm im CAD-Labor, 1995 (21a)

Das System GRAFIS wird in Zusammenarbeit mit den Fachhochschulen Hamburg und Berlin, der Technischen Universität Dresden und der Industrie weiterentwickelt. Es soll künftig auch in der Industrie zum Einsatz kommen.

Wenn man sich gegenüber dieser Entwicklung daran erinnert, daß früher im Unterricht auf der Tafel mit Kreide oder später als wesentlicher Fortschritt - da näher an der Realität - auf Stoff-Tafeln konstruiert wurde, kommt man aus dem Staunen nicht heraus.

Herr Josten vor der Tafelkonstruktion eines Schnittbildes im Jahre 1959 (14a)

Der unter Denkmalschutz stehende Altbau des Fachbereichs Textil- und Bekleidungstechnik der FHN (21a)

Fertigstellung der Neubauten des Fachbereichs Textil- und Bekleidungstechnik - der krönende Abschluß des Lebenswerkes von Prof. Dr. R. Klinke (erster Bauabschnitt 1986 - zweiter Bauabschnitt 1992) (21a)

Moderne Interview-Technik bei BW (»Bekleidung wear«, Heft 12, Jahrgang 48, 1996)

BW: Sind Technologiesprünge überhaupt möglich, oder sind wir bereits am Rande des Mach- und Finanzierbaren angekommen?

P.M.: *In den letzten fünf Jahren hat bei der Automation ein enormer Technologiesprung stattgefunden. Die neue 3-D-Technologie beruht auf ganz einfachen Prinzipien, die jeder Schneider beachtet: einlagig schneiden, auf der Büste zusammenreihen, so daß das Volumen richtig erzeugt wird, daß die Weite auf der Schulter, im Rücken und auf der Hüfte richtig verteilt ist. Nachdem kontrolliert wurde, ob die Weitenverteilung richtig ist und das Teil auf dem Körper des Kunden richtig sitzt, wird mit der Nähmaschine die Naht eingebracht. Danach wird der Reihfaden herausgezogen. Das bedeutet: Nach mehr als 140 Jahren Geschichte der Nähtechnologie ist es möglich geworden, durch die Weiterentwicklung im Roboter- und im Steuerbereich an eine Büste angelegte Zuschnitteile z. B. für ein Herrensakko oder ein Damenkostüm form-, größen- und volumengerecht bei richtiger Weitenverteilung zu nähen.*

P.M. = Philipp Moll, Geschäftsführer der Moll Automatische Nähsysteme GmbH, Alsdorf

Die Fachzeitschrift »Die Bekleidung«

Ein Organ der Bekleidungsindustrie, das auf Initiative Erich Donners ins Leben gerufen wurde, war die Fachzeitschrift »Die Bekleidung«, deren erste Ausgabe im Juni 1948 erschien. Die Zeitschrift war das erste speziell für die Bekleidungsindustrie verfaßte Blatt und enthielt technische, wirtschaftliche und wissenschaftliche Berichte aus Betrieb, Handel und Forschung für die gesamte Bekleidungswirtschaft. Auch hierin wurde Donner durch die Zusammenarbeit mit Mecheels unterstützt. Da die Bedeutung der Wäscheindustrie seit den 50er Jahren zunahm, erfolgte eine Namensänderung der Zeitschrift zu »Bekleidung und Wäsche«. Dadurch wollte man die Wäscheindustrie in den Rahmen der Bekleidungsindustrie integrieren. In den 90er Jahren tat man das gleiche mit der Sparte der Wirk- und Strickwaren, die modebedingt einen großen Aufschwung erlebte. Der neue Name der Zeitschrift heißt seitdem »Bekleidung wear«. Anfangs war die Zeitschrift einmal im Monat herausgekommen, heute erscheint sie zweiwöchentlich. Die Zeitschrift hat sich durch ständige Aktualisierung und Anpassung an den sich ändernden Markt bis heute als das wichtigste Fachblatt der Bekleidungsindustrie gehalten.

In Zusammenarbeit mit der Fachhochschule Niederrhein in Mönchengladbach und GRAFIS-Software wird »Bekleidung wear« einen mehrteiligen CAD-Grundkurs zur Erstellung von Bekleidungsschnitten mit GRAFIS veröffentlichen. Eigens dafür wurde von den Autoren Prof. Dr. Claus Friedrich und Dr. Kerstin Friedrich eine GRAFIS-Übungsversion dieses Schnittkonstruktionssystems entwickelt, die interessierten Lesern zur Verfügung gestellt werden kann; sie ist jedoch nur für den privaten Gebrauch bestimmt. Kommerzielle Anwendungen (zum Beispiel in Schulen oder für Lehrgänge) sind nicht gestattet. Dafür sind Nutzerlizenzen zu erwerben. Im Vergleich zur Standardversion arbeitet die Übungsversion mit einer anderen Datenbasis. Die mit der Standardversion zum Beispiel in der Industrie und im Handwerk erstellten Modelle können mit der Freeware nicht bearbeitet werden.

Das Institut für textile Meßtechnik und der Werdegang der Firma Textechno Herbert Stein GmbH & Co. KG in Mönchengladbach

Die Anfänge der Firma Textechno gehen zurück auf das Ingenieurbüro Herbert Stein, das unmittelbar nach Kriegsende in Berlin mit der Zielsetzung entstand, neue textile Meßtechniken zu entwickeln und diese im Dienste der Textilindustrie einzusetzen. Im Jahre 1947 wurde dieses Büro nach Mönchengladbach verlegt. Hier erfuhr Stein eine wesentliche Förderung durch Dr. Reiners von Schlafhorst und dessen damaligen Chefkonstrukteur Stefan Fürst. Die erste Unterkunft fand Stein in den Räumen der Kammgarnspinnerei Düsseldorf, Werk Mönchengladbach. In der Folgezeit baute er eine Reihe von Textilprüfgeräten, die schließlich die Gründung der Firma Textechno zur Folge hatten.

Daneben betrieb Stein Forschungsarbeiten auf dem Gebiet der textilen Meßtechnik, die zur Gründung des Instituts für textile Meßtechnik Mönchengladbach e.V. führten. Dieses Institut, dessen Kuratorium über viele Jahre namhafte Persönlichkeiten der Mönchengladbacher Textil- und Textilmaschinenindustrie angehörten – zu nennen sind hier stellvertretend Heinz-Martin von Zeppelin, Stefan Fürst, Günter Langen oder Hans Trützschler –, führte zahlreiche wegweisende Arbeiten auf dem Gebiet der textilen Meß- und Prüftechnik durch, die mit öffentlichen Mitteln ebenso wie durch Mittel der Industrie finanziert wurden. Das Institut wurde 1980 mit zwei weiteren deutschen Textilforschungsinstituten zum Deutschen Textilforschungszentrum Nordwest mit Sitz in Krefeld zusammengeschlossen.

Neben seiner Funktion als erster Leiter des Instituts entwickelte Stein die Prüfgerätefertigung in der Firma Textechno im Laufe der Jahre zu einer modernen Serienproduktion. Textilprüfgeräte von Textechno fanden mehr und mehr Eingang in die Spinnereien und Webereien, die Textilmaschinenbauindustrie und insbesondere in die Chemiefaserindustrie sowohl im In- als auch im Ausland. Die ständige Erweiterung der Produktion machte schließlich den Neubau der Firma im Industriegebiet Mönchengladbach-Uedding erforderlich, in den die Firma Textechno im Jahre 1987 übersiedelte.

Heute gehört Textechno international zu den wenigen Herstellern von Textilprüfgeräten mit weltweiter Bedeutung. Mehr als 90% aller Geräte gehen in den Export mit Schwerpunktmärkten in Fernost, insbesondere China, Taiwan und Indien, sowie Westeuropa und den USA. Bekanntestes Produkt ist das automatische Zugprüfgerät für Garne, das heute in nahezu allen Prüflaboratorien größerer Spinnereien und Chemiefaserbetrieben zu finden ist.

Die Qualität aller Textechno-Erzeugnisse wird unter anderem durch die Zertifizierung des Qualitätsmanagements nach DIN/EN - ISO 9001 dokumentiert. Die Leitung des Unternehmens liegt inzwischen in Händen von Herrn Dr. Wolfgang Stein, einem Sohn des Firmengründers.

Fachschule für Technik - Ausbildung zum staatlich geprüften Techniker

Mönchengladbach hat als Textilstadt eine jahrhundertealte Tradition. Die Ausbildung von Textilfachleuten hat der Stadt schon immer besonders am Herzen gelegen. Die Ursprünge dieser Ausbildung gehen bis in das Jahr 1900 zurück zur Preußischen Höheren Fachschule für Textilindustrie. Aus den damaligen Fabrikantenlehrgängen entstanden die Techniker- und Ingenieurlehrgänge. Die Fabrikantenlehrgänge dauerten damals ein Semester, heute umfaßt die Ausbildung zum Techniker an der Fachschule vier Semester. Das Land Nordrhein-Westfalen übernahm 1966 die Trägerschaft für die Staatliche Technikerfachschule, aus der dann die Fachschule für Technik hervorging. 1971 wurde die gesamte Fachschulausbildung mit den Fachrichtungen Elektrotechnik, Maschinentechnik, Flugzeugtechnik, Vermessungstechnik, Bekleidungstechnik und Textiltechnik, mit den Schwerpunkten Textilerzeugung und Textilveredlung, an der Fachschule für Technik an den Gewerblichen Schulen der Stadt Mönchengladbach zusammengefaßt.

Voraussetzung für die Zulassung zur viersemestrigen Ausbildung ist eine abgeschlossene Lehre und eine mindestens zweijährige einschlägige Praxis. Die Studierenden sind bei Aufnahme ihres Studiums bereits praxiserfahren und erhalten die theoretischen Grundlagen, die sie befähigen, im Anschluß an ihre Ausbildung bereits Verantwortung in der Industrie zu übernehmen.

Aufgrund der praxisorientierten Ausbildung und der in der Fachschule schwerpunktmäßig erworbenen Kenntnisse kann der Textiltechniker selbständig in den folgenden Bereichen der textilen Fertigung (einschließlich technischer Textilien) tätig werden:

Heinrich Schulz, Studiendirektor an der Fachschule für Technik, Abteilung Textilveredlung, Mönchengladbach (38a)

- Organisation, Steuerung und Überwachung der Produktionsabläufe;
- Sicherung und Optimierung des Qualitätsstandards;
- Weiterentwicklung textiler Produkte und Verfahren;
- Führung und Einsatz, Fortbildung und Schulung von Mitarbeitern;
- Kundenbetreuung;
- Sicherheitstechnik, Umweltschutz;
- Betriebssoziologie und Arbeitsrecht.

Die Ausbildung im Bereich Textiltechnik umfaßt die verschiedenen textiltechnologischen Verfahren von der Faseraufbereitung bis zum ausgerüsteten Endprodukt. Die überwiegend mechanisch-technischen Technologien im Bereich der Garnherstellung und Flächenerzeugung einerseits und die mehr chemisch-physikalischen, veredlungstechnischen Ausrüstungsverfahren andererseits erfordern neben übergreifenden Kenntnissen eine differenzierte Schwerpunktbildung. Demzufolge gliedert sich der Fachbereich Textiltechnik in die Schwerpunkte Textilerzeugung und Textilveredlung.

Im Rahmen der Organischen Chemie und Textilchemie wird der chemische Aufbau der Farbstoffe, Faserstoffe, Tenside, Appretur- und Hochveredlungsmittel erläutert und deren Zusammenhänge erklärt; dazu gehören auch die Frisch- und Abwasseraufbereitung. In der Analytischen Chemie erlernt der zukünftige Veredlungstechniker Methoden zum Nachweis und zur Bestimmung von Kationen und Anionen.

Im Bereich Färberei werden für alle wichtigen Faserstoffe und alle Farbstoffklassen, die für diese Faserstoffe angewandt werden, die theoretischen Zusammenhänge besprochen und im Labor nach den unterschiedlichen diskontinuierlichen und kontinuierlichen Verfahren Übungen durchgeführt.

Im Bereich Druckerei werden alle Druckverfahren und Drucktechniken theoretisch behandelt. In praktischen Laborversuchen werden aus Entwürfen Druckformen für ein- und mehrfarbige Muster hergestellt und die Flächengebilde aus den wichtigsten Faserstoffen nach unterschiedlichen Verfahren bedruckt. Die Methoden der Appretur und Hochveredlung werden behandelt und durch Versuche im Labor dargestellt.

Im Verlauf der letzten Jahrzehnte hat sich die Zahl der Textilbetriebe zwar verringert und dem Bedarf angepaßt. Gleichzeitig ist die technische Entwicklung erheblich fortgeschritten, die Betriebe sind heute nach dem modernsten Standard ausgestattet. Durch diese Entwicklung ist die Nachfrage nach Textiltechnikern ständig gestiegen.

(38a)

Ein ernstes Wort

an alle Arbeiter der Fabrik.

Es hat sich zu meinem größten Bedauern gezeigt, daß das Schnapstrinken sowohl außerhalb, wie besonders auch in der Fabrik sehr überhand genommen hat.

Die Fabrikordnung bestimnt § 4: „Arbeiter, die in trunkenem Zustande in der Fabrik betroffen werden, werden sofort entlassen."

Ebenso zieht wiederholte Trunkenheit, auch außerhalb der Fabrik, Verwarnung oder wenn diese fruchtlos erscheint, Kündigung nach sich. —

Gemäß § 23 der Fabrikordnung findet das Mitbringen, Holen und Holenlassen von Branntwein strengste Ahndung.

Zur Wahrung des guten Rufes der Fabrik und vor Allem im Interesse des eigenen Wohles der Arbeiter und ihrer Familie werden in Zukunft diese Bestimmungen strengstens zur Ausführung kommen.

Es ist Thatsache, daß manche Familie darben, bittere Noth leiden muß, weil der Mann dem Schnapsgenuß fröhnt.

Es ist Thatsache, daß die Liebe für Familie und Häuslichkeit oft leidet, weil Mann und Söhne mehr im Wirthshaus zubringen, als sich ziemt.

Es ist Thatsache, daß schon junge Arbeiter sich an diesen Genuß gewöhnen, sich so eine Leidenschaft großziehen, die ihnen verderblich werden muß.

Es ist Thatsache, daß namentlich das Schnapstrinken in der Fabrik der Verführung der jungen Arbeiter zur Theilnahme am Schnapstrinken Vorschub leistet.

Der Schnaps ist der Ruin für Viele; er zerstört in so manchen Familien Wohlstand und häuslichen Frieden. Jeder, welcher das Wohl der Fabrik und der Mitarbeiter will, muß die Strenge in der Durchführung der oben aufgeführten Bestimmungen als gerechtfertigt anerkennen.

Am besten ist gänzliche Enthaltung von Schnaps. Jedenfalls muß er von der Fabrik ausgeschlossen bleiben. Wo Schnaps getrunken wird, stehen Ehre, Gesundheit und Familienglück immer mehr oder weniger auf dem Spiele. Vom Schnäpschen kommt man zum Schnaps.

Um nun den Arbeitern, welche schon bisher sich des Schnapsgenusses enthalten haben, einen Beweis der Anerkennung zu bieten, und in der Hoffnung, daß in Zukunft sich auch noch manche Andere zur Enthaltung vom Schnaps entschließen, werden folgende Bestimmungen getroffen:

Bitte umblättern!
(278)

Jeder männliche Arbeiter über 16 Jahren, der sich des Genusses von Branntwein ganz enthält, empfängt monatlich 1 Mark.

Dieselbe wird an jedem ersten Zahltage des Monates seinem Lohnbetrage beigefügt, ohne jede weitere Notiz auf dem Lohnzettel. Also bei der ersten Schlußlöhnung eines jeden Monats werden, wenn der Lohnzettel beispielsweise auf Mk. 35,00 lautet, 36 Mark ausbezahlt.

Die Controlle darüber, ob der Arbeiter thatsächlich keinen Schnaps getrunken hat während des betr. vergangenen Monats, weder in der Fabrik, noch im Wirthshaus, noch zu Haus, noch sonst irgendwo, besteht darin, daß derselbe einen Schein unterschreibt und am letzten eines jeden Monats in einen verschlossenen Kasten legt. Dieser Schein lautet:

„Ich Unterzeichneter erkläre auf Treue und Gewissen, daß ich im vergangenen Monat . . . . . keinen Branntwein, keine Liqueure, Magenbitter ꝛc. oder irgend ein anderes gebranntes Getränk genossen habe."

Diese Scheine liegen im St. Josephshause und im Kaffeezimmer auf, können auch beim Obermeister in Empfang genommen werden, und brauchen nur, mit Unterschrift und Datum versehen, in den bestimmten Kasten geworfen zu werden.

Nur der Obermeister und drei Vertrauenspersonen erhalten außer dem Fabrikherrn Kenntniß von den einzelnen Scheinen, so daß ein Jeder, der Werth darauf legt, sicher sein kann, daß sein Name geheim bleibt. — Ich habe das Vertrauen, daß Niemand eine unwahre Erklärung abgibt. Sollte jedoch Jemand gewissenlos genug sein, einen solchen Schein zu unterschreiben, trotzdem er Branntwein oder ein ähnliches Getränk genossen hat, so wird er bei Entdeckung nicht nur sofort entlassen, sondern unter Umständen auch noch anderen Folgen seines Betruges ausgesetzt sein.

So gering auch der Betrag von monatlich einer Mark von Manchem angesehen werden mag, so darf doch nicht außer Acht gelassen werden, daß die Vortheile für den sich des Branntweins Enthaltenden außerdem doch ganz außerordentlich große sind.

Die näheren Ausführungen in dieser Beziehung findet Jeder in dem Schriftchen: „Der Schnaps," das jeder Arbeiter gratis erhalten wird.

Einstweilen werden vorgenannte Bestimmungen getroffen auf die Dauer von 3 Jahren.

M.Gladbach, den 30. August 1884.

F. Brandts.

10

Entwicklungslinien in die Zukunft

»Was tun?!« sprach Zeus

Seit dem 14. Jahrhundert läßt sich in Mönchengladbach Flachs als Marktgut nachweisen. Zunächst ausschließlich für den Eigenbedarf hergestellt, entwickelte sich als Folge des Erbrechts in der Stadt ein zünftiges Handwerk, das die Herstellung von Leinwand als Haupterwerb betrieb, während auf dem Land Leinwand im Nebenerwerb zur Landwirtschaft produziert wurde. Der Ausbau der Handelsbeziehungen zu Holland – unterstützt durch die Zuwanderung der Mennoniten – führte zu einer weiteren Ausdehnung der Leinwandherstellung, in der Stadt zunehmend im Verlagssystem, auf dem Land in Form des Preiswerks.

Der Anschluß des Rheinlands an Frankreich unterstützte zunächst im Rahmen der Autarkiebestrebungen Napoleons die Verarbeitung von Flachs zu Leinwand. Die aufgrund sich verschlechternder wirtschaftlicher Rahmenbedingungen in ihrer Heimat einsetzende Einwanderung bergischer Kaufleute nach Mönchengladbach führte unter dem Zollschutz der Kontinentalsperre jedoch zu einer schnellen Ausbreitung der Baumwolle, die den Flachs zunehmend verdrängte.

Die steigende Verarbeitung der Baumwolle veränderte die Organisation der Produktion auch auf dem Land – das Verlagssystem wurde vorherrschend. Diese Veränderungen waren eine zwangsläufige Folge der Entfremdung des Webers von Rohstoff und Absatzmarkt einerseits und mangelndem Kapital andererseits.

Der mit Ende der französischen Herrschaft einsetzenden Konkurrenz durch englische Waren begegneten die Textilunternehmer mit der Herstellung qualitativ geringwertiger Artikel. Obwohl die eingesetzte Technik im Vergleich zu England veraltet war, sind nur vereinzelte Versuche unternommen worden, in den Besitz englischer Maschinen zu gelangen. Vor allem Kapitalmangel war hierfür ausschlaggebend.

»Industrialisierungs-Zeus«, Karikatur von Tipon, abgebildet im März 1986 in der Fachzeitschrift »Textilbetrieb«. Dargestellt wird symbolisch die Neigung Napoleons für die Textilherstellung

Die stagnierende Entwicklung wurde von Unternehmern vorangetrieben, die sich in England mit den dort eingesetzten Maschinen vertraut gemacht hatten. Für Mönchengladbach ist vor allem Croon zu nennen. Die Gründungen der »Kreisappreturanstalt« sowie der »Aktien-Spinnerei und Weberei« markierten den allgemeinen Übergang zur mechanischen Betriebsweise (erste technische Revolution).

Die Einführung moderner Produktionsmethoden ging einher mit dem Aussterben der Handweberei und für die Betroffenen mit großen Notlagen, die selbst durch stärksten Arbeitseinsatz kaum gelindert wurden. In den ab der Mitte der 1850er Jahre errichteten Fabriken waren die Arbeitsbedingungen zunächst kaum besser. Frauen und Kinder gehörten hier wie in der Hausweberei zum festen Bestandteil der Belegschaft. Wenn auch zum Schutz der in den Fabriken beschäftigten Kinder schon zu Beginn des 19. Jahrhunderts erste Verordnungen erlassen wurden, so konnten diese Gesetze erst im 20. Jahrhundert für die bei Hauswebern beschäftigten Kinder durchgesetzt werden.

Ab den 1860er Jahren begannen kleine Reparaturwerkstätten, für die aus England bezogenen Textilmaschinen Ersatzteile nachzubauen. Aus ihnen entstanden die ersten Firmen, die eigene Maschinen für die einheimische Textilindustrie konstruierten, sich aber schnell über den lokalen Markt hinaus orientierten. Wurden zunächst überwiegend Kraftmaschinen, Transmissionen und Zubehör für Dampfmaschinen gebaut, beschäftigten sich einige Firmen auch mit dem als schwierig angesehenen Textilmaschinenbau.

Die Herstellung von Webstühlen und Spinnmaschinen wurde kaum aufgenommen. In diese Lücke traten in den Gründerjahren vor allem Dülkener Unternehmen, die sich überwiegend mit dem Bau von in England nicht hergestellten Maschinen befaßten.

Die expandierende Textilindustrie mußte ihren Kapitalbedarf zunächst weitgehend im Ausland oder bei den Großbanken Kölns oder Krefelds decken. Filialen der Großbanken entstanden in der Region überwiegend erst im beginnenden 20. Jahrhundert. Gesellschaftsgründungen zur Kapitalbeschaffung waren häufig bei kleinsten Unternehmen anzutreffen. Die Gründung von Aktiengesellschaften nach dem Vorbild etwa der Schwerindustrie blieb die Ausnahme.

Der Ausbau des Eisenbahnnetzes sicherte sowohl die Energieversorgung als auch den Bezug von Rohstoffen. Darüber hinaus verband es Mönchengladbach mit dem Umland, aus dem ein Großteil der Arbeitskräfte stammte, und erweiterte die Absatzmöglichkeiten für die Produkte der Textilindustrie.

Neben den Fabriken des Textilmaschinenbaus und den Herstellern von Dampfmaschinen spezialisierte sich eine Reihe kleiner Betriebe auf die Bedarfsdeckung der Textilindustrie, teils als Lieferanten von Zubehör oder als Dienstleistungsunternehmen.

Heutige Situation der Textil- und Bekleidungsindustrie

Die heutige Situation der Textilindustrie im allgemeinen am Standort Mönchengladbach kann nicht losgelöst von der bundesweiten Entwicklung dieses Wirtschaftszweiges betrachtet werden. Noch 1950 war Deutschland ein leistungsorientiertes Niedriglohnland. Heute ist es dagegen ein Höchstlohnland, mit hohen Urlaubsansprüchen der Arbeiter und vielen Feiertagen. Diese Umstände erschweren den ansässigen Textilfirmen die Existenz am Standort Deutschland. Ferner wird heute in der Textilindustrie unter hohem Kapitaleinsatz gefertigt, da die nötigen Maschinen sehr kapitalintensiv in der Anschaffung und im Unterhalt sind. Gegenüber anderen Ländern gibt es in Deutschland Beschränkungen bezüglich der Nachtarbeit, der Maschinenlaufzeiten und einen geschützten Sonntag, was zusätzlich die Existenz der Firmen am Standort Deutschland erschwert. Anhand der auf der folgenden Seite dargestellten Tabelle kann man erkennen, daß sich die Zahl der Textilfirmen, der Textilveredlungsfirmen und die Zahl der in der Textilindustrie und der Textilveredlungsindustrie beschäftigten Arbeitnehmer enorm verringert hat. Dies ist zu einem großen Teil auf die oben angegebenen Umstände zurückzuführen.

Textilfirmen müssen extrem flexibel sein, da die Modeerscheinungen und Trends schnellstmöglich – quick response und just in time – umgesetzt werden müssen, um sich sowohl gegen die hiesige Konkurrenz als auch gegen die große Konkurrenz der Niedriglohnländer Südostasiens und gegen die USA behaupten zu können. Unflexible Unternehmen unterliegen in diesem Kampf. Textilveredlungsfirmen sind spezialisiert auf bestimmte für den europäischen Markt günstige Artikel, bei denen wenig Konkurrenz aus dem entfernten Ausland zu erwarten ist. Speziell spielen dabei Heimtextilien eine große Rolle. So fertigen Junkers & Müllers beispielsweise Vertikal-Jalousien und die Firma Wilh. Beines Söhne unter anderem bedruckte Cocktailkissen und hochfarbige Seidentücher für den europäischen Markt.

»Quick response« auf rasche Farbwechsel der Mode mit Farbmetrik (hier Datacolor), 1986

Standortfaktoren

Ein wichtiger Standortfaktor für die Ansiedlung der Textil- sowie der Textilveredlungsindustrie war der Standortfaktor Wasser. Im Raum Mönchengladbach – reich an

Tab.: Statistische Übersicht von 1950 bis 1993 für die Textilindustrie, die Textilveredlungsindustrie und die Bekleidungsindustrie. Die Zahlen gelten für die alten Bundesländer (152, S. 9)

	1950	1960	1970	1980	1990	1992	1993
Produktionsindex Textilindustrie	—	—	100	96,8	93,6	86,7	76,8
Produktionsindex Bekleidungsindustrie	—	—	100	83,4	60,9	53,7	48,3
Produktionsindex TVI	—	—	100	104,7	102,3	89,3	79,5
Umsatz Textilindustrie/ in Mio. DM *)	9838	16460	25132	33025	41334	39793	35337
Umsatz Bekleidungsindustrie/ in Mio. DM *)	3355	6780	15026	20.713	26777	27093	26005
Umsatz TVI/in Mio. DM ohne Warenwert *)	601	1268	2125	3220	3900	3400	2992
Zahl der Unternehmen in der Textilindustrie *)	3903	4414	2396	1620	1200[1]	1100[1]	1050[1]
Zahl der einstufigen TVI-Unternehmen	405	313	296	196	170	161	158
Beschäftigte in der Textilindustrie *)	560723	612699	501456	303879	209443	189888	168790
Beschäftigte in der Bekleidungsindustrie *)	214037	329536	379067	248779	164029	146749	127434
Beschäftigte in der TVI	52421	66905	58637	45700	37200	33700	29700
Textileinfuhr/in Mio. DM	862	2835	8739	25778	48622	56255[2]	Werte liegen noch nicht vor
Textilausfuhr/in Mio. DM	409	2004	6955	16326	32347	33947[2]	
Einfuhrüberschuß/ in Mio. DM	453	831	1784	9452	16275	22308[2]	
Prozentanteile der Einfuhren an der Inlandsverfügbarkeit (wertmäßig)							
Textilien	6,9	13,3	24,7	45,3	60,7	65,9	65,9[3]
Bekleidung	4,6	8,0	14,9	39,7	55,6	57,6	57,6[3]

* ab 1977 Erfassungsgrenze Unternehmen ab 20 Beschäftigte
[1] geschätzt
[2] einschl. Ostdeutschland
[3] vorläufig

kleinen Fließgewässern – waren die besten Voraussetzungen für die Ansiedlung gegeben. Die vielen kleinen, althergebrachten Bleichen und Färbereien, die sich zu Beginn des 19. Jahrhunderts mit dem Aufkommen der Baumwolle im hiesigen Raum angesiedelt hatten, konnten das weiche Bachwasser gut nutzen und die Abwässer einfach entsorgen. Durch die schnelle Entwicklung der Chemie waren die Firmen aber bald nicht mehr auf einen bestimmten, wasserabhängigen Standort angewiesen.

Das gestiegene Umweltbewußtsein beeinflußt heute die Entwicklung der Industrie nachhaltig durch die hohen Umweltauflagen, denen die Betriebe nachkommen müssen. Wichtig für die Entwicklung der Textilveredlungsindustrie am Standort Mönchengladbach war und ist auch heute noch die Existenz von gut entwickelten Nachbarindustrien, wie zum Beispiel einer hochentwickelten Chemieindustrie im weiteren Umkreis von Mönchengladbach, und einer seit Beginn der Industrialisierung sich parallel entwickelnden Maschinenbauindustrie, die zu Beginn vornehmlich für den hiesigen Bedarf, sehr bald für die weltweite Nachfrage produzierte. Diese vielfältigen Zulieferindustrien bieten auch heute noch gute Voraussetzungen für einen technischen Vorsprung der in Mönchengladbach und Deutschland ansässigen Textil- und Textilveredlungsindustrie.

Textilveredlungsindustrie

Die Textilveredlungsindustrie ist aus dem Handwerk hervorgegangen. Durch die Einführung der Baumwolle zu Beginn des 19. Jahrhunderts ergab sich die Notwendigkeit einer Veredlung im hiesigen Gebiet. Zu diesem Zweck wurden Färber aus dem Elberfelder Raum und anderen Gegenden gewonnen, sich hier anzusiedeln. So zum Beispiel auch der Färber Dietrich Keller, der aus Hückelhoven zu Beginn des 19. Jahrhunderts in den Mönchengladbacher Raum kam. Auch sein Neffe Joh. Peter Keller siedelte sich im Mönchengladbacher Raum an. Aus den Ursprüngen seiner Färberei ist das Unternehmen J. & W. Keller hervorgegangen, das sich mit Färberei und ab dem Jahre 1888 auch mit der Baumwollspinnerei befaßte. Die sich hier ansiedelnden Handwerksbetriebe bildeten den Grundstock für die Entwicklung der Textilveredlungsindustrie im letzten Jahrhundert. Durch die ständig steigende Zahl von Webereien und Verlagsgeschäften waren die Färber und alle Handwerkszweige, die sich mit der Veredlung von Textilien befaßten, sehr gefragt und entwickelten sich mit dem steigenden Veredlungsbedarf der Webereien zu immer größer werdenden Unternehmen. Durch die Tatsache, daß die Färberei ein Handwerk war, haben sich lange Zeit handwerkliche Kleinbetriebe erhalten können. Die Fluktuation dieser Betriebe ist deutlich nachzuvollziehen, wenn man die Zahl der Betriebe von 1886, 1922 und 1950 vergleicht. (Vgl. Anhang.) Bei der Entwicklung der Textilveredlungsindustrie in Mönchengladbach fällt auf, daß vielfach große Veredlungsanstalten zum Beispiel mit Färberei, Druckerei, Rauherei und Bleicherei etc. aus einfachen Handwerksbetrieben hervorgegangen sind.

Nur wenige Betriebe konnten sich durch die Jahrzehnte am Standort Mönchengladbach halten. Darunter sind zum Beispiel die Lohnveredlungsfirmen Wilh. Beines Söhne, Carl Nießen und Simons & Gier zu finden. Viele alte Firmen mußten in den 80er Jahren des 20. Jahrhunderts schließen. Darunter fallen zum Beispiel die Färberei und Druckerei Gebr. Verweyen und die Gladbacher Textilveredlung.

Gekennzeichnet sind die recht lange bestehenden Betriebe durch ihre Anpassungsfähigkeit und Flexibilität dem Kunden mit seinen wechselnden modischen Ansprüchen gegenüber. Flexibilität gegenüber der ständig fortschreitenden technischen Entwicklung, durch die es ermöglicht wird, gut, schnell und flexibel zu produzieren, war ferner ein wichtiger Überlebensfaktor. Die heute noch existierenden alten Traditionsunternehmen sind zum größten Teil vollständige Veredlungsanstalten mit der Möglichkeit, jegliche Stoffe auszurüsten, oder Unternehmen, die sich eine Marktnische eröffnet haben und somit ihre Existenzgrundlage sichern.

Zu Beginn der Industrialisierung kam es bei den Webereien zu einer vermehrten Angliederung von Veredlungsabteilungen. Dadurch wurde die vollständige Produktion eines Artikels möglich. Durch die schnellere Kalkulation und das Einbehalten der Handelsspannen konnte billiger gefertigt werden. Die entstehenden Nachteile zeigten sich zum Beispiel bei einer Änderung des Artikelprogramms. Die wechselnden und neu entwickelten Faserstoffe dieses Jahrhunderts erschwerten ein gewinnbringendes Produzieren.

Der heute fast 90jährige Zeitzeuge August Manderfeld, ehemals ab 1942 Färbereileiter in der Kammgarnspinnerei Düsseldorf, Werk Mönchengladbach: Eine Epoche endete mit seiner Pensionierung (38 a), indem ab 1970 auch in der Textilveredlung die dritte technische Revolution vonstatten ging (symbolisiert durch neuartige Liloc-Färbemaschinen)

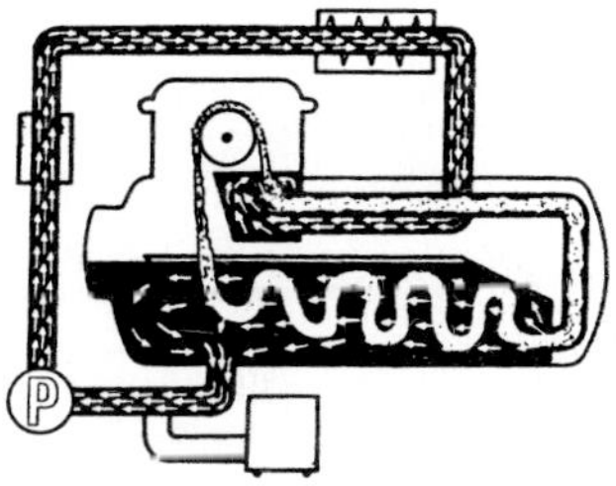

1970er Modell der von Krill aus Japan nach Mönchengladbach eingeführten Liloc-Overflow: Die Moderne der Textilveredlung bricht an!

Sulzerprojektil - die dritte technische Revolution in der Weberei (31 a)

Kleine Panne auf der Igedo 1957 bei Frl. May - Mode verbindet, wenn die Qualität stimmt! (14 a)

In Zeiten wirtschaftlicher Rezession kam es immer zu Überlebenskämpfen der Textilindustrie. Viele Betriebe mit angegliederten Veredlungsabteilungen mußten in den 70er und 80er Jahren die Produktion einstellen, so zum Beispiel die Spinnerei und Färberei Busch & Hoffmann, die Spinnerei, Färberei J. & W. Keller, vollstufige Unternehmen wie zum Beispiel die Gladbacher Wollindustrie AG, vorm. L. Josten und die Tuchfabrik Rheinland. Der Trend in den letzten Jahrzehnten ging bei Webereien und Spinnereien zur Fertigung im Ausland, da dort das Lohnniveau in vielen Ländern im Vergleich zu den hiesigen Verhältnissen wesentlich niedriger ist und so selbst mit veralteten Maschinen und mehr Personal kostengünstiger produziert werden kann.

Einige Firmen, die weiter am Standort Mönchengladbach tätig sind, haben sich Vorteile durch die Anschaffung eines hochmodernen Maschinenparks gesichert. An diesen Firmen kann man feststellen, daß nur die modernsten und fortschrittlichsten Unternehmen bis in die heutige Zeit überlebt haben. Die Standortnachteile müssen durch eine überdurchschnittliche Produktionsqualität ausgeglichen werden.

Die Textilveredlungsindustrie in jeglicher Sparte, ob Lohnveredlung, Eigenveredlung oder Betriebsveredlung, hat mit den Standortnachteilen in Deutschland und dem großen Konkurrenzdruck der ausländischen Firmen zu kämpfen. Die großen Tage der Textilindustrie und der Textilveredlungsindustrie im Raum Mönchengladbach in der ersten Hälfte des 20. Jahrhunderts konnten sich nicht bis heute fortsetzen. Es gibt heute wenige Unternehmen, die sich gut auf dem Weltmarkt behaupten können. Viele andere Industriezweige wurden in den letzten Jahrzehnten in der Region Mönchengladbach angesiedelt, um die Monostruktur der wirtschaftlichen Produktion zu verringern und den Menschen vielfältige berufliche Entfaltungsmöglichkeiten zu verschaffen.

Bekleidungsfertigung als Integrationsfaktor

Die regionalen und zeitlichen Umstände bewirkten, daß sich in Mönchengladbach die Herstellung von Fertigbekleidung als ganz neues Betätigungsfeld festsetzen konnte. Die Voraussetzungen dafür waren erstens das Vorhandensein der vorgelagerten Produktionsstufe, der Textilindustrie, zweitens eines ausreichend qualifizierten Arbeitskräftepotentials, drittens einer starken Nachfrage. Viertens spielte die durch die früh einsetzende Industrialisierung in der Textilindustrie relativ weit entwickelte Infrastruktur eine Rolle. Letztlich war auch ein Umdenkprozeß bezüglich der Kleiderherstellung auf Vorrat ausschlaggebend.

Während im Spessart ein Schneider mit der verlagsmäßigen Fertigkleiderherstellung begann, waren es in Mönchengladbach Kaufleute und Weber, die den Anfang machten. Die ursprüngliche Entstehungsform war ein Zusammenschluß zweier selbständiger Kaufleute (Müller & Hager, Potting & Becker, Cohen & Schlecht). Auch Vertikalunternehmungen, das heißt Verbindungen von Webereien, Kleiderfabriken und Ausrüstungsbetrieben, waren besonders in den ersten Anfängen üblich und gingen meist aus der Initiative der reicheren Webereibesitzer hervor (Flörsheim & Co., Carl Everling, Clemens August Becker). Die Bekleidungsbranche hatte von Anfang an einen mittelständischen Charakter. Die häufigste Unternehmensform war die GmbH. Ganz selten war die Gründung von Aktiengesellschaften, welche auch erst in der weiteren Entwicklung der Bekleidungsbranche auftauchten. Die Bekleidungsindustrie war von Anfang an stark durch Heimarbeit geprägt. Sie war (trotz der zweiten technischen Revolution) eine lohnintensive Industrie, im Gegensatz zur Textilindustrie, die aufgrund der notwendigen Maschinen und Gebäudebedingungen eine kapitalintensive Industrie ist.

Die Bekleidungsindustrie in Mönchengladbach begann mit der Herstellung von Arbeiterbekleidung, vornehmlich Arbeiterhosen. Diese Spezialisierung hatte den Mönchengladbacher Bezirk als Hosenzentrum international bekannt gemacht. Dieses Image hielt sich bis nach dem Zweiten Weltkrieg, in einigen Fällen bis heute (gardeur – Dieter Janssen, Prieß Modelle, Michèlle-Moden).

Die Bekleidungsbranche richtet sich sehr stark nach der Nachfrage. Sie hatte mit der Arbeiterbekleidung begonnen, da ein Bedarf danach vorhanden war. Als Sport in Mode kam, begannen hiesige Firmen, das Produktionsprogramm auf Sportbekleidung auszuweiten. In den 30er Jahren erkannten Mönchengladbacher Unternehmer einen neuen Markt für »bessere Herrengarderobe«. Die nachfrageorientierte Haltung führte zu der Flexibilität der Bekleidungsbranche.

Die hiesigen Produkte erlaubten eine relativ frühe und ausgeprägte Standardisierung und Typisierung und daraus resultierend eine fortschreitende Rationalisierung.

Das Hauptmerkmal einer Industrie ist die Automation und die weitgehende Umstellung von menschlicher auf maschinelle Arbeit. In der Bekleidungsindustrie ist dies nur beschränkt möglich, da das Arbeiten mit biegeschlaffen, flexiblen Stoffen und die Umsetzung von Zweidimensionalität auf Dreidimensionalität einen Einsatz von Robotern zum Beispiel nur begrenzt möglich macht. Aufgrund des einfachen, in großen Mengen hergestellten, sich nicht stark ändernden Produktes waren Spezialmaschinen und Automaten in der Mönchengladbacher Bekleidungsindustrie eher einsetzbar als vergleichsweise in der mehr modisch orientierten Damenoberbekleidungsindustrie Berlins.

Die Tatsache, daß sich die Bekleidungsindustrie zeitlich verzögert in den hiesigen Industrialisierungsprozeß begab, erlaubte ihr, auf schon gemachte Erfindungen und Erfahrungen aufzubauen.

Die Korrelation von hiesiger Textil- und Bekleidungsindustrie

Für die Textilindustrie brachte das Entstehen von Kleiderfabriken lange Zeit keine Veränderung. Hatte sie bisher an Stoffhändler geliefert, so waren nun zusätzlich Kleiderhändler oder Kleiderfabrikanten ihre Kunden. Da die Bekleidungsbranche die in hiesigen Webereien hergestellten Stoffe verarbeitete, hielt sich die Buckskinproduktion über einen so langen Zeitraum. Man kann sagen, daß in den ersten 30 Jahren eine enge Zusammenarbeit zwischen Mönchengladbacher Textilern und Bekleidern vorherrschte. Nicht außer acht zu lassen ist dabei auch die Tatsache, daß eine besonders enge Verbundenheit von Unternehmern gleicher Konfession bestand. (Die »Gesellschaft Casino« war die Interessenvereinigung katholischer Unternehmer, die »Gesellschaft Erholung« die der protestantischen Fabrikanten.)

Etwa zur Zeit des Ersten Weltkrieges löste sich das vormals so innige Verhältnis etwas. Als die Textilindustrie durch Kartellbildungen einen zunehmenden Druck auf die Bekleidungsbranche ausübte, formierten sich die Kleiderfabrikanten in Bekleidungsverbänden. Es entstand ein starkes Gegengewicht zur bisherigen Macht der Textilhersteller.

Die Bekleidungsbetriebe zeichneten sich durch räumliche Flexibilität aus. Durch wenig gebundenes Kapital und bewegliche Maschinen konnten sie leichter gegründet oder verlegt werden. Das ermöglichte vielen Firmen, schwierige Zeiten zu überstehen (Fertigungsbetriebe in Regionen mit besserer Qualifikation oder geringerem Lohnniveau der Arbeitskräfte, Auslagerung von Betrieben während beider Kriege).

Diese Beweglichkeit führte aber auch zu einer hohen Fluktuation. So kam es zu ständigen Neugründungen und Schließun-

Reklame einer chemischen Fabrik für Knitterfreiausrüstung hochwertiger Bekleidung, integral gedacht, schon 1951 in Mönchengladbach angewandt! (31 a)

Symbiose aus Textil- und Bekleidungsherstellung (Eisbär-Hülsen), 1983

gen von Kleiderfabriken. Die kürzere Existenz und die geringere Tradition der Bekleidungsindustrie waren einerseits der Grund dafür, daß sie eine Kontinuität, wie in der Textilindustrie üblich, nicht aufbringen konnte. Andererseits konnte sie von technischem und unternehmerischem Know-how der Textilindustrie (Fabrikgebäude, Transmissionsantrieb, soziale Errungenschaften für die Arbeiter) profitieren. Die althergebrachten Erkenntnisse verband sie mit der Offenheit für technische und marktbezogene Innovationen, welche die Zeit mit sich brachte (Elektrizität, Absatzstrategien etc.).

Eine vertikale Integration war nur für Betriebe mit Massen- oder Serienproduktion wirtschaftlich sinnvoll. Einige Beispiele zeigen, daß dies bis in die 20er Jahre der Fall war (Gebr. Essers, Flörsheim & Co., Clemens August Becker). Diese Situation änderte sich spätestens nach dem Zweiten Weltkrieg völlig. Durch sich ständig modisch ändernde Anforderungen an Material und Dessin, die Modellvielfalt und nicht zuletzt durch die Veränderung des Umsatz- auf das Mehrwertsteuersystem wurde eine vertikale Konzentration unrentabel.

Kontinuität in der Bekleidungsbranche am Beispiel der Firma »Prieß Modelle«

Prieß-Modelle, 1992 (31 a)

Das heute noch bestehende Unternehmen »Prieß Modelle« gehört zu den führenden Hosenherstellern Deutschlands. Gegründet wurde die Firma 1903 unter dem Namen Kleiderfabrik Heinrich Prieß. Somit hat sie eine 90jährige Geschichte, was sich nach dem bisher Dargestellten als eine sehr große Zeitspanne erweist. Da dies in der Bekleidungsindustrie ein so seltenes Phänomen ist, soll die Historie der Firma Prieß bis zu ihrem heutigen Stand kurz vorgestellt werden.

Schon im Adreßbuch für Stadt und Land von 1905 hatte die Firma Heinrich Prieß als »Spezialist für 1-A Buxkinhosen« inseriert. (125) Sie wurde 1937 von Wilhelm Müller und seiner Frau gekauft, die sie unter ihrem bisherigen Namen weiterführten. (*Ursprünglich Wilhelm Müllers geheißen, war er von irgendeiner amtlichen Stelle im Ersten Weltkrieg als Wilhelm Müller eingetragen worden. Nach dem Krieg hatte man andere Sorgen, so daß er sich nicht mehr um eine Richtigstellung kümmerte.*) (125)

Wilhelm Müller hatte eine fundierte Ausbildung in der Bekleidungsbranche erhalten. Angefangen hatte er bei den Gebr. Isaac als kaufmännischer Lehrling. Danach war er zur Firma Carl Everling, einer »regelrechten Brutstätte für neue Gründer« (Johann Zitzen, Fritz Roscher und später Wilhelm Müller), gewechselt. Nach seinem Heeresdienst kehrte er 1918 vorerst zu Everling zurück, wo er Johann Zitzen kennenlernte. Zu ihm wechselte er in den 20er Jahren. Später wurde er Prokurist bei Clemens August Becker, wo er bis zum Kauf der Kleiderfabrik Heinrich Prieß an der Erzbergerstraße blieb. Dieser Werdegang ist so bemerkenswert, da er so viele der hiesigen Bekleidungsfirmen verbindet. Er verdeutlicht die enge Zusammenarbeit unter den Bekleidern, zeigt aber auch die große Fluktuation in der Branche.

Nach Übernahme der Firma wurde das Produktionsprogramm ausgeweitet. Während der Kriegsjahre bemühte sich Wilhelm Müller als erklärter Gegner der Nationalsozialisten um Zivilaufträge, so daß zeitweise Joppen, Janker und sogar Talare gefertigt wurden.

In den 50er Jahren kehrte man zur reinen Hosenfertigung zurück: Der Name Prieß stand wieder für sein ursprüngliches Produkt. 1957 trat die nächste Generation, Dr. Erwin Müller, in die Firma ein. (125) Durch rechtzeitige Einschätzung des nationalen Marktes konnte dieser eine frühzeitige Internationalisierung und Globalisierung (sowohl in Beschaffung und Produktion als auch im Absatz) für seine Firma erreichen. Dies stellte sich als Überlebensprinzip heraus. Viele hiesige Firmen konnten sich nicht halten, weil sie sich nicht vom deutschen Markt lösten. Noch heute leitet Dr. Erwin Müller die Firma unter dem in »Prieß Modelle« geänderten Namen. Auch sein Sohn ist in der Firma tätig und war am Aufbau des eigenen Tochterbetriebes in Portugal maßgeblich beteiligt. Für die Kontinuität spricht sicher auch die Tatsache, daß das Unternehmen über drei Generationen ein Familienbetrieb ist.

Die Bedeutung der Bekleidungsindustrie für den hiesigen Raum

Wie erläutert, war die Bekleidungsindustrie für den Erhalt der Heimarbeit bis Mitte dieses Jahrhunderts verantwortlich. Während in der Textilindustrie immer mehr menschliche Arbeit durch maschinelle ersetzt wurde, war die Bekleidungsbranche zeitweise der größte Arbeitgeber im Mönchengladbacher Wirtschaftsraum. Im Vergleich zu anderen Heimarbeiterzentren ging es hiesigen Heimarbeitern bedeutend besser, »da immerhin ein gewisses Eigentum an Haus- und Grundbesitz im Regelfalle auftritt.« (82, S. 24)

Durch die Textilindustrie entwickelte sich die vormals landwirtschaftlich und hausindustriell tätige Bevölkerung zu einem regelrechten Proletariat. Das soziale Gefälle zwischen den reichen Spinnerei- und Webereibesitzern und den armen Fabrikarbeitern bot einen starken Kontrast. Dieses wurde durch die mittelständische Bekleidungsindustrie etwas abgemildert; sie wirkte ausgleichend. Vielleicht ist es nicht zuletzt der Bekleidungsindustrie zu verdanken, daß es in Mönchengladbach nie wirklich zu Streiks oder Aufständen der Arbeiter kam. Auch für soziale Veränderungen und Einrichtungen waren viele Kleiderfabrikanten verantwortlich. Sie griffen den sozialen Ansatz Franz Brandts' auf und verbesserten kontinuierlich Fabrikeinrichtung, Fabrikausstattung und Arbeitsverhältnisse in der Fabrik.

Die Angliederung der Bekleidungsfachschule an die »Höhere Preußische Textilschule« verlieh dem Mönchengladbacher Industriegebiet weitere Bedeutung. So zog sie viele Kleiderfabrikanten oder solche, die es werden wollten, aus verschiedenen Regionen und Ländern an. Das führte sehr früh zu einem überregionalen Zusammentreffen von Bekleidungsfachleuten. Da viele Kleiderfabrikanten auch im Stadtrat von Gladbach und Rheydt saßen (Müller-Hoberg, Oscar Fröhlich, Dr. Curt Becker), waren sie an politischen und wirtschaftlichen Entscheidungen für den gesamten Raum beteiligt.

Betrachtet man die genannten Punkte in ihrer Gesamtheit, so ist die Stadt Mönchengladbach ohne die Bekleidungsindustrie gar nicht denkbar. Oder besser gesagt, es wird klar, daß sich Mönchengladbach ohne die Bekleidungsindustrie völlig anders entwickelt hätte. Sowohl das Stadtbild als auch die soziale Bevölkerungsstruktur sähen heute ganz anders aus.

Mode als Gesprächsstoff für Stoffe, die man am Leibe trägt! Ansage der Textilingenieurschulmodenschau am 23. Juli 1958 in der Kaiser-Friedrich-Halle durch Herrn H. D. Schwarz (14 a)

Die Zeit der Textilbarone ist vorbei!

So wie ein bestimmter Baustil die Häuser einer Epoche prägt und sich dadurch nach außen zu erkennen gibt, so und viel umfassender hat die stürmische Entwicklung der Textil- und Bekleidungsindustrie das Äußere der Stadt Mönchengladbach lange Zeit gekennzeichnet. Mönchengladbach ist aus vielen Einzelorten eine Stadt geworden, weil die Textil- und Bekleidungsindustrie sie dazu gezwungen hat.

Kommerzienrat Ernst Bresges (1853-1938) (39 a)

Die gute, alte Zeit des Rathskellers 1910, heute Konstantinstraße 223 – manches, was wirklich gut ist, überdauert die Zeiten! (10 a)

Nun zwingen die weltweiten Verhältnisse die Ursprungsindustrie dieser Stadt dazu, sich an neuen Zielen zu orientieren.

Mehr und mehr verschwinden die Textil- und Bekleidungsfabriken aus dem Weichbild der Stadt – die Branche scheint ein Opfer der Globalisierung zu werden.

Nur *die* Betriebe der Textil- und Bekleidungsindustrie sowie der Textilmaschinenbauindustrie werden ihren Standort in Mönchengladbach halten können, die frühzeitig eine passende Antwort auf die neuen Anforderungen des Marktes hatten.

Hochpreisige, qualitativ wertvolle, zeitgemäße Kleidung kann immer noch an diesem Standort gefertigt werden, wenn mit der Produktion auch ein sehr gutes Marketing verbunden ist. Einige Beispiele wurden zur Nachahmung empfohlen. Als bestes Vorbild könnte man Jil Sander in Hamburg ansehen.

Wenn aber die Bekleidungsindustrie ihren Standort hier zu erhalten vermag, bleibt auch der Textilindustrie ein wichtiges Standbein, nämlich ihr Kunde »Konfektion«, erhalten. Das andere Standbein ist sicher für die Textilindustrie von Mönchengladbach der Export, wenn das GATT-Abkommen auch wirklich alle Märkte der Welt öffnet. Wie erfolgreich man im Export sein kann, haben italienische Wollstoffmacher in den 1990er Jahren bewiesen, indem sie den japanischen Markt mit seinen äußerst fremdartigen Strukturen so geschickt bearbeitet haben, daß sie ihn praktisch beherrschen.

Dennoch: Haben »Textilbarone« in Zukunft noch eine Chance in der Welt-Textilszene?

Wievielmal Gegenwart hat man bereits in den letzten 200 Jahren des Werdens der Stadt Mönchengladbach erleben müssen und später erfahren dürfen, daß jene Gegenwart Krisenzeit war, die über die Zukunft entschieden hat? Die augenblickliche Krisenzeit der Mönchengladbacher Textil- und Bekleidungsindustrie unterscheidet sich aber von allen vorausgehenden Krisen darin, daß es keine generellen

»Antonius predigt den Fischen« von A. Paul Weber (in »A. Paul Weber – ein Verständigungsversuch« von F. W. Schoberth, Hans Christians Verlag, Hamburg, 1978)

Konzepte, keine allgemein gültigen Heilsbotschaften und keine globalen Patentrezepte für eine vierte industrielle Revolution mehr geben wird. Wer heute auf den neuen Zugmotor wartet - wie einst die Menschen in der Region Mönchengladbach auf einen Textilbaron wie Quirin Croon unbewußt warteten -, der wartet vergebens!

Es wird heute für »Antonius« unmöglich, den Fischen zu zeigen, wo es lang geht. Die Fische wollen ihm nämlich an den Kragen, weil sie Haie der globalen Konkurrenz sind. In diesem großen Konzert der Weltkonkurrenz kann jeder seine Problemlösung nur in total individueller und persönlicher Art finden, die im stillen blüht. Die Zeit der großen Textilbarone ist heute vorbei! Um so wichtiger ist es für die Öffentlichkeit der Stadt Mönchengladbach, daß sie sich ihre von den klassischen Textilbaronen erbauten Industriedenkmäler in Form von »Steingut« einer guten, alten Zeit erhält, damit die Bürger dieser Stadt ihren Ursprung vor Augen behalten. Mauern überdauern! Menschen und Maschinen vergehen.

Mauern überdauern aber nur dann, wenn man sie entsprechend pflegt. Die »Gladbacher Aktienspinnerei und Weberei« oder zumindest Teile davon sind wegen der Weitsicht einiger Bürger dem Schicksal entgangen, dem die Gebäude der ehemaligen Baumwollspinnerei A. Bresges (1861 bis 1864 erbaut) zum Opfer fielen: Die Gebäude, in welchen es industriell (d.h. mit schwerer Arbeit, laut und schmutzig) zuging, waren für die Nachfahren, die sich mit der Dokumentation und Deutung der gebauten Umwelt befaßten, von geringerem Interesse als die Kulturtempel, welche sich das Groß- und Geldbürgertum in Form von Theatern, prunkvollen Wohngebäuden oder Museen im 19. Jahrhundert erbauen ließ (in Mönchengladbach allerdings wesentlich sparsamer als anderenorts). Zum Kulturleben der Stadt Mönchengladbach hat aber erst der Erfolg der Textil- und Bekleidungsindustrie mit ihren Textilbaronen und mit ihren unzähligen namenlosen Arbeitskräften die Grundlage geschaffen. Deshalb ist das Bauwerk des »Industrieschlosses« *das* Zeugnis schlecht-

4. April 1990; Firma Overlack. Bewahrung von Säurebehältern aus vergangenen Zeiten als Industriedenkmal mit kunstvollem Charakter (15 a)

hin dafür, daß Mönchengladbach unter Kultur auch Unternehmenskultur seiner ursprünglichen, ihre Existenz begründeten Textil- und Bekleidungsindustrie honoriert. Die gepflegte Industriearchitektur des »Industrieschlosses« beweist und repräsentiert Mönchengladbachs industrielle (R)Evolution, die in den Textilbaronen ihre Repräsentanten gefunden hat.

Weltpolitische Wandlungen

Die Globalisierung der Märkte läßt ortsansässige Unternehmer fragen, was sie mit ihrem Geld machen sollen. Ein bekannter Rheydter Unternehmer ging in den 70er Jahren täglich ins Spielkasino, ohne effektiv zu spielen. Aber er ließ sich seine tägliche Anwesenheit attestieren. Später zeigte er dem Finanzamt diese Anwesenheitsnachweise mit der Bemerkung, er habe sein ganzes Vermögen dort verspielt - womit man ihm seine vermeintliche Armut abnahm. Sein Geld floriert noch heute im Ausland als »schwarz« dorthin transferiertes Vermögen.

Die Situation hat sich zum Jahreswechsel 79/80 dramatisch geändert. Viele Bekleidungsbetriebe ziehen wie eine Karawane von Land zu Land, immer den günstigsten Löhnen nach. Weil die Textilindustrie so ihre besten Kunden in Mönchengladbach nach und nach zu verlieren droht, beginnt sie auch, »schöne Augen« in ferne Länder, wie zum Beispiel nach Portugal, zu werfen. Wohin wird das führen? Werden Futterstoffhersteller wie Weyermann und Söhne oder Fischer-Fürwentsches, beide in Dülken, noch lange an die eigentlich hypermoderne und hochmodische Mönchengladbacher Bekleidungsindustrie liefern können?

Zitat:
»Wenn die Oberbekleidung hüstelt, hat der Futterstoff prompt Schnupfen«

1980 konnte man diesen Satz schon in der Rheinischen Post in einem Bericht über die Textilindustrie am Niederrhein lesen. 1979 setzten 2300 Betriebe der deutschen Textilindustrie 32 Milliarden DM um. Davon entfielen auf 114 Betriebe im Kammerbezirk Mittlerer Niederrhein 2,3 Milliarden DM; dieser Betrag wurde von 19 300 Mitarbeitern erwirtschaftet, die ein Fünftel aller textilen Arbeitsplätze in Nordrhein-Westfalen besetzten. Dieses Beziehungsgeflecht vor allem der Mönchengladbacher Textilindustrie ist sehr anfällig für Umsatzeinbußen der Bekleidungsindustrie vor Ort gewesen, weil die Hauptkunden der Textilindustrie die Nachbarn nebenan in der Konfektion waren.

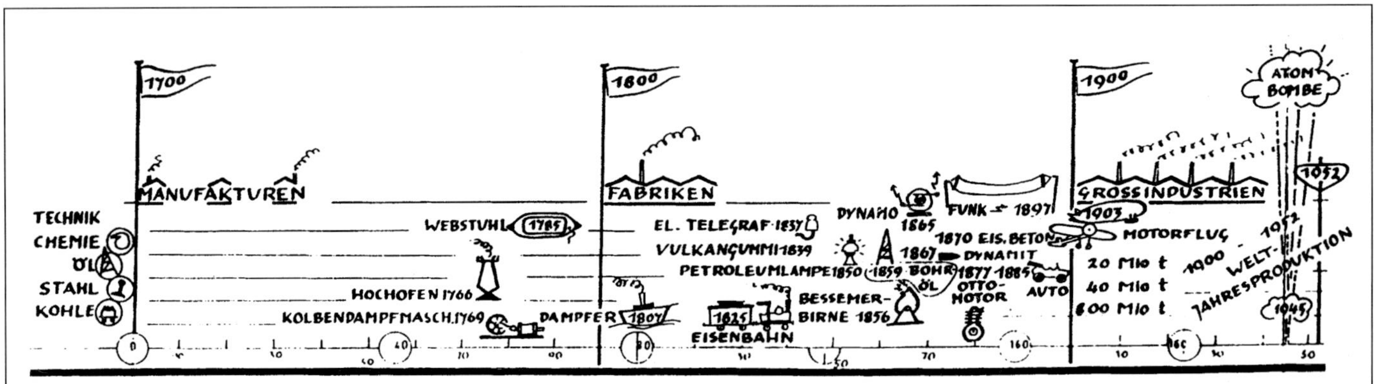

Hans Edgar Jahn, »Weltpolitische Wandlungen«, 1956, Greven-Verlag, Köln

Rezepte für Problemlösungen

Mit etwas Mut zur Vereinfachung lassen sich drei Ansatzpunkte herausmodellieren, wie die Textilindustrie ihre Probleme grundsätzlich angehen kann. Dabei gibt es natürlich keine Patentrezepte und jede Menge Mischformen.

- Die Unternehmen können den alten Standort verteidigen, indem sie an bewährten Produkten festhalten, aber viel Geld in die Verbesserung der Produktionsmethoden stecken (Prozeßinnovation). Dies ist der Weg, den die Textilindustrie in der Vergangenheit hauptsächlich beschritten hat. Folge: Ein Arbeitsplatz in der Textilindustrie kostet mit rund 500000 DM heute etwa doppelt soviel wie im Schnitt des verarbeitenden Gewerbes sonst. Weitere Achillesferse neben dem enormen Kapitaleinsatz: Die Bekleidungsindustrie, Hauptabnehmer der Textilien, ist inzwischen fast vollständig in Auslandsproduktionen abgewandert.
- Alternativ kann man das Produktionsprogramm auch beibehalten, wenn man die Kostenvorteile anderer Länder nutzt (Standortinnovation). Bis in die jüngste Vergangenheit hinein hat sich die deutsche Textilindustrie hier vergleichsweise zurückgehalten. Nach Erhebungen der Deutschen Bundesbank entfällt weniger als ein Prozent des gesamten deutschen Auslandsengagements auf diese Branche. Fatal außerdem: Neun Zehntel der deutschen Investitionen im ausländischen Textilgewerbe konzentrieren sich auf die Industrieländer. Dort gingen sie, so das Münchener Ifo-Institut, im wesentlichen in die Errichtung von Vertriebsgesellschaften.
- Den angestammten Standort Deutschland kann man auch damit sichern, daß man auf Produkte mit höherer Wertschöpfung umsteigt (Produktinnovation). Dies gilt zum Beispiel für technische Textilien, wie sie etwa für Airbags in der Automobilindustrie gebraucht werden – der Umsatz technischer Textilien stieg seit 1985 etwa dreimal so schnell wie der von Heimtextilien und rund zehnmal so schnell wie der von Bekleidungstextilien.

Hand in Hand

In neuerer Zeit (1995) wird der Gedanke der Vorwärtsintegration (Einbeziehung von näher am Endverbraucher liegenden Produktionszweigen in die Produktionslinie) oder der Rückwärtsintegration (Einbeziehung von Produktionsbereichen durch den Handel) wieder angedacht, nicht zuletzt aus logistischen und ökologischen Gründen. Diese Art Zusammenführung von Produktionsstufen in eine Hand haben erfolgreich Marks & Spencer in England (Rückwärtsintegration) und Benetton in Italien (Vorwärtsintegration) betrieben. In Mönchengladbach bahnt sich im Hause Viktor Achter eine entsprechende Entwicklung an:

Die Viktor Achter GmbH & Co. KG ist 1959 als Familienbetrieb gegründet worden. Rund 1000 Mitarbeiter, von denen etwa die Hälfte in Deutschland beschäftigt ist, weben, wirken und stricken pro Jahr 17 Millionen laufende Meter technische Textilien, um diese weltweit für den Einsatz in Automobilen auszuliefern. Der Kundenkreis der Viktor Achter GmbH & Co. KG umfaßt unter anderem alle europäischen Automobilhersteller (mit Ausnahme der Fiat-Gruppe).

Sämtliche Verfahren zur Herstellung technischer Textilien werden angewandt, so daß man für alle automobilen Einsatzbereiche zu liefern in der Lage ist. 1994 hat die Gruppe mit Textilien, zum Beispiel für Autositze, Türseitenverkleidungen und Dachhimmel, etwa 320 Millionen DM um-

Managertugenden, welche in die Zukunft weisen (Färbertag 1992 in Mönchengladbach)

gesetzt. Der 1976 eröffneten spanischen Tochter Autotex S.A. folgte 1986 die Vita-Achter Ltd. in England, die beide unabhängig von der Mutter am Markt operieren, sich jedoch in Entwicklung, Produktion und Vertrieb untereinander und mit dem deutschen Mutterhaus austauschen. Die Gruppe gehört zu den Unternehmen in der Textilbranche, die sich ganz auf den automobilen Sektor spezialisiert haben. Nachdem man sich 1979 vom Bekleidungsmarkt zurückgezogen hatte, um nunmehr seine Leistung ausschließlich auf Kunden der Automobilindustrie und deren Belange hinsichtlich textiler Interieurs zu konzentrieren, hat Achter zahlreiche weitere Schritte zum Ausbau seiner Marktposition unternommen. Neben den beiden Kooperationsverträgen in Japan und einem in den USA – dieser Partner fertigt und liefert übrigens in Lizenz für das deutsche Stammhaus zum Beispiel Stoffe an Ford – ist 1995 eine weitere 100%ige Tochter in Brasilien in Betrieb gegangen. Die Just-in-time-Forderung der Automobilisten an ihre Zulieferer spielt bei der Standortwahl die entscheidende Rolle: Denn wer nach dieser Maßgabe – nicht zu vergessen sind dabei auch die vielfältigen anderen Lieferbedingungen – im Geschäft bleiben will, muß vor allem auch räumliche Kundennähe sicherstellen. Aus diesem Grund wird mit geringem Anteil auch in Portugal produziert. »Die Alternative – eine ausgedehnte Lagerhaltung mit entsprechenden Transportwegen von Europa aus – würde sich überdies auf Dauer nicht rechnen«, führt Stephan Achter aus, wenn auch nach wie vor das Hauptgeschäft der Viersener in Europa stattfindet, und hier insbesondere an den Unternehmensstandorten sowie zu einem kleineren Teil in Frankreich. Insofern macht die deutsche Produktion zumindest so lange Sinn, wie hier Autos gebaut und verkauft werden – natürlich unter den Aspekten maximaler Kostenreduzierung sowie Rationa-

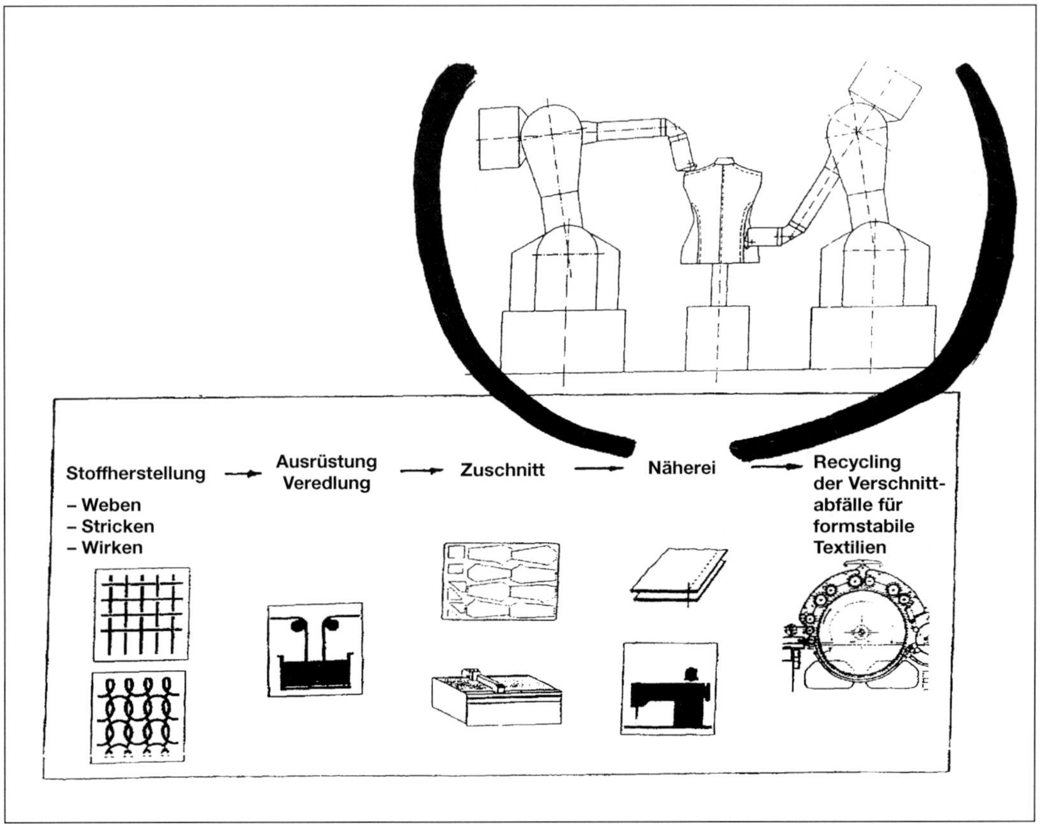

1996: Das Kreislaufwirtschafts- und Abfallgesetz schreibt Recycling vor. Durch Vorwärtsintegration trägt Viktor Achter zum Überwinden des überkommenen, historischen Bruchs zwischen Textil- und Konfektionsindustrie bei: Schon heute schneidet der Flächengebildehersteller Automobilpolsterteile zu und verarbeitet den Verschnitt zu Rückenversteifungen der Autopolster. Wird morgen auch mit Robotern in der eigenen Näherei genäht? (36 a)

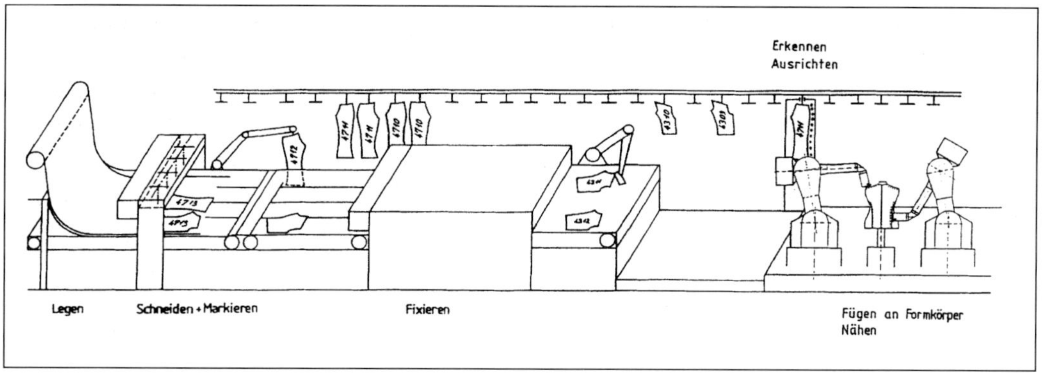

Hypothetische Fertigungsstraße für Bekleidung durch die Moll-Automatische-Nähsysteme GmbH, Alsdorf (36 a): So könnte die Zukunft aussehen!

lisierung zur Erhaltung der internationalen Wettbewerbsfähigkeit. 1995 stieg der USA-Textilgigant Milliken bei Achter mit einer großen Beteiligung ein.

Die eigentlichen Kunden sind die System-Lieferanten der Automobilhersteller, denen Achter seine Textilien vorrangig zugeschnitten ins Haus bringen läßt. Anders ist es zum Beispiel bei der englischen Niederlassung: Eine im Joint Venture angegliederte Näherei mit 40 Mitarbeitern fertigt bereits ganze Komponenten für System-Lieferanten. Insgesamt hat sich das Geschäft in den letzten Jahren zunehmend dahingehend entwickelt, daß sich die eigentlichen Kunden für Viktor Achter bei den weiterverarbeitenden Betrieben finden, die ihrerseits an die Automobilindustrie liefern.

Ökologisch sinnvoll ist der Plan, in Viersen neben der Stoffherstellung auch den Zuschnitt und schließlich sogar das Nähen mittels Robotern zu integrieren. Aus den Verschnittabfällen werden formstabile Fixiertextilien am Ort des Abfallanfalles produziert.

Derartige automatisierte Fertigung von Konfektion mit Nährobotern ist natürlich in Zukunft auch für Bekleidung denkbar, was möglicherweise zu einer Renaissance der deutschen Textil- und Bekleidungsindustrie im nächsten Jahrtausend führen könnte. Ermöglicht wird diese Art Bekleidungsfertigung durch neuartige Nähtechnik der Moll-Automatische-Nähsysteme GmbH in Alsdorf.

Vorerst muß aber die heutige Bekleidungsfertigung von Mönchengladbach mit der wirtschaftlichen Situation des Standortes Deutschland fertig werden – ohne solche Automatisierung durch Roboter. Ein typischer Ausweg ist die Auslandsfertigung und die Wahrnehmung der Möglichkeit des passiven Lohnverkehrs.

Das Thema Rückverlagerung von Produktion aus Niedriglohnländern köchelt in der Bekleidungsindustrie derzeit konkreter und intensiver vor sich hin als dies jemals

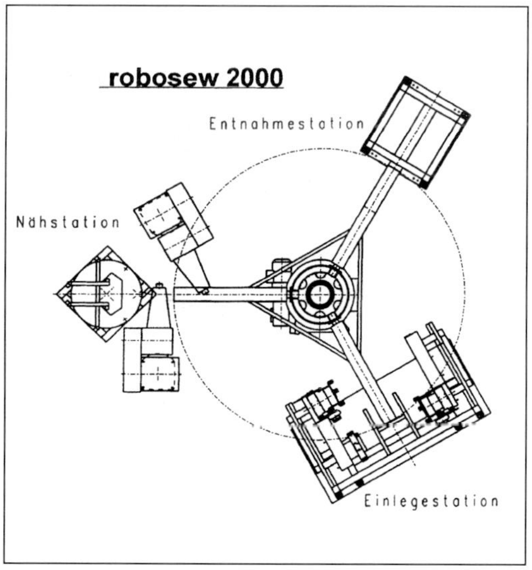

Technologiesprung beim Nähen: Moll - Automatische Nähsysteme ermöglichen eine Renaissance der deutschen Textil- und Bekleidungsindustrie (36 a)

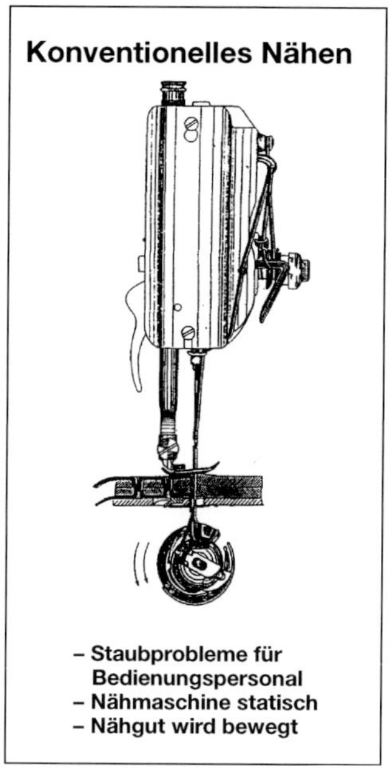

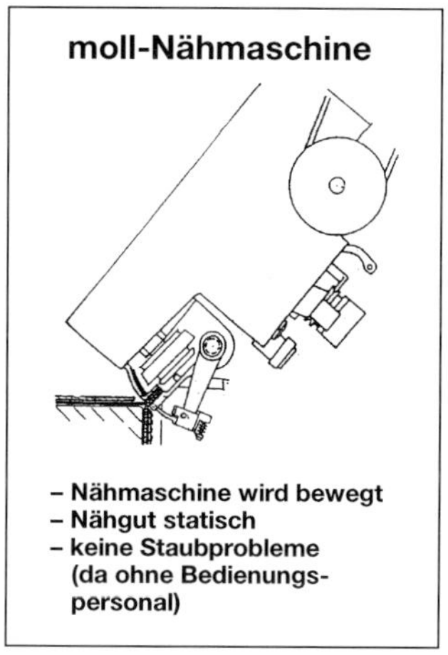

16 statt der früher üblichen 90 Sekunden benötigt ein Roboter, um den Bezug für eine Kopfstütze zu nähen. Die Teile werden maschinell an Formkörper angelegt, an einer zweiten Station zusammengenäht und dann im dritten Arbeitsgang vom Formkörper abgezogen (36 a)

seit dem massiven Run auf die Auslandsfertigung vor gut zwei Jahrzehnten der Fall war. Die Unsicherheit über die Zukunft des Standortes Deutschland als reine Dienstleistungs-Nation dürfte hier im diffusen Bereich ein Grund sein; die ohne Frage zu erwartenden immensen Steigerungen von Logistik-Kosten in der nächsten Zeit gehören zu den konkreten Motoren für das Aufgreifen des Themas.

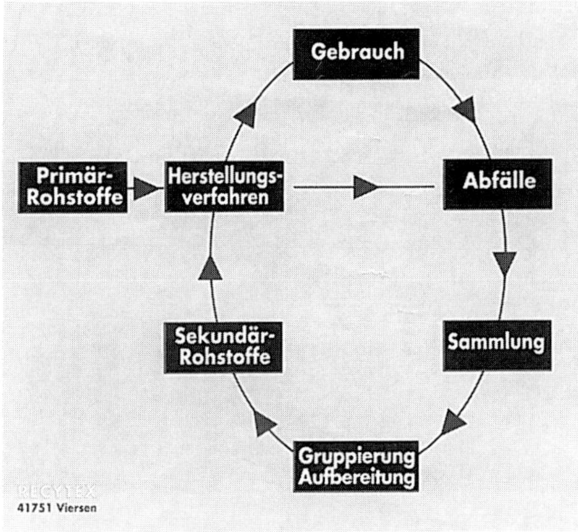

Textil-Recycling-Modell der Recytex, Dülken (37 a)

»Abfälle« starten eine neue Karriere (von Ulrich Schulte und Horst H. Klinker)

Die Recytex-Textilaufbereitung GmbH & Co. KG wurde als eigenständiges Unternehmen der Viktor-Achter-Gruppe im Oktober 1993 gegründet. Seither werden Produktionsabfälle und Altprodukte der Kunststoff-, Textil- und Automobilindustrie sowie deren Zulieferbetriebe durch Aufbereitung und Weiterverarbeitung nicht nur entsorgt, sondern schließlich als aufbereitete, vollwertige Rohstoffe in den Produktionskreislauf zurückgeführt.

Die im Unternehmen angelieferten Abfälle sind außerordentlich voluminös und würden bei der bloßen Entsorgung als Abfälle, teilweise als Sondermüll, entsprechend viel Deponieraum beanspruchen. Doch nicht nur die zunehmend knapper werdenden Deponiemöglichkeiten werden durch das Aufbereitungsverfahren geschont. Recytex gehört zu den noch immer viel zu wenigen Betrieben, die durch innovatives Recycling gleichzeitig den Verbrauch wertvoller Rohstoffe vermeiden helfen. Denn hier wird demonstriert, daß die Primär-Rohstoffe, aus denen derzeit bestehende Produkte hergestellt werden, zu einem hohen Anteil oder sogar zu 100 Prozent durch Recyclate (Sekundär-Rohstoffe) ersetzt werden können. Als sicher ebenso bedeutsamer Effekt kommt die Schaffung zusätzlicher Arbeitsplätze hinzu.

Die Recycling-Konzepte wurden gemeinsam mit Fachleuten der betroffenen Branchen und mit wissenschaftlicher Unterstützung entwickelt. Zum Einsatz kommen zum Teil bewährte Produktionsanlagen, die durch Veränderungen und durch apparative Ergänzungen für den spezifischen Einsatz »maßgeschneidert« wurden. So konnte auf kostenintensive Neuentwicklungen und Produktion von Verfahrensanlagen teilweise verzichtet werden, was nicht unwesentlich dazu beiträgt, Recycling-Produkte auch preislich interessant und somit marktfähig zu gestalten.

Ballenpresse bei Recytex (37 a)

oben:
Faserauflösestraßen mit Staubabsaugung bei Recytex, Dülken, zur Wertstoffrückgewinnung gemäß dem Kreislaufwirtschaftsgesetz

Integrales Denken des modernen Textilmanagements

Den ortsansässigen Textil- und Bekleidungsmanager, der weltweit Erfolg hat, zeichnet in Zukunft folgender Weitblick aus, der ziemlich an die Denkart früherer Textilbarone erinnert:

- Er führt das Unternehmen so, als wäre es sein Eigentum.
- Er überwindet die historisch gewachsene Schnittstelle zwischen Textil- und Bekleidungsindustrie.
- Er zeigt in seinem Kanon an Handlungskompetenz Fachwissen, soziales Einfühlungsvermögen und methodisches Wissen aus dem »Operation research«.
- Er mischt im globalen Wettbewerb mit und bringt die Stärken der Region Mönchengladbach - nämlich die geballte Ansammlung an Know-how - ein.
- Er geht richtungweisend mit ökologischem Bewußtsein anderen Textilstandorten in der Welt voran und wendet das hiesige Umweltwissen konsequent an.
- Er nutzt systematisch die Wettbewerbsvorteile aus, welche ihm Prozeßinnovation, Produktinnovation und Standortinnovation bieten.
- Er legt nicht mehr Begriffsdenken (»Scheuklappenblick«) an den Tag, sondern denkt integral (schnittstellenübergreifend).
- Er vereint ideal Kreativität und Realisationsvermögen.
- Er ist geprägt von Problemlöse-Kapazität.
- Er kennt die Bedeutung seines Mitarbeiterteams und teilt gerecht den Erfolg.

Beispiel für integrales Denken aus 1984 (277): Entwicklung einer Damenbluse bei van Laack in Mönchengladbach zusammen mit einem ortsansässigen Drucker zur Lösung bekleidungstechnischer Problematik mit Hilfe drucktechnischer Mittel (Panneaudruck)

Wie sehr eigentlich Mode von Kreativität und Realisation, also von rationalem und intuitivem Denken, geprägt ist, zeigt ein letztes Beispiel, in welchem ein Panneaudruck vor allem wegen des hohen Preises des Markenartikels modisch wurde. Markenartikel war die Bluse (siehe Abbildung auf der vorhergehenden Seite), weil Qualität verstanden wurde als absolut präzise Wiedergabe des Originals eines berühmten Designers, was nur realisierbar war, indem das gesamte Schnittbild zur Vermeidung einer Mittelnaht im Rücken der Bluse als Panneau im Indigo-Weiß-Reservedruck gedruckt wurde (nur möglich in so großem Rapport mit Flachfilmdruck). Dabei stand mehr die Kooperation von Designer, Drukker und Konfektionär (also die Realisation) im Vordergrund des Interesses als die eigentliche Kreation, die einem indischen Sari nachempfunden sein soll.

Kontroverser kann ein Resultat des Strebens nach Textilgestaltung nicht sein: Der originelle Indigo-Sari und die streng (angepaßt) anmutende Bluse. Hier dokumentiert sich der Unterschied zwischen künstlerisch wertvoller, zufallsorientierter Bekleidungsgestaltung und zweckgebundener, dekorativer Mode.

Wertschöpfungspartnerschaft als strategische Allianz (nach »Schoeller Textil«, Düren, in: »Maschenindustrie, 46. Jahrg. (1996), 8, S. 630)

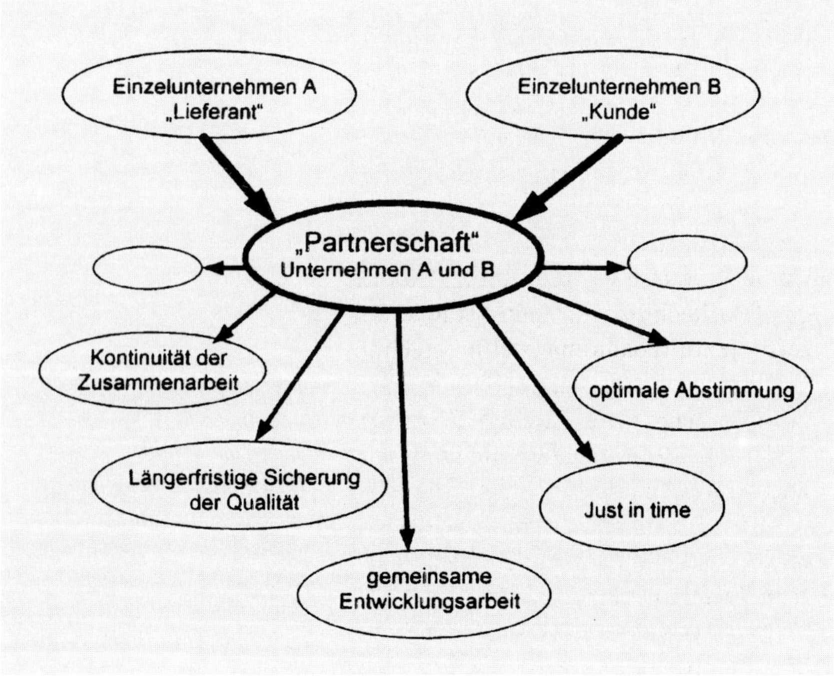

Möglicherweise erfüllen Frauen von ihrer Veranlagung her all diese Kriterien eines erfolgreichen Textilmanagers besser als Männer, weil sie mehr modisches Gefühl entwickeln und in diesem Sinne »moderner« sind.

Das Beispiel einer Kooperation von Konfektionär und Veredler zeigt: Es lohnt sich, strategische Allianzen zu bilden, wenn

- die beiderseitige technische Ausstattung auf höchstem Niveau liegt;
- die jeweilige Qualitätssicherung dem aufwendigen Status der DIN-ISO-Normen gerecht wird;
- Entwicklungsarbeit jederzeit im technischen Maßstab zwischen der beiderseitigen Produktion genügend Platz findet;
- die Bereitschaft zu innovativem Arbeiten und zum Betreten von Neuland vorhanden ist;
- das beiderseitige Marketing eine extreme Nähe zum Kunden sucht;
- die Koordination der gemeinsamen Wertschöpfungsstufen Senkung der Gesamtkosten verursacht.

Der notwendige Blick nach vorn!

Die Textil- und Bekleidungsindustrie braucht ein gesundes Selbstvertrauen und den festen Glauben an ihr Können sowie die Kraft einer zukunftsorientierten Industrie. Dann tritt auch junger, hervorragend ausgebildeter Nachwuchs in die Arena mit dem Know-how der Alten, mit der Sicht, dem Innovationsgeist, der Kreativität, der Begeisterung und der Teamfähigkeit einer neuen Generation, welche diese Herausforderungen kennt, sich ihnen stellt und sie zu meistern bereit ist. Was hilft ihr das ewige

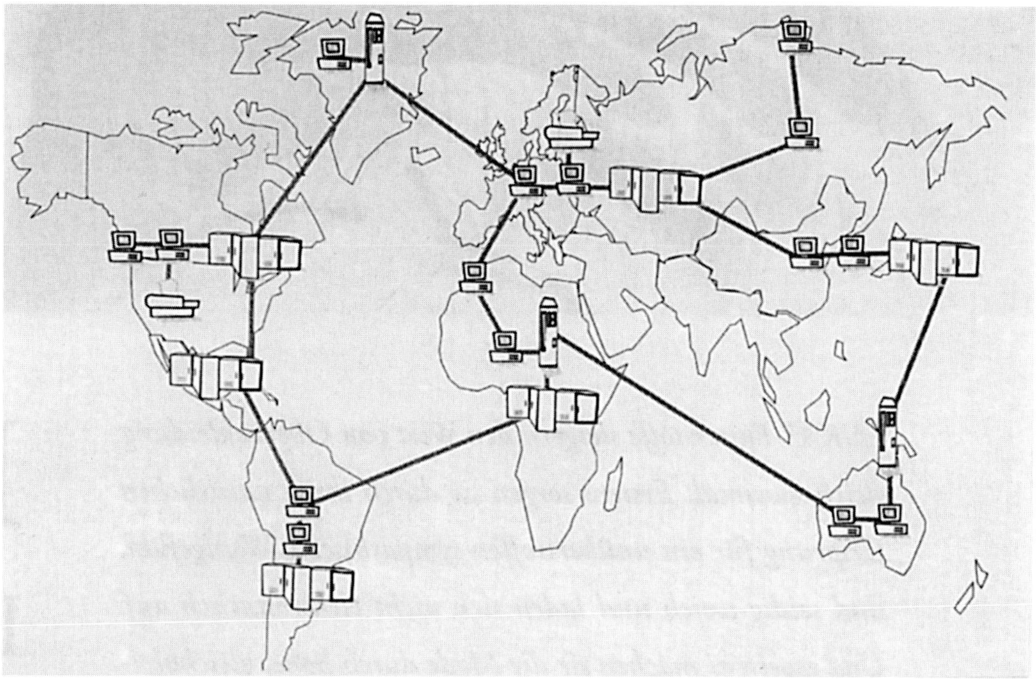

Globales Denken fördert regionales Handeln der Textil- und Bekleidungsindustrie und der Textilmaschinenbauindustrie in Mönchengladbach (aus »Bekleidung wear«, Heft 5, 1996)

Lamentieren um die schlechten Rahmenbedingungen und den drohenden wirtschaftlichen Kollaps ganzer Branchen wie der Textil- und Bekleidungsindustrie und das Trauergeheule um vergangenen Ruhm und Glanz jener Zeiten, als man noch Erster war?

Es mag einem älteren Fachhochschulprofessor zustehen, seinen Studenten und Studentinnen etwas zu verdanken, was die Textil- und Bekleidungsindustrie wie auch die Textilmaschinenbauindustrie der Mönchengladbacher Region dringend brauchen: Der stete Umgang mit jungen Leuten hält auch ein altes System wie das Hirn und Herz eines Dozenten jung. Das Management der regionalen, textilbezogenen Produktionssysteme ist überaltert und braucht dringend junges Blut.

Altwerden ist ein Prozeß, der evolutionär verläuft. Mönchengladbachs Leitindustrie hat die Stadt in einem stufenweisen Prozeß entwickelt. Diese industrielle Evolution ist gekennzeichnet durch folgende Schritte:

- Erste technische Revolution im Bereich der Dampfmaschinen- und Spinnmaschinenentwicklung um 1840, welche die Industrialisierung der Textilproduktion betraf. Kennzeichnend für diese Stufe haben die Textilbarone ihr Industrieschloß gebaut. Croon steht namentlich an der Spitze dieser Entwicklung.
- Zweite technische Revolution im Bereich der Webtechnologie sowie im Bereich der Konfektion als Massenproduktion von Bekleidung. Der Textilbaron Müller-Hoberg ist namentlich der Exponent einer Bedarfsbefriedigung, die sich an Nachfrage orientiert, welche um 1890 aus explosionsartiger Bevölkerungsentwicklung resultierte.
- Dritte technische Revolution im Bereich der Textiltechnik (um 1960 bis 1970 Sulzerprojektilwebautomat, Jetfärbetechnologie) und im Bereich der Bekleidungstechnik (nach dem Zweiten Weltkrieg: REFA); beide waren nur möglich, weil »alte Pracht und Herrlichkeit« durch die Bomben des Zweiten Weltkrieges vergangen waren, was totalen Neuaufbau erforderlich machte.
- Vierte technische Revolution um die Jahrtausendwende (2000 in Form der

Post 1907 in Giesenkirchen - Botschafter der alten Zeit. Die Botschaft: Es hat sich gelohnt, daß Mönchengladbach Textilbarone hatte! - »Die Botschaft hör' ich wohl, allein mir fehlt der Glaube.« - Was tun? - Evolution: Auf den Grundfesten der Vergangenheit eine individuelle Perspektive für die Zukunft entwickeln (10 a)

Globalisierung der Märkte) mit Optimierung der Standortfrage in der Textil- und Bekleidungsindustrie; diese Entwicklung ist gekennzeichnet durch ein weltweites Kommunikationsnetz.

Es ergibt sich im Zuge der bisherigen Parallelität von Stadtentwicklung und industrieller Evolution der Textil- und Bekleidungsindustrie von Mönchengladbach die Frage, wie der Herausforderung der vierten technischen Revolution auf Weltebene regional begegnet werden kann. Die Antwort kann aus der Perspektive der Textilbarone gegeben werden: Sie haben je nach Erfordernissen strategische Allianzen mit wechselnden Partnern in einem offenen System gebildet. Die »Aktien-Spinnerei und Weberei« war um 1850 eine Kooperation von Spinnern mit den eigentlich in der Gesellschaftsstruktur hierarchisch niedriger angesiedelten Webern, um der englischen Herausforderung zu begegnen. Die soziale Frage des ausgehenden 19. Jahrhunderts haben Mönchengladbacher Unternehmer alliiert mit der Arbeiterschaft ohne deren Streiks gelöst.

Später hat Mönchengladbach den historischen Bruch zwischen einer traditionsbewußten Textilindustrie und einer jungen, dynamischen Bekleidungsindustrie trotz zweier Weltkriege und ihrer Folgen überwunden, weil man das regionale Produkt »Bekleidung« integral denkend angegangen ist.

In Zukunft sind neue strategische Allianzen auf sehr individueller Basis (Spinnen, Weben, Textilveredeln, Konfektionieren, Recyceln) nötig, um den Standort Mönchengladbach in einem weltweiten Konzert der Textil- und Bekleidungsindustrie zu erhalten. Erste Ansätze der Rückwärtsintegration werden bereits sichtbar. Vivant sequentes! Die historisch von Textilbaronen überkommene Botschaft in die Zukunft lautet also:

Textil- und Bekleidungsfertigung sind nicht »out«, sondern im Wandel! Es wird sie hierzulande auch morgen und auch nach der Jahrtausendwende noch geben. Vielleicht nicht so, wie man sie kennt, wahrscheinlich anders, aber sie wird ihren Platz behaupten!

11

Zeitgeschichtliche Schnitte zur Standortanalyse von Firmen der Spinnerei, Weberei, Textilveredlung und Konfektion

»Who is who?«

Als Anhaltspunkte werden alle Betriebe erfaßt, die zu bestimmten Zeitschnitten existiert haben

Firmenübersicht der Spinnerei-Betriebe

Literatur:
Die Angaben der Jahrgänge 1829 [58], 1861 [59] und 1900 [61] entstammen den jeweiligen Adreßbüchern, die Angaben für 1962 [53], 1969 [54], 1991 [55] dem Branchenverzeichnis »Textil-Industrie«. Der Jahrgang 1836 bezieht sich auf die Angaben der Handelskammer [7, S. 48 f.].
Alle anderen Angaben wurden verschiedenen Quellen entnommen (vgl. auch die jeweiligen Textstellen).
Die Aufstellung erhebt keinen Anspruch auf Vollständigkeit.

ACHTER & EBELS GMBH & CO. KG, gegründet 1899
1899: Alsstraße; 12 Webstühle
1910: Achter & Ebels Tuchfabrik, Waldnieler Straße; Weberei, Zwirnerei, Appretur, Walkerei und Wäscherei
1913: Angliederung von Kunstwollfabrikation, Streichgarnspinnerei und Färberei; vollstufige Tuchfabrik
1927: Vergrößerung auf 125 Webstühle und 11 000 Spindeln, mit 500 Beschäftigten
1962: Waldnielerstraße 151; 1200 Beschäftigte; Volltuchfabrik: Oberstoffe in Kamm- und Streichgarn für Herren und Damen, Uniformtuche, Autopolsterstoffe
1969: Waldnielerstraße 151; 1000 Beschäftigte; Volltuchfabrik: Oberstoffe in Kamm- und Streichgarn für Herren und Damen, Autopolsterstoffe
1969: Waldnielerstraße 151; 400 Beschäftigte; Volltuchfabrik: Oberstoffe in Kamm- und Streichgarn, Textilien für die Automobilindustrie, technische Gewebe

BOELLING, FRIEDRICHS & COMP., (gegründet um 1800)
1829: Boelling, Friedr. & Comp., Crefelderstraße, Baumwollspinnerei
1836: Baumwollspinnerei und Mühlenbesitzer

BOETZELEN TEXTILBETRIEBE, Spinnerei und Weberei, gegründet 1875 (Viersen)
1900: Franzstraße 6 und Sittardstraße 31 und 38; Buntweberei und Appreturanstalt
1907: H. Boetzelen jr., Künkelstraße 125; Spinnerei, Weberei und Appretur
1950: Boetzelen Textilbetriebe, Künkelstr. 125; Spinnerei und Weberei, Anzug- und Kleiderstoffe aus Kammgarn, Streichgarn, Baumwolle und Zellwolle, Decken und technische Gewebe
1962: Künkelstraße 125; 400 Beschäftigte; Damenoberstoffe aus Kamm- und Streichgarnen, technische Gewebe, Autopolsterstoffe
1964: stillgelegt

A. BRESGES, gegründet 1864
1864: Zoppenbroich (RY); 3-Zylinder-Spinnerei mit 3640 Spinn- und Zwirn-Spindeln
1950: Spinnerei, Zwirnerei, Färberei und Schlichterei; ca. 63 000 Spinn- und 17 000 Zwirn-Spindeln, 750 Beschäftigte
1962: Baumwoll- und Zellwollspinnerei, Zwirnerei, Schlichterei und Färberei
1969: Spinnerei, Zwirnerei, Schlichterei und Färberei: Natur- und Synthetikgarne, Kammgarne
1978: stillgelegt

BORNEFELD & JANSSEN (siehe A. & A. Kock)
1900: Alsstraße 123

EMIL BRANDTS & CIE.
1900: Eickenerstraße 154

RICHARD BRANDTS
1900: Waldhausen

BRUNEN & HÜPGEN
1900: Hehnerstraße

ANTON BUSCH (SEL. ERBEN)
1829: Lüpertzende; Baumwoll-Fabrik

GEBR. BUSCH
1829: Gladbach, Mark; Baumwoll-Spinnerei & Commissionsgeschäfte
1836: Gebr. Busch (Math. & Chr.); Baumwollspinnerei, Commissionsgeschäfte und Kattunhandel
1841: eingestellt

BUSCH & HOFFMANN, gegründet 1870
1900: Reiherhütterstraße 28
1950: Bungtstraße; Zellwollspinnerei
1962: Reyerhütterstraße 221; ca. 150 Beschäftigte; bunte Chemiefasergarne
1969: Gabelsbergerstraße 53; ca. 300 Beschäftigte; weiße und bunte Chemiefasergarne und -zwirne, rein und in Mischung

J. P. BUSCH (SÖHNE)
1829: Lüpertzende; Baumwoll-Fabrik

BUSCH, MATH. CHR. SEN.
1861: Capuzinerstraße 215; Baumwoll-Spinnerei und Garnhandlung

PAUL M. BUSCH, Spinnerei AG, gegründet 1897
1900: Paul M. Busch, Lürrip 14
1907: Paul M. Busch AG, Baumwollspinnerei, Fleenerweg 2
1950: Paul M. Busch AG, Baumwollspinnerei,

Fleenerweg 2; Baumwolle, feine Woll-, Zellwoll-, Perlon-Garne, rein und in Mischung
1962: Fleener Weg 14; ca. 350 Beschäftigte; Produkte: Kammgarne aus Wolle und synthetischen Fasern, Sondergespinste

Cranz & Co., gegründet 1896
1927: Kammgarnspinnerei: bunte Kamm- und Zefirgarne in Unis, Mélangen, Moulinés, Jaspés und Vigoureux, rohweiße Web- und Zefirgarne

Gebr. Croon, gegründet 1816
1816: Baumwoll- und Seidenwarenfabrikation sowie Twisthandlung
1829: Crefelderstraße
1833: Stellen erste Dampfmaschine Gladbachs auf
1836: Baumwoll-Spinnerei und Twisthandel
1861: Gebr. Croon & Klauser, Speick 23; mechanische Spinnerei und Weberei
1900: Gebr. Croon, Speickerstraße 82; Spinnerei.

Wilh. Daniels & Co., gegründet 1884
1884: Jos. Daniels Wwe. & Sohn, Dahlener Straße (RY); 4500 Spindeln
1897: 300 Beschäftigte; 17 000 Spindeln
1900: Jos. Daniels Wwe. & Sohn; Dahlenerstraße 143 (RY); Spinnerei und Zwirnerei
1922: Jos. Daniels Wwe. & Sohn; Baumwoll-Spinnerei und Zwirnerei; Spezialität: gasierte Zwirne in Mako und Louisiana
1929: Daniels, W. & Co. Baumwollspinnerei
1962: Wilh. Daniels & Co., Dahlener Str. 171 (RY); Baumwoll- und Zellwollspinnerei und Zwirnerei, Wollmischgarne
1964: stillgelegt

Daniels Sohn Spinnerei, gegründet 1867
1867: Daniels Söhne Spinnerei, Rheydt; gegründet von Johann, Josef und Wilhelm Daniels
1883: Daniels Sohn Spinnerei, Rheydt; Besitzer Johann Daniels
1900: Wickratherstraße 127/129 (RY); Spinnerei und Zwirnerei
1922: Einfache und gezwirnte Kettgarne auf Kreuzspulen und in Bündeln in den Nr. 10–36er engl.

Daniels & Nacken, gegründet 1882
1882: Königsstraße (RY), Baumwoll-Spinnerei mit 4000 Spindeln
1900: Königsstraße 161 (RY); Baumwoll-Spinnerei, Zwirnerei und Kreuzspulfärberei

Aug. Dilthey & Söhne, gegründet 1900
1899: Schlachthofstraße, Mülfort (RY); Baumwoll-Spinnerei
1911: Erweiterung des Betriebes
1923: Nochmalige Erweiterung
1931: Baumwoll- und Zellwollspinnerei
1962: Schlachthofstraße 69 (RY); Baumwoll-, Zellwoll-, Synthetikspinnerei: Garne, Zwirne, kardiert und gekämmt, Nm 34–200

W. Dilthey & Cie., gegründet 1861/62
1862: Scheuburg (heutige Schlachthofstraße) (RY); Baumwoll-Spinnerei
1886: Angliederung einer mechanischen Seiden- und Samtfabrikation
1905: Otto Dilthey & Co., Scheuburg. Baumwoll-Spinnerei

W. Dilthey & Co., gegründet 1905
1905: Rheindahlen, Broicher Straße 31; Spinnerei, Spulerei, Haspelei und Färberei; 18 000 Spinn- und 5000 Zwirnspindeln
1914: 36 000 Spindeln
1916: Betriebseinstellung
1919: Wiederaufnahme der Baumwollspinnerei
1927: Erweiterung der Zellwollspinnerei
1937: Betriebserweiterung auf 54 000 Spinn- und 11 000 Zwirnspindeln
1962: 500 Beschäftigte; Baumwoll- und Zellwollgarne, Zwirne, gebleicht und gefärbt
1969: 500 Beschäftigte; Kammgarne, synthetische Garne und Zwirne, rohweiß und gefärbt

Dilthey Wolle und Handarbeiten GmbH & Co. KG, gegründet 1979
1991: Rheindahlen, Broicher Straße 31; 60 Beschäftigte; Handstrick- und Handarbeitsgarne aus Baumwolle, Wolle und synthetischen Fasern

Willy Erbers, gegründet 1955
1962: Künkelstraße 123; Lohnzwirnerei und Spulerei
1969: Martinstraße 10; Lohnzwirnerei und Spulerei

Martin Essers,
1900: Eickenerstraße 186

Flockgarn GmbH,
1991: Odenkirchener Straße 298 (RY); 35 Beschäftigte; beflockte Garne aus Nylon und Polyester

Gladbacher Spinnerei und Weberei Aktiengesellschaft, gegründet 1855
1856: Lürriper Straße 43; ca. 1000 Beschäftigte
1912: 607 Beschäftigte
1915: Liquidation

Gladbacher Vigognespinnerei GmbH, gegründet 1947
1950: Karstraße 27
1962: Karstraße 90; ca. 90 Beschäftigte; Vigogne- und Zweizylindergarne

Gladbacher Wollindustrie AG vorm. L. Josten, gegründet 1882
1882: Rudolfstraße 1: Beginn mit 8 Webstühlen
1890: Betriebsaufnahme im Neubau am Karmannshof; Tuchfabrik, Weberei, Spinnerei und Appretur
1900: Waldhausen
1925: Übernahme der Gladbacher Textilwerke AG vorm. Schneider & Irmen, Burggrafenstraße
1953: Aufnahme der Kammgarnproduktion
1962: Rudolfstraße 1; 1200 Beschäftigte; reinwollene Kammgarne, wollene und halbwollene Streichgarnstoffe, Synthetiks
1969: Rudolfstraße 1; 1100 Beschäftigte; reinwollene Kammgarne, Uniformtuche, Synthetiks, textile Fußbodenbeläge

M. Görgemanns, gegründet 1938
1962: Postgasse 18; 12 Beschäftigte; Zwirnerei und Spulerei, Mopfabrik

Karl Goertz
1843: Broichmühle; Baumwollspinnerei, Twisthandlung, Wattenfabrik und Mahlmühle
1861: Gebr. Goertz und Kaulen, Broichmühle; Woll- und Halbwollwaren, Baumwollspinnerei und Weberei
1863: Produktion mit 5000 Spindeln

Goertz, Clay & Co., gegründet 1881
1927: Broichmühle; Spinnerei, Weberei, Färberei, Druckerei und Ausrüstung; Sealskin, Haarplüsch, Fellimitationen, Decken und Läuferstoffe
1962: Broichmühlenweg 40; 600–700 Beschäftigte; Spinnerei, Weberei, Färberei und Ausrüstung, Damenmantelstoffe, Haargarnteppiche, Sealskin
1969: Broichmühlenweg 40; 450 Beschäftigte; keine Spinnerei mehr

M. Goeters Söhne, gegründet 1863
1865: Aufnahme des Betriebes für Mulegarne und Cops
1888: Erweiterungsbau; auch Herstellung von Watergarnen
1894: Übernahme des Betriebes durch Carl Kreitz
1900: Mittelstraße 46 (RY); Baumwoll-Spinnerei
1922: Mulegarne im Strang und auf Cops, Watergarne im Strang und auf Kreuzspulen, Zwirnerei

Goeters & Vits
1888: gegründet als Baumwollspinnerei; Römerstraße (RY)
1951: Eisenwarengroßhandlung

J. H. Horn
1861: J. H. Horn & Bleek, Pesch 66; Baumwoll-Spinnerei und Siamosenfabrik
1900: Pescherstraße 18

Richard Jung, 1883
1900: Bonnenbroicher Kirchweg und Geneikken 232 a (RY); Wollspinnerei und mechanische Weberei für halbwollene und baumwollene Waren, Färberei, Walkerei und Appretur

W. Junkers GmbH
1900: Karlstraße 31 (RY); Baumwoll-Spinnerei für Mule- und Watergarne
1922: Baumwoll-Spinnerei und Zwirnerei für Mule- und Watergarne

Kammgarn-Spinnerei Düsseldorf, Werk Mönchengladbach
1896: gegründet als Vereinigte Kammgarnspinnereien AG, Werk Gladbach, Hardterbroicher Straße 190; Zweigbetrieb von La Lainière in Verviers. Erste Kammgarnspinnerei im Handelskammerbezirk
1929: Zweigniederlassung der Kammgarnspinnerei Düsseldorf AG
1962: Hardterbroicher Straße 190; Kammgarne aus reiner Wolle und Mischungen mit Zellwolle und synthetischen Fasern, rohweiß, gefärbt, einfach und gezwirnt
1980: stillgelegt

F. W. Karten & Co. KG, Zwirnerei, Nähfadenfabrik, gegründet 1919
1962: Friedhofstraße 37–41 (RY); Nähgarne für die gesamte Bekleidungsindustrie und den Großhandel
1969: Friedhofstraße 37–41 (RY); Baumwoll-Nähgarne für die gesamte Bekleidungsindustrie und den Großhandel

Adolf Keilholz KG, gegründet 1907
1962: Schleestraße 18 (RY); 130 Beschäftigte; Produkte: Baumwoll-Rauhwaren, 2-Zylindergarne.
1969: Schleestraße 18 (RY); 130 Beschäftigte; Produkte: Baumwoll-Rauhwaren, 2-Zylindergarne.

J. & W. Keller, gegründet 1888
1900: Odenkirchenerstraße 230; Spinnerei, Färberei und Ringofenziegelei.
1922: Baumwollgarne (Water) und Zwirne in den Ne 12–36 auf ca. 22 000 Spinn- und ca. 4000 Zwirnspindeln; Spezialitäten: gefärbte und geschlichtete Garne und mehrfarbige Zwirne auf schärfertigen Kreuzspulen
1962: Odenkirchener Straße 252 (RY); Produkte: Baumwoll- und Zellwollgarne, Wollgarne, synthetische Mischgarne (rohweiß und gefärbt), Zwirne, Lohnfärberei

1962: Odenkirchener Straße 252 (RY); Produkte: Zellwollgarne, Wollkammgarne, synthetische Mischgarne (rohweiß und gefärbt), Zwirne, Lohnfärberei

K. & F. Effektzwirnerei Giesenkirchen, gegründet 1980

1991: Konstantinstr. 303; Produkte: Effektgarne

Joh. Friedr. Klauser, gegründet 1874

1876: Dahlener Straße (heutige Aachener Straße); 350 Beschäftigte, 30000 Spindeln; Baumwollspinnerei, Watergarne

1900: Spinnerei Aktiengesellschaft, vorm. Joh. Friedr. Klauser, Dahlenerstraße 142

1927: Spinnerei Aktiengesellschaft, vorm. Joh. Friedr. Klauser; Baumwollspinnerei für Water und Pincops

Kloeters & Schmitz, gegründet 1868

1864: gegründet von H. H. Kloeters und Joh. Theod. Schmitz; Streichgarnspinnerei, Wollwäscherei und -färberei

1868: Kloeters & Cie., Unterheydener Straße; Streichgarnspinnerei, Wollwäscherei und -färberei

1900: Heydenerstraße 198/200; Färberei, Imitat- und Streichgarnspinnerei

1917: Erwerb der Spinnerei A. Simonis Nachf. in Monschau

1922: Rheinische Wollwerke AG, vorm. H. Kloeters & Co.; Volltuchfabrik

1936: Rheinische Wollwerke A. Gronen & Co.

1950: Rheinische Wollwerke AG, Odenkirchener Straße 125; Volltuchfabrik

1962: Rheinische Wollwerke AG, Odenkirchener Straße 125; Volltuchfabrik

1969: Rheinische Wollwerke AG, Odenkirchener Straße 125; Volltuchfabrik

A. & A. Kock, Gesellschaft für Baumwollindustrie, gegründet 1890

1890: gegründet als Bornefeld & Jansen; mechanische Spinnerei und Weberei

1962: Alsstraße 123; Baumwoll- und Zellwollgarne, Rauhwaren (Decken)

1969: Alsstraße 123; Baumwoll- und Zellwollgarne, Rauhwaren (Decken)

Ed. Koenigs & Co., Baumwollspinnerei und Bleicherei, gegründet 1866

1900: Pescherstraße 109

1962: Reyerhütterstraße 45–47; 230 Beschäftigte; Baumwollgarne, roh und gebleicht von Nm 12–34; Spezialität: Garne, in der Flocke gebleicht

Kühn, Vierhaus & Cie. AG, gegründet 1884

1884: Busch & Vierhaus, Odenkirchener Straße (RY); 6 Selfaktoren und moderne Luftbefeuchtungsanlage

1894: Kühn, Vierhaus & Cie; ca. 260 Beschäftigte; 16000 Spindeln

1907: Garne für die Autoreifenherstellung

1937: Reifencord aus Kunstseide

1962: Odenkirchener Straße 298 (RY); 450 Beschäftigte; Zwirne aus Baumwolle und Reyon, Heftcord für die Reifenindustrie und sämtliche technische Zwirne

1962: Odenkirchener Straße 298 (RY); 450 Beschäftigte; Zwirne aus Baumwolle und Reyon, Heftcord für die Reifenindustrie und sämtliche technische Zwirne und Flockgarne

1969: Odenkirchener Straße 298 (RY); 420 Beschäftigte; Zwirne aus Baumwolle und Reyon, Heftcord für die Reifenindustrie und sämtliche technische Zwirne und Flockgarne

Küppers & Junkers, gegründet 1896

1886: Deussen & Küppers, Baumwollspinnerei

1904: Küppers & Junkers

1962: Am Bellerbach 5 (RY); ca. 40 Beschäftigte; Produkte: Zwirnen, Spulen, Haspeln von Baumwollgarnen und synthetischen Garnen

Ant. Lamberts (Chr. Sohn)

1829: am Fuß der Abtey; Baumwoll-Spinnerei, Türkischroth und Couleurte Garn-, Ellen- und Colonialw.hdlg.

1861: Weiherstraße 176; Baumwoll-Spinnerei

1900: Gasthausstraße 1

Ant. Lamberts (Joh. Sohn)

1829: Weyerstraße; Baumwoll-Spinnerei und Ellenwarenhandlung

1836: Baumwoll-Spinnerei

Christian Lamberts (Ant. Sohn)

1829: Weyerstraße; Baumwoll-Spinnerei

M. Lamberts & May, gegründet 1832

1834: Fabrik für Halbseiden- und Baumwollwaren

1861: Pesch 65; 149 Beschäftigte, 8200 Spindeln und 250 mechanische Webstühle; Spinnerei und Weberei für baumwollene und halbwollene Waren

1899: zur Aktiengesellschaft geworden

1900: Viktoriastraße 17

1922: Fusion mit Textil-Industrie-AG in Barmen

C. O. Langen & Cie., gegründet 1863

1879: C. O. Langen; Reyerhütter Straße; Spinnerei

1899: C. O. Langen, Lürriper Straße 210; Baumwollspinnerei und Weberei

1929: C. O. Langen, Lürriper Straße 208–214; Spinnerei

1962: Lürriper Straße 208; 340 Beschäftigte; Baumwoll- und Zellwollgarne, Zwirne, rohweiß, Spezialgarne für technische Gewebe, Effektgarne und -zwirne für DOB und Deko

MORITZ LENSSEN, Spinnerei, gegründet 1884
1884: Bendheckerstraße 62 (RY); 5000 Spindeln
1886: Angliederung einer Zwirnerei und Weberei
1900: Bendheckerstraße 70 (RY); Baumwoll-Spinnerei, Weberei und Zwirnerei

FRIEDRICH LÜHL
1890: Dahlener Straße 140 a, Spinnerei
1906: Rheindahlener Straße 10 (Wickrath); Spinnerei- und Scheuertuchweberei
1932: Rheindahlener Straße 49; Spinnerei

M. MAY & CIE., gegründet 1865
1887: Erweiterung um Barchentspinnerei
1900: Sophienstraße 21
1957: Betriebsverlagerung von Teilen nach Gangelt bei Geilenkirchen
1962: Sophienstraße 21; Baumwoll- und Zellwollspinnerei, Zwirnerei
1966: Vollständige Verlagerung nach Gangelt bei Geilenkirchen

M. MICHAELIS, gegründet 1894
1927: Imitat- und Streichgarnspinnerei

OTTEN TUCHE, gegründet 1909
1909: Karl Josef Otten, Burgrafenstraße; Halbkammgarne und Buckskins
1919: Waldnielerstraße; ca. 100 Beschäftigte
1921: Angliederung einer Färberei und Appretur
1939: 730 Beschäftigte
1966: 960 Beschäftigte; Ringspinnerei, Kämmerei, Färberei, Zwirnerei, Weberei
1969: Rudolfstraße 10; 900 Beschäftigte; Herren- und Damenoberstoffe

J. H. PELTZER SÖHNE
1883: Friehofstraße 37 (RY); Wollspinnerei mit 4000 Spindeln und 50 Beschäftigten
1892: stillgelegt

PFERDMENGES & HERREN
1927: Hehnerstraße 77; Vigognespinnerei

PFERDMENGES & SCHARMANN, gegründet 1907
1907: Hauptstraße 175
1950: Konstantinstraße (RY); Baumwollspinnerei, Baumwoll-, Zellwoll- und Zweizylindergarne
1962: Konstantinstraße 303 (RY); 500 Beschäftigte; Baumwoll- und Zellwollgarne in rohweiß und bunt, Zweizylindergarne, Effektgarne
1969: 350–400 Beschäftigte; Kammgarne, Baumwoll- und Zellwollgarne in rohweiß und bunt, synthetische und Spezialgespinste, Zweizylindergarne, Effektgarne

HANS PFERDMENGES & SÖHNE, gegründet 1956
1962: Konstantinstraße 303 (RY); 146 Beschäftigte; Produkte: reinwollene, rohweiße Kammgarne und Zwirne, rohweiße Trevira-Woll-Kammgarne, rohweiße Diolen-Mischgarne

PONGS SPINNEREIEN UND WEBEREIEN AG
1913: Rheydterstraße 6 a

J. C. PUNGS SÖHNE, Rheydt
1922: Baumwoll-Spinnerei, Zwirnerei und Bleicherei; Spezialität: Bleichkops

RHEIN. HANF- UND JUTESPINNEREI JOS. MEISEN & CO. KG, gegründet 1907
1927: Jos. Meisen & Co.: Größte CC-Garnspinnerei und Weißstrick-Fabrik Deutschlands
1929: Meisen & Cie. GmbH, Engelblecker Straße 88.
1962: Engelblecker Straße 33; 50 Beschäftigte; Produkte: CC-Jutegarne für Drahtseil- und Kabelindustrie, Weiß- und Teerstricke für Kanalisation, Jutevliese für Schonerdecken
1969: Engelblecker Straße 33; 50 Beschäftigte; Produkte: CC-Jutegarne für Drahtseil- und Kabelindustrie, Weiß- und Teerstricke für Kanalisation, Jutevliese für Schonerdecken

RHEINISCHE VIGOGNE- UND WOLLSPINNEREI GMBH, Rheydt
1922: Fancy-, Imitat- und Kunstwoll-Garnspinnerei, Reißerei, Färberei, Bleicherei; Spezial-Anfertigung von Garnen in allen Farben für Schlafdecken, Baumwollhosenzeug und Buckskin-Fabrikation in Nm 6–18

RHEINISCHE WOLLWERKE (siehe Kloeters & Schmitz)

RÜDIGER, Spinnerei
1933: Kauf der Gebäude Konstantinstraße 31 (RY)
1962: Produkte: Zweizylinder-Grobgarne
1965: stillgelegt

CARL SCHMÖLDER & CO., gegründet 1872
1900: Hohlstraße 78 (RY); Baumwoll-Spinnerei
1962: Hohlstraße 64 (RY); 400 Beschäftigte; Baum- und Zellwollgarne und Zwirne, Bunt- und Kreppgarne
1969: Hohlstraße 64 (RY); 400 Beschäftigte; Baum- und Chemiefasergarne und -zwirne, düsengefärbte Garne

EMIL SCHMÖLDER
1905: gegründet als Baumwollspinnerei; Dahlener Straße (RY)
1916: (Hammersen AG aus Osnabrück)

SIMONS & GIER, gegründet 1881
1881: gegründet von Gerh. Simons und Mi-

chael Gier, Bellstieg; Walkerei und Appretur
1896: Eickener Straße 168
1900: Erweiterung um Färberei und Rauherei; später Angliederung einer Streichgarnspinnerei
1962: Untereickener Straße 26; 170 Beschäftigte; Produkte: Tuchveredlung, Färberei und Wollspinnerei; Spinnerei zu Beginn der 60er

bis hier her 17.6.97

u. dgl.
1969: Aachener Straße 114; Betrieb: Konstantinstraße 2 (RY); 700 Beschäftigte; Vigogne-

und Zweizylindergarne, Baumwoll-, Zellwoll- und Mischgewebe, Biber, Moltons, Kalmuks u. dgl.

VIERHAUS & ZEIME
1889: Mülfort (RY); Spinnerei
1929: Marktstraße 14 (RY); Baumwollspinnerei

H. G. WIENANDS & SÖHNE, gegründet 1867
1867: Heynen, Wienands & Granderath,
nwollspinnerei; 2400 Spindeln
: Bau des Gebäudes Dahlener Straße 62
: H. G. Wienands & Söhne; 13 000 Baum-
-Spindeln
: Dahlener Straße 61 (RY); Kammgarne
veiß und gefärbt, aus Wolle und Mischun-
mit Synthesefasern, Zellwolle usw., ein-
und gezwirnt; Baumwollgarne rohweiß
bunt, in Mischungen, Zellwollgarne auch
lischungen, Effekt- und Spezialgarne aus
lle, Zellwolle und synthetischen Fasern
9: Dahlener Straße 61 (RY); Kammgarne
weiß und gefärbt, aus Wolle und Mischun-
mit Synthesefasern, Zellwolle usw., ein-
h und gezwirnt; Baumwollgarne rohweiß
d bunt, in Mischungen, Zellwollgarne auch
Mischungen, Effekt- und Spezialgarne aus
olle, Zellwolle und synthetischen Fasern,
rne für Heimtextilien sowie Stretchgarne
T WILMS
52: Hardenbergstraße 43–45 (RY); 8 Be-
häftigte; grobe und feine Zwirne im Lohn
1969: Hardenbergstraße 43–45 (RY); 8 Beschäftigte; grobe und feine Zwirne im Lohn

Firmenübersicht der Weberei-Betriebe

Die nachstehende Aufstellung enthält die Webereien, die von 1861 bis 1994 im Untersuchungsgebiet ansässig waren. Als Untersuchungsgebiet gilt Mönchengladbach in den Grenzen nach 1975.
Die Straßennamen werden angegeben, wie in den Adreßbüchern vorgefunden. Auf Straßennamenänderungen wird nicht eingegangen.
Die gesamten Firmen des Jahres 1861 sind berücksichtigt, auch wenn davon ausgegangen werden muß, daß diese noch nicht alle mechanisiert waren.

Quellenangaben:

Adreßbücher (aus dem Bestand des Stadtarchivs Mönchengladbach):
Adress-Buch für den Regierungsbezirk Düsseldorf, 1861
Adressbücher Mönchengladbach, 1896, 1903, 1913, 1936/37, 1950
Adressbücher Rheydt, 1896, 1904/5, 1913, 1936, 1951
Adressbuch Odenkirchen, 1913
Adressbücher Wickrath (in: Grevenbroicher Kreisadressbuch), 1912, 1966

Telefonbücher, 1993/94, 1994/95
Branchen-Telefonbücher, 1992/93, 1994/95

»Die Textil-Industrie und ihre Helfer«, Jahresschau der deutschen Industrie 1962, ABC-Verlagshaus, Darmstadt
»Textil-Industrie. Die Textil-Industrie und ihre Helfer«, Jahresschau 1969, Industrieschau-Verlagsgesellschaft, Darmstadt
»Textil-Industrie. Die Textil-Industrie und ihre Helfer«, Jahresschau 1991/92, Industrieschau-Verlagsgesellschaft, Darmstadt
Günther Erckens: »150 Jahre Rechnungs- und Briefbögen im Gladbach-Rheydter Wirtschaftsraum«, Mönchengladbach 1981
Industrie- und Handelskammer Gladbach-Rheydt-Neuss [Hrsg.]: »Werden und Wachsen eines Wirtschaftsgebietes am linken Niederrhein«, Festschrift zur Feier ihres 100jährigen Bestehens, Mönchengladbach 1937
Thomas Kosche: »Bauwerke der Mönchengladbacher Textilindustrie«, Mönchengladbach 1986
Maja M. Hanow [Hrsg.]: »Industrie in M. Gladbach, Rheydt und Umgebung«, Verlag M. Dumont Schauberg, Köln 1956

ACHENBACH & CO.
1913: Luisenstraße 112, Mönchengladbach, (mechanische Weberei)

ACHENBACH & GIESEN
1896: Friedrich-Wilhelmstraße 27, Rheydt, (Inh. Julius Achenbach u. Fritz Giesen; Fabrik und Engros-Geschäft in halbwollenen und baumwollenen Waaren)
1913: Friedrich-Wilhelmstraße 110, Rheydt, (Großhandlung, Baumwoll- und Halbwollwaren)

ACHTER & EBELS, 1899 gegründet
1899: Alsstraße, MG
1903: Alsstraße 149, MG
1913: Tannenstraße 29, MG (Inh. Viktor Achter in Rheydt und Konrad Ebels in MG; mechanische Weberei, Appretur-Anstalt, Färberei, Spinnerei, Zwirnerei, Walkerei)
1936: Waldnieler Straße 151, MG
1950: Waldnieler Straße 151, MG
1962: Waldnieler Straße 151, MG (Inh. Liesel Bolten-Ebels; Volltuchfabrik, Oberstoffe in Kammgarn und Streichgarn für Herren und Damen, Uniformtuche, Autopolsterstoffe)
1994: Waldnieler Straße 151, MG (Achter & Ebels GmbH & Co. KG, Volltuchfabrik)

ACHTER & FEUERHAKE
1896: Limitenstraße 84, Rheydt
1904: Limitenstraße 118, Rheydt (mechanische Weberei, Baumwoll- und Halbwollwaren)
1913: Limitenstraße 118, Rheydt (Inh. Alb. Feuerhake)

VICTOR ACHTER GMBH & CO., 1959 gegründet
1969: Geneickener Straße 62, Rheydt, Werk II: Bolksbuscher Straße 58, Rheydt (DOB-Stoffe aus Wolle, Reyon und Chemiefasern, technische Gewebe für Autopolster und Autopolsterschonbezüge)

WILHELM ADOLFS
1950: Erzbergerstraße 195, MG

J. ALFF
1896: Gartenstraße 14, Rheydt (Inh. J. Alff zu Hillesheim; Mechanische Baumwollweberei, Fancy's, uni Flanelle, Velours und Barchent)

AMRHEIN & CO.
1913: Talstraße 25, Odenkirchen (Baumwoll- und Halbwollwaren)

EDUARD ARETZ
1936: Matthiasstraße 51, MG
1950: Künkelstraße 56, MG (Tuchfabrik und Buntweberei)

Hermann Aretz & Co. GmbH
1936: Hehner Straße 93, MG (Tuchfabrik)
Wilh. Aretz Nachfolger
1932: Neukirchener Weg 10, Wickrath
Aretz & Behle
1896: Odenkirchenerstraße 40, Rheydt (Inh. Hermann Aretz und Fritz Behle; Seidenwaaren-Geschäft, Spezialität: Schirmstoffe)
1901: Schloß-/Ecke Heppendorfstraße, Rheydt
1904: Schloßstraße 259, Rheydt (mechanische Weberei, Baumwoll- und Halbwollwaren, Samt- und Seidewaren, Schirmstoff-Fabrik)
1905 wurde die Seidenweberei A. & B. von Gustav Dilthey übernommen
1913: Schloßstraße 319, Rheydt (Inh. F. W. Behle und Herb. Dilthey; mech. Weberei für Schirm- und Futterstoffe)
Aretz & Greven
1913: Dahlenerstraße 234, MG (Inh. Herm. Aretz; mechanische Weberei)
Max Arnz; 1862 gegründet
1902: Watelerstraße 38, Rheydt; Die Fabrikationsgebäude wurden 1900 errichtet, damals Firma Arnz & Schmachtenberg, Seidenweberei, hervorgegangen aus der Hausseidenweberei Friedrich Arnz. Ab 1902 Firma Max Arnz.
1904: Watelerstraße 38, Rheydt (mechanische Weberei, Baumwoll- und Halbwollwaren, Schirmstoff-Fabrik, Zanellafabrik)
1913: Watelerstraße 38, Rheydt (Schirmstoff-Weberei)
1962: Wateler Straße 38–70, Rheydt (Futter- und Schirmstoffe)
1969: Wateler Straße 38–70, Rheydt (Futterstoffe)
Arnz & Schmachtenberg
1896: Bachstraße 196, Rheydt (Inh. Max Arnz und Ernst Schmachtenberg; mechanische Weberei in halbseidenen, halbwollenen und baumwollenen Schirmstoffen, Zanellafabrik)
1900: Watelerstraße 38, Rheydt; Ab 1902 Firma Max Arnz
Willi Arrenbrecht
1951: Schwalmstr. 251, Rheydt (Tuchfabrik)
Gebr. Aschaffenburg; 1897 gegründet
1903: Künkelstraße 37, MG
1907: Eickener Straße 314, MG
1913: Sachsenstraße 30, MG (Inh. Otto und Herm. Aschaffenburg; Tuchfabrik)
1929: Sachsenstraße 30, MG (Tuchfabrik)
1936: Sachsenstraße 30, MG (Tuchfabrik Aschaffenburg GmbH)
Heinrich Ax; 1850 gegründet
1861: Friedr.-Wilhelmstraße 169, Rheydt (Fabrik in baumw. Waaren)
1896: Feldstraße 19, Rheydt (Inh. Adolf Ax und Rob. Endepohl; mechanische Weberei, Baumwoll- und Halbwollwaaren)
1904: Feldstraße 21, Rheydt (mechanische Weberei, Baumwoll- und Halbwollwaren)
1913: Feldstraße 21, Rheydt (Heinrich Ax KG, Inh. Karl Oechelhaeuser, Adolf Ax und Robert Endepohl)
1936: Feldstraße 21, Rheydt (Heinrich Ax KG)
1951: Feldstraße 21, Rheydt (Baumwollweberei)
1962: Feldstraße 17/21, Rheydt
1969: Feldstraße 17/21, Rheydt (baumwollene Hosenstoffe für Berufs- und Sportbekleidung, Spezialität: Trenkercord, Feincord)
Ax & Frowein, Fabrik in halbwollenen Waaren
1861: Mühlenstraße 32, Rheydt (Fabrik in halbwollenen Waaren)
Leonh. Backes
1913: Dahlenerstraße 47, Rheydt (mechanische Weberei, Baumwoll- und Halbwollwaren)
Bähner & Becker
1936: Wickrather Straße 119–129, Rheydt
Bähren & Essers; 1893 gegründet
1896: Regentenstraße 166, MG (mechanische Weberei)
1903: Lürriperstraße 12, MG
1913: Lürriperstraße 12, MG (Kleiderfabrik und Konfektion en gros)
Wilhelm Bähren
1951: Ritterstraße36, Rheydt
R. Bässler KG
1962: Waldnieler Straße 59, MG
G. Baier Nachf.
1913: Schwogenstraße 25, MG (Inh. Joh. Lindermann; mechanische Weberei)
C. C. Bang Nachf.; 1850 gegründet von Carl Christian Bang und Cornelius Scheeren als Manufaktur für reinseidene Schirm- und Futterstoffe
1861: Hauptstraße 46, Rheydt (Seidenwaarenfabrik)
1861 schied Cornelius Scheeren aus
1881, nach dem Tod von C. C. Bang, übernahm der Sohn Reinhard Bang das Geschäft unter dem Firmennamen »C. C. Bang Nachf.«
1888: Mittelstraße, Rheydt
1894 trat Emil Vorster in das Unternehmen ein
1896: Mittelstraße 48, Rheydt (Inh. Reinhard Bang und Emil Vorster; mechanische Seidenfabrik, Spezialität: ganz- und halbseidene Sonnen- und Regenschirmstoffe, Hausweberei)
1904: Johannesstraße, Rheydt (mechanische Weberei, Hausweberei, Schirmstoff-Fabrik, Zanellafabrik)

1913: Johannesstraße 154, Rheydt (C. C. Bang Nachf. oHG, Inh. Emil und Karl Vorster und Reinh. Bang; elektromechanische Seidenweberei für Schirm- und Futterstoffe)
1951: Urftstraße 154, Rheydt (Seidenweberei)
1962: Urftstraße 154, Rheydt
1969: Urftstraße 154, Rheydt
1969 wurden die Fabrikgebäude niedergelegt und anschließend an der Ecke Urft-/Schmölderstraße eine große Wohnanlage mit Eigentumswohnungen errichtet
1980 verlegte die Firma ihren Sitz nach Willich

F. W. Barten; 1882 gegründet
1912: Wickrathberg 34 (mechanische Weberei)
1950: Wickrathberg (mechanische Weberei, Zwirnerei und Appretur, Sommerzwirne, Jagdtuche, baumwollene und halbwollene Hosenzeuge, Pilots, Reit-Cords, Genua-Cords)
1966: Wickrathberg

Gebr. Baumgarten
1861: Odenkirchen 20 (Fabrik in halbwollenen und wollenen Stuhlwaaren)

Baumanns & Co.
1950: Reyerhütter Straße 20, MG

Baumanns & Pongs
1936: Aachener Straße 232, MG (Tuche)
1950: Karstraße 29, MG (Baumanns & Pongs GmbH)
1956: Baumanns & Pongs GmbH, Spinnerei, Weberei, Färberei, Ausrüstung

Baumwollweberei Arthur Pongs KG; 1913 gegründet
1962: Rheydter Straße 88, MG

Bausch & Hützen; 1889 gegründet von Friedrich Bausch und den Brüdern Ernst und August Hützen; die Produktion der Baumwollweberei wurde in gemieteten Räumen an der Niers in Odenkirchen aufgenommen
1890: Errichtung der Fabrikgebäude an der Duvenstraße; Erweiterung um eine Garnfärberei, später um eine Zwirnerei und Appretur
1913: Duvenstraße 100, Odenkirchen (Inh. Friedr. Wilh. Bausch, Ernst Gottl. Hützen, August Herm. Hützen; mechanische Weberei)
1936: Duvenstraße 100, Odenkirchen
1943: völlige Zerstörung
Nach dem Krieg Wiederaufbau
1951: Duvenstraße 100, Odenkirchen (Weberei und Kleiderfabrik)
1953 wurde das Unternehmen liquidiert
Die Betriebsgebäude gehören heute zum Bereich der Mülforter Zeugdruckerei Heinrich Bresges

Alfred Becker; 1938 gegründet
1962: Am Steinberg 35–37, MG

Erich Becker & Co.; 1938 gegründet
1950: Burggrafenstraße 53, MG (mechanische Leinen- und Baumwollweberei)
1962: Burggrafenstraße 79, MG (mechanische Leinenweberei)

Heinr. Becker
1861: Weiherstraße 174, MG (Siamoisenfabrik)

Becker & Co, »Rheinische Segeltuchweberei Becker & Co«
1920: Bendheckerstraße 62, Rheydt

Ernst Becker-Lauf; 1904 gegründet
1913: Hofstraße 128, MG (mech. Cordweberei)
1936: Klövergasse 18, MG (Cordweberei)
1950: Burggrafenstraße 53, MG (Cord- und Velvetweberei)
1962: Burggrafenstraße 79, MG (Cord- und Velvetweberei)
1969: Burggrafenstraße 79, MG

Franz Beckers
1950: Oberstraße 104, MG

Elise Beeker, geb. Deuss
1913: Luisental 81, Odenkirchen (mechanische Rauherei und Weberei)

Beeker & Neuenhofer; 1902 gegründet
1903: Mathiasstraße 47, MG (Beeker & Neuenhofer GmbH)
1913: Mathiasstraße 53, MG (Inh. Heinrich Beeker und Ferdin. Neuenhofer; mechanische Weberei)
1936: Karstraße 106, MG (Tuchfabrik)
1950: Karstraße 106, MG (Tuchfabrik)
1962: Karstraße 106, MG

Kurt Beines Schalweberei Krawattenfabrik Tücherdruck GmbH & Co. KG
1966: Bismarkallee 29, Wickrath
1994: Adolf-Kempken-Weg 98, Wickrath

Beines & Zass GmbH; 1946 gegründet
1962: Gerberstraße 58, Rheydt (Tischdecken, Dekorationsstoffe)

Karl Bender
1936: Sachsenstraße 1, MG (Cordweberei)

Berkenfelder & Boss
1896: Markgrafenstraße, MG (mechanische Weberei)

P. Berns jun.
1903: Vitusstraße 69, MG (mechanische Weberei)

C. E. Bettmann; 1866 gegründet
1866: Limitenstraße, Rheydt
1885: Ottostraße 3–5, Rheydt
1896: Limitenstraße 106 und Scheuburg 1,

Rheydt (Inh. Carl Eduard Bettmann; mechanische Weberei, Baumwoll- und Halbwollwaaren, Samt- und Seidenwaaren, Zanellafabrik, Färberei)
1904: Limitenstraße 134, Rheydt (mechanische Weberei, Baumwoll- und Halbwollwaren, Schirmstoff-Fabrik, Zanellafabrik, Färberei)
1913: Limitenstraße 134 und Bleichstraße 1, Rheydt (Inh. Dr. jur. Herm. und Karl Bettmann; mechanische Weberei und Färberei)
1951: Ottostraße 1–5, Rheydt, (Seidenweberei)
1962: Ottostraße 1, Rheydt (Schirm- und Futterstoffe)

C. Biederlack & Cie.
1896: Kamperstraße 42, MG (mechanische Weberei)

Biederlack & Cie. Nachf.
1903: Volksgartenstraße 42, MG (mechanische Weberei)

Joh. Bihn
1861: Capuzinerstr. 216, MG (Siamoisenfabrik)

Binterim, Kühnen & Brügelmann
1904: Geneikenerstraße 80, Rheydt (Schirmstoff-Fabrik)

Ad. Birk
1861: Hauptstraße 44, Rheydt (Fabrik in halbw. Waaren)

Louis Bitter
1861: Friedr.-Wilhelmstraße 101, Rheydt (Fabrik in halbwollenen Waaren)
1896: Victoriastraße 8, Rheydt (Louis Bitter Nachf., Inh. Franz Mühlen; Fabrik in Baumwoll- u. Halbwollwaaren, Großhandlung)
1913: Hagelkreuzstraße 16, MG (Louis Bitter Nachf., Großhandlung)

Bitter & Morkramer
1905: Dahlenerstraße 225, Rheydt
1934 aus dem Handelsregister gelöscht

Bloem & Remy
1896: Regentenstraße 133, MG (mechanische Weberei)
1903: Dahlenerstraße 234, MG

R. Blüchel Söhne
1896: Bellstieg 109, MG (mechanische Weberei)
1903: Dahlenerstraße 234, MG
1913: Dahlenerstraße 234, MG, (Inh. Peter und Wilh. Blüchel; mechanische Weberei, Zwirnerei)

Bock & Schmidt
1896: Augustastraße 50, Rheydt (Inh. Maria Bock und Franz Wilh. Adrian; Hausweberei, Sammt- und Seidenwaaren)
1904: Augustastraße 78, Rheydt (Hausweberei, Sammt- und Seidewaren)
1913: Blumenstraße 20, Rheydt (Inh. Johs. Bock; mechanische Weberei, Sammet- und Seidenwaren)
1922: Königstraße 144, Rheydt
1927: Königstraße 144, Rheydt (Seidenweberei)

Böhmer & Erckelenz
1861: Lüpertzend 5, MG (Siamoisen- und Seidenfabrik)

Bönnhoff, Rumpus & Co., Spinnerei und Weberei
1913 aus der Baumwollindustrie AG vorm. Strauch & Wachendorf hervorgegangen
1923 Gründung der Vereinigten Rumpuswerke AG

Wilh. Bötterling
1861: Crefelderstraße 23, MG (gemischte Stuhlwaarenfabrik)

Bötterling & Schulze
1879: Eickener Straße, MG

Boetzelen Textilbetriebe
1874 gegründet von Heinrich Boetzelen in Viersen, kurz vor 1900 nach MG verlegt
1896: Krefelderstraße 274, MG (Heinrich Boetzelen jun.)
1903: Franzstraße 6, MG (Heinrich Boetzelen jun.); erste mechanische Buntweberei und Appreturanstalt auf der damaligen Franzstraße 6 und Sittardstraße 31 und 48, später Konzentration der gesamten Produktion unter Hinzufügung einer Baumwollspinnerei auf der Künkelstraße 125
1907: Künkelstraße 125, MG
1913: Künkelstraße 125, MG (Heinrich Boetzelen jun., Inh. Wwe. Heinr. Boetzelen und Rudolf Boetzelen; Spinnerei, Weberei, Appreturanstalt)
1922: Umwandlung in eine AG
1936: Künkelstraße 125, MG (Boetzelen Textilbetriebe AG, Tuchfabrik, Buntweberei)
1937 wieder Änderung in eine Kommanditgesellschaft »Heinrich Boetzelen jr.«
Der Betrieb überstand den Zweiten Weltkrieg.
1950: Künkelstraße 125, MG
1962: Künkelstraße 125, MG (Inh. Rudolf Boetzelen)
1964 wurde der Betrieb stillgelegt, die Gebäude vermietet

Kurt Bohnen
1950: Burggrafenstraße 53, MG (Weberei) und Kaiserstraße 82, MG (Büro), (Kunstseiden- und Seidenweberei)

Wilhelm Bohnen
1861: Dahlen 150 (Fabrik in baumwollenen und halbleinenen Stuhlwaaren)

Gust. Bornefeld & Co.
1861: Crefelderstraße 22, MG (baumw. und gemischte Stuhlwaarenfabrik)
Jul. Bornefeld
1861: Neustraße 100, MG (gem. Stuhlwaarenfabrik)
Wilh. Bornefeld
1861: Abteistraße 177, MG (Straminfabrik)
Bornefeld & Janssen; 1890 gegründet
1893: Alsstraße 123, MG (mechanische Spinnerei und Weberei)
1896: Alsstraße 123, MG
1903: Alsstraße 123, MG
1913: Alsstraße 123, MG (Inh. Hermann Bornefeld und Wilhelm Jansen); später »Gesellschaft für Baumwollindustrie mbH«
Bornefeld & Knöpges
1861: Lüpertzend 13, MG (gem. Stuhlwaarenfabrik)
Boss & Comp.
1903: Alsstraße 209, MG (mechanische Weberei)
Walter Bourseaux
1962: Gingter Straße 36, MG (Weberei für Schuh-, Dekorations- und Vorhangstoffe)
1969: Gingter Straße 36, MG
Carl Brandts
1870 übernahm Carl Brandts, einer der drei Brüder Emil, Carl und Franz, den zweiten Fabrikbetrieb seines Vaters Franz Anton Brandts, die spätere Tuchfabrik Gladbach AG
1896: Eickenerstraße 166, MG (mechanische Weberei)
1903: Eickenerstraße 166, MG
1907: Eickenerstraße 166, MG
ab 1913: Eickener Straße 166, Tuchfabrik Gladbach AG
Emil Brandts
1870 übernahm Emil Brandts den älteren Fabrikbetrieb seines Vaters und führte ihn unter seinem eigenen Namen fort.
1896: Eickenerstraße 154, MG (Emil Brandts & Cie., mechanische Weberei)
1903: Eickenerstraße 154, MG
1913: Eickenerstraße 154, MG
Franz Brandts
1861: Crefelderstraße 25 b, MG (Siamoisenfabrik)
Franz Brandts
1872 nahm Franz Brandts unter dem ursprünglichen Firmennamen seines Vaters F. Brandts eine neue Fabrik in Betrieb
1896: Dahlenerstraße 112, MG (mechanische Weberei)
1903: Dahlenerstraße 112, MG
1913: Dahlenerstraße 112, MG
1936: Aachener Straße 112, MG (Weißweberei)
Wilhelm Brandts GmbH & Co. KG; 1945 gegründet
1950: Eickener Straße 168, MG (Wilh. Brandts, Tuchfabrik)
1962: Alsstraße 166, MG (Wilhelm Brandts GmbH)
1970: Alsstraße 166, MG (Wilhelm Brandts Tuchfabrik GmbH & Co. KG)
1994: Alsstraße 166, MG
Ed. Brass
1861: Friedr.-Wilhelmstraße 196, Rheydt (Fabrik in halbw. Waaren)
Gust. Ad. Brass
1861: Friedr.-Wilhelmstraße 103, Rheydt (Fabrik in halbw. Waaren)
Rob. Brass
1861: Friedr.-Wilhelmstraße 99, Rheydt (Fabrik in halbw. Waaren)
Karl Breiden
1936: Aachener Straße 800, MG (Kokosweberei)
J. Bremges & Cie.
1896: Hofstraße 92, MG (mechanische Weberei)
1903: Hofstraße 92, MG
1913: Ueckelhoferstraße 7, MG (mechanische Weberei, Appreturanstalt, Zwirnerei)
Adam Bresges, Conr. Sohn
1861: Hoster 124, Rheydt (Fabrik in halbw. Waaren)
Wilh. Ferd. Bresges
1936: Ritterstraße 97, Rheydt
A. Bresser
1861: Crefelderstraße 18 a, MG (Inh. Carl Bresser; gem. Stuhlwaarenfabrik)
Carl Bruckhaus
1896: Mathiasstraße 47, MG (mechanische Weberei)
1903: Lürriperstraße 238, MG
H. vom Bruck Söhne
1890: Odenkirchenerstraße 87, Rheydt
1896: Odenkirchenerstraße 87, Rheydt (H. vom Bruck Söhne, Krefeld, Inh. Ludwig, Friedrich, Heinrich Karl, Moritz, Fritz und Emil Seyffard und Heinrich te Neues; mechanische Weberei, Sammet- und Sammetbandfabrik)
1904: Odenkirchenerstraße 123, Rheydt
1913: Odenkirchenerstraße 123, Rheydt (H. vom Bruck Söhne mbH); die Gebäude wurden 1915 von der Weberei H. Kloeters & Co. – mit dem Teilhaber Anton Gronen – übernommen, später »Rheinische Wollwerke AG«

Brüel & Cie.
1896: Viktoriastraße 64, MG (mechanische Weberei)
1903: Viktoriastraße 64, MG (Brüel & Co.)
1913: Viktoriastraße 64, MG (Brüel & Co.; mechanische Weberei, Rauherei, Appreturanstalt)
Rudolf Brügelmann GmbH
1936: Burggrafenstr. 53, MG (Cordweberei)
1950: Vitusstraße 72, MG
Leo van Brüssel
1950: Schwogenstraße 45, MG (Tuchfabrik)
Brunen & Hüpgen
1896: Karmannstraße 1, MG (mechanische Weberei)
Peter Brunen
1913: Burggrafenstraße 53, MG (mechanische Weberei)
Brungs Feintextil GmbH
1994: Korschenbroicher Straße 105, MG
Fritz Brungsberg; 1922 gegründet
1951: Jülicher Straße 8, Odenkirchen (Weberei und Rauherei)
1962: Jülicher Straße 8, Odenkirchen (Weberei und Rauherei, Spezialität: Erstlingsartikel, Moltontücher)
Gottfried Brungsberg
1951: von-der-Helm-Straße 64, Odenkirchen
Buchalay & Herbertz
1896: Dahlenerstraße 156 (Luisenhöhe), MG (mechanische Weberei)
1903: Dahlenerstraße 156, MG
1913: Karstraße 10, MG (mechanische Weberei, Färberei, Appreturanstalt)
1919/20: Mittlere Karstraße 10, MG (Tuchfabrik)
1936: Karstraße 29, MG (Buchalay & Herbertz oHG; Tuchfabrik)
August Buckmann
1936: Neußer Str. 355, MG (Seidenweberei)
Robert G. Bückmann
1950: Neußer Straße 93, MG (Feinweberei)
Friedr. Bühring
1893: Alsstr. 123, MG (mechanische Weberei)
1896: Alsstraße 123, MG
1903: Alsstraße 123, MG (Fried. Bühring Nachf.)
1913: Mathiasstraße 55, MG (Friedr. Bühring Nachf.)
1936: Mathiasstraße 55, MG (Friedr. Bühring Nachf.; Baumwollweberei)
J. H. Bürgers Erben
1896: Gartenstraße 6, Rheydt (Inh. C. Molls; Fabrik in halbwollenen und baumwollenen Waaren)

Fr. Buntkirchen Nachf.
1950: Wickrathberg 182
Busch & Blancke
1896: Bellstieg 110, MG (mechanische Weberei)
1913: Lürriperstraße 60, MG (Gebr. Busch & Blancke)
Carl Abr. Busch
1861: Pferdemarkt 69, MG (gem. Stuhlwaarenfabrik)
Friedrich Busch
1861: Wallstraße 78, MG (gem. Stuhlwaarenfabrik)
Busch & Florenz
1913: Hehnerstraße 93, MG (Inh. Albert Busch und Jakob Florenz und Julius Mayer; mechanische Weberei)
Gebr. Busch
1890: Lürriperstraße 60, MG
1896: Lürriperstraße 60, MG
1903: Lürriperstraße 60, MG (Gebr. Busch & Blancke)
1913: Lürriperstraße 60, MG (Gebr. Busch & Blancke)
Heinr. Busch jun.
1861: Stepgesfeld 13 b, MG (gem. Stuhlwaarenfabrik)
Heinz Busch; 1950 gegründet
1950: Martinstraße 41, MG
1962: Martinstraße 41, MG (Seidenweberei)
1969: Martinstraße 41, MG
Math. Christ. Busch
1896: Bellstieg 110, MG (mechanische Weberei)
1903: Bellstieg 110, MG
1913: Bellstieg 110, MG (mechanische Weberei, Rauherei)
P. Busch & Co.
1950: Pescher Straße 105, MG (Tuchweberei)
Paul Buscher
1951: Memelstraße 199, Rheydt (Lohnweberei)
F. Buschkühler
1903: Eickenerstraße 93, MG (mechanische Weberei)
Camphausen & Küppers
1861: Wallstraße 28, MG (Siamoisen-Fabrik)
Peter Carl Wwe.
1951: Wehrstraße 9, Rheydt (Lohnweberei)
Christian & Hanraths; 1904 gegründet
1907: Eickenerstraße 268, MG (mechanische Weberei, Tuchfabrik)
1913: Eickenerstraße 268, MG
1926: Krefelder Straße 675, MG
1936: Krefelder Straße 675, MG

1950: Krefelder Straße 675, MG
1969: Krefelder Straße 675, MG
1982 wurde zum Jahresende die Produktion eingestellt. Die Gebäude wurden 1986 abgerissen. An gleicher Stelle hat die Firma Toshiba neue Firmengebäude erstellt.

Alfred Christmann
1966: Heckstraße 25, MG-Wanlo (Lohnweberei)

Friedrich Cloeters
1896: Eicken 168, MG (mechanische Weberei)
1903: Eickenerstraße 168, MG
1907: Eickenerstraße 168, MG

Friedr. Wilh. Clöters
1913: Eickenerstraße 65, MG (Lohnweberei)

Coenen & Costers; 1895 gegründet
1896: Morr 27, Rheydt (mechanische Weberei, Baumwoll- und Halbwollwaaren)
1904: Dahlenerstraße 231, Rheydt (mechanische Weberei, Baumwoll- und Halbwollwaren)
1913: Dahlenerstraße 231, Rheydt (Coenen & Costers KG; Inh. Gust. Coenen und Engelb. Costers; mechanische Weberei, Rauherei und Appretur)
1929: Dahlener Str. 225–231, Rheydt (Baumwollbuntweberei)
1936: Josef-Goebbels-Straße 231, Rheydt
1951: Mittelstraße 48, Rheydt (Buntweberei)

Coenen & Pagnetti; 1937 gegründet bzw. aus einer (fast) freiwilligen »Arisierung« der Firma »Textilwerk Felix Horn« entstanden
1937: Duvenstraße 104, Odenkirchen
Der Betrieb wurde im Zweiten Weltkrieg stillgelegt, dann als Munitionsfabrik genutzt und beim Luftangriff am 31. August 1943 zerstört
1951: Danziger Straße 6, Rheydt (Buntweberei)

Peter Coenen; 1926 gegründet
1950: Poether Weg 12, MG
1962: Poether Weg 12, MG
1994: Poether Weg 12, MG

Coenen & Wolters; 1860 gegründet
1861: Odenkirchen 93 (Fabrik in halbwollenen und wollenen Stuhlwaaren)
1913: Burgstraße 13, Odenkirchen (Inh. Hugo und Otto Coenen; mechanische Weberei in halbw. und baumw. Waren, Färberei)
1936: Burgstraße 13, Odenkirchen
1951: Burgstraße 13, Odenkirchen
1962: Burgstraße 13, Odenkirchen

Cohen AG; 1896 gegründet von Fritz Cohen (später Tuchfabrik Rheinland GmbH)
1903: Bellstieg 110, MG (Fritz Cohen, mechanische Weberei)
1913: Bellstieg 110, MG (Fritz Cohen)
1929: Engelblecker Straße 106 a, MG (Tuchfabrik)

Theod. Commes
1896: Wehnerstraße 1, MG (mechanische Weberei)
1899: Wehnerstraße 1, MG
1903: Wehnerstraße 1, MG
1913: Brückenstraße 24 a, MG

Cordiva Modestoffe GmbH; 1938 gegründet
1962: Krefelder Straße 249, MG (Baumwoll- und Mischgewebe, Spezialität: »Original Luis-Trenker-Cord«)

Emil Cords; 1890 von Emil Cords gegründet
1890: Morr 27 (Ecke Bolksbuscher und Dahlener Straße), Rheydt (mechanische Dochtweberei)
1896: Morr 27, Rheydt
1904: Bolksbuscherstraße 27 a, Rheydt
1913: Bolksbuscherstraße 27 a, Rheydt (Inh. Emil Cords)
1919, nachdem Emil Cords verstorben war, wurde der Betrieb an die mechanische Docht-, Band- und Gurten-Weberei Josef Walraf jr. in Rheydt verkauft

Q. & C. Cords
1896: Franzstr. 6, MG (mechanische Weberei)
1903: Reierhütterstraße 1–19, MG
1913: Reierhütterstraße 1–19, MG (mechanische Weberei, Rauherei, Appreturanstalt)

Cornely & Cie.
1879: MG-Lürrip

Cramer, Temming & Co. KG
1950: Pescher Straße 187–191, MG (Baumwollweberei)

Gebr. Croon; 1816 gegründet, zuerst nur Baumwollspinnerei; als einer der ersten deutschen Unternehmer hatte Quirin Croon 1850 hundert mechanische Webstühle in Betrieb genommen
1861: Crefelderstraße 25, MG (Baumwollwaarenfabrik, Inh. Theod. Croon)
1896: Croons-Allee 2, MG
1903: Croons-Allee 2, MG
1913: Croons-Allee 2, MG
1929: Eickener Straße 168, MG
1936: Eickener Straße 168–176, MG (Textilindustrie Gebr. Croon AG; Baumwollweberei)
1950: Eickener Straße 168, MG (Baumwollweberei und Ausrüstung)

Daber & Wienands
1861: Gladbacherstraße 121, Rheydt (Fabrik in halbw. Waaren)

A. Daniels & Sohn
1861: Birnbaumstraße 31, Rheydt (Fabrik in halbw. Waaren)

1896: Victoriastraße 21, Rheydt (Inh. Otto Schmitz; Großhandlung in Baumwoll- und Halbwollwaaren und Buxkins)

VON DANWITZ & KRINS
1896: Alsstraße 149 a, MG (mechanische Weberei)

PAUL DECHAMPS
1913: Lürriperstraße 74, MG (mechanische Weberei)

DECKEN- U. TÜCHERWEBEREI GMBH
1913: Bäumchesweg 41, Rheydt (mechanische Weberei)
1936: Josef-Goebbels-Straße 221, Rheydt

ALBERT DEDERICHS & CIE.
1896: Lürriperstraße 12, MG (mechanische Weberei)

OTTO DELLMANN
1913: Königstraße 49, Rheydt (mechanische Weberei)

DEUTSCHE KOKOSWEBEREIEN SCHÜRHOLZ, VÖGLER & CO. KG
1936: Abteistraße 1, MG
1950: Abteistraße 1, MG (Kokosläufer, -teppiche, -matten)

JEAN DEUSSEN
1950: Künkelstraße 18, MG (Kunstseiden- und Seidenweberei)

C. W. DILL
1913: Viktoriastr. 17, Rheydt (Fabrik in baumwollenen Webwaren, Ausrüstung, Export)

ARTHUR DILTHEY; 1938 gegründet
1950: Krefelder Straße 249, MG (Baumwoll- und Zellwollweberei)
1994: Krefelder Straße 249, MG

DILTHEY & BERGFELD; 1779 gegründet in Elberfeld, ab 1796 in Rheydt ansässig
1796: Rheydt (Baumwollweberei)
1804: Namensänderung in W. Dilthey & Cie.

W. DILTHEY & CIE.; 1804 gegründet von Wernhard Dilthey; Baumwollweberei
1859: mechanische Baumwollspinnerei
1861/62: Scheuburg – heutige Schlachthofstraße –, Rheydt
1896: Scheuburg 55, Rheydt und Mühlenstraße 65, Rheydt (Comptoir und Lagerräume), (Inh. Commerzienrath Wernhard Dilthey jr. und August, Otto, Arthur und Gustav Dilthey; mechanische Weberei, Hausweberei, Sammt- und Seidenwaarenfabrik, Baumwollspinnerei)
1904: Gasstraße (Baumwollspinnerei)
1905 von Otto Dilthey unter dem neuen Firmennamen »Otto Dilthey & Co.« übernommen
1932 wurden die Gebäude an der Schlachthofstrasse niedergelegt

A. P. DITTGES
1861: Limmitterstraße 217, Rheydt (Fabrik in halbw. Waaren)

DÖRNER & BERGMANN; 1880 gegründet
1896: Neußerstraße 172, MG (mechanische Weberei)
1899: Neußerstraße 172, MG
1903: Neußerstraße 172, MG
1913: Neußerstraße 172, MG

DÖRNER & KÜHL
1896: Pescherstraße 172, MG (mechanische Weberei)

A. DOHMEN & CO.
1861: Lüpertzend 8, MG (gem. Stuhlwaarenfabrik)
1896: Bellstieg 109, MG (A. Dohmen & Cie., mechanische Weberei)
1903: Bellstieg 109, MG (A. Dohmen & Cie.)
1913: Hehnerstraße 93, MG (A. Dohmen & Co., Inh. Jos. Gerhards)
1936: Rheydter Straße 251, MG (Seidenweberei)
1950: Rheydterstraße 251–253, MG (Spezialität: hochwertige kunstseidene Kleiderstoffe)

WALTER DOHMEN
1936: Burggrafenstraße 53, MG (Cordweberei)
1962: Viktoriastraße 62, MG (mechanische Weberei)
1969: Parkstraße 70, MG

FERD. DORMANN
1861: Mühlenstraße 105, Rheydt (Fabrik in halbw. Waaren)

DORMANNS & THOMAS; 1894 gegründet, von Anfang an spezialisiert auf Tuchfabrikation
1896: Vitusstraße 71, MG (mechanische Weberei)
1903: Vitusstraße 71, MG
1907: Vitusstraße 71, MG (Lager und Comptoir waren an der Wehnerstraße 1)
1913: Wehnerstraße 1, MG

DORMANNS TUCHFABRIK AG; 1922 aus der Firma Dormanns & Thomas hervorgegangen
1936: Wehnerstraße 1, MG
1950: Wehnerstraße 1, MG (Herren- und Damentuche)

JOH. ANDR. DREESEN
1861: Dahlen 244, Rheindahlen (Fabrik in baumw. und halbw. Stuhlwaaren)

DRESSEN & BELL
1913: Alsstraße 149, MG (mechanische Weberei)

C. G. DROSTE NACHF.
1896: Regentenstraße 133, MG (mechanische Weberei)

1903: Regentenstraße 133, MG
1913: Krefelderstraße 291/3, MG

Droste & Merckens
1861: Rheydter Weg 48, MG (gem. Stuhlwaarenfabrik)

Gustav Dürselen
1861: Odenkirchen 40 (Fabrik in halbw. und wollenen Stuhlwaaren)

Düsselberg & Söhne
1896: Hauptstraße 206 a, Rheydt (Düsselberg & Söhne Krefeld, Inh. Arthur und Gustav Hermann Düsselberg, Robert Aretz und Oskar Flemming; Seidenwaarenfabrik, Faktorei in Rheydt, Hausweberei)
1913: Moltkestraße 11, Rheydt (G. A. Düsselberg Söhne, mechanische Weberei)
1951: Schloßstraße 241, Rheydt (Düsselberg & Söhne AG, Seidenweberei)

Dütting & Determeyer
1861: Hauptstraße 52, Rheydt (Fabrik in halbw. Waaren)

Karl Ehrlich; 1946 gegründet
1950: Industriehof, MG
1962: An der Bahn 19, Rheindahlen, (Lohnweberei)
1969: An der Bahn 19, Rheindahlen

Tillmann Eichmanns
1950: Hehnerholt 134, MG (Tuchfabrik)

Gebr. Elges
1936: Martinstraße 47, MG (Tuchfabrik)
1950: Martinstraße 42, MG und Regentenstraße 142, MG (Büro)

H. Ellenberger
1903: Mühlenstraße 151, MG (mechanische Weberei)
1913: Mühlenstraße 151, MG
1929: Lürriper Straße 60, MG (Baumwollweberei)
1936: Lürriper Straße 60, MG (Baumwollweberei)

Gebr. Elschenbroich
1913: Limitenstraße 134, Rheydt (Gebr. Elschenbroich oHG; Inhaber Johann und Martin Elschenbroich; mechanische Kleiderfabrik)
1956 Weberei und Kleiderfabrik

Johannes Elschenbroich
1951: Ritterstraße 46, Rheydt
1962: Ritterstraße 46, Rheydt (Seiden-Lohnweberei)

Hermann Elsner
1969: Kaiserstraße 99, MG (Tuchfabrikation)

H. Karl Elsner
1950: Kaiserstraße 99, MG
1962: Kaiserstraße 99, MG (Wollweberei)

Elsner & Co.; zu Beginn der 80er Jahre des 19. Jh. gegründet; Kammgarnweberei
1896: Eickenerstraße 168, MG (H. Elsner & Cie., mechanische Weberei)
1903: Eickenerstraße 168, MG (H. Elsner & Cie.)
1907: Eickenerstraße 168, MG
1913: Künkelstraße 52–56, MG (H. Elsner & Co.; mechanische Weberei, Färberei, Appreturanstalt)

Gerh. Engels
1861: Wickrath 40 (baumw. und halbw. Waaren-Fabrik)

Feinweberei Engels & Co.
1936: Limitenstraße 126, Rheydt (Engels & Co.)
1951: Feldstraße 17–21, Rheydt (Feinweberei Engels & Co. GmbH, Seidenweberei)
1962: Feldstraße 17–21, Rheydt
1969: Bolksbuscher Straße 44, Rheydt (Feinweberei Engels & Co. GmbH)
1991: Bolksbuscher Straße 44, Rheydt (Feinweberei Engels GmbH)
1994: Dorfbroicher Straße 53, Rheydt

Erckelenz & Reuter
1861: Wallstraße 28 i, MG (Fabrik in halbw. und baumw. Waaren)

Gebr. Erckens
1861: Abteistraße 177, MG (Siamosenfabrik)
1879: im Gelände Neusser-, Lürriper-, Lohstraße, MG-Lürrip

Max Ercklentz & Cie.
1896: Lürriperstraße 74, MG (mechanische Weberei)
1903: Lürriperstraße 74, MG
1913: Lürriperstraße 74, MG (mechanische Weberei, Färberei, Appreturanstalt, Zwirnerei)

Gebr. Essers
1896: Eickenerstraße 196, MG (mech. Weberei)
1903: Eickenerstraße 196, MG,
1913: Eickenerstraße 196–198, MG

H. Wilhelm Essers; 1933 gegründet
1936: Rheydter Str. 201, MG (Cordweberei)
1950: Rheydter Straße 195, MG (Betrieb) und Hermannstraße 5, MG (Kontor)
1962: Rheydter Straße 199, MG (Genua-Cordweberei)
1969: Neusser Straße 93, MG

Martin Essers
1896: Eickenerstraße 186, MG (mechanische Weberei)
1903: Eickenerstraße 196, MG
1913: Eickenerstraße 196, MG

Rudolf Everling & Cie.
1896: Hoffnungsstraße 1, MG (mechanische Weberei)
1903: Hoffnungsstraße 1, MG
1913: Hoffnungsstr. 1, MG (mechanische Weberei, Rauherei, Appreturanstalt, Zwirnerei)

Sophie Feierabend
1951: Dohrerstr. 229, Rheydt (Seidenweberei)

Feintuchfabrik Aktiengesellschaft; 1938 gegründet
1950: Alsstraße 257–259, MG
1962: Alsstraße 257–259, MG
1969: Alsstraße 257–259, MG

Fellinger & Peltzer; 1878 gegründet
1893: Rönneterweg 2, MG
1896: Rönneterweg 2, MG (mechanische Weberei)
1900: Rudolfstraße, MG
1903: Rudolfstraße, MG
1907: Rudolfstraße 43, MG
1913: Rudolfstraße 43, MG (Inh. Heinr. Greven, Rheydt, und August Greven, MG)
1936: Rudolfstraße 43, MG (Fellinger & Peltzer AG; Buntweberei)
1950: Rudolfstraße, MG (Baumwollbuntweberei, Rauherei etc.)
1956: Rudolfstraße 43, MG (Fellinger & Peltzer KG; Baumwollweberei)
1962: Rudolfstraße 43, MG (Fellinger & Peltzer KG)

Ferber & Tapfen
1896: Neußerstraße 98, MG (mechanische Weberei)

Adolf Feyler; 1930 gegründet
1936: Hofstraße 44, MG (Weißweberei)
1950: Sachsenstraße 19, MG (Buntweberei)
1962: Sachsenstraße 19, MG, Betrieb Rheydter Straße 248 (Jacquard-Kleiderstoffe und Bordürenröcke)

Maria Feyler; 1949 gegründet
1950: Rheydter Straße 248, MG
1961: Rheydter Str. 248, MG (mechanische Weberei, Bettuchbiber, bedruckte Schürzenstoffe)

Finger & Verres
1896: Rönneterweg, MG (mechanische Weberei)
1903: Untere Straße, MG

M. u. H. Fischer; 1951 gegründet
1962: Anna-Kirch-Straße 25, MG

Fischelmanns & Hafner
1951: Mollsbaumweg 33, Rheydt

Hermann Flörsheim; 1896 gegründet
1913: Pescherstraße 187–191, MG (mechanische Weberei)
1936: Pescherstraße 191, MG

J. Frank & Sohn
1896: Dahlenerstraße 104, MG (mechanische Weberei)
1903: Dahlenerstr. 104 und Carmannstraße 1, MG
1913: Dahlenerstr. 104 und Karmannstraße 1, MG

Frentzen & Cie.; 1840 gegründet als Gundermann & Henrichs (Weberei und Großhandlung); Anfang der siebziger Jahre Übergang zur Kleiderfabrikation
1900: Viersenerstraße 46, MG

Frentzen & Hertel; 1906 gegründet
Die Firma begann in den Räumen der Firma Krapp auf der Rheydter Bismarckstraße – heutige Endepohlstraße – mit der Baumwollweberei
1908 zog man um zur Firma Kuhlen an der Feldstraße, um 84 Stühle aufzustellen
1927 wurde in eigenen Gebäuden an der Friedenstraße die Produktion aufgenommen
1951: Friedenstraße 135, Rheydt
1962: Friedenstraße 135, Rheydt (Baumwoll- und Zellwollweberei)

Frentzen & Mitscherling oHG
1913: Feldstraße 20a, Rheydt (Inh. Aug. Frentzen; mechanische Weberei)
1936: Friedenstraße 135, Rheydt

Wilh. H. Frentzen, 1914 gegründet
1936: Sittardstraße 48–50, MG (Baumwollweberei, Spezialität: Genua-Cord, Reit-Cord, Velveton)
1950: Sittardstraße 48–50, MG
1962: Sittardstraße 48–50, MG (Inh. Paul, Alfred und Johanna Frentzen)

M. Frenzen & Söhne KG
1936: Hermannstraße 21, MG (Weißweberei)

Friederichs & Neuhaus
1861: Bahnhofstraße 21, Rheydt (Fabrik in halbw. Waaren)

Wilhelm Fröde
1936: Martinstraße 47, MG (Tuche)
1950: Martinstraße 37, MG

Fudickar & Simmer GmbH
1951: Taunusstraße 57–61, Rheydt

Albert Füsmann
1913: Wickratherstraße 65, Rheydt, und Marktstraße 29, Rheydt (Agentur), (Inh. Armin Weber; mechanische Weberei)
1936: Odenkirchener Straße 297, Rheydt (Albert Füssmann & Co.)

Funck & Menckhoff
1896: Neußerstraße 98, MG (mechanische Weberei)
1903: Neußerstraße 98, MG

1913: Neußerstraße 98, MG (mechanische Weberei Eduard Funck)
1936: Neußer Straße 98, MG (Eduard Funck AG; siehe: Mechanische Weberei Eduard Funck)

EDUARD FUNCK AG
1936: Neußer Straße 98, MG
1950: Neußer Straße 98, MG
(siehe: Mechanische Weberei Eduard Funck)

GASPERS & BÜHREN OHG; 1934 gegründet
1950: Burggrafenstraße 53, MG
1962: Burggrafenstraße 79, MG (Baumwollweberei und Kleiderfabrik, Sport- und Berufskleidung)

HEINRICH GASPERS
1936: Burggrafenstraße 53, MG

AUGUST VON GEHLEN
1951: Dorfbroicher Straße 40, Rheydt

TH. GERARDS GMBH
1927: Vitusstraße 54–56, MG (mechanische Weberei für Möbel- und Dekostoffe)
1936: Vitusstraße 54–56, MG
1950: Vitusstraße 54–56, MG
1962: Vitusstraße 52–56, MG
1969: Vitusstraße 52–56, MG

GESELLSCHAFT FÜR BAUMWOLLINDUSTRIE A. U. A. KOCK; 1890 gegründet als Bornefeld & Jansen
(1927: Gesellschaft für Baumwollindustrie mbH A. u. A. Kock, Spinnerei und Weberei, Spezialfabrikation baumwollener Schlafdekken)
1929: Alsstraße 123, MG
1936: Alsstraße 123, MG (Gesellschaft für Baumwollindustrie mbH)
1950: Alsstraße 123, MG
1969: Alsstraße 123, MG

GESELLSCHAFT FÜR TEXTILINDUSTRIE
1913: Lürriperstraße 208, MG (mechanische Weberei)

GEVEREN & KLOETERS
1890: Eickener Straße 168, MG (Buckskinfabrik)

JOSEF GIER; 1909 gegründet
1913: Mathiasstraße 47–51, MG (mechanische Weberei)
1929: Engelblecker Straße 92 a/b, MG
1936: Engelblecker Straße 73, MG (Tuchfabrik)
1950: Engelblecker Straße 73, MG
1962: Engelblecker Straße 73, MG (Tuchfabrik, Weberei, Färberei, Ausrüstung)

M. GIESEN & CO.
1950: Abtshofer Straße 12, MG (Baumwollweberei)

P. A. GIESEN SÖHNE; 1866 gegründet von den drei Söhnen des (katholischen) Küsters Peter Adam Giesen als Fabrik in baumwollenen Waren
1890: Bachstraße 90, Rheydt (neuerbaute Fabrik)
1896: Bachstraße 196, Rheydt (Inh. Eduard, Hermann und Peter Giesen; mechanische Weberei, baumwollene, halbwollene und reinwollene Waaren)
1904: Bachstraße 196, Rheydt (mechanische Weberei, Baumwoll- und Halbwollwaren)
Später vermietete Eduard Giesen (inzwischen Alleininhaber) die Betriebsräume an »Wienands & Casteel« und trat 1905 dem Unternehmen bei. Der Firmenname wurde in »Wienands, Casteel & Giesen« geändert.

GIESEN & SCHIFFERS
1904: Margarethenstraße 351, Rheydt (Schirmstoff-Fabrik)

JOH. GILLESSEN
1861: Engelbleck 199, MG-Neuwerk (Fabrik in baumw., halbw., halbseidenen und seidenen Stuhlwaaren)

GLADBACHER BAUMWOLLMANUFAKTUR AG
1903: Johannesstraße 2, MG (mechanische Weberei)

GLADBACHER BAUMWOLL-WEBEREI JOSEF FOSSEN; 1913 gegründet
1936: Speicker Straße 49, MG (Gladbacher Wäscherei und Weberei Josef Fossen)
1950: Neusser Straße 93, MG
1962: Neusser Straße 93, MG

GLADBACHER SCHEUERTUCH-WEBEREI JOSEF HAVLINA
1913: Lürriperstraße 146, MG

GLADBACHER AKTIEN SPINNEREI UND WEBEREI; 1855 gegründet von elf Textilindustriellen des Mönchengladbacher Raumes, u. a. W. Prinzen, A. Lamberts Chr. Sohn, H. Pferdmenges, C. Schmölder, W. D. Lenssen, J. W. Brink und Quirin Croon
1896: Lürriperstraße 47, MG
1903: Lürriperstraße 47, MG
1913: Güterstraße 47, MG
1915: Liquidation der AG

GLADBACHER TEXTILWERKE AG VORM. SCHNEIDERS & IRMEN
1913: Burggrafenstraße 35, MG (mechanische Weberei, Spinnerei)
1925: Fusion mit Gladbacher Wollindustrie AG vorm. L. Josten)

GLADBACHER WOLLINDUSTRIE AG VORM. L. JOSTEN (Gladwolle); 1882 gegründet von L. Josten

Von Anfang an auf Tuchfabrikation spezialisiert
1886: Kauf eines großen Geländes am ehemaligen »Karmannshof«; dort Neubau und 1890 Betriebsaufnahme
1895: Umwandlung in eine AG
1896: Waldhausen, MG
1903: Rudolfstraße 1, MG (mechanische Weberei)
1913: Rudolfstraße 1, MG (mechanische Weberei, Färberei, Spinnerei, Walkerei, Appretur)
1925: Fusion mit der »Gladbacher Textilwerke AG vorm. Schneider & Irmen«.
1936: Rudolfstraße 1 (Werk I) und Burggrafenstraße 35 (Werk II), MG
Zu Beginn des Zweiten Weltkriegs größte vollstufige Tuchfabrik Deutschlands
1950: Rudolfstraße 1 (Werk I), Burggrafenstraße 35 (Werk II), Schleswiger Straße 5 (Werk III) und Rudolfstraße 3 (Werk IV), MG
1961: Rudolfstraße 1, MG
1969: Rudolfstraße 1, MG
29.11.1983 Konkurs

HANS GLASSMACHER
1936: Süchtelnerstraße 180, MG (Tuche)
1950: Am Woltershof 46, MG (Wollspinnerei und -weberei)

GLUTH & CO. GMBH; 1983 gegründet
1991: Neukircher Weg 10, Wickrath
1994: Neukircher Weg 10, Wickrath

H. GOEBELS
1994: Duvenstraße 92, Odenkirchen

PAUL GOEBELS
1929: Duvenstraße 25, Odenkirchen (mechanische Buntweberei)

AUGUST GÖLDNER
1903: Mathiasstraße 51, MG

GÖLDNER & NEUENHOF
1890: Alsstraßc 149 a, MG

GÖLDNER & PAUEN
1896: Alsstraße 149 a, MG

GÖRLER & CO.; 1945 gegründet
1950: Klövergasse, MG
1962: Klövergasse 27, MG (Herrenkammgarnstoffe)

GOERTZ, CLAY & CO.; 1881 gegründet
1913: Rheydterstraße 363, Odenkirchen, (Inh. Paul Goertz, August Holtz und Franz Holtz; mechanische Weberei, Sealskinfabrik, Druckerei, Appretur)
1936: MG-Neuwerk
1950: Spinnerei, Weberei und Teppichweberei
1962: Broichmühlenweg 40, MG-Neuwerk (Inh. A. Holtz; Zweigwerk: Wickrath, 1966: Beckrather Straße 85)
1969: Broichmühlenweg 40, MG-Neuwerk (Zweigwerk: Wickrath)

GOERTZ & ENDEPOHL
1829: Schloß Rheydt (Baumwollwaarenfabrik)

GEBR. GOERTZ & KAULEN
1861: Broichmühle 83, MG-Neuwerk (Fabrik in wollenen und halbwollenen Waaren, Baumwollspinnerei und Weberei und Mahlmühle)

GOERTZ, KEMPKEN & PONGS
1912: Beckratherstraße 77, Wickrath (Sealskinweberei)

GÖRTZ & KIRCH
1896: Viktoriastraße 66, MG (mechanische Weberei)
1903: Viktoriastraße 66, MG
1913: Viktoriastraße 66, MG (Görtz & Kirch GmbH; mechanische Weberei, Zwirnerei, Färberei, Appreturanstalt)

AUGUST GOETERS
1861: Odenkirchen 92 (Fabrik in wollenen und baumw. Stuhlwaaren)

GEBR. GOETERS
1861: Hauptstraße 187, Rheydt (Fabrik in halbw. Waaren)

GOETERS & PUNGS
1896: Scheuburg 7 a, Rheydt (Inh. Heinr. Otto Goeters und Joh. Christ. Pungs; mechanische Weberei, Baumwollspinnerei und -weberei)
1904: Römerstraße 75, Rheydt
1913: Römerstraße 75–79, Rheydt (Goeters & Pungs oHG, Inh. Kommerzienrat Heinrich Goeters und Th. Colsman; Baumwollspinnerei und -weberei)

WILH. GOETERS
1861: Mühlenstraße 13, Rheydt (Fabrik in halbw. Waaren)

ABRAHAM GORMANNS
1861: Wickrathberg 63 (baumw. und halbw. Waaren-Fabrik)

GOTHMANNS & CO.
1951: Friedenstraße 216, Rheydt (Weberei, Spinnerei, Reißerei)

ROBERT GOTZEN & CO.
1950: Schleswiger Straße 12, MG (Tuchweberei)

GOTZEN-HOHLMANN
1950: Lindenstraße 5, MG (Tuchweberei)

THEO GRAMS GMBH; 1946 gegründet
1950: Vitusstraße 59–71, MG (Feintuchfabrik)
1962: Vitusstraße 59–71, MG (Feintuchfabrik, Damenoberstoffe)
1969: Vitusstraße 59–71, MG

GRANDERATH & LAMBERTZ
1861: Bahnhofstraße 272, Rheydt (Fabrik in halbw. Waaren)

Greeven & Cie.
1896: Königstraße 146, Rheydt (Inh. Walther Greeven; mechanische Weberei, Baumwoll- und Halbwollwaaren)
Emil Greeven & Cie.
1896: Kranzstraße 127, MG (mechanische Weberei)
Greven & Herbertz
1896: Vitusstr., MG (mechanische Weberei)
1903: Ringstraße, MG
1907: Ringstr. 20 - heute: Am Steinberg -, MG
1913: Ringstraße 20, MG
Johannes Greven KG; 1923 gegründet
1936: Ernst-Brasse-Straße 20 a, MG (Johannes Greven GmbH; mechanische Baumwollweberei, Genuacord, Velveton, Reitcord, Damenkleiderstoffe)
1950: Ernst-Brasse-Straße 20–22, MG (Baumwoll- und Zellwollweberei)
1956: Johannes Greven; Baumwoll- und Zellwollweberei
1962: Ernst-Brasse-Straße 20–22, MG
1969: Ernst-Brasse-Straße 20–22, MG
Lothar Gronen Weberei GmbH & Co.; 1948 gegründet
1950: Lürriper Straße 60, MG
1962: Lürriper Straße 60, MG (Lothar Gronen Weberei)
1969: Lürriper Straße 60, MG (Lothar Gronen Weberei)
1991: Korschenbroicher Straße 105, MG
1994: Korschenbroicher Straße 105, MG
Fritz Gülkers
1936: Ernst-Brasse-Straße 20 a, MG (Baumwollweberei)
Emil Günther GmbH
1936: Sachsenstraße 1, MG
Gundermann & Henrichs; 1840 gegründet als Weberei und Großhandlung, Anfang der 70er Jahre Übergang zur Kleiderfabrikation
1896: Viersenerstraße 46, MG (mechanische Weberei)
um 1900 trat Heinrich Frentzen neben Emil Henrichs in die Firma ein, Betrieb teilmechanisiert
1903: Neuhofstraße 40, MG (mechanische Kleiderfabrik und Weberei)
1910: Umgründung in »Frentzen & Cie.«
Heute stellt das Unternehmen Herrenoberbekleidung mit dem Markenzeichen »Edler von F.« her.
Gebr. Haardt
1896: Pescherstraße 187, MG (mechanische Weberei)
1903: Schwogenstraße 38, MG
Haase & Quack
1913: Rheydterstraße 447 a, Odenkirchen (Inh. Gustav Haase und Gustav Quack; mechanische Seidenweberei)
vom Hagen & Essers
1861: Birnbaumstraße 52, Rheydt (Seidenwaarenfabrik)
Wilhelm vom Hagen
1896: Königstraße 55 (Fabrik) und Bahnhofstr. 60 (Komptoir), Rheydt (Inh. Wilh. vom Hagen und Aug. Müller vom Hagen; mechanische Weberei, Hausweberei, Seidenweberei)
1904: Bahnhofstraße 54 und Königstraße 55, Rheydt (mechanische Weberei)
1913: Schloßstraße 123, Rheydt (Inh. Aug. Müller gent. Müller vom Hagen; mechanische Seidenwarenfabrik)
Hanf & Kaufmann
1913: Eickenerstraße 314, MG (mechanische Weberei)
1919: Eickenerstraße 314, MG (Tuchfabrik)
1929: Alsstraße 257–259, MG (Hanf & Kaufmann Tuchfabrik AG)
1936: Alsstraße 257, MG
Andr. Hansen
1936: Limitenstraße 116, Rheydt
Ferdinand Hanssen
1950: Myllendonker Straße 15, MG (Kunstseiden- und Seidenweberei)
August Hardt; 1922 gegründet
1951: Karl-Schurz-Straße 16, Rheydt
1969: Karl-Schurz-Straße 16, Rheydt (Grobgarnweberei)
Hartenstein & Karten GmbH
1956: Rheydt (Tüll- und Gardinenweberei, Druckerei, Ausrüstung)
Herbert Hasenburg
1951: Mühlenstraße 215, Rheydt (Tuchfabrik)
1962: Mühlenstraße 215, Rheydt
Hasse & Andereya
1861: Birnbaumstraße 54, Rheydt (Fabrik in halbw. Waaren)
Adam Heck
1861: Hauptstraße 178, Rheydt (Fabrik in halbw. Waaren)
1896: Hauptstraße 151, Rheydt (Inh. Wittwe Adam Heck; Fabrik in halbwollenen und baumwollenen Waaren)
Hans Heck
1951: Ritterstraße 106, Rheydt (Seidenweberei, Versandtgeschäft)
1936: Ritterstraße 106, Rheydt
Konrad Heck
1938: Mollsbaumweg 33, Rheydt (Lohnweberei)

Heffels & Jansen
1951: Am Sternenfeld 38, Rheydt
Wilh. Hehnen
1861: Wickrathberg 77 (baumw. und halbw. Waaren-Fabrik)
Heinen & Jansen
1932: Neukirchener Weg 10, Wickrath (Tuchfabrik)
1966: Neukirchener Weg 10, Wickrath
Johann Heinen
1936: Gladbacher Straße 473, MG
Heinrichs & Hüsgen
1861: Giesenkirchen 50, Schelsen (Wollen- und Halbwollenwaaren-Fabrik)
Gebr. Heinsberg
1861: Odenkirchen 59 (Fabrik in halbwollenen und wollenen Waaren)
J. Hellendall; 1867 von Jakob Hellendall gegründet
1896: Schwogenstraße 51, MG (mechanische Weberei)
1903: Neuwerk
1913: Bettrath
1936: Eickener Straße 481, MG (Baumwollweberei)
Hermes
1936: Dorfbroicher Straße 53-55, Rheydt
Gebr. Hermes
1896: Odenkirchenerstraße 260, Rheydt (Gebr. Hermes, Crefeld; Inh. Herm. Bovenschen; Seidenfabrik, Faktorei in Rheydt, Hausweberei)
Hertmanni & Deussen; 1888 gegründet von Fritz Hertmanni und Karl Deußen
1896: Viktoriastraße 62, MG (mechanische Weberei)
1903: Viktoriastraße 62, MG
1913: Viktoriastraße 62, MG
1922 ging die Firma in die neu gegründete »Vereinigte Buntwebereien AG« über, die auch die Betriebsgebäude übernahm. Die Fabrikgebäude wurden im Zweiten Weltkrieg zerstört.
Paul Hertmanni & Pongs
1936: Kabelstraße 77, MG (Tuche)
Paul Hertmanni Söhne
1950: Kabelstraße 67-77, MG (Tuchfabrik)
Hertmann & Pongs
1913: Verläng. Alsstraße 88, MG (mechanische Weberei)
Herz & Stern
1896: Steinstraße 26, Rheydt (mechanische Weberei, Zwirnerei und Appretur, baumwollene Hosenzeuge und Kleiderstoffe)
1904: Steinstraße 26, Rheydt
1913: Steinstraße 26-30, Rheydt (Herz & Stern oHG, Inh. Alb. Herz, Berlin, und Moses und Jul. M. Stern und Richard Benjamin in Rheydt)
1936: Hugo-Junkers-Straße 26, Rheydt
Joh. von der Heydt
1861: Geneicken 128, Rheydt (Plüschwaarenfabrik)
Wilh. Heymer
1861: Birnbaumstraße 64, Rheydt (Seidenfabrik)
Heymen & Co.
1861: Friedr.-Wilhelmstraße 93, Rheydt (Fabrik in halbw. Waaren)
Dietmar Hinnenberg Weberei GmbH
1994: Nobelstraße 12, Wickrath
Hirsch & Schüren; 1923 gegründet
1936: Untereickener Straße 26, MG
1950: Untereickener Straße 26, MG
1962: Untereickener Straße 26, Eingang Künkelstraße 37, MG (Tuchfabrik)
Hobrecker & Rein KG
1950: Erzbergerstraße 139-143, MG (Buntweberei)
Hölscher, Bückmann & Goebels
1913: Duvenstraße 25, Odenkirchen (Inh. Hrch. Hölscher, Paul Goebels und Herm. Hölscher; mechanische Buntweberei, Baumwoll- und Halbwollwaren)
Gebr. Hoelzermann
1861: Lüpertzenderstraße 23, MG (Seidenfabrik)
1903: Alleestraße 55, MG (mechanische Weberei)
1913: Neußerstraße 95, MG
1936: Neußer Straße 95, MG
1950: Neußer Straße 95, MG (Samt- und Plüschweberei)
1956: mechanische Samt- und Plüschweberei, eigene Färberei und Ausrüstung.
1962: Neusser Straße 95, MG (Plüschweberei)
1969: Neusser Straße 95, MG (Plüschweberei)
Alfons Hoeren
1950: MG (Tuchfabrik)
Hoeren & Kehr
1936: Oststraße 66, MG (Tuche)
Hoettges & Co.; 1922 gegründet
1936: Josef-Goebbels-Straße 378 a, Rheydt
1951: Dahlener Straße 378 a, Rheydt (Seidenweberei)
1962: Dahlener Straße 378 a, Rheydt (mechanische Weberei, Schirmstoffe)
Felix Horn
1929: Duvenstraße 104, Odenkirchen (mechanische Weberei)

1936: Duvenstraße 104, Odenkirchen
1937 wurde daraus durch (fast) freiwillige »Arisierung« die Buntweberei »Coenen & Pagnetti«

J. H. Horn
1896: Pescherstraße 18, MG (mechanische Weberei)
1903: Pescherstraße 18, MG

J. H. Horn & Bleeck
1861: Pesch 66, MG (Baumwollspinnerei und Siamosenfabrik)

Josef Horn; 1862 gegründet
1863: »Horn & Oberländer«, Inh. Josef Horn und Lazarus Oberländer
1887 scheidet Oberländer aus, Änderung des Firmennamens in »Josef Horn«
1902: Felix Horn (zufällige Namensgleichheit) tritt in die Firma ein; Josef Horn scheidet aus
1913: Duvenstraße 104, Odenkirchen (Inh. Felix Horn; mechanische Weberei, Baumwoll- und Halbwollwaren); später Änderung des Firmennamens in »Textilwerk Felix Horn«

Karl Hünseler
1951: Bonnenbroicher Straße 141, Rheydt (Seidenweberei)

Willy Hütten
1950: Pilgramsweg 62 b, MG-Lürrip
1962: Pilgramsweg 62 b, MG-Lürrip (Seidenweberei)

Fritz Hützen GmbH; 1949 gegründet
1951: Duvenstraße 100, Odenkirchen (Seidenweberei)
1962: Duvenstraße 260, Odenkirchen
1969: Friedenstraße 135, Rheydt

J. H. Hützen
1904: Blumenstraße 35, Rheydt (mechanische Weberei, Sammt- und Seidewaren)
1913: Blumenstraße 36, Rheydt
1936: Blumenstraße 36, Rheydt (J. H. Hützen GmbH)
1951: Blumenstraße 36–42, Rheydt (Seidenweberei)

Joh. Ibels
1861: Birnbaumstraße 216, Rheydt (Fabrik in halbw. Waaren)

Fr. Wilh. Ilgen
1861: Mühlenstraße 10, Rheydt (Fabrik in halbw. Waaren)

Peter Imdahl; 1913 gegründet
1951: Bahner 98, Rheydt (Seidenweberei)
1962: Bahner 98, Rheydt (Lohnweberei für Dekorationsstoffe)

Ittner & Co. GmbH
1951: Dahlener Straße 221, Rheydt (Ittner & Co., Textilfabriken; Decken- und Tücherweberei, Bekleidungswerk)
1962: Dahlener Straße 221, Rheydt (Abt. Dekken- und Tücherweberei)

Karl Jacobs
1951: Mollsbaumweg 33, Rheydt (Seidenweberei)

F. W. Jakobs & Co.; 1886 gegründet
1936: Eickener Straße 186, MG (Cordweberei)
1950: Eickener Straße 186, MG
1962: Eickener Straße 186–198, MG-Eicken (wollene und halbwollene Anzug-, Kostüm- und Hosenstoffe)

Wilh. Heinr. Jacobs
1913: Königstraße 142, Rheydt (mechanische Weberei, Baumwoll- und Halbwollwaren)

Josef Jäger Wwe.
1936: Neußer Straße 162, MG

Wilhelm Jaeger
1913: Schillerstraße 12 b, MG (mechanische Weberei)

Jaegers & Thal
1913: Eickenerstraße 314, MG (mechanische Weberei)

A. Jansen & Co.
1861: Abteistraße 178, MG (gem. Stuhlwaarenfabrik)

Gebr. Jansen Nachf.; 1845 gegründet
1896: Scheuburg 5, Rheydt (Inh. Eugen Jansen, G. Quack und H. Quack; mechanische Weberei, Baumwoll- und Halbwollwaaren)
1904: Friedensstraße 85, Rheydt (mechanische Weberei, Baumwoll- und Halbwollwaren)
1913: Friedensstraße 85–87, Rheydt (Gebr. Jansen Nachf. oHG; Inh. Eugen Jansen und Gustav Quack; mechanische Weberei, baumwollene und halbwollene Hosenzeuge)
1936: Limitenstraße 126, Rheydt
1951: Mühlenstraße 208, Rheydt
1962: Duvenstraße 25, Odenkirchen (Baumwoll- und Halbwollegewebe, Inh. Joh. und Hans Pferdmenges)
1969: Duvenstraße 25, Odenkirchen (Baumwoll- und Halbwollegewebe, Inh. Hans Pferdmenges)

W. Jansen & Cie.
1896: Limitenstraße 84 und Limitenstraße 165 (Comptoir), Rheydt (Inh. Wilh. Jansen und Robert Lenssen; mechanische Weberei, Hausweberei, Sammt- und Seidenwaaren)

Hans Jansen
1951: Looshof 2, Rheydt (Lohnweberei)

Joh. Jendges
1861: Geneicken 129, Rheydt-Geneicken (Fabrik in halbw. Waaren)

Joh. Peter Jendges
1861: Wickrathberg 1 (baumw. und halbw. Waaren-Fabrik)
Nic. Jennes
1861: Mühlenstraße 8, Rheydt (Fabrik in halbw. Waaren)
Paul Jennes & Co.
1951: Schwalmstraße 247a, Rheydt (Seidenweberei)
L. Joerissen & Co.
1936: Leibnizstraße 59, MG
Joest & Pauen
1913: Oststr. 66, MG (mechanische Weberei)
B. Jonas
1903: Hofstraße 44, MG (mechanische Weberei)
1913: Hofstraße 44, MG
1936: Hofstraße 85, MG (B. Jonas oHG)
Joh. Jülicher
1913: Sandweg 42, Rheydt (mechanische Weberei, Sammet- und Seidenwaren)
1936: Sandweg 42, Rheydt
Johannes Jülicher jr.
1951: Sandweg 42, Rheydt (Mopfabrik, Wollbesen)
Richard Jung
1896: Bonnenbroicher Kirchweg 5 und Geneicken 232a, Rheydt (Inh. Richard Jung; Wollspinnerei, mechanische Weberei für halbwollene und baumwollene Waaren, Färberei, Walkerei und Appretur)
1904: Friedhofstraße 19, Rheydt (mechanische Weberei, Baumwoll- und Halbwollwaren, Baumwollspinnerei, Wollspinnerei, Färberei, Walkerei und Appretur); später »Rheydter Textilwerk GmbH vorm. Richard Jung«
August Junkers
1896: Morr 27, Rheydt (Inh. August Junkers; mechanische Weberei, Baumwoll- und Halbwollwaaren)
1904: Dahlenerstraße 265, Rheydt (mechanische Weberei, Baumwoll- und Halbwollwaren)
1913: Dahlenerstraße 225, Rheydt (August Junkers oHG, Inh. Erben August Junkers)
Junkers & Co. KG
1936: Königstraße 13, Rheydt
Junkers & Engels
1861: Birnbaumstraße 68, Rheydt (Fabrik in halbw. Waaren)
Junkers & Felsenthal
1896: Dahlenerstraße 3a, Rheydt (Inh. Peter Amend in Rheydt und Gust. Schoop in Köln; Hausweberei, Sammt- und Seidenwaaren)
1904: Dahlenerstraße 5, Rheydt (mechanische Weberei, Sammt- und Seidewaren)
1913: Morr 1–3, Rheydt (Junkers & Felsenthal oHG, Inh. Peter Amand und Gustav Schoop; Sammet- und Seidengeschäft)
Friedr. Aug. Junkers
1896: Gartenstraße 10, Rheydt (Inh. Friedrich August Junkers in Berlin; Hausweberei, Sammt- und Seidenwaaren)
1904: Wilhelmstraße 14, Rheydt (mechanische Weberei, Sammt- und Seidewaren)
1936: Wilhelm-Strater-Straße 14, Rheydt
Gebr. Junkers
1896: Bolksbuscherstraße 44, Rheydt (Inh. Max Junkers; mechanische Weberei, Baumwoll- und Halbwollwaaren)
1904: Bolksbuscherstraße 44, Rheydt (mechanische Weberei, Baumwoll- und Halbwollwaren)
1913: Bolksbuscherstraße 44 und Bismarkstraße 37, Rheydt (Gebr. Junkers KG, Inh. Wwe. Max Junkers; mechanische Weberei, baumwollene Hosenzeuge)
1933 wurden die Gebäude der inzwischen in Konkurs gegangenen Firma von der Tuchfabrik Joh. W. Sasserath aufgekauft
Heinr. Junkers
1861: Hauptstraße 336, Rheydt (Fabrik in halbw. Waaren)
Johann Junkers; 1852 gegründet als Manufaktur für Seiden- und Samtbänder, teils in Heimarbeit, teils im eigenen Fabrikationsgebäude hergestellt
1861: Hauptstraße 186, Rheydt (Sammet- und Seidenwaarenfabrik)
1870: Beginn des Umbaus in eine Fabrik, 1876 vollendet mit einem Saal für 48 mechanische Bandstühle und einer Dampfmaschine; auch die Handstühle blieben in Betrieb
1880: Neubau eines Saales für 40 mechanische Samtstühle (Stücksamt), die 1895 wieder verkauft und durch 38 neue Bandstühle ersetzt wurden
1893 starb Joh. Junkers
1896: Hauptstraße 240, Rheydt (Inh. Wittwe Joh. Junkers und Gustav Seyd (Schwiegersohn); mechanische Weberei, Sammet- und Sammetbandweberei)
1904: Hauptstraße 278, Rheydt (mechanische Weberei, Sammt- und Seidewaren)
1910: Neubau eines dritten Saals für mechanische Appretur, Spulerei und Schärerei
1913: Hauptstraße 278a, Rheydt (Joh. Junkers Nachf. oHG, Inh. Wilh. und Herm. Pferdmenges; mechanische Sammetbandweberei)
1922: Umbenennung in Joh. Junkers Nachfolger GmbH

1936: Hauptstraße 276, Rheydt (Joh. Junkers Nachf. GmbH)
31. 8. 1943: völlige Bombenzerstörung
1946: Wiederaufbau
1951: Hauptstraße 278 a, Rheydt (Joh. Junkers Nachf.; Samtbandweberei)
1951: Hauptstraße 278 a, Rheydt (Joh. Junkers GmbH; Samtweberei
1956: Samtbandweberei)

Karl Junkers
1951: Dahlener Straße 316, Rheydt

Ludwig Junkers & Co.; 1818 gegründet von den Brüdern Ludwig und Johann Peter Junkers als »Fabrikgeschäft für Baumwollwaaren«, die sie z. T. selbst herstellten; 1828 ging daraus die Firma Ludwig Junkers & Cie. hervor; ab 1842 existierte die Firma Ludwig Junkers & Co.
1861: Friedr.-Wilhelmstraße 105, Rheydt (Fabrik in halbw. Waaren)
1887 erwarb diese Firma das Fabrikanwesen an der Mittelstraße; die Fabrik war der erste Rheydter Betrieb mit elektrischer Beleuchtung
1896: Mittelstraße 48 (Fabrik) und Friedrich-Wilhelmstraße 24 (Comptoir und Lager), Rheydt (Inh. Albert Junkers; mechanische Weberei, Baumwoll- und Halbwollwaaren)
1904: Mittelstraße 12, Rheydt (mechanische Weberei, Baumwoll- und Halbwollwaren)
1913: Mittelstraße 12, Rheydt (Ludwig Junkers & Co. oHG, Inh. Edmund und Peter Junkers); im Ersten Weltkrieg Verarbeitung von Papiergarn, ab 1920 wieder normale Produktion; ab 1935 Zellwollverarbeitung
1936: Mittelstraße 12, Rheydt (Baumwoll- und Hosenzeugweberei)
1943: Zerstörung durch Brandbomben
1944: restlos zerstört
1946: Wiederaufbau, Erstellung eines Neubaus und eines neuen Verwaltungsgebäudes
1951: Mittelstraße 12, Rheydt
1962: Mittelstraße 12, Rheydt
Juli 1966: Betriebsaufgabe

Junkers & Müllers
1962: Stadtwaldstraße 43, Rheindahlen (Seidenweberei)
1969: Stadtwaldstraße 43, Rheindahlen
1991: Bolksbuscherstraße, Rheydt (Junkers & Müllers GmbH & Co.KG)
1994: Stadtwaldstraße 43, Rheindahlen (Junkers & Müllers GmbH, Seidenweberei) und Bolksbuscherstraße 27, Rheydt (Junkers Müllers Textildrucke GmbH & Co. KG)

Wilh. Junkers
1861: Friedr.-Wilhelmstraße 107, Rheydt (Fabrik in halbw. Waaren)
1896: Karlstraße 31, Rheydt (Inh. Wilh. Junkers, Richard Junkers und Herm. Rüdiger; Baumwollspinnerei)

Johannes Kaiser
(siehe: Tuchfabrik Kaiser)

Kaiser Tuche
(siehe: Tuchfabrik Kaiser)

Emil Kamphausen; 1926 gegründet
1951: Geneickener Straße 217, Rheydt
1994: Geneickener Straße 217, Rheydt

H. & M. Kamphausen
1951: Geneickener Straße 85, Rheydt (Seidenweberei)

Andreas Kamps
1903: Krefelderstraße 291, MG (mechanische Weberei)

Carl Karthaus; 1875 gegründet
1900: Johannesstraße 24, MG (mechanische Weberei und Putzwollfabrik)
1907: Künkelstraße 123, MG (Putzwollfabrik)

Kehren & Beecker
1861: Eicken 19 (Fabrik in gem. Stuhlwaaren)

Paul Josef & Hubert Kerbusch
1861: Dahlen 147, Rheindahlen (Fabrik in baumwollenen und halbseidenen Stuhlwaaren)

Peter Kehr & Co.
1950: Hehner Straße 93, MG (Tuchweberei)

Max Kehren
1896: Rönneterweg 2, MG (mechanische Weberei)
1903: Rönneterweg 2, MG

Adolf Keilholz
1913: Talstraße 25, Odenkirchen (mechanische Weberei und Rauherei, Baumwoll- und Halbwollwaren)
1951: Schleestraße 18, Odenkirchen (Weberei, Spinnerei, Färberei)

Aug. Kellers
1896: Limitenstraße 86–88, Rheydt (mechanische Lohnweberei, Baumwoll- und Halbwollwaaren)

Aug. Kellers & Co.; 1905 gegründet, Mönchengladbach und Hochneukirch
1913: Volksgartenstraße 42, MG (mechanische Weberei)
1923 wurden Kontor und Lager auf der Brunnenstraße 19 bezogen; die Firma spezialisierte sich auf Genua-Cord, Pilot und verwandte Gewebe
1936: Brunnenstraße 19, MG
1974 wurde der Betrieb geschlossen

Heinrich Kendel
1861: Hauptstraße 54, Rheydt (Spezereihdlg. und Fabrik in halbw. Waaren)

van den Kerkhoff & Gielessen
1896: Victoriastraße 47, Rheydt (Inh. Friedr. van den Kerkhoff und Joh. Gielessen; mechanische Weberei, Sammt- und Seidenwaaren)
1904: Parkstraße 38, Rheydt (mechanische Weberei, Sammt- und Seidewaren)
1913: Parkstraße 38, Rheydt (van den Kerkhoff & Gielessen KG, Inh. Joh. Gielessen und F. van den Kerkhoff; Seidenstoffweberei)

Aloys Klein
1936: Untereickener Straße 26, MG

Klein & Vogel; 1897 gegründet
1903: Eickenerstraße 268, MG (mechanische Weberei)
1913: Mühlenstraße 61-67, MG
1936: Schlageterstraße 61, MG (Klein & Vogel AG, Tuche)

Josef Kleinsorg Nachfolger; 1863 gegründet
1896: Krefelderstraße 276, MG (mechanische Weberei)
1903: Krefelderstraße 276, MG
1913: Krefelderstraße 276, MG
1936: Lürriper Str. 380, MG (Leinenweberei)
1950: Lürriper Straße 380, MG (Dekorations- und Möbelstoffe)
1962: Lürriper Straße 380 (Inh.: Klaus Krönig; Möbel- und Dekostoffe, technische Gewebe, Autoschonbezugsstoffe, Schuhstoffe)

Walter Klevers
1936: Ritterstraße 114, Rheydt
1951: Ritterstr. 114, Rheydt (Seidenweberei)
1962: Ritterstraße 114, Rheydt (Glasseidengewebe)
1969: Ritterstraße 114, Rheydt (Glasgewebe)
1991: Oppelner Straße 11, Odenkirchen (Walter Klevers GmbH & Co. KG; Glasgewebe)
1994: Oppelner Straße 11, Odenkirchen

Reinhard Klingelhöffer
1896: Mühlenstraße 25, Rheydt (mechanische Weberei, Hausweberei, Sammt- und Seidewaaren)
1904: Geneikenerstraße 80, Rheydt (Reinhard Klingelhöffer Nachf.; mechanische Weberei, Sammt- und Seidewaren)
1913: Geneickenerstraße 82, Rheydt (Reinh. Klingelhöffer Nachf., Inh. Heinr. Vits; Seiden- und Sammtfabrik)

H. Kloeters & Co.; 1868 gegründet; später »Rheinische Wollwerke A. Gronen & Co.«

Kloeters & Lamertz; 1896 gegründet von den Brüdern Otto und Heinrich Kloeters
1896: Verbindungsstraße Rheydt-Giesenkirchen – heutige Konstantinstraße 31, Giesenkirchen
ab 1897: Kloeters & Lamertz, Wollspinnerei und Buckskinweberei; erstes größeres Industrieunternehmen im damals noch ländlichen Giesenkirchen
1905: Otto Kloeters übernimmt die gesamte Firma und betreibt die Spinnerei, sein Bruder Heinrich mietweise die Weberei
1910: Gründung einer oHG
1919 gibt Heinrich Kloeters die Giesenkirchener Weberei auf und verlegt den Unternehmenssitz nach Rheydt; Otto Kloeters übernimmt die Gebäude und erweitert die Weberei
1922: Umwandlung in eine GmbH
1932: Löschung der Firma

Wilhelm Knepper
1896: Bellstieg 109, MG (mech. Weberei)
1903: Bellstieg 109, MG
1913: Bellstieg 109, MG (mechanische Weberei, Appreturanstalt, Zwirnerei)

Richard Kochan KG; 1911 gegründet
1962: Bröseweg 20, MG (Tuchfabrik)

Königs & Peltzer; 1880 gegründet an der Pescher Straße
1897: Errichtung einer mechanischen Kleiderfabrik
1900: Inh. Friedrich Koenigs und Robert Strauch; Mitbegründer Peltzer ausgeschieden
1913: Schillerstraße 37, MG (mechanische Weberei)
1923: Umwandlung in AG, Inh. Friedrich und Ewald Koenigs
1926 ging das Unternehmen auf die »Vereinigte Kleiderfabriken Koenigs & Hans« über, Inh. Friedr. und Ewald Koenigs und Paul Hans

Wilh. Kollenberg
1861: Hauptstraße 126, Rheydt (Fabrik in halbw. Waaren)

Gottl. Kornetzth
1861: Neustraße 101, MG (Fabrik in gem. Stuhlwaaren)

Josef Kraemer
1950: Bendhütter Straße 115, MG

Krahnen & Gobbers
1896: Schloßstraße 36, Rheydt (Krahnen & Gobbers, Crefeld, Inh. Konrad und Rudolf Krahnen und Wilhelm und Dr. Josef jr. Gobbers; Seidenwaarenfabrik, Hausweberei, Faktorei in Rheydt)

Krall & Roth, Weberei GmbH & Co. KG; 1952 gegründet
1956: Möbel- und Dekorationsstoffe
1962: Reyerhütter Straße 7-19, MG (Krall & Roth, Weberei KG; synthetische und andere Möbelstoffe)
1994: Reyerhütter Straße 7-19, MG

Friedr. Kraus
1913: Dahlenerstraße 122, MG (mechanische Weberei)

Krauss & Co.
1936: Aachener Straße 122, MG

Albert Kremer
1951: Heukenstraße 6, Rheydt (Lohnweberei)

Friedr. Kreuder; 1849 gegründet
1861: Lüpertzend 4c, MG (Fabrik in gem. Stuhlwaaren)
1896: Lürriperstraße 228, MG (mechanische Weberei)
1903: Lürriperstraße 228, MG
1913: Lürriperstraße 228, MG (mechanische Weberei, Appreturanstalt, Zwirnerei)
1936: Lürriper Straße 228, MG
1950: Lürriper Straße 228, MG
1962: Lürriper Straße 228, MG (Genua-Cord, Reitcord)

Wilhelm Krings
1896: Dahlenerstraße 156 (Luisenhöhe), MG (mechanische Weberei)

Christ. Krins
1861: Eicken 115, MG (Fabrik in gem. Stuhlwaaren)

Gebr. Kropp
1896: Vierhausstraße 27, Rheydt (Inh. Eugen und Wilhelm Kropp und Wilhelm Schöpp; mechanische Weberei, Baumwoll- und Halbwollwaaren, Spinnerei, Zwirnerei und Appretur)
1904: Vierhausstraße 31, Rheydt (mechanische Weberei, Baumwoll- und Halbwollwaren, Baumwoll-Spinnerei)

Peter Kropp
1861: Hauptstraße 332, Rheydt (Fabrik in halbw. Waaren)

Karl Kruchen
1896: Sittardstraße 33, MG (mechanische Weberei)
1903: Eickenerstraße 184, MG
1913: Eickenerstraße 184, MG

Krüppel & Klein
1936: Dorfbroicher Straße 53-55, Rheydt

Hans Krusenbaum & Co.; 1933 gegründet
1950: Marienkirchstraße 33-37, MG
1956: Tuchweberei
1962: Marienkirchstraße 33-37, MG (Tuchweberei, Herren- und Damenoberstoffe)

Kühnen & Co. KG
1913: Geneickenerstraße 80, Rheydt (Inh. Aug. Kühnen jun.; Schirmstoffweberei)

J. H. Küppers & Sohn
1861: Speick 27, MG (Fabrik in baumw. Stuhlwaaren)

Joh. Pet. Küppers
1861: Wallstraße 28, MG (Fabrik in gem. Stuhlwaaren)

Kuhlen Futterstoffe GmbH; 1860 gegründet
1991: Trompeterallee 246, Wickrath
1993: Trompeterallee 246, Wickrath

J. P. Kuhlen & Söhne; 1860 gegründet
1896: Parkstraße 40, Rheydt (Inh. Joh. Pet. Kuhlen; mechanische Weberei in baumwollenen und halbseidenen Stoffen
1904: Parkstraße 30, Rheydt
1913: Hochstr. 30 und Parkstraße 38, Rheydt (Inh. Peter Kuhlen; mechanische Baumwollweberei)
1936: Hochstraße 30, Rheydt
1951: Hochstraße 30, Rheydt (Weberei und Seidenweberei)
1962: Hochstraße 30, Rheydt (J. P. Kuhlen & Söhne KG; kunstseidene Futterstoffe)
1969: Hochstraße 30, Rheydt

Peter Kuhlen
1913: Geneickenerstraße 206, Rheydt (mechanische Weberei, Sammet- und Seidenwaren)

Wilhelm Kuhlen
1936: Pescher Straße 131, MG

Wilhelm Kuhlen jr.
1951: Geneickener Straße 199a, Rheydt (Seidenweberei)

Lamberts & Lentz
1951: Schloßstraße 123, Rheydt

Herbert Lambertz
1951: Bonnenbroicher Straße 144, Rheydt (Seidenweberei)
1969: Bonnenbroicher Straße 144, Rheydt (Tücher und Schals)

Anton Lamberts Christians Sohn
1853 stellte Anton Lamberts Christians Sohn in seiner Spinnerei mechanische Stühle auf
1896: Gasthausstraße 1, MG (mechanische Weberei)
1903: Gasthausstraße 1, MG
1913: Gasthausstraße 1, MG (mechanische Weberei, Spinnerei
1936: Gasthausstraße 1-11, MG (Ant. Lamberts Chr. Sohn AG, Baumwollweberei)

M. Lamberts & May
bestand schon zur Franzosenzeit als Baumwollverlagsgeschäft
am 10. 2. 1832 als »M. Lamberts & May« als Neugründung in das Gesellschaftsregister eingetragen; Gesellschafter: Peter May, Christian Wilh. Lamberts und Wilhelm Heinr. Lamberts
1834: Fabrik für Halbseiden- und Baumwollwaren

1842: gehörte mit zu den ersten, die die Herstellung von Fertigkleidung in Form von Lohnkonfektion betrieben
1861: Pesch 65, MG (mechanische Spinnerei und Weberei)
1896: Viktoriastraße 17, MG
seit 1899 AG
1903: Viktoriastraße 17, MG
1913: Viktoriastraße 17, MG (M. Lamberts & May AG)
1922: Fusion mit der Textil-Industrie-AG in Barmen
1927: Fa. Carl Paas & Sohn betrieb eine Spinnerei (»Garnpaas«) in den früheren Betriebsgebäuden

Walther Lamberts
1913: Lürriperstraße 238, MG (mechanische Weberei)

Lambertz & Vogels
1962: Bonnenbroicher Straße 144, Rheydt (Seidenweberei, Tücher und Schals)

Lamerz & Cloeters
1861: Friedr.-Wilhelmstraße 73, Rheydt (Fabrik in halbw. Waaren)

Lamerz & Nonnenmühlen
1896: Parkstraße 60, Rheydt (Inh. Emil und Gustav Lamerz in Rheydt und Albert Nonnenmühlen in Mönchengladbach; mechanische Buxkin-Weberei)

A. Lamerz & Schmitz
1896: Dahlenerstraße 17, Rheydt (Inh. Adam, Emil und Gustav Lamerz; mechanische Weberei, Baumwoll- und Halbwollwaaren)
1904: Dahlenerstraße 21, Rheydt (Großhandlung für Baumwoll- und Halbwollwaren)
1913: Dahlenerstraße 21, Rheydt (Inh. Gust. Lamerz; mechanische Kleiderfabrik)

Lamerz Tuchfabrik KG
1913: Königstraße 142, Rheydt (Emil Lamerz, Tuchfabrik; mechanische Weberei in Buckskin und Kammgarn)
1927: Königstraße 142, Rheydt (Tuchfabrik Lamerz AG)
1936: Königstraße 142, Rheydt
1951: Königstraße 142, Rheydt
1961: Königstraße 142, Rheydt

Wilhelm Lamerz
1936: Kaiserstraße 68, MG (Tuche)

Lange & Schmitz GmbH
1929: Talstraße 8, Odenkirchen
1936: Talstraße 8, Odenkirchen
1951: Talstraße 8, Odenkirchen

C. O. Langen
1899: Lürriperstraße 210, MG (Baumwollspinnerei und Weberei)
1929: Lürriperstraße 208–214, MG (Spinnerei)

Gebr. Langen
1896: Lürriperstraße 210, MG (mechanische Weberei)

Hubert Langen
1969: Jülicher Straße 8, Rheydt (Weberei, Rauherei)

Laubach & Brungsberg GmbH
1929: Moltkestraße 8, Odenkirchen
1936: Jülicher Straße 8, Odenkirchen

Wilh. Lemke Nachf.
1913: Neußerstraße 7, MG (mechanische Weberei)

Lender & Co.
1861: Odenkircherstraße 246, Rheydt (Fabrik in halbw. Waaren)

Johann Lenders
1936: Martinstraße 30, MG (Tuche)
1950: Martinstraße 30, MG
1962: Martinstraße 48, MG (Tuchfabrik)
1969: Martinstraße 48, MG

Aloys Lennartz
1936: Rheydter Straße 278, MG

Gebr. Lennartz
1896: Bendheckerstraße 40, Rheydt (Inh. Johann und Gustav Lennartz; mechanische Weberei, Baumwoll- und Halbwollwaaren)
1904: Bendheckerstraße 34, Rheydt (mechanische Weberei, Baumwoll- und Halbwollwaren)
1913: Dorfbroichstraße 53–55, Rheydt (Gebr. Lennartz oHG, Inh. Johann, Rud. und Artur Lennartz; mechanische Kleiderfabrik und Weberei)

Leonh. Lennartz
1861: Crefelderstraße 18a, MG (Fabrik in gem. Stuhlwaaren)

Peter Mich. Lennartz
1861: Hauptstraße 112, Rheydt (Fabrik in halbw. Waaren)

W. H. Lennartz
1896: Limitenstraße 90, Rheydt (Inh. Wwe. W. H. Lennarz und Josef Lennartz; mechanische Dochtweberei)
1904: Limitenstraße 126, Rheydt
1913: Limitenstraße 126, Rheydt (W. H. Lennartz oHG, Inh. Wwe. W. H. Lennartz und Wwe. J. Lennartz nebst 5 Kindern)

Lenssen & Deussen
1896: Limitenstraße 90, Rheydt (mechanische Weberei, Baumwoll- und Halbwollwaaren)

Friedr. Jul. Lenssen
1861: Hoster 125, Rheydt (Fabrik in halbw. Waaren)

Friedr. Wilh. Lenssen

1861: Hoster 125, Rheydt (Fabrik in halbwollenen Waaren)

Gebr. Lenssen

1913: Talstraße 8, Odenkirchen (Inh. Hermann Lange & Arthur Schmitz; mechanische Baumwollweberei, Rauherei und Appretur; Fabrikate: baumw. Unterrockstoffe und Hosenzeuge)

Moritz Lenssen

1896: Bendheckerstraße 70, Rheydt (Inh. Moritz Lenßen; mechanische Weberei, Baumwoll- und Halbwollwaaren, Baumwollspinnerei und Zwirnerei)

1904: Bendheckerstraße 62, Rheydt (mechanische Weberei, Baumwoll- und Halbwollwaren, Baumwollspinnerei, Zwirnerei)

1913: Bendheckerstraße 62, Rheydt (Moritz Lenßen oHG, Inh. Wwe. Moritz Lenßen, W. D. Lenßen und Adolf Oechelhaeuser; Baumwollspinnerei, Zwirnerei, Weberei)

Gustav Lies

1861: Wickrathberg 75 (baumw. und halbw. Waaren-Fabrik)

K. u. G. Lindenberg

1951: Hauptstraße 216, Rheydt

Lingen & Cie.

1896: Künkelstraße, MG (mechanische Weberei)

Peter Lock Wwe.

1936: Pescher Straße 124, MG

Lohmann & Hüttenmeister

1896: Gladbacherstraße 43, Rheydt (Inh. Anton Lohmann und Peter Josef Hüttenmeister in M.Gladbach; mechanische Weberei, Baumwoll- und Halbwollwaaren)

1904: Speickerstraße 53, MG

Gebr. Lohr

1861: Friedr.-Wilhelmstraße 179, Rheydt (Seidenwaarenfabrik)

von Lohr & Otten

1913: Burggrafenstraße 53, MG (mechanische Weberei, Zwirnerei)

Heinrich Lucas

1861: Bahnhofstraße 11, Rheydt (Fabrik in halbw. Waaren)

Lückgens & Dürselen

1936: Talstraße 9, Odenkirchen

Friedrich Lühl; 1888 gegründet

1912: Rheindahlenerstraße 10, Wickrath (Spinnerei und Scheuertuchweberei)

1966: Rheindahlener Straße 9, Wickrath

Peter Wilh. Lüngen

1861: Wallstraße 71, MG (Fabrik in gem. Stuhlwaaren)

Lüpertz & Co. GmbH

1950: Viktoriastraße 62, MG

Lüpertz & Scheit oHG

1950: Venn 31, MG (mechanische Weberei)

Lüpges & Paulussen

1904: Gartenstr. 14 b, RH (Schirmstoff-Fabrik)

Lütticke & Lüpertz

1913: Rohrstraße 44, MG (mechanische Weberei, in Liquidation)

Maas & Rubino

1896: Eickenerstraße 196, MG (mechanische Weberei)

Wilhelm Maibaum

1951: Geneickener Straße 206, Rheydt (Lohnweberei)

Carl Manntz

1904: Mittelstraße 27, Rheydt (mechanische Weberei, Baumwoll- und Halbwollwaren, Appretur, Färberei)

1913: Mittelstraße 27, Rheydt (Carl Manntz oHG, Inh. Joh. Th. Nöldechen und Heinrich Rögge; mechanische Buntweberei)

1951: Mittelstraße 27, Rheydt

1962: Mittelstraße 27, Rheydt (Woll- und Baumwollstoffe)

Manntz & Nacken

1896: Mittelstraße 86, Rheydt (Inh. Carl Manntz und Herm. Nacken; mechanische Weberei, Baumwoll- und Halbwollwaaren)

Martin & Kuhles

1861: Dahlenerstraße 43, Rheydt (Fabrik in halbw. Waaren)

Gebr. Mauss

1950: Stadtwaldstraße 27, MG (Tuchweberei)

May & Jeremis

1950: Speicker Straße 51–53, MG

Mayer & Florenz

1936: Alsstraße 149, MG (Inh. Otto Plum und Jakob Florenz; Tuche, Deckenweberei)

Mechanische Buntweberei Polsenberg & Mösges GmbH

(siehe: Polsenberg & Mösges)

Mechanische Dochtweberei Emil Cords

(siehe: Emil Cords)

Mechanische Seidenweberei William J. Scharschuch

1913: Luisenstraße 118, Rheydt (Inh. W. Scharschuch)

Mechanische Weberei Altstadt GmbH

1936: Ückelhofer Straße 7, MG

1951: Brucknerallee 199, Rheydt

Mechanische Weberei Eduard Funck; 1892 gegründet

1913: Neußerstraße 98, MG (mechanische Weberei)

1936: Neußer Straße 98, MG (Eduard Funck AG)
1950: Neußer Straße 98, MG
1962: Neusser Straße 98, MG (Dekorationsstoffe)
1969: Neusser Straße 98, MG (Dekorations- und Verdunklungsstoffe)

Johannes ter Meer
1896: Krefelderstraße 269, MG (mechanische Weberei)

Friedr. Heinrich Meisswinkel
1861: Hauptstraße 182, Rheydt (Fabrik in halbw. Waaren)

Melde & Herfs
1913: Alsstraße 149 a, vom 1. Juli ab Krefelderstraße 431, MG (mechanische Weberei)

L. Menckhoff & Co.; 1907 gegründet
1913: Flieth 13-17, MG (mechanische Weberei)
1936: An der Flieschermühle 13-19, MG
1950: An der Flieschermühle 13-19, MG
1962: An der Flieschermühle 13-19, MG (Möbelbezug-, Dekorations- und Verdunklungsstoffe)
1969: An der Flieschermühle 13-19, MG

Mettenius & Heintzenberg
1861: Marktstraße 297, Rheydt (Fabrik in halbw. Waaren)

E. Meyer & Co.
1936: Luisental 81, Odenkirchen
1951: Luisental 81, Odenkirchen
1962: Luisental 70, Odenkirchen (E. Meyer & Co. GmbH, Wollweberei KG)
1969: Luisental 70, Odenkirchen

Meyer & Nonnenmühlen
1903: Rudolfstraße 1, MG (mechanische Weberei)
1913: Dahlenerstraße 234, MG

M.Gladbacher Weberei GmbH
1913: Eickenerstraße 314, MG (mechanische Weberei)

Paul Michels & Cie.; 1887 gegründet von dem Odenkirchener Paul Michels und dem Gladbacher Heinrich Bolten
1913: Oststraße 66, MG (mechanische Weberei)
1936: Oststraße 66, MG (Paul Michels & Co., Inh. Heinrich Bolten; Buntweberei)
1950: Yorckstraße 14, MG (Paul Michels & Co.)

Hubert Miekus
1913: Grünstraße 18, MG (Lohnweberei)

Moll & Co.; 1931 gegründet
1951: Friedhofstraße 127, Rheydt (Seidenweberei)
1962: Friedhofstraße 127, Rheydt (Josef Moll & Co.)

Jos. Moll
1936: Hardenbergstraße 43-45, Rheydt

Moll & Thönnissen; 1929 gegründet
1936: Volkgartenstraße 114-116, MG (Tuche)
1950: Volksgartenstraße 120, MG
1962: Volksgartenstraße 120, MG (Tuchfabrik, Anzug- und Hosenstoffe)
1969: Volksgartenstraße 120, MG

Bruno Molls & Co. KG; 1932 gegründet
1936: Waldnieler Straße 50, MG (Tuche)
1950: Waldnieler Straße 50, MG
1962: Waldnieler Straße 50, MG (Herrenanzugswaren, Damenmantelwaren und Damenkostümwaren)

Gebr. Molls
1913: Vierhausstraße 31, Rheydt (Inh. Willi und Emil Molls; mechanische Weberei, Baumwoll- und Halbwollwaren)

M. Molls & Meer
1896: Rönneterweg 2, MG (mechanische Weberei)
1903: Rönneterweg 2, MG
1913: Rönneterweg 2, MG (mechanische Weberei, Appreturanstalt, Färberei, Spinnerei)

Molls & Otto
1962: Rheydter Straße, Ecke Klövergasse, MG (Tuchfabrik)
1969: Rheydter Straße, Ecke Klövergasse, MG (Tuchfabrik)

Gebr. Montz
1861: Markt 94, MG (Siamoisenfabrik)

Gebr. Moras
1861: Odenkirchen 41 (Wollen- und Halbwollenwaarenfabrik)

A. Morkramer & Söiine
1896: Limitenstraße 84, Rheydt (Inh. Adolf Morkramer sen.; mechanische Weberei, Baumwoll- und Halbwollwaaren)
1904: Limitenstraße 112, Rheydt (mechanische Weberei, Baumwoll- und Halbwollwaren)
1913: Dahlenerstraße 225, Rheydt (A. Morkramer & Söhne oHG, Inh. Louis und Adolf Morkramer; mechanische Baumwollweberei) und Dahlenerstraße 265, Rheydt (Appreturanstalt und Rauherei)

Morkramer Sohn
1936: Bunsenstraße 20, Rheydt

Müiilen & Forstmann
1861: Friedr.-Wilhelmstraße 188, Rheydt (Fabrik in halbw. Waaren)

Gebr. Mühlen
1861: Hauptstraße 188, Rheydt (Inh. Joh. Mühlen; Fabrik in halbw. Waaren)

1896: Rheydt (Großhandlung, Baumwoll- und Halbwollwaaren)

Joh. Mühlen & Co.
1861: Hauptstraße 35, Rheydt (Fabrik in halbw. Waaren)

Joh. Heinr. Mühlen
1861: Mühlenstraße 45, Rheydt (Fabrik in halbw. Waaren)

Joh. Heinr. Mühlen
1861: Hauptstraße 161, Rheydt (Fabrik in halbw. Waaren)

Johannes & Paul Mühlen KG
1913: Bendheckerstraße 47, Rheydt (Inh. Hans und Paul Mühlen; mechanische Seidenweberei, Schirmstoff-Weberei)
1936: Künkelstraße 56, MG (Seidenweberei)
1950: Künkelstraße 56, MG
1962: Künkelstraße 50–52, MG (Futterstoffe, PERLON-Gewebe für Regenschutzbekleidung, technische Gewebe aus PERLON)

Mühlen & Scharschuch
1904: Bendheckerstraße 47 und Blumenstraße 36, Rheydt (mechanische Weberei, Baumwoll- und Halbwollwaren, Schirmstoff-Fabrik)

Mühlen Sohn; 1880 gegründet
In den Jahren 1883 bis 1890 konstruierte die Firma Webstühle für ihre Spezialprodukte selber; sie war die erste in Deutschland, die gewebte Riemen mechanisch herstellte
1896: Wickratherstraße 125, Rheydt (Inh. Rud. Mühlen; Baumwoll- und Kamelhaar-Triebriemenfabrik)
1913: Wickratherstraße 117, Rheydt (Inh. Rud. Mühlen; Triebriemen-Weberei und Gurtfabrik)
1936: Wickrather Straße 117, Rheydt
Im Zweiten Weltkrieg wurde der Betrieb total zerstört und nahm danach seine Produktion nicht wieder auf

Mühlen & Symons
1896: Bendheckerstraße 61, Rheydt (Inh. Johannes Mühlen und Otto Symons; mechanische Weberei in baumw., halbw. und halbseidenen Schirmstoffen)

Mühlinghaus & Wülfing
1896: Ecke Johannes- und Mühlenstraße, MG (mechanische Weberei)

Müllers & Plücker; 1863 gegründet
1936: Geneickener Straße 62, Rheydt
1951: Geneickener Straße 62, Rheydt (Seidenweberei)
1993: Geneickener Straße 62, Rheydt

J. P. Müllges
1861: Mühlenstraße 8, Rheydt (Fabrik in halbw. Waaren)

Müllges & Vits
1896: Mittelstraße 48, Rheydt (Inh. Wilhelm Dietrich Müllges und Heinrich Vits-Westermann; mechanische Weberei in Walkwaaren)

Gerh. Heinr. Nacken
1861: Rheydt (Fabrik in halbw. Waaren)

Wilh. Nacken
1861: Wickrath 59 (baumw. und halbw. Stuhlwaaren-Fabrik)
1896: Odenkirchenerstraße 86, Rheydt (Import englischer Garne)

W. J. Nacken
1896: Vierhausstraße 7, Rheydt (Fabrik, Großhandlung, Baumwoll- und Halbwollwaaren)
1904: Vierhausstraße 7, Rheydt (Fabrik, Großhandlung, Baumwoll- und Halbwollwaren)
1913: Vierhausstraße 7, Rheydt (Fabrik, Großhandlung, Baumwoll- und Halbwollwaren)
1936: Vierhausstraße 7, Rheydt
1951: Vierhausstraße 7, Rheydt (Weberei und Kleiderfabrik)
1962: Vierhausstraße 7, Rheydt (Weberei und Kleiderfabrik)

Leopold Neuhaus
1896: Hochstraße 38–40, Rheydt (Inh. Louis Neuhaus und Ernst Köppen; mechanische Weberei in ganzwollenen und halbwollenen Buxkins)
1904: Mittelstraße 12, Rheydt (mechanische Weberei, Baumwoll- und Halbwollwaren)

G. Neuss & Co.
1951: Friedenstraße 212–216, Rheydt

Robert Nickhorn & Cie.
1896: Regentenstraße 5, MG (mechanische Weberei)
1903: Pescherstraße 189–191, MG
1913: Pescherstraße 189–191, MG (mechanische Weberei, Straminweberei)
1936: Schlageterstraße 139–143, MG (Robert Nickhorn & Co., Buntweberei)

Niederrheinische Cord- und Velvet-Industrie GmbH
1936: Reyerhütterstraße 45, MG
1962: Reyerhütterstraße 45–47, MG (Genua-Cord, Konfektion)

Heinz J. Niessen
1962: Kuhlenweg 42, Rheydt (Textilwerk, technische Gewebe, Rauhwaren, Einlagestoffe, NON-WOVEN FABRICS für technische Zwecke, Chemiefasergarne)
1969: Kuhlenweg 42, Rheydt
1991: Kuhlenweg 42, Rheydt

Nobel & Hendricks Tuchfabrik GmbH
1950: Hehnerstraße 93, MG

NONNENMÜHLEN & BECKER
1896: Wallstraße 45, MG (mechanische Weberei)
P. NONNENMÜHLEN
1903: Eickenerstraße 152, MG (mechanische Weberei)
1913: Eickenerstraße 152, MG (Spinnerei)
NOSSEK & CO.; 1903 gegründet
1913: Schwogenstraße 25, MG (mechanische Weberei, Lohnweberei)
1936: Kabelstraße 50, MG (Baumwollweberei)
1950: Kabelstraße 44–52, MG (Tuch- und Baumwollweberei)
1962: Kabelstraße 44–52, MG (Lohnweberei)
1969: Kabelstraße 44–52, MG
JOSEF OEBEN; 1932 gegründet
1936: Untereickener Straße 26, MG
1950: Untereickener Straße 26, MG (Cordweberei)
1962: Thüringer Straße 35, MG
ALBERT OECHELHAEUSER; 1863 gegründet als Zartmann & Oechelhäuser; 1870 Änderung des Firmennamens in »Albert Oechelhaeuser«
1896: Limitenstraße 109, Rheydt (Inh. Albert Oechelhaeuser; mechanische Weberei in wollenen, halbwollenen und baumwollenen Waaren)
1898: Aufgabe des Betriebes; die Löschung der Firma wird am 8.10.1901 im Firmenregister eingetragen
WILH. OFFERMANN
1861: Wickrathberg 78 (baumw. und halbw. Waarenfabrik)
AUGUST OHOVEN
1951: Wiedemannstraße 64, Rheydt
ORTMANN & CO.; 1946 gegründet
1951: Luisental 81, Odenkirchen
1962: Luisental, Odenkirchen
1969: Luisental 80, Odenkirchen
PETER ORTMANNS
1950: Annakirchstraße 92 a, MG
HEINZ OTTEN
1951: Stockholtweg 167, Rheydt
K. JOS. OTTEN; 1909 gegründet
Karl Josef Otten begann im November 1909 in gemieteten Räumen auf der Burggrafenstraße. Gegen Ende des Ersten Weltkrieges Papiergarnverarbeitung.
Anfang 1919 Kauf des Grundstückes Waldnieler/Ecke Rudolfstraße. Ende 1919 Aufnahme der Produktion mit ca. 100 Arbeitern auf etwa einem Achtel des heutigen Werkskomplexes. Der Betrieb war damals schon mit elektrischem Einzelantrieb und ohne Schornstein.
1921: Angliederung einer Färberei und Appretur
1933: Erweiterungsbau und erhebliche Vermehrung des Maschinenbestands
1936: Rudolfstraße 10, MG
1944: Zerstörung des Werkes zu 90 %
1945: Wiederaufbau (totaler Neubau)
1950: Rudolfstraße 10, MG (K. Jos. Otten GmbH)
1956: K. Jos. Otten GmbH, Tuchfabrik, Färberei, Ausrüstung
1962: Rudolfstraße 10, MG (Inh. Alfred Otten; Tuchfabrik)
1966: 960 Mitarbeiter; Betriebsbestandteile: Ringspinnerei, Kämmerei, Färberei, Zwirnerei, Sulzer-Weberei, elektronische Datenverarbeitung; Zweigbetriebe in Österreich und Berlin
1994: Rudolfstraße 10, MG
PAAS & FRONING
1896: Alsstraße 209, MG (mechanische Weberei)
PAASHAUS & SCHMITZ
1903: Lürriperstraße, MG (mechanische Weberei)
PALM & PIP; 1946 gegründet
1950: Rheydter Straße 42, MG (Palm & Pip GmbH, Tuchfabrik)
1956: Rheydt, Tuchfabrik
1962: Bunsenstraße 22, Rheydt (Tuchfabrik)
1969: Bunsenstraße 22, Rheydt
JUL. PAPÉ & CO.
1861: Mühlenstraße 87, Rheydt (Fabrik in halbw. Waaren)
J. P. PAUEN & SOHN
1861: Viersenerstraße 72, MG (Siamoisenfabrik)
FRITZ PEIFFER
1951: Unterheydener Straße 28–32, Rheydt (mechanische Weberei)
PELTZER & CO. KG; 1934 gegründet
1936: Eickener Straße 154, MG (Peltzer & Co.)
1950: Eickener Straße 154 a, MG (Peltzer & Co.)
1962: Eickener Straße 154 a, MG (mechanische Frottierweberei)
PELTZER & DROSTE
1861: Crefelderstraße 23 a, MG (gem. Stuhlwaarenfabrik)
1896: Bökelstr. 5, MG (mechanische Weberei)
1903: Bökelstraße 5, MG
1913: Bökelstraße 5, MG (mechanische Weberei, Färberei)
GEBR. PELTZER; 1854 gegründet von den Brüdern Adolph und Peter Peltzer

1861: Crefelderstraße 23, MG (gem. Stuhlwaarenfabrik)
1892: Inh. Adolph und Emil Peltzer
1896: Hofstraße 92, MG (mechanische Weberei; Inh. Adolf Peltzer)
1903: Hofstraße 92, MG
1913: Hofstraße 92, MG
1936: Erftstraße 25–33, MG (Buntweberei)
1950: Vitusstraße 72, MG
1962: Viktoriastraße 62–64, MG (Buntweberei)

Gustav Peltzer; 1857 gegründet
Erste vollmechanische Weberei in Rheydt, zunächst mit 80 Arbeitern auf vermutlich englischen Webstühlen

H. Peltzer & Co.
1861: Hauptstraße 43, Rheydt (Fabrik in halbw. Waaren)

J. H. Peltzer Söhne
1861: Hauptstraße 66, Rheydt (Fabrik in halbw. Waaren und mechanische Weberei)
1883 errichtete J. H. Peltzer Söhne eine Wollspinnerei am Standort Friedhofstraße 37 in Rheydt
1892 erlosch diese Firma und wurde übernommen von Richard Jung

Otto Peltzer
1861: Hauptstraße 78, Rheydt (Fabrik in Band und Litzen)

Peltzer & Quittmann
1861: Wallstraße 28, MG (gem. Stuhlwaarenfabrik)

Robert Peltzer
1861: Hauptstraße 43, Rheydt (Fabrik in halbw. Waaren)

J. P. Peters & Co.
1950: Gingter Straße 99 a, MG-Engelsholt (Möbelstoffweberei)

Walter Petzoldt GmbH
1962: Talstraße 8, Odenkirchen (Bunt- und Gardinenweberei)
1969: Talstraße 8, Odenkirchen

Wilhelm Pfeiffer
1950: Bahnstraße 76, MG

Adam Pfeiffers
1861: Hauptstraße 63, Rheydt (Fabrik in halbw. Waaren)

Pferdmenges & Co. GmbH; 1946 gegründet
1951: Hauptstraße 278, Rheydt (Seidenweberei)
1962: Hauptstraße 278, Rheydt

F. E. Pferdmenges
1913: Rönneterweg 2, MG (mechanische Weberei)
1929: Rudolfstraße 3, MG (Tuchfabrik)
Gehörte nach dem Zweiten Weltkrieg als »Werk IV« zur Gladbacher Wollindustrie

Gebr. Pferdmenges
1861: Crefelderstraße 25, MG (Siamoisenfabrik)

Gebr. Pferdmenges
1896: Schloßstr. 294 (Schloßmühle), Rheydt, (Inh. Johann Heinrich Pferdmenges; Dampfmühle)

H. Pferdmenges jr. & Co.; 1865 gegründet
Ein Zweig der alten Rheydter Familie Pferdmenges hatte am 29.1.1846 die Rheydter Schloßmühle gekauft, die damals als Mehl-, Holz- und Ölmühle betrieben wurde. Ab 1865 neben Mühlenbetrieb auch mechanische Weberei. Erste Webstühle kamen aus England. Produktion: Anzug und Hosenstoffe.
1875: Bau einer neuen Weberei und Färberei mit Kesselhaus für Dampfbetrieb
1896: Schloßstraße 274, Rheydt (Heinr. Pferdmenges jr., Inh. Johann Heinrich Pferdmenges, mechanische Weberei, Baumwoll- und Halbwollwaaren)
ab 1900: oHG
1904: Schloßstraße 501, Rheydt (H. Pferdmenges jr.; mechanische Weberei, Baumwoll- und Halbwollwaren, Rauherei, Zwirnerei, Appretur, Färberei)
1913: Schloßstraße 501, Rheydt (H. Pferdmenges jr. oHG, Inh. Rich. Hartmanni und Heinr. Pferdmenges; mechanische Buntweberei)
Nach dem Ersten Weltkrieg AG
1931: Umwandlung in KG
1936: Schloßstraße 501, Rheydt
Zerstörung im Zweiten Weltkrieg
1945: Wiederaufnahme der Produktion
1950: moderne Sulzer-Webmaschinen und Umstellung von Baumwolle auf Wolle
1951: Schloßstraße 501, Rheydt (Weberei und Wäschefabrik)
1956: Wollweberei, Färberei, Ausrüstung
1962: Schloßmühle, Rheydt (Damenmäntel-, Kleider- und Kostümstoffe in reiner Wolle und Synthetics)
ab 1. 7. 1968 wurden sämtliche Anteile der Firma H. Pferdmenges jr. & Co. von der »Mechanischen Seidenweberei Viersen AG« übernommen
1969: Schloßmühle, Rheydt

Joh. Christ. Pferdmenges
1861: Geneicken 127, Rheydt (Fabrik in halbw. Waaren, Spinnereibesitzer)

J. H. Pferdmenges Söhne
1861: Geneicken 127, Rheydt (Fabrik in halbw. Waaren)

HEINZ PLATE; 1956 gegründet
1962: Wehner Str. 3, MG (Möbelstoffweberei)
1969: Wehner Straße 3, MG
M. PLÜCKER
1861: Lüpertzenderstraße 23 a, MG (halbw. und baumw. Waarenfabrik)
PLUM & FLORENZ
1956: Tuchfabrik
1950: Alsstraße 149, MG
1962: Alsstraße 155, MG (weitere Betriebe: Moselkern/an der Mosel; reinwollene Kammgarnstoffe, Mischgewebe)
CARL PÖLKING; 1946 gegründet
1950: Untereickener Straße 26, MG
1962: Untereickener Straße 26, MG (Tuchfabrik)
ALBRECHT PÖSTGES
1951: Kölner Straße 115, Rheydt (Weberei und Textilwaren-Großhandlung)
POLSENBERG & MÖSGES
1904: Wickratherstraße 61, Rheydt (mechanische Weberei, Baumwoll- und Halbwollwaren)
1913: Wickratherstraße 65, Rheydt (mechanische Buntweberei Polsenberg & Mösges GmbH, Schürzenfabrik)
PONGS AG
1913: Rheydterstraße 6 a, Odenkirchen (Baumwollspinnerei und -weberei) und Karlstraße 146, Odenkirchen (Rauherei, Druckerei, Appreturanstalt)
ADALBERT PONGS
1951: Talstraße 9, Odenkirchen
ARTHUR PONGS
1936: Rheydter Straße 88–92, MG (Baumwollweberei)
1950: Rheydter Straße 88–92, MG
CORNELIUS PONGS
1852 kaufte C. Pongs die Pixmühle in Odenkirchen und funktionierte sie 1860 in eine Abfallspinnerei um.
Seine Söhne führten das Unternehmen unter dem alten Namen fort und erweiterten um eine Weberei, Rauherei und Wattefabrik; in der Weberei wurden Stoffe für Aufnehmer, Handtücher, Bettdecken usw. gewebt.
26. 5. 1889: die Gebrüder Pongs verbanden ihren Odenkirchener Betrieb mit dem konkurrierenden Betrieb ihres Onkels (Fa. Jakob Pongs jr.) und gründeten die »Vereinigte Pongs'sche Spinnereien und Webereien AG«
1928: Niederlegung des Odenkirchener Fabrikgebäudes bis auf einen kleinen Gebäuderest
1929: Verlegung des Unternehmenssitzes nach M.Gladbach
HEINR. PONGS OHG
1951: Unterheydener Straße 90, Rheydt
HEINR. PONGS, FRAU
1936: Altkrapohl 8 a, Rheydt
JAC. PONGS JUN.
1861: Engelbleck 192, Neuwerk (Manufakturwhdlg., Baumwollspinnerei und Weberei)
PONGS & KÖNZGEN
1896: Speickerstraße 53, MG (mechanische Weberei)
1903: Weiherstraße 69, MG
WILH. POTT
1936: Dohrer Straße 139, Rheydt
REINHARD PUKALL
1936: Postgasse 21, MG
PUNGS & ERCKENS
1896: Scheuburg 5, Rheydt (Inh. August Hermann Pungs und August Erckens; Bleicherei, Färberei, mechanische Zeugdruckerei)
1904: Römerstraße 59, Rheydt (mechanische Weberei, Baumwoll- und Halbwollwaren, Bleicherei, Färberei)
1913: Römerstr. 59, Rheydt (Pungs & Erckens GmbH, Baumwolldruckerei und Weberei)
1929: Römerstraße 59, Rheydt
GEBR. PUNGS
1896: Königstraße 55, Rheydt (Inh. Johann Peter und Ernst Pungs; mechanische Baumwoll-Triebriemen-Weberei)
1913: Bäumchesweg 41, Rheydt (Inh. Joh. P. Pungs; Baumwoll-Triebriemen-Weberei)
H. PUNGS
1994: Kohrbleiche 4, Odenkirchen
J. W. PUNGS SÖHNE
1904: Breiteweg, Rheydt (Baumwollspinnerei, mechanische Weberei, Baumwoll- und Halbwollwaren)
ERNST QUACK & SOHN; 1946 gegründet
1951: Ritterstraße 97, Rheydt, Seidenweberei
1962: Ritterstraße 97, Rheydt (Wollstoffe für Kostüme und Herrenhosen, Spezialität: Elasticstoffe für Skihosen)
1969: Wilhelm-Strauss-Straße 118, Rheydt
1985 wurden die Gebäude an der Wilhelm-Strauss-Straße abgerissen
QUACK & GERRESHEIM; 1848 gegründet
1896: Mühlenstraße 195, Rheydt (Inh. Johann Heinrich Gerresheim; Engros-Geschäft in halbwollenen und baumwollenen Waaren)
1913: Bylandtstraße 17, Rheydt (Inh. Joh. H. Gerresheim; Großhandlung in Baumwoll- und Halbwollwaren, Fabrik in baumw. und halbleinenen Waren)
1951: Bylandtstraße 17, Rheydt (Weberei und Kleiderfabrik)

1962: Bylandtstraße 17, Rheydt (weiterer Betrieb: Bad Orb)
1969: Bylandtstraße 17, Rheydt (weitere Betriebe: Bad Orb; Wegberg, Kreis Erkelenz; Klinkum, Kreis Erkelenz)

Gustav Quack; 1908 gegründet
1936: Schloßstraße 123, Rheydt (Gustav Quack GmbH)
1951: Schloßstraße 123, Rheydt (Gustav Quack KG; Seidenweberei)
1956: Gustav Quack oHG, Seidenweberei
1962: Schloßstraße 123, Rheydt (Seiden- und Kammgarnweberei)
1969: Schloßstraße 123, Rheydt (Gustav Quack oHG)
1991: Erftstraße 51, Rheydt (Gustav Quack GmbH & Co. KG; Stoffdruckerei)

J. H. Quack Söhne
1861: Geneicken 133, Rheydt (Fabrik in halbw. Waaren)

Winand Rademacher
1936: Untereickener Straße 26, MG (Tuche)
1950: Untereickener Straße 26, MG

Raphaelson & Aretz
1896: Kranzstraße 127, MG (mechanische Weberei)
1903: Eicken-Neuwerk 52, MG
1913: Gneisenaustr, 19, MG (in Liquidation)

Wilh. Rees & Co.; 1913 gegründet als W. Rees & Co.
1911 kaufte Wilhelm Rees die auf der Poststraße unter dem Namen Wilhelm Nacken gegründete Weberei und richtete eine Baumwollweberei ein; wenige Jahre später stellte er auf Tuchherstellung um
1929: mechanische Weberei, Zwirnerei, Walkerei und Appretur
1956: Tuchfabrik, Ausrüstung
1966: Poststraße, Wickrath
1991: Poststraße 40, Wickrath (Inh. Horst W. Rees; Tuchfabrik)
1994: Poststraße 40, Wickrath (Wilh. Rees GmbH & Co. KG)

Reinartz & Adrians
1913: Pescherstraße 151, MG (mechanische Weberei)

Karl Reute
1912: Klosterstr. 11, Wickrath (Packtuchweberei)

Reuter & Paas
1896: Dahlenerstraße 156 (Luisenhöhe), MG (mechanische Weberei)
1903: Dahlenerstraße 156 (Luisenhöhe), MG
1913: Burggrafenstraße, MG

Rheinische Tuchfabrik GmbH
1936: Königstraße 49, Rheydt

Rheinische Tuchfabrik Wilhelm Jacobs
1950: Vitusstraße 69, MG

Rheinische Wollwerke A. Gronen & Co.; 1868 gegründet als H. Kloeters & Co., mit dem Teilhaber Anton Gronen
1936: Odenkirchener Straße 123, Rheydt (Rheinische Wollwerke AG)
1951: Odenkirchener Straße 123–145, Rheydt (Tuchfabrik und Spinnerei)
1962: Odenkirchener Straße 119–145, Rheydt (Volltuchfabrik, weiterer Betrieb: Monschau)
1969: Odenkirchener Straße 119–145, Rheydt

Rheydter Textilwerk GmbH vorm. Richard Jung
1913: Friedhofstraße 19 und Gartenstraße 20, Rheydt (mechanische Weberei, Baumwoll- und Halbwollwaren, Baumwollspinnerei, Färberei, Appreturanstalt)
Nach dem Ersten Weltkrieg eingegangen

Eduard Richartz; 1856 gegründet als Färberei an der Lüpertzender Straße
1913: Karstraße 5, MG (Eduard Richartz AG; mechanische Weberei, Färberei, Druckerei)
Der Betrieb wurde im Krieg zerstört und anschließend wieder aufgebaut
1950: Karstraße 70, MG (Eduard Richartz AG)
1956: Eduard Richartz GmbH; Weberei, Färberei, Stoffdruckerei, Ausrüstung
1962 wurde mit der Stoffdruckerei die letzte Betriebssparte stillgelegt

Kath. Rix
1951: Oberheydener Straße 67a, Rheydt (Lohnweberei)

Roscher & Co.
1951: Ritterstraße 30, Rheydt

Wilhelm Roscher
1951: Beckersstraße 16, Rheydt (Seidenweberei)

Albert Rosenbaum
1913: Pescherstraße 187–191, MG (mechanische Weberei)
1929: Engelbleck 70, MG
1936: Krefelder Straße 249, MG (Cordweberei)

Heinrich Rosenbaum
1951: Mühlforter Straße 60, Rheydt (Gardinenweberei)

Rosenberg & Cohen
1896: Viktoriastraße 40, MG (mechanische Weberei)

L. Rosenthal
1896: Franzstraße 6, MG (mechanische Weberei)
1903: Bahnhofstraße 65, MG

G. Ruckes
1950: Gutenbergstraße 28, MG (Tuchweberei)
Eduard Rubino
1896: Hofstr. 44, MG (mechanische Weberei)
Rud. Sackermann
1936: Talstraße 44, Odenkirchen
Aug. Sassenfeld
1896: Steinstraße 14, MG (mechanische Weberei)
Gebr. Sasserath
1896: Schrievers 23, Rheydt (Inh. Wilhelm Heinr. und Hermann Sasserath; Lampendochtweberei)
1913: Bachstraße 218, Rheydt (Inh. Wilh. Sasserath; mechanische Dochtweberei)
Johann W. Sasserath
1936: Bolksbuscher Straße 44, Rheydt
1943: 90%ige Bombenzerstörung
1945: Beginn des Wiederaufbaus
1951: Bolksbuscher Straße 58, Rheydt (Johann W. Sasserath Verkaufs GmbH, Tuchfabrik)
1962: Bolksbuscher Straße 58, Rheydt (Inh. Walter Sasserath; Tuchfabrik)
Scharschuch & Cie. KG
1951: Wilhelm-Strauß-Straße 118, Rheydt (Seidenweberei)
1936: Wilhelm-Strauß-Straße 118, Rheydt (Scharschuch & Co. GmbH)
Corn. Scheeren
1861: Hauptstraße 46, Rheydt (Seidenfabrik)
Johann Otto Scheeren
1861: Hauptstraße 310, Rheydt (Fabrik in halbw. Waaren)
Max Scheibler & Cie.
1896: Pescherstraße 191, MG (mechanische Weberei)
Scheulen & Amrath
1896: Scheuburg 5, Rheydt (Inh. Heinrich Scheulen; mechanische Sammet-Weberei)
1904: Römerstraße 59, Rheydt (mechanische Weberei, Sammt- und Seidewaren)
1913: Limitenstraße 97, Rheydt (Inh. Heinr. Scheulen; mechanische Sammet- und Plüschweberei)
1936: Limitenstraße 91–97, Rheydt (mechanische Weberei für Seide, Sammet und Plüsch)
1951: Limitenstraße 91–97, Rheydt (Samt, Plüsch und Seide)
Johann Scheulen
1861: Hauptstraße 160, Rheydt (Fabrik in halbw. Waaren)
H. Scheulen-Vits
1936: Limitenstraße 114, Rheydt
Gustav Schiffers
1896: Wehnerstraße, MG (mechanische Weberei)
1903: Wehnerstraße, MG
1913: Wehnerstraße 1, MG
J. W. Schiffer jr.
1896: Limitenstraße 101–103, Rheydt (Inh. Wittwe J. W. Schiffer & J. W. Schiffer; mechanische Weberei, Hausweberei, Seidenwaaren)
1904: Limitenstraße 97, Rheydt (mechanische Weberei, Sammt- und Seidewaren)
1913: Bonnenbroicherstraße 15, Rheydt (J. W. Schiffer jr. oHG; Inh. Wilh. und Johs. Rittershaus; elektromechanische Seidenweberei und Schirmstoffweberei)
1936: Bonnenbroicher Str. 15, Rheydt (J. W. Schiffer jr. GmbH)
Schiffer & Maassen
1861: Birnbaumstraße 216, Rheydt (Fabrik in halbw. Waaren)
Gebr. Schiffers
1951: Gasstraße 106, Rheydt
Gebr. Schiffers
1951: Pongser Straße 11, Rheydt
Schippers & Daniels
1896: Scheuburg 5, Rheydt (Inh. Gustav Schippers und Gottfried Daniels; mechanische Weberei, Baumwoll- und Halbwollwaaren)
1903: Untere Karstraße 13–15, MG
1913: Untere Karstraße, MG (mechanische Weberei, Zwirnerei, Färberei)
Gebr. Schippers
1913: Eickenerstraße 314, MG (mechanische Weberei)
Wern. Schippers & Sohn
1936: Niersbrücke, Rheydt
Wilhelm Schippers; Mitte der 1860er Jahre an der Rheydter Limitenstraße gegründet
Schlafhorst & Hardt
1861: Capuzinerstraße 216, MG (gem. Stuhlwaarenfabrik)
Schlafhorst & Hilbes
1913: Pescherstraße 187–191, MG (mechanische Weberei)
Schlickum & Krabler
1861: Crefelderstraße 23, MG (Siamoisenfabrik)
Schmachtenberg & Cie.
1903: Quirinstraße 2 a, MG (mechanische Weberei)
1913: Quirinstraße 2 a, MG (Schmachtenberg & Co., Inhaber: Ernst Schmachtenberg und Heinr. Benninghoven; mechanische Seidenweberei)

PETER SCHMITTER
1951: Dohrer Straße 317 a, Rheydt (Seidenweberei)
D. SCHMITZ
1896: Kranzstraße 127, MG (mechanische Weberei)
H. SCHMITZ JUN.
1896: Rohrstraße 44, MG (mechanische Weberei)
1903: Rohrstraße 44, MG
1907: Rohrstraße 44, MG (Putzwollfabrik)
J. P. SCHMITZ
1861: Crefelderstraße 22 b, MG (gem. Stuhlwaarenfabrik)
SCHMITZ & WEUTHEN
1896: Künkelstraße 41, MG (mechanische Weberei)
1903: Eickenerstraße 314, MG
1913: Bellstieg 110, MG
SCHNEIDERS & IRMEN
1903: Markgrafenstraße 35, MG (mechanische Weberei)
SCHOPEN & HINSEL KG; 1878 gegründet
1896: Neuhofstraße 43, MG (mechanische Weberei)
1903: Neuhofstraße 43, MG
1913: Neuhofstraße 43, MG (Inh. Karl Schopen und Josef Schmitz; mechanische Kleiderfabrik)
1936: Sachsenstraße 27, MG
1962: Sachsenstraße 23-27, MG (Weberei und Kleiderfabrik)
1969: Sachsenstraße 23-27, MG (Weberei und Kleiderfabrik)
1994: Sachsenstraße 27, MG (Schopen & Hinsel Vertriebsgesellschaft mbH)
GEBR. SCHREY
1861: Odenkirchen 40 b (Wollen- und Halbwollenwaarenfabrik)
HEINR. SCHÜPPER
1861: Bahnhofsstraße 2, Rheydt (Fabrik in halbw. Waaren)
R. SCHÜRENBERG & CIE.; 1866 gegründet
1896: Lüpertzenderstraße 131, MG (mechanische Weberei)
1903: Reierhütterstraße, MG
1913: Lohstraße 23, MG (R. Schürenberg & Co.)
1936: Lohstraße 23, MG (R. Schürenberg & Co.)
1950: Lohstraße 23, MG (R. Schürenberg & Co., Tuch- und Baumwollweberei)
F. SCHÜRMANN
1861: Wickrathberg 59 (baumw. und halbw. Waaren-Fabrik)
SCHÜRMANN & GUTSCHMIDT
1896: Neußerstraße 98, MG (mechanische Weberei)
SCHUHMACHER & WEFERS
1861: Wallstraße 28, MG (Siamoisenfabrik)
GEORG CHRIST. SCHULTZ
1913: Hohenzollernstraße 130, MG (mechanische Weberei)
SCHULZE & CIE.
1896: Alleestraße 55, MG (mechanische Weberei)
1903: Alleestraße 55, MG
SCHULZE & CO. OHG
1962: Friedrich-Ebert-Straße 49, Rheydt, (Deko- und Gardinenstoffe)
1969: Friedrich-Ebert-Straße 49, Rheydt, (Deko- und Gardinenstoffe, Brokate, Schuhbrokate)
1994: Friedrich-Ebert-Straße 49, Rheydt, (Schulze GmbH & Co. KG)
OTTO SCHWARTZ
1903: Speickerstraße 50/53, MG (mechanische Weberei)
SCHWARTZ & KLEESCHULTE
1896: Speickerstraße 50/53, MG (mechanische Weberei)
SCHWARTZ & KLEIN; 1900 gegründet in Jüchen, 1932 in Mönchengladbach
1936: Krefelder Straße 131 (Tuche)
1950: Krefelder Straße 131 (Tuchfabrik)
1956: Schwartz & Klein GmbH; Tuchfabrik, Weberei, Wollspinnerei, Färberei, Reißerei, Walkerei, Appretur
1962: Krefelder Straße 131 (Schwartz & Klein GmbH; Herren- und Damen-Oberstoffe aus Streich- und Kammgarn)
1969: Krefelder Straße 131
C. & E. SEMPELL
1861: Lüpertzend 28, MG (Siamoisenfabrik)
E. SEMPELL & CIE.
Friedrichstr. 15, MG (mechanische Weberei)
EDUARD SEMPELL
1896: Pescherstraße 151, MG (mechanische Weberei)
1903: Pescherstraße 151, MG,
1913: Reierhütterstraße 22, MG
WALTER SERINGHAUS
1896: Krapohlsweg 16, Rheydt (mechanische Weberei, Baumwoll- und Halbwollwaaren)
HUBERT SEVEREN
1896: Eickenerstraße 168, MH (mechanische Weberei)
1903: Eickenerstraße 314, MG
1913: Lürriperstraße 144-146, MG (mechanische Weberei, Lohnweberei)

JOH. SIEBEL
1861: Wickrath 42 (baumw. und halbw. Waaren-Fabrik)
SIEPER & MEUWSEN; 1879 gegründet von Albert Sieper und Wilhelm Meuwsen
Produzierte zunächst in gemieteten Räumen; ab ca. 1890 zur Miete in der neuerbauten Fabrik von P. A. Giesen Söhne
1896: Bachstraße 196, Rheydt (Inh. Albert Sieper und Wilh. Meuwsen; mechanische Weberei, Baumwoll- und Halbwollwaaren)
Nach der Jahrhundertwende eigene Fabrikationsräume an der Watelerstraße
1904: Watelerstraße 70, Rheydt (mechanische Weberei, Baumwoll- und Halbwollwaren)
1913: Watelerstraße 71, Rheydt
1922: Watelerstraße 70, Rheydt
1936: Feldstraße 17–21, Rheydt (Sieper & Meuwsen oHG, Inh. Albert und Adolf Sieper)
CONSTANZ SIEPERMANN; 1866 gegründet
1896: Bellstieg 109, MG (mechanische Weberei)
1903: Bellstieg 109, MG
1913: Bellstieg 109, MG
1936: Martinstraße 47, MG (Seidenweberei)
1950: Martinstraße 17, MG
1962: Martinstraße 47, MG (Seidenweberei, Schirmstoffe)
1969: Martinstraße 47, MG
EUGEN SILLMANNS
1950: Kabelstraße 48–50, MG
GEBR. SIMONS
1861: Wickrath 4 (baumw. und halbw. Waaren-Fabrik)
HEINR. SIMONS
1913: Volksgartenstraße 46, MG (mechanische Weberei)
1929: Rohrstraße 44, MG
1936: Rohrstraße 42–46, MG (Baumwollweberei)
1950: Rohrstraße 44, MG (Baumwollbuntweberei)
W. SIMONS
1994: Morr 80, Rheydt
SNIERS & DAHMEN
1950: Broich 79, MG (Kunstseiden- und Seidenweberei)
WALTER SONNENSCHEIN
1951: Geneickener Straße 214, Rheydt (Seidenweberei)
FRANZ GERT SPEELMANNS
1951: Wetschewell 27, Rheydt (Lohnweberei)
SPIER & COHNEN
1861: Wickrath 6 (baumw. und halbw. Waaren-Fabrik)

SPORTSTOFF-WEBEREI GMBH
1936: Charlottenstraße 12, MG
JOHS. SPRINGEN & SÖHNE
1913: Rudolfstraße 43, MG (mechanische Weberei)
1929: Am Steinberg 3, MG (Inlettweberei)
HEINRICH STÄHN
1896: Ueckelhoferstraße 7, MG (mechanische Weberei)
STÄHN & KNEBEL
1903: Hehnerstraße 93, MG (mechanische Weberei)
1907: Hehnerstraße 93, MG
STAHLSCHMIDT & KÜHLER
1903: Dahlenerstraße 234, MG (mechanische Weberei)
1913: Dahlenerstraße 234, MG
JOHS. STANIKOWSKI
1936: Hardenbergstraße 87, Rheydt
PAUL STANIKOWSKI
1951: Kuhlenweg 36, Rheydt (Tuche)
GEBR. STARK
1861: Mühlenstraße 33, Rheydt (Inh. Gust. Stark; Fabrik in halbw. Waaren)
STARK & SANDERS
1861: Hauptstraße 81, Rheydt (Fabrik in halbw. Waaren)
STAUB & VOGELS
1913: Krefelderstraße 274, MG (mechanische Weberei)
HEINRICH STEFFENS
1951: Karlsbader Straße 50, Rheydt (Tuche)
FRIEDR. STEIN
1861: Hauptstraße 39, Rheydt (Fabrik in halbw. Waaren)
GEBR. STEIN
1861: Wilhelmstraße 70, Rheydt (Fabrik in halbw. Waaren)
MORITZ STEINBERG
1896: Hofstr. 44, MG (mechanische Weberei)
1903: Hofstraße 44, MG
1913: Hofstraße 44, MG (mechanische Weberei, Spinnerei)
FRIEDRICH W. STEINRATHS
1950: Erkelenzer Straße, MG-Rheindahlen
1956: MG-Rheindahlen (Seidenweberei)
JOH. STEINRATHS; 1884 gegründet
1896: Bolksbuscherstraße 27, Rheydt (mechanische Weberei in halbseidenen, halbwollenen und baumwollenen Schirmstoffen, Zanellafabrik)
1904: Bolksbuscherstraße 27, Rheydt (mechanische Weberei, Baumwoll- und Halbwollwaren, Sammt- und Seidewaren, Schirmstoff-Fabrik)

1913: Bolksbuscherstraße 27, Rheydt (Inh. Joh. Steinraths; mechanische Weberei für Schirm- und Futterstoffe)
1936: Bolksbuscherstraße 27, Rheydt
1951: Bolksbuscher Straße 27, Rheydt (Seidenweberei)
1969: Bolksbuscher Str. 27, Rheydt (Schirm- und Futterstoffe)

Von der Stemmen & Kaubes
1896: Karmannstraße 29, MG (mechanische Weberei)
1903: Rudolfstraße 1, MG
1913: Rudolfstraße 40, MG (mechanische Weberei, Zwirnerei, Färberei, Appreturanstalt)

Wm. von der Stemmen & Zellkes
1913: Oststraße 66, MG (mechanische Weberei)

Werner Steprath
1896: Bellstieg 110, MG (mechanische Weberei)
1903: Eickenerstraße 268, MG
1913: Eickenerstraße 268, MG (mechanische Weberei, Zwirnerei, Färberei, Walkerei, Appreturanstalt)

M. Stern & Söhne
1913: Königstraße 142, Rheydt (Inh. Moses, Arthur und Richard Stern; mechanische Weberei und Zwirnerei, Baumwoll- und Halbwollwaren)

Franz Sticker & Cie.
1896: Künkelstraße, MG (mechanische Weberei)

Gebr. Stoecker
1861: Lüpertzenderstr. 23, MG (gem. Stuhlwaarenfabrik)

Heinz Stradt; 1931 gegründet
1936: Reyerhütte 4, MG
1962: Reyerhütte 4, MG (Tuch- und Jaquardweberei in Lohnarbeit)
1969: Reyerhütte 4, MG (Tuch- und Jaquardweberei in Lohnarbeit)

Josef Strathmann GmbH; 1925 gegründet
1936: Waldnieler Straße 73, MG
1950: Waldnieler Straße 73, MG
1962: Waldnieler Str. 73, MG (feine Kammgarnanzug- und -kostümware)
1969: Waldnieler Str. 73, MG (feine Kammgarnanzugware)

Strauch & Wachendorf
1913: Vitusstraße 59-71, MG (mechanische Weberei, Färberei, Bleicherei) und Ohlerkirchweg 35, MG (Baumwollspinnerei)

Gebr. Tappen
1861: Odenkirchen 40 f (Wollen- und Halbwollenwaarenfabrik)

Taschen & Jansen
1913: Bungtstraße 35, MG (mechanische Weberei)

Terheggen & Moll
1951: Friedhofstraße 127, Rheydt (Seidenweberei)

Textilfabrik Bornemann GmbH
1936: Lürriper Straße 208, MG

Textilwerk Gruber KG
1951: Aachener Straße 144, MG (Verbandstoffabrik, Ausrüstung)

Textilwerk Felix Horn
(siehe: Felix Horn)

Textilwerk Junkers & Co.
1951: Hardenberg Straße 75, Rheydt

H. Theis & Co.
1913: Krefelderstraße 274, MG (mechanische Weberei, Rauherei)

W. Theissen & Cie.
1903: Volksgartenstraße 44, MG (mechanische Weberei)

W. Theyssen & Cie.
1896: Kamperstraße 42, MG (mechanische Weberei)

W. Theyssen & Co.
1913: Schillerstraße 70, MG (mechanische Weberei)

W. Thierbach & Jansen
1896: Schroerstraße 17, MG (mechanische Weberei)
1903: Hofstraße 128, MG

Thoeming & Weinberg
1861: Stepgesfeld 23, MG (baumw. Stuhlwaarenfabrik)

Thomas KG
1969: Erzberger Straße 61-71, MG (Kostümstoffe, Herren- und Knabenanzugstoffe)

Heinrich Thomas KG
1950: Erzbergerstraße 61-71, MG
1962: Erzberger Straße 69-71, MG (Herren- und Knabenanzugstoffe)

Hermann Thomas; 1927 gegründet
1936: Karstraße 90, MG (Tuche)
1950: Erzbergerstraße 71, MG
1962: Erzberger Straße 71, MG (Tuchfabrik, Herren- und Knabenanzugstoffe)

Tiggeler & Co.; 1895 gegründet
1913: Krefelderstraße 453, MG (mechanische Weberei, Färberei, Walkerei, Appretur)
1927: Tiggeler & Cie.; Tuchfabrik und Wollspinnerei, Färberei, Reißerei, Walkerei, Appretur
1929: Krefelder Straße 131, MG (Tiggeler & Cie.)
(siehe auch: Tiggeler & Krebs)

Hermann Tiggeler
1950: Dahler Kirchweg, MG
Tiggeler & Krebs
1896: Eickenerstraße, MG (mechanische Weberei)
1903: Eickenerstraße 314, MG
1907: Krefelderstraße 453, MG (mechanische Weberei, Färberei und Appretur)
(siehe auch: Tiggeler & Co.)
Tillenberg & Riffarth
1861: Dahlenerstraße 18, Rheydt (Fabrik in halbw. Waaren und Litzen- und Bandhdlg.)
Gebr. Tillmanns
1861: Wickrathberg 20 (baumw. und halbw. Waaren-Fabrik)
Wilh. Trueson; 1921 gegründet
1936: Martinstraße 32, MG
1950: Pescher Straße 83–89 und Wienenfeldstraße 9, MG (Baumwollweberei)
1962: Barbarossastraße 11, MG (Inh: Frau L. Zimmermann geb. Trueson; Genua-Cord, Pilot, Reitcord)
Tuchfabrik Gladbach AG
(aus Firma Franz Brandts hervorgegangen)
1913: Eickenerstraße 166, MG (mechanische Weberei)
Tuchfabrik Hirsch; 1950 gegründet
1962: Künkelstraße 37, MG
Tuchfabrik Kaiser; 1908 gegründet
1950: Untereickener Straße 26, MG (Johannes Kaiser)
1956: Tuchfabrik Kaiser, Betriebsgesellschaft mbH der Firma Johannes Kaiser, Tuchfabrik
1962: Untereickener Straße 26, MG
1991: Untereickener Straße 26, MG
1993: Untereickener Straße 26, MG (Tuchfabrik Kaiser GmbH & Co. KG)
1994: Untereickener Straße 26, MG (Johann Wülfing Abt. Kaiser Tuche)
Tuchfabrik Rheinland GmbH (vorm. Fritz Cohen); 1896 gegründet
1936: Malmedyer Straße 30, MG
1950: Ecke Krefelder Straße – Malmedyer Straße, MG
1962: Malmedyer Straße 30, MG
1969: Malmedyer Straße 30, MG
Tuchfabrik Willy Schmitz; 1932 gegründet
1950: Sachsenstraße 30, MG
1956: Tuchfabrik Willy Schmitz GmbH, Kammgarnweberei, Färberei, Ausrüstung
1962: Sachsenstraße 30, MG (Tuchfabrik Willy Schmitz KG)
1969: Sachsenstraße 30, MG
1991: Sachsenstraße 30, MG (Tuchfabrik Willy Schmitz + Rheintuch GmbH & Co. KG, weitere Betriebe: Tuchfabrik Willy Schmitz, Oberndorf, und Ogus Netze und Wirkwaren GmbH, Oberndorf)
1994: Sachsenstraße 30, MG (Tuchfabrik Willy Schmitz GmbH & Co. KG)
Tuchweberei Paul Busch & Co. GmbH; 1948 gegründet
1962: Wehnerstraße 7, MG
1969: Wehnerstraße 7, MG
Tuchwerk Westmark GmbH; 1918 gegründet
1936: Krefelder Straße 281, MG (Tuchwerk Westmark GmbH vorm. Reiners & Co.)
1950: Krefelder Straße 281, MG
1962: Krefelder Straße 281, MG
1994: Krefelder Straße 281, MG
Peter Ueddinger
1936: Moselstraße 11, MG
Vereinigte Buntwebereien AG
Nach dem Ersten Weltkrieg gebildet von der Firma Daniels & Strater (Baumwollspinnerei und -zwirnerei, Odenkirchen) und vier Gladbacher Deckenwebern
1936: Viktoriastraße 62, MG
1950: Viktoriastraße 62–64, MG (Vereinigte Buntwebereien Koltze & Co.)
Vereinigte Dochtfabriken GmbH
1936: Friedhofstraße 19–24, Rheydt
Vereinigte Lohnwebereien Oebel, Pukall & Ross
1936: Untereickener Straße 26, MG
Vereinigte Rumpuswerke AG
1913 als Bönnhoff, Rumpus & Co. aus der Baumwollindustrie AG vorm. Strauch & Wachendorf hervorgegangen
1936: Ohler Kirchweg 35, MG (Baumwollweberei)
Dazu gehörte auch der Betrieb an der Konstantinstraße 4 in Giesenkirchen und ein 1942 erworbenes Gebäude an der Aachener Straße aus dem Besitz von Franz Brandts.
Das Werk am Ohler Kirchweg erlitt am 12.10.1941 einen schweren Bombenschaden und schied aus dem Verband der Rumpuswerke aus. Auch das Werk Giesenkirchen erlitt im Zweiten Weltkrieg Zerstörungen, hier wurde 1946 die Produktion wieder aufgenommen.
Nach dem Krieg hatten die Rumpuswerke drei Fabriken und 850 Beschäftigte.
1950: Aachener Straße, MG (Hauptverwaltung)
1962: Aachener Straße 114, MG (Hauptverwaltung, weiterer Betrieb: Rheydt-Giesenkirchen, Waldniel)
1969: Aachener Straße 114, MG

Vereinigte Pongs'sche Spinnereien und Webereien AG
(siehe: Cornelius Pongs)

G. Vits
1861: Crefelderstraße 22, MG (gem. Stuhlwaarenfabrik)

Heinr. Vits jun.
1861: Hauptstraße 185, Rheydt (Fabrik in halbw. Waaren)

Joh. Pet. Vits, Nikol. Sohn
1861: Mühlenstraße 115, Rheydt (Fabrik in halbw. Waaren)

Martin Vits
1861: Geneicken 140, Rheydt (Fabrik in halbw. Waaren)

M. Vits & Co.
1951: Geneickener Straße 137, Rheydt

Vliesstoff Kasper GmbH; 1984 gegründet
1991: Rönneterring 7, MG
1994: Rönneterring 7-9, MG (Einweg-Putztücher)

Vöhle & Co.
1951: Wickrather Straße 200, Rheydt (Tuchfabrik, Großhandel, Tuche, Buckskin)

Vogelsang KG; 1922 gegründet
1969: Dahlener Str. 378, Rheydt (Schirmstoffe)

Friedrich Vogt
1904: Limitenstraße 126, Rheydt (mechanische Weberei, Baumwoll- und Halbwollwaren)

Vogt & Mürmann
1896: Limitenstr. 90, Rheydt (Inh. Fritz Vogt und Karl Mürmann; mechanische Weberei, Baumwoll- und Halbwollwaaren, Kleiderfabrik)

Ernst Vollenbroich
1913: Gartenstraße 28, Rheydt (mechanische Weberei, Baumwoll- und Halbwollwaren)

Nikolaus Vollmer; 1920 gegründet
1936: Rheydter Straße 88, MG (Nikolaus Vollmer GmbH, Cordweberei)
1950: Charlottenstraße 12, MG (Cordweberei)
1962: Charlottenstraße 12, MG (mechanische Weberei)
1969: Charlottenstraße 12, MG

Voss & Clermont; 1947 gegründet
1950: Aachener Straße 142, MG
1962: Aachener Straße 142, MG (Tuchfabrik)

Peter Wagels
1936: Bäumchesweg 41, Rheydt
1951: Pongser Straße 223, Rheydt (Lohnweberei)

Gust. Wagner
1936: Kuhlenweg 36, MG

Wanders & Hoffmann
1903: Mühlenstraße 139-143, MG (mechanische Weberei)
1913: Mühlenstraße 139-143, MG (mechanische Weberei, Zwirnerei)
1936: Kaiserstraße 81 (Tuche)

Anton Walraf Söhne KG; 1838 gegründet
1950: Eickener Straße 481, MG (Baumwollweberei)
1962: Eickener Straße 481, MG

Jos. Walraf jr.
1913: Bismarckstraße 38, Rheydt (Inh. Jos. Walraf; mechanische Docht-, Gurten- und Bandweberei)

Walraf Textilwerke
1936: Bendheckerstraße 64, Rheydt (Walraf Textilwerke AG)
1951: Bendheckerstraße 64, Rheydt (Walraf Textilwerke KG)
1962: Bendheckerstraße 64, Rheydt
1969: Bendheckerstraße 64, Rheydt
1991: Bendheckerstraße 64, Rheydt (Walraf Textilwerke GmbH & Co.)
1994: Bendheckerstraße 64, Rheydt (Walraf Textilwerke GmbH & Co., Walraf Gurten- und Bandweberei GmbH)

Engelbert Walschott
1896: Gladbacherstr. 43, Rheydt (mechanische Weberei, Baumwoll- und Halbwollwaaren)

Webwaarenfabrik GmbH
1903: Eickenerstraße 314, MG (mechanische Weberei)

Weffers & Bähren
1936: Bäumchesweg 41, Rheydt

Heinrich Weidmann
1936: Alsstraße 149 d, MG (Tuche)
1950: Vitusstraße 69, MG

Moritz Weiler
1861: Dahlenerstraße 46, Rheydt (Fabrik in halbw. Waaren)

S. Weinhold
1896: Dahlenerstraße 156 (Luisenhöhe), MG (mechanische Weberei)

Wilhelm Weisweiler KG; 1946 gegründet
1962: Beethovenstraße, MG (sterile Verbandstoffe, Wäschestoffe, technische Gewebe)
1969: Beethovenstraße, MG

Jos. Werres
1936: Am Wevershof 9 d, Rheydt

P. Johann Weuthen
1913: Eickenerstraße 314, MG (mechanische Weberei, Zwirnerei)

Friedr. Conr. Weyer
1861: Odenkirchen 40 a (Seidenwaarenfabrik)

G. Wiedemann
1861: Lüpertzend 2 a, MG (Damastfabrik)

J. H. Wiedemann
1861: Lüpertzend 3, MG (Damastleinenfabrik)

P. WIEDEMANN, SEN.
1861: Lüpertzend 3, MG (Damastleinenfabrik)

WIEDEMANN & V. EICKEN
1861: Odenkirchen 43 (Fabrik in seidenen Stuhlwaaren, Inh. Fried. Wiedemann)
1896: Bendheckerstraße 61, Rheydt (Inh. Eduard Wiedemann; mechanische Weberei, Hausweberei, Sammt- und Seidenwaaren)
1904: Bendheckerstraße 47, Rheydt (mechanische Weberei, Hausweberei, Sammt- und Seidewaren)

WIEDEMANN & TERHEGGEN
1913: Königstraße 47, Rheydt (Wiedemann & Terheggen oHG, Inh. Albr. Wiedemann und Paul Terheggen; mechanische Weberei, Seidenwaren)
1936: Friedhofstraße 127, Rheydt

WIENANDS, CASTEEL & GIESEN
(siehe auch: P. A. Giesen Söhne)
1904: gegründet als »Wienands & Casteel«
1913: Bachstraße 140 a, Rheydt (Wienands, Casteel & Giesen oHG, Inh. Heinr. Wienands, Wilh. Casteel und Eduard Giesen; mechanische Weberei, Tuchfabrik)
1920: Umwandlung in AG
1936: Bachstraße 140 a, Rheydt (Wienands, Casteel & Giesen AG)
1951: Bachstraße 140, Rheydt (Wolltuchfabrik)
1962: Bachstraße 140 a, Rheydt (Volltuchfabrik)
Im Frühjahr 1963 stellte der Betrieb die Produktion ein

P. WILLEMSEN WWE.
1896: Flieth 13, MG (mechanische Weberei)
1903: Flieth 13, MG
1913: Flieth 13-17, MG

OTTO WILKE
1936: Hindenburgwall 35, Rheydt

GEBR. WIRTZ
1951: Am Gerstacker 109, Rheydt (Seiden- und Baumwollweberei)

WOLF & SCHLAFHORST
1861: Pesch 65, MG (baumw. und halbw. Waarenfabrik)

WOLF, SCHLAFHORST, BRÜEL & CO.
1861: Pesch 63, MG (mechanische Weberei und Druckerei)

FRIEDRICH WOLFF
1879: Luisenhöhe (= Burggrafenstr. 53), MG (Spinnerei und Weberei)
Bestand 1900 nicht mehr

WOLLSPINNEREI U. WEBEREI-GESELLSCHAFT MBH
1950: Krefelder Straße 281, MG

EMIL WOLTERS
1896: Alsstr. 149, MG (mechanische Weberei)
1903: Krefelderstraße 276, MG

WOLTERS & HÜTZEN
1913: Talstraße 25, Odenkirchen (Inh. August Hützen, Rheydt, und Paul Zuckermann, Odenkirchen; mechanische Weberei und Zwirnerei, Baumwoll- und Halbwollwaren)

JOHANN WÜLFING & SOHN TUCHFABRIK GMBH
1994: Untereickener Straße 26, MG

WÜSTHOFF & PÜCHLER; 1891 gegründet von Friedrich Wüsthoff und Cäsar Erxleben als baumwollene Triebriemenfabrik unter dem Namen »Wüsthoff & Cie.«
1891: Schwogenstraße 25, MG
1896: Ausscheiden von Erxleben, Eintritt von Max Püchler, Änderung des Firmennamens in »Wüsthoff & Püchler«, anschließend Umstellung auf mechanische Triebriemenweberei und Umzug zur Neußerstraße 93
1901: Unternehmen ging auf Max Püchler allein über
Seit etwa 1904 werden die Betriebsräume von der Druckerei Wilh. von Lohr genutzt

WILH. ZANDERS
1962: Dahlener Heide 2, MG (Buntweberei, Genua-, Trenker- und Reitcord, Pilot, Schürzenstoffe)

JOH. ZAUNBRECHER; 1910 gegründet; zunächst in gemieteten Räumen an der Hehner Straße
1920: Kauf des Betriebsgebäudes »Luisenhöhe Fabrik« an der Burggrafenstraße 53 (mechanische Weiß- und Buntweberei, Rauherei, Spezialität: Schlafdecken, Bettücher, Genua-Cord und Pilot)
1936: Luisenhöhe, MG (Baumwollweberei)
1950: Burggrafenstraße 53-79, MG (Weiß- und Buntweberei)

ZAUNBRECHER & GERARDS
1919: Pescherstraße 187, MG
1927: Am Steinberg 35-37, MG
1936: Am Steinberg 35-37, MG (Cordweberei)

GEBR. ZARTMANN
1861: Friedr.-Wilhelmstraße 89, Rheydt (Fabrik in halbw. Waaren)

ZARTMANN & OECHELHÄUSER; 1863 gegründet
8.4.1870: Änderung des Firmennamens in »Albert Oechelhäuser«

Firmenverzeichnis der Veredlungs-Betriebe

Aktien-Gesellschaft für Druckerei und Appretur
1886: Gladbacher, Lüpertzenderstraße 78, Bleicherei, Rauherei, Druckerei, Appretur-Anstalt, Färberei
1896: Gladbacher, Lüpertzenderstraße 78, Appretur-Anstalt, Bleicherei, Druckerei, Färberei, Rauherei, Walkerei

Armacher, Peter
1896: Rheydt, Appretur

Barten, Wilh.
1922: Dahl 15–19, MG, Färberei

Becker, Clem. Aug.
1903: Rheydterstraße 29, MG, Ausrüstungsgeschäft

Beckers & Comp.
1896: Rheydt, Appretur

Beeker, Wilh. Frau
Papierbachzone, Luisental 81, Rauherei
1922: verzeichnet als »Fbr.«

Wilhelm Beines Söhne
obere Rheydter Bachzone
1834: gegr. Wollwäscherei an unterer Bachstraße
1855: Seidenfärberei
1877: Seiden-, Schappé- und Baumwollfärberei
1891: Bachstraße 212
1895: + Seidenstückfärberei
1907: Ausbau zur Stückfärberei
1909: KG
1920: Bachstraße 212, Färberei
1922: Familien-KG
1922: Familien-AG
1926: Krefeld Zweigniederlassung
1927: Abschaffung des Maschinenparks für Baumwollstückfärberei, Einrichtung einer Seidenstückfärberei
14. 6. 1928: Angliederung der 1912 gegründeten und 1928 von Krefeld nach Rheydt verlegten Rheinischen Appretur
1932: gr. W. Beines & Co., Druckerei ab 1933 Joh. Karten GmbH
ab 1935: Anschluß an die Stammfirma
1947: Wiederaufnahme der Arbeit
1950: Färberei, Druckerei, Appretur
1896: Rheydt
1913: Bachstraße 212, Färberei

Beines & Zass GmbH
1950: Stoffdruckerei, Färberei, Ausrüstung, Wickrath (Niers)

Conrad Biener
1913: Hüttenstraße 33 b, Rauherei
1920: Rheydt, Hüttenstraße 33 b, Rauherei

Wilh. Biener
1896: Rheydt, Appretur

Wilh. Biener Nachf.
1913: Limitenstraße 112, Appretur-Anstalt
1920: Königstraße 117, Appretur-Anstalt, Rauherei, Färberei
1950: Inh. Gustav Driescher, Stückfärberei und Ausrüstung, Rheydt, Königstrasse 212–229

Carl Bitter & Co.
1913: Unterheydenerstraße 30/36, Färberei

Bloem & Remy
1903: Dahlenerstraße 234, MG, Appretur-Anstalt

Boetzelen jun., Heinrich
1903: Franzstraße 6, Appretur-Anstalt

Boheim, Josef
1896: Mühlenstraße 13, Färberei
1903: Mühlenstraße 13, MG, Färberei

Boheim, Paul
1920: Rheydt, Gartenstraße 117, Appretur-Anstalt, Färberei

Gebr. Breithor
1913: Mittelstraße 48, Appretur-Anstalt
1922: Rheydt, Limitenstraße 118, Appretur-Anstalt

Bremges & Gaillard; gegründet Mülfort, 1909
1913: Limitenstraße 112, Druckerei
1950: Bremges & Gaillard GmbH, Rahmen- und Maschinen-Druckerei, Färberei und Appretur, Rheydt-Mülfort

Bremter, Jakob
1886: Fliethstraße 6, MG, Bleicherei
1896: Fliethstraße 6, Bleicherei
1903: Fliethstraße 6, MG, Bleicherei
1922: Bremter Wwe., Fliehtstraße 6, Bleicherei

A. Bresges
1913: Zoppenbroich, Färberei, Bleicherei, Baumwollspinnerei

Bresser & Seiffert; gegründet 1868
1886: Lürrip 75, Bleicherei, Druckerei, Appretur-Anstalt, Färberei
1896: Lürrip 75, Appretur-Anstalt, Bleicherei, Druckerei, Färberei
1903: Lürrip 75, MG, Druckerei, Färberei, Bleicherei
1922: Lürrip 75, MG, Färberei, Druckerei Bleicherei

Gladbacher Textil-Veredlung vorm. Bresser & Seifert GmbH

1950: MG, Lürriper Bruchweg 75, Maschinen- und Filmdruck, Färberei, Bleicherei, Rauherei, Appretur
J. W. BRINCK SÖHNE
Nierszone bis 1929
1913: Moltkestraße 8, Färberei, Bleicherei
BÜCKMANN GEBR.
1886: Flieth 7, Bleicherei, Färberei
1896: Bückmann, Wwe. Emil, Flieth 7, Bleicherei, Färberei
BÜLLE, EDUARD
1896: Rheydt, Färberei
1922: Friedrichstraße 10, MG, Färberei
BUSCH, MATH. CHR.
1922: Bellstieg 110, Rauherei
CLEVER, JOSEF
1886: Hardterbroicherstraße 131, MG, Färberei
JOH. WILH. COENEN
1913: Königstraße 49, Appretur-Anstalt
1920: Rheydt, Königsstraße 49, Appretur-Anstalt
1922: Königsstraße 49, Rheydt, Walkerei, Färberei, Appretur
COENEN, JOH. ADAM
1896: Rheydt, Appretur
CORDS, D. & C.
1896: Franzstraße 6, Rauherei
DAHMEN, JOHANN THEODOR
1886: Regentenstraße 43, Rauherei, Appretur-Anstalt
1896: Regentenstraße 43, Appretur-Anstalt, Rauherei
DANIELS & STRATER
1913: Duvenstraße 82/92, Färberei, Baumwollspinnerei
DAUTZENBERG, ALBERT
1896: Kamperstr. 42, Appretur-Anstalt, Rauherei
1903: Volksgartenstraße 42, MG, Rauherei, Appretur-Anstalt
1922: Volksgartenstraße 116, MG, Rauherei
DEBEN, ANTON
1922: Friedrichstraße 8, MG, Färberei
DEUSSEN, AUGUST
1886: Pescherstraße 7, MG, Färberei
1896: Pescherstraße 7, MG, Färberei
OTTO DILTHEY & CO.
1913: Gasstraße 186, Bleicherei
W. DILTHEY & CO.
1896: Rheydt
EICKER, THEODOR
1950: Thüringer Straße 35, Färberei
ERCKENS, GEBR.
1896: Rheydt, Färberei
FÄRBEREI UND DRUCKEREI G.M.B.H.
1913: Friedensstraße 216 und Mollsbaumweg 33, Appretur-Anstalt, Bleicherei, Färberei
1920: vorm. Gebr. Verweyen, Rheydt, Friedensstraße 216/222 und Mollsbaumweg 33, Appretur-Anstalt, Bleicherei, Druckerei, Rauherei, Färberei
FUCHS, GUSTAV
1903: Viktoriastraße 7, AG, Färberei
1922: Viktoriastraße 7, MG, Färberei
1950: KG, Viktoriastraße 7, Färberei und chem. Reinigung
FLECK & HEUMANN
1903: Lüpertzenderstraße 129, MG, Ausrüstungsgeschäft
GESELLSCHAFT FÜR DRUCKEREI UND FÄRBEREI HCH. HOCHAPFEL & SOHN; gegründet 1830
1950: Reyerhütter Straße 105, MG, Druckerei, Färberei, Bleicherei, Rauherei und Appretur für Baumwolle, Zellwolle, Kunstseide und sonstige Gewebe
GESELLSCHAFT FÜR DRUCKEREI UND FÄRBEREI M.B.H.
1922: Reiherhütterstraße 105, Färberei, Appreturanstalt, Rauherei
GLADBACHER CORD- UND VELVET-AUSRÜSTUNGSANSTALT
1903: Lürriperstraße 238, Färberei, Ausrüstungsgeschäft, Appretur-Anstalt
GÖBELS, ALBERT
1886: Alsstraße 209, Bleicherei, Druckerei, Appretur-Anstalt, Färberei
GROTE, WILHELM
1896: Rheydt, Färberei
1920: Rheydt, Grote, Wilh. Wwe., Färberei
GROTE F. W.
1913: Gasstraße 169, Färberei, Bleicherei
HAHN JUN., HINRICH
1896: Dahlenerstraße 156, Rauherei
HAHN & GUSSEN
1903: Hehnerstr. 93, Rauherei, Ausrüstungsgeschäft, Appretur-Anstalt, Rauherei, Appretur
ab 1907: Hehner 93
HEIL, GEORG
1903: Reiherhüterstraße 125, MG, Rauherei
HENNEKES, JOS.
1922: Burggrafenstraße 93, Färberei
HERLING & CO.
1913: Duvenstraße 234, Färberei
1922: Mülfort
ab 1929: Duvenstraße 290, heute Herling & Co., Ausrüstung, Stückfärberei
HERZ & STERRN
1896: Rheydt, Appretur

Hespers, Franz
1922: Am Kämpchen 1, Rauherei
Hespers, Gottfried
1903: Dahlenerstraße 234, MG, Walkerei, Appretur-Anstalt
1922: Speikerstraße 50, MG, Appreturanstalt, Walkerei
Hillekamp Gebr.
1896: Hillekamp, Math., Waldhauserstr. 121
1903: Waldhauserstraße 121, Färberei
1922: Waldhausenerstraße 121, Färberei
Hillekamp, Mathias
1886: Waldhauserstraße 121, MG, Färberei
vom Hove, Carl Eduard Wwe.
1886: Mühlenstraße 24, MG, Färberei
vom Hove, Gebr.
1886: Victoriastraße 7, MG, Färberei
Hüpperling & Gommersbach
1950: Alsstraße 209–219, MG, Ausrüstungsbetrieb für Genua-Cord, Damen-Cord, Rauhsamte, Zellwolle, Kleiderstoffe
Jung, Richard
Rheydt, Geneicken, Sonnenstraße 94, Nierszone, bereits 1893 am Standort
1896: Rheydt, Färberei, Appretur
1901: Färberei und Appretur, nach dem Ersten Weltkrieg erloschen
Junkers Wienand Sohn, Ludw.
1896: Künkelstraße 163, Färberei
Junkers, Oskar
1950: KG, Künkelstraße 123, MG, Färberei
Junkers, Ulrich
1896: Rheydt, Färberei
Kehren, Engelbert
1886: Lüpertzenderstraße 108, MG, Färberei
1896: Lüpertzenderstraße 108, MG, Färberei
Kehren, Heinrich
1886: Lüpertzenderstraße 110, MG, Färberei
1903: Lüpertzenderstraße 110, Bleicherei
Keller, J. & W.
1896: Rheydt, Färberei
Keller, Johann Dietrich
1896: Rheydt, Färberei
Keller, Havarius
1896: Rheydt, Färberei
Kempken, Dietrich
1896: Rheydt, Färberei
Kempken, Heinrich; gegründet 1882
1886: Alsstraße 141, MG, Färberei
1896: Alsstraße 141, Druckerei, Färberei
1903: Alsstraße 141, Färberei, Bleicherei
1922: Alsstraße 141, Färberei, Spezialität: Diamantschwarz
1950: Alsstrasse 141, MG, Woll- und Baumwoll-Färberei, Mischgarne, Zellwolle
Gebr. Kempken
1950: Künkelstraße 56, Tuchausrüstung, Stückfärberei, Rauherei
Kempken, Paul K.-G.
1950: Garnfärberei, Tuchausrüstung und Stückfärberei, Rheydt, Bachstraße 88/98
Kempken, A. & P
1920: Rheydt, Römerstraße 94
Kloeters & Co., H.
1920: Odenkirchenerstraße 123, Rheydt, Appretur-Anstalt, Färberei
Knepper, Wilhelm
1903: Bellstieg 109, Appretur-Anstalt
Königs & Peltzer
1903: Franzstraße 37, MG, Ausrüstungsgeschäft
Krebs, Johann Eduard
1886: Eickenerstraße 94, MG, Färberei
Kreuder, Paul
1896: Bachstraße 2, Färberei
1922: Dahlenerstraße 137, MG, Färberei
Kropp Gebr.
1896: Rheydt, Appretur
Lamberts, Joh. Wilh. Wwe.
1886: Lüpertzenderstraße 72, MG, Bleicherei,
1896: Lüpertzenderstraße 72, Bleicherei
Lechinsky, Jakob
1922: Königsplatz 5, MG, Ausrüstungsanstalt
Lentholt, Karl
1896: Rheydt, Appretur
1922: Speickerstraße 51–53, MG, Walkerei, Appreturanstalt
Lichtschlag & Thürings
1922: Hindenburgstraße 214, MG, Ausrüstungsanstalt
Lindgens, Karl Josef
1896: Rheydt, Appretur
Loerper, Friedrich
1903: Lürriperstraße 146, MG, Rauherei
Lörper, Jakob
1922: Göthestraße 28, Rauherei
Lörper, Gustav
1896: Mühlentraße 204, Rauherei
Lüngen, Otto
1896: Rheydt, Färberei
1922: Mühlenstraße 83, MG, Färberei
Lüpertz & Wirth
1896: Hoffstraße 44 MG, Rauherei
1903: Hofstraße 44 MG, Rauherei, Appretur-Anstalt
Mallinckrodt, Ernst
1903: Königsstraße 13, MG, Ausrüstungsgeschäft
Manntz & Nacken
1896: Rheydt, Appretur

K. MANNHEIMER; gegründet 1909/Hüpperling und Gommersbach
Eicken, Alsstraße 209–219
ab 1893: Möller und Cie., Putzwollfabrik und Abfallwässcherei
ab 1907: Schweinem & Cüsters
ab 1913: Schweinem, Mannheimer & Cüsters, Ausrüstungsanstalt, Alsstraße 209
ab 1927: Karl Mannheimer KG; gegründet 1909, betreibt Cordausrüstung mit ca. 150 Arbeitern
1950: Hüpperling & Gommersbach, Färberei und Ausrüstung von baumwollenen und zellwollenen Geweben aller Art, Alsstraße 209–219
1922: Schweinem, Mannheimer & Cüsters, Alsstraße 209, Färberei, Appreturanstalt, Ausrüstungsanstalt
MAINZHAUSEN NACHF., E.
1896: Lürriperstraße 238, Rauherei
MERCERISIER-ANSTALT G.M.B.H.
1913: Wehrstraße 6, Färberei
MERCERISIER-ANSTALT UND FÄRBEREI ADLER & CO. ODENKIRCHEN
1950: Rheydt-Odenkirchen, Mercerisation, Färberei, Bleicherei und Appretur für Baumwolle, Zellwolle, Kunstseide und sonstige Gewebe
MEISSLER, AUGUST
1886: Fliethstraße 44, MG, Färberei
1896: Fliethstraße 44, Färberei
1903: Meißler Wwe. August, Fliethstraße 44, Färberei
MEISSLER, ERNST
1922: Fliethstraße 44, Färberei
1950: Färberei MG, Fliethstrasse 44, Einfärbungen, auf Kreuzspulen, Strang- und losem Material in jedem Echtheitsgrad
MEYER SÖHNE
1922: Schillerstr. 12, MG, Ausrüstungsanstalt
TER MEER, JOHANNES
1896: Krefelderstraße 269, Rauherei
MÜHLEN, HERMANN
1913: Rheydt, Färberei
MÜHLEN, GERHARD
1922: Werftstraße 18, MG, Färberei
MÜLFORTER ZEUGDRUCKEREI UND FÄRBEREI, HEINRICH BRESGES
1913: Duvenstraße 260
1922: Duvenstraße 98–262
1950: Rauherei, Bleicherei, Färberei, Druckerei, Ausrüstung, Rheydt, Mülfort
MÜLLER, ALBERT
1903: Eickenerstraße 24, MG, Ausrüstungsgeschäft
JOH. HEINR. MÜLLERS
1913: Bendheckerstraße 96, Färberei
1920: Bendeckerstraße 96, Druckerei, Färberei
MÜLLERS, JOHANN
1896: Rheydt, Färberei
NACKEN & PELTZER
1913: Königstraße 151, Färberei
JOHANN NEUSS
1913: Eickesstraße 75, Rauherei
NIEDERRHEINISCHE SEIDENDRUCKEREI, HEINECKE & CO.
1920: Rheydt, Wickratherstraße 65, Druckerei
CARL NIESSEN; gegründet 1872
1950: Alsstraße 149 a, Tuchausrüstung, Stückfärberei, Karbonisur, Hochveredlung von zellwollenen Oberstoffen
1886: Crefelderstraße 217, Färberei
1896: Alsstraße 149 a, Appretur-Anstalt, Färberei, Walkerei
1903: Alsstraße 149 a, Walkerei, Färberei, Appretur-Anstalt
1922: Alsstraße 149, Walkerei, Färberei, Appreturanstalt
ab 1907: Alsstraße 149 a, Walkerei, Appretur, Stückfärberei
NIESSEN, FRANZ
1886: Franzstraße 6, MG, Appretur-Anstalt, Färberei
ORTMANN, W. & J.
1922: Krefelderstraße 132, Rauherei
OTTEN, ALBERT
1886: Bungtstraße 35, MG, Färberei
OTTEN, PETER
1886: Fliethstraße 77, MG, Färberei
PAAS & FRONING
1903: Alsstraße 209, Walkerei, Färberei, Ausrüstungsgeschäft, Appretur-Anstalt
PALAND, JOHANN
1896: Rheydt, Färberei
PETERS, HEINRICH
1896: Bellstieg 116, Färberei
PILLEN, JEAN
1922: Stepgesstraße 30, MG, Ausrüstungsanstalt
PAULZEN, LEONARD
1886: Bachstraße 2, Färberei
PONGS, GOTTFRIED
1886: Rheydterstraße 33/35, MG, Färberei
PONGS JUN., GOTTFR.
1896: Rheydterstraße 23
1903: Rheydterstraße 23, Färberei, Appretur-Anstalt
PUNGS & ERCKENS GMBH
1920: Breite Straße 113, Rheydt, Bleicherei

Pungs & Erckens
1920: Römerstraße 59, Rheydt, Druckerei

J. C. Pungs Söhne
1913: Breiteweg 9, Bleicherei

Rennen, Josef
1903: Antonstraße 13, MG, Rauherei

Reinartz, Gust.
1922: Viktoriastraße 5, Ausrüstungsanstalt

Rhein. Seidendruckerei Albouts, Finckh & Co.
1913: Odenkirchenerstraße 123

Rheinische Cord- und Velvetfabrik Alex Jaeger & Schmitz-Waters
1909: Rhein. Cord- und Velvetfabrik, Hofstraße 128
1950: Ausrüstungsanstalt für Genua-Cord, Damen-Cord, Fein-Cord, Velveton, Duvetine, Färberei, Rauherei, Appretur; MG, Hofstraße 128/140
1922: Hofstraße 128, MG, Färberei, Ausrüstungsanstalt

Riettiens, Adam
1950: mechanische Cord-, Feincord und Velvetschneiderei, Rauherei, Hofstraße 128–140

Roth, Albert
1922: Waldhausenerstraße 206, Färberei

Richter, Herm.
1922: Viktoriastraße 41, MG, Ausrüstungsanstalt

Richartz, Ed.
1886: Lüpertzenderstraße 114, MG, Rauherei, Druckerei, Färberei
1896: Lüpertzenderstraße 114, Druckerei, Färberei
1903: Lüpertzenderstraße 114, MG, Druckerei Färberei
1922: Karstraße 5, Färberei etc.
1950: Akt.-Ges., Karstraße 70, Stoffdruckerei, Färberei, Ausrüstung, Weberei

Röder, G. & A.
1886: Lüpertzenderstraße 80, MG, Färberei

Roth, Albert
1950: Waldhausener Straße 206, MG, chem. Reinigung, Färberei

von Roy & Sickmann, E.; gegründet 1863
1903: Kaiserstraße 62, MG, Ausrüstungsgeschäft
1922: Kaiserstr. 62, MG, Ausrüstungsanstalt

Sahlberg, Ernst
1886: Mathiasstraße 63, MG, Färberei

Samson GmbH
1950: Neußer Straße 457, MG, Färberei

Schiffers, Werner & Sohn GmbH
ab 1926: Karlstraße 146, Industriegesellschaft mbH, Bleicherei etc.

Schniewind & Forst
1896: Rheydt
1913: Grachtstraße 27, Färberei
1920: Grachtstraße 27, Färberei

Schultze & Ruscher, Gebr.
1896: Reiherhütterstraße 13

W. Schmitz & Co.
1913: Mittelstraße 12, Druckerei
1920: Rheydt, Mittelstraße 12, Druckerei

Schneiders, Fritz
1950: Lürriper Straße 234, Färberei

Scholz & Co.
1950: Brunnenstraße 44, MG, Färberei

Schren, Albert
1896: Rheydt, Färberei

Schrey, Carl Theodor
1886: Künkelstraße 43, MG, Färberei
1896: Pescherstraße 151, Färberei

Schultz, Georg Christian
1903: Rheinbahnstraße 18, MG, Ausrüstungsgeschäft

Schultze jun., Eduard
1886: Mühlenstraße 61, MG, Bleicherei, Rauherei, Druckerei, Appretur-Anstalt, Färberei

Schultze & Ruscher, Gebr.
1896: Reiherhütte 14 und Pescherstraße 1, Bleicherei, Rauherei, Druckerei, Appretur-Anstalt, Färberei
1903: Reiherhütterstraße 13 und Pescherstraße 5, MG, Druckerei, Färberei, Rauherei, Bleicherei, Appretur-Anstalt

Sempell & Cie., E.
1903: Friedrichstraße 31, MG, Ausrüstungsgeschäft

Simons & Gier; gegr. 1881
1886: Eickenerstraße 152, MG, Appretur-Anstalt
1896: Eickenerstraße 152 und Künkelstraße 93, Färberei, Rauherei, Appretur-Anstalt, Walkerei
1903: Eickenerstraße 314, MG, Walkerei, Färberei, Rauherei, Appretur-Anstalt
1922: Eickenerstraße 314, MG, Walkerei, Färberei, Appreturanstalt
1950: Tuchausrüstung, Färberei für loses Material, Garn- und Stückfärberei, Wollspinnerei, Untereickener Straße 26

Simons & Gier; erstmals 1892 gegründet
Gerhards-Michael Gier, Walkerei, Appretur, Bellstieg 32
ab 1886: Eickenerstraße 168
ab 1894: Gebäude an heutiger Stelle
1896: Eickenerstraße 152, Künkelstraße 93
um 1900: M. Gier Alleininhaber
1922: Familien-AG

ab 1937: KG; Haupteingang Künkelstraße
ab 1984: Simons & Gier GmbH & Co. KG, Tuchausrüstung

Stadeler, Johann
1886: Hardterbroicherstraße 26, MG, Druckerei
1896: Hardterbroicherstraße 26, Appretur-Anstalt, Bleicherei, Druckerei, Färberei, Rauherei
1903: Hardterbroicherstraße 26–30, Färberei, Druckerei, Rauherei, Ausrüstungsgeschäft, Appretur-Anstalt

Steen-Möller & Cie., A.
1903: Pescherstraße 5

Steves, Peter
1886: Lüpertzenderstraße 132, MG, Färberei

E. Strauch
1879: Veredlung, Reyerhüttersstraße/Ecke Korschenbroicherstraße; untere Gladbachzone

Jak. Struch Nachf.
1896: Rheydt
1913: Dahlenerstraße 100, Färberei
1920: Rheydt, Dahlener Straße 100, Färberei

Textildruckerei Hübner & Co.
1950: GmbH, Reyerhütte 21, MG, Druckerei

Verweyen, Gebrüder
Rheydt, Geneicken, Nierszone
5. 10. 1875: eröffnete Strangfärberei
1875: gehört zu den zwei größten Rheydter Betrieben
1897: vollst. Veredlungsanstalt, Rauherei, Färberei, Bleicherei, Druckerei, Appretur, elektrische Beleuchtung
1912: Färberei + Druckerei GmbH; vorm. Gebr. Verweyen
ab 1926: Ausrüstung von Kunstseide
ab 1938/39: Mollsbaumweg, andere Firma

Emil und Carl Verweyen
1950: Färberei, Druckerei, Appretur, Ausrüstung baumwollener, zellwollener und kunstseidener Gewebe, Schloss-Strasse 163, Rheydt

Vos, Willi
1950: Aachener Straße 122, MG, Chem. Reinigung, Färberei

Walraf Textildruck
Volksbadstraße/Ecke Lürriper Bruchweg, Lürrip, untere Gladbachzone
ab 1893: Bresser und Seifert, Veredlungsbetrieb, Lürrip 75
Im hinteren Gebäude des Betriebes
1927: Gladbacher Textilveredlung GmbH, vorm. Bresser 6, Seifert, Lohnausrüstungsanstalt baumwollener Gewebe, Druckerei, Färberei, Bleicherei, Rauherei und Appretur
1950: Gladbacher Textilveredlung GmbH, Maschinen- und Filmdruckerei, Lürriper Bruchweg 75

Widenmann, Georg
1903: Sittardstraße 31, MG, Rauherei, Appretur-Anstalt
1886: Lüpertzenderstraße 142, MG, Rauherei, Appretur-Anstalt
1896: Sittardstraße 31, Appretur-Anstalt

H. G. Wienands & Söhne
1913: Dahlenerstraße 61, Bleicherei
1920: Dahlenerstraße 61, Rheydt, Bleicherei, Färberei

Wienheller, August
1886: Mühlenstraße 39, MG, Färberei
1896: Mühlenstraße 39, MG, Färberei
1903: Mühlenstraße 39, MG, Färberei

Wienheller & Co.
1922: Mühlenstraße 15, Färberei

Wiesmann, A.
1903: Viktoriastraße 62, Rauherei

Wittmann, Christian
1886: Mühlenstraße 41, MG, Druckerei

Wittmann, Gottfried
1886: Mühlenstraße 41, MG, Färberei
1896: Mühlenstraße 45, MG, Druckerei, Färberei
1903: Mühlenstr. 45/47, Druckerei, Färberei

Zimmermann, Theodor
1886: Weiherstraße 90, MG, Färberei
1896: Zimmermann Wwe. Theod., Weiherstraße 90, Färberei

Veredelungsbetriebe am 2. Februar 1994

Anvertex Textildruck GmbH; gegründet am 4. 2. 1980
Veredlung von Textilien; Langmaar 12, 41238 MG

Wilhelm Beines Söhne GmbH & Co. KG
Veredlung von Textilien; Bachstraße 212, 41239 MG

Arthur Briefs GmbH; gegründet am 19. 12. 1980
Beschichten und Kaschieren; Veredlung von Textilien
Am Beller Bach 5, 41238 MG
Am Hasenberg 2, 41239 MG

Cewe Textildruck GmbH; gegründet am 20. 11. 1980
Veredlung von Textilien
Im Grund 37, 41239 MG

GERMATEX GESELLSCHAFT FÜR MODISCHEN FILMDRUCK MBH
Veredlung von Textilien
Lürriper Bruchweg 75, 41065 MG
gegründet am 16. 12. 1977

KLAUS HEIDEMANN GMBH & CO.
Veredlung von Texttilien
Untereickener Straße 28 A, 41061 MG
Eintragung ins Handelsregister am 21. 2. 1968

HERLING GMBH & CO. KG
Veredlung
Dahlener Straße 219-231, 41239 MG
gegründet am 26. 7. 1905

OSKAR JUNKERS K.G. (GMBH U. CO.)
Künkelstraße 123
Eintragung ins Handelsregister 1933

JUNKERS & MÜLLERS TEXTILDRUCKE GMBH & CO. KG
Blocksbuscher Straße 27
gegründet am 15. 2. 1972

KIRSTEIN GMBH TEXTILWERK
Veredlung von Textilien
Rudolfstraße 1, 41068 MG

MANITEX TEXTILDRUCK GMBH
Im Grund 37, 41239 MG
gegründet am 15. 12. 1987

MÜLFORTER ZEUGDRUCKEREI & FÄRBEREI HEINRICH BRESGES GMBH & CO.
Duvenstraße 98-268, 41199 MG

CARL NIESSEN GMBH & CO.
Veredlung von Textilien
Alsstraße 149 A, 41063 MG

SIMONS & GIER GMBH & CO. KG
Untereickener Straße 26
gegründet 1881

TEXTILVEREDLUNG DR. HEBESTREIT GMBH & CO. K.G.
Dahlener Straße 219-231, 41239 MG
Eintragung ins Handelsregister am 22. 7. 1949

TG TEXTIL GESELLSCHAFT MIT BESCHRÄNKTER HAFTUNG
Krefelder Straße 281, 41066 MG
gegründet am 23. 5. 1950

TUCHAUSRÜSTUNGSGESELLSCHAFT MITTAG GMBH & CO. KG
Monschauer Straße 37, 41068 MG
Eintragung ins Handelsregister am 7. 5. 1954

WALRAF TEXTILWERKE GMBH & CO.
Bendhecker Straße 64, 41236 MG
Eintragung ins Handelsregister am 30. 4. 1937

Die Bekleidungs-Betriebe Mönchengladbachs und Rheydts im Jahre 1922

Die hier aufgeführte Auflistung von Kleiderfabriken stellt die Mitglieder des »Verbands deutscher Kleiderfabrikanten e.V.« dar, wie sie auf der 1922 in Mönchengladbach veranstalteten »Industrie und Gewerbeschau für den Gladbacher Rheydter Industriebezirk, verbunden mit der Ausstellung: Die Volkswohnung« in Form des Verbandes die Bekleidungsindustrie vertraten.
Die für diese Aufstellung herangezogenen Quellen sind:

1. Handelskammer Mönchengladbach, »Industrie und Gewerbeschau für den Gladbacher Rheydter Industriebezirk, verbunden mit der Ausstellung: ›Die Volkswohnung‹«, Ausstellungsführer, Mönchengladbach 1922.
2. Adreßbuch der Stadt Mönchengladbach für 1921/22.
3. Adreßbuch der Stadt Rheydt für 1922.
4. Deutscher Architektur- und Industrieverlag, »M'Gladbach«, Anzeigenteil, Berlin-Halensee 1927.
5. Deutsche Städtebaukunst, »Rheydt«, Hrsg. Stadtverwaltung, Deutsche Kunst- und Verlagsanstalt GmbH, Düsseldorf 1922.

Die Aufstellung umfaßt 67 Firmen, die im Verband organisiert waren.
Ein Vergleich der Firmen mit dem Gladbacher und Rheydter Adreßbuch ergibt, daß in Gladbach von 62 Firmen 22 und in Rheydt von 38 Kleiderfabriken 19 dem Verband nicht angehörten. Diese sind bei nachfolgenden Adreßbuchauszügen jeweils mit einem Sternchen markiert.

BÄHREN & ESSERS
MG, Lürriperstraße 142–146; Inhaber: Wilhelm Bähren; mechanische Kleiderfabrik und Weberei; gegründet 1893
1927: Buckskin-, Kammgarn-, Manchester-, Pilot-, Zwirn-, Loden-Konfektion vom billigsten bis feinsten Genre

BECKER, CL. AUGUST
MG, Rheydterstraße 29–31; Inh.: Richard Bekker; Kleiderfabrik; gegründet 1868; Arbeiterkleidung, Knabenkleidung, Sportbekleidung, Sommerjoppen

BEKLEIDUNGS INDUSTRIE
MG, Lüperzenderstraße 109; Inh.: Heinrich Oechelhäuser; Kleiderfabrik

BENKER, THEODOR
MG, Sittardstraße 49; Inh.: Anton Berresheim; mechanische Kleiderfabrik und Textilwaren engros

BIEDERMANN & HOSTER
MG, Kaiserstraße 78; Inh.: Ernst und Walter Biedermann; Kleiderfabrik; gegründet 1871; Berufs- und Sportbekleidung

COHEN & SCHLECHT
MG, Sittardstraße 17; Inh.: Alfred Cohen und Richard Oppenheimer; mechanische Kleiderfabrik und Konfektion engros; gegründet 1870; Buxkin- und Kammgarnhosen, Burschen-, Knaben- und Kinderanzüge

ELSCHENBROICH GEBR.
RH, Limitenstraße 134; Weberei und Kleiderfabrik; gegründet 1898

W. ELSCHENBROICH SÖHNE
RH, Limitenstraße 45–47; Inhaber: August und Heinrich Elschenbroich; mechanische Kleiderfabrik; gegründet 1904; Kammgarn- und Buckskinhosen

ELSCHENBROICH, JULIUS
RH, Mühlenstraße 193
1927: Mühlenstraße 218–220; mechanische Kleiderfabrik

EVERLING, CARL
RH, Wilhelmstraße 73; Inh.: Eugen Everling; mechanische Kleiderfabrik und Weberei; gegründet 1877; Konfektion für Männer, Jünglinge, Knaben, Kinder; Hosen als Hauptartikel, Joppen, Capes, Mäntel, Sportanzüge

FLÖRSHEIM & CO.
MG, Hauptbetriebe: Schwogenstraße 22 und Frankfurt a.M.; Nebenbetriebe: Waldniel, Jüchen, Linnich; Verkaufsniederlassungen: Köln, Hamburg, Berlin, Hannover; Inh.: David Oppenheimer und Franz Mayer; gegründet 1894; mechanische Kleiderfabrik und Konfektion en gros
1927: 700 Beschäftigte und Angestellte

FRENTZEN & CIE.
MG, Neuhofsstraße 30–40; Inh.: Heinrich Frentzen; Prokurist: Ernst und Artur Frentzen; mechanische Kleiderfabrik und Weberei; gegr. 1840 als Firma Gundermann & Henrichs
1911: von Heinrich Frentzen übernommen
Pilot- und Genuacordweberei; Berufs und Arbeitsbekleidung, Sportanzüge

FRIEDENHEIM & STRAUSS
MG, Sittardstraße 30; Inh.: Joseph Strauß; mechanische Kleiderfabrik; Spezialität: Hosen

FRIEDLÄNDER & SÖHNE
MG, Sittardstraße 31–33; Inh.: Isidor und Max Friedländer; Kleiderfabrik

FRÖHLICH & CO.
MG, Schwogenstraße 49; Inh.: Oskar Fröhlich; mechanische Kleiderfabrik

GATZWEILER & CO.
MG, Hermannstraße 18; Kleiderfabrik

GLADBACHER KLEIDERFABRIK M. DOMMERS & CO.
Oststraße 109; mechanische Kleiderfabrik

GOLDBERG, GERHARD
RH, Königstraße 13; Inh.: Eduard Goldberg; mechanische Kleiderfabrik und Fabrikation von Ausrüstungsartikeln; gegründet 1862 als Stoffgroßhandel; 1898/99 Bau der Kleiderfabrik; echtfarbige Hosenzeuge, Baumwoll-Ausrüstungsartikel, Genua- und Reit-Cord, Pilot

GUSSEN & SCHMITZ
MG, Dahlenerstraße 156; Inh.: Heinrich Gussen; Kleiderfabrik

HANS, PH.
MG, Sophienstraße 20; Inh.: Paul Hans; Kleiderfabrik; gegründet 1896; Hosen, Sommer- und Winterkonfektion

HÄGERBÄUMER, GEBR.
MG, Vitusstraße 37; mechanische Kleiderfabrik; Hosen, Breecheshosen

HARTMANN, C.; RH, Limitenstraße 134; Inh.: Heinrich Mühlen; mechanische Kleiderfabrik

HEIDGEN, PAUL
MG, Fliethstraße 13–17

HEILBRONN & MARX
MG, Sittardstraße 24–28

HIRSCH & CO. GMBH
MG, Wehnerstraße 1; Geschäftsführer: Dr. Albert Dormanns; Spezial-Hosen-Fabrik; Hosen

HOFFMANN, P.
MG, keine näheren Angaben, wahrscheinlich ein Zwischenmeister

IRSKENS, MICHAEL
MG, Schillerstraße 12 b; mechanische Kleiderfabrik; gegründet 1911; Hosen

ISAAC, GEBR.
RH, Vierhausstraße 31

JÄGER, WILHELM
MG, Hindenburgstraße 276; Inh.: Gerhard und Johann Jaeger; mechanische Weberei und Kleiderfabrik; Pilot-Hosen, Genua-Cord-Hosen

KATZENSTEIN & CO.
MG, Kirchstraße 22–24; mechanische Kleiderfabrik
1927: Sitardstraße 46
Hosen, Sport-Anzüge, Windjacken

KLAUSER & DAHMEN GMBH
MG

KLEIN & MOSESKA
RH, Kreuzstraße 22
Inh.: Alfred Kleid und Siegfried Moseska; Kleiderfabrik

KOENIGS & PELTZER
MG, Schillerstraße 37; Weberei und mechanische Kleiderfabrik; gegründet 1880 als Weberei
1897: mechanische Kleiderfabrik
Hosen, Breecheshosen

KÖHLER, C. P.
MG, Lüperzenderstraße 142; Inh. Paul Köhler; mechanische Kleiderfabrik

KÖHLER & HEGGEN
RH, Oststraße 4–6; Inh.: J. H. Schmitz; mechanische Kleiderfabrik

LAMERZ & SCHMITZ
RH, Dahlenerstraße 21; Inh.: Gustaf Lamerz; mechanische Kleiderfabrik und Webwarengroßhandlung; gegründet 1850; Herren- und Arbeiterhosen, Lodenjoppen, Pelerinen, Sommer-Konfektion

LOERPER & CO. GMBH
MG, Bellstieg 110; Geschäftsführer: Friedrich und Jakob Loerper; mechanische Kleiderfabrik und Webwarengroßhandlung

MEYER (HERMANN) & CO.
MG, Gartenstraße 19; Inh.: der Direktor der Webstoffaktiengesellschaft und Eduard Raphaelson; mechanische Kleiderfabrik; Kammgarn- und Bexkinhosen

MEYER, LOUIS
RH, Friedrich-Wilhelm- Straße 96; Inh.: Franz Schneiders

MOLLS, FRITZ
MG, Speickerstraße 51; mechanische Kleiderfabrik; Hosen, Joppen und Kinderanzüge

MONTZ, C. G.
MG, Regentenstraße 27; Inh.: Wilhelm Montz; Kleiderfabrik

MÜHLEN & CO. OHG
RH, Friedhofstraße 37; Inh.: Heinrich Frentzen, J. W. Quack

MÜLLER & CO.
MG, Luisenstraße 162; Inh.: Fritz Müller; mechanische Kleiderfabrik; gegründet 1905; Hosen

MÜLLER & HAGER
MG, Rheydterstraße 36; Inh.: Kommerzienrat Franz Müller-Hoberg sen., Ludwig Müller-Hoberg(Hamburg), Franz Müller-Hoberg jun.; Kleiderfabriken in Mönchengladbach, Rheindahlen, Hamburg, Berlin; gegr. 1870/71

1890: Weberei und Ausrüstung
Berufs- und Arbeiterbekleidung, Sportanzüge, Knabenbekleidung

Neumann & Mendel
MG, Eickenerstraße 233; Inh.: Emil Neumann (Essen); mechanische Kleiderfabrik

Potting & Becker
MG, Lürriperstraße 24; Inh.: Jakob Potting; Kleiderwerke in Mönchengladbach, Waldniel, Hochneukirch; gegründet 1912
Mönchengladbach: Sportbekleidung
Waldniel: Hosen-Konfektion
Hochneukirch: Loden-, Leinen- und Lüstrekonfektion

Priess (Heinrich) & Co.
MG, Pescherstraße 28; Inh.: Max Eichmann; Kleiderfabrik; gegründet 1903

Quack, A. OHG
RH, Hauptstraße 178-200; Inh.: E. Quack und Richard Weyer; mechanische Kleiderfabrik

Reinemann & Co.
MG, Schillerstraße 12; Inh.: Max Reinemann und Gustaf Hirsch; Spezial-Hosenfabrik

Roscher, Fritz
RH, Mittelstraße 3; mechanische Kleiderfabrik; Hosen, Joppen und Knabenanzüge

Sander & Weyl
MG, Lüperzenderstraße 114; mechanische Kleiderfabrik

Schnass, P.
MG, Neusser Straße 241; Kaufmann

Schnieder & Berghoff
MG, Lüperzender Straße 159; Inh.: Heinrich und Eugen Schnieder (Elberfeld); mechanische Kleiderfabrik

Schopen & Hinsel
MG, Sachsenstraße 27; Kleiderfabrik

Schrey & Linden
RH, Bahnhofstraße 42; mechanische Kleiderfabrik; Buckskin- und Kammgarnhosen, Sportbekleidung

Schroer (W.) & Co.
MG, Lessingstraße 6; Inh.: Wilhelm Hackländer und Jacob Voß; Kleiderfabrik

Schulz (G. Ch.) Nachf.
MG, Hohenzollernstraße 130; Inh.: Max Sommerlade, Heinrich Bayer; mechanische Kleiderfabrik und Webwarengroßhandel

Schwarz, Moritz
MG, Steinstraße 18; Inh.: Moritz Schwartz (Düsseldorf); mechanische Kleiderfabrik; Hosen

Sempell (E.) & Co.
MG, Humboldtstraße 18; Inh.: Friedrich Köhler; mechanische Kleiderfabrik und Webwaren engros; gegründet 1880; Weberei, später Textilgroßhandlung
1900: Angliederung der Konfektionsabteilung Berufsbekleidung; später: Knaben-, Burschen- und Herrenkonfektion

Sichelschmidt, Gustav
MG, Rheydter Straße 88-92; Inh.: Gustaf Sichelschmidt; mechanische Kleiderfabrik
»Anfertigung aus eingesandten Stoffen«: Es handelt sich hier um einen typischen Verlagsproduzenten

Simson & Co.
MG, Hindenburgstraße 159; Kleiderfabrik

Sporken & Co.
MG, Viktoriastraße 31; Inh.: Theodor Sporken; mechanische Kleiderfabrik

Twick, Carl
MG, Lüperzenderstraße 142; mechanische Kleiderfabrik; Hosen- und Kinderanzüge, Sommer- und Winterjoppen

Weyer, H. jr. OHG
RH, Friedenstraße 16-18; Inh.: Heinrich Weyer junior; mechanische Kleiderfabrik; Hosen, Sommer- und Winterjoppen

Zerres, Johann
RH, Hauptstraße 76; Kleiderfabrik; Arbeiter- und Sportbekleidung

Zillessen (J.) & Co.
MG, Lüperzenderstraße 130; Inh.: Aloys und Josef Klein (Rheydt); mechanische Kleiderfabrik; Hosen, Sporthosen

Die Bekleidungs-Betriebe Mönchen-gladbachs und Rheydts im Jahre 1951

1951 fand zur 600-Jahr-Feier der Stadt Mönchengladbach eine Industrie- und Gewerbeausstellung, die »Jubila«, auf dem Vorplatz der ehemaligen Aktien-Spinnerei und -Weberei statt.
Die hier erfaßten Firmen gehörten zur »Wirtschaftsvereinigung Nordrhein-Provinz«, dem Nachfolger des »Arbeitgeberverbandes der Kleiderfabrikanten von M.Gladbach, Rheydt und Umgegend e.V.« und Vorläufer der jetzigen Bekleidungsverbände.
Die verwendeten Quellen sind:

1. Nordrhein-Westfälische Ausstellungsgesellschaft mbH, »Jubila«, offizieller Ausstellungskatalog, Industrie- und Werbeverlag Windeck, Düsseldorf 1951.
2. Eigenbertz: »Die Textil- und Bekleidungsindustrie im MGladbach-Rheydter Industrie- und Handelskammerbezirk«, Franz Mathes Verlag, Trautheim 1950.
3. Knaak, Richard: »Führer durch die Herren- und Knaben-Oberbekleidungsindustrie«, Nachschlagewerk für Bezugsmöglichkeiten für den Einzelhandel, Lorchverlag, Frankfurt o.J.
4. Textilwirtschaft, Nr. 32, 10. August 1961 (Seite 11).
5. Adreßbücher Mönchengladbach und Rheydt von 1922 und 1950.

Die hier aufgeführten 130 Firmen stammen aus Rheydt, Mönchengladbach und Umgebung.
Die schon 1922 existierenden Firmen sind jeweils mit »*« gekennzeichnet.

Allgott, Joseph
RH-Odenk., Duvenstraße 12
Amrath & Co.
MG, Roermonderstraße 386
Bähren & Essers*
MG, Hovenerstraße 228
Bausch & Hützen
RH-Odenk., Duvenstraße 100
Becker, Cl. Aug.*
MG, Rheydterstraße 19–31
1946–1950 neu errichtet; Herren-, Burschen- und Knabenbekleidung
Beines, Kurt
RH, Harmoniestraße 22
Benker, Theodor*
MG, Sittardstraße 49–51; Knabenbekleidung
Beyer, Anton
MG, Neuhofstraße 40; HAKA in gehobenem Genre
Biedermann & Hoster*
MG, Sittardstraße 44; Herren-, Burschen- und Knabenbekleidung, Straßen- und Sportbekleidung, Loden
Bleek, Joseph
MG, Saumstraße 57
Blinten, Johann
RH, Dorerstraße 247
Boms, Ludwig
MG, Künkelstraße 56
Bongartz & Co.
MG-Neuw., Von-Grothe-Straße 152
Brings, Chr.
MG, Myllendonkerstraße 71
Brosch (Bernhard) & Co.
MG, Roermonderstraße 217; Straßensakkos und -hosen, Sportsakkos und -hosen, Sommerkonfektion
Brühl (C.) & Co.
RH, Königstraße 151
Brungsberg, Fritz
RH-Odenk., Jülicher Straße 8
Büdgenbach, Martin
MG, Erzbergerstraße 147
Classen, Leonhard
MG, Brunnenstraße 147–153
Coenen & Co.
RH, Gartenstraße 135
Dormanns, Albert
MG, Sittardstraße 28; Herren-, Damenhosen, Anzüge, Berufsbekleidung
Dürselen, G.
MG, Otzenrath; Herren- und Burschenbekleidung; Westen, Sportbekleidung
Elschenbroich, Gebr.*
RH, Freiliggrathstraße 12
Elschenbroich, Söhne Nachf.*
RH, Brucknerallee 159
Engels & Albertz
MG, Roermonderstraße 46
Engels & van Gehlen*
RH, Hauptstraße 108
Eschenbrücher, Peter
RH-Mülfort, Steinstraße 28
Esser & Thönnissen
MG, Marienkirchstraße 29; Knabenkonfektion: Knabenanzüge, Knabenhosen, Lumberjacks

Essers, Gebr.
MG, Eickenerstraße 196; modische Herren-, Sport- und Straßenanzüge, Wintermäntel, Anzug- und Arbeitshosen
Essing, Gebr.
RH, Schließfach 4
Felsch, Ludwig Nachf.*
MG, Matthiasstraße 55; Straßenanzüge, Sportbekleidung
Figulla, Helmut
MG, Webschulstraße 75
Fischer, Heinrich
MG, Bozenerstraße 18
Frentzen & Co.*
MG, Neuhofstraße 30-40
Gentsch, Eugen
RH, Freiheitstraße 13; Straßen- und Sportbekleidung für Herren
Gilles, Hans
MG, Rheydter Straße 42
Gillessen, Heinrich
MG, Pescher Straße 115; Sportsakkos und -hosen, Ulstermäntel
Gladbacher Kleiderfabrik Dommers & Co.*
MG, Bismarckstraße 71
Göttges & Sorcan
RH, Oberrheydener Straße 75
Goldberg, G.*
RH, Hardenbergstraße 75; Herren-, Burschen- und Knabenbekleidung
Grzesik, Paul
MG, Hindenburgstraße 288; Sportbekleidung, Knabenanzüge; Frackanzüge
Hamraths (Luise) & Co.
MG, Staufenstraße 25; modische Kleider, Blusen, Röcke
Hartmann, C.*
RH, Diltheystraße 1
Hassia-Bekleidungswerke
RH, Mittelstraße 7
Heck, Peter
MG, Aachenerstraße 224
Heidgen, Paul*
MG, Neuhofstraße 40; Sportbekleidung, Knabenanzüge
Hemmersbach & Co.
RH, Hochstraße 30; Sportbekleidung für Herren und Knaben
Hensgen & Klever
MG, Lürriperstraße 22-24; Straßen-, Sport- und Skihosen
Herling, (Heinrich) & Sohn
RH-Odenk., Chorbleiche 30; Straßen-, Sport-, Leinenkleidung für Herren und Burschen
Hermanns & Knops
MG, Thüringer Straße 2 a
Herpens, Heinrich
MG, Sachsenstraße 39
Herx, Michael
MG, Venner Straße 10
Herx, Paul
MG, Roermonder Straße 43
Heymanns & Co.*
RH, Friedhofstraße 153
Höfing, Emil
RH, Wickratherstraße 25-27
Hörchens & Göttges
RH, Bruckneralle 98
Straßen-, Lodenanzüge, Sommerjoppen, Windjacken
Hommen, Peter
RH, Odenkirchener Straße 250 a
Hüsgens, Franz
RH-Giesenk., Am Sternenfeld 31
Irskens, Michael*
MG, Neuhofstraße 43
Jaeger, Wilhelm*
MG, Reyerhütterstraße 7-19
Josef Janker & Co.
MG, Leibnitzstraße 24
Jansen, Gebr. Nachf.
RH, Mühlenstraße 208
Jansen, M.
MG, Sebastianstraße 23
Jendges & Co.
RH, Mühlenstraße 218
Kallen, P. W.
MG, Schwogenstraße 28
Kamlah, Ludwig
RH, Mühlenstraße 167
Kanisius, Hubert
MG, Speickerstraße 41; Damenbekleidung
Kleiderwerke Jacob Potting KG*
MG, Waldnielerstraße 52; Straßenanzüge, Sport- und Voll-Ulster
Klein KG, Aloys*
MG, Neusser Straße 51
Knops & Co., Wwe.
MG, Sophienstraße 9-11
Köhler, Karl P.*
MG, Hehnerstraße 15-19
Köhlen & Co.
RH, Urftstraße 99
Königs & Hermann
RH, Bendheckerstraße 35-39
Abt. 1: Arbeiterkleidung, Hosen, Sommer- und Winterjopppen
Abt. 2: Herren- und Knabenkonfektion, Tennishosen, Leinenjackets

Königs, Willy
MG, Eickener Straße 168
Kraus, Werner
MG, Aachener Straße 122
Krichel, Kaspar*
RH, Schmölderstraße 48
Lambert & Lavalle
RH, Hugo-Preuß-Straße 37
Lambert, Emil
RH, Mittelstraße 27
Lamerz, Franz
MG, Gasthausstraße 1
Lamerz (A.) & Schmitz*
RH, Dahlener Straße 21
Langen, Gebr.
RH, Bahnhofstraße 42
Lehnen & Co.
MG, Vitusstraße 72
Lennartz (W.) & Co.
RH, Roemerstraße 75-79
Lersmacher, Peter
MG, Staufenstraße 16
Linden (Josef) & Co.
RH, Bendheckerstraße 16-18; nahezu alle Herren- und Knabenkonfektionsprodukte
Loers, Christel
MG, Carmannstraße 36
Loers, Hans
MG, Waldhausener Straße 161
Lonishen, Josef
RH-Mühlfort, Kochschulstraße 38
Lorenz, Wilhelm
RH-Odenkirchen, Ruhrfeldstraße 46
Mallosek, M.
RH-Odenkirchen, Stapperweg 90
Meisner (Karl) & Co.
MG, Abteistraße 1
Meuter & Broichhausen
MG, Dessauer Straße 28-30
Mitesser & Jansen
MG, Sittardstraße 46; Straßenanzüge, Sportbekleidung, Lodenanzüge
Modekleider GmbH
RH, Dorastraße 175
Mode-Textil GmbH
MG, Franz-Brandts-Allee 22
Müdder, Gertrud
MG, Moosheide 7
Müller & Hager*
MG, Rheydter Straße 36; Sport- und Skihosen
Mützenfabrik Dressen
RH, Egerstraße 29
Nacken, Franz
MG-Bettrath, Bokersend 27
Nacken, W. J.
RH, Vierhausstraße 7
Nöhlen (A.) & Co.
RH, Mühlenstraße 197
Otzenrather Kleiderfabrik Bausch GmbH
RH, Straßen- und Sportanzüge, Skihosen, Mäntel
Peschen (Friedrich) KG*
RH, Bachstraße 82; Straßen- und Sportbekleidung für Herren, Burschen und Knaben
Peschen, Hans
RH, Mühlenstraße 218
Plum, Heinrich
MG, Hagelkreuzsstraße 18
Pöstges (Gustav) & Co.
RH-Odenkirchen, Losheimerstraße 34
Pöstges (Konrad) Nachf.
RH, Brucknerallee 98
Pongs & Frentzen
RH-Mülfort, Kochschulstraße 67
Pontzen & Co.
RH-Odenkirchen, Talstraße 8
Possny, H.
MG, Parkstraße 7; Straßen-, Sport- und Skianzüge, Herren- und Knabenmäntel
Povel Söhne
MG, Lürriperstraße 43; ehem. Industrieschloß; Hosen, Anzüge, Sportbekleidung, Wintermäntel
Prell, M. A.
MG, Lüperzenderstraße 4-6
Priess, Heinrich*
MG, Erzbergerstraße 39; Arbeitsjoppen und -hosen
Quack, Adam*
RH, Hauptstraße 78
Quack, H. u. H.
RH, Grachtstraße 27
Quack & Gerresheim*
RH, Bylandstraße 17
Rees, Heinz
RH, Dohlerstraße 247
Reiners, Albert*
MG, Fliethstraße 54
Roebel (J.) & Co.
RH, Mühlenstraße 197
Roebers & von Ameln
RH-Giesenkirchen, Mühlforter Straße 32
Roscher (Fritz) KG*
RH, Bolksbuscherstraße 44
Saffenreuther & Co.
MG, Antonstraße 24
Sempell (E.) & Co.*
MG, Humboldtstraße 16; Straßen- und Sportanzüge, Herren- und Knabenskihosen

Simons, Josef
MG, Parkstraße 52
Spinnen, Adolf
MG, Schillerstraße 31
Surlemont, Peter
MG, Anna-Kirch-Straße 142
Schlösser, Ernst
MG, Aachener Straße 194
Schmitz, Walter
RH, Limitenstraße 171
Schnass, Peter*
MG, Neusser Straße 241–243
Schneider (Edmund) & Co.
RH, Dohrer Straße 276
Schopen & Hinsel*
MG, Sachsenstraße 27
Schüller, Peter
RH, Unterrheydener 30–36
Schultz (G. Chr.) & Co.*
MG, Hohenzollernstraße 130; Straßen- und Sporthosen, Mäntel für Herren und Knaben
Schumacher, Josef
MG, Grevenbroicherstraße 39
Schumacher (W.) & Co.
MG, Steinmetzstraße 55
Steffens, Josef
MG, Lürriperstraße 60; Straßen-, Sport- und Skibekleidung
Stevens & Co.
MG, Steppgesstraße 54
Stuers, Hans
MG, Roermonder Straße 296
Thelen, Karl
RH, Friedrich-Ebert-Straße 96
Thönnessen, Hermann
MG, Sachsenstraße 27; Firmenumzug von der Viersener in die Sachsenstraße Anfang des Jahres 1950
Vander, Paul
MG, Krefelderstraße 421
Vereinigte Gläser Kleidungswerke GmbH
MG, Am Steinberg 3
Vieten, H. & Co.
MG-Rheind., Max-Reger-Straße 49–53; Straßen-, Sport- und Lodenanzüge und Mäntel für Herren und Knaben
Vits, Hermann
RH, Stresemannstraße 34; Herren-, Burschen- und Knabenbekleidung
Vitus & Köhlen
RH, Mollsbaumweg 33
v. Ameln & Co.
MG, Neuhofstraße 16
v. Kannen, Josef
RH-Odenk., Zur Burgmühle 35
v. Eiff, Bernhard
RH, Friedenstraße 30
v. d. Vorst, Leonhard
MG, Am Mevissenhof 12
Walsdorf, Hermann
MG, Schillerstraße 14
Weyer (Heinrich) & Söhne*
RH, Friedenstraße 16–18
Wimmers, Hubert
MG, Sittarddstraße 31
Windges, Josef
RH, Bahnhofstraße 42
Zerres (W.) & Co.*
RH-Mühlfort, Mühlgaustraße 322–324
Zillessen & Co.*
RH, Brucknerallee 41
Zitzen, Johann*
RH, Bäumchesweg 63
Zumbruch, Walter
MG, Eickener Straße 67

Anhang

Zeittafel

Übersicht über

- ● die wichtigsten textiltechnologischen Entwicklungen,
- ■ die wichtigsten Eckdaten der Entwicklung in der Region Mönchengladbach,
- ▲ die wichtigen Eckdaten für die internationale Textilverarbeitung,
- ▼ einige politische Ereignisse.

- ● *seit der Jungsteinzeit:* freihängende Handspindel
- ● *ab 1000 n. Chr.:* Verwendung von Wasserrädern, z.B. in Walkmühlen
- ● *13. Jahrhundert:* erster Nachweis des Handspinnrades in Europa (filer au rouet); Entwicklung des Verlagsgewerbes
- ■ *seit dem 14. Jahrhundert:* Entwicklung des Flachsgewerbes
- ▲ *1368:* Hinrichtung aufständischer Weber und Walker in Aachen
- ● *um 1480:* erster Nachweis eines Flügelspinnrades
- ● *um 1490:* Flügelspinnapparat von Leonardo da Vinci
- ■ *15. Jahrhundert:* Zünfte in Gladbach
- ● *um 1530:* Tretantrieb des Flügelspinnrades
- ■ *16. Jahrhundert:* Zuwanderung der Mennoniten
- ■ *1692:* endgültige Vertreibung der Mennoniten
- ▲ *1711:* erste Dampfmaschinen von Th. Newcomen (nur Hubbewegungen)
- ▲ *1716:* Rhyner gründet erste Textildruckerei in Basel
- ● *1733:* »Fliegendes Weberschiffchen« von J. Kay
- ● *1738:* Spinnmaschine von L. Paul
- ▲ *1741:* erste Baumwollfabrik überhaupt: Spinnerei von Lewis Paul mit Eselgöpel-Antrieb in Birmingham
- ▲ *1746:* Koechlin, Dollfuß, Schmalzer und Veer gründen in Mühlhausen/Elsaß eine Kattundruckerei
- ● *1748:* Kardiervorrichtung von L. Paul
- ▼ *ab 1750:* englische Ausfuhrverbote für Maschinen der Woll- und Seidenverarbeitung
- ■ *2. Hälfte des 18. Jahrhunderts:* die Baumwollverarbeitung wird durch Bergische Unternehmer eingeführt
- ● *1764:* Spinning Jenny von J. Hargreaves
- ▲ *1765:* J. Watt konstruiert eine Dampfmaschine, die eine kontinuierliche Drehbewegung erzeugt
- ● *1769:* Waterframe von R. Arkwright
- ▲ *1771:* erste mechanische Spinnerei von R. Arkwright in Cromford
- ▼ *1774:* englische Ausfuhrverbote für Maschinen der Leinen- und Baumwollverarbeitung
- ● *1775:* Patente für R. Arkwright auf Deckelkarde, Strecke und Laternenbank
- ● *1779:* Mule Jenny von S. Crompton
- ▼ *ab 1780:* Ludditenbewegung (Maschinenstürmer) in England
- ▲ *1781:* England: allgemeines Ausfuhrverbot für Textilmaschinen bei Todesstrafe
- ■ *1784:* erste mechanische Spinnerei des Kontinents: J.G. Brügelmann gründet »Cromford Mill« in Ratingen
- ● *1785:* erstes Patent auf einen mechanischen Webstuhl von E. Cartwright
- ▲ *ca. 1785:* Einführung des Türkischrot-Verfahrens im Wuppertal
- ▲ *1786:* erste Dampfmaschine in einer englischen Spinnerei
- ● *1789:* Kämm-Maschine von Cartwright
- ● *1793:* Baumwollentkörnungsmaschine (USA)
- ▼ *1794:* Besetzung des Rheinlandes durch Napoleon
- ● *1796:* Robert Miller erfindet in Glasgow den Schützenwächter
- ■ *1797:* Spinnerei von J. Lenssen
- ▼ *1797:* Frieden von Campo Formio: linke Rheingebiete gehören zu Frankreich
- ● *1797:* erste funktionstüchtige Schlagmaschine von Snodgras
- ■ *1798:* Übersiedlung von J.P. Boelling
- ▼ *1798:* Napoleon errichtet Schutzzollsystem
- ■ *1799:* erste Maschinenspinnereien in Gladbach von W. Busch und J.P. Schlikkum;
- ■ *1799:* Kooperationsvertrag zwischen Lenssen und Brügelmann
- ▼ *1801:* Ausweitung des französischen Schutzzollsystems auf Produkte aus dem Herzogtum Berg
- ▲ *1802:* Textilmaschinenfabrik von Cockerill in Lüttich
- ■ *1804:* die Handelskammer zu Krefeld wird errichtet
- ● *1805:* Jacquard-Maschine von J.M. Jacquard
- ▼ *1806:* Kontinentalsperre Napoleons gegen England

■ *1812:* D. Uhlhorn errichtet die erste Maschinen-Werkstatt
■ *1813–15:* Befreiungskriege und Rückkehr der linken Rheingebiete zu Preußen
▼ *1818:* Aufhebung der preußischen Binnenzölle
▲ *1820:* Beginn der industriellen Färberei in Europa
▲ *1826:* Beginn des sächsischen Textilmaschinenbaus (Haubold)
■ *1827:* erste Dampfmaschine Rheydts wird in der Spinnerei Lenssen & Beckenbach aufgestellt
■ *1828:* Weberaufstand in Krefeld
● *1830:* Selfaktor von R. Roberts
▲ *1830:* »Blauer Montag« in Aachen
● *1831:* Ringspinnmaschine von Jenks
■ *1833:* erste Dampfmaschine Gladbachs wird in der Spinnerei Gebr. Croon aufgestellt
▼ *1834:* »Deutscher Zollverein«: Beseitigung der Zollschranken zwischen 18 deutschen Staaten ab dem 1. 1. 1834
▲ *1834:* Gründung von Sulzer in Winterthur
▼ *1837:* die Handelskammer zu Gladbach wird gegründet
▲ *1838:* erste Eisenbahn in Preußen (Berlin-Potsdam)
● *1839:* Nähmaschine von B. Thimonnier
■ *1839:* Gründung der Kreisappreturanstalt
▼ *1839:* erste Einschränkungen der Kinderarbeit
▼ *1842:* englische Maschinen-Ausfuhrverbote werden aufgehoben
● *1843:* Kammstuhl von Lister & Donisthorpe
▼ *1844:* »Weberaufstand« in Peterswaldau und Langenbielau, Schlesien
▲ *1844:* erste große Gewerbeausstellung in Berlin
● *1846:* Schönbein erfindet Schießbaumwolle
■ *1846:* Gladbacher Aktiengesellschaft für Druckerei und Appretur (aus der Kreisappreturanstalt)
■ *1848:* Weberaufstand in Krefeld
▲ *1850:* Gründung der Farbenfabrik Bayer in Elberfeld
■ *1850:* Als einer der ersten deutschen Unternehmer führt Q. Croon die mechanische Baumwollweberei ein
▼ *1850:* Gründung der »Kommission für Förderung des Flachsanbaus in der Rheinprovinz«
■ *1852:* Die erste Eisenbahnstrecke wird in Betrieb genommen: Sie führt von Gladbach nach Wickrath
■ *1853:* Gründung der Flachsspinnerei in Dülken
■ *1853:* Eisenbahn-Verbindung Düsseldorf–Gladbach–Aachen wird aufgenommen
▼ *1853:* Verbot der Fabrikarbeit für Kinder unter zehn Jahren
■ *1855:* Gründung der Gladbacher Spinnerei und Weberei Aktiengesellschaft
■ *1855:* Gründung der Krefelder Webeschule
▼ *1855:* Verbot der Fabrikarbeit für Kinder unter zwölf Jahren, die Arbeitszeit von Kindern unter 14 Jahren wird auf sechs Stunden pro Tag beschränkt
■ *1855:* Gründung der Gladbacher Feuerversicherungs-Aktiengesellschaft durch ansässige Textilindustrielle
■ *1856:* Textilmaschinenfabrik Franz Müller wird gegründet
▼ *1861–65:* Sezessionskrieg in Nordamerika
● *1861:* erster Webstuhl mit Schützenwechsel für Buckskin von Schönherr, Chemnitz
▲ *1863:* Gründung der Farbwerke Hoechst
▲ *1864:* beginnende Massenfabrikation von Nähmaschinen (Singer)
■ *1865:* Spinnerei und Weberei Aktiengesellschaft (Flachs) in Viersen
■ *1865:* erster »Fustian Loom« (Barchent-Webstuhl) in Gladbach bei F. Brandts
▼ *1865:* erste Gewerkschaft in Deutschland (Zusammenschluß der Tabakarbeiter)
● *1866:* Strickmaschine von J. W. Lamb
▲ *1866:* W. Siemens konstruiert ersten Dynamo
▼ *1870–71:* Deutsch-Französischer Krieg
▼ *1871–73:* »Gründerzeit«; endet mit Wirtschaftskrise und zahlreichen Konkursen
■ *1871:* erster Konfektionsbetrieb: Müller & Hager
● *1878:* Indigo-Synthese von A. v. Baeyer
● *1879:* elektrischer Webstuhlantrieb von W. v. Siemens
■ *1881:* Pferde ziehen die erste Straßenbahn von Gladbach nach Rheydt
▼ *1883:* Gesetzliche Krankenversicherung in Deutschland; Beginn der Sozialversicherung
● *1884:* Kunstseide aus Nitrocellulose von H. d. Chardonnet
■ *1884:* »W. Schlafhorst & Co.« wird gegründet
▲ *1889:* erster einsetzbarer Drehstrommotor von M. von Dolivo-Dobrowolski
▼ *1891:* Gründung des »Deutschen Textilarbeiterverbandes« (Vorläufer der Gewerkschaft Textil - Bekleidung)
▲ *1896:* Gründung des Vereins Deutscher Färber (VDF)
● *1900:* Rüti präsentiert in Paris die ersten Webstühle mit elektrischem Antrieb

- ■ *1900:* die ersten Webstühle mit elektrischem Antrieb werden in Gladbach bei C. C. Bang Nachf. in Betrieb genommen
- ■ *1901:* Die »Preußische Höhere Fachschule für Textil-Industrie« nimmt in der Webschulstraße ihren Betrieb auf
- ● *1903:* Viskose-Kunstseide
- ● *1913:* Acetat-Kunstseide
- ▼ *1918:* Einführung des 8-Stunden-Arbeitstages in Deutschland (6-Tage-Woche)
- ■ *1922:* erste große Industrie- und Gewerbeschau im M. Gladbacher Industriebezirk
- ▲ *1922:* Staudinger führt den Begriff »Makromolekül« ein
- ▼ *1927:* Arbeitslosenversicherungsgesetz in Deutschland
- ▼ *1934:* Faserstoff-Verordnung und Spinnstoff-Gesetz treten in Kraft
- ● *1938:* Polyamid 6 (Carothers)
- ● *1941:* Polyamid 6.6 (P. Schlack)
- ● *1941:* Polyester (Whinfield, Dickson)
- ● *1942:* Polyacrylnitril (Rein)
- ■ *1943:* Bombenangriffe auf Mönchengladbach zerstören große Teile der Stadt
- ■ *1948:* Gründung des Bekleidungstechnischen Instituts (BTI) in Mönchengladbach
- ■ *1922:* Industrie- und Gewerbeausstellung »Jubila«
- ▲ *1954:* Rattee erfindet Reaktivfarbstoffe

...

- zunehmende Entwicklung anforderungsbezogener Synthesefaserstoffe

...

- Entwicklung der nicht-konventionellen Spinnverfahren

...

- zunehmende Automatisierung der Produktionsprozesse

...

- zunehmende Verlagerung der textilen Produktion in Länder mit geringen Lohnkosten

...

Literaturverzeichnis

(1) ADELMANN, GERHARD: *Die ländlichen Textilgewerbe des Rheinlandes vor der Industrialisierung,* Rheinische Vierteljahresblätter, 44. Jahrgang, o. O., 1979

(2) ADELMANN, GERHARD: *Strukturwandlungen des rheinischen Leinen- und Baumwollgewerbes zu Beginn der Industrialisierung,* in: Vierteljahresschrift für Sozial- und Wirtschaftsgeschichte, 53 (1966)

(3) Adreß-Buch für die Stadt M. Gladbach 1900

(4) Adreß-Buch vom Regierungs-Bezirk Düsseldorf, Düsseldorf 1861

(5) Adreßbuch der Stadt Mönchengladbach 1993

(6) Adreßbücher Stadt Gladbach, 1865, 1878

(7) Adreßbücher Stadt Rheydt 1870, 1890, 1897

(8) Amtliches Adreß-Buch der Stadt Rheydt, Rheydt 1900

(9) Amtsgericht Mönchengladbach, Handelsregistereintrag, Mönchengladbach 1935

(10) APELT, KURT: *Quirin Croon,* in: *Rheinisch-Westfälische Wirtschaftsbiographien,* Band 4, i. A. der Historischen Komission des Provinzialinstituts für westfälische Landes- und Volkskunde, Münster 1941

(11) BANGE, H., LUSTER, G.: *Mönchengladbach,* Greven Verlag, Köln 1982

(12) BAUM, GUSTAV: *Entwicklungslinien der Textilindustrie,* Inaugural-Dissertation, Berlin 1913

(13) BECKER, KARL: *Die Boden- und Wohnungsverhältnisse der Stadt Gladbach im 19. und 20. Jahrhundert,* Dissertation, Rheinische Friedrich-Wilhelm-Universität, Bonn 1925

(14) BEIN, LOUIS: *Die Industrie des sächsischen Voigtlandes,* Band 2, Die Textilindustrie, Duncker & Humboldt, Leipzig 1884

(15) *Bekleidung + Wäsche,* 17. Jahrgang, Mönchengladbach, August 1965

(16) BELL, WILHELM: *Damals im alten Gladbach - Erinnerung an M. Gladbach im 19. Jahrhundert,* Schriftenreihe des Heimat- und Geschichtsvereins Mönchengladbach e. V., Mönchengladbach 1986

(17) BERGMANN, JOSEF: *Handbuch der Appretur,* Julius Springer Verlag, Berlin 1928

(18) BEUTIN, LUDWIG: *Gestaltende Kräfte der Textilindustrie am linken Niederrhein,* Festvortrag auf der 150-Jahrfeier der Familie Dilthey am 16. 10. 1954 in M. Gladbach; Stadtarchiv Mönchengladbach, Sign. 14/1044

(19) BEYER, HELMUT: *Interview um 16.00 Uhr,* Mönchengladbach 23. 3. 1994

(20) BINDEWALD, ERWIN; KASPAR, KARL: *Bunter Traum auf gewebtem Grund,* 2. verbesserte Auflage, Westermann Verlag, Braunschweig 1950

(21) BIRKENHAUER, JOSEF: *Das Rheinisch-Westfälische Industriegebiet,* Verlag Ferdinand Schöningh, Paderborn 1984

(22) BOHNSACK, ALMUT: *Spinnen und Weben - Entwicklung von Technik und Arbeit im Textilgewerbe,* Rowohlt Taschenbuch Verlag GmbH, Reinbeck 1981

(23) BOLTEN, HANS: *Das illustrierte Gewebe-Lexikon«,* Bussesche Verlagshandlung, Herford 1965

(24) BORMANN, OTTO-ALBERT: *Zur Entstehung und Entwicklung der metallverarbeitenden Industrie im M. Gladbacher Industriebezirk,* Verlag L. Boltze, M. Gladbach 1925

(25) BORSCHEID, PETER: *Textilarbeiterschaft in der Industrialisierung: Soziale Lage und Mobilität in Württemberg,* in: CONZE, WERNER (HRSG.): *Schriftenreihe für moderne Sozialgeschichte,* Band 25, KlettCotta, Stuttgart 1978

(26) BRANDTS, RUDOLF (HRSG.): *M. Gladbach - Aus Geschichte und Kultur einer rheinischen Stadt,* Mönchengladbach 1955

(27) BRASSE, ERNST: *Geschichte der Stadt und Abtei Gladbach,* Teil 1, Mittelalter, M. Gladbach 1914

(28) BRASSE, ERNST: *Geschichte der Stadt und Abtei Gladbach,* Teil 2, Neuzeit, M. Gladbach 1922

(29) BRAUN, HEINRICH: *Industrialisierung und Sozialpolitik in Deutschland,* Heymann Verlag, Köln 1956

(30) BROCHER, JOSEF: *Der Dülkener Webstuhlbau,* Dülken 1964

(31) BRÜGGEMANN, H., U. A.: *Die Verarbeitung der Faserstoffe,* Leipzig um 1900, S. 374

(32) BURG, ULRICH: *Die industrielle Entwicklung der Stadt Mönchengladbach,* Diplomarbeit, Mönchengladbach 1987

(33) BUSCH, H.: *Zur Technik und Geschichte der Baumwoll-Handspinnerei des Mönchengladbacher Bezirks (1800–1860),* Mönchengladbach 1909

(34) BUSCH, JOSEFINE: *Der textilwirtschaftliche Niederrhein,* Inaugural-Dissertation, Köln 1926

(35) CHUNG, HAE-BON: *Das Krefelder Seidengewerbe im 19. Jahrhundert,* Krefeld 1980

(36) COHNEN, ALFRED: *Die M.-Gladbacher Kleiderkonfektionsindustrie mit besonderer Be-*

rücksichtigung des Verbandswesens, Dissertation, Würzburg 1922

(37) Cremers, Walter: *Der Mönchengladbach/Rheydter Textilgroßhandel im 19. Jahrhundert,* Dissertation, Köln 1949

(38) Dahmen, Klaus Dieter: *Rede anläßlich des 100. Geburtstages von Johann Zitzen,* Mönchengladbach, 30. 9. 1976

(39) Davids, Ludwig: *Die Finanzierung der Baumwollspinnereien und -webereien im Handelskammerbezirk M. Gladbach,* Dissertation, Köln 1923

(40) Decker, Josef: *Dietrich Uhlhorn, seine Söhne und Enkel,* in: *Beiträge zur Geschichte der Stadt Grevenbroich 5;* Hrsg.: Geschichtsverein für Grevenbroich und Umgebung e. V., Grevenbroich 1983

(41) *Deutsche Gewerbezeitung, in Verbindung mit Färber-, Drucker- und Weberzeitung,* 18. Jahrgang, *Die Amerikanische Nähmaschine,* Leipzig 1853 (S. 218–221)

(42) Deutscher Färber Verein e.V.: *38. Deutscher Färbertag 1992 Mönchengladbach,* Programm und Begleitheft, Mönchengladbach 1992

(43) Dilthey, Friedrich Otto: *Die Geschichte der Niederrheinischen Baumwollindustrie,* Verlag Gustav Fischer, Jena 1908

(44) Dilthey, Horst: *Die ersten 40 Jahre: 1915–1955,* Rheydt 1983

(45) Donner, Erich: *Handbuch für die Bekleidungsindustrie und den Einzelhandel,* 1. Aufl., Springer-Verlag, Berlin 1938

(46) Döring, Friedrich Wilhelm: *Vom Konfektionsgewerbe zur Bekleidungsindustrie,* Europäische Hochschulschriften, Frankfurt a. M. 1992

(47) Dresdner Bank AG, Filiale Grevenbroich (Hrsg.): *Diedrich Uhlhorn, Leben und Werk;* bearbeitet von M. Ganschinietz; Grevenbroich 1987

(48) Eigenbertz, E.: *Festschrift, Textilingenieurschule M. Gladbach – Rheydt in M. Gladbach,* Heinrich Lapp Verlag, M. Gladbach 1951

(49) Eigenbertz, Eugen: *Die Textil- und Bekleidungsindustrie im M. Gladbach-Rheydter Industrie- und Handelskammerbezirk,* Mushakesche Verlagsanstalt, Franz Mathes Verlag; Horb, Trautheim, Frankfurt/M. 1951

(50) Eigenbertz, Eugen: *Die Textil- und Bekleidungsindustrie im M. Gladbach-Rheydter Industrie- und Handelskammerbezirk,* Mushakesche Verlagsanstalt, Franz Mathes Verlag; Horb, Trautheim, Frankfurt/M. 1956

(51) Emsbach, Karl: *Die soziale Betriebsverfassung der rheinischen Baumwollindustrie im 19. Jahrhundert,* Rheinisches Archiv 115, Ludwig Röhrscheid Verlag, Bonn 1972

(52) Emsbach, Karl: *Die Spinnerei an der Elsener Mühle in frühindustrieller Zeit,* in: *Beiträge zur Geschichte der Stadt Grevenbroich 6;* Hrsg.: Geschichtsverein für Grevenbroich und Umgebung e. V., Grevenbroich 1985

(53) Engels, W.: *Maßnahmen der bergischen Regierung gegen die Abwanderung der hiesigen Industrie ...,* in: *Zeitschrift des Bergischen Geschichtsvereins,* 64 (1936)

(54) Eppendahl, Fr.: *Färberei I – Wintersemester 1905/1906,* handschriftliche Studienaufzeichnungen, o. O.

(55) Eppendahl, Fr.: *Färberei II – Wintersemester 1905/1906,* handschriftliche Studienaufzeichnungen, o. O.

(56) Erckens, Günter: *Juden in Mönchengladbach,* Band 1, Hrsg.: Stadt Mönchengladbach, Mönchengladbach 1989

(57) Erckens, Günter: *Juden in Mönchengladbach,* Band 2, Hrsg.: Stadt Mönchengladbach, Mönchengladbach 1989

(58) Erckens, Günter: *150 Jahre Rechnungs- und Briefbögen im Gladbach-Rheydter Wirtschaftsraum* (Beiträge zur Geschichte der Stadt Mönchengladbach Nr. 15), Hrsg.: Stadtarchiv Mönchengladbach; Mönchengladbach 1981

(59) *Europäische Modezeitung,* Bd. 1, 3. Aufl., *Die gesamte Fachwissenschaft des Kleidermachers,* Klemm & Weiss Verlag, Dresden o. J.

(60) Ferfers, Maria, ehem. Mitarbeiterin bei der Firma Frentzen: *Interview um 10.30 Uhr,* Mönchengladbach, 26. 1. 1994

(61) Fischer, Wolfram: *Wirtschaft und Gesellschaft im Zeitalter der Industrialisierung,* Göttingen 1972

(62) Fischer-Bobsien, C.-H.: *Internationales Lexikon Textilveredlung + Grenzgebiete,* 3. Aufl., Rhenus Verlag, Lindau 1966; heute: Rouette, Hans-Karl: *Lexikon für Textilveredlung,* Laumann-Verlag, Dülmen 1995

(63) Föhl, Axel; Hamm, Manfred: *Die Industriegeschichte des Textils – Technik, Architektur, Wirtschaft,* VDI-Verlag, Düsseldorf 1988

(64) Föhl, Axel: *Technische Denkmale im Rheinland,* Landeskonservator Rheinland, Arbeitsheft 20, Rheinland-Verlag, Köln 1976

(65) Frank, Johann Wilhelm: *M. Gladbach, das niederrheinische Manchester,* Sonderabdruck des General-Anzeigers, M. Gladbach o. J.

(66) FRÄNKEN, WILLY: *Die Entwicklung des Gewerbes in den Städten M. Gladbach und Rheydt im 19. Jahrhundert,* Schriftenreihe zur rheinisch-westfälischen Wirtschaftsgeschichte, Bd. 19, Hrsg.: Rheinisch-Westfälisches Wirtschaftsarchiv zu Köln, Köln 1969

(67) FRANZEN, JAKOB: *Interview um 15.00 Uhr,* Erkelenz am 3. 10. 1994

(68) FRECKMANN, K.; SIMONS, G.; GRUNSKY-PEPER, K.: *Flachs im Rheinland; Anbau und Verarbeitung,* Rheinland Verlag, Köln 1979

(69) FRENTZEN, UDO: *Interview um 14.30 Uhr,* Mönchengladbach, 27. 1. 1994

(70) GEMMERT, FRANZ JOSEF: *Die Entwicklung der ältesten kontinentalen Spinnerei,* Dr. Max Jänecke Verlagsbuchhandlung, Leipzig 1927

(71) Geschäftsvertrag zwischen J. Lenssen und J. G. Brügelmann, Februar 1799; Stadtarchiv Mönchengladbach, Sign. 15/21/44

(72) GESELLSCHAFT FÜR RHEINISCHE GESCHICHTSKUNDE (HRSG.): *Rheinische Lebensbilder,* Band 10, Rheinland Verlag GmbH, Köln 1985

(73) GEWERKSCHAFT TEXTIL-BEKLEIDUNG (HRSG.): *100 Jahre Gewerkschaft Textil und Bekleidung,* Jubiläumssonderausgabe, Essen 1991

(74) HANDELSKAMMER GLADBACH: *Handelskammerbericht,* Gladbach 1874

(75) HANDELSKAMMER GLADBACH: *Handelskammerbericht,* Gladbach 1896

(76) HANDELSKAMMER M. GLADBACH (HRSG.): *Industrie- und Gewerbeschau im M. Gladbach-Rheydter Industriebezirk,* verbunden mit der Ausstellung *Die Volkswohnung,* Ausstellerführer, M. Gladbach 1922

(77) HANDELSKAMMER ZU M. GLADBACH: *Jahresberichte 1870–1900*

(78) HANOW, MAJA M. (HRSG.): *Industrie in M. Gladbach, Rheydt und Umgebung,* Verlag M. Dumont Schauberg, Köln 1956

(79) HÄNTSCH, HELMUT: *Die Bekleidungsindustrie in der sächsischen Oberlausitz,* Dissertation, Greifswald 1939

(80) HARZHEIM, GABRIELE: *Maschinen in der Firma Brügelmann 1783–1837,* unveröffentlichtes Manuskript, Ratingen 1992

(81) HASSLER, FR.: *Aus der Geschichte der Textil- und Bekleidungsindustrie im Mönchengladbach-Rheydter Industriegebiet,* Sonderdruck aus Melliand Textilberichte 37 (1956) Heft 10

(82) HENSEN, KARL: *Die Heimarbeit in der Konfektionsindustrie des Gladbach-Rheydter Industriebezirks,* Dissertation, Köln 1930

(83) HERFS, ARNOLD FELIX: *Aufzeichnung des Lebens Franz Müller-Hobergs anläßlich seines 100. Geburtstages,* Aufsatz, Mönchengladbach 1944

(84) HOLZMANN, HANS: *Der Erfolg,* Jahrgang 2, Heft 13, Bad Wörishofen 1953 (S. 602–608)

(85) HOPPE, RUTH: *Die Geschichte der Kinderarbeit in Deutschland 1750–1939,* Band 2, Akademie Verlag, Berlin 1958

(86) HÖVELMANN, GREGOR: *Niederrheinische Kirchengeschichte,* Verlag Butzon & Berder, Kevelaer 1965

(87) HUSSONG, WALTER: *Das Schneiderhandwerk in Frankfurt am Main und das Schneiderhandwerk in Heilbronn,* Dissertation, Heidelberg 1936

(88) HÜTTER, HANS WALTER: *Mönchengladbach – 11 Gemeinden bilden eine Stadt, Kommunale Neuordnungen im 19. und 20. Jahrhundert,* Hrsg.: Stadt Mönchengladbach, Mönchengladbach 1984

(89) HÜTZEN, JOHANN HEINRICH: *Interview mit Rudolf Treffer,* Mönchengladbach, 29. 3. 1994

(90) INDUSTRIE- UND HANDELSKAMMER M. GLADBACH (HRSG.): *Werden und Wachsen eines Wirtschaftsgebietes am Linken Niederrhein,* zum 100jährigen Bestehen der Industrie- und Handelskammer Gladbach – Rheydt – Neuss, Mönchengladbach 1937

(91) INDUSTRIE- UND HANDELSKAMMER MITTLERER NIEDERRHEIN (HRSG.): *1804–1979. Die Kammer. Förderer der Wirtschaft – Ratgeber des Staates,* Krefeld/Mönchengladbach 1979

(92) INDUSTRIE- UND HANDELSKAMMER ZU MÖNCHENGLADBACH (HRSG.): *Lebendige Wirtschaft im Wandel zum Morgen,* 125 Jahre Industrie- und Handelskammer zu Mönchengladbach, Mönchengladbach 1963

(93) ISAAC, ERICH: *Die Entwicklung der Bekleidungsindustrie im Handelskammerbezirk M. Gladbach nach dem Kriege bis zur Beendigung des passiven Widerstandes,* Dissertation, Gießen 1926

(94) JAFFÉ, E.: *Die westdeutsche Konfektionsindustrie mit besonderer Berücksichtigung der Heimarbeit,* Schriften des Vereins für Sozialpolitik, Bd. 86, Hausindustrie in Deutschland und Österreich, Leipzig 1899

(95) JANSEN, WILHELM: *Die Struktur des früheren Arbeitsamtsbezirkes Mönchengladbach,* Stadtarchiv, Mönchengladbach 1962

(96) JANSEN-WINKELN, ARNO, U. A.: *Mönchengladbach – Kleine Stadtgeschichte,* Verlag

Ernst Jansen-Winkeln jun., Mönchengladbach 1986

(97) JOERESSEN, GERTRUD: *Die Mechanisierung der Baumwollindustrie in Mönchengladbach und ihre Auswirkungen auf die Stadt bis 1900,* Mönchengladbach 1976

(98) JOHANNSEN, OTTO: *Die Geschichte der Textilindustrie,* Süd Verlag, Leipzig, Stuttgart, Zürich 1932

(99) KEMPERS, WILHELM, ehem. Geschäftsführer der Firma Potting: *Interview um 14.00 Uhr,* Mönchengladbach, 10. 1. 1994

(100) KERMAN, JOACHIM: *Die Manufakturen im Rheinland 1750-1833,* Rheinisches Archiv 82, Ludwig Röhrscheid Verlag, Bonn 1972

(101) KLEMM, FRIEDRICH: *Die Geschichte der Technik,* Reinbek 1983

(102) KLINKENBERG, NORBERT: *Sozialer Katholizismus in Mönchengladbach,* B. Kühlen Verlag, Mönchengladbach 1981

(103) KOCH, HEINRICH: *Die deutsche Hausindustrie,* Verlag der Zentralstelle des Volksvereins für das Kath. Deutschland, M. Gladbach 1905

(104) KOLLBACH, KARL: *Deutscher Fleiß,* Köln 1908, S. 260

(105) KOSCHE, THOMAS: *Bauwerke der Mönchengladbacher Textilindustrie,* Beiträge zur Geschichte der Stadt Mönchengladbach, Nr. 24; Hrsg: Stadtarchiv Mönchengladbach, Mönchengladbach 1986

(106) KOSCHE, THOMAS: *Brügelmann und Lenssen in Rheydt,* in: *Die öde Gegend wurde zum Lustgarten umgeschaffen ...* Zur Industriearchitektur der Textilfabrik Cromford 1783-1977; Hrsg.: Landschaftsverband Rheinland, Rheinisches Industriemuseum, Schriften, Band 5; Rheinland-Verlag GmbH, Köln 1991

(107) KREUTZBERG, FRITZ: *Die Entwicklung der M. Gladbacher Baumwollindustrie,* Göttingen 1925

(108) KRIEDTE, PETER: *Industrialisierung vor der Industrialisierung,* Veröffentlichungen des Max-Planck-Instituts für Geschichte, Vandenhoeck & Ruprecht, Göttingen 1977

(109) KRINGS, WILFRIED: *Die Kleinstädte am mittleren Niederrhein,* Arbeiten zur rheinischen Landeskunde, Heft 33, Bonn 1972

(110) KUCZYNSKI, JÜRGEN: *Geschichte der Kinderarbeit in Deutschland von 1750-1939,* Akademie Verlag, Berlin 1958

(111) LAMERS, GERD: *Mönchengladbach: auf den Spuren der Vergangenheit,* Geiger Verlag, Hob am Neckar 1988

(112) LANDAUER, EDGAR: *Handel und Produktion in der Baumwollindustrie unter besonderer Berücksichtigung der lohnindustriellen Organisationsform,* Verlag von J.C.B. Mohr (Paul Siebeck), Tübingen 1912

(113) LANDES, DAVID: *Der entfesselte Prometheus,* Köln 1973

(114) LANDSCHAFTSVERBAND RHEINLAND (HRSG.): *Von Cromford nach Cromford - Industriespionage im 18. Jahrhundert,* Kleine Reihe, Heft 6, Rheinland-Verlag GmbH, Köln 1990

(115) LAUBER, EDUARD: *Praktisches Handbuch des Zeugdrucks,* Band 1, 4. Auflage, Commissions-Verlag von Siegbert Schnurpfeil, Leipzig 1901

(116) LEHNE, ADOLF: *Färberei und Zeugdruck,* A. Ziemsen Verlag, Wittenberg/Berlin 1926

(117) LIEUTENANT-BISTER, GUDRUN: *Die Textilveredlungsindustrie im Wandel der Zeit im Raum Viersen - Mönchengladbach - Rheydt,* Diplomarbeit, Mönchengladbach 1982

(118) LÖBNER, C. HEINRICH: *Studien und Forschungen über Wolle und andere Gespinstfasern,* Löbner & Co., Grünberg 1898

(119) LÖHR, WOLFGANG: *Mönchengladbach so wie es war,* 2. Auflage, Droste Verlag, Düsseldorf 1978

(120) LÖHR, WOLFGANG: *Zeugen städtischer Vergangenheit. Franz Brandts,* Mönchengladbach 1985

(121) LOWIS, PETER: *Interview um 15.00 Uhr,* Mönchengladbach, 21. 10. 94

(122) LÜTGE, FRIEDRICH: *Deutsche Sozial- und Wirtschaftsgeschichte - Ein Überblick,* 3. Aufl., Springer Verlag, Berlin, Heidelberg, New York 1976

(123) MACKES, ALBERT: *Mönchengladbach: Werden und Wachsen unserer Heimatstadt,* B. Kühlen Verlag, Mönchengladbach 1950

(124) MERTENS: *Deutschlands Städtebau M. Gladbach,* Deutscher Architektur- und Industrieverlag, Berlin-Halensee 1927

(125) MÜLLER, ERWIN: *Interview um 11.00 Uhr,* Mönchengladbach, 25. 5. 1994

(126) MÜLLER, ERWIN: *Der Markt für textile Bekleidung in der Bundesrepublik Deutschland und der Schweiz,* Dissertation, Triltsch-Verlag, Düsseldorf 1956

(127) MÜLLER-HOBERG, FRANZ: *Lebenserinnerungen 1880-1926,* Vorwort von 1919, München-Gladbach 1926

(128) MÜLLER-HOBERG, KLAUS: *Interview um 15.00 Uhr,* Mönchengladbach, 10. 3. 1994

(129) MÜLLER-HOBERG, KLAUS: *Die Zeit danach 1945-1948,* Aufsatz in: *Aus der Geschichte der Familien Müller-Jürling,* Eigendruck, Mönchengladbach 1987

(130) MÜLLER-JENA, HERBERT: *Zeugen städtischer Vergangenheit: Wilhelm Reiners,* Hrsg.: Gladbacher Bank AG, Mönchengladbach 1988
(131) NEMNICH, P. A.: *Tagebuch einer der Kultur und Industrie gewidmeten Reise,* Tübingen 1809, in: Adelheid Schiedges: *Die Auswirkungen der französischen Herrschaft auf das geistige Leben sowie die Entwicklung von Verwaltung und Industrie in der Stadt Gladbach in den Jahren 1794–1815.* Schriftl. Hausarbeit im Rahmen der ersten Staatsprüfung für das Lehramt an der Grundschule und Hauptschule, Pädagogische Hochschule Rheinland, Abteilung Aachen, 1974
(132) NOEVER, JOH.: *Die alte Handweberei und Zugehöriges in und bei M. Gladbach,* B. Kühlen Verlag, M. Gladbach 1950
(133) NOLDEN, HANS, U. A.: *Unsere Heimat. Eine Heimatkunde des M. Gladbach-Rheydter Industriebezirks und dessen nächster Umgebung,* M. Gladbach 1926
(134) NORDWESTDEUTSCHE AUSSTELLUNGSGESELLSCHAFT MBH (HRSG.): *JUBILA,* Jubiläums-Ausstellung zur 600-Jahrfeier der Stadt Mönchengladbach, Niederrheinische Traditions- und Leistungsschau 27. 5.–11. 6. 1950, Offizieller Ausstellungskatalog
(135) O. V.: *M. Gladbach – Mensch und Werk in Wirtschaft und Kultur,* Sonderdruck aus dem Einwohnerbuch der Stadt M. Gladbach 1943
(136) O. V.: Schlafhorst-Rundmagazin 12 (1984), Sonderausgabe: *Gute hundert Jahre*
(137) O. V.: *100 Jahre Carl Nießen Textilveredlung, Mönchengladbach,* Jubiläumsprospekt, Mönchengladbach 1972
(138) O. V.: *100 Jahre Franz Müller Maschinenfabrik M. Gladbach 1856–1956,* Jubiläumsschrift, M. Gladbach 1956
(139) O. V.: *100 Jahre Gewerkschaft Textil-Bekleidung,* Sonderausgabe der Zeitschrift »textilbekleidung« zum 100jährigen Jubiläum der Gewerkschaft Textil-Bekleidung, 1991
(140) O. V.: *100 Jahre H. G. Wienands & Söhne,* Jubiläumsschrift, Rheydt 1967
(141) O. V.: *100 Jahre Schiedges 1822–1922,* Jubiläumsschrift, M. Gladbach 1922
(142) O. V.: *150 Jahre Wilh. Beines Söhne GmbH & Co. KG,* Jubiläumsschrift, Mönchengladbach 1984
(143) O. V.: *25 Jahre K. Jos. Otten. 1909–1934,* Jubiläumsschrift, Mönchengladbach 1934
(144) O. V.: *50 Jahre August Dilthey & Söhne,* Jubiläumsschrift, Rheydt-Mülfort 1950
(145) O. V.: *50 Jahre Frentzen & Cie.,* Jubiläumsschrift, Verlag Neuer Merkur, Köln 1960
(146) O. V.: *50 Jahre K. Jos. Otten,* Jubiläumsschrift, Mönchengladbach 1959
(147) O. V.: *50 Jahre Monforts 1884–1934,* Jubiläumsschrift, M. Gladbach 1934
(148) O. V.: *50 Jahre Niersverband,* Jubiläumsschrift, Heinrich Lapp Verlag, Mönchengladbach 1975
(149) O. V.: *75 Jahre Bernward Leineweber,* Jubiläumsschrift, Herford 1963
(150) O. V.: *75 Jahre E. Sempell & Co. 1880–1855,* Jubiläumsschrift, Mönchengladbach 1955
(151) O. V.: *75 Jahre Innung für Sanitär-, Heizungs- und Klimatechnik Rheydt 1907–1982,* Jubiläumsschrift, Mönchengladbach-Rheydt 1982
(152) O. V.: *75 Jahre TVI-Verband – die bewegte Geschichte einer Branchenkooperation,* Jahresbericht 93, Frankfurt am Main 1993
(153) O. V.: *Darstellung zur Geschichte des Hauses Zoppenbroich,* im Nachlaß Heinrich Müllers, Stadtarchiv Mönchengladbach, Sign. 15/30/222
(154) O. V.: *Die Macht der Maschine. 200 Jahre Cromford-Ratingen;* Stadtmuseum Ratingen, Ratingen 1984, Ausstellungskatalog
(155) O. V.: *Das Dülkener Unternehmen Felix Tonnar,* ein Beitrag zur niederrheinischen Sozial- und Wirtschaftsgeschichte 1829–1988, Verein zur Heimatpflege Viersen e. V. und Stadtarchiv Viersen (Hrsg.), Viersen o. J.
(156) O. V.: *Industrie- und Gewerbeschau im Gladbach-Rheydter Industrie-Bezirk,* Führer durch die Ausstellung, M. Gladbach 1922
(157) O. V.: *Otten heute, 1966,* Jubiläumsschrift, Mönchengladbach 1966
(158) O. V.: *Rheydt – Deutsche Städtebaukunst – Wirken und Werke deutscher Selbstverwaltung,* Deutsche Kunst- und Verlagsanstalt, Düsseldorf 1922
(159) O. V.: *Rheydt – Deutsche Städtebaukunst – Wirken und Werke deutscher Selbstverwaltung,* Deutsche Kunst- und Verlagsanstalt, 2. Auflage, Düsseldorf 1927
(160) O. V.: *Schwartz & Klein – 50 Jahre textilen Schaffens,* Jubiläumsschrift, Jüchen, Mönchengladbach 1950
(161) O. V.: *Technischer Bericht 1951,* Textil- und Bekleidungsgenossenschaft, Augsburg 1951
(162) O. V.: *Textil-Industrie – Die Textil-Industrie und ihre Helfer,* Jahresschrift 1962, Industrieschau-Verlagsgesellschaft mbH, Darmstadt
(163) O. V.: *Textil-Industrie – Die Textil-Industrie und ihre Helfer,* Jahresschrift 1969, Industrieschau-Verlagsgesellschaft mbH, Darmstadt
(164) O. V.: *»Textil-Industrie – Die Textil-Industrie*

und ihre Helfer, Jahresschrift 1991/92, Industrieschau-Verlagsgesellschaft mbH, Darmstadt

(165) o. V.: *Tuchfabrik Rheinland GmbH M. Gladbach,* Berufserziehungswerk, M. Gladbach 1938

(166) o. V.: *Über 85 Jahre Buntspinnerei, über 25 Jahre Chemiefaserspinnerei Busch & Hoffmann,* Jubiläumsschrift, M. Gladbach o. J.

(167) o. V.: *Wilh. Beines Söhne Rheydt 1834-1959,* Verlag für deutsche Wirtschaftsbiographien Heinz Flieger, Düsseldorf 1959

(168) o. V.: *Festschrift zum 100jährigen Bestehen der Gesellschaft Erholung,* bearbeitet von Ernst Brasse, B. Kühlen Verlag, Mönchengladbach 1903

(169) o. V.: *Festschrift zum 175jährigen Bestehen der Gesellschaft Erholung,* Vorstand der Gesellschaft Erholung (Hrsg.), B. Kühlen Verlag, Mönchengladbach 1981

(170) o. V.: Historischer Anzeigenteil, in: *Melliand Textilberichte* 75 (1994) Heft 7

(171) o. V.: in: *Rheydter Zeitung,* Nr. 46, Rheydt 1871

(172) o. V.: *100 Jahre Rheinische Armaturen- und Maschinenfabrik Albert Sempell,* Jubiläumsschrift, M. Gladbach 1974

(173) o. V.: *100 Jahre Seide C. C. Bang,* Jubiläumsschrift, Rheydt 1950

(174) o. V.: *100 Jahre Trützschler,* Jubiläumsschrift, Mönchengladbach 1988

(175) o. V.: *1000-Jahr-Feier Rheydt - 10.-21. September 1993,* Jubiläumsschrift, Mönchengladbach 1993

(176) o. V.: *Der Fortschritt,* in: *Zeitschrift für Deutschlands Handel, Gewerbe und Landwirtschaft,* Hrsg.: Dt. Nationalverein für Handel, Gewerbe und Landwirtschaft, 4. Jahrgang, Leipzig 1853

(177) o. V.: *Gebr. Croon unter den ersten Zeichnern,* Rheinische Post vom 7. 4. 1970

(178) o. V.: *Gratulation zum 65. Geburtstag von Dr. Curt Becker,* in: *Rationalisierung* (Zeitschrift), 21. Jahrgang, August 1970

(179) o. V.: *Soll und Haben,* Jubiläumsschrift der Stadtsparkasse Rheydt, Rheydt 1954

(180) o. V.: *Städtisches Museum Schloß Rheydt Mönchengladbach,* aus der Reihe *»museum«,* westermann druck, Braunschweig 1980

(181) o. V.: *Vierfarbendruck auf Wollgewebe,* Westdeutsche Zeitung, 16. Jahrgang, Rheydt 14. März 1963

(182) o. V.: *Zentrum deutschen Textilschaffens,* in: *Westdeutsche Tageszeitung,* Nr. 10, S. 2, 22. Januar 1962

(183) Oberkreisdirektor Kempen-Krefeld (Hrsg.): *Heimatbuch des Kreises Kempen/Krefeld,* Thomas Druckerei und Verlag, Kempen - Niederrhein 1972

(184) Oberstadtdirektor Mönchengladbach (Hrsg.): *Zerstörung - Wiederbeginn,* Ausstellung Städtisches Museum Schloß Rheydt, Mönchengladbach 1979

(185) Oei, Loan: *Indigo,* Stichting Indigo (Hrsg.), Amsterdam 1985

(186) Otto von Bylandt Gesellschaft (Hrsg.): *Rheydter Jahrbuch für Geschichte, Kunst und Heimatkunde,* Band 13; Mönchengladbach 1979

(187) Paas, Rolf: *Die Beeinflussung der sozialen und wirtschaftlichen Lage der Weber durch die Mechanisierung der deutschen Textilindustrie,* Inauguraldissertation, Köln 1961

(188) Paulinyi, Akos: *Die Umwälzung der Technik in der Industriellen Revolution zwischen 1750 und 1840,* in: *Propyläen Technikgeschichte Band 3 - Mechanisierung und Maschinisierung 1600 bis 1840,* Hrsg.: Wolfgang König, Propyläen Verlag, Berlin 1991

(189) Puppke, Ludwig: *Sozialpolitik und soziale Anschauungen frühindustrieller Unternehmer in Rheinland-Westfalen,* Schriftenreihe zur rheinisch-westfälischen Wirtschaftsgeschichte, Bd. 13, Hrsg.: Rheinisch-Westfälisches Wirtschaftsarchiv zu Köln, Köln 1966

(190) Quack, Paulheinz: *75 Jahre Gladbacher Wollindustrie AG, vorm. L. Josten,* Jubiläumsschrift, Lapp-Verlag, M. Gladbach 1957

(191) Quack, Paulheinz: *Das Textilschaffen im Mönchengladbacher Kammerbezirk,* in: *Lebendige Wirtschaft im Wandel zum Morgen - 125 Jahre IHK Mittlerer Niederrhein,* Mönchengladbach 1963

(192) Quack, Paulheinz: *Neues Werk auf altem Grund,* Gladbacher Wollindustrie AG (Hrsg.), Mönchengladbach 1961

(193) Rationalisierungskuratorium der Deutschen Wirtschaft e. V. (Hrsg.): *Curt Becker - ein Unternehmer unserer Zeit,* Econ Verlag, Düsseldorf, Wien 1965

(194) Redaktion d. Dt. Färberzeitung (Hrsg.): *Deutscher Färberkalender 1937,* Veredlerjahrbuch, Verlag Deutscher Färberkalender, Wittenberg 1937

(195) Region Mönchengladbach im Bistum Aachen (Hrsg.): *Der Mönchengladbacher Volksverein für das katholische Deutschland 1890-1933,* Mönchengladbach 1966

(196) Reiners, H. W.: *Unternehmer setzte Zeichen mit Idee vom »Gladbacher Haus«,* in:

Rheinische Post, Ausgabe Mönchengladbach, Nr. 146 vom 27. 6. 1994

(197) ROSENDAHL, WALTER: *M. Gladbach. Eine Textilstadt des westlichen linken Niederrheingebietes, ihr Werden, ihr Lebensraum, ihr Erscheinungsbild,* stadtgeographische Untersuchung, o. O. 1951

(198) ROUETTE, HANS-KARL: *Aachener Textilgeschichte(n) im 19. und 20. Jahrhundert: Entwicklungen in Tuchindustrie und Textilmaschinenbau der Aachener Region,* Meyer & Meyer, Aachen 1992

(199) RZEPPA, GÜNTHER: *Arbeitsmethoden und Geschäftsverbindungen einer Textilfirma von ihren Anfängen bis ins frühe 19. Jahrhundert,* Diplom-Arbeit; Universität Köln, WS 1957/58

(200) SCHÄFER, HERMANN (HRSG.): *Wirtschaftsgeschichte,* Ploetz Verlag, Freiburg, Würzburg 1989

(201) SCHLÜTER, RUDOLF: *Das Gladbacher Bankwesen,* Zeitungsbericht 1925 (vermutl. Westdeutsche Landeszeitung), Stadtarchiv Mönchengladbach Nr. 14/2092

(202) SCHLÜTER, WILHELM: *Rheydt - Ein Kultur- und Wirtschaftsraum am Niederrhein,* Verlagsanstalt für Verkehrs- und Wirtschaftsplanung GmbH, Frankfurt am Main und Coburg o. J.

(203) SCHMIDT, E.: *Fabrikbetrieb und Heimarbeit in der deutschen Konfektionsindustrie,* Stuttgart 1914

(204) SCHMIDT, EMIL: *Bedeutung, Werdegang und Herstellung des Webeblattes,* Hilden 1951

(205) SCHÖNHERR, LOUIS (HRSG.), Sächsische Webstuhlfabrik: *Buckskinkurbelstuhl,* Chemnitz 1883

(206) SCHÖNHERR, LOUIS (HRSG.), Sächsische Webstuhlfabrik: *Kurbel-Buckskin-Webstuhl, Modell CFS,* Katalog Nr. 147, Chemnitz 1932

(207) SCHOPPHAUS, HANS: *Fortschrittliche Bekleidungsindustrie,* in: *Lebendige Wirtschaft im Wandel zum Morgen - 125 Jahre IHK Mittlerer Niederrhein,* Mönchengladbach 1963, (S. 145-166)

(208) SIEWERT, HORST, Untere Wasserbehörde: *Interview um 14.00 Uhr,* Mönchengladbach, 21. 4. 1994

(209) STA DÜSSELDORF: Akten Landratsamt Gladbach Nr. 327

(210) STA DÜSSELDORF: Akten Regierung Düsseldorf Nr. 2022

(211) STADT MÖNCHENGLADBACH (HRSG.): *M. Gladbach - Mensch und Werk in Wirtschaft und Kultur,* Sonderdruck aus dem Einwohneradreßbuch, M. Gladbach 1943

(212) STÄDT. VERSORGUNGS- & VERKEHRSBETRIEBE M. GLADBACH (HRSG.): *70 Jahre Wasserwerke M. Gladbach,* B. Kühlen Verlag, M. Gladbach 1950

(213) STADTARCHIV MÖNCHENGLADBACH (HRSG.): *2000 Jahre Niers, Schrift- und Bilddokumente,* Beiträge zur Geschichte der Stadt Mönchengladbach, Bd. 12, M. Gladbach 1979

(214) STADTARCHIV MÖNCHENGLADBACH (HRSG.): *Antwort auf die soziale Frage aus Mönchengladbach,* Volksverein für das katholische Deutschland, Mönchengladbach 1991

(215) STADTARCHIV MÖNCHENGLADBACH (HRSG.): *Die Farbikordnung der Firma F. Brandts zu Mönchengladbach,* unveränderter Nachdruck von 1885, Mönchengladbach 1974

(216) STADTARCHIV MÖNCHENGLADBACH: *Verwaltungsbericht M. Gladbach 1905*

(217) STADTARCHIV MÖNCHENGLADBACH: *Verwaltungsbericht M. Gladbach 1906*

(218) STADTARCHIV VIERSEN: Akte Vie. Nr. 2640

(219) STÄDTISCHES MUSEUM SCHLOSS RHEYDT (HRSG.): *Führer durch die Sammlungen,* Band III, Vorburgmuseum, Weberei-Abteilung, Mönchengladbach 1980

(220) STÄDTISCHES MUSEUM SCHLOSS RHEYDT (HRSG.): *Nationalsozialismus im Raume Mönchengladbach,* Ausstellung der Volkshochschule Mönchengladbach im Museum Schloß Rheydt 23. 1.-20. 2. 1983 (Begleitheft)

(221) STADTWERKE RHEYDT (HRSG.): *Stadtwerke Rheydt - 50 Jahre städtische Straßenbahn 1900-1950, 60 Jahre städtisches Wasserwerk 1890-1950 - Ein Blick auf den Weg und das Erbe,* Rheydt 1950

(222) STIEDA, W.: *Heutige Zustände und Entstehung der deutschen Hausindustrie,* Leipzig 1889

(223) STRAUSS, WILHELM: *Rheydter Chronik - Geschichte der Herrschaft und Stadt Rheydt,* Band 2, Verlag W. Rob. Langwiesche, Rheydt 1897

(224) SYRUP, FRIEDRICH; NEULOH, OTTO: *Hundert Jahre staatliche Sozialpolitik,* Kohlhammer Verlag, Stuttgart 1957

(225) THAL, ERICH: *Die Entstehung der Halbwoll- und Wollindustrie im M. Gladbacher Bezirk bis zum Jahre 1914,* M. Gladbach 1926

(226) THOMAS, URSEL: *Die räumliche Verbreitung der Textilindustrie im Raum Mönchengladbach,* Examensarbeit, o. O. 1977

(227) THUN, ALPHONS: *Die linksrheinische Textilindustrie,* Teil 1, in: *Die Industrie am Nieder-*

rhein und ihre Arbeiter, Staats- und Sozialwissenschaftliche Forschungen, Heft 2.3, Leipzig 1879

(228) TILLMANN, WALTER: *Die Haarlemer Leinenbleichereien und der Niederrhein,* in: *Heimatbuch des Kreises Kempen-Krefeld 1973,* 24. Folge

(229) TILLMANN, WALTER: *Spinnen und Weben,* Rheinland-Verlag, Köln 1981

(230) TVI (HRSG.): *Wissen kleidet - Textilveredlung und was man darüber wissen sollte,* Broschüre, Frankfurt am Main o. J.

(231) UHLHORN, DIEDERICH: *Entdeckungen in der höheren Geometrie,* in Commission der Schulze'schen Buchhandlung, Oldenburg 1809

(232) ULRICH, JOCHEM: *Henkelmann und Sternrenette,* Verein für Heimatpflege e.V. Viersen (Hrsg.), Viersen o. J.

(233) ULRICH, JOCHEM: *Industrie und Gesellschaft am Niederrhein,* Rheinland Verlag, Köln 1986

(234) UTZ, LUDWIG: *Moderne Fabrikanlagen,* Leipzig 1907

(235) VERBAND DER HERRENBEKLEIDUNGSINDUSTRIE E.V. (HRSG.): *40 Jahre HAKA-Verband 1949-1989,* Jubiläumsschrift, Köln 1989

(236) VEREIN DER FREUNDE UND FÖRDERER E.V. (HRSG.): *Fachhochschule Niederrhein, 75 Jahre Mönchengladbach, 120 Jahre Krefeld,* Lapp Verlag, Mönchengladbach 1975

(237) VEREIN FÜR HEIMATPFLEGE BOCHOLT E.V. (HRSG.), Landschaftsverband Westfalen-Lippe: *Westfälisches Industriemuseum - Das Textilmuseum in Bocholt,* Museumsführer, Bocholt 1989

(238) VEREIN FÜR HEIMATPFLEGE E.V. VIERSEN (HRSG.): *Niederrhein im 19. Jahrhundert,* Düsseldorf 1986

(239) *Vereinigte Merkantilische Adress-Sammlung vom Großherzogthum Niederrhein und der Grafschaft Mark etc. 1. Teil: Linkes Rheinufer,* München Gladbach 1929

(240) WAGENKNECHT, H.: *Die Geschichte der Weberei,* in: OTTO JOHANNSEN U.A.: *Die Geschichte der Textil-Industrie,* Süd-Verlag, Leipzig, Stuttgart, Zürich 1932

(241) *Webe mit,* 32. Jahrgang, Heft 2, Webe mit Verlag, Winterbach-Manolzweiler 1988

(242) WEBEBLATT UND KAMMACHER-INNUNG (HRSG.): *Festschrift zur 25-Jahrfeier,* Rhöndorf 1960

(243) WEISER, DR. CHR.: *Informationsmaterial über die Entstehungsgeschichte des TVI-Verbandes,* Brief, Frankfurt am Main 28. 6. 1994

(244) WILDEN, JOSEF: *Gründer und Gestalter der Rhein-Ruhr-Industrie - Skizzen zur Geschichte des Unternehmertums,* August Bagel Verlag, Düsseldorf 1951

(245) WILDERMANN, RUDOLF: *Mönchengladbach,* Verlag Wolfgang Weidlich, Frankfurt am Main 1979

(246) WINTER, AUGUST: *Das Schneidergewerbe in Breslau,* Schriften des Vereins für Sozialpolitik, Band 68, Leipzig 1896

(247) WIRTSCHAFTSGRUPPE BEKLEIDUNGSINDUSTRIE (HRSG.): *Taschenjahrbuch für die Bekleidungsindustrie,* 1. Jahrgang, Otto Elsner Verlagsgesellschaft, Berlin 1941

(248) SCHLAFHORST AG & CO. (HRSG.): *Historical Textile Machines,* Mönchengladbach o. J.

(249) BARKHAUSEN, MAX: *Die 7 bedeutendsten Fabrikanten des Roerdepartements im Jahr 1810,* in: *Rheinische Vierteljahresblätter,* 25 (1960), Ludwig Rohrscheid Verlag, Bonn

(250) LIND, H. W.: *Katechismus der Nähmaschinenlehre,* in: *Expedition der »Deutschen Schneider-Zeitung«* (B. Kuhn), Berlin 1885

(251) STRAUSS, F. W.: *Geschichte der Stadt M. Gladbach,* M. Gladbach 1895

(252) O. V.: *125 Jahre Ludw. Junkers & Co.,* Jubiläumsschrift, Rheydt 1953

(253) LÖHR, WOLFGANG, in: *1871 in Mönchengladbach,* Begleitheft zur Ausstellung in den Räumen der Stadtsparkasse Mönchengladbach, Bismarckplatz, vom 26. 4.-14. 5. 1971

(254) STADT MÖNCHENGLADBACH (HRSG.): *Stadtgeschichte kurzgefaßt,* 3. verbesserte und erweiterte Auflage, o. J.

(255) DEUTSCHE TEXTILWIRTSCHAFT, FACHBLATT FÜR DIE GESAMTE TEXTILINDUSTRIE (HRSG): *Die deutsche Arbeitsfront,* Fachamt Textil, Jahrgang 1939, Hefte 2 und 8

(256) HERMANN, URSULA; BACHMANN, HANNES: *Plagwitz,* Hrsg: Rat des Stadtbezirkes Leipzig-Südwest, Leipzig 1985

(257) TILLMANN, WALTER: *Friedrich von Diergardt,* in: *Heimatbuch des Kreises Kempen-Krefeld 1974,* 25. Folge

(258) RIEDE, HUGO: *Die Entwicklung der württembergischen Textilindustrie,* Inaugural-Dissertation zur Erlangung der Würde eines Doktors der Wirtschaftswissenschaften der Staats- und Wirtschaftswissenschaftlichen Fakultät der Ruprechts-Karls-Universität zu Heidelberg, Heidelberg 1937

(259) TIDOW, KLAUS: *Neumünsters Textil- und Lederindustrie im 19. Jahrhundert, Fabrikanten - Maschinen - Arbeiter,* Heft 9, Karl Wachholtz Verlag, Neumünster 1984

(260) SOMMER, SUSANNE: *Mühlen am Niederrhein,* Rheinland-Verlag GmbH, Köln 1991

(261) KEHREN, MAX: *Wasser und Abwasser in der Textilindustrie,* SVF-Eigenverlag, Basel 1951

(262) O.V.: *Die älteste mechanische Kratzenfabrik Deutschlands;* Sonderabdruck aus der Zeitschrift: *Das Deutsche Wollen-Gewerbe* (Grünberg Schlesien), 60 (1928) 9, Seite 198

(263) HUCK, GERHARD; REULECKE JÜRGEN (HRSG.): *... und reges Leben ist überall sichtbar! Reisen im Bergischen Land um 1800.* Bergische Forschungen, Band XV; Verlag Ph.C. W. Schmidt, Neustadt an der Aisch 1978

(264) ALFONS HOFER: *Textil- und Modelexikon,* 5. Auflage, Deutscher Fachverlag, Frankfurt am Main 1984

(265) DONNER-RÜBENKAMP: *telef. Interview 12.00 Uhr,* Essen/Mönchengladbach 19. 5. 94

(266) *Bekleidung und Wäsche,* 35. Jahrgang, Heft 15/83, *Nachruf,* Mönchengladbach 1983

(267) VEREIN DER FREUNDE UND FÖRDERER E.V.: *Fachhochschule Niederrhein - 135 Jahre Textilausbildung,* Druck: Küppers & Knoben, Mönchengladbach 1986

(268) BTI MÖNCHENGLADBACH: *Akten mit historischen Unterlagen und Gründungspapieren,* Mönchengladbach 1994

(269) HAGEMANN, WERNER: *Entwicklung der Bekleidungsindustrie in 25 Jahren als Voraussetzung ihrer heutigen Struktur,* in: MELZER, ERNST: *Die Bekleidungsindustrie,* Otto Elsner Verlagsgesellschaft Darmstadt, Frankfurt am Main 1995

(270) AID LANDWIRTSCHAFTLICHER AUSWERTUNGS- UND INFORMATIONSDIENST (HRSG.): *Praktisch und doch schön - Ländliche Arbeitskleidung,* im Auftrag des Bundesministeriums für Ernährung, Landwirtschaft und Forsten, Heft Nr. 98, Bad Godesberg 1954

(271) LOHREN, A.: *Die Kämm-Maschinen für Wolle, Baumwolle, Flachs und Seide,* Verlag der J. G. Cotta'schen Buchhandlung, Stuttgart 1875

(272) LOHREN, A.: *Die Kämm-Maschinen nebst Hebel- und Dressing-Maschinen,* Verlag der J.G. Cotta'schen Buchhandlung Nachfolger, Stuttgart 1896

(273) SPIEGELHAUER, DIETER, in: *Kunst des 19. Jahrhunderts im Rheinland - Fabrikgebäude,* Schwamm-Verlag, Düsseldorf 1980

(274) HENKEL, MARTIN, UND TAUBERT, ROLF: *Maschinenstürmer,* Syndikat Autoren- und Verlagsges., Frankfurt 1979

(275) JAHN, HANS EDGAR: *Weltpolitische Wandlungen,* Greven-Verlag, Köln 1956

(276) SCHOBERTH, FRIEDRICH WILHELM: *A. Paul Weber - ein Verständigungsversuch,* Hans Christians Verlag, Hamburg 1978

(277) ROUETTE, HANS-KARL; REICHEL, MARIANNE: *Verständnisprobleme zwischen Textil- und Bekleidungsindustrie,* in: *Bekleidung und Wäsche 34* (1984), S. 1185

(278) LÖHR, WOLFGANG: *Die Fabrikordnung der Firma F. Brandts zu Mönchengladbach,* unveränderter Nachdruck von 1885, Mönchengladbach 1974, Stadtarchiv

Bildquellen

(1 a) Bilder aus dem Bildarchiv des Stadtarchivs Mönchengladbach
(2 a) Bilder aus dem Privatbesitz von Herrn Albert Vroomen, Leiter Konstruktion Ausrüstungsmaschinen, Sucker + Müller
(3 a) Bilder aus dem Privatbesitz von Herrn Helmut Johnen, Sales Manager Finishing Department, Sucker + Müller
(4 a) Bilder aus dem Privatbesitz von Herrn Klaus Müller-Hoberg, dem Enkel des Gründers der Firma »Müller & Hager«
(5 a) Privatakten von Herrn Udo Frentzen, dem Enkel des Gründers der Firma »Frentzen & Cie.«, jetziger Inhaber der Bekleidungsvertriebsgesellschaft »Edler von F«
(6 a) Privatarchiv von Herrn Dr. Erwin Müller, Inhaber und Geschäftsführer der Firma »Prieß Modelle«
(7 a) Fotos aus dem Privatbesitz von Dr. Helmut Beyer, dem Sohn des Gründers der Firma »Anton Beyer«
(8 a) Brief aus dem Privatarchiv von Herrn Klaus Dieter Dahmen, ehemaliger Geschäftsführer der Firma »Johann Zitzen«
(9 a) Bilder aus dem Privatbesitz von Herrn Wilhelm Kempers, ehemaliger Geschäftsführer der Firma »Jacob Potting«
(10 a) Bilder aus dem Museum Schloß Rheydt, dankenswerterweise durch Frau Dr. Zangs zur Verfügung gestellt
(11 a) Bilder aus dem Nachlaß der Firma »Jacob Potting«
(12 a) Bilder aus der Unteren Denkmalschutzbehörde von Hans-Julius Sieburg
(13 a) Bilder aus Privatbesitz der Firma »W. Beines & Söhne«
(14 a) Privatbesitz Prof. I. Scheres-Koch
(15 a) Privatarchiv Gebrüder Overlack
(16 a) Bilder aus »M. Gladbach«, Dari-Verlag, 1927 (124)
(17 a) Bilder aus Publikationen der Industrie- und Handelskammer zu Mönchengladbach
(18 a) Bilder aus »Industrie in M. Gladbach, Rheydt und Umgebung«, Verlag M. Dumont Schauberg, Köln 1956 (78)
(19 a) Bilder aus Günter Erckens: »150 Jahre Rechnungs- und Briefbögen im Gladbach-Rheydter Wirtschaftsraum«, Mönchengladbach 1981 (58)
(20 a) Bilder im Privatbesitz Dr. Helmut Beyer
(21 a) Bilder von Manfred Grünwald, Fotodesign, Krefeld, in Beiträgen der FHN zur Einweihung des Neubaus Fachbereich Textil- und Bekleidungstechnik 1992
(22 a) Fotos: Klaus Herzog, Aachen, in: Kirchenzeitung des Bistums Aachen
(23 a) Firmenprospekt der Gladbacher Textilveredlung
(24 a) Bilder aus Privatbesitz Dr. U. Beines
(25 a) Privatbesitz von Herrn Hansen, Mülforter Zeugdruckerei und Färberei, Heinrich Bresges
(26 a) Privatbesitz von Herrn Heinrich Schulz, Studiendirektor an der Fachschule für Technik, Abteilung Textilveredlung, Mönchengladbach
(27 a) Rezeptbuch der Firma Busch & Hoffmann, das sich im Privatbesitz von Herrn Günther Esser befindet
(28 a) Privatbesitz von Herrn Albert Vroomen, Leiter Konstruktion Ausrüstungsmaschinen, Sucker + Müller
(29 a) Privatarchiv Tuchwerk Westmark
(30 a) Deutsche Textilwirtschaft 1938/39 (Fachzeitschrift); Herausgeber: Die Deutsche Arbeitsfront, Fachamt Textil, Berlin
(31 a) Werbeschrift der Textilingenieurschule Mönchengladbach, 1951
(32 a) Jahresbericht Stadtsparkasse Mönchengladbach 1988, Fotos von Siegfried Mayska, Mönchengladbach, Copyright Stadtsparkasse Mönchengladbach
(33 a) Privatarchiv Firma V. Gierlings, Dülken
(34 a) Preußische Höhere Fachschule für Textilindustrie, M. Gladbach, Programm 1914
(35 a) Privatbesitz »bespo«, Köln
(36 a) Bilder von Moll – Automatische Nähsysteme GmbH, Alsdorf
(37 a) Bilder von Recytex, Textilaufbereitungs GmbH & Co. KG, Viersen
(38 a) Verein Deutscher Färber, Bezirksgruppe Niederrhein
(39 a) Bilder aus: Günter Erkens: »Rheydt, so wie es war«, Droste-Verlag, Düsseldorf 1978
(40 a) Bilder aus Privatbesitz von Gehlen
(41 a) Privatbesitz Dr. Nießen
(42 a) Privatbesitz Horst Dilthey
(43 a) Privatbesitz Frederic Tanner
(44 a) Foto: Udo Dewies, Mönchengladbach
(45 a) Bilder aus: Wolfgang Löhr: »Mönchengladbach, so wie es war«, Droste-Verlag, Düsseldorf 1976
(46 a) Foto: Uwe Pietzner, Mönchengladbach